dtv

Kennen Sie Flambales? Cherimoyas? Piccalilli? Wissen Sie, was degorgieren bedeutet? Oder poëlieren? Suchen Sie ein Rezept für Auberginen? Für Wildente? Für Loup de mer? Würden Sie gerne wissen, was à la Pompadour heißt? Möchten Sie eine Chrutwähe zubereiten oder einen Daiquiri mixen? Antworten auf diese und tausende andere Fragen gibt Ihnen das stark überarbeitete und aktualisierte neue Küchenlexikon. Von »Aachener Printen« bis »Zwischenrippenstück« erklären über 8500 Stichwörter alles Wichtige und Interessante, was zur Zubereitung deftiger bis exquisiter Speisen und raffinierter Getränke erforderlich oder nützlich ist, und was Zunge und Gaumen reizt und erfreut. Darunter sind etwa 950 Lebensmittel, Gewürze, Kräuter, exotische Früchte und Gemüse, 4300 Grund- und Spezialrezepte neben allen wesentlichen Bezeichnungen der internationalen Küche, 650 Begriffe der Küchentechnik und Ernährungswissenschaft sowie rund 500 alkoholische und nicht-alkoholische Getränke und Mix-Rezepturen. Die Rezepte stellen einen repräsentativen Querschnitt der über eine Million bekannten Rezepte dar. Historische und anekdotische Bemerkungen ergänzen die Stichwörter. Die Verehrer der Haute Cuisine kommen ebenso auf ihre Kosten wie die Liebhaber der regionalen Hausmannskost und der Länderküchen. Für Genießer und Gourmets, aber auch für alle Küchenpraktiker – und Besserwisser: Schließlich kann man beim Essen über nichts unterhaltsamer streiten als übers Essen!

Das ›Küchenlexikon‹ wurde mit der Silbermedaille der Gastronomischen Akademie Deutschlands (GAD), Frankfurt a. M., ausgezeichnet.

Erhard Gorys studierte Kunstgeschichte und Rechtswissenschaften in Göttingen und Cambridge. Er lebt als freier Autor in Krefeld und veröffentlichte u. a. ›Die Kunst eine Speisekarte zu lesen‹, ›200x Steak‹ und andere Kochbücher sowie mehrere Kunst-Reiseführer, wie ›Heiliges Land‹ (2001) und ›El Camino – Der Jakobsweg nach Santiago de Compostela‹ (2000).

Das neue

KÜCHEN LEXIKON

Von Aachener Printen bis Zwischenrippenstück

Von Erhard Gorys

Mit 40 ganzseitigen Schwarzweißtafeln von Peter Schimmel

Deutscher Taschenbuch Verlag

Von Erhard Gorys sind im
Deutschen Taschenbuch Verlag erschienen:
Lexikon der Heiligen (32507)
Die Kunst, Zigarre zu rauchen (36076)
Zu Gast in Klöstern (36171)

7., völlig überarbeitete und ergänzte Auflage Oktober 2001
8. Auflage Mai 2002

(1975 erstmals erschienen als ›Heimerans Küchenlexikon‹)
www.dtv.de

Umschlagkonzept: Balk & Brumshagen
Umschlagfoto: © Stockfood/Tom Eckerle
Gesamtherstellung: Druckerei C. H. Beck, Nördlingen
Gedruckt auf säurefreiem, chlorfrei gebleichtem Papier
Printed in Germany · ISBN 3-423-36245-6

Benutzungsanweisung

Um jedes Rezept, jeden Begriff schnell finden zu können, sind die Stichwörter nicht nach Sachgruppen (wie Backwerk, Eiergerichte, Suppen, Süßspeisen, Wildgerichte usw.), sondern streng alphabetisch geordnet. Dadurch erübrigt sich auch ein Register.

Beispiel: **Flambierpfanne, ...**
flamboyant, ...
Flamiche, La-, ...
flämische Art (à la flamande), ...
flämischer Salat, ...
Flammeri, ...

Da viele Rezepte in der gastronomischen Literatur sehr verschieden wiedergegeben werden, erscheint hier jeweils das Originalrezept bzw. das heute gebräuchlichste Rezept. Fremdländische Rezepte wurden nicht europäisiert, zumindest dann nicht, wenn die Zutaten bei uns erhältlich sind. Sämtliche Rezepte wurden so formuliert, daß für ihre Ausführung keine besonderen Kochfertigkeiten erforderlich sind. Genaue Mengenangaben finden sich überall dort, wo dies Voraussetzung für das Gelingen der Speise oder des Getränks ist. Die Mengen sind grundsätzlich für 4 Personen gedacht, sofern aus dem Rezept nichts anderes hervorgeht (z. B. bei Torten, Plätzchen, Pasteten, größeren Fleischstücken, großem Geflügel).

Die Abkürzungen haben folgende Bedeutung: EL = Eßlöffel, TL = Teelöffel, BL = Barlöffel (Kaffeelöffel), Msp = Messerspitze, l = Liter (1000 ccm), dl = Deziliter (1/10 Liter = 100 ccm), cl = Zentiliter (1/100 Liter = 10 ccm), ml = Milliliter (1/1000 Liter), g = Gramm, kg = Kilogramm, °C = Grad Celsius.

Alle in den Rezepten angegebenen Zutaten, Ausgangsmaterialien, Beilagen usw. sind unter dem entsprechenden Stichwort ausführlich beschrieben. Wird als Zutat Olivenöl genannt, so ist immer natives Olivenöl extra (»extra vergine«) gemeint.

Werden innerhalb eines Stichworts Rezepte aufgezählt, z. B. unter »Panade« Brotpanade, Eierpanade, Mehlpanade, Milchpanade, Reispanade, so sind diese unter der entsprechenden alphabetischen Einordnung zu finden.

Pfeile verweisen stets auf die gebräuchlichste Bezeichnung, z. B. Gelbfüßchen, → Pfifferling; Pe-Tsai, → Chinakohl; reine, à la: → Königin-Art.

Rund 450 Stichwörter sind den »à-la-Bezeichnungen«, den Garnituren (Beilagen) bzw. den typischen Zubereitungsarten gewidmet.
Beispiele: Argenteuil (mit Spargel)
Dubarry (mit Blumenkohl und Mornaysauce)
Elsässer Art (mit Sauerkraut und Schinken)
Müllerin-Art (Fisch, in Mehl gewendet und gebraten)
Möchten Sie beim Rezept »Seezungenröllchen Lady Hamilton« Näheres über die Lady erfahren, so schlagen Sie einfach unter dem Stichwort »Hamilton« nach. Unter dem Stichwort »Chevreuse« erfahren Sie, wer z. B. dem »Omelett Chevreuse« den Namen gab. Jede Bezeichnung wurde also nur einmal erklärt, um platzraubende Wiederholungen zu vermeiden.

Viel Vergnügen beim Herumblättern in diesem Buch, volles Gelingen am Herd und guten Appetit bei Tisch wünschen

Verlag und Autor

A

Wahrscheinlich ist die Artischocke das delikateste und feinste aller Gemüse. Und sie ist so amüsant zu essen.

Curnonsky

Aachener Printen, Lebkuchenart: 250 g Rübenkraut mit 100 g Zucker aufkochen, abkühlen lassen, mit 2–3 TL Lebkuchengewürz, 1 Prise Salz und 65 g Orangeat verrühren; 500 g Mehl mit 1 Päckchen Backpulver mischen, mit dem Sirup durcharbeiten, den Printenteig einige Tage ruhen lassen; ausrollen, Streifen schneiden, die Teigstreifen auf ein gefettetes Backblech setzen, mit verdünntem Sirup einpinseln, abbacken, die Printen mit Zuckerglasur bestreichen.

Aal (Flußaal), Fischdelikatesse und eines der rätselhaftesten Geschöpfe. Das Rätsel ihrer Vermehrung birgt noch immer die Sargassosee, das von allen Seeleuten gefürchtete »Krautbeet« des Atlantiks. Dort kommen alljährlich Myriaden winziger Aallarven an die Oberfläche des Meeres und lassen sich mit dem Golfstrom nach Europa treiben, wo sie nach 2 bis 3 Jahren als → Glasaale eintreffen. Die männlichen Jung- bzw. Glasaale bleiben im Brackwasser zurück, die weiblichen schwimmen die Flüsse der Muttertiere hinauf, bis sie ein geeignetes Jagdrevier gefunden haben. 10 bis 12 Jahre bleiben sie dort, um sich mit Würmern, Schnecken und Krustentieren zu mästen. Eines Tages legen die nun bis 1,50 m langen und bis 6 kg schweren Aalweibchen ihr Hochzeitsgewand an und ziehen dem Meere zu und in Begleitung der Aalmännchen dann weiter bis zur Sargassosee, um dort in 6000 Meter Tiefe ihre Hochzeit zu vollziehen und zu sterben. – Mit Angeln, Reusen und Stellnetzen, mit Aalkisten und Aalkörben lauert der Mensch in Flüssen und Seen den dem Meer zutreibenden feisten und wohlschmeckenden Tieren auf. Man unterscheidet Spitz- und Breitkopfaale. Während sich die Spitzkopfaale von Würmern, Schnecken und Krustentieren ernähren, leben die Breitkopfaale vorwiegend von Fischen. Spitzkopfaale haben einen feineren Geschmack als ihre breitköpfigen Artgenossen, – Aal wird meist geräuchert (→ Räucheraal), aber auch gekocht, gebraten und gebacken. Das Fleisch des Aals ist fett und schwer verdaulich. – *Vorbereitung:* Zum Töten das Rückgrat unmittelbar hinter dem Kopf durchschneiden und den Schwanz abtrennen. Kleine Aale mit Salz abreiben und in fingerlange Stücke schneiden. Größere Aale enthäuten: den eingesalzenen Aal am Kopf aufhängen, die Haut unterhalb des Kopfes ringsum einschneiden und abziehen. Die Bauch-

und Rückenflossen mit der Schere entfernen, den Kopf vom Rumpf trennen, den Aal in portionsgroße Stücke zerlegen, die Eingeweide mit einem spitzen Messer herausdrehen.

Aal in Dillsauce: Stücke von frischem Aal mit Zwiebelscheiben, Dillstielen und etwas Salz in Wasser zugedeckt langsam weich kochen, den Sud mit weißer Mehlschwitze sämig verkochen, mit saurer Sahne vollenden, zuletzt feingehacktes Dillgrün und ein Stück frische Butter zur Sauce geben, die Sauce über den Aal gießen.

Aal, flämisch: Stücke von frischem Aal in Butter anbraten, mit Salz und Pfeffer würzen, mit Sauerampfer, jungen Brennesseln, Petersilie, Kerbel, Dill, Salbei und Estragon in hellem Bier gar dünsten, den Fond mit Sahne und Eigelb binden.

Aal, gegrillt: Stücke von frischem Aal auf Zwiebelscheiben und Kräuterbündel setzen, mit Rotwein auffüllen, den Aal weich kochen, die Aalstücke in Ei und Paniermehl wenden und auf dem Rost braten, mit Petersilie und Zitronenspalten garnieren; dazu Tatarensauce und Weißbrot.

Aal in Gelee: frischen Aal mit etwas Essig und Gewürzen in Weißwein kochen, in Aspikförmchen setzen, mit Gelee ausgießen.

Aal, grün: frische Kräuter, wie Petersilie, Estragon, Kerbel, Pfefferkraut, Salbei und etwas Thymian, ganz fein hacken und in Butter dünsten, Stücke von frischem Aal dazugeben, mit Weißwein löschen, etwas salzen und pfeffern, den Aal weich kochen, den Fond mit Eigelb binden, mit Zitronensaft abschmecken; dazu Petersilienkartoffeln oder knusprige Brötchen.

Aal in Sahnesauce: Stücke von frischem Aal in Weißwein kochen, den Sud mit Champignonfond und Béchamelsauce verkochen, mit Sahne vollenden, den Aal wieder zur Sauce geben, kurz aufkochen lassen, mit gedünsteten Zwiebelchen und Champignons garnieren.

Aalbutt, → Rotzunge.

Aalkraut, Kräutermischung aus Kerbel, Dill, Salbei, Estragon, Bibernelle, etwas Lorbeer und Beifuß; für Gerichte von frischem Aal, Aalsuppen usw.

Aalmutter (Aalmöve), lebendgebärender Fisch der europäischen Küstengewässer. Er wird bis 40 cm lang und zeichnet sich durch zartes, wohlschmeckendes Fleisch aus. Seine Gräten nehmen während des Garens eine grüne Farbe an. – Da seine Brut jungen Aalen (Glasaalen) ähnelt, nahm man früher an, daß dieser Fisch Aale gebäre und nannte ihn daher Aalmutter.

Aalquappe, → Aalrutte.

Aalraupe, → Aalrutte.

Aalrutte (Aalquappe, Aalraupe, Trusche), aalähnlicher Süßwasserfisch der europäischen und nordamerikanischen Seen und Flüsse. Er wird bis 50 cm lang und besitzt weißes, sehr schmackhaftes und leichtverdauliches Fleisch. Seine Leber gilt als Delikatesse.

Aalsuppe, → Hamburger Aalsuppe.

Abacatebirne, → Avocado.

Abalone (Ohrschnecke), sehr schmackhafte, große Schneckenart der südeuropäischen und amerikanischen Felsküsten. Bei uns nur in Dosen konserviert erhältlich.

Abalone, chinesisch: Champignons und Bambussprossen in dünne Scheibchen schneiden, salzen, in Öl dünsten, mit Schneckenfond (aus der Dose) auffüllen, die ebenfalls dünn geschnittenen Schnecken hineingeben, kurz aufkochen, mit Stärkemehl binden, mit Reiswein (oder Sherry) parfümieren, Zwiebelgrün darüberstreuen; dazu körnig gekochten Reis.

Abalone mit Gurke: gehackte Zwiebel in Öl anschwitzen, Scheiben von grüner Gurke mit Champignons hinzufügen, schmoren, gewürfelten mageren Schinken und in Streifen geschnittenes Schneckenfleisch zugeben, mit Mehl und Currypulver bestäuben, den Schneckenfond (aus der Dose) dazugießen, gut durchkochen, mit Sahne binden, mit Salz, Pfeffer und Knoblauch würzen.

abäschern, schleimige Fische mit Holzasche abreiben, entschleimen.

Abatebirne, genauer Abate Fétel, italienische Birnensorte mit großen, süßsaftigen Früchten.

Abats (frz: Innereien), bestimmte Teile der Schlachttiere, die zu den Innereien im weiteren Sinne zählen. *Rind:* Herz, Leber, Nieren, Milz, Lunge, Hirn, Rückenmark, Pansen, Füße, Euter (Zunge zählt nicht zu den Abats). *Kalb:* Herz, Leber, Gekröse, Lunge, Kopf, Rückenmark, Bries, Füße (Kalbsnieren sind keine Abats). *Hammel:* Nieren, Hirn, Pansen, Zunge, Füße. *Schwein:* Nieren, Leber, Kopf, Füße, Blut. – Abats ergeben deftige, schmackhafte Gerichte, deren Zubereitung allerdings oft sehr zeitraubend ist.

Abattis, Abatis; (frz: abattre = schlachten), Geflügelklein, alle Klein- und Nebenteile des Geflügels, wie Kopf, Hals, Flügel, Füße, Herz, Nieren, Leber (mit Ausnahme der Gänse- und Entenleber), Magen usw.

Abavo, südasiatische Kürbisart, die vor allem zur Bereitung von Suppen verwendet wird.

abbacken, → backen

abbrennen, einen Teig (z. B. Brandteig) bei starker Hitze so lange mit dem Holzlöffel rühren, bis sich der Teig von der Wand des Gefäßes löst. Beim Abbrennen verdampft die überschüssige Flüssigkeit des Teigs. – Unter Abbrennen wird manchmal auch → Flambieren verstanden.

abdämpfen, gegartes und abgegossenes bzw. abgetropftes Gemüse über der heißen Herdplatte schwenken, um es zu trocknen.

abdrehen (tournieren), Kartoffeln, Mohrrüben oder anderes Gemüse dekorativ zurechtschneiden, also gleichmäßig rund, oval o. ä.

abflämmen, → flambieren.

ablöschen, angebräuntes Fleisch, geröstetes Gemüse oder den Bratensatz mit Fleischbrühe, Wein oder einer anderen kalten oder warmen Flüssigkeit begießen.

Abricotines, kleines Aprikosengebäck: Tortelettförmchen mit Savarinteig auslegen, je ein Stückchen kandierte Aprikose in die Mitte legen, abbacken, mit Rumläuterzucker tränken und mit dick eingekochter, durchpassierter Aprikosenmarmelade überziehen.

abrühren, einen Teig so lange rühren, bis er die richtige Beschaffenheit hat.

abschäumen, Brühen, Suppen und Saucen entwickeln nach dem ersten Aufkochen einen Eiweißschaum, der die Speise trüb und unansehnlich macht. Der Schaum kann daher zusammen mit dem überschüssigen Fett mit einem Schaumlöffel abgeschöpft werden.

abschmälzen, fertig zubereitete Nudeln, Makkaroni, Spätzle usw. mit heißer, leicht gebräunter Butter oder mit in Schweineschmalz gerösteten gehackten Zwiebeln übergießen.

abschmecken, Suppen, Saucen usw. am Ende der Zubereitung mit Gewürzen, Würzsaucen, Zitronensaft usw. abschmecken, um sie geschmacklich zu vollenden.

abschmelzen, eine Speise mit zerlassener oder brauner Butter oder mit Fett begießen.

abschrecken, 1) eine heiße Speise in kaltes Wasser tauchen, um ihre Temperatur sehr schnell herabzusetzen; 2) einen Braten mit kaltem Wasser begießen, um eine appetitlich braune Kruste zu erzielen.

absengen des gerupften Geflügels über einer Gas- oder Spiritusflamme, um auch die letzten Flaumfedern zu entfernen.

abstechen, z. B. kleine Klöße mit einem Kaffee- oder Eßlöffel von der Masse abstechen, um sie in siedendem Wasser o. dgl. zu garen.

absteifen, aus der Schale genommene Austern und andere große Muscheln so lange in heiße, aber nicht siedende Flüssigkeit tauchen, bis ihre Oberfläche fest geworden ist. So bleiben sie bei der weiteren Zubereitung schön saftig.

abwällen, → brühen.

abziehen (legieren), Sauce, Brühe, Suppe, Milch usw. mit Stärkemehl, Sahne, Eigelb usw. sämig machen, binden.

A. C. (= Appellation Contrôlée), Bezeichnung für französische Weine, deren Qualität und Herkunft amtlichen Vorschriften entsprechen müssen; diese Weine werden meistens unter einer Handelsmarke verkauft.

Acajou, → Cashewnuß.

Acerolas (Ahornkirschen, Puerto-Rico-Kirschen), westindische Kirschenart. Die walnußgroßen, roten Acerolas schmecken würzig-säuerlich, weisen den höchsten Vitamin-C-Gehalt aller Früchte auf (3–4%!) und werden fast ausschließlich zu Fruchtsaft verarbeitet.

Aceto Balsamico (Balsamessig), norditalienische Essigspezialität aus eingekochtem Traubensaft, die durch mehrjähriges Lagern in kleinen Holzfässern zu einer begehrten Würzflüssigkeit heranreift. *Aceto Balsamico Tradizionale* ist der König unter den Essigen. Der Most aus spätgelesenen Beeren der weißen Trebbianotraube wird dicklich eingekocht, bevor er in Eichenfässern zu Wein vergärt und sich danach in Essig verwandelt. Der Aceto wandert im Laufe der nächsten Jahre von Faß zu Faß, die aus unterschiedlichem Holz bestehen, aus Kirsche, Esche, Kastanie, Wacholder und Maulbeer. Zwölf Jahre mindestens muß der Tradizionale reifen, bis aus ursprünglich 100 Liter Traubenmost 4 Liter Essig geworden sind, aber was für ein Essig: ein mildsaurer, zartsüßer, hocharomatischer, fruchtig duftender Aceto, der mit Hilfe einer Pipette nur tropfenweise den zu würzenden Speisen zugefügt wird, der in winzigen Gläschen als Aperitif oder Digestif erfreut. In nur 0,1 Liter fassenden Kugelflakons kommt der Aceto Balsamico Tradizionale für 100 Mark und mehr zum Verkauf.

Weit niedriger im Preis liegt der *Aceto Balsamico di Modena,* mit dem man schon etwas verschwenderischer umgehen kann. Für diesen Essig werden weniger edle Traubensorten verwendet, auch genügen einige Monate als Reifezeit. In ebenfalls reizvolle

Fläschchen abgefüllt, erscheint der sogenannte Modena-Essig heute in jedem besseren Supermarkt, während der kostbare »Tradizionale« nur in besonderen Feinkostgeschäften erhältlich ist.

Achantinüsse, → Erdnüsse.

Achtfuß, → Octopus.

Ackerbohnen, → Puffbohnen.

Ackersalat, → Rapunzel.

Adamsäpfel, → Pampelmusen.

Adamsfeigen, → Bananen.

Adelinesalat: kleingeschnittene, gekochte Schwarzwurzeln in Essig-Öl-Marinade einlegen, mit leichter Mayonnaise binden, mit Tomaten- und Gurkenscheiben garnieren.

Adlonsalat: Streifen von gekochtem Knollensellerie, Kartoffeln und roten Rüben, rohen säuerlichen Äpfeln mit leichter, pikant gewürzter Mayonnaise binden, mit Rapünzchen garnieren. – Adlon war und ist heute wieder ein berühmtes Berliner Hotel.

Admiral Cobbler: 1 Glas Apfelwein, 1 BL Zitronensaft, 2 BL Grenadine, umrühren, Bananenwürfel hinzufügen.

Admirals-Art, à l'amiral: Seefische wie Meerbutt, Steinbutt, Seezunge oder Lachs in Weißwein dünsten und mit gebackenen (→ Villeroi) Austern und Muscheln sowie mit großen Champignonköpfen und Trüffelscheiben umlegen; dazu eine normannische Sauce, die mit Krebsbutter aufgeschlagen wurde.

Advokaat, → Eierlikör.

Affenbrotbaumfrucht (Baobab), die gurkenförmige, holzschalige Frucht des afrikanischen Affenbrotbaumes (Adansonie). Die oft 50 cm langen Früchte enthalten ein kürbisähnliches, süßsauer schmeckendes Fruchtfleisch, das roh gegessen sowie zu Saft oder Kompott verarbeitet wird. Die ungefähr 16 mm langen Kerne enthalten im Durchschnitt 63% Fett und 17% Eiweiß. Das ausgepreßte Öl ist sehr haltbar und gut zum Backen geeignet.

afrikanische Art, à l'africaine: olivenförmige Gurkenstückchen. Tomatenviertel, Auberginenscheiben und Steinpilze in Öl dünsten. Mit Schloßkartoffeln zu Fleisch und Geflügel. Mit gebratenen Bananenhälften und Teufelssauce zu gebratenem Fisch.

After Supper, Cocktail: 1/2 Apricot Brandy, 1/2 Curaçao, Zitronensaft, schütteln.

Agar-Agar, Meeresalgenextrakt, wird wie Gelatine zu Aspiks, Süßspeisen usw. verwendet. Der Extrakt kommt in weißen, hauchdünnen Streifen in den Handel.

Agavenbranntwein, → Tequila.

Agavensaft wird aus den geschlossenen Blütenköpfen lateinamerikanischer Agavenarten gewonnen. Der Saft enthält etwa 10% Zucker und 2,5% Fruchtzucker und wird zum mexikanischen Nationalgetränk Pulque vergoren.

Agnes Sorel, à l'-: mit gebratenen Champignonscheiben vermischte Geflügelschaumfarce in Tortelettförmchen garziehen lassen, mit Pökelzungen- und Trüffelscheibchen verzieren; dazu deutsche Sauce. Zu gedünstetem Geflügel. – Agnes Sorel, 1422–1450, Geliebte des französischen Königs Karl VII.

Agrodolce (ital: süßsauer), italienische Obst- und Gemüsekonserve, deren Bestandteile in Essig mariniert und anschließend mit süßem Obstsaft, Honig und Senfkörnern eingekocht wurden; eine Art Mixed Pickles.

Aguacato, → Avocado.

ägyptische Art, à l'égyptienne: in Öl gedünstete Tomaten, goldgelb gedünstete Zwiebelringe und Currysauce zu gebratenem Fisch.
ägyptischer Kümmel, → Schwarzkümmel.
ägyptischer Salat: kleine Würfel von gebratener Geflügelleber, gekochtem Schinken, gedünsteten Champignons, roten Paprikaschoten und Artischokkenböden sowie grüne Erbsen mit körnig gekochtem Reis vermischen, mit Essig-Öl-Marinade anmachen.
Ahlbeeren, → schwarze Johannisbeeren.
Ahornkirschen, → Acerolas.
Ahornsirup (Ahornsaft, Maple Sirup), kanadische Spezialität. Der nahrhafte, sehr schmackhafte Saft wird aus den Stämmen junger Ahornbäume gezapft und in der Küche vielseitig verwendet. Als Maple Sirup wird der dick eingekochte Ahornsaft auch bei uns angeboten. – Rezept: Spiegeleier in Ahornsaft.
Aidasalat: Streifen von Tomaten, grünen Paprikaschoten, Artischockenböden und hartgekochtem Eiweiß mit Essig-Öl-Marinade und etwas Senf anmachen, mit hartgekochtem Eigelb bestreuen.
Aiguillettes (frz: Schnürsenkel), lange, dünne Streifen von geschmortem Rindfleisch oder gebratener Hühnerbrust, begossen mit würziger Sauce, wie Madeirasauce, Burgundersauce usw.
Aïoli (Ailloli; frz: ail = Knoblauch), provenzalische Knoblauchpaste: 4 Knoblauchzehen zerquetschen, 2 frischgekochte, mehlige, noch warme Kartoffeln hinzufügen, mit 1/4 l Olivenöl und dem Saft einer Zitrone zu einer geschmeidigen Paste verarbeiten, mit Salz, Pfeffer und etwas Senf abschmecken. Zu gedünstetem Seefisch, harten Eiern, naturell gekochtem Gemüse.
Ajinomoto (Aji-No-Moto), japanisches Gewürzsalz, dessen wesentlicher Bestandteil kleine, sehr scharfe Pfefferschoten (Aji) sind.
Ajo Blanco, kalte Knoblauch-Mandel-Suppe, andalusische Spezialität: 150 g geschälte Mandeln und 3 Knoblauchzehen im Mixer pürieren, das Püree mit 2 in Wasser eingeweichten Weißbrotscheiben und 8 EL Olivenöl verarbeiten, 3 EL Sherryessig zugeben, salzen und mit Wasser zur rechten Suppenkonsistenz bringen, zuletzt die Ajo Blanco durch ein Haarsieb streichen, in Suppenteller füllen und mit weißen Trauben servieren.
Ajvar, serbischer Brotaufstrich: kleingeschnittene Paprikaschoten in Öl gar dünsten, durch den Fleischwolf drehen, das Paprikamus so lange dünsten, bis der Saft nahezu eingekocht ist.
Akazienblüten, gebacken: kleine Blütendolden waschen, abtrocknen, in Backteig tauchen und in Fett schwimmend backen, mit Zucker und Zimt bestreuen.
Akee (Aki), westindische Südfrucht mit glatter, gelb- bis rötlicher Schale und pfirsichähnlichem Fruchtfleisch. Die Akee platzt bei voller Reife auf und entwickelt dann ihren feinsten Geschmack. Die drei großen schwarzen Kerne sind giftig. Die Heimat dieser Frucht ist Westafrika, von dort kam der Akeebaum nach Jamaika und auf die anderen karibischen Inseln. Akee kann roh gegessen werden, wird aber meistens mit Tomaten, Chilli und anderem Gemüse gedünstet.
Alaska Cocktail: 1/3 gelber Chartreuse, 2/3 Gin, umrühren.

Albe, → Uckelei.

Alberginen, → Auberginen.

Albertine, à l'-: in Butter geschmolzene Tomaten und Spargelspitzen sowie Weißweinsauce mit gehackten Champignons, Trüffeln und Petersilie zu gedünstetem Fisch.

Albertsauce: weiße Mehlschwitze mit Fleischbrühe auffüllen, Sahne und geriebenes Weißbrot hineinrühren, geriebenen Meerrettich unter die Sauce ziehen, kurz durchkochen, mit Eigelb binden, zuletzt mit etwas Salz und englischem Senf würzen und mit reichlich Butter aufschlagen. Zu Hammel- oder Rindfleisch. – Prinz Albert von Sachsen-Coburg-Gotha, Gemahl der Königin Viktoria von Großbritannien und Irland, gab dieser englischen Sauce seinen Namen.

Albock, → Blaufelchen.

Albóndigas, spanische Fleischklöße: rohes Rindfleisch und frischen Speck durch den Fleischwolf drehen, mit Salz, Chilipfeffer und Knoblauch würzen, mit Ei binden, kleine flache Klöße formen, in Öl anbraten, in Tomatensauce und Weißwein gar schmoren.

Albuféra, à l'-: Poularden mit Risotto, Gänseleber- und Trüffelwürfeln füllen, dünsten, dazu Blätterteigtorteletts mit einer Füllung aus winzigen Hühnerklößen, Hahnennieren, gewürfelten Champignons und Trüffeln in Albuférasauce, belegt mit einer runden Scheibe Pökelzunge; dazu Albuférasauce. – Louis Gabriel Suchet, Herzog von Albuféra, 1770–1826, französischer Marschall, eroberte 1812 Valencia. Albuféra (span: Albufera) ist ein fischreiches Haff bei Valencia.

Albuférasauce: Geflügelrahmsauce mit Fleischextrakt und Paprikaschotenbutter vervollständigen. Zu Geflügel.

Albumin, Eiweißstoff des Fleisches.

Alcázartorte: je 80 g feingemahlene Mandeln und Zucker mit 2 Eigelb und etwas Vanille schaumig rühren, 40 g geschmolzene Butter und 1 steifgeschlagenes Eiweiß darunterziehen; eine Tortenform mit Mürbeteig auslegen, mit Aprikosenmarmelade bestreichen, die Mandelmasse daraufgeben, bei mittlerer Hitze abbacken; je 60 g feingemahlene Mandeln und Zucker mit 1 steifgeschlagenen Eiweiß vermischen, gitterförmig auf die Torte spritzen, im Ofen überbakken, mit passierter Aprikosenmarmelade bestreichen und mit Pistazien dekorieren. – Alcázar, Name der einst arabischen Stadtburgen in Spanien. Berühmt ist der Alcázar von Toledo, der 1936 im Bürgerkrieg zerstört wurde und heute Nationaldenkmal ist.

al dente (ital: bißfest), Teigwaren (Pasta) und Gemüse so weit garen, daß sie noch leicht »knackig« sind, also nicht zu weich.

Ale, englisches obergäriges Bier. Das helle Pale Ale ist leicht eingebraut und stark gehopft. Das dunklere Mild Ale ist kräftiger eingebraut und weniger stark mit Hopfen gewürzt.

Ale Flip: 1 TL Zucker, 1 Eigelb, Eisstückchen, schütteln, in Becherglas umgießen, mit Ale auffüllen.

Alemannia Cocktail: 1/3 Weinbrand, 1/3 Cherry Brandy, 1/3 Curaçao, umrühren.

Alexandersalat: Streifen von gekochtem Schinken, Champignons und Knollensellerie, von Äpfeln, roter Rübe und Chicorée in Essig, Öl, Salz, Pfeffer und Senfpulver marinieren, mit Mayonnaise binden.

Alexandra, à l'-: Fisch oder weißes Geflügel mit Trüffelscheibchen belegen, mit Mornaysauce bedecken und im Ofen überbacken; dazu grüne Spargelspitzen.

Alexandra Cognac, Cocktail: 1/3 Crème de Cacao (Kakaolikör), 1/3 Cognac (Weinbrand), 1/3 Sahne, schütteln.

Alexandra Gin, Cocktail: 1/3 Crème de Cacao (Kakaolikör), 1/3 Gin, 1/3 Sahne, schütteln.

Alexandrasalat: Grapefruitwürfel, frische Walnußkerne und Weinbeeren mit Essig-Öl-Marinade anmachen, mit Sauerkirschen garnieren.

Alexissalat: Bleichselleriestreifen und gehackte Walnüsse mit Essig-Öl-Marinade anmachen.

Alfons (Alphonse), à l'-: in Butter gedünstete Artischockenböden und Champignonköpfe sowie Madeirasauce zu gebratenen Fleischstückchen, wie z. B. Lendenschnitten. – Wir wissen nicht, wer dieser Alfons oder Alphonse war. Vielleicht ein unbekannter Koch aus der Gegend von Avignon oder gar der Dichter des unsterblichen »Tartarin von Tarascon«, Alphonse Daudet?

Algen, artenreiche und vielgestaltige Pflanzen, von denen bestimmte Meeresalgen in Japan, China und Korea als Gemüse oder Salat verzehrt werden. Neuerdings kommen Meeresalgen aus Japan oder aus der Bretagne auch bei uns getrocknet, zum Teil auch frisch, in den Handel. Wegen ihres Gehalts an hochwertigem Eiweiß, Kalzium, Eisen, Jod und Vitaminen zählen Algen zu den besonders wertvollen Nahrungsmitteln.

algerische Art, à l'algérienne: Batatenkroketten (ersatzweise Kartoffelkroketten), in Öl gedünstete kleine Tomaten sowie leichte Tomatensauce mit Streifen von roter Paprikaschote zu gebratenem oder geschmortem Fleisch.

Alhambrasalat: Streifen von Chicorée, Würfelchen von gekochter roter Rübe, Knollensellerie und Artischokkenböden mit leichter Mayonnaise binden. – Alhambra, die »rote Burg« der maurischen Könige von Granada, gilt als eines der großartigsten Werke islamischer Baukunst.

Alicesalat: Ananas- und Grapefruitwürfel sowie Apfelscheibchen mit Essig-Öl-Marinade anmachen, mit gehackten Haselnüssen bestreuen.

Alisier (Ebereschenbrand), Spezialität der Vogesen. Die im September geernteten Beeren liegen bis zum Ende des Jahres auf der Maische und werden dann destilliert. Das Herzstück des Brandes (Vor- und Nachlauf werden abgetrennt) reift sodann zwei bis drei Jahre der Wärme und der Kälte ausgesetzt auf dem Dachboden. 40 Vol. %. Typisches Mandelaroma.

Alkohol (Äthylalkohol, Weingeist), wesentlicher Bestandteil aller Branntweine und Liköre und auch in Wein, Bier und ähnlichen Getränken enthalten. – Alkohol entsteht durch Gärung von Zucker. Der Zucker spaltet sich dabei in Alkohol und Kohlensäure. In kleinen Mengen genossen wirkt Alkohol anregend, in größeren Mengen berauschend. Dieser Wirkung ist es zuzuschreiben, daß alkoholische Getränke (Wein, Bier) wahrscheinlich so alt sind wie der Mensch. Aber erst die Araber verstanden es, Alkohol zu destillieren und so den Alkoholgehalt ihrer Getränke zu erhöhen. Böse Zungen behaupten, daß Mohammed an dieser Entdeckung schuld sei, denn er hatte den Genuß von Wein verboten, nicht aber den Genuß von Schnaps.

Allasch, Kümmellikör, der aus Korn oder Kartoffeln unter Verwendung von Kümmeldestillat gebrannt wird. Er ist sehr süß und besitzt ein starkes, reines Kümmelaroma. Sein Alkoholgehalt beträgt mindestens 40 Vol. %. – Allasch war der Name eines Gutes bei Riga, auf dem der Likör 1823 zum ersten Male hergestellt wurde.
Allemande, → deutsche Sauce.
allemande, à l'-: → deutsche Art.
Allgewürz, → Piment.
Alligator, Cocktail: 3 cl Crème de Menthe, 4 cl Wodka, Saft einer Limette, Eiswürfel, schütteln; mit Zitronenscheibe am Glasrand dekorieren, Strohhalm beigeben.
Alligator Pear, → Avocado.
Allumettes (frz.: Zündhölzer), Vorspeise, → Blätterteigstäbe.
Aloyau (Sirloin of beef), das delikate Lendenstück des Rindes, → Rinderlendenstück.
alsacienne, à l'-: → Elsässer Art.
Alse (Maifisch, Finte), Heringsfisch der atlantischen Küstengewässer. Er steigt im Frühjahr zum Laichen in die Flüsse auf und wird dann wegen seines zarten und wohlschmeckenden Fleisches gefangen. Durch die Verschmutzung der Gewässer ist der bis 75 cm lange Fisch heute recht selten geworden.
Alse auf Bäcker-Art: gewürfelten mageren Speck und gehackte Zwiebel in Butter anrösten, den Fisch daraufsetzen, mit Weißwein auffüllen, feinstreifig geschnittenen Sauerampfer dazugeben, garziehen.
Alsterwasser, in Norddeutschland beliebtes Erfrischungsgetränk aus Bier und (Zitronen-)Limonade. → Radler.
Altbier, obergäriges Bier aus dem Rheinland.
alte Art, à l'ancienne: weißgedünstete kleine Zwiebeln und Champignons zu gekochtem Fisch, gebratenem Geflügel und Fleisch; zu Fisch wird meist noch Weißweinsauce gereicht.
alte Eier, → chinesische Eier.
Alt-Wiener Apfelstrudel wird wie → Apfelstrudel bereitet, nur kommt noch wenig saure Sahne auf die Äpfel, so daß dieser Strudel etwas »molliger« schmeckt.
Alufolie (Aluminiumfolie), hitze- und feuchtigkeitsbeständige Folie, in die Fleisch, Geflügel, Fisch usw. einschließlich Butter und würzender Zutaten eingewickelt und im eigenen Saft gedünstet werden. Die in Alufolie gegarten Speisen sind besonders zart, saftig und aromatisch.
Amaranth, Getreidesorte aus Mittelamerika, deren Samen einen hohen Gehalt an Lysin (lebensnotwendige Aminosäure) aufweisen und für Backwaren sowie Getreidegerichte verwendet werden. Die Blätter der Pflanze können wie Spinat zubereitet und verzehrt werden.
Amarellen (Amorellen), festfleischige Sauerkirschenart.
Amaretti, kleine italienische Mandelmakronen, die gern zum Espresso gereicht werden.
Amaretto (ital. amaro = bitter), norditalienischer Mandellikör mit feinem Vanillegeschmack. 20–21 Vol. %. Stets kühl servieren. Wird gern mit Kaffee oder Organgensaft gemischt.
Amaro, italienischer bitterer Kräuterlikör, der vor allem als Digestif dient. Die bekanntesten Marken sind Fernet-Branca und Ramazotti.
Amazonenmandeln, → Paranüsse.
ambassadeur, à l'-: → Botschafter-Art.
Ambrosia, Obstsalat: dünn geschnittene Apfelsinen- und Ananasscheib-

chen mit Zucker bestreuen, mit Sherry begießen, mit gehobelten Mandeln bestreuen, eiskalt servieren. – Ambrosia war die Lieblingsspeise der griechischen Götter, die ihnen Unsterblichkeit verlieh.

Ameisensäure, sauer riechende und brennend schmeckende Flüssigkeit, die vor allem in Ameisen und Brennnesseln enthalten ist, heute aber synthetisch hergestellt und als Konservierungsmittel verwendet wird.

amerikanische Art, à l'américaine: Hummerscheiben und amerikanische Sauce zu gedünstetem Fisch (ursprünglich: armorikanische Art; bretonisch: armor = Meer). – Maiskroketten und gebratene Batatenscheiben zu Geflügel. – Geröstete Scheibchen von Frühstücksspeck, Bananenstückchen in Backteig, Ananasecken, gedünstete Tomaten, Maiskörner und Strohkartoffeln zu gebratenem Fleisch.

amerikanische Salate, Bezeichnung für pikant angemachte Obstsalate.

amerikanische Sauce (Sauce américaine): kleingeschnittenes Wurzelwerk und gestoßene Hummerschalen kräftig anrösten, mit Weinbrand flambieren, mit Weißwein ablöschen, mit Tomatenmark durchkochen, passieren, etwas weiße Fischgrundsauce hinzufügen, gut würzen und mit Butter aufschlagen. Zu Fisch und Krustentieren.

amerikanischer Salat: Scheiben von gekochten Kartoffeln und enthäuteten Tomaten, Bleichselleriestreifen und Zwiebelringe mit Essig-Öl-Marinade anmachen, mit Eivierteln garnieren.

amiral, à l'-: → Admirals-Art.

Ammerländer Salat: Scheibchen von gebratener Putenbrust, rohen Champignons und Tomaten mit Zitronen-Öl-Marinade anmachen, mit leichter Mayonnaise binden, Estragon, Kerbel und gehackte Haselnüsse darüberstreuen, mit Eischeiben garnieren. – Das Ammerland ist eine norddeutsche Landschaft, das Kerngebiet Oldenburgs.

Ammonium, Ammoniumkarbonat, Backtreibmittel, → Hirschhornsalz.

Amorellen, → Amarellen.

Amourettes (frz: Liebeleien), kleine köstliche Gerichte aus dem Rückenmark von Kalb, Rind oder Hammel.

Amourettes auf französische Art: vorgekochte Markscheiben, gedünstete Champignons und – wenn möglich – Trüffeln in winzige Würfel schneiden und mit deutscher Sauce binden, kleine Rollen formen, in Backteig hüllen und in Fett schwimmend backen; dazu Ravigote.

Amuse-gueules (frz: Gaumenfreude), kleine appetitanregende Happen, die vor dem Essen zum Aperitif gereicht werden. Vgl. → Antipasti, → Sushi, → Tapas.

Ananas (Pineapple), hocharomatische, saftreiche Südfrucht, die »Königin der Tropenfrüchte«, ursprünglich in Westindien und Mittelamerika beheimatet. 1493 lernte Kolumbus auf Guadeloupe als erster Europäer die Ananas kennen. 1886 brachte der Engländer Kidwell 1000 Pflanzen nach Hawaii und begründete damit den Ruf des Inselstaates als größtes und idealstes Anbaugebiet für Ananas. Heute wird die Frucht auch in Brasilien, Australien, Südafrika, an der Elfenbeinküste, auf Formosa und auf den Azoren kultiviert. Ananasfrüchte können bis 10 kg schwer werden, meist liegt ihr Gewicht aber zwischen 1 und 4 kg. Ananas kommt frisch oder in Dosen konserviert in den Handel. Dosenananas wird in Scheiben, in

Stücken oder geschnitzelt angeboten. Die Ananasfrucht wird erst in Scheiben geschnitten, dann geschält und vom harten Kernfleisch befreit. Die Scheiben oder Scheibenstücke bestreut man nach Belieben mit Zucker, träufelt etwas Zitronensaft darüber und aromatisiert mit Weinbrand, Rum oder Curaçao bzw. einem wenig süßen Fruchtaromalikör, Schlagsahne ist eine willkommene Ergänzung. Frische Ananasscheiben kann man auch mit heißer Schokolade oder erhitztem Himbeermark überziehen.

Ananas Condé, warme Süßspeise: dünne, in Vanilleläuterzucker gedünstete Ananasscheiben auf Reis Condé anrichten, mit Konfitkirschen und Angelika dekorieren und mit heißer Aprikosensauce mit Rum bedecken.

Ananas, flambiert: Ananasringe (am besten frisch) auf Biskuitböden setzen, die mit Maraschino getränkt wurden, mit Kirschwasser flambieren.

Ananas auf Prinzessin-Art: Scheiben von frischer Ananas mit Maraschino und Zucker aromatisieren, jede Scheibe auf einen gleichgroßen Biskuitboden setzen, je eine Kugel Erdbeereis in die Mitte setzen, mit Schlagsahne verzieren und mit Walderdbeeren dekorieren.

Ananasbeilage: rohe Ananasscheiben in Butter dünsten, pfeffern, leicht mit Mango-Chutney begießen; Beilage zu Braten aller Art.

Ananasbowle: 250 g Ananaswürfel mit 2 Flaschen Rheinwein auffüllen, etwa 30 Minuten ziehen lassen, zuletzt 1 Flasche Sekt dazugießen, eiskalt servieren. Oder: 250 g Ananaswürfel mit 0,3 l Weinbrand begießen, 2 Stunden zugedeckt im Kühlschrank ziehen lassen, 2 Flaschen Sekt dazugießen, eiskalt servieren.

Ananas Cobbler: 1 Glas Weißwein, 1 BL Zitronensaft, 3 BL Ananassaft, 1 BL Zucker, umrühren, etwas Mineralwasser und kleine Ananaswürfel hinzufügen.

Ananasgelee: frische Ananas feinhacken und entsaften, den Saft filtrieren, mit stockendem Geleestand mischen, in Gläser oder Schalen füllen, im Kühlschrank erstarren lassen.

Ananaskaltschale: gedünstete Ananas feinhacken, mit dem Fruchtsaft und mit Weißwein verrühren, Ananasscheiben in Zucker und Zitronensaft hineingeben, eiskalt auftragen.

Ananas-Karotten-Salat: Ananaswürfel mit Apfelsinensaft und Sahnemayonnaise anmachen, auf Kopfsalatblättern anrichten, mit Karottenstreifen in Zitronensaft und Öl garnieren.

Ananaskirsche, → Kapstachelbeere.

Ananaskonfitüre, Zubereitung aus frischen Ananasstücken und Zucker, kann mit Rum aromatisiert werden.

Ananaskrapfen: halbierte frische Ananasscheiben mit Kirschwasser und Vanillezucker aromatisieren, durch Backteig ziehen, in Fett schwimmend backen, mit Puderzukker bestäuben.

Ananaskraut: gehackte Zwiebeln in Gänseschmalz anschwitzen, mit Kräuterbündel und Rauchspeck in Weißwein dünsten, Würfel von frischer Ananas und Ananassaft hinzufügen und kurz fertigdünsten. Beilage zu gebratenem Wild. Die Bezeichnung »Kraut« rührt von der krautartigen Beschaffenheit dieser Zubereitung her.

Ananaslikör, Fruchtsaftlikör aus reifer Ananasfrucht. Er enthält mindestens 25 Vol. % Alkohol.

Ananasmelonen, → Melonen.

Ananaspunsch: in jedes Punschglas 1–2 TL Zucker, 2 TL Zitronensaft, einige Ananaswürfel und etwa 5 cl Arrak geben, mit kochendem Wasser auffüllen.

Ananassalat auf indische Art: Würfel von Ananas, Äpfeln und gekochten Kartoffeln sowie Bleichselleriestreifen mit Mayonnaise, die mit Currypulver, Tomatenketchup und gehacktem Mango-Chutney gewürzt wurde, binden.

Ananassauce, warme Süßspeisensauce: Ananassaft (aus der Dose) erhitzen, leicht mit Stärkemehl binden und mit Kirschwasser abschmecken, Ananasscheibchen als Einlage.

Ananastörtchen Geisha: Mürbeteigtorteletts mit Apfelsineneis füllen, mit je einer kleinen Scheibe frischer Ananas bedecken, die mit Zucker und Maraschino aromatisiert wurde, mit gebundenem Ananassaft überziehen.

Ananastorte: eine Tortenspringform mit Mürbeteig auslegen; Butter, Zukker und Eigelb schaumig rühren, Eiweiß mit Zucker steif schlagen, unter die Eigelbcreme ziehen, gehackte Ananas ebenfalls darunterziehen, alles auf dem Teigboden verteilen und im Ofen abbacken, mit passierter Aprikosenmarmelade überziehen, mit Fondant überglänzen und mit kandierter Ananas dekorieren.

anbraten, Fleischstücke starker Hitze (300–350°C) aussetzen, damit sich die Poren blitzschnell schließen und der wertvolle Fleischsaft nicht mehr austreten kann. Das Äußere des Fleisches wird beim Anbraten mehr oder weniger stark gebräunt.

anbrennen, durch zu starkes oder langes Erhitzen bzw. durch fehlende Flüssigkeit kann es geschehen, daß Speisen am Boden des Kochgeschirrs anbacken, verkohlen und somit – zumindest teilweise – ungenießbar werden. Um wenigstens den unverdorbenen Teil der Speise zu retten, setzt man diesen sofort in ein neues Geschirr um.

Anchovis (Anschovis), kleiner Heringsfisch Süd- und Westeuropas, der durch Salzen eß- und zugleich haltbar gemacht wird und als → Sardelle in den Handel kommt.

ancienne, à l'-: → alte Art.

andalusische Art, à l'andalouse: mit Reis gefüllte Paprikaschoten, mit gedünsteten Tomaten gefüllte Auberginenscheiben, Chipolatas und gebundener Bratensaft zu Fleisch oder Geflügel.

andalusische Rahmsuppe: Zwiebelscheiben in Butter anschwitzen, kleingeschnittene Tomaten dazugeben und kurz dünsten, mit Reismehl bestäuben, Fleischbrühe aufgießen, salzen und pfeffern, langsam durchkochen, passieren, mit Sahne verfeinern, gekochten Reis, gewürfelte Tomaten und streifig geschnittene, in Butter gedünstete rote Paprikaschoten in die Suppe geben.

andalusische Sauce (Sauce andalouse): Mayonnaise mit etwas Tomatenpüree und gewürfelten roten Pfefferschoten abwandeln.

andalusischer Salat: körnig gekochter Reis, Streifen von grünen Paprikaschoten, gehackte Zwiebeln und Petersilie mit Essig-Öl-Marinade anmachen, mit Knoblauch würzen, mit Tomatenvierteln garnieren.

Andarini, italienische Nudelart in Form großer Linsen.

Andivi, → Endivie.

Andorrasalat: Garnelen mit Mayonnaise binden (Krabben in Mayon-

1 Aal 2 Abalone 3 Ananas 4 Angelika 5 Apfel

naise) und mit feinen Streifen von grünen Paprikaschoten bestreuen, unmittelbar vor dem Anrichten mit Gurkenscheiben garnieren, die mit Zitronensaft, Öl, Salz, Pfeffer und Dill angemacht wurden.

Andouille, berühmte französische Wurst aus Kalbsgekröse, Schweinemagen und Schweinebauch, pikant gewürzt und gekocht.

Anellini, italienische Teigwaren, in dünne Ringe geschnittene Makkaroni.

Angelika (Engelwurz), Doldengewächs, Heil- und Aromapflanze. Das ätherische Öl der Wurzel wird zum Würzen von Likören und Branntweinen verwendet. Die kandierten dicken Blattstiele dienen als Dekoration von Süßspeisen.

Angel's Kiss: 2/3 Apricot Brandy, 1/3 frische Sahne, nicht umrühren.

Angels on horseback (engl: Engel zu Pferde), englische Spezialität: frische Austern in Wasser erhitzen, bis sie steif sind, gut abtropfen, jede Auster in eine hauchdünne Scheibe Frühstücksspeck wickeln, je vier Austern auf ein Spießchen stecken, grillen, auf gebuttertem Röstbrot anrichten, leicht mit Cayennepfeffer bestreuen.

anglais (frz: englisch), Garstufe beim Fleischbraten: das Fleisch ist innen durchgehend rosa.

anglaise, à l'-: → englische Art.

Angler, → Lotte.

Angostura Bitter, Würzbranntwein, der unter Verwendung von Extrakten aus der Rinde des Cuspa- oder Angosturabaumes und aus anderen aromatischen Kräutern und Gewürzen, wie Angelika, Galgant, Enzian, Chinarinde, Pomeranzenschale, Gewürznelke, Kardamom usw., hergestellt wird. Einige Spritzer Angostura Bitter vollenden den Geschmack vieler Cocktails.

Anguilotti, in Gelee eingelegte junge Aale.

Angurien, → Melonen.

Angusrinder, in der mittelschottischen Grafschaft Angus gezüchtete Rinderrasse, deren Mastochsen für ihr qualitätvolles Fleisch berühmt sind; heute kommt Angusvieh vor allem aus Argentinien.

Anis, die reifen, 3–5 mm langen Samenkörner (Doppelfrüchte) der im Mittelmeerbereich heimischen Anispflanze. Die würzig-süß schmeckenden, hocharomatischen Anissamen werden in Gebäck, Süßspeisen und Saucen verwendet; sie dienen auch zum Aromatisieren von Likören (Anisette), Branntweinen (Ouzo, Raki) und Aperitifs (Pernod, Ricard). Anis wird zum Würzen fein zerstoßen, verliert dann aber schnell an Würzkraft. – Der wertvollste Anis kommt aus Apulien, einer süditalienischen Landschaft.

Anisette, Gewürzlikör mit kräftigem Anisgeschmack. Weitere würzende Bestandteile sind Fenchel, Koriander und Veilchen. Anisette hat einen Alkoholgehalt von mindestens 30 Vol. %.

Anisgueteli, schweizerisches Gebäck: 80 g Mehl, 250 g Zucker, 10 g gestoßener Anis, etwas abgeriebene Zitronenschale und 3 steifgeschlagene Eiweiß zu einem Teig verrühren, etwa bleistiftdick ausrollen, viereckig ausstechen, bei schwacher Hitze abbacken.

Anisplätzchen: 2 Eigelb mit 125 g Zucker schaumig rühren, je 65 g Weizen- und Stärkemehl sowie 1 TL Anis zugeben und zu einem Teig verarbeiten, zuletzt 2 steifgeschlagene Eiweiß unter den Teig ziehen, in kleinen Häufchen auf ein gefettetes Blech setzen, einige Stunden ruhen lassen, hell backen.

Anitasalat: Streifen von gekochtem

Knollensellerie, Spargelstückchen und Garnelen getrennt mit Essig-Öl-Marinade anmachen und mit Mayonnaise binden, mit gehackter roter Paprikaschote bestreuen und mit Eischeiben garnieren.

Anke, → Blaufelchen.

anlaufen lassen, → anschwitzen.

Annakartoffeln: geschälte, rohe Kartoffeln in Scheiben schneiden, in eine flache Pfanne schichten, salzen, pfeffern, Butterstückchen dazwischengeben und im Ofen knusprig backen.

Annette, à l'-: halbgebratene Fleischscheiben mit Artischockenpüree bedecken und im Ofen überbacken, dazu grüne Spargelspitzen, Annakartoffeln und Bratensaft.

Annettesalat: Muscheln, Bleichselleriestreifen und Kartoffelscheibchen mit leichter Mayonnaise binden.

Annona, → Cherimoya.

Anone, → Cherimoya.

Anone in Champagner: die Frucht schälen, halbieren, entkernen, in Scheiben schneiden, eiskalt anrichten, mit Sekt begießen.

ansautieren, → anbraten.

Anschovis, → Anchovis, → Sardelle.

anschwitzen, Mehl, Gemüse usw. in Fett leicht anrösten (anlaufen, anziehen lassen), ohne daß sich die Speise verfärbt.

Antiber Art, à l'antiboise: Seefisch panieren und in Öl braten, dazu geschmorte Tomaten, die kräftig mit Knoblauch gewürzt wurden. – Antibes, eine malerische Stadt an der französischen Riviera.

Antiber Sauce (Sauce antiboise): Mayonnaise mit Tomatenmark verrühren, mit Sardellenpaste würzen, feingehackten Estragon unter die Sauce ziehen. – Vor allem zu Krustentieren wie Hummer oder Langusten.

Antipasti (Einzahl: Antipasto), italienische Vorspeisen, die aus Krabben, Muscheln, Tintenfischen, Sardinen, Thunfisch, Oliven, Artischocken, Pilzen, Zwiebeln, Tomaten, Paprikaschoten, Fenchel, Salami, Schinken usw. bestehen und oft mit Essig, Öl und Kräutern angemacht sind.

Antwerpener Art, à l'anversoise: Torteletts mit Hopfenkeimen in Sahnesauce zu Geflügel oder Fleisch.

anziehen lassen, → anschwitzen.

A. O. C. (= Appellation d'Origine Contrôlée), Bezeichnung für französische Weine mit geprüfter Ursprungsangabe; diese Weine müssen bestimmte Bedingungen hinsichtlich Anbaugebiet, Rebsorte, Maximalertrag pro Hektar, Mindestalkoholgehalt, Art des Anbaus und der Weinherstellung erfüllen.

à part (frz: beiseite), gesondert serviert, z. B. eine Sauce.

Aperitif, erfrischendes, meist mit Kräutern oder Gewürzen aromatisiertes alkoholisches Getränk, das ursprünglich als Appetitanreger nur vor den Mahlzeiten getrunken wurde, heute aber zu jeder Tageszeit gereicht werden kann. Aperitifs sind vor allem in Frankreich und Italien sehr beliebt. Man serviert sie pur, mit Eisstücken (on the rocks), mit Sodawasser, mit klarem Wasser oder gemixt. Die bekanntesten Aperitifs sind in Frankreich Byrrh, Dubonnet, Noilly-Prat, Pernod, Picon, Ricard usw., in Italien Campari, Cinzano, Gancia, Martini usw.

Aperol, leichter Magenbitter, hergestellt aus Rhabarber, Enzian, Chinarinde, Pomeranzenschale und verschiedenen Kräutern, meist mit Mineralwasser, Grapefruitsaft, Weißwein oder Prosecco als Longdrink serviert.

Äpfel, das wohl älteste und verbreitetste Kernobst. Hauptanbaugebiete befinden sich in Deutschland, Österreich, England, Frankreich, Italien, Nordamerika, Südafrika und Australien. Kein Obst ist so vielseitig verwendbar wie der Apfel. Er ist Sinnbild der Liebe, Fruchtbarkeit, Jugend und Schönheit und im Christentum Symbol der Sünde. – Die wichtigsten Apfelsorten sind Ananas-Renette, Berlepsch, Boskop, Cox' Orangen-Renette, Finkenwerder Prinz, Geheimrat Oldenburg, Gelber Bellefleur, Golden Delicious, Goldparmäne, Gravensteiner, James Grieve, Jonathan, Landsberger Renette, Martini, Ontario, Ripston Pepping, Zuccalmaglio.

Äpfel mit Bananencreme: kleine, würzige Äpfel leicht aushöhlen, schälen und in verdünntem Weißwein garziehen lassen, die abgetropften Äpfel mit Bananencreme füllen, je eine Cocktailkirsche daraufsetzen, die Äpfel mit Weißweingelee überziehen.

Apfel-Crumble (apple-crumble; von engl: to crumble = zerbröckeln), englischer Apfelkuchen: 750 g würzig-knackige Äpfel schälen, in Stücke schneiden und mit Zitronensaft beträufeln, damit sie nicht braun werden; 100 g weiche Butter, 100 g Zukker, 150 g Vollkornmehl und 1 TL Zimt zu einem festen Teig kneten und zu Streuseln zerbröseln; die Apfelstücke auf den Boden einer gefetteten Auflaufform setzen, die Apfelschicht mit den Streuseln bedecken, den Crumble etwa 30 Minuten im Ofen bei 200°C backen.

Äpfel Grimaldi: einen Tortenboden aus Mürbeteig backen, mit Süßspeisenreis füllen, in Vanilleläuterzucker gedünstete Apfelviertel auf den Reis setzen, mit gestoßenen Makronen bestreuen, mit Puderzucker bedecken, im Ofen kurz überglänzen; dazu englische Sauce, die mit Curaçao aromatisiert wurde.

Äpfel Mistral: aus festen, würzigen Äpfeln das Kerngehäuse ausstechen, die Äpfel schälen, in Läuterzucker mit Kirschwasser dünsten und darin auskühlen lassen, gut abgetropft anrichten, mit Erdbeerpüree überziehen; dazu Schlagsahne.

Äpfel im Schlafrock: aus festen, würzigen Äpfeln das Kerngehäuse ausstechen, die Äpfel schälen, mit einer Mischung aus Zucker, Butter und Korinthen füllen, in 5 mm dick ausgerollten Mürbeteig hüllen, mit Eigelb bestreichen und im Ofen abbakken. Statt Mürbeteig kann man auch Blätterteig nehmen.

Apfelauflauf: 250 g dickes Apfelmus mit 100 g Zucker und 4 Eigelb verrühren, etwas Vanillezucker hinzufügen, 3 steifgeschlagene Eiweiß darunterziehen, in eine ausgebutterte Auflaufform füllen und im Ofen abbacken.

Apfelausstecher, Küchengerät zum Ausstechen des Kerngehäuses aus dem geschälten, aber unzerschnittenen Apfel. Der Apfel kann dann gefüllt und gedünstet oder in Ringe zerschnitten werden.

Apfelbachis, schweizerische Eierkuchenspezialität: 3/8 l Milch, 2–3 Eier, je 1 EL Mehl, Zucker und Weißwein verquirlen, mit eingezuckerten Apfelwürfeln vermischen, in Butter goldgelb backen, mit Zucker und Zimt bestreuen.

Apfelbananen, kleinfingrige Bananen (bis 10 cm lang) aus Kenia mit würzigem Apfelgeschmack; sehr geeignet für Obstsalate, zum Dekorieren von Braten und zum Flambieren.

Apfelbananen mit Birnen und Ki-

wis: reife Apfelbananen, Birnen und Kiwifrüchte schälen, in feine Scheiben schneiden und alles mit Zucker überstreuen, mit Mandellikör beträufeln; den exotischen Obstsalat mindestens 30 Minuten in den Kühlschrank stellen und mit Sahnehäubchen und gehackten Pistazien auftragen.

Apfelbeignets, → Apfelkrapfen.

Apfel-Blumenkohl-Salat: Apfelscheibchen und geraspelten rohen Blumenkohl mit Zitronensaft marinieren, mit Quark, etwas Milch, Zitronensaft, wenig Salz und Paprika anmachen.

Apfelbowle: 1 kg würzige Äpfel schälen, in feine Scheibchen schneiden und sofort mit 1 Flasche Weißwein begießen, damit die Apfelscheiben nicht braun werden und ihren Duft verlieren; etwas Zucker-Wein-Lösung, wenig Zimt und eine Zitronenschalenspirale beifügen; 10 Stunden zugedeckt ziehen lassen, 1 weitere Flasche Weißwein und 1 Flasche Sekt dazugießen, eiskalt servieren.

Apfelbranntwein, durch Vergären und Brennen von Äpfeln hergestellter Branntwein. Sein Alkoholgehalt beträgt 38 bis 50 Vol. %. Der berühmteste Apfelbranntwein ist der Calvados, eine Spezialität der Normandie.

Apfelcharlotte: 1 kg Äpfel in Scheiben schneiden, mit 200 g Zucker und 80 g Rosinen in Butter dünsten; 60 g Zucker mit 1 EL Wasser karamelisieren, 1/4 l Milch hinzurühren, Löffelbiskuits mit der Karamelmilch leicht tränken und eine Springform auslegen, schichtweise mit Äpfeln und Biskuits füllen, die Charlotte gut durchkühlen und mit Apfelspalten und Rosinen garnieren.

Apfelchüchli, schweizerische Apfelkrapfen, mit Zimt und Zucker bestreut.

Apfel-Chutney, Würzsauce: einige Äpfel im Ofen backen, durch ein Sieb streichen, mit dem Saft roter Rüben färben, kräftig mit Salz, Cayennepfeffer und Essig würzen, stark einkochen. Zu kaltem Braten, vor allem zu Hammelbraten.

Apfel Cobbler: 1 Glas Apfelwein, 1 BL Zitronensaft, 1 BL Zucker, umrühren, etwas Mineralwasser und Apfelscheibchen hinzufügen.

Apfelessig, Speiseessig aus Apfelwein, dessen Heilkraft heutzutage mehr geschätzt wird als sein erfrischender fruchtig-säuerlicher Geschmack, der sich nach der verwendeten Apfelsorte richtet. In der Küche würzt Apfelessig verschiedene Rohkostsalate, mariniert Geflügel und Fisch und dient zum Einlegen von Früchten.

An heißen Sommertagen erfrischt dieses Apfelessiggetränk: 2 EL Apfelessig und 1 EL Sanddornsaft mit 1 TL Honig im Glas verrühren und mit Mineralwasser auffüllen. Kühl servieren.

Ein Hinweis außerhalb der Kochkunst: Eine regelmäßige Zugabe von Apfelessig zum Badewasser (etwa ein Schuß) sorgt für eine schöne, reine Haut, als Mundspülung verhindert Apfelessig Zahnfleischbluten und Mundgeruch, bei der Haarwäsche gibt ein Schuß Apfelessig im letzten Spülwasser dem Haar seidigen Glanz.

Apfelgelee: klaren Apfelsaft mit stokkendem Geleestand mischen, in Gläser oder Schalen füllen, im Kühlschrank erstarren lassen.

Apfelkaltschale: gedünstete Äpfel pürieren, mit Weißwein verrühren, Apfelwürfel und Rosinen hineingeben, nach Geschmack süßen, eiskalt auftragen.

Apfel-Karotten-Salat: geraspelte Äpfel und Karotten mit saurer Sahne, Zitronensaft und etwas Zucker anmachen, mit gehackten Pistazien bestreuen.

Apfelkompott: Äpfel schälen, in dünne Scheiben schneiden, mit Zukker und einer Zitronenschalenspirale in wenig Wasser dünsten, ohne daß die Scheiben zerfallen, die Zitronenschale wieder entfernen.

Apfelkrapfen: würzige Äpfel schälen, in Scheiben schneiden, die Apfelscheiben mit Rum und Zucker aromatisieren, durch Backteig ziehen, in Fett schwimmend backen, mit Vanillezucker bestäuben.

Apfelkraut, Brotaufstrich aus dick eingekochtem Apfelsaft ohne Zuckerzusatz. Berühmt wegen seines feinsäuerlichen Geschmacks ist das rheinische Apfelkraut.

Apfelkren, → Apfelmeerrettich.

Apfelkroketten, dünne Eierkuchen mit dickem Apfelmus bestreichen, einrollen, in Stücke schneiden, mit Ei und geriebenem Weißbrot panieren, goldgelb überbacken; dazu Weinschaumsauce.

Apfelkuchen, → Apfeltorte, → Tarte Tatin.

Apfelmeerrettich (Apfelkren): geriebenen Meerrettich mit geraspeltem süßsaurem Apfel vermischen, mit etwas Sahne binden, mit Zitronensaft, etwas Salz und Zucker abschmecken. Zu kaltem Fleisch oder Fisch.

Apfelmeringen: mittelgroße, würzige Äpfel schälen, das Kerngehäuse ausstechen, die Äpfel in Weißwein, Zukker und etwas Butter dünsten, mit Sultaninen, die in Weißwein aufgekocht wurden, füllen, auf Milchreis setzen, mit Baisermasse bespritzen und im Ofen überbacken; dazu warme Aprikosensauce.

Apfelmost, unvergorener, aus frischen Äpfeln gepreßter Apfelsaft.

Apfelmus: Äpfel (Falläpfel) ungeschält vierteln, mit wenig Wasser zugedeckt dünsten, bis sie zerfallen, durch ein Sieb streichen, das Mus mit Zucker und etwas Zimt würzen.

Apfel-Paprikaschoten-Salat: Streifen von Äpfeln und roten Paprikaschoten mit süßer Sahne, Zitronensaft, geriebenem Meerrettich und etwas Salz anmachen.

Apfelpastete, → Apple Pie.

Apfelreis: 750 g Äpfel schälen, in Scheiben schneiden, in 1 l siedende Fleischbrühe geben, etwas salzen, 250 g Rundkorn-Reis dazuschütten, bei gelinder Hitze quellen lassen.

Apfelsaft, muß wie Apfelmost aus 100% Fruchtsaft bestehen. Er senkt den Cholesterinspiegel und beugt Herzinfarkt und Arterienverkalkung vor, zugleich ist er ein bewährtes Mittel gegen Durchfall.

Apfelsalat auf holländische Art: kleine Scheiben von Äpfeln und Zwiebeln mit Zitronensaft, Öl und etwas Salz anmachen.

Apfelsauce, englische, → Apple Sauce.

Apfelsinen (Orangen), Früchte des Orangenbaumes, der in China beheimatet ist und heute im Mittelmeerraum, in Südafrika und in Kalifornien kultiviert wird. Herzog Antoine von Bourbon legte 1533 in Südfrankreich die erste »Orangerie« an, in der die Pflanzen aber ausschließlich wegen ihrer Schönheit gehalten wurden. Die erste Apfelsinenplantage auf europäischem Boden entstand erst 1792 im spanischen Carcagete bei Valencia. Heute werden jährlich viele Millionen Tonnen Apfelsinen in der Welt geerntet. Das saftige, gelbe bis blutrote Fruchtfleisch ist reich an Vitamin C. Die mehr oder weniger dicke Schale der Apfelsinen enthält das hocharomatische Orangenschalenöl. Zu den wichtigsten Apfelsinensorten zählen die großen, dickschaligen, kernlosen, süßen Jaffa-Apfelsinen aus Israel, die kleinen dünnschaligen, fast kernlosen, erfrischenden sizilianischen, die mittelgroßen, dickschaligen, schwachsüßen spanischen und die kleinen, dünnschaligen, süßen Maroc-Apfelsinen.

Apfelsinen Harlequin, mit feinen Früchten gefüllte Apfelsinen, in Zuckersirup eingelegt. Tafelfertig in Gläsern. Die Apfelsinen werden in Scheiben geschnitten, auf einer feinen Creme angerichtet oder zu Wild, Ente oder Roastbeef gereicht.

Apfelsinen Ilona: Schokoladeneis mit gehackter Ingwerpflaume vermischen, in gekühlte Schalen füllen, Apfelsinen in kleine Würfel schneiden, mit Aprikosensauce binden und auf das Eis geben, mit Schlagsahne dekorieren, Krokant darüberstreuen; eiskalt servieren.

Apfelsinen auf Königin-Art: Apfelsinen in kleine Würfel schneiden, mit Walderdbeeren mischen, zuckern, mit Kirschwasser aromatisieren, in gekühlte Schalen füllen, mit Schlagsahne dekorieren.

Apfelsinenauflauf: 4 Eigelb und 125 g Zucker schaumig schlagen, mit etwas Milch verrühren, heißen, frisch ausgepreßten Apfelsinensaft unter Rühren hinzugießen, auf dem Herd cremig rühren, 6 steifgeschlagene Eiweiß unter die Creme ziehen, in eine ausgebutterte Auflaufform füllen und im Ofen abbacken.

Apfelsinen-Bananen-Salat: Apfelsinenspalten und Bananenscheiben leicht einzuckern und mit Rum begießen.

Apfelsinenbowle: 4–5 Apfelsinen schälen, in Scheiben schneiden, leicht zuckern, mit 1 Prise Zimt würzen, mit 1 Flasche Weißwein auffüllen, 2 Stunden zugedeckt ziehen lassen, zuletzt 1 weitere Flasche Weißwein und 1 Flasche Sekt dazugießen, eiskalt servieren.

Apfelsinenbutter: 80 g Butter und 60 g Puderzucker schaumig rühren, den Saft und die abgeriebene Schale einer Apfelsine sowie ein Gläschen Curaçao darunterziehen. Beliebte Füllung für Omeletts u. dgl.

Apfelsinen-Chicorée-Salat: kleingeschnittene Apfelsinen und Chicorée mit saurer Sahne oder Joghurt, Mandarinen- und Zitronensaft anmachen oder mit Apfelsinensaft und Honig vermengen.

Apfelsinencreme, kalte Süßspeise: wie → bayerische Creme bereiten, statt Zitronensaft aber Apfelsinensaft nehmen und die Milch mit abgeriebener Apfelsinenschale aromatisieren; die fertige Creme mit Schlagsahne und Apfelsinenspalten garnieren.

Apfelsinengelee: Apfelsinensaft filtrieren, mit stockendem Geleestand mischen, mit etwas Curaçao aromatisieren, in Gläser oder Schalen füllen, im Kühlschrank erstarren lassen.

Apfelsinenkaltschale: Apfelsinensaft, etwas abgeriebene Apfelsinenschale und Zucker mit Weißwein verrühren, Apfelsinenscheibchen als Einlage, eiskalt auftragen.

Apfelsinenkonfitüre (Orange Jam): Zubereitung aus Apfelsinensaft, feinstreifig geschnittener Apfelsinenschale und Zucker, kann mit Rum oder Weinbrand aromatisiert werden.

Apfelsinenkrapfen: kernlose Apfelsinenspalten mit Grand Marnier und Puderzucker aromatisieren, durch Backteig ziehen, in Fett schwimmend backen; dazu Aprikosensauce mit Grand Marnier.

Apfelsinenmayonnaise, für Salate: Mayonnaise mit Apfelsinensaft verrühren.

Apfelsinenmeerrettich: 4 gehäufte EL geriebenen Meerrettich mit 3–4 EL Sahne binden, mit etwas Salz und Zucker würzen und mit abgeriebener Apfelsinenschale und 2 EL Apfelsinensaft vollenden. Zu gebratenem Fleisch.

Apfelsinensalat: Apfelsinenspalten zuckern, mit Curaçao und Kirschwasser übergießen.

Apfelsinensauce (Sauce à l'orange): feingeschnittene Apfelsinenschale kurz brühen, in Portwein auskochen, mit würziger Kraftsauce und Kalbsfond verkochen, mit etwas Curaçao parfümieren. Zu Enten- und Gänsebraten.

Apfelsinenwein, weinähnliches Getränk aus gezuckertem und vergorenem Apfelsinensaft. Das erfrischende Getränk hat einen Alkoholgehalt von etwa 10 Vol. %.

Apfelstrudel, österreichische Spezialität: Strudelteig vorsichtig ausrollen, dann auseinanderziehen, zwei Drittel der Fläche mit in Fett gerösteter geriebener Semmel bestreuen, darauf Apfelscheibchen verteilen, mit Zukker, Zimt und Rosinen bestreuen, Rum darübersprühen, den Strudel so einrollen, daß das ungefüllte Teigdrittel nach außen kommt und die Teighülle verstärkt; den Strudel mit Ei bestreichen und bei mittlerer Hitze abbacken.

Apfeltaschen: Äpfel in dünne Scheiben schneiden, kurz in Butter dünsten, zuckern und mit Weinbrand aromatisieren, auskühlen lassen; Blätterteigquadrate mit den Äpfeln füllen, dreieckförmig zusammenklappen, die Ränder mit Wasser oder Eiweiß verkleben, die Taschen mit Ei bestreichen, mehrmals einstechen und im Ofen abbacken, mit Zuckerglasur überziehen.

Apfeltorte: eine Tortenspringform mit Mürbeteig auslegen, mit dickem, süßem, kaltem Apfelmus füllen, Apfelscheiben darüberdecken, im Ofen abbacken; mit Puderzucker bestäuben, mit heißer, passierter Aprikosenmarmelade leicht überziehen.

Apfelwein, weinähnliches Getränk aus vergorenen Äpfeln. Apfelwein schmeckt erfrischend, regt den Appetit und die Verdauung an und wird vor allem in Hessen, Baden, Württemberg und Thüringen gern getrunken.

Apicius, Marcus Gavius, römischer Feinschmecker aus der Zeit der Kaiser Augustus und Tiberius, dessen Werk »De re coquinaria« (über die Kochkunst) als das erste überlieferte Kochbuch überhaupt gilt. Reichlich fremdartige Rezepte sind darin enthalten, z. B. gefüllter Flamingo, Gebärmutter von Jungsau, gegrillte Turteltauben, gebackene Muräne usw. Aber probieren Sie doch einmal einen *Aal in der Pfanne:* einen mittelgroßen, frisch geschlachteten und zugerichteten Aal in Portionsstücke schneiden und in die Pfanne geben; im Mörser Pfeffer, Liebstöckel, Oregano, Minze und getrocknete Zwiebel zerstoßen, mit 1 Flasche Wein, Garum oder Liquamen = salzige Würzsauce aus Sardellen und anderen Fischen; eine Tube Sardellenpaste diene als zeitgemäßer Ersatz), 2 EL Honig und 1 EL Defritum (Feigensirup; eine sehr fein gehackte Trockenfeige tut es auch) auffüllen, alles über den Aal gießen und den Aal darin garkochen.

à point (frz: zu rechter Zeit, gerade richtig), vollendet gebraten, gewürzt usw.

Apostelkuchen (Prophetenkuchen), Hefekuchen: Briocheteig zu einer Kugel formen, in eine ausgebutterte Becherform setzen, zum doppelten Volumen gären lassen, mit Ei bestreichen und im Ofen abbacken. Den Kuchen zuletzt mit gefettetem Papier bedekken, damit die Oberfläche nicht zu dunkel wird. Apostelkuchen können Sie mandarinen- bis grapefruitgroß backen.

Appareil (frz: Apparat, Masse), z. B. alles, was auf eine Platte gehört (Hauptspeise, Beilagen, Dekor usw.).

Appelpannekoeken, niederländische Apfelpfannkuchen aus Eierkuchenteig und Apfelscheiben.

Appenzeller, würziger Schweizer Schnittkäse in 6–8 kg schweren Rundlaiben, über 50% Fett i. Tr., mindestens 3 Monate gereift.

Appetitschnittchen, → Schnittchen.

Appetitsild, zarte Filets von Sprotten, Breitlingen und winzigen Heringen (Silden), mit Salz, Zucker und Gewürzen eingelegt, oft gerollt.

Appetizers, englische Bezeichnung für → Vorspeisen.

Apple Pie, englische Apfelpastete: eine Pieschüssel mit dünnen Apfelscheiben füllen, mit Zucker, geriebener Zitronenschale und etwas gemahlenem Koriander bedecken, wenig Wasser hinzufügen, mit Blätterteig bedecken, den Teigdeckel am Schüsselrand andrücken, den Deckel mit einem Loch versehen (als Dampfabzug), mit Eigelb bestreichen, im Ofen abbacken.

Apple Sauce, englische Apfelsauce: schwach gesüßtes Apfelmus mit wenig Zimt würzen. Warm zu Schweinebraten, gebratener Ente oder Gans.

Apricot Brandy, Aprikosenlikör, der aus Aprikosensaft, Zucker, Alkohol, Wasser, Stärkesirup und Aprikosenbranntwein besteht. Der Alkoholgehalt beträgt mindestens 30 Vol. %.

Apricot Cobbler: 1/3 Weinbrand, 2/3 Apricot Brandy, 1 BL Zitronensaft, 1 BL Zucker, umrühren, kleine Aprikosenstückchen hinzufügen, mit Mineralwasser auffüllen.

Apricot Cooler: 1 Glas Apricot Brandy, Saft von 1/2 Zitrone, 3 Spritzer Grenadine, schütteln, mit Ginger Ale auffüllen.

Aprikosen (Marillen), orangegelbe, samthäutige Früchte des Aprikosenbaumes, der aus China stammt und heute in allen sonnenreichen Landschaften gedeiht. Die mit den Pflaumen verwandten Steinfrüchte haben ein saftiges, aromatisches Fruchtfleisch. Die Aprikosenkerne werden wie Mandeln verwendet. Vorsicht: Sie enthalten Blausäure.

Aprikosen Cussy: vollreife rohe Aprikosen in kleine Würfel schneiden, mit Aprikosenmarmelade binden, auf runde Biskuitböden geben, je eine halbe gedünstete Aprikose daraufsetzen, mit Baisermasse bedecken, im Ofen kurz überbacken; dazu mit Kirschwasser aromatisierte Aprikosensauce.

Aprikosen, japanische, → Kakipflaumen.

Aprikosen Mistral: vollreife rohe Aprikosen enthäuten, halbieren, mit

Puderzucker bestäuben, in Walderdbeerpüree hüllen, mit gehobelten Mandeln bestreuen, Schlagsahne darüberdecken.

Aprikosen Montecristo: Aprikosen in Läuterzucker dünsten, enthäuten und auskühlen lassen, gut abgetropft auf Aprikoseneis anrichten, mit Himbeerpüree überziehen und mit gehobelten Mandeln bestreuen.

Aprikosen Negus: halbierte, enthäutete Aprikosen in Vanilleläuterzucker dünsten und auskühlen lassen, gut abgetropft auf Schokoladeneis anrichten, mit Aprikosensauce, die mit Kirschwasser aromatisiert wurde, überziehen, darauf Schlagsahne setzen.

Aprikosenauflauf: frische oder konservierte Aprikosen pürieren, mit Kirschwasser aromatisieren, nach dem Grundrezept für → Fruchtaufläufe weiterverarbeiten.

Aprikosenbowle: 250 g vollreife Aprikosen schälen, halbieren, einzukern, 2 Stunden im Kühlschrank ziehen lassen, 1 Glas Curaçao, 2 Flaschen Moselwein und zuletzt 1 Flasche Sekt dazugießen; eiskalt servieren.

Aprikosenbranntwein (Marillenbranntwein), Branntwein, der ausschließlich aus vollreifen Aprikosen gebrannt wird. Sein Alkoholgehalt beträgt mindestens 40 Vol. %.

Aprikosengelee: vollreife Aprikosen pürieren und entsaften, den Saft filtrieren, mit stockendem Geleestand mischen, in Gläser oder Schalen füllen, im Kühlschrank erstarren lassen.

Aprikosenkaltschale: kleingeschnittene vollreife Aprikosen in Läuterzucker dünsten, pürieren, mit Weißwein verrühren, Aprikosenscheibchen oder -würfel hineingeben, eiskalt auftragen.

Aprikosenkonfitüre, Zubereitung aus frischen Aprikosen und Zucker, kann mit gehobelten Mandeln und Sherry veredelt werden.

Aprikosenkrapfen: vollreife Aprikosen enthäuten, halbieren, mit Vanillezucker aromatisieren, durch Backteig ziehen, in Fett schwimmend backen, mit Puderzucker bestäuben.

Aprikosenlikör, → Apricot Brandy, → Wachauer Marillenlikör.

Aprikosensauce, Süßspeisensauce: Aprikosenkonfitüre durch ein Sieb streichen, mit Wasser kurz aufkochen, die Sauce mit etwas Stärkemehl binden, passieren. – Warm zu Vanille-Milchreis, Apfelmeringen, gefüllten Aprikosen, Bananen im Schlafrock, Birnen auf Biskuit. Kalt zu Puddings aller Art.

Aprikosentorte: eine Tortenspringform mit Mürbeteig auslegen, den Boden einzuckern, halbierte frische Aprikosen darüberbreiten, im Ofen abbacken, mit heißer, passierter Aprikosenmarmelade bedecken.

Aprikosenwähe, schweizerische Spezialität: frische, vollreife Aprikosen halbieren, mit der Schnittfläche nach oben in einen Hefeteigboden drücken, abbacken, mit Zucker und Zimt bestreuen.

aprikotieren, eine Süßspeise, ein Gebäck u. dgl. mit dick eingekochter, durch ein feines Sieb gestrichener Aprikosenkonfitüre überziehen.

Aquavit (lat: aqua vitae = Lebenswasser), Trinkbranntwein, der unter Verwendung von Kümmel-, Zitronenschalen-, Nelken- und Korianderauszügen oder -destillaten und aus Getreide gewonnenem Alkohol hergestellt wird und mindestens 38 Vol. % Alkohol enthält. Weniger edler Aquavit wird aus Kartoffelsprit gewonnen. Zu den edelsten Aquaviten zählen der norwegische Linie Aquavit, der im Faß zweimal den Äquator überquert, bevor er in den Handel kommt, und der dänische Alborg Jubiläums Akvavit.

arabische Zwiebelsuppe, → Cherbah.

Arachisnüsse, → Erdnüsse.

Arapaima Gigas (Kuhfisch), Raubfisch des Amazonas und anderer südamerikanischer Flüsse. Das Fleisch des bis 3 m langen Fisches schmeckt wie Forelle, hat allerdings eine festere Beschaffenheit. Der Arapaima Gigas liefert etwa 150 kg fettarme Steaks, die gebraten oder gegrillt werden. In den letzten Jahren ist es gelungen, den Fisch im europäischen Klima zu züchten. Man mästet ihn mit Abfällen aller Art.

Arborio-Reis, → Risotto.

Arbusen, → Melonen.

Arbutus (chinesischer Arbutus, chinesische Baumerdbeere), Steinfrucht des ostasiatischen Gagelstrauches. Die etwa 3 cm großen runden, dunkelroten Früchte enthalten das aromatische Fruchtfleisch und den Samenkern; sie kommen in leichtem Zuckersirup als Konserve aus China zu uns.

Argenteuiler Art, à l'argenteuil: Spargelspitzen in holländischer Sauce zu Geflügel und Fleisch; Spargelspitzen und Weißweinsauce zu Fisch. – Argenteuil, Stadt bei Paris, berühmt durch ihre Spargelzucht.

Argenteuiler Salat: gekochte Erbsen, Prinzeßböhnchen, Möhrenwürfel, Blumenkohlröschen mit Mayonnaise binden, mit Spargelspitzen und Eischeiben garnieren.

Argentina Cocktail: 1/6 Cointreau, 1/6 Benediktiner, 1/3 trockener Wermut, 1/3 Gin, je 3 Spritzer Angostura Bitter und Orangen Bitter, umrühren.

arlesische Art, à l'arlesienne: in Öl gebratene Auberginenscheiben, gebackene Zwiebelringe, gebratene Tomatenscheiben und tomatierte Kraftsauce zu kleinen Fleischstücken. – Arles, Stadt in Südfrankreich.

arlesischer Salat: Würfel von in Öl gebratenen Auberginen, Kartoffeln und Tomaten mit Essig-Öl-Marinade anmachen, mit Knoblauch würzen, mit gehackter Petersilie und Zwiebelringen garnieren.

Armagnac, berühmter Weinbrand aus den südwestfranzösischen Departements Gers, Lot und Garonne. Er reift in Fässern aus altem Kastanien- oder Eichenholz und enthält mindestens 38 Vol. % Alkohol.

Armand, à l'-: Polsterkartoffeln und Bordeauxsauce mit Gänseleberwürfeln und Trüffelstreifen zu Fleisch.

Arme-Leute-Salat: Scheiben von gekochten Möhren, Porree und Kartoffeln in Essig-Öl-Marinade.

Arme-Leute-Sauce (Sauce pauvre homme): feingehackte Zwiebeln in Butter anschwitzen, mit Essig ablöschen, mit brauner Grundsauce auffüllen und alles gut durchkochen, die Sauce mit geriebenem, geröstetem Weißbrot binden und mit gehackten Pfeffergurken, Petersilie und Schnittlauch vollenden. Zu Fleischresten aller Art.

Armer Ritter (verlorenes Brot, Goldschnitte), einfache Süßspeise: Weißbrot- oder Zwiebackscheiben mit süßer Vanillemilch tränken, gut abtropfen, durch Ei ziehen, in geriebenem Zwieback wenden, in Butter backen, mit Vanillezucker bestreuen.

Aromaten, würzende Zutaten wie Gewürze, Kräuter, Wurzelzeug usw.

1 Apfelsine 2 Artischocke 3 Aubergine 4 Auerhahn 5 Auster

Arrak (Rack), Branntwein aus Reis und Zuckerrohrmelasse oder aus Toddy, dem zuckerhaltigen Pflanzensaft der Kokos- und Dattelpalme. Arrak wird in Indien, auf Ceylon und auf Java erzeugt. Er hat eine hellgelbe bis gelbbraune Farbe und einen spezifischen Geruch und Geschmack. Sein Alkoholgehalt beträgt zwischen 38 und 45 Vol. %. Im Nahen Osten, im Libanon, in Syrien, Jordanien und Israel, ist Arrak ein dem türkischen ähnlicher Anisschnaps.

Arrakgrog: in jedes Grogglas 1–2 TL Zucker, 1 TL Zitronensaft und heißes Wasser geben, mit Arrak auffüllen.

arrosieren (frz: arroser = begießen). Größere Bratenstücke, wie Roastbeef, Kalbshaxe, Spanferkel, Hammelrükken, Gans, Ente usw., werden bekanntlich bei starker Hitze kurz angebraten, damit sich möglichst schnell die Poren schließen und der kostbare Fleischsaft, der den Braten schön saftig erhält, nicht mehr austreten kann. Während des weiteren Bratens bei mittlerer Hitze beginnt dieser Fleischsaft im Innern des Stükkes zu kochen, und der dabei entstehende Dampf versucht, die Bratenkruste zu durchbrechen. Es bilden sich an der Oberfläche des Bratens feine Risse, durch die aber nicht nur der Dampf, sondern auch der Fleischsaft nach außen drängt. Um die Risse schnell zu schließen, muß das Bratenstück fleißig arrosiert, d. h. mit heißem Bratensaft begossen werden. Nebenbei fördert das Arrosieren die Bildung einer appetitlich goldbraunen Kruste.

Arrowroot, → Pfeilwurzelmehl.

Arroz Valenciana, spanisches Reisgericht: Würfel von geschmortem Huhn, Streifen von rohem Schinken und Paprikaschoten, grüne Erbsen, Pilzscheibchen und körnig gekochten Reis mit Tomatensauce binden.

Artischocken, die faustgroßen Blütenköpfe der distelartigen Artischokkenpflanze. Ihre Heimat ist Nordafrika; seit dem 16. Jahrhundert wird sie in Italien, seit dem 17. Jahrhundert in Frankreich, heute auch in Spanien und Griechenland angebaut. Der fleischige Blütenboden und der untere Teil der schuppenartig angeordneten Blütenhüllblätter gelten als Delikatesse. Artischocken werden von Dezember bis April, aber auch im Herbst vor der Blüte geerntet. Sie werden vor allem aus Italien (Sardinien) und aus Frankreich eingeführt. – *Vorbereitung:* Den Stiel der Artischocke unmittelbar unter dem Blütenkopf abbrechen. Das obere Drittel des Blütenkopfes mit den fleischlosen Jungblättern und den Samenfäden abschneiden. Die äußeren, meist holzigen Blätter entfernen. Die übrigen Blätter kräftig stutzen. Waschen. Den Boden glattschneiden und sofort mit einer halbierten Zitrone einreiben, damit er schön weiß bleibt. Sehr junge Artischocken brauchen nicht beschnitten zu werden. – *Zubereitung:* Die vorbereiteten Artischocken mit einem Faden binden und etwa 30 Minuten in siedendem Salzwasser gar kochen. Niemals Aluminiumgeschirr verwenden, denn das beeinträchtigt Aussehen und Geschmack der Artischocken. Die Artischocken abtropfen lassen und warm oder kalt mit Petersilie und einer passenden Sauce anrichten, z. B. holländische Sauce, Mousseline, Chantillysauce, Mayonnaise, Vinaigrette usw. – *Verzehr:* Von der Artischocke ein Blatt nach dem anderen abpflücken, durch die Sauce ziehen und das köstliche Blattfleisch mit den Zähnen abstreifen. Auch das leicht flauschige Artischockenherz (Heu) ist eßbar. Der wohlschmekkendste Teil der Artischocke ist der butterweiche Artischockenboden, der mit der Gabel geviertellt und mit der Sauce verspeist wird.

Artischocken Barigoule: Heu und Innenblätter der Artischocken entfernen, die Außenblätter aber stehenlassen, die Artischocken mit Duxelles füllen, mit dünnen Speckscheiben umbinden, in Weißwein gar dünsten, den Fond mit Kraftsauce verkochen und über die Artischocken gießen. – Barigoule ist die französische Bezeichnung für den Pilz Distelohr, der meist durch Champignons ersetzt wird.

Artischocken Cavour: besonders kleine, zarte Artischocken in Fleischbrühe weich kochen, gut abtropfen lassen, in zerlassene Butter tauchen, mit geriebenem Parmesan oder Emmentaler Käse panieren und hellbraun backen; gehacktes Ei in Butter erhitzen, gehackte Petersilie und etwas Sardellenessenz hinzufügen und alles über die Artischocken gießen.

Artischocken Forestas: Heu und Innenblätter der Artischocken entfernen, die Außenblätter aber stehenlassen, die Artischocken mit gut gewürztem, gehacktem Kaninchenfleisch und feingehackten Tomaten füllen, dünne Speckscheiben um die Artischocken binden, auf Mohrrüben- und Zwiebelscheiben setzen und in Fleischbrühe und Madeira gar dünsten; den Fond mit Mehlbutter binden, durch ein Sieb streichen und über die Artischocken gießen.

Artischocken auf griechische Art: 2 Teile Weißwein, 2 Teile Wasser, 1 Teil Olivenöl mit Zitronensaft, Pfefferkörnern, etwas Lorbeerblatt und Salz aufkochen und sehr kleine, zarte Artischocken darin garen; im Fond auskühlen lassen, herausnehmen und sehr kalt mit etwas Fond übergossen als Vorspeise auftragen.

Artischocken Mireille: kleine, vorbereitete Artischocken mit kleinen Zwiebelchen, geviertelten Tomaten, etwas Salz und Pfefferkörnern in Olivenöl und Fleischbrühe zugedeckt langsam gar dünsten. Warm oder kalt auftragen. – Mireille, Name und Titelgestalt einer Oper von Charles Gounod.

Artischockenböden, Delikatesse, die gern gefüllt und als Beilage zu zahlreichen Gerichten serviert wird. Artischockenböden sind naturell zubereitet (in Salzwasser vorgekocht) als Konserve erhältlich: Die Böden gut abspülen und vor der Weiterverwendung etwa 10 Minuten in Fleischbrühe kochen. – Von frischen Artischokken den Stiel abbrechen, sämtliche Blätter entfernen, die zu Artischokkensalat verarbeitet werden können, den Boden sauber zurechtschneiden, sofort mit Zitronensaft einreiben, in Salzwasser kochen, bis die Böden weich sind und sich das Heu leicht abziehen läßt.

Artischockenböden Argenteuil: die Böden mit kleingeschnittenen Spargelspitzen in Sahnesauce füllen und mit gehackten Kräutern bestreuen.

Artischockenböden Castiglione: die Böden mit einer Mischung aus Gurken- und Knollenselleriewürfelchen sowie Spargelspitzen in Sahnesauce füllen. – Graf Baldassare Castiglione, 1478–1529, italienischer Schriftsteller und Diplomat.

Artischockenböden Clamart: die Böden mit grünen Erbsen auf französische Art füllen und ganz kurz überbacken.
Artischockenböden Colbert: die Böden in Mehl wenden, durch geschlagenes Ei ziehen und in geriebenem Weißbrot wälzen, in Butter braten und mit Colbertsauce füllen.
Artischockenböden, gebeizt: rohe Artischockenböden in Öl, Weißwein und gehackten Zwiebeln dünsten, mit etwas Zitronensaft würzen und als Vorspeise oder kleine Leckerbissen kalt servieren.
Artischockenböden Jussieu: die Böden mit einem feingewürzten Gehäck aus gekochtem Rindermark und gedünsteten Champignons füllen, dazwischen ein paar Trüffelsplitterchen; die Böden panieren, mit Butter betropfen und im Ofen überbacken.
Artischockenböden Montault: die Böden in Butter, braunem Kalbsfond und etwas Madeira dünsten, den Fond mit gehacktem magerem Schinken vermischen und in die Böden füllen, Parmesankäse darüberstreuen, mit Butter betropfen und kurz überbakken.
Artischockenböden Sagan: die Böden mit einer Mischung aus Kalbshirnpüree und Eigelb füllen, gehackte Kräuter und reichlich Parmesan darüberstreuen und im Ofen überbacken.
Artischockenbranntwein, → Cynar.
Artischockencremesuppe: helle Mehlschwitze mit Fleischbrühe auffüllen, kleingeschnittene rohe Artischockenböden hinzufügen, salzen, langsam durchkochen, passieren, etwas heiße Milch hineingießen, mit Eigelb und Sahne binden.
Artischockenherzen, besonders kleine, junge, zarte Artischocken, die geviertelt, halbiert oder im ganzen gegessen werden, nachdem sie in Salzwasser gekocht wurden.
Artischockenkrapfen: kleine Artischockenböden mit Gratinfarce füllen, je zwei Böden zusammenfügen und mit Holzspießchen verbinden, durch Backteig ziehen und in Öl schwimmend backen, die Spießchen entfernen, abtropfen lassen und heiß servieren.
Artischockenkroketten: winzige Würfel von Artischockenböden mit sehr dicker Sahnesauce binden, kleine Kugeln oder Rollen formen, in Paniermehl wälzen und in Fett knusprig braun backen.
Artischockenpüree: 2 mittelgroße gekochte Kartoffeln zerdrücken und mit 2 Eigelb und 20 g Butter verarbeiten; 12 weichgekochte Artischokkenböden durch ein Sieb streichen, mit der Kartoffelmasse vermischen, leicht salzen, mit etwas Sahne und nochmals 20 g Butter vollenden. – Beigabe zu gebratenem Fleisch und Geflügel.
Artischockensalat: Artischockenblätter oder grobgewürfelte Artischockenböden in Salzwasser kochen und mit französischer Marinade anmachen.
Artischockensalat, provenzalisch: Scheiben von großen rohen Artischockenböden in Öl braten, mit Zitronensaft, Salz und Pfeffer anmachen, Streifen von Sardellenfilets und Tomatenscheiben daruntermischen, mit schwarzen Oliven, gehacktem Schnittlauch und Kerbel garnieren.
Artois, à l'-: sehr kleine Zwiebeln, glasierte Karotten, geviertelte, in Butter gedünstete Artischockenböden und Madeirasauce zu Geflügel. – Artois, Landschaft in Nordostfrankreich.

Asagio, würziger italienischer Hartkäse.
Äsche (Äschling, Mailing, Sprengling), zur Familie der Lachse zählender Süßwasserfisch, der in den Flüssen und Bächen des Alpen- und Voralpengebietes beheimatet ist. Die Äsche wird bis 50 cm lang und 1,5 kg schwer. Ihr Fleisch ist zart, wohlschmeckend und leicht verdaulich. Äsche wird meistens wie → Forelle zubereitet.
Aschenbrödel-Art, à la Cendrillon: Artischockenböden, gefüllt mit Zwiebelpüree, das mit gehackten Trüffeln veredelt wurde, zu Fleisch.
Aschenbrödelsalat: Streifen von gekochten Kartoffeln, Artischockenböden und Knollensellerie, von Äpfeln sowie Spargelstückchen mit Essig-Öl-Marinade anmachen; evtl. Trüffelsplitter hinzufügen.
Aschkuchen, → Baba.
Aschlauch, → Schalotten.
Asem, → Tamarinde.
Askalonzwiebeln, → Schalotten.
askanischer Topf: 4 Kalbssteaks (je 150 g) in Butter braten, salzen, pfeffern und warm stellen; 500 g Champignons in dünne Scheiben schneiden, im Bratfett gar dünsten, 1 Glas Weinbrand brennend darübergießen, mit 1/4 l Fertig-Bratensaft auffüllen, 1–2 kleingewürfelte Tomaten hineingeben, gut durchkochen, würzen; heiße Keramiktöpfchen mit Bratkartoffeln auslegen, die Steaks auf die Kartoffeln setzen und mit der Pilzsauce bedecken. – Askanier, deutsches Fürstengeschlecht, benannt nach einer Burg bei Aschersleben (Ostharz).
Aspik (Sulzgericht; frz: aspic = Fleischgelee), Fleisch-, Geflügel-, Fischspeisen usw., die in → Gelee eingesetzt sind. Aspiks werden mit Petersiliensträußchen, Salatblättern, Tomatenschnitzen, gehackten Kräutern, Zitronenspalten oder Mandarinenfilets garniert. Dazu wird Mayonnaise, Remoulade, Gloucestersauce, Chantillysauce, Tatarensauce, Ravigote oder eine andere kalte Sauce bereitgestellt. – *Zubereitung:* Kleine Becherformen aus Zinkblech, Glas oder Alufolie im Kühlschrank stark abkühlen, mit gerade noch flüssigem Gelee füllen; sobald ein etwa 3 mm starker Geleemantel entstanden ist, das restliche flüssige Gelee abgießen, die Förmchen wieder in den Kühlschrank stellen, nun hübsch ausgestochene, kurz in Gelee getauchte Möhren-, Gurken-, Trüffelscheibchen als Dekor einlegen, etwas Gelee darübergießen, die eiskalte Füllung in die Förmchen setzen, mit Gelee ausgießen, im Kühlschrank erstarren lassen; vor dem Anrichten die Förmchen kurz in heißes Wasser tauchen und die Aspiks auf eine Unterlage stürzen. – *Rezepte:* Aal in Gelee, Hummer in Weingelee, Krabben in Weingelee, Huhn in Weingelee, Gänseleber in Madeiragelee, Hase in Portweingelee.
Asti spumante, goldgelber, muskatellerwürziger italienischer Schaumwein aus Piemont.
Astoriasalat: Würfel von Grapefruit und Birnen, Streifen von roter und grüner Paprikaschote sowie gehackte Haselnüsse mit Essig-Öl-Marinade anmachen. – Das Astoria war das erste Luxushotel in New York.
Astorsalat: dünne Gurkenscheiben, feine Streifen von roten Paprikaschoten, Brunnenkresse und Rapünzchen mit saurer Sahne, Öl, Zitronensaft, Salz und Pfeffer anmachen. – Johannes Jakob Astor (1763–1848),

deutsch-amerikanischer Unternehmer, begründete sein gewaltiges Vermögen mit Pelzhandel und Grundstücksspekulationen.

Athener Art, à l'athénienne: in Öl gebratene Auberginenscheiben, gefüllt mit Duxelles, sowie Madeirasauce zu kleinen Fleischstücken.

Atjar Atjar, Bestandteil der indonesischen → Reistafel, gewissermaßen ein saures Dessert aus verschiedenen Speisen, die in kleinen Schalen angerichtet werden: Cornichons, Piccalilli, süßsaurer Ingwer, marinierte Gurkenstückchen, kleine Zwiebelchen, geröstete Erdnüsse usw.

atlantische Art, à l'atlantic: in der Pfanne gebratene Fleischstücke mit dicker Madeirasauce bedecken, gebratene Tomatenviertel daraufsetzen, dazu Gombos, Maiskölbchen und Bratkartoffeln.

Attereaux (frz: atteler = anhängen), kleine Spieße mit Stückchen von kaltem Braten, Hirn, Kalbsbries, Geflügelleber oder Schinken im Wechsel mit Champignons, Paprikaschote usw., durch Duxelles oder Villeroisauce gezogen, paniert und in tiefem Fett gebacken. Vor dem Anrichten werden die Holz- oder Metallspießchen durch hübsche Silberspieße ersetzt.

Auber, à l'-: mit Geflügelpüree gefüllte Artischockenböden und Madeirasauce zu kleinen Fleischstücken oder Geflügel. – Daniel François Esprit Auber, 1782–1871, französischer Opernkomponist (Fra Diavolo, Die Stumme von Portici).

Auberginen (Alberginen, Eieräpfel, Eierfrüchte, Melanzane), Früchte eines strauchartigen Nachtschattengewächses, das in Nordafrika und Asien beheimatet ist, heute aber im ganzen Mittelmeerraum angebaut wird. Die gurkenförmigen Früchte haben eine dunkelviolette, manchmal auch grüne Schale. Das Fruchtfleisch ist grünlichweiß und mit kleinen Kernen durchsetzt. Auberginen werden gebraten, gebacken und pikant gefüllt. Auch bei uns kommen sie immer häufiger auf den Tisch. – *Zubereitung:* 1) gefüllte Auberginen: die gewaschenen Auberginen der Länge nach halbieren, die Hälften mit der Schnittseite nach unten in eine Pfanne legen und in Öl, Butter usw. braten; die Auberginen dann mit dem Löffel bis zur Schale aushöhlen, das ausgehobene Fruchtfleisch nach Rezept weiterverarbeiten und wieder in die Schalen füllen, meist überbacken. 2) Auberginenscheiben: die Auberginen schälen, längs, quer oder schräg in Scheiben schneiden, feines Salz über die Scheiben streuen, um das Fruchtfleisch zu entwässern, nach 15 bis 30 Minuten das Salz unter kaltem Wasser abspülen, die Scheiben gut abtrocknen und nach Rezept weiterverarbeiten. 3) Auberginenpüree: die Auberginen im Ofen backen, das Fruchtfleisch aus den Schalen heben, durch ein Sieb streichen und nach Rezept weiterverarbeiten. *Rezepte:* siehe auch → Mussaka, → Ratatouille.

Auberginen, gebeizt: die Auberginen dünn schälen, in bleistiftdicke Scheiben schneiden, in Salzwasser halbgar kochen, abtropfen lassen, mit Öl, Essig, Pfeffer und Salz anmachen, in Öl angebratene, gehackte Tomaten und Zwiebeln beifügen und eiskalt auftragen.

Auberginen, gefüllt, Melanzane ripiene, italienische Spezialität: die Auberginen der Länge nach halbieren, die Hälften mit der Schnittfläche nach unten in eine Pfanne legen und in Öl braten; die Auberginen mit dem Löffel aushöhlen, das ausgehobene Fruchtfleisch grob hacken, mit gehackten Sardellen, gehackten grünen Oliven, Kapern, Ei und geriebenem Parmesan vermischen, mit Knoblauch würzen und alles in die Auberginenschalen füllen, Petersilie darüberstreuen und kurz überbacken.

Auberginen Imam Bayildi, türkische Spezialität: Auberginen dünn schälen, in 1 cm dicke, runde Scheiben schneiden, mit Salz entwässern, feingehackte Zwiebel mit etwas Knoblauch in Butter goldgelb dünsten, die Auberginenscheiben dazugeben, mit Lorbeerblatt, Nelken, etwas Thymian, Majoran, Pfeffer und Salz würzen, in Weißwein und Fleischbrühe gar kochen; vor dem Servieren feingehackte Sardellenfilets und Petersilie darüberstreuen und mit schwarzen Oliven garnieren.

Auberginen in Joghurt: die Auberginen dünn schälen, in 1 cm dicke Scheiben schneiden, mit Salz entwässern, mehlen, in Öl braten; mit Salz und Knoblauch gewürzten Joghurt darübergießen.

Auberginen, mexikanisch: geschälte, grobgehackte Auberginen, gewürfelte grüne Paprikaschoten, gewürfelte Tomaten, gehackte Zwiebeln mischen, sehr pikant mit Salz, Pfeffer, Paprika und Knoblauch würzen, in eine Backplatte füllen, mit Butter begießen und im Ofen backen.

Auberginen auf Müllerin-Art: die Auberginen der Länge nach in 1 cm dicke Scheiben schneiden, mit Salz entwässern, mehlen und in Butter braten; mit Zitronensaft beträufeln, braune Butter darübergießen und mit gehackter Petersilie bestreuen.

Auberginen alla Parmigiana, italienische Spezialität: Auberginen in dikke runde Scheiben schneiden, mit Salz entwässern, abtrocknen und in Olivenöl goldbraun braten. Aus Zwiebeln, Tomaten, Knoblauchzehe, Thymian, Lorbeerblatt und Petersilie eine dicke Tomatensauce kochen. Die Sauce im Wechsel mit den Auberginenscheiben in eine Auflaufform schichten, das Ganze mit Mozzarellascheiben belegen, Parmesan darüberstreuen, pfeffern und im Ofen überbacken.

Auberginen auf Piemonteser Art: die Auberginen der Länge nach halbieren, die Hälften mit der Schnittfläche nach unten in eine Pfanne legen und in Butter halbgar braten; die Auberginen mit dem Löffel aushöhlen; gehackte Zwiebel in Butter anschwitzen, körnig gekochten Reis, grobgehackte Tomaten und das ausgehobene Fruchtfleisch dazugeben, würzen, mit etwas Tomatensauce kurz durchkochen; in die Auberginenschalen füllen, mit geriebenem Parmesan bestreuen, mit Butter beträufeln und überbacken.

Auberginen, provenzalisch: die Auberginen dünn schälen, in schräge Scheiben schneiden, mit Salz entwässern, mehlen und in Öl braten; geschmolzene Tomaten hinzufügen, mit Salz, Pfeffer und Knoblauch würzen; zum Anrichten mit gehackter Petersilie bestreuen.

Auberginen, rumänisch: die Auberginen im Ofen backen, die Schale abziehen, das Fruchtfleisch hacken und mit Öl, Zitronensaft, Salz und weißem Pfeffer anmachen; mit Tomatenachteln garnieren; sehr kalt als Vorspeise anrichten.

Auberginen, sizilianisch: die Auberginen der Länge nach halbieren, die Hälften mit der Schnittfläche nach unten in eine Pfanne legen und in Öl braten; die Auberginen mit dem Löffel aushöhlen, das ausgehobene Fruchtfleisch ganz fein hacken, mit Eigelb und geriebenem Parmesan vermischen, diese Farce in die Schalen streichen und kurz überbacken; dazu Tomatensauce.

Auberginenauflauf, spanisch, Tumbet: dünne Kartoffelscheiben in Olivenöl goldbraun braten und in Kasserolle füllen, im selben Öl anschließend Auberginen- und Zucchinischeiben braten und auf die Kartoffelscheiben schichten, das Ganze mit frisch bereitetem Tomatenpüree bedecken, das mit Salz, Pfeffer und auch etwas Zucker abgeschmeckt wurde, ein paar gehackte und in Öl geröstete Knoblauchzehen nicht vergessen. Das Tumbet warm oder kalt servieren.

Auberginen-Köfte, türkische Spezialität: die Auberginen im Ofen bakken, das Fruchtfleisch herausheben, durch ein Sieb streichen, mit Butter, Mehl und Eiern verrühren und löffelweise in heißer Butter backen. – Köfte (türk.) = kleiner Kloß.

Auberginensalat: geschälte Auberginen in Scheiben schneiden, mit Salz entwässern, kalt abspülen, abtrocknen und in Öl braten; mit Essig-Öl-Marinade anmachen und mit gefüllten Oliven und Eivierteln garnieren.

Auberginensauce, → Patlican Salatasi.

Auerhahn, das größte europäische Federwild, das heute in unseren Breiten nur noch in den Alpen, in den Vogesen und im Schwarzwald vorkommt. Der metallisch-bunt gefiederte Hahn wird bis 6 kg, die rebhuhnbraune Henne bis 3 kg schwer. Die Jagdzeit ist das Frühjahr, wenn der liebestolle Hahn im Morgengrauen sein Paarungsspiel vollführt. Hennen dürfen bei uns nicht gejagt werden, um das Auerwild vor dem Aussterben zu schützen. Das Fleisch der Hähne – in den Handel kommen sie selten – schmeckt eigenartig nach Terpentin und wird nur von Kennern geschätzt.

Auerhahn, geschmort: den jungen Hahn häuten, mit Rauchspeck spicken und einige Tage in Milch legen; mit Wurzelwerk, Kräutern und Gewürzen anbraten, in Rotwein weich schmoren, den Fond mit Kraftsauce verkochen, passieren; dazu Maronenpüree oder Makkaroni.

Auflauf (Soufflé), feingewürzte Masse, die durch Zusatz von steifgeschlagenem Eiweiß beim Garmachen hochgeht, aufläuft. Der Auflauf muß sofort angerichtet werden, da er schnell wieder zusammenfällt und dadurch unansehnlich wird. Die Auflaufmasse in eine ausgebutterte Auflaufform füllen und im Ofen bei mittlerer Hitze backen. In der Form auftragen. Dazu wird meist eine passende Sauce gereicht. Man unterscheidet Fleischaufläufe (auch Fisch-, Gemüseaufläufe usw.) und süße Aufläufe (auch Fruchtaufläufe). – *Rezepte:* Fischauflauf, Gänseleberauflauf, Hummerauflauf, Kartoffelauflauf, Käseauflauf, Nudelauflauf, Schinkenauflauf, Spinatauflauf. – Rezepte für süße Aufläufe: Apfelauflauf, Apfelsinenauflauf, Aprikosenauflauf, Kirschauflauf, Makronenauflauf, Nudelauflauf, Schokoladenauflauf, Vanilleauflauf.

Auflaufmasse für süße Aufläufe: 1 dl Milch mit 35 g Zucker aufkochen, mit 20 g Stärkemehl binden, das in etwas kalter Milch aufgelöst wurde, eine Minute schwach kochen lassen, vom Herd nehmen, 20 g Butter und 2 Eigelb hineinrühren, 3 steifgeschlagene Eiweiß unter die Masse ziehen.

Auflauf Aida: Auflaufmasse mit Curaçao aromatisieren, gewürfelte Früchte, die in Curaçao gebeizt wurden, hinzufügen.

Auflauf Cavalieri: Auflaufmasse mit dünnen, in Kirschwasser gebeizten Bananenscheiben vermischen.

Auflauf, indischer: Auflaufmasse mit gehacktem kandiertem Ingwer vermischen.

Auflauf Mercedes: Auflaufmasse mit Vanille würzen, gewürfelte, in Maraschino gebeizte Früchte daruntermischen.

Auflauf Prinz Nikolai: Auflaufmasse mit in Grand Marnier gebeizten Walderdbeeren vermischen.

Auflaufform, hitzebeständige, meist hübsch bemalte Schale zur Bereitung von Aufläufen aller Art.

Auflaufkrapfen (Beignets soufflés), kleine Häufchen aromatisierten Brandteigs in Fett schwimmend backen, bis sie platzen und der aufgerissene Teig knusprig braun ist. – *Rezepte:* Nonnenfürzchen, Schlosserbuben, Spritzkuchen.

Auflaufomelett (Omelette soufflée, Schaumomelett): 4 Eigelb mit 100 g Zucker und etwas Vanillezucker schaumig rühren, 5 festgeschlagene Eiweiß darunterziehen, auf feuerfeste, gebutterte und gemehlte Platte häufen, in der Mitte vertiefen, damit das Omelett gleichmäßig gar wird, im mittelheißen Ofen abbacken. Das Omelett kann auch mit abgeriebener Zitronenschale, Kirschwasser, Likör usw. aromatisiert werden.

Auflaufpudding (Pudding soufflé): 100 g Butter mit 100 g Zucker schaumig rühren, 100 g Mehl und 3 dl heiße Milch hinzufügen, den Teig auf der Herdplatte abrühren, vom Herd nehmen, 5 Eigelb hineinrühren und zuletzt 5 festgeschlagene Eiweiß darunterziehen, in eine ausgebutterte Auflaufform füllen und im Wasserbad im Ofen garen; dazu Weinschaum, Vanillesauce oder englische Creme. – Der Auflaufpudding kann nach Belieben aromatisiert werden, z. B. mit Vanille, Zitrone, Mandeln, Kokosnuß, Rosinen, Früchten, Likör.

aufschlagen (montieren), Saucen, Pürees usw. werden – wenn das Rezept es verlangt – unter Zugabe von etwas frischer Butter mit einem Schneebesen locker und luftig geschlagen.

Aufschnitt, Scheiben von Fleisch, Wild, Geflügel, Wurst, Pastete usw., wichtiger Bestandteil der kalten Küche. Aufschnitt wird besonders appetitlich angerichtet, garniert mit Petersilie, Kresse, Radieschen, Rettich, Cornichons, Pfeffergürkchen, Mixed Pickles, Maiskölbchen, Tomaten, Kopfsalat, gehacktem Gelee u. dgl.

aufstoßen lassen, eine dickliche, breiige Speise zum Siedepunkt erhitzen.

aufziehen, ein feines Püree mit Butter und Sahne verrühren.

Aurorasauce (Sauce à l'aurore, Morgenrotsauce, rosige Sauce): weiße Grundsauce mit etwas Tomatenpüree verrühren, Butter darunterschlagen und mit wenig Cayennepfeffer abschmecken. Zu weißgedünstetem Geflügel wie Hühnerfrikassee. – Diese Sauce ist wegen ihrer zartrosa Farbe Aurora, der römischen Göttin der Morgenröte, geweiht.

ausbacken, eine Speise (z. B. Krapfen) in heißem Fett schwimmend goldbraun und knusprig backen.

Ausbackteig, → Backteig.

ausbeinen, Schlacht-, Geflügel- oder Wildfleisch von den Knochen lösen.

ausfüttern, eine Form oder ein Förmchen mit dünn ausgerolltem Teig, mit dünnen Speckscheiben o. dgl. auslegen.

Auslegeteig, ein einfacher Mürbeteig für Kastenpasteten, Timbalen und Rissolen: 150 g eiskalte Butter zwischen den flachen Händen mit 300 g Mehl zu einem feinkrümeligen »Sand« zerreiben, 1 Ei, etwas Salz und 1 dl kaltes Wasser zugeben und alles zu einem zähen Teig kneten; einige Stunden im Kühlschrank ruhen lassen.

ausstechen, 1) eine Zutat in bestimmter Größe und Form zurechtschneiden, z. B. Kartoffeln in der Größe von Haselnüssen oder in der Form von Oliven; gezackte Gurken-, Möhren- und Trüffelscheibchen; 2) Plätzchen u. dgl. mit einem Blechausstecher aus der Teigplatte stechen; 3) Fleisch-, Geflügel- oder Wildstückchen nach dem Garen in ein anderes Geschirr geben, um es zu garnieren und mit der inzwischen vollendeten Sauce zu begießen.

Auster, eßbare Muschelart, für Kenner eine Delikatesse. Das zarte, mildwürzige Fleisch der Auster schätzten schon die Steinzeitmenschen. Die Römer legten die ersten Austernzuchten an. Und heute mästet der Mensch die deliziösen »Meeresfrüchte« auf geschützten Austernbänken. – Austern ernähren sich von winzigen tierischen und pflanzlichen Schwebeorganismen und bevorzugen daher die Meereszonen mit einem Salzgehalt von nur 2 bis 3 Prozent, also die Nähe der Flußmündungen. Nach 3 bis 4 Jahren ist die Auster erwachsen und wird mit der Hand, mit dem Austernschaber oder mit dem Scharrnetz gefischt. – Austern schmecken nur in den Monaten mit »r«, also von September bis April. In den warmen Monaten verderben sie leicht und lassen den feinen, von Gourmets so geschätzten Geschmack vermissen. – Frankreich ist das »Land der Austern«: die Belons, Dives, Courseulles, Marennes, die Austern von Auray, Cancale und Arcachon entzücken jeden Feinschmecker. Die Franzosen essen im Jahr 55 000 Tonnen Austern, also über 1 kg pro Kopf. England hat die berühmten Austern von Colchester und Whitstables. Norwegen bietet die Blue Point. Die Ostras aus dem spanischen Galicien verwöhnten schon Kaiser Karl V. Auch die vollfleischigen Holländer und die feinen Austern von Ostende haben einen wundervollen Geschmack. Austern werden vorwiegend frisch, noch lebend verzehrt. Da die Auster – wie alle Muscheln nach dem Absterben sehr schnell in Fäulnis übergeht, darf sie erst kurz vor dem Verzehr geöffnet werden. Das Öffnen besorgt am besten der Händler, denn er verfügt über das kräftige, kurze und stumpfe Spezialmesser, das am Scharnier der Auster zwischen die beiden Schalen gestoßen und an der Innenseite des flachen Deckels entlanggezogen wird, um den Muskelstrang zu trennen. Das kostbare Meerwasser, die »Austernsauce«, sollte beim Öffnen nicht vergossen werden, da sie nach Ansicht vieler Kenner das Beste am ganzen Austernschmaus ist; daher muß die gewölbte Seite der Auster beim Öffnen unten, also in der Hand liegen. –

1 Avocado 2 Banane 3 Barbe 4 Basilikum 5 Bataten 6 Bekassine

Austern werden auf zerschlagenem Eis angerichtet, 6 oder gar 12 Stück pro Person. Dazu gibt es Zitronenviertel, Butter und Graubrot. Anstelle der Zitrone wird auch frisch gemahlener schwarzer Pfeffer und feiner Weinessig gereicht. – *Verzehr:* Die Auster mit der Austerngabel von der Schale lösen, auf die Gabel spießen und verspeisen, zuletzt die Schale restlos ausschlürfen. Und dazu einen trockenen Weißwein trinken.

Austern Belleclaire: frische Austern hacken, mit Salz und Pfeffer würzen, in Butter braten; Röstbrotscheiben mit je einer Scheibe gebratenem Schinken belegen, das Austerngehäck daraufgeben, mit gedünsteten Champignonscheiben bedecken.

Austern, mariniert: frische Austern mit Öl, Weinessig und gehackten Kräutern marinieren, nach einigen Stunden mit gutem Fleischgelee überziehen; die gereinigten Austernschalen mit Mayonnaise ausstreichen, die gelierten Austern daraufsetzen.

Austern, überbacken: frische Austern in Weißwein erhitzen, bis sie steif sind; den Fond mit Béchamelsauce verkochen, in gereinigte Austernschalen füllen, je eine Auster daraufsetzen, mit Trüffelscheibe garnieren, die restliche Béchamelsauce darüberdecken, dick mit geriebenem Parmesan bestreuen, mit zerlassener Butter beträufeln, im Ofen schnell überbacken.

Austerncocktail (Oyster Cocktail): in Sektschale 1 EL Cocktailsauce geben, 3–4 frische Austern hinzufügen, mit 2 EL Cocktailsauce bedecken; eiskalt servieren.

Austernfisch, → Steinbeißer.

Austernhändler-Art, à l'écaillière: Wildgeflügel mit Hühnerleberfarce füllen, die mit gewürfeltem Rauchspeck und Austern vermischt wurde; dazu winzige glasierte Zwiebeln.

Austern-Ketchup, → Ketchup.

Austernpilz, → Austernseitling.

Austernsauce (Sauce aux huitres): frische Austern in Weißwein kurz steifkochen, herausheben, den Wein mit dem Saft aus den Austernschalen und feiner weißer Grundsauce vermischen, alles gut durchkochen, mit Eigelb und Sahne binden, ein Stück frische Butter hinzufügen, mit Cayennepfeffer und Zitronensaft abschmecken und die Austern wieder in die Sauce geben. Zu Seezunge, gebackenem Aal oder zu spießgebratenem Wildgeflügel.

Austernseitling (Austernpilz, Kalbfleischpilz), Speisepilz, der auf besonders vorbereiteten Strohballen gezüchtet wird. Der Austernseitling wird handteller- bis pfannengroß, schmeckt nach Champignons und Pfifferlingen und enthält reichlich Eiweiß.

Austernseitlinge à la »Wiener Schnitzel«: die Pilze putzen, salzen und pfeffern, unzerteilt mit Mehl, Ei und Semmelbrösel panieren und in reichlich Fett backen; dazu Zitronenspalten und Pommes frites.

Austernseitlings-Omelett: die Pilze putzen, in Streifen schneiden, mit Räucherspeckstreifchen braten, salzen und pfeffern, in Omeletts füllen; dazu Kopfsalat und Salzkartoffeln.

Austernspießchen: frische Austern in hauchdünnen Frühstücksspeck wikkeln, je 5 bis 6 Austern auf ein Spießchen stecken, grillen, auf gerösteten Weißbrotscheiben anrichten, mit Cayennepfeffer bestreuen.

Austernsuppe: frische Austern im eigenen Saft steifmachen; den Austernsaft mit guter weißer Fischgrundsauce und Fleischfond kurz aufkochen, mit Eigelb und Sahne binden, die Austern in die Suppe geben; dazu leicht gebutterter Toast.

australische Art, à l'australienne: Morcheln in Sahnesauce, gefüllte Tomaten, gebratene Bananen und Herzoginkartoffeln zu Fleisch.

Auvergner Suppe: kleingeschnittene Kartoffeln und Zwiebeln, eingeweichte Linsen, einige Knoblauchzehen mit Salz, Pfeffer und Thymian in reichlich Wasser langsam weich kochen, passieren, ein Stück Butter und geröstete Weißbrotwürfel hineingeben, mit Kerbel bestreuen. – Die Auvergne ist ein Hochland im südlichen Mittelfrankreich mit zahlreichen erloschenen Vulkanen.

Avignoner Art, à l'avignonnaise: auf dem Grill oder Rost gebratene Fleischscheiben mit Mornaysauce überziehen, mit geriebenem Parmesankäse und Weißbrot bestreuen und schnell überbacken. – Avignon, eine alte Stadt an der Rhone, berühmt durch den Papstpalast und die sagenumwobene Ruine der Saint-Bénézet-Brücke (Pont d'Avignon).

Avignoner Sauce (Sauce à l'avignonnaise): eine zerdrückte Knoblauchzehe in Béchamelsauce kochen, die Sauce mit Eigelb binden, zuletzt gehackte Petersilie darüberstreuen.

Avocado (Avocato, Abacatebirne, Aguacato, Alligator Pear, Palta), birnenförmige Obstdelikatesse aus dem tropischen Amerika. Im 15. Jahrhundert brachten die spanischen Entdekker Mexikos Avocadosamen nach Europa, wo die exotische Pflanze fortan die Gärten der Vornehmen schmückte. Erst nach 1960 begann der kommerzielle Anbau der Avocado in den südeuropäischen Ländern. Heute kommen die begehrten Früchte vor allem aus Spanien, Israel, Südafrika, Kamerun, von Madeira und den Kanaren. Bei uns ist die Avocado noch nicht allzulange im Handel, doch gewinnt sie immer mehr an Popularität. Über 400 Arten sind bekannt, mit hell- bis dunkelgrüner, manchmal rötlicher oder fast schwarzer, immer aber rauher, narbiger Schale. Darunter sitzt das schmelzig weiche Fruchtfleisch, das zwar nicht süß, aber recht reizvoll schmeckt. Es enthält 10–32% leicht verdauliches Fett, 1,1–4,4% Eiweiß und reichlich Vitamin C. Avocados werden vorwiegend frisch verzehrt. Man halbiert die Früchte der Länge nach, entfernt den dicken, braunen Kern, würzt das Fruchtfleisch mit Salz, Pfeffer und Zitronensaft und löffelt es aus der Schale.– *Rezept:* Guacamole.

Avocado à la Gourmet: eine vollreife Avocado schälen, halbieren und entkernen, die Fruchthälften mit einem Salat aus Mayonnaise, gehackten Garnelen, Schalotten und Sellerieherzen, gewürzt mit Cayennepfeffer und Zitronensaft, füllen; dazu Radieschen, Tomatenviertel und jungen Zwiebellauch.

Avocado San Francisco: eine vollreife Avocado schälen, halbieren, entkernen und in feine Scheiben schneiden, die Scheiben in Vanilleläuterzucker und Weinbrand gut durchziehen lassen; aus Vanillereis einen kleinen Ring formen, den Reisring mit Vanilleeis füllen, die gebeizten Avocadoscheibchen darauflegen, alles mit Baisermasse überziehen und im Ofen schnell überbacken.

Avocado Tel Aviv: vollreife Avocados halbieren, entkernen und aushöhlen, ohne die Schale zu verletzen, das Fruchtfleisch feinwürfeln; Avocadowürfel, Apfelsinenspalten und Bananenscheiben mit Weinbrand, Curaçao und Zucker aromatisieren, mit Aprikosensauce binden, den Obstsalat in die ausgehöhlten Früchte füllen, mit gehobelten Mandeln bestreuen.

Avocadococktail: eine vollreife Avocado schälen, halbieren, entkernen und in feine Scheiben schneiden, die Scheiben mit Öl, Essig, Salz und Pfeffer beizen; Tomatenketchup mit Senf, gehackten Schalotten, geriebenem Meerrettich und gehackter Petersilie vermischen, mit Tabascosauce würzen, die Marinade hinzufügen, mit den Avocadoscheiben verrühren, in Sektschalen füllen, je eine Scheibe Ei und einen Klecks Tomatenketchup daraufsetzen.

Avocadocreme, → Guacamole.

Avocado-Dessert: 2 reife Avocados der Länge nach halbieren, entkernen, das Fruchtfleisch vorsichtig aus der Schale heben, pürieren, mit 100 g Zucker und 3 EL Zitronensaft schaumig schlagen, in die Schalen füllen, mit Cointreau oder Weinbrand aromatisieren und mit gewürfelter Zitrone garnieren.

Avocadosalat: Avocados schälen, halbieren, entkernen, in grobe Würfel schneiden und mit Essig-Öl-Marinade anmachen, gehackten Kerbel darüberstreuen. Oder die Avocadowürfel mit Roquefort-Dressing binden.

Azarole (italienische Mispel), Weißdornart des Mittelmeerraumes, dessen 4 cm dicke, orangefarbene Früchte in Südeuropa und Nordafrika besonders als Kompott geschätzt werden.

Azukibohnen, kleine, dunkelbraune ostasiatische Bohnen, die angenehm süß schmecken. Sie eignen sich als Beilage zu herzhaften Suppen und Eintopfgerichten, vor allem zu japanischen Spezialitäten.

B

O Ihr Götter, wie viele Menschen beschäftigt ein einziger Bauch!

Seneca

Baba (Napfkuchen, Aschkuchen), in hohen, runden Formen gebackener Hefekuchen, der mit Rum- oder Kirschwasserläuterzucker getränkt wird. Baba bzw. Babuschka nennen die russischen Kinder ihre Großmütter, und da die Großmütter immer einen leckeren Kuchen für ihre Enkel bereithalten, ging die Bezeichnung Baba schließlich auf den Kuchen über. Nach einer anderen Erklärung entspricht die gedrungene Kuchenform der Gestalt einer altersgebeugten Frau. – *Rezept:* aus 10 g Hefe, 150 g Mehl, 75 g Butter, 12 g Zucker, 1 dl Milch und einer Prise Salz einen festen Teig arbeiten, je 50 g Korinthen und Rosinen hinzufügen, den Teig in eine gut ausgebutterte Zylinderform geben, gut gehen lassen und im Ofen abbacken, den Kuchen stürzen und mit Rum- oder Kirschwasserläuterzucker tränken.

Babaco, mit den Papayas verwandtes Melonengewächs. Es stammt aus den südamerikanischen Anden, wird heute auch in Italien und auf Neuseeland kultiviert und kommt zwischen August und November auf unsere Märkte. Die grüne, etwa 30 cm lange und 10 cm dicke glattschalige Babaco enthält ein süßsäuerlich schmeckendes Fruchtfleisch, das wundervoll mit frisch gepreßtem Orangensaft oder mit Honig harmoniert. Man verwendet es auch für süße oder herzhafte Salate, gedünstet als Kompott, püriert als Suppe.

Baby-Ananas, südafrikanische Züchtung besonders kleiner Ananasfrüchte, die keinen festen Kern enthalten, sondern nach dem Schälen ohne Verlust weiterverwendet werden können. Eine Frucht reicht im allgemeinen für zwei Personen.

Bacardi (Baccardi), bekannte Rumsorte.

Bacardi Cocktail: 2/3 Rum, 1/6 Zitronensaft, 1/6 Apfelsinensaft, etwas Zucker, schütteln.

Bachforelle, → Forelle.

Bachsaibling, → Saibling.

backen, garen von Speisen im Backofen oder im Fettbad. Im Ofen werden Brot, Kuchen, Torten, Kleingebäck, bestimmte Süßspeisen, Aufläufe, Pasteten, Fleischstücke in Blätterteighülle usw. gebacken. Im Fettbad werden Fleisch, Geflügel, Fisch und Gemüse gebacken, und zwar meist in Backteighülle; Fisch und Gemüse werden auch paniert gebacken. Da das Fettbad etwa 200 bis 240°C heiß ist, müssen Fleisch, Geflügel und Gemüse bis auf wenige Ausnahmen vorgekocht werden, damit die Garung mit der Bräunung übereinstimmt.

Bäcker-Art, à la boulangère: Zwiebel- und Kartoffelscheiben zusammen mit dem Fleisch (meist Hammel oder Lamm) braten. – Geflügel mit winzigen glasierten Zwiebeln und olivenförmigen Bratkartoffeln anrichten. – Fisch zugedeckt in Weißwein mit Zwiebelscheiben, Sauerampfer und Würfeln von magerem Speck dünsten.

Bäckerin-Art, wie → Bäcker-Art.

Bäckerkartoffeln: geschälte Kartoffeln in dicke, runde Scheiben schneiden, Zwiebelscheiben zugeben, mit Salz und Pfeffer würzen, mit Fleischbrühe auffüllen, im Ofen garen, bis die Brühe verdampft ist, leicht braten.

Backfett (Fritüre) zum Garen von Speisen im Fettbad. Als Backfett eignet sich jedes Fett, das eine Hitze von etwa 250°C verträgt und wenig spritzt, also reines Öl, Kokosfett, Schweineschmalz, Rindertalg u. dgl. Backfett sollte nach jedem Gebrauch noch heiß durch ein feines Drahtsieb gegossen werden, um alle vom Backgut abgefallenen Teilchen zu entfernen.

Backformen für die verschiedenen Torten-, Kuchen-, Kleingebäck- und Pastetenarten bestehen aus verzinktem Eisenblech, das heute oft mit einer Antiklebschicht ausgestattet ist, um ein Anbacken des Teiges zu verhindern. Fehlt diese Schicht, so sind die Formen gut mit Butter, Margarine oder Schweineschmalz auszufetten. Beliebt sind auch Backformen aus feuerfestem Glas, die ein Beobachten des Backvorganges ermöglichen.

Backhendl (Backhähnchen), → Wiener Backhendl.

Backobst (Dörrobst, Trockenobst), bei einer Hitze um oder über 100°C getrocknetes Obst, das bei trockener, luftiger Lagerung lange haltbar ist. Zu Backobst werden vor allem Äpfel, Aprikosen, Feigen und Pflaumen verarbeitet.

Backplatte, Backblech zum Backen von Kuchen, Kleingebäck usw.

Backpulver, Backtreibmittel zum Lockern des Teiges. Es besteht aus Natron (doppeltkohlensaurem Natrium) und einem Säureträger, z. B. Weinstein, Adipinsäure. Im Teig entwickeln beide Stoffe Kohlensäure (Kohlendioxyd), die den Teig rasch aufgehen läßt.

Backteig, knusprige Umhüllung von Fisch-, Geflügel-, Fleisch-, Gemüse- und Obststückchen. – *Rezept I:* 250 g Mehl, 3 EL Öl, 2 Eigelb, 1/4 l helles Bier und 1 Prise Salz geschmeidig rühren, eine Stunde ruhen lassen, danach 2 geschlagene Eiweiß darunterziehen. *Rezept II:* 250 g Mehl in 1/8 l Milch glattrühren, 5 Eigelb und zuletzt 5 geschlagene Eiweiß zugeben, mit 1 Prise Salz und geriebener Muskatnuß würzen. – Backteig für Obst enthält noch 3 EL Zucker.

Backteigkrusteln, → Kromeskis.

Backtreibmittel zum Lockern des Teiges mit Hilfe von Kohlensäure (Kohlendioxyd): Hefe, Sauerteig, Backpulver, Hirschhornsalz, Pottasche.

Bacon, englischer Frühstücksspeck, aus dem Kotelettstück junger Schweine, gepökelt und geräuchert.

Badian, → Sternanis.

badische Art, à la badoise: gedünsteter Rotkohl, Rauchfleischscheibchen und Kartoffelpüree zu gebratenem Fleisch.

Bagatellesalat: Streifen von Möhren und Champignons sowie Spargelspitzen in Essig-Öl-Marinade.

Bagel (Baigel, Bygeles), goldbraun gebackene, knusprige Hefekringel, ursprünglich Spezialität der jüdisch-polnischen Küche, in den USA weit verbreitet, neuerdings auch in europäischen Großstädten erhältlich. Rezept für 12 Bagel: 20 g frische Hefe mit etwas Zucker in 1 Tasse lauwarmem Wasser auflösen; aus 400 g Mehl, 1/2 TL Salz und 2 EL Zucker mit der aufgelösten Hefe, 2 verquirlten Eiern, 4 EL Speiseöl einen kräftigen Hefeteig kneten, den Teig 20 Minuten gehen lassen, wieder gut durchkneten, in 12 gleiche Teigkugeln teilen, aus den Kugeln etwa 15 cm lange und 2 cm dicke Rollen formen, die Enden zusammenkneifen, so daß Ringe entstehen, die nochmals etwa 20 Minuten gehen müssen; die 12 Teigringe auf einmal in einen großen Topf mit leicht gesalzenem, siedendem Wasser geben, die aufsteigenden Ringe mit dem Schaumlöffel herausnehmen, abtropfen lassen, auf ein gut gefettetes Backblech legen, mit Eigelb bepinseln, je nach Wunsch mit grobem Salz, Sesam- oder Mohnkörnern bestreuen, im Backofen bei 220°C etwa 10 Minuten goldbraun backen. Die frisch gebackenen Bagel flach durchschneiden, nur mit Butter und Doppelrahm-Frischkäse bestreichen oder zusätzlich mit Räucherlachsscheiben belegen, den Lachs mit frischem Dill dekorieren, mit Zitronensaft beträufeln und schwarzen Pfeffer darüber mahlen, die Bagelhälften wieder zusammensetzen.

Bagna caoda, piemontesisches Gemüsefondue, heiße Sauce aus Knoblauch und zerdrückten Sardellen zum Eindippen von Gemüsestreifen (Bleichsellerie, Paprikaschote, Artischockenherzen, Karden, Blumenkohl, Karotten, Fenchelgemüse, Radicchio, Frühlingszwiebeln usw.): in 50 g Butter in feine Scheiben geschnittene Knoblauchzehen andünsten, nach und nach 1/8 l Olivenöl hinzugießen und 4 feingehackte Sardellenfilets hineinrühren, bis eine cremige Sauce entsteht, die etwa 30 Minuten auf dem Herd köcheln muß; die Sauce auf einem Rechaud anrichten. Wer möchte, kann die Sauce mit Sahne mildern und mit Scheibchen von einer weißen Trüffel veredeln.

Bagrationsalat: kurzgebrochene Makkaroni nicht zu weich kochen, mit Streifen von gegartem Hühnerfleisch, Bleichsellerie und Artischockenböden vermischen, mit Mayonnaise, die mit etwas Tomatenmark verrührt wurde, binden, mit Ei, Pökelzunge und Petersilie, alles gehackt, garnieren. – Peter Iwanowitsch, Fürst von Bagration, 1765–1812, russischer General.

Baguette (frz = dünner Stab), französisches Weizenbrot, 50–100 cm lang, 6–8 cm im Durchmesser.

bähen, schweizerische Bezeichnung für das Rösten von Weißbrotscheiben, Semmeln, Kuchenscheiben usw.

Bahmi, chinesisches Nudelgericht: Nudeln in siedendem Wasser kochen, feingewürfeltes mageres Schweinefleisch in Öl braten, feingehackte Zwiebel mit etwas Knoblauchpulver bestäuben und in Öl rösten, kleingeschnittenen Weißkohl, Porree und Bleichsellerie in Öl weich dünsten, alles vermischen, mit Salz, Pfeffer, Ingwerpulver und Sojasauce abschmecken, mit Zitronen- und Gurkenscheiben, geviertelten Tomaten, Perlzwiebeln und Salatblättern garnieren; dazu Mango-Chutney.

Baigel, → Bagel.

Bainmarie (frz: bain-marie = Marienbad, Wasserbad), heißes → Wasserbad für empfindliche Saucen u. dgl.

Baiser (Meringe, spanischer Wind; frz: baiser = küssen), Schaumgebäck aus gezuckertem, geschlagenem Eiweiß (→ Baisermasse): die Masse mit dem Löffel oder Spritzbeutel häufchenweise auf ein mit Pergamentpapier ausgelegtes Backblech geben und im Ofen mehr trocknen als backen; die Baisers von unten aushöhlen, kurz nachtrocknen, mit Schlagsahne, Eis oder Creme füllen, je zwei zusammensetzen. Halbkugelförmige Baiserschalen können Sie bei Ihrem Bäcker bestellen und dann nach eigenem Geschmack füllen.

Baiser Fraisalia: Walderdbeeren mit Puderzucker und Kirschwasser aromatisieren, in ausgehöhlte Baisers (Baiserschalen) füllen, Schlagsahne darüberspritzen, mit Walderdbeeren dekorieren, sofort servieren, damit die Baisers nicht aufweichen.

Baiser Mayaguana: gewürfelte Ananas (auch Dosenananas) mit Puderzucker und Cherry Brandy aromatisieren, unter Schlagsahne ziehen, in ausgehöhlte Baisers (Baiserschalen) füllen, Schlagsahne darüberspritzen, mit geschabter Schokolade bestreuen, sofort servieren.

Baisermasse (Meringemasse, Schaummasse): 4–5 Eiweiß sehr fest schlagen, 250 g Puderzucker mit etwas Vanillezucker schnell und locker darunterziehen.

Baklava, türkischer Kuchen aus Blätterteig, Nüssen (Mandeln) und Honig.

Balchen, → Blaufelchen.

Ballottines (frz: ballottin = kleiner Ballen), reizvoll gefüllte → Hühnerkeulchen.

Balsamapfel, → Bittermelone.

Balsamessig, → Aceto Balsamico.

Balsamico-Linsen, beliebte Beilage zu Seefisch: gehackte Zwiebel in Butter anschwitzen, eingeweichte, gut abgetropfte Linsen zugeben, mit Fischbrühe aufgießen, kochen lassen, bis alle Flüssigkeit verdampft ist; in einem anderen Gefäß Aceto Balsamico (Balsamessig) etwas einkochen, mit Butter binden, die Linsen hinzufügen, mit Salz und Pfeffer abschmecken, gehackte Petersilie darüber streuen.

Balthasarsalat: Äpfel und gekochten Knollensellerie in grobe Würfel schneiden und getrennt in Zitronensaft marinieren, mit Senfmayonnaise binden; gewürfelte Tomaten ebenfalls mit Senfmayonnaise binden; bukettweise auf Chicoréeblättern, die mit Essig-Öl-Marinade angemacht wurden, anrichten.

Baltimore, à la: Torteletts, gefüllt mit jungem Mais in dicker Sahnesauce, zu Fleisch oder Geflügel, das mit gebratenen Tomatenvierteln und Paprikastreifen garniert wird. – Baltimore, Millionenstadt und Überseehafen im US-Staat Maryland.

Baltimore Egg-Nogg: 1 frisches Ei, 1 BL Zucker, 1 Glas Madeira, 1/2 Glas Curaçao gut schütteln, mit Milch auffüllen.

Balzac, à la: Geflügelklöße, gefüllte Oliven und Jägersauce zu kleinen Fleischstücken. – Honoré de Balzac, 1799–1850, französischer Schriftsteller (Menschliche Komödie, Tolldreiste Geschichten).

Bambolmas, → Pampelmusen.

Bamboo Cocktail: 1/2 trockener Wermut, 1/2 Sherry, 1 Spritzer Orangen Bitter, 3 Spritzer Angostura Bitter, umrühren.

Bambussprossen (Bambusschößlinge, Bambusspitzen, Bamboo Shoots), spargelartiges Gemüse aus Hinterindien und China. Die 3–10 cm dicken, zarten, elfenbeinfarbigen und sehr schmackhaften Triebe kommen in Dosen konserviert zu uns und sind eine exquisite Beilage zu Fleisch- oder Geflügelgerichten. – *Rezepte:* chinesischer Fleischkuchen, Chop Suey.

Bambussprossen mit Pilzen: Champignons oder andere Pilze in Öl erhitzen, streifig geschnittene Bambussprossen beifügen, mit Sojasauce und etwas Zucker abschmecken, leicht mit Stärkemehl binden.

Bambussprossensuppe: eine helle Mehlschwitze bereiten, mit dem Bambusfond (aus der Dose) ablöschen, mit Fleischbrühe auffüllen, mit Salz, Pfeffer und Muskatnuß würzen, mit Eigelb und Sahne binden, die Bambussprossen in feine Scheiben schneiden, in der Suppe kurz erhitzen, Petersilie darüberstreuen.

Bame Sultanine, → Gombos, rumänisch.

Bamias, → Gombos.

Bananen (Adams-, Paradies-, Pisangfeigen), Früchte der palmenähnlichen Pisangpflanze. Das Fruchtfleisch enthält viel Stärke und Zucker, eignet sich sehr als Diätkost für Nierenkranke und ist in der Küche vielseitig verwendbar, zu Süßspeisen und als Gemüse. Die Früchte sollten reif, aber noch fest sein. – Bananen werden hauptsächlich aus Westindien, aus Mittel- und Südamerika und von den Kanaren eingeführt. Aus Afrika kommen die großen Mehlbananen (→ Planten), die bei uns aber weniger bekannt sind, und die → Apfelbananen.

Bananen in Backteig: Bananen in dicke Scheiben schneiden, durch Backteig ziehen und in Fett schwimmend backen.

Bananen Cumberland: Bananen in dünne Scheiben schneiden, leicht mit Cumberlandsauce bedecken, gehackte Pistazien darüberstreuen, eiskalt anrichten.

Bananen, flambiert: 50 g Zucker in 40 g Butter hell karamelisieren, mit dem Saft einer Apfelsine ablöschen, 1/8 l Aprikosensauce dazurühren, mit Rum flambieren, die Bananen mit der Sauce bedecken und mit gehobelten Mandeln bestreuen.

Bananen, gebacken: Bananen längs und quer teilen, mit Mehl, Ei und geriebenem Weißbrot panieren, in Fett backen, etwas salzen und mit gebackener Petersilie garnieren.

Bananen, gebraten: Bananen in dikke Scheiben schneiden, mehlen und in Butter braten.

Bananen im Schlafrock: halbierte Bananen in Vanilleläuterzucker vordünsten, abtropfen, in Blätterteig hüllen, mit Eigelb bestreichen, backen, mit Puderzucker bestäuben; dazu Aprikosensauce, die mit Kirschwasser parfümiert wurde.

Bananen, überbacken: längs halbierte Bananen mit Konditorcreme bedecken, mit zerkrümelten Makronen bestreuen, mit zerlassener Butter beträufeln, mit Puderzucker bestäuben, kurz überbacken; dazu Schokoladensauce.

Bananen mit Vanillesauce: Bananen längs halbieren, in Butter backen, Vanillesauce darübergießen, mit Preiselbeerkonfitüre garnieren.

Bananen-Blumenkohl-Salat: Bananenscheibchen und geraspelten rohen Blumenkohl mit Zitronensaft marinieren, mit Sahnemayonnaise binden, gehackte Haselnüsse über den Salat streuen.

Bananencreme: reife Bananen pürieren, sofort mit etwas Zitronensaft würzen, das Püree mit Schlagsahne und wenig Gelatine schön cremig rühren.

Bananeneis: 250 g Bananen pürieren, mit etwas Zitronensaft, 1 Glas Maraschino und 1/4 l Läuterzucker (Zuckersirup) mischen und nach dem Grundrezept für → Fruchteis verfahren.

Bananenkrapfen: gezuckerte Bananenscheiben mit Weinbrand aromatisieren, durch Backteig ziehen, in Fett schwimmend backen, mit Puderzukker bestäuben.

Bananenpüree: Bananen in Scheiben schneiden, ganz wenig salzen, zugedeckt in Butter dünsten, durch ein Sieb streichen und mit Sahne und Butter vollenden.

Bananensalat: Bananenscheiben mit Essig-Öl-Marinade anmachen, mit gehackten Mandeln bestreuen; zu kalten Platten.

Bandnudeln, → Lasagne.

Bankiers-Art, à la banquière: Hummerscheiben, Champignons, Artischockenböden, geschmorte Gurken, Trüffelscheibchen und weiße Fischsauce zu Seefisch.

Banon, französischer Frischkäse aus dem Département Alpes-de-Haute-Provence, der früher aus Ziegenmilch, heute ausschließlich aus Kuhmilch gewonnen wird. Die kleinen, flachen, runden Käse sind in Edelkastanienblätter gehüllt und mit Bast verschnürt. Oft ist der Banon dick mit Kümmel oder Pfeffer, mit Curry, Paprika oder Rosmarin bestreut.

Baobab, → Affenbrotbaumfrucht.

Barack Pálinka, ungarischer Aprikosenbranntwein.

Baranki, russische Fastenbrezeln: festen Nudelteig ausrollen, in sehr schmale Streifen schneiden, die Teigstreifen zu runden Kringeln rollen, in siedendem Wasser garen, gut abtropfen, auf gefettetem Blech kroß bakken, mit Wasser befeuchten und salzen.

Bárány paprikás, Lammpaprika, ungarische Spezialität: gewürfelten mageren Speck mit gehackter Zwiebel anrösten, grobgewürfeltes Lammfleisch und zerdrückte Knoblauchzehen hinzugeben, kräftig mit Rosenpaprika bestäuben, kleingeschnittene grüne Paprikaschoten und Tomaten beifügen, salzen, zugedeckt dünsten lassen, zuletzt saure Sahne zugeben; dazu körnig gekochten Reis, Mehlnocken oder Tarhonya (ungarische Eiergraupen).

Barbaresco, italienischer Wein aus der Provinz Cuneo/Piemont, leuchtend granatrot, trocken, vollmundig und samtig.

Barbe, Karpfenfisch europäischer Flüsse, bis 80 cm lang und 5 kg schwer. Sein weißes Fleisch ist sehr schmackhaft und leicht verdaulich, aber grätenreich. Zur Laichzeit (Mai bis Juni) ist der Rogen giftig und verursacht eine choleraähnliche Erkrankung. Barben werden gekocht (blau), gegrillt und auf Müllerin-Art bereitet. Als Sauce empfehlen sich u. a. holländische Sauce und Kapernsauce.

Barbe auf Burgunder Art: die Barbe mit Champignonabschnitten, Kräuterbündel und Butter in Rotwein dünsten, den Fond passieren, einkochen, mit Mehlbutter binden und mit Butter aufschlagen.

Barbe, gegrillt: die Barbe in Öl, Salz und Pfeffer etwa 1 Stunde beizen, abtrocknen, auf dem Rost braten, mit Kräuterbutter anrichten.

Barbecue (indianisch: barbacao = gebratenes Tier), das Braten von großen Fleischstücken (z. B.: T-Bone-Steak) im Freien auf einem einfachen Rost, der ebenfalls Barbecue genannt wird. Zum gebratenen Fleisch werden meist eine scharfe Sauce, eine Barbecuesauce, und Weißbrot gereicht. – In einigen Gegenden von Arizona findet noch heute ein beliebtes Volksfest statt, das Barbecue genannt wird und bei dem zahlreiche Schweine auf Gitterrosten gebraten werden.

Barbecue Relish, Würzsauce.

Barbecuesaucen, sehr pikante Steaksaucen, auch als Fertigprodukt erhältlich. *Rezeptbeispiel:* 1 Tasse Tomatenmark, 3 EL Tomatenketchup, 1 EL geriebener Meerrettich, 1 TL Zwiebelsaft, 1 Schuß Essig, 1 TL Senf, Knoblauchsalz, Cayennepfeffer, etwas Worcestershiresauce, einige Tropfen Tabascosauce, gut verrühren.

Barbecue Spice, Gewürzmischung für gebratenes oder gegrilltes Fleisch, Geflügel und Fisch, für grüne Bohnen und Saucen. Die Barbecue Spice gibt dem Gericht einen pikanten, leicht rauchigen Geschmack.

Barbera, italienischer Rotwein, rubin- bis granatrot, meist trocken, manchmal von feiner Süße, mit einem Duft nach Veilchen.

Barbottage, Mischgetränk: Sektglas zur Hälfte mit kleinen Eisstücken füllen, je 1 BL Grenadine und Zitronensaft hineingeben, 1 Spritzer Angostura Bitter dazu, mit Sekt auffüllen und Apfelsinenscheibe auf Glasrand stekken.

Barbrötchen, nach Belieben zugeschnittene und belegte → Schnittchen.

Barches (Berches, Challa), das weiße Sabbatbrot der Juden, über dem der Segen gesprochen wird (hebr: beracha = Segensspruch): 2 größere Pellkartoffeln schälen und durch ein Sieb drücken (pürieren); 1,5 kg Mehl in die Teigschüssel geben, eine Vertiefung in die Mitte drücken, 20 g in lauwarmem Wasser gelöste und mit etwas Zucker gesüßte Hefe in die Vertiefung geben, die pürierten Kartoffeln und Salz hinzufügen, zuletzt so viel lauwarmes Wasser zugießen, daß ein gut knetbarer Teig entsteht, beim Kneten noch etwas Öl hinzutun; den Barchesteig nun zwei Stunden unter einem Tuch gehen lassen, dann in drei Teile teilen und zu dünnen Teigsträhnen ausrollen, daraus einen Zopf flechten, den Zopf mit geschlagenem Ei bestreichen und im Ofen goldgelb backen.

bardieren (frz: barder = mit Speck umhüllen). Mageres Fleisch, Wild und Geflügel werden gern mit dünnen Speckscheiben belegt oder umwikkelt, damit sie beim Braten saftig bleiben. Kurz vor dem Garsein wird der Speck abgenommen und das Fleisch usw. appetitlich gebräunt.

Bardoux, à la: junge grüne Erbsen und gehackter Schinken, in Butter leicht angeschwitzt, zu Fleisch oder Geflügel. – Agénor Bardoux, 1829–1897, französischer Staatsmann.

Bären, der europäische Braunbär gilt als der König unserer Tierwelt. Da er sich gern an Weidetieren vergreift und sein Fleisch sehr schmackhaft ist, ist »Meister Petz« heute nur noch in einsamen Gegenden Nord- und Osteuropas sowie im Balkan anzutreffen. Der Bär ist ein Allesfresser, sein Küchenzettel reicht vom Rind bis zur Schnecke, vom Gras bis zum Obst; fetter Lachs und wilder Honig sind seine Lieblingsnahrung. Wen wundert es da, daß Bärenschinken,

Bärentatze und Bärenfilet sehr begehrt sind.

Bärenfang, ursprünglich ostpreußischer Honiglikör, der je Liter wenigstens 250 g Honig enthält. Sein Alkoholgehalt: mindestens 35 Vol. %.

Bärenfilet Haack, finnische Spezialität: Bärenfilet in dünne Scheiben schneiden, leicht salzen, mit einer Prise Safran bestäuben und in Butter braten, mit einer Sauce aus Schlagsahne, scharfem Senf und etwas Paprika überziehen; dazu körnig gekochten Reis und Konfitüre aus Multbeeren oder Preiselbeeren.

Bärenschinken in Burgunder: den Schinken mit gehackter Zwiebel, Kräutern und rotem Burgunder mehrere Tage beizen, abtrocknen, kräftig anbraten, in der Beize weich schmoren; dazu Sauerkraut mit gewürfeltem Apfel und Burgundersauce.

Bärentatze, → Ziegenbart.

Bärentatzen, Schokoladen-Kleingebäck.

Bärentatzen, russisch: die Bärentatzen in einer Marinade von Weißwein, Essig, Öl, Zwiebeln, Wurzelwerk, Wacholderbeeren, Basilikum, Thymian und Rosmarin mehrere Tage beizen, in der Marinade weich kochen, die Knochen herauslösen, das Fleisch in mundgerechte Happen schneiden, mit Ei und geriebenem Weißbrot panieren, braten; dazu Kapernsauce.

Bärlauch, (Waldknoblauch, Zigeunerlauch), intensiv nach Knoblauch riechendes Wildgemüse, im März und April vor der Blüte in schattigen Wäldern gesammelt, würzt Suppen, Saucen, Salate und begleitet Fleisch, Fisch, Reis, Eierspeisen usw.

Barlöffel, langstieliger Löffel zum Abmessen und Zugeben der Zutaten zum Cocktail oder anderen Mischgetränken sowie zum Umrühren von Getränken.

Bärme, → Hefe.

Barolo, italienischer Wein aus dem Piemont, rotfunkelnd bis goldfarben, trocken, vollmundig, samtig.

Baron, der Rücken von Rind, Kalb, Hammel oder Lamm, in einem Stück gebraten; bei Hammel und Lamm gehören zum Baron noch die Hinterkeulen. Ein Baron war früher Höhepunkt des Festessens, heute wird allenfalls noch ein Baron vom Lamm bereitet, das immerhin für 18–20 Personen ausreicht, also z. B. für eine kleinere Hochzeitsgesellschaft.

Barquettes (frz: barque = Barke), gefüllte → Schiffchen.

Barsch (Bars, Flußbarsch, am Bodensee als Egli geschätzt), bis 1 kg schwerer Süßwasserfisch mit weißem, festem, sehr schmackhaftem und leicht verdaulichem Fleisch. Kleine Barsche werden meist gebacken, mittlere nach Müllerin-Art bereitet, große gedünstet oder zu Filets geschnitten.

Barsch, schwedisch: den Barsch mit Salz, Pfeffer, Muskatnuß, gehackter Petersilie, abgeriebener Zitronenschale und Paniermehl bestreuen, Butterstückchen daraufsetzen, in etwas Fleischbrühe und Zitronensaft gar dünsten; mit dem Fond anrichten.

Barschschnitten en papillote: Barschfilets mit Zitronensaft, Zwiebelscheiben, Petersilie und Lorbeerblatt etwa 1 Stunde beizen, mit gehackten Kräutern belegen, einölen, in Alufolie wickeln und im Ofen oder auf dem Rost garen.

Bartgrundel, → Schmerle.

Basilikum (Basilienkraut, Josefikräutl, Hirnkraut, Königsbalsam), ursprünglich südasiatisches Küchenkraut zum Würzen von Suppen, Saucen und Salaten, von Fleischgerichten (Geflügel, Schinken, Schweine- und Hammelfleisch) und Fischgerichten, Tomaten, eingelegten Gurken usw., wird bei uns meistens getrocknet verwendet. Basilikum hat einen süßlichen und zugleich pfefferartig würzigen Geschmack und verträgt sich sehr gut mit Salbei und Rosmarin. Es regt die Verdauung an und wirkt Blähungen entgegen. Wer die fernöstliche Küche schätzt, der verwende Basilikum aus dessen thailändischer Heimat, *Thai-Basilikum.*

Basilikumessig, mit Basilikum gewürzter Weinessig, der gern zum Würzen weißer Saucen verwendet wird.

Basilikumsauce, → Pesto.

Basilikumtee aus frischen oder getrockneten Basilikumblättern; den Tee mit Honig oder Zitronensaft würzen. Dieses altes Hausmittel lindert Husten und Magenbeschwerden.

baskische Art, à la basque: Seefisch panieren, braten und auf geschmorten, mit Knoblauch gewürzten Tomaten anrichten; dazu Béarner Sauce mit Kapern.

Basler Leckerli, schweizerischer Honigkuchen, erstmals auf dem Basler Konzil (1431–1449) für die Kirchenväter gebacken.

Basler Schnittchen: kleine Weißbrotscheiben mit weißem Zwiebelpüree bestreichen, je eine Scheibe Emmentaler darüberlegen, mit Zwiebelpüree bedecken, im Ofen überbacken; warm servieren.

Basmatireis, Reissorte mit perlweißem, länglichem Korn, mit nussigem Geschmack und fein grasartigem Duft. Anbaugebiete: Indien und Pakistan.

Bastardsauce (Sauce bâtarde, unechte Buttersauce): weiße Mehlschwitze mit Wasser verkochen, mit Salz und weißem Pfeffer würzen, mit Eigelb und Sahne binden, mit Zitronensaft abschmecken. Zu weißgedünstetem Fleisch.

Bâtarde, (frz: bâtard = unecht) → Bastardsauce.

Bataten (Süßkartoffeln, Sweet Potatoes), stärkereiche Knollen eines Windengewächses, dessen Heimat die malaiischen Inseln sind, das heute aber auch in Afrika, Südasien und Nordamerika angebaut wird. Man unterscheidet weiße, rote und gelbe Sorten; die gelben sind die besten. Bataten werden wie Kartoffeln zubereitet, nur weniger gesalzen, und anstelle von Kartoffeln gereicht. Sie kommen immer häufiger auch bei uns in den Handel.

Bataten mit Ahornsirup: Bataten kochen, schälen, in dicke Scheiben schneiden, auf ein Backblech breiten, mit Ahornsirup, der mit Apfelwein, Butter und etwas Salz aufgekocht wurde, begießen und im Ofen überbacken.

Bataten, kaiserlich: Bataten- und Apfelscheiben getrennt in Butter braten, beides in eine feuerfeste Form schichten, mit Bananenscheiben, Maraschinokirschen und Walnußkernen garnieren, Zuckerlösung darübergießen, mit Puderzucker bestäuben und im Ofen kandieren.

Bataten auf Kreolen-Art: Bataten kochen, schälen, der Länge nach teilen, mit der Schnittseite nach unten in gefettete Backform legen, Zucker, Salz, Muskatblüte und geriebene Apfelsinenschale darüberstreuen, mit Butter begießen und im Ofen so lange backen, bis sich Butter und Zucker zu einem dicken, braunen Sirup verwandelt haben.

Bataten vom Rost: Bataten schälen,

in dicke Scheiben schneiden und auf dem Rost braun braten.

Bataten, überbacken: Bataten kochen, schälen, in dicke Scheiben schneiden, auf ein Backblech breiten, mit geriebenem Parmesan bestreuen, mit Butter beträufeln und überbacken.

Batatenkroketten: Bataten schälen, kochen, zerstampfen oder durch ein Sieb streichen, mit Maronenpüree und Eigelb verarbeiten, zu kleinen Kugeln oder Rollen formen, mit geriebenem Weißbrot panieren und in Fett schwimmend backen.

Bataviasalat, hellgrüne, gelbliche bis dunkelbraune, fast rötliche Blattsalate mit glatten oder gezackten Blatträndern. Die meist stark gewellten Blätter schmecken sehr würzig; sie werden in einer Schüssel, nie unter fließendem Wasser, gewaschen. Bataviasalat wurde erstmals in Frankreich angebaut.

batelière, à la: → Flußschiffer-Art.

Batwinia, → Botwinja.

Bauchspeck junger Schweine, leicht durchwachsen, gepökelt und geräuchert.

Bauern-Art, à la paysanne: in Butter gedünstete Möhren-, Knollensellerie- und Zwiebelscheiben, Rauchspeckwürfel und gebratene Kartoffelwürfel zu geschmortem Fleisch oder Geflügel.

Bauernfrühstück: Scheiben von gekochten Kartoffeln mit kleingeschnittenem Bauchspeck braten, Eier mit etwas Milch und Salz verquirlen, Würfel von gekochtem Schinken und gehackten Schnittlauch zugeben und über die braungebratenen Kartoffeln gießen, ein paarmal durchrühren; dazu Tomatensalat oder Salzgurken.

Bauernkarpfen, → Karausche.

Bauernkartoffeln: grobgewürfelten mageren Speck und winzige Zwiebelchen in Butter schön braun braten, Mehl darüberstäuben, das Mehl kurz anschwitzen, mit Fleischbrühe auffüllen, geachtelte rohe Kartoffeln hinzufügen und zugedeckt gar machen; zuletzt mit gehackter Petersilie bestreuen.

Bauernsalat: Streifen von Rotkohl, Scheibchen von gekochtem Knollensellerie und Kartoffeln, geraspelte Möhren, gehackte Zwiebel mit Essig-Öl-Marinade anmachen.

Bauernsuppe: sehr klein geschnittene Mohrrüben, weiße Rüben und Porree in Butter oder Bratfett kräftig andünsten, dünne Kartoffelscheibchen hinzufügen, mit Wasser auffüllen, gar kochen, mit Salz und Pfeffer würzen, ein Stück frische Butter und geröstete Weißbrotwürfel hineingeben, mit Kerbel bestreuen.

Baumkuchen, baumstammförmiger feiner Kuchen, der auf einer langen Walze schichtweise über offenem Feuer gebacken wird. Der biskuitähnliche Teig besteht aus 3 Teilen Ei und je 1 Teil Butter, Mehl und Zukker. Der fertige Baumkuchen wird zu Blöcken geschnitten und mit Zukkerglasur oder Kuvertüre überzogen.

Baummelonen, → Papayas.

Baumnüsse, schweizerische Bezeichnung für → Walnüsse.

Baumstachelbeere, → Karambole.

Baumtomaten, → Tamarillos.

Bavaroise, → bayerische Creme.

Bavaroise, Milchmix: heiße Milch mit 1 Gläschen Kirschwasser verrühren, 1 Spritzer Rum, 1 EL Zuckersirup und ein rohes Eigelb hinzufügen, heiß servieren.

Bay-Kapples, → Multbeeren aus Neufundland.

bayerische Creme (Crème bavaroise, Bavaroise), die wohl beliebteste kalte

Süßspeise, eine geschlagene Creme aus Milch, Zucker, Eigelb, Gelatine und Schlagsahne, geschmacklich vielfältig abwandelbar, mit Vanille, Schokolade, Kaffeepulver, Mandeln, Nüssen, Apfelsinen, Erdbeeren, Himbeeren, Pfirsichen, Likören usw. – *Grundrezept:* 3 Eigelb mit 125 g Zukker schaumig rühren, 1/4 l frisch aufgekochte, heiße Milch langsam dazurühren, 8–10 g Gelatine hinzufügen, kaltrühren, rechtzeitig noch 1/4 l Schlagsahne locker unter die Creme ziehen, schnell in kalt ausgespülte Formen gießen, im Kühlschrank erstarren lassen, stürzen und mit passender Fruchtsauce anrichten.
Rezepte: Apfelsinencreme, dalmatinische Creme, Kaffeecreme, Schokoladencreme, Vanillecreme.

bayerische Dampfnudeln, 500 g Mehl, 1/4 l Milch und 25 g Hefe zu einem Teig verarbeiten und aufgehen lassen, 50 g Zucker, 2–3 Eier und 50 g zerlassene Butter hinzufügen und den Teig ruhen lassen, eigroße Stücke aus dem Teig stechen und nochmals gut aufgehen lassen, in Kochgeschirr 1/2 l Milch, 25 g Zucker und 25 g Butter geben, die Teigeier hineintun und zugedeckt im Ofen so lange backen, bis die Milch verdampft und die Nudeln unten leicht gebräunt sind. Die Dampfnudeln mit Vanillezucker oder -sauce anrichten.

bayerische Leberknödel: Kalbs- oder Rinderleber und fetten Speck durch den Fleischwolf drehen, mit Salz und Pfeffer würzen, feingehackte Zwiebel, Eier, etwas Mehl, in Butter gebratene Weißbrotwürfel hinzufügen, alles gut vermischen, aus der Masse Knödel formen, die Knödel in Salzwasser zugedeckt garziehen lassen (Schnittprobe!); die Leberknödel mit brauner Butter begießen und Sauerkraut als Beilage reichen oder in Fleischbrühe geben und als Leberknödelsuppe auftragen.

bayerische Reibeknödel: geriebene rohe und gekochte Kartoffeln (Verhältnis 2 : 1) mit eingeweichter Semmel und etwas Salz verarbeiten, Knödel (Klöße) formen, in kochendem Salzwasser garen.

bayerische Rüben, → weiße Rüben.

bayerisches Kraut: Speckwürfel und grobgehackte Zwiebeln kräftig anschwitzen, feinstreifig geschnittenen Weißkohl zugeben, mit Salz, Pfeffer, Kümmel, Zucker und Essig würzen, in Wasser weich dünsten und mit hellbrauner Mehlschwitze binden.

Bayonner Art, à la bayonnaise: Makkaroni und Schinkenstreifen (am besten von Bayonner Schinken) in Sahnesauce sowie tomatierte Madeirasauce zu Fleisch. – Bayonne, französische Hafenstadt am Rand der Pyrenäen.

Bayonner Schinken, »Jambon de Bayonne«, berühmter mildgeräucherter Schinken, Grundlage für das köstliche »œuf basque« (baskisches Ei): eine Scheibe Bayonner Schinken in Butter braten, mit einem Setzei bedecken, feinstreifig geschnittene Tomaten und grüne Paprikaschote daraufgeben, mit Petersilie bestreuen.

Béarnaise, → Béarner Sauce.

Béarner Sauce (Sauce béarnaise), feine Buttersauce, auch als Fertigprodukt erhältlich: 1 Glas Weißwein und 1 TL Weinessig mit 2 feingehackten Schalotten, einigen feingehackten Estragonblättern und 2 zerdrückten Pfefferkörnern zur Hälfte einkochen, nach leichtem Abkühlen 3 Eigelb hineinrühren, cremig rühren, unter ständigem Schlagen langsam 250 g lauwarme Butter zulaufen lassen, passieren, mit Salz und Cayennepfeffer abschmecken, zuletzt feingehackte Estragon- und Kerbelblätter darüberstreuen. Zu gebratenem dunklem Fleisch und zu Fisch. – Im Jahre 1830 wurde die Sauce erstmalig bei einem Festessen im Pavillon Heinrichs IV. zu Saint-Germain-en-Laye serviert. König Heinrich IV. (1553–1610) stammte aus der französischen Landschaft Béarn.

Beatrice, à la: in Butter gedünstete Morcheln, geviertelte Artischockenböden, junge Karotten, Schmelzkartoffeln und Sherrysauce zu Fleisch.

Beatricesalat: Streifen von gebratener Hühnerbrust und gekochten Kartoffeln, Spargelspitzen und Trüffelstreifchen mit leichter Senfmayonnaise binden.

Beaucaire, à la: in Butter gedünsteter Kopfsalat und Kartoffelkroketten zu kleinen Fleischstücken oder Geflügel. – Beaucaire, französische Stadt an der Rhône.

Beaucairesalat: Streifen von Bleichsellerie, Äpfeln, gekochtem Schinken und gebratener Hühnerbrust mit leichter Senfmayonnaise binden, mit gehackten Kräutern bestreuen, mit Scheibchen von roten Rüben und Kartoffeln garnieren.

Beaugency, à la: Artischockenböden, mit gedünsteten Tomaten gefüllt und mit je einer Rindermarkscheibe belegt, sowie Béarner Sauce zu kleinen Fleischstücken. – Beaugency, Stadt an der Loire.

Beauharnais, à la: gefüllte Champignonköpfe, geviertelte Artischockenböden, Schloßkartoffeln und Beauharnaissauce zu kleinen Fleischstücken. – Fanny de Beauharnais, erfolglose Dichterin, aber erfolgreiche Schönheit, Tante der Kaiserin Josephine.

Beauharnaissauce (Sauce Beauharnais): unter Béarner Sauce grüne Estragonbutter ziehen. Zu gebratenem Fleisch.

Beaujolais, französische Weinlandschaft des Burgund (Bourgogne) zwischen Loire und Saône. Die hier gewonnenen Beaujolais-Weine zählen zu den beliebtesten Rotweinen der Welt, sie schmecken fein-fruchtig und würzig und werden meist jung und gekühlt getrunken. Am bekanntesten ist der *Beaujolais Primeur* (= erster Beaujolais) bzw. *Beaujolais Nouveau* (= neuer Beaujolais), ein junger, spritziger Rotwein, dessen Verkauf in aller Welt nicht vor dem dritten Donnerstag im November stattfinden darf, weshalb mit ihm wahre Wettrennen stattfinden. Bis spätestens Januar/Februar sollte er getrunken werden. Die Bezeichnung *Beaujolais Villages Primeur* weist auf eine höhere Qualität hin. Nur 36 Gemeinden dürfen ihren Wein mit dem Zusatz »Villages« schmücken.

Beaujolaiser Sauce (Sauce beaujolaise), zu gebratenem dunklem Fleisch: 2 Glas roter Beaujolais (oder anderer Rotwein) mit 10 gehackten Schalotten, 1 zerdrückten Knoblauchzehe, etwas Salz und Pfeffer zur Hälfte einkochen und mit dem Bratfond vermischen.

Bebe, schweizerische Bezeichnung für → Kürbis.

Béchamel, → Béchamelsauce.

Béchamelkartoffeln: Pellkartoffeln in Scheiben schneiden, Béchamelsauce darübergießen und gut durchkochen.

Béchamelsauce (Sauce Béchamel, Milchsauce), Grundsauce. *Rezept I:*

1 EL Mehl in 1 EL Butter hellgelb schwitzen, 1/4 l kochendheiße Milch einrühren, mit etwas Salz und weißem Pfeffer würzen, mit 3 EL Sahne vollenden. – *Rezept II:* 1 Zwiebel in feine Scheiben und 100 g mageren Speck in kleine Würfel schneiden und in 1 EL Butter leicht anschwitzen, 1 EL Mehl darunterrühren, bis es hellgelb ist, 1/4 l kochendheiße Milch einrühren, mit etwas Salz und weißem Pfeffer würzen. – Louis de Béchamel, Marquis von Nointel, war ein neureicher Bankier. Er erkaufte sich das wichtige Amt des Haushofmeisters am Hofe Ludwigs XIV. und wurde durch eine Sauce, die ihm einer der Hofköche widmete, unsterblich.

Bêche-de-mer, → Trepang.

Becherformen (Darioleformen), glattwandige Becher aus Metall, Porzellan, hitzebeständigem Glas usw. für die Zubereitung von Dariolen, Timbalen u. dgl.

Becherpasteten, feine Ragouts, Pürees usw. mit und ohne Teig, in kleinen Formen gegart, gestürzt, meist kalt angerichtet, als Vorspeise, Beilage oder selbständige Schlemmerei. → Dariolen, → Timbalen.

Beefsteak (Bifteck; engl: beefsteak = Rinderschnitte), eine Scheibe aus dem Filet, aber auch aus dem flachen Roastbeef, aus der Hüfte oder aus der Kluft, rosa bis blutig gebraten oder gegrillt. Beefsteak kann auch aus Hackfleisch (Schabefleisch) bereitet werden.

Beefsteak California: Kluftsteaks (je 200 g) in der Pfanne braten, salzen und pfeffern, den Bratfond mit Butter ergänzen, Pfirsichhälften hineingeben, leicht anbraten, die Früchte auf den Steaks anrichten, gehobelte Mandeln im Bratfond rösten, den Mandelbratfond über die Steaks schütten, mit gehackter Petersilie bestreuen; dazu in Butter geschwenkte Maiskörner und Pommes frites.

Beefsteak, deutsches, → deutsches Beefsteak.

Beefsteak à la Meier: → Kluftsteaks (je 200 g) in der Pfanne braten und kräftig würzen; dazu je eine große Portion goldgelb gedünstete Zwiebeln und Bratkartoffeln.

Beefsteak New York: Kluftsteaks (je 200 g) grillen oder auf dem Rost braten, salzen und pfeffern, je ein Setzei daraufgeben, mit Mixed Pickles und Sardellenfilets garnieren; dazu Sardellenbutter und Bratkartoffeln.

Beefsteak Tartar (Tatar): bestes Schabefleisch (vom Rinderfilet) mit Salz und Pfeffer würzen, flache Ballen formen, in die vertiefte Mitte je ein rohes Eigelb setzen, mit Sardellenfilets, gehackten Zwiebeln, Mixed Pickles, Kapern, Petersilie garnieren; dazu Butter und Graubrot.

Beefsteak-Pie, englische Rindfleischpastete: zartes, mageres Rindfleisch, am besten vom Filet, in kleinfingerdicke Scheibchen schneiden und die Hälfte davon in eine ausgebutterte feuerfeste Schüssel legen, mit Salz, Pfeffer und geriebener Muskatnuß würzen, feingehackte Zwiebeln und Petersilie über die Fleischscheiben streuen, rohe Kartoffelscheiben daraufgeben, salzen und die übrigen Rindfleischscheiben darüberdecken, wieder mit Salz, Pfeffer und Muskatnuß würzen, mit Wasser auffüllen und im Ofen 45–60 Minuten backen.

Beeftea, englische Bezeichnung für sehr kräftige Rindfleischbrühe.

Beifuß (Gänsekraut, Besenkraut, Weiberkraut, Johanniskraut, Sonnwendkraut), Gewürzkraut, das fast überall an Wegrändern und Schutthalden wächst. Im August und September bricht man die Rispen mit den noch geschlossenen Blüten von der Pflanze und entfernt sämtliche Blätter, die wegen ihres bitteren Geschmacks ungenießbar sind. Die Beifußknospen werden frisch oder getrocknet zum Würzen von Suppen, Saucen, Farcen, Kohlgemüse, Schweine-, Hammel-, Gänse- und Entenbraten sowie Aal- und Karpfengerichten verwendet. Beifuß fördert die Verdauung und sollte daher immer fette Gerichte begleiten.

Beigaben zu Speisen sind Kartoffeln, Klöße, Nudeln, Spätzle, Reis, Brot usw. Sie dienen vor allem der Sättigung (Sättigungsbeigaben). Manchmal wird die Bezeichnung »Beigaben« auch für Beilagen (→ Garnitur) verwendet.

Beignets (frz: beigne = Ohrfeige, weil die kleinen, gefüllten Gebäcke im heißen Fett anschwellen wie die Wange nach einer kräftigen Ohrfeige), → Krapfen.

Beignets soufflés, → Auflaufkrapfen.

Beilagen verleihen dem Gericht neben seiner Zubereitungsart den typischen Charakter und zumeist auch den Namen. → Garnitur.

Beilagen zu Pasteten, kaltem Braten usw.: mit Selleriesalat gefüllte Tomaten, Ananasecken mit Kompottkirschen, Birnen mit Streifen von Tomatenpaprika, winzige Törtchen mit Senffrüchten, Artischockenböden mit Gänseleberpüree usw.

Beinwell (Wallwurz), bis ein Meter hohes Borretschgewächs, dessen Blätter als Gemüse geschätzt werden, während man die Sprossen wie Spargel zubereitet.

Beiried, österreichische Bezeichnung für → Roastbeef.

Beißkohl, → Mangold.

Beißlauch, → Porree.

beizen, → marinieren.

Bekassine (Sumpfschnepfe, Himmelsziege), kleinere Verwandte der → Schnepfe, ein begehrtes Federwild.

Belegfrüchte, → Konfitfrüchte.

belegte Brote, → Schnittchen.

Belle-Alliance, à la: gebratene Gänseleberscheiben, tomatierte Madeirasauce und Kartoffelpüree zu geschmortem Fleisch. – Belle-Alliance, Gehöft bei Brüssel, in dessen Nähe Blücher im Jahre 1815 Napoleon die entscheidende Niederlage beibrachte (Schlacht bei Waterloo).

belle Hélène, à la: flachrunde Spargelkroketten, Trüffelscheiben und gebundener Bratensaft zu kleinen Fleischstücken.

Bellevuesalat: besonders kleiner gekochter Rosenkohl, Streifen von Kopfsalat und Chicorée mit leichter Currymayonnaise binden.

Bellini, Mischgetränk: in Sektglas etwas frischgepreßten Pfirsichsaft geben, mit Sekt auffüllen. – Vincenzo Bellini, 1801–1835, italienischer Opernkomponist (Die Nachtwandlerin, Norma, Die Puritaner).

Bel Paese, edler Weichkäse aus der Lombardei (Italien). Obwohl er erst in den 20er Jahren kreiert wurde, zählt er bereits zu den berühmtesten Käsesorten.

Beluga-Malossol, besonders großkörniger, milder → Kaviar.

Bénédictine (Benediktiner), berühmter französischer Kräuterlikör, den der Mönch Bernardo Vincelli im Jahre 1510 in der Benediktinerabtei zu Fécamp in der Normandie herstellte.

Der Bénédictine D. O. M. (Deo Optimo Maximo = dem besten, größten Gott zu Ehren) ist ein Destillat aus zahlreichen Würz- und Heilkräutern und enthält 43 Vol. % Alkohol.

Benzoesäure, Benzolkarbonsäure, organische Säure, die heute ausschließlich synthetisch hergestellt und zur Konservierung von Nahrungsmitteln verwendet wird.

Berberitze (Sauerdorn), dorniger Strauch mit dunkelroten, sauren Beerenfrüchten, die zu Gelee oder Branntwein (Berberitzengeist) verarbeitet werden. In der orientalischen, vor allem in der persischen Küche, dienen Berberitzenbeeren zur geschmacklichen Vollendung von Reisgerichten.

Berches, → Barches.

Bercyer Art, à la Bercy: gebackene Kartoffelstäbchen und Bercybutter zu gegrilltem Fleisch. – Bercy, Vorort von Paris.

Bercyer Butter (Beurre Bercy), Buttermischung: 1 Glas Weißwein auf 1 feingehackte Schalotte gießen und fast ganz einkochen, nach dem Auskühlen mit 50 g Butter verkneten, 65 g kleingewürfeltes Rindermark und 1 gehäuften TL Petersilie hineinarbeiten, mit Salz, Pfeffer und Zitronensaft würzen.

Bercyer Sauce (Bercysauce, Sauce Bercy): feingehackte Schalotten in Butter anschwitzen, mit Weißwein verkochen, weiße Fischgrundsauce hinzufügen, passieren, gut durchkochen, mit Butter aufschlagen und gehackte Petersilie darüberstreuen. Zu gekochtem Fisch.

Bergamotte, Zitrusfrucht, Kreuzung zwischen Bitterorange und Limette. Ihr Saft wird zu Konfitüren usw. verarbeitet, das ätherische Öl der Schale dient zum Aromatisieren von Likören usw. – Auch Name einer Birnensorte von runder Form.

Bergilt, → Rotbarsch.

Bergkäse, vollfetter, würziger Hartkäse nach Emmentaler Art in Mühlsteinform (40–90 cm Durchmesser), geringe Lochbildung.

Berliner Biersuppe: je 50 g Mehl und Butter leicht bräunen und mit 1 l Bier ablöschen und verrühren, mit Ingwer, Zimt, Salz und Muskat würzen und 15 Minuten lang kochen, inzwischen 1 Eigelb, 25 g Zucker, je 1 EL Rum und Weißwein und etwas abgeriebene Zitronenschale gut schlagen, die heiße Suppe darübergießen und durch ein Sieb geben; dazu geröstete Weißbrotscheiben.

Berliner Luft, Süßspeise: Eigelb mit Zucker, Zitronensaft und abgeriebener Zitronenschale verrühren, mit Gelatine mischen, festgeschlagenes Eiweiß darunterziehen, in kleinen Formen erstarren lassen, stürzen, mit Himbeersaft übergießen.

Berliner Pfannkuchen: aus 25 g Hefe, 1 TL Zucker, 3/8 l Milch, 500 g Mehl, 4 Eigelb, 50 g Butter, etwas Salz und Rumaroma einen Hefeteig arbeiten, gut gehen lassen, ausrollen, runde Scheiben ausstechen, die Hälfte der Scheiben mit Aprikosen- oder Erdbeerkonfitüre oder mit Pflaumenmus füllen, eine Scheibe darüberdekken, mit Eiweiß gut verkleben, in Fett schwimmend abbacken, mit Puderzucker oder Zuckerglasur überziehen.

Berliner Salat: gekochten Knollensellerie in Würfel schneiden, in Zitronensaft marinieren und mit leichter Mayonnaise binden, mit roten Rüben (aus dem Glas) und Rapunzeln in Essig-Öl-Marinade garnieren.

Berliner Schnitzel: ein gutes Stück Kuheuter 3 bis 4 Stunden wässern, brühen, in Wurzelbrühe weich kochen (etwa 3 Stunden), die Haut abziehen,

1 Berberitze 2 Birkhuhn 3 Birne 4 Blaufelchen 5 Bleichsellerie

das Euter in Scheiben schneiden, salzen, pfeffern, in Ei und Paniermehl wenden und in Fett knusprig braten; dazu Kartoffelsalat.

Berliner Steak: Kluftsteaks (je 200 g) grillen, mit Scheiben gekochten Rindermarks garnieren, salzen und pfeffern, in Butter gedünstete Pfifferlinge und kleine Mohrrüben getrennt neben den Steaks anrichten; dazu Tomatensauce und Polsterkartoffeln.

Berliner Weiße (Weiße = Weizen), obergäriges Bier aus Weizen- und Gerstenmalz. Die Weiße wird in einer großen Glasschale (Molle) mit Saughalm serviert und gern mit einem Schuß Himbeersaft (Weiße mit Gefühl) oder Waldmeistersirup (Weiße mit Schuß) oder mit einem Gläschen Kümmelbranntwein (Weiße mit Strippe) getrunken.

Bermudasalat: Prinzeßböhnchen und Streifen von roter Paprikaschote in Essig-Öl-Marinade.

Bermudazwiebeln, → spanische Zwiebeln.

Bernard, à la: in Butter gebratene Steinpilze, gedünstete Tomaten, Kartoffelkroketten und Tomatensauce zu Fleisch. – Emile Bernard war Küchenmeister am Hofe Kaiser Wilhelms I.

Berner Art, à la bernoise: in Butter geschwenkte Nudeln und Pommes frites zu Fleisch. – Würfel von gebratenen Champignons, Artischockenböden und Kartoffeln zu gebratenem Süßwasserfisch.

Berner Platte, schweizerische Spezialität: gedünstetes Sauerkraut mit je einer Scheibe gekochtem Rindfleisch, geräucherter Schweinerippe, magerem Rauchspeck, Zungenwurst sowie einem Markknochen bedecken; dazu Salzkartoffeln.

Berner Rösti, schweizerische Kartoffelspezialität: ausgekühlte Pellkartoffeln in 2 mm dünne Streifchen schneiden (raffeln), in heißer Butter goldgelb braten, salzen. – Beigabe zu → Geschnetzeltem.

Bernitschken, → Preiselbeeren.

Berny, à la: Torteletts, mit Linsenpüree gefüllt und mit einer Trüffelscheibe garniert, Bernykartoffeln und Pfeffersauce zu Wild. – François Joachim de Pierre de Bernis (Berny), 1715–1794, französischer Kardinal und Staatsmann, Günstling der Pompadour.

Bernykartoffeln: Herzoginkartoffelmasse mit gehackten Trüffeln vermischen, kleine Kugeln formen, durch Ei ziehen, in gehackten Mandeln wälzen und in Fett schwimmend abbakken.

Berrichons, Gebäck auf Berryer Art, Petit Fours: Plätzchen oder Stangen aus Berrichonteig.

Berrichonteig: 125 g Mandelpulver, 125 g Vanillezucker und 50 g Mehl unter 4 festgeschlagene Eiweiß ziehen, den Teig mit Spritzbeutel und Lochtülle stangen- oder plätzchenförmig auf ein gemehltes Blech spritzen, im heißen Ofen backen.

Berryer Art, à la berrichonne: sehr kleine gedünstete Kohlköpfe, winzige glasierte Zwiebeln, glasierte Maronen, gebratene Rauchspeckscheiben und Kraftsauce zu Fleisch. – Berry, frühere Provinz in Mittelfrankreich.

Berryer Suppe: kleingeschnittene Kartoffeln und Zwiebeln, eingeweichte weiße Bohnen, einige Knoblauchzehen mit Salz, Pfeffer und Thymian in reichlich Wasser langsam weich kochen, passieren, ein Stück Butter und geröstete Weißbrotwürfel hineingeben, mit gehacktem Kerbel bestreuen.

Bertram, → Estragon.
Besenkraut, → Beifuß.
Besinge, → Heidelbeeren.
Bete, → rote Rüben.
Bethmännchen, Frankfurter Spezialität aus Marzipan, verziert mit Mandeln. Weihnachtsgebäck.
Bettelmann, nahrhafte und wohlschmeckende Speise aus geriebenem Schwarzbrot, Apfelmus, gestoßenen Mandeln oder Nüssen und Ei.
Beugel, Beugerl, österreichische Bezeichnung für Gebäck in Form eines Hörnchens, z. B. Nußbeugerl.
Beurre manié (frz: beurre = Butter; manié = bearbeitet), → Mehlbutter.
Beurrecks, → türkische Kroketten.
Beuschel, bayerisch-österreichische Bezeichnung für Lunge, auch für die eßbaren Innereien von Kalb und Lamm.
Beuschelsuppe: Kalbslunge in Wurzelbrühe, der etliche Kümmelkörner beigefügt wurden, gar kochen, die Lunge in feine Streifen schneiden und wieder in die Brühe geben, mit Fleischextrakt kräftigen, gut verkochen, zuletzt gehackten Schnittlauch darüberstreuen.
Bhajia, indische Krapfen, gefüllt mit Gemüse, Garnelen, Geflügel usw.
Bhajia mit Auberginenfüllung: Erbsmehl mit Salz, gemahlenem Kreuzkümmel, Backpulver und Wasser zu einem dicken Teig verarbeiten, Auberginenstücke durch den Teig ziehen und in Öl schwimmend backen.
Bibernelle (Pimpernell, Pimpinelle; lat: piper = Pfeffer), an Waldrändern wachsendes Gewürzkraut, dessen junge Blätter zartbitter und gurkenähnlich schmecken und frisch oder eingesalzen für Suppen, Saucen, Gemüse, Blattsalate und Fischgerichte verwendet werden.
Bickbeeren, → Heidelbeeren.
bien cuit (frz: bien = gut; cuit = gegart), Garstufe beim Fleischbraten: das Fleisch hat keinen rosafarbenen Kern mehr, es ist durchgebraten. Ideale Zubereitungsart für Kalb- und Schweinefleisch.
Bienenhonig, → Honig.
Bienenstich, Blechkuchen, bedeckt mit Butter-Zucker-Mandelmasse: 100 g Butter erhitzen, 200 g Zucker, 150 g gehobelte Mandeln (oder Nüsse), 1 Päckchen Vanillezucker und 4 EL Milch hinzufügen; ein Backblech mit Hefeteig auslegen, die Masse daraufstreichen, backen.
Bienmesabe, kanarische Süßspeise: 100 g gemahlene Mandeln in einer Pfanne ohne Fettbeigabe goldbraun rösten; 100 g Zucker in 200 ml Wasser zu einem dicken Sirup kochen, den Abrieb einer Zitronenschale, 1 Msp Zimt und die gerösteten Mandeln darunterrühren, ggf. noch etwas Wasser hinzugießen, vom Herd nehmen und nach leichtem Auskühlen 2 Eigelb unter die Speise ziehen, kurz aufkochen, in Schüssel füllen und eiskalt servieren. Nach dem ersten Probieren sagen Sie bestimmt: »Bienmesabe« (= Schmeckt mir gut).
Bier, ein aus Malz, Hopfen und Wasser mit Hilfe von Hefe gebrautes Getränk. Bier gilt neben dem Wein als das älteste Getränk des Menschen, denn es war schon vor 9000 Jahren in Mesopotamien bekannt. Auch die alten Ägypter tranken Bier; so fand man in der Grabkammer des Pharao Ramses III. Krüge mit Bier. Die Germanen labten sich an Weizenbier, das ungefähr der »Berliner Weißen« entsprach. – Man unterscheidet obergäriges Bier, das warm vergoren wird und dessen Hefe nach oben ausgestoßen

wird (Berliner Weiße, Altbier, Ale, Porter, Stout usw.), und untergäriges Bier, das kalt vergoren wird und dessen Hefe nach unten ausfällt (bayerische, norddeutsche, Dortmunder, tschechische, Elsässer Biere usw.). Bier enthält zwischen 0,5% (alkoholfreies Bier) über 1,5 bis 2,0% (Dünnbier), 3,5 bis 4,5% (Vollbier) bis 5,5% Alkohol (Starkbier). Nach dem Biersteuergesetz wird Bier jedoch nicht nach dem Alkoholgehalt, sondern nach dem Extraktgehalt der Würze (Stammwürzegehalt) in Biergattungen eingeteilt: 2 bis 5,5% Stammwürze (Einfachbier), 7 bis 8% (Schankbier), 11 bis 14% (Vollbier) und über 16% (Starkbier).

Bieressig, süddeutsche Spezialität, in bayerischen Feinkostgeschäften erhältlich. Bieressig ist hellgelb bis dunkelbraun, zeichnet sich durch einen charakteristischen Biergeschmack aus und verfeinert Saucen zu Schweinebraten und anderen deftigen Gerichten, ergänzt auch Krautsalat und diverse Rohkost.

Bierkaltschale: obergäriges Bier (Altbier, Berliner Weiße o. dgl.) mit Zucker, einer Prise Salz, Zitronensaft, einem Stück Zitronenschale und Zimt kurz aufkochen, leicht mit Stärkemehl binden, eiskalt auftragen.

Bierkäse, pikanter, halbfester Schnittkäse, der ursprünglich nur im Allgäu hergestellt wurde und in Bayern gern zu Bier gereicht wird.

Biersauce: 1 Fischpfefferkuchen in Scheiben schneiden und in 1 Flasche Malzbier einweichen; Suppengemüse und 1 Pastinakenwurzel in 1/2 l leicht gesalzenem Wasser weich kochen, über den Pfefferkuchen passieren, alles aufkochen, mit Salz, Zucker und Zitronensaft abschmecken, mit Stärkemehl binden und mit einem Stück Butter vollenden. – Beigabe zu Karpfen und anderen Süßwasserfischen.

Bierschinken, Brühwurst aus feingemahlenem Rind- und Kalbfleisch, grobgeschnittenem Schweine- und Kalbfleisch sowie Speck, geräuchert und gebrüht.

Biersuppe, → Berliner Biersuppe.

Bierteig, mit hellem Bier zubereiteter → Backteig.

Bierwurst, bayerische Wurstspezialität aus magerem Rind- und Schweinefleisch sowie Speck, geräuchert und gebrüht.

Biff Lindström, schwedisches Hacksteak: gehackte Zwiebel in Butter anschwitzen, gekochte Kartoffel und gekochte rote Rübe feinwürfeln, alles mit Schabefleisch (vom Rind), rohem Ei und Kapern vermischen, flachrunde Steaks formen, in Butter braten; dazu Pommes frites.

Bigaradie, Bigarrade, → Pomeranzen.

Bigarrade (Sauce bigarade): Bratfond mit Stärkemehl binden, mit Essig, Apfelsinen- und Zitronensaft würzen, Streifen von Apfelsinen- und Zitronenschale zur Sauce geben. Zu gebratener Ente.

bigarrieren (frz: bigarrer = scheckig machen). Fleisch und Geflügel wird gern mit Speck, Pökelzunge und Trüffel gespickt, um das Gebratene geschmacklich zu veredeln und ihm ein appetitlich buntes Aussehen zu geben.

Bigos, polnisches Nationalgericht: Schweinefleisch und durchwachsenen Speck grob würfeln und mit gehackten Zwiebeln in Schweineschmalz anbraten, Weißkraut und Sauerkraut, Rauchwurstscheiben und Pilze hinzufügen, mit Paprika, Salz, Kümmel, Lorbeer, Majoran und Knoblauch würzen, Tomatenmark zugeben und langsam weich kochen.

Bihunsuppe, indonesische Spezialität aus Reismehlnudeln, Hühnerfleisch, Paprikaschoten und exotischen Gewürzen. Fertigprodukt.

Bindemittel, Zutaten, um Suppen, Saucen, Frikassees, Ragouts, Pürees, Gemüsebeilagen, Salaten usw. eine bestimmte Konsistenz zu geben. Bindemittel sind: Eigelb, Sahne, Mehl (Mehlbutter, Mehlschwitze), Stärkemehl, Gelatine usw.

binden (legieren), eine Speise mit Hilfe eines Bindemittels sämig machen, ihr die richtige Konsistenz, den richtigen Zusammenhalt geben.

Bindesalat, → römischer Salat.

Bircher-Müsli: 3 EL Haferflocken, 3 EL Milch, 2 EL Honig, etwas Zitronensaft, geriebene Äpfel, gehackte Nüsse zu einem Brei verrühren. Bircher-Müsli gibt es auch tafelfertig zu kaufen. – Im Jahre 1900 stellte der schweizerische Arzt Maximilian Oskar Bircher-Benner (1867–1939) die nach ihm benannte Roh- und Pflanzenkostdiät vor, deren Mittelpunkt das inzwischen weltweit bekannte Bircher-Müsli bildet.

Birkenpilz (Kapuzinerpilz), Speisepilz, der vor allem unter Birken vorkommt. Das feste Fleisch junger Pilze ist sehr schmackhaft, wird aber beim Dünsten grau bis grauschwarz und leicht schleimig.

Birkhuhn, beliebtes Federwild, das vorwiegend in Birkenwaldungen anzutreffen ist. Es ist etwas kleiner als das Haushuhn und lebt von Beeren und Birkenknospen. Im Frühjahr balzt der Hahn mit lautem Gurren und verrät dem Jäger damit seinen Standort. Die Hennen sind ganzjährig geschützt. – *Vor- und Zubereitung:* Der Birkhahn muß gut abgehangen sein, bevor er gerupft und enthäutet wird. Die Keulen werden meistens weggeworfen, weil sie zu zäh sind. Den Hahn in dünne Rauchspeckscheiben hüllen, braten, schmoren oder zu Ragout verarbeiten.

Birkhuhn, elsässisch: Sauerkraut mit geräuchertem Bauchspeck und Weißwein halbgar schmoren, den kräftig angebratenen Birkhahn hinzufügen, alles gar schmoren; dazu Pfeffersauce und Salzkartoffeln.

Birkhuhn, russisch: den Hahn in Butter braten, aus dem Bratfond eine russische Brotsauce bereiten; dazu Johannisbeergelee.

Birnen, beliebtes Kernobst, das vor allem in Deutschland, aber auch in Frankreich, in der Schweiz, in der Tschechischen Republik usw. angebaut wird. Die edelste Birnensorte ist die Williams Christbirne, bekannt sind auch Alexander Lukas, Boscs Flaschenbirne, Clapps Liebling, Frühe von Trévoux, Gellerts Butterbirne, Gräfin von Paris, Gute Luise, Köstliche von Charneu, Madame Verté, Vereins Dechantsbirne usw.

Birnen auf Biskuit: Birnen schälen, halbieren, in Vanilleläuterzucker dünsten, je eine Birnenhälfte auf kleinen Biskuitboden setzen, mit Baisermasse bedecken, im Ofen kurz überbacken, mit Johannisbeergelee dekorieren, gehackte Pistazien darüberstreuen.

Birnen Bristol: geschälte, halbierte Birnen in Vanilleläuterzucker dünsten, auskühlen, auf Vanilleeis anrichten, mit Himbeerpüree bedecken, mit Schlagsahne und Walderdbeeren dekorieren.

Birnen, flambiert: Birnen schälen, halbieren, in Vanilleläuterzucker dünsten, den Fond mit passierter Aprikosenmarmelade verrühren, über die angerichteten Birnen gießen, mit Kirschwasser flambieren.

Birnen Helene: geschälte, halbierte Birnen in Vanilleläuterzucker dünsten, auskühlen, auf Vanilleeis anrichten, mit heißer Schokoladensauce bedecken.

Birnencocktail: gewürfelte Birnen in Sektschalen füllen, mit einer Cocktailsauce aus süßer Sahne, Tomatenketchup, Zitronensaft und etwas Salz, Paprika und Worcestershiresauce übergießen.

Birnenkompott: geschälte, geviertelte, vom Kerngehäuse befreite Birnen mit Zucker, 1 Stange Zimt und 2–4 Gewürznelken in Rotwein dünsten.

Birnenmelone, → Pepino.

Birnensaft entwässert den Körper, hilft bei Darmschleimhautentzündung.

Biskotten, → Löffelbiskuits.

Biskuit, feines, leichtes, nur aus Mehl, Eiern und Zucker hergestelltes Gebäck, → Löffelbiskuits.

Biskuitrolle: Biskuitteig etwa 1 cm dick auf ein mit Pergamentpapier ausgelegtes Backblech streichen, im heißen Ofen 7 – 8 Minuten backen, den Teig mit beliebiger Konfitüre oder Buttercreme bestreichen, zusammenrollen, mit Puderzucker bestäuben oder mit Zuckerglasur überziehen; im Kühlschrank auskühlen lassen, in Scheiben schneiden.

Biskuitteig, Grundlage für Torten und Löffelbiskuits: 75 g Zucker mit 4 Eigelb schaumig rühren, 3 steifgeschlagene Eiweiß und 75 g Mehl lokker darunterziehen.

Bismarckhering, mit Gewürzen in Essig eingelegte Heringsfilets.

Bismarcksalat: Streifen von Rotkohl und Kopfsalat und geriebenen Meerrettich mit Essig-Öl-Marinade anmachen.

Bison, nordamerikanisches Wildrind, einst das wichtigste Jagdwild der Indianer und bis Ende des 19. Jahrhunderts von weißen Siedlern fast völlig ausgerottet, hat sich heute in den kanadischen Schutzgebieten wieder stark vermehrt. Das viel Eiweiß und Eisen enthaltende, besonders kalorien-, cholesterin- und fettarme, zarte Fleisch schmeckt ausgezeichnet. Es wird aus Kanada importiert und wie Entrecôte zubereitet, leicht rosa, also nicht ganz durchgebraten.

Bistecca alla fiorentina, Filetsteak auf Florentiner Art, italienische Spezialität: Filetsteak auf dem Holzkohlengrill braten, salzen, pfeffern, etwas Olivenöl darüberträufeln; dazu Salat von frischen Bohnenkernen.

Bitki (Einzahl: Bitok), russische Fleischklopse: Schabefleisch mit eingeweichtem Weißbrot, Sahne und Butter verarbeiten, mit Salz, Pfeffer und Muskatnuß würzen, aus der Masse kleine flachovale Klopse formen, in Butter braten; dazu gebakkene Zwiebelringe, Madeirasauce und Bratkartoffeln.

Bittergurke, → Karella.

Bittermandeln, würzende Zutat für Gebäck und Marzipan. Bittere → Mandeln enthalten Amygdalin, das sich in Verbindung mit Wasser in Traubenzucker, Bittermandelöl und die hochgiftige Blausäure spaltet. Bittermandeln dürfen daher nur in geringer Menge verwendet werden. Die besten Bittermandeln kommen aus Italien (Avola, Bari) und aus Frankreich (Provence). – Übrigens: einige Bittermandeln, vor einem Zechabend verspeist, erhöhen die Trinkfestigkeit und beugen gegen Katererscheinungen vor.

Bittermandelöl, ätherisches Öl, das

aus Bittermandeln gewonnen wird. Es besteht zu 75–85% aus Benzaldehyd und wird heute vorwiegend synthetisch hergestellt. In Alkohol gelöstes Bittermandelöl wird zum Aromatisieren von Backwaren, Süßwaren und Likören verwendet.

Bittermelone (Balsamapfel), gurkenähnliches, chinesisches Gemüse mit grüner, knittriger Haut und herbbitterem, erfrischendem Geschmack. Das Fruchtfleisch wird vor der weiteren Verwendung mit kochendem Wasser überbrüht, um ihm einen Teil der Bitterstoffe (Chinin) zu entziehen. Bittermelone wird gedünstet und zu Fleisch- und Geflügelgerichten gereicht. Bei uns kommen die Früchte in Dosen, manchmal auch frisch in den Handel.

Bitterorangen, → Pomeranzen.

Bitters, Bitterextrakte zum Würzen von Cocktails, Obstsalaten, Cremes usw. Die bekanntesten Bitters sind Angostura Bitter, Limone Bitter, Orange Bitter.

Blackberry Brandy, Brombeerlikör aus Brombeersaft, Brombeerbranntwein, Zucker, Alkohol und Wasser. Sein Alkoholgehalt beträgt mindestens 30 Vol. %.

Black Velvet (engl: Schwarzer Samt), Mischgetränk: in Becherglas (Tumbler) gleiche Teile Porter-Bier und Sekt zusammengießen.

blanchieren (frz: blanchir = weiß machen, reinigen), → brühen.

Blancmanger (Mandelsulz; frz: blanc = weiß, rein; manger = essen), kalte Süßspeise aus Mandelmilch und Gelatine, vermischt mit Früchten, Likören usw. – *Grundrezept:* geschälte süße Mandeln mit etwas Wasser feinstoßen, mit Zucker und Milch aufkochen, Gelatine hinzufügen, kaltrühren, zuletzt noch etwas Schlagsahne darunterziehen, in kalt ausgespülte Formen gießen, im Kühlschrank erstarren lassen, stürzen.

Blancmanger Delmonico: die nach dem Grundrezept bereitete Blancmangermasse zuletzt mit Kirschkonfitüre und gedünsteten Sauerkirschen vermischen.

Blancmanger mit Maraschino: die Blancmangermasse mit Maraschino aromatisieren.

Blankett, Blanquette (frz: blanc = weiß), → weißes Ragout.

Blasenkirsche, → Kapstachelbeere.

Blätterfleisch, → Emincé.

Blätterkohl, → Grünkohl.

Blätterteig (Feuilletage), für Kuchen, Torten, Kleingebäck, Pasteten usw.: 250 g Mehl mit etwas Salz und ungefähr 1 Tasse Wasser schnell zu einem festen, aber elastischen Teig verarbeiten. Etwa 30 Minuten an kühlem Ort ruhen lassen. Den Teig zu einem großen Viereck ausrollen, 250 g feste, aber nicht harte Butter daraufsetzen, die Ecken des Teigs über der Butter zusammenschlagen und das Ganze zu einem Rechteck ausrollen, das etwa dreimal so lang wie breit sein soll. Den Teig nun so zusammenschlagen, daß ein Quadrat entsteht, und in Querrichtung ausrollen. Den Teig falten und im Kühlschrank gut abkühlen lassen. Dann wieder zweimal ausrollen und zusammenfalten, etwa 15 Minuten kühlen und noch einmal ausrollen und zusammenfalten. Nach diesen 6 Touren befinden sich genau 729 Schichten Butter zwischen 730 Schichten Teig. Den Blätterteig nochmals 30 Minuten kühlen, dann nach Rezept formen oder ausstechen und bei mittlerer bis starker Hitze backen. – Tiefgefrorener Blätterteig wird im Handel angeboten.

Blätterteighalbmonde (Fleurons), kleine Blätterteiggebäcke in Halbmondform; sie werden verschiedenen Speisen, wie Frikassees, Kalbsbries, Kalbshirn usw., als Garnitur beigegeben.

Blätterteigpasteten, → Bouchées, → Vol-au-vents.

Blätterteigröllchen (Cannelons): kleine Blechröhren mit ausgerolltem Blätterteig umwickeln, mit Ei bestreichen, im Ofen backen, die Teigröllchen abstreifen und mit verschiedenen Leckereien füllen, z. B. mit Räucherlachswürfelchen in holländischer Sauce oder mit Gänseleberwürfelchen in Madeirasauce.

Blätterteigschnittchen (Dartois): dünn ausgerollten Blätterteig mit gut gewürzter Farce bestreichen, mit Blätterteig zudecken, mit Eigelb bestreichen, abbacken, in kleine Schnitten oder Streifen schneiden.

Blätterteigstäbe (Allumettes), Vorspeise, Würzbissen: Blätterteig etwa 1/2 cm dick ausrollen, mit beliebiger Farce bestreichen, in 7–8 cm lange und 1–2 cm breite Streifen (Stäbe) schneiden und im Ofen abbacken. Als Farce eignen sich besonders: Fisch-, Garnelen-, Sardellen- und Hühnerfarce sowie Käsefüllung.

Blätterteigtörtchen, → Törtchen.

Blattmangold, → Mangold.

Blattsalat, → Kopfsalat.

Blaubeeren, → Heidelbeeren.

Blaufelchen (Albock, Anke, Balchen, Felchen, Renke, Rheinanke, Stubben), Lachsfisch, forellenähnlicher Fisch der nördlichen Voralpenseen, der bis 75cm lang und bis 3 kg schwer wird. Sein Fleisch ist sehr wohlschmekkend, zubereitet wird er im allgemeinen wie Forelle.

Blaufelchenfilets auf Müllerin-Art: die Filets durch gewürzte Milch ziehen, in Mehl wenden und in Butter braten, mit Zitronensaft beträufeln, gehackte Petersilie darüberstreuen, mit brauner Butter begießen.

Blaufisch, → Seelachs.

Blaukabis, → Rotkohl.

blaukochen, beliebte Zubereitungsart von Süßwasserfischen wie Forelle, Aal, Hecht, Karpfen, Schleie usw. Wichtig für die appetitliche Blaufärbung ist die schleimige Haut. Daher sollten die Fische erst kurz vor der Zubereitung getötet und auf nasser Tischplatte schnell, aber vorsichtig ausgenommen werden. Da sich ein frischer Fisch mit unverletzter Schleimhaut immer blau kocht, ist es nicht nötig, Essig in den Fischsud zu geben oder den Fisch mit kochendem Essig zu übergießen; der Essig beeinträchtigt nur den feinen Edelfischgeschmack. Ist der Fisch schön blau, so bestreicht man ihn schnell mit zerlassener Butter, damit die Farbe nicht in ein häßliches Schwarzblau übergeht.

Blaukraut, → Rotkohl.

Bläuling, → Lackpilz.

Blauschimmelkäse, → Edelpilzkäse.

Blei, → Brachse.

Bleichsellerie (Stauden-, Stangen-, Stengel-, Stielsellerie, englischer Sellerie), Staudengemüse, Zuchtform des Sellerie. Künstliche Hüllen schützen die Stauden vor Lichteinwirkung und lassen sie dadurch zart und weiß werden. – *Vorbereitung:* grüne unansehnliche Blätter abtrennen, die Rippen entfasern, die Wurzeln putzen, auf 8–10 cm Länge schneiden, dicke Stauden teilen, waschen, mit Salzwasser überbrühen und nach Rezept weiterverarbeiten. Bleichsellerie für Salat in 5–6 cm lange Stücke schneiden, besonders sorgfältig waschen, evtl. einige Stunden in Eiswasser legen, damit sich die Blätter appetitlich kräuseln. – 1 Selleriestaude reicht für 2 Personen. – *Garzeit:* etwa 40 Minuten.

Bleichsellerie in Blätterteig: die vorbereiteten Selleriestauden in Fleischbrühe dünsten, abtropfen, auskühlen lassen, in Blätterteig wickeln, mit Eigelb bestreichen und backen.

Bleichsellerie, gedünstet: eine Kasserolle mit Mohrrüben- und Zwiebelscheiben sowie Speckabfällen auslegen, die vorbereiteten Stengel darauflegen, mit Fleischbrühe auffüllen und gar dünsten, herausnehmen, abtropfen und mit Madeirasauce begießen.

Bleichsellerie auf Genfer Art: die vorbereiteten Selleriestauden in Fleischbrühe dünsten, abtropfen, auf einer Backplatte anrichten, mit dicker Sahnesauce bedecken, mit geriebenem Emmentaler Käse und geriebenem Weißbrot bestreuen, mit Butter beträufeln und überbacken.

Bleichsellerie, griechisch: 2 Teile Weißwein, 2 Teile Wasser, 1 Teil Olivenöl mit Zitronensaft, Pfefferkörnern, etwas Lorbeerblatt und Salz aufkochen und die längsgeviertelten Selleriestauden darin garen, im Fond auskühlen, herausnehmen und sehr kalt mit etwas Fond übergossen auftragen. Vorspeise.

Bleichsellerie auf Mailänder Art: die vorbereiteten Selleriestauden in Fleischbrühe dünsten, abtropfen, auf einer Backplatte anrichten, mit geriebenem Parmesan bestreuen, mit brauner Butter begießen und im Ofen kurz überbacken.

Bleichsellerie mit Rindermark: die vorbereiteten Selleriestauden in Fleischbrühe dünsten, abtropfen, anrichten, mit Rindermarkscheiben dekorieren, Madeirasauce darübergießen, mit gehackter Petersilie bestreuen.

Bleichsellerie auf Tessiner Art: die vorbereiteten Selleriestauden in Fleischbrühe dünsten, abtropfen, durch Backteig ziehen und in Fett schwimmend backen, mit Puderzukker bestäuben.

Bleichselleriesalat: Selleriestangen in 5 cm lange Stücke schneiden und mit Senfmayonnaise, die mit Zitronensaft verdünnt wurde, anmachen.

bleu (frz: = blau), Garstufe beim Fleischbraten: das Fleisch hat eine braune, dünne Kruste und ist innen noch fast roh, von blauroter Farbe. Viele Kenner schätzen diese Garstufe bei Rindersteaks u. dgl.

Bley, → Brachse.

blindbacken, das Backen eines Teigbodens oder einer Teighülle ohne Füllung. Da es erwünscht ist, daß der Teigrand beim Backen hochgeht, der Boden aber flach bleibt, wird der Teigboden mit Pergamentpapier oder Alufolie abgedeckt und mit getrockneten Erbsen oder Bohnen beschwert. Nach dem Backen werden Papier bzw. Folie und die Hülsenfrüchte wieder entfernt. – Heute hat dieses Verfahren an Bedeutung verloren, weil es Backformen mit vertieftem Rand in jeder Form und Größe gibt.

Blindhuhn, westfälische Spezialität: weiße Bohnen einweichen, mit einem Stück Bauchspeck kochen, den Speck herausnehmen, grüne Bohnen, Mohrrübenscheiben und zuletzt Kartoffelwürfel, Zwiebelscheiben und kleingeschnittene Äpfel hinzufügen, das Eintopfgericht fertigkochen, mit Salz und Pfeffer würzen und mit dem Speck anrichten.

Blinis, dünne russische Pfannkuchen: aus 10 g Hefe, 1/4 l lauwarmer Milch,

250 g Buchweizenmehl, 1–2 Eigelb und etwas Salz einen dickflüssigen Teig bereiten (das Buchweizenmehl kann man auch mit Weizenmehl mischen), zuletzt 1–2 steifgeschlagene Eiweiß mit 1–2 EL Schlagsahne lokker unter den Teig ziehen, in Butter zu kleinen, möglichst dünnen Pfannkuchen abbacken; mit saurer Sahne zu Kaviar reichen. Den Teig darf man auch mit gehacktem Ei, Räucherlachswürfeln o. dgl. vermischen und abbacken.

Blitzkuchen, → Eclairs.

Blockschokolade, → Schokolade einfacherer Qualität, meist in Blöcken statt Tafeln geformt, dient als Zutat bei Backwaren und Süßspeisen.

blondieren, Zwiebelscheiben u. dgl. leicht in Butter bräunen.

Bloody Mary, Mischgetränk: in kleines Becherglas (Tumbler) einige Eisstücke, 1 Schuß Zitronensaft, 1 Prise Pfeffer, einige Tropfen Worcestershiresauce, 1 Gläschen Wodka, mit Tomatensaft auffüllen.

Blossa Glögg, schwedischer Weihnachtspunsch, seit 1880 aus Rotwein mit Kardamom, Gewürznelke, Piment, Zimt, Karamel und Zitrussaft hergestellt. Handelsware.

Blue Bird Cocktail: 3/4 Gin, 1/4 Curaçao Blau, 4 Spritzer Angostura Bitter, umrühren.

Blue Lady Cocktail: 1/3 Curaçao Blau, 1/3 Gin, 1/3 Zitronensaft, kurz schütteln.

Blume, bestes Stück aus der Rinderkeule.

Blumenkohl (Karfiol, Käsekohl, Traubenkohl, Brüsseler Kohl), wertvolles Kohlgemüse, besonders schmackhaft, leicht verdaulich, mit hohem Gehalt an Vitamin C. Blumenkohl wird gekocht als Gemüsebeilage gereicht oder roh geraspelt zu Salaten verarbeitet. – *Vorbereitung:* Die Blätter entfernen, den Strunk glattschneiden, den Kohl waschen und ca. 1 Stunde in kaltes, leicht gesalzenes Wasser legen, um etwa vorhandene Käfer, Raupen, Schnecken usw. zu vertreiben. – *Zubereitung:* Den Blumenkohl in Salzwasser kochen, gut abtropfen und nach Rezept weiterverarbeiten. Garzeit: 20 Minuten.

Blumenkohl in Backteig: nicht zu weich gekochte Blumenkohlröschen in Öl, Zitronensaft und gehackter Petersilie marinieren, durch Backteig ziehen und in Fett schwimmend bakken; dazu gebackene Petersilie und Tomatensauce.

Blumenkohl à la Crème: die gekochten Blumenkohlröschen mit Sahnesauce begießen.

Blumenkohl, englisch: den Blumenkohl in Salzwasser nicht zu weich kochen, gut abtropfen und mit frischer Butter anrichten.

Blumenkohl mit holländischer Sauce: den Blumenkohl in Salzwasser weich kochen, gut abtropfen und mit holländischer Sauce begießen.

Blumenkohl auf Mailänder Art: Den Blumenkohl in Salzwasser nicht zu weich kochen, gut abtropfen, auf eine gefettete Backplatte setzen, mit geriebenem Parmesan bestreuen, mit Butter beträufeln und im Ofen überbacken.

Blumenkohl Padua: den gekochten Blumenkohl in einer feuerfesten Schüssel anrichten, dicke Tomatensauce, die mit gehacktem gekochten Schinken und gehackten Champignons vermischt wurde, darübergießen, mit geriebenem Parmesan bestreuen, mit Butter beträufeln und im Ofen leicht überbacken.

Blumenkohl, polnisch: den weichgekochten Blumenkohl in einer Schüssel anrichten, mit gehacktem Ei und gehackter Petersilie bestreuen, braune Butter mit geröstetem Paniermehl darübergießen.

Blumenkohl auf Schweizer Art: den Blumenkohl in Milch und Fleischbrühe (halb und halb) kochen, den Fond mit heller Mehlschwitze binden und mit Salz und Muskatnuß würzen.

Blumenkohl auf Snagower Art: rote Paprikaschoten halbieren, Kerne und Fasern entfernen, in Fleischbrühe dünsten; kleine, gekochte Blumenkohlröschen in tomatierter und mit Knoblauch gewürzter Béchamelsauce in die Paprikaschoten füllen, mit geriebenem Käse bestreuen, mit Butter beträufeln und im Ofen überbacken.

Blumenkohl, überkrustet: den nicht zu weich gekochten Blumenkohl gut abtropfen, auf einer gefetteten Backplatte anrichten, mit Mornaysauce bedecken, geriebenen Käse darüberstreuen, mit Butter beträufeln und im Ofen überbacken.

Blumenkohl Villeroi: gekochte Blumenkohlröschen zu walnußgroßen Kugeln formen, durch Villeroisauce ziehen, mit Ei und geriebenem Weißbrot panieren und in Fett abbacken.

Blumenkohlpüree: gekochten Blumenkohl durch ein feines Sieb streichen, mit etwas Kartoffelpüree und Butter verarbeiten.

Blumenkohlsalat: nicht zu weich gekochte Blumenkohlröschen mit Essig-Öl-Marinade anmachen, mit gehacktem Kerbel bestreuen.

Blumenkohlsalat Chantilly: nicht zu weich gekochte Blumenkohlröschen in Essig-Öl-Marinade einlegen, Mayonnaise, unter die Schlagsahne gezogen wurde, über die Röschen ziehen, mit Brunnenkresse garnieren.

Blumenkohlsalat, provenzalisch: nicht zu weich gekochte Blumenkohlröschen mit einer Sauce aus Weinessig, Öl, Weißwein, Zitronensaft, Senf, Salz, Pfeffer, etwas Zucker und einem Hauch Knoblauch anmachen.

Blumenkohl-Timbale: den gekochten und gut abgetropften Blumenkohl hakken, mit dicker Béchamelsauce vermischen, mit Eigelb binden, mit Salz, Pfeffer und Muskatnuß würzen, steifgeschlagenes Eiweiß darunterziehen, in gefettete Becherformen füllen und im Wasserbad garziehen lassen; nach dem Erkalten aus der Form stürzen und mit holländischer Sauce überziehen.

Blumenmädchen-Art (à la bouquetière) kleine Sträußchen Blumenkohl, bedeckt mit holländischer Sauce, daneben kleine, bunte Arrangements von überglänzten grünen Erbsen, Karotten, weißen Rübchen und gebratenen neuen Kartoffeln. Zu Fleisch- oder Geflügelspeisen.

Blunzen, österreichische Bezeichnung für Blutwurst.

Blut, »Lebenssaft« fast aller Tiere. Für die menschliche Ernährung ist das Blut der Schlachttiere (vor allem Schweineblut) und des Wildes von Bedeutung. Da Blut nach dem Austritt aus dem Körper schnell gerinnt, muß es mit einem Schneebesen geschlagen werden. Blut enthält 80% Wasser, 18% Eiweiß und 2% sonstige Stoffe.

Blutbrot, Spezialbrot mit einem Zusatz von Rinder- oder Schweineblut.

Blüten von Gänseblümchen, Begonien, Geranien, Schlüsselblumen, Kapuzinerkresse, Löwenzahn, Primeln, Veilchen, Flieder, Dahlien, Jasmin, Tulpen, Rosen, Salbei usw. eignen sich nicht nur als Dekor auf festlichen

Tafeln, sie können auch als farbenfrohe Beigabe zu Salaten, Suppen und vielen anderen Gerichten mit großem Genuß verspeist werden. Ihre besonderen Aromen, die sowohl Duft wie Geschmack prägen, sowie ihre gesundheitsfördernden ätherischen Öle verleiten nicht nur Vegetarier dazu, mit Blüten ihre Küche zu bereichern – immer mehr Gourmets schmücken und verfeinern ihre Speisen damit. Nur Herbstzeitlose, Maiglöckchen, Narzissen und Oleander sind wegen ihrer Giftstoffe ungeeignet. Im Zweifel fragen Sie Ihren Apotheker. Verwendet werden ausschließlich die Blütenblätter, Stempel und Staubgefäße der Blüten bleiben dagegen unbeachtet. Überraschen Sie Ihre Gäste also einmal mit Veilchen-Crèpes, kandierten Rosen, Flieder in Backteig, einem Begoniensalat, einer Suppe mit bunten Tulpen, Cassolettes mit Jasmin oder etwas anderem. → Akazienblüten; → Holunderblüten, gebacken; → Zucchiniblüten, gefüllt.

Blütenessig, aromatisierter Speiseessig: 1 Handvoll Rosen-, Lavendel- oder Holunderblüten in eine weithalsige Halbliterflasche geben und mit Weißweinessig auffüllen. Zu Obst- und Gemüsesalaten.

Blutgeschwür, origineller schlesischer Cocktail: 1/2 Eierlikör, 1/2 roten Cherry Brandy vorsichtig eingießen, nicht umrühren.

Blutkräuter, Kräuter, die besonders geeignet sind, Gerichte aus Schweineblut zu würzen, wie Rosmarin und Fenchelsamen.

Blutpudding, schwedische Blutpastete (Blodpudding): 400 g Roggenmehl, 250 g gewürfelten Speck, je 1/8 l Schweineblut und Fleischbrühe, 100 g Wurstfett und 25 g Rosinen vermischen, gut würzen, in Pastetenform füllen und kochen; den Blutpudding nach dem Auskühlen in Scheiben schneiden und in Butter braten; dazu Preiselbeerkompott.

Blutwurst (Rotwurst, Schwarzwurst), Kochwurst aus Schweineblut, Speckwürfeln und Schwarten, gewürzt mit Salz, Pfeffer, Piment, Majoran, Thymian und Ingwer. Bessere Blutwurstsorten enthalten auch Fleisch, Zunge, Herz, Milz oder Niere. Einfache Blutwurst enthält Lunge, Kaldauen und Euter. Vielfach wird Blutwurst geräuchert. Die bekanntesten Blutwurstsorten sind: Berliner Fleischwurst, Blutmagen, Speckwurst, Thüringer Rotwurst, Würzburger Blutpreßsack.

Blutwurst, flämisch: Blutwurst auf dem Rost braten, Apfelscheiben in Butter dünsten, die Blutwurst auf den Apfelscheiben anrichten; dazu Kartoffelpüree.

Blutwurstgewürz, eine Gewürzmischung aus Kardamom, Majoran, Piment, schwarzem Pfeffer und Thymian.

Bocadillo, lecker belegte Brötchen, der schnelle Imbiß spanischer Städter, in jeder Bar und Taberna erhältlich, oft als *Montadito* in kleinerer Form. Beispiele für den Belag: Schinken aller Art, Blut- oder Paprikawurst, fritierter Seehecht, Lachsröllchen, Sardellenfilets, Fischrogen, diverse Käse usw. – Vgl. → Tapas.

Bockbier, Starkbier mit 16–18% Stammwürzegehalt. Das Bockbier entstand im 14. Jahrhundert in der norddeutschen Stadt Einbeck (Ainpöcksch Bier, Ainpock).

Bocksbeutel (fälschlich Boxbeutel), bauchig-runde und etwas breitgedrückte Weinflasche, vor allem für gute Frankenweine verwendet.

Bockwurst, Brühwurst aus Rind- und Schweinefleisch, gewürzt mit Salz, weißem Pfeffer, Paprika, Koriander, Zwiebel und manchmal auch Knoblauch.

Bodenkohlrabis, → Kohlrüben.

Boemboes, Würzmischungen der indisch-indonesischen Küche, die aus Zwiebel, Knoblauch, Paprika und einem Spezialgewürz, wie Galgant, bestehen.

Bœuf ist die französische Bezeichnung für Rind oder Rindfleisch. Zahlreiche Rindfleischgerichte führen den Namen Boeuf, das berühmteste ist das Bœuf Stroganoff.

Bœuf Stroganoff, → Filetspitzen Stroganow.

bohémienne, à la: → böhmische Art.

böhmische Art (à la bohémienne): Torteletts, gefüllt mit getrüffeltem Gänseleberpüree und Schinkenstreifchen in Madeira, zu kleinen Fleisch- oder Geflügelstücken. – Diese Garnitur hat nichts mit böhmischer Kochkunst zu tun, denn sie wurde dem irischen Komponisten Michael William Balfe (1808–1870) gewidmet, dessen Oper »La Bohémienne« (Die Zigeunerin) im Jahre 1869 in Paris einen außerordentlichen Erfolg hatte. Da eine Garnitur »auf Zigeunerin-Art« schon bekannt war und »bohémienne« auch »Böhmin« bzw. »böhmisch« bedeutet, entschieden sich die deutschen Übersetzer für die Bezeichnung »auf böhmische Art«.

böhmische Dalken, österreichisches Gebäck: steifgeschlagenes Eiweiß unter Hefeteig ziehen, den Teig ausrollen, runde Scheiben ausstechen, die Teigscheiben aufgehen lassen, in der Mitte leicht aushöhlen, abbacken, mit Johannisbeergelee oder Pflaumenmus füllen.

böhmische Knödel: Eier, Milch, etwas Salz und Mehl zu einem dicken, blasigen Teig verarbeiten, in Butter geröstete Semmelwürfel unter den Teig ziehen, mit dem Eßlöffel Klöße abstechen, die Klöße in Salzwasser gar kochen; braune Butter darüber gießen.

Bohnen, weitverbreitete und in der Küche vielseitig verwendbare Hülsenfrüchte, deren Heimat das tropische Amerika ist. Nach Form, Farbe und Geschmack werden die kurzen, krummen Buschbohnen, die langen, breiten Stangenbohnen, die eingeschnürten Perlbohnen, die gelben Wachsbohnen und die süßen Zuckerbohnen unterschieden, nach der Größe die winzigen, jungen Prinzeßbohnen, die mittellangen Delikateßbohnen und die langen Schnitt- oder Brechbohnen. Halbreife Bohnen liefern die zarten grünen Bohnenkerne, reife Bohnen die getrockneten weißen, roten und braunen Bohnenkerne. – *Rezepte:* → grüne Bohnen, → weiße Bohnen, → rote Bohnen, → grüne Bohnenkerne, → Schnittbohnen. Bohnen sind nicht zum Rohverzehr geeignet, da sie das Eiweißgift Phasin enthalten, das beim Erhitzen zerfällt.

Bohnen, dicke, → Puffbohnen.

Bohnenkeime, → Bohnensprossen.

Bohnenkerne, → grüne Bohnenkerne.

Bohnenkraut (Pfefferkraut, Kölle, Saturei), Würzpflanze mit würzig-aromatischem, pfefferähnlichem Geschmack zum Würzen von Suppen, Saucen, Eintopfgerichten, von grünen und weißen Bohnen, von Fisch, Wurst usw. Auch Biskuitteig erhält durch etwas Bohnenkraut einen reizvollen Geschmack. Die Heimat des Bohnenkrauts sind die Randgebiete des

Schwarzen Meeres. Bei uns wird die Pflanze garten- und feldmäßig angebaut. Kurz vor der Blüte, im Juni oder Juli, schneidet man das duftende Kraut und läßt es an schattigem Ort trocknen, wobei seine volle Würzkraft erhalten bleibt. Die getrockneten Blätter werden im ganzen, gebrochen oder pulverisiert verwendet.

Bohnenpüree: weiße Bohnen weich kochen, abtropfen, durch ein Sieb streichen, mit Sahne binden, salzen und pfeffern, mit einem Stück frischer Butter vollenden.

Bohnensalat von grünen Bohnen: Bohnen in schräge Stückchen schneiden, in Salzwasser kochen, abtropfen und zusammen mit gehackter Zwiebel und Petersilie mit Essig-Öl-Marinade anmachen.

Bohnensalat von grünen Bohnenkernen: Bohnenkerne in Salzwasser kochen, abtropfen und mit Senfmayonnaise binden, gehackten Schnittlauch darüberstreuen.

Bohnensalat von weißen Bohnen: Bohnen einweichen, in Salzwasser kochen, abtropfen und mit gehackter Zwiebel, Petersilie und Essig-Öl-Marinade anmachen; eiskalt anrichten.

Bohnensalat auf Pariser Art: grüne Bohnen in schräge Stückchen schneiden, in Salzwasser kochen, abtropfen und mit grobgehackten Salzheringen, Kartoffelwürfeln und Essig-Öl-Marinade anmachen.

Bohnensprossen (Bohnenkeime), 3–6 cm lange Keimlinge von → Sojabohnen oder → Mungbohnen. Beliebte Beilage zu Reis- und Fleischgerichten, Bestandteil von Salaten, Suppen und Saucen.

Bohnensuppe: weiße Bohnen mindestens 2 Stunden einweichen, mit Mohrrübe und Zwiebel in Fleischbrühe weich kochen, passieren, mit etwas Milch schön sämig kochen, würzen, geröstete Weißbrotwürfel hineingeben.

Bölleflade, schweizerischer Zwiebelkuchen, → Zwiebelwähe.

Bollen, → Zwiebeln.

Bolognaise, → Bologneser Sauce.

Bologneser Sauce (Sauce bolognaise), beliebte Beigabe zu Spaghetti und anderen Nudelspezialitäten, eine dicke Sauce aus Hackfleisch, Gemüse und Tomaten, gewürzt mit Kräutern und Knoblauch.

Bombay, à la: körnig gekochter Reis, Currysauce und Mango-Chutney zu Fisch.

Bombaysalat: körnig gekochter Reis und Würfel von Mangofrüchten und roten Paprikaschoten mit Essig-Öl-Marinade anmachen.

Bonifatiussalat: Weinbergschnecken (aus der Dose), Scheibchen von gedünsteten Champignons und Artischockenböden mit Essig-Öl-Marinade anmachen, mit Estragon und Kerbel bestreuen.

Bonitobutter (Beurre Bonito), Buttermischung: 1 Schalotte und einige Champignons sehr fein hacken und in Butter dünsten, nach dem Auskühlen mit Kräutern (Estragon, Kerbel, Petersilie) und 100 g Butter cremig schlagen, mit Salz, Pfeffer, Zitronensaft, Worcestershiresauce und wenig Tabascosauce abschmecken.

bonne-femme, à la: → Hausmütterchen-Art.

Bonnefoysauce (Sauce Bonnefoy): feingehackte Schalotten mit etwas Thymian und Petersilie in Weißwein gar dünsten, leicht salzen und pfeffern, mit weißer Grundsauce auffüllen, alles gut durchkochen, passieren, zuletzt ein Stück frische Butter, etwas

Zitronensaft und gehackte Estragonblätter hinzufügen. Besonders zu Lendenschnitte. – Das »Bonnefoy« war ein berühmtes Schlemmerlokal im Paris der Jahrhundertwende.

Bontoux, à la: Makkaronikroketten und Madeirasauce zu Fleisch. – Eugène Bontoux, 1842–1904, französischer Spekulant und Feinschmecker.

Boonekamp, ursprünglich holländischer Branntwein oder Likör aus bitteren und aromatischen Pflanzen und Fruchtauszügen bzw. Pflanzen- und Fruchtdestillaten mit einem Alkoholgehalt von mindestens 32 Vol. % (Branntwein) und 30 Vol. % (Likör). Boonekamp hat verdauungsfördernde Wirkung.

Bootsfahrer-Art, → Flußschiffer-Art.

Bordeaux, berühmte französische Rot- und Weißweine aus dem Departement Gironde. Die vier bedeutendsten Anbaugebiete sind Médoc (vorwiegend Rotweine), Graves (Rot- und Weißweine), Saint-Émilion (vorwiegend Rotweine) und Sauternes (vorwiegend Weißweine).

Bordeauxer Art, → Bordelaiser Art.

Bordeauxpastetchen: weichgekochter Knollensellerie und gebrühtes Rindermark in kleine Würfel schneiden und mit dicker Bordelaiser Sauce binden, in Blätterteighüllen füllen und erhitzen.

Bordeauxsauce, → Bordelaiser Sauce.

Bordelaiser Art (Bordeauxer Art, à la bordelaise): Rindermarkscheiben und Bordelaiser Sauce zu gebratenem Fleisch. – Bonnefoysauce zu Fisch. – Bordelais, berühmtes Weinbaugebiet in Südwestfrankreich mit der Stadt Bordeaux als Mittelpunkt.

Bordelaiser Sauce (Sauce bordelaise, Bordeauxsauce, Rotweinsauce): feingehackte Schalotten in Butter anschwitzen, mit Rotwein löschen und den Wein stark einkochen, mit brauner Grundsauce auffüllen, gut durchkochen, passieren und mit Fleischextrakt, etwas Zitronensaft, Salz und Cayennepfeffer abschmecken; Rindermarkwürfelchen in die Sauce geben. Zu gebratenem Fleisch und Geflügel, sogar zu Seezunge.

Bordüre (frz: bordure = Kante, Saum), schlichte oder verzierte, ringförmige Einfassung aus den verschiedensten eßbaren Materialien, wie Fleischfarcen, Reis, Nudeln, Teig, Herzoginkartoffelmasse, Flammeri, Sauerkraut, bayerische Creme, Gelee usw. Diese kreisrunde oder ovale Einfassung wird je nach Rezept mit passenden Speisen gefüllt. Die Bordüren werden meistens in besonders hübschen Formen (Bordürenformen) bereitet und nach dem Erstarren auf die Platte gestürzt. Bordüren aus Herzoginkartoffelmasse werden mit gezackter Tülle gleich auf die Platte gespritzt, mit Eigelb bestrichen und im Ofen goldgelb gebacken. – Als Bordüren werden oft auch die Speisen selbst bezeichnet, die eine eßbare Einfassung haben.

Bordüre Beau Rivage, Süßspeise: einen Rand aus je einer Schicht Mandelgelee und Erdbeergelee bereiten, mit Vanille-Schlagsahne füllen, in Maraschino getränkte Erdbeeren daraufsetzen.

Bordüre auf Gräfin-Art: einen Rand aus Hühnerfarce mit einer Mischung aus gewürfelter Hühnerbrust und Artischockenböden, Spargelköpfen und Trüffelsauce füllen.

Bordüre auf Pariser Art: einen Rand aus Butterreis mit einer Mischung aus gewürfelter Hühnerleber,

1 Bohnen 2 Borretsch 3 Brachse 4 Brennessel 5 Broccoli

Champignons, Hahnenkämmen und Hühnernieren in Kraftsauce füllen.

Bordüre auf Prinzessin-Art: einen Rand aus Herzoginkartoffelmasse auf die Platte spritzen, mit Eigelb bestreichen und im Ofen backen, mit kleinen Geflügelklößchen und Spargelspitzen in deutscher Sauce füllen, mit Trüffelscheiben garnieren.

Bordüre Sarah Bernhardt, Süßspeise: eine Bordürenform mit Maraschinogelee ausgießen, mit gehackten Pistazien bestreuen, mit einer Mischung aus Reis Condé, Schlagsahne und etwas Gelatine auffüllen, mit Maraschinogelee zugießen, stürzen, in die Mitte Schlagsahne geben, mit Walderdbeeren garnieren. – Sarah Bernhardt (Henriette-Rosine Bernard), 1844–1923, gilt als die berühmteste französische Schauspielerin aller Zeiten.

Bordüre Viktoria Luise, Süßspeise: einen Rand aus Aprikosenwürfeln in Weißweingelee mit Ananas-, Zitronen- und Vanilleeis füllen, das Eis mit Mandeln und Pistazien spicken und mit Schlagsahne garnieren.

Bordürenform, ringförmige Randform zur Bereitung von Bordüren.

Borretsch, (Gurkenkraut, Gurkenkönig, Wohlgemut, Liebäugel) Würzkraut für Kopfsalat, Gurkensalat, Kohlgemüse, Pilze, Kräutersaucen usw. Der Geschmack der jungen, frischen, stark behaarten Blätter ähnelt dem frischer Gurken. Der Name Borretsch kommt aus dem Arabischen, wo abu 'araq »Vater des Schweißes« bedeutet, und in der Tat werden etliche Borretschgewächse in der Pharmazie verwendet, u. a. auch als Schweißtreiber.

Borsäure, anorganische Säure, die keimtötend wirkt und daher nicht nur als Mund-, Augen- und Fußbadewasser, sondern auch als Konservierungsmittel für Fisch-, Krustentier-, Eier- und andere Speisen verwendet wird. Der Borsäurezusatz darf bis 0,9% betragen und muß auf Waren und Speisekarten angegeben sein.

Börschkohl, → Wirsingkohl.

Borschtsch, russische Suppenspezialität: 150 g rote Rüben, 150 g Weißkohl, 100 g Porree, 75 g Petersilienwurzel und 50 g Knollensellerie kleinschneiden, in Fett andünsten, mit 1 EL Tomatenpüree vermischen, 1 l Wasser hinzugießen, leicht salzen und pfeffern, aufkochen, Rinderbrust und Rauchspeck hineingeben, alles gar kochen, mit saurer Sahne vollenden.

Börsensteak: Champignonscheibchen in Butter hellbraun braten, gekochte Kartoffeln (Pellkartoffeln) in hauchdünne Scheiben schneiden, Pilze und Kartoffeln in eine flache Pfanne geben, mit Salz und Pfeffer würzen, geschlagenes Ei darübergießen, wie ein Omelett abbacken; ein Filetsteak in Butter braten, würzen, in das Omelett wickeln, mit dem Bratfond begießen; dazu frischer Salat.

Boston Flip: 1 frisches Ei, 25 ccm Weinbrand, 35 ccm Whisky, 1 BL Grenadine, gut schütteln.

Botschafter-Art (à l'ambassadeur): mit Champignonpüree gefüllte Artischockenböden, geriebener Meerrettich und Herzoginkartoffeln zu Fleisch.

Botwinja (Batwinia), kalte Kräutersuppe, russische Spezialität: Spinat, Sauerampfer und junge Blätter von roter Rübe in Streifen schneiden, mit etwas Salz dünsten, fein hacken, mit Kwass oder herbem Weißwein verrühren, streifig geschnittene Salatgurke und gehackte Kräuter hinzufügen, leicht salzen und zuckern, ein paar Eiswürfel in die Suppe geben.

Bouchées (Blätterteigpastetchen), bekannteste und beliebteste Pastetenart. Ursprünglich waren die Bouchées (frz: bouchée = Mundvoll, Mundbissen) gerade so groß, daß man sie in einem Happen verzehren konnte. Heute genügt es, je Person ein Bouchée zu servieren, als Vorspeise oder als kleinen Leckerbissen außerhalb der Mahlzeit. – Die Blätterteighüllen bekommen Sie bei jedem Bäcker und in jedem Supermarkt. Auch tafelfertig zubereitete Füllung (z. B. Ragoût fin) gibt es als Konserve zu kaufen. – Als Füllung eignen sich alle feingewürzten Ragouts und Pürees. – *Rezepte:* Bordeaux-, Diana-, Feinschmecker-, Finanzmann-, Frühlings-, Herzogin-, Hubertus-, Infanten-, Jungfrauen-, Königin-, Manon-, Mazarin-, Mirabeau-, Mogador-, Montgelas-, Montrose-, Prinzeß-, Savigny-, Suworow-, Trauben-, Turbigopastetchen.

Bouillabaisse, Marseillaiser Spezialität, die »Königin aller Fischsuppen«: kleine Seefische aller Art grob in Stücke schneiden und mit Kopf, Flossen und Schwanz in Öl kurz anbraten, den Fisch herausnehmen; Zwiebelscheiben, kleingeschnittenes Fenchelgemüse, etwas Porree und Knoblauch in Öl anschwitzen, Tomaten zugeben, mit Wasser ablöschen, dann mit Lorbeerblatt, Gewürznelken, Pfefferkörnern, Petersilie, Salz und reichlich Safran würzen, die Fischstücke hineintun und 10 Minuten stark kochen lassen, mit einem Glas Weißwein abschrecken; den Fisch anrichten, die Brühe mit Mehlbutter binden; dazu in Öl gebratene Weißbrotscheiben. Bouillabaisse: bouillon = Brühe; abaisser = sinken (nämlich durch das Abschrecken). Die originale Marseillaiser Bouillabaisse besteht ausschließlich aus einheimischen Fischen, also Drachenkopf (→ Rascasse), Petersfisch (Saint-Pierre, → Heringskönig), Seeteufel (→ Lotte) und Meeraal (→ Muräne); Muscheln fehlen, Langustinen sind selten dabei, auch → Pastis gehört nicht hinein.

Bouillon (frz: bouillir = sieden, kochen), kräftige entfettete → Fleischbrühe.

Bouillonfett, Rindertalg, der beim Kochen von Rindfleisch gewonnen wird.

boulangère, à la: → Bäcker-Art.

Boulette (frz: boulette = Kügelchen), → Frikadelle.

Boulogner Art (à la boulognaise): Muscheln und Muschelsauce zu in Weißwein gedünstetem Seefisch. – Boulogne-sur-Mer, Hafenstadt in Nordfrankreich.

Bouquet garni, Suppengrün, Kräuter- und Gewürzsträußchen, das den Geschmack bestimmter Suppen, Saucen und Brühen verfeinern soll. Der französische Koch Pierre de Lune hat es vor über 300 Jahren erfunden, um damit der in jener Zeit üblichen maßlosen Überwürzung der Speisen den Kampf anzusagen. → Kräuterbündel.

bouquetière, à la: → Blumenmädchen-Art.

Bourbon Collins, Mischgetränk: in ein Becherglas (Tumbler) einige Eisstückchen, 1 BL Zucker, Saft einer halben Zitrone, 1 Gläschen Bourbon Whiskey geben, umrühren, mit Sodawasser auffüllen.

Bourbon Whiskey, ursprünglich amerikanischer Whisky (Whiskey), der aus Mais gebrannt wird.

Bourbonensalat: Streifen von gekochtem Schinken, roten Rüben und Äpfeln sowie kurzgeschnittene gekochte Makkaroni einige Stunden in Essig-Öl-Marinade einlegen und kurz vor dem Anrichten mit gut gewürzter Mayonnaise binden. – Das Herrscherhaus der Bourbonen stellte von 1589 bis 1792 und von 1814 bis 1830 die Könige Frankreichs.

bourgeoise, à la: → bürgerliche Art.

bourguignonne, à la: → Burgunder Art.

Bourride, (frz: bourrer = vollstopfen), provenzalisches Fischgericht: verschiedene Seefische auf Zwiebelscheiben, etwas Fenchel und ein Kräuterbündel setzen, ein Stück Apfelsinenschale beifügen, mit Wasser auffüllen, die Fische gar kochen und auf Tellern anrichten; die Brühe passieren, mit Eigelb binden, mit etwas Aïoli (Knoblauchpaste) abschmecken und über die Fische gießen; dazu Aïoli und Weißbrot.

Bowle (engl: bowl = Terrine), kaltes Weingetränk mit Früchten oder Kräutern. – *Rezepte:* Erdbeerbowle, Gurkenbowle, Himbeerbowle, kalte Ente, Kirschbowle, Kullerpfirsich, Maitrank, Pfirsichbowle, Rosenbowle, Schorle-Morle, Tutti-Frutti-Bowle, Waldmeisterbowle.

Boysenbeeren, Kreuzung zwischen Longans, Brombeeren und Himbeeren. Die länglichen, roten bis dunkelroten, saftreichen Früchte schmecken angenehm würzig und werden meistens zu Kompott oder Marmelade verarbeitet.

Brabanter Art (à la brabançonne):- Torteletts mit Rosenkohl gefüllt, mit Mornaysauce bedeckt und überbakken, sowie Kartoffelkroketten zu kleinen Fleischstücken. – Brabant, Landschaft zwischen Maas und Schelde.

Brabanter Butter (Beurre à la Brabant), Buttermischung: 1 kleines Röhrchen Kapern, 2 Sardellenfilets und etwas Estragon, Kerbel und Petersilie sehr fein hacken und mit 125 g Butter verarbeiten, dazu etwas Senf.

Brachse (Brachsen, Brasse, Blei, Bleie, Bley), Fisch aus der Familie der Karpfen, bis 60 cm lang und bis 6 kg schwer. Die Brachse bewohnt die europäischen Flüsse und Seen. Ihr grätenreiches Fleisch ist sehr schmackhaft. Sie wird vorzugsweise im Herbst und Winter gefangen, in Weißwein gekocht, gegrillt oder geräuchert.

Braganzer Art (à la bragance): kleine, in Butter gedünstete Tomaten, Kartoffelkroketten und Béarner Sauce zu kleinen Fleischstücken. – Bragança, kleine Stadt in Portugal, Stammsitz der portugiesischen Könige.

Brägen (Bregen), norddeutsche Bezeichnung für Hirn.

Brägenwurst, niedersächsische Wurstspezialität aus Schweinebauch o. dgl., magerem Schweinefleisch und Rinder- oder Schweinehirn, geräuchert und gebrüht, wird meistens zu Grünkohl gereicht. Niederdeutsch: Bregen, Brägen = Hirn vom Schlachttier.

Brahminenpunsch: Saft einer Zitrone mit etwas abgeriebener Zitronenschale, einem Stückchen Vanille und 125 g Zucker gut durchziehen lassen, nach zwei Stunden 0,3 l Arrak, 1/8 l aufgekochte, kalte Milch und 1/4 l Wasser dazugießen; am nächsten Tag durchseihen, erhitzen und heiß servieren.

Braise (frz), kräftige, fette, gut gewürzte Brühe, in der Fleisch, Geflügel und Gemüse geschmort werden.

Braisière (frz), Schmortopf, gut schließendes, meist ovales Kochgeschirr zum Schmoren von Fleisch, Geflügel usw.
braisieren (frz), → schmoren.
Brandade (frz: brandir = rühren), provenzalische Fischspezialität: gedünsteten Stockfisch (notfalls auch gedünsteten frischen Seefisch) mit einigen Knoblauchzehen zerstoßen, heiß mit Öl und Milch zu einer sahnigen Masse rühren, mit Salz und Pfeffer würzen; dazu Fleurons oder Toastecken.
Brandteig (Brühteig), für Vorspeisen, Klöße, Gebäck (Spritzkuchen, Liebesknochen, Windbeutel, Blitzkuchen u. dgl.): *Rezept I:* 1/4 l Milch und 65 g Butter zum Kochen bringen, 125 g Mehl dazuschütten und mit flachem Holzlöffel rühren, bis sich der Brandteig von der Topfwand löst; den Teig abkühlen und nach und nach 4 Eier darunterziehen, mit Salz und Zucker würzen. Der Teig soll mittelfest und spritzfähig sein. – *Rezept II:* 1/4 l Wasser, 100 g Butter, 125 g Mehl, Salz, Zucker, 4 Eier. Die Zubereitung ist dieselbe.
Brandteigklöße: einen Brandteig bereiten, mit dem Eßlöffel Klöße abstechen, die Klöße in Salzwasser gar kochen; braune Butter darübergießen.
Brandteigkrapfen: auf gefettetes und gemehltes Blech kleine Brandteighäufchen setzen, im Ofen backen, mit Puderzucker bestäuben. Man kann die Brandteigkrapfen auch in Fett schwimmend backen.
Brandteignocken, → Gnocchi.
Brandteigstangen, gefüllte, → Eclairs.
Brandy (engl: Branntwein), Bezeichnung für Weinbrand, auch für Fruchtlikör mit Fruchtbranntwein, z. B. Apricot Brandy, Blackberry Brandy, Cherry Brandy, Peach Brandy.
Brandy de Jerez, spanischer Weinbrand, gereift in alten Sherryfässern ausschließlich in den Bodegas (Kellereien) des Sherrygebietes, mit 36 bis 45 Vol.% Alkoholgehalt. Die Qualitätsstufen des Brandy de Jerez richten sich nach seiner Reifezeit: *Solera* reift mindestens 6 Monate im Sherryfaß, *Solera Reserva* mindestens 12 Monate und *Solera Gran Reserva,* die höchste Güteklasse, muß mindestens 36 Monate im Faß reifen, erreicht aber oft ein Alter von 10 bis 15 Jahren. Die bekanntesten Brandy-de-Jerez-Marken sind Cardenal Mendoza, Carlos I., Fernando de Castilla, Conde de Osborne, Gran Duque de Alba, Gran Capitán und andere.
Brandy Daisy: 1 Gläschen Weinbrand, 1 BL Grenadine, 1 BL Zitronensaft, schütteln, in Sektglas seihen, einige Kompottkirschen und 1 Schuß Sodawasser hinzufügen.
Brandy Egg-Nogg: 1 BL Zucker, 1 Eigelb, 1 Gläschen Weinbrand mit Milch schütteln, in ein Becherglas (Tumbler) seihen, mit Muskatnuß bestäuben.
Brandy Fizz: 1 BL Zucker, Saft einer halben Zitrone, 1 Gläschen Weinbrand, schütteln, in Becherglas (Tumbler) füllen, Sodawasser aufgießen.
Brandy Flip: 1 frisches Eigelb, 2 BL Zucker, 1 Gläschen Weinbrand, gut schütteln.
Brandy Sangaree: 1 BL Zucker und 2 Gläschen Weinbrand mit Eis schütteln, in kleines Glas seihen, eine Prise Muskatnuß daraufgeben.
Brandy Sauce (Hard Sauce), warme Sauce für Plumpudding: 250 g Butter

mit 150 g Puderzucker schaumig rühren, langsam 1 dl guten Weinbrand hinzufügen und mit etwas Zitronensaft würzen.

Brandy Sling: 1 Gläschen Weinbrand, Saft von 1/2 Zitrone, 2 BL Zucker, umrühren, mit Mineralwasser auffüllen.

Brandy Sour: 1 Gläschen Weinbrand, 1 BL Zucker, Saft einer Zitrone, schütteln, 1 Schuß Mineralwasser.

Branntweine, Spirituosen, mehr oder weniger aromatische Getränke mit hohem Alkoholgehalt und geringem Gehalt an Trockensubstanz.

Brantôme, à la: Weißweinsauce mit Gemüse- und Trüffelstreifchen und Risotto zu Fisch. – Pierre de Bourdeille, Seigneur de Brantôme, 1540 bis 1614, französischer Schriftsteller.

Brasilnüsse, Brasilkastanien, → Paranüsse.

Brasse, → Brachse.

Brät (Wurstbrät), rohe Wurstmasse aus feingemahlenem Rind-, Schweine-, Kalbfleisch, mit Wasser, Fett und Gewürzen verarbeitet; Ausgangsprodukt für Brühwürste.

Bratäpfel: feste, würzige Äpfel waschen, das Kerngehäuse ausstechen, mit einer Mischung aus Apfelsinenmarmelade, Rosinen, Orangeat und etwas Rum füllen, im Ofen vorbakken, mit Puderzucker bestäuben und mit Rum besprühen, fertigbacken, heiß mit Schlagsahne anrichten.

braten, die wohl älteste Zubereitungsart, denn bald nachdem der Mensch die Herrschaft über das Feuer erlangte, begann er, Fleischstücke der Hitze des Feuers auszusetzen und dadurch genießbarer und wohlschmekkender zu machen. Beim Braten bildet sich auf der Oberfläche des Fleisches eine appetitlich braune Kruste aus verdauungsfördernden Röststoffen, die die Poren verschließt und das Austreten des Fleischsaftes verhindert. Die Fasern des Fleisches werden im eigenen Saft gegart, sie werden weich und zart und entwickeln die begehrten Geschmacksstoffe. → Garstufen beim Fleischbraten. – Man unterscheidet drei Hauptarten des Bratens: das Braten am Spieß oder auf dem Rost, das Braten in der Ofenröhre und das Braten in der Pfanne. – *Am Spieß:* Das Braten am Spieß, am Speer, ist die ursprüngliche Art des Bratens; es wird überwiegend bei ganzen Tieren (Ochse, Schwein, Hammel) oder großen Fleischstücken angewandt. – *Auf dem Rost:* Das Braten auf einem eisernen Rost über glühender Holzkohle oder in elektrischer Strahlungshitze leitet sich vom Spießbraten ab. Hier wird das Fleisch stark entfettet und gewinnt dadurch an Bekömmlichkeit. → Barbecue, → grillen. – *In der Ofenröhre:* In der trokkenen Hitze des Ofens werden vor allem größere Fleischstücke wie Roastbeef, Kalbskeule, Schweinenakken, Hammelrücken, Gans, Rehrükken usw. gebraten. Im Ofen wirkt die Hitze von allen Seiten auf das Fleisch ein, wodurch es besonders gleichmäßig gar wird. – *In der Pfanne:* Kleine, flach geschnittene Fleischstücke wie Filetbeefsteaks, Rumpsteaks, Schnitzel, Koteletts, Leber usw. werden in der Pfanne gebraten. Die panierten oder unpanierten Fleischscheiben werden in sehr heißes Fett gelegt, nach wenigen Minuten gewendet und fertiggebraten. Der Weltraumfahrt verdanken wir die gesündeste Art des Bratens: das fettlose Braten in einer Stahlpfanne, die mit einem hitzebeständigen und nahezu unzerstörbaren Kunststoff beschichtet ist, die sogar das gefürchtete »Anbacken« des Fleisches verhindert.

Bratenfond (Bratensatz), wertvoller Fleischsaft, der beim Braten aus den Poren des Bratenstücks tritt.

Bratenjus, → Kalbsjus.

Bratensaft, → Jus.

Bratensatz, → Bratenfond.

Bratensauce, wichtiger Bestandteil gebratener oder gegrillter Fleischgerichte. Die gebräuchlichsten Bratensaucen: Béarner, Beauharnais-, Bonnefoy-, Bordelaiser, Burgunder-, Champignon-, Colbert-, Estragon-, Gurken-, Husaren-, Kräuter-, Madeira-, Medici-, Paprika-, Pfeffer-, portugiesische, Portwein-, provenzalische, Sahne-, Sardellen-, Sherry-, Teufels-, Texas-, Tiroler, Tomaten-, Trüffel-, ungarische, Valois-, Wacholder-, Windermere-, Yorkshire-, Zigeunersauce.

Brathering, grüner (frischer) Hering, der mit Mehl paniert, in Öl gebraten und mit Zwiebeln und Gewürzen in Essig eingelegt wurde.

Bratkartoffeln (Röstkartoffeln): Kartoffeln in der Schale kochen, ohne daß sie platzen, leicht abkühlen, schälen und in dünne Scheiben schneiden, die Kartoffelscheiben in heißem Fett rösten und gut abtropfen, dann in schäumender Butter nachbraten und mit Salz würzen, gehackte Petersilie darüberstreuen. – Bratkartoffeln werden schneller braun und knusprig und gewinnen an Geschmack, wenn die Kartoffelscheiben vor dem Braten leicht mit Mehl bestäubt werden.

Bratklopse, → Brisoletten, → Frikadellen.

Bratling, Frikadelle aus Gemüse, geschrotetem Getreide oder Hülsenfrüchten, Bestandteil der klassischen Reformküche nach Dr. Bircher-Benner.

Brätling (Milchreizker), beliebter Speisepilz, der vorzugsweise zu gebratenem Fleisch oder Wild gereicht wird. Das angeschnittene Pilzfleisch sondert reichlich weißen Milchsaft ab.

Bratreine, süddeutsche Bezeichnung für rechteckige, meist emaillierte Pfanne für Braten und Aufläufe.

Bratrost, → Grill.

Bratwurst, zum Braten in der Pfanne oder Grillen bestimmte Rohwurst aus feingemahlenem, rohem Schweinefleisch, Speck und Gewürzen.

Bratwurstfülle, Wurstmasse aus feingemahlenem, rohem Schweinefleisch, Speck und Gewürzen.

Bratwurstgewürz, Gewürzmischung aus Pfeffer und Muskatblüte.

braundünsten, → poëlieren.

braune Butter: die Butter erhitzen und so lange rühren, bis sie dunkelbraun geworden ist, dann durch ein Tuch oder Filterpapier seihen.

braune Fastengrundsauce (Espagnole maigre), eine → braune Grundsauce, der statt Fleischbrühe Fischfond zugegeben wird.

braune Fischgrundsauce, → braune Fastengrundsauce.

braune Grundsauce (Espagnole, spanische Sauce): kleingehackte Kalbsknochen, Zwiebelscheiben und gewürfeltes Wurzelzeug in Fett kräftig anrösten, Tomatenmark und Mehl zugeben, sobald das Mehl ebenfalls gebräunt ist, mit kalter Fleischbrühe ablöschen und mit heißer Fleischbrühe auffüllen, etwa 2 Stunden kochen lassen, dabei häufig abschäumen, zuletzt durchseihen und mit Salz und Pfeffer würzen. – Als Fertigsauce im Handel, evtl. Fertig-Bratensauce verwenden.

brauner Fond, Grundlage für braune Saucen: kleingehackte Rinderknochen und Rindfleischabschnitte sowie frische Schweineschwarten mit Wurzelwerk anrösten, mit Wasser auffüllen und langsam kochen lassen, das Wasser immer wieder nachfüllen, dabei abschäumen und entfetten, zuletzt durchseihen.

Braunhäubchen, → Maronenpilz.

Braunkohl, norddeutsche Bezeichnung für Grünkohl.

Braunschweiger Mettwurst, streichfähige Rohwurst aus durchwachsenem Rind- und Schweinefleisch sowie schmalzigen Fettabschnitten, geräuchert.

Braunschweiger Salat: Streifen von Bleichsellerie und gewürfelte Artischockenböden in Essig-Öl-Marinade.

Brautkräutl, → Rosmarin.

bräutliche Art (à la petite-mariée): Karotten, grüne Erbsen, winzige Zwiebeln, kleine Salzkartoffeln und Geflügelrahmsauce zu gedünstetem Geflügel oder Hühnerfrikassee.

Bread-and-Butter-Pudding, eine britische Spezialität: eine Auflaufform mit Rosinen auslegen, dick mit Butter bestrichene Baguettescheiben mit der Butterseite nach unten auf die Rosinen drücken; je 1/8 l lauwarme Milch und Sahne mit 3 Eiern, 60 g Zucker und dem Mark einer Vanilleschote gut schlagen, die Creme über die Brotscheiben gießen, so daß sie vollständig bedeckt sind; nun den Pudding im Wasserbad stocken lassen, was am besten im 180°C heißen Backofen gelingt (25 bis 30 Minuten). Zum Bread-and-Butter-Pudding reicht man Rhabarberkompott oder Vanillesauce.

Bread Sauce, → Brotsauce, englische.

Brechbohnen, → grüne Bohnen.

Bregen, → Brägen.

Bréhan, à la: Blumenkohlröschen mit holländischer Sauce, Artischockenböden, gefüllt mit Püree von frischen Bohnenkernen und garniert mit Trüffelstreifen, Petersilienkartoffeln und Bratensaft zu Fleisch.

Breislauch, Breitlauch, → Porree.

Breitling, → Sprotte.

Bremer Labskaus, altes Seemannsgericht: 500 g Pökelrinderbrust mit Zwiebeln und etwas Lorbeer in Wasser ganz weich kochen, herausnehmen und kleinschneiden; in dem Brühfett 500 g Zwiebeln helldünsten, in Brühe weich kochen; 1 kg gekochte Kartoffeln stampfen; Fleisch, Zwiebeln und Kartoffeln vermischen und mit Brühe schön breiig rühren, geraspelte rote Rübe beifügen, mit Pfeffer und etwas Senf abschmecken; mit Salzgurke und Spiegelei anrichten.

Brennesseln, junge Brennesselblätter werden wegen ihres Vitamin-C-Gehalts und ihres feinsäuerlichen Geschmacks als Salat, Suppe oder Gemüse sehr geschätzt.

Bresaola, luftgetrocknetes Rindfleisch aus dem italienischen Veltlin, eine Verwandte des → Bündner Fleisches. Ihren Ursprung hat die Bresaola in Graubünden, aber zuhause ist sie seit über einem Jahrhundert in dem Veltliner Städtchen Chiavenna, in dessen Höhlen das zarte Fleisch aus der Oberschale drei Monate zu einer hocharomatischen Delikatesse heranreift. Gourmets schneiden die Bresaola – wie jeden edlen Schinken – in hauchdünne Scheiben, machen diese aber mit Zitronensaft, Olivenöl und frisch gemahlenem Pfeffer an. Dazu reichen sie kleine Tomaten, Melone, rohe Champignons und frisches Roggenbrot.

Bresse-Huhn, Hühner aus der ostfranzösischen Landschaft Bresse nordöstlich von Lyon genießen seit alters wegen ihrer hohen geschmacklichen Qualität einen guten Ruf.

Bresser Salat: gekochte weiße Bohnen, Tomatenscheibchen und Streifen von Artischockenböden in Essig-Öl-Marinade.

Bresser Sauce (Sauce bressane): braune Grundsauce mit Hühnerfond verkochen; feingehackte Schalotten in Butter anschwitzen, pürierte rohe Hühnerleber dazurühren, kurz dünsten und in die Sauce geben, mit Madeira, Apfelsinensaft und Cayennepfeffer abschmecken. Zu Poularden.

Bresser Schnittchen: kleine Röstbrotscheiben mit gekochtem Schinken, Champignons und Hühnerleber, alles gebraten und gut gewürzt, belegen; warm servieren.

bretonische Art (Bretagner Art, à la bretonne): frische Bohnenkerne oder weiße Bohnen, bretonische Sauce und gehackte Petersilie zu Fleisch, vor allem Hammelfleisch. – Bretagne, große Halbinsel im Nordwesten Frankreichs.

bretonische Sauce (Sauce bretonne): gehackte Zwiebeln in Butter anschwitzen, mit etwas Essig ablöschen, mit Weißwein einkochen, Tomatensauce hinzufügen, passieren, mit Salz, Pfeffer, Knoblauch und gehackter Petersilie abschmecken.

bretonischer Salat: gekochte weiße Bohnen, Tomatenwürfel und gehackte Zwiebeln mit Kräutern in Essig-Öl-Marinade.

Brezel, Gebäck aus Weizen- oder Roggenmehl, mit Salz bestreut und anschließend gebacken, meist in der typischen Brezelform. Laugenbrezeln werden vor dem Backen in Natronlauge getaucht, wodurch sie einen reizvollen Geschmack und eine glänzende Oberfläche erhalten.

Bricke, → Lamprete.

bridieren (frz: brider = fesseln). Geflügel, das unzerlegt gebraten oder gekocht werden soll, wird nach dem Ausnehmen und Abspülen bridiert, d. h. die abstehenden Flügel und Beine werden fest mit dem Rumpf verbunden. Dadurch wölbt sich die Brust appetitlich empor, und beim Braten wird das Geflügel von allen Seiten gleichmäßig braun. Vgl. → dressieren. Bridieren des Bratgeflügels: Mit der Nadel einen kräftigen Faden durch Keulen (kurz vor dem Gelenk), Leib, Flügel und Rücken führen, die Fadenenden fest anziehen und verknoten. Bridieren eines Suppenhuhns: Die Keulen in die entsprechend eingeschnittene Rumpfhaut stecken.

Brie, französischer Weichkäse aus der Landschaft Brie östlich von Paris. Der aromatische Käse ist weiß bis rahmgelb und von schneeweißem, eßbarem Schimmel umhüllt. Der österreichische Staatsmann Metternich krönte den mildwürzigen Brie, der heute in aller Welt nachgeahmt wird, zum »König aller Käse«.

Bries, Brieschen, Briesel, → Kalbsbries.

Brighton, à la: gedünstete Austern und Zwiebelchen, Weißweinsauce mit englischem Senf zu gedünstetem Seefisch. – Brighton, englisches Seebad an der Kanalküste.

Brillat-Savarin, Anthelme, 1755–1826, französischer Jurist, Schriftsteller und Feinschmecker. Brillat-Savarin hatte sich sein Leben lang den

Freuden der Tafel hingegeben und seine umfangreichen gastronomischen Erkenntnisse in dem berühmten Werk »Physiologie du goût« (Physiologie des Geschmacks) der Nachwelt überliefert. Alle seine geist- und humorvollen Betrachtungen, seine Meditationen gipfeln darin, daß der Verstand sowohl beim Zubereiten als auch beim Genießen der Speisen eine überragende Rolle spielen sollte: »Die Tiere fressen, der Mensch ißt, aber nur der Mensch von Geist versteht zu essen.«

Brioche, runder, wenig oder gar nicht gezuckerter Hefekuchen mit verschiedenartiger Füllung (Püree, Salpicon, Creme, Früchte, Konfitüre usw.), gebacken in kleinen, runden, gut ausgebutterten Backformen (Briocheformen).

Briocheteig (Apostelkuchenteig), feiner Hefeteig: aus etwa 80 g Mehl, 8 g zerkrümelter Hefe und 1 dl lauwarmem Wasser einen kleinen »Vorteig« (Hefestück) bereiten; den Vorteig in einer Schüssel gut zugedeckt an einen warmen Ort stellen und etwa 15 Minuten aufgehen lassen; inzwischen aus 170 g Mehl und 2 bis 3 Eiern einen elastischen Teig kneten, dann 250 g weiche Butter, 15 g Zucker und etwas Salz zugeben und gut durcharbeiten, den Vorteig vorsichtig daruntermengen. Den Briocheteig möglichst eine Nacht lang zugedeckt kühl ruhen lassen. – Der Teig für Brioches mit Fleisch-, Geflügel- oder Wildfüllung wird ohne Zucker zubereitet.

Brisoletten, gebratene Klopse aus gehacktem Fleisch oder Fisch.

Brißlauch, → Porree.

Bristol, à la: frische Bohnenkerne in Sahnesauce, Pariser Kartoffeln, kleine Reis- oder Kartoffelkroketten, gebundene Kalbsjus zu Fleisch. – Bristol, englische Großstadt.

Bristolsalat: Streifen von gekochtem Knollensellerie, Tomaten, Äpfeln, Pfeffergurken und gebratener Hühnerbrust mit leichter Mayonnaise binden.

Brjanskisalat: Wildbratenreste, Salzgurken und Äpfel in grobe Würfel schneiden und mit leichter Senfmayonnaise binden, mit Eischeiben garnieren.

Broccio, korsischer Ziegenkäse, der gern in Ravioli gefüllt wird.

Broccoli (Brokkoli, Bröckelkohl, Brokkerln, Spargelkohl), eine Abart des Blumenkohls. Der Broccoli ist meist grün, wird in Südeuropa, vor allem bei Verona, und in den USA angebaut und wie Blumenkohl zubereitet. – Den Broccoli nach den Stengeln teilen, waschen, in Salzwasser weich kochen, abtropfen und mit holländischer Sauce, brauner Butter oder einer anderen Buttersauce bzw. Buttermischung übergießen. Weitere Rezepte:

Broccoli, italienisch: die vorgekochten Broccolistengel in Butter und etwas Fleischbrühe weich dünsten, würzen und mit zerlassener Sardellenbutter begießen.

Broccoli auf Liller Art: die vorgekochten Broccolistengel mit gehackten Zwiebeln in Butter dünsten, würzen und mit gehackter Petersilie bestreuen.

Broccoli alla romana, italienische Spezialität: die vorgekochten Broccolistengel mit Knoblauch, Salz und Pfeffer in Weißwein und Öl dünsten.

Brochettes (frz: broche = Bratspieß), kleine Spieße, an denen Fleisch-, Geflügel- oder Wildstückchen auf dem Rost gebraten werden, und zwar abwechselnd mit Pilzen, Artischockenböden, Zwiebel- oder Rauchspeckscheiben. Dazu wird meist Kräuterbutter und Brot gereicht. – Zu den Brochettes zählen auch die beliebten → Schaschliks.

Bröckelkohl, → Broccoli.

Brogliesauce (Sauce Broglie, Schinkensauce): rohen Schinken in kleine Würfel schneiden, in Butter kräftig anrösten, mit brauner Grundsauce verkochen und mit Portwein aromatisieren. Zu gebratenem Fleisch. – Die Sauce erhielt ihren Namen von dem französischen Staatsmann Achille Léon Victor 3. Herzog von Broglie (1785–1870), der auch der berühmten Académie Française angehörte.

Brokkoli, Brokkerln, → Broccoli.

Brombeeren, arten- und formenreiche schwarzrote bis schwarze Beerenfrüchte mit steinigen Kernen und aromatischem Fruchtfleisch. Brombeeren wachsen meist wild und werden zu Kompott, Konfitüre, Gelee, Likör usw. verarbeitet.

Brombeeressig, aromatisierter Speiseessig: 200 g Brombeeren (frische oder tiefgefrorene) in eine weithalsige Halbliterflasche geben und mit Weißweinessig auffüllen. Köstlich zu erfrischenden Sommergetränken, Obst- und Gemüsesalaten, gebratenem Wildgeflügel und zur Ente.

Brombeergelee: vollreife Brombeeren entsaften, den Saft filtrieren, mit stockendem Geleestand mischen, in Gläser oder Schalen füllen, im Kühlschrank erstarren lassen. Aus den fermentierten Blättern macht man einen bekömmlichen Tee.

Bronx, Cocktail: 1/3 Gin, 1/3 trokkener Wermut, 1/3 süßer Wermut, 2 Schuß Orange Bitter, Saft von einer viertel Apfelsine, schütteln, dazu 1 Cocktailkirsche.

Bröschen, → Kalbsbries.

Brösel, österreichische Bezeichnung für → Paniermehl.

Brösmeli, schweizerische Bezeichnung für → Paniermehl.

Brot, Grundnahrungsmittel, gebacken aus Mehl oder Schrot, Wasser, Salz und Treibmittel (Hefe, Sauerteig, Backpulver). Zusammensetzung und Herstellung bestimmen die zahlreichen, voneinander sehr verschiedenen Brotarten: Weißbrot (aus Weizenmehl), Graubrot (aus Weizen- und Roggenmehl), Roggenbrot (überwiegend aus Roggenmehl), Vollkornbrot (mit sämtlichen Bestandteilen des Roggen- und Weizenkorns) und die Diät- und Spezialbrote, wie Blutbrot, Grahambrot, Kleberbrot, Klopferbrot, Knäckebrot, Pumpernickel, Schlüterbrot, Simonsbrot, Steinmetzbrot, Barches, Matze.

Brotauflauf: Zucker, Eigelb und Butter schaumig rühren, geriebenes Schwarzbrot, Himbeersaft, Rosinen und ein wenig abgeriebene Zitronenschale hinzufügen, festgeschlagenes Eiweiß unter die Brotmasse ziehen, in gefettete Auflaufform füllen und im Ofen backen; dazu Himbeersaft oder Aprikosensauce.

Brötchen (Semmel, Schrippe, Knüppel, Rundstück, Wecken), kleines knuspriges Weißbrot, das ganz frisch oder im Toaster knusprig gemacht auf den Tisch gebracht wird. Altbackene Brötchen werden zu Paniermehl zerrieben oder eingeweicht zur Bindung von Hackfleisch u. dgl. verwendet.

Brotpanade (Mitonnage), Bindemittel für Füllungen aller Art: 65 g Weißbrot (ohne Rinde) in 1 dl kochendheißer Milch einweichen, ein Stückchen Butter hinzufügen, gut durchrühren, bis sich die Panade von der Kasserolle löst.

Brotpudding: entrindetes Weißbrot in Weißwein einweichen, durch ein Sieb streichen, mit Zucker, Eigelb, zerlassener Butter und etwas Zimt verarbeiten, festgeschlagenes Eiweiß unter die Brotmasse ziehen, in gebutterte, mit Paniermehl ausgestreute Auflaufform füllen, in ein Wasserbad stellen und im Ofen garziehen lassen; dazu Himbeersaft.

Brotsauce, englische (Bread Sauce): feingeriebenes Weiß- oder Graubrot mit Milch und einer halbierten Zwiebel dick einkochen, die Zwiebel wieder entfernen, mit etwas Sahne binden, mit Salz, Cayennepfeffer und Muskatnuß würzen, zuletzt ein Stückchen frische Butter hineingeben. Zu gedünstetem Seefisch.

Brotsauce, russische: geriebene Semmel mit gehackter Zwiebel in etwas Milch und reichlich Fleischbrühe gut durchkochen, den Bratensatz und saure Sahne hinzufügen, die Sauce dick einkochen, mit Salz, Pfeffer und Zitronensaft abschmecken, zuletzt gehackte Fenchelblätter in die Sauce geben. Zu gebratenem Fleisch.

Brotsockel, → Sockel.

Brotsuppe, französische: gehackte Zwiebeln in Butter goldbraun dünsten, Weißbrotwürfel zugeben, mit Fleischbrühe verkochen, passieren, mit Sahne und Eigelb binden, mit verlorenen Eiern anrichten.

Brotsuppe, italienische, → Millefanti.

Brottrunk, alkoholfreies Getränk, das aus Vollkornbrot oder Getreide durch Milchsäuregärung gewonnen wird und sehr gesundheitsfördernd wirkt.

Brownies, amerikanisches Gebäck. Schokoladenschnitten, oft mit Nüssen (Cashew- oder Pekannüsse) oder Rosinen angereichert.

Brown Pussy, Cocktail: 2/5 Gin, 1/5 Curaçao, 1/5 Crème de Cacao, 1/5 Zitronensaft, schütteln.

Bruckfleisch, österreichische Spezialität: geriebenes Wurzelwerk in Fett rösten, mit Wasser und etwas Essig ablöschen, Rinderhals, Kronfleisch (Zwerchfell), Leber, Herzröhren, Nieren, Milz und Kalbsbries, alles grobgewürfelt, zugeben, mit Salz, Pfeffer und Majoran würzen und zugedeckt dünsten, mit Mehl und Blut binden, Fleischbrühe hinzufügen und das Fleisch garen; dazu Knödel (Klöße).

Brühe, → Fleischbrühe, → Hühnerbrühe. In konzentrierter Form als Würfel, Paste u. dgl. im Handel.

brühen (überbrühen, abwällen, blanchieren). Manche Lebensmittel, vor allem bestimmte Gemüse, werden vor ihrer eigentlichen Zubereitung gebrüht, d. h. mit siedendem Wasser übergossen oder kurz in siedendes Wasser getaucht, um sie zu reinigen, von unangenehmen Geruchs- und Geschmacksstoffen oder von gewissen gesundheitsschädlichen Verunreinigungen (Würmern usw.) zu befreien. So werden z. B. Lorcheln und Morcheln durch siedendes Wasser entgiftet, Hallimasche verlieren den unangenehmen Schleim, Weißkohl bekommt einen milderen Geschmack und wird bekömmlicher.

Brühkartoffeln: grobgewürfelte, rohe Kartoffeln mit angeschwitztem Wurzelzeug, gehackter Zwiebel und gehackter Petersilie in Fleischbrühe kochen.

Brühteig, → Brandteig.

Brunch, reichhaltiges Frühstück, das gegen Mittag eingenommen wird und das Mittagessen ersetzt.

Brunnenkresse (Kresse), fiederblättriges Kraut, das wild in schlammigen Bächen und Teichen Europas, Nordasiens und Nordamerikas wächst und als Gartenkresse angebaut wird. Wegen ihres pikanten, bitteren Geschmacks und ihres hohen Eisengehalts wird die Brunnenkresse besonders als Salat geschätzt. Aber auch als Beilage zu gebratenem Fleisch und in Suppen ist Brunnenkresse sehr beliebt. – *Vorbereitung:* Die Wurzel mit einer Küchenschere abschneiden, das Kraut unter kaltem Wasser waschen und gut abtropfen.

Brunnenkresse, gedünstet: die Blätter von den Stielen streifen, grob hakken, in etwas Fleischbrühe dünsten und mit heller Mehlschwitze binden.

Brunnenkressesalat: Brunnen- oder Gartenkresse mit Essig-Öl-Marinade anmachen, gehacktes Eigelb über den Salat streuen.

Brunnenkressesuppe: Kresseblätter mit kleingeschnittenen Kartoffeln in reichlich Wasser langsam gar kochen, passieren, mit Salz und Pfeffer würzen, mit Sahne binden, ein Stückchen Butter hinzufügen.

Brunoise (frz: brun = braun), feinwürflig geschnittenes Wurzelgemüse (Mohrrüben, Knollensellerie, Porree und Zwiebel), das meist für sich allein in Fett gedünstet und für Suppeneinlagen und verschiedene Fleisch- und Fischgerichte verwendet wird.

Bruschetta, Knoblauchbrot, toskanische Spezialität: Scheiben von Weiß- oder Graubrot toasten, mit Knoblauch einreiben, auf den Brotscheiben gewürfelte Tomaten und grob gehacktes Basilikum verteilen, gut mit Olivenöl beträufeln, mit Salz und Pfeffer würzen und warm auftragen.

Brüsseler Art (à la bruxelloise): gedünstete Chicorée, gedünsteter Rosenkohl, Schloßkartoffeln und Madeirasauce zu geschmortem Fleisch.

Brüsseler Endivien, → Chicorée.

Brüsseler Kohl (Choux de Bruxelles), → Rosenkohl.

Brüsseler Salat: grobgeschnittene Chicorée, kleiner gekochter Rosenkohl und Kartoffelscheiben getrennt mit gehackter Zwiebel, Kräutern und Essig-Öl-Marinade anmachen und bukettweise anrichten.

brut (frz. roh, unbearbeitet), Bezeichnung für sehr trockenen Sekt bzw. Champagner, der weniger als 15 g/l Restzucker enthält.

bruxelloise, à la: → Brüsseler Art.

Bûche de Noël, französischer Weihnachtskuchen. Traditionelles Gebäck in Form eines Baumstamms: Biskuitrolle mit Schokoladencreme gefüllt und umhüllt, die außen wie Rinde eingekerbt wird.

Buchteln (Wuchteln), österreichisches Hefegebäck: Hefeteig nicht zu dünn ausrollen, in Rechtecke schneiden, auf die Rechtecke kleine Häufchen von Aprikosenmarmelade oder Pflaumenmus setzen, zusammenfalten oder -rollen, auf gefettetes Backblech setzen, aufgehen lassen, mit Eiweiß bestreichen, backen, mit Zucker bestreuen; warm oder kalt anrichten.

Buchweizen (Heidekorn, Taterkorn), nordasiatisches Knöterichgewächs, das heute vor allem in Nordeuropa, in Sibirien und in Nordamerika angebaut wird. Die kleinen, dreieckigen, dunkelbraunen, hartschaligen, mehligen Früchte sind reich an Stärke und Eiweiß. Buchweizen wird zu Mehl oder Grütze gemahlen, aus dem man Brot, Gebäck, Brei und (rote) Grütze bereitet.

Buchweizenklöße: feine Buchweizengrütze in Milch quellen lassen, mit

Butter, Eigelb und etwas Salz verrühren, steifgeschlagenes Eiweiß darunterziehen, mit dem Eßlöffel Klöße abstechen, die Klöße in Salzwasser gar kochen; braune Butter darübergießen.

Bücking, Bückling, grüner (frischer), leicht gesalzener, heiß geräucherter Hering.

Buddha Congee, chinesisches Reisgericht: Rundkornreis in Fleischbrühe cremig kochen, streifig geschnittene Muscheln (aus der Dose), gehackte Garnelen, gemahlenes Hühnerfleisch und etwas Öl beifügen, mit Salz, Pfeffer und Reiswein (oder Sherry) würzen.

Büfett, kaltes, → kalte Platten.

Bug, Schulterstück bei Schlachtfleisch aller Art.

Bulette (Boulette), Berliner Spezialität, Bratklopse aus gehacktem Fleisch, eingeweichter altbackener Semmel, Ei, gehackter Zwiebel und Gewürzen.

Bulgur, orientalische Sättigungsbeigabe aus geschälten, geschroteten und gekochten Weizenkörnern; eiweiß- und vitaminreicher als Reis. Bulgur kommt fertig vorbereitet in getrocknetem Zustand in den Handel und wird gern mit Hammelhackfleisch und Gemüse vermischt zubereitet. – *Rezept:* Tabbouleh.

Bündner Fleisch, gepökeltes und luftgetrocknetes Rindfleisch aus dem Schweizer Kanton Graubünden (Bünden). Besonders zarte, feinfaserige und fettfreie Muskelstücke der Rinderkeule werden mit einer Lake aus Salz, Pfeffer, Wacholderbeeren und Gebirgskräutern eingerieben und danach 3–6 Monate getrocknet, wobei das Fleisch bis zu 50% seines ursprünglichen Gewichtes verliert. Bündner Fleisch kommt in hauchdünnen Scheiben auf den Tisch; dazu reicht man Schwarzbrot, Butter und einen trockenen Weißwein.

bürgerliche Art (à la bourgeoise): gebratene Speckwürfel, glasierte Karotten und Zwiebelchen, olivenförmige Bratkartoffeln zu geschmortem Fleisch. – Süßwasserfisch in Butter und saurer Sahne dünsten.

Bürgermeisterkartoffeln, → Sahnekartoffeln.

Burgfrauen-Art (à la châtelaine): mit Zwiebelpüree gefüllte Artischokkenböden, glasierte Maronen, Pariser Kartoffeln und Madeirasauce zu Fleisch oder Geflügel.

Burgunder, französische Rot- und Weißweine aus der Bourgogne (Burgund). Die vier bedeutendsten Anbaugebiete sind Côte d'Or (Rot- und Weißweine), Beaujolais (Rotweine), Mâconnais (Rotweine) und Châlonnais (Rot- und Weißweine). Hier wird seit mehr als 2000 Jahren Wein angebaut.

Burgunder Art (à la bourguignonne): gebratene Speckwürfel und Champignons, glasierte Zwiebelchen zu geschmortem Fleisch, besonders Schinken; der Schmorsaft wird mit Rotwein verkocht. – Fisch mit Champignonscheiben in Rotwein dünsten, den Fond mit Mehlbutter binden (Burgundersauce).

Burgunder Cobbler: 1 Glas Burgunder, 1 BL Apfelsinensaft, 1 EL Zukker, 3 Spritzer Maraschino, umrühren, Weintrauben hineingeben.

Burgunder Fondue, → Fondue bourguignonne.

Burgunderpfanne, schwere, hohe Stielpfanne zur Bereitung von Fleischfondue (Fondue Bourguignonne).

Burgunderpunsch: 4 Glas Rotwein

mit 2 EL Zucker kurz aufkochen, je 1 Apfelsinenscheibe und je 2 Likörgläser Curaçao in Punschgläser geben, den heißen Rotwein darübergießen.

Burgundersauce (Sauce bourguignonne, Rotweinsauce): sorgfältig gereinigte Champignonabfälle (Schalen, Abschnitte, Stiele) mit feingehackten Schalotten, einem Stückchen Lorbeerblatt, etwas Thymian und Petersilie in Rotwein stark einkochen, mit Kalbsjus verkochen, passieren, mit Mehlbutter binden und mit Salz und Cayennepfeffer würzen. Zu gebratenem Geflügel, zu Hammelbraten, Kalbsnuß, Kalbsherz, Schmorbraten oder Huhn. Champignons als Beilage.

Burgunderschinken, Rollschinken vom Schwein, ohne Schwarte und Fett, gepökelt.

Burma Tak, persische Spezialität: aus Hammelfleisch und Hühnerleber eine gut gewürzte Farce bereiten, mit halbgar gekochtem Reis vermischen, in Weinblätter füllen, binden, in Salzwasser kochen und in Fett schwimmend abbacken.

Burrida, eine Spezialität der italienischen Riviera und Variante der provenzalischen Bourride: verschiedene kleine Seefische und Schalentiere in kräftig gewürztem Fischfond weich kochen und ohne Fond anrichten, als Beilage eine dicke Sauce aus Olivenöl, Weinessig, Zitronensaft, Zwiebel, Knoblauch, Knollensellerie, getrockneten Steinpilzen und gehackter Petersilie reichen.

Burzelkraut, → Portulak.

Busecca, lombardische Kaldaunensuppe: Weißkohl, Mohrrüben, Knollensellerie und Porree, alles kleingeschnitten, sowie gehackte Zwiebeln in Öl anschwitzen, Mehl darüberstäuben, mit Fleischbrühe auffüllen, eingeweichte Bohnen hinzufügen, gut durchkochen; feinstreifig geschnittene, gekochte Kaldaunen (Kutteln) in Butter knusprig braten, zusammen mit einem feinen Gehäck aus fettem Räucherspeck, Petersilie, Salbei und Knoblauch sowie mit Tomatenwürfeln in die Suppe geben.

Butt, schollenartige Seefische, → Glattbutt, → Heilbutt, → Steinbutt.

Butter, aus Kuhmilch gewonnenes Fett, das mindestens 80% Milchfett, höchstens 18% Wasser und etwas Kochsalz enthält. Ausgangsmaterial ist Sauerrahm oder – heute überwiegend – Süßrahm. – Der Mensch kennt Butter schon seit mindestens 5000 Jahren.

Buttercreme: 125 g Puderzucker mit 4 Eigelb und 1 Prise Salz schaumig rühren, 1/4 l heiße Milch nach und nach zugeben, die Creme dabei ständig schlagen und kalt rühren, unter 150 g weiche Butter ziehen und mit feingeriebenen Nüssen oder Mandeln, mit Kaffeepulver, geschmolzener Schokolade, gestoßenem Krokant, Nougat, feingehackten kandierten Früchten, Rum, Kirschwasser, Weinbrand oder Likör aromatisieren.

Buttererbsen, → grüne Erbsen mit Butter.

Butterfisch (Dollarfisch), in Schwärmen an der amerikanischen Atlantikküste lebender, 15 bis 25 cm langer, silberglänzender Schwarmfisch mit weißem, wohlschmeckendem Fleisch.

Butterkartoffeln: kleine, oval geschnittene Kartoffeln in Salzwasser kochen, abgießen, in zerlassener Butter schwenken.

Butterkäse, halbfester Schnittkäse von gelblichbrauner bis rötlicher Farbe und butterähnlichem Aroma.

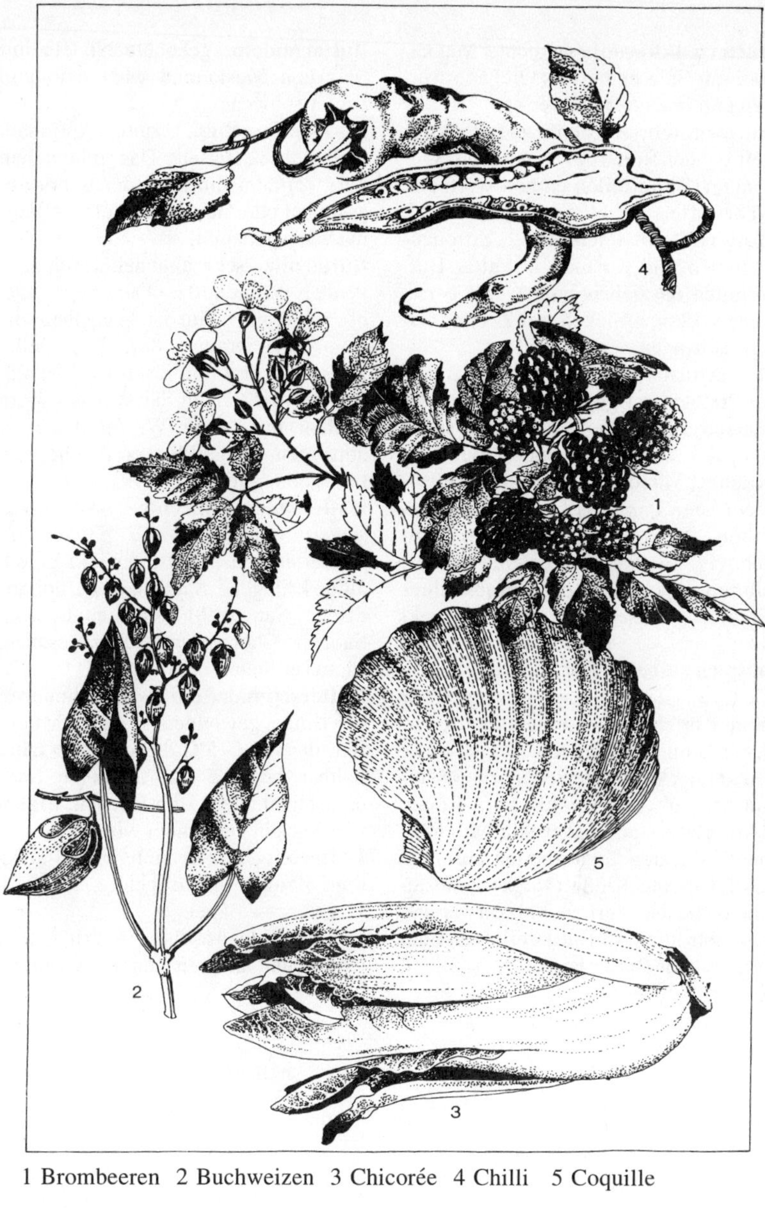

1 Brombeeren 2 Buchweizen 3 Chicorée 4 Chilli 5 Coquille

Buttermakkaroni: gekochte Makkaroni mit Salz und etwas Oregano würzen und in Butter schwenken.

Buttermilch, verbleibende Flüssigkeit bei der Buttergewinnung aus Sauerrahm. Buttermilch enthält wertvolle Nährstoffe.

Buttermilchkaltschale: Zitronenscheiben und Rosinen in kalter Buttermilch ausziehen lassen, mit geriebenem Pumpernickel und Zucker eiskalt auftragen.

Buttermischungen, gewürzte Butter als Beilage zu gegrilltem Fisch oder Fleisch, für Saucen, als Brotaufstrich usw. Als würzende Zutat eignen sich Kräuter, Mandeln, Haselnüsse, Pistazien, Senf, Paprika, Knoblauch, Schalotten, Meerrettich, Sardellen, Anschovis, Kaviar, Garnelen. Krebse, Hummer, Langusten, hartgekochtes Eigelb, Gänseleber, Fleischextrakt usw.

buttern, eine warme Speise (Sauce, Gemüse, Reis, Nudeln u. dgl.) vor dem Anrichten mit einem Stück frischer Butter verfeinern.

Butternockerl, österreichische Mehlspeise: aus 80 g Mehl, 50 g Butter, 1 Ei, etwas Salz und wenig Milch einen halbfesten Teig arbeiten, mit dem Löffel kleine Klöße (Nockerl) abstechen, die Nockerl in Salzwasser garen, abtropfen, in Butter erhitzen oder mit brauner Butter begießen.

Butternudeln: gekochte Nudeln mit Salz und Muskatnuß würzen und in Butter schwenken.

Butterpfännchen, zum Anrichten zerlassener Butter. Das Pfännchen wird vor dem Einfüllen der Butter angewärmt oder über einer Spiritusflamme warmgehalten.

Butterpilz, sehr angenehm schmeckender Röhrenpilz. Der buckelige, oft schleimige Hut ist kastanien- bis schokoladenbraun, das buttergelbe Fleisch ist zart und rasch verderblich.

Butterreis: Reis in Salzwasser körnig kochen, mit kaltem Wasser abspülen, abtropfen, einige Flocken frische Butter darunterziehen.

Buttersauce, unechte, → Bastardsauce.

Buttersaucen, mit Butter und Eigelb aufgeschlagene Saucen, z. B. holländische Sauce, Mousseline, Béarner Sauce, Choronsauce, Divinesauce, Malteser Sauce.

Butterschmalz, durch Ausschmelzen der Butter gewonnenes, reines Milchfett, das bei 0–5°C drei bis vier Jahre haltbar ist und vor allem in Süddeutschland gern zum Kochen, Braten und Backen verwendet wird.

Butterteig, Bezeichnung für Blätterteig, oft auch für Mürbeteig.

Bygeles, → Bagel.

Byrrh, französischer Aperitif, mit Chinin und anderen Zutaten gewürzt.

C

Die Feinschmeckerei bringt weniger Menschen ins Grab als das Schwert.

Sprichwort

Cabernet, rote Spitzenrebsorte, die vor allem in Frankreich, aber auch in anderen Weinländern angebaut wird und so hervorragende Weine wie den Bordeaux hervorbringt (Cabernet Sauvignon, Cabernet franc, Cabernet d'Anjou).

Cabrales, spanischer Edelpilzkäse aus Kuh- und Ziegenmilch, gereift in den Kalksteinhöhlen der Picos de Europa (Asturien), mit sehr würzigem Geschmack.

Cacciucco, italienische Fischsuppe: 1 grobgeschnittene Zwiebel, 1–2 zerquetschte Knoblauchzehen, 1 Selleriestange, 1 Karotte, Petersilie und etwas Thymian in 1 dl Öl gut anschwitzen, kleine Fische, Muscheln und Gräten, ferner 3 Tomaten, enthäutet und entkernt, dazugeben und mit je 1 dl Weißwein, Rotwein und Wasser auffüllen, mit Salz, Pfefferkörnern, Gewürznelke und Lorbeerblatt würzen, etwa 10 Minuten kochen, die Muscheln herausnehmen, die Suppe durch ein Sieb geben, Filets von Seefischen darin garziehen lassen, die Suppe mit den Muscheln über gebakkene Weißbrotscheiben gießen und sehr heiß auftragen.

Caciocavallo süd- und mittelitalienischer Brühkäse aus Kuhmilch, mindestens 44% Fett i. Tr. Die birnen- oder melonenförmigen Käselaibe reifen 3 Monate hängend in trockenen Räumen. Jung schmeckt der Käse köstlich mild, länger gereifter Käse schmeckt pikant würzig und dient hauptsächlich als Reibkäse. Caciocavallo wird auch geräuchert angeboten.

Cadgery (Cadgéri, Kedgeree), ursprünglich ostindisches Fischragout aus Reis, Fisch, Eierscheiben und Sahne, gewürzt mit Currypulver. *Rezept:* Lachs-Cadgery.

Caesar Salad: 2 EL Dijon-Senf, den Saft 1 Zitrone, 3 Knoblauchzehen, 2 Eigelb, 8 Sardellenfilets und 1 TL Worcestershiresauce in der Küchenmaschine verquirlen, langsam 100 ml Olivenöl zulaufen lassen; das im Kühlschrank ausgekühlte Dressing in eine Salatschüssel geben, mit gewaschenen, grob zerzupften Blättern von römischem Salat oder Kopfsalat bedekken, mit Sardellenfilets, Scheiben von hart gekochtem Ei, gerösteten Weißbrotwürfeln (Croûtons) dekorieren; Schälchen mit gehobeltem Parmesan und gehacktem Ei bereitstellen. – Der Caesar Salad darf auch mit durchwachsenem Räucherspeck bestreut werden, den man in kleine Würfel schneidet und in der Pfanne knusprig brät.

Café, → Kaffee.
Café brûlot: 1–2 Würfelzucker in Kaffetasse geben, 1 Gläschen Weinbrand darübergießen, anzünden, mit heißem Kaffee löschen, Schlagsahne daraufsetzen.
Café Orange: 1 Stück Würfelzucker und 1 Gläschen Cointreau in Tasse geben, mit heißem, starkem Kaffee auffüllen, umrühren, mit Schlagsahne bedecken, etwas geriebene Apfelsinenschale darüberstreuen.
Café-de-Paris-Butter (Beurre Café de Paris), Buttermischung: je 1 Prise Cayennepfeffer, weißer Pfeffer, Salz, Paprika, Curry- und Knoblauchpulver, ferner feingehackte Petersilie, Schnittlauch, Estragon, Majoran, Thymian, Dill, je 1 TL Tomatenketchup, Sardellenpaste und Zitronensaft, etwas Senf, etwas abgeriebene Apfelsinenschale, je 1 Spritzer Worcestershiresauce, Weinbrand und Madeira sowie 3 Kapern 24 Stunden in einer Schüssel zugedeckt ziehen lassen; mit einem Pürierstab zerkleinern, durch ein Sieb streichen und mit 125 g Butter verarbeiten.
Café Royal, Kaffeegetränk: heißen Kaffee mit 2 Stück Würfelzucker in Glas füllen, mit 1 Gläschen Weinbrand flambieren.
Caipirinha, Cocktail: weißer Rum, Saft 1 Limette, brauner Zucker, umrühren.
Caisses (frz), → Kästchen.
Cake, englische Bezeichnung für Kuchen und Kekse verschiedener Art.
Californian Cocktail: 1/3 Gin, 1/3 süßer Wermut, 1/3 Zitronensaft 2 Spritzer Angostura Bitter, schütteln.
Calvados, französischer Apfelbranntwein (»eau de vie de cidre«) aus dem Departement Calvados in der Normandie, 38 bis 50 Vol. % Alkoholgehalt, durchschnittlich 6 Jahre in Eichenholzfässern gereift.
Calzone (ital: Hose), Pizzaspezialität, die vor dem Backen einmal zusammengeklappt wird.
Camargo, à la: Torteletts, gefüllt mit feinen Nudeln in Sahnesauce und garniert mit gebratener Gänseleber und Trüffel, sowie Trüffelsauce zu kleinen Fleischstücken. – Marie-Anne Camargo, 1710–1770, französische Tänzerin.
Camarones, → Garnelen.
Camembert, französischer Weichkäse, der heute in der ganzen Welt nachgeahmt wird. Im Jahre 1791, in der Zeit der großen französischen Revolution, erfand ihn die normannische Bäuerin Marie Harel.
Übrigens: die Franzosen essen den Camembert am liebsten, wenn er schon etwas überreif ist, wenn der weiße Schimmelbelag bereits einen blaugrünen bis grünen Farbton angenommen hat.
Camembert, gebacken: den Käse hacken, mit Cayennepfeffer würzen, zu kleinen Rollen formen, panieren und in Fett schwimmend backen; dazu gebackene Petersilie.
Cameratasalat: dünne Scheiben von Chicorée und rohen Champignons, Würfel von gekochten Kartoffeln, Knollenselleriestreifen, Prinzeßböhnchen und geviertelte Artischockenböden mit gut gewürzter Mayonnaise binden, mit Scheiben von roten Rüben und Tomaten garnieren.
Campari, italienischer Aperitif aus Alkohol und Kräutern, leuchtend rot und bitter im Geschmack. Ursprung dieses anregenden Getränks ist der »Bitter all'ollandese« den der Wirt Gaspare Campari erstmals 1867 in seiner Bar in der Mailänder Galleria Vittorio Emanuele II. ausschenkte.

Campari Orange: Eiswürfel, 1/3 Campari, 2/3 Orangensaft, umrühren.
Campari Soda: Eiswürfel, Campari, mit Sodawasser auffüllen, kurz umrühren.
Canapés (frz: canapé = Ruhebett), pikant belegte → Schnittchen.
Cannelloni, italienische Spezialität, gefüllte Nudelteigrollen.
Cannelloni alla Ligure: 150 g Mehl, 1 Ei, 1 EL Öl, etwas Wasser und Salz zu einem Teig verarbeiten, etwa 1 Stunde ruhen lassen, dünn ausrollen, in 4 x 6 cm große Rechtecke schneiden, in fast kochendem Wasser garziehen lassen, gut abtrocknen, mit einer Farce aus Kalbfleisch, Schweinefleisch, Hühnerlebern und -mägen, alles gebraten und zusammen mit gedünstetem Spinat püriert, mit Salz, Basilikum und Majoran gewürzt, mit reichlich Parmesan vermischt, füllen, zusammenrollen, mit etwas Béchamelsauce überziehen, mit Parmesan bestreuen, im Ofen überbacken.
Cannelloni ripieni estiri: große, hauchdünne Eierkuchen backen, mit einer Farce aus Tomaten, frischen Kräutern und Schafkäse, gewürzt mit Salz, Pfeffer und Muskatnuß, füllen, zusammenrollen und in 3 bis 4 Teile schneiden.
Cannelons (frz: canne = Rohr), gefüllte → Blätterteigröllchen, eine Variante der berühmten italienischen Cannelloni.
Cannoli, Spezialität aus Sizilien: Teigröllchen mit einer cremigen Füllung aus Ricotta, kandierten Früchten, Pistazien und Schokolade; Cannoli sind auch in den USA weit verbreitet.
Cantal, der älteste französische Käse, der schon seit mehr als 2000 Jahren in der Auvergne hergestellt wird. Der halbharte, würzige Cantal hat die Form einer Trommel und wiegt zwischen 30 und 40 kg.
Cantaloupe, → Melonen.
Cantuccini, Florentiner Mandelgebäck.
Capellini, (von ital. capello = Haar), Fadennudeln.
Cappelletti, ital. Teigwaren, gefüllte Pastatäschchen in Form von Hütchen.
Cappuccino, italienisches Kaffeegetränk: heißen Kaffee bzw. Espresso mit aufgeschäumter Milch bedecken, Schokoladenpulver darüberstäuben; dazu Zucker.
Caprese, italienische Vorspeise aus → Mozzarella und Tomatenscheiben, mit Olivenöl, Salz und frischem Basilikum.
Caprisalat: dünne Kartoffelscheiben mit Öl, Essig, Salz, Pfeffer und heißer Fleischbrühe anmachen, mit Apfelsinenspalten garnieren.
capucine, à la: → Kapuziner-Art.
Caquelon, feuerfeste, meist irdene Fonduepfanne.
Carambola, → Karambole.
Cardamom, → Kardamom.
Cardinal, Cocktail: 1/6 Campari, 1/3 trockener Wermut, 1/2 Gin, schütteln.
cardinale, à la: → Kardinals-Art.
Cardy, → Karden.
Carême, Antonin, 1784–1833, französischer Koch, der die klassische Kochkunst zu höchster Blüte führte. Man nannte Carême den Unvergleichlichen, denn es gab zu seiner Zeit keinen Koch, der sein ungeheures Können und Wissen auch nur entfernt erreicht hätte. Er war ein großartiger Saucier und ein meisterhafter Pastetenbäcker. Er legte größten Wert auf eine repräsentative Anrichtweise, wußte er doch, daß nichts den Appetit so anregt wie hübsch und dekorativ angerichtete Speisen.

Carême galt nicht nur als Kaiser und König der Köche, er war auch der Koch der Könige und Kaiser. Nacheinander diente er dem englischen König George IV., dem Zaren Alexander I. und dem Kaiser Franz I. von Österreich. Seine berühmtesten Schriften sind »Le Maître d'hôtel français« und »L'Art de la cuisine française«.

Carême, à la: mit Schinkenpüree gefüllte große Oliven, Kartoffelkroketten und Madeirasauce zu kleinen Fleischstücken. – Kleine Fischklöße, Trüffelscheiben, Fleurons und weiße Sahnesauce zu Fisch.

Caribbean Dream, Longdrink: in ein bauchiges Cocktailglas Bananenscheiben und Weinbeeren geben, mit 1/4 Bananennektar und 3/4 rotem Traubensaft auffüllen, den Karibischen Traum mit einem guten Schuß Rum und einem Spritzer Zitronensaft aromatisieren. Die Bananenscheiben und Weinbeeren kann man auch im Wechsel auf einen Cocktailspieß reihen, der in das Glas gestellt wird.

Carignan, à la: Koteletts, mit geriebenem Weißbrot und geriebenem Käse paniert und in Butter gebraten, dazu Hahnenkämme und -nieren in Backteig sowie kräftig gewürzte Tomatensauce. – Carignan, kleine Stadt in Nordostfrankreich.

Carmencita, à la: gedünstete Paprikaschoten, geschmolzene Tomaten und gebackene Kartoffeln zu Fleisch.

Carmensalat: Streifen von gekochtem Knollensellerie und Äpfeln sowie Chicoréescheiben mit leichter Mayonnaise binden, mit Eier- und Trüffelscheibchen garnieren.

Carnegie, à la: mit Spargelspitzen gefüllte Artischockenböden, Trüffelscheibchen und gebackene Kartoffeln zu kleinen Fleischstücken. – Andrew Carnegie, 1835–1919, amerikanischer Stahlkönig.

Carobe, → Johannisbrot.

Carolines (Karolinen), gefüllte Brandteigstangen. *Rezept:* Gänseleber-Carolines.

Carolinesalat: Apfelsinenspalten, Bananenscheiben, gehackte rote Paprikaschoten in Essig-Öl-Marinade.

Carpaccio: rohes Fleisch (meist Rinderfilet), rohen Fisch oder rohes Gemüse in hauchdünne Scheiben schneiden und mit Essig, Öl und Kräutern marinieren, mit Kapern und Sardellenstreifen anrichten. Oft werden die Fleischscheiben auch nur mit Zitronensaft, gehobeltem Parmesan und frisch gemahlenem Pfeffer gebeizt.

Carpaccio vom Lachs: 500 g frisches Lachsfilet etwa 30 Minuten im Gefrierfach abkühlen lassen, dann gegen die Faser in hauchdünne Scheiben schneiden, die Scheiben auf einer Platte anrichten, mit Limettensaft und Olivenöl beträufeln, mit Salz und Pfeffer würzen und fein gehackten Dill darüber streuen; das Carpaccio im Kühlschrank nochmals schön kalt werden lassen und mit Limettenachteln, Pinienkernen und rosa Pfeffer dekorieren.

Carpet-Bag-Steak, neuseeländische Spezialität: 1 Rumpsteak von 500 g von der Seite her so aufschneiden, daß es wie eine Tasche (Carpet bag = Reisetasche) gefüllt werden kann, 1 Zwiebel feinhacken, mit 100 g Schabefleisch, 1 Eigelb, Salz und Pfeffer durcharbeiten und in das Steak füllen, 1 weitere Zwiebel feinhacken, 150 g Champignons in feine Scheiben, 150 g mageren gekochten Schinken in kleine Würfel schneiden, mit gehackter Petersilie und Kerbel, etwas Salz und Pfeffer würzen und ebenfalls in das Steak füllen, das Steak mit Zahnstochern verschließen, in Öl kräftig anbraten, dann zugedeckt 15–20 Minuten gar schmoren; dazu Stangenweißbrot.

Carré de l'Est, französischer Weichkäse aus der Champagne, mit dem Brie verwandt und überaus mild im Geschmack.

Carusosalat: Ananas- und Tomatenwürfel mit saurer Sahne und Zitronensaft anmachen. – Enrico Caruso, 1873–1921, italienischer Sänger, der berühmteste Operntenor seiner Zeit.

Casanova, à la: gedünstete Austern, Muscheln und Trüffelscheibchen zu Fisch in Weißweinsauce. – Giacomo Girolamo Casanova, Chevalier de Seingalt, 1725–1798, italienischer Abenteurer.

Casanovasalat: Streifen von Bleichsellerie, Eiweiß und Trüffeln mit Senfmayonnaise binden, gehacktes Eigelb darüberstreuen und mit Brunnenkresse garnieren.

Cashewnuß (Acajou, Elefantenlaus), Fruchtkern des Nierenbaumes, dessen Heimat Westindien und Südamerika ist, der heute aber auch in Ägypten, Zentralafrika und auf Hawaii kultiviert wird. Die weißen, gerösteten Cashewnüsse schmecken leicht süß und mandelartig angenehm.

Cassata, italienische Eisspezialität: eine kleine im Kühlschrank gut ausgekühlte Eisbombenform schichtweise mit Vanille-, Himbeer- und Schokoladeneis ausstreichen; geschlagenes Eiweiß mit hochkonzentriertem Läuterzucker (38–40 Grad) vermischen, nach dem Erkalten Schlagsahne und gehackte, mit Rum aromatisierte Konfitfrüchte darunterziehen und die Masse in die Bombe füllen, im Tiefkühlfach erstarren lassen, stürzen und mit Schlagsahne und kandierten Früchten dekorieren.

Cassis, französischer Branntwein bzw. Likör aus schwarzen Johannisbeeren.

Cassola, sardische Fischsuppe: Zwiebel, Knoblauchzehe und Peperoncino (Chillischote) fein hacken und kurz in Olivenöl anbraten, enthäutete und gewürfelte Tomaten dazugeben, 1 Glas trockenen Weißwein zugießen, mit Salz und Pfeffer würzen; inzwischen Tintenfischstücke in Olivenöl anbraten, zum Suppenansatz geben und langsam kochen lassen, nach 15 Minuten auch Stücke von verschiedenen Seefischen hinzufügen und weitere 15 Minuten ziehen lassen; über geröstetes Weißbrot in die Teller schöpfen.

Cassolettes (Ragoutnäpfchen), kleine Porzellanformen, gefüllt mit exquisiten Dingen wie Hühnerbrustwürfelchen und Spargelspitzen in Geflügelrahmsauce, Ragout von Gänseleber, Pökelzunge und Champignons in Madeirasauce, Würfelchen von Wildfleisch und Pfifferlingen in Mornaysauce usw.

Cassoulet, französisches Eintopfgericht aus weißen Bohnen, Schweinefleisch, Gans oder Ente, mit Würstchen und vielen Kräutern. Das Cassoulet ist eine Spezialität der Gascogne, ein Gericht, an dem sich schon die alten Römer vor rund 2000 Jahren ergötzten. Als Fertiggericht im Handel.

Castelmagno, halbharter Blauschimmelkäse aus dem italienischen Piemont, 34% Fett i. Tr. Die Käselaibe müssen 2 bis 5 Monate in Felsgrotten reifen, damit sie der eßbare Schimmel durchziehen kann. Seit dem 13. Jahrhundert schätzen Feinschmecker diesen edlen Tafelkäse. Heute sind Herkunft und Herstellungsverfahren des Castelmagno gesetzlich geschützt.

castillane, à la: → kastilische Art.

catalane, à la: → katalanische Art.

Catchup, → Ketchup.

Cava, spanischer Schaumwein, hergestellt nach Art des Champagner; bekannt sind die Cava-Kellereien Codorníu und Freixenet.

Cavour, à la: große, mit Hühnerleberpüree gefüllte Champignons, mit Parmesan gewürzte Maiskroketten und gebundene Kalbsjus, tomatiert und mit Marsala gewürzt, zu kleinen Fleischstücken. – Camillo Graf Benso di Cavour, 1810–1861, italienischer Staatsmann, Einiger Italiens.

Cayennepfeffer, ein dem Paprika ähnliches rotes Gewürz aus den getrockneten und gemahlenen Schoten einer Chilipflanze. Cayennepfeffer schmeckt atemberaubend scharf, sehr eigenartig, aber doch angenehm. Da sein Duft nicht so stark wie der des Pfeffers ist, kann er fertig gemahlen in einer kleinen Streudose aufbewahrt werden. Cayennepfeffer wird vorsichtig zum Würzen von Saucen, Wurst, Fisch-, Eier- und Gemüsegerichten verwendet.

Cebiche, Ceviche, marinierter roher Seefisch, mittel- und südamerikanische, besonders peruanische Spezialität. Die Marinade für die Fischhappen besteht aus Zitronensaft, Salz, Knoblauch, Oregano, Chilis und Zwiebelringen. Dazu werden Bataten, Maiskölbchen und Kopfsalat gereicht.

Cedro, große Zitronenart mit dicker Schale und wenig Fruchtfleisch. Sie eignet sich sehr gut zum Kandieren.

Celery Sauce, englische → Selleriesauce.

Célestines (frz: céleste = himmlisch), kleine, gebackene Leckerbissen, → Cölestinen.

Cendrillon, à la: → Aschenbrödel-Art.

centenaire, à la: → Jahrhundert-Art.

Cerasella, italienischer Likör aus Kirschen und Kräutern.

Cervelatwurst, → Zervelatwurst.

Čevapčiči, serbokroatische Spezialität: gegrillte Hackfleischröllchen aus Rinderhack, Zwiebeln und Knoblauch, scharf gewürzt.

Cevenner Art (à la cévenole): Champignons und glasierte Maronen zu gespicktem und geschmortem Rindfleisch, der Schmorsaft mit Kraftsauce vollendet. – Cevennen, Teil des französischen Zentralmassivs.

Ceviche, → Cebiche.

Ceylonzimt, → Zimt.

Chablis, berühmter französischer Weißwein aus dem Herzen Burgunds, ideales Pendant zu Austern und edle Zutat zu Saucen, Süßspeisen usw.

Challa, → Barches.

Chambertin, berühmter französischer Rotwein aus dem Burgund (Haut-Bourgogne).

Chambérysalat: kleine Würfel von Hummer, Räucherlachs, Artischokkenböden, Pfeffergurken und grünen Bohnen mit Mayonnaise binden und in Tomaten füllen.

Chambord, à la: Flußkrebse, getrüffelte Fischklöße, Champignons, in Butter gebratene Fischmilcher, herzförmige Croûtons und Chambordsauce zu großen Süßwasserfischen. – Chambord, berühmtes Renaissanceschloß an der fischreichen Loire.

Chambordsauce (Sauce Chambord): kleingehackten Lachs- oder Karpfenkopf sowie Fischabfälle mit Wurzelwerk, Thymian, Pfefferkörnern und etwas Lorbeerblatt in Butter anrösten, mit Rotwein gut durchkochen, mit brauner Fastengrundsauce verkochen, die Sauce durchseihen und mit Butter und Sardellenpaste vollenden.

Chamois d'Or, französischer Weichkäse mit weißem Schimmelbelag, 62% Fett i. Tr., der Laib ist gleichmäßig gelblich, porenfrei und cremig, der Geschmack äußerst mild. Chamois d'Or wird zu hellem Brot, lieblichem Weißwein, zu Champagner und Früchten gereicht.

Champagner, französischer → Schaumwein aus bestimmten Herkunftsorten der Champagne. Die Bezeichnung Champagner ist geschützt und darf für andere Schaumweine nicht verwendet werden. Die Kennzeichnung brut bzw. extra sec (sehr trocken), sec (trocken), demi doux (halbsüß) oder doux (süß) weist auf den Zukkergehalt des Champagners hin. Berühmte Champagnermarken sind: Pommery & Greno, Veuve Cliquot, Perrier-Jouet, Taittinger, Louis Roederer u. a.

Champagner Cobbler: 1/3 Curaçao, 1/3 Zitronensaft, 1/3 Maraschino, umrühren, Pfirsichscheiben hineingeben, mit Sekt auffüllen.

Champagner Flip: 1 frisches Eigelb, 1 BL Zucker, Saft einer Apfelsine, 3 Spritzer Curaçao, gut schütteln, mit kaltem Sekt auffüllen.

Champagnerkraut: Sauerkraut mit Speck und gespickter Zwiebel in Weißwein und Fleischbrühe dünsten, Speck und Zwiebel wieder entfernen und kurz mit 1 Glas Schaumwein aufkochen.

Champignons (Edelpilze, Tafelpilze; frz: champignon = Pilz), beliebteste Pilzart. Ab Juni erscheinen die Feld- oder Wiesenchampignons auf Weiden und Feldwegen. In der Küche werden aber überwiegend Zuchtchampignons verwendet, die seit Mitte des 17. Jahrhunderts in Frankreich in dunklen Kellern und stillgelegten Kohlengruben auf Beeten mit ausgereiftem Pferdemist gezogen werden. Aus den unterirdischen Steinbrüchen von Carrières-sous-Bois kommen die berühmtesten ihrer Art, die weißköpfigen ›Champignons de Paris‹. So stehen die kleinen, weißen, kugelrunden Pilze nicht nur im Sommer, sondern in jeder Jahreszeit zur Verfügung. Zuchtchampignons kommen frisch, getrocknet oder als Konserve auf den Markt. Gute Pilze sollen möglichst weiß und noch völlig geschlossen sein, ihr Aroma soll kräftig, ihr Fleisch fest und madenfrei sein. Konservierte Champignons dürfen gebleicht sein. – *Vorbereitung:* Den unteren, meist erdigen Teil des Stiels abschneiden, die Pilze waschen, eventuell die bräunliche Haut mit Salz und Zitronensaft abreiben, damit die Pilze besonders weiß werden, mehrmals abspülen, dann nach Rezept weiterverarbeiten. Kochzeit: 6–8 Minuten. Benötigt man nur die Köpfe, können die abgetrennten Stiele sowie die ausgebohrten Lamellen zu Duxelles, Saucen und Suppen verwendet werden. → Steinpilz-Champignons.

Champignons à la Crème: kleine Champignons oder dicke Champignonscheiben zugedeckt in Butter vordünsten, würzen, Béchamelsauce und frische Sahne zugeben und offen fertigdünsten.

Champignons, gefüllt: möglichst große Champignonköpfe von unten her leicht aushöhlen, die Höhlung mit Duxelles oder Hühnerfarce füllen, die gefüllten Pilze mit geriebenem Weißbrot bestreuen, etwas Butter darüberträufeln und überbacken.

Champignons, gegrillt: möglichst große Champignonköpfe von unten her leicht aushöhlen, im Ofen oder auf dem Grill rösten, leicht salzen, in die Höhlung je ein Stück eiskalte Kräuterbutter füllen.

Champignons, gepfeffert: große Champignonköpfe in dünne Scheiben schneiden und roh mit einer kräftig gewürzten Sauce aus Zitronensaft, Olivenöl, Senf, Salz und Cayennepfeffer anmachen; eiskalt als Vorspeise servieren.

Champignons auf griechische Art: 2 Teile Weißwein, 2 Teile Wasser, je 1 Teil Olivenöl und Zitronensaft, Pfefferkörner, etwas Lorbeerblatt und Salz aufkochen und kleine oder halbierte Champignons darin garen; im Fond auskühlen, herausnehmen und sehr kalt mit etwas Fond übergossen als Vorspeise auftragen.

Champignons auf livländische Art: kleine Champignons in Öl dünsten, mit Salz, Pfeffer und Knoblauch würzen, Scheibchen von Gewürzgurke, gekochter roter Rübe und Kapern daruntermischen und mit Zitronensaft abschmecken; warm oder kalt auftragen.

Champignons auf Piemonteser Art: Champignons in dünne Scheiben schneiden, mit gehackten Kräutern in Butter gar dünsten, geriebenes Weißbrot und geriebenen Parmesan darüberstreuen, mit Butter beträufeln und überbacken.

Champignons in Portwein: kleine Champignons in Butter anschwitzen, mit Portwein löschen, stark einkochen, Sahne hinzufügen, mit Salz und Pfeffer würzen und die Pilze langsam gar kochen.

Champignons, provenzalisch: 4–6 Knoblauchzehen schälen, mit der Gabel gut zerdrücken und mit etwas feingehackter Zwiebel in reichlich Butter dünsten; 500 g Champignons putzen, in Scheiben schneiden und in der Knoblauchbutter kurz garen, mit Salz und Pfeffer würzen und gehackte Petersilie darüberstreuen; die provenzalischen Champignons warm als Vorspeise oder Beilage auftragen.

Champignons auf Ribweiler Art: geviertelte Champignons mit gehackten Schalotten in Butter anschwitzen, gewürfelte Tomaten, Weißwein, etwas Fleischextrakt dazugeben, mit Salz und Pfeffer würzen und gar dünsten, mit Eigelb und Sahne binden und gehackte Petersilie darüberstreuen.

Champignonessenz, konzentrierter Champignonfond.

Champignonfond, Flüssigkeit, die beim Dünsten der Pilze entsteht, Saft in Champignondosen.

Champignon-Ketchup, → Ketchup.

Champignonkroketten: heißes Champignonpüree mit Eigelb dicken, völlig auskühlen lassen, kleine Rollen oder Kugeln formen, durch geschlagenes Ei ziehen, mit geriebenem Weißbrot panieren und in heißem Fett abbacken.

Champignonpüree: rohe Champignons sehr fein hacken, mit Butter dünsten, bis alle Flüssigkeit verdampft ist, mit dicker Béchamelsauce binden, würzen und mit Sahne und etwas Butter vollenden.

Champignonsalat: rohe Champignons in Scheiben schneiden und mit Weinessig, Öl, gehacktem Kerbel und Estragon anmachen; eiskalt servieren. Sofort verbrauchen! – Oder: Champignons in Scheiben schneiden, in Butter und Zitronensaft dünsten, mit Pfeffer, Salz und gehackter Petersilie würzen, abkühlen und mit Chantillymayonnaise binden.

Champignonsauce, braune (Sauce aux champignons à brun): Kraftsauce mit Champignonfond verkochen, gedünstete Champignonscheiben hineingeben. Zu gebratenem Fleisch.
Champignonsauce, weiße (Sauce aux champignons à blanc): deutsche Sauce mit Champignonfond verkochen, gedünstete Champignonscheiben hineingeben. Zu weißgedünstetem Fleisch.
Champignonsoufflé: Champignons sehr fein hacken, mit Butter, Eigelb und dicker Sahnesauce verarbeiten, mit Salz, Pfeffer und geriebener Muskatnuß würzen und steifgeschlagenes Eiweiß darunterziehen, die Soufflémasse in eine hitzebeständige Schale füllen und im Ofen abbacken; heiß auftragen.
Champignontorteletts: sehr kleine Champignons oder Champignonscheiben mit wenig feingehackter Zwiebel in Butter anschwitzen und in etwas Sahne gar dünsten, in warmgestellte Torteletts aus Blätterteig oder ungezuckertem Mürbeteig füllen, mit gehackter Petersilie bestreuen.
chancelier, à la: → Kanzler-Art.
chanoine, à la: → Domherren-Art.
Chantilly, à la: Linsenpüree zu Wild oder Wildgeflügel, Bratfond mit Sahne verkochen und mit Butter vollenden. – Süßspeisen à la Chantilly werden immer von Schlagsahne begleitet. – Chantilly, Schloß und Pferderennbahn bei Paris; im Schloß, das heute der Académie française gehört, wird eines der beiden berühmten Stundenbücher des Herzogs von Berry, ein Kalendarium aus der Zeit um 1400, aufbewahrt.
Chantillymayonnaise: nicht zu steife, ungesüßte Schlagsahne unter Mayonnaise ziehen. Zu kaltem Fisch, Krusten- und Schalentieren, zu kaltem Geflügel.
Chantillysauce (Sauce mousseline, Schaumsauce): holländische Sauce, vermischt mit Schlagsahne. Vor allem zu weißem Geflügel, Hummer, Spargel und Artischocken.
Chantillysuppe: grüne Erbsen in Salzwasser kochen, durch ein feines Sieb streichen, das Püree unter eine Reisrahmsuppe ziehen, mit Eigelb und reichlich Sahne binden, gut abschmecken und einige grüne Erbsen als Einlage in die Suppe geben.
Chapelure (frz: chape = Kappe, Überzug), zum Panieren (Einbröseln) verschiedener Speisen. Chapelure blonde: mit der Kruste zerriebenes altbackenes Weißbrot (oder Semmel), auch → Paniermehl genannt. Chapelure blanche: durch ein Drahtsieb geriebenes, entrindetes, frisches Weißbrot, → geriebenes Weißbrot.
Chardonnay, Rebsorte der größten trockenen Weißweine, überwiegend aus dem Burgund (Chablis, Meursault, Montrachet usw.).
Charivarisalat: Würfel von Äpfeln, Birnen, Möhren, roten Rüben, Kartoffeln, Knollensellerie, Champignons und Salzgurken mit gut gewürzter Mayonnaise binden.
Charlotte, beliebte Süßspeise, die Ende des 18. Jahrhunderts in England kreiert wurde und ihren Namen von der Königin Charlotte, der Gemahlin Georgs III., erhielt. Charlotten werden in glattwandiger, zylindrischer Form (Charlottenform) bereitet. Dazu wird die Form mit Löffelbiskuits oder Waffeln ausgekleidet und mit Cremes, Fruchtpürees, Speiseeis, Gelee, Schlagsahne usw. gefüllt. Nach dem Erstarren wird die Charlotte gestürzt und nach Belieben verziert. – *Rezept:* Apfelcharlotte.
Charlotte, russisch: eine Charlotten-

form mit Pergamentpapier auslegen, Boden und Wandungen der Form dicht mit Löffelbiskuits verkleiden, mit bayerischer Creme füllen, erstarren lassen, stürzen, die Charlotte mit Schlagsahne und Konfitfrüchten verzieren. Die bayerische Creme darf beliebig abgewandelt und mit Früchten vermischt werden.

Charlottenform, glattwandige, zylindrische Süßspeisenform.

Charolais, Garnitur für Filetsteaks aus Blumenkohlröschen Villeroi, glacierten Karotten und Torteletts mit Püree von weißen Rüben. – Die französische Landschaft Charolais im Département Saône-et-Loire ist berühmt für ihre Fleischrinder.

Chartraiser Art (à la Chartres): kurz überbrühte Estragonblätter, Kalbsjus und Schmelzkartoffeln mit Estragonessenz zu kleinen Fleischstücken. – Süßwasserfische in Weißwein und Fischfond dünsten und mit Estragonblättern würzen. – Chartres, Stadt mit berühmter gotischer Kathedrale.

Chartreuse, berühmter französischer Kräuterlikör, der seit 1735 im Kloster der Grande Chartreuse (französische Alpen) aus feinem Weinbrand und 130 Würz- und Heilkräutern gewonnen wird. Der Chartreuse verte (grüner Chartreuse) ist besonders kräftig und würzig; er hat 55 Vol. % Alkoholgehalt. Der Chartreuse jaune (gelber Chartreuse), der »König der Liköre«, ist von weicher Zartheit und hat einen unvergleichlichen Wohlgeschmack; sein Alkoholgehalt beträgt 40 Vol.%.

Chartreuse, → Kartäusergericht.

chasseur, à la: → Jäger-Art.

Chateaubriand (Doppellendenstück), doppeltes Filetsteak, das etwa 4 cm dick aus der Mitte des Rinderfilets geschnitten wird und 350–500 g wiegt. Das Chateaubriand ist also ein 2-Personen-Steak. – *Zubereitung:* das Chateaubriand von allen Seiten kräftig anbraten, mit Salz und Pfeffer würzen, bei schwacher Hitze fertigbraten. Das Fleisch sollte innen rosa bis leicht blutig sein. Die Bratzeit beträgt insgesamt 15–20 Minuten. Als Beilage werden meist nur Brunnenkresse, eine Buttermischung und gebackene Kartoffeln gereicht. – Der Franzose François René Vicomte de Chateaubriand, 1768–1848, gab diesem herrlichen Steak seinen Namen und wurde dadurch berühmter als durch seine Leistungen als Schriftsteller und Staatsmann.

Chateaubriand Eugen: das doppelte Filetsteak in Butter braten, salzen und pfeffern, auf heißer Platte warm stellen, aus dem Bratfond eine Pfeffersauce bereiten, die Sauce mit gehackten Senffrüchten vollenden und über das Chateaubriand gießen; dazu mit Duxelles gefüllte, gedünstete Paprikaschoten und Kartoffelkroketten in Mandelhülle.

Chateaubriand Grand Vatel: das Chateaubriand leicht pfeffern, einölen und auf dem Rost knusprig braun braten, salzen, mit Kresse und Zitronenvierteln garnieren; dazu Béarner Sauce und Polsterkartoffeln.

Chateaubriandsauce (Sauce Chateaubriand): 5 EL Fleischextrakt mit 200 g frischer Butter aufschlagen, mit Pfeffer und Zitronensaft würzen und kurz vor dem Servieren gehackte Petersilie dazugeben. Zu Filetsteaks oder Chateaubriands.

châtelaine, à la: → Burgfrauen-Art.

Châtelaine-Dressing, Salatsauce: gut gewürzte Mayonnaise mit ebenso viel ungesüßter Schlagsahne vermischen.

Chatham, à la: Nudeln, in Butter geschwenkt und mit Scheiben von Pökelzunge belegt, Zwiebelsauce mit Champignonscheiben zu Kalbfleisch. – William Pitt, Earl of Chatham, 1708–1778, britischer Staatsmann, vernichtete die französische Kolonialmacht.

Chaudeau (frz: chaud = heiß; eau = Wasser), → Weinschaum, im heißen Wasserbad bereitet. – Im alten Frankreich wurde der Braut eine Schale Chaudeau gereicht, vielleicht, um ihr den Eintritt in den Ehestand noch süßer erscheinen zu lassen.

Chaudfroid (frz: chaud = heiß; froid = kalt), Fleisch-, Geflügel- und Wildspeisen in pikanter Chaudfroidsauce (Sulzsauce), eiskalt serviert. – Die Erfindung dieses Gerichts soll – wie bei vielen anderen – einem Zufall zu verdanken sein: Louis Alexandre Berthier, Marschall von Frankreich, war von einem Souper weggerufen worden. Als er nach einiger Zeit zurückkehrte, war das Hühnerfrikassee auf seinem Teller kalt und erstarrt. Dennoch probierte er davon und fand die Speise so schmackhaft, daß sie fortan bei keinem festlichen Essen mehr fehlen durfte.

Chaudfroid von Ente: Förmchen mit brauner Chaudfroidsauce, die mit Apfelsinensaft und Curaçao aromatisiert wurde, ausstreichen, kleine Scheiben von gebratener Entenbrust daraufsetzen und mit Chaudfroidsauce auffüllen; das Chaudfroid nach dem Erstarren aus der Form stürzen und mit Trüffelstückchen und gehacktem Eiweiß verzieren.

Chaudfroid vom Huhn: Streifen von gedünsteter Hühnerbrust mit weißer Chaudfroidsauce bedecken, mit Weingeleewürfeln garnieren.

Chaudfroid vom Reh: Schnittchen aus gebratenem Rehrücken mit brauner Chaudfroidsauce bedecken und im Kühlschrank erkalten lassen; dazu Cumberlandsauce.

Chaudfroidsauce, braune (Sauce chaud-froid brune), zum Überziehen von kleinen Fleisch- und Wildstükken: Kraftsauce stark einkochen, nach und nach Kalbs- oder Wildgelee hinzugeben, zuletzt mit Madeira aromatisieren, bis zum Erkalten rühren. – Für Wild die Kraftsauce mit Wildfond anreichern.

Chaudfroidsauce, weiße (Sauce chaud-froid blanche): zum Überziehen von Kalbfleisch- und Geflügelstücken: weiße Grundsauce stark einkochen, nach und nach mit Sahne und Kalbs- bzw. Geflügelgelee binden, bis zum Erkalten rühren. – Die weiße Chaudfroidsauce läßt sich vielfältig abwandeln, z. B. mit Sherry und Streifchen von Apfelsinenschale, mit Tomatenpüree, mit Madeira und gehackter Trüffel, mit Currypulver, mit gestoßenen Pistazien, mit gehackten Kräutern.

Chaumes, französischer Weichkäse von würzigem Geschmack und intensivem Duft, 50% Fett i. Tr.; seine gelborange, leicht schmierige Rinde wird unmittelbar vor dem Verzehr entfernt; der Chaumes mundet zu frischem Baguette oder auf dunklem Brot, man läßt ihn auch auf gebratenen Kartoffeln oder Hackfleischklößchen schmelzen.

Chayote (Choco; Christofine; Xuxu, gesprochen: Schuschu), tropisches Gurkengewächs, grüngelb, birnenförmig, unregelmäßig längsgefurcht, bis 20 cm lang und 5 bis 8 cm dick, mit weichem bis hartem Kern. Die Heimat der Chayote ist das tropische Amerika, heute werden die bis 500 g schweren Früchte in Südostasien, in Zentralafrika, Zentralamerika und in Brasilien angebaut. Im Winter kommt das exotische Gemüse auch bei uns in den Handel. Es wird halbiert, geschält, gekocht oder gedünstet und warm oder kalt als Beilage zu Fleischgerichten, zu Suppen und Salaten gereicht. Auch kann man die Hälften mit gut gewürztem Lammfleisch oder mit Scampi bzw. Hummerfleisch füllen und eiskalt oder im Ofen überbacken servieren. Leicht gesüßt reicht man die gedünsteten Gurkenwürfel auch als Kompott.

Cheddar, ursprünglich englischer Hartkäse aus der Grafschaft Somerset, der heute vorwiegend in Nordamerika hergestellt und zu Schmelzkäse verarbeitet wird. Der Käse zeichnet sich durch ein vollmundiges Aroma und durch nußartigen Geschmack aus. Die im Durchmesser 40 cm erreichenden Cheddarräder sind bis zu 40 kg schwer und in Wachs bzw. Paraffin gehüllt.

Cheeseburger, nordamerikanische Spezialität: 500 g sehr fein gemahlenes Schabefleisch mit 2–3 EL Sahne verarbeiten, kräftig mit Salz und Pfeffer würzen und zu fingerdicken Steaks formen, gut einölen und in der heißen Pfanne braten. Nach dem Wenden mit je einer schmalen Käsescheibe bedecken und den Käse beim Fertigbraten schmelzen lassen; zwischen Weißbrotscheiben anrichten.

Cheese-Dressing, Salatsauce: Mayonnaise mit geriebenem Parmesan, Paprika und Selleriesalz würzen.

chemisieren (ausgießen, ausstreichen, auspolstern, auskleiden; frz: chemise = Hemd, Überzug), eine Form oder Teighülle gleichmäßig dünn mit Gelee oder einer feinen Masse auskleiden, bevor die eigentliche Füllung hineingegeben wird. Das geschieht bei Aspiks sowie bei bestimmten Bordüren, Pasteten und Chaudfroids.

Cherbah, berühmte arabische Zwiebelsuppe: mehrere grobgehackte Zwiebeln in Öl anschwitzen, gehackte frische Pfefferminze, Tomatenscheiben, kleingeschnittene rote Paprikaschoten, Knoblauchzehen, Pfeffer und Salz dazugeben, langsam gar dünsten, mit Fleischbrühe auffüllen, die Suppe gut durchkochen, mit Eigelb binden und mit Zitronensaft abschmecken.

Cherbourger Art: Austern, Muscheln und Garnelen zu Seefisch, überzogen mit dicker Garnelensauce. – Cherbourg, Hafenstadt in der Normandie.

Cherimoya (Annona, Anone, Zimtapfel, Zuckerapfel, Süßsack), Südfrucht, deren Heimat die hochgelegenen Täler der peruanischen Anden sind; heute kommt die Cherimoya ganzjährig aus Israel, Spanien, Afrika, Brasilien und Thailand zu uns. Die meist herzförmigen, recht empfindlichen Früchte sind 7 bis 14 cm groß und von einer graugrünen Schuppenschale umgeben; sobald die Schale dunkelt und auf Fingerdruck nachgibt, ist die Frucht reif. Die Cherimoya zeichnet sich durch einen hohen Vitamin-, Kalzium- und Traubenzuckergehalt aus und zählt zu den wohlschmeckendsten Früchten überhaupt. Sie wird zu Fruchtsalaten und Mixgetränken verarbeitet, vor allem aber als Dessert gereicht. Dazu werden die Früchte halbiert, über Kreuz tief eingeschnitten und ausgelöffelt; wer möchte, darf das Fruchtfleisch mit Vanillezucker oder kandiertem

Ingwer bestreuen oder mit Weinbrand bzw. einem wenig süßen Likör beträufeln, auch Rumfrüchte sind eine beliebte Zutat. Oder wären Ihnen Cherimoyawürfelchen in eiskaltem Sekt lieber? Vgl. → Stachelanone.

Cherimoya mit Schinken: die Früchte halbieren und über Kreuz einschneiden, fein gewürfelten Räucherschinken und etwas frisch geriebenen Meerrettich darübergeben, mit je einer Prise Pfeffer und Zucker würzen und eiskalt zu Tisch bringen.

Cherimoyacreme: 4 Eier, 4 EL Zukker, 1 Päckchen Vanillezucker und 4 EL Rum schaumig rühren, 2 kleingewürfelte Cherimoyas dazugeben, vorsichtig mit Muskat, Kardamom und geriebenem kandiertem Ingwer würzen und zuletzt 1/4 l sehr steif geschlagene Sahne darunterziehen; die Creme in Becher füllen und alsbald gut gekühlt servieren.

Cherry Brandy, Kirschlikör aus Kirschsaft, Kirschbranntwein, Zucker, Alkohol und Wasser. Sein Alkoholgehalt beträgt mindestens 30 Vol. %.

Cherry Tomatoes, → Kirschtomaten.

Chester (Cheshire), englischer Hartkäse, der seit dem 12. Jahrhundert in der Grafschaft Cheshire hergestellt wird. In Blockform, mit Wachs überzogen und in Baumwolltuch eingenäht, kommt der vollfette Käse (45%–50% Fett i. Tr.) nach etwa fünfmonatiger Reifung in den Handel. Älterer Chester wird meist gerieben verwendet.

Chester Cakes, Käsegebäck als Vorspeise oder zu Wein und Bier: 75 g Mehl, 65 g Butter, 65 g geriebenen Chester und 1 Eigelb, mit ganz wenig Wasser und je 1 Prise Salz und Cayennepfeffer zu einem Teig verarbeiten, ausrollen, Plätzchen ausstechen und abbacken; die Hälfte der Plätzchen mit einer Creme aus dicker Béchamelsauce, Eigelb, Butter und geriebenem Chester, ebenfalls mit Salz und Cayennepfeffer gewürzt, bestreichen, die anderen Plätzchen daraufsetzen.

Chesterstangen: Blätterteig dünn ausrollen, mit Wasser bepinseln und dick mit geriebenem Chester bestreuen, mit Blätterteig zudecken, in Streifen schneiden, die Chesterstangen mit Eigelb bestreichen und leicht mit Salz bestreuen, abbacken.

Chèvre, französischer Ziegenkäse, der seit Jahrhunderten in mehr als 60 Arten hergestellt wird. Der Chèvre ist rund, quadratisch, länglich, pyramidenförmig. Seine Rinde ist weiß, gelb, braun, blau, oft mit Kümmel bestreut oder in Weinblätter gehüllt. Alle Chèvres schmecken pikant und aromatisch.

Chevreuse, à la: Artischockenböden, mit Champignonpüree gefüllt und mit Trüffelscheibe garniert, Pariser Kartoffeln zu kleinen Fleischstücken. – Marie de Rohan-Montbazon, Herzogin von Chevreuse, 1600–1679.

Chianti, berühmter italienischer Rotwein aus der Toscana.

Chicken, engl: Hähnchen, junges Huhn.

Chicken Maryland, nordamerikanische Spezialität: ein junges Huhn in vier Stücke teilen, die Knochen herauslösen, das Fleisch mit Salz und Cayennepfeffer würzen, in Mehl und geschlagenem Ei wenden und mit Paniermehl überziehen, in Butter goldgelb braten; dazu gebratene Bananenhälften und Meerrettichsahne.

Chicken-Pot-Pie, englische Hühnerpastete: ein Suppenhuhn grob zerschneiden und mit gehackten Zwiebeln in Butter andünsten, mit gesalzenem Wasser auffüllen und das Huhn darin garen lassen; nach 1/2 Stunde 500 g Kartoffeln, 100 g Mohrrüben, 50 g Knollensellerie, 1 Stange Porree, alles kleingeschnitten, sowie ein Kräutersträußchen aus Petersilie, Thymian und Lorbeerblatt hinzufügen; das weichgekochte Hühnerfleisch herausnehmen, von den Knochen lösen und zusammen mit den Kartoffeln und dem Gemüse in eine ausgebutterte feuerfeste Schüssel geben, mit der Hühnerbrühe auffüllen und nach dem Grundrezept für → Pies weiterbehandeln.

Chicorée (Brüsseler Endivie, Witloof), die im Dunkeln getriebenen und daher weißen Blattsprossen einer Zichorienart. Chicorée wird vor allem in Belgien angebaut. Sie schmeckt angenehm bitterlich und wird als Gemüse, aber auch als Salat geschätzt. – *Vorbereitung:* Welke Außenblätter entfernen und – wer die Chicorée nicht so bitter möchte – mit dem spitzen Messer ein Stückchen aus dem unteren Ende herausschneiden. Waschen, etwa 15 Minuten in Salzwasser vorkochen, gut abtropfen und nach Rezept weiterverarbeiten.

Chicorée auf Ardenner Art: Chicoréestauden mit gehackten Schinken- und Speckwürfeln in Butter und etwas Wasser weich dünsten, würzen, den Fond mit Stärkemehl binden und über die Stauden gießen.

Chicorée Bradford: Chicoréestauden in Butter und Kalbsjus weich dünsten, würzen, den Fond mit Stärkemehl binden, gebratene Champignons dazugeben und alles über die Stauden gießen. – Bradford, Stadt in Nordengland.

Chicorée auf Burgunder Art: Chicoréestauden auf kleingeschnittenem Wurzelzeug in würziger Fleischbrühe und in Rotwein weich dünsten; den Fond entfetten, einkochen, mit Mehlbutter binden, mit frischer Butter aufschlagen und über die Stauden gießen.

Chicorée, flämisch: Chicoréestauden in Butter, Zitronensaft und etwas Wasser zugedeckt dünsten, leicht würzen und mit Kraftsauce begießen. Beim Dünsten sollte die Chicorée mit einem gebutterten Papier bedeckt sein, damit sie schön weiß bleibt.

Chicorée, gefüllt: rohe Chicoréestauden der Länge nach halbieren, leicht aushöhlen, mit Zitronensaft beträufeln und mit Sardellenfilets, Garnelen in Mayonnaise, Roquefortwürfeln, gefüllten Oliven, Mandarinenspalten, Cocktailkirschen, verschiedenen Salaten usw. füllen.

Chicorée, indisch: Chicoréestauden mit Gewürznelke, etwas Lorbeerblatt und einer Prise Zimt auf Speck-, Zwiebel- und Mohrrübenscheiben weich dünsten; Zwiebel und säuerlichen Apfel ganz fein hacken, mit Currypulver in Butter erhitzen, etwas Mehl darunterrühren, das Mehl leicht bräunen, Tomatenpüree mit Fleischbrühe zugeben, kochen lassen, passieren und über die Chicorée gießen.

Chicorée auf Müllerin-Art: Chicoréestauden, mit gebuttertem Papier bedeckt, in Butter, Zitronensaft und etwas Wasser dünsten, würzen und mit brauner Butter begießen.

Chicorée, polnisch: Chicoréestauden, mit gebuttertem Papier bedeckt, in Butter, Zitronensaft und etwas Wasser weich dünsten, würzen, mit gehacktem Ei und gehackter Petersilie bestreuen und in Butter gebräuntes geriebenes Weißbrot über die Stauden geben.

Chicorée in Schinken: weichgedünstete Chicoréestauden in je eine Scheibe gekochten Schinken wickeln, in Backform setzen, mit Mornaysauce bedecken, mit geriebenem Käse bestreuen, mit Butter beträufeln und überbacken.

Chicorée, überbacken: Chicoréestauden, mit gebuttertem Papier bedeckt, in Butter, Zitronensaft und etwas Wasser dünsten, würzen, in Backform setzen, mit dem Fond begießen, mit geriebenem Käse bestreuen, mit Butter beträufeln und überbacken.

Chicorée-Ananas-Salat: Chicoréestreifen mit Ananasecken in Essig-Öl-Marinade.

Chicorée-Apfel-Salat: kleingeschnittene Chicorée und Apfelscheibchen mit Sahne, Zitronensaft, Öl, Senf und etwas Salz anmachen.

Chicorée-Apfelsinen-Salat: grobgeschnittene Chicorée mit Apfelsinensaft marinieren, Apfelsinenspalten hinzufügen, den Salat mit saurer Sahne und etwas Zitronensaft anmachen.

Chicorée-Grapefruit-Salat: kleingeschnittene Chicorée und Grapefruitwürfel mit Apfelsinensaft und Honig anmachen.

Chicorée-Krabben-Salat: kleingeschnittene Chicorée, Krabben (Garnelen) und gewürfelte Mandarinen mit Zitronensaft würzen und mit Mayonnaise binden.

Chicoréesalat Snagow: Chicoréestreifen und geraspelte rohe rote Rüben mit Zitronensaft und Öl anmachen.

Chicoréeschiffchen, → Chicorée, gefüllt.

Chicorée-Tomaten-Salat: Chicorée und Tomaten, beides kleingeschnitten, mit saurer Sahne, Zitronensaft und etwas Salz anmachen, gehackte Kräuter darüberstreuen.

Chiffonade (frz: chiffon = Lappen), delikate, vitaminreiche Suppeneinlage aus Salat- und Sauerampferblättern, die in feine Streifen geschnitten, in wenig Butter kurz gedünstet und zusammen mit feinen Kräutern der Suppe beigegeben werden.

Chili, → Chillies.

Chili con carne, mexikanische Spezialität: gehackte Zwiebeln in Fett anbräunen, Würfel von magerem Rindfleisch, Chillies, Paprikaschoten, Tomaten, Mais und ein paar Knoblauchzehen hinzufügen, alles gut schmoren lassen, mit Salz und Pfeffer abschmecken, mit → Kidney- oder → Frijolebohnen bedeckt anrichten.

Chilipfeffer, Chilipulver, sehr scharf schmeckende Gewürzmischung aus den kleinen, paprikaartigen Chilischoten, auch Chillies genannt, und anderen Gewürzen. Chilipfeffer ist eine wichtige Zutat der lateinamerikanischen Küche und wird vor allem zum Würzen von Saucen, Pasteten, Fleisch-, Fisch- und Eiergerichten, Linsen u. dgl. verwendet.

Chilisauce, scharfpikante Tafelsauce, die gern zu gebratenen, gegrillten oder gebackenen Fleisch- und Fischgerichten, zu Eierspeisen Salaten und zur indonesischen Reistafel gereicht wird. Grundlage dieser Sauce sind die Chillies; dazu kommen Tomaten, Zwiebeln, Aprikosen, Ingwer, Gewürznelken, Zimt, Paprika, Knoblauch, Zucker und Essig. Die genaue Zusammensetzung der Chilisauce ist streng gehütetes Fabrikationsgeheimnis.

Chillies (Chilis, Cillis; Pfefferschoten), mit der Tomate verwandte Schotenfrüchte, deren Heimat Mittelamerika ist, die heute aber auch in Südamerika, Indonesien und Afrika (Nigeria) angebaut und als würzende Gemüsebeilage verwendet werden. Grüne, noch nicht reife Chillies, wie die *Poblanos,* schmecken mild bis mittelscharf, die gelben *Habaneros* sind schon schärfer, höllische Schärfe zeichnet die kleineren roten *Jalapeños* und *Serranos* aus. Der Gehalt an Capsaicin, das vor allem in den Samen und weißen Innenrippen auftritt, sorgt für die Schärfe der Früchte. → Cayennepfeffer. – Chillies werden gern mit Käse gefüllt, mit Cheddar oder Gouda zum Beispiel, dann durch Backteig gezogen und in Öl schwimmend knusprig braun gebacken. Zu solchen Chillies rellenos, gefüllten Chillies, gibt es regelmäßig Tomatensauce.

Chilliöl, würzende Zutat zu asiatischen Gerichten und pikanten Speisen anderer Erdteile: 5 leuchtend rote Chillis waschen, abtrocknen, entstielen, längs halbieren, entkernen, in etwa 1 cm lange Stücke schneiden und in 1/4 l Soja- oder Erdnußöl bei schwacher Hitze dünsten, nach Auskühlen in eine Flasche füllen.

Chinakohl (Pe-Tsai, Pekingkohl, Selleriekohl), Kohlart mit geschlossenen, keulenförmigen Köpfen. Die Heimat des Chinakohls ist Asien, heute wird das Gemüse auch in Europa, vor allem in Frankreich und Deutschland angebaut. Chinakohl kommt von August bis März auf den Markt und gilt während des Winters als vorzüglicher Vitaminspender. Im Gegensatz zum Weißkohl ist er leicht verdaulich und hat keinen Kohlgeschmack. Er kann vielfältig verwendet werden, roh als Salat und gegart wie Wirsing- oder Weißkohl.

Chinakohl, gefüllt: die Kohlköpfe quer halbieren, die unteren Hälften aushöhlen, innen salzen und pfeffern, mit gut gewürztem Hackfleisch füllen, die Köpfe binden, in Wasser, Weißwein und Öl dünsten, mit geriebenem Parmesan bestreuen, überbakken; den Fond mit Tomatensauce verkochen; dazu Salzkartoffeln. Die abgeschnittenen und ausgehobenen Kohlteile für Chinakohlsalat verwenden.

Chinakohlsalat: feinstreifig geschnittenen Chinakohl mit Apfel- und Apfelsinenwürfeln sowie Ananasstückchen mischen, mit Öl, Zitronensaft und Ananassaft, Salz, Pfeffer und Currypulver anmachen.

Chinarinde, die bitter schmeckende, getrocknete Rinde des indonesischen Chinarindenbaumes. Chinarinde enthält reichlich Alkaloide, darunter vor allem das Fiebermittel Chinin. Chinarinde wird wegen ihres erfrischenden Geschmacks und ihrer belebenden Wirkung verschiedenen Getränken zugesetzt. Heutzutage wird die Chinarinde aber meist durch synthetisch hergestelltes Chinin ersetzt.

chinesische Baumerdbeere, → Arbutus.

chinesische Dattel, → Jujube.

chinesische Eier (alte Eier, tausendjährige Eier, verfaulte Eier), chinesische Eispezialität. Frische Eier werden mit einem schwarzen Brei aus Kalk, Holzasche und Salz überzogen und etwa 100 Tage lang in der Erde vergraben. In dieser Zeit wird das Eiweiß (Eiklar) gelatinös und bernsteinfarben, das Eigelb quarkartig und spinatgrün. Die so behandelten Eier sind sehr haltbar. Sie werden nach Entfernen der Kruste und der Schale vorwiegend ungekocht verzehrt, als Vorspeise oder kleine Schlemmerei. Dazu stehen Sojasauce, Essig oder gehackter Ingwer bereit.

chinesische Haselnüsse, → Lychees.

chinesische Kastanien, → Wasserkastanien.

chinesische Quitten, → Kakipflaumen.

chinesischer Arbutus, → Arbutus.

chinesischer Fleischkuchen: 250 g Schweinefleisch, 125 g Bambussprossen und 5 Wasserkastanien sehr fein hacken, mit 4 EL Mehl, 2 Eiern, Pfeffer und Salz zu einem geschmeidigen Teig verarbeiten, den Teig fingerdick auf ein gefettetes Kuchenblech breiten und im Ofen abbacken.

chinesischer Kohl, → Chinakohl.

Chinin, Alkaloid der Chinarinde, wirksames Fiebermittel. Chinin wird als Bitterstoff verschiedenen Getränken, z. B. Tonic Water oder Wermut, zugesetzt.

Chinoner Art (à la chinonaise): gefüllter Wirsingkohl, Petersilienkartoffeln und Kraftsauce zu geschmortem Fleisch. – Chinon, kleine Stadt im Tal der Loire, seit 1959 arbeitet dort ein Kernkraftwerk.

Chipolata (ital: cipolla = Zwiebel): glasierte Zwiebelchen, Karotten und Maronen, gebratene Rauchspeckwürfel, kleine Bratwürste (Chipolatas) und Kraftsauce zu geschmortem Fleisch oder Geflügel.

Chipolatas (Perlwürstchen): winzige Bratwürstchen, die ursprünglich sehr viel Zwiebel enthielten und eine beliebte Beilage zu italienischen Fleisch- oder Geflügelgerichten sind.

Chipskartoffeln, → Kartoffelchips.

Chirashi, → Sushi.

Chivrysauce (Sauce Chivry): Weißwein mit Estragon, Kerbel, Kresse und Schnittlauch zur Hälfte einkochen, passieren, mit Geflügelrahmsauce vermischen, zuletzt mit grüner Kräuterbutter aufschlagen. Zu gedünstetem Geflügel.

Chkembé Tchorba, bulgarische Kaldaunensuppe, berühmte Balkanspezialität: feingehackte Zwiebeln und süße Pfefferschoten in Butter kräftig anschwitzen, Mehl darüberstäuben, leicht bräunen, Tomatenmark und feinstreifig geschnittene, gekochte Kaldaunen (Kutteln) hinzufügen, mit Fleischbrühe auffüllen, mit Salz, Thymian, Majoran, Lorbeerblatt und feingehacktem Knoblauch würzen, gut durchkochen, gehackte Petersilie und geriebenen Käse über die Suppe streuen.

Choco, → Chayote.

Choiseul, à la: mit Gänseleberpüree gefüllte Artischockenböden und Champignonsauce zu kleinen Fleischstücken. – Étienne François, Herzog von Choiseul, 1719–1785, französischer Staatsmann, Günstling der Pompadour.

Choisy, à la: gedünsteter Kopfsalat, Schloßkartoffeln und gebutterte Fleischglace zu kleinen Fleischstükken. – Choisy-le-Roi, Vorort von Paris.

Choju, → Sojasauce.

Cholent, → Tscholent.

Cholermues, schweizerische Bezeichnung für → Kaiserschmarrn.

Chop Suey, chinesische Spezialität: Schweinefleisch in hauchdünne Streifen schneiden, in Sojasauce und gemahlenem Ingwer (Handelsware) marinieren und von beiden Seiten in Öl gut anbraten, feingeschnittene Bambussprossen, Sojabohnenkeime, Pilze und Wasserkastanien hinzugeben, alles gar dünsten, mit Mehl binden und mit Salz und Pfeffer abschmecken.

Chorizo, spanische Paprikawurst, hergestellt aus dem Fleisch schwarzer Schweine, die frei in den immergrünen Eichenwäldern der Mancha leben. Die mildwürzige Wurst wird, fein aufgeschnitten, als Tapas gereicht und zu Salaten, in Suppen und Reisgerichten verwendet.

Choron, à la: mit grünen Erbsen oder grünen Spargelspitzen gefüllte Artischockenböden, Pariser Kartoffeln und Choronsauce zu kleinen Fleischstücken. – Choron, Pariser Küchenmeister des 19. Jahrhunderts.

Choronsauce (Sauce Choron): Béarner Sauce mit Tomatenmark statt mit Estragon- und Kerbelblättern vollenden. Zu gegrilltem Fleisch, zu Fisch oder zu Eierspeisen.

Chow Mein (chines: chow = gebraten, mein = Nudeln), beliebte Beigabe zu vielen chinesischen Gerichten: Fadennudeln in heißem Öl oder Schweineschmalz goldgelb braten.

Chow Sub Gum Mein, chinesische Spezialität: dünne Scheibchen von Schweinefleisch in Erdnußöl gar braten, Bambussprossen, Champignons, Wasserkastanien, grüne Paprikaschote und Bleichsellerie feinhakken und zum Fleisch geben, eine Tasse Fleischbrühe darübergießen, mit Salz, Pfeffer und Sojasauce würzen und alles langsam garen, mit Stärkemehl binden; auf gebratenen Nudeln (→ Chow Mein) anrichten und mit Tomatenpaprikastreifen garnieren.

Christmas Pudding, → Plumpudding.

Christofine, → Chayote.

Christstollen, → Dresdener Stollen.

Christusfisch, → Petersfisch.

Chrutwähe, schweizerischer Spinatkuchen: feingehackte Zwiebeln und kleine Würfel von magerem Speck leicht anrösten, mit gebrühtem, grobgehacktem Spinat vermischen, mit Mehl bestäuben, die Spinatmasse mit Eigelb und Sahne binden, mit Salz, Pfeffer, Muskatnuß und etwas Majoran würzen; ein gefettetes Backblech mit ungezuckertem Mürbeteig auslegen, die Spinatmasse darauf verteilen, den Kuchen im Ofen bakken, mit zerlassener Butter einpinseln.

Chrysanthemensalat, ein herbwürziger, vitaminreicher Salat aus den bläulich-grünen, fetten Blättern der weißblühenden Margerite und des gelbblühenden Frauenkrautes: die Blätter abwischen (nicht waschen), mit Öl, Zitronensaft, etwas Zucker und einer Prise Salz anmachen.

Chutney, scharf gewürzte ostindische Tafelsauce aus verschiedenen Früchten, beliebte Beigabe zu kaltem Geflügel, Fleisch und zur Reistafel. Die bekanntesten Chutneys sind: Apfel-Chutney, Mango-Chutney, Pilz-Chutney, Tomaten-Chutney.

Ciabatta (ital: Pantoffel), ursprünglich sardisches Weizengraubrot von aromatischem Geschmack. Die fladenförmigen Ciabatti werden mit Olivenöl bepinselt, knusprig gegrillt und großzügig mit Schinken, Käse, Oliven u. dgl. gefüllt.

Cicorelli, italienisches Feingebäck mit Schokolade.

Cidre, französischer Apfelwein.

Ciernikis, polnisches Käsegebäck: Quark mit Mehl, Ei, Butter, Salz, Pfeffer und Muskatnuß zu einem mittelfesten Teig verarbeiten, ausrollen, in kleine Vierecke schneiden, in siedendem Salzwasser garen, mit Parmesan bestreuen, mit brauner Butter und geröstetem Paniermehl übergießen.

1 Crevette 2 Dill 3 Dinkel 4 Ente (Rouener Ente) 5 Erbsen

Cilli, → Chilli.
Cinzano, italienischer Wermutwein (Aperitif).
Citrusfrüchte, → Zitrusfrüchte.
Clafoutis Limousin, Limousiner Kirschkuchen: 3 Eier schlagen, 1 EL Puderzucker, 1 Prise Salz, 2 dl Milch und 125 g Mehl hinzufügen, alles gut verarbeiten, 500 g schwarze Kirschen darunterziehen, in Tortenform füllen und etwa 45 Minuten im Ofen backen; den Kuchen mit Vanillezucker bestreuen; heiß servieren.
Clamart, à la: mit grünen Erbsen auf französische Art gefüllte Torteletts, Macairekartoffeln und gebundene Kalbsjus zu kleinen Fleischstücken. – Clamart, Vorort von Paris.
Clamartsuppe: grüne Erbsen in Salzwasser kochen, abgießen, pürieren, das Püree mit Fleischbrühe und Milch verkochen, mit Reismehl binden, mit Salz und Zucker würzen, Eigelb und Sahne hinzufügen, zuletzt mit streifig geschnittenem, im eigenen Saft gedünstetem Kopfsalat garnieren.
Clam Cocktail, → Muschelcocktail.
Claridge, Cocktail: 1/4 Whisky, 1/2 Gin, 1/4 trockener Wermut, 3 Spritzer Apricot Brandy, umrühren.
clarifizieren, → klären.
Clemences, Petits Fours: kleine Stangen aus Berrichonteig mit Kaffeebuttercreme bedecken, mit Kaffeefondant überziehen, gehackte Mandeln darüberstreuen.
Clementinen, → Klementinen.
Clermont, à la: gebackene Zwiebelringe, Maronenpüree und Zwiebelsauce zu kleinen Fleischstücken. – Clermont, Name zahlreicher französischer Orte.
Club Sandwich, nordamerikanische Spezialität: getoastete und gebutterte Weißbrotscheiben mit Kopfsalatblättern, gebratenem Frühstücksspeck und Hühnerbrust belegen, Mayonnaise darüberziehen und mit je einer Weißbrotscheibe bedecken.
Club Steak, nordamerikanische Steakart, eine Scheibe aus dem Rippenstück des Rindes zur Hochrippe hin, 400–500 g schwer, leicht mit Fett durchwachsen. Das Club Steak wird meist mariniert und auf Holzkohle gegrillt; dazu Barbecuesauce, gegrillte Tomaten und Weißbrot.
Cobblers, Mischgetränke, die immer Früchte und Mineralwasser, Wein oder Sekt enthalten. Als Früchte eignen sich besonders Ananas, Apfelsinen, Aprikosen, Bananen, Erdbeeren, Kirschen, Pfirsiche und Weintrauben. Der Cobbler wird mit einem Strohhalm und einem Teelöffel serviert. – *Rezepte:* Ananas Cobbler, Apricot Cobbler, Burgunder Cobbler, Champagner Cobbler, Feodora Cobbler, Imperial Cobbler, Sherry Cobbler.
Coca, balearischer Blechkuchen, spanischer Verwandter der italienischen Pizza. Dieser Coca hat übrigens nichts mit dem südamerikanischen Kokastrauch zu tun, sondern mit dem Ursprungsort der sättigenden Köstlichkeit, der alten Stadt Coca in der spanischen Provinz Segovia. Grundlage ist der Coca-Teig: in 250 g Mehl eine Mulde drücken, ein Gemisch aus 15 g Hefe, einer Prise Zucker und lauwarmem Wasser hineingeben, mit Mehl bestäuben und 15 Minuten gehen lassen; danach 1 EL Olivenöl und 1 El Weißwein sowie 1 Glas Wasser hinzufügen und alles zu einem glatten Teig kneten, den Teig in Ruhe gehen lassen, schließlich nochmals durchwalken und auf einem gefetteten Blech ausrollen, den Teigfladen gut einstechen, wiederum gehen lassen

und nach Rezept belegen, z. B. mit Wurstscheiben, Paprikaschoten, Zwiebeln und Knoblauch, mit Spinat, eingeweichten Rosinen und Pinienkernen, mit frischen entgräteten Sardinen, gehackten Schalotten, Petersilie, Knoblauch, Paprika, Salz und Pfeffer. Die belegten Coca-Fladen im Ofen bei 200°C etwa 25 bis 30 Minuten backen.

Cockie leekie (engl: cock = Porree), schottische Hühnersuppe aus Suppenhuhn, Porree und Fleischbrühe.

Cocktail (engl: Hahnenschwanz), alkoholisches, auch nichtalkoholisches Mischgetränk. Als Cocktail werden auch kalte Vorspeisen bezeichnet, die zumeist in einer flachen Sektschale serviert werden, wie z. B. Hummercocktail, Krabbencocktail.

Cocktailkirschen, besonders aromatische, in Zuckersirup eingelegte Sauerkirschen.

Cocktailkrabben, Tiefseegarnelen aus den norwegischen Fjorden und den Küstengewässern vor Alaska, Kanada, Chile und Korea. Die zartfleischigen rosaroten Schwänze werden gern als Vorspeise gereicht.

Cocktails als Vorspeise: grobgewürfelte Kruster, Schalentiere oder Fisch in Gläser füllen, mit Cocktailsauce übergießen, eine Zitronenscheibe an den Glasrand stecken; eiskalt servieren. – *Rezepte:* Austerncocktail, Fischcocktail, Hummercocktail, Shrimpcocktail.

Cocktailsaucen, kalte Würzsaucen für Vorspeisen-Cocktails; zu kaltem Fleisch, Geflügel, Fisch, zu Austern, Käse und Eierspeisen. Cocktailsaucen gibt es tafelfertig in großer Auswahl. – *Rezeptbeispiel:* 2 dl dicke Mayonnaise, 6 EL Tomatenketchup, 2 EL geriebener Meerrettich, 1 TL Senf, 1 Glas Madeira, 1 Schuß Weinbrand und feingehackte Kräuter gut verrühren, mit Salz und Paprika abschmekken.

Cocktailtomaten, → Kirschtomaten.

Cocktailtomaten, provenzalisch: eine Zwiebel feinhacken und in reichlich Olivenöl hell dünsten, gewiegte Kräuter wie Petersilie, Basilikum, Majoran, Thymian hinzufügen, salzen, pfeffern und mit Paniermehl binden; Cocktailtomaten in eine gefettete Auflaufform setzen, mit der Zwiebel-Kräuter-Masse bedecken und im Ofen überbacken, bis die Semmelbrösel knusprig braun sind.

Cocotte (frz), kleines hitzebeständiges Kochgeschirr aus Porzellan oder Steingut, auch Porzellannäpfchen für kleine Ragouts.

Cognac (Kognak), französischer Weinbrand aus der Charente (Westfrankreich), ältester und größter aller Weinbrände. Der Name Cognac ist gesetzlich geschützt und darf nur für Weinbrand aus einem fest umrissenen Gebiet rings um das Städtchen Cognac verwendet werden. In mächtigen Fässern aus dem Holz alter Eichen muß der Cognac einige Jahre lagern, bis er nicht nur an Milde und Aroma gewinnt, sondern auch eine goldene Farbe annimmt. Die bekanntesten Cognacsorten sind Hennessy, Courvoisier, Martell, Salignac, Bisquit-Dubouché, Camus, Otard-Dupuy, Rémy Martin usw.

Cointreau, französischer Likör aus reifen Apfelsinen und Zitronen, mit 40 Vol. % Alkoholgehalt.

Colanuß, → Kolanuß.

Colbert, à la: Geflügelkroketten, kleine gebackene Eier, Trüffelscheibchen und Colbertsauce zu kleinen Fleischstücken. – Panierter und gebackener Seefisch mit Colbertsauce. – Jean Baptiste Colbert, 1619–1683, französischer Staatsmann unter Ludwig XIV., bedeutender Vertreter des Merkantilismus, erweiterte das französische Kolonialreich.

Colbertbutter (Beurre Colbert), Buttermischung: 1 Bündel Petersilie feinhacken und mit 125 g Butter verarbeiten, mit Salz, Pfeffer und Zitronensaft würzen, diese Haushofmeisterbutter mit 1 EL Fleischextrakt und 3 EL gehacktem Estragon ergänzen.

Colbertcreme (Crème Colbert): Colbertsauce mit Schlagsahne vermischen.

Colbertsauce (Sauce Colbert): Fisch- bzw. Fleischglace (Extrakt) schmelzen lassen, mit reichlich Butter aufschlagen, bis die Sauce schön sahnig ist, etwas Zitronensaft hinzufügen und gehackte Petersilie darüberstreuen. Zu Fisch oder gebratenem Fleisch.

Cole Slaw, nordamerikanischer Krautsalat: zarte Weißkohlblätter von den Rippen befreien, feinstreifig schneiden und mit gehackten Zwiebeln, Salz, Pfeffer, Weinessig und Öl anmachen.

Cölestinen (Célestines), kleine, gebackene Leckerbissen: Fleisch- oder Geflügelstreifchen mit feiner Farce binden, erstarren lassen, in Stücke schneiden, panieren und in Fett schwimmend abbacken.

Cölestinen vom Huhn: gebratenes Hühnerfleisch, Pökelzunge und Champignons in feine Streifchen schneiden, mit getrüffelter Hühnerfarce farce binden, die Mischung etwa 1 cm dick auf gefettetes Pergamentpapier streichen, in eine Backplatte setzen, knapp mit Hühnerbrühe bedekken, gar kochen, auskühlen lassen, die erstarrte Masse in kleine Rechtekke schneiden, die Rechtecke mit Ei und geriebenem Weißbrot panieren und in Fett schwimmend backen; heiß anrichten.

Collinses, erfrischende Mischgetränke, die nicht geschüttelt, sondern nur gerührt werden. In jedes Glas gehört eine Cocktailkirsche, dann wird mit Mineralwasser aufgefüllt. Den Glasrand ziert eine Zitronenscheibe. Als Long Drink wird der Collins mit Saughalm serviert. Und für die Kirsche kommt ein Teelöffel neben das Glas: – *Rezepte:* John Collins, Tom Collins.

Colombines, gefüllte → Grießtörtchen.

Colonial, Cocktail: 2/3 Gin, 1/3 Ananassaft, 1 Schuß Curaçao, schütteln.

colorieren (frz: colorer = färben), Farbe annehmen lassen, bräunen.

Columbiasalat: Apfel-, Bananen- und Bleichselleriescheiben sowie Weintrauben mit Mayonnaise, die mit Zitronensaft und ungesüßter Schlagsahne ergänzt wurde, binden.

Comté, traditionsreicher Hartkäse aus der gebirgigen Franche-Comté (französischer Jura). Der aus der Milch der berühmten Montbéliard-Kühe gewonnene Käse muß zwölf Monate, oft noch länger, in Wärme- und Kälteräumen reifen, wenn er das staatliche Qualitätssiegel A.O.C. (= Appellation d'Origine Contrôlée) erhalten soll.

comtesse, à la: → Gräfin-Art.

Conchiglie, italienische Teigwaren in Form gerippter Muscheln, *Conchiglione* sind ca. 35 mm lange Nudelmuscheln.

Condé, à la: Püree von roten Bohnen, Rauchspeckscheibchen, mit Butter aufgeschlagene Rotweinsauce zu Fleisch. – Condé, Titel der Prinzen einer bourbonischen Seitenlinie.

Condéglasur, für Kuchen, Torten und Süßspeisen: rohes Eiweiß mit Puderzucker verarbeiten, bis die Masse schneeweiß und schön geschmeidig ist, feingehackte Mandeln hinzufügen.

Condéreis, → Reis Condé.

Condés: Blätterteigstreifen mit dicker Mornaysauce bestreichen, mit Cayennepfeffer würzen und im Ofen bakken; heiß servieren.

Confit (franz: eingemacht), eine im eigenen Saft gegarte Speise, die in eine aromatisierende Flüssigkeit eingelegt wurde, z. B. Confit von Ente oder Gans.

Confit von grünen Tomaten und Aprikosen, Beilage zu Rehrücken: 20 g Zucker karamelisieren und mit 2 cl Weißwein ablöschen, 2 in dünne Scheiben geschnittene grüne Tomaten, 6 geviertelte, geschälte Aprikosen und 20 g geröstete Pinienkerne dazugeben, mit Apricot Brandy aromatisieren.

Confortini, italienisches Haselnußgebäck.

Congee, chinesischer Reisbrei, Grundlage unzähliger Reisspeisen: 1/2 Tasse Rundkornreis mit 6 Tassen Wasser oder Brühe langsam zugedeckt weich kochen, häufig umrühren, damit der Reis nicht anbrennt, den Congee zuletzt cremig schlagen, mit Salz würzen. Dann nach Belieben mit gewürfeltem Geflügel oder Schlachtfleisch, mit Muscheln, Garnelen, Fisch, Gemüse, Pilzen usw. mischen und raffiniert würzen.

Connaught, à la: gebundene Wildjus und Salat von Brunnenkresse zu Wildgeflügel, das mit Maronen gefüllt wurde. – Connaught (Connacht), irische Provinz.

Consommé (Kraftbrühe; frz: consommer = vollenden), besonders kräftige, klare Fleischbrühe: gemahlenes Rindfleisch, einige rohe Eiweiß und gewürfeltes Wurzelgemüse (Mohrrüben, Porree, Knollensellerie, Petersilienwurzel, Zwiebel) mit kalter, entfetteter Fleischbrühe aufsetzen. Das Verhältnis zwischen Fleisch und Brühe sollte etwa 1 : 5 betragen. Nach etwa zweistündigem leisem Kochen und wiederholtem Abschöpfen des Fetts und des Eiweißschaums durchseihen, nochmals kurz aufkochen und würzen. – Die *Consommé double* ist eine doppelte Kraftbrühe, bei der das Verhältnis zwischen Fleisch und Brühe etwa 2 : 5 beträgt. – Consommé de gibier = Wildkraftbrühe, Consommé de volaille = Geflügelkraftbrühe, Consommé de poisson = Fischkraftbrühe.

Conti, à la: Linsenpüree, Rauchspeckscheibchen und Bratensaft zu Fleisch. – Conti, Prinzentitel einer bourbonischen Seitenlinie.

Continental, à la: geviertelte Artischockenböden, gebratene Lammnieren und Madeirasauce zu kleinen Fleischstücken. – Continental (engl) = festländisch.

Contrefilet, Rippenstück des Rindes, → Roastbeef.

Convenience Food (engl.: handliche Nahrung), industriell hergestellte, küchen- oder gar servierfertige Lebensmittel bzw. Gerichte; Convenience Food genügt nur selten den Ansprüchen einer guten Küche.

Coolers, Mischgetränke (Longdrinks), die wie Fizzes bereitet, aber mit Ginger Ale statt mit Sodawasser aufgefüllt werden. – *Rezepte:* Apricot Cooler, Curaçao Cooler, Sherry Cooler.

Coppa, gepökelter und luftgetrockneter Schweinehals, eine norditalienische Spezialität (Poebene).

Coquilles (frz: Muschelschalen), die Schalen der großen Fächer- oder → Jakobsmuschel, in denen kleine Ragouts angerichtet und oft auch überbacken werden. Schließlich wird auch das Ragout selbst als »Coquilles« oder »en Coquilles« bezeichnet. Heute verwendet man häufiger kleine Keramik- oder Porzellanschalen.

Corail, Hummerrogen, der im ungekochten Hummer grün, im gekochten korallenrot ist. Die Corail gilt unter Kennern als ein besonderer Leckerbissen.

Cordial Médoc, französischer Likör aus alten Rotweinen (Médoc usw.), aromatisiert mit Extrakten aus Veilchenwurzel, Apfelsinenschale usw.

Cordon bleu (frz: cordon bleu = blaues Ordensband), besonders raffinierte Zubereitungsart. – Der Orden von Saint-Esprit (Heiliger Geist), den der französische König Heinrich III. gestiftet hatte, bestand aus einem blauen Band, einem Cordon bleu. Dieser Orden wurde nur an sehr bedeutende Persönlichkeiten verliehen, und so kam es, daß auch gute Köche – allerdings nur dem Worte nach – einen Cordon bleu erhielten. Und schließlich nannte man auch das hervorragende Gericht selbst Cordon bleu, z. B. → Kalbsschnitzel Cordon bleu.

Corn, nordamerikanische Bezeichnung für → Mais.

Corned beef, Fleischkonserve aus leicht gepökeltem Rindfleisch, das zerkleinert und in Brühe geliert in konischen Dosen in den Handel kommt. Das beste Corned beef wird in Argentinien hergestellt.

Cornets (frz: kleines Horn), gefüllte → Tüten.

Cornflakes, Maisflocken, die unter Zusatz von Malz, Zucker und Salz aus besonders vorbereiteten Maiskörnern hergestellt werden. Cornflakes ergeben mit Zucker und Milch eine gesunde, nahrhafte Speise.

Corn Fritters, nordamerikanische Maiskuchen: gut abgetropfte Maiskörner mit dicker Béchamelsauce binden, mit Salz, Pfeffer und Muskatnuß würzen und Eigelb darunterziehen, nach dem Erkalten kleine Kugeln formen, in Ei und Paniermehl wenden und in heißem Fett abbacken.

Cornichons, kleine, scharf gewürzte, in Essig eingelegte Gürkchen.

Coronilla (Erdbeerguave), ein exotisches Myrtengewächs, dessen mandarinengroße rundliche Früchte angenehm erfrischend nach Erdbeeren, Zitronen, Ananas und Bananen schmecken. Die grünlichgelbe Schale der Coronilla wird entfernt, die Frucht zum Auslöffeln halbiert.

Côtes du Rhône, bedeutendes französisches Weinbaugebiet im Rhônetal, hauptsächlich für Rotweine.

Coulis (frz: couler fließen), konzentrierter Saft oder Püree von Wild, Geflügel, Fisch, Krustern, Schaltieren, Tomaten als Grundlage für Saucen und Suppen.

Coulommiers, französischer Käse, der schon seit dem 11. Jahrhundert in der Ile de France hergestellt wird und frisch, moussierend oder reif von unvergleichlichem Geschmack ist.

Country Club Highball: 1/3 Grenadine, 2/3 trockener Wermut, umrühren, mit Mineralwasser auffüllen.

Courbet, à la: gedünstete Austern und Champignons zu Fisch in Weißweinsauce, die mit Currypulver gewürzt wurde. – Gustave Courbet, 1819–1877, französischer Maler des Realismus.

Courgettes, kleine Kürbisfrüchte, → Zucchini.

Courtbouillon (frz: court = kurz; mangelhaft; bouillon = Brühe), → Fischsud, gewürzte Brühe zum Kochen von Fischen; sie enthält keine Fischbrühe, sondern besteht im allgemeinen aus Wasser, Weißwein, Zwiebelscheiben, kleingeschnittenen Mohrrüben, Kerbel, Lorbeerblatt, Pfefferkörnern und Salz.

Couscous, nordafrikanische Spezialität, Sättigungsbeigabe zu Fleisch-, Geflügel- und Eiergerichten: Weizengrieß tropfenweise mit Wasser anfeuchten, bis der Grieß zu schrotkugelgroßen Kügelchen angeschwollen ist, die Grießkügelchen in einem Spezialtopf über Wasserdampf garen, zuletzt mit Butter verrühren und auflokkern.

Couverture, Schokoladenüberzugsmasse, → Kuvertüre.

Crab Meat (engl: Krabbenfleisch), das Fleisch aus den Beinen und Scheren einer vor Kamtschatka lebenden großen Tiefseekrabbe (Kamtschatka-Krebs). Diese Krabben erreichen eine Spannweite von 120 cm und wiegen bis zu 6 kg. Crab Meat kommt in Dosen in den Handel.

Crab-Meat-Salat: den Crab-Meat-Fond (aus der Dose) mit Mayonnaise verrühren, kleingeschnittene Champignons (aus der Dose) und Crab Meat mit der Mayonnaise anmachen.

Cracker, → Kräcker.

Cranberry (Kulturpreiselbeere), in Nordamerika, neuerdings auch im nördlichen Europa kultivierte Preiselbeerpflanze, deren Früchte größer und säureärmer sind als die wildwachsenden Preisel- oder Kronsbeeren. Vom Spätherbst an kommen die Cranberries bei uns auf den Markt. Besonders säurearm sind die tiefroten, schon etwas weichen vollreifen Früchte, die man eingezuckert auch roh essen kann. Mit Schlagsahne, kalter süßer Sahne, mit Vanillesauce, Vanilleeis oder Vanillequark schmecken sie besonders lecker. Cranberries ergeben auch einen frischen aromatischen Fruchtsaft.

Cranberry, pikant: Cranberryfrüchte mit der gleichen Menge Zucker und wenig Wasser dick einkochen, nach dem Auskühlen geriebenen Apfel und so viel *frisch* geriebenen Meerrettich hinzufügen, daß die Mischung gut scharf schmeckt; eine köstliche Beigabe zu Schinken, Roastbeef, Pasteten und Wild.

Cranberry Sauce, nordamerikanische Preiselbeersauce: Preiselbeeren in wenig Wasser weich kochen, durch ein Sieb streichen, das Püree mit Zukker süßen. Kalt zu gebratenem Geflügel, wie Truthahn, oder zu Hammelbraten.

Cream Fizz: 1/3 Gin, 1/3 Zitronensaft, 1/3 Sahne, 2 BL Zucker, schütteln, mit Mineralwasser auffüllen.

Cream of Wheat, nordamerikanische Frühstücksspeise: feinen Weizengrieß in leicht gesalzenem Wasser zu Brei kochen; dazu kalte, gesüßte Sahne.

Crema catalana, span. Süßspeise: 150 g Zucker mit 4 Eigelb schaumig schlagen, 1 EL Stärkemehl, den Abrieb einer halben Zitrone, 1 Zimtstange und 1/2 l Milch hinzufügen, das Ganze unter ständigem Rühren erhitzen, bis die Masse zu stocken beginnt, die Zimtstange wieder entfernen; die Creme in flache feuerfeste Schälchen füllen; vor dem Auftragen die Creme gut mit Zucker bestreuen und den Zucker im Ofen unter dem vorgeheizten Grill oder mit einem Gas-Flambierbrenner karamelisieren. – Im spanischen Katalonien bereiten die Großmütter am 19. März, dem Tag des hl. Josef von Nazareth, seit Jahrhunderten diese köstliche »Crema de Sant Josep«, international als »Crema catalana« bekannt. Und nicht selten besorgt dort noch das traditionelle spiralförmige Brenneisen das Karamelisieren.

Crémant, Bezeichnung für Schaumwein, der wie → Champagner, aber außerhalb des französischen Weinbaugebietes Champagne hergestellt wurde.

Creme (Krem), dickliche Süßspeise, auch Zutat für Torten, Gebäck u. dgl., z. B. bayerische Creme, Buttercreme, englische Creme, Erdbeercreme, Frangipanecreme, Ganachecreme, Himbeercreme, Kaffeecreme, Karamelcreme, Konditorcreme, Mandelcreme, Schokoladencreme, Vanillecreme.

Crème, Rahm, → Sahne.

crème (à la crème), mit Sahnesauce zubereitet.

Crème au caramel, → Karamelcreme.

Crème brûlée (gebrannte Creme): Süßspeise aus Eigelb, Milch (Sahne), Zucker und Aroma, deren Oberfläche nach dem Erkalten mit Zucker bestreut und unter dem Grill karamelisiert wird. → Crema catalana.

Crème double, Doppelrahm, dicke Sahne mit mindestens 42% Fettgehalt, läßt sich gut schlagen und kann zum Verfeinern und anstelle von Stärke oder Mehl zum Dicken von Suppen und Saucen verwendet werden.

Crème fraîche, Küchensahne, ein Sauermilcherzeugnis aus saurer Sahne mit mindestens 30% Fettgehalt.

Crèmes, sehr süße Liköre aus Weinbrand und Geschmackszutaten, z. B. Crème de Bananes (Bananenlikör), Crème de Cassis (Likör aus Schwarzen Johannisbeeren), Crème de Mandarine (Mandarinenlikör), Crème de Menthe (Pfefferminzlikör), Crème de Cacao (Kakaolikör), Crème de Café (Kaffeelikör). Die Crèmes sind Bestandteil vieler Cocktails.

Cremesuppen (Rahmsuppen), feine mit Sahne, Eigelb, Mehl o. ä. gebundene Suppen.

Cremesuppe Clamart: Püree aus frischen grünen Erbsen mit Fleischbrühe und aufgekochter Milch verrühren, mit angerührtem Reismehl vermischen, mit Salz und etwas Zucker würzen, langsam durchkochen und mit Eigelb und Sahne binden; feinstreifig geschnittenen, gedünsteten Kopfsalat in die Suppe geben.

Cremesuppe Dubarry: helle Mehlschwitze mit Fleischbrühe auffüllen, überbrühten Blumenkohl hinzufügen, salzen, langsam durchkochen, passieren, etwas heiße Milch hineingießen, mit Eigelb und Sahne binden; Blumenkohlröschen als Einlage.

Cremesuppe Vichy, → Vichyssoise.

Cremini delle Langhe, italienische Süßspeise: 1/4 l Milch mit 50 g Zukker und einem Stück Zitronenschale aufkochen; 3 Eigelb und 1 Glas Aprikosenbranntwein oder -likör verquirlen, nach und nach mit der Milch verschlagen, kurz aufkochen, 4 Blatt aufgelöste Gelatine hinzufügen, 1/4 l süße Schlagsahne unter die stockende Creme ziehen, in kleinen Formen erstarren lassen, stürzen, mit Erdbeeren anrichten.

créole, à la: → Kreolen-Art.

Crêpes (frz: crêper = kräuseln), hauchdünne, etwa untertassengroße Pfannkuchen aus Mehl, Milch und Ei, gefüllt mit leckeren, süßen Dingen. In der Bretagne waren sie schon im 13. Jahrhundert bekannt. Man nannte sie damals »la galette crêpe« (der gekräuselte Kuchen), weil sich die überaus dünnen Fladen beim Backen leicht wellen. In der Bretagne ist es noch heute Sitte, daß die junge Ehefrau an ihrem Hochzeitstage eine Crêpe bäckt. Gelingt es ihr, die Crêpe beim schwungvollen Wenden mit der Pfanne wieder einzufangen, so wird ihre Ehe glücklich sein. – Der Teig: 100 g Mehl, 1/4 l Milch, 2 Eier, 1 EL Zucker und eine Prise Salz zu einem dünnflüssigen Teig verarbeiten, in Butter kleine Pfannkuchen backen.

Crêpes bretonnes, französische Eierkuchenspezialität aus der Bretagne: 65 g Mehl, 65 g Buchweizenmehl, 1 Gläschen Rum, je 1 Prise Salz und Zimt mit 1/4 l Milch und 2 Eiern zu einem dünnflüssigen Teig verarbeiten, in Butter backen, mit gezuckerter brauner Butter übergießen.

Crêpes Georgina: die nach dem Grundrezept gebackenen Crêpes mit winzigen, mit Maraschino aromatisierten Ananaswürfeln füllen, zusammenfalten.

Crêpes auf Kloster-Art: die nach dem Grundrezept gebackenen Crêpes mit winzigen, mit Arrak aromatisierten Birnenwürfeln füllen, zusammenfalten.

Crêpes Suzette: die nach dem Grundrezept gebackenen Crêpes mit Orangenbutter bestreichen, zusammenfalten, mit Curaçao oder Grand Marnier flambieren. Orangenbutter: Butter und Puderzucker schaumig rühren, Apfelsinensaft und etwas abgeriebene Apfelsinenschale hinzufügen.

Crevetten (Krevetten), → Garnelen.

Crispisalat: Avocadoscheiben, Apfelsinen- und Grapefruitwürfel sowie Sauerkirschen mit Mayonnaise, die mit Sahne und Apfelsinensaft ergänzt wurde, binden, gehackte Nüsse darüberstreuen.

Crisps, → Krispies.

Cromesquis, → Kromeskis.

croquant (frz), krustig, knusprig.

Croquetten, → Kroketten.

Crostini, italienische Spezialität: geröstete Weißbrotscheiben (Landbrot), mit Knoblauch einreiben und mit Olivenöl beträufeln. Wer es üppiger mag, belege die Brotscheiben mit Tomatenwürfelchen, gebratener Hühnerleber oder Parmaschinken oder bestreiche sie mit einer Oliven-, Sardellen- oder Thunfischpaste. – *Rezept:* Leber-Crostini.

Crottin de Chavignol (frz.: Kot aus Chavignol), kleiner runder Ziegen- oder Schafkäse, mindestens 45% Fett i. Tr., mit zunehmender Reife pikanter schmeckend.

Croûtes, → Krustchen.

Croûtons, geröstete Weißbrotscheiben als Beilage zu warmen Gerichten oder als Unterlage für kleine Fleischstücke, dreieckig, viereckig, rund, oval, herz- oder halbmondförmig. Croûtons können auch ausgehöhlt und mit Ragouts u. dgl. gefüllt werden; sie heißen dann Krustchen (Croûtes).

Crudités (frz: Rohkost), früher häufig gebrauchte Bezeichnung für Rohkostsalate, die als Vorspeise gereicht werden.

Crustas, Mischgetränke, die im Weinglas oder in einer speziellen Crustaschale mit Zuckerrand serviert werden. Der innere Glasrand wird dazu etwa 2 cm breit mit einer Zitronenscheibe eingerieben und mit Puderzucker bestäubt. In das Glas kommt eine Zitronen- oder Apfelsinenspirale. – *Rezepte:* Gin Crusta, Tabu Crusta, Whisky Crusta.

Cuba libre, Cocktail: in einen großen Tumbler 9 cl weißen Rum geben, mit Coca-Cola auffüllen und mit einigen Spritzern Limettensaft aromatisieren.

cubaine, à la: → kubanische Art.

Culatello, italienische Schinkenspezialität aus Zibello bei Parma. Der Name bedeutet in wörtlicher Übersetzung »Popöchen«, was den Schinken des Schweines meint. Das Kernstück der Schweinekeule wird mit Pfeffer, Salz und Knoblauch in Weißwein mariniert, in eine Schweineblase gefüllt und etwa neun Monate an der Luft gereift.

Culotte (Hüfte), Schwanzstück des Rindes.

Cumberlandsauce, pikante Tafelsauce, auch im Handel erhältlich. Johannisbeergelee mit etwas heißem Wasser, Apfelsinensaft, Zitronensaft und gutem Senf schön dick rühren; feinstreifig geschnittene Apfelsinenschale und ganz fein gehackte Schalotten in Rotwein kochen, alles unter die Sauce mischen, mit Cayennepfeffer und Portwein abschmecken. Zu kaltem Wild, Wildgeflügel, kalter Ente, Pasteten. – Ein Küchenmeister am Hofe von Hannover soll diese Sauce dem Sohne König Georgs V. von Hannover, dem Herzog von Cumberland, gewidmet haben.

Cumin, → Kreuzkümmel.

Cümmeltje, ein holländischer Gouda, der mit Kreuzkümmel versetzt wurde und deshalb besonders würzig schmeckt. 48% Fett i. Tr.

Cumquats, → Kumquats.

Cupidosalat: gekochte Stachys, Streifen von gekochtem Knollensellerie, Tomatenwürfel, Kopfsalatstreifen in Essig-Öl-Marinade.

Curaçao, Fruchtaromalikör aus den Schalen unreifer Pomeranzen, die vor allem auf der westindischen Insel Curaçao gedeihen. Der Curaçao ist wesentlicher Bestandteil vieler Cocktails. Er wird in den Farben Weiß, Orange, Rot, Blau und Grün hergestellt. Die Zusatzbezeichnung »Triple« oder »Triple sec« weist auf einen Alkoholgehalt von mindestens 38 Vol. % hin.

Curaçao Cooler: 1 Glas Curaçao, Saft von 1/2 Zitrone, schütteln, mit Ginger Ale auffüllen.

Curry, aus Indien stammendes Gericht von Geflügel, Lamm, Kaninchen, Fisch oder Gemüse, gut mit Currypulver oder Currysauce gewürzt und mit körnig gekochtem Reis oder mit Brot angerichtet. Dazu noch flüssige Butter oder Mango-Chutney. – *Rezepte:* Hühnercurry, Lammcurry.

Currymayonnaise, für Salate: Mayonnaise kräftig mit Currypulver würzen.

Currypulver (Curry Powder), aus Indien stammende Gewürzmischung aus zwölf und mehr feingemahlenen Gewürzen, wie Cayennepfeffer, Gewürznelken, Ingwer, Kardamom, Koriander, Kurkuma, Kreuzkümmel, Macis, Muskatnuß, Paprika, Piment, Zimt usw. Die Gewürzmischung ist gelblich bis braun und hat einen pikanten Geschmack. Currypulver wird zum Würzen von Reisspeisen, Suppen, Saucen, weißem Fleisch, Fisch und Tomatensaft verwendet. Im Handel befinden sich zahlreiche gebrauchsfertige Mischungen. – In Indien stand die Kunst des Gewürzmischens schon im 17. Jahrhundert, als die Engländer in das Land kamen, in hoher Blüte. Die streng geheimgehaltenen Rezepte wurden von Generation zu Generation vererbt. Aus den Mischungen bereiten die Inder eine scharfe Sauce mit dem Namen »Kadhi«. Da die Engländer das »dhi« nicht aussprechen können, machten sie »rry« daraus, also »Karry« oder in englischer Schreibweise »Curry«. – *Rezeptbeispiel:* 1 EL gemahlener Kurkuma, 1 EL Korianderkörner, 1 EL weiße Pfefferkörner, 2 TL Kardamomkörner, 1 TL Gewürznelken, 1 TL Macis (Muskatblüte), 1 TL Zimtpulver, 1 TL Ingwerpulver, 1 TL Piment (Gewürzkörner), etwas geriebene Muskatnuß, etwas Cayennepfeffer; alle Körner sehr fein mahlen, die Zutaten gut mischen; das Currypulver in einem luftdicht verschließbaren Gefäß aufbewahren.

Curryreis: 125 g Langkornreis in 1 l siedendes Wasser schütten, etwas salzen und zugedeckt etwa 15 Minuten gar kochen, den Reis auf ein Sieb geben, mit kaltem Wasser kurz abschrecken und mit 2 EL geschmolzener Butter durchschwenken, mit 1/2 TL Currypulver würzen.

Currysauce: kleingewürfelte Petersilienwurzel und Knollensellerie mit gehackter Zwiebel und etwas Thymian in Butter anschwitzen, Mehl und reichlich Currypulver darüberstäuben, leicht schwitzen lassen, mit Fleisch- bzw. Fischfond auffüllen, langsam durchkochen, die Sauce mit Eigelb und Sahne binden und passieren. Zu Seefisch, Hammelnieren, Ochsengaumen, Kalbskopf, kaltem Fleisch, gedünstetem Huhn.

Curuba, eine südamerikanische Tropenfrucht, die in Kolumbien und Peru kultiviert und bei uns fast das ganze Jahr über angeboten wird. Die 8 bis 10 cm langen, fast wie Gurken aussehenden blaßgelben Früchte werden der Länge nach aufgeschnitten, um das geleeartige, von unzähligen eßbaren Kernen durchsetzte Fruchtfleisch aus der dünnen Schale zu löffeln. Der Geschmack ist angenehm säuerlich, erfrischend.

Cussy, à la: mit Maronenpüree gefüllte große Champignons, kleine Trüffeln in Madeira, gebratene Hahnenkämme und -nieren, Madeirasauce zu kleinen Fleischstücken oder Geflügel. – Marquis de Cussy, großer Feinschmecker zur Zeit Napoleons I.

Custard, → englische Creme.

Custardapple, → Anone.

Cynar, italienischer Bitter-Aperitif auf Artischockenbasis, 16,5 Vol.% Alkohol, meist mit Sodawasser oder Orangensaft vermischt getrunken; Eiswürfel nicht vergessen.

Cyrano, à la: mit Champignonpüree gefüllte Artischockenböden und gebundene Kalbsjus zu kleinen Fleischstücken. – Cyrano de Bergerac, 1619–1655, französischer Schriftsteller.

Cyranos, feines Mandelgebäck: 150 g feingehackte Mandeln mit 150 g Zucker und 1 Eiweiß verrühren, mit 1 EL Rum und 1 EL Mehl zu einem weichen Teig verarbeiten; kleine eingefettete Förmchen mit gehobelten Mandeln ausstreuen, den Teig in die Förmchen füllen, bei schwacher Hitze abbacken.

D

Die Suppe ist für ein Diner dasselbe, was ein schönes Vestibül für ein Haus ist.

Grimod de la Reynière

Daikon, weißer Rettich von mildem Geschmack, der in der japanischen Küche getrocknet oder sauer eingelegt verwendet wird.

Daiquiri frappé, Cocktail: in Tumbler je 3 cl weißen Rum, Zitronensaft und Maraschino geben, mit gestoßenem Eis verrühren. – Hemingway soll zwölf solcher Cocktails auf einmal bewältigt haben.

Daisies, erfrischende Mischgetränke, die mit einigen Kompottkirschen und etwas Mineralwasser meist in Sektkelchen serviert werden. – *Rezepte:* Brandy Daisy, Gin Daisy.

Dalken, → böhmische Dalken.

dalmatinische Creme, kalte Süßspeise: wie → bayerische Creme bereiten, die Milch aber mit einer Vanilleschote aromatisieren, diese Vanillecreme mit Biskuitbröseln und gehackten Kompottkirschen in Maraschino vermischen.

Dampfel, süddeutsche Bezeichnung für Hefeansatz, Vorteig (→ Hefeteig).

dämpfen, im Wasserdampf garen. Der Dampf weicht die Zellwände und Fasern auf, läßt die Eiweißstoffe gerinnen und die Stärke quellen. Zum Dämpfen eignen sich vor allem fettarme Fische, zarte Gemüse, Kartoffeln, Getreideprodukte u. dgl. Zum Dämpfen benötigt man ein Kochgeschirr mit Dämpfeinsatz (Gitter, Drahtkorb, Sieb u. dgl.).

Dampfnudeln, → bayerische Dampfnudeln.

Dampfrostbraten, österreichische Spezialität: eine flache Kasserolle mit kleingeschnittenem Speck und gehackten Zwiebeln auslegen, eine fingerdicke, mit Salz und Paprika gewürzte Scheibe aus dem Zwischenrippenstück eines jungen Ochsen mit rohem Gemüse, wie grünen Erbsen, Mohrrübchen, Champignons bedekken, etwas Wasser hinzugeben, zugedeckt weich dünsten, zwischendurch auch Kartoffelwürfel beifügen.

Damwild, Hirschart mit schaufelförmigem Geweih und besonders zartem und schmackhaftem Fleisch. Rezepte: → Hirsch.

Danablu, der »dänische Roquefort«, Edelpilzkäse aus homogenisierter Kuhmilch, 50 bis 60% Fett i. Tr.

Danboe, dänischer Käse von mildem, leicht säuerlichem Geschmack. 45% Fett i. Tr.

Danichew, à la: Fisch mit geschmolzenen Tomaten und gehackter, hellgedünsteter Zwiebel bedecken, dick mit geriebenem Parmesankäse bestreuen, mit Butter betropfen und überbacken.

Danichewsalat: Scheibchen von gekochtem Knollensellerie, Kartoffeln und rohen Champignons sowie Spargelspitzen mit gut gewürzter Mayonnaise binden: mit Krebsschwänzen (oder Shrimps) und Eivierteln garnieren.

Danillosalat: körnig gekochter Reis, Würfel von gerösteten roten Paprikaschoten und Tomaten, grobgeschnittene Chicorée, Apfelsinenspalten und gehackter Schnittlauch mit Plaza-Dressing anmachen.

dänische Art (à la danoise): mit Sardellenbutter aufgeschlagene Mousseline zu gekochtem Seefisch.

dänischer Salat: Streifen von Gewürzgurken, gekochten roten Rüben und Knollensellerie sowie Räucherlachs mit Kräutermarinade anmachen; mit Eierscheiben garnieren.

Danziger Goldwasser (Danziger Lachs), wasserheller Likör, hergestellt unter Verwendung von Extrakten aus Kümmel, Muskatnüssen, Koriander, Kardamom, Rosenblüten usw. Das Besondere an diesem Likör sind echte Blattgoldflitter, die glitzernd in ihm umherschwimmen. Der Erfinder des Danziger Goldwassers ist der Holländer Ambrosien Vermöllen, der im Jahre 1567 als Protestant vor Herzog Alba ins Ausland fliehen mußte und sich in Danzig niederließ. Der Alkoholgehalt beträgt 38 Vol. % mindestens.

Daoem Salam, indonesische Lorbeerart.

Darioleförmchen (Dariolen), kleine, glatte Becherformen für Dariolen, Eierstich, Aspiks, Gelee usw.

Dariolen (Becherpasteten), feine Ragouts, Pürees usw., in kleinen, glatten Becherformen zubereitet, warm oder kalt gestürzt, meist mit einer passenden Sauce angerichtet. – Der Unterschied zu den Timbalen war früher deutlicher, denn während die Timbalen ursprünglich die Form kleiner Kesselpauken hatten, waren die Dariolen wie Pyramiden geformt. Außerdem bestanden die Dariolen einst nur aus süßen Zutaten.

Dariolen, gallisch: kleine Becherformen mit Gelee ausgießen; kleine Würfel von Hahnenkämmen, Hühnernieren, Champignons und Trüffeln mit Mayonnaise binden, in die Becher füllen, die Becher mit Gelee verschließen, nach dem Erkalten stürzen.

Dartois (frz: d'artois = aus Artois, einer Landschaft in Nordostfrankreich), → Blätterteigschnittchen mit pikanter Fischfüllung.

Dashbottle (Spritzflasche), Flasche mit Spezialausgießer, um einen Cocktail mit Spritzern gewisser Würzwässer (Angostura Bitter, Orange Bitter usw.) zu vollenden.

Dasheen, nordamerikanisches Wurzelgemüse, das einen hohen Nährwert besitzt und wie die Kartoffel vielseitig verwendet werden kann: gekocht, gebraten und gebacken, für Salate, Suppen, sogar für Süßspeisen.

Dashi, Fischfond, Zutat zu den japanischen → Sushi, kommt als Instantprodukt in den Handel.

Datteln, pflaumenartige Beerenfrüchte der Dattelpalme, die schon vor 5000 Jahren in Mesopotamien kultiviert wurde. Heute wird der bis 30 m hohe Baum in Nordafrika, Südasien, Mexiko, Kalifornien und Australien angebaut. Die Dattelpalme liefert durchschnittlich 50 kg Früchte im Jahr. Sie wird etwa 100 Jahre alt und hat ihre volle Tragfähigkeit zwischen dem 20. und 80. Jahr. Die rotbraunen, zuckerreichen Datteln schmecken angenehm honigartig. Sie sollen dick, prall und weich sein. Datteln kommen getrocknet in kleinen Spanschachteln in den Handel. Zunehmend werden auch **frische Datteln** angeboten, die nicht so süß sind wie die getrockneten und innerhalb weniger Tage verbraucht werden sollten; ihre oft recht harte Haut läßt sich leicht abziehen.

Datteln, gefüllt: Datteln einschneiden, entkernen und mit einem Stück Marzipan oder pikant mit gewürztem und mit Sahne gebundenem Frischkäse füllen.

Datteln, schwarze, → Lotospflaumen.

Dattelpflaumen, → Kakipflaumen.

Dattelspieße vom Rost: frische Datteln aufschlitzen, den Kern entfernen, einen Streifen Emmentaler einlegen, jede Dattel in eine Scheibe Frühstücksspeck (Bacon) wickeln und auf dem Rost (Grill oder auch Pfanne) ringsum knusprig braten.

dauphine, à la: → Thronfolger-Art.

Dauphinekartoffeln: Herzoginkartoffelmasse im Verhältnis 3:1 mit Brandteig verarbeiten, mit Muskatnuß würzen, die Masse durch eine große, runde Tülle drücken, in jeweils 5 cm Länge abschneiden und in heißes Fett fallen lassen; sobald die Dauphinekartoffeln goldgelb sind, herausheben, abtropfen und salzen.

Debrecziner Gulasch: viel Zwiebelscheiben in Schweineschmalz anrösten, reichlich Paprika zugeben, mit Wasser und etwas Essig ablöschen, grobwürfelig geschnittenes Rindfleisch hinzufügen, mit Salz, Knoblauch und gehacktem Kümmel würzen, etwas Mehl darüberstäuben, weich dünsten, zuletzt Scheiben von Gewürzgurke zugeben. – Debreczin (Debrecen), ungarische Universitätsstadt.

Decksauce, → Chaudfroidsauce, → Duxelles.

deglacieren (frz: déglacer = vom Eise befreien, auflösen), ablöschen, den Bratensatz mit wenig Flüssigkeit (z. B. Wein, Weinessig) aufgießen und aufkochen lassen.

degorgieren (frz: degorger = reinigen), wässern, um aus Hirn, Kalbsbries, Herz u. dgl. vor der Zubereitung das unerwünschte Blut herauszuziehen.

degraissieren (frz: dégraisser = entfetten), von Brühen, Suppen und Saucen das überschüssige Fett abschöpfen.

dekantieren (frz: décanter = klären, abgießen), eine Flüssigkeit vorsichtig vom Bodensatz abgießen.

dekorieren (frz: décorer = ausschmücken), eine Speise verzieren, z. B. mit Petersiliensträußchen, ausgestochenen Eierscheiben, Mandarinenspalten usw.

Delfter Garnelensalat: Garnelen und Eierscheiben mit leichter Kräutermayonnaise binden; mit Kopfsalatblättchen garnieren. – Delft, alte niederländische Stadt, berühmt durch seine Fayencen.

délicieuse: → köstliche Art.

delikater Salat: Apfelsinenspalten, Ananas- und Tomatenwürfel mit dikker Sahne, Zitronensaft und etwas Salz anmachen.

Delikateßbohnen, → grüne Bohnen.

Delikatessen, nicht alltägliche Nahrungsmittel, die als besondere Gaumenfreuden, in bester Qualität und mit besonderer Sorgfalt hergestellt werden, z. B. Kaviar, Lachs, Hummer, Gänseleberpastete, Trüffel, Bambussprossen, Palmenherzen, exotische Suppen.

Delikateßgurken, → Gewürzgurken.

Delmonicokartoffeln: gekochte Kartoffeln in Streifen schneiden, in Sahnesauce und geriebenem Weißbrot wälzen, mit Butterflöckchen belegen und im Ofen überbacken.

Delmonicosalat: sehr kleine Würfel von Äpfeln und gekochtem Knollensellerie in Chantillymayonnaise.

Del-Monte-Salat: Apfelscheibchen, Ananasecken und Streifen von Bleichsellerie und grünen Paprikaschoten mit Senfmayonnaise binden, die mit Sardellenpaste abgeschmeckt wurde.

Delphin, à la: mit Wildpüree vermischte Makkaroni, Trüffelstreifchen und gebundene Kalbsjus zu Fleisch.

demi doux, demi sec, → trocken.

Demidow, à la: Scheiben von Karotten, weißen Rüben und kleinen Zwiebeln und Knollenselleriewürfel anschwitzen und zusammen mit Geflügel oder Wildgeflügel in verschlossener Kasserolle gar schmoren. – Krebsschwänze, Fischklößchen, grüne Oliven, Champignons und Finanzmannsauce zu Fisch – Demidow, russische Adelsfamilie.

Demiglace, Fleisch-, Geflügel-, Fischkonzentrat, Grundlage der feinen Küche. Handelsware, z. B. Kalbs-Demiglace braun, Lamm-, Wild-, Geflügel-, Fisch-, Hummer-Demiglace. → Kraftsauce.

demoulieren (frz: mouler = formen), eine Speise aus der Form, in der sie gegart oder geliert wurde, stürzen.

Deng Deng, indonesische Spezialität: Büffelfleisch (notfalls Rindfleisch) in hauchdünne Scheiben schneiden, mit einer Gewürzmischung aus Djenten (Kümmelart), Laos (Ingwerart), Knoblauch und Salz einreiben, die Fleischscheiben im Ofen trocknen und in Öl knusprig braten.

Descartes, à la: Blätterteigkrustaden mit je einer Wachtel, die mit getrüffelter Wildfarce gefüllt wurde, zu Geflügel. – René Descartes, 1596–1650, Französischer Philosoph und Mathematiker.

desossieren (frz: désosser = ausbeinen), frisches Fleisch, Geflügel usw. von allen Knochen befreien, ohne die Haut zu verletzen.

dessechieren (frz: dessécher = trocknen), eine Speise abtropfen lassen oder mit Tuch bzw. Küchenkrepp trockentupfen.

Dessert, Nachtisch, wie Süßspeise, Zuckerwerk, Gebäck, Eis, Obst oder Käse.

Dessertwein (Süßwein, Südwein, Likörwein), Weine aus südlichen Anbaugebieten, die sich durch große Süße, einen hohen Alkoholgehalt und einen typischen Geschmack auszeichnen. Die bekanntesten Dessertweine sind Portwein, Madeira, Sherry, Malaga, Marsala, Samos, Tokayer usw.

deutsche Art (à l'allemande): in Butter geschwenkte Nudeln, Kartoffelpüree und gebundener Bratensaft zu Fleisch. – Gebratene Kalbsleberscheibchen, glasierte Zwiebelchen, gedünstete Paprikaschoten. Bratkartoffeln und Madeirasauce zu kleinen Fleischstücken. – Weiße Sauce, mit Sardellenbutter aufgeschlagen und mit Kapern vollendet, zu gedünstetem Fisch.

deutsche Sahnesauce (Sauce à la crème): braune Grundsauce mit viel saurer Sahne verkochen und mit Paprika und Zitronensaft abschmecken. Zu Schmorbraten.

deutsche Sauce (Allemande), verfeinerte weiße Grundsauce, in Frankreich kreiert: etwas Champignonfond,

Kalbsfond und frische Eigelb leicht schaumig schlagen, unter ständigem Schlagen in weiße Grundsauce gießen, nicht mehr aufkochen lassen, mit weißem Pfeffer, geriebener Muskatnuß und etwas Zitronensaft würzen und mit Sahne vollenden. Zu gedünstetem Geflügel, Kalb oder Lamm.

deutscher Salat: Würfel von Kartoffeln, Gewürzgurken, gewässerten Salzheringen und Äpfeln, gehackte Zwiebel in Essig-Öl-Marinade mit Senf; mit gehacktem Ei, roter Rübe und Petersilie garnieren.

deutscher Senf, → Senf.

deutsches Beefsteak: Fleischerzeugnis aus gehacktem Rindfleisch, rund oder oval geformt, mit Ei als Bindemittel gebraten. → Frikadellen.

Dextrose, → Traubenzucker.

Dhal, Rezepte mit Hülsenfrüchten (Linsen, Bohnen, Erbsen) in der indischen Küche. Hülsenfrüchte enthalten wertvolles pflanzliches Eiweiß und reichlich B-Vitamine.

Dhudi, eine gurkenartige Tropenfrucht, die eine Länge von über einem halben Meter erreicht und vorwiegend als Gemüse gegart wird. Das weiße Fruchtfleisch mit seinen eßbaren Kernen besitzt keinen erkennbaren Eigengeschmack, enthält aber reichlich die Vitamine A und C. Die Früchte, die bei uns fast das ganze Jahr über auf den Markt kommen, ungeschält in Scheiben oder Würfel schneiden, gut würzen und allein oder zusammen mit anderen Gemüsen (Paprikaschoten, Pilze) dünsten.

Dianapastetchen: Reste von gebratenem Federwild, wie Rebhuhn, Fasan, Wildente usw., sowie die gleiche Menge Champignons in kleine Würfel schneiden, die Pilze in Butter gar dünsten, alles mit dicker Wildsauce binden: in Blätterteighüllen füllen und erhitzen.

Dianasauce (Sauce Diane): Pfeffersauce mit ungesüßter Schlagsahne, winzigen Eiweißwürfeln und evtl. Trüffelsplitterchen vollenden. Zu gebratenem Wild.

Diät, besondere Diät, die geeignet ist, Heilwirkungen zu erzielen. Art und Umfang der Diät sollte stets der Arzt bestimmen. – *Schonkost* bei Krankheiten der Verdauungsorgane (Magen, Zwölffingerdarm, Dünndarm, Leber, Gallenblase, Bauchspeicheldrüse). Verboten sind sehr fette Nahrungsmittel, Pökel- und Räucherwaren, Marinaden, hartgekochte Eier, reife Hülsenfrüchte, Kohl, Zwiebel, gebratene und geröstete Kartoffeln, Kartoffelsalat, Mayonnaisesalate, Essig, Würzsaucen u. dgl. – *Kreislaufdiät,* natriumarme (kochsalzarme) Kost bei Bluthochdruck, Nierenerkrankungen, Wassersucht. Verboten sind alle stark natriumhaltigen Nahrungsmittel, wie Kalbskeule, Hirn, Nieren, Pökel- und Räucherwaren, Marinaden, Käse (außer Quark), Brötchen, Sauerkraut, Suppen usw. – *Diabetesdiät* bei Zuckerharnruhr, die eine Störung des Kohlehydrathaushaltes und des Fettstoffwechsels bewirkt. Verboten sind Zucker und natursüße Nahrungsmittel. – *Schlankheitsdiät* (Abmagerungsdiät), kalorienarme Kost, die dennoch sättigen muß. Hauptbestandteile dieser Kost sind mageres Eiweiß und zellulosehaltiges Gemüse, besonders Rohkost. Verboten sind Fett jeder Art, fettes Fleisch, fetter Fisch, Käse (außer Quark), Teig- und Backwaren (außer Vollkornbrot), Zucker, durstauslösende Gewürze, gebundene Suppen, Alkohol.

dicke Bohnen, → Puffbohnen.

Dickmilch, → saure Milch.

Dicksaft, durch Eindampfen konzentrierter Obstsaft (Apfeldicksaft, Birnendicksaft), wird in der Vollwertküche statt Industriezucker für Süßspeisen und Backwaren verwendet.

Dickzuckerfrüchte, → Konfitfrüchte.

Diepper Art (à la dieppoise): Garnelen, Muscheln und Weißweinsauce zu paniertem und gebratenem Fisch. – Dieppe, französische Hafenstadt am Ärmelkanal.

Diepper Sauce (Sauce dieppoise): Weißwein und Muschelfond zur Hälfte einkochen, Weißweinsauce hinzufügen, zur richtigen Konsistenz einkochen, zuletzt etwas frische Butter in der Sauce zergehen lassen und Muscheln und Garnelen hineingeben. Zu gedünstetem Seefisch.

Digestif, die Verdauung anregendes alkoholisches Getränk, das nach dem Essen getrunken wird, z. B. Weinbrand, Cognac, Armagnac, Aquavit, Calvados, Kirschwasser, Bitterbranntwein.

Dijoner Art (à la dijonaise): gebratene Kartoffelviertel, Kalbfleischklöße mit gehackter Pökelzunge und Madeirasauce zu Fleisch. – Dijon, Stadt in Ostfrankreich, einstige Metropole Burgunds.

Dijoner Salat: Kartoffel- und Gewürzgurkenscheiben mit leichter Senfmayonnaise binden; mit feingeschnittenem Bleichsellerie garnieren.

Dijon-Senf, → Senf.

Dill (Gurkenkraut), Küchenkraut und -gewürz, das aus dem östlichen Mittelmeerraum, wahrscheinlich gar aus Indien, stammt. Die Pflanze duftet und schmeckt kümmelähnlich würzig, nur milder und erfrischender. Verwendet werden alle oberirdischen Teile des Dills, also Blüten, Fruchtdolden, Früchte, Blätter und Stiele, getrocknet oder besser frisch (Dillgrün), zum Würzen von Salaten (vor allem Gurkensalat), hellen Saucen, neuen Kartoffeln, jungem Kohl, eingelegtem Gemüse, Fisch (Aal) usw.

Dillkartoffeln: weiße Sauce mit saurer Sahne verkochen, in Butter angeschwitzte, gehackte Zwiebel hinzufügen, Scheiben von Pellkartoffeln in die Sauce geben und gut durchkochen, zuletzt gehacktes Dillgrün darüberstreuen.

Dillsauce (Sauce à l'aneth): weiße Grundsauce mit Sahne verkochen und zuletzt feingehacktes Dillgrün in die Sauce geben, das auf keinen Fall mitkochen darf. Zu gekochtem Rindfleisch, Rinderzunge oder Fisch.

Dim Sum (chin: kleine Herzensfreuden), Teigtäschchen mit pikanter oder süßer Füllung, zum Frühstück oder als Imbiß zwischendurch. Sehr beliebt sind Füllungen aus gebratenem Schweine- oder Hühnerfleisch, Krebsfleisch, Eiercreme, Gemüse, Sojabohnenpaste, Datteln usw. Die kleinen Teigtaschen werden in Bambuskörbchen über Dampf oder in heißem Öl schwimmend gegart. – Dim Sum kamen im 11. Jh. auf, als sich unter der Sung-Dynastie die Handelsstraßen Mittelchinas bevölkerten und die zahlreichen Teehäuser an diesen Straßen auch Eßbares bereitzuhalten begannen.

Dinkel (Spelz, Spelt, Fesen, Vesen, Schwabenkorn), Weizenart, deren Körner beim Dreschen nicht aus den Spelzen (Hülsen) fallen, sondern in einem besonderen Verfahren herausgelöst werden müssen. Dinkel wird vor allem in Süddeutschland, in Tirol und in der Schweiz angebaut und oft halbreif als → Grünkern geerntet. Schon die alten Römer schätzten das Dinkelkorn als eine besonders nahrhafte und gesunde Speise. Die hl. Hildegard von Bingen (1098–1179) lobte den Dinkel als »das beste Getreide; es verschafft dem, der es ißt, ein rechtes Fleisch und bereitet ihm ein gutes Blut. Die Seele des Menschen macht es froh und voll Heiterkeit«. In den letzten Jahren wurde der inzwischen fast vergessene Dinkel wegen seines hohen ernährungsphysiologischen Wertes (besonders hoher Gehalt an lebensnotwendigen Eiweißbausteinen, reichlich Vitamine und Spurenelemente) besonders für die Vollwertküche wiederentdeckt.

Diplomaten-Art (à la diplomate): Kalbsbriesscheibchen, Hahnenkämme, Hühnernierchen und Champignons in Madeirasauce zu kleinen Fleischstücken.

Diplomatenpudding, → Kabinettpudding.

Diplomatensalat: Äpfel, Ananas, Bananen, rohe Champignons und gekochte Kartoffeln in kleine Scheiben schneiden und mit Mayonnaise, die mit Zitronensaft und Schlagsahne ergänzt wurde, binden; auf Kopfsalatblättern anrichten und mit Trüffelstreifchen bestreuen.

Diplomatensauce (Sauce diplomate): normannische Sauce mit Hummerbutter aufgeschlagen, gewürfeltes Hummerfleisch und Trüffelstreifchen hineingeben. Zu großen gekochten Fischen.

Dips (engl: to dip = eintauchen), dickliche kalte Würzsaucen, pikante Käsecremes und Mayonnaisemischungen zum Eintunken von kleinen gegarten Fleischstücken, rohen Gemüsestreifen, Kräckern, Kartoffelchips und anderen Happen als Vorspeise oder Partyhit, für die Wein- oder Bierrunde. Ein paar Beispiele: *Avocado-Dip* aus Avocadofrucht, saurer Sahne, Tomate und Olivenöl, gewürzt mit Zitronensaft, Salz, Pfeffer und Koriander; *Lachs-Dip* aus zerstoßenem Räucherlachs, Doppelrahm-Frischkäse und Sahne, gewürzt mit Pfeffer und gehacktem Schnittlauch; *Roquefort-Dip* aus französischem Roquefort-Käse und Sahne, gewürzt mit wenig Salz und Pfeffer und einem Spritzer Apfelessig. → Chutney.

Dirlitzen, → Kornellen.

Distelfeige, → Kaktusfrüchte.

Distelkohl, → Karden.

Distelohr, wenig bekannter, aber sehr schmackhafter Speisepilz.

Distelöl (Safloröl), wertvolles Speiseöl mit hohem Anteil an ungesättigten Fettsäuren, aus dem Samen der Färberdistel kalt gepreßt. Wegen dieser Eigenschaften sollte man es vorwiegend unerhitzt für Salate verwenden.

Ditali, italienische Teigwaren, auf 5–10 mm Länge geschnittene → Makkaroni.

Divinesauce (Sauce divine = göttliche Sauce): holländische Sauce mit Geflügelglace, Spargelfond und Schlagsahne abwandeln.

Djahé, indonesische Bezeichnung für Ingwerpulver.

Djelou Khabab, persische Spezialität: Hammelsteaks (je 75 g) sehr dünn klopfen, kräftig mit Salz, Pfeffer und Kurkuma würzen, in Stärkemehl wenden und auf dem Holzkohlengrill ganz schnell braten; körnig gekochten und gut gebutterten Reis über die Steaks schütten.

Djenten (Djinten), indonesische Kümmelart.

Djroek poeroot, indonesische Pomeranzenart, beliebte Zutat zur indonesischen Reistafel.

DOC (Denominazione di origine controllata), kontrollierte Herkunftsbezeichnung italienischer Qualitätsweine, womit Gebietsgrenzen, Rebsorten, Pflanzmethoden usw. festgelegt werden.

DOCG (Denominazione di origine controllata e garantita), oberste Qualitäts- und Garantiestufe für italienische Qualitätsweine.

Dolcetto, italienische Rebsorte des südlichen Piemont, die trockene, charaktervolle, elegante Rotweine hervorbringt wie Dolcetto d'Alba, Dolcetto d'Ovada, Dolcetto di Diano d'Alba, Dolcetto di Dogliani, Dolcetto d'Asti, Dolcetto d'Acqui.

Dollarfisch, → Butterfisch.

Dolmas, türkische Spezialität aus pikant gewürztem, gehacktem Hammelfleisch und Reis, in Weinblätter gewikkelt und in Hammelbrühe gedünstet.

Domherren-Art (à la chanoine): Fischfilets mit Garnelensauce bestreichen und überbacken; dazu Sardellensauce.

Dominos, Vorspeise, kleine Appetithappen in der Form und dem Aussehen von Dominosteinen: Rechtecke von gegartem Fisch, gebratener Hühnerbrust und Kalbfleisch mit Fisch-, Hühner- und Kalbfleischfarce bestreichen, mit Mayonnaise oder Chaudfroidsauce überziehen, Punkte und Mittelstriche aus Trüffeln daraufsetzen, mit Weingelee überziehen.

Donaulachs, → Huchen.

Don Bernado, Schnittkäse aus der spanischen Landschaft La Mancha; er wird aus Schafmilch bereitet, hat 50% Fett i. Tr. und kommt in drei Altersstufen (3, 6 und 12 Monate) auf den Markt.

Don Carlos, à la: gedünstete rote Paprikaschoten und Champignons sowie Madeirasauce zu Fleisch. – Don Carlos, 1788–1855, kämpfte vergeblich gegen seine Nichte Isabella II. um den spanischen Thron.

Döner (Döner kebab), türkische Spezialität: am senkrechten Drehspieß gegrilltes, stark gewürztes Hammel- oder Lammfleisch (in Deutschland meist Rind- oder Schweinefleisch), in dünnen Scheibchen vom Spieß geschnitten und mit Zwiebelringen, Gurken- und Tomatenscheiben sowie Joghurtsauce in Fladenbrot gefüllt. – Vgl. → Gyros.

Don Juan, à la: mit weißem Geflügelragout gefüllte Blätterteigpastetchen, Champignons, Trüffelscheiben und Kraftsauce zu Geflügel.

Doppellendenstück, → Chateaubriand.

Doppelrahm-Frischkäse, aus Vollmilch mit Sahnezusatz hergestellter ungereifter Käse. Der Mindestfettgehalt beträgt 60% i. Tr.

Dorade, → Goldbrasse.

Doria, à la: in Butter gedünstete Gurkenstückchen, Zitronenspalten und braune Butter zu Geflügel, Kalbsbries, aber auch zu gebratenem Fisch. – Doria, bedeutende genuesische Familie.

Doriasalat: Gurkenscheiben mit Chantillymayonnaise binden; mit gehackten Kräutern bestreuen.

Dornhai (Steinaal), lebendgebärender kleiner Hai der nordeuropäischen Meere; er wird 1 m lang und 10 kg schwer. Der Dornhai kommt fast ausschließlich geräuchert in den Handel, aus verkaufspsychologischen Gründen aber unter anderem Namen. So nennen sich die zarten Bauchlappen des Dornhais »Schillerlocken« und der saftige Rücken wird als »Seeaal« sehr geschätzt.

Dornkaat, norddeutscher Kornbranntwein mit leichtem Wacholdergeschmack.
Dörrobst, → Backobst.
d'Orsay, → Orsay.
Dorsch, junger → Kabeljau, auch Ostsee-Kabeljau.
Dorschen, → Kohlrüben.
Dorschleber, die vitaminreiche und äußerst schmackhafte Leber des jungen Kabeljaus. Dorschleber kommt, pikant gewürzt und in Öl eingelegt, in Dosen auf den Markt.
Dorschleber-Cocktail: gewürfelte Dorschleber (aus der Dose) mit Bananenscheiben und Tomatenachteln in Gläser geben; Sahne mit etwas Salz, Zucker und gehackter Petersilie würzen, über den Cocktail gießen.
Dosenmilch, → Kondensmilch.
Dotter, → Eigelb.
Dotterpilz, → Pfifferling.
Douglassalat: Kopfsalatherzen halbieren oder vierteln, Tomatenscheiben dazugeben, Kräutermarinade, die mit etwas Tomatenketchup verrührt wurde, darübergießen; mit gehacktem Ei bestreuen.
doux (frz: süß, mild), Bezeichnung für ein alkoholisches Getränk, das mehr als 50 g/l Zucker enthält.
Drachenaugen, → Longans.
Drachenblut, Mischgetränk aus 1 Flasche Rotwein und 1 Flasche Sekt.
Drachenkopf, → Rascasse.
Dragomirow, à la: Muscheln zu Fisch, der mit Mornaysauce bedeckt und überbacken wurde. – Dragomirow, russische Adelsfamilie.
Dragun, → Estragon.
Drambuie, berühmter Likör aus altem schottischem Whisky, feinem Blütenhonig und verschiedenen Kräutern und Gewürzen.
Dresdener Stollen: aus 500 g Mehl, 1/4 l Milch, 150 g flüssiger Butter, 20 g Zucker, 40 g Hefe, 1 Ei, etwas Salz einen Hefeteig arbeiten und gut aufgehen lassen, den Teig dick ausrollen, 150 g eingeweichte Rosinen, 50 g Orangeat- und Zitronatwürfelchen, 40 g geraspelte Mandeln und Zimt einstreuen, den Teig zusammenrollen, mit Milch befeuchten und nach einer Stunde im Ofen abbacken.
dressieren (frz: dresser = aufrichten), einer Speise eine bestimmte Form geben oder eine Speise geschmackvoll anrichten.
Dressiersack, → Spritzsack.
Dressings (engl: to dress = zurechtmachen), amerikanische Salatsaucen, meist auf der Grundlage von Mayonnaise zusammengestellt. – *Rezepte:* Châtelaine-Dressing, Cheese-Dressing, Escoffier-Dressing, French-Dressing, Gourmet-Dressing, Lemon-Cream-Dressing, Lorenzo-Dressing, Plaza-Dressing, Princess-Dressing, Roquefort-Dressing, Russian-Dressing, Thousand-Islands-Dressing.
dry (engl), → trocken.
Dubarry, à la: mit Mornaysauce bedeckte und überbackene Blumenkohlröschen, Schloßkartoffeln und Bratensaft zu kleinen Fleischstücken. – Die kleine Modistin Marie Jeanne Bécu, 1743–1793, wurde als Gräfin Dubarry die Geliebte Ludwigs XV. von Frankreich.
Dubarrysuppe: helle Mehlschwitze mit Fleischbrühe auffüllen, Blumenkohl hinzufügen, mit Salz, Pfeffer und Muskatnuß würzen, langsam weich kochen, durch ein Sieb streichen, mit Milch aufkochen und mit Sahne und Eigelb binden: kleine Blumenkohlröschen als Einlage.
Dubeley (Dubley, Dubellay) à la: Törtchen von Herzoginkartoffeln, ge-

füllt mit Champignonpüree, gebratene oder gegrillte Champignons und Bratensaft zu Fleisch. – Joachim du Bellay, 1522–1560, französischer Dichter.

Dubonnet, französischer Aperitif, mit Chinin und anderen Zutaten gewürzt.

duchesse, à la: → Herzogin-Art.

Duchessekartoffeln, → Herzoginkartoffeln.

Duchessemasse, mit Ei verfeinerte Kartoffelkrokettmasse, → Herzoginkartoffeln.

Duchesses, mit würzigem Fleischpüree gefüllte Krapfen aus ungezuckertem Brandteig, oft mit Gelee überglänzt, eiskalt als Vorspeise gereicht. → Brandteigkrapfen.

Duffinbohnen, → Limabohnen.

Dumas, à la: winzige gedünstete Kohlköpfe, glasierte Karotten, gebratene Rauchspeckwürfel und Kraftsauce zu Fleisch. – Alexandre Marquis Davy de la Pailleterie, genannt Alexandre Dumas, 1802–1870, französischer Schriftsteller, schrieb »Die drei Musketiere«, »Der Graf von Monte Christo«, weitere 300 Romane und ein – Kochbuch.

Dumassalat: Würfel von gekochten Kartoffeln, roten Rüben, Gurken und Tomaten mit leichter, mit etwas Sardellenpaste gewürzter Mayonnaise binden; mit Eivierteln, Gewürzgurkenscheiben und Kräutern garnieren.

Dumassauce (Sauce Dumas): Ölsardinen und Thunfisch in Olivenöl zu einem feinen Brei zerstoßen, gehackte hartgekochte Eier und gehackte Pfeffergurken dazugeben, die Sauce mit Essig und Senf würzen, durch ein Sieb streichen. Zu Austern und anderen Schalentieren.

dünsten, in wenig Flüssigkeit (Fond, Wasser, Wein usw.), mit Hilfe von Dampf und meist auch etwas Fett garen. Gedünstet werden Fisch, kleine, weiße Fleischstücke, Gemüse, Obst u. dgl.

Duquinhacremesuppe: weiße Mehlschwitze mit Hühnerbrühe aufkochen, Tomatenviertel beifügen, langsam durchkochen, passieren, Paprikamark zur Suppe geben, würzen, auskühlen lassen, mit Sahne vollenden; eiskalt anrichten.

Durchschlag, Küchengerät zum Durchseihen oder Durchdrücken von Suppen, Saucen, Pürees usw. oder zum Abtropfen von Teigwaren, Gemüse usw.

Durian, eine Tropenfrucht Ostasiens, die in ihrem Stachelkleid beinahe einem Igel gleicht. Von November bis Februar und von Juni bis August kommt die Durian zu uns und besticht durch ihr gelbliches, nach Vanille schmeckendes Fruchtfleisch und – durch ihren Ruf als Aphrodisiakum. Nur sollte man nicht warten, bis die kopfgroßen Früchte die volle Reife erreicht haben, denn dann beginnen sie widerlich zu stinken. Die Schale wird mit dem Messer geöffnet, das Fruchtfleisch roh verspeist, vielleicht unter Zusatz von etwas Zucker. Die kastaniengroßen Kerne kann man in Öl braten, mit Zucker überstreuen und zu gekochtem Reis essen.

Durkee Highball: 1 Glas Rum, 1 BL Zitronensaft, 1 BL Zucker, 1 Spritzer Curaçao, schütteln, mit Mineralwasser auffüllen.

Dürlitzen, → Kornellen.

Duse, à la: junge grüne Bohnen, in Butter gedünstete Tomaten, Parmentierkartoffeln und Madeirasauce zu Fleisch. – Seefisch auf Pilawreis, der mit Fischbrühe und Krebsbutter zubereitet wurde, anrichten, mit Trüffelscheiben belegen, mit Mornaysauce überziehen und überbacken; dazu in Butter gedünstete Garnelen. – Eleonora Duse, 1858–1924, italienische Schauspielerin, eine der größten Menschendarstellerinnen.

Düsseldorfer Rippchen: Kalbfleisch durch den Wolf drehen, mit Speckwürfeln, geviertelten Champignons, gehackten Schalotten und Petersilie vermischen, mit Eigelb binden, gut würzen, zu Koteletts formen, panieren und in Butter braten.

Duxelles, braune Deck- oder Füllsauce zum Überkrusten von Fleisch- und Geflügelspeisen sowie zum Füllen von Pasteten: 1 feingehackte Zwiebel in 3 EL Butter anschwitzen, 100 g Rauchfleisch und 150 g Champignons, beides ebenfalls feingehackt, hinzugeben und alles gar dünsten, mit 1 Schuß Madeira ablöschen, 1 TL Tomatenmark darunterrühren und mit 1/8 l dicker Kraftsauce binden, mit Salz, Pfeffer, Paprika und etwas Zitronensaft abschmecken.

Duxellessauce (Sauce Duxelles): gehackte Kräuter (Petersilie, Kerbel, Estragon) mit Weißwein stark einkochen, passieren, mit Duxelles kurz durchkochen, zuletzt gehackte Petersilie beifügen. Zu kleinen Fleisch- und Geflügelstücken sowie zu Eiern.

E

Wer sich des Essens schämt, versteht nicht zu leben.

Sprichwort

Ebereschenbrand, → Alisier.
Eberraute, → Zitronenmelisse.
Éclairs (Blitzkuchen), gefüllte Brandteigstangen, die je nach Füllung als Vorspeise oder als Dessert gereicht werden.
Éclairs mit Maraschino-Vanillecreme: hühnereigroße Brandteigkuchen backen, aushöhlen, mit Vanillecreme füllen, die mit Maraschinolikör aromatisiert wurde, mit einem Maraschino-Zuckerguß überziehen.
Éclairs Rossini: Stangen aus ungesüßtem Brandteig backen, aushöhlen, mit getrüffeltem Gänseleberpüree füllen, mit brauner Chaudfroidsauce bedecken.
écossaise, à l'–: → schottische Art.
Edamer Käse, holländischer Schnittkäse aus der kleinen Stadt Edam, der in Kugel- oder Brotform und von rotem oder gelbem Paraffin umhüllt in den Handel kommt.
Eddysalat: Apfelscheibchen, Ananasecken, Grapefruitschnitzel, Weintrauben und gehackte Nüsse mit leichter Mayonnaise binden.
Edelkastanien, → Maronen.
Edelpilze, → Champignons.
Edelpilzkäse, Blauschimmelkäse, von grünen Schimmeladern durchzogener halbfester Schnittkäse, meist in 2 kg schweren Laibformen. → Danablu, → Gorgonzola, → Roquefort, → Stilton.
Edelzwicker, meist trockener Weißwein aus dem Elsaß.
Egerlinge, → Steinpilz-Champignons.
Egg-Noggs, Mischgetränke, die immer Ei und Milch enthalten. Die Milch darf kalt oder heiß sein. – *Rezepte:* Baltimore Egg-Nogg, Brandy Egg-Nogg, Season Egg-Nogg.
Egli, → Barsch.
égyptienne, à l'–: → ägyptische Art.
Eibischfrüchte, → Gombos.
Eichblattsalat (Eichlaubsalat), zu den Pflück- und Schnittsalaten zählende Blattsalatzüchtung, die hauptsächlich aus Frankreich, Italien und den Niederlanden zu uns auf den Markt kommt. Die eichenblattähnlichen gelbgrünen Salatblätter sind häufig rot gerändert und schmecken herzhafter als der verbreitete Kopfsalat. Die Blätter werden in der Schüssel, nicht unter fließendem Wasser, durch sanftes Schwenken gewaschen, danach gründlich abgetropft und zumeist mit einer Salatsauce gebunden.
Eidotter, → Eigelb.
Eier (Hühnereier), wertvolles und küchentechnisch vielseitig verwertbares Nahrungsmittel, Sinnbild der Frucht-

barkeit (Osterei) und der Ewigkeit (Weltei). Das Hühnerei enthält Eiklar (Eiweiß im kulinarischen Sinne) und Eidotter (Eigelb). Das Eiklar setzt sich aus etwa 86% Wasser, etwa 13% Stickstoffsubstanz (u. a. Eiweiß) und etwa 1% Mineralstoffen zusammen. Das Eidotter besteht aus etwa 49% Wasser, etwa 30% Fett und etwa 21% anderen Substanzen (u. a. Eiweiß, Mineralstoffe, Farbstoffe, Vitamine). Die weißen Flocken im Eiklar sind die Hagelschnur, ein Eiweißstrang, der die Pole des Dotters mit der Schalenhaut verbindet. Die Hühnereier werden nach ihrem Gewicht in folgende Handelsklassen eingeteilt: S: 65 g und darüber, A: 60 g bis unter 65 g, B: 55 g bis unter 60 g, C: 50 g bis unter 55 g, D: 45 g bis unter 50 g. – *Frischetest:* Frische Eier sinken in 12%iger Kochsalzlösung unter, ältere bleiben in der Schwebe, alte schwimmen an der Oberfläche. Beim Durchleuchten darf das Dotter nur schemenhaft sichtbar sein; je deutlicher es sich vom Eiklar abhebt, desto älter ist das Ei. Frische Eier dürfen beim Schütteln kein Geräusch erzeugen.

Eier, chinesische, → chinesische Eier.

Eier, gebacken: ganz frische Eier einzeln in kleinen Teller schlagen, in kleiner Stielpfanne reichlich Öl erhitzen, ein Ei in das heiße Öl gleiten lassen, wenden, herausnehmen, solange das Eigelb noch weich ist, abtropfen, das nächste Ei backen usw. Die gebackenen Eier auf gefüllten Tomaten, auf Scheiben von gekochtem Schinken oder gebratenem Frühstücksspeck oder auf gebratenen Auberginen anrichten.

Eier, hartgekochte: Eier je nach Größe 8 bis 10 Minuten kochen, auf keinen Fall länger, da das Eiweiß sonst zäh wird und das Eigelb einen häßlichen grünen Rand bekommt.

Eier, russisch, → russische Eier.

Eier, verlorene, → verlorene Eier.

Eier, wachsweiche: frische Eier je nach Größe 5 bis 6 Minuten kochen, unter fließendem Wasser abkühlen und schälen.

Eier, weichgekochte: ganz frische Eier je nach Größe 2 1/2 bis 4 Minuten in siedendem Wasser kochen. Das Eiweiß sollte nicht mehr flüssig, aber auch noch nicht fest sein.

Eier in Zwiebelsauce: feingehackte Zwiebeln in Butter weich dünsten, mit Béchamelsauce gut durchkochen, hartgekochte Eier in dicken Scheiben in die Sauce geben.

Eieräpfel, → Auberginen.

Eiereinlauf, flockenförmige Suppeneinlage: 1 Ei, 1 EL Mehl, 1–2 EL Milch und 1 Prise Salz gut verquirlen, in die schwach siedende Suppe unter leichtem Rühren langsam einlaufen lassen.

Eierflädle, → Flädle.

Eierfrüchte, → Auberginen.

Eiergelee, → Eierstich.

Eiergraupen, → Tarhonya.

Eierhaber, schwäbische Spezialität: einen Eierkuchen backen, nach dem Wenden in kleine Stücke teilen, mit etwas Butter fertigbacken. Eierhaber sind eine beliebte Beigabe zu Wiener Schnitzel mit Erbsen und Karotten.

Eierklößchen, Eierstich in Form kleiner Kugeln, mit dem Kaffeelöffel aus der Eierstichmasse ausgestochen.

Eierkroketten: hartgekochte Eier, gedünstete Champignons und Trüffeln feinhacken und mit dicker weißer Grundsauce binden, aus der Masse kleine Eier formen, panieren und in Fett backen; dazu Currysauce.

Eierkuchen (Palatschinken, Pannequets), Pfannkuchen aus Mehl, Milch und Eiern: 100 g Mehl und 1/4 l Milch langsam anrühren, bis der Teig schön glatt ist, dann 2 Eier und 1 Prise Salz hinzufügen und nochmals kurz rühren; den Teig portionsweise in eine leicht gefettete Stielpfanne gießen und auf beiden Seiten schön braun backen. Soll der Eierkuchen besonders locker werden, noch etwas zerlassene Butter unter die Masse geben und ein geschlagenes Eiweiß darunterziehen. – Sehr kleine, hauchdünne Eierkuchen sind die → Crêpes.

Eierkuchen Georgette: dünne Ananasscheibchen mit Zucker und Maraschino aromatisieren, unter den Eierkuchenteig ziehen und nach dem Grundrezept backen.

Eierkuchen Mentschikow: kleine Eierkuchen mit heißem Apfelmus und Ananaswürfeln füllen, mit Puderzukker bestreuen.

Eierkuchen Palast: kleine Eierkuchen mit Schlagsahne, die mit Vanillezucker aromatisiert und mit gestoßenem Krokant vermischt wurde, füllen, mit heißer Schokoladensauce bedecken.

Eierkuchenpfanne, eiserne Stielpfanne verschiedener Größe mit völlig ebenem Boden. Die Pfanne wird nie gewaschen, nur mit Küchenkrepp sorgfältig ausgewischt.

Eierlikör (Advokaat), Likör aus Alkohol, Zucker und frischem Hühnereigelb. Farbstoffe, Dickungsmittel, Kühlhauseier dürfen nicht verwendet werden. Eierlikör muß je Liter mindestens 240 g Eigelb enthalten. Der Alkoholgehalt beträgt mindestens 20 Vol. %.

Eiermilch: 4 Eigelb mit 100 g Zukker, 1 Päckchen Vanillezucker und 3 dl kalter Milch verrühren, 2 EL zerlassene Butter hinzufügen; nach Rezept zum Füllen von Mürbeteigböden usw. verwenden, z. B. Elsässer Milchfladen.

Eierpanade, Bindemittel für Füllungen aller Art: 65 g Mehl, 1 Ei, 25 g zerlassene Butter, etwas Salz, Pfeffer und Muskatnuß verrühren, auf dem Herd nach und nach 1/8 l kochende Milch hinzugießen und rühren, bis sich die Panade von der Kasserolle löst.

Eierpunsch: 6 Eier, 100 g Zucker, Saft einer Zitrone, etwas abgeriebene Zitronenschale und 1 Flasche Weißwein schaumig rühren, erwärmen und fleißig schlagen, bis die Eier binden, mit 1 Schuß Weinbrand kräftigen.

Eierrahm, → englische Creme.

Eiersauce (Sauce aux œufs durs): grobgehackte hartgekochte Eier und gehackte Petersilie in Béchamelsauce verrühren. Zu gekochtem Seefisch wie Kabeljau, Schellfisch usw.

Eierschmarrn, bayerische Spezialität: Eierkuchen nach dem ersten Wenden in kleine Stücke zerzupfen und gezuckert mit Kompott oder ungezukkert mit Kopfsalat anrichten.

Eierschnee, steifgeschlagenes Eiweiß.

Eierschwamm, → Pfifferling.

Eierstich (Royale), beliebte Einlage für klare oder gebundene Suppen: 2 Eier schlagen, mit Salz, Pfeffer und etwas Muskatnuß würzen, mit 1/8 l heißer Fleischbrühe verrühren, in eine ausgebutterte Becherform passieren und im Wasserbad garziehen lassen, nach dem Auskühlen in Würfel, Streifen usw. schneiden und in die heiße Suppe geben.

Eiertzibel, → Tzibel.

Eigelb (Eidotter), Teil des Hühnereies. Eigelb enthält alle Stoffe, die auch der Mensch zum Leben benötigt, also alle wichtigen Eiweißarten, Mineralstoffe, Vitamine, Fett usw.

Eigelbcreme: hartgekochtes Eigelb durch ein feines Sieb streichen und mit weicher Butter, etwas Salz und feingehackten Kräutern verarbeiten.

Eiklar, → Eiweiß.

Einback, weiches Gebäck aus Weizenmehl, Milch und Hefe, manchmal auch unter Zugabe von Butter und Eiern bereitet.

Einbrenne, → Mehlschwitze.

einbrennen, Saucen, Gemüse u. dgl. mit Einbrenne (Mehlschwitze) binden.

einbröseln, → panieren.

einfrieren, → Tiefkühlung.

Einlauf, → Eiereinlauf.

Einmachsauce (Sauce blanquette): Zwiebelscheiben mit etwas Zitronenschale und einigen zerdrückten Pfefferkörnern in Butter anschwitzen, Mehl darüberstäuben, leicht schwitzen lassen, mit Kalbsfond auffüllen, langsam durchkochen, die Sauce mit Eigelb und Sahne binden, passieren, mit Zitronensaft würzen. Zu kleinen Kalbfleisch- oder Geflügelstücken. Als Beilage kleine Champignons oder Perlzwiebeln.

Eis (Speiseeis), geschmacklich vielfältig abgewandelte, mehr oder weniger feste Eismasse. Eiscreme (Sahne- oder Fruchteis) kauft man am besten in der Eisdiele oder im Supermarkt; für die Selbstbereitung braucht man nämlich eine kleine Eismaschine, die im Tiefkühlschrank oder im Gefrierfach aufgebaut werden muß. Für die Herstellung anderer Eisspeisen, wie Eisparfaits, Eisbiskuits, Eisbomben, Eisaufläufe, Schaumeis, Eistorten usw., genügt der Tiefkühlschrank oder das Gefrierfach (3-Sterne-Fach) eines Kühlschranks. – Eisgetränke aus Fruchtsaft und Schnee waren schon im alten Rom bekannt. Die Kreuzfahrer lernten im Orient den Sorbet (Schorbet), eine Art Schaumeis, kennen. Die Eiscreme dürften die Chinesen erfunden haben. Der venezianische Weltreisende Marco Polo brachte das Rezept 1293 vom Hof des Kublai-Chan mit. Das erste Eiscafé eröffnete 1660 der Italiener Francesco Procopio di Cultelli, Koch Ludwigs XIV., in Paris. 1774 ist das Geburtsjahr der Eisbombe.

Eisauflauf, Eisspeise aus Fruchtauflauf- oder Schaumeismasse. – *Fruchtauflaufmasse:* 3 steifgeschlagene Eiweiß mit 1/8 l heißem Läuterzucker (32 Grad) schlagen, bis die Mischung kalt ist, 1/8 l dickes Fruchtpüree und zuletzt 1/4 l Schlagsahne darunterziehen. – *Schaumeismasse:* 3 Eigelb mit 100 g Zucker im Wasserbad aufschlagen, sobald sie dick und schaumig sind, kaltschlagen, die Geschmackszutat beifügen, 2 steifgeschlagene Eiweiß und zuletzt 1/4 l Schlagsahne darunterziehen. – Die Masse übervoll in beliebig große Schalen füllen, im Tiefkühlschrank gut durchfrieren, vor dem Anrichten mit Kakaopulver und Puderzucker bestäuben und dekorieren.

Eisauflauf Miracle: Fruchtauflaufmasse mit Mandarinengeschmack mit zerbröselten Makronen, gewürfelten kandierten Ananasstücken und Grand Marnier vermischen, mit Walderdbeeren dekorieren.

Eisauflauf Tortoni: Schaumeismasse mit Kirschwasser parfümieren und mit gestoßenem Krokant vermischen, mit Schlagsahne dekorieren, gehackte

1 Erdbeere 2 Erdnüsse 3 Fasan (Jagdfasan) 4 Feige

Haselnüsse darüberstreuen, mit Puderzucker bestäuben.

Eisbaisers: Baiserschalen mit beliebigem Frucht- oder Sahneeis füllen, je zwei Schalen zusammensetzen und mit Schlagsahne verzieren.

Eisbecher, eine oder mehrere Sorten Frucht- und Sahneeis mit Früchten, Schlagsahne, Likör usw. in Gläsern, Schalen u. dgl.

Eisbecher Adelina: Schokoladeneis, gezuckerte Walderdbeeren in Kirschwasser, Schlagsahne.

Eisbecher Franz-Josef: Apfelsineneis, Ananaswürfel in Kirschwasser, Schlagsahne.

Eisbecher Frou-Frou: Vanilleeis, gewürfelten Pfirsich in Curaçao, Schlagsahne, Konfitkirsche.

Eisbecher Iris: Erdbeereis, in Rotwein und Zucker gedünstete Kirschen, Schlagsahne, Schokoladenraspel.

Eisbecher Marcelle: Himbeereis, Walderdbeeren in Curaçao, dicke süße Sahne.

Eisbecher Mozart: Vanille- und Mandeleis, Pfirsichscheibchen, Himbeersaft, Schlagsahne, gehackte Mandeln.

Eisbecher Romanow: Vanilleeis, Erdbeeren in Apfelsinensaft und Curaçao, Schlagsahne.

Eisbecher Sylvia: Bananenwürfel in Apfelsinensaft und Kirschwasser, Nußeis, Schlagsahne.

Eisbecher Zarin: Zitroneneis, grobgehackte Konfitkirschen, Schlagsahne.

Eisbein, Berliner Spezialität: mild gepökeltes Schweinedickbein mit Pfefferkörnern, Piment, Lorbeerblatt und Zwiebel in Wasser weich kochen; dazu Erbspüree oder Salzkartoffeln, Sauerkohl und eine Molle (Bier).

Eisbergsalat (Eissalat, Krachsalat), italienische Kopfsalatzüchtung mit besonders steifen, knackigen, spröden Blättern; Eisbergsalat wird heute auch in Deutschland angebaut.

Eisbiskuit, meist drei- bzw. vierschichtige Eisspeise in rechteckiger Form: 4 Eigelb mit 1/8 l Läuterzucker vermischen, bei schwacher Hitze aufschlagen, mit Fruchtpüree, Likör, Branntwein usw. aromatisieren, 1/4 l Schlagsahne darunterziehen, in flache Formen füllen, im Tiefkühlfach gut durchfrieren, je 3 oder 4 geschmacklich harmonierende Eismassen schichtweise zusammensetzen, mit Schlagsahne und Konfitfrüchten dekorieren. Beispiele: Vanille-, Pistazien- und Krokantmasse; Kirsch-, Schokoladen- und wieder Kirschmasse; Vanille-, Mandarinen- und Schokoladenmasse; Bananen-, Mandel- und Ananasmasse; Vanille- und Erdbeermasse in vier Schichten.

Eisbombe, halbkugelförmige Eisspeise: die stark gekühlte Eisbombenform mit Frucht- oder Sahneeis mindestens 1 cm dick ausstreichen, die Bombenmasse einfüllen, im Tiefkühlfach gut durchfrieren, stürzen, hübsch dekorieren. – *Eisbombenmasse:* 4 Eigelb mit 1/4 l Läuterzucker (etwa 32 Grad) vermischen, bei schwacher Hitze aufschlagen, kaltschlagen, mit Vanille, Fruchtsaft, Fruchtpüree, gestoßenem Krokant, Likör, Branntwein, Kaffeepulver, geschmolzener Schokolade usw. aromatisieren, 1/4 l Schlagsahne darunterziehen.

Eisbombe Aiglon: Hülle aus Erdbeereis; als Füllung Eisbombenmasse mit Chartreuse.

Eisbombe Almeria: Hülle aus Vanilleeis, das mit Anisette parfümiert wurde; als Füllung Eisbombenmasse mit Granatapfelpüree.

Eisbombe Bismarck: Hülle aus Vanilleeis, das mit Maraschino parfümiert und mit gehackten Mandeln vermischt wurde; als Füllung Eisbombenmasse mit Aprikosenpüree.

Eisbombe Fanchonnette: Hülle aus Apfelsineneis; als Füllung Eisbombenmasse mit gestoßenem Krokant; mit Schlagsahne und Likörbonbons dekorieren.

Eisbombe Gismonda: Hülle aus Nußeis; als Füllung Eisbombenmasse mit Rosinen und Anisette.

Eisbombe Marinette: Hülle aus Vanilleeis; als Füllung Eisauflaufmasse mit Erdbeerpüree.

Eisbombe Otéro: Hülle aus Aprikoseneis; als Füllung Eisbombenmasse mit schwarzen Johannisbeeren.

Eisbombe roter Teufel: Hülle aus Erdbeereis; als Füllung Eisbombenmasse, mit Curaçao parfümiert und mit gewürfelten Konfitkirschen in Curaçao vermischt.

Eisbombe Vanderbilt: Hülle aus Apfelsineneis; als Füllung Eisbombenmasse, mit Kirschwasser parfümiert und mit Walderdbeeren in Grand Marnier vermischt.

Eisbombe Zamora: Hülle aus Kaffee-Eis; als Füllung Eisbombenmasse mit Curaçao.

Eisbrecher (Eismühle), Gerät zum Zerkleinern von Eiswürfeln zu grobem Schnee, der Cocktails, Longdrinks, Frappés usw. erst den rechten Pfiff gibt.

Eischaummasse, → Baisermasse.

Eischnee, steifgeschlagenes Eiweiß. Eischnee wird schneller steif, wenn man dem Eiweiß ein paar Tropfen Zitronensaft oder eine Prise Salz beifügt.

Eiscreme, Speiseeis, → Fruchteis, → Sahneeis.

Eisenkraut (Verveine), Kraut zur geschmacklichen Vollendung von Rohkostsalaten, zum Würzen von Gurken und Kürbis. Es enthält verschiedene Bitterstoffe und schmeckt leicht salzig. – Tee aus den getrockneten Blättern des Eisenkrauts (Verbena officinalis) wird besonders gern nach dem Abendessen getrunken; er ist ein bewährtes Hausmittel bei Verdauungsbeschwerden und nervösen Verstimmungen.

Eiskaffee: kleine Kugel Vanilleeis in Glas geben, mit eiskaltem, starkem Kaffee auffüllen, mit Schlagsahne bedecken.

Eiskrem, Speiseeis, → Fruchteis, → Sahneeis.

Eismaschine, kleines Rührwerk als Zusatzgerät für Kühlschrank oder Gefriertruhe zur Bereitung von Eiscreme.

Eisparfait, in eckigen Formen gefrorene Speiseeismasse: 4 Eigelb mit 1/8 l Läuterzucker (etwa 32 Grad) vermischen, bei schwacher Hitze aufschlagen, mit Kaffeepulver, gestoßenem Krokant, geschmolzener Schokolade, gehackten Konfitfrüchten, Likör, Branntwein o. a. aromatisieren, 1/4 l Schlagsahne darunterziehen, in Formen füllen und im Tiefkühlfach gut durchfrieren.

Eissalat, → Eisbergsalat.

Eistee: kleine Kugel Vanilleeis oder Eisstücke in ein Glas geben, 1 EL Zucker, 1 Gläschen Rum und etwas Zitronensaft hinzufügen, mit heißem, starkem Tee auffüllen. – Auch Bezeichnung für ein kalt serviertes Erfrischungsgetränk aus echtem Tee mit Aromen wie Zitrone, Orange, Pfirsich usw., meist stark gesüßt.

Eistorte, feine Eisspeise aus einer oder mehreren Eisschichten, eingehüllt in Biskuit, das mit aromatisiertem Läuterzucker getränkt wurde.

Eistorte Dolores: Biskuitboden leicht mit Kirschwasserläuterzucker tränken, die Torte mit Eisbombenmasse, die mit Vanille aromatisiert und mit gehackten Konfitfrüchten in Kirschwasser vermischt wurde, füllen, mit getränkter Biskuitscheibe bedecken, im Tiefkühlschrank gut durchfrieren, die Oberfläche leicht aprikotieren, mit Schokoladenraspeln bestreuen, Puderzucker darüberstäuben, die Seitenflächen mit gehackten Pistazien anstreuen.

Eistorte Jamaika: Biskuitboden leicht mit Curaçaoläuterzucker tränken, die Torte mit Eisbombenmasse, die mit Vanille aromatisiert und mit gewürfelter Ananas in Curaçao vermischt wurde, füllen, mit getränkter Biskuitscheibe bedecken, im Tiefkühlschrank gut durchfrieren, die Oberfläche leicht aprikotieren, mit gehackten Mandeln bestreuen, Puderzucker darüberstreuen.

Eiswasser, im Kühlschrank oder mit Eiswürfeln stark abgekühltes Wasser.

Eiswein, Wein aus Beeren, die bei mindestens – 7°C, besser bei noch tieferen Temperaturen gelesen und gekeltert wurden, wobei der Most an Konzentration gewinnt (mindestens 120° Öchsle). Der Eiswein ist trotz vollen Säuregehalts sehr süß.

Eiweiß im kulinarischen Sinne, das Eiklar des Hühnereies.

Eiweiß (Protein), Baustoff jeder lebenden Zelle. 20% des menschlichen Körpers bestehen aus Eiweiß. Die Bausteine des Eiweißes sind die Aminosäuren, von denen uns etwa 30 bekannt sind. Einige Aminosäuren sind für den Menschen lebenswichtig, z. B. Valin (Nervenfunktionen), Leucin (Aufbau des Plasma- und Geweeiweißes), Cystin (Widerstand gegen Infektionskrankheiten), Lysin (Knochenwachstum). Diese lebenswichtigen Aminosäuren sind nur im tierischen Eiweiß enthalten, deshalb ist eiweißreiche Nahrung (Fisch, Fleisch, Milch, Quark, Käse usw.) für unser Wohlbefinden unentbehrlich.

Eiweißglasur, für Kuchen, Torten und Süßspeisen; rohes Eiweiß mit Puderzucker verarbeiten, bis die Masse schneeweiß und geschmeidig ist.

Elainesalat: Birnen- und Grapefruitwürfel sowie gehackte rote Paprikaschoten in Essig-Öl-Marinade.

Elch (Elen), Hirschgattung der nordosteuropäischen, nordasiatischen und nordamerikanischen Sumpfniederungen. Besonders begehrt sind Rücken und Keule, die wie → Hirsch zubereitet werden.

Elefantenlaus, → Cashewnuß.

Eleonorasalat: römischen Salat mit Essig-Öl-Marinade anmachen; rings um den Salat Artischockenböden anrichten, die mit einem verlorenen Ei, Mayonnaise und einer grünen Spargelspitze gefüllt sind.

Elfenbeinsauce (Sauce ivoire): Geflügelrahmsauce mit Fleischextrakt verrühren.

Elisen-Lebkuchen, ein auf Oblaten gebackener Lebkuchen, der mindestens 25% Mandeln und/oder Hasel- bzw. Walnußkerne enthält.

Elsässer Art (à l'alsacienne): Torteletts mit geschmortem Sauerkraut, bedeckt mit einer Schinkenscheibe, sowie Bratensaft zu Fleisch. – Mit Gänseleber- und Trüffelwürfelchen vermischte Butternudeln zu Fleisch oder Geflügel.

Elsässer Milchfladen: eine Tortenbodenform mit Mürbeteig auslegen,

in Butter gedünstete Apfelscheibchen auf den Teig legen, mit Eiermilch zugießen und im Ofen abbacken.
Elsässer Salat: Würfel von gekochten Kartoffeln und roten Rüben mit leichter Mayonnnaise binden, mit Kerbel, Petersilie und Schnittlauch bestreuen. – Oder: Emmentaler Käse, Knoblauchwurst und hartgekochte Eier in kleine Scheiben schneiden, alles mit Essig, Öl, Senf, Salz, Pfeffer, gehackten Schalotten und Schnittlauch anmachen.
Elsässer Tüten: dünn ausgerollten Nudelteig zu kleinen Tüten drehen, mit Ei und geriebenem Weißbrot panieren, backen, mit Gänseleberpüree füllen.
Elsiesalat: Avocadoscheibchen, Grapefruitwürfel und Weintrauben auf Salatblatt anrichten, mit leichter Mayonnaise bedecken und mit gehackten Nüssen bestreuen.
El Ventoro, Schnittkäse aus der spanischen Landschaft La Mancha, hergestellt aus je einem Drittel Schaf-, Ziegen- und Kuhmilch; 45% Fett i. Tr.
Elysée, à l'–: panierte, in Butter gebratene Kalbsbriesschnitten, Champignons und Béarner Sauce zu Fleisch oder Geflügel. – Elysée, Palast in Paris, Residenz des Präsidenten der französischen Republik.
Emincé (Blätterfleisch; frz: émincer = kleinblättrig schneiden), Gericht aus gegartem Fleisch, Wild oder Geflügel, in hauchdünne Scheibchen geschnitten, in passender Sauce heiß gemacht und mit feinen Gemüsen garniert.
Emincé vom Reh: Scheibchen von gebratenem Rehrücken in Madeirasauce erhitzen und mit Morcheln oder Pfifferlingen umlegen; dazu Kartoffelkroketten.
emincieren, in feine Scheiben oder Streifen schneiden.
Emmasalat: gehobelte Salatgurken kurz vor dem Anrichten mit Essig-Öl-Marinade anmachen und mit Dill, Kerbel oder Borretsch würzen; mit Tomatenscheiben garnieren.
Emmentaler Käse (Schweizer Käse), Hartkäse aus dem oberen Emmental, einer Landschaft des Kantons Bern. Die mühlsteinförmigen Käselaibe wiegen etwa 40 kg. Die Rinde ist dunkelgelb bis bräunlich, das Innere mattgelb mit runden, kirschgroßen Löchern. Der Käse hat einen Fettgehalt von mindestens 45% i. Tr., er schmeckt pikant bitterlich. Emmentaler Käse kommt nach 3- bis 6monatiger Reifung in den Handel, als Reibkäse muß er eine mehrjährige Lagerung durchgemacht haben.
Emmentaler, gebacken: kleine, dikke Käsescheiben oder -würfel mit Paprika würzen, mit Ei und geriebenem Weißbrot panieren, in tiefem Fett kurz backen.
Empanadas, spanische Pasteten mit Ursprung in Galicien, wo sie als »gefülltes Brot« die Bauern, Fischer, Holzfäller und auch die Santiago-Pilger sättigten. Als Teig dient Brot- oder Blätterteig, als Füllung eignet sich fast alles Eßbare, wie Fleisch, Geflügel, Fisch, Meeresfrüchte, Gemüse, Käse usw.
Empanadas criollas, argentinische Spezialität: Pastetenteig ausrollen, rund ausstechen und mit einer Masse aus Hackfleisch, gehackten Zwiebeln, grünen Oliven, Rosinen, Eiern und Knoblauch, gewürzt mit scharfem Paprika und Rosmarin, füllen, die Teigplätzchen zusammenfalten, so daß Pastetenhalbmonde entstehen, und in heißem Öl schwimmend abbacken.

empereur, à l'-: → Kaiser-Art.

Endivie (Winterendivie), Zichorienart mit buschigen, gekräuselten Blättern, die wie Spinat zubereitet werden können. Wegen ihres zartbitteren Geschmacks werden vor allem die *Krause Endivie* mit geschlitzten Blättern (z. B. Frisée), die *Eskariol* (Escariol) mit glatten, breiten Blättern und die *Schnitt-Endivie* mit länglich schmalen Blättern geschätzt. Da die inneren, weißen bis hellgelben Blätter am begehrtesten sind, werden die Endivien durch Binden oder enges Pflanzen »gebleicht«. Wer den leicht bitteren Geschmack nicht besonders schätzt, darf die Blätter kurz wässern oder den Bittergeschmack mit Zucker ausgleichen.

Endivien à la Crème: die inneren, weißen Blätter in Salzwasser weich kochen, nach dem Auskühlen ausdrücken, feinhacken oder durch den Fleischwolf treiben, mit heller Mehlschwitze und Fleischbrühe vermischen, würzen und zugedeckt einkochen, mit Béchamelsauce und Sahne binden; dazu Croûtons.

Endivien, russisch: die inneren, weißen Blätter kurz mit siedendem Wasser überbrühen, gut ausdrücken, grob hacken, mit gehackten Zwiebeln und gehacktem Fenchelgemüse in Butter dünsten, mit Béchamelsauce und saurer Sahne binden.

Endivienpüree: die inneren, weißen Blätter kurz mit siedendem Wasser überbrühen, gut ausdrücken, mit heller Mehlschwitze und heißer Sahne binden und weich dünsten, durch ein feines Sieb streichen, mit Kartoffelpüree vermischen und mit Butter vollenden.

Endiviensalat: die inneren, weißen Blätter zerzupfen und mit Salatmarinade anmachen, gehackte Kräuter darüberstreuen.

Endiviensuppe: Endivienblätter in Streifen schneiden, in Öl dünsten, mit Brühe aufkochen, ziehen lassen, mit Eigelb und Sahne binden, mit Salz und Zitronensaft abschmecken, geröstete Weißbrotwürfel und geriebenen Käse über die Suppe streuen.

Engadiner Nußtorte, Mürbeteig, gefüllt mit einer karamelisierten Masse aus Nüssen, Honig und Sahne.

Engelshaar, hauchfeine Fadennudeln, die erst beim Anrichten in die siedendheiße Suppe gegeben werden.

Engelwurz, → Angelika.

englisch panieren, in Mehl wenden, durch geschlagenes Ei ziehen und in Paniermehl wälzen. Für Speisen, die in Fett schwimmend ausgebacken werden, wie Fisch, Kroketten usw.

englische Art (à l'anglaise): gekochten Räucherspeck und Petersiliensauce oder Pastinakenpüree und Kapernsauce zu gekochtem Fleisch. – Kräuterbutter auf panierten, in Butter gebratenen Fischfilets.

englische Butter (Beurre à l'anglaise), Buttermischung: je 1 TL feingehackten Estragon, Kerbel und Petersilie mit 125 g Butter verarbeiten und mit Zitronensaft, englischem Senf und Worcestershiresauce abschmecken.

englische Creme (Custard): 125 g Puderzucker mit 4 Eigelb und 1 Prise Salz schaumig rühren, 1/4 l heiße Milch nach und nach zugeben, die Creme dabei ständig schlagen und bis zum Erkalten rühren. Diese Creme kann mit Vanille, Apfelsinen- oder Zitronenschale sowie mit vielerlei Likören und Branntweinen (Apricot Brandy, Cherry Brandy, Cointreau, Curaçao, Maraschino, Kirschwasser,

Rum, Weinbrand usw.) aromatisiert und mit Gelatine gebunden werden. Die englische Creme wird meist in Gläsern serviert oder als Süßspeisensauce verwendet.

englische Sauce, Süßspeisensauce: englische Creme mit etwas Milch verdünnen und mit leicht geschlagener Sahne vollenden.

englischer Salat: Bleichselleriestreifen mit Essig-Öl-Marinade anmachen; mit Scheibchen von roter Rübe garnieren.

englischer Sellerie, → Bleichsellerie.

englischer Senf, → Senf.

englisches Gewürz, → Piment.

englisches Senfpulver, → Senfpulver.

entbarten: Der Muschelbart ist der Rand, mit dem sich die Muschel an der Schale festsaugt. Beim Kochen löst sich der Bart von der Schale. Da er von vielen Feinschmeckern verschmäht wird, zieht man ihn, am dikkeren Ende beginnend, mit leichtem Ruck vom Muschelkörper ab. Fälschlicherweise wird oft der Eingeweidesack, den Kenner wegen seines würzigen Geschmacks sehr schätzen, als Bart bezeichnet.

Ente (Hausente), beliebtes Geflügel. Die wichtigsten Entenrassen sind: Hamburger, Nantaiser, Rouener, Barbarie-, Peking-, Aylesburyente. Enten erreichen ein Gewicht von 2–3 kg und sollten nicht älter als 1 Jahr sein; danach bekommt ihr Fleisch einen mehr oder weniger tranigen Beigeschmack. Zwischen September und Januar ist ihr Fleisch am wohlschmeckendsten. Enten werden gebraten oder geschmort; die Garzeit beträgt etwa 50 Minuten.

Ente, badisch: die Ente anbraten; grobgehackte Zwiebel, kleingeschnittenes Wurzelzeug, gewürfelten mageren Speck mit etwas Thymian und Lorbeer in Fett kräftig anrösten, Weißwein – am besten natürlich einen Badener – hinzugießen, die Ente darin gar schmoren; Sauerkraut und Rauchspeckscheiben dünsten, die Ente auf dem Sauerkraut anrichten; den Bratfond mit Kraftsauce verkochen, passieren, würzen, evtl. mit Trüffelstreifchen vollenden; dazu Knödel.

Ente, gefüllt: die Ente mit einer gut gewürzten Farce aus gehacktem Speck, zerdrückter Entenleber, eingeweichtem Weißbrot, gewürfeltem rohen Schinken und Champignons füllen, braten, den Bratsatz mit Rotwein durchkochen, die Sauce passieren, würzen und mit Eigelb binden; dazu Salzkartoffeln.

Ente mit Jasmin, chinesische Spezialität: in die Ente eine Apfelsinenschale stecken, die Ente in Schweineschmalz kräftig anbraten, starken grünen Tee hinzugießen, zugedeckt weich schmoren, zuletzt Reiswein und etwas Sojasauce zugeben, mit Jasminblüten aromatisieren, die Ente aus der Kasserolle heben, das Fleisch in mundgerechte Stücke schneiden, zusammen mit Bambussprossen in dem abgeschöpften Bratfett knusprig überbraten und anrichten; den Bratfond leicht würzen, mit Reismehl binden, passieren und über das Gericht gießen; dazu körnig gekochten Reis.

Ente mit Orangen: die Ente kräftig anbraten, in Kraftsauce gar schmoren, die Sauce entfetten; etwas Zucker karamelisieren, mit Weinessig löschen, die Sauce dazugießen, mit Apfelsinensaft sowie feinstreifig geschnittener Apfelsinen- und Zitronenschale aromatisieren; die Ente tranchieren, mit gebutterten Apfelsinenspalten garnieren; dazu Strohkartoffeln.

Ente auf Rouener Art: Wichtig ist, daß die Ente – am besten eine Rouen Ente – erstickt wurde, damit das Blut im Körper bleibt. Die Ente in 20 Minuten blutig braten, die Keulen ablösen und grillen, die Brust in hauchdünne, lange Streifen schneiden, auf feingehackten Schalotten anrichten, mit Salz und Pfeffer würzen, mit Weinbrand flambieren; die Karkasse und die Leber in der Geflügelpresse ausdrücken, den Saft und guten Rotwein über die Entenstreifen gießen, kurz im Ofen erhitzen; dazu Weißbrot.

Enteneier sind größer und fettreicher als Hühnereier. Sie dürfen nur hartgekocht (mindestens 8 Minuten) oder völlig durchgebacken verzehrt werden, weil sie oft von gefährlichen Mikroorganismen befallen sind.

Entenleber wird wie → Gänseleber zubereitet.

Entenpfeffer wird wie → Gänsepfeffer zubereitet.

Entensalat Olivier: Streifen von gebratenem Entenfleisch, gekochten Kartoffeln und Salatgurken in Essig-Öl-Marinade einlegen, vor dem Anrichten mit leichter Mayonnaise binden; mit Tomatenachteln garnieren.

Entradas, spanische Bezeichnung für Vorspeisen.

Entrecôte (frz: entre = zwischen, côte = Rippe), internationale Bezeichnung für eine Fleischscheibe aus dem Zwischenrippenstück des Rindes, auch Mittelrippenstück oder Fehlrippe genannt. Oft werden die Scheiben aber aus dem Rippenstück (Roastbeef, Contrefilet) geschnitten. Das Entrecôte wiegt 350–550 g und ist 4–6 cm dick. Es wird gegrillt oder in der Pfanne gebraten; die Bratzeit beträgt insgesamt 10–15 Minuten. Das Entrecôte wird erst nach dem Braten gewürzt.

Entrecôte auf Béarner Art: die Entrecôtes grillen, mit Fleischextrakt überglänzen; dazu Brunnenkresse, Schloßkartoffeln und Béarner Sauce.

Entrecôte auf Bordelaiser Art: die Entrecôtes grillen, mit gar gemachten Rindermarkscheiben garnieren, gehackte Petersilie darüberstreuen; dazu Brunnenkresse, Kartoffelkroketten und Bordelaiser Sauce.

Entrecôte auf Förster-Art: die Entrecôtes in Butter braten, mit gedünsteten Morcheln und gerösteten Speckwürfeln garnieren, gehackte Petersilie darüberstreuen; den Bratsatz mit Weißwein ablöschen und mit Kalbsjus verkochen; dazu gebratene Kartoffelwürfel.

Entrecôte auf Tiroler Art: die Entrecôtes grillen, gebratene Zwiebelscheiben mit Pfeffersauce binden und über die Entrecôtes decken; dazu geschmolzene Tomaten und Nudeln.

Entre-Deux-Mers, trockene Weißweine aus der Landschaft um Bordeaux zwischen den Flüssen Dordogne und Garonne, den beiden »Meeren«.

Entrées (frz: entrée = Eingang, Anfang), warme oder kalte Zwischengerichte beim großen Menü. Sie hatten früher die Aufgabe, den durch die ersten Gänge (Vorspeisen, Suppe, Fisch) schon ermüdeten Appetit wieder anzuregen und auf den großen Braten vorzubereiten. Als Entrées gelten feine Ragouts, gefüllte Kroketten, Pasteten usw. Da heute kaum mehr so umfangreiche Menüs zusammengestellt werden, haben die Entrées fast völlig ihre ursprüngliche Bedeutung verloren. Die einstigen Entrées werden heute aber gern als selbständige Gerichte serviert.

Entremets (frz: entre = zwischen; mettre = stellen, bringen), kleine Zwischengerichte, die zwischen Braten und Nachtisch gereicht werden. Entremets sind kleine Gemüsegerichte, Eierspeisen, Käsegerichte. Heute versteht man unter Entremets auch Süßspeisen, Früchte, Kaffee usw., also das Dessert.

Enzian, oberbayerischer Branntwein aus den Wurzeln des Gelben Gebirgsenzians, wasserhell, bitter, erdig schmeckend. 38 Vol. %. Sollte nur eiskalt (8–10°C) serviert werden.

Epigramm, Fleischgericht, dessen Bestandteile auf zweierlei Art zubereitet worden sind, z. B. gebraten und gebacken. – Das Epigramm ist ein Sinngedicht, oft leisen Spott enthaltend. Und so sollte der Feinschmecker auch das kulinarische Epigramm verstehen, sofern er es nicht vorzieht, sich einzig der originellen Geschmackskomposition zu widmen.

Epigramm nach Parmaer Art: ein saftiges Schweinekotelett mit Villeroisauce und geriebenem Weißbrot panieren und in Fett schwimmend backen; eine gleichgroße Scheibe von zarter Schweinelende braten, auf das Kotelett legen, mit gewürfelten Champignons und Trüffelstreifchen in Sahnesauce umrahmen.

Erbsen, Samen eines aus dem Orient stammenden Schmetterlingsblütlers, der bereits in vorgeschichtlicher Zeit in Europa angebaut wurde. Seit alters gilt die Erbse als Symbol der Fruchtbarkeit. Die Erbse ist die eiweißreichste Hülsenfrucht und das wichtigste und beliebteste europäische Gemüse. Man unterscheidet folgende Sorten: die zarten, süßen *Zuckererbsen,* bei denen auch die Hülse (Schote) eßbar ist, die kugeligen *Pahlerbsen,* die auch getrocknet werden, die würfelförmigen *Markerbsen* und die südosteuropäischen → *Kichererbsen.* Erbsen kommen als Frischgemüse, getrocknet und in Dosen konserviert auf den Markt. Die Erbsenkonserven werden in Güteklassen eingeteilt: Junge Erbsen, mittelgroß (Erbsengröße bis 9,5 mm), mittelfein (Erbsengröße bis 8,5 mm), fein (Erbsengröße bis 7,5 mm), extra fein (Erbsengröße bis 7 mm). – *Rezepte:* → grüne Erbsen.

Erbsen, hessisch: getrocknete Erbsen einweichen, im Einweichwasser mit einem Stück Schweinebauch weich kochen, mit Salz, Zucker und Essig würzen, eingeweichte Rosinen beifügen, mit geriebenem Zwieback binden.

Erbsen mit Speck: getrocknete Erbsen einweichen, im Einweichwasser mit einer Zwiebel und einem Kräutersträußchen kochen, Zwiebel und Kräuter entfernen, mit gebratenen Zwiebelscheiben und gebratenen mageren Räucherspeckscheiben anrichten.

Erbsenpüree, englisch: gelbe Trockenerbsen einweichen, im Einweichwasser mit einer Zwiebel, gespickt mit Gewürznelke und Lorbeerblatt, und einem Kräutersträußchen kochen, Zwiebel und Kräuter entfernen, durch ein Sieb streichen, mit Butter und geschlagenem Ei verrühren, salzen und pfeffern.

Erbsenpüree, österreichisch: gelbe Trockenerbsen einweichen, im Einweichwasser gar kochen, mit heller Mehlschwitze binden, durch ein Sieb streichen, salzen und pfeffern, mit gebackenen Zwiebelringen anrichten.

Erbsensalat: extra feine grüne Erbsen (aus der Dose) in Essig-Öl-Marinade einlegen; vor dem Anrichten mit leichter Mayonnaise binden.

Erbsensuppe Saint-Germain, → Saint-Germain-Suppe.

Erbswurst, kochfertige Suppe aus gemahlenen Erbsen (Erbsmehl), Fett, Speck, Salz und Gewürzen, in Wurstform gepreßt und abgepackt.

Erdäpfel, → Kartoffeln.

Erdartischocke, → Topinambur.

Erdbeerbowle: 500 g vollreife kleine Erdbeeren – am besten Walderdbeeren – in den Bowlenkübel geben, 1 Flasche Weißwein darübergießen, nach einer Stunde 1 zweite Flasche Wein und 1 Flasche Sekt oder Mineralwasser hinzugießen; die Bowle darf noch mit 1–2 Glas Weinbrand veredelt werden.

Erdbeercreme, kalte Süßspeise: 250 g Erdbeeren pürieren, mit 125 g Puderzucker und dem Saft einer halben Zitrone verrühren, 8 g Gelatine hinzufügen, 1/4 l Schlagsahne locker darunterziehen, in kalt ausgespülte Formen gießen, im Kühlschrank erstarren lassen, stürzen und mit Schlagsahne und Erdbeeren garnieren.

Erdbeereis: 250 g Erdbeeren pürieren, mit etwas Apfelsinen- und Zitronensaft und 1/4 l Läuterzucker (Zuckersirup) mischen und nach dem Grundrezept für → Fruchteis verfahren.

Erdbeeren, feinaromatische, vitaminreiche Scheinfrüchte der Erdbeerstaude. Je kleiner die Beeren sind, desto aromatischer ist ihr Fruchtfleisch. Das kräftigste Aroma besitzen die wildwachsenden, nur erbsengroßen Walderdbeeren. Erdbeeren werden überwiegend frisch oder als Konfitüre, Gelee und Kompott verzehrt.

Erdbeeren Astoria: 2 Teile Erdbeeren und 1 Teil Ananas in kleine Scheiben schneiden, mit Puderzucker und Kirschwasser aromatisieren, in Sektgläser füllen, eine Kugel Vanilleeis hinzufügen, mit pürierten Erdbeeren bedecken und mit Makronenbröseln bestreuen.

Erdbeeren Femina: Erdbeeren mit Zucker und Grand Marnier aromatisieren, auf Apfelsineneis anrichten.

Erdbeeren Kardinal: Erdbeeren in Glasschalen füllen, mit Himbeerpüree bedecken und mit gehobelten Mandeln bestreuen.

Erdbeeren Patti: Erdbeeren mit Kirschwasser aromatisieren, auf Schokoladeneis anrichten, mit Schlagsahne garnieren.

Erdbeeren Romanow: Erdbeeren mit Apfelsinensaft und Curaçao aromatisieren, in Glasschalen füllen, mit vanillierter Schlagsahne bedecken.

Erdbeeren mit spanischem Wind: Erdbeeren mit Maraschino aromatisieren, mit Baisermasse vermischen, mit Puderzucker bestäuben, im Ofen leicht überbacken.

Erdbeergelee: Erdbeeren pürieren und entsaften, den Saft filtrieren, mit stockendem Geleestand vermischen, in Gläser oder Schalen füllen, im Kühlschrank erstarren lassen.

Erdbeerguave, → Coronilla.

Erdbeerkaltschale: Erdbeerpüree gut einzuckern, mit Weißwein verrühren, kleine Erdbeeren hineingeben.

Erdbeerkompott: heiße Zuckerlösung über frische Erdbeeren gießen, zugedeckt auskühlen lassen, die Erdbeeren abtropfen, den Saft einkochen, mit Johannisbeergelee binden und kalt über die Früchte geben.

Erdbeerkonfitüre, Zubereitung aus ganzen Erdbeeren und Zucker, kann mit feingeschnittener Apfelsinenschale und Curaçao aromatisiert werden.

Erdbeersaft gilt als bewährtes Hausmittel bei Gicht, Nieren- und Gallenleiden und beseitigt Darmträgheit.
Erdbeersauce, Süßspeisensauce: Erdbeermarmelade mit Wasser kurz aufkochen, die Sauce mit etwas Stärkemehl binden, passieren, mit Kirschwasser aromatisieren. – Warm zu Grießflammeri.
Erdbirne, → Topinambur.
Erddistel, → Artischocken.
Erdefeu, → Gundermann.
Erdkastanien, → Kerbelrübchen.
Erdnüsse (Aschanti-, Arachis-, Kamerunnüsse, Peanuts), Früchte der brasilianischen Erdnußpflanze, die heute vor allem in Westafrika, Indien und China angebaut wird. Nach der Befruchtung der Blüten bohren sich die Stengel ins Erdreich. Dort reifen in 5–8 cm Tiefe die Fruchthülsen mit den ölhaltigen Samen (Erdnußkernen) heran. Bei der Ernte werden die krautigen Pflanzen gerodet und zusammen mit den anhängenden Erdnüssen getrocknet. Die getrockneten Nüsse werden geröstet und gesalzen oder zu Erdnußöl verarbeitet.
Erdnußöl wird wegen seiner hohen Hitzebeständigkeit vor allem als Backfett verwendet.
Erdnußsauce, → Satehsauce.
Erdrüben, → Kohlrüben.
Erdschocke, → Topinambur.
Erzherzogs-Art (à l'archiduc): Blätterteigtorteletts mit einer Füllung aus gewürfelten Champignons und Krebsschwänzen in Krebssauce zu gebratenem, mit Krebssauce übergossenem Fisch.
Escalope (frz: escalope = dünne Scheibe), → Kalbsschnitzel.
escalopieren, in dünne Scheiben schneiden.
Escariol → Endivie.
Eschlauch, → Schalotten.
Escoffier, Georges Auguste, 1846–1935, französischer Küchenmeister und bedeutendster Koch der Neuzeit. Während des Krieges 1870/71 war er Küchenchef des Generals Mac-Mahon, später begründete er mit seinem Freund César → Ritz die größte europäische Hoteldynastie. Zuletzt war er Chef der Londoner Hotels »Savoy« und »Carlton«. Escoffier gilt als Schöpfer der modernen Kochkunst: alle Gerichte sollten einfach, geschmacklich vollendet und gediegen angerichtet sein.
Escoffier-Dressing, Salatsauce: Mayonnaise mit Zitronensaft, Escoffier-Würzsauce (Handelsware), Chilisauce (Handelsware), Paprika und gehacktem Schnittlauch verrühren.
Esdragon, → Estragon.
Eskariol, → Endivie.
espagnole, à l'-: → spanische Art.
Espagnole, → braune Grundsauce.
Espagnole maigre, braune Fischgrundsauce, → braune Fastengrundsauce.
Esplanadesalat: Scheibchen von Äpfeln, Ananas und Tomaten sowie feingeschnittenen Bleichsellerie mit Essig-Öl-Marinade oder mit Sahnemayonnaise anmachen; eiskalt servieren.
Espresso, starker Kaffee nach italienischer Art, in besonderem Druckfilterverfahren gewonnen.
Esrom, dänischer Schnittkäse mit hellgelbem Teig und winzigen Löchern, 45–60% i. Tr., mild bis aromatisch.
Essenz, stark eingekochte Brühe, konzentrierter Fond, z.B. Fischessenz, Geflügelessenz, Wildessenz, Champignonessenz, Trüffelessenz.
Essig, saure Flüssigkeit zum Würzen oder Konservieren von Nahrungsmitteln. Essig entsteht bei der Vergärung

alkoholischer Flüssigkeiten mit Hilfe von Essigbakterien, also aus Branntwein, Wein und Bier. Daher ist der Essig so alt wie der Wein und das Bier. Und alle alten Völker, die sich an Wein und Bier erfreuten, die Ägypter, Assyrer, Babylonier, Griechen, Römer und Germanen, kannten und verwendeten den Essig. Heute wird Essig überwiegend aus Sprit (Branntwein) hergestellt. Er enthält auf 100 ccm 5 oder 10 g Essigsäure. Weinessig enthält auf 100 ccm 7 oder 10 g Essigsäure. – Essig wird gelegentlich von Essigälchen, 1–2 mm langen Fadenwürmern, befallen. Diese Würmer sind für den menschlichen Genuß zwar völlig unschädlich, aber unappetitlich. Es genügt, den befallenen Essig zu filtern und auf 45°C zu erhitzen. Von den Obstessigarten ist der Apfelessig am meisten verbreitet. → Aceto Balsamico, → Speiseessig, → Weinessig.

Essigessenz wird durch Verdünnung reiner Essigsäure gewonnen; sie enthält auf 100 ccm 50–80 g Essigsäure. Essigessenz riecht stechend und ätzt sehr stark, sie ist daher nur mit größter Vorsicht zu verwenden. Für den Küchengebrauch muß der Essigsäuregehalt auf 5 oder 10 g/100 ccm herabgesetzt werden.

Essiggemüse: 500 g verschiedene frische Gemüse (Zwiebeln, Blumenkohl, Möhren, Paprikaschoten, kleine Gurken, Kürbis, Artischocken, Auberginen, Brokkoli, Zucchini usw.) waschen, putzen und in mundgerechte Stücke schneiden; inzwischen je 1/2 l Weinessig und Wasser mit 2 TL Salz und 1 TL Zucker aufkochen, das Gemüse hineingeben und bißfest garen, das fertige Essiggemüse in Gefäße abfüllen und verschließen. Die Dauer des Reifungsprozesses richtet sich nach der Art des Gemüses, der Größe der Gemüsestücke und nach der Essigkonzentration. Man probiere! Ebenso richtet sich die Haltbarkeit der Essigkonserve nach der Essigkonzentration, aber auch nach dem Zustand des Gemüses sowie der Sauberkeit der Gefäße.

Essiggurken, → Gewürzgurken.

Essiggurkengewürz, Gewürzmischung aus Beifuß, Dill, Estragon, Gewürznelken, Ingwer, Lorbeerblatt und weißem Pfeffer.

Essigkräutersauce, → Ravigote, → Vinaigrette.

Essigmarinade für Fleisch (1 kg): 1 Tasse Essig und 3 Tassen Wasser mit Wurzelwerk kochen, auskühlen lassen, mit Lorbeer, Thymian, Bohnenkraut, Pfefferkörnern und etwas Knoblauch kalt über das Fleisch gießen. Schweinefleisch darf zusätzlich noch mit Majoran und Salbei, Wild mit Basilikum und Rosmarin gewürzt werden.

Essig-Öl-Marinade, Salatwürze: 3 Teile Öl, 1 Teil Weinessig, Salz, Pfeffer.

Eßkastanien, → Maronen.

Esterházy Rostéljos, → Rostbraten Esterházy.

Estouffade, gulaschähnliches Ragout, in gut verschlossenem, feuerfestem Topf im Ofen zubereitet.

Estouffade, provenzalisch: Rindfleisch in sehr grobe Würfel schneiden, in Fett kräftig anbraten, mit Mehl bestäuben, Weißwein, etwas Wasser, kleingeschnittene Tomaten, zerdrückte Knoblauchzehen und entsteinte grüne Oliven hinzufügen, alles gut zugedeckt im Ofen gar dünsten.

Estragon (Esdragon, Dragun, Bertram), besonders aromatisches Küchenkraut, dessen Heimat die weiten Steppen Mittelasiens sind. Ätherische Öle verleihen dem Kraut einen würzigen Geschmack. Estragon wird frisch oder getrocknet zum Würzen von Saucen, Salaten, Ragouts, Ei- und Fischgerichten, Tomaten, eingelegtem Gemüse usw. verwendet. Beliebt sind Kräutermischungen aus Estragon, Dill und Petersilie. Estragonessig und -senf enthalten das Kraut als geschmacksbestimmende Zutat.

Estragonbutter (Beurre d'estragon), Buttermischung: etwa 50 g frische, gehackte Estragonblätter kurz mit siedendem Wasser übergießen, leicht ausdrücken und mit 125 g weicher Butter verarbeiten; durch ein Drahtsieb streichen.

Estragonessenz, Auszug von frischen Estragonblättern in Weißwein.

Estragonessig, aromatisierter Speiseessig: 3 Zweige frischen Estragon (gewaschen und getrocknet) in eine weithalsige Halbliterflasche geben und mit Weißweinessig auffüllen. Zu Blatt-, Eier-, Geflügel- und Fleischsalat, zu Fischsaucen und Mayonnaisen.

Estragonmayonnaise: unmittelbar vor dem Gebrauch feingehackten Estragon unter die Mayonnaise rühren.

Estragonsauce, braune (Sauce estragon à brun): Estragonblätter in Weißwein ausziehen, den Estragonauszug mit Kraftsauce verrühren und sämig einkochen; zuletzt einige feingehackte Estragonblätter hinzufügen und mit etwas Zitronensaft abschmekken. Zu Kalbsnierenbraten.

Estragonsauce, weiße (Sauce estragon à blanc): Geflügelrahmsauce mit Butter aufschlagen und mit gehackten Estragonblättern vermischen. Zu Geflügel.

Estragonsenf, mit feingehacktem Estragon gewürzter Senf.

Etamine, Passiertuch aus einem festen, gazeartigen Gewebe, zum Durchseihen oder Durchdrücken von Saucen, Suppen und leichten Pürees.

Eugeniesalat: Chicorée- und Gurkenscheibchen, gewürfelter Knollensellerie und Rapünzchen in Essig-Öl-Marinade; mit Eierscheiben garnieren.

Eukalyptusöl, aus den frischen Blättern verschiedener Eukalyptusarten gewonnenes ätherisches Öl, das in der Süßwarenindustrie und speziell für Hustenbonbons verwendet wird. Der Eukalyptusbaum gedeiht in Nord- und Südamerika, in Australien und in europäischen Mittelmeerländern, vor allem in Spanien.

Euter, Milchdrüse hochtragender Kühe, wird zu den Innereien gezählt. Das gewässerte und in würziger Brühe weichgekochte Kuheuter wird für einfache Blut- und Leberwurst, für Ragouts und einige spezielle Gerichte (z. B. Berliner Schnitzel) verwendet.

evaporierte Milch, → Kondensmilch.

Evasalat: Würfel von gekochtem Schinken, Knollensellerie, Champignons, Salatgurke und Äpfeln in Sahnemarinade (mit saurer Sahne).

Excelsior, à l'-: gedünsteter Kopfsalat, Schmelzkartoffeln und gebundene Kalbsjus zu kleinen Fleischstücken. – Excelsior = von hervorragender Güte; Name zahlreicher Hotels.

Excelsiorsalat: Streifen von Bleichsellerie, Tomaten und roten Paprikaschoten in Zitronen-Öl-Marinade einlegen, mit leichter Mayonnaise binden, gehackte Trüffeln darüberstreuen.

extra dry, extra sec, extra trocken, → trocken.

Extrawurst, österreichische Wurstspezialität aus Rind- und Schweinefleisch, feingewürzt, geräuchert und gebrüht.

F

Manche kluge Frau hat das Welken männlicher Liebe durch ihre Kunst, pikante Leckerbissen herzustellen, zu verhindern gewußt.

Guy de Maupassant

Fabada, spanisches Nationalgericht: Eintopf aus weißen Bohnen, gepökeltem Schweinefleisch, geräuchertem Bauchspeck, Blutwurst, Paprikawurst, gewürzt mit Salz, Pfeffer, Knoblauch, Paprikapulver, Safran, Lorbeerblatt und Zwiebel.

Fächermuschel, → Jakobsmuschel.

façonnieren (frz. façonner = gestalten, zuschneiden), Fleischstücke in appetitliche Form bringen, abstehende Fleisch- oder Fetteile abschneiden, Lendenschnittchen mit Faden umbinden, damit sie beim Braten ihre runde, dicke Gestalt behalten.

Fadennudeln, fadenförmige → Nudeln.

Falafel, arabische Erbsenknödel: gut eingeweichte Kichererbsen im Einweichwasser gar kochen, abtropfen lassen und pürieren, mit Ei, Salz, Pfeffer und Paprika verkneten, kleine Bälle oder Plätzchen formen und in Öl goldgelb braten; auf Salatblättern anrichten.

Falerner, italienischer Rotwein aus Kampanien, trocken und voll im Geschmack, mit einem Alkoholgehalt von 13–15 Vol. %. Der Falerner wird zu gebratenem Geflügel, Fleisch und Wild gereicht.

falscher Hase, → Hackbraten.

Falstaff, à la: gebratene Steinpilze und geschmolzene Tomaten zu gebratenem Fisch. – Sir John Falstaff, der dicke Ritter, der witzige Prahlhans und verspottete Liebhaber, Urbild des üppigen Genießers und geistvollen Schlemmers, Schelmengestalt bei Shakespeare, Dittersdorf, Nicolai und Verdi.

Fanchettesalat: Streifen von gebratener Hühnerbrust, rohen Champignons und Chicorée in Essig-Öl-Marinade; evtl. gehackte Trüffeln beifügen.

Fanchonettes: Blätterteigtörtchen mit Mandelcreme füllen, mit Baisermasse überziehen und im Ofen überbacken, nach dem Auskühlen mit Konfitkirsche oder etwas Johannisbeergelee dekorieren. – Fanchonette ist ein französischer Kosename, der sich von Françoise ableitet.

Fancysalat: Streifen von Bleichsellerie und roter Paprikaschote, Ananas- und Tomatenwürfel sowie körnig gekochter Reis in Escoffier-Dressing.

Farbzucker, → Zuckercouleur.

Farce (Füllsel, Füllung), feingehackte, gemahlene oder im Mörser zerstoßene eßbare Materialien, wie Fleisch, Geflügel, Wild, Fisch, Krustentiere, Gemüse, Pilze usw., die pikant gewürzt und mit Ei, Sahne oder dicker Sauce gebunden werden. Die Farce dient zum Füllen von Pasteten, Galantinen, Fleischteilen, Geflügel, Fisch, Gemüse usw. Man formt aus ihr auch kleine Klöße als Beilage zu anderen Gerichten oder als Einlage in Suppen. *Rezepte:* Fischfarce, Hühnerfarce, Hühnerleberfarce, Fasanenfarce, Gratinfarce, Fleischfarce, Kalbfleischfarce, Schaumfarce, Wildfarce, Zephyrfarce. – Das französische Wort »farce« bedeutet »übermütiger Streich, Schabernack«. Und so galt es einst als Scherz, ein Huhn, einen Fisch oder ein anderes kleines Tier mit einer würzigen Masse zu füllen, um die Speise auf diese Weise zu strecken. Später wurden die Füllungen immer raffinierter und köstlicher, so daß gefüllte Speisen immer beliebter wurden und oft zum Erlesensten zählen, was die Küche zu bieten vermag. In der Tat ist eine gute Farce geeignet, den Geschmack der gefüllten Speise angenehm zu ergänzen, womöglich gar noch zu heben.

farcieren (frz: farcir = vollpfropfen), mit gut abgeschmeckter Masse (Farce) füllen oder bestreichen.

farci, gefüllt.

Farfalle, italienische Teigwaren, schleifenförmige, etwa 3 cm lange Nudeln. Farfalline sind kleine Schleifennudeln.

Farinata, Kichererbsenkuchen aus Ligurien (Oberitalien): Kichererbsenmehl in siedendem Wasser unter ständigem Umrühren langsam zu einem Brei kochen, salzen, die dickflüssige Masse auf ein gefettetes Backblech geben und im Ofen goldbraun backen; mit frisch gemahlenem Pfeffer bestreuen und sofort servieren.

Farinzucker (Rohzucker, Kassonade), gelber bis brauner, ungereinigter Zucker, der nicht so süß wie raffinierter Zucker, aber etwas würziger schmeckt und vor allem für Honig- und Lebkuchen verwendet wird.

Fasan, edles Federwild. Der griechische Held Jason, der die Gegenden nördlich des Kaukasus auf der Suche nach dem berühmten Goldenen Vlies, einem Widderfell, durchstreifte, entdeckte am Flusse Phasis einige farbenprächtige Vögel, die er zusammen mit dem erbeuteten Vlies nach Griechenland mitnahm. Von dort aus breitete sich der Vogel vom Flusse Phasis, der Fasan, über ganz Europa aus, als Schmucktier in Fasanerien gehegt, als Leckerbissen in freier Wildbahn gejagt. Die Fasanen ernähren sich von Beeren, Getreidekörnern, Blättern, von Insekten, Würmern, Schnecken, sogar von jungen Mäusen und Fröschen. Im Herbst beginnt die Fasanenjagd, die bei uns bis Mitte Januar andauert. Der geschossene Fasan bleibt noch einige Tage in den Federn, damit sich sein reizvoller Geschmack entwickeln kann. *Zubereitung:* Ein junger Fasan wird fast immer gebraten. Die kostbare Brust wird mit einer Speckscheibe belegt, um sie vor allzu starker Hitze zu schützen. Nach etwa 20 Minuten Bratzeit, währenddessen der Vogel fleißig mit dem Fond zu begießen ist, wird die Speckscheibe wieder entfernt, so daß jetzt auch die Brust schön braun und knusprig wird. Der Fasan wird immer leicht blutig gebraten. Der Bratensatz bildet die Grundlage feiner Saucen. – Ein alter Fasan kann nur für Farcen oder Haschees verwendet werden.

Fasan, normannisch: einen jungen Fasan nach Grundrezept in Butter braten; den Bratensatz mit Apfelwein löschen, mit Sahne und Kalbsjus verkochen, die Sauce passieren und mit

Pfeffer und Salz abschmecken; den Fasan tranchieren, die Fasanenstücke mit gebratenen Apfelspalten und braunglasierten Maronen garnieren, die Sauce darübergießen.

Fasan mit Sellerie und Orangen: einen jungen Fasan nach Grundrezept in Butter braten; den Bratensatz mit Weißwein und Apfelsinensaft löschen, mit gut gewürzter Kraftsauce durchkochen, passieren, feinstreifig geschnittenen, in Butter und etwas Fleischbrühe gedünsteten Bleichsellerie in die Sauce geben; den Fasan mit Apfelsinenspalten garnieren, mit der Sauce überziehen.

Fasan im Topf: einen jungen Fasan nach Grundrezept in einer feuerfesten Kasserolle von allen Seiten kräftig anbraten, nach dem Entfernen der Speckscheibe in Butter angeschwitzte Zwiebelchen und rohe Champignons hinzugeben, alles zugedeckt fertiggaren, den Bratensatz mit Madeira löschen.

Fasanenfarce, für Geflügelpasteten: Fasanenfleisch fein pürieren, etwas rohes Eiweiß zugeben, mit Salz, Pastetengewürz sowie Weinbrand oder Madeira würzen, gut durchkühlen, mit Sahne verarbeiten.

Fasanenfondants: getrüffeltes Fasanenpüree mit dick eingekochter weißer Grundsauce verrühren, erkalten lassen, zu kleinen eiförmigen Bällchen rollen, in Ei und Paniermehl wenden und in Fett schwimmend abbacken.

Fasanenhaschee: einen alten Fasan in Butter anbraten, mit Weißwein ablöschen, den Fasan langsam weich schmoren, das Fleisch von den Knochen lösen und feinhacken; den Fond mit Kraftsauce binden, mit Pfeffer und Salz abschmecken und zum Haschee geben, auch in Butter gedünstete, feingehackte Champignons unter das Haschee mischen; in Reisrand anrichten.

Fasanenpüree: gebratene Fasanenkeulen entbeinen, das Fleisch sehr fein mahlen, leicht salzen und pfeffern, mit einigen Tropfen Weinbrand aromatisieren und mit etwas Sahne binden.

Fasanensalat auf Prinzessin-Art: gekochte Champignons, Artischokkenböden und Spargelspitzen kleinschneiden und in Essig-Öl-Marinade einlegen, Scheibchen von gebratener Fasanenbrust hinzufügen und mit leichter Sahnemayonnaise binden; mit Spargelspitzen und Trüffelscheibchen garnieren.

Faschiertes, österreichische Bezeichnung für → Hackfleisch.

Fastengrundsauce, → braune Fastengrundsauce.

Fast-Food-Kost (engl: »Schnellnahrung«), kleine Schnellgerichte wie → Hamburger, → Cheeseburger, die im allgemeinen nicht geeignet sind, eine vollwertige Ernährung auf Dauer zu gewährleisten. Die sog. »Öko-Burger« dagegen wollen durch ihre vital- und wirkstoffreichen Bestandteile den Anforderungen einer vollwertigen Ernährung entsprechen.

Faubourgsalat, → Vorstadtsalat.

Favart, à la: in Butter geschwenkte Nudeln und Trüffelstreifen sowie gebundene Kalbsjus zu Fleisch. Blätterteigtorteletts mit Steinpilzscheiben in weißer Sahnesauce, Hühnerklößchen und Geflügelvelouté mit Krebsbutter zu Geflügel oder Kalbsbries. – Marie-Justine-Benoîte du Roncerai, 1727–1772, Gattin des französischen Lustspieldichters Charles Simon Favart, gilt als eine der bedeutendsten Schauspielerinnen Frankreichs (Madame Favart).

Favoris, feines Gebäck: Mürbeteig ausrollen, ovale Plätzchen ausstechen, die Plätzchen mit Brandteig in Form einer »8« bespritzen, mit Ei bestreichen und abbacken; die beiden Kreise der »8« mit verschieden aromatisierter Konditorcreme füllen, die Creme mit je einer halben Konfitkirsche krönen.

favorite, à la: → Lieblings-Art.

Federwild, Wildgeflügel, z. B. Fasan, Rebhuhn, Wildente, Schnepfe, Wachtel. Größeres Federwild muß einige Tage in den Federn abhängen, damit das meist magere Fleisch mürbe wird. Alte oder stark zerschossene Vögel eignen sich nicht zum Braten, sie werden zu Suppen, Farcen, Haschees und Pürees verarbeitet.

Federwildragout, → Salmi.

Fedorasalat: Apfel- und Apfelsinenscheibchen, Streifen von gekochtem Knollensellerie und kleingeschnittener Kopfsalat mit leichter Mayonnaise binden.

Fehlrippe, Zwischenrippenstück des Rindes, → Entrecôte.

Feigen, birnenförmige grünlichgelbe oder violette Scheinfrüchte des westasiatischen Feigenbaumes, der heute vor allem in der Türkei, in Italien, Spanien und Griechenland, in Südafrika, Kalifornien und China, ja sogar in Deutschland kultiviert wird. Die reifen Feigen sind reich an Traubenzucker, sie werden getrocknet und in Kränzen oder gepreßt in den Handel gebracht. Frische Feigen mit Parmaschinken oder Salami, beides hauchdünn geschnitten, bilden – auf Eis gesetzt – eine köstliche Vorspeise. Geschmort passen sie zu Fleisch und Geflügel. Sie sind ein deliziöser Tortenbelag und ideal in Wodkagetränken und als Dessert. Aber frische Feigen werden schnell schimmlig. Getrocknete Feigen sind etwa ein Jahr haltbar und werden leicht von Milben befallen. Der weiße Belag auf den getrockneten Früchten ist ausgeschiedener Traubenzucker. – Mit der echten Feige verwandt sind die ebenfalls eßbaren indischen Feigen (Pipal) und die amerikanischen Kaktusfeigen.

Feigen, pikant: frische Feigen halbieren und mit kaltem Wildbraten, Wildpastete oder Lachsschinken belegen, auf jede Feigenhälfte etwas Mango-Chutney oder Meerrettichsahne geben.

Feigenbrot, Pan de higos, eine süße Leckerei aus Spanien: 500 g getrocknete Feigen möglichst fein hacken, mit je 125 g gehackten Mandeln und Haselnüssen, 1 EL Zucker, etwas Zimt und abgeriebener Zitronenschale vermischen, 25 g geschmolzene Blockschokolade unter die Feigenmasse kneten, die Masse mit Anisschnaps (z. B. Anís de Chinchón, notfalls auch Ouzo) parfümieren, zu etwa 4 cm dicken Rollen formen, in geröstetem Sesam wälzen und mit Mandeln dekorieren, kühl stellen.

Feigendrosseln (Tordi, Bec-figues), kleine Vögel, die vor allem in Italien und Südfrankreich ein begehrtes Wildbret sind. Diese Drosseln sind keine Zugvögel; sie mästen sich im Sommer an vollreifen Feigen und anderen Früchten. Feigendrosseln schmecken so gut, daß der große Brillat-Savarin sie sogar roh gegessen haben soll. Meist werden die gerupften Vögel auf einen Zweig gespießt, über Holzkohlenglut geröstet und gesalzen und gepfeffert. Man kann sie auch in Butter braten, mit Weinbrand flambieren und auf sahniger, mit geriebenem Parmesan vermischter Polenta anrichten.

Feigenkaktus, → Kaktusfrüchte.

Feigenkompott: frische, vollreife Feigen schälen, halbieren, in Vanilleläuterzucker dünsten, mit Kirschwasser parfümieren. Getrocknete Feigen in Wasser einweichen, im Einweichwasser kochen, mit Zitronensaft und Weinbrand oder Portwein aromatisieren.

Feigenkuchen, griechische Spezialität aus getrockneten Feigen, aus Mandeln, Nüssen, Pistazien und Kräutern, vermischt mit Honig und zu kleinen Tafeln gepreßt.

Feijoa, eine 3 bis 5 cm große, eiförmige Südfrucht aus Brasilien, die heute hauptsächlich in Neuseeland, Israel, Südafrika, USA und Frankreich kultiviert wird. Unter der graugrünen, festen Schale sitzt das weiße, angenehm säuerlich, fast wie Ananas schmeckende Fruchtfleisch. Man wäscht die Frucht, halbiert sie und beträufelt das Innere mit Zitronensaft, damit es nicht braun wird. Dann kann man die Feijoa auslöffeln. Oder man schält sie und schneidet sie in Würfel, die einem exotischen Obstsalat eine besondere Note geben.

Feinkost, Nahrungsmittel des täglichen Bedarfs, die mit besonderer Sorgfalt ausgewählt und hergestellt werden, z. B. feine Salate, Gabelbissen, Pasteten, Aspiks, Wurst- und Käsesorten sehr guter Qualität, Würzsaucen.

Feinschmecker-Art (à la gourmet): Artischockenböden, Champignons, Trüffelscheiben und Madeirasauce zu gebratenem Fleisch.

Feinschmeckerhappen, für die kalte Platte, z. B. Räucheraalstücke, garniert mit Senffrüchten; Räucherlachstüten, gefüllt mit Meerrettichsahne; Gabelbissen, schwedisch (Handelsware); Sprottenfilets, garniert mit Kaviar; japanische Froschschenkel; Hühnerbrustscheiben, bespritzt mit Gänselebercreme; Putenbrustscheiben, belegt mit Pfirsich; Scheiben gebratener Ente, garniert mit Windsorsalat; Scheiben von Pökelzunge, belegt mit Spargelspitzen und Maraschinokirsche; Schinkentüten, gefüllt mit Gänselebercreme; Rehrückenscheiben, garniert mit Ananas und Cumberlandsauce.

Feinschmeckerpastetchen: gut gewässertes und abgewälltes Kalbsbries in Würfel schneiden, leicht salzen und in Butter braten, Champignons ebenfalls würfeln und in Butter weich dünsten, dazu gewürfelte Artischokkenböden und Spargelspitzen, mit dicker Sahnesauce binden; in Blätterteighüllen füllen und erhitzen.

Feinschmeckersalat: Streifen von Bleichsellerie, Trüffeln und Hahnenkämmen mit Mayonnaise binden, die mit Trüffelfond ergänzt wurde; mit Maronen und Morcheln in Essig-Öl-Marinade und gehackten Kräutern garnieren.

Feinwürfelgemüse, → Brunoise.

Felchen, → Blaufelchen.

Feldhuhn, → Rebhuhn.

Feldsalat, → Rapunzel.

Fenchel, Doldenblütlerpflanze des Mittelmeerraumes. Die Früchte enthalten das ätherische Fenchelöl, das, mit Zucker oder Honig vermischt, ein bewährtes Mittel gegen Husten ist. Tee aus Fenchelsamen hilft bei Magenverstimmung. Vor allem aber sind die Samen ein beliebtes Back-, Suppen- und Einmachgewürz.

Fenchelgemüse (Fenchelknollen, Zwiebelfenchel, Finocchi), leicht nach

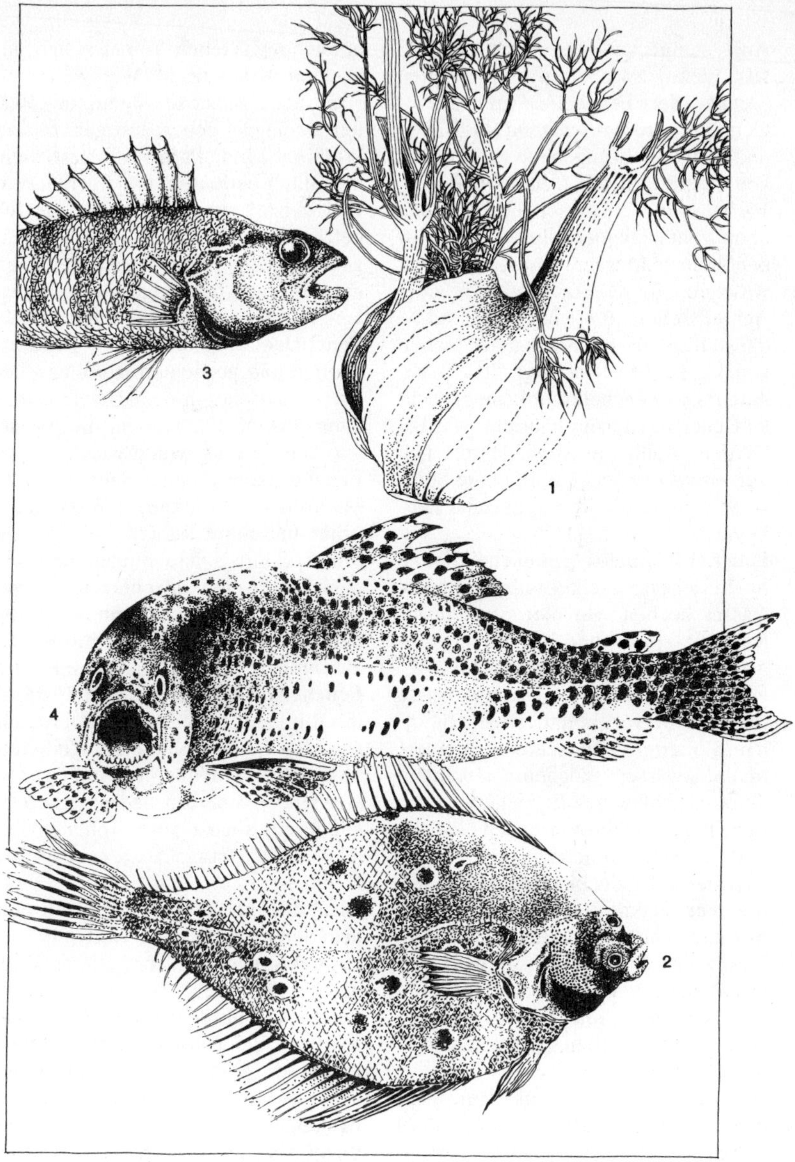

1 Fenchel 2 Flunder 3 Flußbarsch 4 Forelle

Anis schmeckendes, zartes Gemüse aus dem zwiebelartig verdickten Stengel der Fenchelpflanze. Dieses Gemüse wird vorwiegend in Italien und Frankreich angebaut und kommt von dort frisch auf unsere Märkte. – *Vorbereitung:* Die Fenchelknollen oben glattschneiden, die welken Außenblätter entfernen, die Knollen gut waschen, in Hälften, Viertel oder Achtel teilen und in Fleischbrühe dünsten oder in Salzwasser schön knackig kochen. Kochzeit: 40–50 Minuten. Das Fenchelkraut kann gehackt und über das fertige Gericht gestreut werden. Auch die Stiele lassen sich gut verwerten: schälen, in kurze Stükke schneiden und roh zum Salat nehmen.

Fenchel in Backteig: Fenchelknollen in Viertel oder Achtel teilen, in Salzwasser kochen, gut abtropfen, durch Backteig ziehen und in Fett schwimmend backen; dazu Tomatensauce.

Fenchel, gebacken (Finocchi fritti), italienische Spezialität: Fenchelknollen in Viertel oder Achtel schneiden, in Salzwasser kochen, abkühlen, durch geschlagenes Ei ziehen, in geriebenem Weißbrot wenden und in Olivenöl schwimmend backen.

Fenchel auf griechische Art: geviertelte Fenchelknollen mit einem Kräutersträußchen und Pfefferkörnern in Weißwein, Öl, Zitronensaft und wenig Wasser dünsten, den Fond durch ein Sieb geben und eiskalt über die abgekühlten Knollen gießen. Vorspeise.

Fenchel mit Sauce mousseline: Fenchelknollen in Hälften oder Viertel teilen, in Salzwasser kochen, abtropfen und mit Mousseline überziehen.

Fenchel, überbacken: halbierte Fenchelknollen mit gehackten Champignons, gewürfelten Tomaten und gehackten Kräutern in Weißwein und Kraftsauce dünsten, würzen, in gefettete Backform geben, mit geriebenem Weißbrot und Parmesan bestreuen, mit Butter beträufeln und überbacken.

Fenchelsaft mit Honig in heißem Tee befreit die Bronchien von hartnäckigen Verschleimungen, pur genossen nützt er auch bei Magen- und Darmverstimmung sowie bei Blähungen.

Fenchelsalat: Streifen von Fenchelknollen und gekochtem Knollensellerie in Zitronensaft marinieren, mit Sahnemayonnaise binden, die mit etwas Senfpulver gewürzt wurde.

Fenchelsauce (Fennel Sauce): weiße Mehlschwitze mit kaltem Wasser auffüllen und unter Rühren zum Kochen bringen, mit Sahne binden und mit reichlich Butter aufschlagen, zuletzt feingehacktes Fenchelgrün unter die Sauce mischen und mit Zitronensaft abschmecken. Zu gedünstetem Fisch.

Fenchelsteak: Kluftsteaks (je 200 g) in Öl braten, salzen und pfeffern, auf getoastete und gebutterte Weißbrotscheiben setzen, die Steaks mit gegarten Fenchelscheiben bedecken, obenauf je ein abgezogenes Tomatenviertel und feingehacktes frisches Fenchelgrün.

Fendant, berühmter Weißwein aus dem Schweizer Kanton Wallis.

Fennel Sauce, englische Buttersauce, → Fenchelsauce.

Feodora Cobbler: 1/3 Weinbrand, 1/3 Rum, 1/3 Curaçao, 1 BL Zucker, umrühren, Bananenwürfel hineingeben, mit Mineralwasser auffüllen.

Ferkel, → Spanferkel.

fermière, à la: → Pächterin-Art.

Fervall, à la: geviertelte Artischokkenböden mit gehackten Kräutern, Kartoffelkroketten mit gehacktem

Schinken und gebundene Kalbsjus zu kleinen Fleischstücken. – Fervall, Gruppe der Ostalpen.

Fesen, → Dinkel.

Feta, stark gesalzener Weichkäse, der ursprünglich in Griechenland aus Schafmilch hergestellt wurde, heute aber meist aus Kuhmilch bzw. aus einer Mischung von Kuh-, Schaf- und Ziegenmilch gewonnen wird. Der rindenlose Feta reift 4–6 Wochen in Salzlake, er ist weiß bis hellgelblich und schmeckt salzig-säuerlich.

Fett, konzentriertester und energiereichster Nährstoff, wichtig auch für die Vitaminversorgung unseres Körpers, denn die Vitamine A, D, E und K sind stets in Fett gelöst. Fette sind Verbindungen von Glyzerin und Fettsäuren. Unterschieden wird zwischen tierischen und pflanzlichen Fetten sowie zwischen gesättigten und ungesättigten Fettsäuren. Die ungesättigten Fettsäuren üben eine günstige physiologische Wirkung auf unseren Organismus, vor allem auf das Blutgefäßsystem und auf die Herzfunktion aus. Im Schweinefett sind 37–52%, im Rinder- und Hammelfett sowie in Butter sind dagegen nur 5% ungesättigte Fettsäuren enthalten.

Fettammern, → Ortolanen.

Fettbad, → Fritüre.

Fette, konzentrierteste und energiereichste Nährstoffe, Verbindungen von Glyzerin und Fettsäuren. Unterschieden wird zwischen tierischen und pflanzlichen Fetten sowie zwischen gesättigten, einfach ungesättigten und mehrfach ungesättigten Fettsäuren. Gesättigte Fettsäuren sind tierischen Ursprungs. Sie sind in Fleisch und Wurst, in Käse und anderen Milchprodukten enthalten und bilden den größten Teil der sogenannten »versteckten Fette« in unserer Nahrung. Einfach ungesättigte Fettsäuren (vor allem in Olivenöl und Rapsöl) fördern den Stoffwechsel von Fetten und Kohlenhydraten. Mehrfach ungesättigte Fettsäuren (vor allem in Fisch, Sonnenblumen-, Distel-, Walnuß-, Weizenkeim-, Maiskeim- und Leinöl) verhindern den Herzinfarkt, senken andererseits aber den HDL-Cholesterinspiegel im Blut, was zur Erhöhung des schädlichen LDL-Cholesterins und damit zu Verengungen der Blutgefäße führt. Zur Prophylaxe von Herz-Kreislauf-Erkrankungen, aber auch Grauem Star sowie Dickdarm-, Prostata- und Brustkrebs empfiehlt daher die Deutsche Gesellschaft für Ernährung (DGE) die Beachtung der »Ein-Drittel-Regel«, das heißt, die tägliche Fettzufuhr (60 bis 80 g) sollte aus je einem Drittel gesättigter Fettsäuren, einfach ungesättigter und mehrfach ungesättigter Fettsäuren bestehen. Auch zu wenig Fett schadet dem Körper, denn Fette bewirken die störungsfreie Funktion von Gehirn und Nerven und versorgen den Körper mit Vitaminen, die in Fett gelöst sind, wie A, D, E und K. Zu beachten wäre auch, daß Fett, vor allem kalt gepreßtes Öl, niemals so heiß werden darf, daß es zu rauchen beginnt, denn bei solcher Hitze bilden sich krebsauslösende Substanzen. Zum Braten und Fritieren empfehlen sich dafür vorgesehene Fette und Öle.

Fettgebackenes, in tiefem Fett schwimmend gebackene Speisen, z. B. Krapfen, Kroketten, Berliner Pfannkuchen, Spritzkuchen, Mutzenmandeln.

Fettlebern, → Gänseleber.

Fettuccine, italienische Teigwaren, lange, etwa 5 mm breite Bandnudeln.

Fettuccine verde sind mit Spinatgrün gefärbte Bandnudeln.

Feuerzangenbowle: 1 Flasche Rotwein erhitzen, einen Zuckerhut quer über die Kasserolle auf eine Feuerzange legen, hochprozentigen Rum oder Arrak (54 Vol. %) über den Zukker gießen und anzünden; der geschmolzene Zucker tropft nun in den Wein und aromatisiert das Getränk. Oft wird die Bowle, die ja eigentlich ein Punsch ist, noch mit einer Zimtstange, Gewürznelken und auch Orangensaft geschmacklich vollendet.

Feuillantine, Feuilletage (frz), → Blätterteig.

Feyjar mechada, brasilianische Spezialität: getrocknete weiße oder rote Bohnen waschen, einweichen, in kaltem Wasser ansetzen und mit Salz gar kochen, abtropfen, gehackte, gebratene Zwiebeln beifügen, etwas Fleischbrühe zugeben, kräftig würzen, mit Tapioka oder Mehl zu einem breiigen Teig verrühren und in einer Stielpfanne mit Öl zu Fladen backen.

ficelieren (frz: ficeler = schnüren), ein Fleischstück o. dgl. mit Bindfaden umschnüren.

Figarosalat: Streifen von Pökelzunge, roter Rübe, Bleichsellerie und Kopfsalat mit Tomatenmayonnaise binden; mit Sardellenfilets garnieren.

Filderkraut, → Spitzkohl.

Filet (frz: filet = dünner Faden), langer, schmaler Muskel, der sich unterhalb des Rückenmuskels zu beiden Seiten des Rückgrats hinzieht. Das Filet ist das feinste, aber auch teuerste Muskelfleisch. Besonders begehrt ist das → Rinderfilet. – Beim Geflügel versteht man unter Filet die aus dem Knochen gelösten Brüste. – Fischfilets sind die von der Gräte gelösten Seitenteile.

Filetbeefsteak, → Filetsteak.

Filetkopf, das dicke Ende des Rinderfilets.

Filet mignon (frz: mignon = niedlich, allerliebst), kleine Schnittchen aus dem Filetkopf, also aus dem dünnen Ende des Rinderfilets. Das Filet mignon wird meist in Butter und Paniermehl gewendet und gegrillt. Auch das Filet von Hammel und Lamm wird gern zu Filets mignons verwendet.

Filetschnitte, → Filetsteak.

Filetspitze, das dünn auslaufende Ende der Rinderlende.

Filetspitzen Stroganow (Bœuf Stroganoff, Govia Dina Stroganow): die Filetspitze eines jungen Ochsen in 2 cm große Würfel schneiden, scharf anbraten, so daß das Fleisch innen noch leicht blutig ist; gesondert viele feingehackte Zwiebeln in Butter goldgelb braten, mit Mehl bestäuben, mit Fleischbrühe aufkochen, reichlich Senf beigeben und mit etwas Essig und Zitronensaft abschmecken, die Sauce mit saurer Sahne vollenden, die gut gewürzten Filetspitzen in die Sauce geben. – Graf Sergej Grigorjewitsch Stroganow entstammt einem alten russischen Kaufherrengeschlecht, das am Ural Bergbau und Salzsiedereien betrieb und im 16. Jh. die Eroberung Sibiriens veranlaßte.

Filetsteak (Filetbeefsteak, Beefsteak, Bifteck, Lendensteak, Rinderschnitte), Scheibe aus der Mitte des Rinderfilets, kostbarste Steakart. Das Filetsteak hat ein Gewicht zwischen 150 und 200 g und ist etwa 2 cm dick. Es wird gegrillt oder in der Pfanne gebraten, am besten rosa bis leicht blutig, damit der feine Geschmack dieses edlen Fleischstückes voll zur Geltung kommt; die Bratzeit beträgt 2–3 Minuten je Seite. – Weitere *Re-*

zepte: Bistecca alla fiorentina, Börsensteak, Helgoländer Steak, Hindenburgsteak, Kümmelsteak auf Tilsiter Art, Pfeffersteak, Potted Steak, russisches Steak.

Filetsteak, amerikanisch: die Steaks grillen, salzen und pfeffern; dazu junge Maiskolben (frisch oder aus Dose bzw. Glas), in leicht gesalzenem Wasser gegart und in Butter geschwenkt, Tomatensauce und Annakartoffeln.

Filetsteak Cecil: die Steaks braten, mit Salz und Pfeffer würzen, den Bratsatz mit Weißwein löschen, stark einkochen und ungebunden über die Steaks gießen; dazu Champignons und Spargelspitzen, in Butter geschwenkt, und Polsterkartoffeln.

Filetsteak, chinesisch: Rinderfilet in hauchdünne Scheibchen schneiden, die Filetscheibchen mindestens 1 Stunde in einer Marinade aus Sherry, Sojasauce, etwas Speisestärke, etwas Salz, etwas weißem Pfeffer und ganz wenig Zucker beizen; die Scheibchen mit der Marinade in heißes Öl geben und kurz braten; dazu süßsaure Birnen und körnig gekochten Reis.

Filetsteak Hawaii: die Steaks in der Pfanne braten, salzen und pfeffern, Ananasscheiben im Bratfond kurz dünsten und auf die Steaks legen, Cornichons in Streifen schneiden und die Ananas damit garnieren, je 1 kleine Dose Maiskörner und junge Erbsen ebenfalls im Bratfond kurz dünsten und getrennt neben den Steaks anrichten; dazu Butterreis.

Filetsteak Kentucky: die Steaks in der Pfanne von beiden Seiten anbraten, salzen, pfeffern, mit dickem Tomatenmark bestreichen, reichlich Parmesan darüberstreuen, mit zerlassener Butter beträufeln und im Ofen oder Grill schnell überbacken; dazu geviertelte Tomaten in Backteig und Maiskroketten.

Filetsteak Masséna: die Steaks in der Pfanne braten, salzen und pfeffern; als Beilage Artischockenböden, die mit großen Scheiben gekochten Rindermarks in Béarner Sauce gefüllt wurden; dazu Tomatensauce und Streichholzkartoffeln.

Filetsteak Palmito: feingehackte Schalotten in Butter anschwitzen, Palmenherzenscheiben dazugeben, mit Salz, Pfeffer und Zitronensaft würzen, alles erhitzen und über das gegrillte Steak schütten, etwas Petersilie darüberstreuen; dazu Pommes frites.

Filetsteak en papillote: die Steaks pfeffern, mit Sardellenbutter bestreichen, in gefettete Alufolie hüllen und im Ofen braten, aus der Folie nehmen, salzen; dazu Bordelaiser Sauce und Kartoffelkroketten.

filtrieren, eine Flüssigkeit durch ein Tuch (Leinentuch) oder durch Filterpapier (z. B. Kaffeefilter) seihen.

Finanzmann-Art (à la financière): Champignonköpfe, entsteinte grüne Oliven, Trüffelscheiben, Hahnenkämme, Hühnernierchen, kleine Geflügel- oder Kalbsklöße und Finanzmannsauce zu Geflügel oder Kalbsbries.

Finanzmannpastetchen: Hahnenkämme brühen, Hühnernieren wässern und brühen, Gänseleber in Butter anbraten, alles sehr fein hacken, salzen und pfeffern, mit dicker brauner Grundsauce binden, gehackte Trüffeln daruntermischen, mit Weinbrand aromatisieren; in Blätterteighüllen füllen und erhitzen.

Finanzmannsauce (Sauce financière): Kraftsauce stark einkochen und mit Trüffelessenz vollenden. Zum Binden von Beilagen auf Finanzmann-Art.

fines herbes (frz: feine Kräuter), gehackte Würzkräuter in verschiedener Zusammensetzung für Suppen, Saucen u. dgl. Zu diesen Kräutern zählen Petersilie, Kerbel, Estragon, Schnittlauch, Bibernelle, Basilikum, Thymian usw. Oft noch ergänzt mit gehackten Zwiebeln, Schalotten, Champignons, Trüffeln usw.

Fingerbiskuits, → Löffelbiskuits.

Fingerfood, moderne Bezeichnung für kleine, leckere Partyhappen, die man zweckmäßigerweise mit den Fingern zum Mund führt, ohne ein Besteck zu benutzen. Oft dienen kleine Spieße aus Holz (Speile, Zahnstocher) oder aus Kunststoff als »Handhabe«. Mit Fingerfood in der einen, einem Glas in der anderen Hand läßt es sich herrlich Konversation machen. Anregungen: → Antipasti, → Canapés, → Meze, → Sandwich, → Snacks, → Sushi, → Tapas, → Tortilla.

Finocchi, → Fenchelgemüse.

Finte, → Alse.

Fipsklöße, → Brandteigklöße.

Fische, im Wasser lebende, durch Kiemen atmende Wirbeltiere. Das Fleisch der Fische ist weiß, nur selten rot, und besonders leicht verdaulich. Es enthält wertvolle Eiweiß- und Mineralstoffe und meist auch wichtige Vitamine. Besonders nahrhaft sind Milch und Rogen der Fische. Fische sind wegen ihres hohen Wassergehalts und bestimmter Bakterien leicht verderblich. Sie werden daher tiefgefroren, gesalzen (Hering), getrocknet (Kabeljau, Schellfisch usw.), geräuchert (Lachs, Hering, Sprotten, Aal usw.), mariniert (Hering, Aal usw.) und in Dosen konserviert. Einen frischen Fisch erkennt man an den blanken Augen und den roten Kiemen. Seine Haut darf keine Druckstellen aufweisen. Außerdem sollte er meeresfrisch und niemals »nach Fisch« riechen. Zum Filetieren benötigt man ein großes, scharfes Messer ohne Wellenschliff, die Gräten entfernt man mit einer kräftigen Pinzette oder einer Grätenzange.

Fischauflauf: Fisch in Butter dünsten, pürieren, mit Béchamelsauce und Eigelb binden, salzen und pfeffern, steifgeschlagenes Eiweiß unter die Masse ziehen, in ausgebutterte Auflaufform füllen und abbacken.

Fischbrühe, → Fischfond.

Fischcocktail, mexikanisch: Würfel von gedünstetem Seefisch mit geschmolzenen Tomaten, halbierten schwarzen Oliven, feingehackten Pfefferschoten und Zwiebeln in Zitronensaft marinieren, mit Olivenöl binden, Apfelsinensaft hinzufügen und mit Worcestershire- und Tabascosauce würzen, in Sektschalen füllen; eiskalt servieren.

Fischessenz, konzentrierter Fischfond.

Fischfarce, für Fischpasteten usw.: 250 g rohes Hechtfleisch pürieren, mit 250 g Eierpanade verarbeiten, mit Salz, Pfeffer und Muskatnuß würzen, 2 Eier hinzufügen und nochmals gut durcharbeiten.

Fischfilet, entgrätete Seitenteile festfleischiger Seefische, wie Kabeljau, Seelachs, Rotbarsch, Blauling. Fischfilet kommt frisch oder tiefgefroren, manchmal bereits paniert (Fischstäbchen) in den Handel.

Fischfond, Grundlage für Fischsaucen: Gräten und Abfälle von Edelfischen, Zwiebelscheiben, Champignonschalen und -stiele, Salz, Wasser und Wein (Weißwein für helle Saucen, Rotwein für dunkle Saucen) 20–30 Minuten kochen lassen, abschäumen, passieren. – Fischfond ist auch der Saft, der beim Dünsten von Fisch entsteht.

Fischgelee: Gelatineblätter in heißem Fischfond auflösen (etwa 14 bis 16 Blätter auf 1 Liter). Oder den Fischfond mit Gräten gelatinöser Fische (z. B. Plattfische) bereiten.

Fischglace, kräftiger, eingedickter Fischfond.

Fischgrundsauce, → weiße Fischgrundsauce, → braune Fastengrundsauce.

Fischkartoffeln: rohe, länglich geschnittene Kartoffeln in Salzwasser gar kochen, abgießen, mit gehackter Petersilie bestreuen, heiße Butter darübergießen. Beigabe zu gedünstetem Fisch.

Fischkessel, langer, schmaler Kessel mit Sieb- oder Locheinsatz und Dekkel. Auf dem Einsatz werden die Fische über Wasserdampf gegart.

Fischklößchen, gebacken: 250 g frisch gekochte Kartoffeln pürieren, mit 25 g Butter und 1 Ei verarbeiten, 250 g gekochten Kabeljau fein zerpflückt unter die Kartoffelmasse mischen, pikant würzen, kleine Kugeln formen, panieren und in Fett schwimmend backen; dazu gebackene Petersilie und Tomatensauce.

Fischklöße: entgrätetes, rohes Hechtfleisch, eingeweichte, gut ausgedrückte Brötchen sowie gehackte, hell angeschwitzte Zwiebel mehrmals durch den Fleischwolf drehen, mit rohem Eiweiß, Salz und Pfeffer verarbeiten, die Fischfarce mit Eßlöffeln zu eiförmigen Klößen formen, in gefettetes Kochgeschirr setzen, Fisch- oder helle Fleischbrühe hinzufügen, zugedeckt gar dünsten; den Fond mit weißer Mehlschwitze dicken und mit Eigelb und Sahne binden.

Fischkrapfen: gegarten Fisch enthäuten und entgräten, in Stücke teilen, mit Zitronensaft, Öl, Salz und Pfeffer marinieren, durch Backteig ziehen und in Fett schwimmend abbacken; dazu Zitronenspalten und gebackene Petersilie.

Fischmayonnaise: gekochten Fisch enthäuten und entgräten, zerpflücken oder in Stücke schneiden, mit etwas Essig und Salz marinieren, mit Mayonnaise auf frischen Kopfsalatblättern anrichten, mit hartgekochtem Ei, Sardellenfilets, Pfeffergurken und Kapern garnieren.

Fischmilch (Fischmilcher), Sperma der See- und Süßwasserfische. Karpfenmilch gilt als Delikatesse. Gern verwendet wird auch frische Heringsmilch.

Fischpfefferkuchen, einfacher brauner Pfefferkuchen in Kastenform, der gerieben für Fischsaucen verwendet wird. Handelsware.

Fischrissolen, feingewürzte Fischfarce auf kreisförmig ausgestochenen Blätterteig setzen, zu Halbmonden zusammenfalten, in Fett schwimmend abbacken, mit gebackener Petersilie garnieren.

Fischrogen, Eier der Fische, meist gesalzen oder geräuchert. Störrogen gilt als Delikatesse (→ Kaviar).

Fischrollen: gekochten Fisch (Reste) zerzupfen, mit gehackter, gedünsteter Zwiebel, Petersilie und Ei vermischen, mit Salz, Pfeffer und Muskatnuß würzen; die Fischfarce auf einseitig gebackene, dünne Eierkuchen streichen, zusammenrollen, in etwa 2 cm dicke Scheiben schneiden, in Ei und Paniermehl wenden, in Fett schwimmend backen; dazu Blumenkohl, Rosenkohl o. a.

Fischsalat: gekochten Fisch zerpflücken und mit gehackten Zwiebeln und Kräutern in Essig-Öl-Marinade einlegen, mit Mayonnaise binden, mit Eiervierteln, Sardellenstreifen, Scheibchen von Pfeffergurken, Tomaten, gefüllten Oliven usw. garnieren.

Fischsauce, weiße, → weiße Fischgrundsauce.

Fischsud (Courtbouillon), Flüssigkeit zum Kochen oder Dämpfen von Fisch. Fischsud für Süßwasserfische: 1 kleine Mohrrübe und 1/2 Zwiebel in Scheiben schneiden, Petersilie, Thymian, Kerbel, 1 Stückchen Lorbeerblatt, einige Pfefferkörner und 1 EL Salz hinzufügen, mit 1/2 l Wasser und 1/2 l trockenem Weißwein auffüllen. Fischsud für Seefische: 1 l Wasser und 1 EL Salz.

Fischsuppe, bunte: Meeresfrüchte wie Muscheln, Garnelen, Krebse, Scampi, Tintenfische usw. aus Schale bzw. Panzer lösen und mit zerkleinertem Suppengemüse und enthäuteten Tomaten in Olivenöl anrösten, mit trockenem Weißwein ablöschen, mit Salz, Chilipfeffer, etwas Safran, Orangenschalenabrieb und ein paar Tropfen frisch gepreßtem Knoblauchsaft würzen, mit Wasser aufgießen und etwa 15 Minuten kochen lassen; dann Fischstücke (am besten frischen Seefisch, aber weder Hering noch Lachs) hinzufügen und bei schwacher Hitze 10 bis 15 Minuten garziehen; in Butter geröstete Weißbrotwürfel darüber streuen.

Fischsuppen, Spezialität vieler Mittelmeerländer, z. B. Bouillabaisse (Frankreich), Cacciucco (Italien), Cassola (Sardinien), Zarzuela (Spanien).

Fischvelouté, → weiße Fischgrundsauce.

Fish and Chips (Fish'n'Chips), englisches Nationalgericht aus gebackenem Kabeljau und Kartoffelchips. Da immer weniger Kabeljaue in die Netze gehen, tritt zunehmend der kalorienreichere Schellfisch an seine Stelle.

Fiskeboller, dänisches Nationalgericht: 125 g Mehl in 1/4 l leicht gesalzenes, kochendes Wasser einrühren; den Teig nach dem Erkalten mit etwas Butter glattrühren und kleingewürfeltes frisches Fischfleisch untermischen, daraus Klöße formen, in Weißwein gar dünsten; die Brühe mit heller Mehlschwitze verkochen und Kapern in die Sauce geben.

Fisolen, österreichische Bezeichnung für grüne Bohnen.

Fisolen, eingebrannte, österreichische Spezialität: grüne Bohnen in reichlich Salzwasser weich kochen, abtropfen, mit heller Zwiebel-Mehlschwitze binden und mit Essig würzen.

Fizzes, erfrischende Mischgetränke, die Zitronensaft und Mineralwasser enthalten. Sie werden als Longdrinks mit einem Strohhalm serviert. – *Rezepte:* Cream Fizz, Gin Fizz, Golden Fizz, Helvetia Fizz, Old Joe Fizz.

Fladen, → Eierkuchen, auch Bezeichnung für Blechkuchen.

Flädle, schwäbische Spezialität: sehr dünne Eierkuchen, die in einer mit Räucherspeck ausgeriebenen Pfanne gebacken und mit Haschee oder Konfitüre gefüllt werden.

Flädlesuppe, schwäbische Spezialität: würzige Fleischbrühe mit streifig geschnittenem Eierkuchen als Einlage.

Flageolets, → grüne Bohnenkerne.

flamande, à la: → flämische Art.

Flambales, Früchte in hochprozentigem Branntwein, z. B. Ananas in Arrak, Äpfel in Calvados, Aprikosen in

Weinbrand, Birnen in Gin, Erdbeeren in Weinbrand, grüne Feigen in Weinbrand oder Wodka, Pflaumen in Armagnac, Stachelbeeren in Gin.

Flambées, flambierte Speisen.

flambieren (frz: flamber = abflammen), die Dämpfe einer über eine Speise gegossenen alkoholischen Flüssigkeit kurz abbrennen lassen, um der Speise einen besonderen Geschmack zu verleihen. Zum Flambieren eignet sich jeder aromatische Branntwein wie Weinbrand, Aquavit, Kirschwasser, Rum, Whisky usw. Der Branntwein wird in einer kleinen Schöpfkelle erhitzt, an der Gas- oder Spiritusflamme angezündet und brennend über die heiße Speise gegossen. Dabei verbrennt der Alkohol, und die Aromastoffe dringen in die Speise ein. Da das Flambieren sehr festlich wirkt und den Appetit anregt, wird es gern vor den Gästen zelebriert. Zum Flambieren eignen sich besonders kleine Fleisch-, Geflügel- und Eierspeisen.

Flambierpfanne, schwere Kupferpfanne, innen verzinnt oder versilbert, zum Flambieren von Speisen.

flamboyant, eine Speise brennend servieren, → flambieren.

Flamiche, La -, französische → Porreepastete.

flämische Art (à la flamande): gedünstete Wirsingkugeln, glasierte Mohrrübchen, weiße Rüben, Scheiben von gekochtem Rauchspeck oder Knoblauchwurst, Salzkartoffeln und Bratensaft zu Fleisch. – Fisch in hellem Bier und Fischfond dünsten, den Fond mit Mehlbutter binden, gehackte Kräuter zugeben.

flämischer Salat: Streifen von Chicorée und gekochten Kartoffeln, gehackte Salzheringe und gebackene Zwiebelringe in Kräutermarinade.

Flammeri (frz: flammer = flammen), beliebte kalte Süßspeise (Pudding): Grieß, Reis, Kartoffelmehl, Sago oder Grütze mit Zucker in Wasser oder Weißwein kochen und mit Eigelb und steifgeschlagenem Eiweiß verrühren, die Masse in Formen füllen, erkalten lassen, stürzen und mit Kompottfrüchten, Fruchtsaft oder kalter Vanillesauce anrichten. – *Rezept:* Grießflammeri.

Flaschentomate, längliche, kernarme aromatische Tomate, die überwiegend für Konserven verwendet wird (Schältomaten), aber auch für Saucen und Salate geeignet ist.

Fleck, → Kaldaunen.

Fleisch, Muskelgewebe der Tiere, im engeren Sinne der Schlachttiere (Rind, Kalb, Hammel, Lamm, Schwein). Das Fleisch besteht zu etwa 75% aus Wasser, zu 21,5% aus Eiweißstoffen, der Rest sind Fett, Mineralstoffe, Vitamine usw. Fleisch gehört wegen seines Eiweißgehalts zu den wichtigsten und wegen seines angenehmen Geschmacks zu den beliebtesten Nahrungsmitteln.

Fleischauszug (Glace), → Fleischextrakt.

Fleischbällchen, → Fleischklößchen.

Fleischbrühe (Bouillon, Consommé): Rindfleisch mit kaltem Wasser ansetzen, nach dem Abschäumen Wurzelwerk, angeröstete Zwiebel und wenig Salz hinzugeben, 4–5 Stunden schwach kochen lassen, mehrmals abschäumen. Um sie zu klären, verquirlt man in der siedenden Brühe ein frisches Eiweiß, nimmt den Topf vom Feuer und gießt die Brühe nach etwa 10 Minuten durch ein feines Haarsieb. Das auf der Brühe schwimmende Fett saugt man ganz einfach mit Küchenkrepp ab. – Fleischbrühe kommt auch in Pulver-, Pasten- oder Würfelform in den Handel.

Fleischextrakt, stark konzentrierte, pastenartige Fleischbrühe von unbegrenzter Haltbarkeit, eine Erfindung des deutschen Chemikers Justus von Liebig (1803–1873), um den Fleischüberschuß in Uruguay und Argentinien zu nutzen. Liebigs Fleischextrakt enthält 19,5% Wasser, 60,1% organische Substanzen und 20,4% Mineralstoffe. Fleischextrakt regt den Appetit an, fördert die Verdauung und wird zur Herstellung von Fleischbrühe und zur Verfeinerung vieler Suppen, Saucen und Fleischgerichte verwendet.

Fleischfarce, für Füllungen und Klößchen: 250 g Schweinefleisch durch den Fleischwolf drehen, mit 100 g entrindetem Weißbrot, das mit Sahne eingeweicht wurde, 1 Ei, gehackten und in Butter angeschwitzten Schalotten, Salz, Pfeffer und 1 Schuß Madeira verarbeiten. Die Farce kann mit Geflügelleber, Knollensellerie, Maronen u. dgl. geschmacklich abgewandelt werden.

Fleischfondue, → Fondue bourguignonne.

Fleischfüllung, → Fleischfarce.

Fleischgelee, kräftige, klare Fleischbrühe, die durch Mitkochen von Kalbsfüßen oder durch Zusatz von Gelatine (→ Gelee) beim Erkalten erstarrt.

Fleischglace, → Fleischextrakt.

Fleischjus, → Jus.

Fleischklopse, → Frikadellen.

Fleischklößchen, Beilage zu Suppen, Saucen usw.: 125 g Kalbsnuß durch den Fleischwolf drehen, die Masse mit 1 EL Butter, 1 EL Sahne, 1 Ei, 4–5 EL Paniermehl, Salz und Pfeffer verarbeiten, mit Hilfe eines Teelöffels zu winzigen Klößchen formen, die Klößchen in der Suppe oder in Fleischbrühe gar kochen.

Fleischklöße, → Frikadellen.

Fleischküchel, → Frikadellen.

Fleischlaiberl, österreichische Bezeichnung für → Frikadellen.

Fleischpflanz(er)l, → Frikadellen.

Fleischsaft, → Jus.

Fleischsalat, Rezeptbeispiel: gebratene oder gekochte Fleischreste in kleine, dünne Scheiben schneiden, mit Würfeln von Essiggurken und Salzheringen sowie mit gehackten Zwiebeln vermischen und mit saurer Sahne, Zitronensaft, Senf und geriebenem Meerrettich anmachen.

Fleischsalat auf Teufels-Art: gekochtes Rindfleisch (ohne Fett), Äpfel, grüne Paprikaschoten und Pfeffergurken in Streifen schneiden, mit einer Sauce aus Tomatenmark, Tomatenketchup, geriebenem Meerrettich, Zitronensaft, Worcestershiresauce, Salz, Cayennepfeffer, Senfpulver und Öl binden; mit Eierscheiben und gehackter Petersilie garnieren.

Fleischspeck, durchwachsener Räucherspeck.

Fleischtomaten, saftarme, fruchtfleischreiche Tomaten, 100–250 g, nicht selten bis 1000 g schwer, besonders zum Füllen und für Salate geeignet.

Fleischwolf (Fleischmaschine), elektrisch betriebenes Küchengerät zum Mahlen von Fleisch u. dgl. Beim Mahlen wird das Fleisch erhitzt, wodurch seine Bindefähigkeit stark beeinträchtigt wird. Daher sollte das zu mahlende Fleisch zuvor gut abgekühlt werden. Auch zwischen mehreren Mahlgängen ist das Fleisch im Kühlschrank ausreichend durchzukühlen.

Fleurons (frz: fleurir = schmücken), kleine Blätterteiggebäcke in Halbmond- oder Dreiecksform, die verschiedenen Speisen, wie Frikassees, Kalbsbries, Kalbshirn usw., als Garnitur beigegeben werden. – Die Bezeichnung »Blätterteig-Fleurons« ist eine Tautologie, denn Fleurons bestehen immer aus Blätterteig.
Fleury, à la: Kartoffelkroketten, mit gebratenen Kalbsnierenscheibchen bedeckt, und tomatierte Kraftsauce zu kleinen Fleischstücken. – André Hercule de Fleury, 1653–1743, französischer Kardinal und Staatsmann, Lehrer Ludwigs XV.
Fliederbeeren, → Holunder.
Fliederkaltschale: heiße Milch mit wenig Vanille und Zimt würzen, über frische Fliederblüten (Holunderblüten) gießen, passieren, mit Eigelb binden, eiskalt auftragen; dazu Löffelbiskuits.
Flip-Flap: 1 frisches Ei, 2 BL Zucker, 1 BL Zitronensaft, 1/2 Glas Sherry, gut schütteln, mit kaltem Sekt auffüllen.
Flips, Mischgetränke, die immer ein frisches Ei enthalten. Sie sind erfrischend, nahrhaft, bekömmlich und kräftigend. – *Rezepte:* Boston Flip, Brandy Flip, Champagner Flip, Flip-Flap, Madeira Flip, Mocca Flip, Porto Flip, Royal Clover Club Flip, Rum Flip, Sherry Flip.
Flodni, jüdischer Kuchen: aus 500 g Mehl, 300 g Butter, 4 Eiern, 100 g Zucker und 1/2 Glas Weißwein einen Teig kneten, den Teig in fünf gleiche Teile teilen und ausrollen; die erste Teigplatte mit Pflaumenmus bestreichen, die zweite Platte daraufsetzen und mit Nußfüllung (250 g geriebene Haselnüsse, 1 Handvoll Rosinen, 3 EL Zucker) belegen, die dritte Platte daraufsetzen und mit Mohnfüllung (250 g gemahlener Mohn, 3 EL Zukker, 3 EL Weißwein, 1 geriebener Apfel, 5 EL Honig, 1 Handvoll Rosinen) bestreichen, die vierte Platte aufsetzen und mit Apfelfüllung (3–4 gedünstete Äpfel, 3 EL Zucker, Zimt) belegen und mit der fünften und letzten Teigplatte zudecken; den Flodni mit verquirltem Ei bestreichen und langsam bei mäßiger Hitze backen.
Flomenschmalz, → Schweineschmalz.
Florentiner, Mandelgebäck: 100 g grobgehackte Mandeln, je 50 g grobgehacktes Orangeat und Zitronat, 100 g Zucker, 2 EL Honig, 1 Päckchen Vanillezucker, 50 g Mehl und etwas Zimt mischen, in 1/8 l heiße Sahne einrühren, 50 g Butter hinzufügen, in flachen Fladen auf eingefettetes Backblech setzen, goldgelb bakken, die Unterseite mit Kuvertüre überziehen.
Florentiner Art (à la florentine): Grießkroketten mit geriebenem Parmesankäse, winzige in Öl gebratene Spinatfladen und tomatierte Kraftsauce zu Fleisch. – Fisch auf gedünsteten Spinatblättern anrichten, mit Mornaysauce bedecken und überbakken.
Florentiner Salat: Streifen von Bleichsellerie, roter Paprikaschote, Brunnenkresse und rohem Spinat in Essig-Öl-Marinade.
Florian, à la: gedünsteter Kopfsalat, glasierte Karotten und Zwiebelchen, Schmelzkartoffeln und gebundener Fond zu geschmortem Fleisch. – Florian, Landesheiliger von Oberösterreich und Patron gegen Feuers- und Wassergefahr.
Floridasalat: Ananas-, Bananen- und Grapefruitscheibchen mit Sahne-

mayonnaise binden; gehackte Walnußkerne darüberstreuen.

Flott, nordwestdeutsche Bezeichnung für → Sahne.

Flugente (Türkenente), Sammelbezeichnung für Enten mit kräftigerer Brustmuskulatur und niedrigerem Fettansatz, also Enten, die auch fliegen können, aber keine Wildenten o. ä. sind. Sie wiegen um 1,6 kg, Erpel um 3 kg.

Flunder, schollenähnlicher Plattfisch mit rauhen Stellen an den Flossenansätzen, am Kopf und an den Seiten. Die Flunder wird 30–40 cm, selten auch 50 cm lang; sie lebt in allen europäischen Küstengewässern und kommt frisch oder geräuchert in den Handel. Die Flunder wird wie → Scholle zubereitet.

Flußbarsch, → Barsch.

Flußkrebs, → Krebs.

Flußkresse, → Gründling.

Flußschiffer-Art (à la batelière): gedünstete Champignons und Zwiebelchen, Krebse, gebackene Eier und Weißweinsauce zu Fisch.

Focaccia, italienischer Teigfladen: 20 g Hefe in einer Tasse Wasser oder Wein auflösen, die Hefelösung mit 1 TL Salz und 2 EL Olivenöl über 300 g Mehl gießen, das Ganze zu einem glatten Teig verkneten, den Teig zudecken und etwa eine Stunde gehen lassen; ein Backblech einfetten und mit Salz bestreuen, den Teig fingerdick ausrollen und auf das Blech breiten, mit der Gabel einige Male einstechen, mit Öl bestreichen, nach Rezept belegen und die Focaccia bei 220°C etwa 20 bis 25 Minuten backen. Als Belag empfehlen sich Mozzarella, frischer Schafkäse mit Walnußkernen oder mit Räucherspeck, schwarze Oliven mit Tomaten, Sardinen mit gehackten Knoblauchzehen usw.

Fogasch (Fogosch, Fogas), ungarische Bezeichnung für → Zander.

Foie gras, französische Bezeichnung der → Gänseleber.

foncieren (frz: foncer = den Boden bereiten), eine Kuchen- oder Pastetenform mit Teig oder eine Kasserolle mit Wurzelgemüsen, Speckscheiben usw. auslegen.

Fond (frz: Grundlage), Flüssigkeit, die beim Kochen, Dünsten oder Braten von Fleisch, Wild, Geflügel, Fisch, Gemüse usw. gewonnen wird. Der Fond enthält die Geschmacksstoffe und viele wertvolle Bestandteile der gegarten Speise. Ein kräftiger Fond ist die natürlichste Grundlage jeder guten Sauce. Er begründet die geschmackliche Verbindung zwischen Speise und Sauce. Beispiele: Bratenfond (Bratensatz), brauner Fond, Kalbsfond, Geflügelfond, Wildfond, Fischfond, Muschelfond, Champignonfond, Trüffelfond. Auch Handelsware.

Fond d'artichauts, → Artischockenböden.

Fondant (Schmelzglasur; frz: fondre = schmelzen), konzentrierte Zuckerlösung, so dick eingekocht, daß an dem eingetauchten Stiel des hölzernen Rührlöffels ein kleiner Zuckerballen zurückbleibt. Zum Gebrauch wird der Fondant leicht angewärmt und ggf. mit Branntwein, Likör, Schokolade oder Kaffee aromatisiert.

Fondantkartoffeln, → Schmelzkartoffeln.

Fondants, Speisen, die leicht auf der Zunge zergehen, die man verzehren kann, ohne die Zähne beanspruchen zu müssen. Es gibt die bekannten süßen Fondants, z. B. gefüllte Bonbons, und die weniger bekannten Fleisch- oder Geflügelfondants, auch → Schmelzkroketten genannt.

Fondue (frz: fondre = schmelzen), schweizerisches Gericht aus geschmolzenem Käse, Weißwein, Kräutern und Gewürzen, ursprünglich ein deftiges Hirtengericht, heute ein beliebtes Essen im Freundeskreise. Das berühmteste Käsefondue ist das Fondue Neuchâteloise (Neuenburger Fondue). – Nicht minder beliebt ist das Fleischfondue, das Fondue bourguignonne (Burgunder Fondue).

Fondue bourguignonne (Burgunder Fondue, Fleischfondue): einen Fonduekessel – am besten aus verzinntem Kupfer – mit 1/2 l Öl füllen, das Öl auf einem Spirituskocher (Réchaud) bis fast zum Siedepunkt erhitzen, rohes Rindfleisch (vom Filet oder flachen Roastbeef) in mundgerechte Würfel schneiden, je ein Fleischstückchen auf eine lange Fonduegabel spießen, kurz in das heiße Öl tauchen, durch eine kalte Würzsauce ziehen und verspeisen. Als Würzsauce eignen sich Mayonnaise, Remoulade, Ketchup, Vinaigrette usw. Dazu werden Perlzwiebeln, Pfeffergürkchen, Mixed Pickles usw. sowie Weißbrot gereicht. Anstelle der Rindfleischwürfel können auch kleine, pikant gewürzte Fleischklößchen verwendet werden.

Fondue Neuchâteloise (Neuenburger Fondue, Käsefondue): eine irdene Kasserolle (Caquelon) mit einer Knoblauchzehe ausreiben, je 250 g feingewürfelten Emmentaler und Greyerzer Käse hineingeben, 1/2 Flasche guten Weißwein dazugießen, die Kasserolle auf einen Spirituskocher (Réchaud) stellen und den Käse langsam schmelzen lassen, dabei fleißig mit einem Holzlöffel rühren, mit Pfeffer und Muskatnuß würzen; sobald das Fondue schön geschmeidig ist, ein Gläschen Kirschwasser hinzufügen. Jeder spießt sich nun mit einer langen Fonduegabel ein Stückchen Weißbrot, taucht es in das Fondue und verspeist es. Wer ein Brotstückchen in dem Topf verliert, zahlt ein Pfand. Wenn das Fondue zur Hälfte verzehrt ist, trinken die Schweizer gern einen klaren Obstbranntwein (Obstwasser). Auf Wein sollte man verzichten, denn er macht das Käsefondue schwer verdaulich. – Käsefondue gibt es mit allen Zutaten küchenfertig im Handel.

Fonduta, italienisches Käsefondue, zubereitet aus Fontinakäse, Eigelb, Milch, Butter und Scheibchen weißer Trüffeln; dazu geröstete Weißbrotwürfel.

Fontainebleau, à la: Herzoginkartoffeln, mit verschiedenen jungen Gemüsen gefüllt, und Bratensaft zu kleinen Fleischstücken. – Fontainebleau, berühmtes Schloß bei Paris.

Fontina, halbweicher Schnittkäse aus dem Aostatal (Italien). 45% Fett i. Tr.

Forelle, lachsartiger Süßwasserfisch, der kühle, klare, fließende Gewässer bevorzugt und in zahlreichen Arten vorkommt. Die *Bachforelle,* die »kleine Tänzerin«, ist der schmackhafteste und daher begehrteste Forellenfisch, gewissermaßen das Nonplusultra der Süßwasserfauna. Zahlreiche rote und schwarze blauumrandete Flecke geben dem Fisch ein lustiges Aussehen. In sprudelnden Gebirgsbächen, oft bis 2 500 m hoch, jagt die Forelle Insekten, Würmer, kleine Fische, Krebse und Frösche. Gefangen wird sie das ganze Jahr über, doch am besten schmeckt sie in den Monaten mit »i«, also von Mai bis Juli, in der Zeit der kurzen Nächte. – Um die wachsende Nachfrage befriedigen zu können, führte man 1880 aus Nordamerika die *Regenbogenforelle* ein, die wesentlich robuster als die kleine Bachforelle ist und in Teichen und Bassins gezüchtet und gemästet werden kann. Was heute in Fischgeschäften und Restaurants als Forelle angeboten wird, ist nichts anderes als Regenbogenforelle, die zwar nicht übel schmeckt, aber keinem Vergleich mit der zarten, deliziösen Bachforelle standhält. Wichtigstes Unterscheidungsmerkmal der Regenbogenforelle ist der rötliche Streifen längs der Seitenlinie. – Forellen werden bis 40 cm lang und nicht selten bis 6 kg schwer, doch das beste Fleisch haben junge Fische bei einem Gewicht von höchstens 250 g. – Der Ruhm, die Forelle für die Küche entdeckt zu haben, gebührt den Mönchen des Mittelalters.

Forelle auf Bettler-Art: eine ausgebutterte feuerfeste Schüssel mit feingehackter Zwiebel auslegen, die leicht gesalzenen Forellen daraufsetzen, leicht anschwitzen, gehackte, rohe Champignons darüberstreuen, ein Glas Weißwein hinzugießen, im Ofen zugedeckt gar dünsten; den Fond mit brauner Fastengrundsauce verkochen, über die angerichteten Forellen gießen, mit geriebenem Weißbrot bestreuen, Butter darüberträufeln, im Ofen überkrusten.

Forelle blau: die Forelle erst unmittelbar vor der Zubereitung töten, sonst werden sie nicht schön blau, schnell ausnehmen und waschen, ohne den Schleim abzustreifen, in siedendes Salzwasser geben, etwa 8 Minuten (bei mittelgroßem Fisch) garziehen lassen – bei einer frisch getöteten Forelle muß die Haut aufplatzen –; die Forelle mit Zitronenspalten und Petersilie garnieren; dazu zerlassene Butter oder holländische Sauce und Fischkartoffeln, auf Wunsch auch Meerrettichsahne.

Forelle Gavarnie: möglichst kleine Forellen mit Kräuterbutter bestreichen, in Alufolie wickeln, im Ofen gar dünsten und heiß in der Hülle anrichten; dazu braune Butter und Salzkartoffeln.

Forelle in Gelee: Forelle mit etwas Essig und Gewürzen in Weißwein garziehen lassen, die Filets in Aspikformen setzen, mit Fischgelee oder Rotweingelee ausgießen.

Forelle auf Maconer Art: die Forelle in Rotwein garziehen lassen; den Fond mit etwas Fleischextrakt einkochen, mit Mehlbutter binden, salzen und pfeffern, mit frischer Butter aufschlagen und über die Forelle gießen, mit gedünsteten Champignons und hellglasierten Zwiebelchen umrahmen; dazu Salzkartoffeln.

Forelle auf Müllerin-Art: die Forelle durch Milch, die leicht gesalzen und gepfeffert wurde, ziehen, in Mehl wenden, in heißer Butter braun braten, mit Zitronensaft beträufeln, gehackte Petersilie darüberstreuen und mit brauner Butter begießen; dazu Petersilienkartoffeln.

Forelle in Sahne: Forelle salzen und pfeffern, mit gehackten Kräutern in Zitronensaft und etwas Wasser gar dünsten; den Fond mit Sahne verkochen und über die Forelle gießen, mit geriebenem Weißbrot bestreuen, mit zerlassener Butter beträufeln und im heißen Ofen kurz überkrusten.

Forelle à la vinaigrette: blau gekochte Forelle in Vinaigrette (kalte Kräutersauce) einlegen.

Forellenfilets, geräuchert, am besten in Wacholderrauch; dazu Preiselbeermeerrettich, Butter und Brot.
Forellenstör, → Lotte.
Förster-Art (à la forestière): gebratene Morcheln, gebratene Rauchspeckwürfel, Parmentierkartoffeln und Kraftsauce zu Fleisch, Wild oder Wildgeflügel.
Försterinsalat: winzige gekochte Kartoffeln und gedünstete Morchelscheibchen getrennt mit Speckmarinade anmachen; mit gehackter Petersilie bestreuen.
four, au -: Fleischstücke im Ofen gebacken oder überbacken.
Fourniture (frz: Zutat), eine sorgsam zusammengestellte Kräutermischung aus gehackten Schalotten, Kerbel, Bibernelle, Schnittlauch, Kresse, Petersilie usw. für Salate.
Fou-Young, chinesisches Eiergericht: leicht geschlagene Eier mit Salz, Pfeffer, Knoblauchpulver, Sojasauce und Sherry würzen, in kleine Würfel oder Streifen geschnittenes Fleisch, Schinken, Geflügel, Gemüse, Pilze, Garnelen hinzufügen, wie Omelett in Öl backen.
Foyotsauce (Sauce Foyot): Béarner Sauce mit etwas Fleischextrakt abwandeln. Zu gebratenem Rind- oder Hammelfleisch.
française, à la: → französische Art.
Francillonsalat: gekochte Kartoffeln in Scheiben und entbartete Muscheln noch warm in Weißwein einlegen und mit Essig-Öl-Marinade anmachen; evtl. mit Trüffelscheibchen garnieren.
Frangipanecreme, Füllcreme für Torten und Gebäck: → Konditorcreme mit grobgestoßenen Makronen vermischen.
Frankenweine, Weine aus dem Maintal zwischen Hanau und Bamberg. Die meist herben Weine sind bekömmlich und kräftigend. Einige Frankenweine, wie Steinwein, Leisten, Pfaffenberg usw., kommen im Bocksbeutel, einer gedrungenen Flasche mit plattgedrücktem Bauch, in den Handel.
Frankfurter Klöße: Mehl und Milch zu einem halbfesten Teig verarbeiten, zerlassene Butter, Eier, etwas abgeriebene Zitronenschale, Salz und Muskatnuß hinzufügen, in Butter geröstete Semmelwürfel unter den blasig geschlagenen Teig geben, mit dem Eßlöffel Klöße abstechen, die Klöße in Salzwasser gar kochen; braune Butter darübergießen.
Frankfurter Kranz: 125 g weiche Butter mit 4 Eiern und 125 g Zucker verrühren, 125 g Mehl und 75 g Kartoffelmehl sowie 1 Beutel Backpulver hineinarbeiten, in ausgefettete hohe Rundform füllen und backen; den Kranz waagerecht in drei oder vier Teile schneiden, die Teile mit Buttercreme, die mit Vanille, Rum oder Kirschwasser aromatisiert wurde, wieder zusammensetzen, den Kranz mit Buttercreme überziehen, mit gestoßenem Krokant bestreuen, mit Konfitkirschen und Pistazien garnieren.
Frankfurter Salat: Scheiben von gekochten Kartoffeln und roten Rüben, Apfelscheiben, gehobelter Rotkohl in Essig-Öl-Marinade; mit Eierscheiben garnieren.
Frankfurter Sauce: sehr fein gehackte Kräuter (Petersilie, Kerbel, Estragon, Borretsch, Majoran, Sauerampfer) mit hartgekochtem Eigelb verarbeiten, durch ein Sieb streichen, die Paste mit Senf, wenig Salz und Pfeffer sowie etwas Essig verrühren, mit Öl zu einer Mayonnaise aufschla-

gen. Zu kaltem Braten, Suppenfleisch, gebackenem Fisch.

Frankfurter Würstchen, Brühwürstchen aus magerem Schweinefleisch und Speck, gewürzt, geräuchert.

Franziskanertopf: Kalbssteaks in Butter braten, salzen, pfeffern und in heißen Keramiktöpfchen anrichten, mit verschiedenen, in Butter geschwenkten Gemüsen (Erbsen, Karotten, Prinzeßbohnen, Spargelspitzen, Tomatenpaprika usw.) bedecken; dazu Toastbrot mit Butter, Gabelbissen, Räucherlachs, Krabben, Ölsardinen, Eierscheiben, Kräuterkäse usw.

französische Art (à la française): Spinat und Annakartoffeln zu Fleisch. – Torteletts mit jungen Gemüsen, gedünsteter Kopfsalat, mit holländischer Sauce überzogene Blumenkohlröschen und Madeirasauce zu kleinen Fleischstücken.

französische Marinade, für Salate: 3 Teile Öl, 1 Teil Weinessig, gehacktes Ei, Petersilie, Estragon, Kerbel, Salz und Pfeffer.

französische Sahnesauce (Sauce fleurette): holländische Sauce mit Sahne verrühren. Zu gekochtem Fisch oder feinem Gemüse.

französischer Selleriesalat: feingeschnittenen Bleichsellerie in Essig-Öl-Marinade, die mit gehackten Sardellenfilets, Senf und etwas Knoblauch abgewandelt wurde.

französischer Senf, → Senf.

Frappés (frz: frappé = gekühlt), Eisgetränke, stark gekühlte Getränke.

frappieren (frz: frapper = kühlen), eine Speise oder ein Getränk zwischen Eisstücken oder im Kühlschrank stark abkühlen.

Frascati, italienischer Weißwein aus dem Weinbaugebiet Castelli Romani in der Provinz Rom; der Wein ist strohgelb, meist trocken und enthält mindestens 11,5 Vol. % Alkohol.

Frascati, à la: Spargelspitzen, Champignons, Trüffeln, gebratene Gänseleberscheiben, Herzoginkartoffeln in Form kleiner Halbmonde und Bratensaft zu Fleisch. – Frascati, berühmtes Londoner Restaurant des 19. Jahrhunderts, benannt nach der gleichnamigen italienischen Stadt in den Albaner Bergen bei Rom.

Freezes, Mischgetränke aus pürierten Früchten, einem passenden Branntwein, z. B. Kirschwasser zu Sauerkirschen, und reichlich geschabtem Eis.

French-Dressing, Salatsauce: 3 Teile Öl, 1 Teil Weinessig, Salz, Pfeffer und etwas französischer Senf.

French Pousse Café: 1/4 Chartreuse grün, 1/4 Maraschino, 1/4 Cherry Brandy rot, 1/4 Kümmelbranntwein. Die Getränke in der angegebenen Reihenfolge vorsichtig eingießen, nicht umrühren.

Friandises (frz), kleine Leckerbissen.

friesischer Pfannfisch: Seefisch in grobe Würfel schneiden, salzen und mehlen, mit feingehackten Zwiebeln in Butter anbraten, mit Salz und Senf würzen; eine Bratpfanne mit Scheiben von Salzkartoffeln auslegen, den Fisch darauf verteilen und mit Kartoffelscheiben bedecken, in Butter knusprig braten, mit Petersilie bestreuen.

Frijolebohnen, rötlich braune Bohnenkerne, die in den wärmeren Zonen Amerikas angebaut und wie → weiße Bohnen zubereitet werden.

Frikadellen (Frikandellen, Fleischklopse, Fleischklöße, Fleischküchel, Fleischlaiberl, Fleischpflanzl), abgeplattete runde oder ovale Klöße aus Fleisch, Geflügel, Wild oder Fisch, fast immer paniert und gebraten. Die

Hauptzutat wird durch den Fleischwolf gedreht oder püriert, mit Eiern, oft auch mit Zwiebeln und gehackter Petersilie verarbeitet, mit Salz, Pfeffer und Muskatnuß gewürzt, zu flachen Brötchen geformt, paniert und gebraten.

Frikandeau, Fleisch der Kalbskeule, vor allem das Nußstück. Das Frikandeau wird meist gespickt, gebraten und nach Belieben garniert. Übrigens werden auch die entsprechenden Keulenstücke vom Schwein, Hirsch usw. als Frikandeau bezeichnet.

Frikassee (frz: fricassée = Sammelsurium), Ragout von weißem Fleisch in weißer Sauce. – *Rezepte:* Hühnerfrikassee, Kalbsfrikassee, Lammfrikassee.

Frischkäse, ungereifter oder wenig gereifter Käse mit leicht säuerlichem Geschmack, wie Quark, Schichtkäse, Rahmfrischkäse, Doppelrahmfrischkäse usw. – Körniger Frischkäse, »Käsebruch«, aus Magermilch, mit Sahne verfeinert, kommt unter verschiedenen Namen wie Hüttenkäse, Cottage Cheese usw. in den Handel.

Frischkäsecreme: 300 g Doppelrahmfrischkäse, 3 cl Sahne, 1/2 TL Salz, frisch gemahlener Pfeffer, sahnig rühren. Evtl. mit gehackten Kräutern, Knoblauch, Paprika, Tomatenmark abschmecken. Zum Füllen von Salzgebäck (Cracker, Brandteig, Blätterteig), Pumpernickel, Datteln, Babytomaten.

Frischling, junges Wildschwein im ersten Lebensjahr mit einem Gewicht von 25–35 kg. Besonders schmackhaft sind Rücken, Koteletts und Keule.

Frischlingskeule, süßsauer: die Keule mit Zwiebel- und Mohrrübenscheiben, Petersilie, Thymian, Lorbeerblatt und Pfefferkörnern in Weißwein und Essig mindestens einen Tag marinieren, in Fett ringsum anbraten, in der Marinade schmoren; den Fond entfetten, süßsauer abschmecken, mit Stärkemehl binden, gehackte Essigpflaumen, Orangeat und Zitronat in die Sauce geben; dazu Brot.

Frischlingskoteletts mit Kirschen: die Koteletts (je etwa 75 g) mit Salz und Pfeffer würzen, in Butter braten und auf warmer Platte anrichten; entsteinte Sauerkirschen mit wenig Zukker und Zimt in Rotwein dünsten, den Kirschsaft einkochen, mit Stärkemehl binden und mit den Kirschen um die Koteletts geben; dazu Pfeffersauce und Kartoffelkroketten.

Frischlingsrücken in Brotteig: den Sattel spicken, braten, in Scheiben schneiden, die Scheiben wieder zusammensetzen; aus geriebenem Roggenbrot, Rotwein und etwas Zimt einen dicken Brei arbeiten, den Brei über den Rücken decken, mit Butter beträufeln und im Ofen knusprig überbacken; dazu Kirschsauce.

Frisée ist eine spezielle Züchtung der Krausen → Endivie (Winterendivie).

Friteuse (frz: frire = backen), elektrisch beheizbarer Fettkessel zum Fritieren.

fritieren, in heißem Fett oder Öl schwimmend goldgelb backen.

Fritot, kleine Stücke von vorgekochtem Fleisch, Geflügel oder Fisch mit Öl, Zitronensaft und gehackten Kräutern marinieren, durch Backteig ziehen und in Fett schwimmend abbacken.

Frittatensuppe, österreichische Spezialität: Mehl, Milch, Eier, Salz und Muskatnuß zu einem leicht flüssigen Teig verarbeiten, aus dem Teig dünne Pfannkuchen backen, die ausgekühlten Pfannkuchen in Streifen schneiden und in klare Fleischbrühe geben.

Fritters (engl: to fritter = zerstükkeln), nordamerikanische Spezialität, Fruchtscheiben in Pfannkuchenteig, z. B. Apfel-, Birnen-, Bananen-, Apfelsinen-, Aprikosen-Fritters.

Fritto misto, gemischte Fritüre, italienische Spezialität: Fischstückchen, kleine Tintenfische, Garnelen, auch Gemüsestreifen usw. mit oder ohne Backteighülle in heißem Öl schwimmend ausbacken.

Fritto misto alla milanese, Mailänder Spezialität: je eine Scheibe Kalbshirn und Kalbsbries sowie einen Artischockenboden salzen, pfeffern, mehlen, durch leicht geschlagenes Ei ziehen, ferner je eine Scheibe Kalbsfilet, Kalbsleber und Kalbsniere in Mehl wenden, alles in Butter goldbraun braten, mit Salz und Pfeffer würzen, mit Petersilie und Zitronenvierteln anrichten; dazu gebutterte und mit geriebenem Parmesan überbackene Makkaroni.

Fritüre, Fettbad zum Backen von Fleisch-, Geflügel-, Fischstückchen, Kartoffeln, Gemüse usw. Die zu bakkenden Speisen werden in einem kleinen Drahtkorb in das heiße Fett gesenkt. – Fritüre nennt man auch das Backfett selbst.

Frivolités (frz: Nichtigkeiten), kleine Leckerbissen wie gefüllte Törtchen, Schiffchen und Tüten, Fondants usw.

Frou-Frou-Salat (frz: frou-frou = Knistern von Seidenkleidern, ein Salat, mit dem man »Staat machen« kann): Streifen von Chicorée, Bleichsellerie, gekochten roten Rüben und Eiweiß in Essig-Öl-Marinade, evtl. einige Trüffelstreifchen hinzufügen, Kerbel darüberstreuen.

Frucht ..., → Obst ...

Fruchtaromaliköre, zuckerhaltige Spirituosen, die ihren charakteristischen Geschmack aus Früchten, nach denen sie benannt sind, beziehen; ihr Mindestalkoholgehalt beträgt 30 Vol. %. Typische Fruchtaromaliköre sind Aprikosen-, Berberitzen-, Bergamotte-, Pfirsich-, Pflaumen-, Preiselbeer-, Schlehen-, Stachelbeerlikör sowie der → Curaçao. Der Zusatz »Triple Sec« weist auf einen Alkoholgehalt von mindestens 38 Vol. % hin.

Fruchtaufläufe, Grundrezept: 1 Tasse Milch mit 35 g Zucker aufkochen, mit 20 g Stärkemehl binden, das in etwas kalter Milch aufgelöst wurde, einige Minuten leise kochen lassen, vom Herd nehmen, 20 g Butter und 2 Eigelb hineinrühren, pürierte oder kleingeschnittene Früchte zugeben, zuletzt 3 steifgeschlagene Eiweiß unter die Masse ziehen, in eine ausgebutterte Auflaufform füllen, im Ofen backen, mit Puderzucker bestäuben.

Früchte, kandierte, → kandierte Früchte.

Früchtebrot, → Kletzenbrot.

Fruchteis, Grundrezept: Fruchtpüree oder Fruchtsaft mit etwas Zitronensaft und 32gradigem Läuterzucker (Zuckersirup) mischen, in die Eismaschine füllen, im Tiefkühlfach gefrieren lassen, kurz vor dem Festwerden leicht geschlagene Sahne unter das Eis ziehen.

Fruchtkroketten: kleine, nach Belieben mit Branntwein oder Likör aromatisierte Obststückchen durch gezuckerten Backteig ziehen, in Fett schwimmend abbacken, mit Zucker bepudern.

Fruchtsaftliköre, zuckerhaltige Spirituosen, die aus Fruchtsäften hergestellt werden; ihr Mindestalkoholgehalt beträgt 25 Vol. %. Typische Fruchtsaftliköre sind Ananas-, Brombeer-, Cassis-, Kirschlikör usw.

Fruchtsalat, → Obstsalat.
Fruchtsauce: pürierte frische Früchte mit Zucker und Weißwein schlagen, mit Zitronensaft und Likör oder Branntwein aromatisieren. Zu Puddings, Flammeris, Eis usw.
Frühlings-Art (à la printanière): verschiedene junge Gemüse und Bratensaft zu Fleisch oder Geflügel.
Frühlingspastetchen: Zwiebeln, junge Möhren, etwas Knollensellerie und Petersilienwurzel in kleine Würfel schneiden und zusammen mit frischen, jungen Erbsen in Butter gar dünsten, mit dicker weißer Grundsauce binden; in Blätterteighüllen füllen und erhitzen.
Frühlingsrolle, ursprünglich ein südostasiatisches Gericht (Loempia): eine viereckige Teigplatte (meist Eierkuchenteig) mit Sojabohnen- oder Mungbohnenkeimen und/oder verschiedenen geschnitzelten Gemüsen, eventuell auch mit Hackfleisch o. ä., belegen, zusammenrollen und in der Pfanne oder schwimmend in Fett garen.
Frühlingssalat: Scheibchen von Knollensellerie, kleingeschnittene Bohnen, junge Karotten und Blumenkohlröschen getrennt garen, abkühlen, in Essig-Öl-Marinade einlegen und ebenfalls getrennt anrichten; mit marinierten Tomatenscheiben garnieren.
Frühlingsschnittchen: kleine, dünne, geröstete Weißbrotscheiben dick mit Kräuterbutter bestreichen, mit leicht gesalzener Kresse und gehacktem Eigelb garnieren.
Frühlingszwiebeln, kleine, mildaromatische Würzzwiebeln, die nicht nur in den Frühlingsmonaten, sondern das ganze Jahr über angeboten werden. Diese Zwiebeln zeichnen sich durch einen besonders hohen Gehalt an Vitamin A und C, an Kalzium und Phosphor aus. Ihre grünen Triebe werden wie Schnittlauch verwendet. In Italien stippt man die Zwiebelchen in Salz und verspeist sie mit trockenem Brot – eine gesunde Schlankheitskost! Sonst aber fügt man sie kalten Platten, Käseplatten, Salaten hinzu, gibt sie – geschmort oder gekocht – als Gemüse zu Schweine- oder Hammelbraten, zu Pfannengerichten, Grilladen oder Fleischfondues.
Frühstück, das »Stück« Brot, das in der »Frühe« gegessen wird. Die alten Ägypter aßen als Frühstück Brot mit Zwiebeln und Porree, dazu gab es alkoholarmes Bier, weil frisches Quellwasser in Ägypten sehr selten ist. Die alten Griechen stärkten sich am Morgen mit Brotfladen, Ziegenkäse, Milch und Wein. Im alten Rom bestand das Frühstück ebenfalls aus Brot, dazu gab es Oliven und Wein. Reiche Römer bevorzugten Kuchen und Krapfen. Das germanische Frühstück bestand vorwiegend aus Hirse- oder Roggenbrei.
Frühstücksspeck, → Bacon.
Frutti di mare (ital: Meeresfrüchte), Austern, Muscheln, Garnelen, Krabben, Hummer, Langusten, Tintenfische usw.
Fuchsbeeren, → Preiselbeeren.
Füllcreme, → Konditorcreme.
Füllpasteten, → Timbalen.
Füllsel, → Farce.
Fumet (frz: Duft), Geschmacksauszug, → Essenz.
Fünfminutengulasch: Rinderfiletspitzen in kleine Würfel schneiden, mit Salz, Pfeffer und Paprika würzen, mit gehackter Zwiebel in Butter kräftig anschwitzen, den Fond mit brauner Grundsauce verkochen, mit Madeira aromatisieren und die Fleischwürfel wieder hineingeben.

Fürst-Pückler-Eis, berühmte Eisspezialität: 100 g zerbröselte Makronen mit 1 Gläschen Maraschino tränken; 1/2 l Schlagsahne mit 2 EL Puderzukker mischen und in drei Teile aufteilen; das erste Schlagsahnedrittel mit 2 cl Maraschino parfümieren, das zweite Drittel mit 3–4 EL Erdbeerpüree vermischen, das dritte Drittel mit 2 EL geriebener Schokolade färben; die getränkten Makronen gleichmäßig unter alle drei Schlagsahnearten ziehen, in eine Eisbomben- oder andere verschließbare Form schichtweise in der Reihenfolge Erdbeer, Maraschino, Schokolade füllen, im Gefrierfach erstarren lassen. – Die Mischung Himbeereis, Vanilleeis, Schokoladeneis wird zu Unrecht ebenfalls oft als Fürst-Pückler-Eis angeboten. – Hermann, Fürst von Pückler-Muskau, 1785–1871, war ein bedeutender Gartenkünstler und Reiseschriftsteller. Ein Konditormeister namens Schulz widmete dem Fürsten diese Eisspezialität.

Fusilli, italienische Teigwaren, Nudeln in Zöpfchenform, etwa 40 mm lang und 5 mm dick.

G

Will man im Laufe eines Gastmahls tüchtig zechen und auch die Speisen mit Appetit verzehren, so muß man zuvor rohen, in Essig eingelegten Kohl essen.

Cato

Gabelbissen, Heringshappen von besonders zarten, fetten Fischen (Matjes) in feiner Gewürzsauce aus Zukker, Salz, Weinessig, Dessertwein und Kräutern.

Gabrielle, à la: gehacktes Hühnerfleisch und Trüffeln, gedünsteter Kopfsalat, Rindermarkscheiben, Kartoffelkroketten und Madeirasauce zu kleinen Fleischstücken oder Geflügel.

Gadden, → Merlan.

Gaisburger Marsch, schwäbisches Eintopfgericht, bestehend aus Fleisch, Gemüse, Kartoffeln, alles grob gewürfelt, Spätzle und kräftiger Fleischbrühe. Bis 1901 war Gaisburg ein Dorf bei Stuttgart, heute ist es ein Stadtteil der baden-württembergischen Hauptstadt.

Galantinen (Rollpasteten), ursprünglich raffiniert zusammengestellte und pikant gewürzte Pasteten, eingerollt in entbeintes Geflügel, in eine Schweins- oder Lammschulter o. a. Später wickelte man die Füllung in Tücher und kochte sie in einer geleehaltigen Flüssigkeit gar. Heute werden Galantinen überwiegend in einer Form gegart, nach dem Erkalten gestürzt, mit weißer oder brauner Decksauce überzogen und mit Kirschen oder Mandarinenspalten und Pistazien dekoriert. – *Grundrezept:* Das Fleisch des betreffenden Tieres, wie Huhn, Ente, Kalb, Lamm, Reh usw., in Würfel schneiden und mit einer Farce aus Schweinefleisch und Gänseleber mit feingewürfelter Räucherzunge, Trüffeln, Pistazien und feinen Kräutern vermischen, in eine Form füllen und mit Kalbsfond gar kochen; nach dem Erkalten aus der Form stürzen und mit weißer oder brauner Chaudfroidsauce überziehen.

Galantinenfarce: 150 g Kalbfleisch, 200 g mageres Schweinefleisch und 200 g Speck feinmahlen, mit Salz und Pastetengewürz würzen.

Galette, französische Jahrmarktspezialität: gegrillte Würstchen in Pfannkuchen aus Buchweizenmehl gewikkelt.

Galgant (Siam-Ingwer), Wurzel der in Südchina und in Thailand heimischen Galgantpflanze, mit aromatischem, leicht bitterem und brennendem, ingwerähnlichem Geschmack. Die Wurzel wird getrocknet und pulverisiert und als Galgantpulver zum Würzen von Kräuterlikören und Lebkuchen verwendet.

Galiamelonen, eine süß-pikant schmeckende Abart der Netz- oder

Honigmelonen (→ Melonen). Die Galiafrüchte sind fast kugelrund und messen etwa 20 cm im Durchmesser. Unter der rauhen, netzartig gemusterten Schale verbirgt sich das gelbgrüne bis tiefgelbe Fruchtfleisch, die sonst oft lästig verteilten Kerne drängen sich in die Mitte der Frucht und sind daher leicht zu entfernen. Der herzhafte Geschmack erlaubt eine vielseitige Verwendung bei Süßspeisen wie auch bei Geflügelgerichten.

Gallatisalat: gekochte Spargelspitzen und gedünstete Champignonscheiben mit Essig-Öl-Marinade anmachen.

Gallert, Gallerte, gelierte Flüssigkeit. → Gelee, → Aspik.

gallische Art (à la gauloise): Torteletts mit Champignons, Trüffelscheibchen, Hahnenkämmen und -nieren nach → Villeroi gefüllt, Bratensaft und Weißwein zu kleinen Fleischstükken oder Geflügel.

Galuschel, → Pfifferling.

Gambas, → Shrimps.

Gambetta, à la: in Butter gebratene Auberginen und Tomaten sowie Madeirasauce zu kleinen Fleischstücken. – Léon Gambetta, 1838–1882, französischer Republikaner.

Gambettasalat: Scheibchen von Artischockenböden und Trüffeln mit gehacktem Estragon in leichter Mayonnaise.

Gambos, → Gombos.

Gams, → Gemse.

Ganachecreme: 1/10 l Sahne mit 1/20 l Milch kurz aufkochen, 150 g Schokoladenraspel hineinrühren, erkalten lassen.

Gancia, italienischer Wermutwein (Aperitif).

Ganef, → Kugli.

Gans (Hausgans), älteste gezähmte Geflügelart, die wegen ihrer zartfleischigen Brust, ihrer köstlichen Leber und ihres herrlichen Fetts schon im alten Ägypten und in Babylonien gezüchtet wurde. Am schmackhaftesten ist die Hafermastgans, die nicht älter als ein Jahr ist und von September bis Dezember geschlachtet wird. Sie wiegt bis zu 7 kg. Gänsefleisch ist kalorienreich und schwer verdaulich.

Gans auf Lyoner Art: die Gans gut anbraten, mit kleinen Zwiebelchen in Weißwein und Kraftsauce weich schmoren, dabei Maronen mitschmoren lassen, zuletzt auch Champignons und Chipolatas beifügen; dazu Weißbrot.

Gans auf Mecklenburger Art: die Gans mit geschälten, geviertelten, in Butter angedünsteten Äpfeln, vermischt mit Rosinen und Korinthen, füllen, weich schmoren; dazu mit Gänseschmalz gedünstetes Rotkraut und Maronen.

Gänsebrust, geräuchert, Handelsware. Die entbeinte Brust wird mit Salz und Salpeter eingerieben und etwa 6 Tage gepökelt, dann wird sie mit weißem Baumwollfaden zu einer dikken, runden Wurst gebunden und 2 bis 3 Tage geräuchert. Die zartesten geräucherten Gänsebrüste kommen auch heute noch aus Pommern und Mecklenburg. – *Anrichtvorschlag:* die Brust in sehr dünne Scheiben schneiden und mit gehacktem Madeiragelee garnieren.

Gänseeier wiegen 150–200 g und werden wie Hühnereier verwendet.

Gänsefett, → Gänseschmalz.

Gänseklein: Kopf, Hals, Flügel, Füße, Herz und Magen mit kleingeschnittenem Wurzelwerk in Wasser weich kochen, die Brühe mit weißer Mehlschwitze verkochen, mit Eigelb und Sahne binden, mit Salz, Muskatnuß und Zitronensaft abschmecken und über das Gänseklein gießen, dazu Salzkartoffeln.

Gänsekraut, → Beifuß.

Gänseleber, eine der ältesten Delikatessen. Schon im Altertum wurden Gänse allein wegen ihrer Leber gehalten. Und schon damals verstand man es, Gänse zu züchten, die nur aus Leber zu bestehen scheinen. Solche Stopf- oder Fettlebern können bei entsprechender Mästung bis 3 Pfund schwer werden. Der römische Schriftsteller Plinius d. Ä. (23–79 n. Chr.) schrieb: »Man kennt die Gans wegen ihrer vortrefflichen Leber, die durch die Mast besonders groß wird und sogar noch nach dem Ausnehmen fortwächst, wenn man sie in versüßte Milch legt.« – Die beste Gänseleber kommt aus dem Elsaß, aus Südwestfrankreich und aus Ungarn. Die Elsässer Leber ist leicht rosig und fest, die weiße Toulouser Leber besticht durch ihre Zartheit, die ungarische Leber ist von blaßgelber Farbe und besonders kernig. Gänseleber kommt frisch oder in Dosen konserviert in den Handel. – *Vorbereitung:* die frische Leber enthäuten und einen Tag lang mit Salz, Pastetengewürz und Weinbrand bzw. Madeira oder Portwein marinieren. – Die Trüffel ist das würdigste und feinste Pendant zur Gänseleber. Daher zählen getrüffelte Gänseleber, getrüffelte Gänseleberpastete und getrüffeltes Gänseleberparfait zu den verlokkendsten Schlemmereien.

Gänseleber, getrüffelt, als Konserve im Handel. Die Leber in Scheiben schneiden und eiskalt anrichten; dazu wird trockener Weißwein gereicht.

Gänseleber auf Jäger-Art: frische Leber in dicke Scheiben schneiden, mehlen, in Butter braten, salzen und pfeffern, auf Wildpüree anrichten, mit Jägersauce übergießen.

Gänseleber in Madeiragelee: Trüffelscheibchen und gedünstete Gänseleber oder Gänselebercreme in Aspikformen füllen, mit Madeiragelee ausgießen.

Gänseleber in Portwein: frische Leber in hauchdünne Speckscheiben wickeln, in Portwein langsam garziehen lassen, den entfetteten Fond mit Kalbsjus verkochen, salzen, pfeffern und über die Leber gießen; dazu Maronenpüree und Butternudeln.

Gänseleberauflauf: frische Gänseleber und etwas Kalbfleisch feinmahlen, mit Eigelb binden, Sahne hinzufügen, würzen, steifgeschlagenes Eiweiß unter die Masse ziehen, in ausgebutterte Auflaufform füllen und im Wasserbad garziehen lassen.

Gänseleber-Carolines: auf ein Backblech längliche Brandteighäufchen spritzen, mit Ei bestreichen, backen, nach dem Auskühlen seitlich aufschneiden und mit Gänseleberpüree füllen.

Gänselebercreme, auch tafelfertig in kleinen Dosen erhältlich: frische Gänseleber in Madeira dünsten, pürieren, mit Salz und Cayennepfeffer würzen, das Püree mit Schlagsahne, etwas Madeiragelee und dem Gänseleberfond binden.

Gänseleberklößchen: frische Gänseleber und die gleiche Menge Hühnerbrust fein pürieren, die Masse mit etwas Butter, Sahne, Ei, Paniermehl, Salz und Pfeffer verarbeiten, mit Hilfe eines Teelöffels zu kleinen Klößchen formen, die Klößchen in Hühnerbrühe gar kochen.

Gänseleberkroketten: in Madeira gedünstete Gänseleber und etwas

1 Gans 2 Gewürznelke 3 Gombos 4 Granatapfel 5 Gründling
6 Grünkohl

Trüffel feinhacken, mit Eigelb und dick eingekochter Geflügelrahmsauce binden, mit Madeira aromatisieren, nach dem Auskühlen zu kleinen Bällen formen, panieren und in Fett schwimmend abbacken; dazu Madeirasauce.

Gänseleberparfait, eine der exquisitesten Delikatessen, deren Zubereitung Sie den Meistern der Kochkunst überlassen sollten. Das Parfait erhalten Sie tafelfertig in kleinen Dosen im Delikatessengeschäft. *Rezept:* Gänseleber mit feiner Schweinefleischfarce und Gelee verarbeiten, stark trüffeln und in Formen füllen; nach dem Erstarren stürzen und mit Madeiragelee überziehen; eiskalt servieren.

Gänseleberpastete, die Königin der Pasteten. Im Jahre 1762 erfand sie der normannische Küchenchef des Marschalls de Constades, Jérôme Close. Er würzte feinste Stopflebern mit köstlich duftenden Périgordtrüffeln. Nachdem seine Pastete Weltruf erlangt hatte, ging Close nach Straßburg und versandte von dort aus seine getrüffelten Gänseleberpasteten in alle Welt. Noch heute haben die Straßburger Gänseleberpasteten nichts von ihrem ursprünglichen Ruhm eingebüßt. Sie kommen in kleinen Terrinen in den Handel und sind bei kühler Lagerung lange haltbar, geöffnet allerdings nur 8–10 Tage.

Gänseleberpüree: in Butter gedünstete Gänseleber (2/3 der Menge) und gebratenes Hühnerfleisch (1/3 der Menge) pürieren, mit Salz, Pastetengewürz und etwas Weinbrand würzen und mit frischer Sahne binden.

Gänseleberwurst, aus gewürfelter Gänseleber, gemahlener Schweine- und Kalbsleber, gemahlenem Schweine- und Kalbfleisch und Speck, feingewürzt, getrüffelt, gekocht und geräuchert.

Gänsepfeffer: rohes Gänsefleisch in mundgerechte Happen schneiden, in Öl kräftig anbraten, Champignons und kleine Zwiebelchen hinzufügen, salzen und tüchtig pfeffern, zugedeckt gar schmoren; Gans, Pilze und Zwiebeln herausnehmen, den Fond mit Rotwein löschen, feingehackte Schalotten beigeben, stark einkochen, mit Sahne binden und über den »Pfeffer« gießen, mit Petersilie bestreuen.

Gänseschmalz, ausgebratenes Gänsefett, das wegen seines angenehmen Geschmacks gern als Brotaufstrich verwendet wird. Da Gänseschmalz einen sehr niedrigen Schmelzpunkt hat und daher leicht zerfließt, mischt man es mit etwas Schweineschmalz. Gänseschmalz eignet sich auch vorzüglich zum Dünsten von Gemüse, vor allem von Sauerkraut und Rotkohl.

Gänseschwarzsauer, pommersche Spezialität: Gänseklein mit Wurzelwerk, Zwiebel, Lorbeerblatt, Gewürznelke, Piment, Salz, Pfeffer und Essig in Wasser gar kochen, die Brühe mit geriebenem Pfefferkuchen und Gänseblut binden; dazu Kartoffelklöße.

Gänseterrine, französisch, → Terrine d'oie.

Gänseweißsauer: Gänsefleisch mit Kalbsfüßen, Wurzelwerk, Kräuterbündel und Gewürzen in Wasser gar kochen; die Brühe passieren, mit Zitronensaft oder Essig abschmecken, über das ausgelöste Gänsefleisch gießen und gelieren lassen.

Garam Masala, indische Gewürzmischung, die über die fertigen Speisen, zumeist Currys, gestreut wird, um deren Geschmack zu vollenden.

Garbure, französische Gemüsesuppe:

kleingeschnittene Mohrrüben, weiße Rüben, Kartoffeln und Wirsingkohl in Butter kräftig anschwitzen, Tomatenviertel und eingeweichte weiße Bohnen hinzufügen, mit Wasser oder Fleischbrühe auffüllen, salzen, langsam gar kochen, passieren und mit einem Stück Butter vollenden; dazu Weißbrotscheiben, die mit einer Mischung aus Ei und Parmesankäse bestrichen und im Ofen überbacken wurden.

Gareis, Gareisl, → Karausche.

Garibaldisalat: Streifen von Bleichsellerie und roten Paprikaschoten sowie Apfelscheibchen mit leichter Mayonnaise binden. – Giuseppe Garibaldi, 1807–1882, italienischer Freiheitsheld.

Garnelen (Nordseekrabben, Granaten, Garnaten, in Frankreich: Crevettes, in England: Prawns, in Italien: Gamberetti, in Spanien: Camarones), kleine zierliche Meereskrebse mit langem, wohlschmeckendem Schwanz (die Bezeichnung »Krabbe« ist falsch, da die Krabben kurze Schwänze haben). Garnelen bevorzugen flachen, sandigen Meeresgrund, von dem sie mit Schleppnetzen aufgesammelt werden. Gefangene Garnelen verderben sehr schnell; daher werden sie gleich an Bord der Krabbenkutter in großen Kesseln mit Salzwasser gekocht. Mühselig und daher teuer ist das Heraustrennen des delikaten Schwanzes aus dem gepanzerten Körper der winzigen Garnelen. Die Krabbenfischer der Nordsee besorgen das zwar mit einer Hand, trotzdem lohnt sich der nächtliche Transport der gekochten Tierchen nach Marokko oder Polen, wo flinke Hände das Pulen besorgen; in der folgenden Nacht kehren die empfindlichen Garnelen nach Deutschland zurück. Wenn Sie es selber versuchen wollen, so nehmen Sie die Garnele zwischen Daumen und Zeigefinger und lösen mit der anderen Hand unter leichtem Drehen den Kopf ab, dann brechen Sie den Körperpanzer längs der Bauchseite auf und ziehen den Schwanz heraus. Schaffen Sie 30 Stück in der Minute? – *Rezepte:* → Krabben, → Krevetten, → Shrimps.

Garnelenbutter (Beurre de crevettes), Buttermischung: 65 g Garnelen einschließlich Kopf und Schale im Mörser sehr fein stoßen, mit 125 g Butter verarbeiten, leicht salzen und durch ein Sieb streichen.

Garnelenfarce: Garnelen einschließlich Kopf und Schale im Mörser sehr fein stoßen, mit etwas Eiweiß verrühren, durch ein Sieb streichen, mit Salz, Pfeffer und etwas Weinbrand würzen, mit Sahne binden.

Garnelensalat: Garnelenschwänze und Champignonscheibchen mit leichter Kräutermayonnaise anmachen.

Garnelensauce (Sauce aux crevettes, Joinvillesauce): weiße Fischgrundsauce mit Garnelenbutter aufschlagen, Garnelenschwänze in die Sauce geben. Zu gedünstetem Seefisch.

garnieren (frz: garnir = ausstatten), eine Speise mit Gemüse, Pilzen, Kräutern, Ei, Klößchen usw. belegen oder umlegen.

Garnitur, Beilage oder Umlage eines Gerichtes, auch die Einlage bei Suppen und Saucen. Die Garnitur bestimmt neben der Zusammensetzung und Zubereitungsart den Namen des Gerichtes, z. B. auf Frühlings-Art (allerlei junge Gemüse), auf kaiserliche Art (Champignons, Trüffeln, Geflügelklößchen usw.), auf Lyoner Art (gebratene Zwiebelscheiben), Mirabeau (Oliven, Sardellenfilets, Estragonblätter). Die Namen leiten sich von Orten (Londoner Art), Landschaften (normannische Art) und Ländern (ungarische Art), von Standes- und Berufsbezeichnungen (Königin-Art, Förster-Art), von berühmten Personen (Dubarry, Nelson) ab. Auch Phantasienamen schmücken klassische Gerichte (Glückbringer-Art, köstliche Art). Die meisten Namen entstanden übrigens im 18. und 19. Jahrhundert, also in der Blütezeit der französischen Kochkunst.

Garstufen beim Fleischbraten: *blau* (engl: raw, frz: bleu): das Fleisch hat eine braune, dünne Kruste und ist innen noch fast roh; *blutig bis rosa* (engl: rare, frz: saignant): das Fleisch ist außen knusprig braun, innen rosa und hat einen kleinen blutigen Kern; *rosa oder englisch* (engl: rare medium, frz: à point oder anglais): das Fleisch ist innen durchgehend rosa; *halb durchgebraten* (engl: medium, frz: demi-anglais): das Fleisch hat nur noch einen rosafarbenen Kern; *durchgebraten* (engl: well done, frz: bien cuit): das Fleisch hat keinen rosafarbenen Kern mehr.

Gartenkresse, Kulturform der wildwachsenden → Brunnenkresse.

Gartenmelde (spanischer Spinat), schmackhaftes, spinatähnliches Gemüse.

Gartenraute, → Weinraute.

Gartenthymian, → Thymian.

Gärtnerin-Art (à la jardinière): verschiedene junge Gemüse, klein zurechtgeschnitten, Blumenkohlröschen mit holländischer Sauce sowie Bratensaft zu Fleisch.

Gärtnerinsalat: kleine Würfel von gekochten Möhren, Knollensellerie, grüne Bohnen sowie grüne Erbsen und Blumenkohlröschen in Essig-Öl-Marinade; mit Eierscheiben und Brunnenkresse garnieren.

garziehen (pochieren), eine Speise (Eier, Fisch, Austern, Klößchen, Geflügel, Galantinen usw.) in einer Flüssigkeit unterhalb des Siedepunktes (bei etwa 98°C) garen.

Gaspacho, → Gazpacho.

Gasteiner Strudel, österreichische Spezialität: einen Hefeteig etwa 1 cm dick ausrollen, eine Masse aus gemahlenen Mandeln, Zucker, Eigelb und steifgeschlagenem Eiweiß daraufstreichen, mit Rosinen und Zitronat bestreuen, den Teig zusammenrollen, in eine ausgebutterte Randform setzen, gehen lassen, halbgar backen, mit Vanillemilch begießen, fertigbakken und mit Vanillezucker bestreuen; dazu Vanillesauce oder Mandelmilch.

Gasterea, römische Göttin der Kochkunst.

Gastronomen-Art (à la gastronome): gebratene Morcheln, Hahnenkämme und -nieren, winzige Trüffeln, glasierte Maronen und Kraftsauce mit Trüffelfond zu Fleisch.

Gastronomie, Lehre von den Nahrungs- und Genußmitteln und deren Verarbeitung; Kunst und Pflege des Essens und Trinkens.

Gastrosoph, kluger, zurückhaltender Feinschmecker, der die ihm zusagenden und ihm bekömmlichen Speisen mit Bedacht auswählt und genießt. Der Gastrosoph läßt sich mehr von der Vernunft als von seinen Gefühlen leiten.

Gastrosophie, Lehre von der Weisheit im Genuß der Tafelfreuden; ihr Schöpfer war Baron Eugen von → Vaerst.

gauloise, à la: → gallische Art.

Gautier, à la: Champignons, Austern, Fischklößchen und mit Butter vollendete weiße Fischgrundsauce zu Fisch. – Théophile Gautier, 1811–1872, französischer Dichter.

Gazpacho, kalte Gemüsesuppe, erfrischend und bekömmlich an heißen Sommertagen. Berühmt wurde die spanische Spezialität durch die *Gazpacho andaluz:* 500 g Tomaten, enthäutet und entkernt, 1 Salatgurke, geschält und entkernt, 1 grüne Paprikaschote, entkernt, und 3 Knoblauchzehen im Mixer pürieren, 2 in Wasser eingeweichte Weißbrotscheiben, 1/8 l Olivenöl und – wenn erforderlich – noch etwas Wasser zugeben, die Suppe passieren, mit Salz und Essig abschmecken und im Kühlschrank mindestens eine Stunde ziehen lassen. Eiskalt auftragen. Zu Gazpacho werden gern kleine Würfel von geröstetem Brot, Tomate, Salatgruke, Paprikaschote, Zwiebel, Schinken und hart gekochtem Ei, jeweils separat in kleinen Schalen, gereicht.

Gebäck, meist mit Zucker hergestellte Backwaren, wie Kuchen, Torten, Fettgebackenes, Waffeln, Baisers, Petits fours usw., aber auch Salz- und Käsegebäck.

gebackene Eier, → Eier, gebacken.

Gebrannte Creme, → Crème brûlée.

Geelchen, → Pfifferling.

Gefilte Fisch (gefüllter Hecht), jüdische Spezialität: einen etwa 1 kg schweren Hecht putzen, die Haut rings um den Kopf einschneiden, vorsichtig hochheben und langsam bis zum Schwanz abziehen; das Hechtfleisch sorgfältig entgräten und mit 2 Barchesscheiben, 1 Zwiebel, 3 Knoblauchzehen, Salz und Pfeffer durch den Wolf drehen und die Masse in die Fischhaut füllen, die Hautöffnungen mit Faden oder Klammer schließen; separat 2 Petersilienwurzeln, 1 Mohrrübe und 1 Zwiebel grob geschnitten mit dem Hechtkopf in Salzwasser kochen, die Brühe über den gefüllten Hecht seihen und diesen bei geringer Hitze garen; das Gericht kalt stellen, wobei die Brühe gelieren wird; kalt auftragen.

Geflügel, Sammelbegriff für das Hausgeflügel (Huhn, Gans, Ente, Truthahn, Taube) im Gegensatz zum Wildgeflügel (Federwild).

Geflügelbrühe, → Geflügelfond.

Geflügelessenz, konzentrierter Geflügelfond.

Geflügelfarce, → Hühnerfarce.

Geflügelfond, Grundlage für Geflügelsaucen: kleingehackte Kalbsknochen, Geflügelklein, etwas Wurzelwerk und Salz mit kaltem Wasser ansetzen und langsam kochen lassen, abschäumen und entfetten, zuletzt durchseihen.

Geflügelgelee, kräftige, klare Hühnerbrühe, die durch Zusatz von Gelatine beim Erkalten erstarrt.

Geflügelglace, dick eingekochter Geflügelfond, dient zum Verfeinern von Saucen.

Geflügelkeulen, gefüllt (Ballottines), → Hühnerkeulchen, gefüllt.

Geflügelklein (Abattis), alle Klein- und Nebenteile des Geflügels wie Kopf, Hals, Flügel, Füße, Herz, Nieren, Magen, Leber (mit Ausnahme der Gänse- und Entenleber). Geflügelklein wird meist gekocht oder gedünstet und mit Reis oder Nudeln angerichtet.

Geflügelklößchen, Beilage zu Suppen, Saucen usw.: 125 g Hühnerfleisch durch den Fleischwolf drehen, die Masse mit 1 EL Butter, 1 EL Sahne, 1 Ei, 4–5 EL Paniermehl, Salz, Pfeffer und Muskatnuß verarbeiten, mit Hilfe eines Teelöffels zu kleinen

Klößen formen, die Klößchen in der Suppe oder in Hühnerbrühe gar kochen.

Geflügelmousselines, Hühnerschaumbrötchen: → Schaumfarce (aus Hühnerfleisch) in ausgebutterte Förmchen füllen und etwa 10 Minuten im Wasserbad garziehen lassen, aus den Formen stürzen, mit Geflügelrahmsauce bedecken und mit Butternudeln oder körnig gekochtem Reis anrichten.

Geflügelpilaw: grobgewürfeltes Hühnerfleisch und gehackte Zwiebeln anbraten, Reis beigeben, etwas anlaufen lassen, mit Salz, Pfeffer und Safran würzen, mit Hühnerbrühe auffüllen, kleingeschnittene Tomaten, Paprikaschoten und ein Kräuterbündel hinzufügen, den Pilaw zugedeckt gar kochen.

Geflügelpresse, Küchengerät zum Auspressen von Blut und Fleischsaft aus der Karkasse (Gerippe des Geflügels).

Geflügelrahmsauce (Sauce suprême): weiße Mehlschwitze bereiten und langsam unter ständigem Rühren Hühnerbrühe und etwas Champignonfond hinzugießen, zur Hälfte einkochen, die Suprême mit Sahne binden und mit frischer Butter vollenden. Zu Hühnerfrikassee, Kalbsbries, harten Eiern, feinem Gemüse und gedünsteten Austern.

Geflügelsalat Christina: Streifen von gekochter Hühnerbrust, Salatgurke und Bleichsellerie sowie Würfel von Ananas und Morcheln in Mayonnaise, die mit Tomatenketchup, Senf und Apfelsinensaft vermischt wurde; mit gehacktem Kerbel bestreuen.

Geflügelsalat, englisch: kleine Würfel von gekochtem Hühnerfleisch und gekochtem Knollensellerie mit Sahnemayonnaise binden, die mit Zitronensaft, Senfpulver und Cayennepfeffer gewürzt wurde; mit gehacktem Ei und Bleichselleriestreifen garnieren.

Geflügelsalat auf Gastronomen-Art: Würfel von gekochter Hühnerbrust, rohen Champignons und Tomaten sowie Apfelsinenschnitzel in Zitronen-Öl-Marinade einlegen, mit Sherrymayonnaise binden; mit Garnelen und Kopfsalatblättchen garnieren.

Geflügelsalat auf reiche Art: Streifen von gekochter Hühnerbrust auf Kopfsalatblättern anrichten; Mayonnaise mit geriebenem Meerrettich, Tomatenketchup, Apfelsinensaft und etwas Weinbrand verrühren und über das Geflügel ziehen; mit Ananasecken, Tomatenscheiben und Eiervierteln garnieren.

Geflügelsalat, russisch: Streifen von gekochtem Hühnerfleisch, Scheiben von gekochten Kartoffeln und Salzgurken mit Mayonnaise und saurer Sahne anmachen; mit Eierscheiben und schwarzen Oliven garnieren.

Geflügelvelouté, → weiße Grundsauce.

Geflügelzephirs: Zephirfarce (von Hühnerfleisch) in ausgebutterte Becherförmchen füllen, 10–15 Minuten im Wasserbad garziehen lassen, Geflügelrahmsauce, die kräftig mit Paprika gewürzt und mit Schlagsahne vollendet wurde, über die Zephirs decken; dazu Champignons, Spargelspitzen, geviertelte Artischockenböden und Butterreis.

Gefrorenes, → Eis.

Gehacktes, → Hackfleisch.

Gehirn, → Hirn.

Geisha, à la: gedünsteter Fisch, auf Kartoffelkroketten angerichtet und mit Currysauce, geschmolzenen Tomaten und gehackter Petersilie bedeckt.

Geißbart, → Ziegenbart.

Geißelgarnelen, → Shrimps.

geklärte Butter, zerlassene Butter, die abgeschäumt und vorsichtig vom Bodensatz abgegossen wurde.

Gekröse (Geschlinge, Inster), Vormagen, Magen und Fettdarm des Rindes. Beim Kalb oder Lamm umfaßt diese Bezeichnung Magen, Darm und Netz.

Gelatine, reiner, geschmackloser Knochenleim in Blatt- oder Pulverform; → Gelee.

gelbe Erbsen, getrocknete → Erbsen.

gelbe Rüben, → Mohrrüben.

Gelbling, → Pfifferling.

Gelbwurz, → Kurkuma.

Gelee, gallertartig erstarrter Fleisch- oder Fruchtsaft, auch Bezeichnung für Süßspeisen, die mit Gelatine zubereitet wurden. – Fleischgelee wird zum Überglänzen von Speisen, zur Herstellung von Aspiks, als Pastetenfüllung, gewürfelt oder gehackt als schmackhafte Dekoration verwendet. Fruchtgelee dient als Brotaufstrich oder – gern mit Wein, Likör oder Branntwein aromatisiert – als Süßspeise. Ein gutes Gelee soll kristallklar, wohlschmeckend und je nach Verwendungszweck mehr oder weniger fest sein.

Gelee aus Gelatineblättern: 14 bis 16 Gelatineblätter in 1/4 l kaltem Wasser quellen lassen, gut ausdrükken, in 1/4 l kalte, klare Fleischbrühe bzw. Hühnerbrühe, Fischfond oder Wildfond geben, unter ständigem Umrühren zum Kochen erhitzen, bis sich die Gelatine vollständig aufgelöst hat; beim Abkühlen mit Weißwein, Madeira oder Portwein im Verhältnis 1:10 aromatisieren. – Für zartes Gelee genügen 9–12, für festes Gelee braucht man 18–22 Gelatineblätter je Liter Flüssigkeit.

Gelee aus Gelatinepulver: 2 Päckchen Gelatinepulver in 1/4 l kaltem Wasser anrühren und etwa 10 Minuten quellen lassen; 1/2 l Fleischbrühe erhitzen, die Gelatine zugeben und so lange rühren, bis sie sich völlig aufgelöst hat; mit Wein aromatisieren.

Gelee aus Kalbfleisch: 250 g gemahlenes Kalbfleisch (von der Wade), einige zerhackte Kalbsknochen, ein zerkleinerter Kalbsfuß, ein Stück in Streifen geschnittene Schweineschwarte und Wurzelzeug mit 1 l Wasser aufsetzen und mehrere Stunden langsam kochen lassen; die Brühe durch ein Sieb geben und erstarren lassen; vollständig entfetten; das Gelee mit 1 Eiweiß und 125 g feingemahlenem Rindfleisch aufkochen, wobei das Gelee allmählich klar und durchsichtig wird; durch ein Tuch gießen, mit Salz würzen und im Verhältnis 1:10 mit Weißwein, Madeira oder Portwein aromatisieren.

Geleestand, Grundlage für Süßspeisengelees: 1/4 l Wasser mit 100 g Zucker und einem Stück Zitronenschale kochen, bis sich der Zucker aufgelöst hat; 1 Eiweiß (zum Klären des Gelees) mit etwas Zitronensaft schlagen, 8 g Gelatinepulver hinzufügen und die Mischung unter die siedende Zuckerlösung ziehen, kräftig mit dem Schneebesen schlagen, abkühlen lassen; sobald sich das Eiweiß an der Oberfläche gesammelt hat, die Flüssigkeit durch ein Tuch oder Filterpapier gießen.

Gemse (Gams), ziegenähnliche Antilope der europäischen Hochgebirge. Im November, wenn die Brunft beginnt und die Jagdsaison ihren Höhepunkt erreicht, tragen die Böcke ein buschiges Rückenhaar, den Gamsbart, der als Hutzier verwendet wird. Die

Gemse, die sich mühelos an 4 m hohen Felswänden emporschnellt und 7 m breite Klüfte überspringt, ist nur als Jungtier schmackhaft.

Gemsrücken auf Tiroler Art: den Rücken spicken und mehrere Tage mit Wacholderbeeren, Gewürznelken und Thymian in Essig marinieren, dann in Butter gut anbraten, mit Tiroler Wein auffüllen, einige Schwarzbrotrinden beifügen und weich schmoren, zuletzt noch saure Sahne zugießen, den Fond entfetten und durch ein Sieb streichen; dazu Maronenpüree.

Gemüse, Pflanzen und Pflanzenteile, die roh oder gekocht in der Küche Verwendung finden. Nicht als Gemüse zählen Obst, Getreide und Gewürze. Gemüse ist durch seinen Gehalt an Mineralstoffen und Vitaminen für die menschliche Ernährung wichtig; Hülsenfrüchte enthalten auch pflanzliches Eiweiß. Gemüsearten: Wurzel- und Knollengemüse (Mohrrüben, Rüben, Schwarzwurzeln, Pastinaken, Knollensellerie, Rettiche, Radieschen, Kartoffeln, Bataten, Topinambur usw.), Kohlgemüse (Weißkohl, Rotkohl, Blumenkohl, Rosenkohl, Grünkohl, Kohlrabi, Wirsingkohl usw.), Salatgemüse (Kopfsalat, Chicorée, Endivien, Brunnenkresse usw.), Stengel- und Sprossengemüse (Fenchel, Rhabarber, Spargel usw.), Fruchtgemüse (Tomaten, Gurken, Melonen, Kürbis, Auberginen, Paprikaschoten, Erbsen, Bohnen, Linsen usw.), Zwiebelgemüse (Zwiebeln, Schalotten, Knoblauch, Poree usw.), Wildgemüse (Brennessel, Sauerampfer usw.), Pilze.

Gemüsebananen, → Planten.

Gemüsefenchel, → Fenchelgemüse.

Gemüsegärtner-Art (à la maraichère): Schwarzwurzeln in Sahnesauce, Rosenkohl in Butter, Schloßkartoffeln und gebundener Bratensaft zu Fleisch.

Gemüsepaprika, → Paprikaschoten.

Gemüsesalat: Würfel von gekochten Mohrrüben, weißen Rüben und Kartoffeln, kurzgeschnittene grüne Bohnen sowie Erbsen mit Mayonnaise binden; mit Scheiben von gekochten Eiern und roten Rüben garnieren.

Gemüsestreifchen, → Julienne.

Gemüsesuppe, bunte, eine frühsommerliche Köstlichkeit: frische junge Gemüse, wie Möhren, grüne Bohnen, Porree (Lauch), Erbsen, grüner oder weißer Spargel usw., auch ein paar Kartoffeln, putzen und in Würfel schneiden, Morchelscheiben geben der Suppe ein wundervolles Aroma; alles in Olivenöl kurz anbraten, mit Fleisch- oder Hühnerbrühe auffüllen, salzen und gar kochen; beim Anrichten Parmesan über die Suppe reiben.

Gemüsesuppe, italienische, → Minestrone.

Gemüsezwiebeln, → spanische Zwiebeln.

Genever, ursprünglich holländischer bzw. belgischer Wacholderbranntwein mit starkem Kornaroma und dezentem Wacholdergeschmack. Der Alkoholgehalt beträgt mindestens 38 Vol. %.

Genever Highball: 1 Glas Genever, 2 BL Zitronensaft, 3 Spritzer Angostura Bitter, schütteln, mit Mineralwasser auffüllen.

Genfer Art (à la genevoise): in Butter geschwenkte Nudeln, Champignons in Sahnesauce, Trüffeln zu Fleisch oder Geflügel. Gedünstete Wurzelgemüse, geschmolzene Tomaten und Genfer Sauce zu Süßwasserfisch. – Genf, uralte Haupt- und Universitätsstadt am Genfer See (Lac Léman).

Genfer Sauce (Sauce genevoise): Zwiebel, Mohrrübe, Petersilienwurzel kleinschneiden, mit Champignonabfällen (Schalen, Abschnitte, Stiele), Fischabfällen (Gräten, Abschnitte usw.), etwas Lorbeer, Pfefferkörnern und Thymian in Butter anschwitzen, mit Rotwein verkochen, braune Grundsauce hinzufügen, passieren, mit Cayennepfeffer, Zitronensaft und Sardellenpaste würzen und mit frischer Butter vollenden. Zu Forellen, Karpfen und Lachs.

Genfer Schnittchen: kleine, dünne Weißbrotscheiben mit einer Mischung aus Sardellenbutter und feingehacktem gekochten Schinken bestreichen, Ölsardinenfilets darauflegen und mit gehacktem Ei und gehackter Petersilie garnieren.

Genueser Art (à la génoise): Champignons, Krebsfleisch, Karpfenmilch und Genueser Sauce zu Fisch.

Genueser Sauce (Sauce génoise): Pistazien und Mandeln zerstoßen, mit Eigelb verrühren, mit Öl zu einer Mayonnaise aufschlagen, mit Salz, Pfeffer und Zitronensaft abschmekken, passieren, mit feingehackten Kräutern (Petersilie, Kerbel, Estragon, Kresse) vollenden. Zu kaltem Braten.

Genueser Teig: 65 g Puderzucker mit 2 Eiern im lauwarmen Wasserbad schlagen, außerhalb des Wasserbades kalt schlagen, 50 g Mehl und 50 g zerlassene Butter locker darunterziehen, nicht mehr rühren, sofort in Kuchenformen füllen oder auf einem Backblech, das mit gefettetem, gemehltem Papier ausgelegt wurde, verteilen und abbacken.

Georgette, à la: kleine Hühnerkroketten, in Fleischextrakt geschwenkte Bratkartoffeln und Estragonsauce zu Geflügel.

Georgettesalat: Würfel von Gurken, roten Rüben und Artischockenböden mit körnig gekochtem Reis vermischen und mit leichter, gut gewürzter Mayonnaise binden; gehackte Trüffeln darüberstreuen.

georgische Art (à la georgienne): winzige kugelrunde Reiskroketten und Tomatensauce zu Fleisch.

geriebene Semmel, → Paniermehl.

geriebenes Weißbrot, entrindetes, frisches Weißbrot, das durch ein Drahtsieb gerieben wurde; zum Einbröseln von Speisen, die überkrustet, von Geflügelstücken, die gegrillt, von Lammrippchen, die gebraten werden sollen.

Germ, österreichische Bezeichnung für → Hefe.

Germknödel, österreichische Spezialität: aus 500 g Mehl, 50 g Fett, 1 Ei, 20 g Hefe, 1/4 l Wasser, Salz und etwas abgeriebener Zitronenschale einen festen Hefeteig bereiten, aus dem Teig kleine Knödel formen, die Knödel mit Pflaumenmus, das mit Zucker, Zimt und Rum gewürzt wurde, füllen, gut aufgehen lassen, in siedendem Salzwasser halbgar kochen, in Butter, Zucker und gemahlenem Mohn rollen und im Ofen fertig garen.

Gerste, Getreide, das vorwiegend zur Malzgewinnung für die Bierbrauerei genutzt wird, heute zunehmend auch die Vollwerternährung ergänzt (→ Graupe, → Grütze).

Geschlinge, → Gekröse.

Geschnetzeltes, schweizerische Spezialität aus dünnen Fleischscheibchen und gehackter Zwiebel, in Butter oder Öl gebraten. – *Rezept:* Kalbsgeschnetzeltes.

Geselchtes, → Selchfleisch.

Gesinka, polnische Graupensuppe: kleingeschnittene Mohrrüben, Knollensellerie, Petersilienwurzeln, Zwiebeln und Waldpilze mit Salz und Pfeffer in Butter weich dünsten, durch ein Sieb streichen, das Püree mit saurer Sahne und Eigelb binden und mit Fleischbrühe auffüllen; Graupen in Wasser weich kochen, abgießen, die Graupen in die Suppe schütten, mit Zitronensaft abschmecken.

gespickte Zwiebel, → Zwiebeln, gespickt.

Gest, → Hefe.

gestovt, gedünstet, gedämpft.

getrüffelte Gänseleberpastete, → Gänseleberpastete.

Gewiegtes, → Hackfleisch.

Gewürze, aromatische oder scharf schmeckende Pflanzenteile (Samen, Blüten, Blätter, Rinden, Wurzeln). Gewürze sollen den meist schwachen Eigengeschmack der Nahrungsmittel erhöhen, den Appetit anregen und die Verdauung fördern. Ihre Wirkung beruht auf ätherischen Ölen, fetten Ölen, Aldehyden, Bitterstoffen, Harzen, Alkaloiden und organischen Säuren. Die wichtigsten Gewürze sind Cayennepfeffer, Gewürznelken, Ingwer, Kapern, Kardamom, Koriander, Kümmel, Kurkuma, Macis, Muskatnuß, Paprika, Pfeffer, Piment, Sellerie, Senfkörner, Vanille, Zimt usw. – Gewürze sind sparsam zu verwenden, denn sie dürfen den Eigengeschmack der Speisen nicht überdecken. Sie sollten kühl, trocken und möglichst gut verschlossen aufbewahrt werden; Wärme und Feuchtigkeit setzen ihre Würzkraft stark herab.

Gewürzessig, Zutat zu Saucen und Ragouts: Senfkörner und Gewürznelken zerstoßen, Ingwerpulver, geriebene Muskatnuß, 1 Stück Grapefruitschale und gehackte Schalotten hinzufügen, mit Weinessig auffüllen, mindestens 2 Wochen in der Sonne ausziehen lassen, filtrieren und in Flasche abfüllen.

Gewürzgurken (Essiggurken, Delikateßgurken), mit Kräutern und Gewürzen in Essig eingelegte Gurken. Handelsware.

Gewürzkörner, → Piment.

Gewürzkräuter, → Küchenkräuter.

Gewürzkuchen, → Lebkuchen.

Gewürznelken (Nelken, Nägelein), getrocknete Blütenknospen des 10 bis 12 m hohen Gewürznelkenbaumes, eines immergrünen Ebenholzgewächses. Die nagelförmigen, rötlich-braunen Knospen duften wie Gartennelken und schmecken brennend scharf. Gewürznelken werden ungemahlen zum Würzen von süßsauer eingelegtem Obst und Gemüse sowie zu Fleisch- und Fischmarinaden, gemahlen zum Würzen von Saucen, Wurst, Fleisch- und Fischgerichten, Lebkuchen usw. verwendet. Die besten Gewürznelken kommen von der Molukkeninsel Ambon; sie sind besonders groß, würzig und voll. Aber auch die Inseln Sansibar und Madagaskar liefern Gewürznelken von guter Qualität. – Die würzigen Knospen sind seit dem frühen Mittelalter in europäischen Küchen begehrt. Der Handel mit diesem Gewürz war einst Monopol der Holländer, und noch heute sind Amsterdam und Rotterdam die alleinigen Umschlagplätze der berühmten Molukkennelken.

Gewürzsalz, Gewürzmischung aus Salz und verschiedenen feingemahlenen Gewürzen, z. B. 30 g Salz, 5 g Pfeffer und 5 g Pastetengewürz.

Gewürzsträußchen, → Kräuterbündel.

Ghee (Masli, Misli, Samna), Butterschmalz aus Büffel- oder Kuhmilch. Dem Ghee wurde fast alles Eiweiß entzogen, um es in tropischen Zonen

(Indien, Arabische Länder, Afrika) haltbarer zu machen. Ghee enthält 99,5% Fett.

Gichtbeeren, → schwarze Johannisbeeren.

Gimlet, Mischgetränk aus Gin und Lime Juice (Limettensaft) im Verhältnis 1 : 1 bis 4 : 1, oft mit Sodawasser aufgefüllt.

Gin, ursprünglich irischer Wacholderbranntwein, zusätzlich mit Koriander, Angelika, Lavendel- und Orangenblüten, Lakritz und Akazienknospen gewürzt. Der Alkoholgehalt beträgt mindestens 38 Vol. %. Ein Gin dry (trokken) muß sogar mindestens 40 Vol. % Alkohol enthalten. Gin ist wesentlicher Bestandteil vieler Cocktails.

Gin Crusta: 1 Glas Gin, 2 Spritzer Angostura Bitter, 2 Spritzer Maraschino, Saft einer halben Zitrone, schütteln.

Gin Daisy: 1 Glas Gin, 1 BL Grenadine, 1 BL Zitronensaft, schütteln, in Sektglas seihen, einige Kompottkirschen und 1 Schuß Mineralwasser hinzufügen.

Gin Fizz: 1 Glas Gin, Saft einer Zitrone, 2 BL Zucker, mit Eis schütteln, mit Mineralwasser auffüllen.

Gin Sling: 1 Glas Gin, Saft einer halben Zitrone, 1 BL Zucker, umrühren, mit Mineralwasser auffüllen, Prise Muskatnuß darüberstreuen.

Gin Sour: 1 Glas Gin, Saft einer Zitrone, 1 BL Zucker, schütteln, 1 Schuß Mineralwasser, Zitronenscheibe an den Glasrand stecken.

Ginan, → Ginkgopflaumen.

Gingerale, alkoholarmes Erfrischungsgetränk, mit Ingwer und Hopfen gewürzt.

Gingerbeer (Ingwerbier), englisches Bier, das mit Ingwerwurzeln versetzt und einer Nachgärung in der Flasche unterzogen wird. Gingerbeer ist leicht und erfrischend.

Ginkgopflaumen (Ginkgonüsse, Ginan, weiße Nüsse, Silberaprikosen), pflaumenähnliche Früchte Ostasiens mit süßschmeckendem Fruchtfleisch. Sie werden besonders zu Geflügel gereicht, in Japan auch zu gebratenem Fisch oder als Suppeneinlage. Ginkgopflaumen bekommt man bei uns in Dosen konserviert.

Ginsengwurzel, Wurzel eines ostasiatischen Araliengewächses, die nicht nur wegen ihres süß-aromatischen Geschmacks, sondern wegen ihrer besonderen Wirkungen schon seit Jahrtausenden geschätzt wird. Die Ginsengwurzel gilt als Allheilmittel, sie beseitigt Appetitlosigkeit, stärkt die Zeugungskraft, mindert den Blutdruck. Die Heimat der Ginsengwurzel ist Korea, die Chinesen fügen sie feinen Suppen bei, im Westen wird sie fast mit Gold aufgewogen.

Girardi, à la: Austern, Garnelen, Champignons und grüne Kräutersauce zu Fisch. – Alexander Girardi, 1850–1918, österreichischer Schauspieler (Charakterkomiker).

Gismonda, à la: Fischfilets in Fischfond und Portwein dünsten, den eingekochten Fond mit Sahne und Eigelb binden, mit Cayennepfeffer würzen und über die Filets gießen; dazu Fischkartoffeln.

Glace (frz), dick eingekochte Brühe oder Zuckerlösung, die ausgekühlt so fest ist, daß man sie schneiden kann. → Fleischextrakt. – Auch Bezeichnung für Speiseeis.

glacieren, glasieren, → überglänzen von Speisen mit dem eigenen Saft, mit Fleischextrakt, Gelee oder Zukker. – Beide Schreibweisen haben die gleiche Bedeutung, dennoch wird das

Wort »glacieren« oft auf das Überglänzen mit dem eigenen Saft, mit Extrakt oder Gelee beschränkt und das Wort »glasieren« auf das Überziehen mit Zuckerguß.

Glahrke, → Rotzunge.

Glasaale, die 6 bis 8 cm langen pigmentlosen und daher durchsichtigen Jungaale (→ -Aal). Glasaale werden zusammen mit goldbraun gebratenen Knoblauchzehen und klein geschnittenen Chillischoten – etwas Salz nicht vergessen – ganz kurz in heißem Olivenöl gegart und sofort aufgetragen; dazu Weiß- oder Graubrot und einen trockenen Rioja oder Txakolí. Die Basken pflegen das leckere Gericht sehr heiß und daher mit Holzgabeln zu verspeisen.

Glasnudeln, asiatische Teigwaren aus Reismehl, gemahlenen Mungbohnen, Reisbohnen oder Meeresalgen. Die Nudeln sind dünn, sehr spröde und zunächst undurchsichtig, erst beim Ziehenlassen in heißem Wasser werden sie glasig, gelatinös und schlüpfrig. Glasnudeln werden gern zu kalten Speisen gereicht.

Glasur, mehr oder weniger glänzender Überzug bei Kuchen, Torten und Süßspeisen. Glasur besteht hauptsächlich aus gebundenem Zucker und wird oft mit Branntwein, Likör, Schokolade usw. aromatisiert und gefärbt. Die wichtigsten Glasuren sind Eiweißglasur, Condéglasur, Fondant, Wasserglasur, Spritzglasur.

Glattbutt (Goldbutt, Tarbutt), Schollenfisch, dem Steinbutt ähnlich, doch schlanker und ohne Verknöcherungen. Der Glattbutt ist in der Nordsee, in der westlichen Ostsee und im Mittelmeer beheimatet. Der wohlschmeckende Fisch wird wie Scholle oder Seezunge zubereitet.

Gliesche, → Rotzunge.

Globesalat: Apfel-, Ananas- und Grapefruitwürfel sowie entkernte Mandarinenspalten und gehackte grüne Oliven mit Essig-Öl-Marinade anmachen.

Glory, ein Staudengewächs aus Nordamerika, das bei uns noch wenig bekannt ist. Die fleischigen Blattrippen werden wie Karden oder Spargel, die entrippten Blätter wie Spinat zubereitet.

Gloucesterkäse, englischer Vollmilchkäse aus der südwestenglischen Grafschaft Gloucestershire.

Gloucestersauce: Mayonnaise mit englischem Senf und Worcestershiresauce würzen, mit etwas saurer Sahne verrühren, gehacktes Fenchelkraut hinzufügen.

Glückbringer-Art (à la mascotte): in Butter gedünstete, geviertelte Artischockenböden, winzige Bratkartoffeln, Trüffeloliven mit kleinen Fleisch- oder Geflügelstücken in Keramiktöpfen, der Bratsatz mit Weißwein gelöscht und mit Kalbsjus verkocht.

Glühwein, Heißgetränk aus Wein (meist Rotwein), Zucker und Gewürz: 3 EL Zucker, etwas Zitronenschale, den Saft einer Zitrone, 5 Gewürznelken, 3 Msp Zimt und 1 Flasche Rotwein in eine Kasserolle geben und erhitzen, aber nicht zum Sieden bringen.

Glukose, → Traubenzucker.

Glumse, → Quark.

Glutamat, Salz der Glutaminsäure von feinwürzigem Geschmack. Es steigert den Eigengeschmack vieler Speisen (außer Eier- und Süßspeisen) und erhöht durch seine Wirkung auf das Nervensystem die Konzentrationsfähigkeit. Glutamat wird aus Weizenkleber oder Zuckerrübenabfällen gewonnen. Es ist in »Fondor«, »Aromat« und anderen Speisezusätzen enthalten.

Gnocchetti, kleine → Gnocchi.

Gnocchi, italienische Nocken, kleine Klöße oder auch Schnittchen aus Grieß, Mais, Brandteig, Kartoffeln usw., die immer mit geriebenem Käse zubereitet werden. – Auch als Beilage zu Fleischgerichten.

Gnocchi di patate (Kartoffelnocken): frische Salzkartoffeln pürieren, mit Mehl und etwas Salz verarbeiten, kleine Kugeln formen, in siedendem Salzwasser garziehen lassen, abtropfen, mit geriebenem Parmesan bestreuen, mit brauner Butter begießen.

Gnocchi al pesto (Brandteignocken): einen Brandteig mit geriebenem Parmesan verarbeiten, kleine Klöße formen, in Salzwasser gar kochen, abtrocknen, mit → Pesto übergießen.

Gnocchi di polenta (Maisnocken): 125 g Maisgrieß in 1/2 l Wasser unter mehrfachem Rühren langsam kochen (etwa 25 Minuten), salzen, mit Butter und geriebenem Parmesan vermischen, die Masse etwa 2 cm dick auf einem Blech verteilen, erkalten lassen; in Rauten schneiden, die Maisstücke in Butter beidseitig hellbraun backen, Parmesan darüberstreuen und mit Tomatensauce anrichten.

Gnocchi alla romana (römische Nocken): 100 g Grieß in 1/2 l heißer Milch langsam kochen (etwa 10 Minuten), salzen und pfeffern, mit 1 Eigelb und 100 g geriebenem Parmesan vermischen, die Masse etwa 2 cm dick auf einem Backblech verteilen, erkalten lassen; in Rauten schneiden oder rund bzw. halbmondförmig ausstechen, auf ein gefettetes Backblech setzen, mit Parmesan bestreuen, mit Butter betropfen und im Ofen abbacken.

Gobelinsalat: Scheibchen von gekochten Kartoffeln und Knollensellerie, von rohen Champignons, Artischockenböden und Trüffeln sowie Spargelspitzen mit Zitronenmayonnaise und gehacktem Estragon anmachen.

Godard, à la: kleine Kalbsklöße mit gehackten Champignons und Trüffeln, große Hühnerklöße mit Pökelzunge und Trüffeln, Champignonköpfe, Trüffeloliven, Hahnenkämme, Lammbriesscheibchen und Godardsauce zu Fleisch oder Geflügel. – Benjamin Godard, 1849–1895, französischer Komponist.

Godardsauce (Sauce Godard): Wurzelwerk und mageren Räucherschinken, beides kleingeschnitten, sowie Champignonabfälle in Butter kräftig anrösten, mit Weißwein ablöschen, mit Kraftsauce verkochen, durchseihen.

Goijabada, exotische Fruchtpaste aus → Guajaven; brasilianische Spezialität, die man besonders zu Käse reicht, was im Geschmack vortrefflich harmoniert.

Goldäpfel, → Tomaten.

Goldbarsch, → Rotbarsch.

Goldbeere, → Kapstachelbeere.

Gold-Bouillon, eine klare doppelte Fleischbrühe (Bouillon), bei der auch das Auge des Gourmets mitgenießt, aromatisiert mit Sherry, Madeira oder Weißwein und veredelt mit echtem Blattgold, mit 0,00014 mm dicken Goldplättchen. Fertigprodukt. – Ob man die Gold-Bouillon für eine kulinarische Spielerei ansieht oder dem großen Arzt Paracelsus (1493–1541) glaubt, der da sagte: »Gold im Magen bedeutet ewiges Leben«, bleibt jedem Feinschmecker überlassen.

Goldbrasse (Dorade), edler Mittelmeer- und Atlantikfisch, mit festem, magerem und schmackhaftem Fleisch, kann auf jede Art zubereitet werden; Saison Juli bis Oktober.

Goldbutt, → Glattbutt.

Golden Fizz: 1 Glas Gin, Saft einer Zitrone, 1 Eigelb, 2 BL Zucker, gut schütteln, mit Mineralwasser auffüllen.

Goldenheart, Cocktail: 1/3 Gin, 1/3 Apricot Brandy, 1/3 Apfelsinensaft, schütteln.

Goldlachs, für die Küche neu entdeckter, etwa 50 cm langer Seefisch mit weißem, saftigem Fleisch. Er wird im Nordatlantik bis zu 500 m Tiefe gefangen. Goldlachs schmeckt gebraten oder geräuchert am besten.

Goldorangen, → Kumquats.

Goldrüben, → Mohrrüben.

Goldschnitte, → armer Ritter.

Gomasio (Sesamsalz), ursprünglich japanische Gewürzmischung aus schwarzem Sesam, Glutamat und grobem Salz (Meersalz).

Gombos (Gambos, Gumbos, Bamias, Okras, Ladyfinger), die unreifen Früchte der Rosenpappel, einer Eibischart, deren Heimat Mittelamerika ist. Heute werden die Gombos auch in Südeuropa und im nahen Osten angebaut. Die Gombos sehen wie kleine, pelzige Paprikaschoten aus. Die schlanken Schoten kommen als Okras, die rundlichen Schoten als Bamias in den Handel, frisch, getrocknet oder als Konserve. Die schlanken Okras werden im allgemeinen bevorzugt. Die Gombos enthalten eine gallertartige Masse, die bei richtiger Zubereitung aber keineswegs stört. *Vorbereitung:* die Gombos waschen, den Stiel der Schoten nur so weit abschneiden, daß die Frucht nicht verletzt wird und das Innere ausläuft, die trockene Spitze kappen, in leicht gesalzenem und mit etwas Essig versetztem Wasser vorkochen, das Kochwasser weggießen und die Gombos nach Rezept weiterverarbeiten. – Getrocknete Gombos müssen 24 Stunden wässern, bevor sie zubereitet werden.

Gombos mit Curry: die vorgekochten Früchte in scharfer Currysauce gar dünsten; dazu körnig gekochten Reis und Mango-Chutney reichen.

Gombos, rumänisch (Bame Sultanine): gehackte Zwiebeln in Öl anschwitzen, die vorgekochten Gombofrüchte und gewürfelte Tomaten dazugeben, mit Salz, Pfeffer, Knoblauch und Zitronensaft würzen, etwas Wasser zugießen und alles gar dünsten; eiskalt anrichten, mit gehackter Petersilie bestreuen und gesondert dicke saure Sahne reichen.

Gombos in Sahne: die vorgekochten Gombofrüchte in Butter dünsten und mit Sahnesauce anmachen.

Gombos, türkisch: gehackte Zwiebeln in Öl goldgelb braten, gewürfelte Tomaten und grobgeschnittenes Hammelfleisch dazugeben, etwa 5 Minuten schmoren lassen, dann die vorgekochten Gombos hinzufügen, alles fertiggaren und mit Cayennepfeffer abschmecken.

Gordales, große Olivensorte, → Oliven.

Gorgonzola, italienischer Edelpilzkäse aus Kuhmilch, dem Roquefort verwandt, aber weicher und milder; erst bei Reife gewinnt er an Würze. Er enthält 48% Fett i. Tr. – Schon im 11. Jh. wurde der Gorgonzola erstmals urkundlich erwähnt. Seit 1955 genießt der beliebte Blauschimmelkäse gesetzlichen Schutz.

Gorgonzola mit Mascarpone, italienischer Dessertkäse aus Gorgonzola und Mascarpone, einem Doppelrahm-Frischkäse, geschichtet, köstlich auf frischer Baguette oder in aufgebrochenen neuen Pellkartoffeln.

Götterpflaumen, → Kakipflaumen, → Lotospflaumen.

Götterspeise, Fruchtgelee, das in Pulverform in den Handel kommt und nur in heißem Wasser aufgelöst und nach dem Erkalten gestürzt zu werden braucht. Als Süßspeise, zu Obst, Puddings, als Tortenguß u. dgl. zu verwenden.

Gouda-Käse (Holländer Käse), ursprünglich niederländischer Schnittkäse aus dem Ort Gouda bei Rotterdam. Der Gouda wird in Brotform hergestellt und wiegt 8 oder 12 kg. Der buttergelbe Käse ist mit erbsengroßen Gärungsblasen versehen. Er wird in drei Altersklassen gehandelt. Der junge Gouda ist meist nicht älter als 5 Wochen und schmeckt sahnig und mild. Der mittelalte Gouda ist höchstens 5–6 Monate alt und schmeckt kräftig und würzig. Der alte Gouda (bis 18 Monate Reifezeit) hat einen herzhaften, pikanten Geschmack.

Gouffé, à la: Kalbfleischklößchen, Champignons, Trüffeln, ferner Risotto in kleinen Formen und Kraftsauce zu Fleisch. – Jules Gouffé, Küchenmeister Georgs V. von Hannover.

Goulasch, → Gulasch.

Gourmand, schlemmender Vielfraß im Gegensatz zum Gourmet. Berühmte Gourmands waren z. B. der römische Feldherr Lucullus und der französische König Ludwig XIV.

Gourmandises (frz), → Feinschmeckerhappen, kleine Leckerbissen, wie gefüllte Torteletts, Schiffchen, Blätterteigstreifen, winzige Éclairs, belegte Schnittchen, Schinkentüten, Scheiben von Hühnerbrust, Galantinen, Schweinefilets, Roastbeef, appetitlich garniert, mit Butter und Toast angerichtet. Gourmandises sind Höhepunkte der kalten Küche.

Gourmet, Feinschmecker, sachkundiger Genießer. In Frankreich nannte man früher die Weinknechte Gourmets. Diese Bezeichnung ging dann auf die Weinkoster und schließlich auf die Feinschmecker über.

gourmet, à la: → Feinschmecker-Art.

Gourmet-Dressing, Salatsauce: Mayonnaise mit Tomatenketchup, Chilisauce, Zitronensaft, gehackten grünen Pfefferschoten, Petersilie und gehackten Eiern verrühren.

Gowjadina Stroganow, → Filetspitzen Stroganow.

Graciasalat: Streifen von roten und grünen Paprikaschoten, Äpfeln und Knollensellerie mit leichter Mayonnaise binden.

Gräfin-Art (à la comtesse): gedünsteter Kopfsalat, Kalbfleischklößchen und gebundene Kalbsjus zu kleinen Fleischstücken, Kalbsbries oder Geflügel, das mit Trüffeln gespickt und in Butter gebraten wurde.

Gräfinsalat: Tomaten-, Äpfel- und Knollenselleriewürfel mit gut gewürzter Mayonnaise binden.

Grahambrot, Diätbrot aus Weizenschrot mit fein vermahlener Kleie (Schale mit Keimling) ohne Hefe- oder Sauerteigzusatz. Das Grahambrot zeichnet sich durch gute Verdaulichkeit aus.

Gramatka, polnische Suppenspezialität: Wein und Bier (halb und halb) mit Zucker und etwas Zimt kurz aufkochen und mit geriebenem Brot binden; heiß auftragen.

Grambeeren, → Krähenbeeren.

Grammeln, → Grieben.

Gramolata, → Granita.

Grana (Padano), ein krümeliger

1 Guava 2 Gurke 3 Hagebutte 4 Hahn und Huhn 5 Hammel (Merinoschaf)

Hartkäse aus der Po-Ebene, meist gerieben verwendet, hergestellt wie der Parmesan, aber außerhalb der für Parmigiano Reggiano festgelegten Provinzen. Die runden, bis zu 40 kg schweren Käselaibe aus teilentrahmter Kuhmilch reifen ein bis zwei Jahre bei einer Temperatur zwischen 15 und 22°C. Der Grana mundet auch mit Weißwein als Vorspeise, mit Nüssen oder Birne als Dessert, mit Konfitüre oder Honig als süße Leckerei. – Vor rund 850 Jahren haben Zisterziensermönche diesen Hartkäse kreiert.

Granadilla, kolumbianische → Passionsfrucht, fast kugelrund, mit glatter gelber bis orangefarbiger Schale; das geleeartige, von grünlichen Kernen durchsetzte Fruchtfleisch schmeckt leicht säuerlich, aber überaus reizvoll. Granadillas kann man halbieren und auslöffeln – die Kerne darf man mitessen –, sie sind auch eine köstliche Zutat zu Obstsalaten und Süßspeisen.

Granäsche, → Meeräsche der südwestenglischen Küstengewässer.

Granat, → Garnelen.

Granatapfel (Purpurapfel, Punischer Apfel), Frucht des westasiatischen, ursprünglich zwischen Persien und Pamir beheimateten Granatapfelbaumes, der heute im ganzen Mittelmeerraum, in Brasilien und im Iran kultiviert wird. Die apfelgroßen, fast kugelrunden, gelben bis scharlachroten Früchte (botanisch »Beeren«) werden von harten Kelchzipfeln gekrönt, die als Vorbild für das berühmte Zwiebelmuster des Meißener Porzellans dienten. Zahllose Kammern aus weißen, zähen Trennwänden enthalten die 7 mm großen, von einer blaßroten, saftigen und wohlschmeckenden Hülle umschlossenen Samen. Diese Hüllen sind für den Gourmet das allein Wichtige, denn der aus ihnen gepreßte Saft wird mit Zucker versetzt als → Grenadine (Granatapfelsirup) verwendet, er aromatisiert Eisgetränke wie → Sorbet, Süßspeisen usw. Frisch genießt man die Frucht auf folgende Weise: den reifen Granatapfel in der Hand weichkneten, ohne die Schale zu verletzen, ein Loch – am besten am Kelchansatz – in die Frucht stechen und den köstlichen, durstlöschenden Saft herausdrücken. Vorsicht! Flecken, die durch den farbkräftigen, gerbstoffreichen Saft verursacht wurden, lassen sich nur schwer entfernen! Im Orient stellt man noch heute aus Granatapfelsaft Naturfarben für Teppiche her. – Übrigens kommt der Name der Frucht von den geleeartigen Samenhüllen, die an rotfunkelnde Granaten, an jene edlen Steine erinnern, die im Mittelalter als »Karfunkel« besungen wurden und noch heute im nördlichen Böhmen geschliffen werden. Im Altertum war der Granatapfel Sinnbild für Liebe und Fruchtbarkeit. Vermutlich war er der *Apfel des Paris,* mit dem der Sohn des Königs Priamos von Troja den Streit der Göttinnen Hera, Athene und Aphrodite, welche von ihnen die schönste sei, zugunsten von Aphrodite, der Göttin der Liebe, entschied. Und gewiß war er die Frucht, mit der Eva im Garten Eden Adam verführte.

grand-duc, à la: → Großherzogs-Art.

Grandeln, → Preiselbeeren.

Grand Hotel, à la: in Butter gedünsteter Bleichsellerie, mit Béarner Sauce gefüllte Artischockenböden, Polsterkartoffeln und eine Sauce aus Bratensaft, Weißwein und Kraftsauce zu kleinen Fleischstücken.

Grand Marnier, französischer Likör aus Weinbrand, aromatisiert mit karibischen Bitterorangen. Alkoholgehalt: 40 Vol. %

grand'mère, à la: → Großmutters-Art.

Granita, italienisches Eisgetränk aus geschabtem Eis, das mit Fruchtsaft und Früchten oder mit Kaffee aromatisiert wird.

Grapefruits, Kreuzung zwischen Apfelsine und Pampelmuse, die erstmals um 1750 auf Puerto Rico gelang. Grapefruits sind kleiner, dünnschaliger und süßer als Pampelmusen. Ihr gelbes bis rotes, saftreiches Fruchtfleisch schmeckt aromatisch bitter-süß und enthält reichlich Vitamin C. Die meisten Grapefruits werden heute in den USA geerntet. Zu uns kommen die Früchte hauptsächlich aus Israel, Spanien und Afrika.

Grapefruits, gefüllt: die Früchte halbieren, das Fruchtfleisch herausheben und kleinschneiden, mit gewürfelten Erdbeeren, Kirschen oder Ananas mischen, in die Schalen füllen, mit etwas Weinbrand begießen, überzuckern.

Grapefruitmayonnaise, für Salate: Mayonnaise mit Grapefruitsaft verrühren.

Grapefruitsalat: Streifen von geschälten Grapefruits und Chicorée mit Apfelsinensaft und etwas Honig anmachen.

Grapefruit-Sellerie-Salat: Grapefruitwürfel und geraspelter roher Knollensellerie mit Grapefruitsaft, Öl und etwas Salz anmachen; gehackte Walnüsse darüberstreuen.

Grappa, norditalienischer Branntwein (Südtirol, Trentino, Friaul, Venetien, Lombardei, Piemont, Toskana) aus den Rückständen der Weinkelterung (Tresterbranntwein). Bei Verwendung eines Tresters edler Trauben, bei einer speziellen Destillation und einer Lagerung von fünf Jahren und länger in kleinen Fässern aus Kirsch- und Apfelholz kann Grappa ein erlesener und entsprechend teurer Tropfen sein. Grappa wird oft mit Bergkräutern, Waldbeeren, Honig oder anderen Zutaten geschmacklich abgewandelt. So gibt es zum Beispiel Brombeer-, Himbeer-, Lakritz-, Peperoncino-Grappa und andere Grappe.

Graslauch, → Schnittlauch.

Gratin, gratiniertes (überkrustetes) Gericht.

Gratinfarce, pikante Füllung für Artischockenböden, Croûtons, kleines Wildgeflügel usw.: 75 g gewürfelten frischen Speck in der Pfanne auslassen, 125 g kleingeschnittene Kalbs-, Geflügel- oder Wildleber darin kurz anbraten, etwas gehackte Schalotte und Petersilie sowie je eine Prise Thymian- und Lorbeerpulver, Salz und Pfeffer zugeben, kurz anschwitzen, alles im Mörser stoßen und durch ein Sieb streichen.

gratinieren (frz: gratin = Kruste), überkrusten, ein Gericht bei starker Oberhitze überbacken, so daß eine braune Kruste entsteht.

Gratinpfanne, hitzebeständige Pfanne oder Form zum Überkrusten von Speisen.

Gratinsauce (Gratiniersauce, Sauce gratin): gehackte Schalotten mit Weißwein und Fischfond stark einkochen, Kraftsauce und möglichst trokkene Duxelles beifügen, langsam durchkochen, mit gehackter Petersilie vollenden. Zum Überkrusten von Fischen und Fischfilets.

Graubrot, Roggenmischbrot.

Graubündener Fleisch, → Bündner Fleisch.

Graukappe (Graukopf, nebelgrauer Trichterling, Herbstblattel, Nebelkappe), beliebter und sehr ergiebiger Speisepilz, der ab September in mächtigen Hexenringen aus tiefem Nadel- oder Laubhumus hervorbricht. Da diesem Pilz beginnende Zersetzungserscheinungen nur schwer anzusehen sind, empfiehlt es sich, nur junge Pilze zu sammeln.

Graupen (Rollgerste), geschälte, polierte Gerstenkörner in halb- oder länglichrunder Form. Perlgraupen sind sehr kleine, kugelig geschliffene und besonders leicht verdauliche Graupen. Graupen werden vor allem zu Suppen verwendet. → Krupnik.

Graupensuppe: 125 g Graupen in Wasser aufkochen, auf ein Sieb geben, kalt abduschen, mit Speck, Schinken, Fleisch und Wurzelwerk in Wasser weich kochen, salzen und pfeffern, Petersilie hinzufügen, auf Wunsch durch ein Sieb streichen.

Graute Baunen mit Speck, westfälische Spezialität: Puffbohnen mit Bohnenkraut in Salzwasser weich kochen, kleine Scheiben oder Würfel von durchwachsenem Räucherspeck rösten und unter die Bohnen mischen, alles mit Mehlschwitze binden; dazu Schweinebacke, Salzkartoffeln und einen eiskalten Steinhäger.

Graved Lachs (Gravlax), aus Norwegen stammendes Konservierungsverfahren für Lachsfilet, das den erlesenen Geschmack und die Konsistenz des Fischfleisches besser bewahrt als das Räuchern: Pökeln in Salz, Zucker, Pfeffer und Dill. Früher reifte der Lachs unter einer Schicht Erde (daher graved = vergraben), heute reift er im Kühlschrank.

Graves, französische bukettreiche Bordeauxweine besonderer Qualität, 22 Spitzenlagen für Rot- und Weißweine.

grecque, à la: → griechische Art.

Gren, → Meerrettich.

Grenadierfisch, für die Küche neu entdeckter, 60–80 cm langer Seefisch. Er wird in Meerestiefen zwischen 400 und 2000 m vor allem bei Island, Labrador und Neufundland gefangen. Gekocht oder gedünstet schmeckt der Grenadierfisch wie Kabeljau, gebraten wie Rotbarsch, geräuchert wie Heilbutt.

Grenadine, stark gesüßter Granatapfelsaft, Bestandteil vieler Cocktails.

Grenadins, runde, gespickte Fleischscheiben, etwa 150 g schwer, in Butter gebraten, oft auf gerösteten Weißbrotscheiben angerichtet. – *Rezept:* Kalbsgrenadins.

Greßling, → Gründling.

Greyerzer Käse (Gruyères Käse), schweizerischer Hartkäse aus dem oberen Saanetal in den Freiburger Voralpen.

Gribichesauce (Sauce Gribiche): hartgekochtes Eigelb mit Senf und Essig verrühren, salzen, mit Öl zu einer Mayonnaise aufschlagen, Kapern, Pfeffergurken, Kräuter, alles feingehackt, und Eiweißstreifen unter die Sauce ziehen. Zu kaltem Fisch, Pökelzunge usw.

Grieben (Speckgrieben, Grieven, Grammeln, Krammeln), ausgebratene Speckwürfel.

griechische Art (à la grecque): körnig gekochter, mit kleinen Würfeln von grünen Pfefferschoten und grünen Erbsen vermischter Reis sowie Tomatensauce zu Fleisch oder Geflügel. – Gemüse auf griechische Art wird immer in einer scharfgewürzten Ölmarinade gargemacht und kalt als Vorspeise serviert.

griechischer Salat: Scheiben von Tomaten, Salatgurken, Paprikaschoten und Zwiebeln, weißen Schafkäse darüberbröseln und mit schwarzen Oliven garnieren.

Grieß, geschälte, zerkleinerte Getreidekörner im Durchmesser von 0,2 bis 1,5 mm. Grieß wird meistens aus Weizen hergestellt. Nach der Beschaffenheit des Weizenkorns unterscheidet man Hartweizengrieß und Weichweizengrieß. Hartweizengrieß wird vor allem zur Herstellung von Teigwaren (Nudeln usw.) verwendet. Aus Weichweizengrieß werden Suppen, Aufläufe, Puddings usw. bereitet.

Grießauflauf: 75 g Grieß in 3/4 l siedende Milch einrühren und zu einem Brei quellen lassen; 100 g Zucker, 3 Eigelb und 50 g Butter schaumig rühren, mit der ausgekühlten Grießmasse vermischen, 3 steifgeschlagene Eiweiß darunterziehen, in eine gefettete Auflaufform füllen, abbacken; dazu eine Fruchtsauce oder Kompott.

Grießflammeri: 65 g Zucker, 12 g Mandelpulver und ein Stück Zitronenschale oder etwas Vanille mit 1/2 l Milch aufkochen, 75 g Grieß hineinrühren, langsam glattkochen, ohne daß der Brei ansetzt, die Zitronenschale wieder entfernen, etwas salzen, 1 Eigelb und 2–3 steifgeschlagene Eiweiß unter die Masse ziehen, in Formen füllen, nach dem Auskühlen stürzen, mit Fruchtsaft oder Kompott anrichten.

Grießklöße: 1/2 l Milch mit 30 g Butter, Salz und etwas abgeriebener Zitronenschale aufkochen, 200 g Grieß hineinrühren und durchkochen, die ausgekühlte Grießmasse mit 2–3 Eiern binden, Klöße abstechen und in siedendem Salzwasser garziehen lassen.

Grießkroketten: 1/4 l Milch mit etwas Salz und Vanille aufkochen, 65 g Zucker und 65 g Grieß hineinrühren, 1–2 geschlagene Eier unter die Grießmasse ziehen, auskühlen lassen, kleine Kugeln oder Rollen formen, durch Ei und Paniermehl ziehen, in Fett schwimmend backen und in Zimtzucker rollen; dazu Aprikosensauce oder Weinschaum.

Grießkrustade: etwa 100 g Grieß in 1/4 l heißer Fleischbrühe quellen lassen, bis ein dicklicher Brei entstanden ist, mit 1–2 Eigelb und geriebenem Parmesankäse binden und in kleine, mit kaltem Wasser ausgespülte Bechergläser drücken, erkalten lassen und aus den Gläsern stürzen; die Grießrollen mit Ei und Reibbrot panieren, in Fett schwimmend backen, dann vorsichtig aushöhlen und nach Wunsch füllen, z. B. mit einem Ragout von gekochtem Schinken und Artischockenböden in dicker Tomatensauce. Heiß anrichten.

Grießnocken: 30 g Butter mit 2 Eigelb verrühren, mit Salz und Muskatnuß würzen, 50 g Grieß dazumischen und quellen lassen, mit einem kleinen Löffel Nocken (Klößchen) abstechen, in Salzwasser garziehen lassen, abtropfen; auf eine Backplatte setzen, mit Parmesan bestreuen, mit Butter beträufeln, im Ofen überbacken.

Grießnudeln: Grieß in Butter rösten, mit etwas Wasser ablöschen, unter feinstreifige, in Salzwasser gekochte Nudeln mischen.

Grießpudding: 1/2 l Milch mit 30 g Butter, etwas Salz und 1 Stückchen Zitronenschale aufkochen, 100 g feinen Grieß hineinrühren und quellen lassen, 2–3 Eigelb mit 40 g Zucker verquirlen und zum Grieß geben, 2–3 steifgeschlagene Eiweiß darunterziehen, nach dem Auskühlen stürzen; dazu Schokoladensauce oder Kirschkompott.

Grießschmarren, österreichische Spezialität: 1/4 l Milch mit 65 g Grieß breiig kochen, mit 30 g Butter, 2–3 Eiern, 65 g Zucker und Prise Salz vermischen, wie Eierkuchen in der Pfanne backen, mit Gabeln aufreißen; dazu → Pflaumenröster.

Grießsockel, Unterlage aus dickem, ungezuckertem Grießbrei für Fleisch- oder Geflügelgerichte: den Grießbrei in ausgebutterte, kleine, flachrunde Schüsselform füllen, im Ofen leicht backen und auf die Platte stürzen.

Grießsuppe: 30 g feinen Grieß in etwas Butter anschwitzen, mit 1 l Fleisch- oder Hühnerbrühe auffüllen, würzen, 10–15 Minuten langsam kochen lassen, die Suppe mit Eigelb oder Sahne binden.

Grießtörtchen (Colombines): Grieß mit kräftiger Fleisch- oder Hühnerbrühe zu einer dicklichen Masse kochen, salzen und pfeffern, mit Eigelb und Parmesan vermischen, in Torelettförmchen streichen, mit pikantem Püree füllen, Grießmasse darüberdecken, panieren und im Ofen abbacken.

Grieven, → Grieben.

Grill, Bratrost zum Garen von Speisen über Holzkohlenglut oder in der Strahlungswärme von Elektro- oder Gasgeräten.

Grillade, auf dem Rost gebratene Speise, gegrilltes Stück Fleisch, Geflügel oder Fisch.

Grillbeize, zum Beträufeln von Fleischstücken während des Grillens, z. B.: je 1/2 Tasse Essig, Wasser und Öl, 1 kleine, feingehackte Zwiebel, 1 zerquetschte Knoblauchzehe, Salz, Paprika und 1 Prise Rosmarin.

grillen, grillieren, rösten, auf dem Rost braten, die ursprünglichste und zugleich rustikalste Art des Bratens von Fleisch, Fisch usw. Beim Grillen bewirkt allein die Wärmestrahlung, die von der Holzglut oder – bei modernen Elektrogrills – von einer Heizspirale ausgeht, das Garwerden der Speise. Beim Holzkohlengrill gehen außerdem – bei entsprechendem Holz – die Duftstoffe des Heizmaterials auf die Speise über und bereichern deren Geschmack auf reizvolle Weise. – In den USA wurde die uralte Grillkunst wiederentdeckt und eroberte sich unter dem Begriff → Barbecue die ganze Welt. Grillpartys unter freiem Himmel sind heute sehr in Mode. Wem die zwanglose Geselligkeit dieser Partys wichtiger ist als der kulinarische Genuß, kann nahezu alles grillen, was irgend genießbar ist. Kenner wissen allerdings, daß es nur eine Fleischart gibt, die erst im gegrillten Zustand ihren köstlichen Geschmack voll entfaltet: das Hammelfleisch. Natürlich schmecken auch Bratwürste, kleine Hacksteaks und Mett in Alufolie gegrillt ganz ausgezeichnet, aber Lammkoteletts oder eine saftige Lammkeule erreichen über Holzkohlenglut geschmackliche Bereiche, von denen Feinschmecker träumen. Rindersteaks, womöglich im Western Style, versprechen ein kulinarisches Abenteuer: sie können vorzüglich gelingen, aber auch gräßlich mißraten, je nach der Beschaffenheit des Fleisches und der Grillhitze. – *Grillpraxis:* Die Grillstäbe von allen verbrannten Fleischresten säubern, gut einölen, auch das Grillgut leicht einölen und auf die heißen Stäbe legen. Steaks, Koteletts u. dgl. nach kurzer Zeit ein wenig drehen, so daß die Grillstäbe ein appetitliches Rautenmuster in das Fleisch prägen. Sobald auf der Oberfläche Blutstropfen heraustreten, die Fleischstücke mit der Grillzange wenden. Wieder ein Rautenmuster in das Fleisch brennen. Und wenn der Fleischsaft aus dem Stück perlt, ist es gar. Nun nach Wunsch mit Salz, Pfeffer, Paprika, Currypulver, mit speziellen Gewürzmischungen und einer Würzsauce (Barbecuesauce) würzen. Als Beilage empfehlen sich gegrillte Tomaten, Paprikaschoten, Zwiebeln sowie Pommes frites oder Weißbrot.

Grillsaucen, → Barbecuesaucen.

Grimaldi, à la: gewürfelte Langustinen, Champignons, Trüffeln und Makkaroni in Sahnesauce zu Fisch. – Grimaldi, genuesische Adelsfamilie.

Grissini, norditalienisches Stangenbrot aus Weizenmehl, Wasser, Hefe und etwas Salz, schön knusprig durchgebacken, aber mit heller Kruste, oft bis 70 cm lang und nur 2 cm dick, ursprünglich eine Turiner Spezialität. Grissini werden heute auch bei uns – luftdicht verpackt – angeboten.

Grog, Heißgetränk aus Rum (Arrak, Weinbrand oder Whisky), Zucker, Zitronen- oder Apfelsinensaft und heißem Wasser. Der englische Admiral Vernon soll dieses »Körper und Seele heilende Gebräu« erfunden haben. Man nannte ihn Admiral Grog, weil er zeit seines Lebens nur Hosen aus dem derben Grogramstoff trug. Und dieser Spitzname ging dann auf sein Getränk über. Grog wird heute vorzugsweise in Norddeutschland getrunken. – *Das Rezept:* 2–3 Stück Würfelzucker in vorgewärmtes Grogglas geben, 1 Zitronenscheibe oder etwas Zitronensaft hinzufügen, das Glas halb- bis dreiviertelvoll mit kochendheißem Wasser füllen, Rum oder anderen aromatischen Branntwein hinzugießen.

Grönlandkrabben, → Shrimps.

große Bohnen, → Puffbohnen.

großer Gelbfuß, → Kuhmaul.

Großherzogs-Art (à la grand-duc): gedünsteten Fisch mit grünen Spargelspitzen, Trüffelscheiben und Krebsfleisch garnieren, mit Mornaysauce bedecken und überbacken. – Herzöge gab es schon zur Zeit der alten Germanen. Den Großherzog aber gibt es erst seit dem Jahre 1569: Papst Pius V. verlieh diesen hohen Titel Cosimo di Medici.

Großjägermeistersauce (Sauce grand-veneur): leichte Pfeffersauce kurz vor dem Anrichten mit Hasenblut binden, nicht mehr aufkochen. Zu Hasen- oder Rehrücken.

Großkopf, → Meeräsche des Mittelmeeres.

Großmutters-Art (à la grand'mère): glasierte Zwiebelchen, gebratene Olivenkartoffeln, Zitronensaft, gehackte Petersilie und braune Butter zu gebratenem Fisch.

Gröstl, Fleischstückchen, Kartoffelscheiben, Ei und Kräuter, alles in einer Pfanne gebraten.

Gründling (Grundel, Greßling, Flußkresse), kleiner, nur 10–15 cm langer Karpfenfisch, der in Flüssen und Seen Europas und Westasiens beheimatet ist. Sein Fleisch ist sehr schmackhaft. Er wird meistens paniert und in Fett schwimmend scharf gebacken und als Beilage gereicht.

Grundsaucen, Saucen, von denen zahlreiche andere Saucen abgeleitet werden, z. B. braune Grundsauce (Espagnole), braune Fastengrundsauce, Kraftsauce (Demiglace), Tomatensauce, weiße Grundsauce (Velouté), weiße Fischgrundsauce, deutsche Sauce (Allemande), Béchamelsauce, holländische Sauce, Mayonnaise.

grüne Bohnen (Haricots verts), unreife (grüne) → Bohnen sollten schön knackig, gleichmäßig dunkelgrün oder wachsgelb (Wachsbohnen) und fadenlos sein. Sie werden unter fließendem, kaltem Wasser gewaschen und von den Stielen befreit. Je nach Art und Größe werden sie im ganzen, gebrochen, in Streifen oder feingeschnitten in Salzwasser gekocht oder in Butter gedünstet, aber nie zu weich. – Grüne Bohnen sind giftig! Erst durch Kochen werden die natürlichen Toxine zerstört. Schon 5 bis 6 rohe Schoten können zu tödlichen Vergiftungen führen.

grüne Bohnen mit Birnen und Speck, niedersächsische Spezialität: gebrochene grüne Bohnen mit etwas Butter in leicht gesalzenem Wasser halbgar kochen, kleine, ungeschälte Birnen hinzufügen, alles gar kochen, mit Mehlschwitze binden, abschmekken; dazu durchwachsener gekochter Speck, Salzkartoffeln und – separat – ein Glas Bier.

grüne Bohnen, französisch: kleine grüne Bohnen mit gehackter Petersilie, etwas Salz und Pfeffer in Butter gar dünsten, mit Zitronensaft abschmecken.

grüne Bohnen auf Haushofmeister-Art: kleine grüne Bohnen in Salzwasser gar kochen, abtropfen, mit leichter Béchamelsauce binden, würzen und reichlich mit gehackter Petersilie bestreuen.

grüne Bohnen, holländisch: gebrochene grüne Bohnen in Salzwasser gar kochen, gut abtropfen und mit holländischer Sauce anmachen.

grüne Bohnen, jüdisch; längsgeschnittene grüne Bohnen in Gänseschmalz dünsten, mit Salz, Pfeffer, geriebener Zitronenschale, Zitronensaft, Zucker, Zimt und Nelkenpulver (gemahlene Gewürznelken) würzen, mit brauner Mehlschwitze binden, mit Rotwein vollenden.

grüne Bohnen mit Parmesan: lange Bohnen in Salzwasser gar kochen, gut abtropfen und wie Spargel anrichten, mit geriebenem Parmesan bestreuen, geschmolzene Butter darübergießen.

grüne Bohnen, portugiesisch: kleine grüne Bohnen, grobgehackte Tomaten und Speckwürfel in kräftig gewürzter Fleischbrühe gar kochen, mit gehackter Petersilie bestreuen.

grüne Bohnen, russisch: grüne Bohnen in Salzwasser halbgar kochen, abtropfen und mit Butter, Sahne, etwas Zucker, Muskatnuß und gehackter Petersilie weich dünsten.

grüne Bohnen, ungarisch: grobgeschnittene grüne Bohnen mit gehackter Zwiebel in Schweineschmalz andünsten, in Paprikasauce fertig dünsten.

grüne Bohnenkerne (Krüllbohnen, Flageolets), die großen, noch grünen Kerne halbreifer Bohnen werden frisch oder getrocknet angeboten.

grüne Bohnenkerne, englisch: grüne Bohnenkerne in Salzwasser gar kochen, gut abtropfen, mit gehackter Petersilie vermischen, mit einem Stück frischer Butter anrichten.

grüne Bohnenkerne in Petersiliensauce: grüne Bohnenkerne in Salzwasser gar kochen, gut abtropfen, mit weißer Grundsauce, Butter und gehackter Petersilie vermischen.

grüne Erbsen, Erbsen, die frisch in der Hülse (Schote), in Dosen oder tiefgefroren in den Handel kommen (→ Erbsen).

grüne Erbsen, englisch: die Erbsen in wenig Salzwasser zugedeckt gar dünsten, abtropfen, auf der Herdplatte abdämpfen, mit Salz und Zucker wür-

zen, mit einem Stück frischer Butter anrichten.
grüne Erbsen auf Florentiner Art: die Erbsen in wenig Salzwasser zugedeckt gar dünsten; gehackte Zwiebel und gehackten rohen Schinken in Butter anschwitzen, Tomatensauce und die Erbsen beifügen, mit Salz, Pfeffer und gehackten Kräutern würzen.
grüne Erbsen, französisch: Erbsen mit winzigen Zwiebelchen, streifig geschnittenem Kopfsalat, je einem Sträußchen Petersilie und Kerbel, Salz, einer Prise Zucker und Butter in wenig Wasser zugedeckt dünsten, die Kräuter herausnehmen, die Erbsen mit Mehlbutter binden.
grüne Erbsen mit Karotten, → Karotten mit grünen Erbsen.
grüne Erbsen mit Mohrrüben, → Mohrrüben mit grünen Erbsen.
grüne Erbsen mit Pfefferminze: die Erbsen mit einigen Pfefferminzblättern in leicht gesalzenem Wasser garen, abtropfen, mit Salz und einer Prise Zucker würzen, einige Minuten in Butter dünsten, gehackte frische Pfefferminze darüberstreuen.
grüne Erbsen Saint-Germain (Püree): die Erbsen in wenig Salzwasser zugedeckt gar dünsten, durch ein Sieb streichen, auf der heißen Herdplatte trockenrühren, mit Butter und Sahne binden, mit Salz und einer Prise Zukker abschmecken.
grüne Kräutersauce, → Kräutersauce, grüne.
grüne Mandeln, → Pistazien.
grüne Mayonnaise, → grüne Sauce.
grüne Sauce (Sauce verte): Estragon, Kerbel, Kresse und einige Spinatblätter mit Salzwasser überbrühen, durch ein Haarsieb streichen, unter Mayonnaise ziehen. → Frankfurter Sauce. → Salsa verde.
grüner Salat, → Kopfsalat.
grüner Spargel, Spargelstangen, die aus dem Boden herausgewachsen sind und daher durch das aufgenommene und gespeicherte Chlorophyll eine blaue, violette oder grüne Farbe angenommen haben. Solch »grüner Spargel« schmeckt etwas würziger (mehr nach Gemüse), enthält dafür mehr Vitamin C und A. Grüner Spargel braucht nur am unteren Ende geschält zu werden. → Spargel.
grüner Spargel mit Schinkencreme: 200 g gekochten Schinken durch den Fleischwolf drehen oder pürieren, mit 150 g Crème fraîche, 1 bis 2 Dillzweigen, dem Saft einer halben Zitrone, Salz und weißem Pfeffer verrühren und kühl stellen; 1 kg grünen Spargel in Salzwasser mit einem Stück Butter und einer Prise Zucker 15 Minuten garkochen, den Spargel mit der Schinkencreme und neuen Pellkartoffeln auftragen.
grüner Tee, Grüntee, unfermentierter Tee, der seine Inhaltsstoffe im Gegensatz zum fermentierten schwarzen Tee in der ursprünglichen Menge und Zusammensetzung behalten hat. Diese hoch wirksamen Inhaltsstoffe machten den grünen Tee zu einem wichtigen Naturheilmittel und Schönheitselixier. Allerdings ist sein Geschmack weniger ausgeprägt als der des aromatischeren schwarzen Tees. – Der meistgetrunkene grüne Tee ist der chinesische *Gunpowder.* Sein englischer Name für Schießpulver kommt von dem Knistern, das zu hören ist, wenn die olivfarbenen Blattkügelchen im heißen Wasser aufgehen. Wegen seines hohen Tein(Koffein)gehalts trinkt man meist erst den zweiten und dritten Aufguß. Fast ebenso bekannt ist der chinesische *Chun Mee* (Zhen

Mei) mit seinem fruchtigen Aroma. Der Geschmack des japanischen *Sencha* erinnert irgendwie an Meeresalgen. Ähnlich schmeckt auch der japanische *Guricha.* Der wohl edelste und daher teuerste Grüntee Japans ist der *Gyokuro Yôshû,* der im Umkreis der alten Kaiserstadt Kioto kultiviert wird. Aus der Inselrepublik Taiwan (Formosa) kommt der aromatische *Pi Lo Chun.* → Tee.

Grünkern, das vor der Reife geerntete Korn des → Dinkels. Die grüngelben, würzigen Grünkerne werden gedörrt, geschält und wie der Weizen zu Mehl, Grieß, Graupe usw. verarbeitet. Grünkern ist eine beliebte Zutat zu Suppen, Saucen, Bratlingen u. dgl.

Grünkernsuppe, eine badische Spezialität: 125 g Grünkerngrütze (nicht Grünkernmehl) mit je 1 EL feingewürfelte Karotte, Schalotte und Sellerieknolle in 3 EL Butter anrösten, bis die Schalotten goldgelb sind, mit 1 1/2 l Fleischbrühe ablöschen, 1/2 geriebenes Brötchen in die Brühe geben, salzen und alles etwa 90 Minuten leise durchkochen; 2 Eigelb mit 6 EL süßer Sahne verquirlen, die Brühe abseits vom Feuer damit binden; zuletzt Markklößchen zur Suppe geben.

Grünknochen, → Hornhecht.

Grünkohl (Braunkohl, Krauskohl, Blätterkohl, Winterkohl), eine Kohlart, deren kräftig gekräuselte Blätter keinen Kopf bilden und nach dem ersten Frost besonders schmackhaft sind. Grünkohl enthält viel Vitamin A, außerdem Vitamin B21, B22, Niacin, Vitamin C sowie Kalium, Kalzium, Phosphor und Eisen. Grünkohl muß möglichst frisch zubereitet werden. Man erhält ihn auch tiefgefroren oder tafelfertig in Dosen. – *Vorbereitung:* Die Blätter von den Stengeln streifen, schlechte Stellen herausschneiden, die Blätter waschen, kurz mit siedendem Wasser überbrühen, gut abtropfen lassen und kleinschneiden, hacken oder durch die Maschine drehen. – *Garzeit:* etwa 1 1/2 Stunden.

Grünkohl, holsteinisch: den besonders fein gemahlenen Grünkohl und eine gehackte Porreestange mit Schweineschmalz und Gewürznelken in wenig Wasser zugedeckt dünsten; mit Hafermehl binden und fertig dünsten.

Grünkohl, niedersächsisch: gehackte Zwiebeln in Schweineschmalz leicht anschwitzen, den gehackten Grünkohl und einige Brägenwürste zugeben, salzen und pfeffern und in wenig Wasser zugedeckt gar dünsten.

Grünkohl mit Pinkel, ostfriesische, auch westfälische Spezialität: den mit gehackten Zwiebeln und Schweineschmalz in wenig Wasser gar gedünsteten Grünkohl mit westfälischer Grützwurst (Pinkel) anrichten.

Grünkohl in Sahne (à la Crème): etwas Paniermehl in Butter anschwitzen, den gehackten, gut gebrühten Grünkohl dazugeben, kurz durchschwitzen lassen und in Sahne fertigdünsten; mit Pfeffer und wenig Muskatnuß abschmecken.

Grünling (Grünreizker, echter Ritterling), Speisepilz mit gelbem Stiel, gelben Lamellen und grüngrauem, leicht kugeligem Hut. Der Pilz gedeiht vor allem unter Fichten und Kiefern auf kalkhaltigem Boden, ist bis in den Spätherbst zu finden und ergibt sehr schmackhafte Gerichte.

Grütze, geschälte und geschrotete Getreidekörner, meistens von Hafer, Gerste und Buchweizen. Grütze wird für Suppen, Brei und bestimmte Wurstsorten verwendet.

Grütze, rote, → rote Grütze.
Grützwurst (westfälische Grützwurst), Kochstreichwurst aus grobkörnigem Rindfleisch, Schweinefleisch und Grütze.
Gruyère, → Greyerzer Käse.
Guacamole (Avocadocreme), mexikanischer Dip zu Nachos und Tortilla-Chips, bestehend aus Avocadopüree, vermischt mit feingehackten geschälten Tomaten, Zwiebeln und Chili, gewürzt mit Limettensaft, frischem Koriander, Salz und Knoblauch.
Guajave (Guava, Guave, Guayaba, Kujave), Frucht eines immergrünen mittelamerikanischen Myrtenbaumes, der heute hauptsächlich in Südafrika, Indien und den Südstaaten der USA kultiviert wird. Die apfel- oder birnenförmigen Früchte enthalten ein weißes, grüngelbes oder rosafarbenes Fruchtfleisch, das angenehm süßsäuerlich schmeckt und von zahlreichen kleinen Kernen durchsetzt ist. Guajaven ißt man roh oder gekocht als Kompott, Gelee, Marmelade usw. Beim Kochen färbt sich das Fruchtfleisch hell- bis lachsrot.
Guanabana, → Stachelanone.
Gugelhupf (Gugelkopf, Kugelhupf), süddeutscher Napfkuchen: 250 g Mehl, 15 g Hefe, 2–3 Eier, 30 g Zukker, 100 g geschmolzene Butter, 50 g gehackte Mandeln und etwa 1/4 l Milch zu einem mittelfesten, elastischen Hefeteig verarbeiten, 50 g kernlose Rosinen in den Teig geben, den Teig in eine ausgebutterte Gugelhupfform füllen, gut gehen lassen und backen; den fertigen Gugelhupf mit Puderzucker bestäuben oder mit Schokoladenglasur überziehen.
Güggeli, schweizerische Bezeichnung für → Hähnchen.
Guineahuhn, afrikanische Hühnerrasse, die vor allem in den USA, neuerdings aber auch in Europa gezüchtet wird. Das Guineahuhn zeichnet sich durch dunkles, wie Wildgeflügel schmeckendes Fleisch aus.
Gulasch (ung: gulyás = Rinderhirt), ursprünglich ungarisches Gericht aus großen Rindfleischwürfeln (z. B. vom Bug), die mit Zwiebeln, etwas Mehl und reichlich Paprika im eigenen Saft gargedünstet werden. Gulasch kann auch aus Kalb-, Hammel- oder Schweinefleisch, sogar gemischt, bereitet werden. – *Rezepte:* Debrecziner Gulasch, Fünfminutengulasch, Hirtengulasch, Lammgulasch, Szegediner Gulasch, Zigeunergulasch. – Als vor rund 200 Jahren in Debreczin das 39. ungarische Infanterie-Regiment aufgestellt wurde, mußten auch zahlreiche Rinderhirten der Pußta von Hortobagy dem Einberufungsbefehl folgen. Sie brachten ihr Lieblingsgericht Gulasch mit. Und als das Regiment bald darauf nach Wien verlegt wurde, trat das Gulasch seinen kulinarischen Siegeszug durch ganz Europa an. Bald hieß jede Feldküche Gulaschkanone, und selbst die feinsten Restaurants hatten eine Gulaschvariante auf ihrer Speisekarte.
Gulaschsuppe: feingehackte Zwiebel in Schweineschmalz anschwitzen, grobgewürfeltes Rindfleisch hinzufügen, mit reichlich Rosenpaprika, Salz, gestoßenem Kümmel, Majoran und etwas Knoblauch würzen, zugedeckt schmoren lassen, kleingeschnittene Tomaten und grüne Paprikaschoten, zuletzt noch gewürfelte Kartoffeln beigeben, mit Wasser auffüllen, fertigkochen.
Gumbos, → Gombos.
Gundermann (Gundelrebe, Erdefeu, Katzenminze), wildwachsendes

Würzkraut, das in Wäldern an schattigen, feuchten Stellen wächst. Die jungen Triebe des Gundermanns werden zu Suppen, Saucen, Salaten verwendet.

Gurken, Kürbisgewächse, deren Heimat Ostindien ist. Die Gurken sind wohl das vielseitigste Gemüse: → Salzgurken (saure Gurken), → Gewürzgurken (Essiggurken, Delikateßgurken), → Pfeffergurken, → Cornichons, → Senfgurken. Außerdem unterscheidet man die schlanken Salatgurken und die gedrungenen Gemüsegurken. Salatgurken sollten möglichst ungeschält verwendet werden. Gemüse- oder Schmorgurken werden in Längsrichtung geschält, der Länge nach halbiert, entkernt und in 3–4 cm große Stücke oder Streifen geschnitten; sie schmecken besonders gut, wenn sie schon reif (gelb) sind.

Gurken, andalusisch: Gurkenstücke in Tomatensauce weich dünsten, mit geriebenem Parmesan bestreuen, mit Öl beträufeln und im Ofen überbacken.

Gurken, dänisch: Salatgurken schälen, in dicke, runde Stücke schneiden, aushöhlen und mit folgender Masse füllen: gekochten Lachs (Salm) mit Butter und Sahne zu einem feinen Püree verarbeiten, pikant würzen, marinierten Hering und hartgekochtes Ei kleinwürfeln und unter das Lachspüree ziehen; die gefüllten Gurken leicht mit Meerrettich bestreuen.

Gurken, deutsch: die geschälten Gurken in fingerlange Streifen schneiden und in wenig Fleischbrühe dünsten, den Fond mit heller Mehlschwitze binden, mit Salz und Muskatnuß würzen.

Gurken in Dill: Gurkenstücke in Butter anschwitzen, in Sahne weich dünsten, gut würzen und mit gehacktem Dillgrün vermischen.

Gurken, elsässisch: Salatgurken schälen, in dicke, runde Stücke schneiden, aushöhlen und mit feingewürfeltem gekochten Schinken, der mit Sahne gebunden und herzhaft gewürzt wurde, füllen; mit geriebenem Meerrettich bedecken.

Gurken, gebacken: Gurkenstücke salzen und pfeffern, durch Backteig ziehen und in heißem Fett schwimmend backen.

Gurken, gefüllt: kleine Gemüsegurken schälen, längs halbieren, aushöhlen und in wenig Brühe halbgar dünsten; mit Duxelles oder einer pikanten Fleischfarce füllen und fertigdünsten.

Gurken, italienisch: kleine Gemüsegurken schälen, längs halbieren, aushöhlen und in wenig Brühe vordünsten; eine Masse aus eingeweichtem Brötchen, gehacktem Ei, geriebenem Parmesan, rohem Eigelb, Salz und Muskatnuß in die Gurken füllen und im Ofen gar dünsten; zum Anrichten mit italienischer Sauce überziehen.

Gurken, polnisch: dicke Gurkenstücke in Salzwasser kochen, abtropfen, mit gehacktem Ei und Petersilie bestreuen und braune Butter mit geröstetem Paniermehl darübergießen.

Gurken, sächsisch: Gurkenstücke mit gehackter Zwiebel in Butter anschwitzen und in saurer Sahne weich dünsten.

Gurken, schwedisch: Salatgurken schälen, in dicke, runde Stücke schneiden, aushöhlen und mit Heringssalat füllen.

Gurken mit Speck: Würfel von magerem Speck und gehackte Zwiebeln kräftig anrösten, mit Essig löschen, Gurkenstücke und etwas braune

Grundsauce dazugeben und langsam schmoren lassen.

Gurken, türkisch: kleine Gemüsegurken schälen, längs halbieren, aushöhlen und in wenig Hammelbrühe vordünsten; mit einer gut gewürzten Mischung aus gehacktem Hammelfleisch und Tomatenrisotto füllen und im Ofen fertigdünsten.

Gurken auf Zarin-Art: Gurkenstükke in leichter Sahnesauce weich dünsten, salzen und pfeffern, mit gehacktem Fenchelgrün und Petersilie vermischen.

Gurkenbowle: 1 frische Salatgurke mit der Schale in hauchdünne Scheiben schneiden, im Bowlengefäß mit 1 Flasche Rotwein übergießen, etwas Zimt und 2 Gewürznelken hinzufügen, mindestens 1 Stunde ziehen lassen, Nelken entfernen, mit 1 Flasche Rotwein und 1 Flasche Sekt auffüllen.

Gurkenfrikassee: kleine Gurkenstücke mit Champignons weich dünsten, mit Salz und Muskatnuß würzen, den Fond mit Eigelb oder Stärkemehl binden und mit Zitronensaft abschmecken.

Gurkenkönig, → Borretsch.

Gurkenkraut, → Borretsch, → Dill.

Gurkensaft regt den Appetit an und beseitigt Verstopfung, er entwässert den Körper und verschafft eine reine Haut.

Gurkensalat, amerikanisch: Gurkenstreifen auf Kopfsalatblättern anrichten und mit Tatarensauce bedekken.

Gurkensalat, deutsch: dünne Gurkenscheiben mit Essig-Öl-Marinade anmachen; mit gehacktem Dill bestreuen.

Gurkensalat, englisch: Gurkenscheiben und Bleichselleriestreifen mit Sahne, Zitronensaft, Salz und Pfeffer anmachen.

Gurkensalat, russisch: Gurkenscheiben mit Sahnequark, saurer Milch, Salz, Pfeffer und Knoblauch anmachen; mit gehacktem Dill bestreuen.

Gurkensalat mit Sahne: dünne Gurkenscheiben mit saurer Sahne, gehackten Zwiebeln, Salz und Pfeffer anmachen.

Gurkensauce (Sauce aux agoursis): gewürfelte frische Salatgurke mit gehackten Schalotten in Butter anschwitzen, Mehl darüberstäuben, mit kräftiger Fleischbrühe durchkochen, die Sauce mit süßer Sahne abziehen. Zu Rinder- oder Hammelbraten.

Gurkensauce (Sauce aux concombres): braune Grundsauce mit feingehackter Salzgurke, etwas Gurkenlake, zerdrückten Pfefferkörnern und wenig Lorbeer gut durchkochen, passieren, mit etwas Zucker und Cayennepfeffer abschmecken; zuletzt noch einige Gurkenwürfel hinzufügen. Zu Frischlingsbraten oder Frikadellen.

Gurunuß, → Kolanuß.

Gutsherrenspieß: Medaillons vom Kalb, Rind und Schwein am Spieß braten, mit Pfeffer und Salz würzen; dazu Kraftsauce mit Perlzwiebeln, halbierten Champignons und gewürfeltem, magerem Rauchspeck sowie Pommes frites.

Gyros, am senkrechten Drehspieß gegrilltes, stark gewürztes Lamm-, Hammel-, Kalb-, Rind- oder Schweinefleisch, in hauchdünnen Scheibchen vom Spieß geschnitten und mit → Zaziki angerichtet. Gyros entspricht im wesentlichen dem türkischen → Döner kebab.

H

Wildschweine, Hirsche, Hasen, Rehe, sie gehen mir so ziemlich ein!

Goethe

Haarsieb, Kunstfasersieb für metallempfindliche Speisen.

Haarwild, Wildbret im Gegensatz zum Federwild, z. B. Hirsch, Reh, Elch, Wildschwein, Hase, Wildkaninchen.

Habana, à la: gewürfelte rote und grüne Paprikaschoten, Champignons, Zwiebelchen, geschmolzene Tomaten und Kräutersauce zu Seefisch. – San Cristóbal de la Habana, kurz Havanna, Hauptstadt Kubas.

Habichtspilz (Rehfellchen), eßbarer Stachelpilz mit dichten Borsten (»Stacheln«) an der Hutunterseite. Der mit sparrigen Schuppen besetzte, oft 30 cm breite Hut ähnelt dem Gefieder eines Habichts. Man findet den Pilz unter Kiefern, zwischen Heidekraut und Heidelbeeren. – *Zubereitung:* Die geputzten Pilze zerschneiden, mit siedendem Wasser überbrühen und das Wasser erst nach einigen Minuten abgießen, wodurch das Pilzfleisch entbittert und recht schmackhaft wird. Dann mit gehackter Zwiebel in Butter dünsten, mit Salz und Pfeffer würzen.

Hachée, Hachis, → Haschee.

Hachse (Haxe), unteres Bein von Kalb und Schwein. – *Rezepte:* → Kalbshachse, → Schweinshachse.

Hackbraten (falscher Hase): Hackfleisch (halb Schwein und halb Rind) mit eingeweichter, gut ausgedrückter Semmel, angerösteten Speckwürfeln, gehackter Zwiebel, Ei, Salz und Pfeffer gut verarbeiten, zu einem länglichen »Brot« formen, panieren und knusprig braun braten, den Bratensatz mit Wasser verkochen, mit Stärkemehl und saurer Sahne binden, würzen; dazu Salzkartoffeln. Auch kalt als Aufschnitt.

Hackepeter, rohes, durch den Fleischwolf getriebenes Schweinefleisch, gewürzt mit Salz, Pfeffer und Zwiebeln. Hackepeter kann auch gebraten werden.

Häckerle, Brotaufstrich von gehacktem Fleisch, Räucherspeck, Wurst, Fisch usw., → Heringshäckerle.

Hackfleisch (Gehacktes, Gewiegtes, Faschiertes), rohes, durch den Fleischwolf getriebenes Fleisch von Rind oder Schwein, meist gemischt (halb und halb). Vgl. → Schabefleisch.

Hacksteaks werden aus durchgedrehtem Rind- oder Hammelfleisch bereitet. Da sie beim Braten leicht fest und trocken werden, mischt man sie mit eingeweichten Semmeln, Schweinefleisch, Reis usw.; meist werden sie noch mit Eigelb gebunden.

Haddock, → Smoked Haddock.

Haferflocken, gequollene, gewalzte Haferkörner, die roh mit Milch, als Brei oder Schleim verzehrt werden. Haferflocken sind nahrhaft und überaus bekömmlich.

Haferl, große Tasse.

Hafermark, gequollene und gewalzte geschrotete Haferkörner, gewissermaßen kleine Haferflocken, die besonders der Kranken- und Kinderernährung dienen.

Hafermehl, besonders behandelte, fein gemahlene Haferkörner. Hafermehl ist sehr nahrhaft und wird vor allem zur Kinder- und Krankenernährung verwendet.

Hafermehlsuppe: 1/2 l Milch aufkochen, 1/2 l heiße Fleischbrühe dazugießen, 75 g Hafermehl mit 1/4 l Milch verrühren, in die kochende Suppe geben, langsam durchkochen, salzen, nach Belieben mit Sahne und gerösteten Weißbrotwürfeln vollenden.

Haferpflaumen, → Spillinge.

Hagebutten (Hahnebutten, Hägen, Hiften, Rosenäpfel), Scheinfrüchte verschiedener Wildrosenarten (z. B. Heckenrose). Die glänzend roten Früchte enthalten ein Vitamin-C-reiches, erfrischend schmeckendes Fruchtfleisch und haarige Samenkörner. Hagebutten werden zu Marmelade, Gelee, Kompott, Obstwein, Tee usw. verwendet.

Hagebuttensauce, Süßspeisensauce: Hagebutten etwa 3 Stunden in lauwarmem Wasser weichen, das Wasser bis auf einen Rest abgießen, Zucker und etwas Zitronenschale hinzugeben, weich kochen, passieren, die Sauce mit Stärkemehl binden, mit Weißwein aromatisieren. Warm zu Reispudding.

Hagelzucker, grobkörniger Zucker zum Bestreuen von Backwerk.

Hägen, → Hagebutten.

Hahn, männliches Huhn, insbesondere männliches Haushuhn, wird in Frankreich gern kastriert und gemästet und erhält dann ein besonders zartes, saftiges Fleisch. → Kapaun. Junge Hähne wiegen 1,5–2 kg. Alte Hähne können nur für Suppen verwendet werden.

Hahn in Teighülle: einen jungen Masthahn einige Stunden mit Öl, Portwein, Thymian, Lorbeerblatt, Salz und Pfeffer marinieren, abwischen, mit feiner Hühnerfarce füllen, in dünn ausgerollten Briocheteig hüllen, auf ein gefettetes Backblech setzen, mit Ei bestreichen und im Ofen langsam backen, wobei der Teig anfangs mit Pergamentpapier bedeckt werden sollte, um ein vorschnelles Bräunen zu verhindern.

Hahn in Weißwein: einen jungen Masthahn zerteilen, die Stücke mit Salz und Pfeffer würzen, in Butter anbraten und im Ofen garen lassen, die Stücke anrichten, gehackte Schalotten in den Fond geben, leicht andünsten, Weißwein und Hühnerbrühe hinzugießen, grobgehackten Bleichsellerie und Thymian hinzufügen, zur Hälfte einkochen, mit Sahne binden, passieren und über die Geflügelstücke gießen; dazu Butternudeln.

Hähnchen, gemästete junge Hähne im Gewicht zwischen 500 und 1500 g.

Hähnchen auf Burgunder Art: das gut gewürzte Hähnchen in Butter braten und anrichten; Würfel von magerem Speck, geviertelte Champignons und winzige Zwiebeln rösten und neben das Hähnchen setzen; den Fond mit Rotwein ablöschen, einkochen, mit Butter aufschlagen und über das Hähnchen gießen.

Hähnchen, gebacken, → Wiener Backhendl.

Hähnchen auf Großmutter-Art: gehackten fetten Speck und gehackte Zwiebel anrösten, kleingeschnittene Hühnerleber darin kurz braten, mit Paniermehl und gehackter Petersilie vermischen, mit Salz, Pfeffer und Muskatnuß würzen und in das Hähnchen füllen, zubinden, im hitzebeständigen Geschirr braten.

Hähnchen Jacqueline: das Hähnchen zerteilen, mit Salz und Pfeffer würzen, mit Mehl bestäuben, in Butter anbraten, mit Portwein ablöschen, mit Kalbsjus auffüllen, zugedeckt gar schmoren, die Hähnchenstücke mit in Butter gedünsteten Äpfeln anrichten, den Fond mit Sahne verkochen, mit Butter aufschlagen, mit gerösteten Mandelstiften vollenden und über das Hähnchen gießen.

Hähnchen Stanley: das Hähnchen mit Zwiebelscheiben anbraten, reichlich mit Currypulver würzen, gedünstete Champignonscheiben hinzugeben, mit Sahne aufgießen und zugedeckt gar schmoren, mit Cayennepfeffer abschmecken; dazu körnig gekochten Reis.

Hähnchen Teriyaki, japanische Spezialität: 1 Hähnchen etwa 1 Stunde mit EL Sojasauce, 1 EL Ingwerpulver, 1 EL Zucker, 2 EL Weißwein und etwas Knoblauchpulver marinieren, abtrocknen, in Butter goldbraun braten, das Hähnchen mit dem Bratfond und der Marinade begießen; dazu Gemüse und Nudeln, Reis oder Pommes frites.

Hahnebutten, → Hagebutten.

Hahnenkämme, Blätterteiggebäck: Blätterteig etwa 5 mm dick ausrollen, in 8 x 8 cm große Quadrate schneiden; feingehackte Haselnüsse in etwas Butter anrösten, mit Zucker, Paniermehl, etwas Zimt und rohem Eiweiß vermischen, die Masse auf die Blätterteigquadrate häufen, die Quadrate dreieckförmig falten, 3- oder 4mal kammförmig einschneiden, leicht auseinandergebogen auf Backblech setzen, goldbraun backen, mit Aprikosenmarmelade bestreichen und mit Zuckerglasur überziehen.

Hahnenkämme, Fleischwulst auf dem Kopf des männlichen Geflügels; der Kamm des Haushahns gilt als Delikatesse. Hahnenkämme werden für Ragouts, als Beilage, Vorspeise oder kleine abendliche Schlemmerei verwendet. Sie sind auch als Konserve erhältlich. – Nach altem Glauben verleiht der Genuß von Hahnenkämmen Mut, Kraft und Ausdauer, aber auch Stolz. – *Zubereitung:* Die abgeschnittenen Kämme ganz kurz überbrühen, die dünne Haut abstreifen, die Kämme gut wässern, bis sie schön weiß sind; in Hühnerbrühe und Zitronensaft weich kochen oder nach Rezept zubereiten.

Hahnenkämme, getrüffelt: die in Hühnerbrühe vorgekochten Kämme an der Schnittfläche möglichst tief einschneiden, je eine Trüffelscheibe hineinstecken, die Kämme würzen, panieren und in Butter braten.

Hahnenkämme in Teighülle: die in Hühnerbrühe vorgekochten Kämme an der Schnittfläche möglichst tief einschneiden, mit Hühnerfarce füllen, würzen, durch Backteig ziehen, in Fett schwimmend abbacken; dazu gebackene Petersilie.

Hahnennieren, Hühnernieren, ein Leckerbissen für Gourmets. Nach dem Volksglauben gewährleisten sie Fruchtbarkeit und eine glückliche Ehe. Hahnennieren werden als Beilage, Vorspeise und zu feinen Ragouts verwendet. Es ist heutzutage nicht leicht, eine genügende Menge frischer Nieren zu bekommen.

Hahnennieren, gebacken: die frischen Nieren wässern, kurz überbrühen, in Zitronensaft, Salz und Pfeffer marinieren, abtrocknen, in Mehl, Ei und geriebenem Weißbrot wenden und in Fett backen; dazu gebackene Petersilie.

Haifische, Raubfische, von denen nur einige Arten dem Menschen gefährlich werden können (Blauhai, Walhai, Hammerhai). Das Fleisch der kleineren Arten (Dornhai, Glatthai, Katzenhai) ist sehr schmackhaft und wird meistens geräuchert (Seeaal, Schillerlocke).

Haifischflossensuppe, chinesische Spezialität aus den vitamin- und nährstoffreichen Flossen des Katzenhais und anderer ostasiatischer Küstenhaie. Die Flossen kommen getrocknet als grauweiße, harte Tafeln in die europäischen Konservenfabriken. Dort wird daraus mit Wein, Geflügel- und Schinkenextrakt sowie exotischen Gewürzen die berühmte, aber dem europäischen Geschmack angepaßte Haifischflossensuppe hergestellt. In Dosen oder Gläsern können Sie die Suppe in besseren Feinkostgeschäften erstehen. Sie erhitzen die tafelfertige Suppe und vollenden sie mit einem Schuß Sherry oder Portwein. Dazu reichen Sie Toast mit frischer Butter.

Halbblätterteig, ein einfacher und schnell herzustellender Blätterteig, für warme Pastetchen, Käsestangen, Apfeltaschen usw.: 250 g Mehl, 125 g weiche Butter, etwas Salz, den Saft einer halben Zitrone und etwa 1/10 l Wasser grob zu einem Teig vermischen, zwei- bis dreimal zu einem Rechteck ausrollen, das etwa dreimal so lang wie breit sein soll, und jeweils zu einem Quadrat zusammenfalten. Zuletzt 30 Minuten in den Kühlschrank stellen und nach Rezept formen oder ausstechen und bei mittlerer bis starker Hitze bakken.

Halbgefrorenes (Semifreddo), ursprünglich italienische Eisspezialität aus Sahne, Früchten, Kakao oder anderen geschmacksbestimmenden Bestandteilen, unter ständigem Rühren zu halbfester Konsistenz gefroren.

Halbmondpastetchen, gefüllte Blätter- oder Hefeteighalbmonde, in Fett schwimmend gebacken. → Rissolen.

halbtrocken, → trocken.

Half om Half (Halb und Halb), ursprünglich holländischer Fruchtaromalikör, hergestellt unter Verwendung von Apfelsinen- und Pomeranzenschalen, wird heute überall hergestellt.

Hallimasch (Honigpilz), honigbrauner Speisepilz, Forstschädling. Von September bis November ist er vor allem auf Schlagflächen anzutreffen. Die Hüte junger Pilze ergeben schmackhafte Gerichte, wenn auch ihre Eigenschaft, beim Dünsten etwas Schleim zu ziehen, nicht jedermann zusagt. – *Rezepte:* → Pilze.

Halver Hahn, Kölner Spezialität: knuspriges Brötchen aus Roggenmehl (»Röggelchen«), dick belegt mit Holländer Käse; dazu Senf.

Halwa, orientalische Süßigkeit aus geröstetem Sesamsamen, Zucker und Honig.

Hamantaschen, dreieckiges, mit Nüssen, Mohn, Zwetschgenmus oder Quark gefülltes Gebäck, das ursprünglich zu Purim, dem jüdischen Fastnachtsfest, hergestellt wurde.

Hamburger (Hamburgers), nordamerikanische Variante des deutschen Beefsteaks: 500 g sehr fein gemahlenes Schabefleisch mit 2–3 EL Sahne verarbeiten, kräftig mit Salz und Pfeffer würzen und zu fingerdicken Steaks formen, gut mit Öl beträufeln und in der heißen Pfanne braten; zwischen Weißbrotscheiben anrichten. Als Beilage können gebratene Bananen und Ananasscheiben gereicht werden. Bereitstehen sollten aber immer Senf, Ketchup, Pickles Relish und/oder Gewürzgurke.

Hamburger Aalsuppe: Karottenwürfel und grüne Erbsen in würziger Fleischbrühe gar kochen, mit Kartoffelmehl binden; getrennt frischen Aal und gemischtes Backobst (Äpfel, Birnen, Pflaumen) kochen; alles zusammengeben, mit Salz, Aalkraut und Johannisbeersaft abschmecken, Schwemmklöße in die Suppe geben und darin garziehen lassen; die Suppe vor dem Anrichten mit Petersilie bestreuen.

Hamburger Küken, gemästete → Küken im Alter von 6–8 Wochen.

Hamburger Plockfinken, norddeutsche Spezialität: gewürfelte Mohrrüben in Fleischbrühe weich kochen, kleingeschnittenes, gekochtes Rauchfleisch zugeben, mit heller Mehlschwitze binden, mit Essig und Pfeffer abschmecken, kurz durchkochen.

Hamburger Rauchfleisch, gepökeltes, kaltgeräuchertes Rindfleisch, das sehr haltbar ist und den Matrosen einst auf ihren monatelangen Schiffsreisen als Hauptnahrung diente. Das Rauchfleisch wird dünn aufgeschnitten und mit geriebenem Meerrettich gereicht. Oder es wird gekocht und wie Pökelzunge zubereitet.

Hamburger Steak: Kluftsteaks (je 200 g) in der Pfanne blutig bis rosa braten und kräftig mit Salz und Pfeffer würzen, im Bratfett Zwiebelringe hellgelb rösten und über die Steaks geben; dazu Kartoffelpüree.

Hamilton, à la: grüne Kräutersauce mit grünen Oliven zu Seefisch, der mit Sardellenstreifen belegt wurde. – Lady Hamilton, geb. Emma Lyon, 1765–1815, avancierte von der Schankmagd zur Ehefrau des englischen Gesandten Lord Hamilton in Neapel und zur Geliebten des Admirals Nelson.

Hamiltonsauce: Johannisbeergelee, geriebener Meerrettich, feingehackte Sauerkirschen und Weißwein vermischen, mit Senf, etwas Salz, Paprika und Worcestershiresauce abschmecken. Zu Wild-, Schweine- und Hammelfleischgerichten sowie kaltem Fleisch.

Hamme, Bezeichnung für Keule, Schinken.

Hammel (Schöps), kastriertes männliches Mastschaf. Gastronomisch wird jedes ausgewachsene Schaf im Alter bis zu 2 Jahren mit Ausnahme der Böcke (Widder) und der weiblichen Alttiere als Hammel bezeichnet.

Hammelbrust auf Tataren-Art: die Brust mit Wurzelzeug und Kräuterbündel in Wasser weich kochen, nach dem Auskühlen in breite Streifen schneiden, mit Senfpulver, das in etwas Wasser aufgelöst wurde, bestreichen, mit Paniermehl bestreuen, Öl darüberträufeln und grillen, mit Petersilie anrichten; dazu Tatarensauce.

Hammelcurry: Hammelfleisch grob würfeln und in Schweineschmalz oder Hammeltalg kurz anbraten, gehackte Zwiebeln hinzufügen, Mehl darüberstäuben, leicht anschwitzen lassen, mit Salz, reichlich Currypulver und einer Knoblauchzehe würzen, Apfelscheiben und Tomatenmark zugeben, mit etwas Wasser auffüllen und zugedeckt gar schmoren; dazu körnig gekochten Reis.

Hammelfett (Hammeltalg) hat einen relativ hohen Schmelzpunkt. Es erstarrt schon bei etwa 40°C. Daher müssen Hammelgerichte sehr heiß serviert werden, weil sie sonst gerinnen und talgig schmecken. Hammelfett wird meistens mit anderem Fett gemischt und zum Kochen und Bakken (Lebkuchen u. dgl.) verwendet.

Hammelfilets, die beiden Muskelstränge zu beiden Seiten des Rückgrats. Sie werden gebraten oder gegrillt und wie Hammelkoteletts garniert.

Hammelfilets, arlesisch: die Filets leicht klopfen, in Olivenöl braten, salzen und pfeffern, mit gebratenen Tomaten, gebackenen Auberginenscheiben und gebackenen Zwiebelringen anrichten.

Hammelfleisch (Schöpsernes), das Fleisch kastrierter männlicher Schafe und junger weiblicher Schafe. Das Fleisch von Böcken (Widdern) und alten weiblichen Tieren wird Schaffleisch genannt. Das beste Hammelfleisch stammt von zweijährigen Tieren, es ist intensiv dunkelrot und – zumindest bei Masttieren – von weißem Fett umgeben. Es ist gut verdaulich und gilt als das wertvollste Fleisch aller Schlachttiere. Hammel haben ihr bestes Fleisch im Herbst. Und wenn sich die Tiere an feinen Gebirgskräutern, würzigen Strandgräsern oder saftigen Heidepflanzen laben durften, hat ihr Fleisch einen besonders reizvollen Geschmack. Die besten Stücke vom Hammel sind Rükken, Keule und Bug (Schulter). Zum Braten eignen sich Rücken und Keule, zum Schmoren Bug, Hals und Bauch und zum Kochen Brust, Hals und Kopf. Aus den Innereien (Herz, Niere, Leber, Hirn und Zunge) werden schmackhafte Gerichte bereitet.

Hammelfleisch mit Bohnen: kleingeschnittene Kartoffeln, grüne Bohnen, gewürfelte Mohrrüben und Hammelfleisch mit Salz, Petersilie, Bohnenkraut und Wasser weich kochen, das Fleisch in Stücke schneiden, das Gericht mit weißer Mehlschwitze binden.

Hammelfleischsuppe, → Mutton Broth.

Hammelfüße auf Tiroler Art: gespaltene Hammelfüße absengen, brühen, in gesalzenem Mehlwasser weich kochen, die Knochen herauslösen, das Fleisch in Stücke schneiden; dünne Zwiebelscheiben in Butter weich dünsten, kleingeschnittene Tomaten und gehackte Petersilie beifügen, mit Salz, Pfeffer und etwas Knoblauch würzen. Pfeffersauce dazugießen, das Fleisch in der Sauce erhitzen.

Hammelherz wird wie → Kalbsherz zubereitet.

Hammelhirn läßt sich zu schmackhaften, kleinen Speisen verarbeiten. – *Rezepte:* → Kalbshirn, → Hirn.

Hammeljus, kräftige, konzentrierte Hammelbrühe.

Hammelkeule, etwa 2 kg schwer, wird vorwiegend geschmort, weil sie dadurch an Geschmack gewinnt. Zwiebeln oder Schalotten sollten nicht fehlen. Schmorzeit: 60 Minuten.

Hammelkeule Mirabeau: Die Keule mit Salz und Knoblauch einreiben, ringsum anbraten, mit Wurzelwerk, Gewürznelken, Kräutern und etwas Wasser gar schmoren, in Scheiben schneiden, mit gehackten Oliven bestreuen und mit kurz überbrühten Estragonblättern und Sardellenfilets belegen; dazu den eingekochten, ungebundenen Fond und junge grüne Bohnen.

Hammelkeule Soubise: die Keule ringsum anbraten, würzen, auf Mohrrüben- und Zwiebelscheiben setzen, Fleischbrühe oder Wasser hinzugießen, zugedeckt gar schmoren; den entfetteten Fond mit Tomatenmark durchkochen und mit Stärkemehl binden; dazu Zwiebelpüree und körnig gekochten Reis.

Hammelkopfragout: den Kopf mit Wurzelzeug in Salzwasser weich kochen, das Fleisch auslösen und grob würfeln; braune Mehlschwitze mit der Kochbrühe löschen, die Fleischwürfel hineingeben, kleingeschnittene Salzgurke und Pilze hinzufügen, mit Salz und Weißwein abschmecken; dazu Kartoffelpüree, Klöße oder körnig gekochten Reis.

Hammelkoteletts (Hammelrippchen), etwa 150–175 g schwere Scheiben aus dem Hammelrücken, die saftig und rosa gebraten oder gegrillt werden. Bratzeit: 5–6 Minuten. Die Koteletts werden vor dem Braten geklopft und appetitlich zurechtgeschnitten, wobei auch das überflüssige Fett zu entfernen ist.

Hammelkoteletts Charleroi: die Koteletts in Butter kurz anbraten, salzen, pfeffern, dick mit weißem Zwiebelpüree bestreichen, geriebenen Parmesan darüberstreuen, die Koteletts vorsichtig mit Ei und geriebener Semmel panieren und in der Pfanne fertig braten; dazu junge Erbsen oder gebutterte grüne Bohnen und kleine Petersilienkartoffeln, Kartoffelkroketten oder Pommes frites.

Hammelkoteletts, englisch: die Koteletts salzen und pfeffern, mit Mehl, Ei und geriebenem Weißbrot panieren, in Butter braten; dazu Brunnenkresse und Pommes frites.

Hammelkoteletts Miami: die Koteletts würzen, leicht einölen und grillen, mit gegrilltem Rauchschinken belegen und je eine halbe, in Butter gebratene Banane daraufsetzen; dazu Preiselbeersauce.

Hammelkoteletts Sevilla: die Koteletts in Butter braten, salzen und pfeffern; daneben Tomaten und etwas Knoblauch in Butter dünsten, entsteinte grüne Oliven zugeben, mit Kraftsauce kurz durchkochen, neben den Hammelkoteletts anrichten.

Hammellendchen, → Hammelfilets.

Hammelmöhren, → Pastinaken.

Hammelnieren, besonders von jungen Tieren, gelten als Leckerbissen. Sie werden wie Kalbsnieren vorbereitet.

Hammelnieren auf Berryer Art: dünne Scheiben von Hammelnieren in heißer Butter anbraten, abtropfen lassen, salzen; im Bratfond etwas Mehl rösten, mit Rotwein ablöschen, mit Fleischbrühe auffüllen, durchkochen, salzen und pfeffern, die Sauce mit frischer Butter und etwas Fleischextrakt kräftigen, zuletzt angebratene Rauchspeckwürfel, Champignonscheiben und Perlzwiebeln hinzufügen, die Nieren in der Sauce durchschwenken; dazu Nudeln.

Hammelnieren in Currysauce: Hammelnieren in Scheiben schneiden und schnell in heißer Butter braten, Currysauce darübergießen; dazu körnig gekochten Reis.

Hammelnieren, gebacken: die Nieren unzerschnitten in heißer Butter kurz anbraten, Rotwein dazugießen, die Nieren gar schmoren, nach dem Erkalten in Scheiben schneiden, durch Ei ziehen, in Paniermehl wenden, in Butter fertigbacken; dazu Tomatensauce und Makkaroni.

Hammelnieren auf Tiroler Art: halbierte Hammelnieren in Butter braten, abtropfen; auf geschmolzene Tomaten setzen, salzen und pfeffern, mit gebratenen Zwiebelringen garnieren; im Bratfond etwas Mehl bräunen, mit Rotwein ablöschen, mit Fleischbrühe auffüllen, die Sauce gut durchkochen, mit Salz, Pfeffer und etwas Fleischextrakt abschmecken; dazu Kartoffelpüree.

Hammelnüßchen (Hammelsteaks), etwa 2,5 cm dicke und 60 g schwere Scheiben aus dem Rückenfilet oder auch aus dem Sattel. Die Nüßchen werden gebraten oder gegrillt und wie Lendenschnitten garniert.

Hammelnüßchen Don Pedro: die Nüßchen in Butter braten, würzen, auf gedünsteten Gombos anrichten, mit halben, in Butter gebratenen Bananen garnieren, Pfeffersauce, die mit Tomatenketchup vollendet wurde, über die Nüßchen gießen.

Hammelnüßchen Giralda: die Filetscheiben in Butter braten, würzen; den Bratensatz mit Sherry löschen, stark einkochen, entsteinte grüne Oliven beifügen, mit Kraftsauce kurz durchkochen; gewürfelten rohen Schinken in Öl braten, unter Risotto mischen; dicke Streifen von roter Paprikaschote durch Backteig ziehen und in Fett schwimmend abbacken; die Nüßchen auf dem Risotto anrichten, die Sauce darübergießen, mit den gebackenen Paprikaschoten garnieren.

Hammelpilaw: gehackte Zwiebeln in Fett anschwitzen, streifig geschnittenes Hammelfleisch (aus der Keule) und gewürfelte Paprikaschote hinzufügen, mit Salz, Pfeffer, Muskatnuß und Knoblauch würzen und weich schmoren; mit körnig gekochtem Reis, gewürfelten Tomaten und etwas Fleischbrühe vollenden.

Hammelragout (Navarin): Hammelschulter in grobe Stücke schneiden, kräftig anbraten, mit Mehl bestäuben, kurz schwitzen lassen, Tomatenmark und Wasser hinzufügen, mit Salz, Pfeffer und Knoblauch würzen, zugedeckt langsam schmoren lassen, kleine Zwiebeln, junge Mohrrüben und weiße Rüben, die kurz geröstet wurden, sowie kleine Kartoffeln dazugeben, fertigschmoren, gut entfetten, gehackte Petersilie darüberstreuen.

Hammelragout mit Gemüsen, → Schöpsengulasch.

Hammelrippchen, → Hammelkoteletts.

Hammelrücken, Sattelstück des Hammels, etwa 2 kg schwer, wird rosa gebraten, aber auch geschmort. Garzeit: 30–40 Minuten.

Hammelrücken auf Nizzaer Art: das Sattelstück rosa braten; Tomaten schmelzen, mit Knoblauch und gehacktem Estragon würzen und neben dem Braten anrichten; dazu gebundene Jus und Schloßkartoffeln.

Hammelrücken, überbacken: das Sattelstück mit kleingeschnittenem Wurzelzeug kräftig anbraten, würzen, mit Hammel- oder Fleischbrühe auffüllen und weich schmoren, nach dem Auskühlen in Scheiben schneiden, die Scheiben mit Zwiebelpüree bestreichen und wieder zusammensetzen, den ganzen Sattel mit Zwiebelpüree bedecken, geriebenen Parmesan und geriebenes Weißbrot darüberstreuen,

1 Haselnuß 2 Hase 3 Hecht 4 Heidelbeere 5 Herbstblattel

mit Butter beträufeln, im Ofen überbacken; den Fond entfetten, passieren und gesondert reichen; dazu Reiskroketten.

Hammelschnitzel, dünne Scheibe aus der Keule, wird meist paniert, gebraten und mit Brunnenkresse und Pommes frites angerichtet.

Hammelschulter auf Bäcker-Art: die Schulter kräftig anbraten, würzen, Scheiben von rohen Kartoffeln und Zwiebeln zugeben, etwas Fleischbrühe beifügen und die Schulter weich schmoren.

Hammelsteaks werden aus dem Sattel des Hammelrückens geschnitten, jedes Steak ist etwa 75 g schwer. – *Rezepte:* Mutton Chop, Djelou Khabab.

Hammelsteaks Devonshire: die Steaks salzen, pfeffern, einölen und auf dem Rost braten; dazu in Butter geschwenkte grüne Erbsen, Mint Sauce und Brot. – Devonshire ist eine südwestenglische Landschaft, berühmt wegen ihrer hochwertigen Schafe.

Hammeltalg, → Hammelfett.

Hammelzunge wird nach den Rezepten für Kalbs- oder Rinderzunge zubereitet, vielfach auch auf kleinen Spießen gebraten oder mit Poulettesauce angerichtet.

Hammelzunge Ramadura: die Zunge in leichtgesalzenem Wasser halbgar kochen, mit kleingeschnittenen Tomaten, gehackten Zwiebeln, gewürfelten Äpfeln und etwas Knoblauch in Weißwein gar dünsten; den Fond mit Sahne, Kokosnußmilch und Currypulver verkochen; dazu Pilawreis, mit gewürfelten Tomaten und grüner Paprikaschote vermischt.

Handkäse, Sauermilchkäse, → Harzer Käse. – *Handkäs mit Musik,* ursprünglich Mainzer Spezialität, ein rollenförmiger Sauermilchkäse, der mit Kümmel und einer Marinade aus Essig, Öl und Zwiebeln (Musik) serviert wird.

Hard Sauce, → Brandy Sauce.

Hardtweine, → Rheinpfalzweine.

Haricots verts (frz), → grüne Bohnen, Prinzeßbohnen.

Harissa, nordafrikanische sehr scharfe Würzpaste zu Couscous, Suppen und Fleisch, bereitet aus Chillischoten und orientalischen Gewürzen.

Hartweizen, besonders kleberreicher Weizen, der als Grieß für die Herstellung von Teigwaren (Nudeln usw.) verwendet wird.

Harveysalat: Kopfsalat und Chicorée in dünne Streifen schneiden und mit Essig-Öl-Marinade anmachen, mit Harvey Sauce würzen, mit Brunnenkresse garnieren.

Harvey Sauce, englische Würz- und Tafelsauce. Handelsware.

Harzer Käse (Handkäse), aus entrahmter, saurer Milch hergestellte Käsespezialität. Harzer Käse kommt in Laib- oder Stangenform in den Handel, er reift sehr schnell und schmeckt wundervoll auf frischen Brötchen mit Schweineschmalz. Studenten gaben den Käsestangen den Spottnamen »Leichenfinger«.

Harzer Schmorwurst, aus magerem Schweinefleisch und Speck, mit Kümmel gewürzt, geräuchert und gebrüht.

Has im Topf (Tippe Haas), rheinländische Wildspezialität: einen jungen, in Stücke zerteilten Hasen mit Zwiebelscheiben, Knoblauch und Thymian 3 Tage lang in 1 l Rotwein marinieren; Zwiebelscheiben in Butter anschwitzen, die abgetropften, gesalzenen und gepfefferten Hasenstücke darin schnell anbraten, 1000 g Bauchspeck in Scheiben, 250 g geriebenes Schwarzbrot und den Rotwein hinzufügen, etwa 70 Minuten gut verschlossen schmoren; die Sauce mit Hasenblut, das mit saurer und süßer Sahne verrührt wurde, abziehen.

Haschee (Hachée, Hachis, frz: hacher = hacken), warmes Gericht aus gebratenem oder gekochtem, gehacktem Fleisch, Fisch usw. in passender Sauce. – *Rezepte:* Hühnerhaschee, Lungenhaschee.

Hase, falscher, → Hackbraten.

Hase in Portweingelee: Scheibchen von gebratenem Hasen, gedünsteter Gänseleber, gedünsteten Champignons und Trüffeln in Aspikformen füllen, mit Portweingelee ausgießen.

Haselnußbutter, → Nußbutter.

Haselnußcreme: geröstete, geschälte und feingehackte Haselnüsse in heißer Milch bis zum Auskühlen ziehen lassen, passieren, die Milch mit Zukker und Gelatine verrühren, im Kühlschrank stocken lassen, kurz vor dem Erstarren Schlagsahne darunterziehen.

Haselnüsse (Welschhasel), Früchte des Haselnußstrauches, der in nördlichen Breiten wild wächst und in Mittelmeerländern kultiviert wird. Der helle, meist rundliche Fruchtkern enthält etwa 60% Öl und 14% Eiweiß. Haselnüsse müssen innerhalb eines Jahres verbraucht werden, weil sie sonst ranzig werden. Der Geschmack der Nüsse erhöht sich durch kurzes Rösten.

Haselnüsse, chinesische, → Lychees.

Haselnußeis, → Nußeis.

Haselnußöl, feines kalt gepreßtes Speiseöl mit dem typischen Nußgeschmack, das in sparsamer Dosierung vorzugsweise zu Obstsalaten und Desserts verwendet wird. Haselnußöl darf nicht erhitzt werden und hält sich bei kühler Lagerung etwa sechs Monate.

Hasen, begehrtes Haarwild, das über ganz Europa, Westasien und Amerika verbreitet ist. Der »Meister Lampe« wird bis 75 cm lang und 3,5–6 kg schwer. Er lebt von Kohl und Rüben, im Winter notfalls auch von Baumrinde. Im Oktober beginnt die Jagdsaison, die bis Mitte Januar währt. Im November und Dezember sind die Hasen am fettesten. Das beste Fleisch liefern sie im Alter von drei bis acht Monaten. Junge Hasen sind an den leicht einreißbaren Ohrlappen (Löffeln) zu erkennen. Alttiere werden nur zu Farcen oder Pasteten verarbeitet.

Hasenblut gehört zu jedem richtigen Hasenpfeffer und ist eine beliebte Zutat zu Wildsaucen. – Das Blut beim Ausnehmen eines frisch geschossenen Hasen auffangen und sofort mit etwas Essig verquirlen, damit es nicht gerinnt.

Hasenfilets, normannisch: die ausgelösten, gespickten Rückenmuskeln in Butter rosa braten, salzen und pfeffern; den Bratsatz mit Apfelwein ablöschen, mit Sahne und Wildfond verkochen; dazu in Butter gebratene Apfelscheiben.

Hasenfilets mit Orangen-Granadilla-Sauce: die ausgelösten, gespickten Rückenmuskeln mit zerdrückten Wacholderbeeren und schwarzen Pfefferkörnern sowie etwas Sonnenblumenöl einreiben und gut zwei Stunden einwirken lassen, danach in Öl rosa braten und im Ofen warm stellen; inzwischen ein oder zwei Möhren, eine Stange Bleichsellerie und ein Stück Porree in kleine Würfel schneiden, zwei Schalotten und eine kleine Zwiebel feinhacken und alles in dem Bratfett anschmoren, einen Teelöffel Zucker darüberstreuen, vorsichtig karamelisieren lassen, dann einen Schuß Weißwein und eine Tasse Orangensaft hinzugießen, mit Salz und Pfeffer würzen und zuletzt das Fruchtfleisch von ein bis zwei Granadillas in die Sauce rühren. Die Sauce und die Hasenfilets auftragen, als Beilage Kartoffelpüree oder Berner Rösti reichen.

Hasenfilets Sully: die ausgelösten, gespickten Rückenmuskeln mit Zitronensaft und Weinbrand begießen und in Butter rosa braten, salzen; mit Knollensellerie- und Linsenpüree garnieren, obenauf je eine Trüffelscheibe setzen; dazu Pfeffersauce.

Hasenkeulen auf deutsche Art: die Keulen spicken, in Butter anbraten, würzen, mit Rotwein ablöschen, die Keulen langsam gar schmoren, den Fond mit saurer Sahne binden, mit frisch gemahlenem Pfeffer abschmekken; dazu Apfelmus und Spätzle oder gedünsteten Rotkohl und Kartoffelpüree.

Hasenklein, Hals, Bauchlappen, Herz, Nieren, Leber und Kopf des Hasen. – *Rezept:* Hasenpfeffer.

Hasenkoteletts Pojarsky: rohes Hasenfleisch durch den Fleischwolf drehen, mit eingeweichtem Weißbrot und Butter verarbeiten, salzen und pfeffern, kleine Koteletts formen, in Butter braten; dazu feines Mischgemüse und Pfeffersauce.

Hasenläufe, → Hasenkeulen.

Hasenlendchen, → Hasenfilets.

Hasenpastete: einen frischen jungen Hasen vollständig aus den Knochen lösen, die Rückenfilets mit Räucherspeckstreifen spicken; die Filets sowie einige Speck- und Schinkenscheiben über Nacht in Salz, Pastetengewürz und Weinbrand beizen; das restliche Hasenfleisch, 125 g Kalbfleisch, 125 g mageres Schweinefleisch und 250 g rohen Speck mehrmals durch den Fleischwolf drehen, mit Salz, Pastetengewürz, der Filetbeize und 2 Eiern zu einer Farce verarbeiten; Farce und Hasenfilets schichtweise in eine mit dünnen Räucherspeckscheiben ausgefütterte → Kastenpastete füllen und abbakken.

Hasenpfeffer (Hasenklein): Läufe, Brust- und Halsstücke sowie Herz und Leber in grobe Würfel schneiden, 2 Tage lang mit Salz, Pfeffer, gehackter Zwiebel, etwas Öl und Weinbrand marinieren, die Würfel gut abtropfen lassen, in Fett kräftig anbraten, mit Mehl bestäuben, das Mehl anrösten, mit Rotwein und der Marinade auffüllen, zugedeckt langsam gar schmoren; gewürfelten mageren Rauchspeck und gehackte Zwiebel in Butter anrösten, zum Ragout geben, die Sauce mit Sahne und Hasen- oder Schweineblut binden; dazu Butternudeln oder gedünstete Maronen.

Hasenrücken, das Sattelstück von den ersten Rippen bis zu den Keulen. Der Rücken wird immer enthäutet, gespickt und rosa gebraten.

Hasenrücken Diana: den gespickten Rücken in Butter braten, salzen und pfeffern; dazu Dianasauce und Maronenpüree.

Hasenrücken auf Schäfer-Art: den gespickten Rücken in Butter braten, salzen und pfeffern; den Bratsatz mit Weißwein ablöschen, zur Hälfte einkochen, gehackte Petersilie zugeben; dazu in Butter gedünstete Maipilze oder Champignons und gebackene Kartoffeln.

Hasenschnitten mit Orangen: die beiden Rückenmuskeln (Filets) auslösen, in drei oder vier schräge Scheiben schneiden, in Butter braten, salzen und pfeffern; auf jede Schnitte eine Apfelsinenspalte setzen, Pfeffersauce, die mit Apfelsinensaft und etwas Curaçao abgeschmeckt wurde, darübergießen; dazu gedünstete Maronen.

Hasensuppe: Hasenklein (Hals, Bauchlappen, Herz, Nieren) kleinschneiden, mit gehackter Zwiebel und zerdrückten Wacholderbeeren in Öl kräftig anbraten, reichlich Wasser aufgießen, feingeraspelte Mohrrüben und Knollensellerie sowie gewürfelte Tomaten hinzufügen, mit Salz, Pfeffer, Muskatnuß und Majoran würzen, langsam weich kochen, die Suppe mit Sahne und etwas Sherry vollenden; dazu geröstete Weißbrotwürfel.

Häuptelsalat, österreichische Bezeichnung für → Kopfsalat.

Hausen (russ: Beluga), Fisch aus der Familie der Störe. Der Hausen bewohnt das Kaspische und das Schwarze Meer, er wird bis 9 m lang und 1400 kg schwer und steigt zum Laichen in die Flüsse auf. Sein Fleisch wird geräuchert und ist sehr schmackhaft. Sein Rogen (Beluga-Kaviar) ist eine große, kostspielige Delikatesse.

Hausfrauen-Art (à la ménagère): Prinzeßböhnchen, grüne Erbsen, Karottenscheiben, kleine Zwiebelchen, alles in Butter dünsten und mit Fleisch in Keramiktöpfen anrichten. – Fisch mit Wurzelwerk in Rotwein dünsten, den Fond durch ein Sieb geben, einkochen, mit Mehlbutter binden und mit Butter aufschlagen.

Hausgeflügel, zahmes Geflügel im Gegensatz zum Wildgeflügel, z. B. Huhn, Gans, Ente, Truthahn, Taube.

Haushofmeister-Art (à la maître d'hôtel): Kräuterbutter (Haushofmeisterbutter) zu gebratenem Fisch oder Fleisch.

Haushofmeisterbutter (Beurre maître d'hôtel), Buttermischung: 1 Bündel Petersilie feinhacken und mit 125 g Butter verarbeiten; mit Salz, Pfeffer und Zitronensaft abschmekken.

Haushofmeisterkartoffeln: Kartoffeln in der Schale kochen, schälen und in Scheiben schneiden, in eine flache Kasserolle geben, mit heißer Milch auffüllen, mit Salz, Pfeffer und Muskatnuß würzen, Butter hinzufügen und langsam kochen, bis die Kartoffeln binden; zuletzt mit gehackter Petersilie bestreuen.

Haushofmeistersauce (Sauce à la maître d'hôtel): Bastardsauce mit Zitronensaft und gehackter Petersilie vollenden.

Hausmütterchen-Art (à la bonnefemme): Fisch mit gehackten Champignons, Schalotten und Kräutern in Weißwein und Fischfond dünsten, im Ofen kurz überbacken.

Hautgoût (frz.), von Kennern geschätzter typischer Geschmack des im Fell oder Federkleid abgehangenen Wildes. Er entsteht bei der Zersetzung des Fleischeiweißes, ist aber – wenn nicht allzusehr entwickelt – für den Genuß ungefährlich.

Havarti, dänischer Schnittkäse von halbfester Konsistenz, blaßgelb, mit winzigen Löchern und säuerlich pikantem Geschmack, 30% bis 60% Fett i. Tr. Havarti ergänzt Obst, vor allem exotische Früchte, auf angenehme Weise.

Hawaii, à la: kleine Fleischgerichte,

die mit Ananas garniert sind, z. B. Toast Hawaii. – Hawaii, Inselgruppe im Pazifik, Bundesstaat der USA, Anbaugebiet der besten Ananas.

Haxe, süddeutsche Bezeichnung für → Hachse.

Hecht (Hekt, Schnock, Schnöck), Edelfisch und größter Räuber der europäischen Seen und Flüsse. Mit seinem gewaltigen Maul verschlingt er Fische, Frösche, Ratten, Schlangen und Wasservögel. Der Hecht wird bis 130 cm lang und 25 kg schwer, manchmal sogar bis 200 cm lang und 35 kg schwer. Im zweiten Lebensjahr hat der Hecht oft schon ein Gewicht von 2 kg erreicht. In diesem Alter schätzt ihn der Feinschmecker besonders, denn jetzt ist sein Fleisch zart und von köstlichem Geschmack. Junge Hechte werden gedünstet oder gedämpft. Ältere Hechte haben festes, grobfaseriges Fleisch und werden daher meistens zu pikanten Farcen, Klößen, Pasteten u. dgl. verarbeitet. Am besten schmeckt der Hecht von September bis Januar.

Hecht, badisch: einen 1–2 kg schweren Junghecht halbieren und alle Gräten auslösen, die Hälften mit Salz einreiben und etwa 1 Stunde beizen, dann abtrocknen, mit feingehackter Zwiebel und saurer Sahne in eine ausgebutterte Pfanne legen, mit Parmesan und geriebenem Weißbrot bestreuen, zerlassene Butter darüberträufeln und im Ofen abbacken.

Hecht, gefüllt auf Bäcker-Art: den Hecht mit einer Farce aus in Milch eingeweichtem Weißbrot, gehackter, hellgedünsteter Zwiebel, gehackter Petersilie, Thymian und Ei füllen, zunähen, mit Salz und Pfeffer würzen, auf gehackte Schalotten setzen, einige Champignons hinzufügen, mit Butter und Weißwein dünsten, mit geriebenem Weißbrot bestreuen, Butter daraufträufeln und im Ofen überkrusten.

Hechtbarsch, → Zander.

Hechtdorsch, → Seehecht.

Hechtklöße Morland: einen Brandteig mit Eiern verfeinern, Rindernierenfett und sorgfältig entgrätetes, püriertes Hechtfleisch mit dem Teig verarbeiten, pikant würzen, durch ein Sieb streichen; diese Hechtfarce zu großen, flachovalen Klößen formen, die Hechtklöße mit geschlagenem Ei und feingehackten Trüffeln oder Champignons panieren und in Butter garen; dazu Champignonpüree und geröstete Weißbrotscheiben.

Hechtpastete (Schüsselhecht): das Fleisch eines größeren Hechtes in Stücke schneiden, etwa 1 Stunde lang mit Salz beizen, abtrocknen und in ausgebutterte feuerfeste Schüssel legen, mit Zitronensaft beträufeln, feingehackte Kräuter (Petersilie, Kerbel, Estragon) und gehackte Sardellenfilets darüberstreuen, mit geriebenem Weißbrot bedecken und mit zerlassener Butter begießen, einen Deckel aus Halbblätterteig daraufsetzen (→ Pie), ein Loch als Dampfabzug nicht vergessen, mit Eigelb bestreichen und im Ofen backen. Kurz vor Beendigung des Backvorganges 2 Glas Weißwein durch das Loch einfüllen. Heiß auftragen.

Hechtschnitten Mornay: den Hecht auslösen, völlig von Haut und Gräten befreien und in Stücke (Schnitten) schneiden, die Hechtschnitten in Fischsud vordünsten und auf feuerfester Platte anrichten, den Fond mit Mornaysauce verkochen, über die Schnitten gießen, mit Parmesan bestreuen, mit Butter beträufeln und im Ofen überbacken.

Hefe (Bärme, Germ, Gest). Die Hefe besteht aus mikroskopisch kleinen, ovalen Zellen, die sich bei Wärme und im Beisein von Zucker rasant vermehren. Die Hefezellen verwandeln den Zucker in Alkohol und Kohlendioxyd. Das Kohlendioxyd – fälschlich Kohlensäure genannt – ist ein unschädliches Gas, das geeignet ist, Teigmassen aufzulockern. Außer dieser Eigenschaft als Backtriebmittel verleiht die Hefe dem Backwerk einen spezifisch angenehmen Geschmack und reichert es mit lebenswichtigen Vitaminen an. – Frische Bäckerhefe (Bierhefe, Preßhefe) ist rosa-braun, bricht blättrig und duftet angenehm, sie darf nicht schmierig sein. – Für 500 g Mehl rechnet man je nach Schwere des Teiges mit 20–35 g, bei Stollen sogar mit 40–50 g Hefe.

Hefeklöße, schlesische Spezialität: aus einem blasig geschlagenen Hefeteig plattrunde Klöße formen, die Klöße aufgehen lassen, in einem Tuch über siedendem Wasser gar dämpfen, die Klöße mit zwei Gabeln auseinanderreißen; mit brauner Butter übergießen oder als Beilage zu Backobst oder gekochten Heidelbeeren reichen.

Hefeflocken, Preßhefe ohne Gärfähigkeit mit hohem Gehalt an essentiellen Aminosäuren, Vitaminen und Mineralstoffen, vor allem als Speisewürze, auch zur Verbesserung der Nährstoffversorgung verwendet.

Hefestück (Vorteig), → Hefeteig.

Hefeteig: 250 g Mehl in eine Schüssel schütten, in der Mitte eine kleine Grube machen, 15 g zerkrümelte Hefe mit etwas lauwarmer Milch und einer Prise Zucker hineingeben und daraus mit einem Viertel des Mehls einen kleinen »Vorteig« (Hefestück) bereiten; die Schüssel gut zugedeckt an einen warmen Ort stellen und den Vorteig etwa 15 Minuten aufgehen lassen; den Vorteig mit dem restlichen Mehl, 2 Eigelb, etwas Salz und 1/8 l Milch verarbeiten, zuletzt 50 g zerlassene Butter dazugeben, den Teig so lange schlagen, bis er Blasen wirft und sich von der Schüssel löst; den Hefeteig nochmals gut zugedeckt an warmem Ort etwa 30–60 Minuten gären lassen, dann nach Rezept weiterverarbeiten. – Hefeteig für süßes Gebäck enthält noch 65–100 g Zucker.

Hefeteigpasteten, russische, → Kulebiakas, → Piroschki (Piroggen), → Rastegaï, → Vatruschki, → Visnischki.

Heidekorn, → Buchweizen.

Heidelbeeren (Blaubeeren, Bickbeeren, Schwarzbeeren, Besinge), Früchte eines Heidekrautgewächses, das über ganz Europa, Nordasien und Nordamerika verbreitet ist. Die kleinen, schwarzblauen, leicht bereiften Früchte sind saftig, süß mit leicht bitterem Beigeschmack und sehr vitaminreich (Vitamin A, B und C). Sie werden frisch (mit Zucker oder süßer Milch) oder als Kompott gegessen. Heidelbeeren werden auch zu Obstwein, Likör und Branntwein verarbeitet. Getrocknet sind sie ein bewährtes Mittel gegen Durchfall. Die Blätter dienen als Blasentee.

Heidelbeeren auf Schweizer Art: frische Heidelbeeren mit Vanillezukker und Rum aromatisieren und mit Schlagsahne garnieren.

Heidelbeergelee: Heidelbeeren entsaften, den Saft filtrieren, mit stokkendem Geleestand mischen, in Gläser oder Schalen füllen, im Kühlschrank erstarren lassen.

Heidesand: 125 g Butter bräunen und abkühlen lassen, mit 125 g Zucker, etwas Vanillezucker, 1 Prise Salz und 175 g Mehl zu einem Teig verarbeiten, daraus eine 4 cm dicke Rolle formen, die Teigrolle im Kühlschrank gut auskühlen lassen, in Scheiben schneiden, die Teigscheiben im Ofen abbacken.

Heidschnucken, kleine, zartfleischige Schafrasse der Lüneburger Heide.

Heilbutt, langgestreckter Plattfisch der nördlichen Meere. Der Fisch wird bis 2 m lang und 150 kg schwer, auf den Markt kommen aber meist nur Fische zwischen 1,5 und 50 kg Gewicht. Das Fleisch des Heilbutts ist sehr schmackhaft, es wird vorwiegend gekocht oder gebraten.

Heinrich IV. (à la Henri IV): Artischockenböden, gefüllt mit gebratenen, in Fleischextrakt gerollten, winzigen Kartoffeln, sowie Béarner Sauce zu kleinen Fleischstücken. – Heinrich IV., 1553–1610, König von Frankreich, erließ 1598 das berühmte Edikt von Nantes, das den Hugenotten Religionsfreiheit und politische Sonderrechte gewährte. Heinrich IV. stammte aus dem Béarn.

Heinrich-IV.-Salat: Würfel von gekochten Kartoffeln und Artischockenböden getrennt mit gehackten Zwiebeln, Kräutern und Essig-Öl-Marinade anmachen.

Helder, à la: mit Spargelspitzen gefüllte Artischockenböden, geschmolzene Tomaten, Nußkartoffeln und Béarner Sauce zu kleinen Fleischstücken. – Den Helder, niederländische Hafenstadt; 1673 siegte hier die holländische Flotte über die Engländer.

Helene (Hélène, Belle Hélène), Bezeichnung zahlreicher feiner Speisen, z. B. Birne Helene. – Helene = Helena, Tochter des Zeus und der Leda, Urbild weiblicher Schönheit, Gattin des griechischen Königs Menelaos, von Paris, dem Sohn des trojanischen Königs Priamos, entführt, wodurch der Trojanische Krieg ausgelöst wurde.

Helenesalat: Mandarinenspalten, Spargelspitzen, Streifen von grünen Paprikaschoten und einige Trüffelscheibchen mit Essig-Öl-Marinade und etwas Weinbrand anmachen.

Helgoländer, alkoholisches Mischgetränk in den Helgoländer Farben Grün, Weiß und Rot (»Grün ist das Land, weiß ist der Sand, rot ist die Kant von Helgoland«): Vorsichtig nacheinander roten Anisette, weißen Curaçao und Bols Grün mit einem Löffel in einen Likörkelch gießen, so daß sich drei Farbschichten ergeben; nicht umrühren.

Helgoländer Steak: ein Filetsteak leicht einölen, grillen, salzen und pfeffern, mit dicker Kräutersauce, holländischer Sauce und Tomatensauce so überziehen, daß die Farben Helgolands (Grün, Weiß, Rot) zu erkennen sind; dazu Pommes frites.

Helianthi (Sonnlinge), die Wurzelknollen einer Sonnenblumenart, die aus Nordamerika stammt, heute aber auch in Südeuropa angebaut wird. Da die Knollen beim Schaben schnell braun werden, sollte man sie unter fließendem Wasser putzen und sofort in gesäuertes Mehlwasser legen. Die Helianthi werden meist in Stücke geschnitten, in Salzwasser nicht zu weich gekocht, gut abgetropft und nach Rezept weiterverarbeitet. – *Garzeit:* etwa 5 Minuten.

Helianthi auf Förster-Art: die geputzten Knollen in Stücke schneiden und in Salzwasser kochen; in Scheiben geschnittene Steinpilze mit gewürfeltem Räucherspeck und gehackter Zwiebel rösten, die Helianthi daruntermischen, mit gehackter Petersilie bestreuen.

Helianthi, geröstet: die geputzten Helianthi in Stücke schneiden, gut abtrocknen, in Schweineschmalz hellbraun rösten, kräftig salzen.

Helianthi Mornay: die geputzten Knollen in Stücke schneiden, in Salzwasser vorkochen, gut abtropfen, kurz in Butter dünsten, mit Mornaysauce bedecken, mit geriebenem Parmesan bestreuen, mit Butter beträufeln und im Ofen überbacken.

Helianthisalat: die geputzten Knollen in Salzwasser schön knackig kochen, nach dem Auskühlen in Scheiben schneiden, Kapern und gehackte Pfeffergurken hinzufügen, mit Mayonnaise und etwas saurer Sahne binden, mit Senfpulver würzen.

hellbraun dünsten (poëlieren), Zubereitungsart zwischen Dünsten und Schmoren. Das Fleisch wird beim Anschwitzen oder am Ende der Zubereitung leicht gebräunt.

Helvetia, à la: abwechselnd mit Spinat und Zwiebelpüree gefüllte Tomaten und Madeirasauce zu kleinen Fleischstücken.

Helvetia Fizz: 1/3 Kirschwasser, 1/3 Zitronensaft, 1/3 Sahne, 2 BL Zucker, schütteln, mit Mineralwasser auffüllen.

Hendl, bayerische und österreichische Bezeichnung für → Hähnchen.

Henriettesalat: Würfel von gekochten Mohrrüben, dazu Blumenkohlröschen, weiße Bohnen, evtl. Trüffelscheiben, mit Essig-Öl-Marinade anmachen, die mit gehackten Schalotten und Estragon ergänzt wurde.

Herbadox, Tafelsauce, Würzextrakt aus Weinessig, Schalotten, Estragon, Pfeffer, Fleischextrakt usw., also eine konzentrierte Béarner Sauce; zum Würzen von Fischgerichten, Frikassees, weißen Saucen, Salaten usw. – Handelsware.

Herbstblattel, → Graukappe.

Herbsttrompete (Totentrompete), beliebter Würzpilz, der ab Oktober im Wurzelbereich von Buchen zu finden ist. Der grauschwarze Schlauchpilz bereichert Saucen und Eintöpfe und dient als Beilage zu gedünstetem Seefisch.

Hering, wichtigster Seefisch mit dem höchsten Nährwert. Kein Fisch ist so vielseitig verwertbar, und nur wenige Fische schmecken besser als der Hering. Alljährlich werden Milliarden Heringe mit dem Schlepp- und dem Grundnetz in den nördlichen Meeren gefangen und verspeist. Trotzdem wird der Hering nicht so bald aussterben, denn jedes Weibchen setzt in der Laichzeit rund 50 000 Eier ab. – Der Heringsfang begann im 7. Jahrhundert. Schon um 900 erschien der Salzhering auf den Märkten. Im Jahre 1416 kam der Holländer Willem Beukels auf den Gedanken, die leicht verderblichen Fische bereits an Bord auszunehmen und einzusalzen. Damit war es möglich, die entfernteren, besonders ergiebigen Fischgründe aufzusuchen und die steigende Nachfrage nach dem »König der Fische« zu befriedigen. Noch im vergangenen Jahrhundert hatte man große Mühe, den Hering, den »Speisefisch der Armen«, zu verkaufen. »Wenn er'n Taler kosten würde«, soll Bismarck gesagt haben, »dann würde er den Leuten noch viel besser schmecken.« Heute kostet er oft schon mehr als einen Taler (etwa 1,5 Euro) und kann in seinen tausendfältigen Zubereitungen nicht besser schmecken. – Hering ist nicht gleich Hering. So eignet sich der norwegische Hering hervorragend zum Marinieren und Räuchern. Der schottische Hering ergibt den leckeren *Bückling*. Vor Island werden die größten und fettesten Heringe gefangen. Die winzigen Skagerrak-Heringe gehen als *Kronsardinen* in den Handel. Von den Hebriden kommt der zarteste Hering, der als *Matjes* (jungfräulicher Hering) hochbezahlt wird und auch zu feinsten Konserven verarbeitet wird. Übrigens: Heringe mit Eiern nennt man *Rogene* oder *Rogner,* Heringe mit Sperma *Milchene* oder *Milchner;* frische Heringe heißen *grüne Heringe.*

Heringe auf Calaiser Art: grüne, milchene Heringe vom Rücken her aufschneiden und entgräten; die Heringsmilch mit feingehackten Schalotten, Champignons, Petersilie, Butter, Salz, Pfeffer und Zitronensaft zu einer würzigen Farce verarbeiten, die Farce in die Heringe füllen, jeden Hering in Alufolie einschlagen und im Ofen garmachen; dazu Petersilienkartoffeln.

Heringe auf Nantaiser Art: grüne, milchene Heringe einkerben, mit Ei und geriebenem Weißbrot panieren und in Butter braten; unter Verwendung der Heringsmilch eine pikante Senfsauce bereiten, die Sauce über die gebratenen Fische gießen; dazu Salzkartoffeln.

Heringe, russisch: Salzheringe wässern, entgräten, enthäuten, die Filets in Vierecke schneiden und einige Stunden in Essig und Öl marinieren; mit gehackten Eiern, roten Rüben, Petersilie, Kapern und Kaviar garnieren.

Heringsbückling, ausgenommener kaltgeräucherter Salzhering.

Heringshäckerle, schlesische Spezialität: 3–4 gewässerte, entgrätete Salzheringe, 100 g fetten Räucherspeck, 1 Zwiebel, 1 geschälten, entkernten Apfel und 1–2 hartgekochte Eier feinhacken oder durch den Fleischwolf drehen, mit 1/8 l saurer Sahne und gehackter Petersilie vermischen.

Heringshai, → Kalbfisch.

Heringskartoffeln, → Prinzeßkartoffeln.

Heringskönig, → Petersfisch.

Heringsmilch, Sperma der männlichen Vollheringe, die vor dem Ablaichen gefangen werden. Heringsmilch wird in der Fischindustrie für Marinaden verwendet, sie kann aber auch zu sehr schmackhaften kleinen Gerichten verwendet werden.

Heringsmilch auf Pariser Art: frische Heringsmilch in etwas Weißwein und Butter dünsten, in Muschelschalen füllen, mit weißer Fischgrundsauce und Champignonscheibchen bedecken, geriebenen Parmesan darüberstreuen, mit Butter beträufeln und im Ofen überbacken.

Heringsmilch auf Toast: frische Heringsmilch mit Cayennepfeffer würzen, in Mehl wenden, in Butter braten und auf warmem, gebuttertem Toast anrichten.

Heringssalat: kleine Würfel von gekochten Kartoffeln, Knollensellerie, Essiggurken, Äpfeln und gewässerten Salzheringen mit einer dicken Sauce aus Heringsmilch, geriebenen Zwiebeln und Essig-Öl-Marinade anmachen; mit Eiervierteln und Pfeffergurken garnieren.

Heringssalat auf norddeutsche Art: Würfel von roten Rüben, Essiggurken, gewässerten Salzheringen, gekochtem Fleisch und gekochtem Schinken mit Mayonnaise binden; mit Eiervierteln, Pfeffergurken und Tomatenachteln garnieren.

Heringssalat auf polnische Art:

4 Salzheringsfilets über Nacht wässern; die Heringsfilets, 2 Äpfel, 1 Zwiebel und 2 hart gekochte Eier feinhacken, 2 TL Öl, etwas Essig und 1 TL Zucker verrühren, mit Zitronensaft und schwarzem Pfeffer würzen und über den Salat gießen; dazu Schwarzbrot.

Heringssalat auf schwedische Art: Würfel von roten Rüben, gekochtem Rindfleisch, Äpfeln und gewässerten Salzheringen mit Essig-Öl-Marinade anmachen, die mit gehackten Sardellenfilets und Pfeffergurken, mit Kapern und Senf ergänzt wurde; mit Streifen von Anchovisfilets und roter Rübe sowie mit Eiervierteln garnieren.

Herlitzen, → Kornellen.

Herminesalat: Streifen von gebratener Hühnerbrust, gekochten Kartoffeln, Chicorée und Bleichsellerie mit gut gewürzter Mayonnaise binden.

Herrenpilze, → Steinpilze.

Herz, Hauptbestandteil vieler schmackhafter und auch gesunder Gerichte. Das Muskelfleisch des Herzens enthält reichlich Vitamine, vor allem das Vitamin B_1. Das feinste, wohlschmeckendste Herz liefert das Kalb, auch das Herz von Lamm und jungem Hammel sind für feine Herzgerichte sehr zu empfehlen. Selbst das Herz eines jungen Mastochsen vermag in richtiger Zubereitung einen Feinschmecker durchaus zufriedenzustellen. Schweinsherz wird meistens zu Wurst verarbeitet. – *Vorbereitung:* Das Herz halbieren, die Adern herausschneiden und das Fleisch gut wässern, um das restliche Blut herauszuziehen. – *Rezepte:* Kalbsherz, saures Herz.

Herzkirschen, große, festfleischige, herzförmige Süßkirschen, die vor allem für Kompott, Kuchen, Torten usw. verwendet werden.

Herzkoteletts, besonders hochwertige Kalbskoteletts vom hinteren Teil des Rippenstücks.

Herzmuscheln, artenreiche Muschelfamilie, die die flachen Sandgründe der Nordsee, des Atlantiks und des Mittelmeeres bevorzugt. Die 2–5 cm großen Muscheln werden mit baggerähnlichen Spezialschiffen »geerntet«: Eine Düse wirbelt den Meeresboden auf und fegt die Tiere in die Fangkörbe. Herzmuscheln haben – besonders in der Zeit von Oktober bis April – ein sehr schmackhaftes Fleisch. Sie werden gebacken und mit Remoulade umkränzt oder in Butter gedünstet und auf Toast angerichtet.

Herzogin-Art (à la duchesse): Herzoginkartoffeln und Madeirasauce zu kleinen Fleischstücken. – Fisch in Weißwein und Fischfond dünsten, umgeben von Herzoginkartoffelmasse auf Spargel anrichten, mit Krebsfleisch garnieren, den Fond mit weißer Fischgrundsauce verkochen, die Sauce über den Fisch gießen und überbacken.

Herzoginkartoffeln (Pommes duchesse): geschälte Kartoffeln in Salzwasser kochen, abgießen, pürieren, das Püree auf der Herdplatte mit Butter trockenrühren, mit Salz und Pfeffer würzen, mit Ei und ganz wenig Milch verrühren, durch eine Sterntülle in Rosetten- oder Bordürenform auf feuerfeste Anrichtplatten spritzen, mit Ei bestreichen und im Ofen goldgelb backen.

Herzoginpastetchen: gebratenes Hühnerfleisch pürieren, mit Salz, weißem Pfeffer und etwas Weinbrand würzen, Spargelspitzen unter das Püree mischen, mit Geflügelrahmsauce binden; in Blätterteighüllen füllen und erhitzen.

1 Hering 2 Herzmuschel 3 Hirsch 4 Hirse 5 Holunder

Herzoginsalat: kleine Scheiben von gekochten Kartoffeln, Knollensellerie und Bananen sowie Spargelspitzen mit leichter Kräutermayonnaise binden; mit Trüffelstreifchen garnieren.

Hesse, Wadenfleisch von Rind oder Kalb, Rinder- oder Kalbshachse.

Heuschreckenkrebs, → Languste.

Hibiskusfrüchte, → Gombos.

Hickorynüsse, → Pekannüsse.

Hiften, → Hagebutten.

Highballs, Mischgetränke aus Branntwein (Cognac, Gin, Whisky usw.) oder Wermut und Mineralwasser oder Gingerale. Sie werden mit Eis und Zitronenspirale serviert. – *Rezepte:* Country Club Highball, Durkee Highball, Genever Highball, Klondike Highball, Victory Highball.

Himalaya, → Vacherin.

Himbeeren, Früchte des Himbeerstrauches, der wildwachsend in Wäldern der nördlichen Breitengrade beheimatet ist und in Gärten kultiviert wird. Die meist roten Früchte sind süß und aromatisch. Sie kommen frisch, tiefgefroren, als Marmelade, Gelee, Kompott, Saft oder Branntwein in den Handel.

Himbeeren Erimar: frische Himbeeren einzuckern, mit Apricot Brandy aromatisieren und in einen Blancmanger-Rand (Geleerand) füllen, mit durchgestrichenem Johannisbeergelee bedecken und mit gehobelten Mandeln bestreuen; dazu dicke Sahne.

Himbeerbowle: 500 g Himbeeren in den Bowlekübel geben, 1 Flasche Weißwein darübergießen, nach einer Stunde 1 zweite Flasche Wein und 1 Flasche Sekt hinzufügen, nach Belieben mit 1–2 Gläschen Rum oder Kirschwasser kräftigen.

Himbeercreme, kalte Süßspeise: 250 g Himbeeren pürieren, mit 125 g Puderzucker und dem Saft einer halben Zitrone verrühren, 8 g Gelatine hinzufügen, 1/4 l geschlagene Sahne locker darunterziehen, in kalt ausgespülte Formen gießen, im Kühlschrank erstarren lassen, stürzen und mit Schlagsahne und Himbeeren garnieren.

Himbeereis: 250 g Himbeeren pürieren, mit etwas Apfelsinen- und Zitronensaft und 1/4 l Läuterzucker (Zuckersirup) mischen und nach dem Grundrezept für → Fruchteis verfahren.

Himbeeressig, aromatisierter Speiseessig: 200 g Himbeeren (frische oder tiefgefrorene) in eine weithalsige Halbliterflasche geben und mit Weißweinessig auffüllen. Zu erfrischenden Sommergetränken, zu Obst- und Gemüsesalaten, zu gebratenem Wildgeflügel und zur Ente.

Himbeergeist, Obstbranntwein (Obstgeist) aus frischen, unvergorenen Himbeeren, unter Zusatz von Alkohol destilliert. Mindestalkoholgehalt: 40 Vol. %.

Himbeergelee: Himbeeren pürieren und entsaften, den Saft filtrieren, mit stockendem Geleestand mischen, in Gläser oder Schalen füllen, im Kühlschrank erstarren lassen.

Himbeerkaltschale: Himbeerpüree gut einzuckern, passieren, mit Weißwein verrühren, etwas Zitronensaft hinzufügen, gezuckerte Himbeeren als Einlage, eiskalt auftragen.

Himbeerkompott: heiße Zuckerlösung über frische Himbeeren gießen, zugedeckt auskühlen lassen, die Himbeeren abtropfen, den Saft einkochen, mit Himbeergelee binden und kalt über die Früchte geben.

Himbeerkonfitüre: Zubereitung aus ganzen Himbeeren und Zucker, kann mit Zitronensaft und Kirschwasser aromatisiert werden.

Himbeermark: Himbeeren mit dem Mixstab pürieren, mit Puderzucker und etwas Zitronensaft vermischen.

Himbeersaft, Saft frischer, reifer Himbeeren, meist mit Zucker zu Himbeersirup eingekocht. Himbeersaft und -sirup werden oft mit Kirschsaft gestreckt.

Himbeersauce, kalt, Süßspeisensauce: frische Himbeeren durch ein Sieb streichen, Puderzucker über das Fruchtpüree stäuben, mit mildem Weißwein verrühren. Eiskalt zu Puddings.

Himbeersauce, warm, Süßspeisensauce: frische Himbeeren durch ein Sieb streichen, das Fruchtpüree mit wenig Wasser und Zucker aufkochen, mit Stärkemehl binden, etwas Zitronensaft hinzufügen. Zu Fruchtkroketten oder Krapfen.

Himbeerschaum: frische Himbeeren pürieren, mit Puderzucker und Zitronensaft verrühren, mit aufgelöster Gelatine binden, Schlagsahne darunterziehen; mit Himbeeren und Schlagsahne dekorieren; dazu Löffelbiskuits.

Himbeerschnee: steifgeschlagenes Eiweiß mit Puderzucker süßen und mit pürierten Himbeeren vermischen, die Masse in eine gebutterte Auflaufform füllen und im Ofen goldbraun backen.

Himmel und Erde, niedersächsische und rheinische Spezialität: gebratene Blutwurstscheiben mit Apfelmus und Kartoffelpüree. – Die Rheinländer sagen Himmel un Ääd.

Himmelreich, → schlesisches Himmelreich.

Himmelsziege (Sumpfschnepfe, Bekassine), begehrtes Federwild, → Schnepfe.

Hindenburg-Steak: 4 Filetsteaks salzen und pfeffern, ringsum mit Senf bestreichen und kurz anbraten; 150 g gekochtes Rindfleisch durch den Wolf drehen und mit 100 g Champignons, 1–2 Zwiebeln und Petersilie, alles feingehackt, verarbeiten, würzen und auf die abgekühlten Steaks verteilen, die bedeckten Steaks in überbrühte Weißkohlblätter wickeln, mit je einer Speckscheibe belegen, zusammenbinden und in Bratensauce (evtl. aus 1 Päckchen Fertigsauce) garen; dazu Gewürzgurken und Bratkartoffeln.

Hippen, feine Gebäckrollen, -tüten oder -fladen, → Spitzenhippen.

Hirn (Gehirn, Brägen, Bregen), der im Kopf der Wirbeltiere befindliche Teil des Nervensystems. Die Hirnmasse ist grauweiß bis weiß, zart und vitaminreich, aber fetthaltig und eignet sich vor allem für kleine Gerichte, für Vorspeisen, Pasteten usw. Kalbs- oder Hammelhirn wird von Feinschmeckern sehr geschätzt. Rinder- und Schweinshirn wird meist zu Wurst (Hirnwurst, Brägenwurst) verarbeitet. – *Rezepte:* → Kalbshirn.

Hirncremesuppe: feingehackte Zwiebel in Butter anschwitzen, abgewälltes, kleingeschnittenes Kalbshirn dazugeben, kurz mitschwitzen lassen, Mehl darüberstäuben, leicht bräunen, mit Fleischbrühe auffüllen, vorsichtig kochen, die Suppe durch ein Sieb streichen, salzen, pfeffern, mit Eigelb und Sahne binden, zuletzt mit gehackter Petersilie bestreuen und geröstete Weißbrotwürfel hineingeben.

Hirnkrapfen: halbgar gekochtes Kalbshirn in kurze Streifen schneiden, mit Salz und Pfeffer würzen, durch Bierteig ziehen, in Fett schwimmend knusprig backen; dazu Tomatensauce.

Hirnkraut, → Basilikum.

Hirnkuchen, piemontesisch: aus Eiern, geriebenem Weißbrot, etwas Mehl und Parmesankäse einen Teig arbeiten, kleine, gekochte Kalbshirnwürfel mit Salz und Muskatnuß würzen und unter den Teig ziehen, daraus in Butter kleine Plätzchen braten.

Hirnpalatschinken: dünne, lockere, schön gebräunte Eierkuchen mit gehacktem, gebratenem Kalbshirn bestreichen, zusammenrollen, mit Ei und geriebenem Weißbrot panieren, im Ofen kurz überbacken.

Hirnsauce (Brain Sauce): weiße Grundsauce mit Eigelb binden, mit grobgehacktem, gekochtem Kalbshirn vermischen und mit Zitronensaft und Pfeffer würzen. Zu gedünstetem Fleisch oder Geflügel.

Hirnschöberlsuppe, österreichische Spezialität: Kalbshirn, Zwiebel und Petersilie, alles feingehackt, in Butter anschwitzen; Butter und Eigelb schaumig rühren, mit einigen entrindeten, in Milch eingeweichten und gut ausgedrückten Milchbrötchen verarbeiten, das Kalbshirn hinzufügen, mit Salz und Muskatnuß würzen, steifgeschlagenes Eiweiß unter die Masse ziehen, die Masse auf Pergamentpapier streichen und im Ofen backen, nach dem Auskühlen in kleine Stücke schneiden und in klare Fleischbrühe geben.

Hirschbug wird meistens zu Ragouts oder Wildfarcen verarbeitet, er kann auch gerollt und geschmort werden.

Hirsche, Paarhuferfamilie, zu der u. a. Elch, Ren, Reh, Dam- und Rothirsch (Edelhirsch) gehören. Als Hirsch im gastronomischen Sinne wird nur der echte Hirsch, also der Rothirsch oder Damhirsch, bezeichnet. Der Hirsch, der »König des Waldes«, gilt als das edelste, allerdings nicht schmackhafteste Wildbret, ein Wildbret, das nach altem Jagdbrauch neben Auergeflügel und Adler der hohen Jagd vorbehalten ist. Die männlichen Tiere heißen Hirschkalb, Spießer und Hirsch (Hirschbock). Die weiblichen Tiere heißen Wildkalb, Schmaltier (bis zum ersten Setzen) und Alttier. Spießer und Schmaltiere sind das bevorzugte Wildbret, weil das Fleisch der nahezu ausgewachsenen Tiere besonders zart und wohlschmeckend ist; sie wiegen ausgebrochen bis 45 kg (Rotwild) bzw. 35 kg (Damwild). Die besten Stücke sind Rücken und Keule. Hirschfleisch wird gern mehrere Tage gebeizt, am besten mit Weinessig, Zwiebeln, Mohrrüben, Petersilienwurzel, Zitronenscheiben, Pfefferkörnern, Wacholderbeeren, Estragon und Lorbeerblatt. – *Rezepte:* Hirschkeule, Hirschrücken, Hirschsteak.

Hirschhornsalz (Ammoniumkarbonat, kohlensaures Ammonium, Ammonium), weißes Salz, das bei Temperaturen über 60°C in Kohlendioxyd, Ammoniak und Wasser zerfällt. Hirschhornsalz wird als Treibmittel für dünne Gebäcke verwendet, bei denen der störende Ammoniakgeruch und -geschmack weniger in Erscheinung tritt als bei dickerem Backwerk. Das wasseranziehende Salz kommt in Glasröhrchen in den Handel. Hirschhornsalz wurde früher durch trockene Destillation aus Hörnern und Klauen gewonnen.

Hirschkalb, junges männliches Rot- oder Damwild, das ausgebrochen bis 35 kg bzw. 25 kg wiegt.

Hirschkeule wird wegen ihrer Größe selten in einem Stück gebraten, sondern meistens in mehrere Teile zerlegt. Die Stücke werden gehäutet, gespickt und rosa gebraten oder mit Wurzelwerk in Rotwein und saurer Sahne geschmort. Zu gebratener Keule reicht man gebackene Kartoffeln, zu geschmorter Keule Kartoffelkroketten, Klöße, Spätzle oder Nudeln.

Hirschmöhren, → Pastinaken.

Hirschrücken wird wegen seiner Größe selten in einem Stück gebraten. Man schneidet daraus Hirschkoteletts oder Hirschsteaks. Die Filets können ausgelöst, gespickt und im ganzen oder als Medaillons gebraten werden.

Hirschsteaks, dicke, etwa 150 g schwere Scheiben aus dem Rückenstück, die meistens gebeizt, geklopft, gespickt, gesalzen, gepfeffert und rosa gebraten werden.

Hirschsteak Cumberland: vier Hirschsteaks in Wildmarinade beizen, mit Räucherspeckstreifen spicken, in Butter braten, gut pfeffern und salzen; den Bratensatz mit 1 Glas Portwein löschen, mit 1/4 l Sahne verkochen, mit 1 Eigelb binden und würzen; die Sauce über die Steaks ziehen; dazu Mürbeteigtorteletts, gefüllt mit Johannisbeergelee, sowie Kartoffelkroketten und je einen Klecks Cumberlandsauce.

Hirschsteak, sibirisch: 4 Hirschsteaks in Wildmarinade beizen, mit Räucherspeckstreifen spicken, in Butter braten und mit Salz und Pfeffer würzen; den Bratsatz mit 1/8 l Wildfond ablöschen, 1/8 l saure Sahne und Salzgurkenstreifen hinzugeben, kurz durchkochen und mit Zitronensaft abschmecken; die Steaks mit der Sauce überziehen; dazu Kartoffelpüree.

Hirse, Brotgetreidearten, die schon in vorgeschichtlicher Zeit weit verbreitet waren, heute aber nur noch in Gebieten mit Hackkultur angebaut werden (in China, Indien, Afrika, teilweise auch in Italien, Südfrankreich und Polen, im Balkan, in Rußland, in Süd- und Nordamerika usw.). – Noch vor wenigen Jahrhunderten kam der Hirsebrei bei uns anstelle von Brot täglich mehrmals auf den Tisch. In den Märchen symbolisiert er die Armut. Hirse wird wie Reis als Sättigungsbeigabe gereicht und auf vielfältige Weise in der Vollwertküche verwendet. – *Zubereitung:* Hirse mit siedendem Wasser überbrühen, einige Stunden einweichen, in Salzwasser weich kochen, abtropfen und mit Butter und etwas Zitronensaft vollenden.

Hirsepudding: 100 g Hirse zwei- bis dreimal mit siedendem Wasser übergießen und jeweils mit kaltem Wasser abspülen; sodann mit 2 EL Zucker und einer Prise Salz in 1/4 l Milch quellen lassen, den Abrieb einer Zitrone und 1 TL Cointreau hinzufügen, ein steifgeschlagenes Eiweiß und gedünstete Apfelscheibchen unter die Masse heben, alles in eine Auflaufform füllen und im Ofen leicht überbacken.

Hirtengulasch: Rindfleisch (vom Bug oder von der Hesse) in große Würfel schneiden, mit gehackter Zwiebel in Fett kräftig anbraten, mit etwas Wasser ablöschen, kleingeschnittene Mohrrüben und Kartoffeln sowie vorgekochte Graupen hinzufügen, mit Salz, Pfeffer und Paprika würzen, zuletzt gewürfelte Tomaten zugeben.

H-Milch, Trinkmilch, die durch Ultrahocherhitzen für eine Dauer von 6–8 Wochen haltbar gemacht wird.

Hobelspäne, → Räderkuchen.

Höbes, → Thüringer Klöße.

Hochepot, → Hotchpotch.

Hochfrequenz-Kochen, → Mikrowelle.

Hochrippe (hohe Rippe), Rinderrükkenstück von der 6. bis 12. Rippe, meist rosa gebraten.

Hofmeister, → Haushofmeister.

hohe Rippe, → Hochrippe.

Hohlhippen, dünne, gerollte oder gewölbte Waffeln, meist mit Schlagsahne gefüllt.

Hohlpastete, → Vol-au-vent.

Hoisinsauce, → Pekingsauce.

Holderbeeren, → Holunder.

Hollandaise, → holländische Sauce.

Holländer Käse, Bezeichnung für Edamer und Gouda Käse.

holländische Sauce (Sauce hollandaise), als Grundsauce der Buttersaucen vielfältig abwandelbar; als Fertigprodukt erhältlich. – *Rezept:* je 1 Prise weißen Pfeffer und Salz, 1 EL Weißwein und 3 rohe Eigelb in eine Schüssel geben und im Wasserbad cremig schlagen, unter ständigem Schlagen langsam 250 g lauwarme Butter zulaufen lassen, mit Zitronensaft abschmecken. Zu gekochtem Fisch, zu Krusten- und Schalentieren oder zu feinem Gemüse. – Geronnene holländische Sauce können Sie mit einigen Tropfen kaltem Wasser wieder aufschlagen.

holländische Sauce, unechte: weiße Grundsauce oder weiße Fischgrundsauce mit Eigelb binden, mit etwas Zitronensaft würzen und mit einem Stückchen Butter vollenden.

holländischer Salat: Würfel von gekochten Kartoffeln und Räucherlachs, feingehackte Zwiebeln und Schnittlauch mit Zitronen-Öl-Marinade anmachen; mit Kaviar garnieren.

Hollandse Biefstuk, niederländische Spezialität: Kluftsteaks (je 200 g) kräftig pfeffern und in Butter rosa braten, leicht salzen; als Beilage in Butter gedünstete kleine Champignons, Buttererbsen und Pommes frites.

Hollerbeeren, → Holunder.

Holsteiner Leberpudding: Rinderleber und rohen Speck durch den Fleischwolf drehen, gehackte Zwiebeln, gehackte Petersilie, Eier, Stärkemehl, Sahne und halbierte Champignons hinzufügen, mit Salz, Majoran und Madeira würzen, die Masse in eine gut eingefettete, mit Paniermehl ausgestreute Puddingform füllen, die Oberfläche mit Pergamentpapier zudecken, den Pudding im Wasserbad garen; nach dem Erkalten auf eine Platte stürzen; dazu Apfelmus.

Holsteiner Rübenmus, → weiße Rüben, holsteinisch.

Holsteiner Schnitzel, falsche Bezeichnung des → Kalbsschnitzels Holstein, das nach dem Diplomaten Friedrich von Holstein benannt wurde.

Holunder (Holder, Holler, Flieder), Strauch mit gelblichweißen, stark duftenden Blüten und violettschwarzen Beeren. Aus den Blüten bereitet man u. a. schweißtreibenden Tee. Die kugeligen Beeren werden zu Sirup, Marmelade, Suppe, Wein usw. verarbeitet. Holunder ist nicht identisch mit dem Zierflieder. – *Rezept:* Schweizer Mus.

Holunderblüten, gebacken, kleine Blütendolden waschen, abtrocknen, in Backteig tauchen und in Fett schwimmend backen, mit Zucker und Zimt bestreuen.

Holunderkaltschale: pürierte Holunderbeeren gut einzuckern, passieren, mit Weißwein verrühren, etwas Zitronensaft hinzufügen, gezuckerte Holunderbeeren oder kleine Makronen als Einlage; eiskalt auftragen.

Holundermus (Hollermus): Holunderbeeren mit halbierten Zwetschgen, kleingeschnittenen Äpfeln und Birnen in Essigwasser weich dünsten, Zucker und etwas Zimt beifügen, mit Stärkemehl oder Grieß binden.

Holzkohle, fester, schwarzer Rückstand nach der Erhitzung von Holz bei beschränktem Luftzutritt. Holzkohle besteht fast ausschließlich aus reinem Kohlenstoff. Da dem Holz beim Verschwelen alle schädlichen und geschmacksbeeinflussenden Gase und Dämpfe entzogen werden, ist Holzkohle das ideale Heizmaterial zum Grillen. Die beste Grillholzkohle wird aus Buchenholz gewonnen, und zwar durch Köhlerei, wie sie seit alters in den großen Wäldern betrieben wird. Dabei ergeben 10 kg trockenes Buchenholz nur 2 kg Holzkohle.

Holzkohlenaroma, → Rauchsalz.

Holzkohlengrill, → grillen.

Hominy, nordamerikanische Maisspezialität: Maisgrieß in wenig Wasser quellen lassen, mit heißer Milch verrühren und mit Butter vollenden; kalte Sahne gesondert servieren.

Honey Moon, Cocktail: 1 BL Honig, Saft von 1 1/2 Zitronen, 1 Gläschen Rum, etwas rohes Eiweiß, schütteln.

hongroise, à la: → ungarische Art.

Honig, klebrige, hellgelbe, goldene bis rotbraune, süße Flüssigkeit, die die Bienen herstellen und in Waben speichern. Honig besteht aus etwa 75% Trauben- und Fruchtzucker, 19% Wasser und 6% hochwertigen Eiweiß- und Mineralstoffen. Die Eiweißstoffe sind Enzyme, die die Bienen ihrem eigenen Körper entnehmen und dem Honig beifügen. Der würzig-aromatische Geschmack des Honigs richtet sich nach dem Pflanzenbestand der »Bienenweide«. Honig kann dünnflüssig bis fest sein, was mit der Qualität nichts zu tun hat. Fester Honig kann durch Erhitzen im Wasserbad (nicht über 45°C) wieder verflüssigt werden. Honig wird als Brotaufstrich, zu Honig- und Lebkuchen sowie alkoholischen Getränken (Bärenfang, Drambuie usw.) verwendet.

Honig, türkischer, → türkischer Honig.

Honigessig wird durch Vergären von Akazien- oder anderem Honig gewonnen und enthält deutlich weniger Säure als der übliche Weinessig. Er eignet sich vorzüglich zum Aromatisieren von Obst- und Käsesalaten. – Oft ist Honigessig nichts anderes als ein Weißwein- oder Apfelessig, der mit Bienenhonig gesüßt wurde; gelegentlich wird er auch aus Honigwein (Met) vergoren.

Honigkuchen, mit Honig zubereiteter Lebkuchen.

Honigmelone, → Melone.

Honigpilz, → Hallimasch.

Honigpunsch, wärmend an kalten Herbst- und Wintertagen: 6 Eier mit dem Schneebesen kräftig schlagen, 125 g Honig hinzufügen und weiterschlagen, bis die Masse schön schaumig ist, langsam 1 l heiße Milch zugießen, mit geriebener Muskatnuß bestreuen und möglichst heiß servieren.

Hopfensprossen (Hopfenspargel), die jungen Sprossen des Hopfens, dessen Fruchtstände das wertvolle Hopfenbitter, einen wichtigen Bestandteil des Biers, enthalten. Hopfen wird in Europa, Nordamerika und Asien angebaut, bei uns vor allem in Bayern und Württemberg. Frische Hopfensprossen gibt es in den Monaten März bis Mai, in den anderen Monaten müssen wir uns mit Konserven begnügen.

Hopfensprossen, bayerisch: die Sprossen mehrmals waschen, in leicht mit Essig versetztem Salzwasser schön knackig kochen, abtropfen, mit Béchamelsauce und Butter anmachen und mit Salz, Pfeffer, Muskatnuß, einer Prise Zucker und reichlich gehackter Petersilie würzen.

Hopfensprossen Colbert: die Sprossen in Salzwasser und etwas Zitronensaft kochen, abtropfen, mit Sahnesauce durchschwenken, auf gerösteten Weißbrotscheiben anrichten und mit je einem verlorenen Ei belegen.

Hopfensprossen, gebacken: die Sprossen mit siedendem Wasser überbrühen, mit Salz und Zitronensaft marinieren, abtrocknen, durch Backteig ziehen und in Fett schwimmend abbacken.

Hopfensprossen, holländisch: die Sprossen in säuerlichem Salzwasser kochen, gut abtrocknen, mit leichter holländischer Sauce und etwas Zitronensaft anmachen.

Hopfensprossen mit Morcheln: die Sprossen in 3 cm lange Stücke schneiden, in säuerlichem Salzwasser weich kochen, gut abtropfen: Morcheln in Butter dünsten, zu den Hopfensprossen geben, pikant würzen; eine helle Mehlschwitze bereiten, mit Fleischbrühe schön sämig rühren, Hopfensprossen und Morcheln darin kurz aufkochen.

Hopfensprossensalat: Hopfensprossen in Salzwasser gar kochen, auskühlen lassen und mit gut gewürzter Mayonnaise binden. – Oder die Hopfensprossen mit Essig, Öl, Pfeffer, Salz, Schnittlauch und durchgestrichenem, hartgekochtem Eigelb anmachen.

Hoppelpoppel, Berliner Spezialität: Bratkartoffeln, geschmorte Rindfleischwürfel, kleingeschnittene Gewürzgurken vorsichtig mischen, mit Salz, Pfeffer, Kümmel, Majoran und Muskatnuß würzen, eine Mischung aus Eiern, Sahne und gehackter Petersilie darübergießen, stocken lassen, heiß servieren; dazu Petersilie und Tomaten.

Horly, → Orly.

Hörnchen (Kipfeln), kleine halbmondförmige Brötchen, die die Wiener Bäcker seit dem Sieg über die Türken vor Wien im Jahre 1683 backen.

Hornhecht (Grünknochen), Seefisch des Mittelmeeres, des Atlantischen Ozeans, der Nord- und Ostsee. Der Hornhecht wird bis 1 m lang. Das Fleisch junger Hornhechte ist sehr schmackhaft, aber grätenreich. Die Gräten färben sich beim Braten oder Räuchern grün. Der Hornhecht wird meist auf dem Rost oder in der Pfanne gebraten.

Hornmelone, → Kiwano.

Hors d'œuvres (frz: außerhalb der Werke), → Vorspeisen, appetitanregende kleine Häppchen, die kalt vor der Suppe und warm nach der Suppe gereicht werden.

Horseradish Sauce, englische Meerrettichsauce: geriebenes Weißbrot mit geriebenem Meerrettich, englischem Senf und etwas Weinessig vermischen, Sahne hinzufügen, abschließend mit Salz, Zucker und einigen Tropfen Worcestershiresauce würzen. Zu gekochtem Rindfleisch.

Hotchpotch (Hochepot), pikant gewürztes Fleischragout mit Gemüsen. Berühmt ist das Scotch Hotchpotch, das aus Hammelfleisch, Mohrrüben, weißen Rüben, Porree, Zwiebeln, Staudensellerie, Schnittbohnen, Blumenkohl, grünen Erbsen usw. bereitet wird.

Hotdog, (engl: heißer Hund), heißes Wiener Würstchen in einem Brötchen, gewürzt mit Senf, Ketchup, diversen Relishes, Zwiebeln oder Sauerkraut; beliebtes Fast-Food in Nordamerika.

Hotel Plaza, à la: gedünstete Kohlköpfchen, Püree von grünen Erbsen, Trüffelscheiben und Madeirasauce zu kleinen Fleischstücken.

Hubertuspastetchen: Wildbraten oder Wildbratenreste fein pürieren, mit Weinbrand aromatisieren und mit dicker Wildsauce binden; in Blätterteighüllen füllen und erhitzen. – Sankt Hubertus, Bischof von Lüttich von 705–727, ist Schutzpatron der Jäger und zugleich Beschützer des Wildes. Am 3. November, seinem Namenstag, beginnt mit großen Hubertusjagden die eigentliche Jagdsaison.

Huchen (Donaulachs, Rotfisch), Lachsfisch der Donau und ihrer Nebenflüsse. Der Huchen wird bis 160 cm lang und 30 kg schwer und hat ein sehr schmackhaftes Fleisch. Er wird wie Lachs oder Hecht zubereitet und meist von zerlassener Butter oder holländischer Sauce begleitet.

Hüftdeckel, → Tafelspitz.

Hüfte (Culotte), Schwanzstück des Rindes, aus dem die *Huftsteaks* und andere Kurzbratstücke geschnitten werden.

Huhn, Haushuhn, das beliebteste und verbreitetste Geflügel. Es stammt aus Asien, war um 2300 v. Chr. den Babyloniern bekannt, die Ägypter schätzten das Huhn seit 1400 v. Chr., und in Europa gibt es Hühner seit etwa 1250 v. Chr. Hühner werden in zahlreichen Rassen wegen ihrer Eier und wegen ihres weißen, zarten, bekömmlichen Fleisches gezüchtet. Man unterscheidet nach Alter und Qualität: Küken, junger Hahn (Kapaun), Hähnchen, Masthuhn (Poularde), Suppenhuhn.

Huhn in Weingelee: Würfel von gebratenem Hühnerfleisch und Pökelzunge mit Mayonnaise binden, in Aspikformen füllen, mit Weingelee ausgießen.

Hühner …, → Geflügel …, → Masthuhn.

Hühnerbrühe: ein Suppenhuhn oder Hühnerklein, einige gehackte Kalbsknochen, etwas Wurzelwerk und Salz mit kaltem Wasser ansetzen und langsam kochen lassen, evtl. abschäumen und entfetten, zuletzt durchseihen.

Hühnerbrüstchen (Suprême, Hühnerfilet), das beste Stück junger Masthühner. Ein Brüstchen wiegt etwa 130–150 g und reicht gerade für eine Person.

Hühnerbrüstchen Maryland: die Brüstchen salzen und pfeffern, englisch panieren und in Öl braten; der Länge nach halbierte Bananen panieren, in Butter braten und zusammen mit gerösteten Scheiben Frühstücksspeck, Maiskroketten und Meerrettichsahne neben den Brüstchen anrichten. – Maryland, einer der Südstaaten der USA, Hauptanbaugebiet von Mais.

Hühnerbrüstchen Sandeman: die Brüstchen salzen, pfeffern, in Mehl wenden und in Butter braten; den Bratsatz mit Whisky flambieren, mit Sherry ablöschen, Sahne und Fleischextrakt hinzufügen, die Sauce mit Salz, Paprika und etwas Zitronensaft abschmecken, gedünstete Streifen von roter Paprikaschote beigeben und über die Brüstchen decken; dazu Butterreis. – Sandeman ist eine berühmte Sherrymarke.

Hühnercurry: grobgeschnittenes Hühnerfleisch in Butter leicht anbraten, mit Mehl und Currypulver bestäuben, Hühnerbrühe und Kokosnußmilch hinzugießen, geriebenen

Meerrettich und abgeriebene Zitronenschale beifügen, gar schmoren; dazu körnig gekochten Reis.

Hühnereier, → Eier.

Hühnerfarce: gekochtes Hühnerfleisch mit etwas rohem Eiweiß zerstoßen, leicht salzen und pfeffern, mit ein paar Tropfen Weinbrand parfümieren und mit etwas Sahne binden.

Hühnerfilet, → Hühnerbrüstchen.

Hühnerfond, → Hühnerbrühe.

Hühnerfrikassee auf alte Art: ein Huhn in nicht zu große Stücke schneiden, in Butter leicht anbraten, mit Mehl bestäuben und in Hühnerbrühe gar dünsten, den Fond mit Sahne und Eigelb binden, gut würzen, alles mit gedünsteten Champignons und Zwiebelchen vermischen; dazu körnig gekochten Reis oder Blätterteighalbmonde.

Hühnerhaschee: gekochtes, gehacktes Hühnerfleisch zusammen mit Streifen von Champignons, roten und grünen Pfefferschoten in Butter anbraten, würzen, mit Sherry aromatisieren und mit Sahne und Eigelb binden.

Hühnerkeulchen, gefüllt (Ballottines): die rohen Keulen vorsichtig ausbeinen, mit gut gewürzter Farce füllen, zu runden Ballen formen, zunähen, weiß dünsten oder braun braten.

Hühnerkeulchen Garibaldi: Kalbfleisch- und Hühnerfarce mit gehackter Pökelzunge und gehackten Trüffeln mischen, in ausgebeinte rohe Hühnerkeulen füllen, zunähen, in Butter goldgelb braten, den Fond mit Tomatensauce verkochen.

Hühnerkroketten: gekochtes Hühnerfleisch und gedünstete Champignons fein würfeln, mit Cayennepfeffer würzen, mit Geflügelvelouté (weiße Grundsauce) und Ei binden, zu Kugeln oder Dreiecken formen, panieren und in Fett schwimmend ausbacken; dazu Madeirasauce und feines Mischgemüse.

Hühnerleberfarce, zum Füllen von Geflügel, Pasteten usw.: 250 g Hühnerleber in Butter kurz anbraten, pürieren, mit Salz und Pfeffer würzen, 1 Ei zugeben, mit etwa 1/2 Tasse Sahne binden.

Hühnermayonnaise: gekochte Hühnerbrust in Streifen oder Würfel schneiden, auf Salatblättern anrichten, mit Mayonnaise bedecken und mit Kapern, Sardellenstreifen, Eierscheiben, Oliven und Salatherzen garnieren.

Hühnernieren, → Hahnennieren.

Hühnerpastete: ein frisches junges Huhn vollständig aus den Knochen lösen, die enthäuteten Brüste in 2 bis 3 Längsstreifen schneiden und mit Salz und weißem Pfeffer würzen; das restliche Hühnerfleisch sowie 125 g Kalbfleisch, 125 g mageres Schweinefleisch und 250 g rohen Speck mehrmals durch den Fleischwolf drehen, die Farce mit Pastetengewürz und Salz würzen, mit 1 Ei binden und mit 1 Gläschen Weinbrand parfümieren; Farce, Bruststreifen und Scheiben von Räucherzunge schichtweise in eine mit dünnen Räucherspeckscheiben ausgefütterte → Kastenpastete füllen und abbacken.

Hühnersalat, → Geflügelsalat.

Hühnerschaumbrötchen, → Geflügelmousselines.

Hühnersuppe, → Cockie Leekie, → Mulligatawnysuppe.

Hülsenfrüchte, Samen der Leguminosen mit hohem Stärke-, Eiweiß- und Ballaststoffgehalt, z. B. Bohnen, Erbsen, Linsen, Kichererbsen. Sojabohnen gehören ebenfalls zu den Hülsenfrüchten, sie enthalten aber Öl statt Stärke.

Humbertsalat: Würfel von Tomaten und roten Paprikaschoten in Essig-Öl-Marinade.

Hummer, zehnfüßiger Krebs der europäischen Meere. Er wird bis 10 kg schwer und bis 50 cm lang. Das vorderste Fußpaar trägt zwei mächtige Scheren, die sich nie ganz gleichen. Die kräftigere Schere dient zum Greifen und Zerbrechen, die kleinere Schere zum Abtasten und Zerkleinern der Beute. Ein fester, gelbbrauner bis blauer Panzer schützt den Hummer vor seinen Feinden. Der Hummer lebt von kleinen Fischen, Krabben und Seeigeln. Gefangen wird der Hummer ab Oktober mit Korbreusen. Von Juli bis September ist Schonzeit. Das Fleisch des Hummers gilt als Delikatesse, vor allem, wenn es frisch zubereitet wurde. Hummer werden mit zusammengebundenen Scheren lebend versandt. Meist kommt der Krebs dann völlig reglos am Zielort an. Ziehen Sie ihn kräftig am Schwanz! Und wenn sich dieser wieder einrollt, ist das Tierchen noch springlebendig. – Eng mit dem »Homarus vulgaris« verwandt ist der *amerikanische Hummer,* der an der Ostküste der USA und Kanadas gefangen wird und sogar bis 17 kg wiegen kann. Amerikanische Hummer kommen tiefgefroren oder als Hummerfleisch in Dosen bei uns zum Verkauf. – *Zubereitung:* Den lebenden Hummer mit klarem Wasser waschen und bürsten, kopfüber in siedendes Wasser, das mit Salz, etwas Essig, Zwiebeln, Mohrrüben und einigen zerdrückten Pfefferkörnern gewürzt wurde, werfen, das Wasser kurz aufkochen lassen und den Hummer darin je nach Größe 20–35 Minuten ziehen lassen. Beim Kochen färbt sich die Schale lebhaft rot. Sobald der Hummer im Sud halb erkaltet ist, wird er herausgehoben, abgetrocknet und mit Öl eingerieben, damit er schön glänzt. Nun werden die beiden Scheren abgetrennt und der ganze Hummer vom Kopf her in Längsrichtung durchgeschnitten, so daß sich zwei gleichmäßige Hälften ergeben. Zum warmen Hummer gibt es am besten holländische Sauce oder Chantillysauce. Kalter Hummer schmeckt ausgezeichnet mit Mayonnaise oder Remoulade. – *Verzehr:* Es bleibt jedem freigestellt, in welcher Reihenfolge er das deliziöse Tier verspeisen will. Kenner beginnen mit dem Schwanz, den man mit Hilfe einer Hummergabel oder eines Fischbestecks bewältigt. Dann kommen die Scheren an die Reihe, die das feinste Fleisch enthalten. Den dicken Panzer der Scheren knackt man mit der Hummerzange oder einem stabilen Messer oder bricht die Scheren aus ihren Gelenken. Mit der Hummergabel zieht man dann das wundervolle, weiße Fleisch heraus. Der kräftige Rumpf birgt ebenfalls leckere Happen: feines Fleisch, korallenrote Kügelchen (Hummereier), weiße Creme (Hummerblut), die grünlichen Innereien. Zuletzt werden die Beine aufgebrochen und genüßlich ausgeschlürft. Man kann das Fleisch auch mit Hilfe eines »Hummernagels« aus den Beinsegmenten stoßen.

Hummer Newburg: den Hummer nach dem Grundrezept gar kochen, das Fleisch aus den Schalen lösen und in dicke Würfel schneiden, die Hummerwürfel mit Salz und Cayennepfeffer würzen und in Butter leicht anbraten, reichlich Sherry darübergießen, den Wein stark einkochen, 2 Eigelb mit 1/8 l Sahne verrühren, die Mischung über die Würfel gießen, das

Gericht abseits des Feuers vorsichtig durchrühren, bis die Sauce gut gebunden ist; dazu Butterreis.

Hummer Thermidor: gehackte Schalotten in Butter hell anschwitzen und mit Weißwein verkochen, Sahne, etwas Béchamelsauce und Bercyer Sauce hinzufügen, kräftig mit Senfpulver würzen; das Fleisch der Hummerscheren in Würfel schneiden, mit einem Teil der Sauce binden und in die leere Hummerschale füllen, den Schwanz in Scheiben schneiden und ebenfalls in die Schale füllen, die restliche Sauce darüberdecken, mit geriebenem Käse bestreuen, mit Butter beträufeln und im Ofen abbacken. Das übrige Hummerfleisch kann zu Hummerbutter verarbeitet werden. – Thermidor ist der Name des 11. Monats im Kalender der Französischen Revolution.

Hummer in Weingelee: Hummerwürfel und Trüffelscheibchen in kleine Aspikformen füllen, mit Weißweingelee ausgießen.

Hummerauflauf: Hummerfleisch pürieren, mit Béchamelsauce und Eigelb binden, Hummerwürfel hinzufügen, mit Salz, Pfeffer und geriebener Muskatnuß würzen, steifgeschlagenes Eiweiß unter die Masse ziehen, in ausgebutterte Auflaufform füllen und im Ofen abbacken.

Hummerbutter (Beurre de homard), Buttermischung: Abfälle von gekochtem Hummer im Mörser sehr fein stoßen, mit der gleichen Menge Butter verarbeiten und durch ein Haarsieb streichen.

Hummercocktail (Lobster Cocktail): Hummerwürfel (aus der Dose) in Sektschalen füllen, mit einer Cocktailsauce bedecken, eiskalt servieren.

Hummereier (Corail), der im ungekochten Hummer grüne, im gekochten Hummer korallenrote Hummerrogen. Delikatesse.

Hummerfleisch, das zarte Scheren- und Schwanzfleisch der Hummer, tiefgefroren oder in Dosen konserviert, gern verwendet für Cocktails, Salate und Garnituren.

Hummerkrabben, → Shrimps.

Hummermayonnaise: Würfel aus gekochtem, eiskaltem Hummerfleisch auf feingeschnittenem Kopfsalat anrichten, mit Mayonnaise bedecken, mit Tomatenvierteln, Gurkenscheibchen, Kapern, schwarzen Oliven, Sardellenfilets, Eierscheiben usw. garnieren.

Hummerparfait: rohes Hummerfleisch mit einigen rohen Eigelb zerstoßen, fein würzen, Schlagsahne darunterziehen und Trüffelwürfel beifügen, die Masse in eine Form füllen, im Wasserbad garziehen lassen, nach dem Erkalten stürzen und mit Hummereiern und kleinen, gedünsteten Krebschen garnieren.

Hummersalat: Scheibchen von gekochtem Knollensellerie in Zitronen-Öl-Marinade einlegen, mit großen Hummerwürfeln bedecken, mit Mayonnaise überziehen und mit Anchovisfilets, Eiervierteln und Olivenscheibchen garnieren.

Hummersauce (Sauce de homard): Béchamelsauce mit kräftigem Fischfond verkochen, Sahne hinzufügen, mit Hummerbutter vollenden und mit Cayennepfeffer abschmecken, zuletzt Hummerwürfel in die Sauce geben.

Hummersuppe: 1 Dose tafelfertige Hummersuppe erhitzen, die gleiche Menge Wasser hinzufügen, einige Muscheln und Garnelen in die Suppe geben; dazu in Butter geröstete Weißbrotscheiben.

Hummertoast: Würfel von gekochtem Hummerfleisch, in Butter gedünstete Champignonscheiben und Spargelspitzen mit dicker Sahnesauce binden, mit einigen Tropfen Weinbrand würzen, das Gemisch auf Toast häufen, geriebenen Parmesan darüberstreuen, den Hummertoast im Ofen überbacken.

Hummous (Hummus), arabische Spezialpaste aus Kichererbsen, Sesam (→ Tahin), Sesam- oder Olivenöl, Knoblauch, Zitronensaft und verschiedenen orientalischen Gewürzen; zu Lammfleisch.

Hundeblume, → Löwenzahn.

Husaren-Art (à la hussarde): mit Zwiebelpüree gefüllte Champignonköpfe, Herzoginkartoffeln und Husarensauce zu kleinen Fleischstücken.

Husarenfleisch, österreichische Spezialität: dünne Scheiben von Rind-, Kalb- und Schweinefleisch in Butter kräftig anbraten, salzen, dick mit Paprika bestreuen, Zwiebelscheiben hinzufügen, mit Mehl bestäuben, in brauner Grundsauce weich schmoren, mit Essig und saurer Sahne abschmecken; dazu Salzkartoffeln.

Husarensauce (Sauce hussarde): kleingeschnittene Zwiebeln, Mohrrüben und Petersilie mit etwas Basilikum, Lorbeer und Knoblauch in Butter anschwitzen, mit Weißwein ablöschen, stark einkochen, mit brauner Grundsauce gut durchkochen und passieren; die Sauce mit etwas Fleischextrakt, geriebenem Meerrettich, gewürfeltem rohen Schinken und gehackter Petersilie vollenden. Zu Rinderfilet.

Husarensteak: 500 g Schabefleisch mit 1–2 feingehackten Zwiebeln und 4 EL ebenfalls feingehackten eingeweichten Rosinen vermischen, mit Salz, Pfeffer und viel Paprika würzen, 1–2 Eier dazugeben und alles durcharbeiten; 4 flachrunde Steaks formen und in heißem Fett braten; mit heißem Tomatenketchup bedecken; dazu Pommes frites.

hussarde, à la: → Husaren-Art.

Hütes, → Thüringer Klöße.

Hutzelbrot, badisch-württembergische Spezialität: 250 g gedörrte Pflaumen, 50 g gedörrte Birnen (Hutzeln), 50 g Feigen, alles kleingeschnitten, 50 g feingehackte Haselnüsse, 80 g Rosinen, 125 g Zucker, 75 g Paniermehl, 175 g Mehl, 1 Päckchen Backpulver, abgeriebene Apfelsinen- und Zitronenschale, 1 TL Zimt, etwas gestoßenen Anis, Koriander und Gewürznelke, 1 Ei und 1 Gläschen Kirschwasser mit Wasser zu einer halbfesten Masse vermischen, in eine gefettete Kastenform füllen und langsam durchbacken.

I

Sage mir, was du ißt, und ich sage dir, wer du bist.

Brillat-Savarin

Ickelei, → Uckelei.
Ikan Terie, kleine, getrocknete Fischchen, in Öl gebacken, Bestandteil der indonesischen Reistafel.
Imam Bayildi, → Auberginen Imam Bayildi.
impératrice, a l'-: → Kaiserin-Art.
Imperial Cobbler: 1/2 Kirschwasser, 1/2 Sahne, 1 BL Zucker, umrühren, Kirschen hineingeben, mit etwas Mineralwasser auffüllen.
impériale, à l'-: → kaiserliche Art.
Imtaba, orientalisches Hammelragout mit kleinen Kürbisfrüchten (Zucchini), Zwiebeln und Joghurt, gewürzt mit Knoblauch, Zimt und Rosenblättern.
Indian, → Truthahn.
Indianerkrapfen, → Mohrenkopf.
indianische Feige, → Tuna.
indische Art (à l'indienne): körnig gekochter Reis und indische Sauce bzw. Currysauce zu Fleisch, Geflügel oder Fisch.
indische Feige, → Kaktusfrüchte.
indischer Salat: Würfel von Äpfeln, Tomaten und Mangofrüchten, feingehackte Zwiebel und gekochten Reis mit Currymayonnaise binden, die mit Zitronensaft und Champignonketchup ergänzt wurde; mit Streifen von roter Paprikaschote garnieren.
indische Sauce (Sauce à l'indienne): gehackte Zwiebel in Butter anschwitzen, Currypulver darüberstreuen, mit Kokosnußmilch ablöschen, mit weißer Grundsauce bzw. weißer Fischgrundsauce auffüllen, langsam kochen, bis die Sauce schön dick ist, passieren, etwas Sahne hinzufügen, mit Salz, weißem Pfeffer und Zitronensaft abschmecken. Zu hellem Fleisch, Geflügel oder zu Fisch.
Indischer Goldregen, → Manna.
indisches Gewürz, → Currypulver.
indisches Reisfleisch: feingehackte Zwiebeln in Butter anschwitzen, reichlich Paprikapulver, etwas Fleischbrühe und kleingewürfeltes Kalbfleisch hinzufügen, das Fleisch etwa 30 Minuten dünsten, dann in Butter glasig geschwitzten Reis hineingeben, mit Fleischbrühe auffüllen und alles zugedeckt langsam weich dünsten.
indonesische Reistafel, → Reistafel.
Infanten-Art (à l'infante): gegrillte oder gebratene Champignons, gefüllte Tomaten und Madeirasauce zu kleinen Fleischstücken, dazu auf besonderer Platte Makkaroni, die in Butter geschwenkt und mit Streifen weißer Trüffeln gewürzt wurden. – Infant, Titel der spanischen Prinzen.

1 Hopfensprosse 2 Hummer 3 Ingwer 4 Johannisbeere

Infantenpastetchen: in Madeira gedünstete Pökelzunge in kleine Würfel schneiden, Champignons, Mohrrüben und ein Stück Knollensellerie ebenfalls würfeln und in Butter braten; Hahnenkämme kurz brühen, in drei bis vier Stückchen schneiden und in Butter braten; Hahnennieren gut wässern, kurz brühen, halbieren und in Butter braten, alles mit dicker, würziger weißer Grundsauce binden; in Blätterteighüllen füllen und erhitzen.

Infusion, Kräuter- oder Gewürzauszug, gewonnen durch Übergießen mit heißer Flüssigkeit, z. B. Fleischbrühe, und anschließendes Passieren durch ein Tuch.

Ingwer, knollige Wurzelstücke einer südostasiatischen Staudenpflanze, die heute auch in Afrika (Sierra Leone und Nigeria), in Südamerika und in Westindien (Jamaika) kultiviert wird. Ingwer liebt tropisches Klima und feuchten Boden. Die bis zu 10 cm langen, graubraunen Wurzelstücke werden geschält oder ungeschält getrocknet und kommen stückweise oder pulverisiert (→ Ingwerpulver) in den Handel. Ingwer duftet mildwürzig und schmeckt eigentümlich scharf und brennend. Der beste Ingwer kommt aus Jamaika. – Ingwer war im Mittelalter ein beliebtes Gewürz. Dann aber kam es aus der Mode und blieb jahrhundertelang vergessen. Erst das Interesse an indischen und indonesischen Gerichten hat auch den Ingwer wieder in unsere Küchen gebracht. In Gemüsesuppen, Fleischbrühen, Eintöpfen und Schmorgerichten sorgt frischer Ingwer, in Scheiben oder gehackt, für eine dezente Schärfe. – Die jungen, zarten und saftigen Wurzeln des chinesischen Ingwers werden schon seit über 2000 Jahren kandiert, eine Köstlichkeit, die auch Marco Polo entzückte. Afrikanischer Ingwer dient vorzugsweise zur Herstellung von Ingwerbier (Gingerbeer, Gingerale) und Likören. Zarte, faserfreie Streifen kandierter Ingwerwurzel werden gern mit Schokolade überzogen oder zu reizvollen Ingwer-Pralinen verarbeitet.

Ingwer, eingelegter, → Shoga.

Ingwer, kandiert, in konzentrierter Zuckerlösung eingelegte oder trocken kristallisierte Ingwerstücke, für Gebäck, Süßspeisen und als Konfekt.

Ingwerbier, → Gingerbeer.

Ingwer-Limetten-Öl, würzende Zutat zu asiatischen Reisgerichten, zu Wok-Gemüse und zum Marinieren von Geflügel und Fisch: Ein etwa 5 cm langes Stück frischen Ingwer schälen und in Scheiben schneiden, eine unbehandelte Limette spiralförmig schälen. Ingwer und Limettenschale in eine Viertelliterflasche geben und mit Sojaöl auffüllen.

Ingwerpflaumen, pflaumengroße, in Zuckersirup eingelegte Ingwerstücke.

Ingwerpulver, gemahlene, getrocknete Ingwerwurzeln, zum Würzen von Curry- und anderen asiatischen Gerichten, von feiner Leberwurst und Mortadella, von Gebäck, Suppen und Gemüsen.

Innereien, die inneren Organe von Schlachttieren, Wild und Geflügel, wie Herz, Leber, Lunge, Niere, Milz, Bries, Hirn, Zunge, Schlund, Magen, Kaldaunen und im weiteren Sinne auch Rückenmark und Euter. Innereien sind besonders reich an Nährstoffen und Vitaminen, sie sind für die menschliche Ernährung wertvoller als das Muskelfleisch. Die größten Köche haben sich den Innereien gewidmet und Gerichte geschaffen, die geschmacklich neben allen anderen Speisen bestehen können.

Instant (engl: augenblicklich), pulverisierte Lebensmittel, die sich in Flüssigkeiten sofort und vollständig auflösen, z. B. Instant-Kaffee, Instant-Tee, Instant-Saucen, Instant-Suppen, Instant-Mehl.

Inster, → Gekröse.

Irish Coffee, Kaffeegetränk: in hitzebeständiges Glas 2 TL Zucker und 2 Gläschen Whisky geben, erhitzen und anzünden, mit heißem, starkem Kaffee auffüllen, leicht geschlagene Sahne daraufsetzen.

Irish Stew, irisches Hammelragout (engl: to stew = schmoren): grobgewürfelte Hammelschulter mit kleingeschnittenem Weißkohl, mit Kartoffel- und viel Zwiebelscheiben vermengen, mit Salz, Pfeffer, Gewürznelken und Lorbeerblatt würzen und mit Wasser zu einem schmackhaften Mus verkochen.

Irmasalat: Würfel von Gurken und grünen Bohnen, Blumenkohlröschen und Spargelspitzen mit leichter Kräutermayonnaise anmachen; mit Streifen von Kopfsalat und Brunnenkresse garnieren.

Isabellasalat: Scheibchen von rohen Champignons, von gekochten Kartoffeln und Artischockenböden, von Trüffeln sowie Bleichselleriestreifen mit Essig-Öl-Marinade anmachen; mit gehacktem Kerbel bestreuen.

italienische Art (à l'italienne): in Weißwein und braunem Fond gedünstete Viertel von Artischockenböden, flache Makkaronikroketten mit geriebenem Parmesankäse und italienische Sauce zu Fleisch oder Geflügel.

italienische Nocken, → Gnocchi.

italienische Sauce (Sauce italienne): Duxellessauce mit gehacktem gekochten Schinken vollenden. Zu gebackenen Gurken, Auberginen und Zucchini.

italienischer Salat: Streifen von gebratenem Kalbfleisch, Salami, Tomaten, Gewürzgurken, Äpfeln und gekochtem Knollensellerie mit Mayonnaise binden; mit Anchovisfilets, Eier- und Tomatenachteln, Pfeffergurken, Kapern und Perlzwiebeln garnieren.

J

Wenn ich es mir überlege, dann gibt es nur eine Sorte von Menschen, die ich beneide. Das sind jene, die immer noch essen können, wenn ich schon satt bin.

Jules Huret

Jackfrüchte, Früchte eines südostasiatischen Brotbaumes. Die körnige, gelblichbraune Schale umhüllt ein zartviolettes Fleisch, das einen feigenähnlichen Geschmack hat und frisch gegessen wird. Den kastaniengroßen Samenkern kann man wie Maronen zubereiten.

Jackson, à la: gekochten Fisch mit hellgedünsteten Zwiebeln umlegen und mit Sahnesauce und gehackter Petersilie überziehen; dazu Blätterteighalbmonde. – Andrew Jackson, 1767–1845, 7. Präsident der USA.

Jacquelinesuppe: weiße Fischgrundsauce mit Fischfond aufkochen, mit Eigelb und Sahne binden; als Einlage grüne Erbsen, kugelförmig zugeschnittene Mohrrüben und körnig gekochten Reis.

Jagdwurst, Brühwurst aus Rind- oder Kalbfleisch sowie durchwachsenem Schweinefleisch, geräuchert und gebrüht.

Jäger-Art (à la chasseur): den Bratensatz mit Weißwein ablöschen, mit Jägersauce verkochen und über kleine Fleisch-, Wild- oder Geflügelstücke gießen.

Jägerinsauce (Sauce chasseresse): unter konzentrierte Wildpfeffersauce (Pfeffersauce mit Wildfond) Schlagsahne ziehen und Eiweiß- und Trüffelstreifchen beifügen. Zu feinen Wildgerichten.

Jägermeistersauce (Sauce à la grand veneur): Pfeffersauce mit Wildessenz und Hasenblut vollenden. Zu gebratenem Wild.

Jägersalat: Würfel von Wildbraten, gekochten Kartoffeln, Pilzen und Tomaten mit feingehackten Zwiebeln in Essig-Öl-Marinade einlegen, mit Tomatenmayonnaise binden.

Jägersauce (Sauce chasseur): gehackte Tomaten (enthäutet und entkernt), Champignonscheiben und feingehackte Schalotten in Butter anschwitzen, mit Kraftsauce verkochen, Estragon und Kerbel über die Sauce streuen. Zu gebratenem Rindfleisch oder Wild.

Jägerschnitte: dünne Schwarzbrotscheiben mit Senfbutter bestreichen, mit Wildbraten belegen und mit Gewürzgurke, gehacktem Eigelb, Sardellenfilets und Kapern garnieren; obenauf ein halbes Ei, gefüllt mit Remoulade.

Jägerschnitzel: ein Kalbsschnitzel unpaniert in Butter braten; gehackte Schalotten in Butter anschwitzen, mit Weißwein ablöschen, mit Kraft- und Tomatensauce verkochen, gut würzen, gedünstete Champignonscheiben und Morcheln in die Sauce geben. – Oder: Schweineschnitzel unpaniert in Fett halbgar braten, geröstete Zwiebelringe, kleingeschnittene Paprikaschoten, Pfifferlinge und saure Sahne hinzufügen, das Schnitzel darin fertigschmoren.

Jahrhundert-Art (à la centenaire): mit Duxelles gefüllte, geschmorte Kopfsalatblätter, Kartoffelkroketten und gebundene Kalbsjus zu kleinen Fleischstücken.

Jakobsmuscheln (Fächer-, Kamm-, Pilgermuscheln, Coquilles St. Jacques, Scallops), große Meeresmuscheln, die an den Küsten des Atlantiks und des Mittelmeeres leben und zu den schmackhaftesten Muscheln zählen. Frische Muscheln sollten schwer und geschlossen sein. Man legt sie einige Minuten auf die heiße Herdplatte und kann dann die flache Schale hochklappen und die Muschel aus der gewölbten Schale heben. Die schwarzen Innereien und der Bart werden entfernt, so daß das weiße Muskelfleisch und der orangefarbene bis rote Rogensack übrigbleiben. Der Rogensack (Corail) gilt als besondere Delikatesse. Jakobmuscheln kommen bei uns überwiegend tiefgefroren oder in Dosen konserviert zum Verkauf. Frische Muscheln erhält man in der Hauptfangzeit von November bis März. – Jakobsmuscheln werden überbacken, gegrillt oder für Ragouts verwendet. Die hübschen gewölbten Schalen erwarten es geradezu, als Gefäß für die Muschelköstlichkeiten, aber auch für andere Lekkerbissen, wie Ragout fin, zu dienen. – Für die Jakobspilger auf dem Weg nach Santiago de Compostela waren sie das Zeichen ihrer Pilgerschaft, außerdem sehr gut als Trinkgefäß für unterwegs geeignet.

Jakobsmuscheln, bretonisch: Muschelschalen mit feingehackten Schalotten auslegen, je 3 rohe Muscheln in jede Schale setzen, mit Salz, Pfeffer und Muskatnuß würzen, Paniermehl und geriebenen Emmentaler Käse über die Muscheln streuen, mit zerlassener Butter beträufeln und im Ofen etwa 15 Minuten backen.

Jakobsmuscheln auf Pariser Art: Muscheln etwa 10 Minuten brühen, gut abtropfen; das Muschelfleisch dann mit gehackten Schalotten, Salz und Pfeffer in Weißwein gar dünsten, in Scheiben schneiden, mit Champignonscheiben und Mornaysauce vermischen, in die Schalen füllen, geriebenen Käse darüberstreuen, mit Butter beträufeln und im Ofen überbacken.

Jakobsmuscheln in Teighülle: die Muscheln garziehen lassen, mit Öl, Zitronensaft und gehackter Petersilie marinieren, abtrocknen, durch Backteig ziehen und in Fett schwimmend backen; dazu Petersilie.

Jakobszwiebel, → Winterzwiebel.

Jam, englische Bezeichnung für → Konfitüre.

Jamaica Sling: 1 Glas Rum, Saft von 1/2 Zitrone, 1 Schuß Gin, 1 BL Zukker, umrühren, mit Mineralwasser auffüllen.

Jamaikapfeffer, → Piment.

Jamaikasalat: kleine Würfel von Bananen, Apfelsinen und Grapefruits sowie Sauerkirschen und gehackte Haselnüsse mit Mayonnaise binden.

Jambalaja (Yambalaya), brasilianische Spezialität: gehackte Zwiebeln und Peperoni in Öl leicht anbraten, Scheibchen von gekochtem Huhn und gekochtem Schinken zugeben, ebenfalls leicht anbraten, schließlich körnig gekochten Reis leicht daruntermischen, kräftig mit Salz und Paprika würzen und heiß anrichten; dazu Tomatensauce. Auch Spezialität in Louisiana (USA), wo der Eintopf Garnelen statt Fleisch enthält.

James Cocktail: 1/3 Chartreuse, 1/3 Gin, 1/3 Weinbrand, umrühren.

Japangurken (Uri), gurkenähnliche, grüngelbe japanische Früchte, die roh, gekocht oder in Reiswein eingelegt gegessen werden.

japanische Aprikosen, → Kakipflaumen.

japanische Art (à la japonaise): mit Stachys in weißer Grundsauce gefüllte Blätterteigtorteletts, Kartoffelkroketten und gebundener Bratensaft zu Fleisch oder Geflügel.

japanische Artischocken, → Stachys.

japanische Birne, → Nahi.

japanische Kartoffeln, → Stachys.

japanische Mispeln, → Loquats.

japanische Orangen, → Kumquats.

japanischer Salat: Ananas- und Tomatenwürfel sowie Apfelsinenschnitzel mit dicker Sahne, Apfelsinen- und Zitronensaft binden, mit Salz und Paprika würzen.

Japanknollen, → Stachys.

Japanperlen, kugelförmige → Tapioka, beliebte Einlage für klare Suppen.

japonaise, à la: → japanische Art.

jardinière, à la: → Gärtnerin-Art.

Jarlsberg, norwegischer Schnittkäse, mildwürzig bis scharf, mit leicht süßlichem Geschmack, benannt nach einer alten Siedlung, einer Wikingergründung am Westufer des Oslofjords. 45% Fett i. Tr., kräftig gelb, großlöchrig.

Jasminblüten, die weißen oder gelben, stark duftenden Blüten eines Ölbaumgewächses, das vor allem in Südfrankreich kultiviert wird. Die Blüten enthalten Jasminöl, einen Grundstoff für die Parfümherstellung. Jasminblüten sind auch eine exotische Würze für verschiedene Fleisch- und Geflügelgerichte, z. B. Ente mit Jasmin.

Javaapfel (Rosenapfel, Wasserapfel), exotische Frucht aus Malaysia, die heute auch in Thailand, Indonesien, Süd- und Mittelamerika kultiviert wird. Der birnenförmige Javaapfel besitzt eine grünliche bis hellrote Schale und ein saftreiches Fruchtfleisch von erfrischend säuerlichem Geschmack. Man schält die Früchte und nimmt sie gern zu Salaten.

javanischer Salat: dicke Sahne mit geriebenem Meerrettich, Zitronensaft und etwas Salz würzen und über Apfelsinenschnitze decken, mit sehr fein geriebener Apfelsinenschale bestreuen.

Jeannettesalat: Blumenkohlröschen mit Brunnenkresse und anderen Kräutern mit Essig-Öl-Marinade anmachen.

Jeffersonsalat: Streifen von römischem Salat, Bleichsellerie, roten Paprikaschoten und Ananas mit Roquefort-Dressing anmachen. – Thomas Jefferson, 1743–1826, war der dritte Präsident der USA. Als Jefferson von 1785–1789 Gesandter in Paris war, widmeten ihm französische Köche u. a. diesen herrlichen Salat.

Jelly Sauce, warme amerikanische Sauce aus pikant gewürztem Johannisbeergelee.

Jerezwein, → Sherry.

Jerusalembohnen, → Mungbohnen.

Jerusalemer Artischocke, → Topinambur.

Jessica, à la: Artischockenböden, gefüllt mit Rindermarkwürfeln und gehackten Schalotten in Kraftsauce, außerdem gebratene Morcheln, Annakartoffeln und deutsche Sauce mit Trüffelessenz zu kleinen Fleisch- oder Geflügelstücken.

Jettinger Rüben, → weiße Rüben.

Jockey-Club: gefüllte Tomaten, kleine Klöße aus Krebsfarce und Champignonpüree, außerdem Trüffelscheiben, Kartoffelkroketten und Marsalasauce zu Fleisch.

Jockey-Club-Salat: grünen Spargel kochen, in Stücke schneiden und mit Trüffelstreifen in Essig-Öl-Marinade einlegen, Spargel und Trüffeln mit Sahnemayonnaise binden und mit Spargelköpfen garnieren.

Joghurt (Jogurt, Yoghurt), aus der Türkei bzw. aus Bulgarien stammendes Sauermilchprodukt, das früher nur aus Büffel-, Ziegen- oder Schafmilch hergestellt wurde. Heute wird Joghurt aus eingedickter, warmer Kuhmilch, die mit bestimmten Bakterien (Joghurt-Reinzucht-Kulturen) versetzt wurde, gewonnen. Joghurt hat eine cremeartige Beschaffenheit, schmeckt würzig-säuerlich und ist ein wichtiges diätetisches Nahrungsmittel. Man unterscheidet Magermilchjoghurt (bis 0,3% Fett), fettarmen Joghurt (1,5% Fett), Vollmilchjoghurt (mindestens 3,5% Fett) und Sahnjoghurt (mindestens 10% Fett). Joghurt mit Früchten muß mindestens 6% Frucht enthalten, Joghurt mit Fruchtzubereitung mindestens 3,5% Frucht.

Joghurtsauce, → Terebiye.

Johannisbeeren (Ribiseln), rote, weiße und schwarze Beeren des Johannisbeerstrauches. Die roten Beeren schmecken säuerlich erfrischend, enthalten reichlich Säure und Pektin; sie werden vorwiegend zu Marmelade und Gelee verarbeitet, aber auch eingezuckert frisch oder als Kompott gegessen. Die weißen bis gelblichen Beeren schmecken milder und weniger aromatisch. Die → schwarzen Johannisbeeren haben einen eigenartigen, nicht jedermann zusagenden Geschmack; sie enthalten viel Vitamin C und lassen sich vielseitig verwerten, vor allem zu Saft.

Johannisbeergelee: rote Johannisbeeren pürieren und entsaften, den Saft filtrieren, mit stockendem Geleestand mischen, in Gläser oder Schalen füllen, im Kühlschrank erstarren lassen; nach Belieben mit Portwein aromatisieren.

Johannisbeerkaltschale: rote Johannisbeeren mit Zucker in wenig Wasser dünsten, passieren, mit Weißwein verrühren, rohe Johannisbeeren als Einlage; eiskalt auftragen; dazu Löffelbiskuits.

Johannisbeersauce, Salatsauce: Mayonnaise mit Johannisbeergelee, etwas geriebenem Meerrettich, Zitronensaft, englischem Senfpulver und Schlagsahne vermischen.

Johannisbeersauce, Süßspeisensauce: rote Johannisbeeren mit Wasser und Zucker weich kochen, passieren, die Sauce mit Stärkemehl binden, kurz aufkochen. Heiß zu Puddings.

Johannisbrot (Karobe, Karube), getrocknete Schotenfrucht des im Mittelmeerraum heimischen Karobenbaumes. Die dunkelbraunen, hartschaligen Schoten (Bockshörner) sind etwa 25 cm lang und 2–4 cm breit und enthalten süßliches, etwas ranzig riechendes Fruchtmark und harte Samenkörner. Das Fruchtmark enthält reichlich Traubenzucker, Eiweiß, Pektin und Öl. Johannisbrot wird in den Anbaugebieten und auch bei uns ohne weitere Zubereitung verzehrt. – Die Samen des Johannisbrotes wiegen genau 0,18 g, sie wurden daher seit alters als Juwelen- und Goldgewicht (Karat) benutzt. Heute entspricht 1 Karat dem Gewicht von 0,20 g.

Johanniskraut, → Beifuß.

Johannislauch, → Winterzwiebel.

John Collins: 1 Glas Weinbrand, Saft einer Zitrone, 2 BL Zucker, umrühren, mit Mineralwasser auffüllen.

John-Dory, → Petersfisch.

Joinville, à la: kleine Würfel von Champignons, Garnelen und Trüffeln in normannischer Sauce, außerdem Joinvillesauce (Garnelensauce) zu Fisch. – François d'Orléans, Prinz von Joinville, 1818–1900, französischer Admiral. Die Stadt Joinville liegt an der Marne inmitten der Champagne.

Joinvillesauce, → Garnelensauce.

jordanischer Salat: Bananen- und Tomatenwürfel mit körnig gekochtem Reis vermischen und in Zitronen-Öl-Marinade einlegen; Mayonnaise mit Tomatenketchup würzen, den Salat damit binden, Mandelsplitter darüberstreuen.

Josefikräutl, → Basilikum.

Jostabeeren, Kreuzung aus schwarzen Johannisbeeren und Stachelbeeren. Die fast stachelbeergroßen süßsäuerlich schmeckenden Früchte wachsen paarweise an stachellosen Strauchtrieben.

Joule. Der Energiegehalt der Nährstoffe in den Lebensmitteln wird heute oft in Joule (J) bzw. Kilojoule (kJ) angegeben. Dabei entspricht 1 kJ 0,24 kcal (Kilokalorien) oder umgekehrt 1 kcal 4,186 kJ. – James Prescott Joule, 1818–1889, englischer Physiker und einer der Entdecker des Energiesatzes. → Kalorien.

Judenkirschen, → Kornellen. Als Judenkirsche werden auch andere mehr oder weniger genießbare oder giftige Früchte bezeichnet, wie Ebereschenbeeren, Blasenkirschen, Tollkirschen usw. → Kapstachelbeere.

Judias verdes a la Campesina, spanische Spezialität: grobgeschnittene grüne Bohnen in Salzwasser vorkochen, gut abtropfen, mit gehackter Zwiebel, gehacktem rohen Schinken und etwas Knoblauch in Olivenöl gar dünsten.

Judic, à la: gedünsteter Kopfsalat, Trüffelscheiben, Hahnennieren und Kraftsauce zu kleinen Fleisch- oder Geflügelstücken. – Anne Judic, französische Schauspielerin des 19. Jahrhunderts.

Judicsalat: Würfel von gekochten Kartoffeln, Mohrrüben und roten Rüben, kleingeschnittene grüne Bohnen und Blumenkohlröschen in Essig-Öl-Marinade einlegen, mit Kräutermayonnaise binden; mit Scheibchen von roten Rüben und Rosenkohl garnieren.

Juice (engl: Saft), reiner, meist ungesüßter Fruchtsaft, z. B. aus Grapefruit, Zitrone (Lemon Juice), Limette (Lime Juice), Apfelsine (Orange Juice), Passionsfrucht (Passion Fruit Juice), Ananas (Pineapple Juice), Pflaume (Plum Juice), Tomate (Tomato Juice).

Jujube (chinesische Dattel, rote Dattel), exotische Baumfrucht aus Nordchina, die heute auch in Indien, in Südeuropa und im Nahen Osten kultiviert wird. Die pflaumengroßen, grünen bis rotbraunen, gesprenkelten Früchte schmecken süß, oft auch etwas säuerlich. Man verspeist sie roh oder gedünstet, verarbeitet sie zu süßen Suppen, Desserts und Konfitüre. Die Chinesen kultivieren die Jujube schon seit über 4000 Jahren. Von Syrien brachten die Römer sie nach Italien und Frankreich, von wo sie heute importiert wird.

Juleps, alkoholische Mischgetränke mit Pfefferminzgeschmack.

Jules Verne, à la: gefüllte weiße Rüben, gebratene Champignons und Bratkartoffeln zu Fleisch. – Jules Verne, 1828–1905, französischer Schriftsteller, Begründer des utopisch-technischen Romans (Von der Erde zum Mond, 20 000 Meilen unterm Meer, Die Reise um die Erde in 80 Tagen).

Julienne, feingeschnittene Streifen, z. B. Gemüsejulienne (von Mohrrüben, weißen Rüben, Knollensellerie, Porree, Zwiebel oder Wirsingkohl, mit Salz und etwas Zucker gewürzt und in Butter gedünstet) als Suppeneinlage, Trüffeljulienne als Beilage oder Dekor, Fleischjulienne für Salate, Ragouts usw.

Juliettesalat: kurze Streifen von gekochten grünen Bohnen, Knollensellerie und Artischockenböden mit leichter Mayonnaise binden; mit Bleichselleriestreifen in Essig-Öl-Marinade garnieren.

Julischkasalat: feine Streifen von Chicorée, Bleichsellerie und gekochten roten Rüben mit Zitronen-Öl-Marinade anmachen, die kräftig mit Paprika gewürzt wurde.

Jungfern-Art (à la vierge): in Butter gebratene Kalbsbriesscheiben und Hahnenkämme sowie feine Béchamelsauce zu kleinen Geflügelstücken (Hühnerbrust).

Jungfernbraten, österreichische Spezialität: Schweinelende spicken, in Fett kräftig anbraten, eine Kasserolle mit angeschwitzten Mohrrüben- und Zwiebelscheiben auslegen, die Lende daraufsetzen, etwas Fleischbrühe und saure Sahne hinzufügen und zugedeckt weich schmoren; den Fond passieren, leicht binden und mit Weinessig abschmecken.

Jungfernsauce (Sauce vierge): unter Béchamelsauce Schlagsahne ziehen und mit feingehackten Artischockenböden vollenden. Zu Geflügel.

Jungfrauenpastetchen: in Wurzelbrühe vorgekochtes Lammhirn in kleine Würfel schneiden, salzen und in Butter braten; gut gewässertes und abgewälltes Lammbries in kleine Scheibchen schneiden, leicht salzen und pfeffern und in Butter braten; alles mit dicker Sahnesauce binden; in Blätterteighüllen füllen und erhitzen.

Jungfrauensalat: Bleichselleriestreifen mit Senfmayonnaise binden, gehackten gekochten Schinken und evtl. Trüffelstreifchen darüberstreuen.

Jungschweinrücken, das Rippenstück eines jungen Schweins in siedendes Wasser legen, bis die Schwarte steif ist, die Schwarte dann kreuzweise einritzen, salzen, mit Kümmel bestreuen und unter häufigem Begießen braten, bis das Fleisch weich und die Schwarte glänzend braun und knusprig ist.

Jus (frz: Brühe), entfetteter Bratensaft, der beim Erkalten geliert. Jus, besonders → Kalbsjus, dient zur Vollendung von Bratensaucen, in Würfel geschnitten zur Garnierung von Aufschnitt, kaltem Braten usw. Jus kommt in Dosen oder Gläsern in den Handel. – Als Jus wird manchmal auch der reine Fleischsaft bezeichnet.

Jussieu, à la: gedünsteter Kopfsalat, hellglasierte Zwiebelchen, Schloßkartoffeln und Kraftsauce zu Fleisch oder Geflügel. – Bernard de Jussieu, 1699–1776, französischer Botaniker.

Juvianüsse, → Paranüsse.

K

Der Käse ist die Ergänzung eines guten Diners und das beste bei einer schlechten Mahlzeit.

Jan Mara

Kabeljau (Kabliau, Dorsch), Seefisch der Nord- und Ostsee sowie des Atlantischen Ozeans. Der Kabeljau wird bis 1,50 m lang und bis 70 kg schwer; das Durchschnittsgewicht des gefangenen Nordsee-Kabeljaus beträgt 6 kg, das des atlantischen Kabeljaus 15 kg. Der Kabeljau ist ein gefräßiger Raubfisch, der sich vor allem an Fischen, am liebsten an Heringen, mästet. Die Weibchen legen in jeder Laichperiode etwa 9 Millionen Eier, so daß die Gefahr des Aussterbens dieses wichtigsten Speisefisches durch Fischfang kaum gegeben ist. Dennoch warnt die internationale Umweltschutzorganisation WWF (World Wildlife Fund for nature) vor der Vernichtung der Kabeljaubestände durch die modernen Fangmethoden. Der Kabeljau wird überwiegend zu Fischsteaks und »Seelachs« (Lachsersatz) verarbeitet, aber auch geräuchert. Getrocknet nennt er sich Stockfisch, gesalzen und getrocknet Klippfisch, in Pökellake eingelegt Laberdan; diese drei Verwertungsformen sind aber durch die moderne Tiefkühltechnik weitgehend aus der Mode gekommen. Aus Kabeljauleber gewinnt man Lebertran (enthält reichlich Vitamin D). – Kabeljau wird im ganzen, stückweise oder in Scheiben geschnitten gekocht, die Filets werden gebacken, gegrillt oder gedämpft. Den feinsten Geschmack hat das Schwanzstück.

Kabeljau, englisch: den Kabeljau in leicht gesalzenem und mit Essig gesäuertem Wasser garziehen lassen, mit oder ohne Haut anrichten, mit Petersilie und Zitronenvierteln garnieren; dazu zerlassene Butter und Salzkartoffeln.

Kabeljau, gebacken: Kabeljauschnitten mit Mehl, Ei und geriebener Semmel panieren, in Fett schwimmend backen, mit gebackener Petersilie garnieren; dazu Mayonnaise und gebackene Kartoffeln oder Kartoffelsalat.

Kabeljau, provenzalisch: den Kabeljau in Fischsud garziehen lassen und anrichten; aus dem Fond mit Tomaten, Petersilie, Schalotten, gehackten Champignons und Knoblauch eine würzige Sauce bereiten, die Sauce über den Fisch geben; dazu Weißbrot.

Kabinettpudding (Diplomatenpudding): eine glatte, ausgefettete Puddingform schichtweise mit zerbröselten Löffelbiskuits, eingeweichten Rosinen und gewürfelten Konfit- oder Rumfrüchten füllen, mit Eiern verquirlte Vanillemilch darübergießen, bis die Füllung gut getränkt ist, den Pudding im Wasserbad garziehen lassen, nach leichtem Auskühlen stürzen und mit englischer Creme überziehen.

Kabis, → Weißkohl.

Kabulsauce, russische Würzsauce. Handelsware.

Kadgeree, → Cadgery.

Kadinbudu Köfte (»Frikadellen nach Art von Frauenschenkeln«), türkische Spezialität: durch den Fleischwolf gedrehtes Hammel- oder Rindfleisch mit feingehackter Zwiebel in Öl anbraten, mit körnig gekochtem Reis, Ei, gehackter Petersilie, Salz und Pfeffer verarbeiten, aus der Masse hühnereigroße Klöße formen und leicht plattdrücken, in Mehl, dann in verquirltem Ei wenden und in heißem Fett goldgelb braten.

Kaffee, anregendes Getränk aus gerösteten Kaffeebohnen. Die Bohnen sind Samenkerne der kirschenähnlichen Kaffeebaumfrüchte. Der Kaffeebaum stammt aus Äthiopien. Dort gibt es in der Landschaft Kaffa noch heute Wälder mit wildwachsenden Kaffeebäumen. Weidende Ziegen sollen – so berichtet die Sage – als erste die aufmunternde Wirkung der Kaffeefrüchte genossen haben. Und als irgendwann einmal die Wälder brannten und der Duft frisch gerösteter Kaffeebohnen den Hirten verführerisch in die Nase stach, war der Kaffee entdeckt. Um 1400 n. Chr. kam das erfrischende, braune Getränk nach Arabien und mit den Türken nach Europa. Im 17. Jahrhundert entstanden in den europäischen Großstädten die ersten Kaffeehäuser. 1671 legten die Holländer auf Java die ersten Kaffeeplantagen an. Und rund 100 Jahre später kam bereits der meiste und auch beste Kaffee aus Südamerika. Übrigens trank Voltaire 70 Tassen Kaffee täglich. Und Beethoven nahm 60 Bohnen für jede Tasse. – Die Kaffeebohnen enthalten u. a. 1 bis 1,75% Koffein, ferner Gerbsäure und ätherische Öle. Das → Koffein belebt Körper und Geist, die Gerbsäure bewirkt den bitter erfrischenden Geschmack des Getränks, und die ätherischen Öle geben ihm das Aroma. Beim Rösten der Bohnen entwickeln sich Röstbitter und Karamel, die den Duft und Geschmack des Kaffees vollenden und ihm je nach Röstgrad die besondere Note verleihen. – *Zubereitung:* Frischgemahlenen Kaffee in einen Kaffeefilter geben (mindestens 40 g für 1 l Wasser), kochendes Wasser darübergießen und durch den Filter laufen lassen. Kaffeemaschinen erleichtern die Zubereitung. – *Kaffee-Getränke:* Café brûlot, Café Orange, Café Royal, Eiskaffee, Irish Coffee, Kaiser-Melange, Kapuziner, Kosakenblut, Mazagran, Pharisäer, Schwarzwälder-Kaffee, türkischer Kaffee. → Wiener Kaffee.

Kaffeebuttercreme, mit Kaffeepulver aromatisierte → Buttercreme.

Kaffeecreme: kalte Süßspeise wie → bayerische Creme bereiten, die Milch aber mit Kaffeepulver abschmecken.

Kaffee-Eis: nach dem Grundrezept für → Sahneeis bereiten, in der heißen Milch aber 2 TL Kaffeepulver auflösen.

Kaffeefondant, mit Kaffeepulver aromatisierter → Fondant.

Kaffeeparfait, → Eisparfait.

Kaiser-Art (à l'empereur): gebratene Tomatenhälften, mit Rindermarkscheiben belegt, Spargelspitzen, Parmentierkartoffeln und Trüffelsauce zu Fleisch.

Kaiserfleisch, österreichische Spezialität: gepökeltes und geräuchertes Schweinefleisch (Karree oder Brust) kochen und mit Sauerkraut und Semmelknödeln auftragen.

Kaisergranat (Kaiserhummer, Kaiserkrebs, Tiefseehummer), hummerähnlicher Langschwanzkrebs, der auf dem Grund der nördlichen Nordsee in größeren Wassertiefen lebt und vor allem im Sommer gefangen wird. Die Kaisergranate werden bis 30 cm lang und haben schlanke Scheren mit wenig Fleisch. Verwendet werden daher nur die Schwänze, die tiefgekühlt oder in Dosen in den Handel kommen.

Kaisergranat in Dillsauce: gegartes Krebsfleisch in Dillsauce erhitzen, auf körnig gekochtem Reis anrichten.

Kaiserin-Art (à l'impératrice): in Butter gebratene Kalbshirnwürfel und Lammbriesscheiben, hellgedünstete Zwiebelchen, Geflügelrahmsauce mit Hühnerpüree zu Geflügel.

Kaiserinreis: Süßspeisenreis mit Gelatine, Aprikosenmarmelade und verschiedenen feingewürfelten Kompottfrüchten vermischen, unter den stokkenden Reis Schlagsahne ziehen und mit Kirschwasser parfümieren, in einer Zylinderform erstarren lassen, stürzen und mit kaltem Kirschpüree garnieren.

Kaiserkrebs, → Kaisergranat.

Kaiserlaibl, österreichische Spezialität: Baisermasse mit gerösteten, feingeriebenen Haselnüssen vermischen, die Masse häufchenweise auf gefettetes und gemehltes Pergamentpapier spritzen und im Ofen trocknen lassen.

kaiserliche Art (à l'impériale): Champignons, Trüffelscheiben, gedünstete Scheiben von Kalbsbries, Hahnenkämme und Hühnernieren sowie Madeirasauce zu Geflügel.

kaiserlicher Salat: Streifen von Äpfeln, Mohrrüben und Trüffeln sowie Prinzeßböhnchen in Kräutermarinade.

Kaiser-Melange, Kaffeegetränk: starken Kaffee (Mokka) mit 1 Eigelb verschlagen.

Kaiserschmarrn, österreichische Mehlspeise: 4 Eigelb und 30 g Zucker schaumig rühren, 1/4 l Milch, 125 g Mehl und etwas Salz hinzurühren, 1/2 Tasse eingeweichte Rosinen dazugeben, 4 steifgeschlagene Eiweiß darunterziehen, in reichlich Butter backen, mit der Gabel aufreißen und noch einmal kurz überbacken, mit Zucker bestreuen; dazu Himbeer-, Johannisbeer- oder Preiselbeerkompott, Schokoladensauce oder Pflaumenmus. – 1854 haben Wiener Köche der bildschönen Elisabeth den »Kaiserinschmarrn« gewidmet, als sie die Gattin des Kaisers Franz Joseph I. wurde. Aber dem Kaiser schmeckte die Mehlspeise besser als seiner schlanken Gattin, die nichts von Mehlspeisen hielt, und so wurde aus dem Kaiserinschmarrn ein Kaiserschmarrn.

Kaiserschoten, besonders zarte Erbsensorte, → Zuckerschoten.

Kakao, Samen des tropischen Kakaobaumes, der in Mittel- und Südamerika heimisch ist und heute in allen tropischen Gebieten, vor allem in Äquatorialafrika kultiviert wird. Die gurkenförmigen, gelben bis roten Früchte sind bis 25 cm lang und können bis 500 g schwer werden. Unter einer lederartigen Fruchtschale sitzen, in süßliches Fruchtfleisch eingebettet, die 25–50 Kakaobohnen. Die Kakaobohnen enthalten 50–55% Kakaobutter, etwa 1,5% Theobromin, ein stimulierendes Alkaloid, außerdem Stärke, Eiweiß, Mineralsalze usw. Die Bohnen werden fermentiert, getrocknet, gereinigt, geröstet und zu Kakaomasse vermahlen. Diese Masse ist das Ausgangsprodukt für die Schokoladenherstellung. Um Kakaopulver zu erhalten, wird die Kakaomasse entölt, also vom größten Teil der Kakaobutter befreit. In Wasser oder Milch gelöst, ergibt das Kakaopulver das nahrhafte und anregende Getränk Kakao. – Der Kakao war als schäumendes Kaltgetränk schon lange vor der Entdeckung Amerikas im tropischen Amerika bekannt. Die Kakaobohnen galten dort sogar als Zahlungsmittel. Die Spanier brachten den Kakao um 1520 nach Europa. Im 17. Jahrhundert kam er auch nach Deutschland.

Kakaopulver (Puderkakao), entölte und pulverisierte Kakaomasse. Schwach entöltes Kakaopulver enthält mindestens 20%, stark entöltes Kakaopulver mindestens 10% Kakaobutter (Kakaofett).

Kakipflaumen (Kakifeigen, Dattelpflaumen, Götterpflaumen, chinesische Quitten, japanische Aprikosen), gelbe bis orangefarbene, tomatenähnliche Früchte eines ostasiatischen Ebenholzbaumes, der heute auch in Südeuropa (Italien), Nordamerika und Brasilien angebaut wird. Die gerbsäurehaltigen Früchte haben einen süßlich-herben Geschmack. Sie werden meistens geschält und in Scheiben oder Würfel geschnitten. Oder man hebt das Fruchtfleisch mit dem Löffel aus der Schale. → Sharonfrucht.

Kakipflaumen Antoinette: das gewürfelte Fruchtfleisch mit Anisette aromatisieren, in Sektschale füllen, mit leicht gelatiniertem Weinschaum bedecken und mit Schlagsahne bespritzen.

Kakipflaumen auf Opern-Art: den Deckel abschneiden, die Frucht aushöhlen, das Fruchtfleisch pürieren, mit Bananenpüree und Schlagsahne vermischen, in die Früchte füllen, mit Schlagsahne bespritzen und gestoßenen Krokant darüberstreuen.

Kaktusfrüchte (Kaktusfeige, Kaktusbirne, indische Feige, Distelfeige, Stachelfeige, Prickly Pear), Früchte verschiedener Kakteenarten des Mittelmeerraumes mit grüner, gelber bis rötlicher, stacheliger Schale, erfrischend süßem Fruchtfleisch und zahlreichen Samenkörnern. Die Kaktusfrüchte werden frisch oder als Kompott gegessen. Um sich nicht an den feinen Stacheln zu verletzen, schält man die Früchte am besten mit Messer und Gabel: zuerst die beiden Enden abschneiden, dann die Schale in Längsrichtung auftrennen und nach beiden Seiten abziehen. Oder weniger vornehm: die jeweilige Stachelfrucht mit Handschuh oder Tuch anfassen und in Wasser legen, wo sich die feinen Stacheln leicht abstreifen lassen; dann wie oben angegeben schälen. – In Israel heißen die Kaktusfrüchte Tsabar.

Kaktusfruchtsalat: das saftige Fruchtfleisch geschälter Kaktusfeigen in kleine Würfel schneiden, die gleiche Menge kleingeschnittene Grapefruits hinzugeben, dann gewürfelte Wild- oder Geflügelreste, ebenfalls gewürfelte Senfgurke beifügen, den Salat mit Essig, Salz und Pfeffer (oder Curry) würzen und mit Öl binden.

Kalakukko, finnische Fischpastete: aus je 150 g Roggen- und Weizenmehl, 10 g Backpulver, 1/2 l Wasser, 2 EL zerlassener Butter und etwas Salz einen Teig arbeiten, den Teig etwa 1/2 cm dick ausrollen; eine Hälfte der Teigplatte mit 800 g Fisch und 200 g Räucherspeck, beides gewürfelt, bedecken und die andere Teighälfte dar-

1 Kabeljau 2 Kaffee 3 Kakao 4 Kakipflaume 5 Kalmar

überklappen und verschließen; die Pastete mit Teigresten verzieren, mit Eigelb bestreichen und im Ofen sehr langsam (3–4 Stunden) abbacken.-

Kalbfisch (Seestör, Heringshai), bis 3 m langer und 200 kg schwerer Hai des Atlantiks und Mittelmeers. Er lebt fast ausschließlich von Heringen und folgt daher den Heringsschwärmen. Sein Fleisch ist hellrot und sehr schmackhaft; es erinnert an zartes Kalbfleisch. Gegrillt und mit Kräuterbutter belegt ist Kalbfischsteak ein Hochgenuß.

Kalbfleisch, das Fleisch junger Rinder im Alter von 2 Wochen bis 3 Monaten. Gutes Kalbfleisch sollte leicht rosa, saftig und mit weißem Fett bedeckt sein. Das beste Fleisch stammt von Mastkälbern. Die feinsten Stücke vom Kalb sind der Rücken, der Nierenbraten und die Keulen.

Kalbfleischklößchen, → Fleischklößchen.

Kalbfleischpilz, → Austernseitling.

Kalbfleischsalat: Streifen von gebratenem Kalbfleisch, Tomaten und Gurken in Senfmayonnaise, die mit saurer Sahne verrührt wurde.

Kalbsbeuschel, → Wiener Kalbsbeuschel.

Kalbsblankett, → weißes Ragout von Kalbfleisch.

Kalbsblatt, → Kalbsschulter.

Kalbsbraten ist eine Bezeichnung für den gebratenen Kalbsrücken für das gebratene Kalbsrippenstück (Karree) und das gebratene lange Frikandeau der Keule.

Kalbsbries (Brieschen, Briesel, Bröschen, Milken, Milch, Midder, Schweser), die Thymusdrüse des Kalbes. Sie sitzt im vorderen Teil der Brusthöhle, ist etwa 250–350 g schwer und regelt Wachstum und Knochenbildung des jungen Tieres. Das appetitlich weiße Bries zählt wegen seiner Zartheit und seines Wohlgeschmacks zu den Delikatessen und ist auch entsprechend teuer. Kalbsbries ist besonders leicht verdaulich, vitaminreich, enthält wertvolle Nährstoffe und wird als Diätkost sehr geschätzt. Kalbsbries sollte ganz frisch und möglichst weiß sein. – *Vorbereitung:* Das Bries etwa 2 Stunden wässern, damit es besonders weiß wird, kurz überbrühen, alle blutigen und knorpeligen Stellen entfernen, unter leichtem Druck auskühlen lassen, um die Fasern zu zerdrücken und ein Zusammenziehen während des Garens zu vermeiden. Zum Pressen wird das Bries zwischen zwei Frühstücksbrettchen gelegt und mit einem Gewicht beschwert. – *Zubereitung:* Beim Kalbsbries sind nahezu alle Zubereitungsarten erlaubt: kochen, dünsten, schmoren, braten, grillen, backen.

Kalbsbries Clamart: Kalbsbries auf Mohrrüben- und Zwiebelscheiben setzen, leicht salzen, mit brauner Kalbsjus bedecken, zugedeckt gar dünsten, den Fond etwas einkochen, durchseihen und über das Bries gießen; dazu in Butter geschwenkte grüne Erbsen und Kartoffelkroketten. – Clamart ist ein Vorort von Paris.

Kalbsbries auf Florentiner Art: Kalbsbriesscheiben mit Salz und weißem Pfeffer würzen, in Butter anbraten und auf gedünstetem Spinat anrichten, mit weißer Sahnesauce bedecken, geriebenen Parmesankäse darüberstreuen und im Ofen überbakken; dazu Salzkartoffeln.

Kalbsbries à la Gourmet: gekochtes Kalbsbries in kleine Scheiben schneiden, wenig salzen und in heißer Butter kurz überbraten: Artischockenböden mit gedünsteten Champignonwürfeln in Sahnesauce füllen, je eine Briesscheibe daraufsetzen und mit einem Champignonkopf dekorieren; dazu Spargelspitzen und Fleurons.

Kalbsbries Graziella: dicke Kalbsbriesscheiben salzen, pfeffern, in Mehl wenden, in Butter braten und auf gerösteten Weißbrotscheiben anrichten, mit Madeirasauce bedecken; dazu gedünstete Tomaten, gefüllt mit Zwiebelpüree, und Nußkartoffeln.

Kalbsbries Jérôme: aus dem Kalbsbries möglichst runde Scheiben schneiden, salzen und pfeffern, mehlen, durch Ei ziehen, in Paniermehl wenden, in Butter goldgelb braten, auf je ein Käsekrokett setzen, mit Morcheln in Sahne umkränzen; dazu Strohkartoffeln.

Kalbsbries Vigdor: Kalbsbries salzen, pfeffern und in Butter braten, auf Annakartoffeln setzen, mit Tomatensauce umkränzen, mit gedünsteten Champignons und Tomaten garnieren.

Kalbsbriesfrikassee: Mehl in Butter hellbraun schwitzen, mit Fleischbrühe ablöschen und auffüllen, gut durchkochen; Eigelb mit Weißwein verquirlen, zur Sauce geben, darin kleine Kalbsbrieswürfel garziehen lassen, zuletzt Dill darüberstreuen; dazu Blumenkohl und Petersilienkartoffeln.

Kalbsbrust wird fast ausschließlich gefüllt zubereitet: die Brust ausbeinen, die Brustknorpel entfernen, von der flachen Schmalseite her taschenförmig aufschneiden und mit gut gewürzter Farce füllen – die Farce besteht meist aus Bratwurstfleisch, gehackten Kräutern, gehackter, angeschwitzter Zwiebel und Ei –, die Öffnung zunähen, die gefüllte Brust entweder weich kochen und mit Meerrettichsauce anrichten oder schmoren und mit dem gebundenen Fond servieren.

Kalbsbrustknorpel, → Kalbsknorpel.

Kalbsbug, → Kalbsschulter.

Kalbseuter wird vor der Zubereitung ausgiebig gewässert, gebrüht, enthäutet, mit Wurzelwerk in Mehlwasser oder in Milch und Wasser (halb und halb) weichgekocht und in Stücke geschnitten.

Kalbseuter, gebacken: weichgekochte Kalbseuterstücke salzen und pfeffern, mit Ei und geriebener Semmel panieren und in Fett schwimmend backen; dazu Tomatensauce oder Ravigote.

Kalbsfarce, für Pasteten, Klößchen usw: je 125 g Kalbfleisch und Rindernierenfett mehrmals durch den Fleischwolf drehen, 1 Ei zugeben, mit Salz, Pfeffer und Muskatnuß würzen, mit etwa 1/2 Tasse Sahne binden.

Kalbsfilet, die beiden dem Rinderfilet entsprechenden Fleischstücke. Kalbsfilet wird im ganzen oder in mehr oder weniger dicke Scheiben geschnitten zubereitet; die Scheiben bzw. Stücke nennt man → Kalbsmedaillons (Kalbslendchen, Kalbsnüßchen). Das Filet wird gebraten, gegrillt oder geschmort und mit fast jedem Gemüse garniert.

Kalbsfilet St. Georg: das Filet spikken, würzen und braten, den Bratensatz mit Sherry ablöschen, mit Kalbsjus verkochen, binden und abschmekken; das Filet auf Risotto, der mit Tomatenwürfeln und grünen Erbsen vermischt wurde, anrichten; mit gedünsteten Champignons garnieren.

Kalbsfilet in Teighülle: das Filet würzen und ringsum kräftig anbraten, nach dem Abkühlen mit Gänseleberpüree bestreichen, Champignonscheiben darüberdecken und in Pastetenteig wickeln, mit Teigecken verzieren, mit Eigelb bestreichen und im Ofen backen.

Kalbsfond, konzentrierte Kalbfleischbrühe, Grundlage für feine Saucen: Kalbfleischabfälle, kleingehackte Kalbsknochen, etwas Wurzelwerk, Salz, Lorbeerblatt und Thymian mit kaltem Wasser ansetzen und langsam kochen lassen, abschäumen, entfetten, durchseihen.

Kalbsfrikadellen: Kalbfleisch (2/3) und Schweinefleisch (1/3) durch den Fleischwolf drehen, mit eingeweichter Semmel, Ei, Salz und Pfeffer verarbeiten, flachrunde Klöße formen, paniert oder unpaniert in Butter braten; dazu Gemüse und Jus.

Kalbsfrikandeau, das aus der Kalbskeule geschnittene »lange Frikandeau«. Es wird gespickt und überwiegend gebraten oder geschmort. Scheiben aus dem Frikandeau heißen Kalbsgrenadins, oft auch Kalbsnüßchen oder Kalbsmedaillons, die jedoch besser aus dem Filet bereitet werden.

Kalbsfrikandeau mit Sauerampfer: das gespickte Frikandeau mit Mohrrüben- und Zwiebelscheiben gut anbraten, würzen, mit Fleischbrühe auffüllen, ein Kräuterbündel hinzufügen und langsam weich schmoren, das Frikandeau auf Sauerampferpüree anrichten; den Fond stark einkochen und darübergießen.

Kalbsfrikandeau auf zarte Art: das gespickte Frikandeau gut anbraten, würzen, einige kleingeschnittene Tomaten zugeben, in Weißwein und Kalbsfond schmoren, zuletzt noch Chipolatas hinzufügen; dazu Risotto.

Kalbsfrikassee: Kalbfleisch in grobe Würfel schneiden, in Butter leicht anbraten, ohne das Fleisch zu bräunen, mit Mehl bestäuben und mit einem Kräuterbündel in Fleischbrühe weich kochen, den Fond mit Sahne und Eigelb binden, mit Salz, weißem Pfeffer und Zitronensaft würzen, mit gedünsteten Champignons, grünen Erbsen, jungen Karotten, Spargelköpfen u. dgl. garnieren; dazu Butterreis.

Kalbsfüße lassen Sie sich am besten vom Fleischer vorbereiten: brühen, spalten und von den starken Knochen befreien. Dann werden die Kalbsfüße mit Wurzelwerk in Salzwasser weichgekocht und meist gefüllt oder gebakken. Kalbsfüße enthalten reichlich Gelatine und werden gern zur Herstellung von Sulzspeisen herangezogen.

Kalbsfüße, gebacken: die weichgekochten Füße völlig entknöcheln, das Fleisch leicht pressen, mit gehackter Petersilie und Zitronensaft marinieren, dünn mit Senf bestreichen, mehlen, in Ei und Paniermehl wenden und in Fett backen; dazu Remoulade oder Tatarensauce.

Kalbsfüße, gefüllt: die weichgekochten und völlig entknöchelten Füße leicht pressen, das Fleisch in Vierecke schneiden, auf beiden Seiten mit dikker Duxelles bestreichen, in ein Schweinsnetz hüllen, mit Butter bestreichen und im Ofen bräunen; dazu Madeirasauce.

Kalbsfußsalat, ungarisch: das Fleisch gekochter Kalbsfüße in Streifen schneiden und mit Kräutermayonnaise binden, die kräftig mit Paprika gewürzt wurde; mit Eischeiben garnieren.

Kalbsgekröse, Magen, Netzmagen und krauser Darm des Kalbes. – *Vorbereitung:* das Gekröse gut brühen (erledigt meistens der Fleischer), ausgiebig wässern, mit Wurzelwerk und Zwiebeln in Salzwasser weich kochen und in kleine Stücke schneiden.

Kalbsgekröse, gebacken: die vorbereiteten Gekrösestücke in Mehl, Ei und geriebener Semmel wenden und in Fett braten; dazu Tomatensauce.

Kalbsgeschnetzeltes, schweizerische Spezialität: dünne Kalbfleischscheibchen in Butter anbraten, angeschwitzte, gehackte Zwiebel sowie halbierte Champignons hinzufügen, mit Mehl bestäuben, das Mehl leicht schwitzen lassen, mit Weißwein und Sahne ablöschen, kurz durchkochen, abschmecken, gehackte Petersilie darüberstreuen; dazu Reis oder Spätzle.

Kalbsglace, stark eingekochter Kalbsfond.

Kalbsgrenadins (Kalbsschnittchen): runde, etwa 150 g schwere Scheiben aus dem Frikandeau spicken, langsam in Butter braten, auf Röstbrotscheiben setzen und nach Belieben garnieren, z. B. mit grünen Erbsen, jungen Karotten, gedünsteten Champignons, Sardellenfilets, Streifen von Pökelzunge.

Kalbsgulasch wird wie → Gulasch vom Rind zubereitet.

Kalbshachse (Kalbshaxe), das Bein des Kalbes zwischen Fuß und Bug bzw. Keule. Die Hachse wird im ganzen oder geteilt geschmort oder gekocht.

Kalbshachse auf Mailänder Art: → Ossobuco alla Milanese.

Kalbshaxe, bayerisch (abgebräunt): die Haxe mit Wurzelwerk in Fleischbrühe weich kochen, nach dem Abkühlen abtrocknen, panieren und in Butter knusprig braten; dazu Zitronenviertel und Kartoffelsalat.

Kalbshaxe, bayerisch (sauer): die Haxe zusammen mit Mohrrüben- und Zwiebelscheiben, Lorbeerblatt, Gewürznelke und einigen Pfefferkörnern in Fleischbrühe (2/3) und Essig (1/3) weich kochen und mit dem Fond anrichten.

Kalbshals wird zu weißen oder braunen Ragouts verwendet oder aus den Knochen gelöst, gerollt, gebunden und geschmort.

Kalbsherz ergibt gekocht, geschmort oder gedünstet die feinsten Herzgerichte. – *Vorbereitung:* das Herz halbieren, sofern das Rezept nichts anderes verlangt, die Adern herausschneiden und das Fleisch gut wässern, um alles Blut herauszuziehen.

Kalbsherz, gefüllt: je 65 g Kalb- und Schweinefleisch sowie 50 g frischen Speck mehrmals durch den Fleischwolf drehen, 1 eingeweichtes, gut ausgedrücktes Brötchen und 1 Ei hinzufügen, gehackte Zwiebel und Petersilie in Butter anschwitzen und ebenfalls zur Fleischmasse geben, mit Salz und Muskatnuß würzen; die Masse in ein gespaltenes Herz füllen, das Herz zunähen, mit dünnen Räucherspeckscheiben umbinden, in Butter kräftig anbraten, gehackte Zwiebel und halbierte Champignons dazugeben, mit Rotwein ablöschen, nach und nach mit Fleischbrühe auffüllen, das Herz weich schmoren, die Sauce mit Stärkemehl binden und mit Pfeffer und Salz abschmecken; dazu Kartoffelpüree.

Kalbsherz, gespickt: Kalbsherz halbieren, spicken, mit Zwiebelscheiben und gewürfelten Mohrrüben in Butter kräftig anbraten, salzen und pfeffern, mit Weißwein ablöschen, etwas Fleischbrühe hinzugießen, das Herz weich schmoren und sodann in Scheiben schneiden; den Fond mit Stärkemehl binden, mit Fleischbrühe auffüllen, durchkochen, würzen, die

Herzscheiben mit der Sauce durchschwenken; dazu Makkaroni.

Kalbsherz, peruanisch: das Herz in mundgerechte Happen schneiden, in einer Mischung von gehackten Peperoni, zerquetschten Knoblauchzehen, Salz und Weinessig beizen, die Happen auf kleine Spieße reihen und auf dem Grill braten; dazu eine scharf gewürzte Sauce aus Essig, Öl und gehackten Zwiebeltrieben.

Kalbsherz vom Rost: das Herz in Wurzelbrühe vorkochen und in etwa 1 cm dicke Scheiben schneiden, die Scheiben mit Pfeffer und Salz würzen, mit gehackter Petersilie bestreuen und auf dem Rost (Grill, notfalls auch in der Pfanne) schön braun braten, etwas Zitronensaft über die Herzscheiben träufeln; dazu geröstete Weißbrotscheiben.

Kalbsherzragout: das Herz in grobe Stücke schneiden, diese in Fett kräftig anbraten, salzen und pfeffern, etwas Mehl darüberstäuben, mit Fleischbrühe auffüllen, das Herz langsam weich schmoren, zuletzt Tomatenmark hinzufügen und mit Paprika und Zitronensaft abschmecken; dazu Kartoffelpüree.

Kalbshesse, → Kalbshachse.

Kalbshirn wird vor allem für Vorspeisen, Pasteten usw. verwendet. Wegen seiner Zartheit und Bekömmlichkeit spielt es auch in der Krankenkost eine große Rolle. – *Vorbereitung:* Kalbshirn etwa 30 Minuten wässern, die dünne Haut abziehen, alle Blutgerinnsel sowie die größeren Adern entfernen, gut spülen, bis das reine, weiße Hirn übrigbleibt, das Hirn in Wurzelbrühe garziehen lassen. – *Rezepte:* → Hirn.

Kalbshirn in Kruste: Kalbshirn in Wurzelbrühe garen, feinhacken, mit dicker deutscher Sauce binden, in leicht ausgehöhlte, geröstete Brotscheiben füllen, geriebenen Parmesan darüberstreuen, mit geschmolzener Butter beträufeln, im Ofen überbacken.

Kalbshirn Vinaigrette: Kalbshirn in Wurzelbrühe garen, nach dem Erkalten in Würfel schneiden, mit Vinaigrette, einer kalten Kräutersauce, marinieren; dazu Butterbrot.

Kalbshirnfrikassee: weiße Mehlschwitze mit Fleischbrühe verkochen, mundgerechte Kalbshirnstückchen sowie hauchdünne Apfelscheibchen hineingeben, mit Salz, Zucker und Zitronensaft abschmecken, dick mit gehackter Petersilie bestreuen; dazu Butterreis.

Kalbshirnpüree: Kalbshirn in Wurzelbrühe garen, durch ein Sieb streichen, die Masse mit Butter und Eigelb verarbeiten und mit Salz und Muskatnuß würzen.

Kalbshirnsalat: Scheibchen von gekochtem Kalbshirn in Kräutermarinade einlegen, vor dem Anrichten mit Kräutermayonnaise überziehen, mit Kresse und Eierscheiben garnieren.

Kalbsjus, Grundlage für feine braune Saucen, auch im Handel erhältlich: kleingehackte Kalbsknochen und Kalbfleischabfälle mit etwas Wurzelwerk in Fett braunrösten, mit Wasser auffüllen und langsam kochen, abschäumen und entfetten, zuletzt durchseihen. – Kalbsjus kann mit Mehlbutter, Kartoffelmehl, Maismehl oder Pfeilwurzelmehl gebunden sowie mit Tomatenpüree abgewandelt werden.

Kalbskarree, → Kalbsrippenstück.

Kalbskeule, das nach dem Rücken wertvollste Stück des Kalbes. Die Keule wird nur selten im ganzen gebraten, sondern meistens in ihre Bestandteile zerlegt: das Schnitzel-Frikandeau, das lange Frikandeau, die Nuß und die Hachse. Aus dem Schnitzel-Frikandeau werden – wie der Name schon sagt – die Schnitzel geschnitten, das lange Frikandeau kommt unter den Bezeichnungen Kalbsfrikandeau, Kalbskeule oder Kalbsbraten auf den Tisch, die Nuß ergibt ebenfalls Schnitzel oder Kalbsbraten (Kalbsnuß), und die Hachse wird meistens als selbständiges Gericht serviert.

Kalbskeule auf Hamburger Art: das lange Frikandeau spicken, würzen, mit Wurzelwerk und kleingeschnittenem Speck kräftig anbraten und in saurer Sahne weich und saftig schmoren, die Sauce durchseihen und mit Champignonscheiben und eventuell auch Morcheln vollenden.

Kalbskeulenstück (Rouelle), eine mehr oder weniger dicke Scheibe, die quer aus der Kalbskeule geschnitten wurde und saftig geschmort, appetitlich glasiert und beliebig garniert auf den Tisch kommt.

Kalbsklößchen, → Fleischklößchen.

Kalbsknorpel, Brustknorpel des Kalbes, werden meist mit kleingeschnittenen Mohrrüben und Zwiebeln weichgeschmort und mit gedünsteten Gemüsen angerichtet; dazu Salzkartoffeln.

Kalbskopf wird heute nicht mehr im ganzen zubereitet, sondern Fleisch und Zunge werden von den Knochen geschnitten, sehr gut gewässert, in siedendem Wasser gebrüht, nach dem Abkühlen im Wasser mit Zitrone eingerieben und mit Mohrrüben, Zwiebeln, Kräuterbündel, Salz und Pfefferkörnern in Mehlwasser weichgekocht. Das Fleisch muß mit Flüssigkeit bedeckt sein, damit es schön weiß bleibt und nicht dunkel wird. Das Kalbshirn wird immer gesondert zubereitet.

Kalbskopf, gebacken: die nach dem Grundrezept gekochten Kalbskopfstücke gut abtropfen, mit Zitronensaft, Salz, Pfeffer, gehackter Petersilie und etwas Öl marinieren, durch Backteig ziehen und in Fett schwimmend backen; dazu gebackene Petersilie und Tomatensauce.

Kalbskopf auf Schildkröten-Art: Fleischklößchen, gedünstete Champignons, Trüffelscheibchen, gefüllte Oliven, Pfeffergürkchen und gewürfelte Kalbszunge mit → Schildkrötenkräutern in Madeirasauce erhitzen, das Ragout über die nach dem Grundrezept gekochten Kalbskopfstücke schütten; dazu gebackene Eier, gekochte Kalbshirnscheiben und geröstete Weißbrotscheiben.

Kalbskopf Vinaigrette: die nach dem Grundrezept gekochten Kalbskopfstücke heiß anrichten; dazu gesondert mit gehacktem Ei vermischte Vinaigrette, gehackte Zwiebel, gehackte Petersilie und Kapern.

Kalbskotelett (Kalbsrippe), Scheibe vom Rippenstück (Kotelettstück) des Kalbes. Koteletts werden fast ausschließlich gegrillt oder in der Pfanne gebraten.

Kalbskotelett, englisch: das Kotelett würzen, panieren und in Butter knusprig braun braten, mit Zitronensaft beträufeln und mit der Bratbutter übergießen; dazu grüne Erbsen und Petersilienkartoffeln.

Kalbskotelett in Folie: auf Alufolie etwas → Duxelles geben, eine Scheibe gekochten Schinken darüberbreiten, das in Butter gebratene Kalbskotelett auf den Schinken legen, mit einer Schinkenscheibe bedecken und Duxelles daraufhäufen, die Folie verschließen und das Ganze im heißen Ofen garen; dazu Madeirasauce und Nußkartoffeln.

Kalbskotelett Murillo: das Kotelett unpaniert in Butter halbgar braten, dick mit Champignonpüree bestreichen, geriebenen Parmesan darüberstreuen, mit Butter beträufeln und im Ofen fertiggaren.

Kalbskotelett, russisch: das Kotelett unpaniert in Butter braten; dazu in Butter gebratene und in Sahne geschmorte Steinpilze, Madeirasauce und Salzkartoffeln.

Kalbskotelett im Topf: das Kotelett unpaniert in Butter leicht anbraten, in einen kleinen Keramiktopf setzen, würzen, Sahne zugeben, das Kotelett gar dünsten; dazu Schmelzkartoffeln.

Kalbsleber ist die zarteste und schmackhafteste Leber der Schlachttiere. Sie wird gebraten, gebacken, gedünstet oder in leicht gesalzenem Wasser gargezogen. Kalbsleber sollte nur kurz garen, etwa 3–4 Minuten, da sie sonst hart wird.

Kalbsleber, flämisch: die sorgfältig enthäutete Leber in leicht gesalzenem Wasser garziehen, herausheben, abkühlen lassen, zuletzt in eiskaltes Wasser werfen; die Leber in dünne Scheibchen schneiden und mit Petersilie garnieren. Zur kalten Platte.

Kalbsleber, jütländisch: feingehackte Zwiebeln in Gänseschmalz anschwitzen, Kalbsleberstreifen hinzugeben und schnell anbraten, etwas Bier zugießen, zerdrückte Pfefferkörner beifügen, die Leber gar dünsten und warm stellen; den Bratfond mit Stärkemehl binden, mit Bier auffüllen, salzen, pfeffern, die Sauce aufkochen, passieren und über die Leberstreifen gießen.

Kalbsleber auf Lyoner Art: Zwiebelscheiben in heißer Butter bräunen, anschließend gar dünsten und auf vorgewärmte Platte geben, etwas Fleischextrakt auf den Zwiebeln zerfließen lassen; dünne Leberscheiben in Mehl wenden, in Butter schnell knusprig braten, würzen und auf den Zwiebeln anrichten; den Bratfond mit etwas Essig lösen und über die Leber schütten.

Kalbsleber, schwedisch: Leberscheiben mit feingehackten Zwiebeln in Butter anbraten, die Leber mit Paniermehl bestreuen, saure Sahne darübergießen, fertigdünsten, mit Salz und Pfeffer würzen.

Kalbsleber, venezianisch: dünne Leberscheiben mit feingehackten Schalotten in Olivenöl braten, gehackte Petersilie und Salbeiblätter hinzufügen, mit etwas Brühe oder Weißwein angießen.

Kalbsleberwurst, aus Schweine- und Kalbsleber, magerem Schweine- und Kalbfleisch und Speck, feingewürzt, gekocht und geräuchert.

Kalbslendchen, → Kalbsmedaillons.

Kalbslunge, Grundzutat für leichte, schmackhafte Gerichte. – *Vorbereitung:* Die Lunge gut wässern und in Wurzelbrühe weich kochen, dann nach Rezept weiterverarbeiten. *Rezepte:* Lungenhaschee, Lungenschmarrn, Salonbeuschel, Wiener Kalbsbeuschel.

Kalbslunge, gebacken: die Lunge in Wurzelbrühe weich kochen, in feine Streifen schneiden; feingehackte Zwiebel und Petersilie in Butter anschwitzen, etwas Lungen-Wurzelbrühe dazugießen, die Lungenstreifen hineingeben, kurz durchdünsten, die Sauce dick mit Eigelb binden, mit Pfeffer, Salz und etwas Zitronensaft abschmecken, auf einem Backblech verteilen und erstarren lassen, in kleine Vierecke schneiden, durch Ei ziehen, in Paniermehl wenden, in heißem Fett goldgelb und knusprig backen; dazu Kartoffelsalat.

Kalbsmark (Kalbsrückenmark), → Rückenmark.

Kalbsmedaillons (Kalbsnüßchen, Kalbslendchen) werden aus dem Kalbsfilet, dem kostbarsten Teil des Kalbes, geschnitten; da beide Filets zusammen nur 600 g wiegen, liefert jedes Kalb nur 8 Medaillons zu etwa 75 g; Kalbsmedaillons können aber auch aus dem Schnitzel-Frikandeau oder aus der Nuß geschnitten werden. – *Vorbereitung:* Die 3–4 cm dicken Medaillons mit den Fingern etwas breitdrücken, mit einem Faden binden, damit sie beim Braten schön rund bleiben.

Kalbsmedaillons Muriel: die Kalbsmedaillons salzen, pfeffern, in Butter braten; auf jedes Medaillon eine Scheibe Ananas setzen, mit Madeirasauce bedecken; dazu Pariser Kartoffeln, bestreut mit gehackten, in Butter gerösteten Walnüssen.

Kalbsmedaillons Nignon: die Kalbsmedaillons salzen, pfeffern, in Butter braten, herausnehmen, warm stellen; den Bratsatz mit Sherry ablöschen, mit Sahne verkochen, würzen; die Medaillons auf gebutterte Artischokkenböden setzen, mit der Sauce bedecken; dazu gebratene Steinpilze und Schmelzkartoffeln. – Edouard Nignon war ein berühmter französischer Koch zu Beginn des vorigen Jahrhunderts.

Kalbsmedaillons auf Prinzessin-Art: die Medaillons salzen, pfeffern, in Butter braten, auf gebackene runde Weißbrotscheiben setzen, mit dicker Béarner Sauce überziehen und mit Trüffelscheibe garnieren; dazu Spargel und Strohkartoffeln.

Kalbsmidder, Kalbsmilch, Kalbsmilken, → Kalbsbries.

Kalbsmilz, → Milz.

Kalbsnieren sind eine Delikatesse eigener Art, sie gehören mit zum Besten, was eine gute Küche zu bieten vermag. Kalbsnieren werden gebraten, gegrillt oder gedünstet. – *Vorbereitung:* die Nieren in bleistiftdicke, schräge Scheiben schneiden. Zum Grillen werden die Nieren gespalten, auseinandergebogen und mit kleinen Spießen offen gehalten.

Kalbsnieren in Bierteig: Kalbsnieren unzerteilt mit gehackter Zwiebel in Butter fast gar braten, in dicke Scheiben schneiden, salzen und pfeffern, in Bierteig tauchen und in Fett schwimmend abbacken.

Kalbsnieren Cécile: dicke Kalbsnierenscheiben in Butter braten, leicht salzen, auf Röstbrotscheiben anrichten, Spargelspitzen und gebratene Champignonhälften auf die Nieren setzen.

Kalbsnieren, russisch: Kalbsnierenscheiben mit gehackten Zwiebeln und geviertelten Champignons in Butter braten, die Nieren warm stellen; den Fond mit saurer Sahne verkochen, mit Salz, Pfeffer und Zitronensaft würzen, mit etwas Fleischextrakt und kleingewürfelter Salzgurke vollenden, die Nierenscheiben in der Sauce durchschwenken; dazu Kartoffelpüree.

Kalbsnieren auf Wiener Art: Kalbsnieren in dünne Scheiben schneiden, dick mit Paprika bestäuben, in Butter braten, abtropfen, salzen; im Bratfond Champignonscheiben und gehackte Zwiebeln dünsten, mit saurer Sahne auffüllen, gut durchkochen, etwas Fleischextrakt hinzufügen, die Nierenscheiben in der Sauce durchschwenken, mit geriebenem Meerrettich und gehackter Petersilie vollenden; dazu Semmelknödel.

Kalbsnierenbraten wird aus dem Nierenstück (Sattel) des Kalbes bereitet. Dazu löst man das Nierenstück meistens aus den Knochen, halbiert die Nieren, salzt und pfeffert das Fleisch und rollt es mit den Nieren fest zusammen, um es so zu braten oder zu schmoren. Als Beilage eignen sich Karotten, grüne Erbsen, Rosenkohl, Schwarzwurzeln, Spinat usw.

Kalbsnierenbraten auf Basler Art: den gerollten Kalbsnierenbraten in eine Kasserolle legen, mit heißem Fett begießen, im Ofen anbraten, heiße Fleischbrühe in die Kasserolle geben; wenn der Braten halbgar ist, getrocknete Steinpilze in die Sauce geben; den fertigen Braten aus der Kasserolle heben und warm stellen; den Fond entfetten, mit Fleischbrühe verkochen, Weißwein hinzufügen, die Sauce mit Eigelb binden, mit Salz, Pfeffer und Zitronensaft würzen; dazu grüne Bohnen in Butter und Kartoffelkroketten.

Kalbsnierenkroketten: gebratene Kalbsnieren und gebratenes Kalbfleisch durch den Fleischwolf drehen, mit dick eingekochter Madeirasauce binden, kleine Röllchen formen, panieren und backen.

Kalbsnuß, Teil der Kalbskeule. Die Kalbsnuß besteht aus der großen und der kleinen Nuß. Aus der kleinen Nuß werden Schnitzel geschnitten, die große Nuß ergibt – gespickt und geschmort – vortreffliche Fleischspeisen, die dem Kalbsrücken in nichts nachstehen. Die große Nuß wiegt im Durchschnitt 1,5 bis 2 kg.

Kalbsnuß auf Brabanter Art: die Nuß spicken, schmoren, in Scheiben schneiden und anrichten; dazu Torteletts, die mit Rosenkohl gefüllt, mit Mornaysauce bedeckt und überbakken wurden, außerdem Kalbsjus und Kartoffelkroketten.

Kalbsnuß Judic: die Nuß spicken, schmoren, in Scheiben schneiden und anrichten; dazu gedünstete Salatköpfe, Madeirasauce und Herzoginkartoffeln.

Kalbsnüßchen, → Kalbsmedaillons.

Kalbsohren werden überwiegend mit dem Kopf zusammen zubereitet, doch gibt es auch zahlreiche selbständige Gerichte. – *Vorbereitung:* die Ohren gut brühen, ringsum leicht beschneiden, mit dem Messer die inneren Haare herausschneiden, die Ohren in leicht gesalzenem Mehlwasser voroder weich kochen.

Kalbsohren in Backteig: die vorgekochten Ohren der Länge nach halbieren, in Butter anbraten, in Madeira weich schmoren, abtrocknen, durch Backteig ziehen und in Fett schwimmend backen; dazu Madeira- oder Tomatensauce.

Kalbsohren auf Teufels-Art: die weichgekochten Ohren der Länge nach halbieren, mit aufgelöstem englischen Senf und Cayennepfeffer würzen, mit geriebenem Weißbrot panieren, mit Butter beträufeln und grillen; dazu Teufelssauce.

Kalbsragout auf Burgunder Art: Schulter, Hals oder Brust in etwa 80 g schwere Stücke schneiden, die Stücke in Butter anbraten, mit Rotwein und Wasser auffüllen, das Fleisch langsam weich schmoren, zuletzt noch halbierte Champignons und angeröstete kleine Zwiebelchen hinzufügen, das Ragout mit Mehlbutter binden und mit Petersilie bestreuen.

Kalbsragout, indisch: Stücke wie im vorangegangenen Rezept in Butter anbraten, kräftig mit Currypulver bestäuben, mit Fleischbrühe auffüllen, salzen, pfeffern, ein Kräuterbündel hinzufügen, das Fleisch langsam weich schmoren; den durchgeseihten Fond mit Béchamelsauce verkochen und über das Fleisch gießen; dazu körnig gekochten Reis.

Kalbsrippe, → Kalbskotelett.

Kalbsrippe Pojarsky: gehacktes Kalbfleisch mit in Milch eingeweichtem Weißbrot, Butter, Salz und Pfeffer verarbeiten, wie Koteletts formen und in Butter braten; dazu beliebige feine Gemüse.

Kalbsrippenstück (Kalbskarree), Teil des Kalbsrückens, aus dem Koteletts geschnitten werden, der aber auch im ganzen als Kalbsbraten (Karree) zubereitet wird.

Kalbsröllchen (Kalbsrouladen): möglichst rechteckige, dünne Schnitzel aus der kleinen Nuß, leicht geklopft, dünn mit Farce bestrichen, zusammengerollt, gebunden, in Butter angebraten und weichgeschmort.

Kalbsröllchen auf Antwerpener Art: Kalbsschnitzel mit → Kalbsfarce bestreichen, zusammenrollen, binden, in Butter anbraten und in würzigem Kalbsfond weich schmoren, den Fond mit Tomatenpüree verkochen; dazu gebutterte Hopfensprossen und Salzkartoffeln.

Kalbsröllchen Richelieu: Kalbsschnitzel mit feingewürztem Bratwurstfleisch bestreichen, zusammenrollen, binden, in Butter anbraten, auf angeschwitzte Mohrrüben- und Zwiebelscheiben legen, mit Madeira ablöschen und in Kraftsauce weich schmoren; dazu mit Duxelles gefüllte und im Ofen überbackene Tomaten und Champignons sowie Kartoffelkroketten.

Kalbsrouladen, → Kalbsröllchen.

Kalbsrücken besteht aus dem Rippen- oder Kotelettstück und dem Nieren- oder Sattelstück. Der Kalbsrükken wird heutzutage nur noch selten im ganzen, sondern meistens in seinen Teilen zubereitet. Der ganze Kalbsrücken wird gut gespickt, die Nieren werden herausgelöst, der Rükken wird in kräftiger Kalbsjus butterweich geschmort und warm oder kalt angerichtet.

Kalbsrücken auf Frankfurter Art: den gespickten, geschmorten Rücken auskühlen lassen, die Filets von den Knochen lösen und in schräge Scheiben schneiden, die Scheiben mit Gänselebercreme bestreichen, den Rükken wieder zusammensetzen, mit Weintrauben garnieren und mit Madeiragelee überglänzen; dazu Mandarinen, gefüllt mit einem Salat von Mandarinenspalten, gewürfelter roter Paprikaschote, gekochtem Knollensellerie und gut gewürzter Mayonnaise.

Kalbsrücken Orlow: den gespickten, geschmorten Rücken leicht abkühlen lassen, die Filets von den Knochen lösen und in schräge Scheiben schneiden, die Scheiben mit weißem Zwiebelpüree bestreichen, je eine Trüffelscheibe darauflegen, den Rücken wieder zusammensetzen, mit einer Mischung aus Mornaysauce und Zwiebelpüree überziehen, mit geriebenem Käse bestreuen und im Ofen überbacken; dazu den entfetteten, durchgeseihten Fond und Spargelspitzen.

Kalbsrückenmark, → Rückenmark.

Kalbssaft, → Kalbsjus.

Kalbssattel, → Kalbsrücken.

1 Kapern 2 Kapuzinerkresse 3 Karden 4 Karpfen 5 Kartoffel

Kalbsschnittchen, → Kalbsgrenadins.

Kalbsschnitzel werden am besten aus dem saftigen Schnitzel-Frikandeau der Keule geschnitten. Aber auch die kleine Nuß liefert gute Schnitzel, die nicht trocken und hart werden.

Kalbsschnitzel Cordon bleu: zwischen zwei kleinen, dünnen Kalbsschnitzeln je eine Scheibe Emmentaler und mageren gekochten Schinken legen, mit Ei und geriebenem Weißbrot panieren, in Butter braten.

Kalbsschnitzel Holstein: Kalbsschnitzel in Mehl wenden, in Fett auf beiden Seiten knusprig braten, mit Salz würzen, warm stellen, auf jedes Schnitzel ein Spiegelei legen, mit Pfeffergurken, Perlzwiebeln und roter Rübe garnieren; dazu Bratkartoffeln oder – etwas raffinierter – Weißbrotecken, mit Butter bestrichen und mit Kaviar, Hummer, Lachs und Ölsardinen belegt. – Friedrich von Holstein, 1837–1909, Diplomat, als »Graue Eminenz« im Hintergrund wirkender Ratgeber Bismarcks und Bülows.

Kalbsschnitzel auf Jäger-Art, → Jägerschnitzel.

Kalbsschnitzel auf Mailänder Art, → Mailänder Schnitzel.

Kalbsschnitzel, naturell, → Naturschnitzel.

Kalbsschnitzel, russisch: Kalbsschnitzel in Mehl wenden, in Fett auf beiden Seiten knusprig braten, mit Salz würzen, warm stellen; kleingeschnittene Pilze (am besten Steinpilze), Tomaten und Salzgurke im Bratenfond kurz andünsten, durchkochen, mit saurer Sahne binden, mit Salz und Paprika würzen; dazu Graubrot oder Salzkartoffeln.

Kalbsschnitzel, sächsisch, → sächsisches Schnitzel.

Kalbsschnitzel in Sahnesauce, → Sahneschnitzel.

Kalbsschnitzel auf Wiener Art, → Wiener Schnitzel.

Kalbsschnitzel auf Zigeuner-Art, → Zigeunerschnitzel.

Kalbsschulter (Kalbsblatt, Kalbsbug) wird fast ausschließlich aus den Knochen gelöst, gerollt, gebunden und geschmort. Meistens wird die Schulter noch mit Kalbsfarce oder Bratwurstfleisch gefüllt.

Kalbsschwanz in fingerlange Stücke schneiden, überbrühen, mit Wurzelwerk in Butter anrösten, mit Weißwein ablöschen, würzen und in Kalbsjus weich schmoren.

Kalbssteak, Scheibe aus dem Sattelstück des Kalbsrückens. Ein Sattel ergibt etwa 12 Steaks zu je 150 g. Kalbssteaks werden bei mittlerer Hitze ganz durchgebraten, Bratzeit 4 Minuten je Seite.

Kalbssteak Adlon: 2 Kalbsnieren entfetten, in kleine Scheiben schneiden, salzen, pfeffern und in Butter braten, auf 4 gebratene und gut gewürzte Kalbssteaks verteilen, alles mit Rührei bedecken; dazu Madeirasauce und Strohkartoffeln.

Kalbssteak California: 4 Steaks mit Salz, Pfeffer und Muskatnuß würzen, in Butter braten, aus der Pfanne nehmen und warm stellen; 8 halbe Pfirsiche (aus der Dose) gut abtropfen, im Bratfond kurz erhitzen, herausnehmen und warm stellen; 1/8 l Sahne und den Saft einer halben Zitrone in den Bratfond geben, mit etwas Kirschwasser parfümieren, kurz aufkochen; die Steaks auf geröstete Weißbrotscheiben legen, die Sahnesauce darübergießen, die Pfirsiche neben den Steaks anrichten.

Kalbssteak Maryland: die Steaks

gut würzen, durch geschlagenes Ei ziehen, in Paniermehl wenden und in Butter knusprig braun braten; dazu in Butter gebratene Bananenhälften, Meerrettichsahne und Maiskroketten. – Maryland ist ein Südstaat der USA; Hauptanbaugebiet von Mais.

Kalbssteak Mirbach: 1 Kalbsbries 2 Stunden wässern, überbrühen, häuten, die sehnigen und blutigen Stellen herausschneiden, mit Streifen von Pökelzunge und Trüffeln spicken, in Butter braten und mit Salz und weißem Pfeffer würzen; 4 Kalbssteaks würzen und in Butter braten; einen Risotto bereiten, der mit Safran und geriebenem Parmesan abgeschmeckt wurde; die Steaks auf den Reis setzen, mit je einer Scheibe Kalbsbries bedecken und gebutterte Tomatensauce darüberziehen. – Mirbach ist ein rheinisches Adelsgeschlecht mit Zweigen in Bayern, Preußen, Österreich, Ungarn, Böhmen und Rußland.

Kalbsstelze, österreichische Bezeichnung für → Kalbshachse.

Kalbsvelouté, → weiße Grundsauce.

Kalbsvögel, schwäbisch: Stücke aus der Kalbshachse flachklopfen, spikken, mit Kalbsfarce bestreichen, zusammenrollen, binden, in Fett anbraten, mit kleingeschnittenen Mohrrüben und Zwiebeln in Weißwein weich schmoren, den Fond durchstreichen, mit Eigelb binden und mit Kapern und gehackten Sardellen vollenden.

Kalbsvögerl, österreichische Spezialität: Stücke aus der Kalbshachse in der Größe kleiner Vögel spicken, auf kleingeschnittenem Wurzelwerk und Zwiebeln anrösten, mit Weißwein ablöschen, in Fleischbrühe weich schmoren, etwas Tomatenmark hinzufügen; dazu grüne Erbsen und Reisrand.

Kalbszunge ist besonders zart und leicht verdaulich, fast schmelzend, ein kleiner Leckerbissen. Sie wird oft zusammen mit dem Kalbskopf gekocht, jedoch früher aus der Brühe genommen und besonders zubereitet. – *Vorbereitung:* Die frische Zunge gut abkratzen, sorgfältig waschen, etwa 10 Minuten mit siedendem Wasser überbrühen, mit kaltem Wasser abschrecken, enthäuten, dann in Wurzelbrühe weich kochen und nach Rezept weiterverarbeiten.

Kalbszunge auf Herzogin-Art: die gebrühte und enthäutete Zunge auf Zwiebel- und Mohrrübenscheiben setzen, in Fett kräftig anbraten, etwas Mehl darüberstäuben, leicht bräunen, Fleischbrühe hinzugießen, mit Salz und Pfeffer würzen, Tomatenmark zugeben, die Zunge zugedeckt weich schmoren, in Scheiben schneiden; einen Rand aus Herzoginkartoffelmasse auf eine feuerfeste Platte spritzen, im Ofen überbacken, die Zungenscheiben in der Mitte der Platte anrichten; die Sauce durchseihen und mit gehackter Gewürzgurke vollenden.

Kalbszunge auf Münchener Art: die Zunge mit Salz, Pfefferkörnern, Gewürznelke und einem Stückchen Lorbeer in Fleischbrühe, Weißwein und etwas Weinessig weich kochen, enthäuten, in Scheiben schneiden und auf angewärmter Platte anrichten, mit gekochten Knollenselleriestreifen und Porreestückchen, mit gedünsteten Zwiebelringen und kleinen Mohrrüben sowie mit Salzgurkenscheiben und einigen Klecksen Meerrettich bedecken; den Fond passieren, mit Stärkemehl binden; dazu Maronenpüree oder Semmelknödel.

Kalbszunge vom Rost: die weichgekochte, enthäutete Zunge in Scheiben schneiden, ringsum leicht mit Senf bestreichen, in Paniermehl wenden, geschmolzene Butter darüberträufeln, auf dem Rost oder Grill braten; dazu Teufelssauce und Pommes frites.

Kalbszunge Westmoreland: die weichgekochte, enthäutete Zunge in Scheiben schneiden, mit Madeirasauce, die mit gehackten Mixed Pickles vermischt wurde, bedecken; dazu Kartoffelbällchen. – Westmoreland ist eine ehemalige Grafschaft in Nordwestengland, Hauptstadt Appleby.

Kaldaunen (Kutteln, Fleck, Löser, Pansen, Rumen, Tripes), der Vormagen der Wiederkäuer, in dem die Pflanzennahrung bakteriell zersetzt wird. Kaldaunen werden nur vom Rind verwertet. Kaldaunengerichte sind in Frankreich, Italien, stellenweise auch in Deutschland sehr beliebt. Die berühmtesten Köche kreierten einzigartige Kaldaunengerichte, die auch heute in vielen erstklassigen Restaurants und Delikateßgeschäften angeboten werden. – *Vorbereitung:* Die Kaldaunen sorgfältig reinigen, den anhaftenden Talg entfernen, mehrere Stunden wässern, gut abbrühen, etwa 10 Stunden in Salzwasser weich kochen. Sie erhalten fertig vorbereitete Kaldaunen beim Fleischer.

Kaldaunen nach der Art von Caen, → Tripes à la mode de Caen.

Kaldaunen auf Königsberger Art, → Königsberger Fleck.

Kaldaunen auf Troyer Art: gekochte Kaldaunen in dünne Scheiben schneiden, mit Senf bestreichen, Paniermehl darüberstreuen, mit zerlassener Butter beträufeln, im Ofen knusprig braten; dazu Vinaigrette und Weißbrotscheiben. – Troyes ist eine Stadt an der Seine.

Kaldaunensuppe, bulgarisch, → Chkembé Tchorba.

Kaldaunensuppe, lombardisch, → Busecca.

Kaldaunensuppe auf Wiener Art, → Wiener Kuttelsuppe.

kalifornischer Salat: Ananasecken, Apfelsinenspalten, gekochte Prinzeßböhnchen und Blumenkohlröschen mit Mayonnaise überziehen.

Kaliumkarbonat, → Pottasche.

Kalmar, schlanker, zehnarmiger Kopffüßler mit Schwimmflossen, der im Mittelmeer und an den Atlantikküsten gefangen wird und ein wichtiger Bestandteil der mediterranen Küche ist. Kulinarisch interessant sind die 10 elastischen, muskulösen Greifarme der Kalmare. Diese festfleischigen Arme werden je nach Größe im ganzen, in Stücken oder in Scheiben als selbständiges Gericht, zu Suppen, Salaten sowie Beilagen zu Spaghetti oder Reis verwendet. Kalmare kommen, vom Bauch und den Innereien befreit, in Größen zwischen 15 cm bis 2 m auf den Markt, ja es gibt auch Riesenkalmare, die bis 17 m lang werden. Eine Unterart der Kalmare sind die → Tintenfische.

Kalmar, gebacken: die Arme in Ringe schneiden, salzen, in Mehl wenden und in Öl goldgelb backen; dazu Zitronenviertel und Spaghetti.

Kalmück, → Polack.

Kalmus (Magenwurz), würzige Wurzel eines indischen Aronstabgewächses, das heute auch in Europa an See- und Flußufern eingebürgert ist. Die 10–20 cm langen und bis 1,5 cm dikken Wurzeln werden im Herbst ausgegraben, geschält und getrocknet. Das Wurzelfleisch ist gelblich-weiß, schmeckt bitterwürzig und duftet kräftig. Die Wurzeln enthalten ätherisches Kalmusöl, das den Appetit anregt und die Verdauung fördert. Kalmus wird pulverisiert oder in Zuckerlösung weichgekocht und in Honig eingelegt. Als Pulver verwendet man es wie Muskatnuß, eingelegt wie Ingwer.

Kalonji, → Schwarzkümmel.

Kalorien. Der Energiebedarf des Menschen wird in großen Kalorien oder Kilokalorien (= 1000 Kalorien) gemessen. Eine Kilokalorie ist die Wärmemenge, die nötig ist, um die Temperatur von 1 l Wasser um 1°C zu erhöhen. Der Energiebedarf richtet sich nach der Arbeitsleistung; so braucht der Mensch täglich bei sitzender bzw. geistiger Arbeit etwa 2300 kcal, bei mittelschwerer Arbeit etwa 3200 kcal und bei körperlicher Schwerarbeit etwa 4000 kcal. Diese Energie bezieht er aus seiner Nahrung, die möglichst gemischt aus Fett, Eiweiß und Kohlehydraten bestehen soll. Dabei liefert 1 g Fett 9,3 kcal, 1 g Eiweiß 4,1 kcal und 1 g Kohlehydrat 4,1 kcal. → Joule.

Kalte Ente: eine Zitronenspirale in das Bowlengefäß hängen, 2 Flaschen Weißwein darübergießen, etwa zwei Stunden zugedeckt ziehen lassen, zuletzt 1 Flasche Sekt oder Mineralwasser hinzugießen.

kalte Küche, das Zubereiten kalter Speisen wie Salate, Aspiks, Mayonnaisen, kalte Saucen, kalte Vorspeisen usw. sowie das Zusammenstellen kalter Platten bzw. eines kalten Büfetts.

kalte Platten, kaltes Büfett, eine abwechslungsreiche und appetitlich angerichtete Zusammenstellung kalter Speisen wie Aufschnitt, Feinschmeckerhappen (Gabelbissen, Lachstüten, Gänsebrust, Roastbeef, Zungenröllchen, Rehrücken, Wurst, Käse usw.), belegte Schnittchen, Snacks, Partybrötchen, Sandwiches, Aspiks, kalte Pasteten, pikant gefüllte Torteletts, Gurken aller Art, Mixed Pickles, Tomatenpaprika, Silberzwiebeln, Maiskölbchen, grüne, schwarze und gefüllte Oliven, Senffrüchte, gefüllte Artischockenböden und Tomaten, würzige Salate, Mayonnaisen und Cocktails, garnierte Eier usw., außerdem Salzstangen, Salzbrezeln, Salzmandeln, Nüsse, Kräcker, Kartoffelchips, Zwiebel- und Käsegebäck, frische Butter, verschiedene Brotsorten.

Kalter Hund: 2 Eier mit 2 EL Wasser und 200 g Puderzucker schlagen, 60 g Kakaopulver, 1 Fläschchen Rumaroma und 1 Tafel geschmolzenes Palmin hinzufügen, alles in eine Kastenform zwischen Schichten von Leibnizkeksen gießen und im Kühlschrank erstarren lassen.

Kaltschale, kalte, flüssige Süßspeise, meist mit Obst und Weißwein aromatisiert und oft leicht mit Stärkemehl o. dgl. gebunden. Die erfrischenden Kaltschalen sind eine deutsche Spezialität. – *Rezepte:* Ananas-, Apfel-, Apfelsinen-, Aprikosen-, Bier-, Buttermilch-, Erdbeer-, Flieder-, Himbeer-, Johannisbeer-, Kirsch-, Rhabarber-, Stachelbeerkaltschale.

Kamelfleisch gehört in den nordafrikanischen Staaten neben Hammelfleisch zu den beliebtesten Fleischspeisen. Es ist recht preiswert und schmeckt – wenn es von jungen Tieren stammt – vorzüglich. Kamele werden geschächtet, wodurch sich das Fleisch besser frischhält. Man läßt es wegen des heißen Klimas auch nicht abhängen, so daß es seinen hohen Flüssigkeitsgehalt behält und sich schlecht in der Pfanne braten läßt. Kamelfleisch wird daher vorwiegend zu Ragouts oder dünnen Steaks verwendet. Dazu gibt es fast immer Couscous.

Kameruner, kleines, viereckiges Schmalzgebäck.

Kamerunnüsse, → Erdnüsse.

Kamin, eine Öffnung im Teigdeckel größerer Pasteten, durch die der beim Backen entstehende Dampf entweichen kann, der die Pastete sonst sprengen würde. Um ein Zubacken des Kamins zu verhindern, wird ganz einfach ein Röllchen aus Pergamentpapier in die Öffnung gesteckt.

Kamm, Nackenstück zwischen Rükken und Halsstück der Schlachttiere und auch des Wildschweins. Kammfleisch wird gern geschmort oder zu Ragouts verarbeitet.

Kämme, → Hahnenkämme.

Kammuscheln, → Jakobsmuscheln.

Kampa, jugoslawisches Lammragout: grobgewürfelte Lammschulter würzen, in Hammelfett kräftig anbraten, gehackte Zwiebeln und Knoblauch beigeben und anschwitzen, mit Hammelbrühe (Lammbrühe) auffüllen, reichlich Rosenpaprika darüberstäuben, das Fleisch schmoren, zuletzt noch Spinatblätter hinzufügen und fertigschmoren; dazu Weißbrot.

Kamtschatkakrabben, → Königskrebse.

Kamtschatkasalat: Crabmeat- und Mandarinenwürfel mit dicker Sahne binden, die mit geriebenem Meerrettich, Tomatenketchup, Salz und Paprika gewürzt wurde.

Kanapees, → Schnittchen.

kandieren, Früchte, Wurzeln und andere Pflanzenteile in konzentrierten Zuckersirup (Läuterzucker) einlegen, wobei sie vollständig von Zucker durchdrungen und zugleich mit Zukker überzogen werden.

kandierte Blüten, in Zuckersirup eingelegte Holunder-, Veilchen-, Jasmin- und andere Blüten, als Süßigkeit und Tortendekoration verwendet.

kandierte Früchte (Kanditen), vollständig durchzuckerte Früchte und andere Pflanzenteile – wie Ananas, Kirschen, Stachelbeeren, Aprikosen, Pfirsiche, Reineclauden, Apfelsinen- und Zitronenscheiben, Orangeat, Zitronat, Ingwer usw.

Kandis (Kandiszucker, Zuckerkand), große Zuckerkristalle zum Süßen heißer Getränke. Man unterscheidet reinen, weißen Kandis (Kluntje), der vor allem für Tee verwendet wird, gelbbraunen Krustenkandis für andere Heißgetränke und dunkelbraunen Würfelkandis für Grog.

Kanditen, österreichische Bezeichnung für → kandierte Früchte.

Kaneel, → Zimt.

Känguruh, das Fleisch der australischen Beuteltiere zeichnet sich durch einen besonders geringen Fettgehalt und einen feinen Wildgeschmack aus. Steaks und andere Fleischteile kommen bei uns tiefgefroren in den Handel.

Känguruhschwanzsuppe, deliziöse Suppe aus dem schmackhaften, nahrhaften Fleisch des mächtigen Känguruhschwanzes. Die Suppe, die tafelfertig in Dosen auf den Markt kommt, wird so zubereitet: ein gutes Stück Känguruhschwanz zusammen mit Wurzelwerk und Champignons in Wildfond weich kochen, das Fleisch in Würfel schneiden, den Fond mit Sago binden und mit exotischen Gewürzen und einem guten Schuß Portwein abschmecken.

Kaninchen, Nagetier, das als Haus- und Wildkaninchen wegen seines Fleisches, zum Teil auch wegen seines Pelzes (Kanin) sehr geschätzt wird. Das Fleisch des Kaninchens ist hell, fast weiß, zart und saftig. Es zeichnet sich durch hohen Nährwert und leichte Verdaulichkeit aus. Während das Fleisch des zahmen Kaninchens dem Hühnerfleisch sehr ähnlich ist, schmeckt das Fleisch des wilden Kaninchens würziger. Wildkaninchen wird wie Hase zubereitet.

Kaninchen, gebacken: Rücken und die beiden Keulen enthäuten, in gleichmäßig große Stücke zerschneiden, die Stücke mit Wurzelwerk und einem Kräuterbündel in Weißwein marinieren, abtrocknen, salzen, pfeffern, mit Mehl, Ei und geriebener Semmel panieren und in heißem Fett backen, mit Zitronenscheiben und gebackener Petersilie garnieren; dazu Remoulade oder Tomatensauce.

Kaninchenblankett, → weißes Ragout von Kaninchen.

Kaninchenbraten: Rücken und die beiden Keulen enthäuten, spicken, salzen und mit Wurzelwerk in Butter braten, den Bratensatz mit Weißwein ablöschen, mit saurer Sahne verkochen, mit Zitronensaft abschmecken.

Kaninchenfrikassee wird wie → Hühnerfrikassee bereitet.

Kaninchenragout auf Bordelaiser Art: das in Stücke geschnittene Fleisch salzen, pfeffern und in Butter anbraten, mit Mehl bestäuben, mit weißem Bordeauxwein ablöschen, Champignonabfälle, ein Kräuterbündel und Knoblauch hinzufügen, das Fleisch gar dünsten, den Fond einkochen, binden, durchseihen und über das Fleisch geben; dazu geröstete Weißbrotscheiben.

Kantalupe (Cantaloupe), → Melonen.

Kantwurst, österreichische Wurstspezialität aus Rind- und Schweinefleisch sowie Speck, an der Luft getrocknet.

Kanzler-Art (à la chancelier): gebratene Zwiebelchen, Pariser Kartoffeln und Kraftsauce zu Fleisch. – Holländische Sauce mit Kaviar zu gedünstetem Fisch.

Kapaun (Kapphahn), junger, kastrierter, gemästeter Hahn im Gewicht zwischen 1,5 und 2 kg. Sein Fleisch ist besonders zart, saftig und wohlschmeckend. Kapaune werden gebraten, gedünstet oder geschmort und meistens wie Masthuhn zubereitet.

Kapaun auf Art der Jahrhundertwende: den jungen Masthahn braten und mit gedünsteten Gurken, kleinen Zwiebelchen, Tomaten, Steinpilzen, gebackenen Auberginenscheiben und Bratkartoffeln garnieren.

Kapern, die geschlossenen Blütenknospen des Kapernstrauches, der in Südeuropa heimisch ist. Die erbsengroßen, grünbraunen Knospen schmecken würzig-pikant und werden in Salzlösung, Essig oder Öl konserviert. Kapern sind eine würzende Zutat zu Salaten, Saucen, Gemüse- und Sulzspeisen. Die besten Kapern kommen aus Südfrankreich sowie von den Liparischen Inseln und Pantelleria. Sie werden ihrer Größe entsprechend in 5 Stufen eingeteilt: Nonpareilles, Surfines, Fines, Mifines und Communes; die wertvollsten sind die kleinsten Kapern, die besonders zarten Nonpareilles. Kapern sollten möglichst nicht mitgekocht werden, da sie sonst ihr Aroma verlieren, sondern erst zuletzt an die Speisen gegeben werden.

Kapernapfel, die hocharomatische Frucht des Kapernstrauches, in Olivenöl eingelegt deliziöser Bestandteil vieler Salate, Fisch- und Fleischgerichte, wie Oliven auch als Vorspeise gereicht.

Kapernsauce (Sauce aux câpres): Bastardsauce (Buttersauce) mit Kapern vervollständigen.

Kappes, rheinische Bezeichnung für → Weißkohl.

Kapphahn, gekappter (kastrierter) Hahn, → Kapaun.

kapriziöser Salat: Streifen von gebratener Hühnerbrust, gekochtem Schinken, Pökelzunge, Artischockenböden und Trüffeln in Senfmayonnaise.

Kapstachelbeere, → Physalis.

Kapusniak (Kapustnik), russische Suppenspezialität aus Sauerkraut, Schweinefleisch, Speck und Würstchen.

Kapuziner, Kaffeegetränk: heißen Kaffee mit Schlagsahne bedecken, etwas Kakao oder Zimt darüberstäuben. → Cappuccino.

Kapuziner-Art (à la capucine): mit Bratwurstmasse gefüllter Weißkohl, große, gefüllte Champignonköpfe und Madeirasauce zu Fleisch. – Krabbensauce mit gehackten Kapern zu gebratenem Fisch. – Der Kapuzinerorden ist ein katholischer Bettelorden.

Kapuzinerkresse, Kresseart mit kapuzenförmigen Blüten, deren Blätter für Salat und deren Blütenknospen als ausgezeichneter Kapernersatz verwendet werden.

Kapuzinerpastetchen, → Pastetchen auf Kapuziner-Art.

Kapuzinerpilz, → Birkenpilz.

Karambole (Carambola, Sternfrucht, Baumstachelbeere), 8–12 cm lange, hell- bis goldgelbe, fast durchsichtige Südfrucht, deren Hauptmerkmal fünf scharfkantige Längsrippen sind, so daß die Frucht in ihrem Querschnitt wie ein fünfzackiger Stern aussieht. Der Geschmack der Karambole, die in Ostasien und Südamerika kultiviert wird (Karambolabaum), ist apart süßsäuerlich, doch schätzt man die Frucht vor allem wegen ihrer dekorativen Verwendungsmöglichkeiten. Die Karambole wird gewaschen und ungeschält in querlaufende Scheiben, also in goldschimmernde Sterne, geschnitten. Gibt man drei Scheiben in ein Sektglas und füllt mit dem moussierenden Getränk auf, so fangen die Karambole-Sterne an zu tanzen.

Karambole Chutney: die Früchte weichkochen, zu einem Brei zerdrükken, den Brei kräftig mit Salz, Pfeffer, Ingwerpulver, Zucker (oder Honig), etwas Currypulver und ganz wenig Anis würzen. Das Chutney ist eine köstliche Beigabe zu Braten, Fleischfondue u. ä.

Karamel, gebrannter Zucker, hellgelbe bis dunkelbraune, glasige Masse, die durch Erhitzen von Zucker über 200°C entsteht und einen spezifischen Röstgeschmack aufweist. Karamel wird für Süßspeisen und – dunkelbraun gebrannt – zum Färben von Speisen (z. B. Saucen) verwendet.

Karamelbier, obergäriges, meist alkoholarmes Bier aus stark gedarrtem und daher karamelreichem Malz.

Karamelbonbons: 100 g Zucker, 1 Päckchen Vanillezucker und 1/4 l Sahne zu einer dicken, honigbraunen Masse kochen, auf eine mit Mandelöl bestrichene Platte gießen, erstarren lassen und in kleine Stücke schneiden.

Karamelcreme: (Crème au Caramel): 4 EL Zucker mit einigen Tropfen Wasser hellgelb karamelisieren und damit ausgebutterte Formen ausgießen; 60 g Zucker mit 4 Eiern verrühren, nach und nach 1/2 l heiße Milch hinzugießen und in die Formen füllen, die Creme im Wasserbad garziehen lassen und nach dem Auskühlen stürzen.

karamelisieren, Zucker brennen, → Karamel.

Karamelmilch: Zucker honigbraun karamelisieren, mit etwas Wasser auflösen, mit heißer Milch auffüllen, mit Vanillezucker aromatisieren und umrühren.

Karausche (Karutsche, Gareisl, Bauernkarpfen, Schneiderkarpfen), karpfenartiger Süßwasserfisch Mittel- und Osteuropas. Die Karausche wird bis 30 cm lang und 1 kg schwer. Ihr Fleisch ist weich, zart und wohlschmeckend, aber sehr grätenreich. Die Karausche wird meistens wie Karpfen zubereitet.

Karausche mit Speckwürfeln: helle Mehlschwitze mit Fleischbrühe und Weißwein verkochen und mit Zitronensaft und Ingwerpulver abschmekken; die eingeschnittene und gesalzene Karausche in dieser Sauce garziehen lassen, mit geriebenem Brot bestreuen und mit brauner Butter und gerösteten Speckwürfeln bedecken; dazu Petersilienkartoffeln.

Karbonade, gebratene oder geschmorte dünne Fleischschnitte, meistens aus dem Rückenstück von Schwein, Hammel oder Kalb, vom Hals des Schweins oder aus der Hüfte des Rindes.

Karbonaden, flämisch: kurze, dünne Scheiben von der Rinderhüfte oder vom Schweinehals in Fett anbraten, salzen, pfeffern, mit gedünsteten Zwiebelscheiben in eine Kasserolle schichten, leicht zuckern; den Bratensatz (vom Anbraten) mit Bier ablöschen und über die Karbonaden gießen, braunen Fond und braune Mehlschwitze hinzufügen, das Fleisch weich schmoren.

Karbonadenfisch, → Steinbeißer.

Kardamom (Cardamom), südasiatisches Gewürz. In den dreikantigen Kapselfrüchten des Kardamomstrauches sitzen kleine, braune Samenkörner, die ein ätherisches Öl enthalten. Diese Körner werden zu einem rötlich-grauen Pulver vermahlen, das aber so teuer ist, daß meistens die hellen Fruchtschalen mitgemahlen werden. Der beste Kardamom kommt von Ceylon und von der Malabarküste. Kardamom wird vorwiegend zum Würzen von Gebäck (z. B. Spekulatius), Wurst (Tee- und Schinkenwurst) und Suppen verwendet und ist Bestandteil des Currypulvers. Geeiste Melone gewinnt mit einer Prise Kardamom sehr an Geschmack.

Karden (Cardy, Kardonen, spanische Artischocken, spanische Disteln, Distelkohl), eine Abart der Artischocke, nur werden bei den Karden nicht die Blütenköpfe, sondern die dickfleischigen Blattstiele verwertet. Karden werden in Südeuropa angebaut und nach der Ernte lichtgeschützt im Keller eingeschlagen, um sie besonders zart zu machen. – *Vorbereitung:* die Blattstiele von den Blättern trennen, Haut und Fasern abziehen, die Stiele in 6–7 cm lange Stücke schneiden, mit Zitronensaft abreiben und in Mehlwasser mit Zitronensaft vorkochen.

Karden, andalusisch: vorgekochte Karden in Kraftsauce mit Portwein dünsten, mit geriebenem Weißbrot bestreuen, mit Butter beträufeln und überbacken.

Karden Dorati: Karden in Fleischbrühe weich kochen, abtropfen, mit

Mehl, Ei und geriebenem Weißbrot panieren und in Öl backen.

Karden mit Parmesan: vorgekochte Karden in Kalbsjus weich dünsten und reichlich mit geriebenem Parmesan bestreuen.

Karden in Rotwein: vorgekochte Karden in Rotwein und Fleischbrühe dünsten; den Fond mit Mehlbutter binden und mit Zitronensaft abschmecken.

Karden in Sahnesauce: vorgekochte Karden in Butter weich dünsten, abgießen und mit Sahnesauce übergießen.

Karden, spanisch (Cardos Española), spanische Spezialität: vorgekochte Karden mit gehackten Zwiebeln und gehacktem rohen Schinken in Öl anschwitzen, mit Weißwein ablöschen, grobgehackte Tomaten, gehackte Petersilie und Knoblauch dazugeben, würzen und weich dünsten.

Kardenpüree: die Karden in Fleischbrühe weich kochen, abgießen, durch ein Sieb streichen, mit Kartoffelpüree, Sahne und etwas Butter verarbeiten.

Kardi, → Karden.

Kardinals-Art (à la cardinale): Hummer- und Trüffelscheiben sowie Kardinalssauce zu Fisch, der in Weißwein gedünstet wurde.

Kardinalssauce (Sauce cardinal): Béchamelsauce mit Fisch- und Trüffelfond gut durchkochen, Sahne hinzufügen, zuletzt ein Stückchen Hummerbutter hineinschlagen und mit etwas Cayennepfeffer abschmecken. Zu Seezunge, Steinbutt, Lachs oder Hummer, garniert mit Trüffel- und Hummerscheiben.

Kardonen, → Karden.

Karella (Bittergurke), etwa 10 cm lange, gurkenähnliche Südfrucht mit dunkelgrüner, warziger Schale und hellem Fruchtfleisch von bitterem Geschmack. Die Früchte werden geschält, halbiert und gesalzen; ein kurzes Bad in heißem Wasser nimmt ihnen das Bittere. Die Karellahälften nun kurz dünsten und als Beilage zu Fleischgerichten oder als Zutat zu Salaten verwenden.

Karfiol, → Blumenkohl.

Karkasse, das Gerippe kleiner Tiere, hauptsächlich des Geflügels. Die anhaftenden Fleischreste ergeben zusammen mit den Knochen eine gute Grundlage für Saucen.

Karlsbader Oblaten, hauchdünne, knusprige Waffeln mit einer Füllung aus Mandeln, Zucker, Vanille usw.

Karmelitersalat: Würfel von gekochten Kartoffeln, roten Rüben und Eiern sowie gehackte Zwiebeln und Sardellen in Essig-Öl-Marinade.

Karmelitersuppe: weiße Mehlschwitze mit Weißwein ablöschen und mit Fischfond verkochen, Tomatenmark hinzufügen, würzen, durchseihen und mit Sahne und einem Stück Butter vollenden; Fischklößchen als Einlage.

Karobe, → Johannisbrot.

Karolinareis, körnig kochende Reissorte aus Nordamerika, besonders als Süßspeisenreis geeignet.

Karolinen (Carolines), gefüllte Brandteigstangen. – *Rezept:* Gänseleber-Carolines.

Karotin, gelbroter Farbstoff, der vor allem in Mohrrüben, Früchten, Blüten und im Blattgrün enthalten ist und im menschlichen Körper in Vitamin A umgewandelt wird.

Karotten, sehr geschätzte Mohrrübensorte. Karotten sind kurz, abgestumpft, kräftig rot und werden im ganzen, halbiert oder geviertelt zubereitet. Wegen ihres appetitlichen Aussehens eignen sie sich besonders als Beilage.

Karotten Argenteuil: junge, sehr kleine Karotten mit Salz und Zucker in Butter und wenig Wasser dünsten und mit weißen Spargelköpfen vermischen.

Karotten, englisch: junge Karotten in Salzwasser kochen, abtropfen und mit Butterflöckchen besetzen.

Karotten mit feinen Kräutern: junge Karotten mit Salz und Zucker in Wasser und Butter weich dünsten und mit gehackten Kräutern wie Petersilie, Kerbel, Estragon und Schnittlauch durchschwenken.

Karotten, glasiert: junge Karotten mit Butter, Zucker, einer Prise Salz und Wasser so lange offen kochen, bis sich der Fond sirupartig verdickt, die Karotten mit dem Fond überglänzen.

Karotten mit grünen Erbsen: junge, sehr kleine Karotten zusammen mit frischen grünen Erbsen in Butter und etwas Fleischbrühe oder Wasser dünsten, mit wenig Salz und Zucker würzen, mit gehackter Petersilie bestreuen.

Karotten in Sahne: junge Karotten mit Salz und Zucker in Butter und Wasser dünsten, bis die Flüssigkeit fast völlig verdampft ist, in Sahne fertiggaren.

Karotten-Meerrettich-Salat: geraspelte rohe Karotten und etwas geriebenen Meerrettich mit Zitronensaft, Öl, Salz und etwas Zucker anmachen.

Karottensalat: Streifen von gekochten Karotten mit Essig-Öl-Marinade anmachen, Petersilie darüberstreuen.

Karpfen, Teich- oder Flußkarpfen, einer der begehrtesten Süßwasserfische, der bis 1 m lang und mehr als 30 kg schwer werden kann. Bei den Teichkarpfen werden 3 Zuchtformen unterschieden: der Schuppenkarpfen mit gleichmäßiger Beschuppung, der Spiegelkarpfen mit wenigen großen, glänzenden Schuppen und der völlig schuppenlose Lederkarpfen. Der gestrecktere Flußkarpfen ist recht selten. Die Heimat des Karpfens ist Asien. Bei uns wird er in besonderen Teichen wie ein Haustier gezüchtet und gemästet. Die Karpfenzucht ist sehr alt. Bereits im Jahre 1339 hatte der Deutsche Orden bei Marienburg zahlreiche Karpfenteiche angelegt. – Der Karpfen frißt alles, was ihm vor das Maul kommt: Wasserpflanzen, Moderstoffe, Würmer, Insekten, Schnekken, Krebse und vor allem das Mastfutter: Kartoffeln, Fischmehl, Lupine usw.; darum nennt man ihn das »Schwein unter den Fischen«. Im Frühjahr laichen die Karpfen. Dabei legen die Weibchen 700 000 bis 2 Millionen Eier. Nach 3 Jahren haben die jungen Karpfen ein Gewicht von 1–2 kg erreicht und damit die ideale Größe für den Kochtopf, besonders beliebt als Weihnachts- oder Silvesterkarpfen. Karpfen können 100 Jahre alt werden. Angler behaupten, daß solche »bemoosten Häupter« besonders schmackhaft sind. Das feinste Fleisch aber sollen die unfruchtbaren Karpfen haben – das wußte schon Aristoteles (384–322 v. Chr.) –, und so kastrierten die feinschmeckerischen Franzosen im 18. Jahrhundert auch die männlichen Karpfen – analog den Ochsen und Kapaunen.

Karpfen in Bier: den geschuppten Karpfen auf dünnen Karotten- und Zwiebelscheiben in einen Fischkessel legen, mit Bier auffüllen und den Fisch langsam garziehen lassen, den Fond mit geriebenem Fischpfefferkuchen verkochen, mit Butter und Zitronensaft vollenden und über den Karpfen seihen; dazu Salzkartoffeln.

Karpfen blau: den Karpfen nicht schuppen, schnell ausnehmen und waschen, in siedendes Salzwasser geben und garziehen lassen; dazu zerlassene oder braune Butter, Meerrettichsahne und Salzkartoffeln.

Karpfen, gebacken: den geschuppten Karpfen in portionsgroße Stücke schneiden, in Mehl, geschlagenem Ei und geriebener Semmel wenden, in Fett knusprig backen; dazu Remoulade.

Karpfen, schlesisch: 1 Handvoll feingewürfeltes Wurzelwerk (Mohrrübe, Knollensellerie, Petersilienwurzel) und 1 kleine, grobgehackte Zwiebel zusammen mit 1 EL Butter, 1 Prise Salz und 4–5 Gewürzkörnern in 1/3 l dunklem Malzbier langsam kochen, bis das Gemüse weich ist, die Sauce durch ein Sieb streichen, mit 50 g geriebenem Fischpfefferkuchen, evtl. auch mit Karpfenblut binden und mit Essig, Zucker und Salz abschmecken; den Karpfen in dieser Sauce garziehen lassen; dazu weiße und geräucherte Bratwürste, Sauerkraut und Salzkartoffeln. – Dieses Gericht kam in Schlesien seit Jahrhunderten am Heiligen Abend auf die Weihnachtstafel.

Karpfenmilch, das Sperma des männlichen Karpfens gilt als eine ganz besondere Delikatesse.

Karpfenmilch auf Kardinals-Art: Karpfenmilch in Weißwein und Butter dünsten, leicht würzen, in Torteletts füllen, mit Hummersauce bedecken, mit einer Trüffelscheibe garnieren.

Karpfenmilch in Teighülle: Karpfenmilch in Weißwein und Butter dünsten, würzen, durch Backteig ziehen, in Fett schwimmend backen, mit Zitronenspalten und gebackener Petersilie anrichten.

Karpfenmilch, ungarisch: Karpfenmilch kräftig mit Paprika würzen und in Butter braten, in Torteletts füllen und mit Paprikasauce bedecken.

Karpfenmilch Villeroi: die Karpfenmilch in mundgerechte Stücke teilen und in Weißwein garziehen lassen, abtrocknen, in dick eingekochtem Fischfond und gehackten Kräutern wenden, mit Villeroisauce überziehen, mit Ei und geriebenem Weißbrot panieren, im Ofen oder in Fett schwimmend backen.

Karree, der vordere Teil des Rückens (Rippenstück) von Kalb, Hammel und Schwein.

Kartäusergericht (Chartreuse): eine Auflaufform oder kleine Becherformen mit kleingeschnittenem Gemüse auslegen, mit Fleischfarce ausfüttern, mit Würfeln von Fasan, Rebhuhn, Gänseleber, Kalbsbries o. a. füllen, Farce hineindrücken, die Füllung mit dünnen Speckscheiben abschließen, das Gericht im Wasserbad garziehen lassen; heiß anrichten. – Kaltes Kartäusergericht wird mit Madeira- oder Portweingelee gebunden, gestürzt und eiskalt aufgetragen. – Der Einsiedlerorden der Kartäuser wurde im 11. Jahrhundert von Bruno von Köln in den französischen Alpen (Kloster Grande Chartreuse) gegründet.

Kartoffelauflauf: geschälte Kartoffeln in Salzwasser kochen, abdämpfen, pürieren, mit Salz, Pfeffer und Muskatnuß würzen, mit Sahne und Eigelb verrühren, steifgeschlagenes Eiweiß darunterziehen, in Auflaufform füllen und im Ofen abbacken.

Kartoffelbällchen, → Kartoffelkroketten.

Kartoffelchips (Kartoffelschnitzel): geschälte rohe Kartoffeln in sehr dünne, runde Scheibchen schneiden, etwa 15 Minuten in Salzwasser legen, gut abtrocknen und in heißem Fett schwimmend hellbraun und knusprig braten.

Kartoffelfäden (Schneekartoffeln): geschälte Kartoffeln in Salzwasser kochen, abgießen und durch ein grobes Sieb streichen.

Kartoffelklöße werden aus gekochten oder rohen, auch gemischt aus gekochten und rohen Kartoffeln bereitet. Die Kartoffeln werden durch ein Sieb gedrückt bzw. gerieben, mit Mehl, manchmal auch mit Ei gebunden, gewürzt, zu einem festen Teig verarbeitet, zu mehr oder weniger großen Klößen geformt, evtl. mit gerösteten Weißbrotwürfeln o. a. gefüllt, in Salzwasser gekocht, bis die Klöße an der Oberfläche schwimmen.

Kartoffelklöße, schlesisch: am Vortage in der Schale gekochte Kartoffeln pellen, reiben, mit Mehl und Salz zu einem festen Teig verarbeiten, Klöße formen, in Salzwasser abkochen.

Kartoffelklöße auf Thüringer Art, → Thüringer Klöße.

Kartoffelkringel: Herzoginkartoffelmasse im Verhältnis 3 : 1 mit Brandteig verarbeiten, mit Muskatnuß würzen, die Masse durch eine Sterntülle in Form von Kringeln auf gefettetes Papier spritzen; die Kartoffelkringel mit dem Papier in heißes Fett tauchen, das Papier entfernen, die Kringel goldgelb backen und abtropfen.

Kartoffelkroketten: geschälte Kartoffeln in Salzwasser kochen, abgießen, pürieren, das Püree auf der Herdplatte mit Butter trockenrühren, salzen, mit Eigelb verarbeiten; die Krokettmasse zu kleinen Rollen oder Kugeln formen, die Kroketten durch geschlagenes Ei ziehen, in Paniermehl wälzen und in Fett goldgelb backen.

Kartoffelkroketten in Mandelhülle: Kartoffelkroketten, die in geriebenen oder gehobelten Mandeln stattin Paniermehl gewälzt und dannebenfalls in Fett goldgelb gebacken wurden.

Kartoffelmehl, aus der Kartoffel gewonnenes Stärkemehl, das wegen seiner hohen Quellfähigkeit zum Backen oder zum Binden von Suppen und Saucen sehr geeignet ist.

Kartoffelmousse: Kartoffeln im Ofen backen, pellen, pürieren, mit Butter und geriebenem Parmesan verarbeiten, salzen, Schlagsahne und festgeschlagenes Eiweiß darunterziehen, in Auflaufform füllen, mit Butter beträufeln und im Ofen goldgelb backen.

Kartoffeln (Erdäpfel, Pommes de terre), stärkereiche Knollen eines Nachtschattengewächses, dessen Heimat die südamerikanischen Anden sind. Schon die Inka bauten in Peru Kartoffeln an. Um 1560 brachten Spanier die Kartoffel nach Europa, wo sie wegen ihrer schönen Blüten als Zierpflanze geschätzt wurde. Bereits 25 Jahre später soll der Seeheld Sir Francis Drake die Kartoffel als Nahrungsmittel in England eingeführt haben. Friedrich der Große förderte ihren Anbau in Preußen. Heute ist die Kartoffel neben dem Brot Hauptnahrungsmittel in allen gemäßigten Zonen. – Man unterscheidet zahlreiche Kartoffelsorten: sehr frühe, frühe, mittelfrühe, mittelspäte und späte Sorten; runde, rundovale, plattovale und lange Kartoffeln; weiße, gelbe, rote und blaue Kartoffeln; gelb- und weißfleischige Kartoffeln. Festko-

1 Kerbel 2 Kirsche 3 Kiwi 4 Knoblauch 5 Knurrhahn

chende Kartoffeln (Bamberger Hörnchen, Hansa, Sieglinde) nimmt man als Salat- und Bratkartoffeln, vorwiegend festkochende Kartoffeln (Clivia, Grata, Hela) eignen sich als Pell- und Salzkartoffeln, mehlig-festkochende Kartoffeln (Bintje, Datura, Irmgard) sind ideal für Suppen, Pürees, Puffer, Klöße.

Kartoffeln Adele, → Spinatkartoffeln.

Kartoffeln Anna, → Annakartoffeln.

Kartoffeln, aufgeblähte, → Polsterkartoffeln.

Kartoffeln auf Bäcker-Art, → Bäkkerkartoffeln.

Kartoffeln, badisch: geschälte Kartoffeln in Salzwasser kochen, abdämpfen, pürieren, mit Butter, Eigelb und geriebenem Parmesan verarbeiten, salzen und pfeffern, steifgeschlagenes Eiweiß darunterziehen, in Auflaufschale füllen, etwas Püree darüberspritzen und im Ofen backen.

Kartoffeln auf Bauern-Art, → Bauernkartoffeln.

Kartoffeln Berny, → Bernykartoffeln.

Kartoffeln, bretonisch: gewürfelte rohe Kartoffeln mit gehackten Zwiebeln, kleingeschnittenen Tomaten und etwas Knoblauch in Fleischbrühe gar dünsten.

Kartoffeln Chatouillard, → Spankartoffeln.

Kartoffeln Dauphine, → Dauphinekartoffeln.

Kartoffeln, flämisch: kleine, oval geschnittene rohe Kartoffeln mit gehackten, gedünsteten Zwiebeln vermischen, mit Salz, Pfeffer und Kümmel würzen, in Kalbsjus garen.

Kartoffeln, gebacken: möglichst gleichgroße längliche Kartoffeln ungeschält auf eine Salzschicht setzen und im Ofen backen; einen Deckel abschneiden, die Kartoffeln aushöhlen, das Ausgehobene mit der Gabel zerdrücken, mit Butter, Salz und Pfeffer verarbeiten, in die Kartoffeln füllen und im Ofen leicht überbacken.

Kartoffeln, gebraten, → Bratkartoffeln.

Kartoffeln auf Haushofmeister-Art, → Haushofmeisterkartoffeln.

Kartoffeln, holländisch, → Butterkartoffeln.

Kartoffeln, japanische, → Stachys.

Kartoffeln Lorette, → Lorettekartoffeln.

Kartoffeln auf Lyoner Art: geschälte Pellkartoffeln in Scheiben schneiden, in Butter schön braun braten; Zwiebelscheiben getrennt von den Kartoffeln in Butter goldgelb braten, mit den gebratenen Kartoffeln vermischen, mit Petersilie bestreuen.

Kartoffeln Macaire, → Macairekartoffeln.

Kartoffeln Maire, → Mairekartoffeln.

Kartoffeln auf Markgräfin-Art, → Markgräfinkartoffeln.

Kartoffeln Mignon, → Mignonkartoffeln.

Kartoffeln Mont-d'or, → Mont-d'or-Kartoffeln.

Kartoffeln Ninon, → Ninonkartoffeln.

Kartoffeln, normannisch: Würfel von magerem Rauchspeck, Zwiebelscheiben und Porreescheiben in Butter kräftig anschwitzen, Scheiben von rohen Kartoffeln hinzufügen, salzen und pfeffern, mit Fleischbrühe auffüllen und stark einkochen, zuletzt Sahne beifügen und gehackte Petersilie darüberstreuen.

Kartoffeln auf Pariser Art, → Pariser Kartoffeln.

Kartoffeln Parmentier, → Parmentierkartoffeln.
Kartoffeln Pont-Neuf, → Pommes frites.
Kartoffeln, saure: helle Mehlschwitze mit Fleischbrühe löschen, die Sauce mit einer gespickten Zwiebel kochen, mit Essig, Salz und Pfeffer abschmecken, Scheiben von Pellkartoffeln hinzufügen, kurz aufkochen.
Kartoffeln auf Savoyer Art: rohe Kartoffelscheibchen mit Scheibchen von Emmentaler Käse und in Butter angeschwitzten Zwiebelscheiben vermischen, mit Fleischbrühe auffüllen, im Ofen garen lassen und zuletzt überbacken.
Kartoffeln, schlesisch: geschälte Kartoffeln in Salzwasser kochen, abgießen, leicht zerdrücken; kleine Würfel von magerem Rauchspeck und gehackte Zwiebel in Butter kräftig rösten, über die Kartoffeln schütten, salzen und pfeffern.
Kartoffeln, souffliert, → Polsterkartoffeln.
Kartoffeln, süße, → Bataten.
Kartoffeln, ungarisch: Scheiben roher Kartoffeln mit Tomatenmark und in Butter angeschwitzten Zwiebelscheiben vermischen, mit Salz und Paprika würzen, Fleischbrühe hinzugießen, zugedeckt im Ofen gar kochen; vor dem Anrichten mit gehackter Petersilie bestreuen.
Kartoffeln auf Wiener Art, → Wiener Kartoffeln.
Kartoffelnester: geschälte rohe Kartoffeln in feine Nudelstreifen schneiden, eine Nestform mit den Kartoffelstreifen ausfüttern, die Nester in heißem Fett abbacken. – Die Nestform besteht aus zwei kleinen Drahtkörbchen, die ineinanderpassen und durch Scharniere verbunden sind.
Kartoffelnocken, → Gnocchi di patate.
Kartoffelnockerl: geschälte Kartoffeln in Salzwasser kochen, abgießen, pürieren, mit Mehl, Butter, Eiern und geriebenem Emmentaler Käse verarbeiten, salzen und pfeffern, etwa haselnußgroße Bällchen formen, die Nockerl in siedendem Salzwasser garziehen lassen, abtropfen, in eine gefettete Backplatte schichten, dazwischen und obenauf mit geriebenem Emmentaler bestreuen, mit Butter beträufeln und im Ofen überbacken.
Kartoffelpuffer (Reibekuchen): rohe Kartoffeln reiben, entwässern, mit etwas Mehl, gehackter Petersilie, geriebener Zwiebel und geschlagenem Ei verarbeiten, salzen, pfeffern, löffelweise in Fett oder Öl zu kleinen Fladen backen; dazu Zucker und Apfelmus oder Sauerkraut, Salat o. a.
Kartoffelpüree: geschälte Kartoffeln in Salzwasser kochen, abgießen, pürieren, mit etwas Butter auf der Herdplatte trockenrühren, mit Salz, Pfeffer und Muskatnuß würzen und heiße Milch darunterziehen, bis das Püree sahnig und locker ist. – Das Kartoffelpüree wird besonders fein, wenn ein Teil der Milch durch Sahne ersetzt wird.
Kartoffelsaft schmeckt absonderlich, verhindert aber Sodbrennen.
Kartoffelsalat auf deutsche Art: Scheiben von kleinen geschälten Pellkartoffeln und Äpfeln mit heißer Fleischbrühe, Essig, Öl, gehackten Zwiebeln, Salz und Pfeffer anmachen.
Kartoffelsalat auf holländische Art: kleine Kartoffelscheiben und gewürfelte Bücklingsfilets mit ausgelassenen Rauchspeckwürfeln, Essig, etwas Öl und Salz anmachen.

Kartoffelsalat auf Pariser Art: Scheiben kleiner, gekochter Salatkartoffeln mit trockenem Weißwein marinieren, vor dem Anrichten mit Essig-Öl-Marinade anmachen, Kerbel und Petersilie darüberstreuen.
Kartoffelschnee, feines Kartoffelpüree, das mit dem Schneebesen sehr schaumig geschlagen wurde.
Kartoffelschnitzel, → Kartoffelchips.
Kartoffelsoufflé, → Kartoffelauflauf.
Kartoffelspäne, → Spankartoffeln.
Kartoffelspatzen: kalte, in der Schale gekochte Kartoffeln pellen, reiben, mit Butter, Eiern, Milch und Paniermehl verarbeiten, salzen und pfeffern, mit zwei Eßlöffeln aus der Masse »Spatzen« formen, die Spatzen in Salzwasser kochen, abtropfen, mit brauner Butter übergießen.
Kartoffelstäbchen, → Pommes frites.
Kartoffelstärke, → Stärke.
Kartoffelstroh, → Strohkartoffeln.
Kartoffelsuppe: geschälte Kartoffeln in Salzwasser halbgar kochen, in kräftiger Fleischbrühe weich kochen, durch ein Sieb streichen, mit Fleischbrühe auffüllen, in Streifen geschnittene, gekochte Rinderbrust sowie gesondert gekochte, gewürfelte Kartoffeln, Mohrrüben und Knollensellerie hinzufügen und die Suppe mit Sahne, Butter und gehackter Petersilie vollenden. – Diese Kartoffelsuppe war das Leibgericht Wilhelms II., des letzten deutschen Kaisers.
Kartoffeltörtchen: Torteletttförmchen mit Herzoginkartoffelmasse auslegen, mit beliebigem Ragout füllen, mit Herzoginkartoffelmasse appetitlich überspritzen, mit Ei bestreichen und im Ofen abbacken.
Karube, → Johannisbrot.
Karutsche, → Karausche.
Karviol, → Blumenkohl.
Kascha, russische Spezialität: leicht angeröstete Buchweizengrütze mit Butter und heißem Wasser zu einem Brei rühren, etwas salzen und zugedeckt langsam gar kochen; mit zerlassener Butter und süßer oder saurer Sahne (Smetana) anrichten.
Kaschunuß, → Cashewnuß.
Käse, aus Milch hergestelltes Nahrungsmittel. Grundstoff der Käseherstellung ist das Milcheiweiß (Kasein), das durch bakterielle Milchsäuerung (Sauermilchkäse) oder mit Hilfe von Lab aus frischer Milch (Süßmilchkäse) ausgeschieden wird. Spezielle Zusätze, Verfahren, Reifungsgrade usw. bestimmen den Charakter des Endproduktes. Nach der Herstellung unterscheidet man folgende Käsesorten: *Hartkäse* (Bergkäse, Chester, Emmentaler), *Schnittkäse* (Edamer, Gouda, Tilsiter, Wilstermarschkäse), *halbfester Schnittkäse* (Steinbuscher, Edelpilzkäse, Butterkäse), *Weichkäse,* (Brie, Camembert, Limburger, Münsterkäse, Romadur), *Frischkäse* (Doppelrahmfrischkäse, Rahmfrischkäse, Schichtkäse, Speisequark), *Sauermilchkäse* (Bauernhandkäse, Harzer, Korbkäse, Kräuterkäse, Mainzer Handkäse, Quargel, Spitzkäse, Stangenkäse). Der Fettgehalt des Käses wird stets auf die Trockenmasse berechnet (»% i. Tr.«). So enthält Doppelrahmkäse mindestens 60% Fett, Rahmkäse mindestens 50%, Vollfettkäse mindestens 45%, Fettkäse mindestens 40%, Dreiviertelfettkäse mindestens 30%, Halbfettkäse mindestens 20%, Viertelfettkäse mindestens 10% und Magerkäse weniger als 10% Fett. Käse, der nicht aus Kuhmilch hergestellt wurde, muß in Deutschland entsprechend bezeichnet sein,

z. B. als Schafkäse oder Ziegenkäse. Als »König der Käse« werden → Brie, → Emmentaler und → Roquefort bezeichnet.

Käseauflauf: je 1 EL Butter und Mehl sowie 1 Tasse Milch unter Rühren zum Kochen bringen, 100 g geriebenen Emmentaler oder Parmesan, 3 Eigelb und noch 1 EL Butter hinzurühren, mit Salz, Pfeffer und Muskatnuß würzen, 3 steifgeschlagene Eiweiß unter die Masse ziehen, in ausgebutterte Auflaufform füllen und im Ofen abbacken.

Käsebällchen: Roquefort mit etwas Weinbrand, Butter, Kokosraspel und je einer Prise Pfeffer und Zucker verarbeiten, die Käsemasse gut durchkühlen, zu kleinen Bällchen formen und in zerbröseltem Pumpernickel wälzen.

Käsebiskuits: 100 g feingeriebenen Chesterkäse mit je 1 Prise englischem Senfpulver und Cayennepfeffer sowie Milch zu einer ziemlich festen Masse verrühren, auf ungesüßte Biskuits streichen und im Ofen überbacken.

Käseblätterteig, → Quarkblätterteig.

Käsebutter, Brotaufstrich: Brie, Camembert, Gervais, Roquefort, geriebenen Chester oder einen anderen weichen bzw. feingeriebenen Käse mit der doppelten Menge Butter verarbeiten.

Käsefondue, → Fondue Neuchâteloise.

Käsefüllung: Edamer Käse und mageren gekochten Schinken in sehr kleine Würfel schneiden, mit gehackter Zwiebel, Eigelb und Sahne verarbeiten, feingewiegte Kräuter hinzufügen, mit Salz und edelsüßem Paprika würzen. Für Omeletts, Torteletts usw.

Käsekrapfen, → Käse-Windbeutel.

Käsekroketten: sehr dicke, heiße Béchamelsauce mit Eigelb binden, geriebenen Parmesan darunterziehen, mit Paprika würzen, auf einem Backblech verteilen und erstarren lassen, Vierecke oder Scheiben ausstechen, panieren, in heißem Fett schwimmend abbacken.

Käsekuchen: Backblech oder Springform mit 250 g Mürbeteig auslegen; 375 g Quark durch ein Sieb streichen, mit 4 Eigelb, 3 EL Zucker und 2 EL Mehl verrühren, die Käsemasse mit abgeriebener Zitronenschale oder Vanillezucker aromatisieren, 1/2 Tasse saure Sahne hinzufügen, 4 steifgeschlagene Eiweiß und nach Wunsch 50–100 g Korinthen darunterziehen, die Käsemasse auf dem Teig verteilen, den Kuchen im Ofen backen.

Käsenocken: 250 g Butter mit 2 Eiern, 2 Eigelb und etwas Salz, Pfeffer und Muskatnuß verarbeiten, 150–200 g Mehl dazugeben, 1 steifgeschlagenes Eiweiß darunterziehen, mit dem Löffel kleine Klöße abstechen, in Salzwasser garen, gut abtropfen, dick mit geriebenem Parmesan bestreuen und heiße Butter über die Nocken gießen.

Käseplatte, angenehmer und bekömmlicher Abschluß jedes Menüs, kreiert in Frankreich, dem Land der 1000 Käsesorten, und heute in allen Erdteilen geschätzt. Eine gute Käseplatte sollte eine Auswahl von mindestens 3, nach Möglichkeit aber 5 bis 12 verschiedenen feinen Käsesorten enthalten, sehr milde bis sehr pikante. Von jedem Käse probiert man ein kleines Häppchen und ißt Brot dazu. Als Getränk wird die Platte von einem Glas Rotwein oder Bier begleitet. Für die Käseplatte eignen sich nahezu alle Käsesorten, die nicht zu reif und nicht zu hart sind, auch Schaf- und Ziegenkäse. – »Käse schließt den Magen«, sagt ein altes Sprichwort, was aber nicht bedeutet, daß dem Käse nicht noch ein Dessert folgen darf. – Beilagen zur Käseplatte sind frisches Landbrot, erntefrisches Obst der Saison (Äpfel, Birnen, Weintrauben vor allem), Trockenobst (Backpflaumen, Feigen, Rosinen), frische Walnüsse, Mandeln, Haselnüsse in der Schale, auf besonderer Platte auch frische Gemüse (Frühlingszwiebeln, Gemüsemais, grüne Erbsen, Radieschen, Rettich), eingelegte Oliven (grüne oder schwarze), Piccalilli oder Senffrüchte.

Käsereis, → Risotto.

Käsesauce, → Mornaysauce.

Käsespätzle, heiße → Spätzle und geriebenen Käse (z. B. Emmentaler) lagenweise in feuerfeste Form schichten, die oberste Spätzleschicht mit gebratenen Zwiebelringen mischen, kurz überbacken. Dazu grüner Salat.

Käsestangen: Blätterteig dünn ausrollen, mit Wasser bepinseln und dick mit Parmesan oder einem anderen Reibekäse bestreuen, mit Blätterteig zudecken, in Streifen schneiden, die Käsestangen mit Eigelb bestreichen, mit Salz und Kümmel bestreuen, abbacken.

Käsesteak, Kluftsteaks von beiden Seiten anbraten, salzen, pfeffern, mit Senf bestreichen, je 1 Scheibe Schmelzkäse auf die Steaks legen, mit Streifen von Gewürzgurke garnieren und im Ofen oder Grill kurz überbacken, Schnittlauch darüberstreuen; dazu Bratkartoffeln.

Käse-Windbeutel: Brandteig mit geriebenem Parmesan und kleingewürfeltem Emmentaler Käse vermischen, aus der Masse kleine Windbeutel formen, mit Ei bestreichen, mit Käse bestreuen und backen.

Kasseler, gepökeltes und geräuchertes Schweinefleisch, meist vom Rippenstück (Kasseler Rippenspeer), aber auch von Kamm (Kasseler Kamm), Schulter (Kasseler Blatt) oder Bauch (Kasseler Bauch), gebraten oder im Ofen gebacken. – Das Kasseler ist keine hessische Spezialität, sondern eine Erfindung des Fleischermeisters Cassel, der vor rund 100 Jahren in Berlin ein gutgehendes Fleisch- und Wurstgeschäft betrieb.

Kasseler Rippenspeer, gepökeltes und geräuchertes Schweinsrippenstück, das ursprünglich am Spieß (Speer) gebraten wurde, heute aber in der Bratpfanne oder im Ofen zubereitet wird. Dazu gibt es Rotkohl mit Kartoffelpüree oder Sauerkraut mit Erbsenpüree.

Kasserolle, flacher Brat- oder Schmortopf.

Kassia, → Manna, → Zimt.

Kassoletten, → Cassolettes.

Kassonade, Rohzucker, → Farinzucker.

Kastanien, chinesische, → Wasserkastanien.

Kastanien, edle, → Maronen.

Kästchen (frz: Caisses), feine Ragouts, die warm oder kalt als Vorspeise in Porzellan-, Keramik- oder Silbernäpfchen aufgetragen werden.

Kastenpasteten (frz: Pâtés) bestehen aus einer Füllung und einer Teighülle; sie sind meistens 1 bis 5 Pfund schwer und werden grundsätzlich kalt gereicht. – Grundrezept: eine Kastenform gut einfetten und mit einer 1/2 cm dicken Schicht → Pastetenteig ausfüttern, die Pastete nach Rezept füllen, einen Teigdeckel aufsetzen, der mit einem Loch (Kamin) als Dampfabzug versehen ist, Teigdeckel und -wand gut zusammenkneifen, den Deckel mit kleinen Teigecken oder Teigstreifen verzieren, mit einer Eigelb-Wasser-Mischung einpinseln, die Pastete im Ofen bei mittlerer Hitze abbacken. Die Pastete ist gar, wenn eine metallene Stricknadel, die durch den Kamin in die Füllung gestochen wurde, trocken bleibt. Da die Füllung nach dem Abkühlen mehr oder weniger zusammensackt, ist der entstandene Hohlraum mit halbflüssigem Madeira- oder Portweingelee auszugießen. Die Pastete im Kühlschrank gut durchkühlen und anschneiden. – *Rezepte:* Hasenpastete, Hühnerpastete, Taubenpastete Fürst Schwarzenberg.

kastilische Art (à la castillane): gebackene Zwiebelringe, geschmolzene Tomaten in nestförmigen Kartoffelkroketten und Tomatensauce zu Fleisch und Geflügelstücken. – Kastilien, Hochland in Mittelspanien, einst ein selbständiges Königreich.

katalanische Art (à la catalane): Artischockenböden, gebratene Tomaten und tomatierte Kraftsauce zu kleinen Fleischstücken. – In Öl gebratene Auberginenwürfel, Pilawreis und Tomatensauce zu großen Fleischstücken. – Katalonien (Gotenland), Landschaft im Nordosten Spaniens.

Katenschinken, Holsteiner Katenrauchschinken, trockengepökelt und geräuchert. Die Schweinehinterkeulen mit Knochen werden 4 bis 5 Wochen von Hand gesalzen, dann 3 bis 4 Wochen bei 8 bis 10 °C unter Tüchern gelagert, anschließend in warmem Wasser abgebürstet und 4 Wochen kalt geräuchert.

Katfisch, → Steinbeißer.

Katharinchen, → Thorner Katharinchen.

Katzengschrei, bayerische Spezialität: Omelett, gefüllt mit dünngeschnittenen gebratenen oder gekochten Fleischresten.

Katzenminze, → Gundermann.

kaukasischer Salat: Auberginen, Zucchini und Tomaten in Scheiben schneiden, mit Salz, Paprika und Knoblauch würzen, mit Öl in eine Pfanne geben, geriebenen Käse und Paniermehl darüberstreuen, mit Öl beträufeln, im Ofen backen, abschließend mit Zitronensaft und Dillgrün würzen, eiskalt auftragen.

Kaulbarsch (Pfaffenlaus), wohlschmeckender Süßwasserfisch Mittel- und Osteuropas. Der Kaulbarsch wird bis 25 cm lang und 500 g schwer. Er wird gern für Fischsuppen verwendet.

Kaviar, Rogen verschiedener Störarten des Schwarzen und Kaspischen Meeres. Die »Perlen des Meeres« sind die wohl begehrteste und daher kostspieligste Delikatesse. Wenn die Störe im Spätherbst aus dem Meere in die Flüsse steigen, beginnt die Fangsaison. Das wohlschmeckende Fleisch der Störe wird geräuchert, der Rogen wird entfettet, gesiebt, gewaschen und gesalzen. Das Salz konserviert den Rogen und weckt zugleich seinen feinen Geschmack. Aber je milder der Rogen gesalzen ist, desto mehr tritt sein wundervoller Eigengeschmack hervor. Deshalb gilt der »Malossol« (russ: wenig gesalzen) als der feinste Kaviar. Nun hängt der Geschmack des Kaviars nicht allein von der Salzung ab, sondern vor allem von seiner Herkunft. So liefert der Hausen den edelsten Kaviar, den grobkörnigen »Beluga«. Der 9 m lange und 1400 kg schwere Hausen enthält bis 50 kg Rogen, dessen schwarzgraue Eier, das »schwarze Gold«, den stattlichen Durchmesser von 3,5 mm aufweisen. Dem »nur« 80 kg schweren Waxdick wird der »Ossiotr« entnommen, ein Kaviar mit etwa 2 mm dicken Körnern. Der besonders feinkörnige »Sewruga« stammt aus dem 2 m langen Scherg; er ist hellgrau und zartschalig. – Guter Kaviar sollte mild und fein, nicht sauer und nicht bitter schmecken. Die Körner sollten schön glasig, prall und trocken sein. Kaviar enthält reichlich Fett, Eiweiß und einen Wirkstoff gegen Erschöpfung und Gedächtnisschwäche. – Kaviar wird am besten im Originalglas auf Eis angerichtet, dazu gibt es Zitronen, Butter und Toast oder Blinis (winzige Buchweizenpfannkuchen) mit saurer Sahne, als Getränk natürlich Wodka, Sekt (Krimsekt) oder einen trockenen Weißwein. Übrigens: Kaviar in geöffnetem Glas ist nur 8–14 Tage haltbar. Und noch eins: Kaviar sollte niemals mit Metall in Berührung kommen, daher sind Löffel, Gabeln und Messer nur aus Holz, Horn oder Kunststoff zu verwenden. – Als ausgezeichneter Kaviarersatz sind der → Keta-Kaviar (Lachsrogen), der Sigi-Kaviar (Hechtrogen), der Forellen-Kaviar, der deutsche Kaviar (Seehasenrogen) usw. im Handel. Und neuerdings ist es den Russen gelungen, künstlichen Kaviar zu erzeugen, der sich geschmacklich kaum von dem Naturprodukt unterscheidet, ja sogar noch mehr Vitamine, Proteine und Aminosäuren enthält als der natürliche.

Kaviar mit Pellkartoffeln, ein kulinarischer Genuß par excellence, denn »es schmeckt nach Erde und nach Meer«: neue Kartoffeln mit Kümmel und Salz in der Schale kochen und mit ganz frischer Butter zu echtem Kaviar reichen.

Kaviarbrot, Weißbrot in Stangenform, etwa 5 cm im Durchmesser. Das Brot wird zu Kaviar gereicht, kann aber auch für belegte Schnittchen u. dgl. verwendet werden.

Kaviarbutter, exquisite Buttermischung aus 5 Teilen Butter und 1 Teil Kaviar, gut verarbeitet und durch ein feines Sieb gestrichen.

Kaviarsauce (Sauce au caviar): holländische Sauce mit echtem Kaviar abwandeln. Vor allem zu Seezunge.

Kawage, arabische Suppenspezialität aus feingehacktem Hammelfleisch, Tomaten und Gewürzen.

Kayennepfeffer, → Cayennepfeffer.

Kebab, türkische Spezialität, kleine, am Spieß gebratene Hammelfleischstücke; dazu körnig gekochten Reis. → Döner kebab.

Kedgeree, → Cadgery.

Kefalotiri, griechischer Käse aus Schaf- oder Ziegenmilch; der Schnittkäse reift zwei bis drei Monate in einem kühlen Keller; 45 % Fett i. Tr.

Kefir, leicht schäumendes Sauermilchgetränk, das ursprünglich in Sibirien und im Kaukasus aus Stutenmilch hergestellt wurde. Heute wird Kefir fast ausschließlich aus Kuhmilch durch Vergärung mit bestimmten Bakterienkulturen gewonnen. Kefir schmeckt herb pikant, hat einen geringen Alkoholgehalt und regt die Verdauung an.

Keimlinge (Keime, Sprossen), aus Pflanzensamen sich entwickelnde Sprossen, die als Keimgemüse verzehrt werden, z. B. aus Getreide, aus Hülsenfrüchten (→ Sojabohnen, → Mungbohnen usw.) und aus anderen Samen (Buchweizen, Senf, Sesam, Sonnenblumenkerne usw.).

Keimlinge enthalten reichlich Vitamine und Eiweißstoffe.

Keks (engl: cake), kleines, haltbares, ursprünglich englisches Feingebäck von hohem Nährwert, beliebt als Tee- und Kaffeegebäck, bei Reisen usw.

Kemirie, ostindische Nußart mit mandelähnlichem Geschmack.

Kempinski, berühmtes Restaurant am Kurfürstendamm zu Berlin, heute auch eine weltbekannte Hotelkette.

Kerbel (Körbelkraut), der Petersilie verwandtes Küchenkraut, dessen süßaromatischer Geschmack an Fenchel erinnert. Verwendet werden nur frische, junge Blätter, die gern mit Dillgrün, Petersilie und etwas Schnittlauch gemischt werden. Getrocknete oder alte Blätter haben keine Würzkraft mehr. Mit Kerbel werden Kräutersuppen, Kräuterbutter, grüne Saucen, Salate, Eierspeisen, Lamm- und Fischgerichte gewürzt.

Kerbelrübchen (Erdkastanien, Knollenknobel), zweijährige Gemüsepflanze mit graubraunen, innen weißen bis gelblichen, rübenförmigen Knollen. Die Knollen werden 3–5 cm dick und etwa 7 cm lang. Sie schmekken angenehm süßlich und werden gern zu Wild gereicht. – *Vorbereitung:* Die Kerbelrübchen etwa 5 Minuten in Wasser kochen, die braune Haut abziehen, die Rübchen nach Rezept weiterverarbeiten.

Kerbelrübchen in Backteig: die enthäuteten Rübchen in Fleischbrühe weich dünsten, abtropfen, durch Backteig ziehen und in Fett schwimmend backen.

Kerbelrübchen, gedünstet: die enthäuteten Rübchen in Fleischbrühe weich dünsten, abtropfen, mit Butter und gehackter Petersilie durchschwenken.

Kerbelrübchen, glasiert: die enthäuteten Rübchen mit Fleischbrühe bedecken, etwas Butter hinzufügen und so lange dünsten, bis die Flüssigkeit nahezu verdampft ist und die Rübchen appetitlich glänzen, zuletzt mit Petersilie bestreuen.

Kerbelsuppe, eine mit Kalbsfond bereitete weiße Grundsauce kräftig mit Kerbel würzen und mit gerösteten Weißbrotwürfelchen garnieren.

Kesselfleisch, → Wellfleisch.

Keta-Kaviar (Kett-Kaviar, Lachskaviar, roter Kaviar), gesalzener und geräucherter grobkörniger, rötlicher Rogen des Kett, einer mandschurischen Lachsart, die auch in Nordkanada vorkommt.

Ketchup (Catsup, Catchup), ursprünglich exotisch gewürzte ostindische Pilzsauce. Die Ketchups sind schwächer gewürzt als die Chutneys. Bei ihnen stehen nicht die Gewürze, sondern die Grundzutaten geschmacklich im Vordergrund. Man unterscheidet Tomaten-, Austern-, Champignon-, Pilz-, Walnuß-Ketchup usw. Ketchups werden als Beilage zu gebratenen oder gegrillten Fleisch-, Geflügel- oder Fischspeisen gereicht. – Der Name »Catchup« kommt vom englischen to catch up = auffangen, womit gemeint ist, daß diese Würzsaucen das Aroma ihres Hauptbestandteils auffangen und in konzentrierter Form für eine spätere Verwendung bewahren.

Kett-Kaviar, → Keta-Kaviar.

Keulenpilz, → Ziegenbart.

Khedive, à la: Spargelspitzen, geschmolzene Tomaten, Champignon- und Gänseleberwürfel, alles mit Madeirasauce gebunden, zu kleinen Fleischstücken. – Khedive, Titel des früheren Vizekönigs von Ägypten.

Khedivensalat: Tomatenscheiben und gehackte Zwiebeln, evtl. auch einige Trüffelscheibchen mit kräftig gepfefferter Essig-Öl-Marinade anmachen, mit gefüllten Oliven und gehacktem Schnittlauch garnieren.

Kibbeh, → Kube.

Kichererbsen (Platterbsen), Hülsenfrucht des Mittelmeerraumes, die auch in einigen Gegenden Süddeutschlands angebaut wird. Die etwa 1 cm großen, gelblichen bis hellroten Samen werden wie Erbsen zubereitet; sie schmecken herb-bitterlich und sind schwer verdaulich. Man kauft sie meist getrocknet oder als Kichererbsenmehl. – *Rezepte:* Falafel, Farinata, Hummous, Panissa.

Kichererbsen, israelisch, eine köstliche Knabberei für zwischendurch: getrocknete Kichererbsen über Nacht in Wasser einweichen, das Wasser abgießen und die Erbsen in neuem Wasser gar, aber nicht zu weich kochen; wieder das Wasser abgießen, die Kichererbsen mit Salz und schwarzem Pfeffer würzen und auf der Herdplatte in einer Pfanne hin und her schwenken, bis sie völlig trocken sind; in Schälchen bereitstellen.

Kidneybohnen, mittelgroße, dunkelrote, nierenförmige mittelamerikanische Bohnen, mit Rindfleisch oder Schweinespeck ein beliebtes »Cowboyessen« (→ Chili con carne).

Kieler Sprotten, besonders zarte, saftige frischgeräucherte Ostseesprotten; sie werden entweder im Original-Holzkistchen oder – von Kopf, Haut und Gräten befreit – auf gewürfeltem Gelee, Kresse- oder Kopfsalatblättern angerichtet. → Sprotten.

Kigl (Kugl), jüdisches Gericht, eine Art Auflauf mit Nudeln oder Mehlkloß, süß oder salzig. – *Rezept:* Lokschenkugl.

Kilkis, mit Gewürzen in Salzlake eingelegte norwegische Sardellen.

Kimchi, koreanische Gemüsezubereitung, seit dem 16. Jh. bekannt, heute industriell hergestellt. Kimchi besteht hauptsächlich aus Chinakohl, dem Rettich, Zwiebeln und Gewürze (Salz, Paprika, Knoblauch, Ingwer) beigegeben werden; die Gemüsemischung fermentiert in Steingutbehältern unter Beteiligung verschiedener Mikroorganismen, wobei oft weitere Zutaten wie Fische, Shrimps oder Nüsse den Geschmack abwandeln.

Kingstonkäse, goudaähnlicher Vollfettkäse aus den Midlands (Mittelengland).

Kipfeln, Kipferl, österreichische Bezeichnung der → Hörnchen.

Kipper, auseinandergeklappter, leicht gepökelter und meist kaltgeräucherter Hering, englische Frühstücksspeise.

Kir, Mischgetränk aus Likör aus Schwarzen Johannisbeeren, am besten Crème de Cassis, und Weißwein, am besten weißer Burgunder im Verhältnis 1 zu 7. – Dieses köstlich erfrischende Getränk kreierte Félix-Adrien Kir, Domherr und Bürgermeister von Dijon, in den 60er Jahren des 20. Jahrhunderts.

Kir Royal, ein königlicher Kir mit trockenem Schaumwein statt mit Weißwein.

Kirsch, → Kirschwasser.

Kirschauflauf: Eigelb und Zucker schaumig schlagen, mit etwas Mehl verrühren, Saft frisch gedünsteter Sauerkirschen unter Rühren hinzugießen, auf dem Herd cremig rühren, in Kirschwasser gebeizte Kirschen hinzufügen, steifgeschlagenes Eiweiß unter die Creme ziehen, in eine ausgebutterte Auflaufform füllen und im Ofen abbacken.

Kirschblüten, gesalzen, japanisches Gewürz.

Kirschbowle: 500 g entsteinte Sauerkirschen in den Bowlenkübel geben, gut einzuckern, mit Arrak begießen, den Saft einer halben Apfelsine hinzufügen, zugedeckt mindestens 2 Stunden ziehen lassen, 2 Flaschen Wein und 1 Flasche Sekt oder Mineralwasser hinzugießen.

Kirschbranntwein, → Kirschwasser.

Kirschen, vielseitig verwertbare Steinfrüchte. Man unterscheidet folgende Sorten: die gelben, roten und schwarzen *Süßkirschen:* große, weiche, saftige Herzkirschen und kleine feste Knorpelkirschen; die roten bis dunkelroten *Sauerkirschen:* dunkelrote, süßsaure Morellen, rotbraune, saure Weichseln und hellrote saure Glaskirschen (Amarellen, Ammern); die besonders würzigen *Marasken* (Maraschinokirschen). – Süßkirschen werden frisch gegessen, zu Kompott, Konfitüre oder Kirschwasser verarbeitet, Sauerkirschen werden zu Kompott, Saft, Gelee, Konfitüre usw. verarbeitet, aus den Marasken wird u. a. der berühmte jugoslawische Maraschino bereitet.

Kirschen auf Schwarzwälder Art: Sauerkirschen entsteinen, mit Zucker und etwas Vanille in wenig Wasser dünsten, auskühlen, mit Kirschwasser parfümieren, mit Schlagsahne, die mit gehackten Haselnüssen vermischt wurde, garnieren.

Kirschenknödel, österreichische Spezialität: Hefeteig dünn ausrollen, in 10 x 10 cm große Quadrate schneiden, auf jedes Teigquadrat 3 entsteinte Kirschen und 1 Stück Würfelzucker legen, den Teig zusammenschlagen, zu Klößen formen, die Klöße in einem Tuch über siedendem Wasser gar dämpfen, in geröstetem Paniermehl wälzen und mit Zucker bestreuen.

Kirschenstrudel, österreichische Spezialität: Strudelteig vorsichtig ausrollen, dann auseinanderziehen, zwei Drittel der Fläche mit in Fett gerösteter geriebener Semmel bestreuen, darauf Sauerkirschen (mit Kern!) verteilen, mit Zucker, Zimt und Rosinen bestreuen, Rum darübersprühen, den Strudel so einrollen, daß das ungefüllte Teigdrittel nach außen kommt und die Teighülle verstärkt, den Strudel mit Ei bestreichen und bei mittlerer Hitze abbacken.

Kirschgelee: reife Kirschen pürieren und entsaften, den Saft filtrieren, mit stockendem Geleestand mischen, in Gläser oder Schalen füllen, im Kühlschrank erstarren lassen.

Kirschkaltschale: Sauerkirschen mit Zucker in wenig Wasser dünsten, durch ein Sieb streichen, mit Weißwein verrühren, gezuckerte Kirschen oder Konfitkirschen als Einlage, eiskalt auftragen.

Kirschklöße: entsteinte Kirschen im eigenen Saft weich dünsten, auskühlen, mit Zucker, Butter, Eiern, geriebener Semmel und abgeriebener Zitronenschale zu einem festen Teig verarbeiten, aus dem Teig Klöße formen, die Kirschklöße in leicht gesalzenem Wasser kochen, abtropfen und mit Zucker bestreuen; dazu Weinschaum.

Kirschkompott: entsteinte Kirschen mit Zucker und einem Stückchen Zimt in Rotwein dünsten.

Kirschkonfitüre, Zubereitung aus Süß- oder Sauerkirschen und Zucker, kann mit gehobelten Mandeln und Weinbrand veredelt werden.

Kirschsalat: Sauerkirschen entsteinen und halbieren, einzuckern, mit Maraschino parfümieren und mit Schlagsahne bedecken.

Kirschsauce, Süßspeisensauce: entkernte dunkle Sauerkirschen mit Zukker, etwas Zitronenschale und ganz wenig Zimt in Rotwein weich kochen, Zitrone und Zimt wieder entfernen, die Kirschen durch ein Sieb streichen, mit Stärkemehl binden, kurz aufkochen. Warm zu Savarins usw., aber auch zu Wildschweingerichten.

Kirschsuppe: Sauerkirschen entsteinen, ein Viertel davon mit Zucker im eigenen Saft weich dünsten; die übrigen Kirschen mit entrindetem Weißbrot, Zucker, abgeriebener Zitronenschale in Wasser weich kochen, durch ein Sieb streichen und heiß über die gedünsteten Kirschen gießen; dazu kleine Makronen.

Kirschtomaten (Cherry Tomatoes, Cocktailtomaten), etwa kirschengroße süße, aromareiche Tomaten zum Dekorieren von Kalten Platten, Salaten, für Cocktails usw.

Kirschtorte, → Schwarzwälder Kirschtorte.

Kirschwasser, Obstbranntwein aus vergorenen Kirschen ohne Alkohol- und Zuckerzusatz (Obstwasser). Mindestalkoholgehalt: 40 Vol. %. Die übliche Trinkstärke beträgt 45–50 Vol. %.

Kirschwasserfondant, → Fondant.

Kirschwasserläuterzucker (Kirschwassersirup), → Läuterzucker.

Kischke, Wurst im Rinderdarm, jüdische Spezialität.

Kisselj, russische Süßspeise: beliebiges Beerenobst in Wasser kochen, durch ein Sieb streichen, süßen, mit aufgelöstem Kartoffelmehl binden, schnell aufkochen und in Schalen füllen, eiskalt mit Milch, Sahne oder Schlagsahne auftragen.

Kitz (Zickel), junge Ziege, wird grundsätzlich wie Lamm zubereitet, meist aber kräftiger gewürzt.

Kiwano Hornmelone, Swanimelone, Metulon), tropische Gurkenfrucht, länglich-rund mit stark höckeriger (»gehörnter«), orangefarbener, fester Schale; das grüne, saftige, mit eßbaren Kernen durchsetzte Fruchtfleisch schmeckt nach einer Mischung aus Banane, Limone und Passionsfrucht. Die dekorativen Kiwanos kommen ganzjährig aus Afrika, Neuseeland und Portugal zu uns auf den Markt. Die gewaschene Frucht der Länge nach halbieren, auslöffeln und pur als kleine Erfrischung genießen. Das ausgelöffelte Fruchtfleisch kann man auch zu exotischen Salaten oder Süßspeisen verwenden, mit ihm lassen sich Käsekuchen und Puddings appetitlich überziehen und Soufflés und Eisbecher angenehm bereichern.

Kiwano-Krabbencocktail: 200 g Garnelen (Nordseekrabben) mit Zitronensaft und einigen Spritzern Tabasco marinieren, mit grobgewürfeltem Apfel und Bleichsellerie mischen und auf Kopfsalatblättern anrichten; separat je 3 EL Mayonnaise und Sahnejoghurt gut verrühren, mit Salz, Paprika und Zitronensaft würzen, das Fruchtfleisch einer Kiwano darunterziehen und die Sauce über die Garnelen gießen; krause Petersilie als Dekor.

Kiwifrucht (chinesische Stachelbeere), beliebte Südfrucht, ursprünglich aus China, weltweit verbreitet von Neuseeland aus, das der Frucht den Namen seines außergewöhnlichen Nationalvogels gab, jener fast flügel- und völlig schwanzlosen Straußenart, die in freier Wildbahn nur auf Neuseeland anzutreffen ist. Heute kommen die eiergroßen, dunkelgrünen, braunbehaarten Früchte auch aus Kalifornien, Israel, Italien, Frankreich und Spanien zu uns. Das grüne, mit schwarzen Samen durchsetzte Fruchtfleisch enthält reichlich Vitamin C, sein Geschmack erinnert an Melone und Erdbeeren. Kiwifrüchte werden halbiert und ausgelöffelt oder geschält, in kleine Scheiben geschnitten und nach Belieben mit Weinbrand oder Kirschwasser aromatisiert. Sie eignen sich zur Herstellung von Gelee und Kompott, Erfrischungsgetränken und Konfitüren, zum Garnieren von Torten und Pasteten und passen zu Eiscreme, Pudding und Käse.

Klaben, → Klöben.

klären, klarifizieren, aus Kraftbrühen, klaren Suppen, Gelees, Fruchtsäften u. dgl. alle trübenden Bestandteile entfernen, um der Speise ein appetitliches Aussehen zu geben. Als Klärmittel eignet sich am besten rohes, feinverteiltes Eiweiß (von Hühnerei, Rindfleisch bzw. Seefisch), das die Trübstoffe an sich bindet und dann abgeseiht wird. *Fleischsuppen:* mageres, feingehacktes Rindfleisch mit Eiweiß (Eiklar) in kaltem Wasser gut anrühren und mit der heißen Suppe vermischen. *Hühnersuppen:* mageres, feingehacktes Rindfleisch und feingehackten Hühnerhals mit Eiweiß (Eiklar) in kaltem Wasser usw. *Fischsuppen:* feingehacktes Seefischfleisch mit Eiweiß (Eiklar) in kaltem Wasser usw. *Gelee:* Eiweiß (Eiklar) mit kaltem Wasser oder Weißwein gut schlagen und mit dem heißen Gelee vermischen.

Kléber, à la: mit Gänseleberpüree gefüllte Artischockenböden und Trüffelsauce zu kleinen Fleischstücken. – Jean Baptiste Kléber, 1753–1800, französischer General, kämpfte gegen die Österreicher (1796) und gegen die Türken (1799/1800).

Kleberbrot, Diätbrot für Zuckerkranke. Es enthält einen hohen Anteil an Kleber (Getreideeiweiß), der vor allem im Weizen enthalten ist. Kleberbrot hat also einen hohen Eiweißgehalt und zugleich einen niedrigen Gehalt an Kohlehydraten.

Kleie, Speisekleie, Rückstand beim Mahlen des Getreides, gereinigt und aufbereitet, reich an Ballaststoffen, Eiweiß und Vitaminen, Bestandteil einer vollwertigen Ernährung.

Kleinkürbis, → Zucchini.

Kleinodien, → Innereien.

Kleinragout, → Salpicon.

Klementinen (Clementinen), kernlose mandarinenähnliche Zitrusfrüchte, benannt nach ihrem Züchter, dem französischen Trappistenmönch Père Clément. Klementinen werden vor allem in Spanien, Italien und Nordafrika angebaut.

Kletzen, österreichische Bezeichnung für getrocknete Birnen.

Kletzenbrot (Früchtebrot), süddeutsches und österreichisches Weihnachtsgebäck aus gesäuertem Roggenbrotteig oder weißem Hefeteig, kleingeschnittenem Dörrobst, darunter vor allem getrocknete Birnen (Kletzen), Nüsse, Orangeat und Zitronat, gewürzt mit Zimt, Nelkenpulver, Anis, Fenchel, Rum usw.

Kliebensuppe, pommersche Spezialität: 7–8 EL Mehl, 2 dl Wasser, 1 Ei, 2 TL Zucker und etwas Salz zu einem dickflüssigen Teig verarbeiten, den Teig in siedende Milch, die mit etwas Zimt und Salz gewürzt wurde, einlaufen lassen.

Kliesche, → Rotzunge.

Klippfisch, → Steinbeißer.

Klippfisch, gesalzener, an der Luft getrockneter Seefisch, wie Kabeljau, Schellfisch, Lengfisch und Seelachs. Früher trockneten die Fischer ihren Fang auf Küstenfelsen (Klippen). Nach anderer Deutung kommt der Name »Klippfisch« von »klippen« (= aufspalten), weil der Kabeljau vor dem Trocknen der Länge nach halbiert, gespalten, geklippt wurde, wobei man meist auch die Mittelgräte entfernte.

Klöben (Klaben), Hefegebäck mit Mandeln (Haselnüssen), Korinthen und Zitronat.

Klondike Highball: 1/2 trockener Wermut, 1/2 süßer Wermut, 1 BL Zitronensaft, 1 BL Zucker, schütteln, mit Mineralwasser auffüllen.

Klopferbrot, Diätbrot aus feinzerkleinertem Getreide mit besonders aufbereitetem Kleber (Getreideeiweiß), leicht verdaulich.

Klopse, nord- und ostdeutsche Bezeichnung für gekochte oder gebratene Fleisch- oder Fischklöße. *Rezept:* Königsberger Klopse. – Das Wort Klops stammt vom französischen »escalope« = Fleisch- oder Fischscheibe ab, und in der Tat waren die Klopse ursprünglich kleine, runde Fleischscheiben.

Klöße (Knödel), meist kugelförmige Beilagen aus den verschiedensten Bestandteilen, wie Kartoffeln, Mehl, Grieß, Semmeln, Hefeteig, Fleisch, Geflügel, Wild, Fisch usw., in Salzwasser gekocht oder gedämpft. – Der Handel bietet zahlreiche Fertig- und Halbfertiggerichte von Klößen an.

Klosski (Klezki), russische Klöße: Butter schaumig rühren, Eier, gehackten Kochschinken, gehackte, in Butter angeschwitzte Zwiebeln, Weißbrotwürfel, Mehl und Salz hinzufügen und verarbeiten, aus der Teigmasse Klöße formen, die Klöße in siedendem Salzwasser garziehen lassen; mit saurer Sahne anrichten.

Klosterliköre, → Kräuterliköre. Berühmte Klosterliköre sind Bénédictine, Chartreuse, Ettaler usw.

Klostersalat: Würfel von gekochten Kartoffeln und frischen Salatgurken in Essig-Öl-Marinade.

Klöven, → Winterzwiebel.

Klubsalat: Streifen von roten Paprikaschoten, Bleichsellerie und Trüffeln mit leichter Mayonnaise binden, mit Apfelscheibchen garnieren.

Kluft (Blume, Schwanzstück, Tafelspitz), Teil der Rinderkeule.

Kluftschale, → Tafelspitz.

Kluftsteak wird aus den besten Stükken der Rinderkeule geschnitten, ist etwa 200 g schwer und 2 bis 3 cm dick; es wird gegrillt oder in der Pfanne gebraten, meist rosa bis blutig; Bratzeit 2–3 Minuten je Seite.

Kluntje, → Kandis.

Knäckebrot, dünnfladiges Brot aus Roggenvollkornschrot. Es ist sehr nährwertreich und bei trockener Lagerung lange haltbar.

Knackmandeln, → Krachmandeln.

Knäkente, kleine Wildentenart, die in Mittel- und Nordeuropa beheimatet ist. Sie wird überwiegend wie Wildente noch leicht blutig gebraten.

Knetteig, → Mürbeteig.

Knickebein, Cocktail aus süßem Likör, rohem Eigelb oder Eierlikör und feinem Branntwein. Die Bestandteile dürfen sich möglichst nicht vermischen.

Knickerbocker: Saft einer halben Zitrone, 3 EL Himbeersirup, 1 Gläschen Rum, 1 Schuß Curaçao, mit gestoßenem Eis vermischen.

Knickerbockersalat: Apfelscheibchen, Apfelsinenspalten und Weintrauben in Essig-Öl-Marinade.

Knoblauch (Knobloch, Knufloch, Knofel), stark würzende Lauchart. In den walnuß- bis apfelgroßen, weißlichen Hüllen drängen sich 10–12 kleine Brutzwiebeln, Zehen oder Klauen genannt. Diese Knoblauchzehen enthalten ein markiges Fleisch von gelblicher Farbe. Der charakteristische, beißende Geschmack und durchdringende Geruch des Knoblauchs ist auf ein ätherisches, stark schwefelhaltiges Öl zurückzuführen. Knoblauch fördert die Gesundheit und steigert das Temperament, er beugt Alterserscheinungen und Arterienverkalkung vor und hilft bei vielen Magen- und Darmbeschwerden. – Die Heimat des Knoblauchs ist die Kirgisensteppe. Von dort kam er über Vorderasien nach Ägypten und wanderte über Griechenland und Italien nach Mitteleuropa. – Während der Südländer fast jedes Gericht üppig mit Knoblauch würzt, ist der Mitteleuropäer wesentlich zurückhaltender im Gebrauch dieses Gewürzes. Hier nimmt man keine 2 oder 3 Zehen je Person, sondern spießt eine Zehe auf die Gabel und reibt damit Topf oder Schüssel leicht ein. Man würzt sozusagen mit einem Hauch. Dieser Hauch wurde in der Blütezeit der französischen Kochkunst sogar wörtlich genommen: der Küchenchef zerbiß eine Knoblauchzehe und hauchte dann die Speise kurz an. Das genügte für eine vollendete Würzung, für eine Würzung à point. – Achten Sie beim Einkauf auf die Häute zwischen den einzelnen Zehen, sie sollten leicht rosa sein und nicht weiß. Die aus der Hülle gelösten Knoblauchzehen – Anzahl je nach Rezept oder Geschmack – werden enthäutet, längs geviertelt oder feingehackt, durch die Knoblauchpresse getrieben oder mit der Gabel zerdrückt in das heiße Fett gegeben. Wer den Umgang mit frischen Knoblauchzehen scheut, der nehme Knoblauchsalz, Knoblauchpulver oder Knoblauchöl. Zur Erhöhung der Bekömmlichkeit von Knoblauch entferne man mit spitzem Messer das Herzstück der Zehe oder lasse die Zehen vor der Verwendung einige Stunden in Milch ziehen. Übrigens: Knoblauchgeruch wird nicht nur durch den Mund, sondern auch durch die Haut ausgeschieden.

Knoblauchbrot: ein Baguette oder Weizenbrötchen in kurzen Abständen tief einschneiden, mit Butter ausstreichen, je eine zerdrückte Knoblauchzehe in den Einschnitt stecken und das Brot im Ofen knusprig aufbacken; heiß servieren.

Knoblauchbutter (Beurre d'ail), Buttermischung: 1 Knoblauchknolle schälen und in Wasser weich kochen; mit 125 g Butter verarbeiten und durch ein Sieb streichen.

Knoblauchessig, aromatisierter Speiseessig: 5 geschälte und grob gehackte Knoblauchzehen in eine weithalsige Halbliterflasche geben, mit etwas Salz bestreuen und mit kochend heißem Weißweinessig auffüllen (die Flasche auf ein nasses Tuch stellen). Nach einer Woche die Knoblauchzehen abseihen. Zu Blatt- und Gemüsesalaten, zu gegartem Gemüse (Auberginen, Pilze, Zucchini), zu Eintopfgerichten.

Knoblauchöl, würzende Zutat zu Vinaigrettes, zum Marinieren von Gemüse usw. In eine Halbliterflasche acht geschälte Knoblauchzehen geben, mit Olivenöl auffüllen und mindestens drei Wochen ruhen lassen.

Knoblauchsauce, → Aïoli, → Pesto.

Knoblauchsuppe, 250 g altbackenes Weißbrot würfeln, die Brotwürfel in Olivenöl goldbraun braten, 8 gehackte Knoblauchzehen hinzugeben, nach ein paar Minuten mit je 1 TL süßem und scharfem Paprikapulver und mit Salz würzen, mit Fleischbrühe auffüllen und die Suppe zugedeckt ungefähr 20 Minuten leise brodeln lassen; die Knoblauchsuppe in feuerfesten Schalen anrichten, je ein frisches Ei vorsichtig in die Suppe fallen lassen, die Schalen in den 200 °C heißen Ofen schieben, um die Eier stokken zu lassen; heiß servieren.

Knoblauchwurst, mit Knoblauch gewürzte Fleischwurst.

Knochen enthalten wertvolle Fett-, Aroma- und Mineralstoffe und sollten daher auch in der Küche voll ausgenutzt, das heißt, mindestens 2mal gekocht werden. Nach dem ersten Auskochen werden die Knochen, auch Geflügel- und Wildknochen, kleingeschlagen, mit Wurzelzeug, Zwiebeln und etwas Fett scharf angeröstet und dann mit Wasser nochmals 5–6 Stunden ausgekocht.

Knochenbrühe: Rinderknochen gut waschen, mit kaltem Wasser aufsetzen, etwa 3 Stunden kochen, kleingeschnittenes Wurzelwerk, Zwiebel und Tomate hinzufügen, noch 1 Stunde kochen, durchseihen und salzen. Knochenbrühe bildet die Grundlage vieler Suppen und Saucen. → Knochen.

Knochenmark, gelber, fettreicher Stoff in den langen Röhrenknochen der Schlachttiergliedmaßen. Die Knochen werden kurz gekocht, das Mark wird herausgezogen, leicht ausgekühlt und in Scheiben geschnitten oder gehackt auf geröstetem Weißbrot oder in klaren Suppen angerichtet.

Knöcherlsulz, Kalbs- oder Schweinsfüße in Sülze.

Knödel, → Klöße.

Knofel, → Knoblauch.

Knollenknobel, → Kerbelrübchen.

Knollensellerie (Wurzelsellerie, Mark, Merk), Zuchtform des Sellerie mit faustgroßen, fleischigen Wurzelknollen. Die Knollen werden für Gemüse, Salate, Suppen usw. verwendet. Das Knollenfleisch soll hell, zart und frei von Flecken sein. Die Blätter dienen – wie beim Schnittsellerie – zum Würzen von Saucen usw. Knollensellerie ist auch als Konserve erhältlich, in Scheiben oder Würfeln. – *Vor- und Zubereitung:* Die Sellerieknolle abbürsten, waschen und in Salzwasser kochen, dann schälen, in Scheiben oder Würfel schneiden und nach Rezept weiterverarbeiten. Oder: Die Sellerieknolle erst schälen, in Scheiben oder Würfel schneiden und dann nach Rezept gar dünsten. – *Garzeit:* etwa 30 Minuten.

Knollensellerie, gebacken: Sellerieknolle kochen, schälen, in 1/2 cm dikke Scheiben schneiden, die Scheiben eventuell halbieren, in Mehl wenden, durch Ei ziehen, mit Paniermehl bedecken und in Butter braten; dazu Tomatensauce.

Knollensellerie auf Meraner Art: eine Backplatte mit dünnen Scheiben von magerem Speck auslegen, rohe Selleriescheiben darüberbreiten, mit Salz und Pfeffer würzen, mit Fleischbrühe auffüllen und im Ofen weich dünsten; zuletzt saure Sahne hinzugießen.

Knollensellerie in Sahnesauce: Sellerieknolle schälen, in Stückchen schneiden, in Fleischbrühe weich kochen, mit Sahnesauce aufkochen und mit Pfeffer und geriebener Muskatnuß abschmecken.

Knollensellerie mit Speck: Sellerieknolle halbgar kochen, schälen, in Stückchen schneiden; Würfel von magerem Speck in Butter knusprig braten, mit Mehl bestäuben, leicht anschwitzen, mit dunkler Fleischbrühe auffüllen, den Sellerie hinzugeben und langsam weich dünsten, mit Salz und Pfeffer abschmecken.

Knollensellerie Vinaigrette: Sellerieknolle kochen, schälen, in 1/2 cm dicke Scheiben schneiden, lauwarm oder kalt mit Vinaigrette anrichten.

Knollenselleriepüree: Sellerieknolle schälen, in Salzwasser weich kochen, durch ein Sieb drücken, mit weißer Sauce und etwas Butter cremig rühren und mit Salz und weißem Pfeffer abschmecken.

Knollenselleriesalat, → Selleriesalat.

Knollenziest, → Stachys.

Knöpfli, schweizerische Spätzleart, rund und etwas fester als die schwäbischen → Spätzle.

Knopfstück, → Kugel.

Knufloch, → Knoblauch.

Knüppel, → Brötchen.

Knurrhahn (Seehahn, Seeschwalbe, Petermann), stachelflossiger, etwa 30 cm langer Fisch der Nordsee und anderer gemäßigter, auch warmer Meere. Sein Fleisch gilt als Delikatesse. Der graue Knurrhahn wird meist geräuchert, der rote Knurrhahn gebraten oder gedämpft. Sein Name rührt von den knurrenden Tönen her, die er mit Hilfe seiner Schwimmblase erzeugt. Knurrhahn wird vorwiegend in Salzwasser gekocht und mit holländischer Sauce oder gegrillt und mit Kräuterbutter angerichtet.

Kobeba, → Kube.

Kobichi Bhaji, indische Spezialität: Korianderkörner in heißes Öl schütten, sobald sie nicht mehr springen, feinstreifig geschnittenen Weißkohl zugeben, kurz anschwitzen, mit Salz und Currypulver würzen, in wenig Wasser weich dünsten, mit Zitronensaft abschmecken.

Koch, österreichische Bezeichnung für → Auflauf.

Kochbananen, → Planten.

Kochbuch, Anleitung zum Bereiten von Speisen und Getränken, Rezeptsammlung. – Das älteste, uns bisher bekannte Kochbuch verfaßte Ende des 5. Jahrhunderts v. Chr. Mithaikos aus Syrakus. Den Namen des römischen Feinschmeckers Apicius trägt das berühmteste Kochbuch der Antike »Apicii Caelii de re coquinaria libri decem«. Apicius lebte um Christi Geburt, seine Rezeptsammlung dürfte allerdings erst im 3. Jahrhundert zusammengestellt worden sein. Um 1370 schrieb der Küchenchef des Königs Karl V. das erste französische Kochbuch. Nur 20 Jahre später folgte die englische Rezeptsammlung »The Forme of Cury«. Das erste gedruckte Kochbuch stammt aus dem Jahre 1474; der Italiener Bartolomeo Sacchi gab ihm den Titel »De honneste voluptate« (Von anständigen Genüssen). 1485 erschien in Ulm das erste deutschsprachige Kochbuch, die »Kuchemaistrey«. Schließlich seien noch die berühmtesten Werke der jüngsten Vergangenheit und der Gegenwart erwähnt: Carême, »L'Art de la cuisine française au XIXe siècle« (1833), Escoffier, »Le guide culinaire« (1902), Banzer/Friebel, »Die Hotel- und Restaurationsküche«, Bickel, »Kochkunstbibliothek« sowie die verbreitetsten Kochanweisungen für die Hausfrau: Davidis, »Praktisches Kochbuch« und Scheubler, »Allgemeines Deutsches Kochbuch für alle Stände«.

köcheln, schwach brodelnd kochen.

kochen, im weiteren Sinne jede Zubereitung von Speisen mit Hilfe der Hitze, im engeren Sinne das Garen von Speisen in siedendem Wasser, Brühe u. dgl., z. B. das Kochen von Kartoffeln, Rindfleisch, Reis.

kochfertig, Bezeichnung für fertig zubereitete, konservierte Gerichte, die vor dem Anrichten nur noch erhitzt zu werden brauchen.

Kochkäse, einfacher Schmelzkäse aus gereiftem, gewürztem und geschmolzenem Sauermilchquark.

Kochkunst, die Fertigkeit, Speisen und Getränke schmackhaft, abwechslungsreich, appetitlich, verdaulich, nahrhaft und zuträglich für die menschliche Ernährung zu bereiten. – Die Kochkunst entwickelte sich, wie alle Künste, mit Sicherheit im Orient. In der *Jungsteinzeit* begann der Mensch, seßhaft zu werden. Er machte Schaf, Ziege, Schwein, Rind und Pferd zu Haustieren, baute Gerste, Weizen und Hirse an und schuf sich Gefäße aus Ton. Damit waren die Voraussetzungen für eine große Auswahl von Speisen gegeben. – Die *Babylonier* züchteten bereits Hühner und backten Brot. In *Ägypten* treffen wir erstmalig die Hausgans. In den Gärten der Vornehmen wurden Tausende von Schildkröten gemästet, um aus ihnen köstliche Suppen und Ragouts zu bereiten. Bier, Kuchen und Süßigkeiten bereicherten die Mahlzeiten. Leider haben uns die Hieroglyphen bisher kein Rezept verraten. – Die *Griechen* übernahmen die ägyptische Kochkunst und führten sie zu hoher Blüte. Archestratos, der Leibkoch des Sagenhelden Achill, soll das erste Kochbuch verfaßt haben. Seit dem 5. Jahrhundert v. Chr. entstanden zahlreiche Rezeptsammlungen, darunter die des Mithaikos aus Syrakus. – Griechische Köche verwöhnten die wohlhabenden *Römer,* die aus allen Ländern ihres Reiches die erlesensten Leckerbissen herbeischafften: Austern aus Britannien, Weinbergschnecken, Trüffeln und herrliche Schimmelkäse aus Gallien, geräucherte Schinken aus Germanien, Gewürze aus Ägypten und dem Vorderen Orient, Wein aus Rhodos. Die Kunst der Köche wurde mit Gold aufgewogen. Aber diese Kunst wurde immer üppiger und entartete schließlich. Die schwelgerischen Gastmähler des Apicius, Lucullus, Trimalchio, Vitellius und Heliogabalus gingen in die Geschichte ein. – Dann kamen die *Germanen* und unterwarfen das Imperium Romanum. Sie aßen einfach, aber keineswegs barbarisch. Wild, Rebhühner, Hausgans, Fische und Muscheln bereicherten die germanische Küche. Auch Erbsen, Linsen, Möhren und sogar der Spargel waren bekannt. Exotische Leckerbissen kamen allerdings nicht auf ihre Tafel, denn den Germanen fehlte die weltweite Transportorganisation der Römer. – Im *Mittelalter* wurden die Klöster zu kulturellen Zentren, in denen auch die altüberlieferte Kochkunst wieder zu Ehren kam. Besonders die mit Rom verbundenen Klöster tauschten Nahrungs- und Genußmittel aus und entwickelten eine fast international zu nennende Gastronomie. – In der *Renaissance* feierten die pompösen Gelage der Cäsarenzeit eine glänzende Auferstehung. Die Hochzeit von Georges de Ribeaupierre mit Elisabeth von Halfenstein im Jahre 1543 brachte das wohl gewaltigste Festmahl aller Zeiten: 9 Ochsen, 18 Kälber, 100 Spanferkel, 100 Rehböcke, 152 Kapaunen, 200 Poularden, 120 Enten, 80 Gänse, 60 Rebhühner, 70 Schnepfen und 200 Stück anderes Wildbret hatten die Köche zu raffiniertesten Gerichten verarbeitet. In den Kreuzzügen hatte das Abendland die exotischen Gewürze wiederentdeckt. Über Venedig kamen Pfeffer, Ingwer, Zimt, Muskat, Gewürznelken nach Europa. Das Gewürz wurde zum Gradmesser des Wohlstandes. Das Ansehen der Gastgeber wuchs mit der Menge der verwendeten Spezereien. – Die Italiener versuchten als erste, die Kochkunst wieder in natürliche Bahnen zu lenken. Mit Katharina di Medici kamen tüchtige sizilianische Köche nach Frankreich. Hier fielen die neuen Ideen auf fruchtbaren Boden. Frankreich begann, die Kochkunst in ungeahnte Höhen zu führen. Das Zeitalter der *klassischen Kochkunst* begann. Unter Ludwig XIV., dem Sonnenkönig und größten aller Schlemmer, begründete die französische Küche ihren guten Ruf. Unter Ludwig XV. und Ludwig XVI. setzte sich diese Aufwärtsentwicklung der Gastronomie fort. Während der Regierungszeit Ludwigs XVIII. erschien der unvergleichliche → Carême, der König der Köche. Seine äußerst schwierigen Rezepte erforderten von den Köchen ein hohes, fachliches Können. Allerdings war für Carême das Anrichten der Speisen fast wichtiger als das eigentliche Gericht. Die französische Küche eroberte Europa und Amerika. Französisch war die Sprache der Köche, und auch heute noch lassen zahlreiche küchentechnische Begriffe ihre französische Herkunft erkennen. – Um die Jahrhundertwende wies → Escoffier, der Schöpfer der *modernen Kochkunst,* den Weg zur Einfachheit, Gediegenheit und geschmacklichen Vollendung der Speisen. Alles, was auf dem Teller ist, muß man essen können. Die Speisefolgen sind bis ins Detail nach ästhetischen, gastronomischen und ernährungswissenschaftlichen Grundsätzen zusammenzustellen. Auf diesem Weg befindet sich die Kochkunst auch heute noch. Man besinnt sich der nationalen Küche, interessiert sich für Spezialitäten fremder Länder und kreiert täglich neue Gerichte, in der Hoffnung, daß vielleicht einmal ein ganz großes dabei sein wird. Denn, wie sagte doch Brillat-Savarin: »Die Entdeckung eines neuen Gerichtes trägt mehr zum Glück der Menschheit bei als die eines neuen Gestirns.«

Kochsalat, → römischer Salat.

Kochsalz, → Salz.

Kochschinken, gepökelter und danach gekochter Hinterschinken junger Schweine.

Koentjic, ostindische ingwerähnliche Gewürzknolle.

Kofern, schwäbische Waffelspezialität in gewölbter Form.

Koffein, Alkaloid der Kaffeebohnen, Teeblätter und Kolanüsse. Koffein wirkt anregend auf Herz, Gehirn und Rückenmark und fördert die Harnabsonderung der Nieren. Übermäßiger Genuß führt dagegen zu Vergiftungserscheinungen, die sich in Übelkeit, Schweißausbruch, Schwindelgefühl, sogar in Lähmungen äußern können.

Köfte (türk: kleiner Kloß), türkische Spezialität: rohes Hammelfleisch durch den Fleischwolf drehen, mit eingeweichtem Weißbrot und Eiern, Knoblauch, Salz und Zimt verarbeiten, zu flachovalen Klößen formen und grillen. – *Rezept:* Auberginen-Köfte.

Kognak, → Cognac.

Kohl, Gemüsegattung. Weißkohl, Rotkohl, Wirsingkohl, Rosenkohl, Palmkohl, Chinakohl, Grünkohl, Blumenkohl, Broccoli, weiße Rüben, Teltower Rübchen, Kohlrüben, Kohlrabi, Meerkohl, Mangold usw.

Kohl, → Kraut.

Kohlehydrate, stickstofffreie organische Verbindungen, die zusammen mit Eiweiß und Fett für die menschliche Ernährung unentbehrlich sind. Kohlehydrate sind z. B. Zucker, Stärke, Glykogen, Inulin, Zellulose. Kohlehydrate enthalten immer Kohlenstoff, Wasserstoff und Sauerstoff.

Köhler, → Seelachs.

Kohlrabi (Oberrüben, Oberkohlrabi), Stengelgemüse mit einer apfelgroßen Knolle zwischen Wurzelhals und Blattansatz. Verwendet werden die jungen grünen oder blauen Knollen sowie die zarten Herzblätter. Die Kohlrabiknollen werden geschält, meistens in mehr oder weniger dicke Scheiben geschnitten und gedünstet oder gekocht. In Ostfrankreich wird Kohlrabi auch gehobelt, eingesalzen und wie Sauerkraut zubereitet. – *Garzeit:* etwa 20 Minuten.

Kohlrabi, bayerisch: die geschälten Knollen in Stücke schneiden, in Wasser weich kochen und durch ein Drahtsieb streichen, das Püree mit heller Mehlschwitze binden, etwas Fleischbrühe hinzufügen, kräftig würzen und kurz dünsten.

Kohlrabi, deutsch: die geschälten Knollen in Viertel, die Viertel in Scheiben schneiden, die Herzblätter in Streifen schneiden, Salz, weißen Pfeffer und Butter zugeben und in wenig Wasser weich dünsten, mit heller Zwiebel-Mehlschwitze binden und nochmals kurz dünsten, gehackte Petersilie darüberstreuen.

Kohlrabi, englisch: die geschälten Knollen in sehr dünne Scheiben schneiden und in Wasser weich kochen, abgießen, salzen, pfeffern und in Butter durchschwenken.

Kohlrabi, gefüllt: besonders junge Kohlrabi schälen und in Wasser weich kochen; das obere Viertel als Deckel abschneiden und die Knollen aushöhlen, das ausgehobene Gemüse hacken, mit Hackfleisch (halb Rind, halb Schwein), eingeweichter Semmel, angeschwitztem Zwiebelgehäck und den gehackten Herzblättern verarbeiten, gut würzen und die Masse in die Kohlrabi füllen, mit geriebenem Weißbrot bestreuen, mit Butter beträufeln und im Ofen überbacken.

Kohlrabi, russisch: die geschälten Knollen in Streifen schneiden und mit Butter, Salz und einer Prise Zucker in wenig Wasser weich kochen, mit saurer Sahne binden und kurz dünsten, gehackte Petersilie darüberstreuen und mit Scheiben von Räucherwurst garnieren.

Kohlrabi in Sahne: die geschälten Knollen in Scheiben schneiden, in Wasser weich kochen, abtropfen, mit Salz und weißem Pfeffer würzen und mit Butter in Sahne fertigdünsten.

Kohlrabi, ungarisch: die geschälten Knollen in Scheiben schneiden, mit siedendem Wasser überbrühen und in Paprikasauce weich dünsten.

Kohlrabi-Bananen-Salat: geraspelte junge Kohlrabi und Bananenscheiben mit Sahne, Zitronensaft und Currypulver anmachen, gehobelte Mandeln darüberstreuen.

Kohlroulade, → Krautwickel.

Kohlrüben (Steckrüben, Erdrüben, Schmalzrüben, Bodenkohlrabi, Dorschen, Wruken, Kullochen), Gemüsepflanze mit dicker, fest- und gelbfleischiger Wurzel, die als »Kriegs- und Nachkriegsgemüse« sehr an Beliebtheit verloren hat, obwohl sie – gut zubereitet – durchaus lecker schmeckt.

Kohlrüben, böhmisch: die Kohlrüben schälen, in dicke Stifte schneiden, in Schweineschmalz anschwitzen, mit Wasser und hellem Bier (halb und halb) auffüllen, mit Salz und Pfeffer würzen, gehackte, gebratene Zwiebel beifügen und weich dünsten, mit brauner Mehlschwitze binden und mit etwas Zucker abschmecken.

Kohlrüben, bürgerlich: die Kohlrüben schälen, in Stifte oder Würfel schneiden, in Butter weich dünsten; braune Mehlschwitze mit Fleischbrühe verkochen, die Kohlrüben damit binden, etwas durchschmoren und mit Pfeffer und etwas Zucker abschmekken.

Kohlrüben, norddeutsch: die Kohlrüben schälen, in dicke Stifte schneiden, mit fettem Schweinefleisch in wenig Wasser dünsten, Kartoffelwürfel zuletzt mitdünsten, mit Mehlbutter binden, gehackte Petersilie darunter-mischen; das Schweinefleisch in Scheiben anrichten.

Kohlrüben, ostpreußisch: die Kohlrüben schälen, grob zerschneiden, mit Zwiebelscheiben und Gewürznelken in Wasser und Fett weich dünsten, durch ein Sieb streichen und das Püree mit brauner Butter übergießen.

Kohlrüben, süddeutsch: die Kohlrüben schälen, grob zerschneiden, in wenig Wasser weich dünsten, durch ein Sieb streichen, mit brauner Mehlschwitze und Fleischbrühe verrühren, etwas durchschmoren, mit Muskatnuß abschmecken.

Kohlsprossen, → Rosenkohl.

Kohlsuppe: Schweinepökelfleisch mit Wasser ansetzen, langsam kochen lassen, Weißkohl und etwas Porree, später auch Kartoffeln hinzufügen, würzen, alles weich kochen.

Kokada, ostafrikanische Süßspeise: 3 Eier mit 4 EL Zucker schaumig rühren, den Inhalt von 2 Päckchen Vanillezucker sowie 2 Gläschen Weinbrand hinzufügen, frisch geraspelte Kokosflocken darunterrühren; die Kokoscreme kühl anrichten, mit geraspelter Schokolade bestreuen und je eine Haube Schlagsahne daraufsetzen.

Kokosfett (Kokosbutter), aus dem Öl des Samens der Kokospalme gewonnenes Fett. Kokosfett ist rein weiß, schmeckt angenehm nußartig und hat einen hohen Schmelzpunkt. Es eignet sich vorzüglich zum Backen und Braten und wird auch zur Margarineherstellung verwendet.

Kokosflocken, → Kokosraspeln.

Kokosmakronen, → Makronen.

Kokosmilch, → Kokosnuß.

Kokosnuß, Frucht der Kokospalme, die vor allem auf Ceylon, in Indien, Malaysia, Indonesien, auf den Philippinen und in Mexiko kultiviert wird. Die bis menschenkopfgroße Frucht ist von einer dünnen Außenschale umhüllt. Darunter befindet sich eine 4–6 cm dicke Faserschicht, deren 30–40 cm lange Fasern zu Besen, Teppichen, Seilen usw. verarbeitet werden. Dann kommt die harte Steinschale, unter der das weiße, knorpelige Samenfleisch liegt, umgeben von einer anhaftenden, dünnen, braunen Haut. Das Samenfleisch wird getrock-

1 Kohlrabi 2 Kokosnuß 3 Kopfsalat 4 Koriander 5 Krebs 6 Kümmel

net und stellt als Kopra das Ausgangsprodukt für die Gewinnung von Kokosfett dar. Geraspelt und meist auch gezuckert wird das Samenfleisch für verschiedene Gebäcke und Süßwaren verwendet. Inmitten der Nuß befindet sich eine große Höhlung, die mit *Kokosmilch,* einer leicht süßen, erfrischenden Flüssigkeit, gefüllt ist. – Kokosnüsse kommen als Kokosraspeln oder im ganzen ohne Faserschicht in den Handel. Die knochenharte Schale der Kokosnuß wird aufgebohrt, um die Kokosmilch ohne Verlust zu gewinnen. Dann zerschlägt man die Nuß mit dem Hammer, notfalls unter Zuhilfenahme eines Meißels, oder zersägt sie mit einer stabilen Holzsäge. Das Samenfleisch wird enthäutet und geraspelt. Frisch geraspelte Kokosnuß eignet sich hervorragend zum Panieren von Fisch, Fleisch und Gemüse. In Butter goldgelb geröstete Kokosraspeln sind eine köstliche Beilage zu gebratenem Fleisch und Fisch.

Kokosnußessig, philippinische Spezialität, in Feinkostgeschäften erhältlich. Der milchig trübe Essig schmeckt süßsauer und erkennbar nach Kokosnuß. Er vollendet den Geschmack pikanter Gerichte aus Meeresfrüchten und Gemüsen.

Kokosnußmilch: 100 g frisch geraspelte Kokosnuß mit 1/8 l heißer Milch übergießen und zugedeckt ausziehen lassen, nach dem Abkühlen durch ein Tuch drücken.

Kokosraspeln (Kokosflocken), geraspelte Kokosnuß, getrocknet, wegen des hohen Feuchtigkeits- und Fettgehalts aber nur begrenzt haltbar, wird meist gezuckert und für verschiedene Gebäcke (Makronen, Kokosgebäck usw.) und Süßwaren verwendet.

Kokotte, irdener Schmortopf, meist hübsch geformt und bemalt, in dem die Speisen zubereitet und gleich aufgetragen werden. Heute wird die Kokotte vielfach durch Geschirr aus Jenaer Glas oder Spezialkunststoff ersetzt. – Das Wort Kokotte kommt vom französischen »cocotte«, worunter ursprünglich ein Huhn und dann auch der Topf, in dem das Huhn zubereitet wird, verstanden wurde. Daß »cocotte« gleichzeitig ein liederliches Frauenzimmer bedeutet, sollte niemanden stören. → Cocotte.

Kolanuß (Colanuß, Gurunuß), Same des westafrikanischen Kolabaumes. Die Samen sind taubenei- bis kastaniengroß und enthalten die Alkaloide Koffein und Theobromin. Sie werden seit alters von den afrikanischen Eingeborenen als anregendes und hungerstillendes Mittel gekaut und heute Erfrischungsgetränken, Bonbons, Schokolade usw. zugesetzt.

Kolatschen, böhmisches Hefeteiggebäck: Hefeteig etwa kleinfingerdick ausrollen und Teigscheiben von ungefähr 5 cm Durchmesser ausstechen, einen Hefeteigring aufsetzen, den Teig gehen lassen und mit Pflaumenmus füllen, die Kolatschen mit Milch einpinseln und im Ofen backen.

Kölle, → Bohnenkraut.

Kolombinen, plätzchenförmige Berrichons mit Buttercreme, die mit Kirschwasser parfümiert wurde, bedecken, eine Konfitkirsche daraufsetzen, mit Kirschwasserfondant leicht überziehen.

kolorieren, → colorieren.

Komarowskisalat: kleine Scheiben von gebratener Hühnerbrust, von Hummer und rohen Champignons, dazu Chicoréestreifen in Kräutermarinade, gehackten Estragon darüberstreuen.

Kompott, gedünstetes Obst als Nachspeise. – *Rezepte:* Ananas-, Apfel-, Birnen-, Erdbeer-, Himbeer-, Kirsch-, Pflaumenkompott.

Kondensmilch (evaporierte Milch), unter vermindertem Druck eingedickte, vorwiegend ungezuckerte Milch mit meist 10% Milchfett und 23% fettfreier Milchtrockenmasse.

Konditorcreme (Füllcreme für Torten und Gebäck): ein Stückchen Vanille in 1/4 l heißer Milch ausziehen lassen; 4 Eigelb und 150 g Zucker schaumig schlagen, mit 65 g Mehl verrühren, die heiße Milch unter ständigem Schlagen hinzugießen, auf dem Herd cremig rühren. Die Konditorcreme kann statt mit Vanille auch mit Kaffeepulver, Schokolade, Likör usw. aromatisiert werden.

Konfekt, Sammelbezeichnung für feine Süßwaren, z. B. Pralinen, Fondants, kleines Zuckerfeingebäck.

Konfitfrüchte (Belegfrüchte, Dickzuckerfrüchte), in konzentrierte Zukkerlösung eingelegtes Obst, das zum Garnieren von Torten, Speiseeis und Süßspeisen verwendet wird, vor allem Kirschen.

Konfitüre, Marmelade aus nur einer Obstart mit noch erkennbaren Obststücken.

Königin-Art (à la reine): Spargelspitzen, mit Eigelb gebundenes, getrüffeltes Hühnerpüree und Geflügelrahmsauce zu Geflügel oder Fleisch (Hammelrippchen, Kalbsbries usw.).

Königin-Isabelle-Salat: Hummerscheibchen, Lachsschnitze, Garnelen und gehackte Sardellenfilets auf Kopfsalat anrichten, mit Streifen von rotem Paprikagemüse bestreuen und mit Essig-Öl-Marinade übergießen.

Königin Margot, à la: Geflügelmousselines, abwechselnd mit Krebspüree und Pistazienpüree vermischt, sowie Geflügelrahmsauce mit Mandelmilch zu Geflügel, das mit Hühnerfarce und Mandelpüree gefüllt wurde. – Margarete von Valois, genannt »Königin Margot«, 1553–1615, Gattin Heinrichs IV. von Frankreich.

Königinpastetchen, die wohl beliebteste Kleinpastete: feine Würfel von gekochtem Hühnerfleisch und gedünsteten Champignons mit dicker Geflügelrahmsauce binden, vielleicht noch ein paar Trüffelscheibchen daruntermischen, alles in Blätterteighüllen füllen und erhitzen; Worcestershiresauce bereitstellen. – Königin Marie, die Gemahlin Ludwigs XV., soll diese Pastetenfüllung kreiert haben.

Königinsalat: Streifen von gebratener Hühnerbrust und Bleichsellerie mit leichter Mayonnaise binden, mit Eierachteln und gehackten Trüffeln garnieren.

Königinsauce (Sauce à la reine): Geflügelrahmsauce mit Schlagsahne auflockern, Streifen gebratener Hühnerbrust hineingeben. Zu Geflügel.

Königinsuppe: etwas Reismehl in Butter anlaufen lassen, mit kräftiger Hühnerbrühe auffüllen und langsam durchkochen, etwas heiße Milch hineingießen, salzen, mit Eigelb und Sahne binden; Würfel von gekochter Hühnerbrust als Einlage.

königliche Art (à la royale): getrüffelte Hühner- oder Kalbfleischklößchen, gebratene Gänseleberscheiben, Hahnenkämme, Champignonköpfe, Trüffeloliven und deutsche Sauce mit Trüffelessenz zu kleinen Fleischstükken, Kalbsbries oder Geflügel. – Fischklößchen mit Krebsbutter sowie Austern, Fischmilcher, Champignonköpfe, Trüffelscheiben und normannische Sauce zu Fisch.

königliche Glasur, → Eiweißglasur.

königlicher Salat: Spargel in 4 bis 5 cm lange Stücke schneiden, kochen und in Kräutermarinade einlegen, gut abtropfen und mit Sahnemayonnaise bedecken, mit feingehackter Pökelzunge, Trüffeln und Garnelen garnieren.

Königsbalsam, → Basilikum.

Königsberger Fleck, ostpreußische Kaldaunenspezialität: kleingeschnittene, gekochte Kaldaunen mit zerkleinertem Wurzelgemüse, Gewürz- und Pfefferkörnern und einem Lorbeerblatt etwa 30 Minuten in kräftiger Fleischbrühe kochen, mit Essig und feingehacktem Majoran würzen.

Königsberger Klopse (Soßklopse), ostpreußische Spezialität: gut gewürztes Rinder- und Schweinehack sowie gehackte Zwiebel und 1 feingehackten Salzhering bzw. einige Sardellen mit Eigelb binden, kräftig würzen, aus der Masse Klöße formen, mit Zwiebel, Sellerie und Lorbeerblatt in Salzwasser gar kochen; die Kochbrühe durchseihen, Kapern hinzufügen, mit Sahne und Ei binden, Petersilie darüberstreuen.

Königsberger Marzipan, → Marzipan.

Königsfisch, → Weißbarsch.

Königskrebse (Kamtschatkakrabben), Riesenkrabben des Stillen Ozeans, etwa 60 cm lang und 2–4 kg schwer. Sie werden in der Nähe der Kurilen in großen Tiefen gefangen, gleich gekocht und kommen tiefgefroren nach Europa. Nach dem Auftauen richtet man die mächtige Seespinne auf einer Silberplatte oder auf einem mit Alufolie ausgelegten Tablett an, garniert sie mit Petersilie und Zitronenscheiben; dazu gibt es Toast, Butter, Wodka und vielleicht auch Kaviar.

Königskuchen: 250 g Butter, 6 Eigelb und 250 g Zucker schön schaumig rühren, den Abrieb einer halben Zitrone und etwas Salz hinzufügen, 6 steifgeschlagene Eiweiß, 200 g Mehl, 50 g Stärkemehl und 1/2 Päckchen Backpulver darunterziehen, auch je 75 g Korinthen und gewürfeltes Zitronat sowie 50 g geriebene Mandeln dazugeben, den Teig in eine mit gebuttertem Pergamentpapier ausgekleidete Kastenform (Königskuchenform) füllen und im Ofen backen.

konservieren, haltbarmachen von Speisen durch Einkochen in Dosen oder Gläsern, durch Dörren, Pökeln, Räuchern, Tiefkühlen. Im Jahre 1810 erfand der französische Koch Nicolas Appert eine Methode, Speisen in luftdichten Glasbehältern zu erhitzen und damit zu konservieren. Zwei Jahre darauf gründete er die erste Konservenfabrik. Nach derselben Methode gelang es dem Engländer Peter Durand ungefähr zur gleichen Zeit, Speisen in Blechdosen zu konservieren.

Kopenhagener Gebäck (Wiener Brød), verschiedene Gebäcke wie Rollen, Taschen, Dreiecke, Schnekken aus Blätter- oder Strudelteig, häufig mit Früchten oder Konfitüre gefüllt und ofenwarm zum Kaffee gereicht. In Wien wurden sie kreiert, in Kopenhagen berühmt. – *Rezeptbeispiel:* Quarkblätterteig 4–5 mm dick ausrollen, in 10 x 10 cm große Quadrate schneiden, die Spitzen zur Mitte hin einschlagen, in die Mitte je einen Klecks Aprikosenkonfitüre geben, die Teigspitzen mit Milch einpinseln, die Kopenhagener backen und mit Zukkerglasur überziehen.

Kopfsalat (Blattsalat, grüner Salat, Buttersalat, Lattich), bekannteste und beliebteste Salatpflanze, die das ganze Jahr über im Handel ist (Freilandsalat, Treibhaussalat). Die grünen Außenblätter sind besonders vitaminreich und haben einen angenehm bitteren Geschmack, die gelblichen Innenblätter schmecken milder, oft leicht süß. Kopfsalat wird überwiegend als Salat zubereitet, doch auch als Gemüse wird er sehr geschätzt. – *Vorbereitung:* Unansehnliche Außenblätter entfernen, die grünen und gelben Blätter abtrennen und gründlich waschen. Das zarte Salatherz je nach Größe halbieren oder vierteln. Bei Salatköpfen, die als Gemüse verwendet werden sollen, das Wurzelende glattschneiden, den Kopf waschen, mit siedendem Salzwasser überbrühen, abkühlen und gut ausdrücken. Züchtungen: → Bataviasalat, → Eisbergsalat.

Kopfsalat: kleingerissene Salatblätter mit Essig-Öl-Marinade, mit Zitronen-Öl-Marinade, mit französischer Marinade, mit Mayonnaise oder mit Sahne anmachen, nach Belieben mit Kräutern, Radieschen, Tomaten, Senf, hartgekochten Eiern, gerösteten Speckwürfeln usw. mischen.

Kopfsalat, gefüllt: überbrühte, abgekühlte und gut ausgedrückte Salatköpfe halbieren, ohne den Strunk zu durchschneiden, mit Duxelles, Bratwurstmasse oder Hühnerfarce füllen, die Köpfe binden und in kräftiger Fleischbrühe zugedeckt gar dünsten, abgetropft anrichten und mit Kraftsauce begießen.

Kopfsalat in Madeira: überbrühte Salatköpfe abkühlen, ausdrücken, halbieren, mit Salz, Pfeffer und Muskatnuß würzen, wieder zusammensetzen und in einem Schmortopf auf Speck-, Mohrrüben- und Zwiebelscheiben anordnen, kräftig anschwitzen, mit Kalbsfond ablöschen, zugedeckt gar dünsten, mit Madeirasauce übergossen anrichten.

Kopfsalat in Sahne: überbrühte, abgekühlte und gut ausgedrückte Salatköpfe halbieren, mit Salz, Pfeffer und Muskatnuß würzen, wieder zusammensetzen und in einem mit Butter ausgestrichenen Schmortopf anordnen, mit heißer Sahne übergießen und zugedeckt gar dünsten, die abgetropften Salatköpfe anrichten und die eingekochte, mit Butter vollendete Sahne darübergießen.

Kopfsalat, schlesisch: kleine Würfel von durchwachsenem Räucherspeck rösten und mit etwas Essig über kleingerissene Salatblätter gießen.

Kopfsalat, überbacken: Salatköpfe mit Salzwasser überbrühen, abkühlen und gut ausdrücken, in einer Backschüssel auf etwas Béchamelsauce setzen, mit Mornaysauce überziehen, mit geriebenem Parmesan bestreuen, mit Butter beträufeln und im Ofen überbacken.

Kopfsalat auf Wiener Art: Salatblätter in Salzwasser vorkochen, abtropfen, hacken, mit heller Mehlschwitze binden, etwas Fleischbrühe hineinrühren, mit Salz und Muskatnuß würzen und mit wenig saurer Sahne vollenden.

Kopfsalatherzen, das zarte, butterweiche Innere des Kopfsalats: die Herzen der Länge nach ein- bis zweimal durchschneiden und mit Kräutermarinade, mit leichter Senfmayonnaise oder mit einer Salatsauce anmachen.

Korallenpilz, → Ziegenbart.

Körbelkraut, → Kerbel.

Korbkäse, Sauermilchkäse mit Kümmel aus der Magdeburger Börde, wird heute auch in Niedersachsen hergestellt.

Koriander, Gewürzpflanze, deren

pfefferkornähnliche Früchte als Gewürz geschätzt werden. Die Heimat des Korianders ist der Orient, wahrscheinlich Kleinasien oder Syrien. Heute kommt der beste Koriander aus Marokko und Rußland. Koriander ist ein Back- und Wurstgewürz und wird auch zu Gurke, roter Bete, Apple Pie usw. verwendet. Schweinefleisch schmeckt besonders gut, wenn es vor dem Braten mit Koriander eingerieben wurde. Frisches *Koriandergrün* bereichert zunehmend exotische Gerichte. Man kann es auch selber im Garten oder Blumenkasten ziehen.

Korinthen, kleine, feinhäutige, kernlose, schwarzblaue bis schwarze, getrocknete Weinbeeren. Sie kommen aus Griechenland und haben ihren Namen von der Hafenstadt Korinth. Die im Schatten getrockneten, entstielten Korinthen enthalten etwa 77% Zucker, 2,8% Eiweiß und 1,5% Fruchtsäure. Sie sind eine beliebte Zutat zu Backwaren, Puddings usw. Als beste Korinthensorte gelten die Vostizza-Korinthen.

Kornbranntwein, klarer Branntwein aus Roggen, Weizen, Buchweizen, Hafer oder Gerste. Der Alkoholgehalt beträgt mindestens 32 Vol. %. Doppelkorn ist ein Kornbranntwein mit mindestens 38 Vol. % Alkoholgehalt.

Kornellen (Kornelkirschen, Dirlitzen, Dürlitzen, Herlitzen, Kratzbeeren, Judenkirschen), bis 2 cm große, ovale, scharlach- bis kirschrote, glänzende Steinfrüchte eines Hornstrauchgewächses. Die Kornelle wird in Südosteuropa und im Vorderen Orient kultiviert. Die Früchte schmecken süßsauer und werden zu Kompott, Marmelade oder Saft verwendet; sie bilden die Grundlage des Sorbets (Scherbets).

Kosakenblut, Kaffeegetränk: gesüßten Kaffee und Rotwein im gleichen Verhältnis mischen, 1 Gläschen Wodka hinzufügen, heiß servieren.

koscher sind für Juden alle Speisen, die der »Kaschrut« entsprechen, jenen Regeln, die sich aus der Bibel und aus dem Talmud herleiten. Wo Juden in aller Welt lebten, beeinflußten sie die nationalen Küchen, übernahmen aber auch viele lokale Speisen, die sie nach der Kaschrut umwandelten. Als koscher (= rein) gelten alle Säugetiere, die Wiederkäuer sind und gespaltene Hufe haben, wie Rinder, Schafe, Ziegen und Hochwild, und die aus ihnen bereiteten Speisen. Nicht koscher, d. h. *trefe,* sind Schweine, Pferde, Hasen, Kaninchen usw. Alles Geflügel, wie Gänse, Enten, Hühner, Fasanen, Rebhühner, Wachteln und Tauben, ist koscher, ausgenommen Raubvögel, Nachtvögel, Storch und Strauß. Unbefruchtete Eier koscheren Geflügels sind ebenfalls koscher. Koschere Fische haben Schuppen und Flossen; trefe sind demnach Aal und Tintenfisch, außerdem alle Schalen- und Krustentiere, wie Muscheln, Krabben, Garnelen, Hummer, Langusten usw. – Vorgeschrieben ist das rituelle Schächten der koscheren Tiere, d. h. das vorschriftsmäßige Durchschneiden der Kehle, denn Blut ist nicht koscher. – Sehr wichtig ist die Trennung von Fleisch- und Milchspeisen, die weder zusammen gekocht noch zusammen gegessen werden dürfen, z. B. Entenbraten mit Sahnesauce oder in Butter gebratene Wachteln. Mit fleischigen wie auch milchigen Speisen harmonieren alle eßbaren Pflanzen; sie sind *parve* (= neutral). Fleisch- und Milchprodukte sind getrennt voneinander aufzubewahren, in verschiedenen Räumen oder Behältnissen. Verwendetes Kochgeschirr, Teller, Besteck und Küchengerät müssen getrennt gespült werden, weshalb zwei Spülwannen bzw. Geschirrspülmaschinen vonnöten sind. – Für das achttägige Mazzoth- oder Passah-Fest gelten zusätzliche Bestimmungen, die u. a. den Genuß von Brot aus Sauerteig, Kuchen aus Hefeteig, Hülsenfrüchten und Bier verbieten.

köstliche Art (délicieuse): mit geschmolzenen Tomaten vermischte holländische Sauce und kleine gekochte Kartoffeln zu Fisch.

köstlicher Salat: Ananasecken, Apfelsinenspalten, Tomatenscheiben und Kopfsalatherzen in Sahne-Salatsauce.

Kotelett (Rippchen, Rippe; frz: côtelette = Rippchen), Scheibe aus dem Rippenstück von Rind, Kalb, Hammel, Lamm, Schwein und Wild. Am zartesten und wohlschmeckendsten sind Koteletts von Kalb und Lamm. Oft werden auch Gerichte in Kotelettform so bezeichnet, z. B. Hühnerkotelett, Hasenkotelett.

Kouskous, → Couscous.

Krabben, zehnfüßige Kurzschwanzkrebse, die größtenteils Meeresbewohner sind. Die bekanntesten eßbaren Krabben sind der Taschenkrebs, der bis 60 cm große Königskrebs und die bis 120 cm große und 6 kg schwere japanische Riesenkrabbe, die das Crab Meat liefert. Fälschlich werden auch die langschwänzigen → Garnelen als Krabben bezeichnet.

Krabben in Weingelee: Garnelen in Aspikformen setzen, mit einer gut gewürzten Mischung aus gehackten Garnelen, gebratenem Hühnerfleisch, Sahne und Weingelee auffüllen, nach dem Erstarren aus den Formen stürzen.

Krabbenbrot, → Kroepoek.

Krabbenfleisch, → Crab Meat.

Krabbensalat, → Garnelensalat.

Krabbensalat San Francisco: Crab-Meat-Würfel und kleingeschnittenen Bleichsellerie mit Mayonnaise, Zitronensaft, Cayennepfeffer und feingehackten Schalotten anmachen, den Salat in halbierte, entsteinte Avocados füllen, mit Tomatenachteln, Radieschen, Zwiebellauch und Streifen von rohen Karotten garnieren.

Krachmandeln (Knackmandeln), besonders dünnschalige süße Mandelsorte, die vor allem in Südfrankreich und Spanien kultiviert wird.

Krachsalat, → Eisbergsalat.

Kräcker (Cracker), kleines, knuspriges Salzgebäck zu Wein, Bier usw.

Kraftbrühe, besonders kräftige, klare Fleischbrühe, → Consommé.

Kraftbrühe Anjou: kräftige, klare, gut gewürzte Wildbrühe; als Einlage Spargelspitzen, gekochter Reis und Wildklößchen.

Kraftbrühe Aurora: kräftige, klare Fleischbrühe mit Tomatenmark verrühren, mit etwas Tapioka verkochen, anrichten, gehacktes Eigelb darüberstreuen.

Kraftbrühe auf Florentiner Art: geschlagenes Ei in die kochende Fleischbrühe passieren, die Brühe mit gekochtem Reis verrühren, Kerbel darüberstreuen.

Kraftbrühe mit Madeira: kräftige, klare, eiskalte, ein wenig gelierende Fleischbrühe im Verhältnis 1 : 10 mit Madeira abschmecken.

Kraftbrühe Mousseline: kräftige, klare Fleischbrühe mit etwas Tapioka verkochen, über Eigelb-Sahne-Mischung gießen, kräftig schlagen.

Kraftbrühe royale, Geflügel- oder Rinderkraftbrühe mit Eierstichwürfeln.

Kraftbrühe, schottisch: Perlgraupen in kräftiger, klarer Hammelfleischbrühe kochen, gewürfeltes Hammelfleisch, Mohrrüben, Knollensellerie und Porree sowie schräggeschnittene grüne Bohnen hinzufügen.

Kraftbrühe auf Zölestiner Art: kleine, hauchdünne Eierkuchen in sehr feine Streifen schneiden und in kräftige, klare Geflügelbrühe geben, Kerbel darüberstreuen.

Kraftsauce (Demiglace), verfeinerte braune Grundsauce: 2 Teile braune Grundsauce und 1 Teil Kalbsfond verrühren, um ein Drittel einkochen und mit etwas Fleischextrakt vollenden.

Krähenbeeren (Grambeeren, Rauschbeeren), schwarze oder rote, säuerlich schmeckende Beeren eines heidekrautähnlichen Strauches der nördlichen Breiten. In Skandinavien werden die Beeren gern als Kompott gegessen oder zu Wein und anderen alkoholischen Getränken vergoren.

Krakauer Art (à la cracovienne): mit Sardellenstreifen gespicktes Fleisch mit Madeirasauce. – Krakau, Stadt an der Weichsel, Krönungsort der polnischen Könige, beherbergt seit 1364 eine berühmte Universität.

Krakauer Wurst, Brühwurst aus gepökeltem Rind- und Schweinefleisch, kräftig gewürzt und geräuchert. Die Krakauer Wurst ist eine schlesische Spezialität, heute wird sie vor allem in Bayern hergestellt.

Krake, → Octopus.

Krammeln, → Grieben.

Krammetsvogel (Kranewitter, Kronawetter, Wacholderdrossel), Wildgeflügel, dessen vortreffliches Fleisch schon Martial, der römische Satiriker des ersten vorchristlichen Jahrhunderts, rühmte. Auch die Fürsten des Mittelalters, sogar deutsche Kaiser, stellten diesem edlen Federwild nach. Mit der Klutter, einem pfeifenartigen Instrument, lockte man die Drosseln in die aufgestellten Netze und Schlingen aus Pferdehaar. Als die Krammetsvögel um die Jahrhundertwende auszusterben drohten – allein in Deutschland wurden jährlich weit über 100 000 dieser deliziösen Vögel gefangen –, beendete 1908 das Vogelschutzgesetz die Ausrottung der Singvögel. Zwar gehören die Drosseln auch weiterhin zum jagdbaren Wild, aber sie genießen nunmehr eine ganzjährige Schonzeit. In Italien, Spanien und Griechenland, auch in Frankreich und Belgien ist die Jagd auf Krammets- und andere Vögel noch erlaubt.

Kranbeeren, → Preiselbeeren.

Kranewittbeeren, → Wacholderbeeren.

Kranewitter, → Krammetsvogel.

Kranzkuchen, → Frankfurter Kranz, → Mandelkranz.

Krapfen (Beignets), kleine Happen aus Fleisch, Geflügel o. dgl., Stückchen feinen Gemüses, Früchte usw. durch Backteig gezogen und in Fett schwimmend gebacken. Süße Krapfen werden mit Zucker bestäubt, die anderen Krapfen werden mit Petersilie und Zitronenspalten serviert. Als Krapfen werden oft auch mit Marmelade gefüllte Hefeteiggebäcke (z. B. → Berliner Pfannkuchen) bezeichnet.

Kratokbohnen, → Limabohnen.

Kratzbeeren, → Kornellen. Als Kratzbeeren (Kroatzbeeren) werden oft auch → Brombeeren bezeichnet.

Krausbeeren, → Preiselbeeren, → Stachelbeeren.

Krauseminze, Gewürzkraut, das wie Pfefferminze verwendet wird.

Krausgebackenes: Mürbeteig etwa 4 mm dick ausrollen und in 2 x 8 cm große Streifen schneiden, die Streifen ein paar Mal schräg einkerben und in Fett knusprig backen, gut abtropfen und mit Zucker und Zimt bestreuen.

Krauskohl, → Grünkohl, → Wirsingkohl.

Krauspetersilie, krausblättrige Petersilie zum Garnieren von Speisen. → Petersilie.

Kraut, → Rotkohl, → Weißkohl.

Kräuter, → Küchenkräuter.

Kräuterbündel (Kräutersträußchen, Bouquet garni), zur geschmacklichen Verfeinerung bestimmter Suppen, Saucen und Brühen. Petersilienstengel, Thymian, Majoran, Lorbeer, Gewürznelken, manchmal auch Bohnenkraut, Dill, Estragon werden mit einem Faden zu einem Sträußchen gebunden und der Suppe oder Sauce beigegeben. Fleisch- und Knochenbrühen erhalten ihre Würze durch ein »Kräuter«-bündel aus Sellerie, Möhre, Porree und Zwiebel. Vor dem Fertigmachen oder Anrichten kann das Bündel leicht wieder entfernt werden.

Kräuterbutter (Beurre ravigote), Buttermischung: 1 Schalotte sowie Schnittlauch, Petersilie, Kerbel, Estragon, Bibernelle, Brunnenkresse sehr fein hacken, mit Butter verarbeiten, salzen und pfeffern und durch ein Sieb streichen. Zu gebratenem oder gegrilltem Fleisch.

Kräuteressig, aromatisierter Speiseessig: Verschiedene frische Kräuter, wie Petersilie, Pfefferminze (Minze), Zitronenmelisse und Dill, in eine weithalsige Halbliterflasche geben und mit Weißweinessig auffüllen. Andere Kräuterzugabe: Estragon, Basilikum, Thymian, Bibernelle, Bohnenkraut sowie Lorbeerblatt, Pfefferkörner und Gewürznelken.

Kräuterfülle, → Duxelles.

Kräuterkartoffeln: Petersilie, Kerbel, Schnittlauch und etwas Zwiebel feinhacken, in Butter anschwitzen, weiße Sauce und saure Sahne hinzugießen, gut durchkochen, salzen, Scheiben von Pellkartoffeln in die Sauce geben und darin erhitzen.

Kräuterliköre sind Spirituosen, die aus Fruchtsäften, natürlichen ätherischen Ölen, natürlichen Essenzen und Zucker hergestellt werden.

Kräutermarinade, für Salate: 3 Teile Öl, 1 Teil Weinessig, Salz, Pfeffer, feingehackte Kräuter (Brunnenkresse, Dill, Estragon, Kerbel, Petersilie, Bibernelle, Schnittlauch).

Kräutermayonnaise: unmittelbar vor dem Gebrauch feingehackte Kräuter (Brunnenkresse, Estragon, Kerbel, Petersilie, Sauerampfer, Schnittlauch) unter die Mayonnaise rühren.

Kräuteröl, feines Olivenöl läßt sich hervorragend mit Kräutern geschmacklich variieren und eignet sich dann zum Würzen von Salaten, sonstiger Rohkost, von Pasta, Pizzas und Gegrilltem. Einige Kräuterzweige von Basilikum, Pfefferminze (Minze), Oregano, Rosmarin oder Thymian in eine schön geformte, klare Flasche geben und mit → Olivenöl (nativ extra) auffüllen. Nach etwa drei Wochen können die Kräuter ausgesiebt werden. Man kann sie, wenn es nur wenige Zweiglein sind, aus optischen Gründen auch in der Flasche belassen. Probieren Sie auch Kräutermischungen wie Oregano, Thymian, Rosmarin und Lavendel für ein provenzalisches Öl.

Kräutersauce (Sauce aux fines herbes): feingehackte Kräuter (Estragon, Kerbel, Schnittlauch) in Weißwein ausziehen; braune Mehlschwitze mit Fleischbrühe verkochen, den durchgeseihten Kräuterauszug zur Sauce geben, mit Salz, Pfeffer und etwas Zitronensaft würzen und gehackte frische Kräuter hinzufügen. Zu Kalbshirn, Hammelrippchen und Steaks. Mit Fischbrühe zubereitet zu Aal, Seezunge usw.

Kräutersauce, kalte, → Ravigote, → Vinaigrette.

Kräutersträußchen, → Kräuterbündel.

Krautrouladen, → Krautwickel.

Krautsalat: gehobelter Weiß- oder Rotkohl und kleine Apfelwürfel in Essig-Öl-Marinade.

Krautspätzle, → Spätzle mit Sauerkraut, gebratenen Zwiebeln, Räucherspeck- und Schinkenwürfeln vermischen.

Krautstiele, schweizerische Bezeichnung für → Mangold.

Krautstrudel, österreichische Spezialität: gehackte Zwiebeln in Butter hellgelb dünsten, feingehackten, überbrühten Weißkohl zugeben, mit Salz, Pfeffer, Kümmel und etwas Paprika würzen, in brauner Jus weich dünsten; einen Strudelteig bereiten und dünn ausrollen, mit geröstetem Paniermehl bestreuen, das Kraut darüberbreiten, mit gehacktem, fettem Schinken bestreuen, den Strudel zusammenrollen, mit Butter bestreichen und im Ofen abbacken.

Krautwickel (Krautwürste, Krautrouladen): Weißkohlblätter mit siedendem Wasser überbrühen, die Rippen herausschneiden und auf dem Tisch zu großen Rechtecken zusammenfügen, mit Bratwurstfülle oder Hackfleisch belegen, zusammenrollen, binden, in eine mit Speck ausgelegte Kasserolle setzen, mit fetter Fleischbrühe auffüllen, Petersilie, Zwiebel, Gewürznelke und Pfefferkörner hinzugeben und zugedeckt weich dünsten.

Krautwürste, → Krautwickel.

Krebse (Flußkrebse), noch vor hundert Jahren ein Volksnahrungsmittel, heute eine Delikatesse. Im Mittelalter galten die kleinen Scherenträger als eine »wohlfeile, die Zunge beglükkende Fastenspeise«. Die Mönche verstanden aus den leckeren Ungeheuern köstliche Gerichte zu bereiten. Im 19. Jahrhundert versorgte der »Krebskönig« Micha von Berlin aus ganz Deutschland mit den schwarzen Krustern. In seinen Krebsgärten mästete er alljährlich über 700 000 Flußkrebse mit Runkelrüben heran. Da brach im Jahre 1876 in Frankreich die Krebspest aus und vernichtete in kurzer Zeit alle mitteleuropäischen Krebsbestände. Flußregulierungen und giftige Fabrikabwässer vervollständigten das Vernichtungswerk. Heute gibt es Krebse nur noch in Nord- und Osteuropa, in einigen Landschaften Frankreichs (Burgund, Limousin, Bordelais) und neuerdings wieder in Bayern. Unter verschiedenen Namen kommen Flußkrebse auch aus Nordamerika (Crawfishes, Crayfishes, Mudbugs) und aus Australien (Yabbies) zu uns. – Krebse schmekken am besten in den Monaten ohne »r«, also von Mai bis August, genauer nach ihrer jährlichen Häutung, die Ende Mai oder gar erst im Juni stattfindet. Dann werden sie gekocht, gedünstet oder gebacken, als Auflauf, Pastete, Suppe oder Salat zubereitet. – *Garzeit:* 8–10 Minuten.

Krebse in Dill, das in Skandinavien und Osteuropa typische Krebsgericht: in siedendes Wasser Kümmel, Gewürznelken, Lorbeerblatt, Zwiebeln, Salz und viel Dillkraut geben, nach und nach die lebenden Krebse in das stark sprudelnde Wasser werfen, nach etwa 10 Minuten, wenn sie leuchtend rot sind, herausnehmen und ohne weitere Beigabe kochendheiß oder eiskalt auftragen; dazu einen guten Rotwein.

Krebse, polnisch: kleingeschnittene Zwiebel, Knollensellerie und Petersilienwurzel in Butter anschwitzen, mit reichlich Weißwein ablöschen, mit Salz, Kümmel, einigen zerdrückten Pfefferkörnern, etwas Kerbel und Petersilie würzen, aufkochen; die Krebse durch Eintauchen in siedendes Wasser töten, in dem obigen Fond gar dünsten, herausnehmen und abtropfen; geriebenes Weißbrot in Butter rösten, die Krebse dazugeben, saure Sahne darübergießen, pfeffern, die Krebse gut durchschwenken und anrichten, die Sauce mit frischer Butter und feingehacktem Kerbel vollenden.

Krebse in Sahnesauce: die Krebse durch Eintauchen in siedendes Wasser töten, mit feingeschnittenen Zwiebeln, Karotten, etwas Knollensellerie und frischem Thymian belegen und mit Weinbrand flambieren, mit weißem Burgunder übergießen, salzen und pfeffern, gar dünsten, den Fond etwas einkochen, Sahne hineinrühren und diese Sauce über die Krebse gießen; dazu körnig gekochten Reis.

Krebsbutter (Beurre d'écrevisse), Buttermischung: Abfälle von gekochten Krebsen im Mörser sehr fein stoßen, mit der gleichen Menge Butter verarbeiten und durch ein Haarsieb streichen.

Krebskroketten: die Krebse mit Kümmel, Gewürznelken, Lorbeerblatt, Zwiebeln und Salz in Wasser gar kochen, das Krebsfleisch aus Scheren und Schwänzen lösen – die Reste zu Krebsbutter verarbeiten –, mit gedünsteten Champignons in kleine Würfel schneiden, Spargelspitzen daruntermischen, das Ragout mit dicker, kalter Sahnesauce, die mit Krebsbutter verfeinert wurde, binden, kleine Kroketten formen, die Kroketten in geriebenem Weißbrot wenden und in Butter goldgelb backen, Petersilie darüberstreuen.

Krebspüree: gekochtes Krebsfleisch aus den Schalen lösen, feinhacken, mit dicker Sahne binden und mit Salz und gestoßenem Kümmel würzen.

Krebssalat Don Miguel: Krebsschwänze und Scheibchen von Gurken, Tomaten und Champignons mit Mayonnaise, die mit geriebenem Meerrettich, gehackten Kräutern, Tomatenketchup und Worcestershiresauce gewürzt wurde, anmachen, mit Eivierteln und Kopfsalatherzen garnieren.

Krebssauce (Sauce aux écrevisses): Béchamelsauce mit Fischfond gut durchkochen, Sahne hinzufügen, zuletzt ein Stückchen Krebsbutter hineinschlagen, mit Cayennepfeffer abschmecken, Krebsschwänze als Einlage. Zu gebackener Forelle.

Krebssuppe, bei uns heute nur noch aus Suppenwürfel oder -pulver. Die kochfertige Suppe besteht aus gemahlenen Flußkrebsen (einschl. Schalen), Fett, Mehl, Salz und Gewürzen.

Krempling, → Kahler Krempling.

Krem, → Creme.

Kremini, italienisches Gebäck mit Haselnuß-Vanille- oder Kakaocremefüllung.

Kren, süddeutsche und österreichische Bezeichnung für → Meerrettich.

Krenfleisch, österreichische Spezialität: Brust, Bauch oder Kamm vom Schwein mit Salz, Essig, Thymian, Lorbeerblatt und Pfefferkörnern in Wasser kochen, kleingeschnittene Mohrrüben, Petersilienwurzel, Knollensellerie, Zwiebeln und Kartoffeln hinzufügen und alles zusammen weich kochen, das Fleisch mit dem Gemüse, den Kartoffeln und reichlich geriebenem Meerrettich anrichten.

Krensauce, → Meerrettichsauce.

Kreolen-Art (à la créole): gefüllte Paprikaschoten, Risotto und Kreolensauce. – Kreolen, reinrassige Nachkommen der in Lateinamerika eingewanderten spanischen, portugiesischen und französischen Siedler.

Kreolenreis (Riz créole): 200 g Reis (möglichst Karolinareis) mit 50 g Butter und etwas Salz in knapp 1/2 l Wasser körnig kochen, mit der Gabel auflockern und noch 50 g Butter darunterziehen.

Kreolensalat: Streifen von Bleichsellerie und grünen Paprikaschoten mit körnig gekochtem Reis vermischen, mit gut gewürzter Mayonnaise binden und auf Kopfsalatblättern anrichten.

Kreolensauce (Sauce créole): feingehackte Zwiebeln, Tomatenscheiben, rote und grüne Pfefferschoten mit Knoblauch in Öl anschwitzen, mit Wein ablöschen und mit brauner Grundsauce verkochen, durch ein Sieb streichen, mit Cayennepfeffer und Zitronensaft abschmecken und schmale Pfefferschotenstreifchen hinzugeben. Zu gebratenem Seefisch oder zu Muscheln.

Kreplach, dreieckige Teigtaschen aus der jüdischen Küche (eigentl. Kräpfchen), mit Hackfleisch, Quark oder anderem gefüllt und in Salzwasser oder Fleischbrühe gegart; Suppeneinlage.

Kresse, beliebtes Küchenkraut. Man unterscheidet die wildwachsende, scharfwürzig schmeckende → Brunnenkresse und die milder schmeckende Gartenkresse, eine Kulturform der Brunnenkresse. Eine Variante ist die → Kapuzinerkresse.

Kresse, Süßwasserfisch, → Gründling.

Kreusel, → Portulak.

Kreuzkümmel (Mutterkümmel, Pfefferkümmel, Pfaffenkümmel, römischer Kümmel, welscher Kümmel, Cumin, Kumin), ein aus Turkestan stammendes, kümmelähnliches Kraut, dessen Samen vor allem in der indischen und chinesischen Küche eine bedeutende Rolle spielt. Kreuzkümmelsamen schmeckt bitterscharf und duftet stark nach Kampfer.

Krevetten (Crevettes), französische Bezeichnung für → Garnelen.

Krevettenbutter, → Garnelenbutter.

Krevettensauce, → Garnelensauce.

Krickenten, → Wildenten.

Kriebelnüsse, kleine Walnußsorte.

Kringelkartoffeln, → Kartoffelkringel.

Krispies (Crisps), vorwiegend ungesüßte Knuspererzeugnisse, z. B. Reiskrispies.

Kroatzbeere, ursprünglich schlesischer Fruchtsaftlikör aus Brombeeren (Kroatzbeeren).

Kroepoek (Krabbenbrot), indonesisches Gebäck, Beigabe zur indonesischen Reistafel, zu Bahmi, Nasi Goreng und anderen Reisgerichten. Die dünnen, harten, aber leicht zerbrechlichen Kroepoekplättchen bestehen aus Tapiokamehl, gemahlenen Shrimps und exotischen Gewürzen. Die winzigen Plättchen backt man schwimmend in heißem Öl, sie gehen dann zu vierfacher Größe auf und werden locker und knusprig. Nach dem Abtropfen kommen sie heiß auf den Tisch. Kroepoek erhalten Sie im Delikateßgeschäft.

Krokant, gehackte Mandeln oder Hasel- bzw. Walnüsse, mit karamelisiertem Zucker gebunden. Krokant wird als Unterlage für Gebäcke, Marzipan, Nougat usw. oder zerbröselt bzw. gestoßen für Kuchen, Torten und Süßspeisen verwendet.

Krokanteis: Vanilleeis mit gestoßenem Krokant mischen.

Kroketten (Croquettes, Krusteln), kleine Happen in verschiedenen Formen (Röllchen, Kugeln, Birnen, Korken, Brötchen usw.), die aus kleinwürfelig geschnittenen oder pürierten Bestandteilen, aus Fleisch, Geflügel, Wild, Fisch, Krusten- oder Schalentieren, Pilzen, aus Kartoffeln, Reis, Makkaroni, Grieß o. a. bereitet werden. Das Würfelragout bzw. Püree wird mit einer dicken Sauce gebunden, nach dem Erkalten geformt, paniert und in heißem Fett schwimmend gebacken. Kroketten eignen sich als Vorspeise oder als Beilage zu vielerlei Gerichten. – *Rezepte:* Apfel-, Artischocken-, Bataten-, Champignon-, Eier-, Gänseleber-, Grieß-, Hühner-, Kalbsnieren-, Kartoffel-, Käse-, Krebs-, Mais-, Makkaroni-, Reis-, russische, Schmelz-, Spargelkroketten.

Krokettkartoffeln, → Kartoffelkroketten.

Kromeskis (Cromesquis, Backteigkrusteln), Kroketten in Eierkuchen- oder Backteighülle, in Fett schwimmend gebacken. Sie werden als Vorspeise oder als Beilage zu vielerlei Gerichten gereicht.

Kron, → Kronfleisch.

Kronawettbeeren, → Wacholderbeeren.

Kronawetter, → Krammetsvogel.

Kronfleisch, das fleischige Zwerchfell des Rindes, das gekocht bzw. gedünstet und heiß mit Senf und Essiggurke gereicht wird.

Kronsardinen, sehr kleine, mit Salz, Essig, Zwiebelscheiben, Pfefferkörnern, Wacholderbeeren usw. marinierte Heringe.

Kronsbeeren, → Preiselbeeren.

Kronsbeersauce, → Cranberry Sauce.

Krötenfisch, → Lotte.

Krotsip (Krautsuppe), jüdische Spezialität: 250 g Sauerkraut und 200 g geräuchertes Rindfleisch in 2 l Wasser dünsten, bis das Fleisch weich ist; eine mittelgroße gehackte Zwiebel und 3 zerdrückte Knoblauchzehen in 1 EL Öl anrösten, mit 1 EL Mehl eine helle Mehlschwitze bereiten und die Krautsuppe damit binden.

Krüllbohnen, → grüne Bohnenkerne.

Krupnik, jüdische Graupensuppe: 100 g Perlgraupen und 2 EL gekörnte Gemüsebrühe in 1,5 l Wasser zum Kochen bringen, mit Salz und Pfeffer abschmecken, 2 Petersilienwurzeln, 2 Stangen Bleichsellerie, 2 geschälte Kartoffeln, 1 Zwiebel, alles klein geschnitten, zur Suppe geben, die Suppe bei kleiner Hitze 20 Minuten kochen, dann 50 g eingeweichte Pilze oder frische Champignons und 1 EL Speiseöl hinzufügen und nochmals 10 Minuten köcheln lassen (die Graupen sollten am Ende noch bißfest sein).

Krupuk, → Kroepoek.

Krusebeeren, → Stachelbeeren.

Krustaden (Croustaden, Krustenpasteten), meist in Torten- oder Becherform mit einer Hülle aus Blätter-, Pasteten- oder Mürbeteig, aus Kartoffelmasse (Duchessemasse), Reis- oder Grießmasse, aus Nudeln oder Makkaroni und mit einer gut gewürzten Füllung. Krustaden werden immer heiß serviert. – Die Heimat der Krustaden ist die Provence; in den Küchen der Minnehöfe von Les Baux und Orange sollen sie erfunden worden sein, zu Ehren der edlen Frauen und der Troubadours. – *Rezepte:* Grießkrustade, Reiskrustade.

Krustade Beaumarchais: eine Krustade aus ungezuckertem Mürbeteig mit einem Gemisch aus Wildfarce, gedünsteten Gänseleberwürfeln und Spargelspitzen in Madeirasauce füllen.

Krustade mit Hirnfüllung: 2–3 feingewiegte Zwiebeln in viel Butter hellgelb dünsten, 1 gewässertes und enthäutetes Schweinshirn zugeben, mit Salz, Pfeffer und Knoblauch würzen; das gegarte Hirn sehr fein hacken und zusammen mit dem Bratfond und den Zwiebeln in eine Krustade aus ungezuckertem Mürbeteig füllen.

Krustade, russisch: vom Roggenbrot 1,5 cm dicke, 10–12 cm große, kreisrunde Scheiben schneiden, die Scheiben mit dem Messer etwa 1/2 cm tief aushöhlen, mit zerlassener Butter tränken und im Ofen knusprig bakken; die Brotkrustaden mit gedünstetem Sauerkraut füllen und je eine dicke Scheibe geräucherte Gänsebrust obenauf setzen, dicke braune Grundsauce darübergießen und die gefüllten Krustaden nochmals kurz im Ofen überbacken und heiß servieren.

Krustchen (Krusten, Croûtes), in Butter geröstete Weißbrotscheiben, leicht ausgehöhlt und mit feinen Ragouts gefüllt. Auch Weiß- oder Schwarzbrotscheiben in beliebiger Form (Dreieck, Quadrat, Kreis, Ei, Herz, Halbmond usw.), in Milch, geschlagenem Ei und Paniermehl gewendet und in Butter gebacken. Als Beilage.

Krusteln, → Kroketten.

Krusten, → Krustchen.

Krustenpasteten, → Krustaden.

Krustenpudding, → Charlotte.

Krustentiere, Kruster, Bezeichnung für Krebstiere, z. B. Garnelen, Hummer, Langusten, Flußkrebse, Krabben.

Krutons, → Croûtons.

kubanische Art (à a cubaine): Torteletts mit gewürfelten Paprikaschoten und geschmolzenen Tomaten gefüllt und kräftig mit Knoblauch gewürzt, zu kleinen Fleischstücken.

kubanischer Salat: Streifen von grünen Paprikaschoten, Bleichsellerie und Tomaten sowie Zwiebelringe in leichter Mayonnaise.

Kube (Kibbeh, Kobeba), kleine gefüllte Reis- oder Bulgurkroketten der jüdischen Küche.

Küchengewürze, → Gewürze.

Küchenkräuter, Suppen- und Gewürzkräuter, wie Basilikum, Beifuß, Bibernelle, Bohnenkraut, Borretsch, Dill, Estragon, Kerbel, Knoblauch, Koriander, Liebstöckel, Majoran, Meerrettich, Petersilie, Pfefferminze, Rosmarin, Salbei, Schnittlauch, Senf, Thymian, Tripmadam, Waldmeister, Ysop usw.

Küchenkrepp, stark saugfähiges Kreppapier, in der Küche vielseitig verwendbar, z. B. zum Abtrocknen überbrühter oder gebeizter Speisen, zum Aufsaugen überschüssigen Fettes bei schwimmend gebackenen Speisen usw.

Küchenpolei, → Thymian.

Kuchenrädchen, Gerät zum Schneiden (Ausrädeln) dünner Teigplatten.

Kücken, → Küken.

Kufta, → Köfte.

Kugel (Knopfstück, Nuß), fettfreier

Teil der Rinderkeule, geeignet für kleine Rouladen.
Kugelhupf, → Gugelhupf.
Kugl, → Kigl.
Kugli (Ganef), jüdische Knödel: 1500 g Mehl mit 100 g Gänseschmalz und etwas Wasser gut verkneten, mit wenig Salz, Pfeffer und Paprika würzen, zu einer Wurst formen und im → Scholet (Bohneneintopf) garen.
Kuheuter, → Euter.
Kuhfisch, → Arapaima Gigas.
Kuhmaul (großer Gelbfuß), wenig bekannter, aber sehr schmackhafter Blätterpilz, der vom Sommer bis Herbst im Fichtenwald auftritt. Da der Pilz sehr schleimig ist, zieht man ihm sofort nach dem Aufnehmen die Huthaut ab.
Kuhpilz, Röhrenpilz, der vor allem zu Pilzpulver verarbeitet wird.
Kujave, → Guajave.
Küken, Hühnerküken, Hamburger Küken, gemästete Hühnchen im Alter von 6–8 Wochen, 400–600 g schwer.
Küken auf Hamburger Art: das Küken mit Kalbsfarce füllen, würzen, in Butter braten; dazu Kalbsjus und gebratene Würfel von Artischockenböden und Kartoffeln.
Küken Villani: das Küken mit Gänseleber füllen, die mit Paprika gewürzt wurde, in Butter braten, den Bratsatz mit Tokayer ablöschen, mit Sahne und etwas Kalbsfond verkochen, mit Paprika würzen und über das Küken gießen.
Kukuruz, → Mais.
Kulebiaki (Kulibijakas), russische Hefeteigpasteten, die immer hartgekochte Eier enthalten und mit Reis, Fisch, Fleisch, Wild, Geflügel o. a. gefüllt werden. Kulebiaki kommen heiß oder kalt auf den Tisch.
Kulebiaka mit Huhn: 300 g rohes Hühnerfleisch mehrmals durch den Fleischwolf drehen, mit Salz und Pfeffer würzen und kurz in Butter anschwitzen, 1–2 feingehackte Zwiebeln und 100 g dünne Champignonscheiben in Butter dünsten, alles mit 3 EL Hühnerbrühe, 2 gehackten Eiern und etwas Petersilie vermischen; die Hälfte der Masse auf ein 25 x 30 cm großes Hefeteigrechteck geben; 4 dünne Eierkuchen backen, 2 davon nebeneinander auf die Füllung breiten, die restliche Masse daraufstreichen, die beiden übrigen Eierkuchen darüberdecken; die Teigränder mit Eiweiß einpinseln, den Teig nach oben zusammenfalten, die Pastete mit der Naht nach unten auf ein gefettetes Backblech setzen, mit Eigelb bestreichen, noch etwas gehen lassen und im Ofen abbacken.
Kullerpfirsich: einen kleinen, vollreifen Pfirsich mit der Gabel auf allen Seiten einstechen, in einen Sektkelch geben, Sekt in den Kelch gießen und den Pfirsich lustig kullern lassen.
Kullochen, → Kohlrüben.
Kumin, → Kreuzkümmel.
Kümmel, aus Nordeuropa stammendes Kraut, dessen graubraune, sichelförmige Spaltfrüchte (Kümmelkörner) als Gewürz dienen. Die Körner enthalten ein ätherisches Öl, das besonders stark hervortritt, wenn die Körner zerstoßen werden. Kümmel wird zum Würzen von Gebäck, Brot, Käse, Wurst, Fleisch- und Gemüsegerichten verwendet.
Kümmelbranntwein, mit Kümmelöl versetzter Kornbranntwein, eine Spezialität skandinavischer Länder. → Aquavit.
Kümmelkartoffeln: grobgewürfelte rohe Kartoffeln mit angeschwitztem Wurzelzeug, gehackter Zwiebel und

gehackten Kümmelkörnern in Fleischbrühe kochen.

Kümmelsteak auf Tilsiter Art: ein Filetsteak mit grobgemahlenem Kümmel und etwas Majoran einreiben, zusammen mit gehackten Zwiebeln braten, leicht salzen, mit Aquavit flambieren, den Bratfond mit saurer Sahne kurz durchkochen; dazu Kartoffelpüree.

Kumquats (Goldorangen, Zwergorangen, japanische Orangen), winzige, runde Zitrusfrüchte mit dünner, gelber, zitronenähnlicher Schale. Die Heimat der Kumquats ist Ostasien. Heute wird der Kumquatbaum auch in Israel, in Südafrika und in Brasilien kultiviert, von wo die Früchte ganzjährig zu uns kommen, frisch oder in Zucker eingelegt. Frische Kumquats werden roh mit der Schale gegessen; sie schmecken würzig süß. Die eingelegten Früchte werden als Kompott oder für Cocktails verwendet.

Kumyß (Kumys), gegorenes Milchgetränk, das ursprünglich in Zentralasien aus Stutenmilch gewonnen wurde. Kumyß ist dem Kefir ähnlich, nur etwas alkoholreicher und eiweißärmer. Es schmeckt erfrischend säuerlich.

Kürbis (Bebe, Plutzer), die bis 100 kg schwere Beerenfrucht der Kürbispflanze. Unter der dicken, harten Schale befindet sich das gelbe, weiße oder grüne, sehr saftige Fruchtfleisch, das nur wenig Zucker und überhaupt keine Säure enthält und daher kaum einen Eigengeschmack besitzt. Die bekanntesten Kürbissorten sind Gelber Zentner, Cocozelle, Markkürbis und Selektion. Wegen seines geringen Geschmacks wird das in Würfel oder Kugeln geschnittene Kürbisfleisch meist mit Gewürznelken, Ingwer, Essig, Zucker usw. gewürzt und zu Kompott, Salat, süßsaurem Gemüse oder Suppen verarbeitet. – Klopfen Sie beim Kauf eines Kürbisses auf die Frucht: Klingt es hohl, so ist der Kürbis reif. Auch der Stiel sollte bereits verholzt sein. Winterkürbis – das ist der bei uns überwiegend angebaute Kürbis – wird von August bis Oktober geerntet. Die Lagerzeit ist unterschiedlich. Kleinere Kürbisse lassen sich im allgemeinen länger lagern. – Die farben- und formenprächtigen Kürbisexoten dienen oft mehr dekorativen Zwecken als kulinarischen Genüssen. Besonderen Wohlgeschmack besitzen u. a. die orangeroten Hokkaidos aus Japan, die lateinamerikanischen Chayoten und die afrikanischen Gherkins.

Kürbischen, → Zucchini.

Kürbiskerne, die mandelförmigen Samen der Kürbispflanzen. Sie bestehen bis zu 45% aus hochwertigen ungesättigten Fettsäuren, enthalten viel Eisen, Phosphor, Kalium und Magnesium. Sie kommen getrocknet und meist geschält in den Handel und werden wie Mandeln oder Nüsse verwendet, im ganzen, gehackt oder feingerieben.

Kürbiskernöl, feines Speiseöl, das vor allem in Rußland, Rumänien und Österreich (Steiermark), neuerdings zunehmend auch in Deutschland aus meist gerösteten Kernen des Ölkürbisses kalt gepreßt wird. Das dunkelgrüne, nach Nüssen schmeckende Öl ist sehr gesund und wird gern zu Salaten aller Art gegeben. Warmen Gerichten wird das Öl erst nach dem Garen zugesetzt, weil es keine Erhitzung verträgt. Seine Haltbarkeit ist auf etwa zwölf Monate begrenzt.

Kürbisorangen, → Pampelmusen.

Kürbissalat: Kürbiswürfel in Salzwasser nicht zu weich kochen, mit Essig-Öl-Marinade anmachen, gehackten Schnittlauch darüberstreuen.

Kürbissuppe, indisch: einen kleinen, festfleischigen Kürbis schälen, entkernen, in Stücke schneiden und weichkochen. Das Fruchtfleisch pürieren, mit Kokosmilch (aus der Dose) ergänzen und mit Currypulver, gemahlenem Ingwer und Sternanis würzen, in Suppenschalen abfüllen, mit gerösteten Sesamkörnern bestreuen.

Kurkuma (Gelbwurz, Gilbwurz), Wurzelstöcke eines südostasiatischen Ingwergewächses. Die knollen- oder fingerförmigen, runzligen Wurzeln bestehen aus orangefarbenem Fleisch, sie duften würzig, schmecken leicht bitter und brennend, wirken anregend. Das Kurkuma ist wesentlicher Bestandteil des Currypulvers. Es enthält einen gelben Farbstoff (Kurkumin), der als Lebensmittel- oder Kosmetikfarbe verwendet wird. Das Kurkumagewürz kommt meist pulverisiert in den Handel.

Kurkumastärke (Tikmehl, Tikor, Tikur), aus den Wurzelstöcken der Kurkumapflanze gewonnen, wird als → Pfeilwurzelmehl verwendet.

Kurländer Schinkensteak, baltische Spezialität: gepökelte Schinkensteaks in Fett braten, etwas Pfeffer darübermahlen, mit gebackenen Zwiebelringen bedecken; feingehackte Zwiebel in Butter anschwitzen, mit Weißwein ablöschen und dünsten, bis der Wein fast eingekocht ist, mit saurer Sahne verkochen, mit Salz, Pfeffer und einem Schuß Kabulsauce abschmecken; dazu Salzkartoffeln.

Kurokisalat: Apfelsinenspalten, Streifen von grünen und roten Paprikaschoten und von Kopfsalat in Essig-Öl-Marinade.

Kuskus, → Couscous.

Kuttelfleck, → Kaldaunen.

Kuttelkraut, österreichische Bezeichnung für → Thymian.

Kutteln, → Kaldaunen.

Kuvertüre (Couverture, Schokoladenüberzugsmasse) zum Überziehen von Torten, Kuchen, Kleingebäck, Pralinen u. dgl. Sie besteht aus Kakaomasse, Kakaobutter und Zucker und ist im Handel erhältlich.

Kwaß (Kwas), russisches Leichtbier, aus Roggenmehl, Roggenmalz, Zukker, Hefe und Wasser gebraut.

L

Ach wie schön ist doch das Leben und wie schön läßt es sich plaudern, wenn man zu vieren ist und jeder sein Rebhuhn verzehrt.

Sacha Guitry

Lab, Ferment, Absonderung des Magens säugender Kälber, wichtiger Gerinnstoff bei der Käseherstellung aus Süßmilch.

Laberdan, in Fässern eingesalzener Kabeljau. Er muß mindestens 24 Stunden wässern, bevor er mit kaltem Wasser aufgesetzt, erhitzt und langsam gargezogen wird. Zu Laberdan gibt es am besten Petersiliensauce, Senfsauce oder braune Butter und Salzkartoffeln.

Labskaus, altes Seemannsgericht aus gepökeltem Rindfleisch und Kartoffelpüree. *Rezept:* Bremer Labskaus.

Lachs (Salm). Das rosafarbene, zarte, nahezu grätenlose Fleisch des echten Lachses zeichnet sich durch einen wundervollen Geschmack und durch leichte Verdaulichkeit aus. Der Lachs ist in allen nördlichen Meeren beheimatet, wo er Heringe, Sandaale und andere nahrhafte Fische jagt. Zu Beginn der Laichzeit steigen die bis 1,5 m langen Lachse die großen Flüsse hinauf, überspringen spielend bis zu 4 m hohe Wehre, erklettern die »Lachsleitern« der Staumauern und laichen in den stillen Quellgebieten. Der zu Berg ziehende Lachs wird Salm genannt. Sein Fleisch schmeckt zu dieser Zeit am besten. – In Europa wird der Rheinsalm am höchsten geschätzt. Die Wasserverschmutzung hat kaum einen Einfluß auf seinen Geschmack, denn der Lachs nimmt während seiner langen Wanderung keinerlei Nahrung auf, Magen und Darm sind durch die mächtig entwickelten Geschlechtsorgane vollständig zusammengedrückt. Auch die Lachse aus den schottischen und irischen Flüssen, die norwegischen Lachse und die Loirelachse haben einen guten Ruf. Die europäischen Lachse werden wegen ihres geringen Vorkommens im allgemeinen frisch zubereitet verzehrt. Der berühmte → Räucherlachs kommt überwiegend aus Nordamerika (Alaska), aus Irland, Schottland, Norwegen, Schweden und Rußland. Er wird über Eichen-, Buchen- oder Erlenholz geräuchert, die Schotten fügen dem Räucherholz oft noch Späne von alten Whiskyfässern hinzu. – Zu Räucherlachs wird ein nicht zu frisches Graubrot gereicht. Wer es mag, ergänzt den Lachs mit frisch geriebenem Meerrettich oder besser mit Meerrettichsahne. Auch grob gemahlener Pfeffer vollendet den Geschmack. Probieren Sie einmal Zitro-Orangenpfeffer oder eine skandinavische Senfsauce. – Auf norwegische Art konserviert ist der → Graved Lachs (Lax). Lachse werden heute vorwiegend in riesigen Meeres-Netzkäfigen aufgezogen und bis zur Marktreife gemästet. *Wildlachs* ist wesentlich teurer, aber auch schmackhafter. → Graved Lachs, → Stremellachs.

Lachs auf Diplomaten-Art: Schnitten von frischem Lachs in Butter und Weißwein gar dünsten, mit Trüffelscheiben garnieren und mit Diplomatensauce übergießen.

Lachs Metternich: ein gutes Stück von frischem Lachs in Madeira dünsten, den Sud zur Hälfte einkochen, mit dicker, brauner Grundsauce binden, die Sauce mit Butter vollenden, durchseihen und mit Gewürzen abschmecken; den Lachs auf einem Reissockel anrichten und mit gedünsteten Champignons, Krebsschwänzen und Trüffelscheibchen garnieren.

Lachs-Cadgery: schön dick geschnittene Stücke von frischem Lachs in einer mit Essig und wenig Salz gewürzten Brühe kalt aufstellen, die Brühe langsam zum Sieden bringen und den Fisch bei schwacher Hitze garziehen lassen; die Lachsstücke zerblättern, in heißer Butter schwenken, mit körnig gekochtem Reis und Eierscheiben vermischen, mit magerer Béchamelsauce binden und reichlich mit Currypulver würzen.

Lachsersatz wird hauptsächlich aus Seelachs hergestellt, gefärbt und mit Gewürzen in Öl konserviert.

Lachsforelle (Weißforelle, Meerforelle), wohlschmeckender Lachsfisch, der wie der echte Lachs im Frühjahr in die Flüsse steigt, um dort zu laichen. Die Lachsforelle wiegt zwischen 1,5 und 4 kg. Ihr leicht rötliches, saftiges Fleisch enthält weniger Fett als das des Lachses und ist daher noch leichter verdaulich. Lachsforelle wird wie Lachs oder wie Forelle zubereitet.

Lachsforelle Chantilly: die Lachsforelle in Fischsud garziehen lassen, mit Petersilie und Zitronenvierteln anrichten; dazu Chantillysauce und Fischkartoffeln.

Lachsforelle Wladimir: die Lachsforelle in Fischsud garziehen lassen, abtropfen, enthäuten und mit Gelee überglänzen; hartgekochte Eier halbieren, das Eigelb mit weicher Butter und Mayonnaise verarbeiten und je zur Hälfte mit Tomatenpüree und Spinatpüree vermischen und in die Eier spritzen, den Fisch mit den gefüllten Eiern garnieren.

Lachshering, kalt geräucherter Salzhering.

Lachskaviar, → Keta-Kaviar.

Lachskoteletts, italienisch: aus frischem Lachs kotelettförmige Scheiben schneiden, die Scheiben mit gut gewürztem, gebundenem Champignonpüree bestreichen, geriebenes Weißbrot darüberstreuen, die Koteletts nun mit Ei und geriebenem Weißbrot, das mit Parmesan vermischt wurde, panieren und in Fett schwimmend backen; dazu Sardellensauce und Makkaroni.

Lachspaste, → Potted Salmon.

Lachspüree: 100 g gekochten Lachs mit 25 g Butter fein zerstoßen, durch ein Sieb streichen, mit 1 EL dicker Sahne verarbeiten und pikant würzen. Auf Toast, Torteletts usw.

Lachsröllchen: gekochte Spargelspitzen so in dünne Räucherlachsscheiben wickeln, daß die Spargelköpfe noch eben herausgucken.

Lachsschinken, völlig von Knochen und Fett gelöste Kotelettstücke des

Schweins, mild gepökelt und kurz geräuchert. Weltberühmt ist der Pariser Lachsschinken.

Lachsschnittchen: kleine, dünne Weißbrotscheiben mit Butter bestreichen, je eine Scheibe Räucherlachs darauflegen, mit Meerrettichsahne und Dillgrün garnieren.

Lachstüten: dünne Räucherlachsscheiben zu Tüten drehen, mit Meerrettichsahne oder Meerrettichmayonnaise füllen.

Lackpilz (Bläuling), angenehm schmeckender Speisepilz, der vom Sommer bis Spätherbst oft herdenweise im Laub- und Nadelwald auftritt. Das leicht faserige Fleisch des dünnen Hutes und Stieles ist leider nur wenig ergiebig.

Ladyfinger, → Gombos.

Lâhana Dolmasi (gefüllter Kohl), türkische Spezialität: Weißkohlblätter entrippen, einige Minuten mit siedendem Wasser überbrühen, auf dem Tisch ausbreiten und mit Salz und Pfeffer würzen; gekochtes, gehacktes Hammelfleisch, in Öl angeschwitzte, gehackte Zwiebeln, in Hammelbrühe eingeweichtes Weißbrot, halbgar gekochter Reis, gehackte Petersilie, Paprika und Salz zu einer pikanten Farce verarbeiten, auf die Kohlblätter streichen, die Blätter zusammenfalten, in eine geölte, mit Mohrrüben- und Zwiebelscheiben ausgelegte Kasserolle setzen, kurz anschwitzen, mit tomatierter Hammelbrühe auffüllen und im Ofen gar dünsten.

Lahmé, arabische Fleischspezialität: feingehacktes Hammelfleisch mit gewürfelten Gurken, Tomaten und Zwiebeln sowie etwas Mehl vermischen, kräftig würzen, dünn auf ein Backblech drücken und im Ofen backen, in Stücke schneiden; dazu Weißbrot.

Lakka, finnische Bezeichnung für → Multbeeren.

Lakmé, à la: mit Puffbohnenpüree gefüllte Torteletts, gebratene Champignons und Tomatensauce zu Fleisch oder Geflügel. – Lakmé, eine komische Oper des Franzosen Léo Delibes (1836–1891).

Lakmésalat: Würfel von Tomaten und roten Paprikaschoten, gehackte Zwiebeln und körnig gekochten Reis mit Currypulver würzen und mit Essig-Öl-Marinade anmachen.

Lakritze, aus dem Saft der Süßholzwurzel mit verschiedenen Zusätzen wie Stärke, Mehl, Zucker, Gummiarabicum usw. hergestellte glänzendschwarze Süßware. Hauptbestandteil des Süßholzsaftes ist das Glyzyrrhizin, ein wertvolles Hustenmittel. Lakritze muß mindestens 5% Süßholzsaft enthalten.

Laktoflavin, Vitamin B_{22} → Vitamine.

Laktose, → Milchzucker.

Lambertsnüsse, Haselnußsorte mit länglichen Früchten.

Lamm, junges Schaf im ersten Lebensjahr. Geschlachtet werden die Lämmer meist im Alter von drei bis vier Monaten (Osterlamm). Die Lammsaison reicht von Dezember bis Mai. Heute ist es üblich, jedes Schaffleisch als Lammfleisch zu bezeichnen. → Hammel, → Schaf. Besonders gefragt ist das würzige Fleisch von Lämmern, die im Hochland (Alpen, Provence) oder an Meeresküsten (deutsche Nordseeküste, Bretagne und Normandie, Irland, Schottland, Neuseeland) aufwachsen.

Lammblatt, → Lammschulter.

Lammbries, die Thymusdrüse des Lamms. Wird wie → Kalbsbries zubereitet.

1 Kürbis 2 Lachs 3 Languste 4 Lauch

Lammbrust wird meistens wie → Hammelbrust zubereitet.

Lammbrust auf Schäfer-Art: die Brust entbeinen, weich kochen, in viereckige Stücke schneiden, mit Ei, geriebenem Weißbrot und gehackten Champignons panieren, mit Öl beträufeln und grillen; dazu Duxellessauce und Strohkartoffeln.

Lammcurry: grobgewürfeltes Lammfleisch in Butter anbraten, mit Currypulver bestäuben, Joghurt hinzugießen, das Fleisch weich schmoren, den Fond mit Sahne, gerösteten Zwiebelscheiben und gemahlenen Mandeln verkochen; dazu körnig gekochten Reis.

Lammfleisch ist fast weiß und milder im Geschmack als Hammelfleisch. Weil ihm jedoch die reizvolle Würze fehlt, bevorzugen Kenner meist das herzhaftere Hammelfleisch. Edles Lammfleisch wird heute vorwiegend aus Neuseeland und Argentinien importiert.

Lammfrikassee: Lammfleisch in grobe Würfel schneiden, mit Zwiebel- und Mohrrübenscheiben in Butter leicht anbraten, ohne das Fleisch zu bräunen, mit Mehl bestäuben, salzen, pfeffern, in Fleischbrühe weich kochen, den Fond mit Sahne und Eigelb binden, alles mit gedünsteten Champignons und Zwiebelchen vermischen; dazu Butterreis.

Lammfüße werden wie → Hammel- oder → Kalbsfüße zubereitet.

Lammgulasch: kleingewürfelten, mageren Räucherspeck und gehackte Zwiebeln in Schweineschmalz anrösten, grobgewürfeltes Lammfleisch hinzugeben, reichlich mit Paprika bestäuben, kurz anziehen lassen, nun Tomatenmark und streifig geschnittene grüne Paprikaschote zugeben, salzen, mit etwas Wasser dünsten, zuletzt saure Sahne darunterrühren; dazu Mehlnocken oder Reis.

Lammherz wird wie → Kalbsherz zubereitet.

Lammkeule wird wie → Hammelkeule zubereitet.

Lammkeule mit Pfefferminze: die Keule kräftig anbraten, würzen und mit frischer Pfefferminze in Kalbsfond weich schmoren; den Fond entfetten, leicht binden und mit gehackten Pfefferminzblättern vermischen.

Lammkoteletts werden im allgemeinen wie → Hammelkoteletts zubereitet.

Lammkoteletts Conti: die Koteletts würzen und in Butter braten; dazu feines Linsenpüree.

Lammkoteletts mit gebratenem Knoblauch, Spezialität der Insel Mallorca: 24 (!) ungeschälte Knoblauchzehen in Olivenöl goldgelb braten, die Zehen aus dem Öl nehmen und warm stellen; 12 Lammkoteletts salzen, pfeffern und in demselben Öl nur solange braten, daß sie innen noch leicht rosa sind; die Koteletts mit dem Knoblauch heiß servieren; dazu Brot und Rotwein.

Lammkoteletts auf Königin-Art: die Koteletts auf einer Seite anbraten, diese Seite würzen und dick mit Hühnerfarce bestreichen, mit feingehackten Trüffeln bestreuen und im Ofen fertigbacken; dazu Spargelspitzen in Sahnesauce.

Lammkoteletts Marie Louise: die Koteletts würzen, panieren und in Butter braten; rohe Champignons sehr fein hacken, mit dicker Béchamelsauce binden und mit Zwiebelpüree vermischen, das Püree in Artischockenböden füllen; dazu gebundene Kalbsjus.

Lammleber mit Zwiebeln: 500 g Zwiebeln in Scheiben schneiden und in Olivenöl andünsten, 1 bis 2 gehackte Knoblauchzehen, 2 EL gehackte Petersilie und 1 Glas Weißwein hinzufügen, mit Salz und Pfeffer würzen und leise garen lassen; 500 g Lammleber in Scheiben schneiden, die Scheiben in Mehl wenden, separat in Olivenöl braten, auf Tellern anrichten und mit den Zwiebeln bedecken; dazu Brot und Wein.

Lammlunge wird wie → Kalbslunge zubereitet.

Lammnieren werden wie → Hammelnieren zubereitet.

Lammnüßchen Masséna: dünne Schnitten aus dem Lammrücken in Butter braten und mit Rindermarkscheiben belegen; dazu mit Béarner Sauce gefüllte Artischockenböden und Tomatensauce.

Lammpaprika, → Bárány paprikás.

Lammpilaw: Zwiebelscheiben in Butter anschwitzen, etwa 2 cm große Lammfleischwürfel beigeben, leicht anbraten, streifig geschnittene Paprikaschote, halbierte getrocknete Aprikosen und Pistazien hinzufügen, mit Koriander, Kurkuma, Gewürznelke und Kümmel, alles gemahlen bzw. gestoßen, würzen, kurz anschwitzen, mit saurer Milch und etwas Wasser auffüllen, zugedeckt gar schmoren; dazu körnig gekochten Reis.

Lammragout, jugoslawisch, → Kampa.

Lammragout auf Kreolen-Art: gehackte Zwiebeln in Fett anschwitzen, Lammschulter in Stücken von 60 bis 80 g hinzugeben, kräftig anbraten, mit Mehl bestäuben, das Mehl kurz anlaufen lassen, reichlich mit Currypulver würzen, mit Fleischbrühe auffüllen, ein Kräuterbündel beifügen, das Fleisch weich schmoren, das Kräuterbündel entfernen, geraspelte Kokosnuß darüberstreuen und durchrühren; dazu Kreolenreis.

Lammrippchen, → Lammkoteletts.

Lammrücken wird wie → Hammel- oder → Kalbsrücken zubereitet, also vorwiegend gebraten. Zu Lammrükken nimmt man den 1,5–2 kg schweren Sattel.

Lammrücken Milford Haven: einen Lammsattel würzen, rosig braten, mit geriebenem Käse bestreuen, mit Butter beträufeln und im Ofen kurz überbacken; dazu große Champignons, die mit tomatiertem Zwiebelpüree gefüllt, mit Käse bestreut und ebenfalls überbacken wurden, und Blätterteigtorteletts, gefüllt mit kurzgeschnittenen grünen Bohnen in Sahnesauce. – Milford Haven ist einer der größten Ölhäfen Europas und ein Seebad in Wales.

Lammrücken, syrisch: einen Lammsattel würzen, braten, tranchieren, wieder zusammensetzen, mit Knoblauch, Petersilie und geriebener Semmel bestreuen, mit Butter beträufeln und im Ofen überbacken; den Bratsatz mit Tomatensauce verkochen; rote Paprikaschote und Zucchini in kleine Würfel schneiden und in Butter dünsten, die Würfel sowie streifig geschnittene Ingwerpflaume unter Risotto mischen; runde Auberginenscheiben salzen, mehlen, in Öl knusprig backen und neben dem Lammrükken anrichten.

Lammschulter wird im allgemeinen entbeint, oft gefüllt, dann zusammengerollt, gebunden und gebraten oder geschmort.

Lammschulter Chevet: die Schulter entbeinen, zusammenrollen, binden, würzen und braten; dazu in Weißwein gedünstete, gehackte Schalotten, Kraftsauce und Bratkartoffeln.

Lammschulter, gebacken: die Lammschulter entbeinen, weich kochen, in viereckige Stücke schneiden, mit Ei und geriebener Semmel panieren, in Schweineschmalz backen; dazu Kopfsalat.

Lammschulter Théodore: die Schulter entbeinen, mit Kalbsfarce bestreichen, zusammenrollen, binden, würzen, kräftig anbraten und mit Wurzelwerk in Weißwein weich schmoren; den Fond mit brauner Grundsauce verkochen; dazu Karotten und Petersilienkartoffeln.

Lammsteaks werden aus dem Sattelstück des Lammrückens geschnitten, sie werden vorsichtig gegrillt oder in der Pfanne gebraten, bei milder Hitze und völlig durch; je Person rechnet man 2–3 Steaks.

Lammsteaks Jeanne d'Arc: die Steaks sehr dünn klopfen, mit Salz und Pfeffer würzen und durch Backteig ziehen; in heißem Fett schwimmend ausbacken; dazu Madeirasauce, Pariser Kartoffeln und frische Salate. – Jeanne d'Arc, die Jungfrau von Orléans, 1412(?)–1431, französische Nationalheldin, die den Krieg gegen England entscheidend beeinflußte. Sie starb als Ketzerin auf dem Scheiterhaufen. 1920 wurde sie heiliggesprochen.

Lammsteaks Pasquale: die Steaks kräftig mit Salz, Pfeffer, Paprika, Knoblauchpulver und Thymian einreiben, in Öl braten und auf Curryreis anrichten; Prinzeßbohnen und dicke Tomatenscheiben im Bratfond erhitzen, mit Salz und Pfeffer würzen und neben den Steaks anrichten.

Lammtopf Extremeña, spanisches Eintopfgericht aus der Estremadura (früher Extremadura): 500 g kleingeschnittenes Lammfleisch in Olivenöl kräftig anbraten, 1 gehackte Zwiebel, 1 kleingeschnittene Lammleber, 1 in Streifen geschnittene rote Paprikaschote und 1 gehackte Chillischote hinzufügen, kurz anschmoren und mit 1/4 l Weißwein löschen; 1 getoastete Scheibe Weißbrot, 1 Thymianzweig und 1 kleines Lorbeerblatt in den Topf geben und 1/4 l Fleischbrühe zugießen, salzen und pfeffern und 30 Minuten garen lassen; 2 Knoblauchzehen auspressen, den Saft mit 1 TL edelsüßem Paprikagewürz und 1 TL Essig verrühren, etwa 15 Minuten weitergaren; vor dem Anrichten den Thymian und den Lorbeer entfernen.

Lammzunge wird wie → Kalbszunge zubereitet.

Lammzunge, sauer: leicht gepökelte Lammzunge in Wurzelbrühe weich kochen, enthäuten, in Scheiben schneiden, in einem Sud aus Essig, Wasser, gehackten Zwiebeln, Thymian, Gewürznelken, Pfefferkörnern und Lorbeer marinieren; eiskalt mit Petersiliensträußchen anrichten.

Lamprete (Neunauge, Meerneunauge, Bricke, Pricke), aalartiger Seefisch, der zum Laichen in die Flüsse steigt. Die Lamprete ist ein gefährlicher Schmarotzer. Mit ihrem runden Maul saugt sie sich an anderen Fischen fest und entzieht ihnen Blut und andere Körpersäfte. Ihr Fleisch ist ebenso fein und wohlschmeckend wie das des Aals. Wer die bis 1 m lange Lamprete von der Seite betrachtet, weiß, warum sie auch Neunauge genannt wird: Das vorderste »Auge« ist das Nasenloch, dann kommt das richtige Auge, und in einer Reihe folgen sieben offene Kiemenlöcher. – Im Mittelalter galten die Lampreten als hochgerühmte Delikatesse. Vor allem die von Nantes waren so begehrt, daß die Pariser den Händlern entgegenfuhren, weil sie in Paris keine Fische mehr bekommen hätten. Und noch vor 100 Jahren wurden in Norddeutschland alljährlich Hunderttausende von Neunaugen geröstet und mariniert. Heute sind die Lampreten, wie mancher andere Leckerbissen auch, aus der Mode gekommen, obwohl es sich wirklich lohnte, sie einmal zu probieren, leicht eingesalzen und in Öl gebraten und danach mit feinen Kräutern und Gewürzen in Essig eingelegt.

Landjäger, flachgeformte Rohwurstpaare aus durchwachsenem Rindfleisch, Schweinefleisch und Speck, getrocknet und stark geräuchert. Spezialität des Schwarzwaldes.

ländliche Art, → Bauern-Art.

ländlicher Salat: Kopfsalatblätter, gehackten Schnittlauch und Kerbel mit Senfmarinade anmachen, mit einem Hauch Knoblauch würzen.

Landsknechtsalat: Würfel von gekochten Kartoffeln, Rindfleisch und magerem Schinken, von Pökelzunge, Hartwurst, Essiggurken sowie gehackten Zwiebeln mit Kräutermarinade und etwas Senf anmachen; mit Eiervierteln garnieren.

Lange Bolle, → Winterzwiebel.

Langfisch, → Leng.

Langkornreis, längliche, hartkörnige Reissorten, die sich für fast alle Reisspeisen eignen, also für Reisrand, Suppen usw., auch für bestimmte Süßspeisen. Langkornreis kommt aus Vorderindien (Patnareis), aus Burma, Thailand sowie aus Nordamerika (Karolinareis). → Reis.

Langostinos, Seekrebse des Südostpazifik, die hauptsächlich vor der chilenischen Küste gefangen werden. Die Krebse werden sofort nach dem Fang gekocht. Ihre rot-weiß-marmorierten, zartfleischigen und außerordentlich schmackhaften Schwänze kommen tiefgefroren oder in Dosen konserviert in den Handel. – Wundervoll schmecken Langostinos in Dillsauce, bestreut mit frischem Dill und im Reisrand angerichtet – Langostinos ist auch die spanische Bezeichnung für → Langustinen.

Languedocer Art (à la languedocienne): in Öl gebratene Auberginenscheiben und Steinpilze, geschmolzene Tomaten mit Knoblauch und Petersilie sowie gebundene Kalbsjus zu kleinen Fleischstücken oder Geflügel. – Languedoc, südfranzösische Landschaft.

Languste (Stachelhummer, Heuschreckenkrebs, Panzerkrebs), großer, scherenloser Seekrebs, der im Mittelmeer, aber auch an der Südküste Englands und Irlands vorkommt. Bemerkenswert ist der gepanzerte, mit stachligen Höckern besetzte Kopf der Languste und die besonders langen Fühler. Das Fleisch des Schwanzes ist schneeweiß und gilt als Delikatesse. Kenner behaupten, daß es edler schmecke als Hummerfleisch. Langusten wiegen zwischen 500 und 2 000 g. Man bereitet sie im allgemeinen wie Hummer zu.

Languste, gebacken: die Languste wie im nächsten Rezept vorbereiten, mit Mehl bestäuben, die Hälften mit Butter in eine feuerfeste Pfanne legen, salzen, pfeffern und auf beiden Seiten anbraten, einen Rosmarinzweig zugeben, trockenen Weißwein hinzugießen und die Languste im Ofen bei 180 °C etwa 10 Minuten garen.

Languste auf Teufels-Art: die Languste durch Eintauchen in siedendes Wasser töten, der Länge nach halbieren, den langen Darm entfernen, salzen, pfeffern, einölen und gar grillen, mit Petersilie und Zitronenvierteln garnieren; dazu Teufelssauce und Weißbrot.

Langustenbutter (Beurre de langouste), Buttermischung: Abfälle von gekochter Languste im Mörser sehr fein stoßen, mit der gleichen Menge Butter verarbeiten und durch ein Haarsieb streichen.

Langustine, sehr kleine Hummerart des Mittelmeeres mit langen, schmalen Scheren, krönender Bestandteil vieler mediterraner Fischsuppen. Langustinen werden bis 25 cm lang. Beim Kochen färbt sich ihr Fleisch nicht rot, sondern behält seine gelblichgrüne Farbe. Das Fleisch der Langustinen ist zart und sehr schmackhaft.

Laos, ostindische ingwerähnliche Wurzel, die getrocknet und gemahlen als hocharomatisches Gewürz für Reisgerichte verwendet wird.

Lapérousesalat: Würfel von Tomaten, grünen Bohnen, Artischockenböden und magerem gekochten Schinken sowie gehackte Zwiebeln mit saurer Sahne und etwas Zitronensaft anmachen. – Jean François de Galaup, Comte de La Pérouse, 1741–1788, französischer Seefahrer, entdeckte die nach ihm benannte Straße zwischen den Inseln Sachalin und Hokkaido.

lardieren (frz: lard = Speck), → spicken.

Lasagne, lange und besonders breite Nudeln, eine italienische Spezialität mit zahlreichen landschaftlichen Varianten. Am bekanntesten sind: *Lasagne con cavolfiore* (mit Blumenkohl): ein Auflauf aus Nudelblättern, Blumenkohlröschen, Ricotta, der mit geschlagenen Eiern verrührt wurde, und geriebenem Pecorino.

Lasagne alla piemontese (auf Piemonteser Art): Nudeln, vermischt mit Scheiben weißer Trüffeln, Parmesan gesondert; *Lasagne alla casalinga* (auf Wirtschafterinart): ein Auflauf aus Nudelblättern, Bologneser Sauce und Béchamelsauce, schichtweise in eine Form gefüllt, mit Parmesan bestreut und im Ofen überbacken.

Latkes, jüdisch-polnische Kartoffelpuffer (Reibekuchen), in Öl ausgebackene Kartoffelpfannkuchen, Chanukka-Speise, beliebte Beigabe zur Weihnachtsgans: 5 geriebene rohe Kartoffeln, 1 fein gehackte Zwiebel, 4 Eier, 2 EL Mehl, Salz und Pfeffer gut miteinander verarbeiten und löffelweise in Speiseöl zu dünnen Plätzchen goldgelb braten; dazu Zucker, dicke Sahne, Joghurt oder Apfelmus.

Lattich, → Kopfsalat.

Latwerg (Latwerge), südwestdeutsches Pflaumen- oder Birnenmus, ungesüßt, gewürzt mit Sternanis, gemahlenen Nüssen oder Holunderbeeren.

Laubfrösche, schweizerische Spezialität: gleichmäßig große Spinatblätter mit siedendem Wasser überbrühen, mit kaltem Wasser abschrecken, je vier Blätter kreuzweise übereinanderlegen und mit einer Farce aus eingeweichtem Brötchen, Eiern, gehackter, angeschwitzter Zwiebel, gehackter Petersilie, geriebenem Parmesan und Gewürzen füllen, die Blätter zusammenfalten, die Laubfrösche binden, in Fleischbrühe gar dünsten und mit Sahnesauce anrichten.

Lauch, Gattung der Liliengewächse, zu der zahlreiche Nutzpflanzen gehören: Zwiebel, Schalotten, Perlzwiebeln, Porree, Schnittlauch, Knoblauch usw. – *Rezepte:* → Porree.

Laugenbrezel, → Brezel.

Laurasalat: Streifen von Äpfeln und grünen Paprikaschoten mit Mayonnaise binden und auf Kopfsalatblättern anrichten.

Läuterzucker (Zuckersirup), konzentrierte, klargekochte Zucker-Wasser-Lösung zum Tränken bestimmter Kuchenarten (Savarins, Babas u. dgl.), zum Dünsten von frischen Früchten, zur Speiseeisbereitung usw. – Läuterzucker zum Tränken und Dünsten: 100 g Zucker mit etwa 6 EL Wasser bei mäßiger Hitze schmelzen lassen, 1 EL Apfelsinensaft, Zitronensaft, Likör oder Branntwein hinzufügen. Soll der Läuterzucker mit Vanille, Apfelsinenschale oder Zitronenschale aromatisiert werden, ist der Zucker mit 7 EL Wasser zu verkochen. – Läuterzucker zur Speiseeisbereitung u. dgl.: 100 g Zucker mit etwa 2 EL Wasser verkochen. – Die Zuckerkonzentration wird in Baumé-Graden ausgedrückt. Zieht der Zucker dünne Fäden, so beträgt die Konzentration etwa 25 Grad; dikkere Fäden zeigen eine Konzentration von etwa 30 Grad an; bildet sich an dem eingetauchten Stiel des hölzernen Rührlöffels ein kleiner Zuckerballen, so weist die Lösung eine Konzentration von 40 Grad auf; 50 Grad beträgt die Konzentration, bevor der Zucker sich zu verfärben, zu karamelisieren beginnt. Die Grade lassen sich auch auf einer Zuckerwaage, die je nach Konzentration mehr oder weniger tief in die Lösung eintaucht, ablesen.

Lavallière, à la: mit grünen Spargelspitzen gefüllte Artischockenböden, Schloßkartoffeln und Bordelaiser Sauce zu kleinen Fleischstücken. – Louise de La Baume Le Blanc, Herzogin von Lavallière, 1644–1710, war eine Geliebte Ludwigs XIV.

Lavendel aromatisiert zwar hauptsächlich Seifen und Kosmetika, gelegentlich verwendet man ihn auch zur geschmacklichen Veränderung von Fleisch-, Fisch- und Gemüsegerichten, von Suppen und Salaten.

Lavendelhonig aus den höheren Lagen der Provence zählt zu den edelsten Honigsorten.

Lax, → Graved Lachs.

Lebensmittel, alle pflanzlichen und tierischen Nahrungs- und Genußmittel, die gegessen, getrunken, gekaut oder geraucht werden und keine Arzneimittel sind.

Leber, die größte Drüse des tierischen Körpers. Das Zellgewebe der Leber sondert Galle ab, die die Verdauung des Tieres fördert und den pikant-bitteren Geschmack dieses Organs bewirkt. Außerdem wandelt die Leber den im Blut gelösten Zucker in Stärke (Glykogen) um. Leber enthält reichlich Vitamine (A, B_1, B_2, C und D) und zählt zu den wertvollsten tierischen Nahrungsmitteln. Am zartesten und wohlschmeckendsten ist die Leber junger Tiere: die Kalbs- und die Lammleber. Die Leber von Gans, Ente und Reh gilt als Delikatesse. Leber wird gebraten, gebacken oder gedünstet, aber so kurz wie möglich, damit die Vitamine erhalten bleiben. – *Vorbereitung:* Die Leber sorgfältig enthäuten und von allen unansehnlichen Stellen befreien, ganz kurz waschen, in Streifen oder dünne Scheiben schneiden und nach dem Rezept weiterverarbeiten. – Tips für die *Zubereitung:* Die Leberscheiben vor dem Braten kurz in Milch wenden, wodurch sich die Leber in der heißen Pfanne nicht so sehr zusammenzieht.

Die Leberscheiben erst nach dem Braten salzen, damit sie schön saftig und zart bleiben. Die Scheiben auf jeder Seite etwa 2 Minuten braten. – *Rezepte:* → Kalbsleber. – Übrigens: tiefgefrorene Leber verliert an Aussehen und Geschmack.

Leberauflauf: Kalbsleberstücke in leicht gesalzenem Wasser garziehen lassen, die Leber pürieren, mit etwas Butter, dicker Béchamelsauce und Eigelb binden, salzen, pfeffern, festen Eischnee unter die Masse ziehen, die Lebermasse in eine ausgebutterte Auflaufform füllen, im Wasserbad langsam aufgehen lassen; den Auflauf schnell servieren.

Leber-Crostini, 250 g Kalbs- oder Hühnerleber in kleine Würfel schneiden und in 50 ml Weißwein marinieren. 1 gehackte Schalotte und 1 gehackte Knoblauchzehe sowie 50 g kleingewürfelten durchwachsenen Speck in Olivenöl anbraten; die Leber samt Wein dazugeben und ca. 8 Minuten garen. Mit 1 EL Kapern und 1 TL Zitronensaft pürieren. Mit Salz und Pfeffer abschmecken. Auf geröstete Weißbrotscheiben streichen.

Leberfüllung: durch den Fleischwolf gedrehte rohe Leber mit Eigelb und Paniermehl verarbeiten und mit Salz, Pfeffer und Thymian würzen.

Leberkäse, aus Leber, Schweinefleisch und Speck, durch den Fleischwolf gedreht, gewürzt und in Backsteinformen gekocht. Leberkäse wird warm oder kalt, manchmal auch in Teighülle aufgetragen. – In Bayern wird Leberkäse ohne Leberzusatz bereitet. Hier hat sich der Name »Leberkäse« von »Laibkäse« (Käselaib) abgeleitet. Der bayerische Leberkäse ist also ein Fleischkäse.

Leberknödel: 500 g Kalbsleber aus allen Häuten und Sehnen schaben, mit 4–5 Eiern, 3 EL Mehl, 4–5 eingeweichten und gut ausgedrückten Brötchen, feingehackter, angeschwitzter Zwiebel, gehackter Petersilie, Salz, Pfeffer und 1 Prise Muskatnuß verarbeiten; mit einem nassen Eßlöffel Klöße abstechen, die Klöße in siedendem Salzwasser etwa 10 Minuten langsam kochen; mit brauner Butter, gerösteten Zwiebeln und gerösteten Weißbrotwürfeln bedecken. – *Weitere Rezepte:* bayerische Leberknödel, Wiener Leberknödel.

Leberknödelsuppe, → bayerische Leberknödel in würziger, kräftiger Fleischbrühe.

Leberknöpfli, schweizerische Spezialität: Kalbsleber pürieren, mit Mehl, Eiern, gehackter Petersilie, etwas Salz und Wasser zu einem nicht allzu festen Teig verarbeiten, der etwa 30 Minuten ruhen sollte; den Teig mit dem Messer in dünnen Streifchen in siedendes Salzwasser schaben; die Knöpfli sofort aus dem Wasser heben, wenn sie an die Oberfläche kommen, und mit gebratenen, gehackten Zwiebeln bedecken; dazu grüner Salat.

Lebernockerl, österreichische Spezialität: rohe Rinder- oder Schweinsleber und etwas rohe Milz pürieren, in Milch eingeweichte, gut ausgedrückte Semmeln, rohe Eier, in Fett geröstetes Zwiebelgehäck, gehackten Majoran und in Butter gebräunte Semmelbrösel hinzufügen, mit Salz, Pfeffer und etwas Knoblauch würzen, die Masse gut durcharbeiten, mit einem Kaffeelöffel kleine Nockerl abstechen, die Nockerl in Salzwasser ziehen lassen, bis sie oben schwimmen. Zu würziger Fleischbrühe.

Leberpastete auf dänische Art, → Leverpostej.

Leberpudding, → Holsteiner Leberpudding.

Leberreis, bosnischer: Reiskörner in Öl glasig rösten, mit Fleischbrühe auffüllen, 10 Minuten kochen lassen; Kalbs- oder Hammelleber pürieren, das Leberpüree mit gehackter Zwiebel in Öl anschwitzen, mit Salz, Pfeffer und Majoran würzen, unter den Reis mischen, noch 10 Minuten zugedeckt ziehen lassen.

Leberschöberlsuppe: österreichische Spezialität: Kalbsleber, Zwiebel und Petersilie, alles feingehackt, in Butter anschwitzen und würzen; Butter und Eigelb schaumig rühren, mit einigen entrindeten, in Milch eingeweichten und gut ausgedrückten Milchbrötchen verarbeiten, die Leber hinzufügen, steifgeschlagenes Eiweiß unter die Masse ziehen, die Masse auf Pergamentpapier streichen und im Ofen backen, nach dem Auskühlen in kleine Stücke schneiden und in klare Fleischbrühe geben.

Leberspießchen: Kalbsleber in 3 bis 4 cm lange und 1 cm dicke Streifen schneiden und in Butter kurz anbraten, die Leberstreifen im Wechsel mit gleichgroßen, mageren Rauchspeckscheiben und halbierten Champignons auf kleine Spieße reihen, mit Öl einpinseln und grillen, salzen und pfeffern.

Lebersuppe: Kalbs- oder Rinderleber in dünne Scheiben schneiden, mit feingewürfeltem Wurzelwerk in Butter andünsten, Mehl darüberstäuben, das Mehl leicht bräunen, mit Weißwein ablöschen, mit Fleischbrühe auffüllen, 15 Minuten kochen, die Leberscheiben herausnehmen, pürieren und unter die Suppe rühren, die Suppe mit Salz und Pfeffer abschmecken, gehackte Petersilie darüberstreuen.

Lebersuppe, polnische, → Zupa Watrobiana.

Leberwurst, Kochwurst aus Schweinsleber, Schweinefleisch und Speck, mit Kalbsleber oder Gänseleber abgewandelt, grob oder fein, sehr unterschiedlich gewürzt, oft geräuchert. Die bekanntesten Leberwurstsorten sind: Berliner, Braunschweiger, Frankfurter, Hallesche, hessische, Hildesheimer, rheinische, Thüringer Leberwurst usw., Kalbs- und Gänseleberwurst, Sahne-, Sardellen-, Tomaten- und Zwiebelleberwurst, Gutsleberwurst, Leberkäse usw.

Leberwurstgewürz, Gewürzmischung aus Majoran, Macis, Thymian, weißem Pfeffer und Zimt.

Lebkuchen, besonders gewürztes Gebäck (Gewürzkuchen, Honigkuchen, Pfefferkuchen), das vorwiegend in der Weihnachtszeit genossen wird.

Lebkuchengewürz, Gewürzmischung aus Anis, Gewürznelken, Koriander, Muskatnuß, Piment und Zimt.

Lecithine (von griech. ›lekithos‹ = ›Eigelb‹), phosphorhaltige Wirkstoffe, die vor allem im Eigelb, Fischrogen und Gehirn, in kleineren Mengen in Milch, Butter und im Blut vorkommen und auch in Hülsenfrüchten (Sojabohnen, Erbsen, Linsen, Bohnen) enthalten sind; Lecithinpräparate helfen bei nervösen Schwäche- und Erschöpfungszuständen.

Leckerli, kleine, schweizerische Honigkuchen.

Lederkarpfen, → Karpfen.

leerbacken, → blindbacken.

Leerdammer, niederländischer Schnittkäse, nussig-mild und walnußwürzig, mit kirschgroßen Löchern; sechs Wochen Reifezeit.

legieren, → binden.

Leineweber, deftiges, altdeutsches

Gericht: Streifen von rohen Kartoffeln zusammen mit Speckwürfeln braten, Eierkuchenteig darübergießen und goldbraun backen.

Leinöl, hochwertiges Speiseöl, das ausschließlich durch kalte Pressung der Flachs(Lein)samen gewonnen wird. Das dunkel goldfarbene Öl schmeckt leicht bitter und zeichnet sich durch einen hohen Gehalt an dreifach ungesättigter Linolensäure aus. Leinöl wird nur in der kalten Küche verwendet, am besten zu → Leinöl-Quark. Es ist etwa sechs Monate haltbar und sollte nach dem Öffnen der Flasche möglichst bald verbraucht werden.

Leinöl-Quark, schlesische Spezialität: 250 g Magerquark mit 1 EL Leinöl cremig rühren, mit Salz und Pfeffer würzen und mit gehacktem Schnittlauch bestreuen. Dazu neue Pellkartoffeln.

Leinsamen, die flachen, hellbraunen, glänzenden Samen der Flachspflanze. Leinsamenschrot, mit kaltem Wasser aufgesetzt und zu einer schleimigen Suppe gekocht sowie mit Fruchtsaft aromatisiert, ergibt ein gesundes Süppchen, das vor allem bei Stuhlverstopfung hilft.

Leinsamenbrot, mit Leinsamenzusatz gebackenes Brot.

Leipziger Allerlei, Mischgemüse aus Spargel, jungen Erbsen, Karotten und Lorcheln. Statt Spargel wird heute oft auch Blumenkohl beigefügt. Und Lorcheln werden meistens weggelassen.

Lekach (Lejkech), jüdischer Honigkuchen: 500 g Zucker karamelisieren, ohne daß er anbrennt, mit 4 EL Honig und 1/10 l Öl verrühren, 500 g Mehl hineinarbeiten, 4 frische Eigelb, 1 TL Natron sowie eine Handvoll eingeweichte Rosinen zufügen, das steifgeschlagene Eiweiß der vier Eier vorsichtig unterziehen, den Teig auf einem geölten Blech verteilen, 1 Handvoll grobgehackte Walnüsse darüberstreuen und den Honigkuchen bei schwacher Hitze goldbraun backen.

Lemon-Cream-Dressing, Salatsauce: Mayonnaise mit Zitronensaft, etwas Zucker und gesüßter Schlagsahne vermischen.

Lemon Curd, englischer Brotaufstrich aus Zitronensaft, Butter, Eiern und Zucker. Tafelfertig in Gläsern.

Lende, → Filet vom Rind, Kalb und Schwein.

Lendenbraten, → Rinderfilet.

Lendenschnitte (Tournedos, Medaillon), rund geschnittene Scheibe aus Spitze oder Kopf des Rinderfilets, etwa 100 g schwer und 4–5 cm dick; die Lendenschnitten mit dem Handballen leicht breitdrücken und mit einem Faden rundherum binden, damit sie beim Braten ihre runde Form behalten; Lendenschnitten werden gegrillt oder in der Pfanne gebraten, am besten rosa bis blutig; Bratzeit für jede Seite 4 Minuten; gesalzen werden sie erst nach dem Braten; Lendenschnitten werden auf Weißbrottoast, flachrunden Kroketten, Pürees, Artischockenböden usw. angerichtet; aus dem Bratsatz wird immer eine knappe, aber gute Sauce bereitet. – Die Köche haben im Laufe der Zeit weit über 500 Rezepte für Lendenschnitten erfunden. Hier eine kleine Auswahl:

Lendenschnitte Cäsar: die Lendenschnitten beidseitig kurz anbraten, würzen, mit dickem Zwiebelpüree überziehen, das mit gehackter Pökelzunge vermischt wurde, mit geriebenem Parmesan bestreuen, Butter darüberträufeln und im Ofen oder Grill kurz überbacken.

Lendenschnitte Choron: die Lendenschnitten braten, würzen und auf Artischockenböden setzen, die mit gebutterten Spargelspitzen gefüllt sind; dazu Choronsauce und Strohkartoffeln.

Lendenschnitte Katharina: die gebratenen und gewürzten Lendenschnitten auf Macairekartoffeln anrichten und mit gekochten Rindermarkscheiben belegen; dazu Bordeauxsauce.

Lendenschnitte Leopold: Steinpilze und Schalotten hacken, in Butter dünsten und mit Sahnesauce binden, diese Mischung auf Toastscheiben geben, je eine gebratene und gewürzte Lendenschnitte darüberlegen und mit Madeirasauce, die mit Gänseleberpüree eingedickt wurde, überziehen; dazu Kartoffelkroketten.

Lendenschnitte Rossini: die gebratenen und gewürzten Lendenschnitten mit einer Scheibe Gänseleber, die in Butter gebraten wurde, und einer dikken Trüffelscheibe belegen; dazu mit Trüffelessenz veredelte Madeirasauce.

Lendenspitzen, in etwa 2–3 cm große Würfel oder Dreiecke geschnittener Filetkopf des Rindes, gebraten oder gegrillt. – *Rezept:* Filetspitzen Stroganow.

Lendensteak, → Filetsteak.

Lendenstück, → Filetsteak.

Lendenstück, doppeltes, → Chateaubriand.

Leng (Lengfisch, Langfisch), bis 2 m langer Seefisch der nördlichen Meere. Sein Fleisch ist weniger wohlschmekkend als das des Kabeljaus.

Leo XIII., à la: kleine Geflügelklöße, Scampi, in Butter geschwenkte Makkaroni und Geflügelrahmsauce zu Geflügel. – Papst Leo XIII., 1810–1903, bedeutender Gelehrter und Politiker.

Leopold, à la: Torteletts, gefüllt mit Champignons in Sahnesauce, sowie Madeirasauce mit Gänseleberpüree zu kleinen Fleischstücken oder Geflügel.

Leopoldsalat: dicke Chicoréestreifen in Essig-Öl-Marinade einlegen, den Chicorée mit Tomatenscheiben bedecken und leichte Mayonnaise darüberziehen, mit winzigen Ananaswürfeln garnieren.

Leos Special, Cocktail: 1/3 Apricot Brandy, 2/3 trockener Wermut, 1 Schuß Orange Bitter, schütteln.

Lesdiguières, à la: große Zwiebeln, mit Spinat gefüllt, mit Mornaysauce bedeckt und im Ofen überbacken, sowie Bratensaft zu geschmortem Fleisch oder Geflügel. – François de Bonne, Herzog von Lesdiguières, 1543–1626, französischer Marschall unter Heinrich IV. und Ludwig XIII.

Leverpostej, dänische Leberpastete: Schweinsleber, rohen Bauchspeck, Zwiebeln und Sardellenfilets mehrmals durch den Fleischwolf treiben, die Masse mit Eiern, Sahne und Paniermehl verarbeiten, mit Salz, Pfeffer, Muskatnuß, Thymian und Madeira würzen, in eine mit dünnen Räucherspeckscheiben ausgelegte Kastenform füllen, im Wasserbad garen; nach dem Erkalten auf eine Platte stürzen.

Lezithin, → Lecithine.

Liaison, Mischung aus Eigelb und Sahne (Milch, Weißwein) zum Binden von Suppen, Saucen usw.

Lichees, → Lychees.

Liebäugel, → Borretsch.

Liebesäpfel, → Tomaten.

Liebesgrübchen, Blätterteiggebäck: Blätterteig etwa 3 mm dick ausrollen, runde Plätzchen ausstechen, die Hälfte der Plätzchen auch noch in der Mitte ausstechen, diese Teigringe mit Eiweiß oder Wasser auf die Plätzchen kleben, mit Ei bestreichen, im Ofen abbacken, mit Johannisbeergelee füllen.

Liebesknochen, Brandteiggebäck mit Cremefüllung, meist mit Kuvertüre überzogen.

Lieblings-Art (à la favorite): geviertelte Artischockenböden, gedünsteter Bleichsellerie, Schloßkartoffeln und Bratensaft zu großen Fleischstücken. – Gebratene Gänseleber, Trüffelscheiben, Spargelspitzen und winzige, gebratene Kartoffeln zu kleinen Fleischstücken.

Lieblingssalat: Streifen von gekochter Hühnerbrust mit Trüffeln sowie Spargelspitzen mit Sahnemayonnaise binden.

Liebstöckel (Maggikraut), Küchenkraut, dessen Heimat die südeuropäischen Karstgebiete sind. Heute wird es vor allem in Thüringen und Süddeutschland angebaut. Die Blätter verleihen Salaten, Saucen, Suppen, Fleisch- und Gemüsegerichten einen würzig-aromatischen Geschmack. Eine wesentlich stärkere Würzkraft entfalten die Wurzeln, die getrocknet und gemahlen als Wurst- und Spirituosengewürz verwendet werden. Die ätherischen Öle des Wurzelstocks haben harntreibende Wirkung, daher gilt das Kraut im Volksglauben als Liebespflanze.

Liegnitzer Bombe, schlesischer Lebkuchen in runder Form.

Liesenschmalz, → Schweineschmalz.

ligurische Art (à la ligurienne): gefüllte Tomaten, Risotto mit Safran oder Kartoffelkroketten und Bratensaft zu Fleisch. – Ligurien, norditalienische Landschaft um Genua.

liieren, → binden.

Liköre, zuckerhaltige, aromatische Spirituosen mit hohem Extraktgehalt und einem Alkoholgehalt von mindestens 30 Vol.%. Fruchtsaft-, Kaffee-, Kakao- und ähnliche Liköre haben einen Mindestalkoholgehalt von 25 Vol.%, Eierlikör von 20 Vol.%.

Likörwein, → Dessertwein.

Lilienknospen, chinesische Gemüsedelikatesse. Die 6–8 cm langen, blaßgelben Blütenknospen der Tigerlilie haben einen moschusartigen, sehr angenehmen Geschmack und auch einen beträchtlichen Nährwert. Die getrockneten Knospen werden eingeweicht, abgetropft und in Butter oder feinem Öl gedünstet. Sie sind eine extravagante Beilage zu Fisch, Geflügel und Fleisch.

Lilli, à la: mit Gänseleber- und Trüffelscheibe gefüllte Artischockenböden sowie Annakartoffeln und Trüffelsauce zu kleinen Fleischstücken.

Limabohnen (Duffin-, Kratok-, Mond-, Rangunbohnen), südamerikanische Bohnenart, benannt nach der Stadt Lima in Peru. Die Limabohnen sind flach und erheblich größer als unsere grünen Bohnenkerne. Sie kommen hin und wieder als Konserve auch zu uns. – Die weichgekochten Bohnen werden mit Salz und Pfeffer gewürzt, in Butter geschwenkt oder mit Sahne gebunden.

Limande, → Rotzunge.

Limburger Käse, ziegelförmiger, stark riechender und pikant schmekkender Weichkäse mit etwas schmieriger, gelber bis rötlicher Oberfläche. Der Käse stammt aus der belgischen Grafschaft Limburg.

Lime Juice, Saft der → Limetten, mit Zuckersirup gesüßt, für Mixgetränke.

Limequats, Kreuzung aus → Kumquats und Limetten.

Limetten (Limonellen), ostasiatische limonenähnliche Zitrusfrüchte, die heute vor allem in den USA angebaut werden. Die Schale der Limetten ist grün und sehr dünn, das meist kernlose Fruchtfleisch schmeckt noch saurer als Zitrone. Aus Limetten wird der bekannte Lime Juice gewonnen.

Limonaden, alkoholfreie Erfrischungsgetränke aus natürlichen Aromastoffen, Wasser und Zucker. Das Wasser kann kohlensäurehaltig sein. Zusätze von Koffein oder Chinin sind zulässig. Ursprünglich wurde Limonade nur aus Limonensaft hergestellt.

Limoncello, Liquore di Limoni, Limunciel (= Zitrone des Himmels), berühmter Likör mit dem Aroma der würzigsten Zitronen Italiens aus den Plantagen bei Amalfi, die hier schon seit dem 7. Jh. kultiviert werden. Nach Meinung der Kampanier waren die goldenen Äpfel der Hesperiden in Wahrheit die köstlichen amalfitanischen Zitronen. Die griechische Sage erwähnt diese Äpfel im Zusammenhang mit den »zwölf Arbeiten« des Herakles, die der Zeussohn für den König Eurystheus zu verrichten hatte. – Limoncello stets kalt servieren. Gern wird er mit Prosecco gemischt gereicht.

Limone Bitter, Bitterextrakt aus Limonenschale zum Würzen von Cocktails, Obstsalaten, Cremes usw.

Limonellen, → Limetten.

Limonen (Sauerzitronen), kleine, dünnschalige, sehr würzige Zitronenart mit glatter Oberfläche.

Limousiner Kirschkuchen, → Clafoutis Limousin.

Lingonbeeren, mit den Preiselbeeren verwandte Wildfrucht Skandinaviens, Rußlands und Nordamerikas. Die säuerlichen Beeren werden mit Zucker eingekocht und zu Sauce oder Gelee weiterverarbeitet.

Linsen, Früchte einer Schmetterlingsblütlergattung, die hauptsächlich in Spanien, Rußland und Vorderasien kultiviert wird. Die kleinen grauen, braunen, gelblichen oder rötlichen Früchte zeichnen sich wie fast alle anderen Hülsenfrüchte durch einen hohen Stärke- und Eiweißgehalt aus. – *Zubereitung:* Die Linsen waschen, einen Tag lang einweichen, im Einweichwasser mit Zwiebelhälften, Wurzelwerk und Salz langsam in etwa 1 Stunde weich kochen. Rote Linsen sind ohne Einweichen nach etwa 15 Minuten Kochzeit gar.

Linsen, bürgerlich: zu den gekochten, abgegossenen Linsen kräftige Fleischbrühe geben, mit hellbrauner Zwiebel-Mehlschwitze binden und mit Essig abschmecken.

Linsen, französisch: Linsen im Einweichwasser halbgar kochen, gewürfelten Frühstücksspeck kräftig anrösten, die abgetropften Linsen und den Speck in Rotwein fertigdünsten, mit hellbrauner Mehlschwitze binden.

Linsen auf Lothringer Art: Linsen mit einem Kräuterbündel, einer Mohrrübe und einer gespickten Zwiebel im gesalzenen Einweichwasser gar kochen; gehackte Zwiebel und gewürfelten mageren Speck in Butter anbraten, mit etwas Linsenwasser aufgießen, kurz durchkochen und mit Mehl binden, die abgetropften Linsen darin schwenken.

Linsen, russisch: halbgar gekochte Linsen abtropfen, mit gehackter Zwiebel, etwas Macis, Salz und Pfeffer in Butter weich dünsten, mit saurer Sahne binden und gehackten Schnittlauch daruntermischen.

Linsen mit Speck: die im Einweichwasser gekochten Linsen mit brauner Mehlschwitze binden, mit gerösteten Speckwürfeln bedecken.

Linsenpüree: Linsen im Einweichwasser weich kochen, abtropfen, durch ein Sieb streichen, mit Sahne binden, salzen und pfeffern, mit einem Stück frischer Butter vollenden.

Linsensalat: gekochte Linsen mit gehackten Zwiebeln in Essig-Öl-Marinade einlegen; kalt servieren.

Linsensuppe: Linsen einweichen, mit Zwiebel, Mohrrübe, Räucherspeck und dem Einweichwasser ansetzen, langsam gar kochen, passieren, mit Fleischbrühe verkochen, würzen.

Linzer Torte: je 100 g Mehl, Butter, Zucker, Biskuitbrösel und gemahlene Mandeln, etwas Backpulver, Zimt, abgeriebene Zitronenschale und gestoßene Gewürznelken mit 1 Ei und 1 EL Rum verarbeiten, mit der reichlichen Hälfte des Teiges eine Tortenform auslegen, dick mit Himbeermarmelade bestreichen, den restlichen Teig gitterförmig darübergeben, mit geschlagenem Ei bestreichen, mit gehobelten Mandeln bestreuen und backen. – Linz an der Donau, Hauptstadt von Oberösterreich.

Liptauer Käse, aus den Karpaten stammender Schafkäse. Der quarkartige Streichkäse wird meist mit Butter, feingehackter Zwiebel, Salz, Paprika, oft auch mit Kapern, Kümmel, Schnittlauch, Sardellen usw. verarbeitet bzw. bestreut. – In Deutschland wird der »Käse nach Liptauer Art« aus Kuhmilchquark hergestellt.

Lison, à la: Blätterteigtorteletts mit einer Füllung aus gedünstetem, gehacktem Kopfsalat, Eigelb und Sahne sowie Kartoffelkroketten mit gehackter Pökelzunge und Bratensaft zu Fleisch.

litauische Art (à la lithuanienne): in saurer Sahne gedünstete Champignons mit Madeirasauce zu Fleisch.

Litschipflaumen, Litschis, → Lychees.

Livarot, französischer Weichkäse, innen gelb und außen rotbraun, eingehüllt in Riedgras.

Livländer Vorschmack: einen gewässerten Salzhering in kleine Würfel schneiden, mit Eigelb und Butter vermischen, mit Pfeffer und Muskatnuß würzen, steifgeschlagenes Eiweiß darunterziehen, in gebutterte Auflaufform füllen und im Ofen abbacken; heiß auftragen.

Liwanzen, tschechische Spezialität: einen dickflüssigen, mit abgeriebener Zitronenschale und Macis gewürzten Hefeteig bereiten, aus dem Teig kleine, flache Pfannkuchen backen, die heißen Pfannkuchen mit Pflaumenmus bestreichen und mit Zucker und Zimt bestreuen.

Lobster, englische Bezeichnung für → Hummer.

Lobster Cocktail, → Hummercocktail.

Loempia, → Frühlingsrolle.

Löffelbiskuits (Fingerbiskuits, Biskotten), feines, sehr haltbares Gebäck aus → Biskuitteig, beliebte Beigabe zu kalten Süßspeisen: den Teig mit einem Spritzbeutel zu 8 cm langen Stangen auf ein mit Pergamentstreifen ausgelegtes Backblech spritzen, mit Puderzucker bestäuben und bei mäßiger Hitze etwa 15 Minuten abbacken.

Löffelente, → Wildente der nördlichen Breiten mit löffelförmigem Schnabel.

Löffelerbsen, Eintopfgericht aus getrockneten Erbsen, Schweinsohren und Räucherspeck.
Löffelklößchen, kleine, mit einem Löffel aus der Teigmasse oder Farce abgestochene und in Salzwasser gegarte Klöße, z. B. Brandteigklöße, Grießklöße, Mehlspatzen, Milchknöpfle.
Löffeltest (beim Fleischbraten), das Drücken eines Löffels auf das Bratenstück: gibt das Fleisch stark nach, so ist es innen noch roh; gibt es nur noch leicht nach, so ist es englisch gar; gibt es kaum mehr nach, so ist es durchgebraten.
Loganbeeren (Loganberries), in England und in den USA weitverbreitete Beerenart, die der kalifornische Farmer L. H. Bailey 1881 aus Himbeeren und Brombeeren kreuzte. Die großen weinroten, saftreichen und überaus aromatischen Beeren werden heute vor allem in Neuseeland angebaut.
Lokschenkugl, jüdische Spezialität: 500 g Bandnudeln (möglichst selbstgemacht) in siedendem Wasser quellen lassen, zum Abtropfen in ein Sieb geben, noch warm mit 7 frischen Eigelb vermengen, die Hälfte der Nudeln in einen ausgebutterten Topf geben, 1 Handvoll eingeweichte Rosinen über den Nudeln verteilen, mit 3 EL Zucker und dem Abgeriebenen einer Zitronenschale bestreuen, 1 EL Honig hinzufügen, mit den restlichen Nudeln bedecken und das Gericht heiß werden lassen; sofort auftragen.
Lola rosé, → Lollo rosso.
Lollo biondo (Lollo bianco, Lollo verde), ein aus Italien stammender Blattsalat mit gelblich-grünen Blättern und leicht herbem Geschmack.
Lollo rosso (Lola rosé, Ricchi), ein aus Italien stammender, mit der krausen Endivie verwandter Blattsalat, dessen dunkelrote Blattspitzen recht dekorativ wirken. Die fleischigen Blätter schmecken leicht herb.
lombardische Art (à la lombarde): Tomaten mit einer Füllung aus Risotto und gehackten weißen Trüffeln sowie Madeirasauce zu Fleisch oder Geflügel. – Lombardei, oberitalienische Landschaft (Poebene).
Lombok, ostindische Pfefferschote, die schärfer als schwarzer Pfeffer, doch nicht so scharf wie Cayennepfeffer ist.
Longans (Drachenaugen), asiatische Früchte, zimtfarbig und in der Größe von Kirschen, mit glasigem, weichem Fleisch und feinem Geschmack. Longans kommen in Dosen in den Handel und werden mit Sahne oder Schlagsahne serviert oder als Zugabe zu Cocktails verwendet.
Longchampssuppe: Saint-Germain-Suppe mit feinstreifig geschnittenem, gedünstetem Sauerampfer und gekochten Fadennudeln abwandeln.
Longdrinks, mit Sodawasser, Mineralwasser oder mit Fruchtsäften verlängerte alkoholische Getränke, wie → Cobblers, → Collinses, → Coolers, → Fizzes, → Highballs, → Slings, → Sodas, → Tonics.
Loose Vinken, flämische Spezialität: dünne Scheiben von zartem Rindfleisch salzen und pfeffern, je ein Scheibchen mageren Speck, gewürzt mit geriebener Muskatnuß, und ein Stück Salzgurke auf die Fleischscheiben legen, zusammenrollen und binden, die Röllchen kräftig anbraten, kurz angeröstete Zwiebelscheiben, Malzbier, Lorbeerblätter und Thymian hinzugeben, mit Wasser auffüllen und im Ofen zugedeckt gar schmoren;

1 Linsen 2 Loquats 3 Lorbeer 4 Löwenzahn 5 Mais

die Vinken anrichten, die Sauce passieren, mit Stärkemehl binden und mit Salz, Pfeffer und Senf abschmekken, gehackte Petersilie darüberstreuen; dazu Kartoffelpüree.

Loquats (japanische Mispeln), kleine, meist gelbe bis orangefarbene, saftige, aprikosen- bis kirschenähnliche Früchte Ostasiens von süßsäuerlichem, deliziösem Geschmack. Loquats werden heute auch im Mittelmeerraum, in Mittel- und Südamerika sowie in den USA kultiviert. Frisch oder in Dosen konserviert kommen sie bei uns in den Handel. Man reicht die Früchte als Kompott oder als Beilage zu Geflügel oder verwendet sie zu exotisch reizvollen Obstsalaten. Vor dem Rohverzehr sollten Loquats gut (etwa zwei Wochen) ablagern, bis sie schön weich geworden sind. Dann entfernt man die Blütenkrone, halbiert die Frucht und löffelt das Fruchtfleisch aus, das sofort verspeist oder auf verschiedene Weise weiterverarbeitet werden kann.

Loquats in Rotwein: das ausgehobene Fruchtfleisch in Butter dünsten, Rotwein zugießen und einige Minuten ziehen lassen, die Loquats auf Teller verteilen und mit Zucker und Zimt bestreuen, den Fond mit Maraschino parfümieren und über das Fruchtmus gießen.

Lorbeerblätter, getrocknete Blätter des edlen Lorbeerbaumes, eines 5–15 m hohen, immergrünen Baumstrauches, der im Mittelmeerraum gedeiht, aber auch in Nordwesteuropa vorkommt. Die dunkelgrünen, lederartigen Blätter enthalten ätherische Öle und Bitterstoffe, die dem Lorbeer eine gewaltige Würzkraft verleihen. Lorbeerblätter werden sehr sparsam verwendet; meist genügt ein halbes oder gar ein viertel Blatt, um eine Speise ausreichend zu würzen. Mit Lorbeer werden sauer eingelegte Gemüse, Sulzspeisen und verschiedene Saucen gewürzt, ferner ist Lorbeer Bestandteil fast aller Fisch-, Fleisch- und Wildmarinaden. Lorbeerblätter kommen vorwiegend aus Italien zu uns. Sie sind sehr feuchtigkeitsempfindlich und müssen daher völlig trokken aufbewahrt werden. – Lorbeerblätter sind seit alters her Symbol des Sieges und Ruhmes. Sie sollen vor Blitzschlag und Insekten schützen und wurden im Altertum auch als Analeptica (Anregungsmittel) verwendet.

Lorbeeressig, aromatisierter Speiseessig: 2–3 Lorbeerblätter und je 1 TL schwarze Pfefferkörner in eine weithalsige Halbliterflasche geben und mit Weißweinessig oder Rotweinessig auffüllen. Zum Beizen von Wild und Rindfleisch, zu deftigem Bohnen- und Linseneintopf, zu dunklen Saucen.

Lorbeerpulver, feingemahlene Lorbeerblätter zum genaueren Dosieren der Würzung.

Lorchel (Speiselorchel, Stockmorchel), bizarr geformter, aromatischer, etwas knorpeliger Speisepilz. Man unterscheidet die braunrote Frühlorchel, die von März bis Mai in norddeutschen Kiefernwäldern anzutreffen ist, und die fast weiße Herbstlorchel, die die Ränder der Waldwege besiedelt. Im Gegensatz zur Herbstlorchel enthält die Frühlorchel die giftige Helvellasäure, die vor der weiteren Zubereitung des Pilzes durch mehrmaliges Auskochen und Abgießen des Kochwassers entfernt werden muß.

Lorenzo-Dressing, Salatsauce: 3 Teile Öl, 1 Teil Weinessig, gehacktes Ei, Salz, Pfeffer, englisches Senfpulver und Chilisauce.

Lorenzosalat: Kopfsalatblätter, Rapunzeln, Scheiben von roten Rüben, Birnen und hartgekochten Eiern mit Essig-Öl-Marinade anmachen, die mit Senfpulver und Chilisauce gewürzt wurde.

Lorette, à la: winzige Geflügelkroketten, Spargelspitzen, Trüffelscheiben und gebundene Kalbsjus zu kleinen Fleischstücken.

Lorettekartoffeln: Herzoginkartoffelmasse im Verhältnis 3 : 1 mit Brandteig verarbeiten, geriebenen Emmentaler Käse hinzufügen, die Masse durch eine große, runde Tülle drücken, in jeweils 5 cm Länge abschneiden und in heißes Fett fallen lassen; sobald die Lorettekartoffeln goldgelb sind, herausheben und abtropfen.

Lorettesalat: Streifen von roten Rüben und Bleichsellerie sowie Rapunzeln mit Essig-Öl-Marinade anmachen.

lorraine, à la: → Lothringer Art.

Löser, → Kaldaunen.

Lothringer Art (à la lorraine): gedünsteter Rotkohl, Sauerkraut, Kartoffelklöße und gebundene Kalbsjus zu Fleisch.

Lothringer Auflauf: 200 g geriebenen Hartkäse (Emmentaler, Cheddar oder Chester) mit 1/4 l Sahne verrühren, 1 verquirltes Ei und die knusprig gebratenen Würfel von 50–60 g durchwachsenem Räucherspeck hinzumischen, mit Salz und Pfeffer würzen; das Gemisch in ausgebutterte Auflaufförmchen füllen, im heißen Ofen überbacken und sofort auftragen.

Lothringer Specktorte (Quiche Lorraine): eine Tortenform (Springform) mit ungezuckertem Mürbeteig auslegen, kleine, dünne Räucherspeckscheiben darüberbreiten, mit dünnen Scheiben Emmentaler Käse bedekken, gewürzte Eiermilch daraufgießen, die Torte im Ofen backen und heiß auftragen.

Lotosnüsse, die Samen der asiatischen Wasserlilie, etwa 3/4 cm lang und oval. Sie werden meist wie Mandeln verwendet und kommen geschält und gebrüht in Dosen in den Handel.

Lotosnuß-Congee, chinesische Süßspeise: Milchreis mit Zucker und gehackten Lotosnüssen (aus der Dose) verrühren.

Lotospflaumen (schwarze Datteln, Götterpflaumen), Früchte eines asiatischen Ebenholzgewächses, das heute auch im Mittelmeerraum kultiviert wird. Die schwarzen, kirschenähnlichen Beerenfrüchte schmecken angenehm süß; sie werden frisch gegessen oder zu Saft oder Wein verarbeitet. – Als Odysseus auf der Rückfahrt von Troja in das Land der Lotophagen kam, vergaßen seine Gefährten nach dem Genuß von Lotospflaumen (wahrscheinlich waren sie zu Wein vergoren) Heimat und Freunde; Odysseus mußte sie zur Weiterfahrt zwingen.

Lotte (Seeteufel, Angler, Krötenfisch, Forellenstör), Seefisch von außergewöhnlicher Gestalt: den gedrungenen Körper beherrscht ein mächtiger, abgeplatteter Kopf mit riesigem, stark bezahntem Maul. Die Lotte ist im Durchschnitt 60 cm lang, kann aber auch eine Länge von 2 m erreichen. Sie kommt im Nordost-Atlantik und in allen europäischen Meeren vor, tritt nie in Schwärmen auf und ist daher von geringer wirtschaftlicher Bedeutung, obwohl ihr Fleisch, besonders das Schwanzfleisch, weiß, fest und überaus schmackhaft ist und sich bei Feinschmeckern größter Beliebtheit erfreut. In Südfrankreich wird die Lotte – hier nennt man sie »Baudroie« – hauptsächlich zur Bouillabaisse verwendet.

Lotte, arlesisch: Filetstücke der Lotte mit feingehackter Zwiebel, Tomatenwürfeln und einer Spur Knoblauch in Fischfond gardünsten; den Fond einkochen, mit Butter aufschlagen, mit in Butter gedünsteten Zucchinistückchen vermischen und über den Fisch geben; dazu goldgelb gebakkene Zwiebelringe und Weißbrot (Baguette).

Lotte Miramar: die Seeteufelfilets grob in Streifen schneiden, mehlen, in Butter braten, auf körnig gekochtem Reis anrichten, mit gebratenen Auberginenscheiben garnieren und mit brauner Butter begießen.

Louis, → Ludwig.

Louisesalat: Weintrauben und Grapefruitschnitze auf Kopfsalatblättern anrichten, mit Mayonnaise bedecken, gehackte Haselnüsse über den Salat streuen.

Louisettesalat: breite Streifen von römischem Salat, Tomatenwürfel und Weintrauben mit Essig-Öl-Marinade anmachen.

Louisiana, à la: Maiskörner in Sahnesauce, gebratene Bananenscheiben, Risottobecher, gebackene Batatenscheiben und Bratensaft zu Fleisch oder Geflügel. – Louisiana, Staat der USA am Golf von Mexiko, von französischen Siedlern nach Ludwig XIV. benannt.

Louisianasalat, kleine Scheiben von Blutapfelsinen, Bananen und Tomaten mit einer Sauce aus Tomatenmark, Zitronensaft, Öl, Salz, Pfeffer, etwas Zucker und ungesüßter Schlagsahne anmachen.

Louissalat: Würfel von Äpfeln, Ananas und Bleichsellerie mit Sahnemayonnaise und etwas Sherry anmachen.

Loup de mer (Wolfsbarsch), überaus wohlschmeckender und daher recht teurer Seefisch, der im Mittelmeer und vor den britischen Inseln gefangen wird. Der bis 1 m lange Edelfisch zeichnet sich durch fett- und grätenarmes, festes, weißes Fleisch aus. Größere Fische werden gedünstet oder in der Salzkruste gegart, kleinere meist gebacken, gebraten oder gegrillt.

Loup de mer, gebraten: den ungeschuppten Fisch in Butter braten, mit Salz, Pfeffer und Zitronensaft würzen, Petersilie darüber streuen und Salzkartoffeln dazu reichen.

Loup de mer in der Salzkruste: den Fisch vorsichtig schuppen, denn seine Haut ist sehr empfindlich; aus viel Salz, geschlagenem Eiweiß und Mehl einen Teig bereiten, den geschuppten Fisch damit etwa 1 cm dick umhüllen; den Loup im Ofen bei 180 °C etwa 40 Minuten backen, die Kruste aufschlagen und den köstlich duftenden Fisch mit einem → Balsamico-Linsenpüree servieren.

Löwenzahn (Hundeblume, Kuhblume), Wiesenpflanze, deren junge, leicht bitter schmeckende Blätter im Frühjahr vor der Blütezeit und im Herbst als Salat, aber auch wie Spinat zubereitet werden können. – In Frankreich wird Löwenzahn auch angebaut. Um besonders zarte, helle Blätter zu erhalten, deckt man die Pflanzen leicht zu.

Löwenzahn mit Rosinen: Löwenzahnblätter kurz kochen, gut abtropfen und in Butter dünsten; Rosinen, die über Nacht in Portwein lagen, hinzufügen; alles mit Zucker, Salz und Pfeffer abschmecken und zuletzt noch einige Butterflöckchen daraufsetzen. Eine gesunde und schmackhafte Beilage zu Wildbraten und anderen Fleischgerichten.

Löwenzahnpüree: junge Blätter überbrühen, gut abtropfen, hacken, in Fleischbrühe dünsten, mit heller Mehlschwitze binden, mit Salz und Pfeffer würzen; dazu heiße Sahne.

Löwenzahnquark: 100 g Magerquark, 2 EL geriebene Nüsse und 4 EL gehackte Löwenzahnblätter verrühren und mit Zucker, Salz und Pfeffer sowie etwas feingehackter Zwiebel abschmecken. Scheiben von Vollkornbrot mit Butter bestreichen und den Löwenzahnquark schön dick daraufpacken, mit Paprika bestäuben.

Löwenzahnsaft, nur löffelweise zu den Mahlzeiten eingenommen, bildet Blut und hilft bei Leber- und Gallenbeschwerden.

Löwenzahnsalat: junge Löwenzahnblätter mit Essig-Öl-Marinade anmachen.

Löwenzahnsalat auf Lothringer Art: junge Löwenzahnblätter mit gerösteten Würfeln von magerem Räucherspeck und etwas Weinessig anmachen; sofort servieren.

Lucca-Augen: kleine Röstbrotscheiben mit Tatar bedecken, je eine frische entbartete Auster daraufsetzen, mit Kaviar garnieren, so daß die Brote wie Augen aussehen – wie die schönen Augen der Pauline Lucca, die zu Bismarcks Zeiten das Berliner Opernpublikum zu Beifallsstürmen hinriß. Ihr zu Ehren kreierte das berühmte Restaurant Kempinski die »Lucca-Augen«. – In Berlin auch ein leckeres Gebäck aus Brandteig mit Cremefüllung und Karamelglasur.

Lucullus, à la: in Madeira gedünstete Trüffeln, Hahnennierchen, Hahnenkämme, getrüffelte Geflügelklöße und Trüffelsauce zu kleinen Fleisch- oder Geflügelstücken. – Lucius Licinius Lucullus, 117–57 v. Chr., römischer Feldherr und üppiger Genießer; er brachte den Kirschbaum nach Europa.

Lucullussuppe: kräftige, klare Fleischbrühe mit verschiedenfarbigen Fleischklößchen, Blumenkohlröschen, Scheiben von Wurzelgemüsen und einigen Trüffelsplittern als Einlage.

Ludwig XIV. (à la Louis XIV): mit Champignonpüree gefüllte Artischockenböden, Trüffelscheiben, Annakartoffeln und Teufelssauce zu kleinen Fleischstücken. – Ludwig XIV., 1638–1715, französischer König, genannt der »Sonnenkönig«, absoluter Herrscher (L'État c'est moi = der Staat bin ich).

Ludwig XV. (à la Louis XV): Würfel von Artischockenböden, Champignons und Trüffeln sowie Trüffelsauce zu kleinen Fleischstücken, auch zu Kalbsbries. – Ludwig XV., 1710–1774, König von Frankreich und Förderer der Kochkunst, politisch unter dem Einfluß seiner Mätressen Pompadour und Dubarry.

Luftspeck, gepökelter und an luftigem Ort getrockneter Schweinespeck.

Lukullus, → Lucullus.

Lulosaft, stark gesüßter Saft der tomatengroßen Früchte eines südamerikanischen Nachtschattengewächses. Der Saft wird gern zum Aromatisieren von Cocktails verwendet.

Lumache, italienische Teigwaren, halbrund gebogene Nudelröhrchen.

Lumberjack, Pfannkuchen nach Holzfäller Art: Pfannkuchen mit Eiern, Speck, Schinken und Würstchen.
Lummelbraten, süddeutsche Bezeichnung für → Rinderfilet.
Lumpfisch, → Seehase.
Luncheon Meat, angloamerikanische Fleischpastete aus Schweine- und Kalbfleisch, Speck und Gewürzen, beliebt als Brotbelag oder gebraten.
Lunge hat von allen Innereien den geringsten Nährwert. Da sich aus Lunge recht schmackhafte Gerichte bereiten lassen, die besonders in Österreich (→ Beuschel) und Frankreich sehr geschätzt werden, sollte sie – auch wegen ihrer schlankheitsfördernden Wirkung – viel öfter auf unserem Tisch erscheinen. Zu empfehlen ist nur Kalbs- oder Lammlunge, während die grobschwammige Lunge von Rind und Schwein ausschließlich zu Wurst (Blut- und Leberwurst) verarbeitet wird. – *Vorbereitung:* Die Lunge gut wässern und in Wurzelbrühe gar kochen, dann je nach Rezept in Scheibchen oder Streifen schneiden oder mehr oder weniger grob pürieren.
Lungenbraten, österreichische Bezeichnung für → Rinderfilet.
Lungenhaschee (bayerisch: Lüngerl), Kalbslunge und Kalbsherz kleinschneiden und in Wurzelbrühe gar kochen; feingehackte Zwiebel in Butter anschwitzen, Mehl darüberstäuben und hellbraun rösten, nach und nach mit Wurzelbrühe auffüllen, gut durchkochen, die Sauce mit Salz, Pfeffer, etwas Senf, Zucker und reichlich Zitronensaft oder Essig abschmecken; Lunge und Herz grob hacken oder durch den Fleischwolf drehen und in die Sauce schütten, gehackte Salzgurken zum Haschee geben; dazu je ein verlorenes Ei sowie Salzkartoffeln oder Semmelknödel.
Lungenschmarrn, österreichische Spezialität: Mehl und zerlassene Butter verrühren, mit frischer Sahne verkochen, gequollene Korinthen, feingehackte Rosinen, mehrere Eigelb und gekochte, pürierte Kalbslunge hinzufügen, mit geriebener Zitronenschale würzen, steifgeschlagenes Eiweiß unter die Masse ziehen, in ausgebutterte Pfanne füllen, im Ofen kurz anbacken, den Teig mit zwei Gabeln zerreißen, im Ofen fertigbacken.
Lungenstrudel, österreichische Spezialität: einen einfachen, festen Teig aus Mehl, Wasser und Salz bereiten und sehr dünn ausrollen; vorgekochte Kalbslunge feinmahlen, mit eingeweichter Semmel, Ei, Kräutern und Gewürzen verarbeiten, die Masse auf den Teig streichen, zusammenrollen, mit saurer Milch begießen und im Ofen goldbraun backen.
Lungensuppe mit Reis: feingehackte Zwiebel in Butter anschwitzen, gewürfelte gekochte Kalbslunge hinzugeben, kurz rösten, mit Fleischbrühe auffüllen, darin Reis quellen lassen, zuletzt geriebenen Parmesan darüberstreuen.
Lüngerl, → Lungenhaschee.
Lupine (Süßlupine), Hülsenfrucht mit hohem Eiweißgehalt und nußartigem Geschmack. In Südeuropa werden die bohnenähnlichen Lupinensamen gekocht und mit Essig und Öl mariniert als Salat gegessen.
Lustige-Witwe-Salat: kleingeschnittene Apfelsinen- und Grapefruitspalten, Streifen von roten und grünen Paprikaschoten, von Äpfeln und Chicorée sowie gehackte Haselnüsse mit gut gewürzter Sahnemayonnaise anmachen.

Lütticher Salat: streifig geschnittene Pellkartoffeln und Salzheringe sowie gekochte grüne Bohnen mit Weinessig, Öl und gehackter Zwiebel anmachen. – Lüttich (Liège, Luik), Stadt in Belgien, geistiger Mittelpunkt Walloniens.

Luxorsalat: Streifen von gekochter Hühnerbrust, Knollensellerie und grünen Bohnen, von Tomaten und roten Paprikaschoten mit Zitronen-Öl-Marinade anmachen.

Lychees (Lichees, Litschipflaumen, chinesische Haselnüsse), ostasiatisches Seifennußgewächs mit rotbraunen, lederschaligen Früchten. Das glasige, milchigweiße Fruchtfleisch hat einen hohen Gehalt an Vitamin C und schmeckt stark aromatisch. In der Mitte der Frucht befindet sich ein großer, brauner Samenkern. Lychees kommen geschält, entkernt und in Zuckerlösung gekocht in den Handel. Sie werden als Kompott, zu Cocktails oder als Beilage zu Geflügel gereicht. Hauptausfuhrländer sind China, Japan, Indonesien und Südafrika. – Die Sorte York Wor Pau hat besonders große, saftige, aber etwas faserige Früchte; sie wird wegen ihres feinaromatischen Geschmacks bevorzugt. Die Sorten Black Leaf und Kwai Mei sind kleiner, zarter, aber weniger wohlschmeckend.

Lyoner Art (à la lyonnaise): gedünstete Zwiebeln, Schmelzkartoffeln und Lyoner Sauce zu Fleisch. – Lyon, französische Großstadt am Zusammenfluß von Rhône und Saône, berühmt durch ihre ausgezeichnete Küche.

Lyoner Kartoffeln, → Kartoffeln auf Lyoner Art.

Lyoner Krapfen: 125 g Mehl, 1 Ei, 1 EL Butter, 2–3 TL Zucker, etwas abgeriebene Zitronenschale, 1 Prise Salz, 1 Gläschen Weinbrand, etwas Hirschhornsalz zu einem glatten Teig verarbeiten, den Teig 4–5 mm dick ausrollen, in 1,5 x 10 cm große Streifen schneiden, in Fett schwimmend backen und mit Puderzucker bestreuen.

Lyoner Sauce (Sauce lyonnaise): feingehackte Zwiebeln in Butter anschwitzen, mit Weißwein und etwas Essig löschen, mit brauner Grundsauce auffüllen, etwas Tomatenpüree hinzugeben, gut durchkochen, passieren und mit Pfeffer und Zitronensaft abschmecken. Zu Ente oder Hammelfüßen.

Lyoner Wurst, Brühwurst aus gepökeltem Schweinefleisch, gewürzt mit weißem Pfeffer, Muskatnuß und Kardamom, gefüllt in Rinderdarm, heiß geräuchert und gekocht.

M

Die Männer lieben jene Frauen am leidenschaftlichsten, die es verstehen, ihnen die leckersten Dinge vorzusetzen.

Honoré de Balzac

Macadamia-Nüsse, Samen des Macadamia-Baumes, der in Australien und auf Hawaii, neuerdings auch in Kenia kultiviert wird. Die edelsten aller Nüsse haben einen unvergleichlichen Geschmack, sie enthalten kein Cholesterin, dafür wertvolle Mineralien und Vitamine.

Macairekartoffeln: schöne, große Kartoffeln ungeschält im Ofen abbakken, halbieren, die Hälften mit einem Löffel bis zur Schale aushöhlen, das Ausgehobene mit der Gabel grob zerdrücken, mit etwas Butter vermischen, salzen und pfeffern, die zerdrückten Kartoffeln in einer gut ausgebutterten Stielpfanne gleichmäßig verteilen, leicht andrücken und braten; sobald die eine Seite des Kartoffelkuchens schön knusprig ist, wenden und die andere Seite braten.

Maccheroni, italienische Bezeichnung für → Makkaroni.

Macédoine, Speise, die aus verschiedenen Gemüsen oder Früchten zusammengesetzt ist, also gemischtes Gemüse oder Kompott.

macédoine, à la: → mazedonische Art.

macerieren, → mazerieren.

Machandel, niederdeutsche Bezeichnung für → Wacholder.

Macis (Mazis, Muskatblüte), Samenmantel der pfirsichartigen Frucht des tropischen Muskatnußbaumes, Gewürz. Der orangefarbene Macis kommt getrocknet und flachgedrückt oder pulverisiert in den Handel. Er wird zum Würzen von Gebäck, Fleischspeisen und verschiedenen Wurstsorten verwendet.

Mac-Mahon, à la: grüne Bohnenkerne, Trüffelscheibchen, geviertelte gebratene Kartoffeln und Madeirasauce zu Fleisch. – Maurice, Marquis de Mac-Mahon, 1808–1893, französischer Marschall und Staatspräsident.

Mâconer Art (à la mâconnaise): Süßwasserfisch mit Champignons in Rotwein dünsten, aus dem Fond Rotweinsauce bereiten. – Mâcon, Stadt in Burgund, bekannt durch ihre guten Weine.

Madeira, aromatischer Dessertwein von der portugiesischen Atlantikinsel Madeira, eine der beliebtesten alkoholischen Küchenzutaten. Der Wein wird mit Weindestillat angereichert und in Schuppen mit Glasdächern der Sonnenglut ausgesetzt, wobei er bis zu 20% seines Wassergehalts verliert, aber an Weichheit und Geschmack gewinnt.

Madeira Flip: 1 frisches Eigelb, 1 BL Zucker, 1 Spritzer Maraschino, 1 Glas Madeira, gut schütteln.

Madeiragelee: 1 Päckchen weißes Gelatinepulver in 1/8 l kaltem Wasser quellen lassen, unter Rühren erhitzen, bis sich die Gelatine vollkommen aufgelöst hat, dann 1/4 l Wasser (oder Fleisch-, Geflügelbrühe) hinzugießen, das Gelee bis zum Stocken abkühlen, mit 1 Glas Madeira aromatisieren. Madeiragelee kann man tafelfertig in Dosen kaufen. Madeiragelee wird zum Überglänzen von Speisen, zur Herstellung feiner Aspiks, als Pastetenfüllung, gewürfelt oder gehackt als schmackhafte Dekoration verwendet.

Madeirasauce (Sauce au madère), beliebteste Bratensauce: den entfetteten Bratenfond mit guter Kalbsjus ablöschen und mit Pfeilwurzelmehl binden, die Sauce zuletzt mit Madeira, Salz und Pfeffer abschmecken. – Madeirasauce paßt zu fast allen Fleisch- und Geflügelgerichten: zu Lammkotelett, Hammelrücken, Kalbshirn, Kalbsnierenbraten, Lendenschnitten, Rinderzunge, Rehrücken, Fasan, Rebhuhn, Ente, Masthuhn, Geflügelleber usw. – Madeirasauce kommt auch tafelfertig in den Handel. Sie wird dann nur erhitzt und mit dem Bratensaft vereinigt.

Madeleine, à la: mit Zwiebelpüree gefüllte Artischockenböden, mit Püree von weißen Bohnen gefüllte Torteletts sowie Kraftsauce zu kleinen Fleischstücken oder Geflügel.

Madeleines, französische Rührteig-Mandelküchlein, die mit Vanille, Zitrone oder Orangenblütenwasser parfümiert werden. – Marcel Proust (1871–1922) beschwört in seinem Werk ›Auf der Suche nach der verlorenen Zeit‹ den Geschmack der Madeleines, die er bei seiner Großmutter aß.

Madelons, kleines Brandteiggebäck: Brandteig in S-förmigen Häufchen auf das Backblech spritzen, mit Ei bestreichen, mit grobkörnigem Zukker bestreuen und knusprig backen; nach dem Auskühlen aufschneiden und mit Johannisbeergelee füllen.

Mafalde, italienische Teigwaren, gewellte, etwa 1,5 cm breite Nudeln.

Magali, kleine gefüllte Kuchen: runde Zuckerteig-Förmchen mit Ganachecreme füllen, mit Schokoladenfondant bedecken, die Seitenwände mit Aprikosenmarmelade überziehen und mit gehackten Mandeln bestreuen.

Magdalena, → Madeleine.

Magen, Wiederkäuermagen, → Kaldaunen.

Magenbitter, Trinkbranntweine mit Auszügen von bitter-aromatischen Kräutern, Gewürzen, Zitrusfruchtschalen usw. Magenbitter haben einen Alkoholgehalt zwischen 30 und 45 Vol. % und regen die Verdauung an. Sie werden daher gern vor und zu schweren Speisen genossen.

Magenta, à la: gebratene Filets von Süßwasserfischen mit Krebsfarce und Krebsbutter bestreichen, dazu Krebsfleisch und Magentasauce. – Magenta, Stadt bei Mailand, bekannt durch den Sieg der Franzosen über die Österreicher im Jahre 1859.

Magentasauce (Sauce Magenta): Béarner Sauce mit gedünsteten Tomatenwürfeln und gehackten Kräutern vollenden.

Magenwurz, → Kalmus.

Magermilch, → Milch.

Maggi, Julius, 1846–1912, erfand u. a. die nach ihm benannte Suppen- und Saucenwürze sowie die ersten Fertigsuppen und -saucen.

Maggikraut, schweizerische Bezeichnung für → Liebstöckel.
Magsamen, → Mohn.
Mahallebi, türkische Süßspeise: Milch und Zucker aufkochen, mit angerührter Reisstärke binden, unter ständigem Rühren geleeartig einkochen, kaltrühren, mit Rosenwasser parfümieren, in Glasschälchen füllen, mit Puderzucker bestäuben.
Mährrettich, → Meerrettich.
Maibowle: 1 Bund Waldmeister und einige Pfefferminz-, Erdbeer- und Johannisbeerblätter in eine Glasschüssel geben, Saft von 2 Zitronen und 1 Zitronenschale hinzufügen, mit 2 Flaschen Weißwein auffüllen; nach 15–20 Minuten in den Bowlenkübel seihen, den Maitrank mit 1 Flasche Sekt oder Mineralwasser auffüllen.
Maifische, → Alse.
Maikraut, → Waldmeister.
Mailänder, kleine Gebäcke: aus 125 g Mehl, 50 g Zucker, 50 g geriebenen Mandeln, 1 Ei, etwas abgeriebener Zitronenschale und 1 Prise Salz einen Teig arbeiten, einige Stunden ruhen lassen, ausrollen, beliebig ausstechen mit Ei bestreichen, mit Mandeln, Konfitkirschen, kandierter Ananas usw. verzieren, backen.
Mailänder Art (à la milanaise): Makkaroni mit Butter, geriebenem Parmesan, Streifen von Schinken, Pökelzunge, Champignons und Trüffeln sowie Tomatensauce zu Fleisch.
Mailänder Kohl, → Wirsingkohl.
Mailänder Schnitzel (Piccata alla milanese): Kalbsschnitzelchen, am besten vom Filet, mit Mehl, Ei, Semmelbröseln und Parmesan panieren, in Fett knusprig braten, auf Buttermakkaroni, die mit Streifen von gekochtem Schinken, Pökelzunge, Champignons und geriebenem Parmesan vermischt wurden, anrichten; dazu Tomatensauce.
Mailing, → Äsche.
Maillot, à la: glasierte Karotten, weiße Rüben und Zwiebelchen, gedünsteter Kopfsalat, grüne Erbsen, Prinzeßböhnchen und gebundener Fleischsaft zu geschmortem Fleisch, besonders zu Schinken.
Maintenon, à la: dicke Béchamelsauce mit Zwiebelpüree und Champignonscheiben vermischen, auf kleine Fleischstücke (z. B. Kalbssteaks) streichen, braten und mit Trüffelscheibchen garnieren; dazu Trüffelsauce. – Françoise d'Aubigné, Marquise de Maintenon, 1635–1719, heimliche Gemahlin Ludwigs XIV.
Maintenonsalat: Crabmeatwürfel, gedünstete Austern und Spargelspitzen in Mayonnaise, mit Trüffelstreifchen bestreuen.
Mainzer Handkäse, laibförmiger Sauermilchkäse aus entrahmter, saurer Milch. → Harzer Käse.
Mainzer Rippchen: ein Stück mild gepökeltes Schweinskarree gut wässern und mit mild gesalzenem Sauerkraut in Weißwein recht weich kochen; dazu Kartoffelpüree.
Maipilze (Mairitterlinge, Moosschwämmchen, Mehlpilze), kleine, weiße Blätterpilze mit angenehm würzigem Geschmack und typischem Mehlgeruch. Im Mai erscheinen die Pilze in Buchenwäldern, sind aber nur selten frisch oder konserviert im Handel anzutreffen. Maipilze werden wie Morcheln zubereitet.
Mairekartoffeln (frz: maire = Bürgermeister): geschälte, rohe Kartoffeln in Scheiben schneiden, die Scheiben in wenig Fleischbrühe kochen, bis fast die ganze Brühe verdampft

ist, mit Milch auffüllen, würzen und langsam fertigkochen, mit einem Stück Butter vollenden.

Mairenke (Schiedling, Seeanke), bis 30 cm langer Fisch aus der Familie der Karpfen. Die Heimat der sehr schmackhaften Mairenke sind die bayerischen Seen.

Mairitterlinge, → Maipilze.

Mairüben, → weiße Rüben.

Mais (Corn, Welschkorn, Kukuruz, türkischer Weizen), 2–5 m hohes Grasgewächs mit blattumhüllten Kolben, an deren Spindeln dichtgedrängt in Reihen Maiskörner sitzen. Die Heimat dieses Gewächses ist das peruanische Andenhochland. Erst eine Hungersnot in Irland führte zur Entdekkung des geschmacklichen Wertes der Maiskörner. Heute wird Mais u. a. in den USA, in Mexiko, Südamerika, Indien, Frankreich, Italien, im Balkan und in Rußland, vereinzelt auch in Deutschland angebaut und ist nach Weizen und Reis das wichtigste Getreide. – »Grüner«, noch nicht ausgereifter Mais ergibt ein vorzügliches Gemüse. Die weißen, zarten, saftigen Maiskörner, auch ganze Maiskölbchen lassen sich zu deliziösen Gerichten verarbeiten. → Zuckermais. Frische Maiskolben kommen von Ende Juli bis Mitte Oktober in den Handel. Sonst erhält man sie in Dosen oder – in winziger Größe – auch süßsauer eingelegt in Gläsern. Maiskörner werden bei uns überwiegend in Dosen (Sweet Corn) oder tiefgefroren angeboten. – Reife Maiskörner schmecken trocken und mehlig. Sie sind Ausgangsprodukt für → Maisgrieß, → Maisstärke, → Maiskeimöl usw.

Mais in Butter: frische Maiskörner mit der Gabel von den Kolben streifen, in Salzwasser kochen und in Butter schwenken, mit Salz und Pfeffer würzen.

Mais, gebrannter, → Popcorn.

Mais mit grünen Erbsen: Maiskörner in der Dose erhitzen, ebenso grüne Erbsen, beides vermischen, mit Béchamelsauce binden, mit Salz und Zucker abschmecken.

Mais Maryland: Maiskörner in der Dose erhitzen und abgießen, gewürfelte Tomaten mit gehackter Zwiebel in Butter dünsten, Mais und Tomate vermischen, mit Salz, Pfeffer und wenig Zucker würzen und kurz in Butter fertigdünsten.

Mais in Sahne: Maiskörner in der Dose erhitzen, abgießen, mit heißer Sahne verkochen, salzen.

Mais, überbacken: frische Maiskörner in Salzwasser kochen, abtropfen, mit Sahnesauce binden, mit geriebenem Käse bestreuen, mit Butter beträufeln und im Ofen überbacken.

Maisalat: Scheiben von Karotten und Radieschen, geviertelte Salatherzen, Hopfensprossen und Spargelspitzen in Essig-Öl-Marinade.

Maischolle, → Scholle.

Maiscremesuppe: 60 g Maismehl mit 1/8 l kalter Milch anrühren, in 3/4 l kochende Fleischbrühe laufen lassen, langsam durchkochen, salzen, durchseihen, mit Eigelb und Sahne binden.

Maisflocken, → Cornflakes.

Maisgrieß wird aus reifen Maiskörnern gemahlen und bildet die Grundlage nahrhafter Speisen, wie Polenta, Sterz, Mamaliga usw.

Maiskeimöl (Maisöl) wird aus dem fetthaltigen Keimling des reifen Maiskorns gewonnen. Das Öl dient als Speiseöl und zur Herstellung von Margarine.

Maiskölbchen, gebraten: junge Maiskolben ohne Blätter und Fäden

in Butter braten, salzen, pfeffern und mit Paprika bestäuben.
Maiskölbchen, gekocht: junge Maiskolben von Blättern und Fäden befreien, in Salzwasser kochen und mit frischer Butter anrichten.
Maiskölbchen, geröstet: junge Maiskolben von Blättern und Fäden befreien, auf dem Rost garmachen, bis sich die Körner leicht färben, salzen und pfeffern; dazu frische Butter.
Maiskroketten: Maiskörner in der Dose erhitzen, gut abtropfen, in etwas Butter schwenken und mit dicker Béchamelsauce verrühren, nach leichtem Auskühlen mit Eigelb binden, nach vollständigem Auskühlen kleine Rollen oder Kugeln formen, in Paniermehl wälzen und in Fett schwimmend abbacken.
Maiskrone: kleine Zwiebelchen in Butter andünsten, gut abgetropfte Maiskörner zugeben und garen, mit Salz und Pfeffer würzen und, zusammen mit frischen Paprika- oder Tomatenwürfelchen Braten, Ragouts oder ähnliche Speisen bedecken.
Maisküchel: etwa 100 g Maiskörner aus der Dose weichkochen, abtropfen lassen, mit 100 g Mehl, etwas Salz, Pfeffer, 2 Eiern und gewürfeltem fetten Speck vermischen, aus der Masse kleine Küchel formen und diese in der Pfanne knusprig braten; dazu Kopfsalat.
Maismehl wird hauptsächlich zum Brotbacken verwendet, und zwar gemischt mit Roggen- oder Weizenmehl, damit das Brot schön locker wird. Aus reinem Maismehl kann nur dünnfladiges Brot (Tortilla) gebacken werden. Es dient auch zum Binden (→ Maiscremesuppe).
Maisnocken, → Gnocchi di polenta.
Maisöl, → Maiskeimöl.
maison, à la: »nach Art des Hauses« zubereitet.
Maisstärke wird aus reifen Maiskörnern gewonnen. Sie ist eine besonders feinkörnige, weiße, geruch- und nahezu geschmacklose Stärkeart und dient zum Binden von Suppen, Saucen, Süßspeisen usw. Die bekanntesten Maisstärkeerzeugnisse sind Gustin, Maizena und Mondamin.
Mai Tai, thailändischer Longdrink: je 3 cl brauner und weißer Rum, 1 cl Apricot Brandy, 1 cl Zuckersirup, 4 cl Orangensaft, Eiswürfel, schütteln; mit Cocktailkirsche und Minzzweig dekorieren, Strohhalm beigeben.
Maitrank, → Maibowle.
maître d'hôtel, à la: → Haushofmeister-Art.
Majestic: gebratene Tomaten, Gombos, gebratene Kalbsnierenscheiben, Kartoffelkroketten mit gehackten Champignons und Béarner Sauce zu kleinen Fleischstücken oder Geflügel. – Engl: majestic = majestätisch.
Majesticsalat: Würfel von Äpfeln, Bleichsellerie und grünen Paprikaschoten in leichter Mayonnaise.
Majonäse, → Mayonnaise.
Majoran (Meiran, Wurstkraut), Küchenkraut, mit dem schon die alten Ägypter würzten. Das Kraut wird während der Blüte geerntet, luftig getrocknet und zerrieben. Der Gehalt an ätherischen Ölen verleiht dem Majoran sein typisches Aroma und einen leicht bitteren Geschmack. Der beste Majoran kommt aus Thüringen, dann folgt der tschechische, der bayerische und schließlich der französische. Heute wird Majoran überwiegend aus Frankreich und Chile importiert. Majoran dient zum Würzen von Wurst, Fleischgerichten, Hammel, Geflügel, Fischsaucen und Suppen. → Oregano.

Majoranfleisch, österreichische Spezialität: Zwiebelscheiben in Schweineschmalz goldgelb braten, mit Essig ablöschen, dünne Rindfleischscheiben beifügen, mit Salz, Pfeffer und Majoran würzen, Fleischbrühe hinzugießen, das Fleisch gar dünsten, mit heller Mehlschwitze binden, mit Sahne vollenden.

Makkaroni, lange, röhrenförmige Nudeln aus Weizengrieß. Ihre Erfindung liegt mindestens 3000 Jahre zurück. In Etruskergräbern fand man Bilder, die Geräte für die Makkaroni-Herstellung zeigen. Das Wort Makkaroni (ital: maccheroni) stammt vom griechischen Wort »machoirionon«, das »lange Grashalme« bedeutet. – *Zubereitung:* Makkaroni in fingerlange Stücke brechen oder auch im ganzen lassen, in reichlich siedendes Salzwasser geben und »al dente« (nicht zu weich, nicht zu hart) kochen, auf ein Sieb schütten, kurz mit frischem Wasser übergießen und gut abtropfen. – Makkaroni schmecken mit geriebenem Käse (Parmesan) vermischt am besten.

Makkaroni Camerani: gekochte Makkaroni mit gebratenen Auberginenwürfeln und Champignonscheibchen vermischen, mit Butter und geriebenem Parmesan binden; wer es ganz richtig machen will, füge noch gebratene Hahnenkämme und -nieren hinzu.

Makkaroni auf Königin-Art: gekochte Makkaroni mit Hühnerpüree vermischen, mit Geflügelrahmsauce binden, dick mit geriebenem Parmesan bestreuen, mit Butter beträufeln und im Ofen überbacken.

Makkaroni auf Mailänder Art: gekochte Makkaroni mit Salz, Pfeffer und Muskatnuß würzen, mit geriebenem Parmesan und Tomatensauce binden, feine Streifen von gekochtem Schinken, Pökelzunge, Champignons und weißen Trüffeln darunterziehen.

Makkaroni auf Nizzaer Art: geschälte, entkernte, kleingeschnittene Tomaten mit gehackten Sardellenfilets und etwas Knoblauch in Butter schmelzen lassen, das Gemisch unter gekochte und gebutterte Makkaroni ziehen, mit geriebenem Parmesan bestreuen.

Makkaroni, überbacken: gekochte Makkaroni mit Béchamelsauce binden, auf eine gefettete Backplatte verteilen, mit geriebenem Parmesan bestreuen, mit Butter beträufeln und im Ofen überbacken.

Makkaronikroketten: gekochte Makkaroni in kleine Stückchen schneiden, mit dicker Béchamelsauce, Eigelb und geriebenem Parmesan binden, kleine Rollen formen, in Ei und Paniermehl wenden, in Fett schwimmend abbacken.

Makkaronisalat: gekochte Makkaroni in kleine Stücke schneiden und in Essig-Öl-Marinade einlegen, die mit geriebenem Meerrettich und Tomatenketchup zusätzlich gewürzt wurde; mit gewürfelten Tomaten und grünen Paprikaschoten anrichten.

Makrele, Seefisch des Atlantischen Ozeans und der Nordsee. Im Mai und Juni kommen die Makrelen in die Nähe der Küsten, um dort zu laichen und den Fischern in die Netze zu gehen. Das leicht rötliche, überaus schmackhafte Fleisch ist wenig haltbar und wird daher vorwiegend geräuchert oder in Öl eingelegt. Als Delikatesse gelten Leber und Milch der Makrele.

Makrelenschnitten Francillon: Croûtons mit Sardellenbutter bestreichen, gegrillte Makrelenfilets daraufsetzen; dazu Tomatensauce und Strohkartoffeln.

Makrelenschnitten Rosalie: die Filets leicht salzen, in Mehl wenden und in Öl braten; in dem Öl gehackte Zwiebeln, gehackte Champignons und etwas Knoblauch rösten und über die Filets schütten, mit Petersilie bestreuen.

Makrobiotik, die »Kunst, lange zu leben«, ein Begriff, den der Thüringer Arzt Christoph Wilhelm Hufeland (1762–1836) einführte, womit er die moderne Geriatrie (Altersheilkunde) und Gerontologie (Lehre vom Altern des Menschen) begründete. Die Makrobiotik verlangt das Befolgen aller hygienischen Erkenntnisse. Für den Bereich der Ernährung fügte der Japaner Georges Ahsawa Elemente des Zen-Buddhismus hinzu, vor allem das Prinzip der Dualität, also die Beachtung des naturwissenschaftlich-philosophischen Gleichgewichts der Nähr- und Wirkstoffe.

Makronen, plätzchenförmiges Gebäck aus feingehackten Mandeln, Zucker und Eiweiß ohne Mehlzusatz. Statt Mandeln werden oft auch Haselnüsse oder Kokosraspeln verwendet. – *Rezept:* 3 steifgeschlagene Eiweiß mit 250 g Puderzucker, 1 Päckchen Vanillezucker und 1 Prise Salz verrühren, 250 g feingehackte Mandeln (Nüsse, Kokosraspeln) hinzufügen, auf gefettetem Blech, besser auf Oblaten in kleinen Häufchen abbacken. – Besonders winzige Makronen sind eine beliebte Einlage für Suppen, Obstsuppen und Kaltschalen sowie Beigabe zu Cremes.

Makronenauflauf: 100 g Zucker mit 1 Päckchen Vanillezucker, 3 Eigelb, 80 g Mehl, 50 g zerbröselten Makronen und 1 Prise Salz verrühren, 1/4 l heiße Milch langsam zugießen, die Masse im Wasserbad cremig rühren, 50 g Butter und zuletzt 5 steifgeschlagene Eiweiß darunterziehen, in gefettete Auflaufform füllen und im Ofen backen.

Malaga, bekannter spanischer Dessertwein, ein Verschnittprodukt aus Weißwein, eingedampftem Most und Alkohol. Nach langjähriger Lagerung erhält der Malaga eine goldbraune Farbe und ein angenehm aromatisches Bukett.

Malagasauce: braune Mehlschwitze, Röstgemüse, Tomaten, gehackte Schalotten und Kalbsfond gut verkochen und mit Zitronensaft, Cayennepfeffer und Malagawein abschmecken. Zu gebratenem Fleisch oder Geflügel.

Malakofftorte: Boden und Rand einer Tortenform (Springform) mit Pergamentpapier auslegen, eine Schicht gebackenen Biskuitteig oder Löffelbiskuits in die Form setzen, mit Maraschinocreme bedecken, eine Biskuitschicht daraufsetzen, mit einer Milch-Rum-Mischung tränken, Maraschinocreme darüberstreichen, mit einer dritten Biskuitschicht abschließen, mit Schokoladenglasur überziehen, im Kühlschrank gut durchkühlen, mit Schlagsahne garnieren. – 1855 erstürmte der französische General Pelissier die Bastion Malakow, Teil der russischen Festung Sewastopol, und erhielt für seine Tat den Titel »Duc de Malakoff« (Herzog von Malakow).

Malayenspieß: Medaillons vom Kalb, Rind und Schwein am Spieß braten, mit Curry- und Ingwerpulver würzen, mit Mango-Chutney sowie mit gebratener Ananas und Banane garnieren; dazu Butterreis.

Malossol, mild gesalzener → Kaviar.

Malteser Reis (Maltareis), mit Blutapfelsinensaft aromatisierter Milchreis, eiskalt angerichtet.

Malteser Sauce (Sauce maltaise, Maltasauce): holländische Sauce mit Blutapfelsinensaft und etwas abgeriebener Apfelsinenschale abwandeln.

Malts, Malt-Whiskies, die schottischen Ur-Whiskies, vor allem die sechs Classic Malts: *Cragganmore* aus der nordschottischen Region Speyside, *Dalwhinnie* aus den Highlands, *Glenkinchie* aus den Lowlands, *Lagavulin* von der Insel Islay, *Oban* aus den West-Highlands und *Talisker* von der Insel Skye. → Whisky.

Malvasier, feuriger Aperitif- bzw. Dessertwein, der aus der griechischen Stadt Monemvasia (früher Malvasia) stammt. Heute kommt der Malvasier u. a. auch aus Italien, Frankreich, Portugal, Südafrika und Kalifornien zu uns. – Malvasier ist ferner der Name einer bekannten Rebsorte.

Malzbier, alkoholarmes, schwach gehopftes, malzreiches, wenig vergorenes Süßbier.

Malzessig, englische Spezialität, in Feinkostgeschäften erhältlich. Der braune, süßsauer schmeckende Essig ist die würzende Zutat zu »Fish and Chips« und ergänzt Chutneys und dunkle Bratensaucen.

Mamaliga, rumänisches und serbisches Nationalgericht: Maisgrieß mit Butter und etwas Salzwasser zu Brei kochen und mit geschmolzener Butter übergießen.

Mambi, → Reisbohnen.

Mamertino, goldgelber, würziger Aperitif- bzw. Dessertwein aus der Gegend von Messina (Sizilien).

Mameys, → Sapotes.

Mämmi, finnische Osterspeise, gekocht und gebacken aus Roggenmehl und Malz, gewürzt mit Pomeranzenschale. Mämmi wird mit Sahne und Zucker angerichtet.

Mancelle (nach Art von Le Mans): Törtchen mit Wildpüree, Maronenpüree mit Knollensellerie und Kraftsauce mit Wildessenz zu Wild oder Wildgeflügel. – Le Mans, eine Stadt in Nordwestfrankreich, bekannt durch den Autorennsport.

Manchego, spanischer Schafkäse aus Don Quijotes Heimat, der Mancha, seit 1984 gesetzlich geschützt. Am besten schmeckt der Manchego nach 8- bis 12monatiger Reife, und zwar möglichst pur, nur von Rotwein begleitet.

Mandalaysalat: Würfel von roten Paprikaschoten und Tomaten, kleingeschnittener Zwiebellauch und körnig gekochter Reis in Currymayonnaise, die zusätzlich mit Tomatenketchup und Mango-Chutney gewürzt wurde.

Mandarinen, kleine, kernreiche, apfelsinenähnliche Früchte mit kräftigem Aroma und dünner, leicht abziehbarer Schale. Die Heimat der Mandarinen ist China. Heute werden sie auf Java, Sumatra und in Südeuropa kultiviert.

Mandarinen Almina: den Deckel abschneiden, aushöhlen, mit bayerischer Creme füllen, die mit Mandarinensaft und Kirschwasser aromatisiert wurde, mit Schlagsahne bedecken und kandierte Veilchen darüberstreuen.

Mandarinen, portugiesisch: den Deckel abschneiden, aushöhlen, mit Reis Condé füllen, der mit Mandarinensaft, grobgewürfelten Mandarinenspalten und Schlagsahne vermischt wurde.

Mandarineneis: die spiralenförmig geschnittenen Schalen von 2 Mandarinen in 1/4 l Läuterzucker (Zuckersirup) ausziehen lassen, den Saft von 3 Mandarinen und je einer halben Apfelsine und Zitrone hinzufügen und nach dem Grundrezept für → Fruchteis verfahren.

Mandarinengelee: Mandarinensaft filtrieren, mit stockendem Geleestand mischen, mit Mandarinenlikör aromatisieren, in Gläser oder Schalen füllen, im Kühlschrank erstarren lassen.

Mandarin-Orangen, in Zuckersirup konservierte Fruchtspalten von → Satsumas, einer Mandarinenart. Zu Süßspeisen, gebratenem Fleisch, Geflügel und Wild.

Mandelbällchen, → Kartoffelkroketten in Mandelhülle.

Mandelbutter (Beurre d'amandes), Buttermischung: 65 g feingeriebene geröstete Mandeln sowie 2–3 Bittermandeln mit 125 g Butter verarbeiten und durch ein Haarsieb streichen.

Mandelcreme: 100 g feingemahlene Mandeln mit 100 g Zucker vermengen, 40 g Butter, 2 Eigelb und 1 Gläschen Rum hinzufügen, alles zu einer feinen Creme verarbeiten.

Mandelgelee, → Blancmanger.

Mandelhippen: 100 g Zucker mit 2 Eiweiß leicht schaumig schlagen, 50 g Mehl, 40 g Mandelstifte und 50 g zerlassene Butter daruntermischen, den Teig in flachen Häufchen auf ein gefettetes Backblech setzen, mit Puderzucker bestäuben und backen, noch warm über ein Rollholz biegen.

Mandelkaltschale: feingemahlene süße Mandeln und ein paar bittere Mandeln in heißer Milch ausziehen lassen, durch ein Tuch drücken, mit Eigelb binden und mit Zucker süßen; eiskalt mit Suppenmakronen auftragen.

Mandelkranz: feinen Hefeteig in drei Stücke teilen, jedes Stück zu einem 1 cm dicken Dreieck ausrollen, mit weicher Marzipanmasse bestreichen, zusammenrollen, die drei Teigrollen zu einem kranzförmigen Zopf flechten, auf ein Backblech legen und backen; den Mandelkranz dünn mit Aprikosenmarmelade und Zuckerglasur überziehen und mit Mandelstiften bestreuen.

Mandelkroketten, → Kartoffelkroketten in Mandelhülle.

Mandelmasse, → Marzipan.

Mandelmeerrettich: 3 gehäufte EL geriebener Meerrettich mit 65 g feingehackten süßen Mandeln vermischen, mit 3 – 4 EL Sahne binden und mit etwas Salz und Zucker abschmekken. Zu gebratenem Fleisch.

Mandelmilch: 65 g süße und einige bittere Mandeln gut waschen, sehr fein reiben, in 1/2 l heißer Milch ausziehen lassen und durch ein Tuch pressen.

Mandelmilchcreme: 15 g feingebröseltes Marzipan unter ständigem Rühren in 1/8 l Milch aufkochen, 2 Eiweiß mit 2 EL Zucker vermischen, die Marzipanmilch dazurühren, vorsichtig erhitzen und rühren, bis die Masse cremig wird, 4 g Gelatine hinzufügen und zuletzt 1/8 l Schlagsahne unter die stockende Creme ziehen.

Mandeln, Samen der pfirsichähnlichen Früchte des Mandelbaumes, dessen Heimat Asien ist, der heute aber auch im ganzen Mittelmeerraum sowie in Kalifornien kultiviert wird. Die etwa 2 cm langen Mandeln werden meist maschinell aus der mehr oder weniger harten Schale gebrochen. Sie sind außen hellgelb, innen weiß und stark ölhaltig. Man unterscheidet drei Mandelarten: *Süße Mandeln* werden für Kuchen, Torten, Süßspeisen usw. verwendet; die besten Süßmandeln liefern u. a. Italien, Spanien, Portugal, Griechenland und die Türkei. Süße Mandeln kommen im ganzen, als hauchdünne Splitter, als schlanke Stifte, gehackt oder pulverisiert, frisch oder geröstet in den Handel. *Krachmandeln* oder Knackmandeln sind süße Mandeln mit dünner, leicht zerbrechlicher Schale; sie kommen aus Avola (Sizilien), Malaga (Spanien) und aus der Provence. – *Bittermandeln* werden wegen ihres ausgeprägten Aromas als würzende Zutat verwendet; da sie Blausäure entwickeln, ist der Genuß größerer Mengen gesundheitsschädlich.

Mandeln, gebrannte, geröstete süße Mandeln in karamelisiertem Zucker.

Mandelöl, feines, kalt gepreßtes Speiseöl mit zusätzlichem Vanillearoma, das vor allem für Salate und zum Backen verwendet wird.

Mandelpulver, feingemahlene süße Mandeln. Handelsware.

Mandelstifte, stiftförmig gespaltene, geröstete Mandeln. Handelsware.

Mandelsulz, → Blancmanger.

Mandioka, → Maniok.

Mandragorasalat: kurzgeschnittene gekochte Schwarzwurzeln, Würfel von Tomaten, grünen Oliven und Bananen mit Essig-Öl-Marinade, die mit Senfpulver, Chilisauce und Champignonketchup zusätzlich gewürzt wurde, anmachen.

Mango, apfelähnliche Früchte des südasiatischen Mangobaumes. Die gelben bis roten, runden bis ovalen Früchte haben eine dünne, ungenießbare Schale. Darunter sitzt das gelbliche, saftige, nicht immer süße Fruchtfleisch, das den großen, abgeflachten Samenkern umschließt. Mangofrüchte enthalten reichlich Vitamin A und C, auch Kalzium und Eisen. Sie kommen frisch und konserviert zu uns und werden als Kompott, Beilage zu gebratenem Fleisch usw. gereicht. Mangos werden auch zu Chutney, Saft, Likör usw. verarbeitet. Hauptausfuhrländer sind für Frischfrüchte Brasilien, Kenia, Südafrika, Israel und Mexiko, für Konservenfrüchte Taiwan, Philippinen und Indien (›alphonso‹). – Frische Mangofrüchte der Länge nach teilen, den Kern herausheben, das Fruchtfleisch kreuz und quer tief einschneiden und die Mangohälften leicht umstülpen, so daß sich das saftige Fruchtfleisch leicht herauslöffeln läßt; nun nach Belieben mit Zucker, Curry oder Kardamom bestreuen und mit Schlagsahne garnieren. Man kann die Mangohälften auch schälen und das Fruchtfleisch in grobe Streifen schneiden.

Mango-Chutney, Würzsauce, im Handel erhältlich: Mangofrüchte, mit Ingwer, Rosinen, Pfeffer, Zucker usw. dick eingekocht. Man unterscheidet »Hot sliced Mango-Chutney« (scharf) und »Sweet sliced Mango-Chutney« (mild). Mango-Chutney ist eine beliebte Beigabe zu kaltem Fleisch, gedünstetem Huhn, Currygerichten u. dgl.

Mangold (Rippenmangold, römischer Kohl; Blattmangold, Schnittmangold, Beißkohl), Rübenart mit fleischigen Blattstielen und zarten Blättern. Man unterscheidet Mangoldsorten mit besonders fleischigen Stielen und Rippen (Stiel-, Rippen-, Stengelmangold) und rippenarmen Mangold mit herbpikant schmeckenden Blättern (Blatt-, Schnittmangold, römischer Kohl, Beißkohl). – Die jungen, weißen Mangoldstiele und -rippen werden geschabt bzw. geschält, in 10 cm lange Stücke geschnitten, mit etwas Mehl, Salz und Zitronensaft in Wasser gekocht, abgetropft und wie → Spargel oder → Schwarzwurzeln weiterverarbeitet. – Mangoldblätter werden von den Rippen gestreift und wie Spinat zubereitet. – *Rezepte* für Rippenmangold:

Mangold, polnisch: gekochte Mangoldstiele mit gehacktem Ei bestreuen; Paniermehl in Butter leicht bräunen, gehackte Petersilie dazugeben und über den Mangold gießen; dazu rohen oder gekochten Schinken.

Mangold mit Rindermark: gekochte Mangoldstiele kurz in Kraftsauce dünsten, mit gebrühten Rindermarkscheiben belegen und mit gehackter Petersilie bestreuen.

Mangold in Sahne: vorgekochte Mangoldstiele in Butter vordünsten und in dicker Sahne fertigkochen.

Mangold, überbacken: gekochte Mangoldstiele mit Mornaysauce überziehen, mit geriebenem Parmesan bestreuen, mit Butter beträufeln und überbacken.

Mangostane, eine der wohlschmekkendsten Südfrüchte überhaupt. Auf dem Malaiischen Archipel beheimatet, kommt diese tropische Frucht heute vorwiegend aus Thailand, Zaire, Kamerun und Malaysia per Luftfracht zu uns, im allgemeinen zwischen Mai und Dezember. Die kugelförmige, leicht abgeplattete Mangostane ist 5–7 cm dick und von einer lederartigen rotbraunen Rinde umgeben. Das hellweiße Fruchtfleisch teilt sich in mehrere Segmente und enthält etwa 2 cm lange Samen.

Mangostanecreme: 2 oder 3 Mangostane halbieren, das Fruchtfleisch herausheben, pürieren und unter Vanillepudding und Schlagsahne heben, die Creme eisgekühlt servieren und mit Waffeln oder Makrönchen garnieren.

Manhattan, Cocktail: 2/3 Canadian Whiskey, 1/3 roter Wermutwein (Vermouth), 1 Spritzer Angostura Bitter, Eiswürfel, umrühren, 1 Cocktailkirsche hinzugeben.

Manhattan Dry, Cocktail: 1/2 Whisky, 1/2 trockener Wermut, 1 Spritzer Angostura Bitter, umrühren, 1 schwarze Olive hineingeben.

Manhattansalat: dünne Apfelscheibchen, Streifen von Bleichsellerie und roten Paprikaschoten mit leichter Mayonnaise binden, mit gehackten grünen Paprikaschoten und Haselnußkernen garnieren.

Manihot, → Maniok.

Maniok (Manihot, Mandioka), die mehrere Kilogramm schweren, stärkereichen Wurzelknollen eines tropischen Wolfsmilchgewächses. Die Knollen werden gestampft, der blausäurehaltige Saft wird herausgepreßt, so daß nach mehrfachem Schlemmen die körnige Stärke zurückbleibt. Diese Maniokstärke kommt als → Tapioka in den Handel. → Pfeilwurzelmehl. Maniokwurzeln können wie Kartoffeln verwendet werden, meist kocht man sie ungeschält wie Pellkartoffeln und schält sie erst bei Tisch. Sie können die Wurzeln auch in Folie im Backofen garen. Niemals aber dürfen Sie Maniok wegen seines Blausäuregehalts roh verzehren.

Manna (Kassia, Indischer Goldregen), das Mark aus den 30 bis 50 cm langen Fruchthülsen der bis zu 20 m hohen tropischen Schmetterlingsblüter. Ursprungsland der Pflanze ist Indien, heute wird sie in allen tropischen Gebieten, vorzugsweise in Indonesien, Thailand und Afrika, kultiviert. Das schwarzbraune Fruchtmark schmeckt aromatisch süß und zugleich ein wenig bitter und damit erfrischend. Das ganze Jahr über kommen die Mannahülsen bei uns in den Handel, am besten mundet das Mark von November bis März. Geschlossen kann man die Fruchthülsen mehrere Wochen lang aufbewahren, geöffnet halten sie sich nur wenige Tage. Mit dem Messer schneidet man die Hülsen der Länge nach auf und entnimmt den einzelnen Kammern das Mark, das man wie Pralinen verspeist.

Manonpastetchen: gekochtes oder gebratenes Kalbfleisch sehr fein pürieren, kleingewürfelte Pökelzunge hinzufügen, leicht würzen, mit dicker Madeirasauce binden; in Blätterteighüllen füllen und erhitzen.

Manonsalat: Grapefruitschnitze auf Kopfsalatblättern anrichten, leicht einzuckern und mit Zitronen-Öl-Marinade übergießen.

Mansaf, jordanisches Hammelfleischgericht: Hammelfleisch in mundgerechte Stücke schneiden und in Öl anbraten, in Joghurt gar schmoren, salzen, pfeffern und mit gerösteten Pistazienkernen garnieren; dazu Safranreis und große, runde Nudelteigfladen.

Manteche, fetter italienischer Butterkäse.

Mantua, à la: Filets von Süßwasserfischen mit italienischer Sauce bedekken, mit Paniermehl und geriebenem Parmesan bestreuen und überbacken. – Mantua, Stadt in Oberitalien; hier wurde im Jahre 1810 Andreas Hofer von den Franzosen standrechtlich erschossen.

Manzanilla, spanischer Dessertwein, ein Verwandter des Sherry aus dem Gebiet von Sanlúcar de Barrameda, hell, würzig, leicht bitter, mit 15,5 bis 16 Vol. % Alkohol.

Manzanillas, kleine Olivensorte. → Oliven.

Maple Sirup, → Ahornsirup.

Maqluba, jordanisches Geflügelgericht: dicke Auberginenscheiben in Öl kurz anbraten, mundgerechte Stücke von Hühnerfleisch salzen und pfeffern und ebenfalls in Öl anbraten, etwas Wasser dazugeben und schmoren, die Auberginen, Wasser und Reis hinzufügen und alles gar werden lassen; dazu Gurkenwürfel in Joghurtsauce, gewürzt mit Salz, Pfeffer und Knoblauch.

Maracuja, orangeroter Saft aus gewissen Sorten der wohlschmeckenden → Passionsfrüchte, für Speiseeis und Joghurt verwendet.

Maracujalikör, Fruchtaromalikör aus dem Saft der roten Passionsfrucht.

maraîchère, à la: → Gemüsegärtner-Art.

Maräne, Süßwasserfisch aus der Familie der Lachse. Die Maräne wird bis 35 cm lang und 200 g schwer und ist in den norddeutschen und nordeuropäischen Seen beheimatet. Ihr Fleisch ist sehr zart und wohlschmekkend. Maräne wird meist wie Forelle zubereitet.

Maraschino, jugoslawischer Kirschlikör, hergestellt unter Verwendung von Branntwein aus vergorenen Maraska-Sauerkirschen. Maraschino wird gern zum Aromatisieren von Cocktails und Süßspeisen verwendet.

Maraschinocreme: 1 Eigelb und 20 g Puderzucker im Wasserbad schaumig schlagen, kaltrühren, 100 g weiche Butter mit 100 g Puderzucker verrühren, mit dem Eigelb mischen, 1 Glas Maraschino und 1/8 l Schlagsahne darunterziehen.

Maraschinogelee: stockenden Geleestand mit Maraschino aromatisieren.

Maraschinosauce, Süßspeisensauce: englische Creme mit Sahne verrühren und mit Maraschino abschmecken. Die Sauce kann warm oder kalt gereicht werden.

Marc, französischer Branntwein aus den Rückständen der Weinkelterung (Tresterbranntwein), dem italienischen Grappa vergleichbar. Bekannt ist der »Marc de Dôle« aus der Bourgogne (Burgund). Edle Marcs reifen 20 bis 30 Jahre und länger in Holzfässern und Glasballons. Der Alkoholgehalt beträgt im allgemeinen 40 Vol. %.

Marcellin, französischer Ziegenkäse aus dem Städtchen Saint-Marcellin in der Nähe von Grenoble.

maréchale, à la: → Marschalls-Art.

Marengo, → Masthuhn Marengo.

Margaretesalat: Würfel von Tomaten, Gurken und gekochten Kartoffeln sowie Garnelen mit leichter Mayonnaise anmachen.

Margarine, streichbares Speisefett, Emulsion aus pflanzlichen und tierischen Fetten, entrahmter Frischmilch und Wasser. Der Fettgehalt beträgt mindestens 80%. Als Fett werden verwendet: Sojaöl, Baumwollsaatöl, Rapsöl, Sonnenblumenöl, Erdnußöl, Kokosfett, Walöl, Fischöl, Rindertalg, Schweinefett usw. Lecithinzusätze verhindern das Zusammenfallen der Emulsion und das Spritzen beim Braten. Durch Karotin (β-Carotin) erhält die Margarine ein butterähnliches Aussehen. Pflanzenmargarine darf nur aus pflanzlichen Fetten und Ölen hergestellt werden.

Margarita, texanischer Cocktail: 3 cl Tequila, 2 cl Curaçao Triple Sec und 1 cl frisch gepreßten Limettensaft in einen Shaker mit zerstoßenem Eis füllen; den Rand eines niedrigen Tumblers mit einem Limettenachtel einreiben und in grobes Salz tauchen; den Cocktail schütteln und in den Tumbler seihen. Das Mengenverhältnis der drei Hauptzutaten ist variabel.

Margeritesalat: gekochte Kartoffelscheiben, grüne Bohnen, Blumenkohlröschen und Spargelstücke in Essig-Öl-Marinade einlegen, vor dem Anrichten leicht mit Mayonnaise überziehen und mit Eierscheiben garnieren.

Marguery, à la: Muscheln mit Garnelen sowie Weißweinsauce zu gedünstetem Fisch, besonders Seezunge. – Das »Marguery« war ein bekanntes Pariser Restaurant des 19. Jahrhunderts.

Marianne, à la: in Butter gedünsteter Spinat, Muscheln und Weißweinsauce zu gedünstetem Fisch. – Marianne, revolutionäre Geheimgesellschaft in Frankreich (1815–1848).

Mariannesalat: Streifen von grünen Paprikaschoten, gekochtem Knollensellerie, Pökelzunge und Trüffeln mit leichter Mayonnaise binden und mit Tomatenscheibchen garnieren.

Mariä Reinigung, → Rosmarin.

Maria Stuart, à la: mit Zwiebelpüree gefüllte Törtchen, garniert mit einer Scheibe Rindermark, und Kraftsauce zu kleinen Fleischstücken. – Maria Stuart, 1542–1587, Königin von Schottland, nach 19jähriger Gefangenschaft von Elisabeth I. von England hingerichtet.

Maria-Stuart-Salat: Streifen von gekochtem Knollensellerie, Kopfsalat und Trüffeln mit saurer Sahne und gehacktem Kerbel anmachen, mit Eierscheiben garnieren.

Maria Theresia, à la: Kroketten von getrüffeltem Risotto und tomatierte Kraftsauce zu Fleisch. – Maria Theresia, 1717–1780, deutsche Kaiserin, Königin von Ungarn und Böhmen, Erz-

1 Majoran 2 Makrele 3 Mandel 4 Mango 5 Mangold

herzogin von Österreich, Stammmutter des Hauses Habsburg-Lothringen.

Marie-Jeanne, à la: mit Champignonpüree gefüllte Torteletts, belegt mit einer Trüffelscheibe, sowie Nußkartoffeln und Madeirasauce zu kleinen Fleischstücken.

Marie Louise, à la: Artischockenböden mit einer Füllung aus Champignon- und Zwiebelpüree, außerdem Nußkartoffeln und gebundener Bratensaft zu kleinen Fleischstücken oder Geflügel. – Marie Louise, 1791 bis 1847, österreichische Erzherzogin, als Gemahlin Napoleons I. Kaiserin der Franzosen.

Marie-Louise-Salat: dünne Scheiben von Äpfeln, Bananen, Trüffeln und gekochtem Knollensellerie in leichter Mayonnaise.

Mariettesalat: kleingeschnittene Birnen, Gurken und Mixed-Pickles in leichter Mayonnaise.

Marignans, kleine, gefüllte Kuchen: Schiffchenformen halbvoll mit Savarinteig füllen, den Teig gehen lassen, backen, mit Rumläuterzucker tränken, seitlich aufschneiden und mit Creme oder vanillierter Schlagsahne füllen.

Marigny, à la: abwechselnd mit grünen Erbsen und Prinzeßböhnchen gefüllte Torteletts, Schmelzkartoffeln und gebundenem Kalbsjus zu Fleisch oder Geflügel. – Marigny, Ortschaft in Westfrankreich.

Marillen, österreichische Bezeichnung für → Aprikosen.

Marillenknödel, österreichische Spezialität: Hefeteig dünn ausrollen, in Quadrate schneiden, auf jedes Quadrat eine frische, entsteinte Aprikose (Marille) setzen, die mit einem Stück Zucker gefüllt wurde, den Teig über der Aprikose zusammenschlagen, zu einer Kugel formen, den Teig gehen lassen, die Knödel in siedendem Wasser garziehen lassen, abtropfen, in geröstetem Paniermehl rollen und mit Puderzucker bestäuben. – Marillenknödel werden oft auch aus Kartoffelknödelmasse gemacht.

Marillenlikör, → Wachauer Marillenlikör.

Marinaden (Beizen), mit Kräutern und Gewürzen angereicherte, saure Flüssigkeiten (Essig, Sauermilch, Buttermilch, Zitronensaft), mit denen man Schlachtfleisch, Wild, Geflügel, Fisch usw. begrenzt haltbar, würziger und zarter machen kann. – Auch Salatsaucen werden oft mit Marinade bezeichnet.

Marinadengewürze: schwarzer oder weißer Pfeffer, Piment, Senfkörner, Dill, Lorbeerblätter, Koriander, Cayennepfeffer, Ingwer usw. Für Schweinefleisch außerdem die Kräuter Majoran und Salbei, für Wild Basilikum und Rosmarin.

Marinebraten: ein Rinderfilet mit Scheiben von Zwiebeln, Mohrrüben und Knollensellerie kräftig anbraten, salzen und pfeffern, mit Weißwein ablöschen, in braunem Fond weich schmoren; den Fond durchstreichen, mit Sahne vollenden; dazu Butterreis oder Spätzle.

Marinetta, à la: mit Spinatpüree in Sahnesauce gefüllte Torteletts, Blätterteighalbmonde und Tomatensauce zu Fleisch oder Geflügel.

marinieren (frz: marine = Seewesen, Seegeschmack), ursprünglich Haltbarmachen von Speisen durch Einsalzen für lange Seereisen; dann auch Einlegen von Schlachtfleisch, Wild, Fisch usw. in eine würzende Flüssigkeit aus Essig, Öl, Zitronensaft, Gewürzen und Kräutern.

Marion Delorme, à la: Artischockenböden mit einer Füllung aus Champignon- und Zwiebelpüree, außerdem Nußkartoffeln und gebundener Bratensaft zu kleinen Fleischstücken oder Geflügel. – Marion Delorme, 1613–1650, berühmte Kurtisane, Geliebte des Dichters Des Barreaux und des Fürsten (Louis II.) Condé.

Marivaux, à la: Pilawreis und Bercyer Sauce mit Tomaten zu gedünstetem Fisch. – Pierre Carlet de Chamblain de Marivaux, 1688–1763, französischer Schriftsteller (Lustspiele und Romane).

Mark, weiche fett- und lezithinreiche Masse im Inneren der Knochen. → Knochenmark, → Rückenmark. – Als Mark wird auch reine Fruchtmasse bezeichnet, z. B. Tomatenmark.

Mark, → Knollensellerie.

Markerbsen, → Erbsen.

Marketenderin-Art (à la vivandière): Fischfilets mit Duxelles bestreichen, dicke Tomatensauce mit gehacktem Estragon und Kerbel darüberziehen, mit geriebenem Parmesan bestreuen und überbacken.

Markgräfin-Art (à la marquise): Torteletts mit einer Füllung aus Rindermarkwürfeln, Trüffelstreifen und Spargelspitzen in deutscher Sauce, außerdem Markgräfinkartoffeln und Bratensaft zu kleinen Fleischstücken.

Markgräfinkartoffeln: Herzoginkartoffelmasse mit Tomatenmark verarbeiten, die Mischung in kleinen Rosetten auf Platten spritzen, mit Butter bestreichen und im Ofen abbacken.

märkische Rüben, → Teltower Rübchen.

Markklößchen: 125 g entrindetes Weißbrot, 125 g gewässertes Rindermark, 2 Eier, Salz, Pfeffer und Muskatnuß leicht vermengen, durch den Fleischwolf drehen, 1 EL gehackte Petersilie unter den Teig arbeiten, kleine, runde Klößchen abstechen, in Salzwasser, Fleischbrühe oder Suppe gar kochen. – Oder: 125 g gewässertes, gewürfeltes Rindermark, 2 Eier, 2 EL gequollene Korinthen, etwas Salz, wenig warmes Wasser mit Mehl zu einem ziemlich festen Teig verarbeiten usw.

Markkromeskis: gekochtes, enthäutetes Kalbsrückenmark, Champignons und Trüffeln in winzige Würfel schneiden, mit dicker weißer Sauce binden, erstarren lassen, kleine Kroketten (Kugeln, Rollen o. dgl.) formen, durch Backteig ziehen, in Fett schwimmend ausbacken, mit Petersilie anrichten.

Markkrustchen: in Fleischbrühe gegartes Rinderrückenmark enthäuten, in kleine Würfel schneiden, mit dikker Madeirasauce binden, das Markragout in leicht ausgehöhlte, geröstete Weißbrotscheiben füllen, gehackten Schnittlauch darüberstreuen.

Markkürbis, als Gemüse verwendete Kürbisart mit gelbgrün marmorierter Schale und hellgelbem, zartem Fruchtfleisch.

Markkürbis, mexikanisch: grobgehackte Zwiebel in Butter leicht bräunen, mit gewürfeltem Kürbis vermischen, frische Maiskörner und Tomatenstückchen beifügen, mit Salz und Cayennepfeffer würzen, langsam dünsten.

Markplätzchen: gekochtes Rinderrückenmark enthäuten, in kleine Würfel schneiden, mit Würfeln gehackten Schinkens und gedünstetem Reis vermischen, mit Eigelb binden, leicht salzen, aus der Masse kleine Plätzchen formen, mehlen, in Öl abbacken; dazu Tomatensauce.

Marksauce, → Bordelaiser Sauce.

Markschöberlsuppe: österreichische Spezialität: Rückenmark vom Rind mit Eigelb schaumig rühren, mit einigen entrindeten, in Milch eingeweichten und gut ausgedrückten Milchbrötchen verarbeiten, Markwürfel und gehackte Petersilie hinzufügen, steifgeschlagenes Eiweiß unter die Masse ziehen, die Masse auf Pergamentpapier streichen und im Ofen backen, nach dem Auskühlen in kleine Stücke schneiden und in klare Fleischbrühe geben.

Marmelade, zuckerhaltiges Fruchtmus. Im Gegensatz zur Konfitüre enthält die Marmelade keine Fruchtstükke.

Marmite (frz), Kochtopf, besonders Suppentopf. Dann auch die Bezeichnung für eine einfache, unpassierte Suppe.

Marmorkuchen: 250 g Butter schaumig rühren, 250 g Zucker, 1 Päckchen Vanillezucker, 4–5 Eier, etwas abgeriebene Zitronenschale, 500 g Mehl und 1/8 l Milch nach und nach hineinrühren, zwei Drittel des Teiges in eine gefettete Napfkuchenform füllen, das restliche Teigdrittel mit 2 EL Kakaopulver färben und mit Rum aromatisieren, auf den hellen Teig füllen, beide Teige leicht vermischen, den Kuchen im Ofen backen, nach dem Auskühlen mit Puderzucker bestreuen.

Maroilles, französischer Käse, den erstmalig die Mönche der Abtei Thiérache herstellten. Der quadratische Weichkäse wird von einer ziegelroten Rinde umschlossen.

marokkanischer Salat: Würfel von gekochten Kartoffeln, Tomaten, Bananen und Datteln mit französischer Marinade anmachen, auf Kopfsalatblättern anrichten und mit Streifen von roter Paprikaschote und Bleichsellerie garnieren.

Maronen (Maroni, Edelkastanien, Eßkastanien), die Früchte des echten Kastanienbaumes, eines ursprünglich kleinasiatischen Buchengewächses; heute werden Maronen in Italien, Frankreich, Spanien und Portugal, aber auch in Süddeutschland angebaut. Unter der leuchtend braunen bis rotbraunen Fruchtschale sitzt der Keimling, der weiße, angenehm süß schmeckende Kern. Im September und Oktober fallen die Früchte ab. Dann kann man sie frisch oder geröstet als »heiße Maroni« kaufen. Das ganze Jahr über werden die Maronen in Dosen angeboten, süß, naturell oder als Püree. – *Zubereitung:* Die Maronen mit einem spitzen Messer rundherum oder über Kreuz einschneiden, kurz in siedendes Wasser werfen, nicht zu viele auf einmal, dann die Schale und auch die Haut abziehen; die geschälten Maronen mit einem Stückchen Knollensellerie oder Bleichsellerie in wenig Fleischbrühe langsam weich kochen. Oder: Die eingeschnittenen Maronen im Ofen backen, bis die Schalen aufspringen, dann schälen. Die so zubereiteten Kastanien können auch in Gans oder Truthahn gefüllt werden.

Maronen, deutsch: gebrühte und geschälte Maronen mit etwas Butter in einer Sauce aus Fleischbrühe und heller Mehlschwitze weich dünsten, die Maronen herausnehmen, die Sauce einkochen, mit Madeira und etwas Zucker würzen und über die Maronen gießen.

Maronen, flambiert: frische Maronen kreuzweise einschneiden, im Ofen backen, schälen und auf eine heiße, feuerfeste Platte legen, die Maronen reichlich überzuckern, mit brennendem Rum begießen; dazu ein Schälchen mit frischer Sahne.

Maronen, glasiert: gleichgroße Maronen überbrühen, schälen, in ungesalzener Kalbsjus weich kochen, und mit dem eingekochten, dicken Fond überziehen, dabei aber nicht schütteln, denn Maronen zerfallen leicht.

Maronencreme: etwa 50 g geschälte Maronen in Vanilleläuterzucker weich kochen und durch ein Sieb streichen; 2 Eigelb mit 100 g Zucker, 50 g Stärkemehl und 1 Prise Salz verrühren, mit 1/4 l heißer Milch cremig schlagen, das Püree darunterziehen, die Creme mit 50 g Butter und 1 Glas Kirschwasser vollenden. → Vermicelles, schweizerische Süßspeise.

Maronenpilz (Maronenröhrling, Braunhäubchen), feiner Speisepilz, der vor allem in älteren Nadelwäldern anzutreffen ist. Der Hut ist maronenbraun, die blaßgelben Röhrchen färben sich auf Druck dunkelblau. Der Pilz erscheint in den ersten kühlen Septembertagen.

Maronenpüree: weichgekochte Maronen mit dem Kochfond durch ein Sieb streichen, das Püree auf dem Herd trockenrühren, heiße Sahne und ein Stück Butter hinzufügen, mit Salz und weißem Pfeffer abschmecken. Auch in Dosen erhältlich.

Maronenröhrling, → Maronenpilz.

Maroni, süddeutsche und österreichische Bezeichnung für → Maronen.

marquise, à la: → Markgräfin-Art.

Marquises, erfrischende Süßspeisen: aromatisierten Läuterzucker (z. B. Kirschwasserläuterzucker) im Tiefkühlfach erstarren lassen, Fruchtpüree und steife Schlagsahne darunterziehen, in gekühlte Gläser füllen.

Marquisesalat: Würfel von Gurken und Artischockenböden auf Kopfsalatstreifen anrichten, mit Mayonnaise überziehen und mit Eierscheiben garnieren.

Marroni, schweizerische Bezeichnung für → Maronen.

Marsala, samtiger, aromatischer Aperitif- bzw. Dessertwein, auch beliebte Zutat zu Saucen und verschiedenen Gerichten, hergestellt aus sizilianischen Weißweinen (Oro) oder Rotweinen (Rubino), trocken (secco) oder süß (dolce). Marsala reift vier, sechs oder zehn Jahre im Faß und enthält bis zu 19 Vol. % Alkohol. Die besten Qualitäten tragen die Bezeichnungen *Fine, Superiore, Vergine* und *Vergine Stravecchio.* – 1772 verschlug ein Sturm den Liverpooler Kaufmann John Woodhouse in den sizilianischen Hafen Marsh-allà (arab. = Hafen Gottes, heute Marsala), wo er den kräftigen und aromatischen Wein dieses Landes kennenlernte und auf den Gedanken kam, mit diesem Getränk den weltbekannten Dessertweinen Sherry, Portwein und Madeira Konkurrenz zu machen. – *Rezept:* → Melone, geeist.

Marsalasauce, Bratensauce: den Bratenfond mit Kraftsauce verkochen, zuletzt mit Marsala abschmecken. Zu gebratenem Fleisch oder Geflügel.

Marschalls-Art (à la maréchal): Hühnerklößchen, Trüffelscheiben, Hahnenkämme und Madeirasauce zu Fleisch oder Geflügel. – Lammsteaks, Kalbsbriesscheiben oder Geflügelbrüstchen mit geriebenem Weißbrot und gehackten Trüffeln panieren, in Butter braten, mit je einer Trüffelscheibe garnieren, dazu grüne Spargelspitzen oder grüne Erbsen.

marschieren: Gerichte marschieren, wenn sie sich in der Zubereitung befinden.

Marseiller Art (à la marseillaise): halbierte, mit Knoblauch gewürzte Tomaten in Öl braten, mit gefüllter Olive und Sardellenfilet garnieren, dazu Spankartoffeln und provenzalische Sauce, zu kleinen Fleischstükken.

Marseiller Steak: ein Entrecôte (350–400 g) einölen, grillen, salzen und pfeffern; 65 g Kräuterbutter mit 2 TL Tomatenketchup und wenig Knoblauchpulver verarbeiten und auf dem Entrecôte schmelzen lassen; 2 Tomaten halbieren, in Öl braten, mit Salz und Knoblauchpulver würzen, neben dem Entrecôte anrichten und mit gehackter Petersilie bestreuen; dazu Spankartoffeln.

Martini, italienischer Wein-Aperitif aus Rot- oder Weißwein, aromatisiert mit Wermut und anderen Kräutern. – China-Martini enthält eine bestimmte Menge Chinin, wirkt dadurch anregend und erfrischend.

Martini dry, Cocktail aus Gin und trockenem Wermutwein (Vermouth secco), z. B. 2/3 Gin und 1/3 Martini-Vermouth secco, mit Eis schütteln, in Stielglas seihen, mit grüner Olive dekorieren.

Martiniques, kleine Gebäcke. Beispiel: einen dünnen Boden aus Genueser Teig backen, dick mit Kaffeebuttercreme, die mit geriebenen Mandeln, Zucker und Rum ergänzt wurde, bestreichen, den Boden nach dem Festwerden der Creme in kleine Quadrate schneiden, mit Kaffeefondant überziehen und mit je einer Kaffeebohne dekorieren.

Martinisalat: Würfel von Äpfeln, Apfelsinen und Bleichsellerie, halbierte Weintrauben und gehackte Haselnüsse mit gut gewürzter Sahnemayonnaise binden, in ausgehöhlte Apfelsinen füllen und mit gehackten Haselnüssen bestreuen.

Martinsfisch, → Petersfisch.

Marzipan (Mandelmasse): 250 g süße und 12 g bittere Mandeln schälen und sehr fein mahlen, mit 250 g Puderzucker, etwas abgeriebener Zitronenschale und wenig Rosenwasser gut durcharbeiten, bis die Masse glatt und geschmeidig ist; das Marzipan etwa 12 Stunden an kühlem Ort durchziehen lassen, dann nach Belieben formen und im Ofen leicht überbräunen. – Oder: 250 g Mandelpulver mit 200 g Fondant und 1 Päckchen Vanillezucker zu einem festen Teig verarbeiten.

Mascagni, à la: mit Maronenpüree gefüllte Torteletts, belegt mit einer Scheibe Kalbshirn, außerdem Strohkartoffeln und Tomatensauce zu Fleisch. – Pietro Mascagni, 1863–1945, italienischer Opernkomponist (Cavalleria rusticana).

Mascarpone, italienischer Weichkäse aus Kuhmilch, 45–55% Fett i. Tr., butterartige Creme, porzellanweiß, mit erfrischendem, süßem Geschmack.

Maschinrostbraten, österreichische Spezialität: eine fingerdicke Scheibe aus dem Zwischenrippenstück eines jungen Ochsen auf beiden Seiten kräftig anbraten; eine kleine, flache Kasserolle mit Butter ausstreichen, mit feingehackten Zwiebeln auslegen, den Rostbraten daraufsetzen, etwas Fleischbrühe zugeben und zugedeckt gar schmoren, zwischendurch Champignons und grobgewürfelte Kartoffeln beifügen; vor dem Auftragen Sardellen, Kapern, Pfeffergürkchen, Petersilie und etwas Majoran, alles zusammen feingehackt, sowie etwas abgeriebene Zitronenschale auf den Braten geben.

mascotte, à la: → Glückbringer-Art.
Mashed parsnips, → Pastinakenpüree.
maskieren (frz: masquer), eine Speise mit Sauce, Creme oder Gelee überziehen.
Maskottchen-Art, → Glückbringer-Art.
Masséna, à la: mit dicker Béarner Sauce gefüllte Artischockenböden, belegt mit je einer Rindermarkscheibe, sowie Tomatensauce zu kleinen Fleischstücken. – André Masséna, Herzog von Rivoli, Fürst von Eßling, 1758–1817, französischer Marschall.
Massenet, à la: mit je einer Scheibe Rindermark gefüllte Artischockenböden, grüne Bohnen, Annakartoffeln und Madeirasauce zu kleinen Fleischstücken. – Jules Massenet, 1842–1912, französischer Komponist (Opern: Manon, Thais, Don Quichote).
Masthahn, → Kapaun.
Masthähnchen (Poulets), gemästete Junghühner im Alter von 8–14 Wochen, 700–1200 g schwer. Sie werden auf vielerlei Art, meist wie → Masthuhn zubereitet.
Masthuhn (Poularde), junges, gemästetes Huhn mit weißem, festem, aber zartem Fleisch. Masthühner wiegen 1500–2500 g. Sie werden gebraten, gargezogen, poëliert (hellbraun gedünstet) oder geschmort. Vor dem Garziehen sollten die Hühner mit Zitronensaft eingerieben werden, damit sie schön weiß bleiben. Um ein Austrocknen des Brustfleisches zu vermeiden, sind Masthühner mit dünnen Räucherspeckscheiben zu umhüllen. Sollen sie knusprig braun gebraten oder geschmort werden, ist der Speck kurz vor dem Garwerden wieder zu entfernen. Soll das Geflügel gespickt werden, mit Räucherspeck, Pökelzunge, Trüffel, Schinken o. dgl., so sind Brust und Keulen zuvor in siedendem Wasser kurz steif zu machen.
Masthuhn, andalusisch: das Huhn garziehen lassen, enthäuten und anrichten; Geflügelrahmsauce, die mit Paprikaschotenbutter aufgeschlagen wurde, über das Fleisch gießen; dazu halbierte, mit griechischem Reis gefüllte rote Paprikaschoten und gebakkene, mit geschmolzenen Tomaten bedeckte Auberginenscheiben.
Masthuhn Chantilly: das Huhn garziehen lassen; den Fond einkochen und mit deutscher Sauce und reichlich Sahne vermischen; dazu ein Püree von grünen Erbsen und Schlagsahne.
Masthuhn Emile Bernard: das Huhn mit Morcheln füllen und zusammen mit Speckwürfeln, Champignons und Wurzelgemüsen in Weißwein weich dünsten; den Fond mit Tomatenmark, gehackten Trüffeln und einem Schuß Weinbrand vollenden.
Masthuhn, indisch: das Huhn weich dünsten; den Fond mit Currysauce verkochen; dazu körnig gekochten Reis.
Masthuhn Louisiana: das Huhn gar schmoren; dazu Maiskroketten und gebratene Bananenscheiben.
Masthuhn Marengo: das Huhn mit Salz, Pfeffer und Knoblauch in Olivenöl anbraten, mit Weißwein ablöschen, mit kleingeschnittenen Tomaten und Champignons weich schmoren, Petersilie darüberstreuen, mit gebackenen Eiern und gekochten Krebsen garnieren; dazu geröstete Weißbrotscheiben. – Bei Marengo, einem oberitalienischen Dorf, siegte Napoleon am 14. Juni 1800 über die Österreicher. Tomaten sind aber erst 100 Jahre später Bestandteil dieses

Gerichtes geworden, da die Frucht um 1800 in Europa noch nicht als Gemüse bekannt war.

Masthuhn Sligo: das Huhn auf kleingeschnittenem Wurzelwerk gar schmoren; den Fond mit Portwein, Sahne und etwas Kraftsauce verkochen; dazu junge Erbsen und neue Salzkartoffeln.

Masthuhn, westfälisch: das Huhn garziehen lassen; den Fond mit Béchamelsauce verkochen; dazu Butternudeln mit feinstreifig geschnittenem gekochten Schinken.

Mastkalb, → Kalb.

Mastochse, mit Kraftfutter gemästetes, kastriertes männliches Rind. Im Alter von 6– 8 Wochen werden die Bullenkälber kastriert, wodurch ihre körperliche Entwicklung erheblich beeinflußt wird: die Knochen wachsen langsamer, zwischen den Fleischfasern lagert sich mehr Fett ab, die Fasern bleiben sehr fein, das Fleisch wird besonders zart und saftig. Mastochsen sind mit 3–4 Jahren vollfleischig und schlachtreif; sie wiegen dann etwa 600 kg.

Mate, teeartiges Getränk aus den jungen, getrockneten Blättern bestimmter südamerikanischer Stechpalmen. Mate ist seit alters her Volksgetränk der Indios. Das Wort bezeichnet in der Inkasprache einen Flaschenkürbis. Und noch heute trinken die Südamerikaner ihren Mate mit Hilfe eines Röhrchens aus kleinen, ausgehöhlten Flaschenkürbissen. Andere Namen für Mate sind Herva, Yerva, Caa, Conchongo, Congonha. Mate enthält weniger Koffein und Gerbsäure als Tee, wirkt dennoch anregend und erfrischend, fördert Speichel- und Magensaftbildung und regt den Stoffwechsel an. – Mate kommt grün oder geröstet in den Handel. Man berechnet für jede Tasse 1 gehäuften Teelöffel, übergießt die Blätter mit siedendem Wasser und läßt den Tee etwa 5 Minuten ziehen. Mate wird meist gesüßt und gern mit Sahne, Zitronensaft, Rum oder Weinbrand ergänzt.

Matelote, → Matrosengerichte.

matelote, à la: → Matrosen-Art.

Mathurin, à la: in Butter gebratene Steinpilze, Sauerkraut, gebratene Speckscheiben, Kartoffelpüree und gebundener Schmorsaft zu geschmortem Fleisch. – Mathurin, Schutzheiliger gegen Irrsinn.

Matignon, Fleischwürze für Bratenstücke: Zwiebelscheiben mit gewürfeltem Räucherspeck und magerem Schinken anrösten, gehackte Champignons, Petersilie, Thymian, Lorbeerblatt und Weißwein oder Madeira hinzufügen und alles kurz einkochen.

Matjeshering, junger, noch nicht laichreifer Hering, der von Mitte Mai bis Anfang Juni vor Schottland und Irland gefangen wird. Matjes sollten mild gesalzen und zartfleischig sein.

Matrosen-Art (à la matelote): kleine, hellglasierte Zwiebeln, in Butter gedünstete Champignons, in Butter gebratene Weißbrotscheiben und Matrosensauce zu Fisch.

Matrosengerichte (Matelotes), pikant gewürzte Fischragouts in Rot- oder Weißweinsud, vermischt mit gedünsteten Champignons, Zwiebelchen, Krebsschwänzen und Muscheln; dazu in Butter gebackene Weißbrotscheiben.

Matrosensauce (Sauce matelote): grobgehackte Gräten und Fischabfälle, Champignonschalen und -stiele, gehackte Schalotten und einige zerdrückte Pfefferkörner in Butter anschwitzen, Rotwein auffüllen, langsam auskochen, passieren, zur Hälfte einkochen, mit Salz und weißem Pfeffer würzen, mit Mehlbutter binden. Für Fisch- und Matrosengerichte.

Matschanka (Gänsesülze), jüdische Spezialität: Gänseklein mit 1 Petersilienwurzel, 1 Mohrrübe, 1 kleinen Stück Knollensellerie, 1 Zwiebel, 2 Knoblauchzehen, 5 Pfefferkörnern in Salzwasser kochen, das Fleisch von den Knochen lösen und in eine Schüssel geben, die Brühe darüberseihen und erstarren lassen.

Matte, Matz, → Quark.

Matze (Mazze), ungesäuertes Fladenbrot, wie es die Juden während der Passahzeit essen.

Maulbeeren, in Aussehen und Geschmack der Brombeere ähnliche Früchte. Während der Weiße Maulbeerbaum zur Seidenraupenzucht angebaut wird, dienen die Früchte des Schwarzen Maulbeerbaumes als Kuchenbelag, zur Herstellung von Marmeladen, Säften und Likören. Im 12. Jh. kam die Pflanze aus China nach Südeuropa, im 18. Jh. unter Friedrich dem Großen nach Preußen (Maulbeerallee in Potsdam).

Maulschellen, Apfelgebäck: kleine, würzige Äpfel schälen, vom Kerngehäuse befreien, mit gezuckerter Butter füllen, in Blätter- oder Mürbeteig hüllen, mit Ei bestreichen und im Ofen backen; dazu süße Sahne.

Maultaschen, schwäbische Spezialität, eine Variante der italienischen Ravioli: aus 250 g Mehl, 2 Eiern und 1 EL Butter einen festen Nudelteig arbeiten, etwa 1 Stunde ruhen lassen, 1 mm dick ausrollen und zu 6 x 6 cm großen Quadraten schneiden; 250 g Hackfleisch, 125 g halbweich gedämpften Spinat, 65 g eingeweichtes Weißbrot, 1 Ei, 1–2 gehackte, gedünstete Zwiebeln, Petersilie, etwas Majoran, Salz, Pfeffer und Muskatnuß gut verarbeiten, die Masse auf die Teigquadrate füllen, die Quadrate zu Dreiecken falten, die Ränder zusammenkneifen, die Maultaschen etwa 10 Minuten in kräftiger Fleischbrühe ziehen lassen und mit der Brühe anrichten.

Maxim's, berühmtes Pariser Restaurant in der Rue Royale.

Mayonnaise, kalte Tafelsauce aus Öl und Ei, gewürzt mit Salz und Essig, vielfältig abwandelbar. Auch als Fertigprodukt erhältlich: »Feinste Mayonnaise« enthält mindestens 83% Fett und keinerlei Verdickungsmittel; »Mayonnaise« enthält mindestens 40% Fett, bis zu 10% Verdickungsmittel (Weizenmehl, Speisestärke) und meist auch Eiweißaustauschstoffe. – Das Wort »Mayonnaise« rührt von der Hafenstadt Mahón auf Menorca her. – *Rezept:* 3 zimmerwarme Eigelb mit 1 Prise Salz schaumig rühren, 1/2 l lauwarmes Öl unter ständigem Schlagen langsam dazugießen, weiterschlagen, bis die Mayonnaise cremig ist, mit etwas Essig oder Zitronensaft würzen. – Eine kalorien- und fettarme Mayonnaise wird mit Magermilchjoghurt statt Öl bereitet. – Mit etwas heißem Wasser können Sie Mayonnaise verdünnen (»leicht« machen), mit Gelatine festigen, mit Schlagsahne lockern, mit Tomatenmark oder → Spinatmatte färben, mit Kräutern, feingehackten Schalotten, Senf, Sardellenpüree usw. geschmacklich abwandeln.

Mayonnaise Chantilly, → Chantillymayonnaise.

Mayonnaise, russische (Mayonnaise à la russe): Mayonnaise mit geriebenem Meerrettich würzen und mit stockendem Gelee binden. Zum Überziehen von Fischschnitten, kalten Eiern usw.

Mayonnaisegerichte, kalte, in Mayonnaise gebettete Speisen wie Fischmayonnaise, Hummermayonnaise, Hühnermayonnaise usw.

Mazagran, Kaffeegetränk: eiskalten, starken Kaffee mit 1 Gläschen Rum mischen und im Glas servieren.

Mazagrans, → Kartoffeltörtchen.

Mazarin, à la: mit gemischtem Gemüse gefüllte Artischockenböden, außerdem Champignons, Kalbs- oder Geflügelklößchen, Reiskroketten und Madeirasauce zu kleinen Fleischstükken oder Geflügel. – Abwechselnd mit Garnelen und Trüffeln in Garnelensauce gefüllte Torteletts und Krebssauce zu Fisch. – Jules Mazarin (Giulio Mazarini), 1602–1661, Kardinal und französischer Staatsmann, Begründer der europäischen Vormachtstellung Frankreichs.

Mazarinpastetchen: gekochtes oder gebratenes Hühnerfleisch zusammen mit feinen Kräutern, wie Thymian, Basilikum und Kerbel, sehr fein pürieren, am besten im Mörser zerstoßen und mit legiertem Geflügelfond binden; in Blätterteighüllen füllen und erhitzen.

mazedonische Art (à la macédoine): in Butter gedünstete, gewürfelte Mohrrüben, weiße Rüben, Knollensellerie und grüne Bohnen, grüne Erbsen, grüne Bohnenkerne und Blumenkohlröschen sowie Bratensaft zu Fleisch oder Geflügel.

mazerieren (frz: macérer = einweichen), eine Speise mit aromatischer Flüssigkeit tränken, z. B. gewürfelte Früchte oder Gebäck mit passendem Likör oder Branntwein begießen und gut durchziehen lassen.

Mazzapanetti, italienisches Mandelgebäck mit Zitronenaroma.

Mazze, → Matze.

Medaillon, kreisrund oder oval geschnittene Scheibe vom Filet (→ Lendenschnitte) oder von Hummer- und Langustenschwänzen.

Medici, à la: abwechselnd mit Karotten und grünen Erbsen gefüllte Torteletts, nestförmige, mit Sauerampferpüree gefüllte Kartoffelkroketten und Choronsauce oder gebundene Kalbsjus. – Medici, florentinisches Patriziergeschlecht. Unter Katharina von Medici, die als Gattin Heinrichs II. im Jahre 1533 nach Frankreich kam und ihre sizilianischen Köche mitbrachte, begann die Blütezeit der französischen Kochkunst.

Medicisauce (Sauce Médici): Schalotten, Estragon und Kerbel feinhakken, einige zerdrückte Pfefferkörner und Rotwein hinzufügen, den Wein stark einkochen, mit Eigelb cremig rühren, lauwarme Butter unter ständigem Schlagen langsam zugießen, passieren, mit gut gewürztem Tomatenpüree vollenden. Zu gebratenem Fleisch.

medium dry, → trocken.

Médoc, berühmte französische Rotweine aus dem Departement Gironde (Bordeaux). Die besten Lagen sind unter den Namen Château Margeaux, Château Latour, Château Mouton-Rothschild bekannt.

Meeraal, → Muräne.

Meeräsche (Meeralant), barschähnlicher Seefisch mit langgestrecktem Körper, plattgedrücktem Kopf und großen, runden Schuppen. Die Meeräsche wird bis 40 cm lang. Sie wird an allen europäischen Küsten, nicht aber in der Ostsee, gefangen. Ihr Fleisch ist zart, fett und überaus schmackhaft.

Schon die alten Römer schätzten diesen Fisch sehr, der gekocht, gebraten und gebacken werden kann.

Meerbarbe (Seebarbe), barschartiger Seefisch, dessen Fleisch sehr schmackhaft ist und der wie → Wolfsbarsch zubereitet wird. Der gepreßte Rogen wird unter dem Namen »Poutargue« in Frankreich als Vorspeise gereicht.

Meerbricke, → Lamprete.

Meeresalgen, → Algen.

Meeresfrüchte, alle genießbaren Tiere des Meeres, soweit sie nicht zu den Fischen zählen, also Austern, Muscheln, Garnelen, Langusten, Tintenfische, Seeigel usw.

Meerforelle, → Lachsforelle.

Meergrundel (Schwarzgrundel), bis 16 cm langer Fisch der europäischen Meere, der hauptsächlich wegen seiner großen, wohlschmeckenden Leber gefangen wird.

Meerhase, → Seehase.

Meerhecht, → Seehecht.

Meerigel, → Seeigel.

Meerkohl (Seekohl, Strandkohl, Sea-Kale), ursprünglich an den Küsten Nordeuropas wildwachsendes Gemüse, das heute vor allem in Großbritannien kultiviert wird. Für die Küche werden die etwa 15 cm langen, gebleichten Blattsprossen verwendet; sie werden wie Spargel zubereitet. – *Vorbereitung:* den Meerkohl putzen, die Außenhaut abziehen, waschen, meist in gleichlange Stücke schneiden, zusammenbinden und in Salzwasser kochen.

Meerkohl, bürgerlich: die Blattsprossen in Salzwasser fast weich kochen, hacken, mit heller Mehlschwitze etwas rösten und mit Hammeljus fertigdünsten.

Meerkohl, englisch: die Blattsprossen unzerschnitten in Salzwasser kochen, gut abtropfen und mit frischer Butter anrichten.

Meerkohl mit holländischer Sauce: die Blattsprossen gebündelt in Salzwasser kochen und mit holländischer Sauce anrichten.

Meerkohl in Madeira: die in gleichlange Stücke geschnittenen Blattsprossen in Salzwasser vorkochen, mit Wurzelwerk, Schinkenscheiben und Bratfett kräftig anschwitzen, in Fleischbrühe weich kochen und in Madeirasauce anrichten.

Meerkohl, russisch: die in gleichlange Stücke geschnittenen Blattsprossen in Salzwasser vorkochen, in saurer Sahne weich dünsten, vor dem Anrichten geriebenen Meerrettich und geriebenen Parmesan darunterrühren.

Meerneunauge, → Lamprete.

Meerrettich (Kren, Gren, Mährrettich), 3–4 cm dicke, etwa 20 cm lange Pfahlwurzel einer Kreuzblüterstaude. Der hohe Gehalt an Meerrettichöl (Senfglykosid) bewirkt den brennend scharfen Geschmack, der die Tränen in die Augen treibt. Meerrettich wird in Scheiben oder Streifen Essiggemüsen beigefügt, gerieben zum Würzen von Saucen, Mayonnaisen, Sahne, Butter usw. verwendet. Frischer Meerrettich sollte erst kurz vor dem Verzehr gerieben und dann sofort mit Zitronensaft und Sahne vermischt werden, damit er seine aromatische Schärfe behält. Auch ist Meerrettich sehr hitzeempflindlich. Meerrettich wird in Franken, bei Rastatt, Hamburg, Braunschweig, Wien und vor allem im Spreewald bei Berlin angebaut. Erntezeit ist Oktober/November. Die Wurzeln werden in feuchtem Sand eingelagert oder gerieben in Päckchen, Tuben oder Gläser verpackt. – Um das Jahr 1000 erschien der Meerrettich – aus Südosteuropa kommend – in den mitteleuropäischen Klostergärten. Die heilige Hildegard von Bingen (1098–1179) beschrieb den »meeredich« in ihren botanischen Schriften. Meerrettich gilt in der Volksmedizin als wirksames Fiebermittel. Außerdem sollte man stets ein Stück der Wurzel im Portemonnaie haben, denn dann wird man immer gut bei Kasse sein.

Meerrettichbutter (Beurre au raifort), Buttermischung: 65 g geriebenen Meerrettich mit 125 g Butter verarbeiten und durch ein Drahtsieb streichen.

Meerrettichmayonnaise, für Salate: Mayonnaise mit geriebenem Meerrettich verrühren.

Meerrettichsahne (Crème de raifort): 1–2 gehäufte EL geriebenen Meerrettich mit einem Spritzer Essig verrühren, mit je 1 Prise Zucker, Salz und Paprika würzen und 1/8 l Schlagsahne darunterziehen.

Meerrettich-Sahnesauce (Sauce raifort à la crème): geriebenen Meerrettich mit der gleichen Menge geriebenem Weißbrot vermengen, Sahne hinzugießen und unter ständigem Rühren durchkochen, mit Salz und Zucker abschmecken. Zu Kalbsbrust, Lendenbraten oder gedünsteter Ente.

Meerrettichsauce (Sauce raifort, Krensauce): weiße Mehlschwitze bereiten, mit würziger Fleischbrühe auffüllen, mit Sahne gut durchkochen, geriebenen Meerrettich hineingeben, kurz aufkochen, mit etwas Salz und Essig würzen. Zu Hammelrippchen, Kalbsbrust oder Suppenfleisch.

Meerrettichsauce, englische, → Horseradish Sauce.

Meersalz, aus Meerwasser gewonnenes Speisesalz, das außer Natriumchlorid noch geringe Mengen anderer Salze enthält, wie Kalzium-, Magnesium- und Strontiumchlorid.

Meerspinne (Seespinne, Teufelskrabbe), größte Mittelmeer- und Atlantikkrabbe, 10 bis 15 cm lang, mit rundlichem Panzer, acht langen Beinen, zwei zierlichen Scheren und wohlschmeckendem Fleisch.

Meertau, → Rosmarin.

Meerwolf, → Steinbeißer.

Mehl, mehr oder weniger stark ausgemahlene Getreidekörner. Man unterscheidet Weizen-, Roggen-, Hafer-, Mais-, Reis- und anderes Mehl. In den Rezepten wird unter »Mehl« ausschließlich Weizenmehl verstanden. Die Mehle werden nach ihrem Mineralstoffgehalt (Aschegehalt) benannt. So bedeutet die gefragteste Weizenmehltype 405, daß in 100 g Trockensubstanz 405 mg Asche enthalten sind. Gutes Mehl soll locker, griffig und leicht elfenbeinfarben sein. Es ist kühl, dunkel und trocken aufzubewahren.

Mehlbananen, → Planten.

Mehlbutter (Beurre manié), zum Binden von Saucen, Gemüsen und Ragouts: 15 g weiche Butter mit 1 EL Mehl verarbeiten, in kleinen Stückchen unter die heiße, aber nicht kochende Sauce oder unter gedünstetes Gemüse ziehen.

Mehlnocken: aus 80 g Mehl, 50 g Butter, 1 Ei, etwas Salz und wenig Milch einen halbfesten Teig arbeiten, mit dem Löffel kleine Nocken abstechen, die Nocken in Salzwasser garen, abtropfen, mit brauner Butter übergießen.

Mehlpanade, Bindemittel für Füllungen aller Art: 1/10 l Wasser mit 20 g Butter und etwas Salz aufkochen,

50 g Mehl hineinschütten, gut durchrühren, bis sich die Panade von der Kasserolle löst.

Mehlpilze, → Maipilze.

Mehlschwitze (Einbrenne, Roux), Bindemittel für Saucen. – *Weiße Mehlschwitze:* 30 g Mehl und 25 g Butter vorsichtig erhitzen, ohne daß sich das Mehl verfärbt; mit Wasser oder Brühe löschen und glattrühren. – *Blonde oder helle Mehlschwitze:* 25 g Butter erhitzen, 30 g Mehl hineinrühren und blond schwitzen. – *Braune Mehlschwitze:* 25 g Bratfett stark erhitzen, 30 g Mehl hineinrühren und hellbraun rösten.

Mehlspatzen, süddeutsche Klößchen: aus 250 g Mehl, 1 Ei, etwas Salz, kalter Milch und zerlassener Butter einen ziemlich festen Teig schlagen, mit dem Eßlöffel kleine Klöße abstechen, in Salzwasser gar kochen; in Butter geröstete geriebene Semmel darübergeben.

Mehlspeisen, gekochte, gebratene und gebackene Speisen aus Mehl oder anderen Getreideerzeugnissen in der bayerisch-österreichischen Küche. Zu den Mehlspeisen zählen Knödel, Nocken, Schmarrn, Strudel, Nudeln, zahlreiche Aufläufe, Reisspeisen usw.

Mehlwasser, leicht gesalzenes, eventuell auch mit Zitronensaft gewürztes, mit etwas Mehl verrührtes Wasser, in dem bestimmte Gemüsesorten, wie Mangoldstiele, Schwarzwurzeln usw., gekocht werden, um ihre appetitlich weiße Farbe zu bewahren.

Meiran, → Majoran.

Meissonier, à la: kleine Fischklöße, gebackene Austern und Hummersauce zu Fisch. – Ernest Meissonier, 1815–1891, naturalistischer französischer Maler.

Mekkabrötchen: Brandteig brötchenförmig auf das Backblech spritzen, längs eindrücken, mit Ei bestreichen, mit Zucker bestreuen und ausbacken; nach dem Auskühlen aufschneiden und mit Aprikosenmarmelade oder beliebiger Creme füllen.

Melange, Milchkaffee, österreichisches Kaffeegetränk aus gleichen Teilen Kaffee und Milch. Die Melange wurde erstmalig um 1830 in Wien getrunken.

Melanzane, italienische Bezeichnung für → Auberginen.

Melba, à la: gefüllte Tomaten, gedünsteter Kopfsalat, Champignons, Trüffelscheiben und Kraftsauce mit Portwein zu Fleisch. – Garnelen und Newburgsauce zu gebratenen Fischen. – Nellie Melba (Helen Porter Armstrong, geb. Mitchell), 1861–1931, berühmte australische Sängerin. → Pfirsich Melba.

Melde, → Gartenmelde.

melieren (frz: mêler), mischen, vermengen.

Melisse, → Zitronenmelisse.

Mellow fruit, → Pepino.

Melonen, saftreiche, erfrischende Kürbisgewächse. Man unterscheidet Zucker- und Wassermelonen. Die *Zuckermelonen* stammen aus dem Orient: zu ihnen zählen die Ananasmelonen mit gelber, rauher Schale und gelbem bis orangefarbenem, nach Ananas schmeckendem Fruchtfleisch; die Kantalupe (Cantaloupe) mit grüner bis gelber, gerippter, würziger Schale und gelbem, aromatischem Fruchtfleisch, zuerst in Cantalupa bei Rom gezüchtet; die länglichrunden Netzmelonen mit grüner, netzartig geprägter Schale und meist rötlichem, aromatisch schmeckendem Fruchtfleisch; die kugelrunden bis ovalen Honigmelonen mit meist glatter, grüner bis gelber Schale und sehr süßem Fruchtfleisch; → Galiamelonen, → Ogenmelonen. Die *Wassermelonen* (Arbusen, Angurien, Pasteken, Zitrullengurken) kommen aus den afrikanischen Steppen; sie werden heute im ganzen Mittelmeerraum angebaut. Ihre Schale ist grün, weißgefleckt und glatt. Das meist rote Fruchtfleisch schmeckt erfrischend süß.

Melone, geeist: Melonenwürfel, -kugeln oder -scheibchen mit Zucker süßen, im Kühlschrank stark abkühlen, in Sektschalen anrichten, mit Maraschino, Marsala, Portwein oder Sherry beträufeln; dazu Toast und Butter.

Melonencocktail: grobgewürfelte Zuckermelone in Sektschalen füllen, Cocktailsauce darübergießen, mit Ingwerpulver bestäuben; eiskalt servieren.

Meloneneis: 250 g pürierte Melone, Saft von einer halben Apfelsine und einer halben Zitrone mit 1/4 l Läuterzucker (Zuckersirup) mischen und nach dem Grundrezept für → Fruchteis verfahren.

Melonenkaltschale: das Fleisch einer Wassermelone durch ein Sieb streichen, mit Zucker und Weißwein verrühren, mit Zitronensaft abschmecken und kleine, gezuckerte Melonenwürfel hineingeben; eiskalt auftragen.

Melonenorangen, → Pampelmusen.

Melonensalat: Würfel von Zuckermelone, Streifen von gekochtem Hühnerfleisch und Birnen sowie Garnelen mit Zitronensaft und Sherry anmachen, mit Cocktailkirschen garnieren.

Meluner Art (à la melunoise): Fisch, mit Robertsauce überzogen. – Melun, Stadt an der Seine.

ménagère, à la: → Hausfrauen-Art.

Menemen, türkische Spezialität: Zwiebelscheiben und Paprikastreifen in Öl braten, kleingeschnittene Tomaten beifügen, gut schmoren lassen, zuletzt mehrere Eier dazuschlagen, salzen, pfeffern und umrühren, bis die Eier zu stocken beginnen, gehackte Petersilie darüberstreuen. – Menemen, Stadt in Westanatolien.

Mentoner Art (à la mentonnaise): mit Duxelles gefüllte, winzige Kürbisse (Zucchini), gedünstete Artischockenböden, gebackene Kartoffeln und Bratensaft zu Fleisch. – Menton (ital: Mentone), Seebad an der französischen Riviera.

Menü (frz: menu), Zusammenstellung von Speisen, → Speisenfolge.

Mephisto, à la: gebackene Kartoffeln und Teufelssauce zu gegrilltem Fleisch.

Mercedes, à la: gebratene Tomaten und Champignons, gedünsteter Kopfsalat, Kartoffelkroketten und Madeirasauce zu kleinen Fleischstücken.

Mercedessalat: Streifen von Bleichsellerie, Chicorée, Tomaten und gekochten roten Rüben getrennt mit französischer Marinade anmachen, mit gehackter Petersilie bestreuen.

méridionale, à la: → südliche Art.

Meringemasse, → Baisermasse.

Meringen, mit Baisermasse überzogene Früchte, z. B. Apfelmeringen. Auch gefüllte → Baisers.

Merk, → Knollensellerie.

Merlan (Weißling, Wittling, Gadden), schellfischähnlicher Seefisch der europäischen Meere. Er wird meist 30–40 cm lang und hat ein zartes, leicht verdauliches und sehr wohlschmeckendes Fleisch. Im Winter, von Oktober bis April, schmeckt der Merlan am besten, gebraten, gebacken, in Wein gedünstet oder in Form kleiner, würziger Klöße.

Merlan, englisch: den Merlan entgräten, auseinanderklappen, salzen, englisch panieren und in Butter braten, mit einem Stück Kräuterbutter anrichten.

Merlanklößchen: die rohen Filets aus Haut und Gräten lösen, durch den Fleischwolf drehen, mit → Mehlpanade vermischen, mit Salz, Pfeffer und Muskatnuß würzen, etwas Butter und rohes Eiweiß hinzufügen, die Farce durch ein feines Sieb streichen, mit einem Löffel kleine Klößchen abstechen, in Salzwasser garziehen lassen; dazu gedünstete Gurkenstückchen, Soubisesauce und nußgroß ausgestochene Salzkartoffeln.

Merlanschnitten Cäcilie: die Filets durch Milch ziehen, salzen, in Mehl wenden, in heißer Butter braun braten, mit Spargelspitzen belegen, geriebenen Parmesan darüberstreuen und im Ofen überbacken.

Merlanschnitten Verdurette: die Filets englisch panieren, in Butter braten und auf warmer Platte anrichten; gebratene Pfifferlinge mit gehackten Schalotten und Kräutern (Petersilie, Kerbel, Schnittlauch, Estragon) durchschwenken und über die Schnitten geben, mit Zitronensaft beträufeln.

Merlot, Rebsorte für Rotweine, besonders angebaut im Südwesten Frankreichs, im schweizerischen Tessin, im Nordosten Italiens, in Rumänien, Bulgarien, Argentinien und in Kalifornien.

Messerscheide, → Schwertmuschel.

Messimaria, finnischer Likör aus himbeerähnlichen Waldfrüchten.

Metro, à la: abwechselnd mit grünen Erbsen, geschnittenen grünen Bohnen, Karotten und winzigen gebackenen Kartoffeln gefüllte Artischockenböden und Kraftsauce zu Fleisch.

Mett, mit Salz, Zwiebel und Gewürzen zubereitetes Schweinehackfleisch.

Metternich, à la: großes Bratenstück (z. B. Kalbsrücken) in schräge Scheiben schneiden, die Scheiben mit dikker Sahnesauce, die mit feinen Paprika- und Trüffelscheibchen vollendet wurde, bestreichen und wieder zusammensetzen, mit der Sauce überziehen und im Ofen überkrusten; dazu den eingekochten Fond mit Pilawreis. – Klemens, Fürst von Metternich, 1773–1859, österreichischer Staatsmann.

Mettwurst, aus mehr oder weniger grob gemahlenem Schweinefleisch hergestellte Rohwurst, die gut gewürzt und geräuchert wurde.

Metulon, → Kiwano.

Metzgersauce (Sauce charcutière): gehackte Zwiebel in Butter anschwitzen, Weißwein auffüllen, zur Hälfte einkochen, Kraftsauce hinzufügen, langsam durchkochen, mit Senf abschmecken, Streifchen von Pfeffergurken in die Sauce geben. Zu gegrilltem Schweinefleisch.

Mexican Relish, Würzsauce. Handelsware.

Mexican Slaw, nordamerikanischer Krautsalat: zarte Weißkohlblätter von den Rippen befreien, feinstreifig schneiden und mit gehackten Zwiebeln, gehackten Paprikaschoten, Salz, Pfeffer, Weinessig und Öl anmachen.

mexikanische Art (à la mexicaine): große, mit geschmolzenen Tomaten gefüllte, gegrillte Champignonköpfe, gegrillte Paprikaschoten und tomatierter, scharfgewürzter Bratensaft zu Fleisch oder Geflügel.

mexikanische Torte: 125 g Zucker mit 5 Eigelb schaumig rühren, 4 steifgeschlagene Eiweiß, 90 g Mehl und 2 EL Kakaopulver darunterziehen, in ausgebutterte und gemehlte Springform füllen, backen, nach dem Auskühlen zweimal waagerecht durchschneiden, die Schichten mit Schokoladenbuttercreme bestreichen, wieder zusammensetzen, mit Aprikosenmarmelade überziehen, mit Schokoladenfondant bedecken und mit Spritzglasur dekorieren.

Meze (türk: Vorspeise), kleine Lekkerbissen, Partyhappen der levantinischen Küche.

Miamisalat: Tomatenscheiben und Mandarinenspalten auf Kopfsalatblättern anrichten, etwas einzuckern und mit Zitronen-Öl-Marinade (ohne Pfeffer) übergießen.

Michelangelosalat: Stückchen von gekochten Schwarzwurzeln und Gurkenwürfel mit leichter Mayonnaise binden, mit Tomatenachteln garnieren.

Midder, → Kalbsbries.

Midinettesalat: Streifen von gekochter Hühnerbrust, Knollensellerie, Greyerzer Käse und Äpfeln mit leichter Mayonnaise binden. – Midinette, Pariser Näherin.

Mie de pain (frz: Brotkrume), durch ein Drahtsieb geriebenes, entrindetes Weißbrot.

Miesmuscheln (Pfahlmuscheln), die wichtigste eßbare Muschelart, die an den europäischen und nordamerikanischen Küsten vorkommt. Die Muscheln haben blauviolette, löffelförmige Schalen, ihr Fleisch schmeckt vorzüglich, ist aber nicht so leicht verdaulich wie das der Auster. Schon im 13. Jahrhundert stellten französische Fischer fest, daß Miesmuscheln an Holzpflöcken besser gedeihen als auf dem Meeresgrund und legten die ersten Muschelkulturen an. Heute werden Miesmuscheln besonders vor der holländischen, nordfranzösischen, ostfriesischen und auch vor den italienischen Küsten gemästet. Hauptabnehmer sind Feinschmecker in Großbritannien, Frankreich, Spanien und Italien. Die »Auster des kleinen Mannes« schätzt brackiges, mit Schwebeorganismen angereichertes Wasser, sie fühlt sich also vor Flußmündungen und Häfen am wohlsten. – Die Miesmuschel ist keine miese Muschel, sondern das Wort »Mies« kommt von »Moos«, von den feinen Fäden (Byssus), mit denen sich die Muschel an Pfählen, Steinen, Tonnen usw. anheftet. – Miesmuscheln müssen – wie alle Muscheln – beim Einkauf noch quicklebendig sein, was sie dadurch beweisen, daß sie ihre Behausung mit Kraft geschlossen halten. Offene Muscheln sind tot und müssen noch vor der Zubereitung ausgesondert werden. Miesmuscheln können auch giftig sein, was allerdings sehr selten vorkommt. Giftige Muscheln haben ein durchscheinendes Gehäuse, sind orangegelb, rot bis schwarz gefärbt und riechen ekelerregend. – *Vor- und Zubereitung:* Miesmuscheln gut waschen und bürsten und dann etwa 5 Minuten lang kochen oder dünsten, nicht geöffnete Muscheln wegwerfen – sie sind schlecht.

Miesmuscheln auf Matrosenart, → Muscoli alla Marinara.

Miesmuscheln, provenzalisch: die gekochten Muscheln aus der Schale heben, die Hälfte der Schalen mit je zwei Muscheln füllen, mit Kräuterbutter zustreichen, mit Paniermehl bestreuen, im Ofen überbacken.

Miesmuscheln Vinaigrette: die gekochten Muscheln aus der Schale heben, mit Mehl, Ei und geriebener Semmel panieren, in Fett schwimmend goldbraun backen, abtropfen lassen, mit Vinaigrette anrichten.

Mignon, à la: mit grünen Erbsen gefüllte Artischockenböden sowie kleine Geflügelklöße mit Trüffeln zu Kalbsbries oder Geflügel; der Fleischsaft wird mit Weißwein verkocht und mit Butter aufgeschlagen. – Mignon (frz: allerliebst), Titelgestalt einer Oper von Ambroise Thomas nach Goethes Roman »Wilhelm Meisters Lehrjahre«; die Oper wurde 1866 in Paris uraufgeführt.

Mignonkartoffeln: feine Streifen von rohen Kartoffeln in gut gefettete, kleine Becherformen füllen, im Ofen abbacken, aus den Formen stürzen, mit Butter beträufeln und leicht salzen.

Mignonnette, kalte Pfeffersauce: gehackte Schalotten mit mildem Weinessig vermischen, viel grobgemahlenen Pfeffer darüberstreuen. Zu kaltem Wildbraten.

Mignonnetten (Mignonnettes), kleine Lendenschnittchen. → Filet mignon.

Mignonsalat: Würfel von Artischokkenböden und Garnelen mit Sahnemayonnaise binden, mit Cayennepfeffer würzen und mit Trüffelscheibchen garnieren.

mijotieren (frz: mijoter), eine Speise bei besonders schwacher Hitze dünsten oder schmoren.

Mikado, à la: in Butter gebratene, kleine Tomaten und Stachys sowie provenzalische Sauce zu kleinen Fleischstücken. – Mikado, früherer Titel der japanischen Kaiser.

Mikadosalat: Tomatenwürfel, nicht zu weich gekochte Stachys und gehackte Zwiebel in Essig-Öl-Marinade einlegen, mit Scheiben gefüllter Oliven garnieren.

Mikrowelle (Hochfrequenzkochen): modernste Gartechnik mit Hilfe von elektrischen Wellen (Mikrowellen). Die Speisen sind innerhalb von 25 bis 40 Sekunden (!) gleichmäßig innen und außen gar, wobei alle Nährstoffe erhalten bleiben, Kohlehydrate nicht verkohlen und Bratfett völlig entbehrlich ist. Wesentlicher Nachteil dieser Gartechnik ist die gleichmäßige Beschaffenheit der gegarten Speise: so fehlt z. B. beim Fleisch die appetitlich braune Kruste. Der Backherd mit integrierter Mikrowelle – beide Bereiche kombiniert oder separat schaltbar – ist daher das ideale und zugleich zeitgemäße Gargerät.

milanaise, à la: → Mailänder Art.

Milch, Kuhmilch, besteht aus 84 bis 90% Wasser, 2,8–4,5% Milchfett, 3,3–4% Eiweiß, 3–5,5% Milchzucker und 0,7–0,8% Mineralsalzen. Die Salze sind blut- und knochenbildend. Der Milchzucker verwandelt sich unter der Einwirkung bestimmter Bakterien in Milchsäure. Das Eiweiß setzt sich aus Kasein, Albumin und Globulin zusammen. Das Fett ist in winzigen Kügelchen von 3–4 Tausendstel mm Größe in der Milch verteilt. Diese feine Verteilung (Emulsion) verleiht der Milch die appetitlich weiße Farbe. Im Fett sind nahezu alle fett- und wasserlöslichen Vitamine enthalten. Das Milchfett ist Hauptbestandteil der Butter. – *Vollmilch* muß bestimmten Mindestanforderungen entsprechen, z. B. 3,5% Fettgehalt. *Trinkmilch* enthält z. Z. mindestens 3% Fett. *H-Milch* ist Trinkmilch mit einer Haltbarkeitsdauer von 6 Wochen. *Vorzugsmilch* ist eine Vollmilch besonders hoher Qualität (natürlicher Fettgehalt, geringer Keimgehalt, Frische, sorgfältige Reinigung und

1 Maronen 2 Maulbeere 3 Meerrettich 4 Melone 5 Miesmuschel

Aufbewahrung). *Magermilch* ist entrahmte Frischmilch. Ferner: → *Buttermilch,* → *Dickmilch,* → *Kondensmilch,* → *Trockenmilch.*

Milch, Samenflüssigkeit der männlichen Fische (Milchner).

Milch, → Kalbsbries.

Milchbrötchen, aus Vollmilch und Mehl hergestellte Brötchen.

Milchbrotschöberlsuppe, österreichische Spezialität: Butter und Eigelb schaumig rühren, mit einigen entrindeten, in Milch eingeweichten und gut ausgedrückten Milchbrötchen verarbeiten, würzen, steifgeschlagenes Eiweiß unter die Masse ziehen, die Masse auf Pergamentpapier streichen und im Ofen backen, nach dem Auskühlen in kleine Stücke schneiden und in klare Fleischbrühe geben.

Milcher, → Kalbsbries.

Milchfladen, Elsässer, → Elsässer Milchfladen.

Milchhalbfett, fettarmer Brotaufstrich anstelle von Butter oder Margarine. Milchhalbfett wird aus Sahne oder Butter hergestellt und enthält 39–41% Fett und 3–6,5% Milcheiweiß. Wegen seines hohen Wassergehalts kann Milchhalbfett nicht zum Braten und Backen verwendet werden.

Milchkaramellen: 125 g Puderzucker mit 3 EL Honig vermischen, aufkochen lassen, 25 g Kokosfett hinzufügen, dick einkochen, auf eine Platte gießen, nach dem Auskühlen in kleine Quadrate schneiden.

Milchknöpfle, schwäbische Klößchen: Mehl in siedender Milch verrühren, leicht salzen, den Teig auf der Herdplatte abbrennen, Eier unter den Teig ziehen, kleine Klößchen abstechen, mit Butter und etwas Salz in Milch garziehen lassen.

Milchpanade, Bindemittel für Füllungen aller Art: 1/8 l Milch mit 2 EL Butter und etwas Salz aufkochen, 65 g Mehl hineinschütten, gut durchrühren, bis sich die Panade von der Kasserolle löst.

Milchpunsch: in jedes Glas 2 TL Zucker und 2 Gläschen Rum geben, mit heißer Milch auffüllen.

Milchreis: 1/4 l Milch mit 40–50 g Zucker, etwas Vanille, 1 EL Butter und 1 Prise Salz aufkochen, 65 g Reis hineinschütten, zugedeckt etwa 25 Minuten garen, umfüllen, mit 1 Eigelb vermischen und evtl. noch 1 steifgeschlagenes Eiweiß unter den Milchreis ziehen; dazu gedünstete Früchte und warme Frucht- oder Weinschaumsauce.

Milchreizker, → Brätling.

Milchsauce, → Béchamelsauce.

Milchsäure, organische Säure, die unter Bakterieneinwirkung aus Milch- oder Traubenzucker entsteht. Milchsäure ist z. B. in saurer Milch, in Salzgurken, im Sauerkraut und im Sauerteig des Brotes enthalten; sie fördert die Verdauung.

Milchshakes, Milchmischgetränke aus Vollmilch, fettarmer Milch, Buttermilch oder Trinkmolke mit verschiedenen Zusätzen, wie Kakao, Honig, Früchte bzw. Fruchtsäfte, Aromen (Vanille, Kokos usw.). → Raspberry Milkshake.

Milchsuppe: 1/2 l Milch mit 1–2 EL Stärkemehl aufkochen, mit Vanillezucker, Zimt oder abgeriebener Zitronenschale aromatisieren, mit 1 Eigelb binden, zuletzt 1 steifgeschlagenes Eiweiß unter die Suppe ziehen; warm oder kalt auftragen.

Milchzucker (Laktose), in der Milch enthaltene Zuckerart.

Milken, → Kalbsbries.

Millefanti, italienische Brotsuppe: 50 g geriebenes Weißbrot, 25 g geriebener Parmesan und 2 Eier gut verrühren, mit Salz, Pfeffer und Muskatnuß würzen; 1 l kräftige Fleischbrühe zum Sieden bringen, die Brotmischung hineinrühren, die Suppe bei schwacher Hitze zugedeckt langsam durchkochen.

Mille-feuille (frz = tausend Blätter), Cremeschnitte aus Blätterteig.

Millikensalat: Würfel von roten Paprikaschoten, Avocados und Trüffeln mit körnig gekochtem Reis vermischen und mit Grapefruitsaft, Olivenöl, Salz, Pfeffer und gehacktem Estragon anmachen.

Millionärssalat: dünne Scheibchen von Avocados und Trüffeln auf Kopfsalatblättern anrichten, Mayonnaise mit Trüffelfond verdünnen und über den Salat gießen, mit Mandelsplittern bestreuen.

Milton, à la: grüne Spargelspitzen, Trüffelscheiben, Hahnenkämme und -nieren sowie Geflügelrahmsauce zu weißgedünstetem Fleisch oder Geflügel. – John Milton, 1608–1674, englischer Dichter (»Das verlorene Paradies«).

Milz, Blutlymphknoten der Wirbeltiere, in dem die weißen Blutkörperchen, die Polizisten des Blutes, erzeugt werden. Milzgerichte sind etwas für Kenner. Für die Küche werden vor allem Kalbs- und Rindermilz verwendet. Milz wird auch zu Wurst verarbeitet, vor allem zu Blutwurst.

Milz, gefüllt, israelische Spezialität: eine Rindermilz taschenförmig aufschneiden, das Milzfleisch herauslösen, das ausgelöste Milzfleisch mit eingeweichter, gut ausgedrückter Semmel, gewürfeltem Rindernierenfett, Eigelb und feingehackter Zwiebel verarbeiten, mit Salz und Muskatnuß würzen, die Masse in die Milz füllen, die Tasche zunähen, in Wurzelbrühe gar kochen, erkalten lassen, in Scheiben schneiden, die Scheiben in Butter braun braten; dazu Bratkartoffeln.

Milzschnitten zu Bouillon, österreichische Spezialität: Weißbrotscheiben auf einer Seite in Butter goldbraun backen, die gebackene Seite mit gehackter, roher Kalbsmilz bestreichen, mit Salz, Pfeffer und Majoran würzen, die Milzschnitten im Ofen abbacken; dazu gute Fleischbrühe reichen.

Milzsuppe: gehackte Zwiebel in Fett anschwitzen, feingeschabte Milz hinzugeben, unter Rühren gut durchbraten, salzen und pfeffern, etwas Mehl darüberstäuben, mit Fleischbrühe auffüllen, durchkochen, die Suppe mit Muskatnuß abschmecken und mit Petersilie bestreuen.

Mimosasalat: gewürfelte Kopfsalatherzen, Bananenscheiben, Apfelsinenspalten und Weintrauben mit Zitronensaft und dicker Sahne anmachen.

Mincemeat, → Mince Pie.

Mince Pie, beliebte englische Weihnachtsspeise: 100 g rohes Rindernierenfett, je 50 g Orangeat und Zitronat feinhacken, 200 g in Wasser eingeweichte Rosinen, 100 g Zucker und etwas abgeriebene Zitronenschale dazugeben, mit je 1 Prise Salz, Ingwer, Zimt, Macis und je 1 Gläschen Weinbrand, Rum und Madeira würzen, diese Mischung mindestens 3 Tage, am besten aber 1 Monat (!) ziehen lassen; 100 g in Butter gebratenes Rinderfilet und 3–4 Äpfel in Würfel schneiden und unter das »Mincemeat« mischen, alles in eine feuerfeste Schüssel füllen, mit Blätterteig zudecken und im Ofen abbacken (→ Pies). Auf dem Tisch in die Deckelöffnung 1 EL brennenden Rum gießen.

Minell, fettarmer holländischer Schnittkäse, 29% i. Tr., dem Gouda verwandt.

Mineralstoffe (Nährsalze), für den menschlichen Körper unentbehrliche anorganische Verbindungen. Eine ausreichende Zufuhr von Mineralstoffen mit der täglichen Nahrung gewährleistet das normale Funktionieren unseres Organismus und damit unser Wohlbefinden. Grundbestandteile der Verbindungen sind u. a. Natrium und Kalium für Muskelfunktion, Phosphor für Knochenbau und Blutserum, Kalzium für Knochenbau und Nervensystem, Chlor für Muskelfunktion und Verdauung, Eisen für Sauerstofftransport und Fettverdauung, Magnesium für den Eiweiß- und Kohlehydratstoffwechsel sowie für das Nervensystem, Schwefel für Eiweißaufbau, Jod für Schilddrüsenfunktion. Dazu kommen noch als Spurenelemente: Kobalt, Brom, Fluor, Arsen, Nickel, Zink, Silizium usw.

Mineralwasser, mineralstoffhaltiges Quellwasser, das meistens Kohlendioxyd enthält oder damit versetzt ist. Die wichtigsten als Tafelwasser verwendeten Mineralwässer sind die Säuerlinge (Sauerbrunnen). Zur Gruppe der alkalischen Säuerlinge zählt das → Sodawasser.

Minervasalat: Prinzeßböhnchen und Tomatenscheiben mit Essig-Öl-Marinade anmachen, Streifen von roten Paprikaschoten und gekochten Kartoffeln mit leichter Mayonnaise binden, getrennt anrichten und mit Sardellenfilets, Kapern, Scheiben gefüllter Oliven garnieren.

Minestrone, italienische Suppenspezialität: grobgeschnittenes Gemüse (Mohrrüben, Porree, Knollensellerie, Zwiebeln, Tomaten u. a.) mit gewürfeltem Räucherspeck kräftig anschwitzen, Knoblauch und feingehackte Suppenkräuter hinzufügen, mit Wasser oder Fleischbrühe auffüllen, mit Salz, Pfeffer, Paprika und Oregano würzen, langsam durchkochen, Nudeln oder Reis hineingeben und weich kochen, zuletzt kräftig mit geriebenem Parmesan bestreuen.

Minneola, Zitrusfrucht aus einer Kreuzung von Tangerine und Grapefruit, die zu den sogenannten »Easypeelern« gehört, jenen Zitrusfrüchten, die sich besonders leicht schälen lassen. Von Januar bis März kommen die nach Mandarinen schmeckenden, fast kernlosen Früchte aus Israel und Kalifornien, von Mai bis August aus Südafrika.

Mint Jelly, nordamerikanisches Pfefferminzgelee: frische Pfefferminzblätter in feine Streifen schneiden und in etwas Wasser kochen, mit Gelatine nicht zu fest binden und mit Zucker, Zitronensaft und einer Prise Salz würzen. Als Beigabe zu Lammfleisch.

Mint Sauce, englische Pfefferminzsauce, auch im Handel erhältlich: 1 Handvoll Pfefferminzblätter hakken, mit 1/2 Tasse siedendem Wasser übergießen, 1/2 Tasse Weinessig hinzufügen und mit 3–4 EL Zucker abschmecken. Kalt zu Hammelbraten.

minute, à la, Bezeichnung für ein auf schnellste Art bereitetes Gericht.

Minutenfleisch, kleine, dünne Filetscheibchen, sehr schnell in der Stielpfanne gebraten; mit oder ohne Sauce angerichtet.

Minze, → Pfefferminze.

Minzkartoffeln: geschälte neue Kartoffeln mit einem Bündel frischer Pfefferminze in leicht gesalzenem Wasser kochen und mit einigen überbrühten Pfefferminzblättern anrichten.

Minzsauce, → Mint Sauce.

Mirabeau, à la: gegrilltes oder gebratenes Fleisch mit Sardellenfilets, entsteinten grünen Oliven und überbrühten Estragonblättern garnieren: dazu gebackene Kartoffeln und Sardellenbutter. – *Rezept:* Hammelkeule Mirabeau. – Gabriel de Riqueti, Graf von Mirabeau, 1749–1791, französischer Staatsmann, Präsident der Nationalversammlung. Der sprachgewaltige Jakobiner schürte die Revolution, um dem notleidenden Volk zu helfen, und wollte zugleich das Königshaus retten, um dem Staat eine feste Stütze zu bewahren. Nach seinem plötzlichen Tode erreichte die Französische Revolution ihren blutigen Höhepunkt.

Mirabeaupastetchen: Seefisch (Seezunge, Heilbutt, Scholle oder Flunder) in Butter gar dünsten, zerblättern, mit dicker Sardellensauce binden; das Fischragout in Blätterteighüllen füllen und erhitzen, obenauf je eine gefüllte Olive legen.

Mirabeausalat: Würfel von Tomaten und gekochten Kartoffeln sowie Gurkenscheiben mit Senfmarinade anmachen, mit Sardellenfilets und Scheiben gefüllter Oliven garnieren.

Mirabellen, runde, gelbliche, saftig süße → Pflaumen.

Miracel Whip, Würzsauce zum Eintunken kleiner Happen. Handelsware.

Mireland, à la: gebratene Bananen, Maiskroketten und Tomatensauce zu Geflügel.

Mirepoix, gewürfeltes Röstgemüse als würzende Zutat für Saucen und Fleischspeisen: Wurzelwerk, Zwiebel und mageren Räucherspeck in winzige Würfel schneiden, etwas Thymian und Lorbeer hinzufügen, leicht anrösten, das Fett abgießen, die Mirepoix in die siedende Sauce schütten. – Der Herzog von Mirepoix (1699–1757) gab dieser Saucenwürze seinen Namen.

Mirettesalat: grobgeschnittener Bleichsellerie und Kopfsalat mit Essig-Öl-Marinade anmachen, mit feingehacktem Ei bestreuen.

Mirin, süßer Reiswein zum Aromatisieren japanischer Gerichte, kann durch Sherry Amontillado ersetzt werden.

Mischgemüse, in Butter gedünstete, meist kleingeschnittene verschiedene Gemüsearten als Beilage, Salat, Grundlage für Suppen usw. Die Gemüse werden entsprechend ihrer Garzeit in folgender Reihenfolge in den Topf gegeben: Karotten, weiße Rüben, Bleichsellerie, weiße Bohnen, grüne Erbsen, grüne Bohnen, kleine Zwiebelchen, winzige Kartoffeln; außerdem geviertelte Tomaten und einige Salatblätter. Zusätzlich können geröstete Speckwürfel, Sahne, Jus, Knoblauch usw. zugefügt werden.

Miso, besonders eiweißreiche japanische Paste aus gekochten und fermentierten Sojabohnen, meist zum Binden von Suppen verwendet; die rötliche Paste heißt »aka miso«, die weißliche »shiro miso«.

Mispel (Nespola), südeuropäisches Kernobst im Aussehen von Aprikosen. Eßbar ist die Mispel erst im überreifen Zustand, wenn sie durch Lagerung oder Frost schön weich geworden ist und einen aromatisch-erfrischenden Geschmack angenommen hat. Man kann die vollreifen

»Früchte der Liebe« roh verspeisen, zu Ente oder Huhn, im Müsli, als Dessert, meistens aber werden sie zu Konfitüre, Gelees und Säften verarbeitet. – Vgl. → Loquats.

Mispeln, japanische, → Loquats.

Miss-Helyett-Salat: Würfel von gekochten Kartoffeln und Artischockenböden sowie Spargelspitzen in Essig-Öl-Marinade einlegen.

Mistral, à la: Tomaten auf provenzalische Art, gut ausgekühlt, zu kalten Platten. – Frédéric Mistral, 1830–1914, französischer Dichter, Erneuerer der provenzalischen Sprache, Nobelpreisträger.

Mitonage (frz: mitonner = langsam kochen), → Brotpanade.

Mittelrheinweine, Weine aus den Weinbaugebieten zwischen Rolandseck und Bingen (linksrheinisch) und zwischen Königswinter und Lorchhausen (rechtsrheinisch). Bekannte Weinorte sind Bacharach, Steeg, Kaub, Oberwesel, St. Goar, St. Goarshausen, Boppard, Braubach, Leutesdorf, Unkel usw.

Mittelrippenstück des Rindes, → Entrecôte.

Mitternachtssalat: Streifen von Bleichsellerie und großen Zwiebeln, Scheiben von Tomaten, gekochten Kartoffeln und Artischockenböden, kleine Scheiben von Thunfisch in Öl getrennt mit leichter Mayonnaise binden.

Mixed Grill, verschiedene gegrillte Fleischstücke, wie Lendenschnittchen, Kalbsnüßchen, Hammelkotelett, Schweinslendchen, Kalbsleber, Kalbsbries, Hammelniere, Scheibe mageren Specks, kleine Würstchen usw., sowie Kräuterbutter oder Béarner Sauce und gebackene Kartoffeln.

Mixed Pickles, Essiggemüse: Blumenkohlröschen, Silberzwiebeln, kleine Maiskölbchen, Spargel, junge Karotten, winzige Gürkchen, junge Prinzeßbohnen, Streifen von roten Paprikaschoten getrennt in Salzwasser halbgar kochen, mit kaltem Wasser abschrecken, in Gläser füllen, mit Weinessig, der mit Pfefferkörnern, Dillgrün und Lorbeerblatt aufgekocht wurde, auffüllen, nach einigen Tagen abgießen und frisch aufgekochten Essig über die Mixed Pickles geben, abschließend mit Salz, Cayennepfeffer, Paprika und Ingwerpulver würzen.

Mocca Flip: 1 frisches Eigelb, 1 BL Zucker, 1 BL Nescafé, 1 Schuß Curaçao, 1 Glas Weinbrand, gut schütteln.

Mockturtlesuppe (engl: mock = nachgemacht, unecht; turtle = Schildkröte), unechte Schildkrötensuppe, eine Suppe, die mit ihrem Geschmack und ihrer Bekömmlichkeit durchaus mit der echten Schildkrötensuppe wetteifern kann und daher nicht weniger berühmt ist als diese. – *Rezept:* Kräftige Fleischbrühe mit Schildkrötenkräutern (im Beutel) gut durchkochen, gekochte Kalbskopfscheibchen und winzige Hühnerklößchen als Einlage hinzufügen, die Suppe mit Salz, Cayennepfeffer und Madeira oder Sherry abschmecken. Auch Handelsware.

moderne Art (à la moderne): geschmorter Weißkohl, gedünsteter Kopfsalat, Trüffelscheibchen, kleine Kalbsklöße mit Pökelzunge garniert und gebundene Kalbsjus zu Fleisch.

moderner Salat: Ananas-, Bananen- und Apfelscheiben mit Mayonnaise, die mit Sahne verdünnt und mit Zitronensaft abgeschmeckt wurde, binden.

Mogadorpastetchen: gebratenes Hühnerfleisch und Räucherzunge in kleine Würfel schneiden und mit Geflügelrahmsauce binden; das Ragout sowie Gänseleberpüree schichtweise in Blätterteighüllen füllen und erhitzen. – Diese Pastetchen waren die Spezialität des berühmten Pariser Schlemmerlokals Mogador, in dem sich im 19. Jahrhundert alle großen Genießer trafen. Das Lokal hatte seinen Namen von der einst berühmt-berüchtigten marokkanischen Hafenstadt Mogador, dem heutigen Essauira.

Mohn (Magsamen), der kleinkörnige, bläulichweiße Samen der Mohnpflanze (Schlafmohn), die aus Asien stammt und heute vor allem in China, Indien, Hinterindien, im Iran und in der Türkei angebaut wird. Der in den hühnereigroßen Fruchtkapseln herangereifte Samen ist stark ölhaltig und wird zur Herstellung zahlreicher Backwaren (Mohnkuchen, Mohnbrötchen usw.) verwendet. – Die unreifen Fruchtkapseln enthalten einen Milchsaft, aus dem das Rauschgift Opium hergestellt wird.

Mohnbeugel, österreichisches Gebäck: festen Hefeteig dünn ausrollen, in Dreiecke schneiden, jedes Dreieck mit einer Mischung aus gebrühtem Mohn, Zucker, Butter, Zimt und abgeriebener Zitronenschale belegen, zu Hörnchen zusammenrollen, gehen lassen, mit Eigelb bestreichen und backen.

Mohnklöße (Mohnpielen), schlesische Süßspeise: 1/2 l Milch aufkochen, 250 g gemahlenen Mohn hineinschütten, 3 EL Zucker, 1 Prise Salz, etwas Bittermandelöl, 1 Päckchen Vanillezucker und 250 g gebrühte Sultaninen hinzufügen, die leicht ausgekühlte Masse mit 2 Eigelb binden; 4 altbackene Brötchen in Scheiben schneiden und in 1 l Zuckerwasser einweichen; eine Schüssel schichtweise mit den Brötchenscheiben und der Mohnmasse füllen, die Mohnmasse jeweils mit Zimt bestreuen; eiskalt anrichten.

Mohnkuchen: 250 g gemahlenen Mohn, 100 g Rosinen, 50 g gehacktes Zitronat, 100 g Zucker mit 1/4 l Milch breiig kochen, notfalls etwas Grieß mitkochen lassen, die Mohnmasse mit Zimt und Rum würzen; Hefeteig dünn ausrollen, auf ein Backblech breiten, mit zerlassener Butter bestreichen, die Mohnmasse auf dem Hefeteig verteilen, Butterstreusel darüberdecken, backen, den Mohnkuchen mit Zuckerglasur überziehen.

Mohnöl, feines, kalt gepreßtes Speiseöl aus Mohnsamen, das vor allem für Salate, Desserts und Gebäck verwendet wird.

Möhren, → Mohrrüben.

Mohrenkopf (Indianerkrapfen), kleines, halbkugelförmiges, mit Schokoladenkuvertüre überzogenes Biskuitgebäck.

Mohrrüben (Möhren, Karotten, gelbe Rüben, Goldrüben, Wurzeln), wichtigstes Wurzelgemüse, das über alle Erdteile verbreitet ist und sich durch einen hohen Gehalt an Karotin auszeichnet. Man unterscheidet drei Hauptsorten: Frühmohrrüben oder Karotten (kurz, abgestumpft, oft radieschenförmig, kräftig rot, nicht lagerfähig, daher meist Konservenware), Sommer- und Herbstmohrrüben (mittellang bis lang, walzenförmig, abgestumpft, orange bis rot, nur begrenzt lagerfähig); Spätmohrrüben (lang, walzenförmig oder spitz zulaufend, oft mit bitterem oder holzigem Kern, der vor der Zubereitung zu entfernen ist, orange bis rotorange). – *Vorbereitung:* frische, junge Mohrrüben, vor allem Karotten, nur waschen und bürsten; ältere Mohrrüben schaben und waschen. Karotten je nach Größe im ganzen, halbiert oder geviertelt zubereiten. Die Mohrrüben in Würfel, Streifen, dünne Scheibchen oder olivenförmig schneiden und nach Rezept weiterverarbeiten. – *Rezepte:* s. auch unter → Karotten.

Mohrrüben auf Bauern-Art: Mohrrüben in Salzwasser vorkochen, in dicke Streifen schneiden, mit Speckwürfeln in Butter weich dünsten, hellglasierte Zwiebelchen hinzufügen.

Mohrrüben, flämisch: Mohrrüben in dünne Scheibchen schneiden, mit Salz und Zucker in Butter und wenig Wasser dünsten, mit Sahne und Eigelb binden, gehackte Petersilie darüberstreuen.

Mohrrüben mit grünen Erbsen: Mohrrüben in kleine Würfel schneiden, in Salzwasser kochen, abtropfen, mit frischgekochten grünen Erbsen vermischen, salzen, in Butter schwenken oder mit Sahnesauce binden.

Mohrrüben auf Hausfrauen-Art: Mohrrüben in Scheiben schneiden, mit etwas Weißwein und einem Kräutersträußchen in Fleischbrühe dünsten, würzen, mit Béchamelsauce binden und gehackte Petersilie daruntermischen.

Mohrrüben Marianne: Mohrrüben in dicke Streifen schneiden, in Butter dünsten, mit gebratenen Champignons vermischen, würzen, in geschmolzenem Fleischextrakt schwenken und gehackte Petersilie daruntermischen.

Mohrrüben auf rheinische Art: Mohrrüben in dicke Streifen schneiden, zusammen mit angeschwitzten Zwiebelscheiben in Butter und Wasser dünsten, würzen, zuletzt gebratene Apfelscheiben daruntermischen.

Mohrrüben mit weißen Bohnen: Mohrrüben in kleine Würfel schneiden, salzen, in Butter und Wasser dünsten, mit gekochten weißen Bohnen vermischen, mit Mehlbutter binden und mit etwas Essig und Pfeffer abschmecken.

Mohrrübenauflauf: Mohrrüben in Salzwasser kochen, abtropfen, pürieren, mit Butter, Sahne und Eigelb vermischen, mit Salz und Muskatnuß würzen, steifgeschlagenes Eiweiß darunterziehen, in gebutterte Auflaufschale füllen und im Ofen backen.

Mohrrübenkroketten: Mohrrüben in Salzwasser kochen, abtropfen, pürieren, mit dicker Béchamelsauce und Eigelb binden, würzen, nach dem Auskühlen zu kleinen Kugeln oder Rollen formen, in Ei und Paniermehl wenden, in Fett schwimmend backen.

Mohrrübenpüree: Mohrrüben in Salzwasser kochen, abtropfen, pürieren, mit Salz und Muskatnuß würzen, mit Butter und Sahne verrühren und braune Butter darübergießen.

Mohrrübensaft ist wegen des hohen Gehalts an Provitamin A (β-Carotin), das im menschlichen Körper in Vitamin A verwandelt wird, gut gegen Nachtblindheit, er verhütet Grippeinfektionen und sorgt für eine reine, glatte Haut.

Mohrrübensalat: dünne Scheiben gedünsteter Mohrrüben mit Essig-Öl-Marinade anmachen, mit Kopfsalatblättern garnieren.

Moïna, à la: in Butter gedünstete Champignons und geviertelte Artischockenböden sowie Madeirasauce zu kleinen Fleischstücken.

Mojito, Cocktail: eine ungespritzte Limone achteln und mit 3 TL Zucker und einigen Blättern frischer Minze in einen Tumbler geben, einen Schuß

Sodawasser darübergießen, dazu geschabtes Eis, mit 5 cl Havanna-Rum auffüllen, leicht umrühren.

Mokka, besonders starker Kaffee, bereitet aus der doppelten bis dreifachen Bohnenmenge, serviert in kleinen Mokkatassen, meist stark gesüßt. – Der Name dieses Kaffeegetränks stammt von der jemenitischen Stadt Mokka ab, dem bedeutendsten Kaffeeausfuhrhafen des 15. Jahrhunderts.

Mokkacreme: 4 steifgeschlagene Eiweiß mit 3 EL Zucker, 1 Päckchen Vanillezucker, 2 EL Zitronensaft, 4 EL Weinbrand, 2 EL Nescafé und 100 g feingemahlenen Mandeln vermischen, in Becher oder Schalen füllen, mit Schlagsahne garnieren.

Molke, gelbgrüne, mildsaure Flüssigkeit, die sich beim Gerinnen der Milch absondert und nur noch geringe Mengen von Eiweiß enthält. Molke, ein Nebenprodukt bei der Quark- und Käseherstellung, gilt heute als »Schlank-, Schön- und Fitmacher«. Schon der griechische Arzt Hippokrates (um 460–375 v. Chr.), der Begründer der wissenschaftlichen Heilkunde, verordnete bei Gicht und Lebererkrankungen Molke-Trinkkuren. Im 18. Jahrhundert labten sich die Kurgäste von Interlaken, Vevey, Ischl und anderen renommierten Badeorten an Molke. Heute erlebt Molke eine Renaissance, man weiß ihren Wert wieder zu schätzen, den sie durch ihre Inhaltsstoffe erhält: die für Stoffwechsel und Verdauung wichtige Milchsäure und Milchzucker, die Mineralstoffe Kalium und Kalzium, die Vitamine B_1 und B_6 sowie die essentiellen Aminosäuren. Molke bewirkt eine Entschlakkung des Körpers, aktiviert den Stoffwechsel, reinigt das Blut. Und mit Fruchtsaft (Orange, Maracuja, Mandarine) vermischt, ist Molke eine köstliche Erfrischung.

Monaco, → monegassische Art.

Mona-Lisa-Salat: Apfel- und Trüffelstreifen auf Kopfsalatherzen anrichten, Mayonnaise mit Tomatenketchup über den Salat ziehen. – Mona Lisa, Gattin des Florentiners Francesco del Giocondo, berühmtes Gemälde von Leonardo da Vinci.

Monatsrettich, → Radieschen.

Mondbohnen, → Limabohnen.

Mondseer Käse, vollfetter Schnittkäse mit schmieriger Rinde und weichem, gelblichem Inneren. 45% Fett i. Tr.

monegassische Art (à la monégasque, Monaco): große, gebratene Champignonköpfe, gebratene Scheiben von Kalbshirn und Schinken, Kraftsauce mit Champignon- und Trüffelstreifen zu kleinen Fleischstücken. – Monaco, kleines Fürstentum an der Riviera.

Monseigneur, à la: Fischfilets oder kleine Fische in Weißwein und Fischfond dünsten, dazu Blätterteigtorteletts mit gewürfelten Garnelen in Weißweinsauce und grüne Kräutersauce. – Monseigneur, französischer Titel fürstlicher Personen und hoher Geistlicher.

Monselet, à la: gefüllte Auberginen, Pariser Kartoffeln und Foyotsauce zu kleinen Fleischstücken. – Charles Monselet, französischer Feinschmekker und Verfasser gastronomischer Werke, 19. Jahrhundert.

Montadito, → Bocadillo.

Montagné, à la: mit Duxelles gefüllte Tomaten, mit Champignonpüree gefüllte Artischockenböden und Madeirasauce zu kleinen Fleischstücken. – Prosper Montagné, 1865–1948, französischer Küchenmeister und Verfasser berühmter gastronomischer Werke (»Le Larousse Gastronomique« u. a.).

Montansier, à la: Fisch in Weißwein und Fischfond dünsten, halbieren, die eine Hälfte mit Weißweinsauce, die andere Hälfte mit Rotweinsauce bedecken, dazu Blätterteighalbmonde. – Montansier, vornehmes Pariser Restaurant des 19. Jahrhunderts.

Montasio, norditalienischer Kuhmilchkäse. Der junge *Montasio fresco* schmeckt wundervoll mild. Nach einer Reifezeit von 5 bis 10 Monaten gewinnt der *Montasio mezzano* an Würze, nach zehnmonatiger Reife besitzt der *Montasio stravecchio* bereits einen kräftig-pikanten Geschmack und wird dann meist als Reibkäse verwendet. – Schon im 12. Jh. hatten Benediktinermönche in den Karnischen Alpen den Montasio hergestellt. Seit 1984 steht der Käse unter gesetzlichem Schutz.

Montbazon, à la: Champignonköpfe, Trüffelscheiben, mit Trüffeln gespickte Lammbriesscheiben, kleine Geflügelklöße und Geflügelrahmsauce zu weißgedünstetem Geflügel. – Marie de Rohan-Montbazon, Herzogin von Chevreuse, 1600–1679.

Montblancsalat: Ananas- und Grapefruitwürfel, kleine Erdbeeren und Streifen von grünen Paprikaschoten mit Essig-Öl-Marinade anmachen, einen Berg ungesüßter Schlagsahne darauftürmen.

Mont-d'or-Kartoffeln: geschälte Kartoffeln in Salzwasser kochen, abgießen, pürieren, das Kartoffelpüree mit feingewürfeltem Emmentaler Käse, Butter und geschlagenem Ei vermischen, in eine gefettete Backform füllen, mit geriebenem Emmentaler bestreuen, mit Butter beträufeln und im Ofen überbacken.

Montebello, à la: Torteletts mit einer Füllung aus gewürfelter Pökelzunge und Trüffeln in Choronsauce zu kleinen Fleischstücken. – Montebello, Dorf in Oberitalien; hier siegten im Jahre 1800 die Franzosen über die Österreicher.

Monte Carlo, à la: abwechselnd mit grünen Erbsen und grünen Bohnen gefüllte Torteletts, gefüllte Gurken, Kartoffelkroketten und gebundener Bratensaft zu kleinen Fleischstücken. – Monte Carlo, Stadtteil von Monaco, mit berühmtem Spielkasino.

Montecristosalat: Würfel von Hummerfleisch, gekochten Kartoffeln, hartgekochten Eiern und Trüffeln mit Senfmayonnaise binden und mit Kopfsalatherzen garnieren. – Montecristo, kleine Insel bei Elba, bekannt durch Dumas' Roman »Der Graf von Montecristo«.

Montgelaspastetchen: Gänseleber und Pökelzunge getrennt in Madeira dünsten, Champignons in Butter braten, alles in kleine Würfel schneiden und mit dicker Madeirasauce binden; in Blätterteighüllen füllen und erhitzen. – Maximilian, Graf von Montgelas, 1759–1838, bayerischer Staatsmann, vergrößerte Bayern durch Bindung an das napoleonische Frankreich.

Montgomery, à la: mit Zwiebelpüree gefüllte Torteletts, Streifen von Spinat-Eierkuchen und Madeirasauce zu Fleisch. – James Montgomery, 1771–1854, englischer Dichter.

Montgomerysalat: dünne Scheiben von gekochten Schwarzwurzeln, Kartoffeln und Artischockenböden sowie Eiweißstreifen in Essig-Öl-Marinade einlegen, mit gehacktem Eigelb und Petersilie bestreuen.

montieren (frz: monter = in die Höhe steigen), eine Sauce, Suppe o. dgl. mit Butter aufschlagen. Auch: Eiweiß zu Schnee schlagen.

Montmorency, à la: mit gemischtem Gemüse gefüllte Artischockenböden, Spargelspitzen, Nußkartoffeln und Madeirasauce zu kleinen Fleischstükken. – Anne de Montmorency, 1493–1567, französischer Staatsmann und Heerführer.

Montmorencysalat: Streifen von Bleichsellerie und Würfel von Sauerkirschen mit Sahnemeerrettich und Zitronensaft anmachen.

Montpellier, à la: gegrilltes Fleisch mit Scheiben kalter Kräuterbutter. – Montpellier, Stadt in Südwestfrankreich mit berühmter Universität (13. Jahrhundert) und großartiger Kathedrale (14. Jahrhundert).

Montpellierbutter (Beurre de Montpellier), Buttermischung zum Garnieren kalter Fischgerichte: überbrühten Spinat, Schalotten, Kräuter, Sardellenfilets, Kapern und Pfeffergurken sehr fein pürieren, hartgekochtes sowie rohes Eigelb daruntermischen, mit weicher Butter verarbeiten und durch ein feines Sieb streichen.

Montpensier, à la: in Butter geschwenkte grüne Spargelspitzen und Trüffelscheiben zu kleinen Fleischstücken oder Geflügel, der Bratensaft wird mit Weißwein verkocht und mit Butter aufgeschlagen. – Montpensier, französisches Herzogsgeschlecht, ein Zweig der Bourbonen.

Montreuil, à la: kleine gekochte Kartoffeln mit Garnelensauce zu gedünstetem Fisch, der mit Weißweinsauce bedeckt wurde. – Montreuil-sous-Bois, Vorstadt von Paris mit ausgedehnten Pfirsichplantagen.

Montrosepastetchen: gebratenes Hühnerfleisch pürieren, mit frischer Sahne binden, mit Salz und etwas Weinbrand abschmecken, kleine Würfel mageren gekochten Schinkens daruntermischen, alles in Blätterteighüllen füllen und erhitzen. – Übrigens, der schottische Marquess von Montrose starb als royalistischer General während des Bürgerkriegs im Jahre 1650.

Montrouge, à la: gedünsteter Fisch, auf Champignonpüree angerichtet und mit Sahnesauce und Champignonscheiben bedeckt. – Montrouge, Vorort von Paris.

Monvoisin, à la: Fisch in Weißwein und Fischfond dünsten, Weißweinsauce mit gehackten Schalotten und Garnelen darüberdecken, mit Petersilie bestreuen und mit geschmolzenen Tomaten garnieren. – Das französische Wort »Monvoisin« bedeutet nichts anderes als »mein Nachbar« oder – wie wir zu sagen pflegen – »Herr Nachbar«.

Moosbeeren, Preiselbeerart.

Moosschwämmchen, → Maipilze.

Moppen: Weihnachtsgebäck: 250 g Butter, 750 g Farinzucker, 1/2 l Milch und 2 EL Zimt zusammen aufkochen und abkühlen: 250 g Mehl mit 6 g Hirschhornsalz vermengen, mit der Flüssigkeit verarbeiten, den Teig etwa 1 cm dick ausrollen, kleine Plätzchen ausstechen, auf gefettetem Blech bakken.

Mörbraten, → Schweinsrücken.

Morcheln, begehrte Delikateßpilze mit wabenartig gekammerten, hohlen Köpfen. Von März bis Mitte Mai erscheinen die würzig duftenden, fast schwarzen Pilze unter Eschen und Pappeln, doch kommen sie bei uns frisch kaum auf den Markt. Wir müssen daher auf Dosenware zurückgreifen. So angenehm würzig die Morchel schmeckt, so unbeschreiblich schön ist ihr Duft, der sich allen Speisen, denen sie beigegeben wird, mitteilt. Wie die aristokratische Trüffel dient auch die bürgerliche Morchel mehr als Würzpilz denn als Speisepilz. – *Vorbereitung:* Da frische Morcheln sehr sandig sind, müssen sie nach dem Abschneiden der Stielenden mehrmals unter fließendem Wasser gründlich gewaschen werden.

Morcheln Chaumont: geviertelte Morcheln in Butter braten, etwas Mehl darüberstäuben, würzige Fleischbrühe zugießen, durchkochen, zuletzt mit Sahne und Eigelb binden und mit Zitronensaft abschmecken. In Chaumont, einer Stadt an der Marne, erneuerten 1814 Preußen, Österreich, Rußland und England ihr Bündnis gegen Napoleon.

Morcheln auf Förster-Art: die hohlen Morchelköpfe eignen sich vorzüglich zum Füllen: die Stiele aus den Köpfen schneiden, hacken, mit Bratwurstfarce und Kräutern vermischen, in die Köpfe füllen; die so gefüllten Morcheln zugedeckt in Butter weich dünsten, zuletzt mit Paniermehl bestreuen, mit Butter beträufeln und im Ofen überbacken.

Morcheln, gedünstet: geviertelte Morcheln mit Salz, Pfeffer und Zitronensaft in Butter zugedeckt gar dünsten, gehackte Petersilie darüberstreuen.

Morcheln, provenzalisch: geviertelte Morcheln mit gehackten Schalotten, Petersilie, Salz, Pfeffer und etwas Knoblauch in Öl braten, mit Zitronensaft abschmecken.

Morcheln in Sahne: geviertelte Morcheln in Butter dünsten, Béchamelsauce und reichlich Sahne hinzufügen, langsam sämig kochen.

Morcheln in Sherry: gehackte Schalotten in Butter anschwitzen, geviertelte Morcheln zugeben, kräftig anbraten, Sherry hinzugießen und stark einkochen, mit Sahne und etwas Kalbsjus auffüllen, kurz durchkochen.

Morchelpastetchen: gewürfelte Morcheln im eigenen Saft gar dünsten, salzen und pfeffern, den Fond mit frischer Sahne verkochen und mit etwas Butter aufschlagen, die mit der Sauce gebundenen Pilze in heiße Blätterteigpastetchen füllen.

Morellen, dunkelrote Sauerkirschenart.

Morgenrotsauce, → Aurorasauce.

Morlaixer Art (à la morlaisienne): gedünsteten Seefisch mit Muscheln und Garnelen einrahmen, grüne Kräutersauce darüberziehen, mit geriebenem Parmesan bestreuen und kurz überbacken. – Morlaix, Stadt in der Bretagne.

Mornay, à la: halbgar gedünsteten Fisch in dicke Mornaysauce hüllen, mit geriebenem Käse bestreuen, mit Butter beträufeln und im Ofen überbacken. – Philippe Mornay, Seigneur du Plessis-Marly, 1549–1623, französischer Staatsmann und Schriftsteller.

Mornaysauce (Sauce Mornay, Käsesauce), zum Überkrusten von Speisen: 1 EL Mehl in 1 EL Butter hellgelb schwitzen, 1/41 kochendheiße Milch einrühren und mit etwas Salz und weißem Pfeffer würzen, mit 2 Eigelb binden und mit 3 EL geriebenem Parmesankäse verquirlen, 2 steifgeschlagene Eiweiß unter die Sauce ziehen.

Morny, à la: Annakartoffeln und italienische Sauce zu Fischschnitten. – Charles Auguste, Herzog von Morny,

1811–1865, unehelicher Sohn der Königin Hortense, französischer Politiker.

Mörser, auch »Reibstein« genannt, ein Küchengerät aus Porzellan oder ähnlichem Material – Messing ist gesundheitsschädlich –, in dem Fleisch, Fisch, Mandeln, Nüsse, Gewürze, Kräuter usw. mit einem Stößel besonders fein zerrieben bzw. zerquetscht und innig miteinander verbunden werden können. Anstelle eines Mörsers kann man notfalls auch einen kleinen Elektromixer verwenden.

Mortadella, ursprünglich italienische, jetzt überall hergestellte Brühwurst aus Kalb- und Schweinefleisch, Speck- und Zungenwürfeln, gut gewürzt, geräuchert und gebrüht.

Moselweine (Mosel-Saar-Ruwer-Weine), weiße, blumige, erfrischende und bekömmliche Weine aus dem ältesten Weinbaugebiet Deutschlands. Die Anbaufläche beträgt 8000 ha. Bekannte Weinorte sind an der Mittelmosel Klüsserath, Trittenheim, Neumagen-Dhron, Piesport, Wintrich, Brauneberg, Lieser, Bernkastel, Graach, Wehlen, Zeltingen, Ürzig, Erden, Kröv, Traben-Trarbach, Enkirch, Pünderich, Zell, Alf, Neef, Bruttig, Valwig, an der Untermosel Cochem, Winningen usw., an der Saar Serrig, Ockfen, Wiltingen, Oberemmel, Ayl, Wawern, Kanzem; an der Ruwer Grünhaus, Waldrach, Kasel, Eitelsbach.

Moskauer Art (à la moscovite): mit Sahnesauce angemachte Makkaroni, Trüffelscheiben sowie mit Butter aufgeschlagene Kraftsauce zu Fleisch oder Geflügel.

Moskauer Sauce (Sauce moscovite): Wildpfeffersauce (Pfeffersauce mit Wildfond) mit Infusion von Wacholderbeeren ergänzen, gehobelte Mandeln und Pinienkerne in die Sauce streuen. Zu Wild und Wildgeflügel.

Most, unvergorener Obstsaft aus Weintrauben, Äpfeln oder Birnen. In Baden-Württemberg versteht man unter Most vergorenen, mit Wasser verdünnten Apfel- oder Birnensaft.

Mostarda, (ital: Senf), auch Bezeichnung für Senffrüchte.

Mostert, norddeutsche Bezeichnung für → Senf.

Mostrich, → Senf.

Moukbil-Bey-Salat: dünne Scheiben von gekochter Hühnerbrust und grüner Gurke mit Mayonnaise, die mit etwas Worcestershiresauce gewürzt wurde, binden, mit gehacktem Eigelb und Haselnüssen bestreuen.

Moussaka, → Mussaka.

Mousse (frz: Schaum), cremig-schaumige Speisen aus püriertem Fleisch oder Fisch, Wild oder Geflügel (→ Schaumbrot) bzw. Dessertspeisen wie Mousse au Chocolat (→ Schokoladencreme).

Mousselinefarce, → Schaumfarce.

Mousselines, → Schaumbrötchen.

Mousselinesauce (Sauce mousseline), → Chantillysauce.

moussieren (frz: mousser = schäumen), starkes Perlen von Getränken (Schaumwein, Sekt, Champagner).

Moutarde, → Senfsauce.

Möweneier, die grüngrauen Eier der Lach-, Silber- und Sturmmöwe, eine in Norddeutschland begehrte Delikatesse. Möweneier dürfen nur bis zum 15. Juni gesammelt werden, danach sind die Nester geschützt. Da Möweneiweiß schwer gerinnt, müssen die Eier 12–15 Minuten kochen.

Mozart, à la: mit Knollenselleriepüree gefüllte Artischockenböden, Polsterkartoffeln und Pfeffersauce zu kleinen Fleischstücken.

Mozartkugeln, Konfekt, gefüllt mit Pistazienmarzipan, Rum-Mandelmarzipan und Nougat.

Mozzarella, italienischer Frischkäse aus Kuh- oder Büffelmilch, leicht säuerlich. Eine Spezialität Kampaniens. Der seit 1993 gesetzlich geschützte *Mozzarella di bufala campana* wird ausschließlich aus Büffelmilch hergestellt.

Mu-Err, chinesische Morcheln, getrocknet im Handel.

Muffins, englisches Frühstücksgebäck: aus 250 g lauwarmem Mehl, 15 g Hefe, 1 Ei, 1 EL Zucker, etwas Salz und der erforderlichen Menge Milch einen halbfesten Hefeteig bereiten, den Teig gut gehen lassen, mit dem Löffel brötchengroße Stücke abstechen, auf ein gefettetes Blech setzen, im Ofen backen, die Oberseite mit zwei Gabeln auseinanderreißen, mit einem Stück frischer, kalter Butter füllen. Als Füllung eignen sich auch würzige Leckereien wie Garnelen in Mayonnaise, hart gekochtes Eigelb mit Kaviar, Geflügelleber mit Grand Marnier usw. – In den USA bereitet man die Muffins als süßes Gebäck zu: in der Backschüssel 1 Ei leicht verquirlen, 140 g Zucker, 80 ml Pflanzenöl und 1/4 l Milch zugeben und gut verrühren, mit einer Mischung aus 250 g Mehl, 1 Päckchen Backpulver, 1 TL Vanillezucker oder Zimt und 60 g feingehackten Nüssen beliebiger Art zu einem Teig rühren, 250 g klein geschnittenes Obst vorsichtig unter den Teig heben, den Teig in Backförmchen füllen und im vorgeheizten Ofen bei 160 °C 20 bis 25 Minuten abbacken. In Haushaltsgeschäften bekommt man 12er-Backbleche für Muffins und auch Papierförmchen, die ein Festbacken der kleinen Kuchen verhindern. – Nach Belieben kann man statt Milch auch Joghurt oder Buttermilch nehmen, statt Pflanzenöl auch Butter oder Margarine. Ein Teil des Mehls kann durch Haferflocken ersetzt werden. Gehackte Rosinen oder andere Trockenfrüchte können an die Stelle der Nüsse treten. Wer möchte, darf die Muffins auch mit einem Schuß Branntwein (Kirschwasser, Whiskey o. a.) kräftigen.

Müllerin-Art (à la meunière): Fisch durch gewürzte Milch ziehen, in Mehl wenden, in heißer Butter braun braten, mit Zitronensaft beträufeln, gehackte Petersilie darüberstreuen und mit brauner Butter begießen. – Diese Zubereitungsart eignet sich für fast alle See- und Flußfische, für Krabben u. dgl.

Müllerinbutter (Beurre meunière): die Butter in einer Pfanne bräunen und schäumend heiß über das Fleisch oder den Fisch schütten. Den Fisch zuvor mit Zitronensaft beträufeln und hinterher mit gehackter Petersilie bestreuen.

Mulligatawny(suppe), indische Hühnersuppe: Hühnerfleisch und Wurzelgemüse in Butter anbraten, mit Mehl bestäuben, das Mehl leicht anziehen lassen, mit kräftiger Fleischbrühe auffüllen, mit Salz, Lorbeer, Gewürznelken, Kurkuma, Ingwer und Currypulver würzen und weich kochen, die Suppe durchstreichen, etwas Kokosmilch hinzufügen, mit Sahne binden und mit einem Schuß Portwein vollenden; gewürfeltes Hühnerfleisch und gekochten Reis als Einlage. – Die Suppe können Sie auch tafelfertig im Feinkostgeschäft bekommen.

Multbeeren (Bay-Kapples, Lakka, Torfbeeren, Zwergbrombeeren), brombeerähnliche, gelbe Früchte einer Moor- und Heidepflanze der nördlichen Breiten. Multbeeren schmek-

1 Mohn 2 Mohrrübe 3 Morchel 4 Möwenei 5 Muskat

ken herb, wie Preiselbeeren. Hauptausfuhrländer sind Kanada (Neufundland) und Finnland. Multbeeren werden vorwiegend zu Kompott, Marmelade, Saft, Likör usw. verarbeitet.

Münchner Geschwollene (Wollwürste), bayerische Wurstspezialität aus Kalbfleisch und Schweinebacken, feingemahlen, gewürzt, durch weite Tülle in kochendes Wasser gespritzt, so daß kleine Würste ohne Darm entstehen. Die »Geschwollenen« werden aus dem Kessel verkauft oder in Fett gebraten.

Münchner Weißwürste, Brühwürste aus Kalbfleisch und Speck, gewürzt u. a. mit Petersilie, Zwiebeln und geriebener Zitronenschale. Da die Würste nur begrenzt haltbar sind, heißt es in München: »Weißwürste dürfen das Zwölfuhrläuten nicht hören.« Zu Weißwurst wird Brezel, Münchner Weißwurstsenf (süßer Senf) und natürlich ein Münchner Bier gereicht.

Mundtäschchen, → Teigtäschchen.

Mungbohnen (Jerusalembohnen), mittelasiatische Hülsenfrüchte, klein, rund, grün bis gelblich. Beliebt sind die Keimlinge der Mungbohnen, die wie → Sojabohnenkeime verwendet werden.

Munster, Münsterkäse, berühmter Rotschmier-Weichkäse aus dem Elsaß. Im 7. Jh. stellten ihn Benediktinermönche aus der Gegend der elsässischen Stadt Münster erstmalig her. Der Munster ähnelt dem Limburger: die weißlichgelbe Käsemasse ist von einer Schmiere überzogen, der Käse schmeckt mild bis würzig und erinnert manchmal ein wenig an Wein.

Muräne (Meeraal), aalartiger Raubfisch des Mittelmeeres. Das Fleisch der bis 1,5 m langen Muräne ist so wohlschmeckend, daß reiche Römer sie einst in großen Aquarien hielten und angeblich mit Sklaven fütterten. Der Biß und auch das Blut der Muräne sind giftig.

Murat, à la, Zubereitungsart für Fisch: gebratene Fischscheiben und gebratene Würfel von Artischockenböden und Kartoffeln vermischen, mit gebratenen Tomatenscheiben garnieren, Petersilie darüberstreuen, mit Zitronensaft beträufeln und mit brauner Butter begießen. – Joachim Murat, 1767–1815, französischer Reitergeneral, König von Neapel.

Mürbeteig (Knetteig), für Kuchen, Torten, Kleingebäck usw.: 300 g Mehl, 200 g Butter, 1 Ei, 1–2 EL Zukker und etwas Salz mit dem Handballen möglichst schnell zu einem festen, aber nicht bröseligen Teig verarbeiten. Den Teig einige Stunden im Kühlschrank ruhen lassen. – Mürbeteig für kleine Pasteten wird ohne Zucker, dafür mit etwas mehr Salz hergestellt.

Mürbeteig, einfach, → Auslegeteig.

Mürbeteigtörtchen, → Törtchen.

Murgersalat: Streifen von gekochten Kalbsfüßen und Artischocken mit Essig, Öl, Senfpulver und gehackten Kräutern anmachen. – Henri Murger, 1822–1861, französischer Erzähler, dessen »Szenen aus dem Leben der Bohème« Puccini anregten, die Oper »La Bohème« zu schreiben.

Murillo, à la: kleine, angebratene Fleischstücke dick mit Champignonpüree bestreichen und im Ofen überbacken, dazu junge Gemüse, Kartoffelkroketten und Bratensaft. – Bartolome Esteban Murillo, 1618–1682, spanischer Maler (Szenen aus der biblischen Geschichte, Gassenkinder).

Mus, breiige Speise. → Püree.

Musaka, → Mussaka.

Muscadet, französischer Weißwein aus der Umgebung von Nantes, Loire-Mündung; von sehr blasser Farbe, trocken und bukettreich.

Muschelcocktail (Clam Cocktail): in Sektschale 1 EL Cocktailsauce geben, mit Muscheln (aus dem Glas) füllen, 2 EL Cocktailsauce darüberdecken, eiskalt servieren.

Muschelfond, Brühe, die beim Dünsten oder Kochen von Muscheln entsteht.

Muscheln, zweischalige Weichtiere, Schalentiere, von denen nur die Meeresmuscheln kulinarisch interessant sind, z. B. Austern, Herzmuscheln, Jakobsmuscheln, Miesmuscheln, Venusmuscheln. – Muscheln enthalten bis 11% Eiweiß, nur 1,2% Fett und wichtige Mineralstoffe. Sie schmecken zwischen September und April am besten. Absolut frische Muscheln kann man roh essen, gewürzt mit Zitronensaft oder Pfeffer. Meistens wird man sie aber gegart verzehren. Nur die Auster bildet da eine Ausnahme: sie wird roh bevorzugt. – *Rezepte:* → Austern, → Miesmuscheln.

Muschelsalat: gekochte Muscheln in Essig-Öl-Marinade einlegen und mit gehackter Petersilie bestreuen. – Oder mit Kräutermayonnaise anmachen und mit Eiervierteln garnieren.

Muschelschalen (Coquilles), die hübschen, großen Schalen der Fächer- oder Jakobsmuschel, in denen kleine Ragouts angerichtet und oft auch überbacken werden. Heute verwendet man häufiger entsprechend geformte Keramik- oder Porzellanschalen.

Muschelsuppe: 500 g Miesmuscheln mit wenig Wasser ansetzen und kochen, bis sie sich öffnen, aus den Schalen nehmen; 1 EL Olivenöl, 1 kleingeschnittene Tomate und 1 zerdrückte Knoblauchzehe dünsten, den Muschelfond hinzugießen, mit Wasser auf 3/4 l Flüssigkeit auffüllen, kurz durchkochen, mit Salz und Pfeffer würzen, die Muscheln hineingeben, die Suppe heiß mit gerösteten Weißbrotwürfeln auftragen.

Muscoli alla marinara, italienische Spezialität: Miesmuscheln in einer Sauce aus Wein, Tomaten, Salz, Pfeffer, feingehackten Zwiebeln, Knoblauch, Lorbeerblatt, Thymian und Petersilie kochen und in der Schale auftragen; dazu geröstete Weißbrotscheiben.

Mushi, → Sushi.

Muskat, → Muskatnuß.

Muskatblüte, → Macis.

Muskateller, muskat-würzige Rot-, Weiß- und Dessertweine, gekeltert aus Muskatellertrauben, die hauptsächlich in Frankreich, Italien und Griechenland kultiviert werden.

Muskatellerkraut, → Salbei.

Muskatnuß, Kern der pfirsichartigen Frucht des tropischen Muskatnußbaumes, begehrtes Gewürz für Gemüsesuppen, zahlreiche Saucen, Kartoffelklöße, Reisgerichte, Nudeln usw. Die Nüsse kommen mit oder ohne Schale in den Handel. Sie werden vor Gebrauch aufgeschlagen und mit Hilfe einer Muskatreibe sparsam über die Speise gerieben. Das Gewürz wird heute auch fertig gerieben in luftdichter Verpackung angeboten. Die besten Muskatnüsse stammen von den Bandainseln (Indonesien).

Müsli, Gericht aus geschrotetem und eingeweichtem bzw. gekeimtem Getreide oder aus Getreideflocken mit Nüssen (z. B. geröstete Mandeln), Samen (z. B. Leinsamen), Obst der Jahreszeit, Milch und Milchprodukten, eventuell auch mit Honig, Trockenfrüchten u. dgl. abgewandelt. → Bircher-Müsli, → Haferflocken-Müsli,

Mussaka, Balkanspezialität: Rind- und Kalbfleisch durch den Fleischwolf drehen, die Masse mit gehackten Zwiebeln anbraten, salzen, pfeffern und nach leichtem Auskühlen mit Sahne und Eiern verarbeiten; die Mussaka-Masse nun abwechselnd mit gebratenen Kartoffelscheiben, gebratenen Auberginenscheiben, Kürbisscheiben, grünen Bohnen, Blumenkohl oder anderem in eine Auflaufform schichten und im Ofen backen; zuletzt mit Eierstichmasse bedecken und nochmals kurz in den Ofen schieben; dazu Salat.

Mustard Sauce, englische Würzsauce aus Senf und zahlreichen Gewürzen. Handelsware.

Mutschelmehl, süddeutsche Bezeichnung für → Paniermehl.

Mutterkümmel, → Kreuzkümmel.

Mutton Broth, schottische Spezialität, Suppe aus Hammelfleisch, Gerste und Gemüse: Hammelfleisch kochen, Gerste hinzufügen und danach gewürfelte Mohrrüben, weiße Rüben, Porree, Staudensellerie und Zwiebel in die Suppe geben, alles langsam weich kochen, abschmecken und mit Petersilie bestreuen.

Mutton Chop, englische Spezialität: Hammelsteaks (je 75 g) salzen und pfeffern, mit Öl bestreichen und auf dem Rost braten; dazu Kräuterbutter und Pommes frites.

Mutzenmandeln (Muzemandeln): 125 g Butter, 3–4 Eier, 350 g Mehl, 150 g Zucker, einige gehackte bittere Mandeln und 1 Päckchen Backpulver oder Hirschhornsalz zu einem Teig verarbeiten, mit dem Teelöffel längliche Klößchen abstechen und in Fett schwimmend abbacken, abtropfen lassen, mit Puderzucker bestäuben.

My-Fancy-Salat: Streifen von grünen Paprikaschoten und Apfelsinenspalten auf Kopfsalatherzen anrichten und mit Essig-Öl-Marinade übergießen.

N

Die echten Feinschmecker beenden ihre Mahlzeit stets vor dem Nachtisch. Wenn sie nachher noch etwas essen, so geschieht das nur aus Höflichkeit; sie sind aber meistens sehr höflich.

Grimod de la Reynière

Nabobsauce, englische Würzsauce. Handelsware.

Nachos, mexikanische Mais-Chips, aus Maismehlteig zu kleinen Dreiekken geschnitten und in heißem Fett schwimmend goldbraun und knusprig gebacken, mit Salz, Chili, Zwiebel gewürzt und oft mit Reibkäse bestreut. Nachos werden gern in pikante Tomatensauce oder in → Guacamole gedipt.

Nägelchen, Nägelein, → Gewürznelken.

Naheweine, Weine aus den Weinbaugebieten um Monzingen, Sobernheim, Heddesheim, Bretzenheim, Langenlonsheim, Callbach, Meisenheim usw.

Nährsalze, → Mineralstoffe.

Nalesniki, polnische Quarkpfannkuchen: 3 Eier, 3 EL Mehl, 1 Prise Salz und 1/8 l Milch gut schlagen, aus der Masse dünne Pfannkuchen backen; 250 g Quark, 1 Eigelb, 2 EL Zucker mit etwas Milch verrühren, auf die Pfannkuchen streichen, die Kuchen zusammenrollen und mit Puderzucker bestreuen.

Nam Pla, thailändische Fischsauce, auch Krabbenpaste, als Küchenwürze.

Nantaiser Art (à la nantaise): glasierte weiße Rüben, in Butter geschwenkte grüne Erbsen, Kartoffelpüree und Bratensaft zu Fleisch. – Nantes, Stadt an der Loiremündung.

Nantaiser Salat: Garnelen, Räucherlachsstreifen und Spargelspitzen mit Essig-Öl-Marinade anmachen, mit gehackter Petersilie und Eierscheiben garnieren.

Nantua, à la: Krebsschwänze, Trüffelscheiben und Nantuasauce zu Fisch. – Nantua, Stadt in Südostfrankreich.

Nantuasauce (Sauce Nantua): Béchamelsauce mit Sahne zur richtigen Konsistenz kochen, zuletzt mit Krebsbutter, etwas Cayennepfeffer und mit Krebsschwänzen vollenden. Zu gedünstetem Fisch.

Napfkuchen (Topfkuchen), Kuchen aus Hefe- oder Rührteig, mit Rosinen vermischt, in runder Napfkuchenform.

Napfpasteten, → Terrinen.

Napoleons, kleines Gebäck: aus 3 mm dick ausgerolltem Blätterteig ovale Scheiben ausstechen, auf die Mitte der halben Menge je ein Häufchen Mandelcreme setzen, mit je einer zweiten Scheibe bedecken und zusammenkneifen, die Oberseite leicht mit Mandelcreme bestreichen, mit Puderzucker bestäuben und bei starker Mittelhitze abbacken.

napolitaine, à la: → Neapler Art.

nappieren (frz: nappe = Tischtuch), eine Speise mit einer dickflüssigen Substanz (z.B. Sauce, Gelee) übergießen, überziehen, bedecken.

Nashi (japanische Birne), ostasiatisches Kernobst, das mit der Birne verwandt ist und heute nicht nur im fernen Osten, sondern u.a. auch auf Neuseeland und im Mittelmeerraum kultiviert wird. Nashi gleicht in seiner Form einem Apfel, besitzt eine gelbliche bis braune, rauhe und feste Schale. Das helle, saftige Fruchtfleisch schmeckt leicht säuerlich und läßt sich roh, aber auch gedünstet auf verschiedene Weise verwenden.

Nashi-Beilage: die Früchte der Länge nach halbieren, das Kerngehäuse entfernen, die Fruchthälften in Spalten schneiden und mit Zitronensaft beträufeln, damit sie sich nicht verfärben; in Butter Zwiebelstreifen andünsten, die Nashispalten dazugeben, kräftig mit grünem Pfeffer würzen, leicht salzen und noch einige Minuten weiterdünsten. Eine exotische Beilage zu Steaks und Wild.

Nashi-Bohnen-Auflauf: eine flache Auflaufform mit Butter ausstreichen und dünn mit Hefeteig auslegen; in Salzwasser schön knackig gegarte grüne Bohnen, dazu Nashispalten und Streifen von durchwachsenem Räucherspeck auf dem Teig verteilen, das Ganze mit einem verquirlten Gemisch aus einem kleinen Becher Sahne, 2–3 Eiern, Salz und Pfeffer begießen und den Auflauf im Ofen bei 200° C 35–40 Minuten backen. Dazu Tomatensalat.

Nasi Goreng (indones: nasi = gekochter Reis, goreng = gebacken), indonesisches Reisgericht aus kleingeschnitzeltem Schweinefleisch, Hühnerbrust, Scampi, gedämpftem Reis und vielen exotischen Zutaten und Gewürzen, alles gut gemischt und in Kokosnußöl gebraten; dazu werden Kroepoekfladen und Mango-Chutney gereicht. – Nasi Goreng gibt es als Fertiggericht.

Nassauer Salat: Streifen von Bleichsellerie, von roten und grünen Paprikaschoten sowie Tomatenscheiben mit Châtelaine-Dressing anmachen und auf Kopfsalatblättern anrichten.

Natron (doppeltkohlensaures Natron, Natriumbikarbonat), weißes Pulver, das unter Säureeinwirkung Kohlendioxyd entwickelt und daher als Backpulver, Brausepulver und wegen seiner neutralisierenden Wirkung bei sehr saurem Obst oder auch bei überschüssiger Magensäure (Sodbrennen) verwendet wird. Natron beschleunigt auch das Weichwerden von Hülsenfrüchten.

naturell, ohne besondere Zutaten zubereitet.

Naturschnitzel: Kalbsschnitzel unpaniert in Butter braten, anrichten, die Bratbutter über das Schnitzel gießen, ohne Beilage auftragen.

Navarin, → Hammelragout mit weißen Rüben, Mohrrüben, kleinen Zwiebeln und Kartoffeln. – In der Seeschlacht von Navarino vernichtete 1827 die englisch-französisch-russische Flotte im griechischen Freiheitskampf die türkisch-ägyptischen Seestreitkräfte. Navarino ist die heutige Hafenstadt Pylos in Südgriechenland.

Neapler Art (à la napolitaine): kleine Fleischscheiben durch Ei ziehen, mit geriebenem Weißbrot und Parmesankäse panieren und braten, dazu mit Butter und Parmesan vermischte Spaghetti und Tomatensauce. – Neapel, farbenfrohe Hafenstadt zu Füßen des Vesuv mit 500 Kirchen und ebenso vielen kulinarischen Spezialitäten, Geburtsort der Pizza und Spaghetti.

Neapler Salat: kurzgeschnittene gekochte Spaghetti sowie Tomaten- und Hartkäsewürfel in Essig-Öl-Marinade, gewürzt mit Knoblauch.

nebelgrauer Trichterling, → Graukappe.

Negerkuß, kleines, mit Schokoladenmasse überzogenes Baisergebäck.

Negrescosalat: Avocadoscheiben, Trüffelscheiben und gehobelte Mandeln auf Kopfsalatblättern anrichten und mit Mayonnaise, die mit Trüffelfond gewürzt wurde, überziehen.

Negritas, kleines Gebäck: 125 g geriebene Mandeln, 125 g Zucker, 2 Eiweiß und 50 g geschmolzene Schokolade verrühren, 3 steifgeschlagene Eiweiß darunterziehen, die Masse etwa 1 cm dick auf Pergamentpapier streichen, im Ofen abbacken, die Hälfte der Masse mit Schokoladenbuttercreme bestreichen, die andere Hälfte daraufsetzen, mit Schokoladenfondant überziehen und in Würfel schneiden.

Negroni, Cocktail: 1/3 Campari, 1/3 Gin, 1/3 roter Wermut, Eis, umrühren, mit Orangenschale dekorieren.

Nektarinen, glatthäutige → Pfirsiche.

Nelken, → Gewürznelken.

Nelkenpfeffer, → Piment.

Nelkenpulver, feingemahlene → Gewürznelken.

Nelson, à la: kleine Fleischscheiben anbraten, die angebratene Seite mit Kalbsfarce und Zwiebelpüree bedekken, mit geriebenem Weißbrot bestreuen, Fett darüberträufeln und im Ofen überbacken. – Horatio Nelson, 1758–1805, britischer Admiral, der England in den siegreichen Seeschlachten bei Abukir (1798), Kopenhagen (1801) und Trafalgar (1805) die uneingeschränkte Seeherrschaft verschaffte.

Neluskosalat: oval geschnittene, gekochte Kartoffeln, Spargelspitzen und Streifen von roter Rübe mit Mayonnaise, die mit Escoffier-Sauce gewürzt wurde, binden.

Nemours, à la: grüne Erbsen, Karotten, Herzoginkartoffeln und Bratensaft zu Fleisch. – Nemours, Stadt bei Paris.

Neptunsalat: gekochten Seefisch zerkleinern und mit Ravigote anmachen, mit Kopfsalatblättern garnieren.

Nespola, italienische Bezeichnung für → Mispel.

Nesselrode, à la: glasierte Maronen, Champignons, Trüffelscheiben, gefüllte Oliven und Madeirasauce zu Fleisch. – Karl Robert, Graf von Nesselrode, 1780–1862, russischer Staatsmann.

Netz, Falte des Bauchfells, die wie eine Schürze schützend zwischen vorderer Bauchwand und den Darmschlingen herunterhängt. Das Netz des Schweins wird als Wursthülle verwendet.

Netzmagen, ein Vormagen der Wiederkäuer.

Netzmelonen, → Melonen.

Neufchâtel, französischer Weichkäse aus der Normandie, in Herz-, Rollen- und Brikettform, wohl eine der ältesten Weichkäsesorten überhaupt.

Neugewürz, → Piment.

Neujahrssalat: Streifen von gekochtem Knollensellerie und roten Paprikaschoten mit Mayonnaise binden, auf Kopfsalatblättern anrichten, mit Kapern garnieren.

Neunauge, → Lamprete.

Neuwürz, → Piment.

Neverser Art (à la nivernaise): glasierte Karotten, weiße Rüben und Zwiebelchen, kleine gekochte Kartoffeln und Bratensaft zu Fleisch. – Nevers, Stadt an der Loire.

Newburgsauce (Sauce Newburg): Scheibchen von gekochtem Hummer in Butter anbraten, mit Sherry ablöschen, mit Sahne verkochen, das Hummerfleisch aus der Sahne nehmen, die Sauce mit Eigelb binden, mit Cayennepfeffer würzen, mit Butter aufschlagen, das Hummerfleisch wieder zur Sauce geben. Zu gedünsteter Seezunge, Hummer, Austern und Muscheln.

New-Orleans-Salat: Würfel von Apfelsinen, Grapefruits, Bananen und Avocados sowie Weintrauben mit Essig-Öl-Marinade, die zusätzlich mit Cayennepfeffer gewürzt wurde, anmachen, auf Kopfsalatblättern anrichten.

New Yorker Salat: Würfel von Äpfeln, Birnen und Apfelsinen sowie Weintrauben mit Essig-Öl-Marinade anmachen, auf Kopfsalatblättern anrichten.

Ngo, → Rambutan.

Niacin, wichtiges → Vitamin.

niçoise, à la: → Nizzaer Art.

Nidel, Nidle, schweizerische Bezeichnung für → Sahne.

Niere, Organ zur Absonderung des Harns. Der eigenwillige Geschmack des vitaminreichen, körnigen Nierenfleisches wird – wenn es gut zubereitet ist – vom Feinschmecker überaus geschätzt. Nieren sollten nur von jungen Tieren stammen, am besten von Kalb oder Lamm. Auch Hühnernieren gelten als deliziöse Zutat zu mancherlei Gerichten. Nieren müssen schlachtfrisch sein, wenn sie allen Ansprüchen genügen sollen. – Kalbsnieren bleiben meistens am Fleisch (Kalbsnierenbraten), Schweinenieren werden gern geschmort, Rindernieren werden meist zu Blut- und Leberwurst mitverarbeitet. – *Vorbereitung:* Fettkapsel je nach Rezept vollständig ablösen oder nur verdünnen. Die völlig entfetteten, blanken Nieren enthäuten. Große Nieren der Länge nach halbieren und den Harnstrang entfernen. Alle Nieren sollten gut wässern, damit sie nicht zu streng schmecken. – *Zubereitung:* Nieren nach Rezept dünsten, schmoren oder braten; sie sollten niemals in der Sauce garen, da sonst der Geschmack der Sauce leidet. Nieren dürfen nicht zu lange garen, weil sie sonst zäh werden. Salz erst zuletzt hinzufügen.

Nierenragout, französisch: Kalbsnieren in Würfel schneiden, salzen, pfeffern, in Nierenfett braten und warm stellen; Zwiebelscheiben in Bratfett anschwitzen, mit Mehl bestäuben, mit Rotwein und Fleischbrühe ablöschen, kleingeschnittene Tomaten hinzufügen, die Sauce über die Nieren gießen, Petersilie darüberstreuen; dazu Kartoffelpüree.

Nierensuppe, englisch: Kalbsnieren in dünne Scheiben schneiden und kurz in Butter anbraten, etwas Fleischbrühe hinzufügen und die Nieren weich schmoren; die Hälfte der Nierenscheiben pürieren, den Nierenfond mit brauner Mehlschwitze binden, mit Fleischbrühe auffüllen, kräftig durchkochen, mit Salz, Pfeffer und Zitronensaft abschmecken, das Nierenpüree in die Suppe rühren, mit Portwein abschmecken, die Nierenscheiben und geröstete Weißbrotwürfel in die Suppe geben.

Nierensuppe, tschechisch: feingehackte Zwiebeln und eine zerdrückte Knoblauchzehe in Butter anschwitzen, Mehl darüberstäuben, das Mehl ebenfalls leicht schwitzen lassen, mit Fleischbrühe auffüllen, mit Salz, Paprika, Majoran und Kümmel würzen, grobgewürfelte Kartoffeln in dieser Suppe weich kochen, evtl. durch ein Sieb streichen; Rinderniere in dünne Scheiben schneiden und in Butter braten, leicht salzen, die Nierenscheiben mit dem Bratfond in die Suppe geben.

Nierndl mit Hirn, österreichische Spezialität: Kalbshirn in Wurzelbrühe langsam garziehen lassen, nach dem Erkalten grob hacken, mit gehackten Zwiebeln in Butter kräftig anbraten; Kalbsnieren in dünne Scheiben schneiden, in Butter braten, salzen und pfeffern und mit dem Hirn vermischen; dazu Kartoffelpüree.

Nigiri, → Sushi.

Nilsonsalat: Streifen von rohen Mohrrüben, Champignons und gekochtem Knollensellerie in Zitronen-Öl-Marinade einlegen, mit Mayonnaise, die mit Herbadox gewürzt wurde, binden, mit halbierten Kopfsalatherzen und Eierachteln garnieren. – Christine Nilson, schwedische Sängerin des 19. Jahrhunderts.

Nimrod, à la: mit Rinderrückenmark gefüllte → Rissolen, große, mit Maronenpüree gefüllte Champignons, mit Preiselbeerkompott gefüllte Torteletts, Kartoffelkroketten und Wildjus zu Wildgeflügel. – Nimrod, biblischer Jäger.

Nimrodsalat: Streifen von Wildbraten, gekochten roten Rüben und Kopfsalat mit Essig-Öl-Marinade anmachen, mit Eierscheiben garnieren.

Ninettesalat: gekochte weiße Bohnen sowie Kartoffel- und Tomatenwürfel in Essig-Öl-Marinade einlegen, auf Kopfsalatblättern anrichten, mit gehacktem Estragon bestreuen.

Ninis: winzige Windbeutel mit einem Gemisch aus Konditorcreme und feingehackten Konfitkirschen füllen, mit Kirschwasserfondant überziehen und mit je einer halben kandierten Kirsche dekorieren.

Ninonkartoffeln: Herzoginkartoffelmasse mit gewürfeltem gekochtem Schinken und etwas Tomatenmark verrühren, in kleinen Häufchen auf ein gefettetes Backblech setzen, mit Ei bestreichen und im Ofen goldgelb backen.

Ninonsalat: halbierte Kopfsalatherzen mit Apfelsinenspalten belegen und mit Zitronen-Öl-Marinade anmachen. – Oder: Würfel von Äpfeln, Ananas und gedünsteten Steinpilzen sowie Garnelen mit Meerrettichmayonnaise binden, auf Kopfsalatblättern anrichten.

Nisslsalat, bayerische Bezeichnung für → Rapunzel.

Nitritpökelsalz, Mischung aus Kochsalz (99,5%) und Natriumnitrit (0,5%) zum Pökeln von Fleisch. Das Natriumnitrit wird von Bakterien in Nitrosomyoglobin verwandelt, einen Stoff, der dem Fleisch eine appetitlich rote, hitzebeständige Farbe verleiht.

nivernaise, à la: Neverser Art.

Nizamperlen, kugelförmige → Tapioka, beliebte Einlage für klare Suppen.

Nizzaer Art (à la niçoise): mit Knoblauch in Öl geschmolzene Tomaten, mit Estragon vermischt, grüne Bohnen, Schloßkartoffeln und Bratensaft zu Fleisch oder Geflügel. – Seefisch in Butter braten und mit geschmolzenen Tomaten, schwarzen Oliven, Kapern, Sardellenfilets und Zitronenscheiben garnieren; dazu Sardellenbutter. – Nizza (Nice), Stadt und Seebad an der französischen Riviera.

Nizzaer Salat: Prinzeßböhnchen, Tomatenachtel und Würfel von gekochten Kartoffeln in Essig-Öl-Marinade einlegen, mit grünen Oliven, Kapern und Sardellenfiletstreifen garnieren. Oft auch in abgewandelter Zusammensetzung.

Nocken (Nockerl, Gnocchi), kleine Klöße aus Mehl, Grieß, Mais usw., mit der Hand zu Kugeln geformt, meist aber mit dem Löffel abgestochen und in Salzwasser gegart. – *Rezepte:* Butternockerl, Grießnockerl, Mehlnocken, Schweizer Nocken, Wasserspatzen.

Nocken, polnisch: aus 3 Eiern, 1/4 l saurer Sahne, 65 g zerlassener Butter, Mehl, etwas Salz und Muskatnuß einen halbfesten Teig arbeiten, kleine Kugeln formen, in Salzwasser garen; Butter mit geröstetem Paniermehl darüberstreuen.

Noilly-Prat, französischer Wermutwein (Aperitif).

Noisettes (frz: Haselnüsse), Nüßchen, kleine, runde Fleischscheiben aus dem Rücken von Hammel, Lamm, Kalb, Reh u. a.

Nonnenfürzchen, Brandteighäufchen mit Orangenblütenwasser parfümieren, in Fett schwimmend abbacken, bis sie platzen und rundum schön braun sind; die luftigen Gebäcke mit Creme oder Konfitüre füllen und sofort servieren. – Bei einem Essen wurde eine große Schale voll köstlich duftender Nonnenfürzchen aufgetragen. Ein alter Domherr und Feinschmecker griff in die Schale und angelte sich ein besonders großes. Schmunzelnd sagte er: »Ich, ich nehme das von der Oberin.«

Nonnensalat: Streifen von gekochter Hühnerbrust und körnig gekochten Reis mit Senfmarinade anmachen, mit gehackten Trüffeln bestreuen.

Nonpareilles, winzige, bunte Zuckerkügelchen zum Bestreuen von Gebäck.

nordischer Salat: Streifen von gekochtem Rindfleisch, Knollensellerie, gewürfelte Tomaten und grüne Oliven, kurzgeschnittene grüne Bohnen, gehackte Zwiebeln, gebunden mit Senfmayonnaise.

Nordseekrabben, → Garnelen.

Noriblätter, grüne, papierdünne Blätter aus getrocknetem, gepreßtem Seetang, meist schon geröstet im Handel. In Noriblätter werden verschiedene → Sushi, wie → Temaki, eingewikkelt.

normannische Art (à la normande): Austern, Muscheln, Garnelen, Champignonköpfe, Trüffelscheiben, Krebse, winzige panierte und gebakkene Fische, geröstete Weißbrotscheiben und normannische Sauce zu Fisch.

normannische Kartoffeln: Porree- und Zwiebelscheiben sowie gewürfelten mageren Speck in Butter goldgelb anrösten, rohe Kartoffelscheiben hinzufügen, mit Salz und Pfeffer würzen, mit Fleischbrühe auffüllen und kochen, zuletzt Sahne zugeben und mit Petersilie bestreuen.

normannische Sauce (Sauce normande): weiße Fischgrundsauce und Champignonfond verrühren, mit Eigelb und Schlagsahne binden, mit Sahne und frischer Butter vollenden, nicht würzen. Zu Seezunge, Steinbutt, Aal, Lachs, Hecht, Karpfen usw.

normannischer Salat: Scheibchen von Äpfeln und gekochten Kartoffeln sowie gehackte Zwiebel mit Essig-Öl-Marinade anmachen.

norwegische Art (à la norvégienne): Räucherlachsscheiben, Garnelensalat, Gewürzgurke, rote Rüben, marinierte

Tomaten, halbierte hartgekochte Eier, russische Mayonnaise zu kaltem Fisch.

norwegische Brötchen: Weißbrotscheiben mit Butter bestreichen und mit Eier- und Tomatenscheiben belegen, ein mit Meerrettichsahne gefülltes Räucherlachsröllchen daraufsetzen.

norwegischer Salat: Streifen von gekochtem Rindfleisch, Kartoffeln und roten Rüben, von Äpfeln und Bücklingen mit Essig-Öl-Marinade anmachen, mit Sardellenfiletstreifen garnieren.

Nougat: 125 g gehackte geröstete Mandeln oder Haselnüsse mit 125 g leicht karamelisiertem Zucker gut verarbeiten und je nach gewünschter Schnittfestigkeit mit 25–100 g Kuvertüre vermischen.

Nougat, brauner (Pariser Nougat): Zucker hellbraun karamelisieren, mit feingehackten Mandeln und einigen Tropfen Zitronensaft vermischen.

Nougat, weißer: Honig, Zucker und steifgeschlagenes Eiweiß mit gehackten Mandeln vermischen und mit Orangenblütenwasser aromatisieren.

Nudelauflauf: 250 g Nudeln in Salzwasser garen, lauwarm abspülen und abtropfen lassen; gebratenes Fleisch würfeln und mit Erbsen unter die Nudeln mischen, in eine gefettete Auflaufform füllen, mit 1/8 l Sahne, die mit 1–2 Eiern verrührt und mit Salz und Paprika gewürzt wurde, begießen und im Ofen überbacken. – Oder: 250 g Nudeln in Salzwasser garen, lauwarm abspülen und abtropfen lassen; 2 Eigelb mit 1 EL Zucker, 4 EL Butter und 4 EL geriebener Schokolade verrühren, gehackte Walnüsse unter die Nudeln mischen, 2 steifgeschlagene Eiweiß darunterziehen, in gefettete Auflaufform füllen, im Ofen überbacken.

Nudelholz, → Rollholz.

Nudeln, verschieden breite, meist bandförmige Teigwaren, auch in Form von Hörnchen, Muscheln, Buchstaben, Zahlen, Sternchen usw. Meist Handelsware. – *Nudelteig:* 250 g Mehl mit 2–3 Eiern und Salz zu einem festen Teig verarbeiten, den Teig einige Stunden mit einem Tuch bedeckt kühl ruhen lassen, dann möglichst dünn (etwa 2 mm) ausrollen, mit Mehl bestäuben, mehrmals zusammenfalten, in sehr dünne Streifen schneiden und in Salzwasser kochen; *Garzeit:* 8–10 Minuten. Italienische Nudeln: → Pasta.

Nudeln in Butter: gekochte Nudeln mit Salz und Muskatnuß würzen und in Butter schwenken.

Nudeln, elsässisch: gekochte Nudeln mit Salz und Muskatnuß würzen, in Butter schwenken, mit geriebenem Parmesan vermischen und rohe, in Butter geröstete Nudelstückchen darüberstreuen.

Nudeln auf Großmutters Art: gekochte Nudeln mit gebratenen Streifen von magerem Rauchspeck vermischen, mit gerösteten Weißbrotwürfeln und gehacktem Schnittlauch bestreuen.

Nudeln, grüne: 250 g Mehl mit 2 Eiern, etwas Öl und Wasser und recht viel trockenem Spinatpüree zu einem festen Teig verarbeiten, den Teig einige Stunden ruhen lassen, möglichst dünn ausrollen, in etwa 2 cm breite Streifen schneiden und in Salzwasser kochen.

Nudeln, italienisch: gekochte Nudeln mit Butter und geriebenem Parmesan vermischen, Tomatensauce darübergießen.

Nudeln, westfälisch: gekochte Nudeln mit feinen Streifen von westfälischem Schinken vermischen, mit Béchamelsauce binden, mit geriebenem Parmesan bestreuen, mit Butter beträufeln und im Ofen überbacken.

Nudelteigmundtäschchen, → Ravioli.

Nugat, → Nougat.

Nürnberger Bratwürstl, aus Vorderschinken und Kalbfleisch, kurz gebrüht, auf dem Rost gebraten.

Nuß, → Kugel.

Nußbutter (Haselnußbutter, Beurre d'avelines), Buttermischung: 65 g frisch geraspelte Haselnußkerne mit 125 g Butter verarbeiten und durch ein Sieb streichen.

Nußbutter (Beurre noisette): Butter schmelzen lassen, durch ein Tuch passieren, nochmals erhitzen, bis sie eine goldgelbe, nußähnliche Farbe angenommen hat.

Nüsse, Schalenobst, wohlschmeckende, von harter Schale umgebene Frucht- oder Samenteile, z. B. Walnüsse, Haselnüsse, Paranüsse, Pistazien, Mandeln, Erdnüsse, Kokosnüsse.

Nußeis: nach dem Grundrezept für → Sahneeis bereiten, in der heißen Milch aber 30 g feingemahlene Haselnüsse ausziehen lassen.

Nußkartoffeln: rohe Kartoffeln in Haselnußgröße ausstechen, mit Salz und Pfeffer würzen und in Butter goldgelb braten.

Nußkipfel, österreichisches Gebäck: feingemahlene Haselnüsse mit wenig Milch aufkochen, mit Honig und abgeriebener Zitronenschale verrühren, die Nußmasse auf Blätterteigdreiecke setzen, zu Hörnchen zusammenrollen, mit Eigelb bestreichen und backen.

Nußkuchen: 9 Eiweiß steif schlagen, 300 g Zucker unterziehen, 9 Eigelb, 200 g Haselnüsse und 100 g süße Mandeln, alle Nüsse gemahlen, und 1 EL Paniermehl hinzufügen, diese Masse in eingefetteter und gemehlter Springform bei 180 °C abbacken.

Nüßlisalat, schweizerische Bezeichnung für → Rapunzel.

Nußöle, aus Nüssen gepreßte feine Speiseöle, wie → Erdnußöl, → Haselnußöl, → Pistazienöl, → Walnußöl.

Nußschinken, gepökeltes und geräuchertes knochenfreies Stück aus der Schweineschulter.

Nußtorte: 100 g feingemahlene Haselnüsse mit 6 Eigelb, 150 g Puderzucker, 1 Päckchen Vanillezucker und 1 Gläschen Kirschwasser schaumig rühren, 6 steifgeschlagene Eiweiß und 100 g Mehl locker darunterziehen, die Masse in eine ausgebutterte und gemehlte Springform füllen, im Ofen backen, mit Puderzucker bestäuben.

O

Im Herbst verkauft man Obst, im Frühjahr Medizin.

Chinesisches Sprichwort

Obazter (Obatzta, Obatzter), bayerische Käsespezialität aus reifem Camembert, Gervais, Pfeffer, Paprika, Kümmel und sehr fein gehackter Zwiebel, gut verarbeitet und oft mit einem Schuß Weißbier vollendet; zu kräftigem Schwarzbrot.

Oberjägermeistersalat: Streifen von gebratener Fasanenbrust, rohen Champignons, Bleichsellerie und Trüffeln mit Senfmayonnaise, die mit Johannisbeergelee und geriebenem Meerrettich abgeschmeckt wurde, binden.

Oberkohlrabi, → Kohlrabi.

Oberrüben, → Kohlrabi.

Obers, süddeutsche und österreichische Bezeichnung für → Sahne.

Oberschale, Teil der Rinderkeule, besonders geeignet als Bratenstück und für Rouladen.

Oberskren, österreichische Spezialität: Mehl in etwas Butter rösten, mit Fleischbrühe auffüllen, mit Salz und Zucker würzen, gut durchkochen, mit Sahne und geriebenem Meerrettich vermischen. Beigabe zu gekochtem Rindfleisch.

Oblaten, hauchdünne, papierähnliche Gebäcke aus ungesäuertem Teig. Oblaten werden gern als Unterlage für Honig-, Leb- und Pfefferkuchen, Makronen usw. verwendet.

Obst, Sammelbezeichnung für alle eßbaren Früchte. Man unterscheidet Kernobst (Äpfel, Birnen, Quitten u. a.), Steinobst (Aprikosen, Kirschen, Pfirsiche, Pflaumen u. a.), Beerenobst (Brombeeren, Erdbeeren, Heidelbeeren, Himbeeren, Johannisbeeren, Preiselbeeren, Stachelbeeren, Weintrauben u. a.), Schalenobst (Haselnüsse, Mandeln, Maronen, Walnüsse u. a.), Südfrüchte (Ananas, Apfelsinen, Bananen, Zitronen u. a.). Obst zeichnet sich durch einen hohen Gehalt an Mineralstoffen, Vitaminen, Fruchtsäuren, Estern und Zucker aus. Da Obst mit Ausnahme der Nüsse, Mandeln u. dgl. wenig Fett und Eiweiß enthält, hat es nur einen geringen Nährwert. – Obst kann vielseitig verwendet werden: frisch, tiefgefroren, gedünstet (→ Kompott), getrocknet (→ Backobst), würzig eingelegt (→ Senffrüchte), kandiert (→ kandierte Früchte), in Alkohol (→ Rumtopf), als Marmelade, Konfitüre, Mus, Gelee, Saft, Wein, Branntwein usw., ferner zu Süßspeisen, Kuchen, Torten, Salaten sowie als Beilage zu zahlreichen Fleischgerichten.

Obstkuchen, siehe unter den einzelnen Obstarten.

Obstsalat: Obst schälen und in

Scheibchen schneiden – Beeren nicht zerschneiden –, einzuckern, nach Wunsch mit Likör aromatisieren, eiskalt mit Schlagsahne und Nüssen oder Mandeln garnieren.

Obsttorte, Rezeptbeispiel: aus Mürbeteig einen Tortenboden backen, mit verschiedenen Früchten (Erdbeeren und Pfirsiche; Kirschen und Pfirsiche; Kirschen und Ananas; Brombeeren und Ananas; rote Johannisbeeren und Stachelbeeren; schwarze Johannisbeeren und Bananen; Heidelbeeren und Bananen usw.) belegen und mit Gelee oder Götterspeise überziehen. Eiskalt auftragen.

Ochse, kastriertes männliches → Rind. Mastochsen liefern besonders hochwertiges Fleisch.

Ochsenaugen, → Setzeier.

Ochsengaumen, → Rindergaumen.

Ochsengurgeln, in Bayern beliebtes Schmalzgebäck.

Ochsenmark, → Rückenmark; – *Rezepte:* Markklößchen, Markkromeskis, Markkrustchen, Markplätzchen, Markschöberlsuppe.

Ochsenmaulsalat: dünne Scheibchen oder Streifen von gepökeltem, gekochtem Ochsenmaul mit Zwiebelringen, Kapern und gehackten Kräutern in Essig-Öl-Marinade einlegen. Auch Handelsware.

Ochsenschlepp, österreichische Bezeichnung für → Ochsenschwanz.

Ochsenschwanz wird vorzugsweise für Suppen und Ragouts verwendet.

Ochsenschwanzsuppe: den Ochsenschwanz in 5 cm lange Stücke teilen, mit grobgeschnittener Zwiebel und Mohrrübe in Rinderfett kräftig anrösten, mit Mehl bestäuben, das Mehl leicht anbräunen, mit Wasser oder Fleischbrühe auffüllen, weitere Mohrrüben hinzufügen, salzen, langsam weich kochen, das Fleisch aus der Suppe heben, die Suppe passieren, mit Thymian, Salbei, Rosmarin und Basilikum würzen, vor dem Anrichten mit Sherry abschmecken, das ausgelöste, grobgewürfelte Schwanzfleisch zur Suppe geben.

Ochsenzähne, thüringisches Eintopfgericht aus weißen Bohnen, Schweinefleisch und Zuckerrübensirup.

Ochsenzunge, → Rinderzunge.

Ochsenzungen (Schuhsohlen), Blätterteiggebäck: Blätterteig etwa 5 mm dick ausrollen, mit gezacktem Ausstecher runde Plätzchen ausstechen, die Plätzchen in einer Richtung leicht ausrollen, so daß sie eine ovale Form erhalten, mit Puderzucker bestreuen und im Ofen backen.

Octopus (Oktopus, Achtfuß, Krake, Polyp), Kopffüßer mit acht sehr beweglichen saugnapfbesetzten Armen, die in den Mittelmeerländern gern gegessen werden und in pikanten Saucen eingelegt auch bei uns in den Handel kommen.

Odalisken-Art (à l'odalisque): Lammbrieschen, gebackene Auberginenscheiben, gebutterte grüne Erbsen und italienische Sauce zu Lammfleisch. – Die Odaliske war früher eine weiße (meist kaukasische) Haremsdame.

Ofenschlupfer: entrindete Weißbrotscheiben mit gehackten Mandeln und Rosinen bedecken, mit gesüßtem, geschlagenem Ei tränken und im Ofen backen.

Ogenmelonen, eine israelische Kreuzung aus Netzmelone und Kantalupe (→ Melonen): leicht oval, mit gelb- und grüngefleckter Schale und weichem, sehr süßem Fruchtfleisch.

Ohio, Cocktail: 2/5 Curaçao, 1/5

Whisky, 1/5 Maraschino, 1/5 Angostura Bitter, schütteln.

Okras, → Gombos.

Oktopus, → Octopus.

Öl, flüssiges Fett. → Speiseöl.

Old Fashioned, Cocktail: 1 BL Zukker und 2 Spritzer Angostura Bitter in Whiskyglas verrühren, einige Eiswürfel, 2 Gläschen Bourbon Whiskey, 3 Maraschinokirschen und 1 Apfelsinenscheibe hinzufügen.

Old Joe Fizz: 1 Glas süßen Wermut, 1 Schuß Whisky, 1 Schuß Apfelsinensaft, 1 BL Zucker, schütteln, mit Mineralwasser auffüllen.

Olgasalat: Streifen von gekochtem Knollensellerie, roter Rübe und Chicorée mit Essig-Öl-Marinade anmachen.

Oliven, Früchte des Ölbaumes (Olivenbaumes), der hauptsächlich im Mittelmeerraum und im Vorderen Orient kultiviert wird. Das Fruchtfleisch der pflaumenförmigen Oliven enthält 20–30% Öl. Die *grünen,* noch unreifen Früchte werden entbittert und in Salzwasser eingelegt. Besonders hochwertige (z. B. Manzanillas) oder große Oliven (z. B. Gordales, Queen Oliven) kommen gefüllt in den Handel. Als Füllung dienen Pimientos, Mandeln, Tomatenketchup, Sardellenpaste, Garnelenbutter, Gänseleberpüree usw. Die *schwarzen,* vollreifen Früchte werden ausgiebig gewässert, in Salzwasser eingelegt, getrocknet und mit Olivenöl mariniert.

Olivenkartoffeln, in Form von Oliven zugeschnittene Kartoffeln, meist in Salzwasser gekocht, in Butter geschwenkt und mit gehackter Petersilie bestreut.

Olivenöl, kalt aus dem Fruchtfleisch frisch geernteter Oliven gepreßtes Speiseöl von unterschiedlichem Aussehen (hellgelb bis dunkelgrün) und Geschmack (mild bis würzig, bitter bis süßlich). Olivenöl zählt zu den edelsten und gesündesten Speiseölen, denn sein Gehalt an ungesättigten Fettsäuren senkt das gefürchtete LDL-Cholesterin, das sich an den Arterienwänden abzulagern pflegt, und löst bereits abgelagertes Cholesterin aus den Arterien. Es beugt hohem Blutdruck vor.

Der Ölbaum (Olivenbaum) war der heilige Baum der griechischen Göttin Athene. Sie hatte ihn der Sage nach den Menschen geschenkt, damit das Öl seiner Früchte sie ernähre, ihre Lampen leuchten lasse und ihrer Gesundheit wie ihrer Schönheit diene. Vermutlich sorgten die seefahrenden Phönizier für die Verbreitung des ursprünglich kleinasiatischen Ölbaums über den Mittelmeerraum, nach Griechenland und Italien, nach Frankreich, Spanien und Portugal, den heute wichtigsten Anbauländern für Oliven. Viel Sonne brauchen die knorrigen, silbrig schimmernden Olivenbäume (oliva europaea). Zwischen April und Juni tragen die Bäume ein weißgelbes Blütenkleid, aus dem sich die anfangs grünen, später dunkelvioletten, zuletzt schwarzen Früchte bilden. Die Botaniker unterscheiden rund hundert verschiedene Arten des Baumes mit großen, winzigen, runden, ovalen oder spindelförmigen Früchten. Von Mitte Oktober bis Mitte März werden die Früchte geerntet, meist schonend per Hand, wie schon im Altertum, denn beschädigte Früchte verderben sehr schnell, oft aber auch maschinell. Jeder Baum liefert im Schnitt 20 kg Früchte, aus denen drei bis fünf Liter Olivenöl

kalt, also ohne Erhitzen, herausgepreßt werden. In meist recht originell und reizvoll gestalteten Flaschen aus dunklem oder klarem Glas kommt das Öl in den Handel.
Das Etikett auf den Flaschen bezeichnet nach den Richtlinien der Europäischen Gemeinschaft die Qualität des Olivenöls, die sich nach Geschmack, Geruch, Farbe und dem Gehalt an Ölsäuren (freien Fettsäuren) richtet. Das feinste Öl, das *native Olivenöl extra,* wird aus frisch geernteten Oliven höchster Qualität gepreßt, wobei der Anteil an Ölsäure 1 g je 100 g Öl nicht übersteigen darf. Früher, meist auch heute noch, trugen bzw. tragen diese hochwertigen Öle die Bezeichnung »extra vergine« (= jungfräuliches Öl, Öl aus erster Pressung; Italien), »vierge extra« (Frankreich), »virgen extra« (Spanien), »extra virgem« (Portugal) oder »extra virgin« (Griechenland). Weniger hochwertig ist *natives Olivenöl.* Hier können in 100 g Öl bis 2 g Ölsäure enthalten sein. Eine nur als *Olivenöl* bezeichnete Qualität zeigt Mängel in Farbe, Geschmack und Geruch, sie wird raffiniert (gereinigt) und anschließend durch Hinzumischen von nativem Öl verbessert. Für den Feinschmecker ist diese Qualität indiskutabel. Das Etikett enthält ferner den Namen des Produzenten oder Abfüllers, das Datum der Abfüllung, die Mengenangabe und den exakten Säuregehalt.
Italien ist der größte Olivenöl-Exporteur, was an erster Stelle der hohen Qualität seiner Ölerzeugnisse zuzuschreiben ist, aber auch der internationalen Beliebtheit seiner Küche, der geschmackvollen Gestaltung der italienischen Ölflaschen und -fläschchen wie der besonderen Aktivitäten der italienischen Exporteure. Geschmacklich gewinnt das italienische Olivenöl, das »olio extra vergine di oliva«, von Norden nach Süden an Würze. Ausgesprochen mild munden die Öle aus Ligurien, der Lombardei, aus Friaul und der Emilia-Romagna. Schon würziger sind die Öle aus der Toskana, aus Umbrien, Latium und den Marken. Die kräftigen Öle aus Kalabrien und Apulien sowie von den Inseln Sizilien und Sardinien werden fast ausschließlich im Lande selbst konsumiert. Nicht jedes italienische Olivenöl wird jedoch aus italienischen Oliven gewonnen, sehr viel überaus feines Öl kommt aus Spanien und Griechenland, wird in Italien abgefüllt, oft auch verschnitten und verläßt als italienisches »olio di oliva« wieder das Land. Allein der gute Name des Abfüllers garantiert für die Beschaffenheit des Öls.
Olivenöl aus *Frankreich,* aus der sonnigen Provence, zählt, vor allem wenn es aus der Gegend von Nyon (nördlich von Avignon) stammt, zu den edelsten Olivenölen überhaupt. Nur in geringen Mengen wird dieses »vierge extra« exportiert und ist dann entsprechend teuer.
Spanien erzeugt das meiste Olivenöl (»aceite«). Viele seiner Spitzenöle gehen nach Italien, wo sie mit italienischen und griechischen Ölen verschnitten wieder in den Export gelangen. Andalusien ist das Hauptanbaugebiet für Oliven, nicht weniger bedeutend sind die Provinzen Lérida und Tarragona.
Von ähnlich hoher Qualität wie die spanischen »aceites« sind die Olivenöle *Portugals,* die »azeite extra virgem«, deren Herstellung einer besonders strengen staatlichen Kontrolle unterliegt.

Griechenland, die Heimat der Göttin Athene, tritt mit seinen hervorragenden, würzigen Olivenölen in unseren Geschäften kaum in Erscheinung, obwohl es der drittgrößte Olivenölproduzent der Welt nach Spanien und Italien ist. Über 60 000 Tonnen Öl werden jährlich nach Italien exportiert, das es verstanden hat, seinen Oliven einen größeren internationalen Bekanntheitsgrad zu verschaffen. Die wichtigsten Anbaugebiete befinden sich um Kalamáta im Süden des Peloponnes, wo die berühmten fleischigen Eßoliven gedeihen, um Sparta und Delphi, um Polýghiros und Kavála sowie auf den Inseln Korfu, Lesbos und Kreta mit seinen mehrtausendjährigen Ölbäumen.

Olivenöl darf nicht zu kühl aufbewahrt werden, da es bereits ab 6°C weißliche Flocken absetzt, die sich bei Erwärumung aber wieder auflösen. Die optimale Lagertemperatur beträgt 8° bis 15°C. Weil es lichtempfindlich ist, sollte das Öl auch in dunklen Flaschen oder im Schrank aufbewahrt werden. Olivenöl hält sich bei richtiger Lagerung mindestens ein Jahr (ab Abfülldatum).

Olmützer Quargel, dem Harzer Käse ähnlicher Sauermilchkäse in Scheiben von 1 cm Dicke und 4 cm Durchmesser.

Ölsardinen, von Kopf und Eingeweiden befreite, gesalzene, gekochte, in Olivenöl eingelegte → Sardinen, in Dosen konserviert. Die besten Ölsardinen kommen aus Portugal, Spanien und Marokko. – Ölsardinen kann man in der Originaldose servieren oder appetitlich mit Kapern, gehacktem Ei, Petersilie, Zitronenscheiben usw. in kleinen Kristallschalen anrichten. Übrigens sollte man zur Erhöhung des Geschmacks etwas Zitronensaft über die Sardinen träufeln.

Ölsauce, schweizerische Bezeichnung für → Mayonnaise.

Omelett, Eierspeise ohne Mehlzusatz, die auf verschiedenste Art gefüllt und zubereitet werden kann, gefüllt mit Konfitüre, feinen Pürees, Ragouts usw., flambiert, souffliert und en surprise. – Das Omelett ist keine französische Erfindung, denn schon die alten Römer verstanden es, wundervolle Omeletts zu brutzeln. So entstand das Wort »Omelett« aus dem lateinischen »ovum« = Ei und »mellitus« = mit Honig gesüßt, da Zucker damals noch unbekannt war. Andere Sprachforscher behaupten allerdings, das Wort »Omelett« stamme vom lateinischen »lamella« = Metallblättchen her, von dem flachen, metallenen Omelettwender nämlich. Auf jeden Fall aber waren es die Franzosen, die das Omelett in tausendfältiger Abwandlung zu höchster Vollendung führten. – *Gerät:* Unerläßlich für das Gelingen ist eine gute Omelettpfanne, eine Eisenpfanne mit völlig ebenem Boden, auf dem sich die Butter gleichmäßig verteilen kann und ein Ansetzen der Eiermasse somit ausgeschlossen ist. Die Omelettpfanne, am besten eine 3-Eier-Pfanne, bekommen Sie in einem Spezialgeschäft für Gaststättenbedarf. Sie dürfen die Pfanne nur für Omeletts verwenden und sie niemals waschen, sondern nur mit Küchenkrepp und grobem Salz ausreiben, solange sie noch heiß ist. – *Grundrezept* (für 1 Omelett): 1 EL Butter in der Pfanne erhitzen, 3 Eier leicht schaumig schlagen, mit etwas Salz und frisch gemahlenem Pfeffer würzen und – wenn das Rezept es vorschreibt – die Beigaben hinzufügen; sobald die Butter in der Pfanne schwach zu rauchen beginnt, die geschlagenen Eier hineinschütten, kurz anziehen lassen, langsam und vorsichtig mit der Gabel durchrühren; haben die Eier gut gebunden, die Pfanne vom Feuer ziehen, das Omelett nach Rezept füllen, mit einem breiten Messer (Omelettwender) ein Viertel des Omeletts nach innen, die andere Seite darüberschlagen, die Unterseite noch leicht bräunen lassen, das Omelett dann auf eine warme Platte stürzen und mit etwas geschmolzener Butter bestreichen. Ein gutes Omelett sollte saftig, heiß und schön gebräunt sein. – Als *Füllung* eignen sich feingehackte Kräuter, gebratene Champignons, geriebener Käse (unter die Eiermasse gemischt), geröstete Speck- und Schinkenwürfel, gebratene Nierenwürfel, gehackte Sardellen und Kapern, gewürfelte Tomaten, gebratene Zwiebelringe (unter die Eiermasse gemischt), kleine gekochte Muscheln (unter die Eiermasse gemischt), Konfitüre usw.

Omelett, arlesisch: das Omelett mit einer Mischung aus geschmolzenen Tomaten und gehackten, gebratenen Auberginen, kräftig mit Knoblauch gewürzt, füllen.

Omelett Chevreuse: Spargelspitzen, gewürfelte Artischockenböden und Trüffel unter die Eiermasse ziehen und nach dem Grundrezept backen.

Omelett auf Diepper Art: das Omelett mit feingewürfelten Garnelen und Muscheln füllen, mit Weißweinsauce umkränzen.

Omelett, flambiert: das mit Zucker bereitete Omelett zusammenschlagen, mit Puderzucker bestäuben und mit Rum, Kirschwasser oder Weinbrand flambieren.

Omelett auf Florentiner Art: in Butter gedünsteten Spinat unter die Eiermasse mischen und nach dem Grundrezept backen.

Omelett, holländisch: in Butter angebratene Räucherlachsstreifen unter die Eiermasse mischen und nach dem Grundrezept backen, mit holländischer Sauce umkränzen.

Omelett auf Jäger-Art: Geflügelleber und Champignons in kleine, dünne Scheiben schneiden, würzen, in Butter braten, mit Kraftsauce binden und in das Omelett füllen, gehackte Petersilie über das Omelett streuen.

Omelett auf Königin-Art: das Omelett mit Hühnerfarce füllen; dazu Geflügelrahmsauce.

Omelett auf Lyoner Art: Zwiebelscheiben in Butter dünsten, nach dem Auskühlen unter die Eiermasse ziehen, gehackte Petersilie hinzufügen und nach dem Grundrezept backen.

Omelett Mancelle: das Omelett mit feinem Maronenpüree und Streifen von gebratener Rebhuhnbrust füllen, mit Wildsauce einrahmen.

Omelett Martinique: das mit Zucker bereitete Omelett mit in Butter gedünsteten Bananenscheiben füllen, mit Puderzucker bestäuben und mit Rum flambieren.

Omelett, mexikanisch: Champignonscheiben und gehackte, rote Paprikaschoten in Butter dünsten, nach dem Auskühlen unter die Eiermasse ziehen und nach dem Grundrezept backen; mit geschmolzenen Tomaten füllen.

Omelett Mistral: in Öl gebratene Auberginen- und Tomatenwürfel sowie gehackte Petersilie und etwas Knoblauch unter die Eiermasse mischen und nach dem Grundrezept backen.

Omelett auf Prinzessin-Art: das Omelett mit Spargelspitzen in Sahnesauce füllen, mit Trüffelscheiben garnieren und mit Sahnesauce einrahmen.
Omelett Sagan: das Omelett mit gewürfeltem Kalbshirn füllen, mit Geflügelrahmsauce umkränzen.
Omelett mit Spinat, → Omelett auf Florentiner Art.
Omelett mit Zwiebeln, → Omelett auf Lyoner Art.
Omelette soufflée, → Auflaufomelett.
Omelette en surprise, → Überraschungsomelett.
Oolong-Tee (Olong-Tee, Ulong-Tee), halbfermentierter, sehr aromatischer Tee aus China und Taiwan; er nimmt eine Mittelstellung zwischen schwarzem und grünem Tee ein.
Opern-Art (à l'opéra): Torteletts mit einer Füllung aus gebratener Hühnerleber in Madeirasauce, mit Spargel gefüllte, nestförmige Kartoffelkroketten und Bratensaft für kleine Fleischstücke oder kleines Geflügel. – Grüne Spargelspitzen und Weißweinsauce zu Fisch.
Opernsalat: Streifen von gekochter Hühnerbrust, Pökelzunge, Bleichsellerie und Trüffeln sowie Spargelspitzen getrennt mit Mayonnaise binden, mit Pfeffergürkchen und Hahnenkämmen garnieren.
Ophelia, à la: Schwarzwurzelstückchen in Backteig sowie Kartoffelkroketten und weiße Sahnesauce mit Tomatenpüree zu gebratenem Fisch. – Ophelia, weibliche Gestalt in Shakespeares »Hamlet«.
Oportozwiebeln, → spanische Zwiebeln.
Orange Bitter, Bitterextrakt aus Apfelsinenschale zum Würzen von Cocktails, Obstsalaten, Cremes usw.
Orange Blossom, Cocktail: Saft einer halben Apfelsine und 1/2 Gläschen Gin, schütteln.
Orangeade, Apfelsinenlimonade.
Orangeat, mit Zucker eingekochte Schale von Pomeranzen oder anderen bitteren Apfelsinen.
Orangen, → Apfelsinen.
Orangen, japanische, → Kumquats.
Orangenblütenwasser wird bei der Destillation frischer, noch geschlossener Blütenknospen des Apfelsinenbaumes als Nebenprodukt gewonnen. Das Blütenwasser dient zum Aromatisieren von Gebäck, Cremes, Glasuren usw.
Orangenessig, aromatisierter Speiseessig: den Saft von 2 Apfelsinen und die spiralförmig abgeschnittene Schale einer unbehandelten Apfelsine in eine weithalsige Halbliterflasche geben und mit Weißweinessig auffüllen. Zu Gemüsesalaten und zum Einlegen von Früchten.
Orangen-Mandarinen, → Mandarin-Orangen.
Orangenmarmelade: 2 ungespritzte Orangen schälen, die Schalen in feine Streifen, das Fruchtfleisch in dünne Scheibchen schneiden, den Saft von 8 Orangen und 2 Zitronen hinzufügen, mit 1 kg Gelierzucker und 1 Päckchen Tortenguß einkochen, mit 1 Gläschen Curaçao aromatisieren.
Orangequat, Kreuzung aus → Kumquat und Orange.
Orecchiette (ital: Öhrchen), italienische Teigwaren, Pasta in Form kleiner Ohren, etwa 20 bis 25 mm groß.
Oregano (Origano), wilder Majoran aus Italien und Mexiko, wird – oft sogar mit Blüten – zum Würzen von Suppen, gedünstetem Fleisch, Tomatengerichten, Pizzas usw. verwendet. Im Geschmack ähnelt der Oregano

1 Olive 2 Paprikaschote 3 Parasol 4 Passionsfrucht 5 Pekanuß

fast völlig dem → Majoran, doch mit der italienischen Küche hielt auch der Oregano (Origano) bei uns Einzug.

orientalische Art (à l'orientale): mit griechischem Reis gefüllte Tomaten, Batatenkroketten und Tomatensauce zu Fleisch oder Geflügel. – Fischfilets mit Fenchel, Lorbeer, Petersilienwurzel, Safran und Knoblauch in Weißwein und Öl dünsten, im Fond abkühlen lassen und mit Zitronenscheiben auftragen.

orientalische Bohnen, → Reisbohnen.

orientalischer Salat: Würfel von roten Paprikaschoten, Tomaten und grünen Bohnen in Essig-Öl-Marinade einlegen, mit Knoblauch und Currypulver würzen, mit Sardellenfilets garnieren.

Origano → Oregano.

Orléans, à l'-: gedünstete, gehackte, mit Eigelb gebundene Chicorée, Haushofmeisterkartoffeln und Bratensaft zu Fleisch. – Weißes Ragout von Champignons, Trüffeln und Garnelen sowie Garnelensauce zu gedünstetem Fisch. – Orléans, Stadt an der Loire.

Orlow, à l'-: gedünsteter Bleichsellerie, gedünsteter, gefüllter Kopfsalat, gefüllte Tomaten, Schloßkartoffeln und Bratensaft zu Fleisch. – Alexej Grigorjewitsch Orlow, 1737–1808, russischer Admiral, ermordete bei der Palastrevolution 1762 den Zaren Peter III. und machte Katharina zur Herrscherin aller Reußen. Die gastronomische Bezeichnung geht jedoch auf einen kaum bekannten Nachkommen dieses Mannes zurück, der im 19. Jahrhundert Gesandter des Zaren Nikolaus I. in Paris war. Ihm zu Ehren kreierte der Küchenchef des berühmten Lokals Tortoni den → Kalbsrücken Orlow.

Orlowsalat: Würfel von Artischokkenböden und Zuckermelone mit Essig-Öl-Marinade anmachen.

Orly (Horly): in Teig gehüllte und in Fett schwimmend gebackene Fleisch-, Geflügel-, Fisch- oder Gemüsestücke, mit Tomatensauce angerichtet.

Orsay, à l'-: Champignons, gefüllte Oliven, Schloßkartoffeln und Madeirasauce zu Fleisch.

Orujo, spanischer Branntwein aus den Rückständen der Weinkelterung (Tresterbranntwein), dem italienischen Grappa vergleichbar. Die besten Orujos kommen aus Galicien, sie sind glasklar (Orujo) oder goldgelb (Orujo envejecido), sofern sie mindestens zwei Jahre im Eichenfaß lagerten. Der Alkoholgehalt beträgt 38 bis 50 Vol. %. – In Katalonien stellen die Cave-Kellereien den *Marc de Cava* her.

Orvieto, italienischer Weißwein aus der Provinz Terni, kommt zuweilen auch in besonders geformter Flasche (Pulcianella) in den Handel.

Ossobuco alla milanese (Kalbshachse auf Mailänder Art): die Kalbshachse in Stücke von je 200 g sägen lassen, die Stücke in Öl anbraten, kleingeschnittene Mohrrübe, Zwiebel und Bleichsellerie zugeben und leicht anrösten, mit Weißwein ablöschen, etwas Tomatenmark hinzufügen, würzen und einkochen, mit Fleischbrühe oder Wasser auffüllen und die Hachse langsam weich kochen, den Fond mit abgeriebener Zitronenschale, gehackter Petersilie und zerdrücktem Knoblauch würzen, kurz durchkochen; dazu Risotto.

Ostender Art (à l'ostendaise): Austern, Trüffelscheiben, kleine Seezungenkroketten und normannische Sauce zu gedünstetem Seefisch. – Ostende, Hafenstadt und Seebad in Belgien.

Osterlamm, 2–3 Monate altes Lamm.

österlicher Salat: Avocadoscheiben, Grapefruitspalten, Streifen von roter Paprikaschote und römischem Salat mit Essig-Öl-Marinade anmachen.

Othello, à l'-: in Butter geschwenkte grüne Erbsen, Strohkartoffeln und Trüffelsauce zu kleinen Fleischstükken. – Othello, venezianischer Feldherr, Trauerspiel von Shakespeare, Opern von Rossini und Verdi.

Ottosalat: Würfel von Ananas, Apfelsinen, Zuckermelone und Äpfeln sowie Weintrauben mit Sahnemayonnaise binden, auf Kopfsalatblättern anrichten.

Ouzo, griechischer Branntwein mit Anisaroma, wird gern mit Wasser vermischt als Aperitif getrunken.

Oxalis, → Sauerkleewurzeln.

Oxfordsalat: Würfel von gekochter Hühnerbrust, Tomaten und Pfeffergurken sowie Trüffelscheibchen mit gehacktem Estragon in Essig-Öl-Marinade einlegen, auf Kopfsalatblättern anrichten und mit Eierscheiben garnieren.

Oxtail, englische Bezeichnung für → Ochsenschwanz.

Oyster Cocktail, → Austerncocktail.

Oysters Manhattan, nordamerikanische Spezialität: frische, aus der Schale genommene Austern mit feingehackten grünen und roten Paprikaschoten, Champignons, Kräutern, Räucherspeck und etwas Zwiebel bedecken, Butter darüberträufeln und im Ofen abbacken. Eine Schlemmerei für die abendliche Weinrunde.

P

Es gibt zwei Sorten von Pilzen: giftige und andere.
Meistens merkt man das aber zu spät.

Robert de Gicey

Pacharán, Schlehenlikör aus dem spanischen Navarra, ein Digestif und zugleich ein recht schmackhafter Schutz vor Herzinfarkt und Arteriosklerose. Der Likör hat einen Alkoholgehalt von 25 bis 30 Vol. %. Er wird gern mit Orangen- oder Ananassaft vermischt und gut gekühlt, aber nie mit Eiswürfeln, serviert.

Pächterin-Art (à la fermière): in Butter gedünstete Scheiben von Mohrrüben, weißen Rüben, Knollensellerie und Zwiebeln, gebratene Speckwürfel, Olivenkartoffeln und Bratensaft zu Fleisch oder Geflügel.

Pächterinsuppe: Mohrrübe, weiße Rübe, Zwiebel und Porreestange in dünne Scheiben schneiden und in Butter anschwitzen, mit Fleischbrühe auffüllen, streifig geschnittenen Weißkohl hinzufügen, mit Salz und Pfeffer würzen und langsam weich kochen.

Paella, spanisches Nationalgericht mit Ursprung in Valencia, ein gut gewürztes Reisgericht, bereitet aus Huhn, rohem Schinken, Meeresfrüchten und verschiedenen Gemüsen. Der Name »Paella« kommt vom lateinischen »patella«, einer flachen Pfanne, mit der die alten Römer ihren Göttern Opfergaben darbrachten. *Paella valenciana:* Nehmen Sie Ihre größte Eisenpfanne (für 4 Personen sollte sie einen Durchmesser von mindestens 40 cm haben), erhitzen darin 3 EL Olivenöl und geben je etwa 500 g klein geschnittenes, mit Salz und Pfeffer gewürztes Hühner- und Kaninchenfleisch hinein, nach 5 Minuten folgen 24 Weinbergschnecken (aus der Dose), alles kurz anbraten, Fleisch und Schnecken sodann aus der Pfanne heben und beiseite stellen; nun 250 g grüne Bohnen, 125 g gewürfelte Tomaten und 1 gehackte Knoblauchzehe im Olivenöl anbraten, 100 g eingeweichte weiße Bohnen und 1 l Wasser dazugeben, alles 10 Minuten kochen lassen, 300 g Reis und 1 g echtes Safranpulver oder Safranfäden in die Pfanne schütten, 10 Minuten wallend kochen, Fleisch und Schnecken wieder in die Pfanne geben und das Gericht köcheln lassen, bis alles Wasser verdampft ist und sich am Boden eine leckere braune Kruste gebildet hat. »¡ Que aproveche!« (Guten Appetit!) – Bekannte Variationen sind die *Paella marinera,* eine Paella mit Meeresfrüchten, und die *Paella de verduras,* eine Gemüse-Paella.

Pagel (Rotbrasse), beliebter Mittelmeerfisch mit weißem, überaus wohlschmeckendem Fleisch. Der Pagel wird geschuppt, ausgenommen, meist mit Salz, Olivenöl und Zitronensaft gebeizt und auf dem Rost gebraten.

Paglia e fieno (ital: Stroh und Heu), weiße und grüne Bandnudeln gemischt, eine kulinarische Spielerei aus der Toskana.

Paglietta, italienischer Weichkäse, 50% Fett i. Tr., von zartem bis kräftigem Geschmack je nach Reife.

Pahlerbsen, → Erbsen (auspahlen, pahlen = Erbsen aus der Hülse streifen).

Pain (frz: Brot), → Sulzbrot.

palästinische Art (à la palestine): gedünstete Artischockenböden, gebratene Zwiebelchen, gebackene Grießnocken und Madeirasauce zu Fleisch oder Geflügel.

Palatschinken, österreichische Spezialität, hauchdünne, süß oder pikant gefüllte Eierkuchen. Teig: 1/4 l Milch, 150 g Mehl, 2–3 Eier, etwas Salz. Als Füllung eignen sich Marmelade, süße Quarkmasse, Kalbshirn (→ Hirnpalatschinken) usw.

Palermoer Art (à la palermitaine): gefüllte Auberginen, gegrillte Tomaten, Makkaronikroketten und Tomatensauce zu Fleisch.

Palette, Fleisch-, Gebäck- und Omelettwender aus dünnem, biegsamem Stahl.

Palffy, à la: in Fleischbrühe gekochte Nudeln und Teufelssauce zu geschmortem Fleisch. – Palffy, alte ungarische Magnatenfamilie.

Palmenherzen (Palmenmark, Palmitos), der spargelkopfzarte Inhalt der sprießenden Blattstiele bestimmter Palmenarten, eine exotische Delikatesse von ganz besonderer Feinheit und erlesenem Geschmack. Die 2 bis 3 cm dicken Palmenherzen werden, in Dosen konserviert, aus Brasilien eingeführt.

Palmenherzen auf Béarner Art: die Herzen in der Dose erhitzen, die Stangen in mundgerechte Stücke schneiden, anrichten und mit Béarner Sauce überziehen.

Palmenherzen, gebacken: die leicht zerfallenden Palmenherzen vorsichtig in kleinfingerdicke Scheiben schneiden, mit würziger Hühnerfarce bestreichen, je zwei Scheiben zusammensetzen, die Happen durch Backteig ziehen und in Fett schwimmend knusprig backen.

Palmenherzen, italienisch: feingehackte Schalotten in Butter anschwitzen, dicke Palmenherzenscheiben hinzufügen, mit Pfeffer, Salz und Zitronensaft würzen, kurz erhitzen, Petersilie darüberstreuen.

Palmenherzen auf Mailänder Art: die Palmenherzen der Länge nach halbieren, im Fond erhitzen, abtropfen, mit Parmesan bestreuen, Butter darübergießen, im Ofen überkrusten.

Palmenherzen Metropole: die Palmenherzen in dicke Scheiben schneiden, auf eine gefettete Backplatte setzen, mit Zwiebelpüree bedecken, mit geriebenem Parmesan bestreuen, mit Butter beträufeln und im Ofen überbacken; mit gedünsteten Champignonköpfen garnieren, etwas Kraftsauce darübergießen und mit gehacktem Estragon bestreuen.

Palmenherzensuppe: Palmenherzen in dicke Scheiben schneiden und in Hühnerbrühe erhitzen, mit Pfeffer und gehackter Petersilie würzen, in Butter geröstete Kokosraspeln über die Suppe streuen.

Palmenmark, Palmitos, → Palmenherzen.

Palmkandis, Kandiszucker, Zuckerkristalle aus Palmsaft. Begehrt ist der vor allem für Glühwein verwendete indische Palmkandis.

Palmkohl, tropisches Gemüse aus den Endknospen der Palmen, die geschnitten werden, bevor sie sich öffnen. Palmkohl kann wie → Wirsingkohl zubereitet und auch zu Salaten verwendet werden.

Palmwein (Toddy), vergorener Palmsaft, Ausgangsprodukt bei der Arrakherstellung.

Palo, spanischer Johannisbrotlikör.

Palta, → Avocado.

Pampelmusen (Bambolmas, Schaddocks, Adamsäpfel, Kürbis-, Melonen-, Riesenorangen), südostasiatische Zitrusfrucht, zitronengelb, dickschalig, bis kopfgroß und 6 kg schwer, mit bitter-saurem, vitaminreichem Fruchtfleisch. Im 17. Jahrhundert brachte der englische Kapitän Shaddock die Pampelmuse nach Jamaika, von wo aus sie sich über die karibische Inselwelt verbreitete. Auf Puerto Rico entstanden später durch Kreuzung mit Apfelsinen die → Grapefruits. Pampelmusen kommen heute vorwiegend aus Thailand.

Panada, argentinisches Nationalgericht: Rindfleisch in Würfel schneiden und mit viel Zwiebeln und etwas Knoblauch kräftig anbraten; Mehl darüberstäuben, mit Wasser ablöschen, entgrätete Sardellen beigeben und so lange kochen, bis das Fleisch zerfallen ist; die Panada durch ein Sieb streichen und lauwarm servieren.

Panade (frz: Brotbrei), Bindemittel aus Brot, Mehl oder Reis für Farcen und Füllungen aller Art. – *Rezepte:* Brotpanade, Eierpanade, Mehlpanade, Reispanade.

Pancetta (von ital pancia = Bauch), gesalzener und luftgetrockneter durchwachsener Schweinespeck.

Panettoncini, italienischer Hefekuchen mit Rosinen oder Schokosplittern.

Panettone (Panattone), berühmter italienischer Hefekuchen, der traditionell zu Weihnachten aus Mehl, Eigelb, Butter, Zucker, Sultaninen und gehackten kandierten Früchten gebacken wird.

Panforte senese, berühmter Pfefferkuchen aus der italienischen Stadt Siena. Er besteht aus Haselnüssen, Mandeln, Zitronat und Orangeat, alles feingehackt und mit Zucker, Zimt, Kakao, Lebkuchengewürz und Honig verrührt, wie eine flache Torte gebakken. – Das Panforte (= starkes Brot) wurde schon 1205 in einer Urkunde des Klosters Montecelso erwähnt; damals hatten die Bauern eine bestimmte Anzahl solcher Pfefferkuchen sozusagen als »Kirchensteuer« an die Nonnen von Montecelso zu entrichten.

Panhas (Panhans, Pannas), westfälische Spezialität aus Wurstbrühe, gehacktem Fleisch und Buchweizenmehl, gut gewürzt, bis zum Steifwerden gekocht, ausgekühlt, in Scheiben geschnitten und knusprig gebraten.

Panibe, ostafrikanisches Hirsebier.

Panierbrot, → Paniermehl.

panieren, Fleisch-, Geflügel- und Fischspeisen mit Paniermehl oder geriebenem Weißbrot einbröseln. Als »Haftmittel« verwendet man leicht geschlagenes Ei, Milch oder zerlassene Butter.

panieren, englisch, → englisch panieren.

Paniermehl (Panierbrot, geriebene Semmel, Semmelmehl), getrocknetes

Weißbrot oder altbackene Semmel, mit oder ohne Kruste zerrieben; zum Einbröseln von Fleischscheiben (Kotelett, Kalbsschnitzel usw.), Fischfilets, Kroketten u. dgl. – Paniermehl ist trocken und luftig aufzubewahren.

Panini (ital = Brötchen, Semmel), längliche, mit den verschiedensten Dingen, wie Schinken, Krabben, Käse, Ei etc., belegte Brötchen als kleiner Mittagsimbiß.

Panissa, Kichererbsenbrei aus Oberitalien: Kichererbsenmehl in siedendem Wasser unter ständigem Rühren langsam zu einem Brei kochen, warm oder kalt auf Teller verteilen, Olivenöl darüber träufeln, salzen und pfeffern und mit grob gehackten Frühlingszwiebeln bestreuen.

Panna cotta (gekochte Sahne), italienisches Dessert: 3 Blatt Gelatine in etwas kaltem Wasser einweichen und ausdrücken; 1/2 l Sahne mit 20 g Zukker kurz aufkochen, darin abseits vom Herd die Gelatine auflösen, in Förmchen gießen und abkühlen lassen. Dazu Waldbeeren, Himbeersauce, Portwein-Pflaumen oder anderes reichen.

Pannas, → Panhas.

Pannequets (frz: Pfannkuchen), sehr kleine, hauchdünne Eierkuchen, die aus Mehl, Zucker, Eiern und Milch bereitet, in einer flachen Pfanne goldbraun gebacken, mit Konfitüre bestrichen und ein- oder zweimal gefaltet werden.

Pannfisch: gekochten, entgräteten und enthäuteten Kabeljau (Stockfisch) feinhacken, mit angeschwitzten, ebenfalls feingehackten Zwiebeln vermischen, salzen und pfeffern, in Butter braten, mit geriebenen, gekochten Kartoffeln vermischen, nochmals erhitzen, in Butter geröstete Semmelbrösel darüberstreuen.

Pannhas, → Panhas.

Pansen (Rumen), Magen der Wiederkäuer. → Kaldaunen.

Panzanella, Brotsalat, toskanische Spezialität für warme Sommertage, eine schmackhafte Idee, um altbakkenes Weißbrot zu verwerten: altbakkenes Weißbrot in kleine Stücke schneiden, in kaltem Wasser einweichen, ausdrücken und in eine Salatschüssel geben. Gewürfelte Tomaten, gehackte Zwiebel und dünne Scheibchen einer Salatgurke, ferner grob gehacktes Basilikum hinzufügen, reichlich mit Olivenöl beträufeln, mit Salz und Pfeffer abschmecken, kurz vor dem Servieren mit gutem Weinessig würzen.

Panzerkrebs, → Languste.

Papa Asada, argentinische Kartoffelspezialität: 4 faustgroße, mehlige Kartoffeln waschen, einzeln in Alufolie wickeln und im Ofen bei 250° C etwa 1–1 1/2 Stunden backen; 250 g Butter mit 3 TL Salz, 1 zerdrückten Knoblauchzehe und viel gehackter Petersilie verarbeiten; die Kartoffeln der Länge nach aufschneiden und die Kräuterbutter auf die Kartoffelhälften geben.

Papaifrüchte, → Papayas.

Papain, Fleischzartmacher, eiweißverdauendes Ferment in Pulverform, das aus dem schleimigen Inneren der Papayas gewonnen wird.

Papayas (Papaifrüchte, Baummelonen), Früchte des südamerikanischen Melonenbaumes, der auch in Kenia, Florida, Brasilien, Costa Rica, Jamaica, Thailand, an der Elfenbeinküste und auf den Philippinen kultiviert wird. Die gelben bis gelbgrünen, keulenförmigen Früchte haben ein orangefarbenes bis weißgrünes Fleisch, das reichlich Vitamin A und C und das verdauungsfördernde Enzym Papain enthält und melonenartig schmeckt. Papayas werden roh verzehrt, als Gemüse zubereitet oder süßsauer eingelegt. – *Vorbereitung:* Die Papayas schälen, entkernen und in Stücke schneiden.

Papayas, gedünstet: Papayastücke in Fleischbrühe dünsten, mit Salz und Pfeffer würzen und mit Mehlbutter binden.

Papayasalat: eine reife Papayafrucht schälen und in Würfel schneiden, die exotischen Würfel mit Zucker, Zitronensaft und einem Schuß Cointreau marinieren, nach etwa einer Stunde frische Himbeeren und Ananaswürfel zugeben und abschließend ein wenig Vanillezucker über den Salat streuen; eiskalt mit je einem Häubchen Schlagsahne servieren.

Papierhülle, in der – (en papillote): Koteletts, Fischschnitten, kleinere Fische u. dgl. in steifes, geöltes Papier gewickelt und auf dem Rost oder Backblech im eigenen Saft gegart, wobei alle Geschmacks- und Duftstoffe erhalten bleiben. Nach Erfindung der Alufolie hat die Papierhülle stark an Bedeutung verloren, obwohl Feinschmecker behaupten, daß in Alufolie bereitete Speisen einen leichten Metallgeschmack aufweisen.

papillote, en – (frz: papillote = Lokkenwickler), in der → Papierhülle.

Pappa al pomodoro, toskanische Tomatensuppe. 1 Zwiebel, in feine Ringe geschnitten, in 2 EL Olivenöl andünsten, 750 g gehäutete und in Würfel geschnittene Tomaten zugeben und verkochen lassen. 300 g altbackenes Weißbrot in Scheiben schneiden, mit Basilikum und 3 gehackten Knoblauchzehen vermischen, mit 1 1/2 l Hühnerbrühe aufgießen und solange kochen, bis ein Brei entstanden ist. Salzen und pfeffern. Die Tomaten zugeben und die Suppe noch weitere 20 Minuten sanft kochen lassen. Vor dem Servieren mit Olivenöl beträufeln.

Pappadams, indische Waffeln aus Erbsenmehl, beliebte Beigabe zu Currygerichten, in Delikateßgeschäften erhältlich.

Pappardelle, italienische Teigwaren: sehr breite (etwa 2 cm) Bandnudeln.

Paprika (spanischer Pfeffer, türkischer Pfeffer), krautartige Pflanze mit mehr oder weniger scharf schmeckenden Früchten. Paprika ist ein Nachtschattengewächs, das 1494 aus dem tropischen Amerika nach Europa kam, wo es heute u. a. in Ungarn, Spanien, Frankreich und Italien angebaut wird. Man unterscheidet die großen, meist kugeligen, bitterpikanten Paprikaschoten, die als Gemüse verwendet werden (→ Paprikaschoten), und die spindelförmigen, mehr oder weniger scharfen Paprikaschoten, die getrocknet und gemahlen als Paprika(gewürz) in den Handel kommen. Die Würze liefert das Alkaloid Kapsaizin, das besonders in den Samen und den Scheidewänden der Früchte enthalten ist. Paprika(gewürz) wird in mehreren Schärfegraden angeboten: *Delikateßpaprika* ist äußerst mild und dient mehr zum Rotfärben als zum Würzen der Speisen. *Edelsüßer Paprika* ist am begehrtesten; er zeichnet sich durch milde Schärfe und würzigen Geschmack aus. *Rosenpaprika* ist besonders scharf, da hier die ganze Frucht einschließlich der Samenkörner und Scheidewände vermahlen wurde. Paprika wird zum Würzen von Saucen, Gulasch, Speck, Fisch- und Gemüsegerichten, Käse, Kartoffeln und Reis verwendet.

Paprikafleisch: Kalbfleisch (von Bug oder Hals) grob würfeln, in Butter kräftig anbraten, gehackte Zwiebeln hinzufügen, mit Salz, Pfeffer und reichlich Paprika würzen, Mehl darüberstäuben, anziehen lassen, mit brauner Brühe und saurer Sahne auffüllen, das Paprikafleisch weich schmoren.

Paprikafüllung: rote Paprikaschoten entkernen und in Salzwasser halbweich kochen, in feine Streifen schneiden, mit gewürfeltem Räucherspeck kurz anbraten.

Paprikagemüse, → Paprikaschoten.

Paprikakartoffeln: geviertelte, rohe Kartoffeln mit gehackter Zwiebel in Schweineschmalz kräftig anschwitzen, gut mit Paprika würzen, etwas Mehl darüberstäuben, mit Wasser auffüllen, die Kartoffeln langsam weich kochen, zuletzt saure Sahne zugießen.

Paprikamark: rote Paprikaschoten grob hacken, in Butter anschwitzen, salzen und pfeffern, durch ein Sieb streichen.

Paprikamayonnaise: Mayonnaise mit sauer eingelegter, feingehackter Paprikaschote vermischen. – Oder: Mayonnaise kräftig mit Paprika würzen.

Paprikareis: körnig gekochten Reis kräftig mit Paprika würzen. Paprikareis wird gern zu gebratenem oder geschmortem Fleisch gereicht.

Paprikasalat: rote Paprikaschoten entkernen, in Streifen schneiden und mit Kräutermarinade anmachen. – Oder: entkernte grüne Paprikaschoten, rohen Knollensellerie und Äpfel in Streifen schneiden und mit Essig-Öl-Marinade und etwas Sahne anmachen.

Paprikasauce: Wurzelzeug und mageren Schinken kleinschneiden und mit etwas Lorbeerblatt und Gewürznelke in Butter anschwitzen, mit brauner Grundsauce auffüllen, gut durchkochen, passieren, etwas saure Sahne hinzufügen, kräftig mit Paprika würzen. – Zu Kalbsschnitzel, Schweinegulasch, Hammelnieren, Hühnerfrikassee, aber auch zu gedünstetem See- oder Flußfisch sowie zu Froschschenkeln.

Paprikaschnitzel: ein Kalbsschnitzel salzen, in Mehl wenden und in Butter braten, den Bratfond mit Paprikasauce verkochen.

Paprikaschoten (Gemüsepaprika), die grünen, gelben oder roten apfelbis pampelmusengroßen, bittersüß schmeckenden Früchte einer Zuchtform der Paprikapflanze. Paprikaschoten werden vor allem in Ländern des nördlichen Mittelmeerraumes und auf dem Balkan angebaut und sind bei uns frisch oder süßsauer eingelegt (Tomatenpaprika) erhältlich. Sie sind sehr vitaminreich und werden daher roh für Salate und gegart als Gemüse verwendet. Ausgehöhlt eignen sich die Paprikaschoten wie kein anderes Gemüse dazu, auf vielfältige Weise gefüllt zu werden. – *Vorbereitung:* Die Paprikaschoten halbieren, aushöhlen, entkernen, waschen und in Streifen oder Würfel schneiden. Gefüllte Schoten: den Deckel mit dem Stielende abschneiden, aushöhlen, waschen. Paprikaringe: wie gefüllte Schoten vorbereiten, die Schoten dann vorsichtig in Ringe schneiden. – *Garzeit:* etwa 30 Minuten, gefüllte Schoten etwa 40 Minuten.

Paprikaschoten mit Fleischfüllung: die ausgehöhlten Schoten mit einer gut gewürzten Farce aus Bratwurstmasse, Pökelfleisch, gehackter Zwiebel, gehackten Kräutern und Ei füllen, in eine Kasserolle setzen, mit Öl begießen und zugedeckt im Ofen gar dünsten, mit dicker Tomatensauce anrichten.

Paprikaschoten, gedünstet: Paprikaschoten in Streifen schneiden und mit gehackter Zwiebel in Öl anschwitzen, salzen, wenig Wasser zugießen und das Gemüse darin zugedeckt dünsten, kleingeschnittene Tomaten zugeben, pfeffern und fertigdünsten, mit gehackter Petersilie bestreuen.

Paprikaschoten mit Reisfüllung: die ausgehöhlten Schoten mit einer gut gewürzten Mischung aus körnig gekochtem Reis, gehackten Tomaten, gewürfeltem rohen Schinken und gehackten Kräutern füllen, in eine Kasserolle setzen, mit Öl begießen und zugedeckt im Ofen garen, mit Tomatensauce anrichten.

Paprikaschoten, rumänisch: die ausgehöhlten Schoten mit halbgarem Sauerkraut füllen; Zwiebelscheiben in Öl anschwitzen, die Hälfte der Zwiebelscheiben in eine gefettete Kasserolle geben, die gefüllten Paprikaschoten daraufsetzen, mit den restlichen Zwiebelscheiben bedecken, leichte Tomatensauce zugießen und zugedeckt gar dünsten. Heiß oder kalt servieren.

Paprikaschoten, spanisch: dicke Streifen von Paprikaschoten durch Backteig ziehen und in Fett schwimmend abbacken.

Paprikaschoten, türkisch: Reis in Hammelbrühe körnig kochen, mit gekochtem, gehacktem Hammelfleisch vermischen, mit Salz, Pfeffer und Knoblauch würzen, mit Tomatensauce binden und in die ausgehöhlten Paprikaschoten füllen; gehackte Zwiebel in Öl kräftig anschwitzen, in eine Kasserolle geben, die gefüllten Paprikaschoten daraufsetzen, leichte Tomatensauce zugießen und zugedeckt im Ofen gar dünsten.

Paprikaschoten, überbacken: die Schoten in Streifen schneiden, auf gefettete Backplatte breiten, mit Mornaysauce, die mit gehackten, angeschwitzten Zwiebeln vermischt wurde, bedecken, mit Parmesan bestreuen, mit Butter beträufeln und im Ofen überbacken.

Paprikaschotenbutter, Buttermischung: rote Paprikaschote pürieren oder im Mörser zerstoßen, mit weicher Butter verarbeiten, durch ein Sieb streichen.

Paprikaschotenpüree: rote Paprikaschoten grob hacken, in Butter anschwitzen, vorgekochten Reis hinzugeben, salzen und pfeffern, mit Fleischbrühe schön weich kochen, durch ein Sieb streichen und mit Butter vollenden.

Paprikaschotensalat, → Paprikasalat.

Paprikaspeck, mit Salz abgeriebener frischer Speck, dick mit Rosenpaprika überzogen und an der Luft getrocknet. – Auch: in Paprika gewendete Streifen von Räucherspeck.

Paprika-Zwiebelfleisch: 6 Zwiebeln in Scheiben und 2 rote Paprikaschoten in Streifen schneiden, beides in Schweineschmalz anbraten, 2 EL Tomatenmark und 1/4 l Fleischbrühe hinzufügen und mit Salz, Pfeffer, Majoran, Kümmel und reichlich Paprika würzen, darin streifig geschnittenes, gekochtes Rindfleisch heißmachen; mit Bratkartoffeln auftragen.

Paprikazwiebeln: besonders große Zwiebeln (spanische Zwiebeln) 10 Minuten in leicht gesalzenem Wasser kochen, auskühlen lassen,

Kappe abschneiden, und die Zwiebeln mit einem kleinen Löffel aushöhlen; rote Paprikaschote entkernen und in Salzwasser halbweich kochen, die Schote in Streifen schneiden, in gewürfeltem Räucherspeck anbraten, mit der ausgehobenen Zwiebelmasse vermischen und in die Zwiebeln füllen, die gefüllten Zwiebeln in ein gefettetes Geschirr setzen, Fleischbrühe dazugießen, mit Salz und einer Prise Zucker würzen und die Paprikazwiebeln zugedeckt weich dünsten.

paprizieren, kräftig mit Paprika würzen.

Paradeiser, österreichische Bezeichnung für Tomaten.

Paradiesäpfel, → Tomaten.

Paradiesfeigen, → Bananen.

Paradise, Cocktail: 1 BL Apfelsinensaft, 1/3 Apricot Brandy, 2/3 Gin, schütteln.

Paranüsse (Brasilnüsse, Brasilkastanien, Amazonenmandeln, Juvianüsse, Tucanüsse), dreikantige, apfelsinenspaltenförmige Früchte des im Amazonasgebiet heimischen Paranußbaumes. Der Name bezieht sich auf den brasilianischen Bundesstaat Parà. Die rund 40 m hohen Bäume tragen bis 600 Fruchtkapseln, von denen jede 25–40 Nüsse enthält. Paranüsse haben eine sehr harte Schale und einen mandelartigen, wohlschmeckenden, stark ölhaltigen Kern.

Parasolpilz (Schirmpilz), Speisepilz, der vereinzelt in Waldlichtungen und Parks auftritt, bis 40 cm hoch und 30 cm breit wird. Auffallend sind die braunen, fiedrigen Schuppen auf dem hellgrauen, mächtigen Hut, der im Alter einem Sonnenschirm ähnlich sieht. Gesammelt werden nur junge Pilze, die einem Paukenschlegel gleichen. Die unzerteilten Schirme größerer Parasols können wie ein Schnitzel – paniert oder unpaniert – gebraten werden. Aus älteren, zäheren Stücken und Stielen läßt sich, wenn sie getrocknet wurden, ein pikantes Pilzpulver bereiten.

Parboiled Reis, Verfahren, bei dem durch Dampf- und Druckbehandlung natürliche Vitamine und Mineralstoffe im Reis erhalten bleiben; geschliffen, aber nicht glasiert bleibt er beim Kochen körnig und trocken.

Parfait (frz: vollkommen, vollendet), Krönung jeder kalten Platte: eine feine Farce aus besonders edlen Zutaten mit Gelatine oder Eigelb binden, eventuell noch Schlagsahne darunterziehen, in kleine Formen setzen, nach dem Erstarren stürzen und exquisit garnieren. – *Rezepte:* Gänseleberparfait, Hummerparfait. – Vgl. → Eisparfait.

Parfait à l'Anis: 5 Eigelb mit 125 g Zucker bis zum Dickwerden schaumig rühren, mit 2 bis 3 EL Pastis (z. B. Pernod) aromatisieren; 1/2 l frische Sahne steif schlagen und unter die Eimasse ziehen, in eine Glasschüssel füllen und im Eisfach gefrieren lassen.

Parfaitformen, Kegel- oder Pyramidenformen in verschiedenen Größen.

Parforcekohl: feinstreifig geschnittenen Rotkohl in Schweineschmalz halbweich dünsten, Apfelscheiben, etwas Weinessig und Rotwein hinzufügen, salzen und pfeffern und den Kohl gar dünsten, zuletzt mit Mehl binden und mit Zucker und gestoßenem Kümmel abschmecken.

parfümieren, eine Speise mit einer aromatischen Flüssigkeit (Likör, Branntwein, Dessertwein, Orangenblütenwasser usw.) würzen.

parieren (frz: parer = herrichten),

Fleisch- oder Fischstücke zur Zubereitung herrichten, z. B. Fett entfernen, Haut abziehen, Sehnen herausschneiden, das Stück gleichmäßig zurechtschneiden.

Pariser Art (à la parisienne): Artischockenböden mit einer Füllung aus Pökelzunge, Champignons und Trüffeln, gewürfelt und mit weißer Grundsauce gebunden, außerdem Pariser Kartoffeln und Madeirasauce zu Fleisch oder Geflügel.

Pariser Kartoffeln: geschälte, rohe Kartoffeln haselnußgroß ausstechen, in Butter braten und mit geschmolzenem Fleischextrakt überglänzen; feingehackte Petersilie über die Kartoffeln streuen.

Pariser Nougat, → Nougat, brauner.

Pariser Pfannkuchen: kleine, sehr dünne Eierkuchen backen, mit Aprikosenmarmelade bestreichen, gehackte Mandeln darüberstreuen, zusammenrollen, mit Puderzucker bestäuben.

Pariser Salat: verschiedenes Gemüse in Essig-Öl-Marinade einlegen, mit gewürfeltem Hummerfleisch vermischen, mit gelatinierter Mayonnaise binden, in Gelee setzen.

Pariser Zwiebelsuppe, → Zwiebelsuppe auf Pariser Art.

parisienne, à la: → Pariser Art.

Parma, à la: kleine Fleischstücke durch Ei ziehen, in geriebenem Parmesan wälzen und in Öl backen, dazu Tomatensauce. – Parma, Stadt in Oberitalien.

Parmaschinken, Prosciutto di Parma, italienische Spezialität, ein roher, zarter, saftiger Schinken von unvergleichlichem Geschmack, hergestellt im Umkreis von Parma aus den Keulen zehnmonatiger Schweine, die ausschließlich mit Molke, die bei der Produktion von Parmesan abfällt, mit Obst, Gerste und Mais gefüttert wurden. In hohen luftigen Lagerhäusern reifen die eingesalzenen Schinken 10 bis 12 Monate, wobei natürliche biochemische Vorgänge den wundervoll aromatischen Geschmack bewirken. Parmaschinken wird in hauchdünne Scheiben geschnitten und mit frisch gemahlenem Pfeffer bestreut zu reifen Feigen, geeister Melone, Weintrauben oder auch zu Spargel gereicht. Dazu mundet ein Weißwein, besser noch ein Rotwein.

Parmentier, à la: Parmentierkartoffeln und Bratensaft oder Kalbsjus zu Fleisch oder Geflügel. – Antoine Augustin Parmentier, 1737–1813, französischer Militärapotheker, Generalinspekteur des Medizinalwesens, Förderer des Kartoffelanbaus in Frankreich.

Parmentierkartoffeln: geschälte, rohe Kartoffeln in 1 cm große Würfel schneiden, in Butter braten, leicht salzen, mit gehackter Petersilie bestreuen.

Parmentiersalat: Kartoffelwürfel lauwarm mit leichter Mayonnaise binden, mit gehacktem Kerbel bestreuen.

Parmentiersuppe: kleingeschnittenen Porree in Butter kräftig anschwitzen, mit Kartoffelscheiben, etwas Salz und einem Kräuterbündel in wenig Wasser weich kochen, passieren, mit Fleischbrühe verkochen, mit Sahne vollenden.

Parmesan, Parmigiano Reggiano, berühmter italienischer Hartkäse, der meist als ›stravecchio‹ (= abgelagert, sehr alt) gerieben verwendet wird. Parmesan darf nach dem Gesetz nur aus Milch von freilaufenden, mit Grünfutter ernährten Kühen in den

Provinzen Parma, Reggio Emilia, Modena, Mantua (rechts des Po) und Bologna (links des Reno) hergestellt werden. In riesigen Lagerhallen reifen die Laibe des Parmigiano Reggiano als ›fresco‹ in weniger als 18 Monaten, ›vecchio‹ in 18 bis 24 Monaten, ›stravecchio‹ in 24 bis 36 Monaten. Der Fettgehalt beträgt 32% i. Tr. Parmesan eignet sich – egal wie reif er ist – auch vortrefflich als Dessert, wozu man gern frische Früchte reicht. → Grana.

Parrillada mixta, argentinisches Nationalgericht: Rindfleisch (von der Rippe), Hammelfleisch (von Keule oder Schulter), Rinderherz, Rinderniere, Kaldaunen (weichgekocht), Euter (weichgekocht) und Kalbsbries in 50-g-Stücke schneiden und auf dem Holzkohlenrost braten, die Stücke dabei ständig mit einer Marinade aus Essig, Öl, Wasser, Zwiebel, Knoblauch, Paprika, Salz und Rosmarin einpinseln; dazu Salat und Weißbrot.

Partybrötchen, halbierte, frische oder aufgeröstete kleine Brötchen, beliebig belegt und nett garniert, für Gartenpartys und Picknicks.

Partyspießchen, mit kleinen Happen bunt besetzte Holz- oder Plastikspießchen, auf Kopfsalatblättern angerichtet oder auf Grapefruits, Apfelsinen o. a. gesteckt. Einige Beispiele: Ananasecke, Schinkenröllchen, Emmentaler-Würfel; Maraschinokirsche, Maiskölbchen, Apfelsinenspalte, Leberkäsewürfel; Scheibe Salatgurke, Champignon (aus der Dose), Paprikastreifen, Mortadellawürfel; Senfkirsche, Wildbratenwürfel, Scheibe Salatgurke; Aprikosenviertel, Camembertwürfel, Tomatenachtel, Scheibe Salatgurke.

Partysteak: Kluftsteaks leicht salzen und einölen, Pfeffer, etwas Knoblauchpulver, Origano und gehackte Petersilie einmassieren und mindestens eine Stunde beizen lassen, die Steaks in Öl braten, auf heißen Tellern anrichten, mit Eierachteln garnieren; Champignons (aus der Dose) und Mango-Chutney im Bratfond erhitzen und über die Steaks schütten; dazu geröstete Weißbrotscheiben.

Parüren, Abfälle und Abschnitte von Fleisch- oder Fischstücken, die beim → Parieren entstehen.

parve, → koscher.

Passcha (Paskha), russische Osterspeise aus Quark, vermischt mit saurer Sahne, Butter, Zucker, Rosinen, gehackten Mandeln, Zitronat und Orangeat; die Mischung über Nacht in einer Kegelform pressen, stürzen und mit Belegkirschen, Mandeln, Zitronat und Orangeat dekorieren; in dünnen Scheiben servieren.

Passendale, flämischer Schnittkäse, hergestellt aus Kuhmilch nach einem alten Klosterrezept.

passieren (frz: passer = vorübergehen), eine Suppe, Sauce oder andere Flüssigkeit durch ein Sieb oder Tuch seihen, streichen oder drücken.

Passiertuch zum Durchseihen oder Durchdrücken von Saucen, Suppen, und leichten Pürees. Das Tuch besteht meist aus Etamin, einem festen, gazeartigen Gewebe.

Passionsfrüchte, in tropischen und subtropischen Zonen verbreitete Südfrüchte, die in mehreren hundert Arten bekannt sind. Einige ähneln kleinen Zitronen, andere großen, verschrumpelten Pflaumen. → Granadilla, → Maracuja. Ihr Äußeres ist gelborange, grün-braun-lila oder auch dunkelrot-violett. Alle Passionsfrüchte enthalten ein grün-graues, weiches, saftreiches Fleisch, das erfrischend süß und aromatisch schmeckt und von zahlreichen kleinen Kernen durchsetzt ist. Die frischen Früchte werden halbiert und ausgelöffelt oder zu Saft verarbeitet. Die bei uns angebotenen Früchte kommen hauptsächlich aus Ostafrika. Weitere wichtige Anbaugebiete sind Südafrika, Formosa, Südamerika, Kalifornien und Australien. – Die wundervolle Blüte mit ihren Staubgefäßen und Stempeln, die das Kreuz und die Dornenkrone Christi erkennen lassen, gaben der Pflanzenfamilie den Namen.

Pasta, italienische Nudeln in vielerlei Formen, Längen und Farben, die aus Hartweizengrieß und Wasser, mit oder ohne Ei hergestellt werden. Safran, Spinat, Tomatenmark, Pilze, Sepiatinte geben der Pasta die arttypische Farbe. Die wichtigsten Pastasorten:
bandförmig: Fettuccine (kleine Bändchen), Linguine (Zünglein), Tagliolini, Tagliatelle, Taglierini (von tagliare = schneiden), Pappardelle (lange Bandnudeln, scherzhaft von »Litanei«), Trenette (kleine Gezogene);
kurz: Agnellini (Lämmchen), Astri (Sternblumen), Cavatellucci, Conchiglie (Muscheln), Farfalle (Schmetterlinge), Orecchiette (Öhrchen), Rotelline (Rädchen), Stellette (Sternchen);
lang: Fidelini (Fadennudeln), Spaghetti (Schnürchen), Spaghettini (feine Schnürchen), Vermicelli (Würmchen), Capelli d'angelo (Engelshaar), Quadretti (kleine Bildchen);
hohl: Bucatine (kleine Löcher), Cornetti (Hörnchen), Maccheroni (Röhren), Penne liscie (glatte Federn), Penne rigate (geriffelte Federn), Rigatoni (gerillte Röhrennudeln);
gefüllt: Agnolotti (Pastetchen), Canneloni (Stöcke), Ravioli (von rave = Rübe), Lasagne (Teigblätter), Tortellini (kleine Ringel), Cappeletti (Hütchen).
Jede italienische Regien hat ihre eigenen Pasta-Rezepte und erzählt eine andere Geschichte über die Herkunft dieser Teigspezialität. Die Venezianer meinen, daß Marco Polo das Urrezept 1295 aus China mitgebracht hätte. Die Genuesen halten stattdessen die Mongolen für die Erfinder der Pasta. Die Bewohner Roms betrachten ihr Leibgericht als eine Schöpfung antiker Küchenmeister, die Sizilianer sehen in der Pasta den Einfluß mittelalterlicher Araber. Wie es auch gewesen sein mag, erst italienische Köche machten die Pasta zum Nationalgericht Italiens mit über 300 Variationen.
Pasta der verschiedensten Sorten erhält man heute in fast jedem Supermarkt. Wer es dennoch wagen will, Pasta selber zu bereiten, bitte, hier ist das *Grundrezept für Pasta mit Ei:* 300 g Hartweizenmehl auf den Arbeitstisch schütten, eine Mulde hineindrücken, 3 Eier und etwas Salz zugeben, evtl. 1–2 EL Olivenöl, alles so lange durchkneten, bis ein geschmeidiger Teig entstanden ist, der etwa 1 Stunde ruhen muß, bevor er dünn ausgerollt und zu Bändern geschnitten bzw. ausgestochen, gefüllt und entsprechend geformt wird. Die Pasta in einen großen Topf mit siedendem Wasser geben (1 l Wasser je 100 g Pasta) und 8 g Salz je Liter hinzufügen. Sobald die Pasta »al dente« ist, das heißt außen weich und innen noch etwas fest (bißfest), sie in ein Sieb abgießen und sofort mit einer Pastasauce, wie z. B. → Pesto, auftragen. Das Ganze wird noch reichlich mit geriebenem Parmesan oder Pecorino bestreut. – *Rezepte:* → Spaghetti.

Past'asciutta (ital: trockene Nudeln; im Gegensatz zu Nudeln in Suppe), in Italien Bezeichnung für Nudelgerichte.

Pasteken, → Melonen.

Pasternaken, → Pastinaken.

Pastetchen, kleine Blätterteigpastetchen. → Bouchees.

Pastetchen, bürgerlich: Kalbfleisch und Champignons in Würfel schneiden und getrennt in Butter dünsten, die Würfel sehr fein hacken, mit Salz und weißem Pfeffer würzen, gehackte Petersilie daruntermischen; den Fond mit frischer Sahne und Eigelb verkochen, das Gehäck mit dem Fond binden; alles in Blätterteighüllen füllen und erhitzen.

Pastetchen auf Kapuziner-Art: weiche Rühreier mit gedünsteten Kalbsbrieswürfeln und Trüffelgehäck mischen und in Blätterteighüllen füllen.

Pastetchen Nîmois: Hammelfleisch, Geflügelleber und etwas Räucherspeck in Würfel schneiden und zusammen braten, anschließend alles pürieren und mit Basilikum und Weinbrand abschmecken; in Blätterteighüllen füllen und erhitzen. – Nîmois nennen sich die Bewohner der südfranzösischen Stadt Nîmes, des antiken Nemausus.

Pasteten, feingewürzte, warme oder kalte Speisen aus Fleisch-, Wild-, Geflügel- oder Fischfarce in Teighülle, oft auch in Bechern, Schüsseln oder Terrinen bereitet. *Pastetenarten:* Kastenpasteten, Vol-au-vents, Krustaden, Timbalen, Bouchées (Pastetchen), Törtchen, Rissolen, Terrinen, Pies, Galantinen u. a. Die ersten Pasteten wurden vermutlich vor etwa 1000 Jahren in Frankreich zubereitet. In den Küchen des Adels und der Geistlichkeit entwickelte sich das Pastetenbacken zu einer besonderen Kunst, die im 14. und 15. Jahrhundert nach der »Entdeckung« der Gewürze und in der Prachtentfaltung der Renaissance zu eigenartigen Auswüchsen führte. Pasteten bildeten in dieser Epoche den Höhepunkt jedes Festmahls. So wurde im Jahre 1452 in Lille bei einem Essen zu Ehren des Herzogs Philippe le Bon eine Pastete aufgefahren, auf der ein ganzes Orchester musizierte. Das Zeitalter der klassischen Kochkunst (Ende 16. bis 19. Jahrhundert) führte zu einer Verfeinerung der Pasteten. Jetzt entstanden die berühmten Lerchenpasteten von Chartres, die Schnepfenpasteten von Abbéville, die Entenpasteten von Amiens, die Aalpasteten von Melun und die getrüffelten Gänseleberpasteten von Straßburg. Französische Pastetenbäcker wirkten an allen Höfen Europas. Im 19. Jahrhundert kamen die Pasteten auch in Deutschland in Mode, gerieten aber bald in Verruf, denn sie hielten oft nicht das, was ihr Äußeres versprach. Heute ist die Pastete wieder »en vogue«. Kleine Pasteten werden selbst gefüllt, größere im Delikatessengeschäft gekauft.

Pastetenfarce, zum Beispiel: 650 g mageres Schweinefleisch und 350 g Speck durch den Wolf drehen, mit 25 g Salz, 2 g Pfeffer, 1/2 g Kardamom, 1/2 g Muskatblüte und 1/2 g Ingwerpulver würzen.

Pastetengewürz, Gewürzmischung für Pasteten aller Art. Ein Rezept: 15 Teile weißer Pfeffer, 5 Teile Piment, 2 Teile Muskatblüte und je 1 Teil Gewürznelke, Lorbeer, Majoran, Muskatnuß, Rosmarin, Salbei und Zimt, alles gerieben oder gestoßen und innig vermischt.

Pastetenhaus, → Vol-au-vents.

Pastetenteig, vor allem für Kastenpasteten, Timbalen und Rissolen: 80 g Butter, 40 g Schweineschmalz, 2 EL Öl, 1 Eigelb, etwas Salz und ungefähr 1/8 l kaltes Wasser mit 250 g Mehl zu einem festen Teig verarbeiten.

pasteurisieren, Verfahren, gärungsbedrohte Flüssigkeiten, wie Milch, Fruchtsäfte usw., durch Erhitzen begrenzt haltbar zu machen. Durch das Erhitzen auf 60–70°C werden Hefe- und Schimmelpilze abgetötet, Vitamine, Nähr- und Geschmacksstoffe aber nicht beeinflußt. – Das Verfahren erfand der französische Chemiker und Biologe Louis Pasteur (1822–1895).

Pastinaken (Pasternaken, Hammelmöhren, Hirschmöhren), Petersilienart mit weißgelblicher, möhrenähnlicher Wurzel, die angenehm süß und würzig schmeckt. Während bei uns der kulinarische Wert der Pastinaken noch weitgehend unbekannt ist und nur Haarwild und Schafe sich an den Wurzeln laben, werden die Pastinaken (Parsnips) in England als Gemüse kultiviert. – *Vorbereitung:* die Wurzeln schaben, gründlich waschen und nach Rezept kleinschneiden.

Pastinaken, gebacken: die Wurzeln in dicke Streifen schneiden, in Salzwasser weich kochen, abtropfen, mit Küchenkrepp abtrocknen, durch Backteig ziehen und in Schweineschmalz schwimmend backen; mit Zitronenscheiben und Petersilie anrichten.

Pastinaken, gedämpft: die Wurzeln in dicke Streifen schneiden und in Salzwasser weich kochen; eine helle Mehlschwitze mit etwas Fleischbrühe und Sahne verkochen, mit Salz, Pfeffer und Muskatnuß würzen und die Pastinaken darin kurz dünsten.

Pastinakenpüree (Mashed parsnips), englische Spezialität: die Wurzeln in Stücke schneiden, in Salzwasser oder Fleischbrühe sehr weich kochen, abtropfen, pürieren, mit Salz, Pfeffer und Muskatnuß würzen und mit Butter vollenden. – Köstliche Beilage zu gebratenem oder gegrilltem Fleisch.

Pastinakensalat: gekochte Pastinaken in Scheiben schneiden und in Essig-Öl-Marinade einlegen.

Pastis, französischer Aperitif, dessen Ursprungsort Marseille ist und der einen typischen Anisgeschmack besitzt; die bekanntesten der mehr als 20 Pastis-Sorten sind »Pastis 51«, »Pernod« und »Ricard«.

Pastrami, Spezialität der jüdischen Küche: mageres Rindfleisch, gepökelt, geräuchert, zuletzt mit Pfeffer, Kreuzkümmel, Paprika und Knoblauch gewürzt und gekocht, kalt aufgeschnitten. Wird in den USA als Pastrami-Sandwich serviert.

Pataten, → Bataten.

Patiencen (frz: patience = Geduld), französisches Mandelgebäck: 125 g Mandelpulver (Handelsware) mit 3 Eiweiß kräftig schlagen, leicht erhitzen, 1 Päckchen Vanillezucker und 200 g Puderzucker darunterziehen, auf Backblech kleine Plätzchen spritzen, gut trocknen lassen, backen.

Patlican Salatasi, türkische Auberginensauce: Auberginenscheiben mit gehackter Zwiebel in Öl anbraten, mit Wasser ablöschen, weich dämpfen, passieren, das Püree mit Öl aufschlagen, mit Salz, Pfeffer, etwas Zitronensaft und Honig abschmecken. Eiskalt zu gebratenem Seefisch.

Patnareis, bevorzugte Reissorte mit länglichem, hartem Korn, aus Vorderindien. → Reis. – Patna, indische Großstadt am Ganges mit berühmter Universität.

Pauchouse, südfranzösisches Fischgericht: gewürfelten mageren Speck und gehackte Knoblauchzehen in Butter anschwitzen, Süßwasserfische zugeben, mit Weißwein und Fischfond auffüllen, langsam garziehen lassen, den Fisch herausnehmen und mit gedünsteten Zwiebelchen und gebratenen Champignons anrichten; den Fond etwas einkochen, mit Mehlbutter, Eigelb und Sahne binden, mit Salz und Pfeffer würzen und über den Fisch gießen; dazu geröstete Weißbrotscheiben.

Paupiettes (frz: Röllchen), kleine, gefüllte Fleisch-, Fisch- und Kohlrollen.

Paupiettes Bruxelloises, Fleischvögel auf Brüsseler Art: auf zarte, längliche Rindfleischscheiben gehacktes und gut gewürztes Kalb- und Schweinefleisch streichen, je eine Chicorée daraufsetzen, die Fleischvögel zusammenrollen und binden, in Butter anbraten, feingeschnittene Karotten, Knollensellerie und Zwiebeln beigeben, mit Salz, etwas Knoblauch, Lorbeer und Thymian würzen und 10 Minuten schmoren lassen; Mehl darüberstäuben, gehackte Tomaten und Weißwein hinzufügen und die Paupiettes gar schmoren.

Paupiettes Marie Louise: zarte Kalbsschnitzel mit einem fein gewürzten Gemisch aus Kalbsfarce, Champignonpüree und Zwiebelmus bestreichen, zusammenrollen, binden und in Weißwein und brauner Grundsauce gar dünsten.

Pavesen (Povesen), bayerische und böhmische Spezialität: Semmelscheiben mit Farce, Pflaumenmus o. ä. bestreichen, je zwei Scheiben zusammensetzen, mit Eiermilch tränken, in geriebener Semmel wenden und in Butter backen; nach Belieben mit Vanillezucker bestreuen.

Pavesensuppe: geröstete Weißbrotscheiben in eine tiefe, feuerfeste Schüssel geben, ein rohes Ei darüberschlagen – das Eigelb darf nicht zerfließen –, mit würziger, heißer Fleischbrühe auffüllen, reichlich Parmesan darüberstreuen, im Ofen überbräunen und sofort auftragen.

Paysanne (frz: auf Bauern-Art): feinblättrig geschnittenes Gemüse (Mohrrüben, weiße Rüben, Knollensellerie, Porree, Zwiebel, Wirsingkohl usw.), mit Salz und etwas Zucker gewürzt und in Butter gedünstet. Die Paysanne wird hauptsächlich als Einlage für Suppen verwendet.

Peach Brandy, Pfirsichlikör aus Pfirsichsaft, Pfirsichbranntwein, Zucker, Alkohol und Wasser.

Peanuts, → Erdnüsse.

Pear Cocktail, → Birnencocktail.

Pecannüsse, → Pekannüsse.

Pecorino, italienischer Käse aus Schafmilch, oft auch aus Mischungen von Kuh-, Schaf- und Ziegenmilch. Frische und wenig gereifte Pecorino-Sorten sind meist recht mild und werden als Tafelkäse genossen. Der ältere harte Pecorino findet als Reibkäse Verwendung. Größere Bedeutung haben die Hart- und Reibkäse; die bekanntesten Sorten sind: Pecorino romano, Pecorino sardo oder Fiore sardo und Pecorino siciliano oder Canestrato.

Pekannüsse, Früchte verschiedener Hickorybäume. Die sandfarbenen, schlank- bis rundovalen Nüsse enthalten einen Kern, der walnußähnlich schmeckt. Pekannüsse kommen aus den USA (Texas, Oklahoma), Mexiko, Indien und China.

Pekingente, chinesische Spezialität,

zubereitet in Spezialrestaurants der Hauptstadt Bei jing (Peking). Diese Restaurants verarbeiten oft über tausend Enten pro Tag. Eine Pekingente selbst zuzubereiten, ist überaus aufwendig und erfordert eine fachkundige Anleitung und lange Übung. Da muß z. B. die Entenhaut, um wundervoll knusprig und glänzend zu werden, aufgeblasen und über Nacht mit einer Honig-Kräuter-Mischung gebeizt werden. Das gebratene Fleisch der Pekingente ist zart und saftig und von solch einzigartigem Geschmack, daß man ihn noch Jahre später voller Entzücken auf der Zunge zu spüren vermeint. Frühlingszwiebeln, Chillischoten und Sojasprossen begleiten die mundgerecht vorgeschnittenen Bratenhäppchen.

Pekingkohl, → Chinakohl.

Pekingsauce (Hoisinsauce), ostasiatische Tafelsauce aus Sojabohnen, Knoblauch, Chili und Gewürzen. Die dicke, braunrote Sauce hat einen süßen, scharfen Geschmack und wird zu Muscheln, Schweinefleisch und Geflügel gereicht. Handelsware.

Pektin, pflanzlicher Gelierstoff, der vor allem in unreifen Äpfeln, Himbeeren, Johannisbeeren, Quitten und Zitronen enthalten ist. Pektin wird bei der Herstellung von Konfitüren (Marmeladen), Obstgelees und Speiseeis verwendet und ist Bestandteil von Tortengüssen und Puddingpulvern. Pektin ist flüssig oder in Pulverform im Handel.

Pellkartoffeln: kleine bis mittelgroße, aber möglichst gleichgroße Kartoffeln in Salzwasser gar kochen, abgießen, ausdampfen lassen, schälen. – Als Pellkartoffeln eignen sich besonders neue Kartoffeln.

Pelousuppe, französische Spezialität: frische Radieschenblätter mit kleingeschnittenen, rohen Kartoffeln in Fleischbrühe kochen, durch ein Sieb streichen, die Suppe mit Salz, Pfeffer und Muskatnuß würzen und heiß über geröstete Weißbrotscheiben gießen, einige Scheibchen Knoblauchwurst hinzufügen.

Pemmikan, haltbare Paste aus gemahlenem Trockenfleisch und Fett. Pemmikan war früher Hauptnahrungsmittel bei Expeditionen. Es ist eine Erfindung nordamerikanischer Indianer, die Büffelfleisch in hauchdünne Scheiben schnitten und in der Sonne trockneten.

Penne, italienische Teigwaren, kurze, dicke Röhrennudeln; *Penne rigate* sind gerillte Penne.

Peperoncino, italienische Bezeichnung für → Chilli, auch dünner Gemüsepaprika.

Peperoni, die unreifen, grünen Früchte des Chilli, die meist in Essig eingelegt werden.

Pepino (Birnenmelone, Mellow fruit), bis 20 cm große, hellgelbe Frucht, deren orangefarbenes Fruchtfleisch überaus saftig ist und angenehm süß schmeckt, irgendwie an Birne und Zuckermelone erinnert. Die Heimat der Pepinos ist Kolumbien, von dort, aber auch von Chile, Neuseeland, Südafrika und Spanien kommen die großen Beerenfrüchte zu uns. Man schält sie, zerschneidet sie und entfernt die Kerne. Gut gekühlt werden die Pepinos wie Melone verzehrt oder exotischen Obstsalaten hinzugefügt.

Pepino in Schinken: die Pepino schälen, entkernen, in Streifen schneiden und mit weißem Pfeffer und Zitronensaft würzen. Die Streifen in je eine dünne Scheibe Parmaschinken oder anderen milden Schinken wikkeln, auf ein Salatblatt setzen und mit Petersilie bestreuen, dazu Baguette oder Grissini und Butter reichen.

Pergamon, à la: Kartoffelkroketten, Trüffelscheiben und Madeirasauce zu kleinen Fleischstücken. – Pergamon, antike Stadt in der Westtürkei, Hauptstadt des Pergamenischen Reiches (280–131 v. Chr.).

Perigorder Art (à la périgordine): kleine, in Madeira gekochte Trüffeln und Trüffelsauce zu Rinderfilet und Lendenschnitten. – Trüffelscheibchen zwischen Haut und Brust von Geflügel einschieben, das Geflügel dünsten, dazu Geflügelrahmsauce mit Trüffelessenz. – Périgord, Landschaft in Südwestfrankreich, bekannt durch ihre einzigartigen schwarzen Trüffeln.

Perigorder Sauce, → Trüffelsauce.

Perkölt, → Pörkölt.

Perlbohnen, → grüne Bohnen.

Perlgraupen, → Graupen.

Perlhuhn (Pintade), westafrikanischer Fasanenvogel, der in Europa (Frankreich) und Amerika auch als Hausgeflügel gehalten wird. Das Fleisch der Perlhühner trocknet beim Braten leicht aus, die Vögel sollten daher gespickt oder mit Speckscheiben umwickelt werden. Perlhuhn wird wie → Fasan zubereitet.

Perlhuhn, afrikanisch: das Perlhuhn in sechs Stücke teilen, würzen, kräftig anbraten, gehackte Zwiebel und etwas Knoblauch hinzufügen, mit Mehl bestäuben, das Mehl leicht anrösten, mit Weißwein und Geflügelfond auffüllen, Tomatenmark beigeben, zugedeckt weich schmoren; dazu gebratene Bananen und Bataten.

Perllauch, → Perlzwiebeln.

Perlpilz, sehr schmackhafter Speisepilz, der ab Juni in älteren Laub- und Nadelwäldern erscheint. Der weiße bis rotbraune Hut ist mit flockigen Pusteln bedeckt, die weißen Lamellen zeigen bei älteren Pilzen weinrote Flecken, das weiße Fleisch läuft bei Berührung rötlich an. Der Perlpilz kann leicht mit dem lebensgefährlich giftigen Pantherpilz verwechselt werden, dessen Fleisch sich allerdings niemals rötet.

Perlsago, → Sago.

Perlwein, kohlensäurehaltiger Wein, der im Gegensatz zum Schaumwein unter geringerem Druck steht und daher in normalen Flaschen in den Handel kommt.

Perlwürstchen, → Chipolatas.

Perlzwiebeln (Silberzwiebeln, Perllauch), haselnußgroße, wie Perlen oder Silber schimmernde Brutzwiebeln, eine Zuchtform des Porrees. Perlzwiebeln werden fast ausschließlich zu Mixed Pickles, Piccalillis (Senfpickles) usw. verarbeitet.

Pernod, französischer Anislikör, wird meist mit Wasser vermischt getrunken (Aperitif).

Persillade, kalte Rindfleischschnitte mit Essig, Öl und viel Petersilie (frz: persil = Petersilie).

Persipan, marzipanähnliche Masse aus gemahlenen Pfirsich- oder Aprikosenkernen und Zucker.

persische Art (à la persane): mit Reis gefüllte grüne Paprikaschoten, halbierte gegrillte Tomaten, gebackene Bananen und Chateaubriandsauce zu kleinen Fleischstücken.

peruanische Art (à la péruvienne): Sauerkleewurzeln schälen, aushöhlen, mit dem Knollenmark, mit gehacktem, rohem Hühnerfleisch und rohem Schinken füllen, gar schmoren und zuletzt kurz überbacken; dazu Tomatensauce.

Pesto, italienische Spezialsauce aus Olivenöl, Pecorinokäse, geriebenen Pinienkernen, Basilikum und Knoblauch. Pesto wird zu Spaghetti, Trenette, Gnocchi, Ravioli und Suppen gereicht. Tafelfertig im Handel: Pesto alla Genovese.

Peterle, Peterli, → Petersilie.

Petermann, → Knurrhahn.

Petersfisch (Heringskönig, Saint-Pierre, Christusfisch, Sonnenfisch, Martinsfisch, John-Dory), schollenähnlicher Hochseefisch von häßlichem Aussehen, mit großem Kopf und riesigem Maul, aber festem, weißem und überaus schmackhaftem Fleisch. Seine Filets brauchen den Vergleich mit Seezungenfilets nicht zu scheuen. Sie werden wie → Seezungenschnitten zubereitet. – Der Name des Meeresfischs geht auf den Apostel Petrus (franz: Saint-Pierre) zurück. Der dunkle Fleck auf seinen Flanken wird als Fingerabdruck des hl. Petrus gedeutet, den der Apostel hinterlassen hatte, als er einen gefangenen Fisch wieder in den See Genezareth zurückwarf, nachdem dieser klagende Laute von sich gegeben hatte (der im See Genezareth lebende ebenfalls sehr schmackhafte Petersfisch ist mit dem gleichnamigen Meeresfisch nur entfernt verwandt).

Petersilie (Peterle, Peterli, Silk), das bekannteste, beliebteste und vielleicht älteste Küchenkraut. Der typische Geruch und Geschmack der Petersilie wird von einem ätherischen Öl bestimmt, das appetitanregend und nervenstärkend wirkt. Man unterscheidet Schnitt- und Wurzelpetersilie. Die *Schnittpetersilie* hat glatte oder krause Blätter, die glatten Blätter sind würziger, die krausen milder und dekorativer. Schnittpetersilie wird nur frisch oder tiefgefroren verwendet, sie dient zum Würzen von Salaten, Suppen, Saucen, Mayonnaisen, Eier-, Fisch-, Fleischgerichten, Kartoffeln, Gemüse usw. sowie zum Garnieren. Die *Wurzelpetersilie* (Petersilienwurzel) liefert würzige, glatte Blätter und eine möhrenförmige gelblichweiße Wurzel, die als Suppengemüse oder Wurzelzeug verwendet wird.

Petersilie, gebacken: kleine Sträußchen krauser Petersilie waschen, gut abtrocknen, ganz kurz in rauchend heißes Fett tauchen, abtropfen, auf einem Tuch entfetten, mit sehr feinem Salz würzen und sofort anrichten. Knusprig gebackene Petersilie ist eine beliebte Beigabe zu gebratenem Fleisch und Fisch sowie zu Fleisch-, Geflügel- und Fischstückchen in Backteig.

Petersilienbutter, → Haushofmeisterbutter.

Petersilienkartoffeln: rohe Kartoffeln in Mirabellengröße zurechtschneiden, in Butter goldbraun braten, salzen, pfeffern, mit Fleischbrühe auffüllen, reichlich gehackte Petersilie beifügen und zugedeckt fertigkochen, mit Petersilie bestreuen.

Petersiliensaft stärkt den Magen und die Verdauung und wirkt harntreibend; je ein Eßlöffel Saft zu den Mahlzeiten genügt.

Petersilienwurzel, → Petersilie.

petite-mariée, à la: → bräutliche Art.

Petits fours (frz), kleines, feines Backwerk, ursprünglich für den Nachtisch bestimmt, wird heute auch zum Nachmittags-Tee oder -Kaffee gereicht. Die Petits fours bestehen

1 Perlhuhn 2 Petersilie 3 Pfeffer 4 Pfifferling 5 Pfirsich

meist aus einem Biskuitboden, werden mit Buttercreme gefüllt, mit verschiedenfarbiger Glasur überzogen und mit kandierten Früchten, Pistazien, Mandeln usw. verziert.

Petit Suisse (frz), Frischkäserollen aus der Normandie mit mild-delikatem Aroma.

Pe-Tsai, → Chinakohl.

Pfaffenkümmel, → Kreuzkümmel.

Pfaffenlaus, → Kaulbarsch.

Pfahlmuscheln, → Miesmuscheln.

Pfälzer Saumagen, → Saumagen.

Pfälzer Weine, → Rheinpfalzweine.

Pfannkuchen, verschieden große, meist dünne, gefüllte → Eierkuchen, gefaltet oder gerollt angerichtet. → Crêpes, → Pannequets, → Palatschinken.

Pfannkuchen, Berliner, → Berliner Pfannkuchen.

Pfannkuchen, Pariser, → Pariser Pfannkuchen.

Pfannkuchen, schwedisch: 3 Eier, 1/2 l Milch, 2 EL Zucker, 200 g Mehl und 6 EL zerlassene Butter zu einem dünnen Teig verarbeiten, daraus Pfannkuchen backen, die mit Lingonbeerensauce bzw. -gelee oder Preiselbeermarmelade serviert werden.

Pfanzel, in der Pfanne gebackene Kuchen aus Biskuit- oder Nudelteig, Grießmasse o. a., meist in kleine Vierecke geschnitten. Pfanzel werden als Suppeneinlage verwendet oder mit pikanter Sauce übergossen.

Pfeffer, wichtigstes Gewürz. Man unterscheidet den schwarzen und den weißen Pfeffer. *Schwarzer Pfeffer* sind die unreifen, grünen Beeren der Pfefferpflanze; sie werden an der Sonne getrocknet und im Nachttau fermentiert, wobei sie schwarz und runzlig werden. Der schwarze Pfeffer duftet stark würzig und schmeckt brennend scharf. Der beste schwarze Pfeffer kommt aus Vorderindien (Malabarküste), er ist besonders dunkel und nur wenig runzlig. *Weißer Pfeffer* sind die reifen, roten Beeren, deren Fruchtfleisch entfernt wurde. Er ist wesentlich milder im Geschmack und hat ein feines Aroma. Der beste weiße Pfeffer kommt aus Indonesien, von der kleinen Insel Banka. – Pfeffer wird meistens gemahlen verwendet. Je feiner er gemahlen wird, desto stärker ist seine Würzkraft. Da gemahlener Pfeffer aber während der Lagerung schnell sein Aroma verliert, sollte er erst unmittelbar vor Gebrauch gemahlen werden. Die ungemahlenen Pfefferkörner bewahren das Aroma nahezu unbegrenzt, sofern sie trocken, luftdicht und kühl gelagert werden. – Immer beliebter wird bei uns der *grüne Pfeffer,* also die unreifen, unfermentierten Pfefferbeeren, die in einer Salzlösung konserviert in den Handel kommen und in der Wurstfabrikation sowie zu Pfeffersteaks, Salaten usw. verwendet werden. Grüner Pfeffer wird hauptsächlich aus Madagaskar importiert. – Pfeffer ist eines der ältesten Gewürze; schon die Babylonier nahmen den Pfeffer als Gewürz und Arznei. Nach Deutschland und Frankreich kam der Pfeffer erst zur Zeit Karls des Großen. Im Mittelalter wurden bereits ungeheure Mengen dieses Gewürzes verbraucht. So wird berichtet, daß beim Hochzeitsmahl des Herzogs Karl von Burgund im Jahre 1468 die Speisen mit 380 Pfund Pfeffer gewürzt wurden. In Malabar, dem »Königreich des Pfeffers«, galten die kleinen, schwarzen Pfefferkörner sogar als Zahlungsmittel. 1498 entdeckte Vasco da Gama den Seeweg nach Indien und landete in Kalikut, dem Zentrum Malabars. Fast 100 Jahre lang beherrschten nun die Portugiesen den Pfefferhandel nach Europa. Zu Anfang des 17. Jahrhunderts kamen die Holländer, die allerdings bald von den Engländern verdrängt wurden. Die Engländer kontrollierten den Pfefferhandel bis 1948 und sind an ihm noch heute in erheblichem Maße beteiligt. 25 Millionen kg Pfeffer werden alljährlich aus Indien exportiert. – Vgl. → Cayennepfeffer.

Pfeffer, → Hasenpfeffer, → Rehpfeffer.

Pfefferfisch: einen kleinen Goldbarsch, Dorsch, Kabeljau oder Schellfisch außen und innen mit einer Mischung aus Senf, weißem Pfeffer und Salz einreiben, mit kleingeschnittenen Paprikaschoten, halbierten Tomaten, etwas Essig und Öl in Fleisch- oder Fischbrühe gar dünsten; dazu Pommes frites.

Pfeffergurken, besonders kleine, mit Essig und Gewürzen eingelegte Gurken.

Pfefferkörner, → Pfeffer.

Pfefferkraut, → Bohnenkraut.

Pfefferkuchen, kräftig gewürzte Lebkuchen. Ein Beispiel: 500 g Mehl, 250 g Zucker, 4 Eier, 10 g Hirschhornsalz, 8 g Zimt, 5 g Nelkenpulver, 1 gute Msp. Pfeffer und abgeriebene Zitronenschale zu einem festen Teig verarbeiten, 3–4 mm dick ausrollen, nach Belieben ausstechen, im Ofen backen.

Pfefferkümmel, → Kreuzkümmel.

Pfefferling, → Pfifferling.

Pfefferminze (Minze), Zuchtform verschiedener wilder Minzarten, die vor allem in Europa, Nordafrika und Amerika angebaut wird. Die würzig duftenden, scharf schmeckenden Blätter werden frisch oder getrocknet zur Teebereitung verwendet. In der englischen und arabischen Küche ist Pfefferminze ein beliebtes Küchenkraut.

Pfefferminzgelee, mit frischer Pfefferminze gewürztes Gelee, beliebte Beigabe zu Hammelfleisch, kalten Platten u. dgl.

Pfefferminzsauce, → Mint Sauce.

Pfeffermühle, aus Holz, Edelmetall, Glas oder Keramik, in vielfältigen Formen und unterschiedlichen Größen zum Mahlen von schwarzem oder weißem Pfeffer.

Pfeffernüsse, kleine, runde Pfefferkuchen, meist mit Zuckerglasur überzogen.

Pfefferoni, eindeutschende Bezeichnung für Peperoni. → Pfefferschoten.

Pfefferpothast, westfälische Spezialität: Rindfleischscheiben gut klopfen und in Schmortopf geben, dazu gewürfelte Mohrrüben und Knollensellerie, reichlich Zwiebelringe, mit Salz, Pfeffer und Lorbeerblatt würzen, mit Fleischbrühe und etwas Bier auffüllen und zugedeckt weich schmoren; die Brühe mit etwas Paniermehl binden; über den angerichteten Pothast reichlich schwarzen Pfeffer streuen; dazu Preiselbeerkompott, Gewürzgurken und Kartoffelklöße.

Pfeffersauce (Sauce poivrade): kleingeschnittene Zwiebeln und etliche zerdrückte Pfefferkörner mit etwas Thymian in Butter anschwitzen, mit Weißwein ablöschen, braune Grundsauce, evtl. auch Wildfond, hinzufügen, gut durchkochen und mit Zitronensaft und Johannisbeergelee abschmecken. Zu Lendenschnitte, Rinderzunge, Hammelrippchen oder Wild.

Pfeffersauce, kalte, → Mignonnette.

Pfefferschoten, → Chillies.

Pfeffersteak: ein Filetsteak mit sehr grob gemahlenem weißen Pfeffer einreiben, in Butter braten, salzen, mit Weinbrand flambieren, den mit frischer Butter vollendeten Bratfond über das Steak gießen, einige grüne Pfefferkörner darüberstreuen, mit Petersiliensträußchen garnieren; dazu Pommes frites.

Pfeilwurzelmehl (Arrowroot), Stärkemehl aus den Wurzeln und Knollen bestimmter tropischer Stauden wie Cassave, Maniok, Maranta u. a. Pfeilwurzelmehl gilt als ideales Bindemittel für klare Suppen, für Saucen, Gemüse, Cremes und Puddings, da es nicht den unangenehmen Beigeschmack des Weizenmehls hat und Saucen nicht glasig werden läßt wie Kartoffel- oder Maismehl.

Pferdebananen, → Planten.

Pferdebohnen, → Puffbohnen.

Pfifferling (Pfefferling, Eierschwamm, Dotterpilz, Gelbling, Gelbfüßchen, Gelbohr, Gelbschwämmchen, Gänschen, Galuschel, Geelchen, Reherl, Rehfüßchen, Rehling), dottergelber, trichterförmiger, kleiner, pfefferig schmeckender, eßbarer Blätterpilz; beliebte Beigabe zu gebratenem Wild. Pfifferlinge sind schwer verdaulich; sie sollten nicht zu lange gekocht werden, da sie sonst sehr fest werden. Von Juni bis August erscheint der Pilz frisch im Handel. Ansonsten wird er in Dosen und Gläsern angeboten. Am begehrtesten und teuersten sind ausgesucht kleine Pfifferlinge mit einem Kopfdurchmesser bis 15 mm.

Pfifferlinge in Butter: die sorgfältig geputzten Pilze mit gehackter Zwiebel in Butter dünsten und mit gehackter Petersilie bestreuen.

Pfifferlinge, polnisch: kleingeschnittene Tomaten mit feingehackter Zwiebel in Öl schmelzen lassen, Pfifferlinge (aus der Dose), etwas Weißwein und Weinessig hinzufügen, salzen und pfeffern, kurz aufkochen und auskühlen lassen, vor dem Anrichten noch gehackte Gewürzgurke und etwas Dillgrün dazugeben. Als Vorspeise oder Beilage zu kaltem Fleisch reichen.

Pfifferlinge, provenzalisch: die gut geputzten Pilze mit Knoblauch, gehackten Kräutern, Salz und Pfeffer in Öl dünsten, mit Zitronensaft abschmecken.

Pfifferlinge in Sahne: gehackte Zwiebel in Butter anschwitzen, die sorgfältig geputzten Pfifferlinge hinzufügen und dünsten, Sahne dazugießen, kurz aufkochen, salzen und pfeffern.

Pfifferlingsalat: Pfifferlinge mit feingehackten Schalotten in Öl braten und mit Essig-Öl-Marinade anmachen, gehackte Petersilie darüberstreuen.

Pfirsiche, Steinfrüchte des asiatischen Pfirsichbaumes, der heute in allen gemäßigten Zonen gedeiht, besonders in Frankreich, Italien, Griechenland und Kalifornien. Die apfelgroßen Pfirsiche enthalten ein saftiges, würziges Fruchtfleisch und einen harten Stein, der den ölhaltigen, genießbaren Samen umschließt. Echte Pfirsiche haben eine samtartige Fruchthaut. Nektarinen sind glatthäutige Pfirsiche.

Pfirsich, flambiert: einige Zuckerwürfel an Zitronenschale abreiben, mit Butter und etwas Kirschwasser zergehen lassen, halbierte, frische, vollreife Pfirsiche hinzufügen, leicht dünsten, mit Crème de Cacao und

Weinbrand begießen, anzünden und schnell wieder löschen, die Pfirsichhälften auf Vanilleeis setzen, den Saft darübergießen und sofort servieren.

Pfirsich Kardinal: Himbeeren durch ein Sieb streichen, mit Puderzucker süßen und mit Zitronensaft würzen; enthäutete, halbierte vollreife Pfirsiche mit dem Himbeerpüree überziehen, mit gehobelten Mandeln bestreuen und eiskalt anrichten.

Pfirsich Melba: Vanilleeis in Sektschale geben, je einen halben, in Läuterzucker gedünsteten Pfirsich daraufsetzen, mit Himbeerpüree bedecken und mit Schlagsahne dekorieren; dazu Waffeln. – Dieses Dessert widmete August Escoffier, der Grandseigneur der Tafelfreuden, der australischen Sängerin Nelli Melba, die in der Londoner Covent Garden Opera gastierte, als Escoffier Küchenchef im Claridge-Hotel war.

Pfirsich Montecristo: Zucker in Butter leicht karamelisieren, mit Schlagsahne verrühren, Himbeeren darunterziehen, mit halbierten Pfirsichen bedecken, gehobelte Mandeln darüberstreuen, Vanilleeis hinzufügen und mit Curaçao oder Grand Marnier flambieren.

Pfirsich surprise Adlon: schöne, reife Pfirsiche entsteinen, in Vanilleläuterzucker dünsten und im Kühlschrank (Tiefkühlfach) erstarren lassen; die Pfirsichhälften mit Vanilleeis füllen, wieder zusammensetzen und in Marzipan wickeln, in rohem Eiweiß rollen, mit Biskuitbröseln panieren und in heißem Öl überbacken, je einen Pfirsich in Kristallschale geben und mit etwas gesponnenem Zucker bedecken; dazu Schlagsahne und warme Schokoladensauce; schnell auftragen.

Pfirsichauflauf: 2 Eigelb mit 3 EL Zucker schaumig rühren, 1 EL Mehl und 2–3 pürierte Pfirsiche hinzugeben, alles gut verarbeiten, 2 steifgeschlagene Eiweiß unter die Masse ziehen, in gefettete Auflaufform füllen, mit Pfirsichspalten garnieren und im Ofen schnell abbacken.

Pfirsichbowle: 2–3 große vollreife Pfirsiche schälen, entsteinen und in Würfel schneiden, 1 Flasche Weißwein darübergießen, nach zwei Stunden 1 zweite Flasche Wein und 1 Flasche Sekt oder Mineralwasser hinzugießen.

Pfirsicheis: 250 g pürierte Pfirsiche mit etwas Zitronensaft und 1/4 l Läuterzucker mischen und nach dem Grundrezept für → Fruchteis verfahren.

Pfirsichgelee: vollreife Pfirsiche pürieren und entsaften, den Saft filtrieren, mit stockendem Geleestand mischen, in Gläser oder Schalen füllen, im Kühlschrank erstarren lassen.

Pfirsichkrapfen: Pfirsichscheiben mit Curaçao aromatisieren, durch Backteig ziehen, in Fett schwimmend backen, mit Puderzucker bestäuben.

Pfirsichsalat: dünne Pfirsichscheiben mit Zitronensaft beträufeln, leicht einzuckern, etwas Cointreau darübergießen.

Pflaumen, Steinfrüchte des Pflaumenbaumes, der in zahlreichen Arten aus asiatischen Wildpflaumen gezüchtet wurde. Zu den bekanntesten Pflaumen zählen u. a. die großen, blauen Edelpflaumen, die eiförmigen, blauen, bereiften → Zwetschgen, die runden, gelblichen → Mirabellen, die großen, gelbgrünen bis blauroten → Reineclauden. Pflaumen sind nur wenig haltbar, sie werden daher getrocknet, zu Kompott, Mus oder Saft verarbeitet, süßsauer eingelegt usw.

Pflaumen, kanarisch: geschälte, entsteinte Edelpflaumen in Vanilleläuterzucker dünsten, abtropfen, eiskalt auf Bananeneis anrichten, mit Schlagsahne garnieren und mit Ingwerstreifchen bestreuen.

Pflaumen, lothringisch: Reineclauden in Vanilleläuterzucker dünsten, abtropfen; den Fond mit Pfeilwurzelmehl binden und mit Zwetschgenwasser parfümieren, eiskalt über die Früchte gießen.

Pflaumenkompott: halbierte und entsteinte Edelpflaumen oder Zwetschgen mit Zucker und etwas Vanillezucker in wenig Wasser dünsten.

Pflaumenkrapfen: mit Rum oder Weinbrand aromatisierte, entsteinte Pflaumen durch Backteig ziehen und in Fett schwimmend ausbacken.

Pflaumenmus (Powidl): 4 kg Zwetschgen entsteinen, mit 1 kg Zukker und 1/8 l Essig mischen, 24 Stunden ziehen lassen, dick einkochen.

Pflaumenröster (Zwetschgenröster): österr. Spezialität: vollreife blaue Pflaumen mit Zucker und abgeriebener Zitronenschale dünsten. Beliebte Beilage zu Mehlspeisen.

Pharisäer: 1 Gläschen Rum in heißen, süßen Kaffee geben, mit Schlagsahne bedecken.

Physalis (Kapstachelbeere, Ananaskirsche, Goldbeere, Blasenkirsche, Schlotte), Frucht der tropischen Lampionpflanze. Das von einer bastartigen, laternenförmigen Hülle umgebene gelbgrüne, weiche und vitaminreiche Fruchtfleisch zeichnet sich durch einen angenehm süßsäuerlichen Geschmack aus. Per Luftfracht kommen die gelben Beeren das ganze Jahr über, vor allem aber im Winter, aus Afrika (Kenia, Südafrika), aus Südamerika, Indien und Java zu uns, wo sie nach Entfernen der papierähnlichen Hülle mit einigen Spritzern Zitronensaft oder Weinbrand parfümiert verspeist werden.

Piccadilly Sauce, englische Mayonnaise: steife Mayonnaise mit etwas saurer Sahne verrühren, mit Zitronensaft und einigen Tropfen Worcestershiresauce würzen, feingehacktes Fenchelgrün hinzugeben. Zu kaltem Fisch. – Piccadilly ist eine elegante Geschäftsstraße der Londoner City.

Piccalilli, englisches Senfgemüse, Senfpickles, zarte Gürkchen, Blumenkohlröschen und winzige Silberzwiebeln in aromatischer Senfsauce, abgeschmeckt mit Currypulver und exotischen Gewürzen. Handelsware. Beigabe zu kaltem Fleisch.

Piccata alla milanese, → Mailänder Schnitzel.

Pichelsteiner Fleisch, Eintopfgericht: je 200 g Rind-, Kalb-, Schweine- und Hammelfleisch in Würfel schneiden, je 400 g Weißkohl, Zwiebeln, Karotten und Knollensellerie grob zerkleinern; einen Schmortopf mit dünnen Räucherspeckscheiben auslegen, das Fleisch daraufgeben und mit dem Gemüse bedecken, mit Fleischbrühe auffüllen und 30 Minuten kochen; dann 600 g Kartoffelscheiben hinzufügen, mit Salz und Pfeffer würzen und zugedeckt fertigschmoren. – Das Pichelsteiner Fleisch gilt als Berliner Spezialität, obwohl seine kulinarische Heimat wahrscheinlich das bayerische Büchelstein ist.

Pickles Relish, Würzsauce aus fein gehacktem Essiggemüse (Mixed Pickles) für Hamburger, Hotdog usw.

Picodon, kleiner runder Ziegenkäse der Provence, oft unter Zugabe von grob zerdrückten schwarzen Pfefferkörnern, frischem Thymian und Rosmarin in Olivenöl aufbewahrt.

Picon, Amer Picon, französischer Aperitif, der gern mit Orangensaft oder Grenadine vermischt getrunken wird.

Pie dish, hitzebeständige Schüssel aus Keramik, Porzellan, Jenaer Glas oder Edelstahl, vor allem zur Bereitung der englischen Schüsselpasteten (Pies).

Piemonteser Art (à la piémontaise): mit geriebenen weißen Trüffeln vermischter Risotto und Tomatensauce zu Fleisch oder Geflügel. – Piemonte, oberitalienische Landschaft.

Piemonteser Salat: Tomatenwürfel, weiße Trüffeln in Scheiben und körnig gekochten Reis mit Essig-Öl-Marinade anmachen, mit Knoblauch würzen.

Pies, englische Schüsselpasteten mit Teigdeckel. – *Grundrezept:* Eine feuerfeste Schüssel gut ausbuttern, nach Rezept füllen und einen Deckel aus Blätter- oder Halbblätterteig aufsetzen. Den Teig etwa bleistiftstark ausrollen, ein Teigband zurechtschneiden, das mit Eiweiß in Höhe der Füllung an den inneren Schüsselrand geklebt wird, als Auflage für den Teigdeckel. Nun den Teigdeckel passend ausschneiden, mit schmalen Teigstreifen verzieren, ein oder zwei Löcher als Dampfabzug in den Deckel bohren, den Deckel auf das Teigband setzen und mit Eigelb bestreichen. Die Pastete im Ofen abbacken. Nach etwa 45 Minuten ist sie fertig. – Pies werden immer warm serviert und erst bei Tisch aufgeschnitten. – *Rezepte:* Chicken-Pot-Pie, Mince-Pie, Steak-and-Kidney-Pie, .

Pignatelli, italienische Spezialität: Brandteig mit geriebenem Parmesan und gehacktem gekochten Schinken vermischen, kleine Klöße abstechen und in Schweineschmalz backen.

pikante Sauce (Sauce piquante): feingehackte Zwiebeln in Butter anschwitzen, mit Weinessig ablöschen, mit brauner Grundsauce auffüllen, einige zerdrückte Pfefferkörner zugeben, gut durchkochen, passieren, gehackte Kräuter (Petersilie, Kerbel, Estragon) und gehackte Gewürzgurke hinzufügen, mit Pfeffer würzen. Zu Ochsen- oder Hammelzunge, Rind- und Schweinefleisch.

Pilaw (Pilaf, Pilau), orientalisches Reisgericht mit Hühner- oder Hammelfleisch als Einlage. – *Rezepte:* Geflügelpilaw, Hammelpilaw.

Pilawreis: gehackte Zwiebeln in Butter anschwitzen, Patnareis (Langkornreis) hinzufügen, ebenfalls glasig schwitzen, mit einer dem zugehörigen Gericht entsprechenden Brühe auffüllen, den Reis gar kochen, bis die Brühe aufgesogen ist, kleine Butterstückchen unter den Reis ziehen.

Pilgermuscheln, → Jakobsmuscheln.

pilieren (frz: piler = stampfen), Fleisch, Fisch, Mandeln, Gewürze, Kräuter u. dgl. im Mörser (Reibstein) zerstoßen, fein zerreiben, zerquetschen, innig miteinander verbinden.

Pillekuchen (Pinnchenskuchen), Spezialität aus dem Bergischen Land: rohe Kartoffeln in Streifen schneiden, in eine Pfanne schichten, leicht salzen, in Fett einige Minuten dünsten, Eierkuchenteig darübergießen, von beiden Seiten braun und knusprig backen.

Pilsener, berühmtes untergäriges Bier aus der tschechischen Braustadt Pilsen (Pilsener Urquell). Die Bezeichnung Pilsener wurde bereits im 19. Jahrhundert von vielen deutschen Brauereien für Biere, die nach Pilsener Art gebraut sind, übernommen.

Pilzbraten: 1 kg sorgfältig geputzte Pilze, 2–3 Zwiebeln und ein Bündel Petersilie hacken, mit 3 in Milch eingeweichten, gut ausgedrückten Brötchen verarbeiten, salzen, die Masse in wenig Fett trockenrühren, mit 2 Eiern, 2 EL Parmesan, etwas Mehl und Kräutern ergänzen, in eine gefettete Kastenform füllen und im Ofen bakken; den Pilzbraten nach dem Auskühlen stürzen und in Scheiben schneiden.

Pilzbratlinge: aus Pilzbratenmasse kleine Kugeln formen, die Kugeln leicht plattdrücken, mit Ei und geriebener Semmel panieren, in Fett auf beiden Seiten knusprig braten.

Pilz-Chutney, Würzsauce, stark und exotisch gewürztes Püree aus asiatischen Pilzen, im Handel erhältlich. Zu kaltem Fleisch oder Geflügel.

Pilze (Speisepilze, Schwämme), niedere Pflanzen, deren meist oberirdische Fruchtkörper als Gemüse sehr geschätzt werden. Zu den bekanntesten und beliebtesten Pilzen zählen Champignons, Pfifferlinge, Steinpilze und Trüffeln. Pilze enthalten sehr viel Wasser (um 90%), reichlich Eiweiß (um 6%), ferner Kohlehydrate, Mineralsalze und Vitamine (D und B). Pilze verderben schnell und müssen daher sofort verarbeitet werden: zubereitet, getrocknet oder in Dosen konserviert.

Pilzfarce, → Duxelles.

Pilzfüllsel, → Duxelles.

Pilz-Ketchup, → Ketchup.

Pilzpulver, feingemahlene getrocknete Pilze einer oder mehrerer Arten. Pilzpulver wird zur Herstellung von Suppen und Saucen verwendet. Handelsware.

Piment (Gewürzkörner, Nelkenpfeffer, englisches Gewürz, Jamaikapfeffer, Neugewürz, Allgewürz), die getrockneten, unreifen, rotbraunen, pfefferähnlichen Beeren des tropischen Pimentbaumes. Piment kommt aus Jamaika, Costa Rica und Venezuela. Die kleinen Sorten aus Jamaika werden wegen ihres feinen, würzigen Geschmacks, der an Gewürznelken, Muskat und Zimt erinnert, bevorzugt. Piment ist Bestandteil vieler Gewürzmischungen und wird vorwiegend als Back- und Wurstgewürz verwendet. Auch Sülzgerichte und Marinaden, Suppen und Saucen werden gern mit Piment gewürzt. Übrigens haben zwei mit einer Gabel zerdrückte Pimentkörner die gleiche Würzkraft wie etwa zwanzig unzerdrückte.

Pimientos, leuchtend rote, spindelförmige Paprikaschoten von süßem Geschmack. Sie werden vor allem in Spanien angebaut und als Gemüsebeilage verwendet.

Pimpernell, → Bibernelle.

Pimpernüsse, → Pistazien.

Pimpinelle, → Bibernelle.

Piña Colada, südamerikanisches Mixgetränk aus Rum, Ananassaft und Kokosmilch, wird gern in einer Kokosnuß serviert.

Pinbone Steak, Scheibe aus dem flachen Roastbeef, zwischen Porterhouse Steak und Sirloin Steak.

Pineapple, englische Bezeichnung für → Ananas.

Pinienkerne (Piniennüsse, Piniolen, Pignoli, Zirbelnüsse), hartschalige Samen der südeuropäischen Pinie (Kiefernart). Der Samenkern ist stark ölhaltig und hat einen feinen, harzähnlichen Geschmack.

Pink Lady, Cocktail: 1 Schuß Grenadine, Saft einer halben Zitrone, 1 Gläschen Gin, schütteln.

Pinkel, ostfriesische und westfälische Grützwurst. Rezept: → Grünkohl mit Pinkel.

Pinnchenskuchen, → Pillekuchen.

Pinoli, → Pinienkerne.

Pinot, Bezeichnung von Rebsorten, aus denen hervorragende Rot- und Weißweine hergestellt werden. Pinot blanc (frz), Pinot bianco (ital) für Weißweine; Pinot noir und Pinot meunier für Rotweine; Pinot gris (Grauer Burgunder, Tokay d'Alsace, Rotgold) aus der Rheinpfalz und dem Elsaß und Pinot grigio aus dem italienischen Friuli-Venezia Giulia und aus Südtirol.

Pintade, französische Bezeichnung für → Perlhuhn.

Pinzimonio, Gemüsedip, toskanische Rohkostplatte: frische junge Gemüse, wie Tomaten, Zucchini, Staudensellerie, Möhren, Paprikaschoten (grüne, gelbe, rote), Frühlingszwiebeln, Champignons, Radicchio, Fenchel, in Streifen schneiden, die Streifen ungegart – notfalls kurz blanchiert – in einen Dip aus bestem, mit Salz, Pfeffer und etwas Essig gewürztem Olivenöl tunken und als Vorspeise oder Erquickung zwischendurch verspeisen; dazu frisches Weißbrot.

Piombino, à la: großen Seefisch mit Wurzelwerk in Weißwein und Fischfond dünsten, den Fond mit brauner Sauce und etwas Madeira verkochen, dazu kleine Zwiebeln, Champignons, grüne Oliven und Austern. – Piombino, Hafenstadt in der Toskana (Mittelitalien).

Pipérade, provenzalisches Omelett: kleingeschnittene Paprikaschoten und Tomaten in Öl dünsten, mit Salz, Pfeffer und Knoblauch würzen, geschlagenes Ei darübergießen und wie ein Omelett backen, aber nicht zusammenschlagen.

Piroggen, russische Hefeteigpasteten, gefüllt mit Fleisch, Fisch, Kohl, Pilzen, Eiern usw. Piroggen werden meist zur Suppe oder als Vorspeise gereicht.

Piroschki, kleine Variante der → Piroggen.

Piroschki mit Kraut: gebratenes Schweinefleisch, weichgedünstetes Sauerkraut recht fein hacken, gehackte, gedünstete Zwiebeln und gehackte, hartgekochte Eier daruntermischen, mit saurer Sahne binden; die Krautfülle auf 10 cm große Hefeteigscheiben setzen, die Teigränder mit Eiweiß bestreichen, die Scheiben halbmondförmig zusammenfalten, die Piroschki noch etwas gehen lassen, mit Eigelb bestreichen und im Ofen abbacken.

Piroschki mit Schinken: 50 g Reis in 1/4 l Salzwasser körnig kochen, gut abtropfen, mit 50 g gekochtem Schinken, 2 hartgekochten Eiern und Petersilie, alles feingehackt, mischen, zerlassene Butter darübergießen; Häufchen dieser Reismasse auf etwa 10 cm große Hefeteigscheiben setzen, die Teigränder mit Eiweiß bestreichen, die Teigscheiben so nach oben zusammenfalten, daß sie wie Hahnenkämme aussehen; den Teig zugedeckt leicht gehen lassen, die Piroschki mit Eigelb bestreichen und im Ofen abbacken.

Piroschki auf Smolensker Art: Buchweizengrütze in der Pfanne rösten, mit Wasser, Butter und etwas Salz aufkochen, trocken rühren, mit zerlassener Butter tränken, harte Eier, goldgelb gedünstete Zwiebel und Petersilie, alles feingehackt, daruntermischen; die Masse häufchenweise auf 12 x 12 cm große Hefeteigquadrate geben, zusammenrollen, die offenen

Ränder zusammendrücken, die Piroschki noch etwas gehen lassen, dann mit Eigelb bestreichen und im Ofen abbacken.

Piroschki Tworogom: Sahnequark mit saurer Sahne und Eigelb zu einer cremigen Masse verrühren, mit Salz und etwas Zucker würzen und auf runde Hefeteigböden häufen, mit Teigscheiben bedecken, die Ränder zusammenkneifen, die Piroschki mit Eigelb bestreichen und backen. – Statt Hefeteig kann man hier auch Blätterteig nehmen.

Pisang, → Planten.

Pisangfeigen, → Bananen.

Pissaladiera, provenzalischer Sardellenkuchen, eine Variante der italienischen Pizza: einen einfachen Hefeteig (500 g Weizenmehl, 50 g Schweineschmalz, 15 g Hefe, 1 Prise Salz, etwas lauwarmes Wasser) etwa 1 cm dick ausrollen, in Springform legen, den Teigrand hochziehen; dünn geschnittene Zwiebelscheiben in Öl hell andünsten, mit Knoblauch, Salz, Pfeffer und einer Prise Nelkenpulver würzen, auf dem Teig verteilen, rautenförmig mit Sardellenfilets belegen, schwarze Oliven in die Rauten setzen, mit Öl beträufeln und 30 Minuten im Ofen backen.

Pistazien (Pistazienmandeln, grüne Mandeln, Pimpernüsse), Früchte des Pistazienbaumes, der vor allem im östlichen Mittelmeerraum kultiviert wird. Die länglichen, dreikantigen Fruchtkerne sind hellgrün und schmecken angenehm süß. Sie werden roh oder geröstet, gehackt oder gehobelt für feines Gebäck, Süßspeisen, Fleischfüllungen, Wurst (Mortadella) usw. verwendet. Die besten Pistazien kommen aus Sizilien (Messina) und aus der Türkei. – Der römische Kaiser Vitellius (15– 69) hatte die Frucht aus Syrien nach Italien importiert.

Pistazienbutter (Beurre de pistaches), Buttermischung: 65 g feingeriebene Pistazien mit 125 g Butter verarbeiten und durch ein Haarsieb streichen.

Pistazienöl, feines kalt gepreßtes Speiseöl mit dem typischen Nußgeschmack, das als besondere Spezialität nicht in jedem Feinkostgeschäft erhältlich ist. Pistazienöl wird zu Obstsalaten und feinen Desserts in sparsamer Dosierung verwendet. Es verträgt keine Erhitzung und muß innerhalb von sechs Monaten verbraucht werden.

Pistou, → Pesto.

Pitabrot, orientalisches Brot aus ungesäuertem Hefeteig, das meistens mit allerlei Eßbarem gefüllt wird.

Pitahaya, tropische Frucht mit meist gelber, höckriger, selten roter, glatter Schale, deren weißes bis lilarotes, von dunklen Kernen durchsetztes Fruchtfleisch brombeerartig schmeckt. Das Ursprungsland der Pitahaya ist Kolumbien, wo sie von Dezember bis März und im Juli und August geerntet wird und per Luftfracht nach Europa gelangt. Zum Verzehr schneidet man die Früchte der Länge nach durch und löffelt das geleeartige Fruchtfleisch aus, um es für Cocktails, Salate und verschiedene Desserts zu verwenden.

Pizza, italienische Spezialität aus Hefeteig, belegt mit pikanten Zutaten wie Käse, Tomaten, Paprikaschoten, Oliven, Sardellen, Thunfisch, Muscheln, Salami, gekochtem Schinken usw. – *Grundrezept:* 200 g Mehl, 30 g Schweineschmalz oder 1 EL Olivenöl, 10 g Hefe (in etwas Wasser gelöst), je 1 Prise Salz und Zucker mit lauwarmem Wasser zu einem nicht zu festen Teig verarbeiten und aufgehen lassen, den Teig etwa 1/2 cm dick auswalken, auf ein rundes, geöltes Backblech breiten, mit den Zutaten belegen, nach Rezept würzen, mit Öl beträufeln und im sehr heißen Ofen abbacken.

Pizza Margherita: den Pizzateig mit Scheiben enthäuteter und entkernter Tomaten belegen, reichlich Mozzarella darüberkrümeln und nach dem Backen mit frischem Basilikum belegen.

Pizza napoletana: den mit Öl bestrichenen Pizzateig mit Scheiben enthäuteter, entkernter Tomaten belegen, Mozarellakäse in Scheiben darauflegen, mit Sardellenstreifen garnieren, mit Salz, Pfeffer und reichlich Origano würzen, mit Olivenöl beträufeln und bei starker Hitze im Ofen backen.

Pizza romana: den Pizzateig mit Scheiben enthäuteter und entkernter Tomaten, Sardellenfilets, grünen Oliven (in Scheiben) belegen, Mozzarellakäsescheiben darauflegen, mit Salz und reichlich Origano würzen, mit Öl beträufeln und bei starker Hitze im Ofen abbacken.

Pizza siciliana: den Pizzateig mit Scheiben enthäuteter, entkernter Tomaten belegen, reichlich mit Mozzarellakäse belegen, mit schwarzen Oliven, Kapern und Sardellen garnieren, mit reichlich Origano würzen, mit Öl beträufeln und im Ofen abbacken.

Planten (Pisang, Gemüse-, Koch-, Mehl-, Pferdebananen), große Bananenart, die nur gekocht oder gebraten genießbar ist. Die Früchte sind 30–40 cm lang und haben eine grüne Schale. Sie werden in Afrika und Südamerika angebaut und bilden dort die wichtigste Grundnahrung. Auch bei uns erscheinen sie hin und wieder auf dem Markt.

Planten San Juan: geschälte Planten in Scheiben schneiden, gehackte Zwiebeln und Pfefferschoten hinzufügen, mit Salz und Pfeffer würzen und in Öl langsam weich dünsten; nach Belieben gewürfeltes, gekochtes Hühnerfleisch hinzufügen.

Plantenpüree: geschälte Planten feinhacken, mit Pfeffer und Knoblauch würzen und mit einem Stück gepökeltem Schweinefleisch in Schweineschmalz garen, etwas Sahne darunterrühren.

Planter's Punch: 2/3 brauner Rum, 1/3 Zitronensaft, mit Orangen- und Ananassaft auffüllen, 1 Schuß Grenadine, 1 Spritzer Angostura Bitter.

Platteisen → Scholle.

Platterbsen, → Kichererbsen.

Plattfische, wohlschmeckende Meeresfische mit plattem, asymmetrischem Körper, die am Meeresgrund leben, wie Butte, Schollen und Zungen.

plattieren, ein Fleischstück, z. B. Filetsteak, Lendenschnitte o. dgl., vor dem Braten mit dem Handballen etwas breit drücken, dann von allen Seiten ganz leicht stauchen, wodurch das Stück besonders zart wird.

Plaza-Dressing, Salatsauce: 3 Teile Öl und 1 Teil Estragonessig verrühren, mit Senfpulver, Salz, Chilisauce und Pilz-Chutney würzen.

Plettenpudding, Lübecker Spezialität (aus Thomas Manns Roman ›Die Buddenbrooks‹): 1 l frische Sahne, 7 Eigelb, 1 Vanillestange und etwas Kartoffelmehl auf dem Herd zu einer Creme schlagen; in einer Glasschüssel schichtweise Löffelbiskuits, die Vanillecreme, Makronen, Himbeergelee, Kokosraspeln, nochmals Löffelbiskuits, Vanillecreme, Makronen, Johannisbeergelee und abschließend wieder Vanillecreme einfüllen; das Ganze mit fein gehacktem Orangeat und Zitronat bedecken.

Plinsen (Plinzen), runde Eierkuchen aus flüssigem Hefeteig, in ihrer russischen Heimat aus Buchweizenmehl bereitet.

Plockfinken, Hamburger, Eintopfgericht aus Mohrrüben und Rauchfleisch.

Plötze (Rotauge, Schwal), mitteleuropäischer Weißfisch. Die Plötze wird bis 30 cm lang und 1,5 kg schwer, ihr Fleisch ist sehr schmackhaft. Wegen ihrer störenden Gräten werden die Fische fast ausschließlich gebacken oder gebraten. Man kerbt sie vor der Zubereitung an beiden Rückenpartien in kurzen Abständen ein.

Plukfisk, dänisches Nationalgericht: Kabeljau oder Dorsch in 1 cm große Würfel schneiden, mit Salz, Pfeffer und Lorbeerblatt würzen, in Weißwein und Wasser kurz dünsten; aus dem Fond mit heller Mehlschwitze, Milch und gemahlenen Senfkörnern eine Sauce bereiten; den Fisch sowie frisch gekochte, gewürfelte Salatkartoffeln zur Sauce geben, mit gehackter Petersilie bestreuen.

Plumpudding (Christmas Pudding), englische Weihnachtsspeise aus Rindernierenfett, geriebenem Weißbrot, Mehl, Rosinen, Backpflaumen, gehackten Äpfeln, Eiern, Farinzucker, Orangeat, Zitronat, Zimt, Gewürznelken, Muskatnuß, Ingwer, Weinbrand und Sherry, im Wasserbad gegart; zum Anrichten mit Rum oder Weinbrand flambieren; dazu Brandy Sauce oder Aprikosensauce mit Kirschwasser. Plumpudding ist jahrelang haltbar, man bekommt ihn tafelfertig im Delikateßgeschäft.

Plundergebäck, blättriges Hefeteiggebäck, das seine besondere Beschaffenheit durch mehrmaliges Ausrollen und Zusammenfalten (wie beim → Blätterteig) erhält.

Plutzer, österreichische Bezeichnung für → Kürbis.

pochieren (frz: poche = Tasche), → garziehen. Der Ausdruck »pochieren« bezog sich zunächst nur auf das Kochen verlorener Eier, wobei das Dotter im Eiweiß wie in einer Tasche liegt.

pochierte Eier, → verlorene Eier.

poêlieren (frz: poêle = Pfanne), Zubereitungsart für zarte Fleischstücke wie Rinderfilet, Kalbsrücken, Kalbsnuß, weißes Geflügel und feines Wild. Das Wort »poêlieren« läßt sich nicht übersetzen, obwohl man hier und da Begriffe wie »braundünsten« oder »hellbraundünsten« verwendet. Poêlieren ist eine Zwischenstufe zwischen braten und dünsten: Das Fleischstück wird in eine Kasserolle auf Schinkenabfälle und kleingeschnittenes Wurzelwerk gesetzt, gewürzt, mit Butter begossen, zugedeckt und im Ofen bei mittlerer Hitze gegart. Dabei muß man aufpassen, daß das Wurzelwerk nicht anbrennt. Zuletzt wird der Deckel abgehoben und das Fleisch gebräunt. – Kleinere Fleischstücke werden in einer gut schließenden Kasserolle aus Keramik, Glas oder Kupfer (innen verzinnt) auf dem Herd poêliert und in demselben Geschirr aufgetragen.

Poganze, → steirische Poganze.

Pökelfleisch, gepökeltes Rind- oder Schweinefleisch.

Pökellake, zum Naßpökeln von Fleisch. Ein Beispiel: 1 l Wasser, 200 g Salz, 50 g Zucker, 5 g Salpeter, 5 schwarze Pfefferkörner, 5 Wacholderbeeren und 1 Thymianzweig aufkochen, nach völligem Auskühlen über das Pökelgut (z. B. Rinderzunge) gießen und 5–8 Tage einwirken lassen. Als Gewürze eignen sich auch Koriander, Macis, Lorbeerblätter, Zimt usw.

pökeln, Zubereitungs- und Konservierungsart für Fleisch mit Hilfe von Kochsalz oder Nitritpökelsalz. Durch das Pökeln wird die natürliche rote Farbe des Fleisches bewahrt und sein Geschmack erhöht. Andererseits gehen aber wertvolle Eiweiß- und Mineralstoffe verloren. Gepökelt werden vor allem Rinderbrust, Eisbein, Schweinerippchen usw. Schinken, Speck und Zunge werden nach dem Pökeln meist noch geräuchert.

Pökelzunge, gepökelte Rinderzunge. Man unterscheidet voll und halb gepökelte Zungen. Voll gepökelte Zungen müssen vor der Weiterverarbeitung etwa 24 Stunden, halb gepökelte Zungen etwa 10 bis 12 Stunden wässern. Tafelfertig zubereitete Pökelzungen können Sie in Dosen konserviert kaufen. Sie eignen sich vorzugsweise für kalte Platten. Man schneidet die Zunge in Scheiben und richtet sie mit eiskalter Meerrettichsahne oder mit geriebenem Meerrettich und gewürfeltem Madeiragelee oder mit feingehackten Senffrüchten oder mit Spargelköpfen an.

Pökelzunge Christiania: Pökelzunge gar kochen, enthäuten und anrichten; dazu Pfeffersauce mit gehackten Sauerkirschen, Champignons in Kraftsauce, Artischockenböden, gefüllt mit Rindermarkwürfeln.

Pökelzunge Nelson: Pökelzunge gar kochen, enthäuten, in Scheiben schneiden, je zwei Scheiben mit dikkem weißem Zwiebelpüree verbinden, mit Ei und geriebenem Weißbrot panieren und in heißem Fett schwimmend backen; dazu Buttererbsen und Nußkartoffeln.

Polack (Pollak, Pollack, Kalmück), Schellfischart, die wie der → Köhler unter der Bezeichnung »Seelachs« in den Handel kommt. Der Fisch wird bis 1 m lang und hat ein feines, recht schmackhaftes Fleisch.

Polenta, italienischer Maisbrei: 125 g Maisgrieß in 1/2 l leicht gesalzenem Wasser zu Brei kochen, 30 g Butter und 40 g geriebenen Parmesan hineinrühren; die Polenta nach dem Erkalten in Scheiben schneiden, die Scheiben kurz in Öl braten und mit Parmesan bestreuen; dazu Fleischstückchen in würziger Sauce. – Man kann die Polenta auch in eine gefettete Form füllen, etwa 30 Minuten warm stellen, auf eine Platte stürzen und mit brauner Butter übergießen.

Polenta, österreichische Bezeichnung für Maismehl.

Polignac, à la: Geflügel mit einer Mischung aus Hühnerfarce, Champignon- und Trüffelscheiben füllen, dünsten und mit Geflügelrahmsauce, die mit Champignonpüree und Streifen von Champignons und Trüffeln ergänzt wurde, überziehen. – Jules Armand, Fürst von Polignac, 1780 bis 1847, französischer Staatsmann, leitete die Eroberung Algeriens ein.

Pollak, Pollack, → Polack.

polnische Art (à la polonaise): Sauerkraut, geräucherte Schweinswürstchen, kleine Kalbsklöße und Madeirasauce zu gebratener Gans oder anderem Geflügel.

polnische Kartoffeln: frisch gekochte Salzkartoffeln mit in Butter geröstetem Paniermehl bestreuen.

polnische Sauce (Sauce polonaise): kleingeschnittenes Wurzelzeug und

Zwiebel mit etwas Butter, Salz und einigen Gewürzkörnern in dunklem Malzbier weich kochen, passieren, mit geriebenem Fischpfefferkuchen binden und mit Essig, Zucker und Salz abschmecken. – Oder: braune Grundsauce mit Essig und Zucker süßsauer abschmecken und mit eingeweichten Korinthen und Sultaninen sowie mit Mandelstreifchen vollenden. – Oder: Samtsauce mit saurer Sahne, geriebenem Meerrettich und Zitronensaft pikant abschmecken.

polnischer Salat: Würfel von gekochten Kartoffeln, Mohrrüben, weißen Rüben, Champignons, Salzgurken und Salzheringen mit Mayonnaise binden, mit Eiervierteln garnieren.

Polonaise: geriebenes Weißbrot in Butter bräunen, mit gehackten Eiern und Petersilie vermischen. Zu Fisch.

Polonaise, → polnische Sauce.

polonaise, à la: → polnische Art.

Polsterkartoffeln (Pommes soufflées): geschälte rohe Kartoffeln in etwa 3 mm dicke, runde Scheiben schneiden und in tiefem Fett backen, bis sie zur Oberfläche steigen, die Kartoffelscheiben herausnehmen und auskühlen lassen, dann in ein sehr heißes Fettbad geben, bis sie aufgehen (soufflieren) und schön goldbraun sind, die Polsterkartoffeln herausnehmen und gut abtropfen lassen. – Wie so viele andere Kreationen ist auch die Erfindung der Pommes soufflées einem Zufall zuzuschreiben: Am 25. August 1837 wurde die erste Eisenbahnlinie zwischen Paris und Saint-Germain eingeweiht. Der Zug aus Paris hatte Verspätung, und der Küchenchef in Saint-Germain, der das Festessen herzurichten hatte, mußte seine Kartoffeln aus dem Fett nehmen. Als König Louis-Philippe und die Königin Amélie endlich eintrafen, gab er die inzwischen kalt gewordenen Kartoffeln nochmals in das heiße Fett und sah zu seiner Überraschung, wie sich die Kartoffelscheiben zu kleinen, luftigen Bällchen aufblähten. So hatte er, ohne es zu wollen, die herrlichen Pommes soufflées erfunden. Dem König soll diese neue Kartoffelzubereitung so vorzüglich gemundet haben, daß er dem Küchenchef ein persönliches Dankschreiben überreichen ließ.

Polyp, → Octopus.

Pombe, ostafrikanisches Hirsebier.

Pomelos, israelische Züchtung aus Grapefruit und Pampelmuse, meist mit unbehandelter Schale, die sich zum Kandieren und für Marmeladen eignet. Die Früchte kommen bei uns von September bis April in den Handel, am besten schmecken sie ab November. – Sommerpomelos stammen aus Südafrika.

Pomeranzen (Bigaradie, Bigarrade, Bitterorangen, Sevilla-Orangen), Urform der Apfelsine und anderer Zitrusfrüchte mit dicker, höckeriger, stark bitterwürziger Schale, säuerlichbitterem Fruchtfleisch und vielen Kernen. Pomeranzen eignen sich nicht für den unmittelbaren Genuß. Sie werden zur Herstellung von Likören (Curaçao), Limonaden, Elixieren, Marmelade usw. verwendet. Die kandierten Schalen ergeben → Orangeat.

Pommes allumettes, → Streichholzkartoffeln.

Pommes de terre oder kurz Pommes, französische Bezeichnung für → Kartoffeln.

Pommes frites (Kartoffelstäbchen, Pont-Neuf-Kartoffeln): rohe Kartoffeln in 1 cm dicke und 5–6 cm lange

Stäbchen schneiden, auf einem Tuch trocknen, in heißem Fett hellgelb braten, herausnehmen und abtropfen lassen; kurz vor dem Anrichten nochmals in heißes Fett geben und knusprig goldgelb braten; abtropfen lassen und mit feinem Salz bestreuen. – Pommes frites gibt es auch in Tiefkühlpackung.

Pommes pailles, → Strohkartoffeln.

Pommes soufflées, aufgeblähte Kartoffeln, → Polsterkartoffeln.

Pomodori secchi, vollreife, sonnengetrocknete Tomaten, aromatischer Bestandteil vieler italienischer Suppen, Saucen, Eintöpfe, Fleischragouts, Salate; mit fein gehacktem Knoblauch gewürzt und mit Olivenöl und etwas Pastakochwasser angemacht, vollenden sie Spaghetti und andere Teigwaren. Handelsware.

Pompadour, à la: mit Linsenpüree gefüllte Artischockenböden, winzige Kartoffelkroketten und Trüffelsauce zu kleinen Fleischstücken. – Trüffelscheiben, Pariser Kartoffeln und Choronsauce zu panierten und gebratenen Fischfilets. – Jeanne Antoinette Poisson, Marquise de Pompadour, 1721–1764, Geliebte Ludwigs XV. von Frankreich und des Fürsten von Soubise. Sie veranlaßte die Gründung der berühmten Porzellanmanufaktur von Sèvres und erfand den Pompadour, ein beutelförmiges Handtäschchen, in dem sie ihr Stickzeug mit sich führen konnte.

Pompadoursalat: Würfel von gekochten Kartoffeln und Knollensellerie sowie Blumenkohlröschen mit leichter Senfmayonnaise binden.

Pont l'Evêque, eine der ältesten Käsesorten Frankreichs. Die Landschaft Auge in der Normandie ist ihre Heimat. Der geschmeidige gelbliche, nußartig schmeckende Käse wird aus Kuhmilch hergestellt und ist mit rotbraunem Schimmel überzogen.

Pont-Neuf-Kartoffeln, → Pommes frites.

Popcorn (Puffmais), gebrannter Mais: in Kasserolle etwas Öl erhitzen, so viele Maiskörner hineingeben, daß der Boden bedeckt ist, die Kasserolle sofort zudecken, die Körner nun im Öl rösten, bis sie nicht mehr knallen, in eine Schüssel abfüllen und mit Puderzucker bestreuen. – Schon vor fünfeinhalb Jahrtausenden sollen Indios im heutigen Mexiko Puffmaiskörner auf heißen Steinplatten haben platzen lassen.

Pörkölt (ungar: geschmort), ungarische Spezialität: feinstreifig geschnittene Zwiebeln in Schweineschmalz hell anschwitzen, kräftig mit Paprika bestäuben, mit etwas Wasser ablöschen, große Fleischwürfel (Rind-, Schweine-, Hammelfleisch, Huhn oder Wild) hinzugeben, salzen und schmoren, kleingeschnittene Tomaten und grüne Paprikaschoten beifügen und alles fertigschmoren, mit saurer Sahne binden.

Porree (Lauch, Breitlauch, Beißlauch, Breislauch, Brißlauch, Preißlauch, spanischer Lauch, Welschzwiebel), neben der Zwiebel das wohl am längsten bekannte Gemüse. Ursprünglich im Orient beheimatet, breitete sich der Porree (lat: porrum) zur Zeit des römischen Kaisers Nero über ganz Westeuropa aus. – Über einer unscheinbaren Zwiebel erheben sich die weißen, mildwürzigen Blattscheiden, die in langen, schmalen, blaugrünen Blattspreiten (Blätter) enden. Der Scheinstengel, das sind die saftigen Blattscheiden, ergibt ein sehr schmackhaftes Gemüse. Für Suppen und Saucen werden auch die Blätter verwendet. – *Vorbereitung für Gemüse:* die welken und harten Blätter entfernen, die Wurzeln abschneiden, das obere Ende stutzen, so daß nur der weiße Scheinstengel übrigbleibt, die Porreestauden der Länge nach einritzen und gründlich auswaschen, nach Rezept kleinschneiden. – *Garzeit:* 30–35 Minuten.

Porree, griechisch: 2 Teile Weißwein, 2 Teile Wasser, 1 Teil Olivenöl mit Zitronensaft, Pfefferkörnern, etwas Lorbeerblatt und Salz aufkochen und 5 cm lange weiße Porreestücke darin garen; im Fond auskühlen, herausnehmen und sehr kalt mit etwas Fond übergossen auftragen. Vorspeise.

Porree auf Marseiller Art: etwa 6 cm lange Porreestücke mit Öl und einigen zerdrückten Knoblauchzehen in eine Kasserolle geben, reichlich Tomatenwürfel hinzufügen, mit Salz und Pfeffer würzen, Weißwein darübergießen und das Gemüse zugedeckt langsam weich dünsten. Zu gebratenem Fleisch.

Porree, rumänisch: die vorbereiteten Porreestauden in etwa 10 cm lange Stücke schneiden und mit Zwiebelscheiben in Öl anschwitzen, leichte Tomatensauce darübergießen, mit Salz, Pfeffer und Knoblauch würzen, geschälte und entkernte Zitronenscheiben zugeben und zugedeckt gar dünsten; mit schwarzen Oliven und frischem Zitronensaft eiskalt servieren.

Porree in Teighülle: die Porreestauden in etwa 5 cm lange Stücke schneiden, in leicht gesalzenem Wasser weich kochen, abtropfen, durch Backteig ziehen und in Fett schwimmend ausbacken.

Porree, türkisch (Zeytinli Prasa), türkische Spezialität aus Konya, der alten Hauptstadt des Seldschukenreiches: den vorbereiteten Porree in etwa 6 cm lange Stücke schneiden und in Öl weich dünsten; weiße Mehlschwitze und Fleischbrühe verrühren, mit Salz, Pfeffer, Zucker, Zitronensaft und Tomatenmark würzen, diese Sauce zum Porree geben, schwarze Oliven und eingeweichte Sultaninen hinzufügen und alles zugedeckt gar kochen. Eiskalt oder heiß servieren.

Porree, überbacken: die vorbereiteten Porreestauden in 6 cm lange Stücke schneiden und in leicht gesalzenem Wasser weich kochen; Béchamelsauce mit geriebenem Parmesan und Eigelb dicken, die Hälfte der Sauce auf eine Backplatte geben, die Porreestangen daraufsetzen, die restliche Béchamelsauce darübergießen, dick mit Parmesan bestreuen, mit Butter beträufeln und im Ofen überbacken.

Porree auf Waadtländer Art: etwa 4 cm lange Porreestücke mit Räucherspeck und Kochwurst weich dünsten, als Beilage Salzkartoffeln. – Das Waadtland (Vaud) mit der Hauptstadt Lausanne ist ein Kanton der Schweiz.

Porreepastete (La Flamiche), französische Spezialität aus der Picardie: eine gut gefettete Springform mit Mürbeteig auslegen; Porreestauden in dünne Scheiben schneiden, mit etwas Salz und Pfeffer in Butter halbweich dünsten, geschlagenes Eigelb darunterziehen und auf dem Teig verteilen, den restlichen Teig darüberbreiten, Teigrand und Teigdeckel gut zusammenkneifen, in den Teigdeckel ein Loch stechen, damit der Dampf entweichen kann, den Deckel mit Teigstreifen verzieren und mit Eigelb bestreichen, im Ofen goldgelb backen.

1 Pflaume 2 Piment 3 Pimpinelle 4 Pinienkerne (mit Baum)
5 Pistazien 6 Plötze

Porreesalat: gekochte Porreestangen in kurze Stücke schneiden und mit Kräutermarinade anmachen, mit Eiervierteln garnieren.

Porridge, englisches Frühstücksgericht: Hafermehl oder Haferflocken in Wasser oder Milch kochen, leicht salzen und mit heißer Milch oder kalter Sahne und Zucker anrichten. Noch heute essen in England, vor allem aber in Schottland, viele Männer ihren Porridge im Stehen, während die Damen die berühmte Hafergrütze im Sitzen zu sich nehmen. Diese Sitte soll dem wilden Mittelalter entstammen, als die Hochländer noch die Gewohnheit hatten, einander den Dolch in den Rücken zu stoßen.

Porter, berühmtes englisches Bier. Der obergärige Porter ist dunkel, alkohol- und extraktreich. Im Jahre 1722 erfand ihn der Londoner Braumeister Harwood. Da das kräftige Bier vor allem von den Ladearbeitern in den englischen Häfen, den Porters, gern getrunken wurde, erhielt es den Namen Porter. Heute wird Porter fast nur noch in Irland gebraut.

Porterhouse Steak, Scheibe aus dem flachen Roastbeef mit Knochen und Filet, gewissermaßen ein Ochsenkotelett, 700–1000 g schwer und etwa 6 cm dick; es wird vorzugsweise auf dem Rost gebraten, Bratzeit etwa 12 Minuten je Seite; als Beilage meist eine Buttermischung, Brunnenkresse und gebackene Kartoffeln. – Das Porterhouse ist eine Gaststätte, in der der dunkle, süffige Porter getrunken wird. Und wer Hunger hat, bekommt dort schon seit mehr als 150 Jahren das Porterhouse Steak, ein Steak, das früher ein Mann allein bezwang und das heute für zwei bis drei Personen reicht.

Porterhouse Steak auf Londoner Art: 1 Porterhouse Steak (etwa 800 g) leicht salzen und einölen, zusammen mit 2 flach halbierten Lammnieren, Frühstücksspeckscheiben, ganzen Tomaten und großen, möglichst wildgewachsenen Champignons auf dem Rost braten, über alles Pfeffer mahlen; dazu Kräuterbutter, Brunnenkresse und Strohkartoffeln.

Porterhouse Steak Luitprand: 1 Porterhouse Steak (etwa 800 g) in der Pfanne braten, kräftig würzen; den Bratensatz mit 1 Glas Rotwein löschen und mit Bratensauce verkochen, die Sauce über das Steak ziehen, mit Senffrüchten und Brunnenkresse garnieren; dazu Strohkartoffeln.

Porto Flip: 1 frisches Eigelb, 1 BL Zucker, 1 Glas Portwein, gut schütteln.

portugiesische Art (à la portugaise): mit Duxelles gefüllte Tomaten, Schloßkartoffeln und portugiesische Sauce zu Fleisch oder Geflügel. – Seefisch in Weißwein und Fischfond dünsten, dazu geschmolzene Tomaten, Champignonscheiben, gehackte Petersilie und Weißweinsauce.

portugiesische Sauce (Sauce portugaise): sehr fein gehackte Zwiebeln in Öl anschwitzen, kleingeschnittene Tomaten (enthäutet und entkernt) oder Tomatenmark hinzufügen, leicht salzen und pfeffern sowie mit Knoblauch würzen, alles 10 Minuten dünsten lassen, mit Tomatensauce auffüllen, etwas Fleischextrakt hineingeben und gehackte Petersilie darüberstreuen. Zu Kalbsnierenbraten, Rouladen, Zunge, zu gebratenem oder gedünstetem Fisch.

portugiesischer Salat: Würfel von Tomaten, gekochten Kartoffeln und gedünsteten Champignons mit Essig-Öl-Marinade anmachen, mit gehackten Kräutern bestreuen.

Portulak (Burzelkraut, Kreusel), Gemüse- und Würzpflanze mit gelben, langen, saftigen Blättern und fleischigen Stengeln.

Portulak, holländisch: junge Portulakblätter mit siedendem Wasser überbrühen, hacken, in Butter dünsten, mit Salz und Pfeffer würzen, mit Eigelb und Mehlbutter binden.

Portulak in Sahne: junge Portulakblätter in wenig Wasser dünsten, pürieren, leicht salzen, mit Sahne binden.

Portulak, überbacken: junge Portulakblätter und -stengel mit siedendem Wasser überbrühen, grob hacken, mit gehackter Petersilie, Salz, Pfeffer, Muskatnuß und etwas Knoblauch in Öl dünsten, mit Eigelb und eingeweichtem Weißbrot vermischen, in gefettete Backschüssel füllen, mit geriebenem Parmesan bestreuen, mit Butter beträufeln und im Ofen überbacken.

Portulaksalat: Portulakblätter mit Essig-Öl-Marinade anmachen.

Portwein, berühmter portugiesischer Wein, gleichermaßen geschätzt als Dessertwein wie als Küchenzutat. Der Wein hat eine braunrote bis braungelbe Farbe und einen vollen, geistigen, trockenen bis leicht süßen Geschmack. Der aus blauen oder weißen Trauben gekelterte Most wird in der alten Hafenstadt Porto zu Wein vergoren und muß in Kastanien- oder Eichenholzfässern mindestens 3 Jahre reifen. Er wird mehrmals mit Weindestillat versetzt und erreicht einen Alkoholgehalt bis zu 21 Vol. %, den höchsten aller Weine. Portwein aus blauen Trauben ist anfangs dunkelrot (»full«) und wird mit zunehmendem Alter heller (über »ruby« bis »tawny«). Portwein aus weißen Trauben wird mit zunehmendem Alter dunkler (von »pale white« über »straw coloured« bis »golden white«). Gute Jahrgänge werden nach zwei Jahren auf Flaschen abgezogen, in denen sie weiterreifen (»Vintage«).

Portweingelee: 1 Päckchen weißes Gelatinepulver in 1/8 l kaltem Wasser quellen lassen, unter Rühren erhitzen, bis sich die Gelatine vollkommen aufgelöst hat, dann 1/4 l Wasser (oder Fleisch- oder Geflügelbrühe) hinzugießen, das Gelee bis zum Stocken abkühlen, mit 1 Glas Portwein aromatisieren. Portweingelee wird zum Überglänzen von Speisen, zur Herstellung feiner Aspiks, als Pastetenfüllung, gewürfelt oder gehackt als schmackhafte Dekoration verwendet.

Portweinpflaumen: 5 EL Zitronensaft, 2 EL Honig und 1 Zimtstange erwärmen, 500 g gewaschene und entsteinte Zwetschgen hinzugeben, 1/8 l Portwein darübergießen und etwa 8 Minuten leise kochen; die Zimtstange wieder entfernen, und das köstliche Kompott abkühlen lassen.

Portweinsauce (Portwine Sauce): feingehackte Schalotten, mit Thymian in Portwein dünsten, mit Kalbsjus auffüllen, etwas Zitronenschale hineinreiben, alles gut durchkochen, mit Stärkemehl binden, passieren, mit Zitronen- und Apfelsinensaft sowie Cayennepfeffer abschmecken. Zu gebratenem oder gegrilltem Fleisch.

poschieren, eindeutschend für → pochieren.

Postre de Coco, kolumbianische Süßspeise: etwas Kartoffelmehl in Milch einrühren und dick einkochen, geriebene Kokosnuß, die Kokosmilch, Rosinen, Zucker, etwas Vanille, verquirlte Eier und einen Schuß Wein hinzufügen und gut verrühren; den Brei in eine feuerfeste Schüssel füllen, Zimt darüber streuen und im Ofen überbacken. Heiß servieren.

Pot au feu (frz: Feuertopf), französisches Eintopfgericht aus Fleisch, Brühe und Gemüsen. – Auch Bezeichnung für einen großen Suppentopf aus hitzebeständigem Material (z. B. Kupfer).

Pothast, westfälischer Topfbraten → Pfefferpothast.

Potpourri (frz: Allerlei): verschiedene gebratene Fleischstückchen, wie Lendenschnitte, Schweinskotelett, Schnitzel, Hammelkotelett usw., abwechselnd mit Kraftsauce und Tomatensauce bedecken; dazu grüne Erbsen, Prinzeßböhnchen, Karotten, gebratene Champignons und Kartoffelkroketten.

Pottasche (Kaliumkarbonat, kohlensaures Kalium), weißes, laugig schmeckendes Salz, das bei Honigkuchen als Backtriebmittel verwendet wird.

Potted Beef, englische Rindfleischpaste, Brotaufstrich, in Delikateßgeschäften erhältlich.

Potted Chicken, englische Hühnerpaste, Brotaufstrich, in Delikateßgeschäften erhältlich.

Potted Ham, englische Schinkenpaste, Brotaufstrich, in Delikateßgeschäften erhältlich.

Potted Salmon, englische Lachspaste, Brotaufstrich, in Delikateßgeschäften erhältlich.

Potted Steak, geschmortes Steak: ein Filetsteak von beiden Seiten in Öl anbraten, salzen und pfeffern, mit kleingeschnittenen Gemüsen, wie Mohrrüben, grünen Bohnen, Kohlrabi, Blumenkohl, Tomaten u. dgl., wenig Zwiebel, Champignons und Fleischbrühe zugedeckt gar schmoren; dazu Pommes frites und Salate.

Pottharst, → Pfefferpothast.

Poularden (frz), gemästete Hennen oder Hähne einer besonderen Hühnerart mit einem weißen, festen aber zarten Fleisch. Berühmt sind die kugelrunden Bresse-Poularden aus der Gegend um Lyon, die herrlichen Brüsseler Poularden und die besonders zarten Poularden aus der Steiermark. → Masthuhn.

Poulets (frz), gemästete Junghühner im Alter von 8–14 Wochen, 700–1200 g schwer. Sie werden meist wie → Masthuhn zubereitet.

Pouletsauce (Sauce poulette): weiße Grundsauce mit Champignonfond aufkochen, mit Eigelb und Sahne binden, mit Salz, Cayennepfeffer und Zitronensaft würzen, gehackte Petersilie hineinstreuen. Zu Kalbfleisch und gedünstetem Geflügel (frz: poulette = Hühnchen).

Pousses Cafés, Mischgetränke aus verschiedenfarbigen Zutaten, die nacheinander so eingegossen werden, daß sich in den Gläsern (am besten Likörkelche) mehrere Farbschichten ergeben, die in hübschen Schlieren ineinander verlaufen. Beim Eingießen ist darauf zu achten, daß das schwerste Getränk immer zuerst, das leichteste zuletzt eingegossen wird. – *Rezepte:* Blutgeschwür, French Pousse Café.

Povesen, → Pavesen.

Powidl, böhmische Bezeichnung für ungezuckertes → Pflaumenmus.

Powidl-Tatschkerl, Powidl-Tascherln, → Zwetschgentaschen.

Prager Schinken, feingeräucherter Schinken, etwa 2,5 kg schwer, besonders gern in Brotteig gebacken (→ Schinken in Brotteig) oder in Portwein o. a. geschmort (→ Schinken, geschmort).

Pralinen, mit Schokolade überzogene, kleine Süßigkeiten verschiedener Form. Die Füllung besteht aus Marzipan, Nougat, Trüffelmasse, Cremes, Früchten, Likör, Branntwein usw. – Die Pralinen erfand im 17. Jahrhundert ein Koch des französischen Marschalls du Plessis-Praslin.

Prawns, englische Bezeichnung für → Garnelen.

Preiselbeeren (Kronsbeeren, Kranbeeren, Krausbeeren, Riffelbeeren, Steinbeeren, Fuchsbeeren, Bernitschken, Grandeln), Beerenfrüchte eines immergrünen, wildwachsenden Heidekrautgewächses nördlicher Breiten. Ihr Name kommt aus dem Altslawischen (Kirchenslawischen), wo ›brusiti‹ ›abstreifen‹ bedeutet (bei der Ernte läßt sich die reife Beere leicht von der Pflanze abstreifen). Die erbsengroßen, scharlachroten, festen Beeren entwickeln erst durch die Zubereitung ihren geschätzten, herb-säuerlichen Geschmack. Preiselbeeren werden hauptsächlich zu Kompott und Marmelade (Konfitüre) verarbeitet. Roh mit Kristallzucker gerührt sind sie die ideale Beilage zu allen Wildgerichten. → Cranberry.

Preiselbeerkompott: 500 g Preiselbeeren mit 200 g Zucker in 1/8 l Wasser weich kochen. Kalt auftragen.

Preiselbeermark, aus gemahlenen, frischen Preiselbeeren bereitet. Handelsware.

Preiselbeermeerrettich: geriebenen Meerrettich mit dick eingekochtem Preiselbeerkompott vermischen. Köstliche Beigabe zu geräuchertem Forellenfilet.

Preiselbeersauce, → Cranberry Sauce.

Preißlauch, → Porree.

Preßkaviar, aus Rogenresten zusammengepreßter echter Kaviar, der gern zum Belegen von Schnittchen usw. verwendet wird.

Preßkopf (Preßsack), Sülzwurst aus würfelig geschnittenem, gepökeltem Schweinskopf und aus feingemahlenem Kalb- und Schweinefleisch, gebrüht und kalt geräuchert.

Pricke, → Lamprete.

Prickly Pear, → Kaktusfrüchte.

Prillken, Schmalzgebäck: 125 g Butter glattrühren, 100 g Zucker, 3 Eier und 1 Schuß Rum hinzufügen, mit Mehl zu einem nicht sehr festen Teig kneten, dünn ausrollen, kleine Rechtecke oder andere Figuren ausschneiden, in Fett schwimmend goldgelb backen.

Princess-Dressing, Salatsauce: 3 Teile Öl und 1 Teil Weinessig verrühren, mit Salz und Pfeffer würzen, steifgeschlagenes Eiweiß unter die Sauce ziehen.

princesse, à la: → Prinzessin-Art.

printanière, à la: Frühlings-Art.

Printen, → Aachener Printen.

Prinzensalat: Gurkenwürfel und Trüffelscheibchen mit Remoulade binden.

Prinzeßbohnen, sehr junge, kleine Bohnen; – *Rezepte:* → grüne Bohnen.

Prinzeßerbsen, sehr junge, zarte Erbsen; – *Rezepte:* → grüne Erbsen.

Prinzessin-Art (à la princesse): Spargelspitzen in Sahnesauce, außerdem Trüffelscheiben und deutsche Sauce mit Champignonessenz zu kleinen Fleischstücken, Kalbsbries und Geflügel.

Prinzeßkartoffeln: Würfel von gewässertem Salzhering mit gehackter Zwiebel in Butter anschwitzen, Scheiben von Pellkartoffeln hinzufügen, mit wenig Fleischbrühe anmachen, salzen und pfeffern.

Prinzeßpastetchen: gebratenes Hühnerfleisch in Würfel schneiden, grüne Spargelköpfe hinzufügen, mit dicker deutscher Sauce binden; alles in Blätterteighüllen füllen und erhitzen.

Prinzeßschnittchen: kleine, dünne Weißbrotscheiben mit Butter bestreichen, gehacktes, gebratenes Hühnerfleisch dick darüberstreuen, mit Eischeiben, Sardellenstreifen und feingeschnittenem Schnittlauch garnieren.

Prise, altes Würzmaß, das der Menge entspricht, die man mit Daumen und Zeigefinger halten kann.

Profiteroles (frz), winzige Windbeutel aus ungesüßtem Brandteig, mit feinen Pürees gefüllt, beliebte Einlage für klare Suppen. Die Krapfen kommen erst unmittelbar vor dem Anrichten in die Suppe, da sie sehr schnell aufweichen. – Profiteroles können auch mit Fruchtpürees, Cremes u. dgl. gefüllt als Süßspeise gereicht werden.

Prophetenkuchen, → Apostelkuchen.

Prosecco, italienische Rebsorte, die besonders häufig zu Prosecco frizzante, einem leicht moussierenden Weißwein verarbeitet wird. Prosecco ist also kein Sekt, kein Schaumwein, wie oft zu Unrecht behauptet wird. Er ist ein Wein, der eine zweite Gärung im geschlossenen Behältnis durchgemacht hat. Prosecco schäumt weniger und hat weniger Druck als Sekt, die Flasche verschließt daher ein ganz normaler Korken, der allerdings oft aus dekorativen Gründen verschnürt wird.

Protein, → Eiweiß.

Provence-Kräuter (Fines Herbes de Provence), fein abgestimmte Mischung getrockneter Kräuter wie Thymian, Majoran, Basilikum, Rosmarin, Fenchel usw. – Die Provence, reizvolle Landschaft zwischen den Flüssen Rhône und Durance, ist das Sonnenland Mitteleuropas. Unter gleißender Sonne gedeihen hier Mandel- und Olivenbäume, edle Weine, feinste Gemüse und unzählige hocharomatische Kräuter.

provenzalische Art (à la provençale): gefüllte Champignonköpfe, Tomaten auf provenzalische Art und provenzalische Sauce zu kleinen Fleischstükken oder Geflügel.

provenzalische Sauce (Sauce provençale): kleingeschnittene Tomaten (enthäutet und entkernt) mit Salz, Pfeffer, Zucker und Knoblauch würzen und zugedeckt in Olivenöl schmelzen lassen. Zu Rinderfilet, Kalbsleber, Hammellendchen, Backhuhn oder in Öl gebratenem Fisch.

provenzalischer Salat: Scheiben von Artischockenböden und Tomaten sowie schwarze Oliven mit Essig-Öl-Marinade anmachen, die mit gehackten Sardellen, Basilikum und etwas Knoblauch gewürzt wurde.

Providence, à la: gebratene Gänseleberscheiben, Hühnerklößchen, Champignons, Trüffelscheiben, gefüllte grüne Oliven und Bratensaft zu Fleisch oder Geflügel. – Providence (frz) = Schutzengel.

Provolone, italienischer Käse, der besonders in der Lombardei aus Kuhmilch hergestellt wird und in verschiedenen Größen und Formen in den Handel kommt, meist in Form eines Kegelstumpfes, aber auch in Kugel-, Birnen-, Walzen- oder Ziegelsteinform. Der junge *Provolone dolce* schmeckt butterartig mild, der alte *Provolone piccante* kräftig würzig. Der harte piccante dient vor allem als

Reibkäse. In der Lombardei wird der Provolone oft auch geräuchert.

Prünellen (frz: prune = Pflaume), geschälte, entsteinte und getrocknete Pflaumen, meist gepreßt. Handelsware.

Prunes Whip, nordamerikanische Süßspeise: Backpflaumen einweichen, kochen, entsteinen und durch ein Sieb streichen, mit Schlagsahne vermischen und eiskalt servieren.

Puchero, spanische und argentinische Variante des »Pot au feu«: gut eingeweichte Erbsen (Kichererbsen), Rinderbrust, Hammelfleisch, gepökeltes Schweinefleisch, Räucherspeck, Hühnerfleisch und harte Knoblauchwurst gemeinsam in Wasser kochen; die Brühe gut abschäumen; dann Weißkohl, Kartoffeln, Zwiebeln, Maiskolben, Pfefferschoten, Tomaten, Porree, Knollensellerie hinzufügen und alles gar kochen; zuletzt noch Reis dazugeben und körnig kochen.

Pückler-Eis, → Fürst-Pückler-Eis.

Pudding, meist süße Speise von cremiger bis schnittfester Beschaffenheit, in einer Form zubereitet, gestürzt und kalt oder warm mit einer passenden Sauce serviert. Warme Süßspeisen-Puddings werden aus Milch, Butter, Zucker, Eiern, Mehl (Grieß, Reis usw.) und Geschmackszutaten im Wasserbad bereitet. Kalte Süßspeisen-Puddings werden heutzutage fast ausschließlich aus Puddingpulver und Milch bzw. Wasser hergestellt. – *Grundrezept* für warmen Süßspeisen-Pudding: aus 125 g Mehl, 125 g Butter und 100 g Zucker einen weichen Teig herstellen und diesen mit 1/2 l siedender Milch verarbeiten, 6 Eigelb darunterrühren und der Speise den gewünschten Geschmack geben (flüssige Schokolade, Nescafé, gehackte Mandeln oder Nüsse, in Butter gedünstete Apfelwürfel, Aprikosenmarmelade, abgeriebene Zitronenschale, Likör usw.), 6 Eiweiß mit 25 g Zucker zu festem Schnee schlagen und unter die Masse ziehen, in Formen füllen, im Wasserbad gar kochen, erkalten lassen und stürzen; dazu eine passende Süßspeisensauce. – Weitere *Rezepte:* Grießpudding, Kabinettpudding, Reispudding. Ferner gibt es Fleisch-, Fisch- und Gemüsepuddings, den englischen → Plumpudding sowie den eierkuchenähnlichen → Yorkshire Pudding.

Pudding soufflé, → Auflaufpudding.

Puddingpulver, gebrauchsfertige Zutatenmischung für Puddings. Puddingpulver besteht meist aus Stärkemehl (Maisstärke) und Geschmacksstoffen.

Puderkakao, → Kakaopulver.

Puderzucker (Staubzucker, Zuckermehl), staubfein gemahlener Zucker.

Puerto-Rico-Kirschen, → Acerolas.

Puffbohnen (Ackerbohnen, Saubohnen, Pferdebohnen, dicke oder große Bohnen), eine Wickenart, deren große, bohnenartige Früchte ein wichtiges Viehfutter sind; die Edelsorten, jung und zart, ergeben sehr schmackhafte Gerichte, von denen das Püree am meisten geschätzt wird. – *Zubereitung:* Puffbohnen mit Bohnenkraut in Salzwasser weich kochen, gut abtropfen und nach Rezept weiterverarbeiten. Reifere Puffbohnen, deren Keimfleck nicht mehr weiß ist, werden vor dem Kochen gebrüht und enthäutet.

Puffbohnen Janina: gekochte, gut abgetropfte Puffbohnen mit gehackter Zwiebel und gewürfelten Tomaten in Hammelfett dünsten, gehacktes, gekochtes Hammelfleisch daruntermischen, kräftig würzen.

Puffbohnen auf Lyoner Art: gekochte Puffbohnen gut abtropfen, mit gehackter Zwiebel in Butter leicht anbraten, gehackte Kräuter daruntermischen, salzen und pfeffern.

Puffbohnen mit Sahne: gekochte Puffbohnen abtropfen, mit heißer Sahne anmachen und einige Minuten langsam weiterkochen, gehacktes Bohnenkraut hineingeben.

Puffbohnenpüree: gekochte Puffbohnen abtropfen, durch ein Sieb streichen, salzen und pfeffern, mit Butter und Sahne, am besten Schlagsahne, vollenden.

Puffer, → Kartoffelpuffer.

Puffmais, → Popcorn.

Pulp, entsteintes, kleingeschnittenes, gedämpftes Obst als Ausgangsmaterial für die Marmeladenherstellung. In der Küche wird das ausgehobene Fruchtfleisch (auch aus Kartoffeln) oft mit Pulp bezeichnet.

Pulque, mexikanisches Nationalgetränk aus vergorenem Agavensaft.

Pumpernickel, ursprünglich westfälisches, sehr dunkles, bittersüß schmeckendes Roggenschrotbrot.

Pumpkin Pie, nordamerikanische Kürbistorte: Kürbis schälen, entkernen und im Ofen backen; danach durch ein Sieb streichen, mit Eiern, Zucker, Milch vermischen, mit Salz, Ingwer, Zimt und geriebener Muskatnuß würzen; diese Masse auf einen gebackenen Mürbeteigboden füllen und im Ofen abbacken; nach dem Erkalten mit Schlagsahne überziehen.

Punischer Apfel, → Granatapfel.

Punsch (indisch: pantscha = fünf), meist heißes Mischgetränk aus 5 Zutaten: Arrak (Rum oder Wein), Zitronensaft, Zucker, Gewürz und Wasser (oder Wein oder Tee). – Britische Matrosen brachten den Punsch Anfang des 17. Jahrhunderts nach Europa, wo er vor allem in den Hafenstädten gern getrunken wurde. Goethe, Schiller und E. T. A. Hoffmann waren große Verehrer des Punsches. – *Rezepte:* Brahminenpunsch, Burgunderpunsch, Eierpunsch, Feuerzangenbowle, Milchpunsch, Rumpunsch, Schwedenpunsch, Teepunsch.

Punsch royal, → Feuerzangenbowle.

Püree (frz: purée), Brei: Mus von Kartoffeln, Maronen, Hülsenfrüchten, Zwiebeln, Gemüse, Fleisch oder Obst. Einige der berühmtesten Pürees: Püree Argenteuil (Spargelpüree), Püree Clamart (Püree von grünen Erbsen), Püree Conti (Linsenpüree), Püree Dubarry (Blumenkohl-Kartoffelpüree), Püree Rachel (Püree von Artischockenböden), Püree Soubise (weißes Zwiebelpüree), Püree Suzette (Knollensellerie-Kartoffelpüree).

Püreesuppen, Kartoffel-, Bohnen-, Erbsen-, Linsen- oder ein anderes Püree gut würzen, mit Butter verfeinern und mit Fleischbrühe verdünnen, heiß über gerösteten Weißbrotwürfeln anrichten.

pürieren, zu Püree (Mus) verarbeiten: durch ein Sieb streichen, mit dem Pürierstab mahlen, im Mörser stoßen oder mit einem Stampfer zerdrücken.

Purpurapfel, → Granatapfel.

Pute, Puter, → Truthahn.

Pyrenäenkäse, Schnittkäse aus den französischen Pyrenäen, mit zartgelbem Teig, etwa linsengroßen Löchern, mildsäuerlich bis leicht herb schmeckend, von einer schwarzen ungenießbaren Wachsschicht umgeben, die den Käse vor dem Austrocknen bewahrt; 50% Fett i. Tr.

Q

Der ist ein glücklicher Mensch, dem eine Rübe wie Spargel schmeckt.

Russisches Sprichwort

Quackelbeeren, → Wacholderbeeren.
Quappe, → Aalrutte.
Quargel, »kleiner Harzer«, magerer Sauermilchkäse, etwa 25 g Gewicht je Käschen.
Quark (Speisequark, Topfen, Weißkäse, Glumse, Matte, Matz, Schotten), Frischkäse, der mit Hilfe von Lab oder durch natürliche Säuerung aus Milch gewonnen wird. Quark ist in verschiedenen Fettstufen erhältlich, oft mit Kräutern und Gewürzen oder süß zubereitet. – *Rezepte:* Käsekuchen, Topfenknödel, Topfenstrudel.
Quarkblätterteig: 250 g Mehl, 1 Päckchen Backpulver, 250 g trockenen Quark und 250 g kalte, kleingeschnittene Butter verkneten, den Teig eine Stunde im Kühlschrank ruhen lassen, wie Blätterteig mehrmals ausrollen und bis zur Verarbeitung wieder in den Kühlschrank geben.
Quarkkeulchen, sächsische Spezialität: 400 g gekochte, geriebene Kartoffeln, 60 g Mehl, 1 Ei, 2–3 EL Zucker, 30 g Rosinen, 250 g Quark, etwas Salz und abgeriebene Zitronenschale verarbeiten, aus dem Teig flache Klopse formen und goldgelb backen; dazu eine Tasse guten Kaffee.
Quarkklöße: schaumig gerührte Butter, Eier und durchpassierten Quark verrühren, mit Salz und Muskatnuß würzen und mit geriebener Semmel binden, mit dem Eßlöffel Klöße abstechen, in siedendem Salzwasser garziehen lassen; mit geriebenem Parmesan bestreuen und mit brauner Butter übergießen.
Quarkmayonnaise: Mayonnaise mit frischem Quark verrühren, etwas Zitronensaft hinzufügen und gesüßte Schlagsahne darunterziehen. Zu Fruchtsalaten.
Quendel (Feldthymian), wird wie der → Thymian als Gewürzkraut verwendet. Wegen seiner magenstärkenden Wirkung ist er Bestandteil vieler Kräuterliköre, wie z. B. des → Chartreuse.
Quenelles (frz), Klöße aus Fleisch- oder Fischfarcen, aus Grießmasse oder Brandteig. Die kleinsten, oft nur erbsengroßen Quenelles dienen als Suppeneinlage. Für Ragouts verwendet man olivengroße Quenelles. Die größeren Quenelles werden fast ausschließlich als Beilage gereicht.
Quesadillas, mexikanische Happen, mit Leckereien gefüllte Mini-Tortillas.
Queso Mantecoso, argentinischer Weichkäse, dem italienischen Bel Paese vergleichbar.

Quetschkartoffeln, → Kartoffelpüree.
Quiche Lorraine, → Lothringer Specktorte.
Quinoa (Ketschua, Inkaweizen), Körnerfrucht der zentralen Anden, ein Gänsefußgewächs, das früher vor allem in Höhenlagen über 3000 m kultiviert wurde, heute auch in den USA (Rocky Mountains) angebaut wird. Die weißen, senfkornartigen Samen sind überaus nahrhaft (16% Eiweiß, 7% Fett, 64% Stärke) und reich an Vitaminen und Mineralstoffen. Die in Reformhäusern erhältlichen Quinoakörner werden wie Reis zubereitet, sie schmecken nussig und leicht bitterlich. In den Anbaugebieten schätzt man auch die Blätter der noch unreifen Pflanze als Gemüse.
Quirinal, à la: mit Rindermark gefüllte Champignonköpfe, Brunnenkresse, Strohkartoffeln und italienische Sauce mit gehacktem Estragon zu kleinen Fleischstücken. – Champignons, Krebsschwänze und Rotweinsauce zu Fisch. – Quirinal, einer der sieben Hügel Roms, mit dem Tempel des römischen Gottes Quirinus und dem Palazzo del Quirinale, der Residenz des Präsidenten der Republik Italien.
Quirinalsalat: Streifen von roten Rüben und Trüffeln sowie Tomaten und Eierachtel mit leichter Mayonnaise binden, mit Kopfsalatherzen garnieren.
Quitten, Früchte des asiatischen Quittenstrauches. Die birnen- oder apfelförmigen, zitronen- bis goldgelben Früchte schmecken gekocht angenehm herb-säuerlich, ein wenig nach Ananas. Roh sind Quitten ungenießbar. Wegen ihres hohen Gehalts an Pektin eignen sich die Früchte besonders für die Herstellung von Gelees und Marmeladen. Schnittfest eingekochte Marmelade wird Quittenbrot, Quittenkäse, Quittenpaste oder Quittenspeck genannt.
Quitten, chinesische, → Kakipflaumen.
Quittengelee: Quitten mit Schale und Kerngehäuse kleinschneiden, mit Wasser auffüllen und weich kochen, durch ein Tuch seihen, den klaren Saft mit Zucker einkochen, in Gläser abfüllen und erstarren lassen.
Quittenkrapfen: Quittenbrot (→ Quitten) in große Würfel schneiden, mit Kirschwasser parfümieren, durch Backteig ziehen und in Fett schwimmend backen, mit Vanillezukker bestreuen.
Quittenmarmelade: Quitten mit Schale und Kerngehäuse kleinschneiden, Wasser (1 l auf 2 kg Früchte) hinzugießen, die Quitten breiig kochen, durch ein Sieb streichen, mit reichlich Zucker durchkochen, mit Zitronensaft würzen und in Gläser abfüllen.

R

Hast du deinen Reis schon gegessen?

Chinesischer Gruß

Rabbit, → Rarebit.
Räben, schweizerische Bezeichnung für → weiße Rüben.
Rabinschen, → Rapunzel.
Rachel, à la: mit Rindermarkscheibe gefüllte Artischockenböden sowie gehackte Petersilie und Rotweinsauce zu kleinen Fleischstücken. – Elisa Rachel, 1821–1858, französische Schauspielerin (Tragödin).
Rachelsalat: Streifen von Artischockenböden, Bleichsellerie, gekochten Kartoffeln und Trüffeln sowie grüne Spargelspitzen mit leichter Mayonnaise binden.
Rack, → Arrak.
Rackelhuhn, Federwild, natürliche Kreuzung zwischen Auer- und Birkhuhn, in Mitteleuropa nur noch selten anzutreffen. Rackelhuhn wird wie → Birkhuhn zubereitet.
Raclette (frz: Schabeisen, Spatel), schweizerische Spezialität aus dem Wallis: einen halbierten Gomser Käse mit der Schnittfläche an ein offenes Feuer halten, den schmelzenden Käse mit dem Messer oder einem Spatel abstreifen und auf einen Teller fließen lassen; dazu Gewürzgurken und heiße Pellkartoffeln, vielleicht nach Geschmack auch Senffrüchte, eingelegte Artischockenherzen oder -böden, Silberzwiebeln, ferner Schinken, Salami, kleine Steaks, Fisch, Scampi oder andere Meeresfrüchte. Als Getränk empfehlen sich heißer schwarzer Tee und ein Obstgeist; trockener Weißwein sollte nur schluckweise zu Raclette getrunken werden. Praktische Raclettegeräte erleichtern heute die Zubereitung der Walliser Spezialität: jeder Teilnehmer an der Racletteparty hat sein kleines Raclettepfännchen, das er mit den bereitstehenden Lekkerbissen füllt, diese mit etwa 0,5 cm dicken Käsescheiben (4 mal 4 cm) bedeckt und im Raclettegerät überschmelzen läßt. Als Raclettekäse empfehlen sich junge bis mittelalte schnittfeste Käse, wie die Schweizer Käsesorten Forclaz, Gomser, Illiez, Simplon u. a.
Räderkuchen (Hobelspäne), ostpreußisches Silvestergebäck: 65 g Butter schaumig rühren, 125 g Zucker, 4 Eier, 1/2 TL Zimt, 1 Gläschen Rum und 2 EL saure Sahne hinzufügen, alles mit 500 g Mehl und etwas Backpulver oder Hefe zu einem festen Teig verarbeiten, den Teig ausrollen und in 10 x 2,5 cm große Streifen schneiden (ausrädeln), die Streifen an einem Ende einschlitzen und das andere Ende durchstecken, in Fett schwimmend

knusprig backen, abtropfen und mit Puderzucker bestäuben.

Radi, süddeutsche Bezeichnung für → Rettich.

Radicchio, italienische Chicorée-Variante mit weinroten, weißgerippten, angenehm bitter schmeckenden Blättern. Radicchio wird meistens wie → Kopfsalat zubereitet. Die Italiener schätzen den Radicchio vor allem als Gemüse, das roh, gegrillt, gebraten, auch gefüllt auf den Tisch kommt. Von allen Radicchio-Arten ist der *Radicchio di Treviso* am besten für Gemüse geeignet. Er ist länglich, fleischig, hat purpurrote Blätter mit kräftigen weißen Rippen. Will man den Bittergeschmack mildern, so legt man die Blätter für einige Minuten in lauwarmes Wasser; auch Zucker oder süße Früchte neutralisieren das Bittere.

Radicchio-Reissalat: breite Radicchio-Streifen unter körnig gekochten Reis mischen, reichlich Mayonnaise, gehackte Petersilie und Rosinen hinzufügen, den Salat mit Salz, Pfeffer, Zucker, Zitronensaft und Currypulver abschmecken, mit gehacktem Ei und grünen Paprikaringen garnieren.

Radicchio trevisano, Radicchio nach Art von Treviso, Hauptstadt der gleichnamigen Provinz in der historischen norditalienischen Landschaft Veneto: den Radicchio halbieren bzw. vierteln, in einer Eisenpfanne mit Erdnußöl etwa 15 Minuten rösten, Salz und Pfeffer nicht vergessen; den knusprigen Radicchio heiß mit etwas Petersilie bestreut servieren.

Radieschen (Radies, Monatsrettich), dem Rettich verwandte kleine, fleischige Knollen von kugeliger oder ovaler Gestalt, weiß bis rot, oft auch gelb. Den würzig-scharfen Geschmack der Radieschen bewirkt ein hoher Gehalt an Senföl. Radieschen müssen möglichst sofort nach der Ernte verbraucht werden, da sie schnell welk werden.

Radieschensalat: Radieschen in Scheiben schneiden und mit Essig-Öl-Marinade anmachen, mit Eierscheiben und gehacktem Schnittlauch garnieren.

Radler, in Süddeutschland und Österreich beliebtes Erfrischungsgetränk aus Bier und (Zitronen-)Limonade. → Alsterwasser.

Radziwill, à la: Champignonköpfe, Trüffelscheiben, Karpfenmilcher, Aalrautenleber und Genfer Sauce zu Fisch. – Radziwill, polnisches Magnatengeschlecht, seit 1547 deutsche Reichsfürsten.

Raffinade, gereinigter, weißer Zucker.

rafraichieren (frz: rafraichir = erfrischen, abkühlen), gekochtes Fleisch oder Gemüse unter kaltem Wasser abkühlen.

Ragout (Würzfleisch; frz: ragoûter = anregen, Appetit machen), Gericht aus Fleisch-, Geflügel-, Wild- oder Fischstücken, vermischt mit Klößchen, Zwiebeln, Pilzen, Tomaten, Gurken, Oliven usw. und angemacht mit pikant gewürzter Sauce. – Das Ragout ist eines der ältesten Gerichte, denn schon die griechischen und römischen Kochbücher enthielten Ragout-Rezepte.

Ragout, weißes, → weißes Ragout.

Ragout fin, feines Ragout, das überkrustet, überbacken oder als Pastetenfüllung auf den Tisch kommt. Es besteht aus besonders edlen Zutaten, wie Kalbfleisch, Kalbsbries, Kalbszunge, Hühnerbrust und Champignons, mit deutscher Sauce, Eigelb und Sahne gebunden und raffiniert gewürzt. Das Ragout fin wird in Pastetchen, Omeletts und Artischockenböden gefüllt. Oder in ausgebutterte Muschelschalen oder Porzellannäpfchen, bestreut mit Parmesan, belegt mit Butterflöckchen und im Ofen überbacken; dazu Zitronenspalten und Worcestershiresauce. – Ragout fin ist auch als Konserve im Handel.

Ragoutnäpfchen, → Cassolettes.

Rahm, → Sahne.

Rahmkartoffeln, → Sahnekartoffeln.

Rahmsauce, → Sahnesauce.

Rahmschaum, Rahmschnee, → Schlagsahne.

Rahmschnitzel: Schweineschnitzel in Mehl wenden, in Fett auf beiden Seiten knusprig braten, mit Salz und Pfeffer würzen, warm stellen; den Bratensatz mit Fleischbrühe löschen, mit saurer Sahne und Mehl binden, mit Salz, Pfeffer und etwas Zitronensaft abschmecken, die Rahmsauce über die Schnitzel gießen; dazu Gemüse und Salzkartoffeln.

Rahmsuppen, → Cremesuppen.

Rahnen, → rote Rüben.

Raindlrostbraten, → Reindlrostbraten.

Raki, türkischer Feigenbranntwein mit Anisgeschmack, wird meist mit Wasser vermischt getrunken.

Rákóczi, à la: gebratene Auberginenscheiben mit Paprikasauce zu gebratenem Fleisch. – Franz II. Rákóczi, Fürst von Siebenbürgen, führte 1703 den großen ungarischen Bauernaufstand an und erklärte die Loslösung Ungarns aus dem Habsburger Machtbereich. Aber der Aufstand wurde niedergeschlagen. Heute erinnern noch der berühmte Rákóczi-Marsch und ein Fleischgericht an den ungarischen Volkshelden.

Rambutan (Ngo), mit den → Lychees verwandte Südfrucht, die in Malaysia beheimatet ist und in Indonesien, Thailand, Südafrika, Madagaskar sowie im tropischen Amerika kultiviert wird. Weiche Borsten umgeben die kastaniengroße, gelb bis rot gefärbte Frucht, das wie bei der Lychee leicht glasige Fruchtfleisch schmeckt angenehm süß-säuerlich, der langschmale Kern ist nicht eßbar. Von Mai bis November kommen die Rambutans frisch vor allem aus Thailand, von Dezember bis März von Madagaskar zu uns auf den Markt, doch noch immer recht selten, da sie schnell verderben. Geschält und entsteint dagegen sind sie als Konserve das ganze Jahr über im Handel.

Ramequins (frz), → Käse-Windbeutel.

Rand, → Bordüre.

Randen, → rote Rüben.

Rangunbohnen, → Limabohnen.

rapieren (frz: râper = reiben, raspeln), Fleisch aus den Häuten und von den Sehnen und Knochen schaben; auch das Schaben von Kartoffeln und Gemüse.

Rapsöl. Immer häufiger sieht man in Mitteleuropa im Frühsommer das weithin leuchtende Gelb blühender Rapsfelder. Die Samen werden fast ausschließlich kalt gepreßt. Rapsöl enthält einfach ungesättigte Fettsäuren sowie reichlich Carotinoide, die Vorstufe des Vitamins A und des Vitamins E. Es schmeckt mild und neutral und ist für die warme wie für die kalte Küche geeignet. Raffiniert ist es etwa 18 Monate, unraffiniert höchstens 6 Monate haltbar.

Rapunzel (Rapunze, Rapünzchen, Rapünzlein, Rabinschen, Ackersalat, Feldsalat, Nisslsalat, Nüßlisalat, Vogerlsalat), winterharte Salatpflanze, wertvolles Wintergemüse mit viel Vitamin C, Eisen und Kalium. Kurz vor der Zubereitung lege man die Rapunzel in eiskaltes Wasser, damit sie besonders knackig wird. Zum Anmachen mit einer Salatsauce sollte sie wieder trocken sein, da sie sonst sofort zusammenfällt.

Rapunzelsalat: die Rapunzeln an der Wurzel abschneiden, waschen, abtropfen und mit Essig-Öl-Marinade anmachen, mit Eiervierteln garnieren.

rare (engl: dünn, kostbar), → saignant.

Rarebit Vanderbilt: geröstete Weißbrotscheiben mit Sardellenbutter bestreichen, mit gehackten hartgekochten Eiern belegen, dick mit geriebenem Parmesan bestreuen und im Ofen überbacken.

Rarebits (Rabbits), pikante Käse-Würzbissen englischen Ursprungs, die am Ende der Mahlzeit anstelle von Käse oder auch als abendlicher Imbiß gereicht werden. Sie sollen weniger den Appetit als vielmehr den Durst anregen. – *Rezept:* Welsh Rarebit.

rare medium, → anglais.

Rascasse (Drachenkopf), Mittelmeerfisch mit dornigem Kopf und giftigen Rückenstacheln, aber köstlichem Fleisch; Bestandteil der → Bouillabaisse.

Raspberry Milkshake (Himbeer-Milchshake): Milch und vollreife Himbeeren im Mixer schaumig rühren, Vanilleeis zugeben und glatt rühren, in Gläser füllen und mit frischen Minzblättern garnieren.

Rastegai, russische Fischpastetchen: halbmondförmige Hefeteigpastetchen, gefüllt mit gut gewürzter Fischfarce, im Ofen gebacken und heiß aufgetragen.

Ratafia, Bezeichnung für sehr süße Fruchtsaftliköre.

Ratatouille, Spezialität aus Nizza: sehr fein gehackte Zwiebeln in Öl goldgelb dünsten, gewürfelte Auberginen, Zucchini, Paprikaschoten und geschälte Tomaten dazugeben, mit Salz, Pfeffer, Majoran, Thymian und etwas Lorbeerblatt würzen und 1 Stunde garen lassen; lauwarm auf geröstete Weißbrotscheiben streichen.

Räucheraal (Spickaal), in Salzlake gepökelter und heiß geräucherter → Aal. Besonders begehrt sind Spitzkopf-Blankaale. Räucheraal soll kühl, trocken und luftig lagern. In Kunststoffolie luftdicht verpackt ist er lange haltbar. Bei feuchter Witterung kann unverpackter Räucheraal beschlagen, der Schimmelbelag läßt sich aber mit einem sauberen, trockenen Tuch leicht wieder abreiben. – Zum Servieren den Aal abwaschen, enthäuten, von den Gräten lösen, in Portionen schneiden, mit Petersiliensträußchen, Zitronenspalten und gehacktem Madeiragelee garnieren; dazu Pfeffer, Butter und geröstete Weißbrotscheiben.

Räucherhering, nicht ausgenommener, kalt geräucherter Salzhering.

Räucherlachs, geräucherter echter → Lachs, Delikatesse. Räucherlachs stammt überwiegend aus Nordamerika, aus Kanada und den USA sowie aus Norwegen, Schweden und Rußland. Dort werden die gefangenen Lachse halbiert, mild gepökelt und kalt geräuchert. In langen, luftigen Körben kommen dann die 4–7 kg schweren »Seiten« zum Versand. Räucherlachs kommt auch als Scheiben- oder Schnitzellachs in feinstem Öl in den Handel. – Räucherlachs wird in dünne Scheiben geschnitten und mit frischer Butter und gerösteten Weißbrotscheiben aufgetragen; eine

Pfeffermühle sollte bereitstehen. Die Scheiben können auch zu Rollen oder Tüten gedreht und pikant gefüllt werden. – *Rezepte:* Lachsröllchen, Lachstüten.

Räucherlachs, sibirisch: frischen Lachs mit feinen Kräutern und Gewürzen einreiben, mild salzen, nach einigen Tagen in dünne Scheiben schneiden, eiskalt mit Meerrettichsahne, Butter und Toast anrichten.

Räucherlachstorte: einen Tortenboden mit ungezuckertem Mürbeteig auslegen und mit einer gut geschlagenen Creme aus 1/2 l Sahne, 4 Eiern, 2 Eigelb, Salz, Pfeffer und geriebener Muskatnuß füllen, die Torte mit kleinen Räucherlachsscheibchen bedekken, Butterflöckchen daraufsetzen, im Ofen backen und heiß auftragen.

räuchern, Konservierungsverfahren für Fleisch-, Geflügel- und Fischwaren. Geräuchert wird meist mit Spänen oder Sägemehl von Buche, Eiche, Erle oder Wacholder, seltener von Fichte oder Kiefer. Der Gehalt des Rauches an Phenolen, Kreosolen, Formaldehyd, Essigsäure usw. läßt das Eiweiß gerinnen und wirkt dadurch konservierend. Außerdem beeinflußt der Rauch Geruch und Geschmack des Räuchergutes. Man unterscheidet die Kalträucherung bei 17–26°C für länger haltbare Waren (Schinken, Speck, Dauerwurst, Rohwurst, Räucherlachs, Räucherhering usw.) und die weniger intensive Heißräucherung bei 80–100°C und einer Räucherzeit von wenigen Stunden für leicht verderbliche Waren (Bückling, Räucheraal, Brühwurst usw.).

Räucherschinken, kalt geräucherter Schweineschinken (→ Schinken), wie Westfälischer, Schwarzwälder, Prager Schinken.

Räucherspeck (Rauchspeck), fetter Rückenspeck des Schweines, trocken gepökelt und kalt geräuchert. Räucherspeck, auch kurz »Speck« genannt, wird in der Küche vielseitig verwendet: er eignet sich zum Spikken mageren Fleisches, zum Umwikkeln zarten Geflügels, als Bestandteil von Farcen, Klößen, Pfannkuchen usw. Räucherspeck muß reinweiß und fest sein sowie angenehm duften. Gelblicher, schmieriger Speck ist alt und meist ranzig. Räucherspeck wird in Scheiben, Streifen oder Würfel geschnitten, gehackt oder durch die Fleischmaschine gedreht.

Räucherzunge, geräucherte → Pökelzunge.

Rauchfleisch, gepökeltes, kalt geräuchertes Rind- oder Schweinefleisch, z. B. → Hamburger Rauchfleisch.

Rauchsalz, Holzkohlenaroma, verleiht den elektrisch gegrillten Speisen den Duft und Geschmack edler Hölzer.

Rauchspeck, → Räucherspeck.

Rauke, → Rucola.

Rauschbeeren, → Krähenbeeren.

Raute, → Weinraute.

Ravier (frz), kleines Schüsselchen für Vorspeisen, Salate u. dgl., meist oval oder schiffchenförmig.

Ravigote (Sauce ravigote; frz: ravigoter = erquicken), scharfe Kräutersauce: Kräuter (Estragon, Kerbel, Petersilie, Schnittlauch), Zwiebel und Kapern sehr fein hacken, alles vermischen, mit Salz, Pfeffer und Essig würzen und mit Öl aufschlagen. Zu kaltem Fleisch oder Salaten.

Ravioli (Raviolen, Schlickkrapfen, Schlutzkrapfen), italienische Spezialität, kleine, mit einer Schinken- oder Spinatfarce gefüllte Nudeltäschchen: Nudelteig dünn ausrollen, in etwa

3 cm breite Streifen schneiden, die Hälfte der Streifen in gleichen Abständen mit Farcehäufchen besetzen, die Ränder mit Ei bestreichen, Teigstreifen daraufsetzen, Quadrate schneiden, die Ravioli in siedender Brühe gar kochen, abtropfen, mit Parmesan bestreuen, Butter darüberträufeln und evtl. im Ofen überbacken. Dazu wird gern Tomatensauce gereicht. – Ravioli bekommen Sie auch kochfertig im Handel. *Ravioli verdi* sind mit Spinat gefärbte grüne Ravioli. *Raviolini* sind winzige Ravioli.

raw (engl: roh), → bleu.

Rebhuhn (Feldhuhn), begehrtes Wildgeflügel, das über ganz Europa verbreitet ist und Wiesen und Äcker, umgeben von dichtem Buschwerk, bevorzugt. Rebhühner sind etwas größer als Tauben. Junge Vögel, die man an den zitronengelben Läufen und dem scharfen, dunklen Schnabel erkennt, werden gebraten, zu Salmi, Pasteten und kalten Gerichten verwendet. Alte Tiere werden geschmort oder zu Suppen und Farcen verarbeitet. – Für je 2 Personen ist 1 Rebhuhn zu berechnen. – *Vorbereitung:* das Rebhuhn vorsichtig rupfen, ohne die empfindliche Haut zu verletzen, den feinen Flaum absengen, die Körperhöhle mit einem Tuch auswischen (nicht waschen!), salzen und die Brust mit dünnem Speck umwickeln. – *Bratzeit:* 12–20 Minuten, je nach Größe.

Rebhuhn mit Äpfeln und Sahne: Scheiben von würzigen Äpfeln in Butter leicht anbraten; ein junges Rebhuhn in dünnen Speck wickeln, ringsum in Butter anbraten, den Speck nach 6–8 Minuten wieder entfernen, den Vogel auf die Apfelscheiben setzen, mit Salz und Pfeffer würzen, die Bratbutter und 1/8 l Sahne hinzugeben und das Rebhuhn im Ofen gar dünsten, dabei hin und wieder etwas Sahne darübergießen; mit feinem Kartoffelpüree auftragen.

Rebhuhn d'Artois: ein junges Rebhuhn in Butter braten, wenige Minuten vor Bratende die Speckscheiben entfernen, damit die Brüste schön braun werden, das Rebhuhn herausnehmen und warm stellen, den Bratsatz mit einem Schuß Weinbrand flambieren, mit einem Glas Weißwein ablöschen, den Wein fast vollständig einkochen, den Rest mit Kalbsjus verkochen, salzen und pfeffern und über das Rebhuhn gießen; dazu in Butter gedünstete Artischockenböden, abwechselnd mit Spargelspitzen und fein gewürztem Linsenpüree gefüllt.

Rebhuhn auf Diplomaten-Art: ein junges Rebhuhn mit getrüffelter Wildfarce füllen, in dünnen Speck wickeln und in Butter braten; dazu Champignons und Gänseleberklößchen in Madeirasauce.

Rebhuhn mit Linsen, Thüringer Spezialität: Zwiebeln und mageren Speck, beides kleingeschnitten, anschwitzen, mit Mehl bestäuben, das Mehl ebenfalls leicht anschwitzen, eingeweichte Linsen hinzufügen, mit Fleischbrühe auffüllen, ein oder mehrere angebratene, ältere Rebhühner darin weich schmoren; zuletzt grobgewürfelte Kartoffeln zugeben.

Rebhuhn auf Winzer-Art: das junge Rebhuhn leicht salzen, mit einer Scheibe Speck umbinden, in Butter braten, halbieren und auf Röstbrotscheiben anrichten; den Fond entfetten, mit Weißwein ablöschen, einkochen und mit Wildfond verkochen; enthäutete, entkernte Weinbeeren in etwas Wildfond erhitzen, das Rebhuhn damit garnieren und die Sauce über das Huhn gießen; dazu Kartoffelpüree.

Rebhuhnhaschee: ein junges Rebhuhn in Butter gar braten und das Fleisch in sehr kleine Würfel schneiden; aus dem Bratenfond eine gut gewürzte, kurze (stark eingekochte) braune Sauce bereiten, die Sauce mit dem Rebhuhnfleisch und gedünsteten, gehackten Champignons vermischen; dazu gekochte Hühner- oder gar Wachteleier sowie Weißbrotecken oder Blätterteighalbmonde.

Rebhuhnpastete, → Terrine de Nérac.

Rebhuhnsalat: Streifen von gebratenem Rebhuhn, Bleichsellerie und Mandarinen in Weinessig, Öl, Rotwein und gehackten Schalotten einlegen, mit schwarzen Oliven und Mandarinenspalten garnieren.

Reblochon, französischer Weichkäse aus dem Département Haute-Savoie, von mildem Geschmack, 50% Fett i. Tr.

Rechaud (frz: réchaud = Heizplatte), Tischkocher für Fondues, Glühwein, Pot au feu, Flambées usw. Das Rechaud wird mit Brennspiritus oder elektrisch betrieben. – Als Rechaud wird auch eine Warmhalteplatte bezeichnet.

Red Snapper (Rotkarpfen), westatlantischer Seefisch mit weißem Fleisch und wenigen großen Gräten, bis 3 kg schwer, geeignet für alle Zubereitungsarten.

reduzieren (frz: réduire = einkochen), eine Flüssigkeit stark einkochen, um den Wassergehalt zu vermindern und den Geschmack zu verstärken.

Reformsauce: 5–7 zerdrückte Pfefferkörner, 2 gehackte Schalotten und je 1/2 Tasse Weißwein und Weinessig langsam einkochen, mit Kraftsauce auffüllen, gut durchkochen, die Sauce durch ein Sieb streichen, Champignons, Pfeffergürkchen, Pökelzunge und Eiweiß von hartgekochten Eiern, alles in Streifen geschnitten, hinzufügen. Zu panierten Lamm- und Hammelkoteletts.

refraichieren, → rafraichieren.

Regenbogenforelle, → Forelle.

Regensburger, Würstchen aus Rind- und Schweinefleisch, kettenförmig abgebunden, geräuchert, kurz gebrüht und nochmals geräuchert. Regensburger werden gern zu Wurstsalat verwendet.

Regensburger Braten: gehacktes Rind- und Schweinefleisch mit eingeweichter Semmel, Rindernierenfett, gedünsteten Zwiebeln, Ei und gehackter Petersilie verarbeiten, mit Salz, Pfeffer, Knoblauch und Majoran würzen, zu einem länglichen Brot formen und braten, den Bratsatz mit Fleischbrühe und saurer Sahne verkochen; dazu Kartoffelklöße.

Regentensalat: römischen Salat in Streifen schneiden und mit Kräutermayonnaise binden, Tomatenscheiben und Blumenkohlröschen in Essig-Öl-Marinade einlegen und auf dem Salat anrichten.

Regentschafts-Art (à la régence): getrüffelte Hühner- oder Kalbfleischklößchen, gebratene Gänseleberscheiben, Hahnenkämme, Champignonköpfe, Trüffeloliven und deutsche Sauce mit Trüffelessenz zu kleinen Fleischstücken, Kalbsbries oder Geflügel. – Fischklößchen mit Krebsbutter sowie Austern, Fischmilcher, Champignonköpfe, Trüffelscheiben und normannische Sauce zu Fisch.

Regentschaftssalat: Bleichselleriestreifen, Scheiben von Trüffeln und Hahnenkämmen sowie Spargelspitzen mit Zitronen-Öl-Marinade anmachen.

Regina, à la: Tomaten mit einer Füllung aus Risotto und Parmesankäse, gegrillte Paprikaschoten sowie Madeirasauce mit gehackten Mixed Pickles.

Reh, beliebtestes Haarwild der gemäßigten Zonen Europas und Asiens. Es ist das einzige Wild, das sich im Laufe der letzten Jahrhunderte dank einer vorbildlichen Hege und des Aussterbens von Wolf und Luchs in unseren Breiten so stark vermehrte, daß der Abschuß mit der jährlichen Zunahme der Bestände kaum mehr schritthalten kann. Das Reh ist ein wählerischer Feinschmecker: Laubholzknospen, Türkenbundblüten, Pilze, junge Gräser und Klee, im Herbst Eicheln und Bucheckern sind seine bevorzugte Kost. Und so erlesen seine Nahrung ist, so wundervoll schmeckt auch sein Fleisch, die Keulen, der Pfeffer (Schulter, Brust) und ganz besonders der Rücken, die Krönung aller kulinarischen Wildgenüsse. – Das Reh sollte nicht älter als 3 Jahre sein, denn alte Tiere haben ein grobfaseriges und schwer verdauliches Fleisch. Das Reh wiegt aufgebrochen, also ohne Gedärme und Innereien, zwischen 10 und 20 kg.

Reherl, → Pfifferling.

Rehfellchen, → Habichtspilz.

Rehkeule mit Pfifferlingen: die Keule spicken, salzen und in Butter braten; gehackte Zwiebeln und gewürfelten mageren Speck in Butter anschwitzen, Pfifferlinge hinzufügen, würzen, braten und mit gehackter Petersilie durchschwenken; dazu Pfeffersauce und Kartoffelkroketten.

Rehkoteletts mit Mandarinen: die Koteletts salzen und in Butter braten; den Bratsatz mit einem Gläschen Weinbrand und dem Saft von 2 Mandarinen ablöschen, mit Wildsauce auffüllen, kurz durchkochen, Filets von Mandarin-Orangen in der Sauce erhitzen.

Rehkoteletts mit Wacholder: die Koteletts salzen und in Butter braten; den Bratsatz mit einem Gläschen Genever ablöschen, mit Pfeffersauce auffüllen, zerdrückte Wacholderbeeren hinzufügen, kurz durchkochen und passieren; dazu in Butter gedünstete Apfelscheiben.

Rehleber, Wilddelikatesse: die Leber in Scheiben schneiden, salzen, pfeffern, mehlen und kurz in Butter braten.

Rehling, → Pfifferling.

Rehmedaillons mit Kirschen: die Medaillons (aus dem Filet) salzen und in Butter braten; dazu in Rotwein mit Zimt und Zucker gedünstete Kirschen, Pfeffersauce, Kartoffelkroketten und Waldorfsalat.

Rehpfeffer, Rehragout: Schulter oder Brust in grobe Würfel schneiden, 2 Tage lang mit Salz, Pfeffer, gehackter Zwiebel, etwas Öl und Weinbrand marinieren, das Fleisch gut abtropfen lassen, in Fett kräftig anbraten, mit Mehl bestäuben, das Mehl anrösten, mit Rotwein und der Marinade auffüllen, zugedeckt langsam gar schmoren; gewürfelten mageren Räucherspeck und gehackte Zwiebel in Butter anrösten, mit rohen Champignons zum Ragout geben, die Sauce neben dem Herd mit Sahne und Blut (Reh- oder Schweineblut) binden; dazu gebutterte Nudeln.

Rehrücken Baden-Baden: den Rükken spicken, salzen und in Butter rosa braten; den Bratsatz entfetten und mit gut gewürzter Wildsauce verkochen; feste, saftige Birnen schälen, halbieren, das Kerngehäuse entfernen, vorsichtig mit etwas Zimt und Zitronenschale in wenig Wasser dünsten und um den Rehrücken legen; dazu Kartoffelkroketten.

Rehrücken, deutsch: den Rücken spicken, salzen, pfeffern und in Butter rosa braten; den Bratsatz mit Fleischbrühe ablöschen, mit saurer Sahne auffüllen, kurz durchkochen, mit Zitronensaft würzen und passieren; dazu Rotkohl, mit Zwiebelscheiben und gewürfelten Äpfeln in Gänseschmalz gedünstet, und Kartoffelpüree.

Rehrücken Reischach: den Rücken mit mild geräuchertem Speck und mehreren Trüffelnägeln spicken und in Butter rosa braten; den Bratsatz entfetten, mit einem Schuß Weinbrand flambieren, mit einem Glas Weißwein ablöschen, mit etwas Fleischextrakt verkochen, mit Butter aufschlagen, die Sauce mit Pfeffer und Zitronensaft würzen; einige süßsaure Äpfel schälen, aushöhlen, in Weißwein dünsten und mit dick eingekochtem Preiselbeerkompott füllen; als Beigabe gebutterte Nudeln.

Rehrücken Windsor: den Rücken spicken, salzen, pfeffern und in Butter rosa braten; dazu gedünsteten Bleichsellerie, mit Sahne und geriebenem Meerrettich verrührte Pfeffersauce und glasierte Maronen.

Rehschnitten auf Zarin-Art: aus dem Rehrücken ovale, zentimeterdikke Scheiben schneiden, würzen, in Butter braten und mit heißen Wachteleiern garnieren; den Bratsatz mit Wildsauce verkochen; dazu Maronenpüree.

Rehsteaks mit Rahmpfifferlingen: die Steaks (aus Rücken oder Keule geschnitten) pfeffern, in Butter braten, leicht salzen und auf warme Blätterteigtorteletts setzen, die dünn mit Johannisbeergelee gefüllt wurden; junge Pfifferlinge mit feingehackten Schalotten in Butter dünsten, mit Sahne binden, salzen, pfeffern und kleingeschnittene Petersilie darunterrühren, die Rahmpfifferlinge auf den Steaks anrichten; dazu glasierte Maronen.

Rehsteaks in Wacholdersauce: die Steaks (aus Rücken oder Keule geschnitten) pfeffern, in Butter braten und salzen; den Bratsatz mit 1 Gläschen Steinhäger oder Gin flambieren, etwas Sahne und einige zerdrückte Wacholderbeeren hinzugeben, leicht einkochen, mit Pfeffersauce vermischen; dazu warmes Apfelmus und Kartoffelkroketten.

Reibbrot, → Paniermehl.

Reibeknödel, → bayerische Reibeknödel.

Reibekuchen, → Kartoffelpuffer.

Reibkäse, lange gereifter und daher harter, pikant-würziger Käse, der vielen Gerichten der italienischen, aber auch anderer Küchen ihren besonderen Geschmack verleiht. Zu den bekanntesten Reibkäsen zählen der Montasio, der Parmesan, der Pecorino und der Provolone.

Reibstein, → Mörser.

reiche Art (à la riche): mit Spargelspitzen gefüllte Artischockenböden, Trüffelscheiben, gebratene Gänseleberscheiben und Madeirasauce zu kleinen Fleischstücken oder Geflügel. – Victoriasauce zu gedünsteten Fischfilets, die mit Langusten- und Trüffelscheiben verziert sind.

Rein(dl), österreichische und süddeutsche Bezeichnung für einen flachen Brat- oder Schmortopf.

Reinbraten, → Schmorbraten.

Reindlrostbraten, österreichische Spezialität: eine fingerdicke Scheibe aus dem Zwischenrippenstück eines jungen Ochsen auf beiden Seiten kräftig anbraten, mit Salz und Pfeffer würzen; eine kleine, flache Kasserolle (Reindl) mit gehackten, in Schweineschmalz angeschwitzten Zwiebeln auslegen, den Braten daraufsetzen, Tomatenpüree, gehackten Kümmel, etwas Majoran und etwas Fleischbrühe zugeben und zugedeckt gar schmoren; den Rostbraten mit Salzgurkenscheiben und Salzkartoffeln garnieren.

reine, à la: → Königin-Art.

Reineclauden (Renekloden, Ringlotten), große, gelbe bis grüne Pflaumen. – Der Name dieser Pflaumenart könnte auf die Königin (frz: reine) Claude, Gattin des französischen Königs Franz I., des Erbauers der Prachtschlösser von Chambord, Blois und Fontainebleau, zurückgehen, mit größerer Wahrscheinlichkeit aber auf den französischen Obstforscher René Claude.

Reinetten, → Renetten.

Reis, Grasgewächs der tropischen und subtropischen Zonen, nach dem Weizen wichtigstes Nahrungsmittel der Menschheit. Die Welternte beträgt jährlich rund 300 Millionen Tonnen. Mehr als drei Viertel davon wandern in asiatische Kochtöpfe. – Die Heimat des Reises ist wahrscheinlich China. Von dort jedenfalls stammen die ältesten schriftlichen Überlieferungen. Danach soll der Kaiser Shen-nung um 2800 v. Chr. beim Frühlingsfest Reis gesät haben. Über Indien und Persien kam der Reis um 1000 v. Chr. nach Ägypten. In Europa war er zwar schon zu Cäsars Zeiten bekannt, aber nur als Medizin. Im 8. Jahrhundert brachten ihn die Araber nach Spanien. Im 16. Jahrhundert pflanzten Soldaten Kaiser Karls V. in Oberitalien Reis. 1647 wurde erstmalig auf amerikanischem Boden Reis geerntet. – Die einjährige, bis 1,8 m hohe Reispflanze liebt Wasser und Wärme. Während der Wachstumsperiode werden die Reisfelder künstlich überschwemmt, zu Beginn der Blüte wird das Wasser wieder abgeleitet. Bei 30 bis 35° C fühlt sich die Pflanze am wohlsten. Dicht von lederartigen Spelzen umgeben, entwickelt sich das längliche bis rundliche Reiskorn. Nach der Ernte wird der Reis gedroschen, auf Schälmaschinen entspelzt, vom Silberhäutchen freigeschliffen, auf Poliermaschinen geglättet und zuletzt oft mit Stärkesirup und Talkum glasiert, wodurch er unbegrenzt haltbar und widerstandsfähig gegen Schädlingsbefall wird. – Reis ist besonders leicht verdaulich, er enthält weniger Fett und Eiweiß als alle anderen Getreidearten. Man kennt rund 8000 Reissorten, und in jedem Jahre werden neue Sorten mit noch besseren Kocheigenschaften gezüchtet. Fast alle Reissorten lassen sich in zwei Hauptgruppen einordnen, in Langkornreis und in Rundkornreis. Der *Langkornreis* ist 6–8 mm lang und 4–5 mal so lang wie dick. Das Korn ist hart und glasig, es kocht sich trocken und körnig. Langkornreis wird vor allem als Sättigungsbeigabe gereicht sowie für Suppen und bestimmte Süßspeisen verwendet. Zu den besten Sorten zählen der Patnareis aus Vorderindien, der Siamreis aus Hinterindien und der Karolinareis aus Nordamerika. Der *Rundkornreis* ist 4–6 mm lang und nur 1 1/2–2mal so lang wie dick. Das Korn ist weich und kalkig und kocht sich weich und klebrig. Rundkornreis eignet sich für Risotto und bestimmte Süßspeisen, er wird auch zu Fleischbällchen sowie als Füllung für Geflügel, Pasteten usw. verwendet. Die besten Sorten kommen aus Norditalien (Poebene), Ägypten, Spanien und Nordamerika. – *Kochen von Reis:* Daß viele Europäer dem Reis noch immer etwas ablehnend gegenüberstehen, liegt wohl an der oftmals falschen Art der Zubereitung. Der gekochte Reis darf – den Milchreis ausgenommen – niemals breiig und klebrig, sondern muß immer schön trocken und körnig sein. Die Hülle der Reiskörner besteht nämlich aus Stärke, die beim Kochen sehr leicht quillt und verkleistert, je nach Reissorte mehr oder weniger stark. Um das zu vermeiden, darf man nur so viel Flüssigkeit zum Reis geben, wie von den Körnern aufgenommen werden kann. Oder man muß umgekehrt sehr viel Wasser nehmen, damit sich alle Stärke im Wasser lösen kann. *Grundrezept I:* 200 g Patnareis in etwa 30 g Butter anschwitzen, mit 1/2 l Fleischbrühe auffüllen, salzen und zugedeckt 18 Minuten kochen. *Grundrezept II:* 200 g Karolinareis in viel Salzwasser 18 Minuten kochen, das Wasser abgießen, den Reis mit warmem Wasser abspülen, gut abtropfen, auf einer Warmhalteplatte oder im Backofen trocknen und mit zerlassener Butter übergießen. *Grundrezept III:* → Süßspeisenreis. – *Schnellkochreis* ist besonders vorbehandelter Langkornreis, der meist nur eine Garzeit von 5 Minuten benötigt. Er wird in Kochbeuteln angeboten.

Reis Condé, Süßspeisenreis: 100 g Rundkornreis mit 1 l Milch und einer Prise Salz aufkochen, 1 Päckchen Vanillezucker hinzufügen, zugedeckt im Ofen garmachen, 1 EL Butter und 3 Eigelb darunterziehen; warm oder kalt mit Fruchtsauce anrichten.

Reis, griechisch: Patnareis mit gehackten Zwiebeln in Butter anschwitzen und in Fleischbrühe dünsten, mit Bratwurstmasse und Kopfsalatstreifchen vermischen, Würfelchen von roten Pfefferschoten und grünen Erbsen hinzufügen.

Reis auf Kaiserin-Art: Süßspeisenreis mit englischer Creme und Gelatine vermischen, gehackte, mit Kirschwasser parfümierte Konfitfrüchte und Schlagsahne unter den Reis ziehen, in Becherformen füllen, erstarren lassen, stürzen und mit Johannisbeergelee überziehen; dazu eine kalte Fruchtsauce.

Reis, kreolisch, → Kreolenreis.

Reis auf Malteser Art, → Malteser Reis.

Reis Pilaw, → Pilawreis.

Reis, portugiesisch: gehackte Zwiebel in Butter anschwitzen, mit Patnareis vermischen, mit Fleischbrühe auffüllen (1/2 l auf 200 g Reis), gewürfelte Tomaten und rote Paprikaschoten hinzufügen, zugedeckt körnig kochen, zuletzt etwas Butter unter den Reis ziehen.

Reis für Süßspeisen, → Süßspeisenreis.

Reis Trauttmansdorff: Süßspeisenreis auskühlen lassen, mit Schlagsahne vermischen und mit Maraschino parfümieren; dazu Erdbeer- oder Himbeersauce. – Ferdinand, Graf von Trauttmansdorff, 1825–1870, österreichischer Staatsmann.

Reisauflauf: 250 g Karolinareis in Salzwasser körnig kochen, abtropfen, mit 1 Ei, 3 EL Sahne, etwas Salz, Pfeffer und Muskatnuß verrühren; 350 g Bratwurstfülle mit 1 Ei, gehackter Petersilie, gehackten grünen Oliven und etwas Weißwein vermengen; Reis- und Wurstmasse schichtweise in eine ausgebutterte

Auflaufform füllen, mit Räucherspeckwürfeln bestreuen, abbacken.

Reisbohnen (orientalische Bohnen, Mambi), in Asien beheimatete Hülsenfrucht, aus deren Samen Reis- bzw. → Glasnudeln hergestellt werden.

Reisbranntwein, → Arrak.

Reisessig: Spezialität der chinesischen, japanischen und thailändischen Küche, in Feinkostgeschäften erhältlich. Die Chinesen beizen mit ihrem dunkelbraunen Reisessig die Pekingente und andere Geflügelgerichte, die Japaner würzen mit ihrem milden, klaren Reisessig die köstlichen Sushi-Vorspeisen, die Thais marinieren mit ihrem ebenfalls sehr milden, klaren Reisessig Geflügel, Fisch und Gemüse.

Reisfleisch, indisches, → indisches Reisfleisch.

Reisfleisch, serbisches, → serbisches Reisfleisch.

Reiskroketten: einen Risotto mit Eigelb binden, kleine Rollen oder Kugeln formen, mit geriebenem Weißbrot panieren und in heißem Fett schwimmend abbacken. – Reiskroketten können mit Schinken, Geflügelleber, Champignons, Paprikaschoten usw., alles feingehackt, vermischt und mit Paprika, Curry, Safran o. a. gewürzt werden.

Reiskrustaden: feingehackte Zwiebel in Butter andünsten, 200 g Reis hinzuschütten, leicht anschwitzen lassen, mit 1/2 l siedender Fleischbrühe auffüllen; sobald der Reis leicht aufkocht, zudecken und bei kleiner Hitze garziehen lassen; den fertigen Reis in kleine, mit kaltem Wasser ausgespülte Bechergläser drücken, erkalten lassen und aus den Gläsern stürzen; die Reisrollen mit Ei und hellem Reibbrot panieren, in Fett schwimmend backen, dann vorsichtig aushöhlen und nach Wunsch füllen, z. B. mit Rührei und geriebenem Parmesankäse oder mit gewürfelten Champignons. Heiß anrichten.

Reismehl, fein vermahlene Reiskörner, für Puddings, Süß- und Mehlspeisen sowie Gebäck. Reismehl ist sehr quellfähig und hat einen dezenten, angenehmen Geschmack.

Reismehlsuppe, → Reisrahmsuppe.

Reisnudeln, aus Reisgrieß hergestellte Nudeln, auch Bezeichnung für aus Reisbohnen hergestellte → Glasnudeln.

Reispanade, Bindemittel für Füllungen aller Art: 100 g Reis mit 1/4 l Fleischbrühe und etwas Butter langsam weich kochen.

Reispfanne, → Paella.

Reispudding: 1/2 l Milch mit 75 g Zucker, einem Stückchen Zitronenschale und einer Prise Salz aufkochen, 125 g überbrühten Reis und etwas Butter hinzugeben und zugedeckt garen, bis der Reis die Milch aufgesogen hat, in eine Schüssel stürzen, mit 3 Eigelb verrühren, 3 steifgeschlagene Eiweiß darunterziehen, im Ofen backen. – Abwandlungen: gehackte Mandeln, Rosinen oder Kompottfrüchte vor dem Eischnee in den Pudding rühren.

Reisrahmsuppe: 50 g Reismehl in 40 g Butter leicht anschwitzen, mit 1 l Fleischbrühe verkochen, langsam 1/8 l Milch hinzugießen, mit Salz abschmecken, mit Eigelb und Sahne binden.

Reisrand, Reisring, dekorative Anrichtweise von körnig gekochtem Reis: den Reis nach dem Grundrezept I (→ Reis) kochen, in eine heiß ausgespülte flache Ringform drükken, die Form wenige Minuten in heißes Wasser stellen, damit der Reis einen besseren Zusammenhalt bekommt, den Reisrand auf eine vorgewärmte Platte stürzen. – Auch → Bordüre.

Reissalat Derby: körnig gekochten Reis, grüne Erbsen, gedünstete Champignons und gekochten Schinken, beides in feine Streifen geschnitten, mit Vinaigrette und etwas Mayonnaise anmachen und mit Walnüssen garnieren.

Reissockel, Unterlage aus körnig gekochtem Reis für Fleisch- oder Geflügelgerichte. Der Reissockel wird wie der → Reisrand bereitet, nur verwendet man anstelle einer Ringform eine kleine flachrunde Schüsselform.

Reistafel, indonesische, vielgerühmte Zusammenstellung indonesischer Speisen. Auftakt jeder Reistafel ist eine exotisch gewürzte Gemüsesuppe (→ Saijoor). Dann werden in beliebiger Reihenfolge Hammel-, Rind- oder Schweinefleischspießchen (→ Sateh), geschmorte Hühner, gebackene Garnelen, gebratene Fische, hartgekochte Eier und gedünstete Gemüse in pikanter Sauce (→ Sambal) gereicht. Zwischendurch knabbert man geröstete Kokosnußspäne, Erdnüsse und knusprigen → Kroepoek. Den Abschluß bilden süßsauer eingelegte Gemüse (→ Atjar). Mittelpunkt der Reistafel aber ist körnig gekochter, trockener Reis. Und Gewürze, Würzsaucen sowie Chutneys stehen überall griffbereit.

Reiswein, → Mirin, → Sake.

Reizker (echter Reizker, Edelreizker), trichterförmiger Blätterpilz mit karottenfarbigem Saft, der im Spätsommer und Herbst häufig unter Fichten anzutreffen ist. Der echte Reizker zählt wegen seines feinen, milden Geschmacks zu den besten Speisepilzen. Er wird ausschließlich gebraten; in Suppen oder Saucen entwickelt er einen aufdringlichen, unangenehmen Geschmack.

Réjane, à la: abwechselnd mit grünen Spargelspitzen und Gänseleberpüree gefüllte Torteletts zu kleinen Fleischstücken. – Rosettenförmig gespritzte Herzoginkartoffeln und Weißweinsauce mit Krebsbutter zu Fisch. – Gabriele Charlotte Réjane, 1856–1920, französische Schauspielerin, berühmt durch ihre Darstellung pikanter Rollen.

Réjanesalat: Kartoffelwürfel, Spargelspitzen und Trüffelstreifen mit Vinaigrette anmachen.

Relevé (frz: relever = wieder aufrichten), appetitanregendes Gericht innerhalb einer Speisefolge, meist der auf die Suppe folgende Gang.

Relish (engl: Würze), Würzsauce, z. B. Barbecue Relish, Mexican Relish. Handelsware. Auch auf Kräkkern u. dgl. sind Relishes eine beliebte Würze.

Remoulade (Sauce rémoulade), Kräutermayonnaise, die auch als Fertigprodukt erhältlich ist: sehr fein gehackte Sardellenfilets, Pfeffergurken und Kapern unter Mayonnaise mischen, mit Salz, Pfeffer, etwas Senf und verschiedenen Kräutern (Petersilie, Schnittlauch, Estragon, Kerbel u. a.) würzen. Zu kaltem Roastbeef und ähnlichen Fleischspeisen, zu Fisch und Schaltieren.

Renaissance, à la: mit holländischer Sauce bedeckte Blumenkohlröschen, verschiedene junge Gemüse, gebakkene Kartoffelwürfel und mit Butter aufgeschlagener Bratensaft.

Renekloden, → Reineclauden.

Renetten, späte, haltbare Apfelsor-

1 Quitte 2 Radieschen 3 Radicchio 4 Rapunzel 5 Rebhahn

ten, besonders fest und würzig. Daher gut zum Dünsten, als Füllung u. dgl. geeignet.

Renke, → Blaufelchen.

Rentier (Ren), Hirschart der eurasischen und nordamerikanischen Kältezonen, seit Jahrtausenden gezähmt, aber noch immer einem jahreszeitlichen Wandertrieb gehorchend. Rentiere sind klein (1,10 m hoch), aber gedrungen. Im Gegensatz zu anderen Hirscharten tragen hier beide Geschlechter Geweihe. Rene ernähren sich von Gräsern, Kräutern, Birkenschößlingen und Rentierflechte. Rükken und Keulen junger Tiere sind sehr schmackhaft, die geräucherte Zunge und das Rückenmark gelten sogar als Delikatesse.

Rentiersteak, schwedisch: 600 g Renfilet in vier Scheiben schneiden, salzen, pfeffern, durch Mehl ziehen und rasch in Öl braten; aus der Pfanne nehmen und warm stellen; den Bratensatz mit 1 Glas Weißwein löschen, Bratensaft hinzufügen, gut verkochen und mit Zitronensaft abschmecken; 1 gehackte Zwiebel in Butter kräftig anschwitzen, Morcheln (aus der Dose) darin erhitzen, mit etwas Sahne binden und neben den Steaks anrichten; dazu Schloßkartoffeln.

Rentierzunge mit Multbeeren, finnische Spezialität: Scheiben von gekochter und abgezogener Rentierzunge mit leicht zerdrückten und gebutterten Salzkartoffeln; dazu Multbeeren und Zucker oder Preiselbeerkompott.

resch, österreichische Bezeichnung für knusprig.

Retsina, einfacher griechischer Weißwein, sehr trocken (herb), appetitanregend, bekömmlich und mit terpentinartigem Geschmack. Die alten Griechen pflegten ihren Wein in Ziegenfellschläuchen aufzubewahren, die mit dem Harz der Aleppokiefer abgedichtet waren. Das Harz beeinflußte das Aroma des Weins und machte ihn außerdem haltbarer. Die Griechen von heute mögen den reizvollen Geschmack, an den man sich übrigens schnell gewöhnt, nicht mehr missen und setzen dem Wein – da harzgetränkte Schläuche nicht mehr verwendet werden – während der Gärung 4–7% Kiefernharz zu.

Rettich (lat: radix = Wurzel), Gemüsepflanze mit dickfleischiger, brennendwürziger Wurzel. Die Wurzeln sind kugel- oder spindelförmig, mit weißer bis schwarzer Schale. Der scharfe Geschmack wird durch einen Gehalt an ätherischen Senfölen bestimmt. Rettich wird meist fein geschnitten oder geraspelt und mit Salz gewürzt. Rettichsaft gilt als bewährtes Volksmittel gegen Gallen- und Leberbeschwerden sowie gegen Husten. Man unterscheidet u. a. den runden, weißen Mairettich, den länglichen, weißen oder braunen Sommerrettich und den runden, schwarzen Winterrettich.

Rettichsalat: Rettich in dünne Scheiben schneiden oder raffeln und mit Essig-Öl-Marinade anmachen.

revenieren (frz: revenir = wiederkommen), ein Fleischstück schnell anbraten, damit sich die Poren schließen und der Saft im Stück bleibt.

Reynière, à la: kleine Bratwürstchen, glasierte Maronen und Madeirasauce mit gehackter, gebratener Kalbsniere oder Hühnerleber zu Fleisch oder Geflügel. – Grimod de la Reynière, 1758–1838, französischer Schriftsteller und Feinschmecker, Verfasser mehrerer gastronomischer Werke, z. B. Feinschmeckeralmanach.

Rhabarber, die saftig-fleischigen, angenehm säuerlichen Blattstiele eines innerasiatischen Knöterichgewächses. Rhabarber, die »barbarische (ausländische) Wurzel«, war schon im Altertum als Arzneipflanze bekannt; die Wurzel verwendete man als Abführmittel. Als Kompottpflanze wurde der Rhabarber erst sehr spät entdeckt: um 1840 entstanden in den Vierlanden bei Hamburg die ersten Anpflanzungen. Und dann dauerte es noch rund sechzig Jahre, bis sich der Rhabarber in ganz Deutschland eingebürgert hatte, über dessen Grenzen er auch heute kaum hinausgekommen ist. – Der säuerliche Geschmack wird von der Oxalsäure bestimmt, deren Anteil zwischen 0,5 und 0,8% beträgt und daher im allgemeinen nicht gesundheitsschädlich ist.

Rhabarberkaltschale: Rhabarberstückchen mit Zucker in wenig Wasser dünsten, mit Weißwein verrühren, eiskalt auftragen; dazu Vanillereis.

Rhabarberkompott: geschälte Rhabarberstengel in 3 cm lange Stücke schneiden, reichlich zuckern und langsam im eigenen Saft garziehen lassen, ohne daß der Rhabarber zerfällt.

Rhabarbersalat: Rhabarberstücke vorsichtig gar dünsten, auskühlen, abtropfen und mit Essig-Öl-Marinade anmachen.

Rhabarbertorte: eine Tortenform mit Mürbeteig auslegen, mit Rhabarberstückchen belegen, reichlich zukkern, bei starker Oberhitze backen, die Torte mit Aprikosenmarmelade oder feiner Puddingcreme überziehen.

Rheinanke, → Blaufelchen.

Rheingauweine, Weine aus dem Weinbaugebiet zwischen Lorch und Biebrich. Auf der 2800 ha großen Anbaufläche wächst einer der edelsten Weißweine der Welt. Bekannte Weinorte sind Rüdesheim (Schloßberg, Roseneck), Geisenheim (Mäuerchen), Johannisberg, Oestrich (Lenchen), Hallgarten, Hattenheim (Nußbrunn), Erbach (Rheinhell), Eltville (Taubenberg), Kiedrich (Gräfenberg), Rauenthal (Rosenberg), Winkel (Hasensprung), Aßmannshausen (Silberberg, Hinterkirch) usw.

Rheinhessenweine, Weine aus dem Weinbaugebiet zwischen Rhein und Nahe, in dem Dreieck Bingen, Mainz, Worms. Die Anbaufläche beträgt 21 000 ha. Bekannte Weinorte sind Worms (Klostergarten, Liebfrauenstift), Oppenheim (Sackträger, Kreuz, Krötenbrunnen), Nierstein (Bildstock, Ölberg, Fuchsloch), Nackenheim, Bingen, Bechtheim, Mettenheim, Alsheim, Büdesheim, Ingelheim (Rotwein) usw.

rheinischer Salat: Würfel von gebratenem Kalbfleisch, gekochtem Schinken, Pökelzunge, Zervelatwurst, Salzheringen, Sardellen, Äpfeln, Champignons, Senfgurken sowie gehackte Zwiebel mit Mayonnaise binden, die mit Heringsmilch, Senf, Rotwein, Salz und Pfeffer verarbeitet wurde; nach Belieben garnieren.

Rheinischer Sauerbraten, → Sauerbraten. Den Bratfond mit Rosinen oder Korinthen ergänzen und zum Schluß mit Aachener Printen oder Schwarzbrot binden.

rheinisches Weinkraut, mild gesalzenes Sauerkraut mit viel gehackter Zwiebel und Schweineschmalz aufsetzen, geriebene säuerliche Äpfel und frischen Speck oder Schweinefleisch hinzufügen und alles in halb Wasser, halb Weißwein garkochen.

Rheinpfalzweine (Pfälzer Weine, Hardtweine), Weine aus dem Weinbaugebiet zwischen Rheinebene und Hardtgebirge. Die Anbaufläche umfaßt 16 000 ha. Bekannte Weinorte sind Gimmeldingen (Meerspinne), Ruppertsberg (Linsenbusch), Deidesheim (Leinhöhle), Forst (Kirchenstück, Ungeheuer), Wachenheim, Bad Dürkheim (Schenkenböhl, Feuerberg), Ungstein (Kobnert), Kallstadt (Saumagen), Herxheim (Himmelreich, Honigsack), Grünstadt (Höllenpfad); Siebeldingen, Rhodt, Edenkoben, St. Martin, Maikammer, Diedesfeld, Königsbach, Wachenheim usw.

Rheinwein, Wein aus dem größten deutschen Weinbaugebiet, das die Rheinpfalz, Rheinhessen, den Rheingau sowie den Mittelrhein umfaßt.

Ribele (Riebele), graupengroße Nudelteigbröckchen als Suppeneinlage, schwäbische Spezialität.

Rib-Eye (Hochrippen-Medaillon), eine dickere Scheibe vom runden Roastbeef.

Ribiseln, österreichische Bezeichnung für → Johannisbeeren.

Riboflavin (Vitamin B_2), → Vitamine. (Aperitif).

Ricard, französischer Anislikör, wird meist mit Wasser vermischt getrunken

Ricchi, → Lollo rosso.

Ricciavellini, italienisches Mandelgebäck.

riche, à la: → reiche Art.

Richelieu, à la: mit Duxelles gefüllte Champignonköpfe und Tomaten, gedünsteter Kopfsalat, Schloßkartoffeln und Bratensaft zu Fleisch oder Geflügel. – Armand Jean du Plessis, Herzog von Richelieu, 1585–1642, französischer Kardinal und Staatsmann, der die Macht des Adels brach und in Frankreich den Absolutismus begründete.

Ricotta, italienischer Molkenkäse aus Kuh- oder Schafmilch. Zu seiner Herstellung wird die abgeschiedene Molke erneut gekocht (ital: ri-cotta), wobei sich der Molkenkäse bildet. Frischer Ricotta schmeckt mild und wird zum Füllen bestimmter Pastasorten und für Süßspeisen verwendet. Zu Laiben geformt, gesalzen und etwa zwei Monate gereift, erhält der Käse als *Ricotta salata* (gesalzener Ricotta) einen pikanten Geschmack und wird bei herzhaften Gerichten anstelle von Parmesan verwendet.

Riesenorangen, → Pampelmusen.

Riesling, edelste Traubensorte für die Weißweinbereitung. Rieslingweine sind feinblumig und elegant. Riesling wird an Rhein, Nahe, Mosel und Saar angebaut, im Elsaß, in Österreich, in der Schweiz, in Südtirol und anderen Weinbauländern.

Riffelbeeren, → Preiselbeeren.

Rigatoni, italienische Teigwaren, Pasta in Form geriefter Röhrchen, 60 mm lang und mit 13 mm Durchmesser.

Rilletten (frz: rillettes), französischer Brotaufstrich aus feingemahlenem, in Schmalz gebratenem, gut gewürztem Schweine-, Enten- und Gänsefleisch (Rillettes de Porc, de Canard und d'Oie); Handelsware.

Rind, wohl eines der ältesten und wichtigsten Haustiere Europas und anderer Zonen. Das Rind heißt im ersten Lebensjahr Kalb. Männliche Rinder werden als Bulle, Stier, Farren oder Fäsel bezeichnet. Das verschnittene (kastrierte) männliche Rind ist der Ochse (→ Mastochse). Weibliche Rinder werden vor dem Kalben Färse, Starke, Sterke, Kalbe oder Quene, nach dem Kalben schlicht und einfach Kuh genannt. → Rindfleisch.

Rinderbrust wird frisch oder gepökelt mit Wurzelwerk in Wasser gekocht. Als Beilage empfehlen sich gedünstete Gemüse und Salzkartoffeln, dazu Senf-, Robert-, Meerrettich-, Paprika- oder pikante Sauce.

Rinderbutte, Darm des Rindes als Hülle für Wurst u. dgl.

Rinderfett, → Rindertalg.

Rinderfilet (Lendenbraten, Lungenbraten), der lange Muskel auf der inneren Seite des Rinderrückens, das edelste, zarteste, schmackhafteste, aber auch teuerste Stück des Rindes, vor allem dann, wenn es von der Lende eines jungen Mastochsen stammt. Das Filet wird sorgfältig enthäutet, meistens gespickt oder mit Speckscheiben belegt, gebraten oder poëliert (braungedünstet), und zwar innen rosig, fast blutig und schön saftig. Vor dem Anrichten sollte das Filet noch einige Minuten ruhen, damit sich der Fleischsaft verteilen kann und beim Anschneiden nicht so stark austritt.

Rinderfilet Claremont: das Filet poëlieren, den Bratsatz mit Madeira ablöschen, mit Kraftsauce verkochen, entfetten und passieren; das Filet mit glasierten Mohrrübchen, Zwiebelchen und Maronen sowie runden, gebratenen Scheiben von rohem Schinken garnieren.

Rinderfilet mit Madeirasauce: das Filet braten, den Bratsatz mit Madeirasauce verkochen, entfetten und passieren; das Filet mit gebratenen Champignons garnieren.

Rinderfilet auf Pariser Art: das Filet spicken, salzen und in Rindernierenfett braten; den Bratsatz entfetten und mit leicht gebundener Kalbsjus verkochen; das Filet mit Artischokkenböden, gefüllt mit Streifchen von Pökelzunge und Champignons, die mit dicker weißer Grundsauce gebunden sind, sowie mit winzigen, in Butter gebratenen Kartoffeln garnieren.

Rinderfilet Rothschild: das Filet poëlieren und völlig auskühlen lassen, in 1 cm dicke Scheiben schneiden, jede Scheibe mit Gänseleberpüree bestreichen und mit einer Trüffelscheibe belegen, wieder zusammensetzen und mit Portweingelee überziehen; eiskalt auftragen. – Rothschild, internationales Bankhaus, 1766 in Frankfurt am Main von Amschel Rothschild gegründet. Um 1815 erlangte das Bankhaus erheblichen politischen Einfluß auf die stark verschuldeten europäischen Staaten.

Rinderfilet mit Steinpilzen und Auberginen: das Filet spicken, salzen und braten; den Bratsatz entfetten und mit leicht gebundener Kalbsjus verkochen; das Filet mit gebratenen Steinpilzen, gebackenen Auberginenscheiben und geschmolzenen Tomaten garnieren.

Rinderfilet Wellington: das Filet ringsum anbraten und auskühlen, mit Duxelles bedecken, in Blätterteig einschlagen, mit Teigstreifen verzieren, mit Eigelb bestreichen und im Ofen schön goldgelb backen; dazu Madeira- oder Trüffelsauce. – Dieses Filet wurde Sir Arthur Wellesley, Herzog von Wellington, von seinem Koch gewidmet. Der englische Feldherr hatte 1813 die Franzosen aus Spanien vertrieben und 1815 mit Blücher bei Waterloo (Belle-Alliance) gesiegt.

Rinderfleck, → Kaldaunen.

Rindergaumen (Ochsengaumen), Bestandteil deftiger, schmackhafter Gerichte. Die *Vorbereitung* des Gaumens ist recht mühsam, das sollte daher der

Fleischer besorgen: Den Rindergaumen gut wässern, überbrühen, die Haut abziehen, den Gaumen in leicht gesalzenem und gemehltem Wasser weich kochen, was etwa 4 Stunden dauert.

Rindergaumen in Curry: feingehackte Zwiebeln mit einem geraspelten Apfel in Butter weich dünsten, reichlich Currypulver darüberpudern, etwas Reismehl hinzufügen, alles gut durchschwitzen, mit etwas Fleischbrühe auffüllen, feingeschnittenen, gekochten Gaumen beigeben, mit Tomatenketchup und wenig Zitronensaft abschmecken.

Rindergaumen, paniert: gekochten Rindergaumen in schmale Streifen schneiden, salzen, pfeffern, durch leicht geschlagenes Ei ziehen, in Paniermehl wenden, in Fett braun und knusprig braten; dazu Tomatensauce und Nudeln.

Rinderherz sollte von jungen Mastochsen stammen. – *Rezept:* → saures Herz.

Rinderhirn enthäuten, von allen Blutadern befreien, ausgiebig wässern, etwa 10 Minuten in Essig-Salzwasser garziehen lassen und nach Rezept weiterbearbeiten.

Rinderhirn mit brauner Butter: das gargezogene Hirn abtropfen, anrichten, mit Kapern und gehackter Petersilie bestreuen, dunkelbraune Butter und einen Schuß heißen Essig darübergießen.

Rinderhirn Orly: das gargezogene Hirn in dicke Scheiben schneiden, 1–2 Stunden mit Salz, Pfeffer, Zitronensaft und gehackter Petersilie marinieren, abwischen, durch Backteig ziehen und in Fett schwimmend bakken; dazu Tomatensauce.

Rinderhirn, paniert: das gewässerte, rohe Hirn in dicke Scheiben schneiden, salzen, pfeffern, mit Mehl, Ei und geriebenem Weißbrot panieren und in Butter braten.

Rinderkaldaunen, → Kaldaunen.

Rinderkraftbrühe, → Kraftbrühe.

Rinderleber ist derb in ihrer Beschaffenheit und wird meistens zu Wurst verarbeitet. Die Leber eines Jungtieres aber ist keineswegs zu verachten, wenn sie à point gewürzt und gut zubereitet wird. Rinderleber ist besonders vitaminreich und dabei recht preisgünstig. – *Rezepte:* → Leber ...

Rinderlendenstück, → Chateaubriand, → Filetsteak.

Rinderlunge wird fast ausschließlich zu Wurst verarbeitet.

Rindermark, → Rückenmark.

Rindermilz, → Milz.

Rindernieren schmecken meist etwas streng, daher sollte man nur Nieren von jungen Tieren nehmen. – *Vorbereitung:* die gut gewässerten Nieren entfetten, häuten, vierteilen, die Viertel in dicke Scheiben schneiden; die Nierenscheiben kurz in kochendes Wasser tauchen, abtrocknen, in heißem Fett auf beiden Seiten kurz anbraten, auf einem Rost ausbluten lassen und nach Rezept weiterbehandeln.

Rinderniere, schottisch: die vorbereiteten Nierenscheiben mit gehackter Zwiebel und Petersilie in Butter braten, mit Salz, Pfeffer und Muskatnuß würzen, etwas Mehl darüberstäuben, mit Kraftsauce auffüllen, die Sauce ganz kurz aufkochen, mit Sherry aromatisieren, noch etwas Zitronensaft und frische Butter hinzufügen, auf gerösteten Weißbrotscheiben anrichten und je ein rohes Ei darübergeben.

Rinderniere auf Weinhändler-Art: die vorbereiteten Nierenscheiben mit gehackten Schalotten in Butter braten, salzen und pfeffern; den Bratsatz mit Rotwein ablöschen, Fleischextrakt, Zitronensaft und gehackte Petersilie hinzufügen, mit etwas Butter aufschlagen, die Nieren in der Sauce durchschwenken.

Rindernierenfett, zum Braten und Backen geeignetes Fett, das vor allem in der angloamerikanischen Küche gern verwendet wird.

Rinderpökelbrust: mit Wurzelwerk in Wasser weich kochen; dazu geriebener Meerrettich und Salzkartoffeln.

Rinderrückenmark, → Rückenmark.

Rinderschwanzstück (Schmorbraten), meist gespickt, oft mariniert und in würzigem Fond geschmort.

Rinderschwanzstück, deutsch: das Fleischstück spicken, auf allen Seiten kräftig anbraten, auf geröstetes Wurzelwerk legen, mit würzigem braunem Fond auffüllen und zugedeckt weich schmoren, den Fond mit Pfeilwurzel- oder Kartoffelmehl binden, durchseihen und abschmecken; dazu Rotkohl und Kartoffelpüree.

Rinderschwanzstück auf Lyoner Art: das gespickte Fleischstück mit Weißwein, Essig und Zwiebelscheiben marinieren, mit der Marinade zugedeckt weich schmoren; dazu knusprig gebratene Zwiebelscheiben und Kartoffelpüree.

Rindertalg (Rinderfett), wegen seines hohen Schmelzpunktes in der Küche kaum verwendetes Fett. Eine Ausnahme bildet das → Rindernierenfett. Rindertalg dient hauptsächlich zur Herstellung von Margarine.

Rinderzunge (Ochsenzunge) gilt – wenn sie von einem jungen Tier stammt – als Leckerbissen. Frische Zunge wird gekocht, geschmort oder gedünstet. Gepökelte Zunge (→ Pökelzunge) wird lediglich in Wasser gekocht, dann je nach Rezept weiterverarbeitet und heiß oder kalt angerichtet. – *Vorbereitung:* frische Zunge gut abkratzen, sorgfältig waschen, mit siedendem Wasser überbrühen, in Wurzelbrühe weich kochen, die Haut und die hinteren Schlundpartien entfernen. – *Garzeit:* etwa 3 Stunden.

Rinderzunge, gedünstet: eine kleine, frische Rinderzunge auf eine Unterlage aus Speckschwarten, kleingeschnittenem Wurzelwerk, Zwiebelscheiben und Pfefferkörnern setzen, die Zunge salzen und mit Speckscheiben bedecken, Fleischbrühe hinzufügen und die Zunge zugedeckt weich dünsten; dann die Haut abziehen, die Zunge in Scheiben schneiden; den Fond mit Stärkemehl binden und mit Madeira aromatisieren; dazu verschiedene Gemüse und Salzkartoffeln.

Rinderzunge auf Limousiner Art: die frische Zunge in kräftiger Wurzelbrühe weich kochen, häuten, mit glasierten Zwiebelchen, Maronenpüree und Tomatensauce anrichten. – Das Limousin ist eine mittelfranzösische Landschaft mit der Hauptstadt Limoges. Nach ihm hat der geschlossene Personenwagen, die Limousine, seinen Namen.

Rinderzunge in Madeira: eine leicht gepökelte, gehäutete Zunge mit grobgewürfeltem Wurzelgemüse in reichlich Wasser ansetzen und weich kochen, den Fond entfetten, durchseihen, mit Kraftsauce verkochen und mit Madeira vollenden, dazu junge Erbsen und kleine, gebackene Kartoffeln.

Rinderzunge Mehmed-Ali: eine

leicht gepökelte, gehäutete Zunge in Kalbsjus schmoren, den Fond mit Pfeilwurzelmehl binden, mit Paprika und Pfeffer würzen, mit etwas Johannisbeergelee verrühren, gequollene Rosinen hinzugeben, gut durchkochen, über die Zunge schütten; dazu körnig gekochter Reis, gewürzt mit Safran und streifig geschnittenen grünen Peperoni.

Rinderzunge auf Münchner Art: eine leicht gepökelte Zunge mit Wurzelwerk in Wasser weich kochen, die Haut abziehen, in Scheiben schneiden, die Zungenscheiben in eine hitzebeständige Schüssel ordnen, gekochtes Kalbshirn daraufgeben, mit Mornaysauce bedecken, im Ofen überkrusten; dazu Kräutersauce und Semmelknödel.

Rinderzunge, überkrustet: die weich gekochte Zunge in Scheiben schneiden, auf gebutterter, feuerfester Platte anrichten, mit etwas Weißwein begießen, mit Salz und Pfeffer würzen, ein feines Gehäck aus Zwiebeln, Petersilie, Schnittlauch und Gewürzgurke darüberdecken, mit Paniermehl bestreuen, mit geschmolzener Butter beträufeln, im Ofen überkrusten.

Rindfleisch: Rindfleisch von bester Qualität sollte lebhaft rot, feinfaserig, zart, leicht marmoriert (mit Fett durchwachsen) und saftig sein. Solches Fleisch liefern 3–4jährige Mastochsen, ferner 18 Monate alte Mastbullen und Mastfärsen. Das Fleisch ungemästeter Jungrinder ist mager und etwas derb. Bullenfleisch ist dunkelrot, grobfaserig und fettarm. Ochsen haben rotbraunes, derbes, fettes Fleisch. Kuhfleisch ist hell, mager und zäh.

Rindfleisch auf Matrosen-Art: in Kasserolle grobgeschnittenes Wurzelwerk mit Wasser aufkochen, Rindfleisch (Schwanzstück) darin weich kochen, in Scheiben schneiden, die Scheiben in Butter knusprig braun braten, in warmer Schüssel anrichten, braunglasierte Zwiebelchen und gedünstete Champignons hinzufügen, das Gericht mit brauner Grundsauce, die mit gehackten Sardellen und Rotwein verkocht wurde, bedecken; dazu gebackene Eier.

Rindfleischsalat: Würfel von gekochtem, magerem Rindfleisch, von Salzheringen, Salzgurken und gekochten Kartoffeln mit Kräutermarinade und etwas Senf anmachen, mit Eierachteln, Sardellenfilets, Pfeffergurken und Perlzwiebeln garnieren.

Rindfleischsalat, rumänisch: dünne Scheibchen von gekochtem, magerem Rindfleisch und gekochten Kartoffeln mit gehackter Zwiebel in Weinessig einlegen, Salzgurkenscheiben hinzufügen, mit Senfmayonnaise binden, mit Sardellenfilets, Eier- und Tomatenachteln, Scheiben von roter Rübe und Salzgurken und Streifen von roter Paprikaschote garnieren.

Rindfleischsalat auf Stuttgarter Art: Streifen von gekochtem, magerem Rindfleisch, gekochtem Schinken und Zervelatwurst in Essig-Öl-Marinade einlegen, mit Mayonnaise binden und nach Belieben garnieren.

Ringkuchen, → Savarin.

Ringlotten, österreichische Bezeichnung für → Reineclauden.

Rippchen, Rippe, → Kotelett.

Rippchen mit Kraut, Frankfurter Spezialität: leicht gepökeltes Kotelettstück vom Schwein zusammen mit Sauerkraut weich kochen; dazu Kartoffelpüree und Äppelwoi (Apfelwein).

Rippenkohl, → Mangold.

Rippenspeer, → Kasseler Rippenspeer.
Rippenstück des Rindes, → Roastbeef.
Risibisi (Risi e bisi, Risi-Pisi), »Reis und Erbsen«, Risotto-Variante, venezianische Spezialität: 1 feingehackte Zwiebel in Butter anschwitzen, 125 g grüne Erbsen und etwas Fleischbrühe, etwas später 150 g Reis und 1/2 l Fleischbrühe zugeben, mit Salz und einem Stückchen Lorbeerblatt würzen, 18 Minuten zugedeckt kochen; je 50 g geriebenen Parmesankäse und Butter unter das Reisgericht ziehen.
Risotto (Käsereis), ursprünglich norditalienische Spezialität, heute vielfältig abgewandelt auch in anderen italienischen Landesteilen und in vielen Ländern angeboten. Norditalien besitzt das größte Reisanbaugebiet Europas. In Norditalien liegt auch die Stadt Parma, die dem bekannten Würzkäse ihren Namen gab. Reis und geriebener Parmesan sind also die Grundlage der pikanten Risottos. *Grundrezept:* 1 kleine gehackte Zwiebel in 3 EL Olivenöl oder Butter leicht anschwitzen, ohne daß sie Farbe annimmt, 200 g Reis (z. B. italienischen Arborio oder Vialone nano) dazugeben, unter ständigem Rühren glasig rösten, mit 1/2 l Fleischbrühe auffüllen, zugedeckt langsam köcheln lassen, bis die Reiskörner gar sind, bißfest und saftig; etwas Butter und reichlich geriebenen Parmesan unter den Reis ziehen.
Risotto à la milanaise (auf Mailänder Art, französisch): gehackte Zwiebel in Butter anschwitzen, den Reis dazugeben; sobald die Körner glasig werden, mit Fleischbrühe auffüllen und garen, bis der Reis schön körnig ist; Streifen von gepökelter Rinderzunge, Champignons und vielleicht auch einer schwarzen Trüffel sowie reichlich geriebenen Parmesan zugeben; mit Tomatensauce servieren.
Risotto alla milanese (auf Mailänder Art, italienisch): Knoblauchzehe und gewürfeltes Rindermark in Olivenöl leicht anbraten und herausnehmen; den Reis in dem Öl anschwitzen, mit Fleischbrühe aufgießen, mit Salz und einer Prise Safran würzen und bißfest, aber saftig garen, das Rindermark wieder dazugeben; geriebenen Parmesan à part servieren.
Risotto alla piemontese: den Risotto zusätzlich mit geriebener Muskatnuß würzen, mit Bratensauce begießen und mit dünnen Trüffelscheiben garnieren.
Risotto con prosciutto: den Risotto mit grobgehacktem gekochten Schinken, grünen Erbsen und Tomatenmark ergänzen.
Risotto con le sepie: den Risotto mit winzigen Tintenfischen und Tomatenmark ergänzen, mit Salz und Knoblauch würzen.
Risottobecher: den Risotto in eine heiß ausgespülte, gedrungene Becherform drücken, die Form wenige Minuten in heißes Wasser stellen, damit der Risotto einen besseren Zusammenhalt bekommt, den Becher auf eine vorgewärmte Platte oder auch auf einen Teller stürzen.
Rissolen (Halbmondpasteten), Pastetenart aus Blätter-, Pasteten- oder Hefeteig, gefüllt mit feinem Ragout, paniert und in heißem Fett schwimmend gebacken. – *Grundrezept:* den Teig knapp 1/2 cm dick ausrollen, runde Scheiben von 10–12 cm Durchmesser ausstechen, in die Mitte der Teigscheiben etwas Füllung häufen, den Teigrand mit Eiweiß bestreichen, die

Scheiben einmal zusammenfalten, so daß sie wie Halbmonde aussehen, den Rand gut andrücken; die Rissolen in Ei und Paniermehl wälzen und in Fett schwimmend backen; heiß ohne jede Beigabe anrichten. – Das französische Wort »Rissoles« stammt von »roussâtre« = rötlich ab, wegen der rotbraunen Farbe der zubereiteten Pastetchen.

Rissolen, indisch: rohes Hammelfleisch in Würfel schneiden, salzen und pfeffern, in Öl kurz anbraten, gehackte Zwiebel dazugeben, mit Mehl bestäuben, bräunen lassen, mit Currypulver und einem Stückchen Lorbeerblatt würzen, Tomatenpüree und einen gehackten Apfel hinzufügen, das Hammelfleisch herausnehmen und grob hacken, die Sauce durch ein Sieb streichen und dick einkochen, das Hammelgehäck mit der Sauce binden, nach dem Grundrezept weiterverarbeiten.

Rissolen Lucy: die Filets frisch geräucherter Sprotten herauslösen, mit der Gabel zerquetschen, die gleiche Menge durchgestrichenen Roquefortkäse daruntermischen, diese köstliche Paste auf Blätterteigscheiben häufen und nach dem Grundrezept weiterverarbeiten.

Rissolen auf Moskauer Art: gekochtes oder gebratenes Hühnerfleisch in kleine Würfel schneiden, Champignons oder andere Pilze in Scheibchen schneiden und mit gehackter Zwiebel in Butter gar dünsten, gewürfelte Delikateßgurke hinzufügen, mit weißer Geflügelgrundsauce und etwas saurer Sahne binden, kräftig mit Safran würzen und nach dem Grundrezept weiterverarbeiten.

Rissoli, italienische Spezialität: aus 500 g Weizenmehl, 50 g Schweineschmalz, 15 g Hefe, 1 Prise Salz und etwas lauwarmem Wasser einen einfachen Hefeteig arbeiten, dünn ausrollen und in 15 mal 15 cm große Quadrate schneiden; je eine Hälfte der Teigquadrate mit Mozzarellakäse, Würfeln von gekochtem Schinken, Basilikum und gehackter Petersilie bedecken; die Rissoli zusammenfalten und verschließen, aufgehen lassen und in Öl goldbraun backen; dazu eine würzige Steinpilzsauce.

rissolieren (frz), braun und knusprig anbraten, anrösten.

Ritter, Forellenart der Alpenseen.

Ritter, armer, → armer Ritter.

Ritter-Art (à la chevalière): Champignons, Trüffelscheiben und Hahnenkämme in weißer Sahnesauce zu weißem Fleisch oder Geflügel.

Ritterling, → Grünling.

Ritz, César, 1850–1918, schweizerischer Hotelier, Begründer der größten europäischen Hoteldynastie. Berühmt ist das luxuriöse Hotel Ritz an der Place Vendôme in Paris.

Rivierasalat: Streifen von Ananas und gekochtem Knollensellerie, Apfelsinen- und Mandarinenspalten mit Sahnemayonnaise binden, die mit gehackter grüner oder roter Paprikaschote vermischt wurde; mit Erdbeeren garnieren.

riz, au: mit Reis.

Roastbeef (engl: to roast = braten, beef = Rind; Contrefilet, Rippenstück, Schoß). Teil des Rinderrückens zwischen der letzten Rippe und der Keule. Ein Roastbeef vollendet zu braten, ist eine hohe Kunst. Es muß innen schön saftig und rosa sein, so wie es die Engländer, aber auch alle anderen Freunde eines guten Rinderbratens lieben. Als Beilage lassen die Engländer nur den reinen Bratensaft und Yorkshire-Pudding gelten. Auf dem Kontinent umlegt man das

Roastbeef mit den verschiedensten Garnituren: gefüllte Artischockenböden, gedünstetes junges Gemüse, gebratene Tomaten, gebackene Auberginen, gefüllte Gurken und Oliven, überglänzte Perlzwiebeln und Maronen, Champignons, Morcheln usw.

Roastbeeftüten Windsor: dünne Roastbeefscheiben zu Tüten drehen, mit Windsorsalat füllen.

Robertsauce (Sauce Robert), braune Zwiebelsauce: gehackte Zwiebel in Butter anschwitzen, etwas Mehl darüberstäuben, mit Weißwein ablöschen, mit kräftiger Fleischbrühe auffüllen und gut durchkochen, passieren, mit Salz, Pfeffer und etwas Senf würzen. Zu gegrilltem Schweinefleisch und zu Geflügel. – Man weiß nicht, welcher Robert es eigentlich war, der diese Sauce erfunden hat. Vielleicht war es der große Saucier Robert Vinot.

Robinson, à la: Artischockenböden mit einer Füllung aus gewürfelter, gebratener Hühnerleber in Madeirasauce zu kleinen Fleisch- oder Geflügelstücken.

Robiola, italienischer Frischkäse aus der Lombardei oder dem Piemont, aus Kuh-, Schaf- oder Ziegenmilch hergestellt.

Rochen, abgeplattete Knorpelfische mit dunkler Ober- und heller Unterseite, zwischen 1/2 und 5 m lang und zwischen 6 und 200 kg schwer. Rochen ernähren sich vorwiegend von Muscheln und Meeresschnecken. Für den Verzehr eignet sich vor allem der kleinere Nagel- oder Stachelrochen, der an allen europäischen Küsten gefangen wird. In Frankreich, Italien und den Niederlanden gilt der Rochen als Delikatesse; er wird gebraten, gekocht oder geräuchert.

Rochen, gebacken: kleine Rochenstücke salzen, durch Backteig ziehen, in Fett schwimmend backen; dazu gebackene Petersilie und Zitronenspalten.

Rochen, normannisch: Rochenstükke in würzigem Fischsud kochen, abtropfen, einen Schuß aufgekochten Essig über die Rochenstücke gießen, mit dicker Sahne bedecken, Kapern darüberstreuen.

Rochenleber mit Kartoffelpüree: die Leber in Essig-Salzwasser garziehen lassen, abtropfen, in Scheibchen schneiden, mit brauner Butter begießen, etwas Zitronensaft darübergeben und mit Petersilie bestreuen; dazu Kartoffelpüree.

Rock and Rye, Cocktail: 3/4 Whisky, 1/4 Zitronensaft, 3 Spritzer Grenadine, schütteln.

Rockaway, à la: gebackene Zwiebelringe und geriebener Meerrettich zu gegrilltem Fleisch. – Rockaway-Beach, Seebad auf Long Island (USA).

Rodonkuchen: einen → Rührteig bereiten, je 125 g Rosinen und Korinthen sowie 100 g geriebene Mandeln unter den Teig heben, den Teig in eine gefettete Napfkuchenform füllen, backen und aus der Form stürzen; nach dem Abkühlen mit Schokoladenglasur überziehen.

Rogen, Fischeier, die noch nicht abgelaicht wurden. Rogen wird meist gesalzen oder geräuchert.

Roggen, wichtiges Brotgetreide des nördlichen Europa. Der Roggen kam in frühgeschichtlicher Zeit aus Kleinasien nach Südrußland und später nach Mittel- und Nordeuropa. Er ist eine anspruchslose Getreidepflanze, begnügt sich mit Sandboden und wenig Sonne. Roggenmehl ist dunkler und derber als Weizenmehl, aber reicher an Proteinen. Roggen dient auch zur Herstellung von Kornbranntwein.

Rohan, à la: Artischockenböden, mit Fleischextrakt ausgestrichen, mit gebratener Gänseleberscheibe gefüllt und mit Trüffelscheibe belegt, ferner Torteletts, mit Hahnennieren in deutscher Sauce gefüllt und mit Hahnenkamm belegt, sowie weiße Champignonsauce zu Fleisch oder Geflügel. – Ludwig, Prinz von Rohan, 1734–1803, Fürstbischof von Straßburg.

Rohkost, Kost aus rohen Früchten und Pflanzenteilen mit vollem Vitamin- und Mineralstoffgehalt, aber salz-, eiweiß- und fettarm. Rohkost ist wichtig als Zusatz- oder Diäternährung, bedenklich aber als Dauerernährung. Die Früchte bzw. Pflanzenteile werden im ganzen, geteilt, in Scheiben, Würfeln, Streifen oder geraspelt, oft gewürzt oder mariniert angerichtet.

Rohkostsalate, Salate aus Obst und/oder Gemüse, in Scheiben, gewürfelt oder geraspelt, angemacht mit Sahne, Mayonnaise, Quark usw., feingewürzt. Einige *Rezepte:* Apfel-Blumenkohl-Salat, Apfel-Karotten-Salat, Apfel-Paprikaschoten-Salat, Apfelsinen-Chicorée-Salat, Bananen-Blumenkohl-Salat, Chicorée-Grapefruit-Salat, Chicorée-Tomaten-Salat, Kohlrabi-Bananen-Salat usw.

Rohmilchkäse, Käse aus Rohmilch, also aus unbehandelter, weder pasteurisierter noch homogenisierter Ziegen-, Schafs- oder Kuhmilch, wird meist in kleinen, traditionsreichen Käsereien produziert; wegen möglicher mikrobieller Belastung wird eine besonders strenge Hygiene vom Melken bis zur Käseherstellung beachtet, Beispiele: Calcagno aus Sizilien, die französischen Käse Bleu d'Auvergne, Brie de Meaux, Cantal Salers, Munster, Picodon de l'Ardèche, Rigotte de Condrieu, Tomme de Savoie.

Rohnen, → rote Rüben.

Rohrnudeln, bayerisch: einen Hefeteig bereiten, der auch etwas Zucker und abgeriebene Zitronenschale enthält, aus dem gut gegangenen Teig mittelgroße Klöße formen, in einer Bratreine (Bräter) Butter zerlassen, die Klöße darin wenden und dicht nebeneinander hineinsetzen, im Ofen knusprig braun backen. Nach Belieben mit feingeschnittenem Obst oder Marmelade füllen. – Der Name »Rohrnudeln« weist auf den Backofen (Rohr, Röhre) hin.

Rohrzucker, Zucker aus Zuckerrohr, gewonnen durch Auspressen des Saftes aus dem schilfähnlichen Süßgras. → Zuckerrohr.

Rohzucker, → Farinzucker.

Rollgerste, österreichische Bezeichnung für → Graupen.

Rollholz (Nudelholz, Wellholz), Küchengerät zum Ausrollen von Teigmassen. Man unterscheidet die grifflosen französischen Rollhölzer mit etwa 5 cm Durchmesser und die deutschen Rollhölzer mit etwa 7–8 cm Durchmesser und einem Griff an beiden Seiten.

Rollmops (Rollhering), in Essig marinierte Heringshälfte, um Gurke und Zwiebelscheiben gerollt und mit Holzstäbchen zusammengehalten, oft auch paniert und gebraten (Bratrollmops).

Rollpasteten, → Galantinen.

Rollschinken, aus der Hinterkeule oder dem Blatt des Schweines geschnittener, knochenloser Schinken, zusammengerollt, mit Bindfaden umwickelt und gepökelt.

Romado, → Meeräsche des Mittelmeeres.

Romadur (Romadour), Weichkäse, ursprünglich in den Pyrenäen aus Schafmilch, heute vor allem im Allgäu aus Kuhmilch hergestellt. Der Romadur ähnelt dem Limburger Käse, er ist außen gelblich bis rötlich, innen weißgelb. Er schmeckt mild-pikant.
romaine, à la: → römische Art.
Romana, → römischer Salat.
Romano, beliebter italienischer Schafkäse, hart und scharf, gut zum Würzen von Speisen.
Romanow, à la: kleine, gedünstete Gurken, nestförmige Herzoginkartoffeln mit einer Füllung aus gewürfelten Champignons und Knollensellerie in Meerrettichsauce sowie Kraftsauce zu gebratenem Fleisch oder Wild. – Romanow, russisches Herrscherhaus, von 1613–1917, seit 1762 Holstein-Gottorp-Romanow.
Römerbraten, gepökelter und geräucherter Schweinebauch, gekocht und überbraten.
Romeritos, kubanische Spezialität: 100 g Mehl, 2/10 l Wasser und 10 g Hefe anrühren und an warmem Ort aufgehen lassen, 4 Eier und 40 g Butter unter den Teig ziehen, mit Salz, Pfeffer, Zitronensaft und gehacktem Rosmarin würzen, 400 g Garnelen oder Shrimps in den Teig mischen; in kleiner Bratpfanne runde Kuchen backen, heiß auftragen.
Römertopf, → Tontopf.
römische Art (à la romaine): römische Nocken (→ Gnocchi alla romana), Spinatkuchen mit gehackten Sardellen sowie tomatierte römische Sauce zu Fleisch.
römische Lerchen: Blätter von → römischem Salat in siedendem Salzwasser abbrühen, gut abtropfen und mit gut gewürztem Hackfleisch (von Schwein, von Schwein und Rind gemischt, von Geflügel) füllen; die »Lerchen« binden oder klammern, in eine gut gefettete feuerfeste Form setzen und mit geriebenem Käse bestreuen; im Ofen garen lassen und mit Tomatensauce auftragen.
römische Nocken, → Gnocchi alla romana.
römische Sauce (Sauce romaine): Zucker hellbraun karamelisieren, mit Essig auflösen, mit Kraftsauce und Wildfond verkochen, eingeweichte Rosinen und Korinthen sowie geröstete Pinienkerne in die Sauce geben. Zu gebratenem Wild oder Wildgeflügel.
römischer Kohl, → Mangold.
römischer Kümmel, → Kreuzkümmel.
römischer Quendel, → Thymian.
römischer Salat (Sommerendivie, Bindesalat, Kochsalat, Romana), Abart des Kopfsalats mit spatelförmigen, aufrechten Blättern. Die inneren, zarten Blätter werden roh als Salat oder gekocht als Gemüse geschätzt. Den römischen Salat sollen die alten Ägypter schon vor 4000 Jahren gekannt und geschätzt haben.
römischer Salat mit Sahne: den Salat kurz mit siedendem Wasser überbrühen, hacken, mit Butter anschwitzen, etwas heiße Sahne zugeben, mit Salz, Pfeffer und Muskatnuß würzen und gar dünsten, zuletzt mit etwas Béchamelsauce binden.
Roosevelt, à la: abwechselnd mit Linsenpüree und gebratenen Morcheln gefüllte Torteletts sowie Jägermeistersauce zu Wild. – Theodore Roosevelt, 1858–1919, 26. Präsident der USA, Träger des Friedensnobelpreises 1906.
Rooseveltsalat: Champignons, Spargel, Trüffeln und Apfelsinenscheiben hacken und mehrere Stunden in Öl und Zitronensaft marinieren, in aus-

1 Reh 2 Reis 3 Reizker 4 Rettich 5 Rhabarber

gehöhlte Tomaten füllen und eiskalt auftragen.

Roquefort, französischer Schafkäse aus dem kleinen Ort Roquefort in den Cevennen, »König der Käse«, Höhepunkt der Käseplatte. Der bröckelige, pikant schmeckende Käse ist mit blaugrünen Schimmelwucherungen durchsetzt. – Der Roquefort war schon zur Zeitenwende berühmt. Der römische Schriftsteller Plinius d. Ä., der 79 n. Chr. in den Lavamassen des Vesuv umkam, erwähnte den herrlichen Käse in seiner berühmten Naturkunde. Im Jahre 1411 erließ Karl VI. ein Gesetz, das den Namen »Roquefort« und das Herstellungsverfahren schützte. Dieser Schutz fand 1951 internationale Bestätigung. – In Molkereien werden der Schafmilch Mikroorganismen aus den natürlichen Felshöhlen von Roquefort zugesetzt. Der Käse wird gesalzen und dann in den feuchten Höhlen mindestens drei Monate lang bis zur Reife gelagert. Dabei durchwandern die Mikroorganismen als blaugrüne Schimmeläderchen den Käse. – Dem Roquefort in etwa vergleichbar ist der deutsche Edelpilzkäse, der italienische Gorgonzola, der englische Stilton, der amerikanische Blue Cheese.

Roquefort, gebacken: Roquefortstückchen in hauchdünne Räucherspeckscheiben wickeln, durch Backteig ziehen und in Fett schwimmend abbacken.

Roquefortbutter, Brotaufstrich: Roquefortkäse mit der doppelten Menge Butter verarbeiten und mit etwas Portwein abschmecken.

Roquefort-Dressing, Salatsauce: Mayonnaise mit Sahne, Zitronensaft, zerdrücktem Roquefortkäse, gehackter Petersilie und etwas Zucker verrühren.

Rosamundesalat: kleingeschnittene, gekochte grüne Bohnen und grüne Spargelspitzen in Essig-Öl-Marinade einlegen, mit leichter Mayonnaise binden und mit marinierten grünen Spargelspitzen garnieren.

rösch, süddeutsche Bezeichnung für knusprig.

Rose, Cocktail: 1/6 roter Johannisbeersaft, 1/6 Kirschwasser, 4/6 trokkener Wermut, umrühren, Cocktailkirsche hineingeben.

Rosé, → Roséwein.

Rosebery, à la: gefüllte Tomaten, gebutterte grüne Erbsen, gedünstete Gurken, mit gewürfelten Morcheln gefüllte Grießkroketten und Bratensaft zu Fleisch. – Archibald Philipp Primrose, Graf von Rosebery, 1847–1929, britischer Staatsmann.

Rosenapfel, → Javaapfel.

Rosenäpfel, → Hagebutten.

Rosenblütenblätter, in Zucker eingelegt, aromatische Zutat zu Eis, Omeletts, Crêpes, Tee, Sekt, Rosenbowle und zu harten Drinks.

Rosenbowle: die Blütenblätter von 10–12 frischen, duftenden Rosen in das Bowlegefäß legen, mit 1 EL Rum oder Weinbrand begießen, nach 30 Minuten 1 Flasche Rotwein und unmittelbar vor dem Servieren 1 weitere Flasche Rotwein und 1 Flasche Sekt hinzufügen. Keinen Zucker zur Bowle geben! – Schon bei den Römern gab es einen Rosenwein.

Rosenkohl (Sprossenkohl, Kohlsprossen, Brüsseler Kohl), Kohlart mit rosenförmigen Blattsprossen in den Achseln der Stengelblätter. Die Blattsprossen (Röschen) sollen etwa walnußgroß, fest und geschlossen sein. Frost verbessert den Geschmack, daher gilt Rosenkohl als Wintergemüse. – *Vor- und Zubereitung:* die äußeren, losen Blätter von den Röschen schneiden, gut waschen und in siedendem Wasser so lange kochen, bis sie weich sind, aber nicht zerfallen, gut abtropfen lassen und nach Rezept weiterverarbeiten. – Der in Wasser gegarte Rosenkohl sieht zwar schön grün aus, hat aber einen Teil der wertvollen Nährsalze verloren. Daher ist es besser, die Röschen in Fett, etwas Wasser und Salz zu dünsten. – *Garzeit:* etwa 25 Minuten.

Rosenkohl, englisch: die gegarten Röschen mit frischer Butter belegen.

Rosenkohl auf Mailänder Art: die gegarten Röschen auf eine feuerfeste Platte geben, mit geriebenem Parmesan bestreuen, mit Butter beträufeln und im Ofen überbacken.

Rosenkohl, polnisch: die gegarten Röschen mit gehacktem Ei und gehackter Petersilie bestreuen, mit brauner Butter, in der geriebenes Weißbrot geröstet wurde, übergießen.

Rosenkohl in Sahne: die halbgegarten Röschen in Butter weich dünsten und mit dicker Sahne überziehen.

Rosenkohl, sautiert: die gegarten Röschen in Butter schwenken und leicht anbräunen, mit gehackter Petersilie bestreuen.

Rosenkohl mit Speck: die halbgegarten Röschen mit kleinen Würfeln von magerem Speck braten, gehackte Petersilie darüberstreuen.

Rosenkohlpüree: die Röschen in Salzwasser halbgar kochen, in Butter weich dünsten, durch ein Sieb streichen, mit etwas Kartoffelpüree verarbeiten und mit Butter vollenden.

Rosenkohlsalat: besonders kleine Rosenkohlköpfe nicht zu weich kochen, auskühlen und mit Essig-Öl-Marinade anmachen.

Rosenpaprika, sehr scharfer → Paprika.

Rosensalat: kleine Scheiben von Äpfeln, Karotten und gekochten roten Rüben sowie Portulak und Spargelspitzen mit Essig-Öl-Marinade anmachen.

Rosenspitz, → Tafelspitz.

Rosenwasser, Lösung von Rosenöl in Wasser (1 Tropfen Rosenöl auf 1/4 l Wasser), es dient zum Aromatisieren von Weihnachtsgebäck, Konditorwaren usw.

Roséwein (Rosé) ist keine Mischung aus Rot- und Weißwein, sondern wird aus dunklen Trauben gewonnen, die wie helle vergoren wurden.

rosige Sauce, → Aurorasauce.

Rosinen, kernlose getrocknete Weinbeeren. Man unterscheidet u. a. die schwarzen → Korinthen und die goldgelben bis bläulichen → Sultaninen. Rosinen werden meist geschwefelt, um sie vor Schädlingsbefall zu schützen. Sie sind daher vor Gebrauch gut zu waschen.

Rosinenhöckli, schweizerische Spezialität aus steifgeschlagenem Eiweiß, Zucker und Rosinen, in kleinen Häufchen auf dem Blech gebacken.

Rosita, à la: Morcheln in Sahnesauce, Trüffelscheiben, mit Paprika gewürzte Kartoffelkroketten und Kraftsauce mit Paprika zu geschmortem Fleisch.

Rosmarin (Brautkräutl, Meertau, Mariä Reinigung), Gewürzstrauch der Mittelmeerländer. Die lederartigen immergrünen Blätter duften stark aromatisch, ein wenig kampferartig. Sie werden während und nach der Blütezeit geerntet und getrocknet. Rosmarin wird sparsam – frisch oder getrocknet – zum Würzen von Salaten, Saucen, Suppen, Eierspeisen, Pilz-

und Kartoffel-, Geflügel-, Lamm- und Fischgerichten verwendet. – Man trinkt Rosmarin als Tee, um einen geschwächten Magen zu kräftigen, und verwendet ihn als erquickenden Badezusatz. Wußten Sie, daß Rosmarin im deutschen Volksglauben Liebe, Treue und Tod symbolisiert?

Rosny, à la: gebackene Gurken und Pfeffersauce zu Fleisch oder Geflügel. – Rosny-sous-Bois, Vorort von Paris.

Rossini, à la: in Butter gebratene Gänseleberscheiben, dicke Trüffelscheiben und Madeirasauce zu Filetsteaks, Lendenschnitten oder Geflügelbrüstchen. – Gioacchino Rossini, 1792–1868, Komponist des unsterblichen »Barbier von Sevilla«, zog sich bereits mit 36 Jahren vom Musikschaffen zurück, um gastronomische Leckereien zu »komponieren«.

Roßkartoffel, → Topinambur.

Rostand, à la: in Butter gedünstete Artischockenbodenviertel, Champignons in Sahnesauce sowie Colbertsauce zu Fleisch. – Edmond Rostand, 1868–1918, französischer Dramatiker.

Röstbitter, brauner Stoff, der beim Erhitzen (Braten, Grillen, Backen u. dgl.) tierischer und pflanzlicher Nahrungsmittel entsteht. Röstbitter beeinflußt den Geschmack und wirkt appetitanregend.

Rostbraten, österreichische Variante des französischen → Entrecôte, eine fingerdicke, etwa 150 g schwere Scheibe aus dem Zwischenrippenstück eines jungen Ochsen, geklopft, gewürzt, meist gemehlt und gedünstet, geschmort oder gebraten. – *Rezepte:* Dampfrostbraten, Maschinrostbraten, Reindlrostbraten, Tiroler Rostbraten, Wiener Rostbraten, Zigeunerrostbraten.

Rostbraten Esterházy (Eszterházy rostélyos), ungarische Spezialität: eine fingerdicke Scheibe aus dem Zwischenrippenstück eines jungen Ochsen gut klopfen, mit Salz und Pfeffer einreiben und in Schweineschmalz kurz anbraten, mit gerösteten Scheiben von Zwiebeln, Mohrrüben und Petersilienwurzel bedecken, dick mit Paprika bestäuben und in kräftiger Fleischbrühe gar dünsten, zuletzt Zitronenscheiben, Kapern und saure Sahne hinzufügen und nochmals kurz durchkochen; dazu körnig gekochten Reis. – Die Esterházys sind eine alte ungarische Magnatenfamilie, aus der viele berühmte Generale, Politiker, Mäzene und Abenteurer hervorgingen.

Rostbratwurst, → Thüringer Rostbratwurst.

Röstbrotscheiben (Toasts), beidseitig geröstete Weißbrotscheiben für Schnittchen, als Beigabe oder Unterlage für kleine Fleischstücke, manchmal auch ausgehöhlt und mit Ragouts u. dgl. gefüllt. Zum Toasten verwendet man am besten einen elektrischen Brotröster (Toaster), der die fertigen Scheiben automatisch ausstößt, sobald sie den gewünschten Röstgrad erreicht haben.

rösten, stark erhitzen, auf dem Rost braten, → grillen.

Röster, Mus oder Kompott aus Holunderbeeren, Kirschen, Pflaumen (Zwetschgen) usw. → Kirschröster, → Pflaumenröster, → Zwetschgenröster.

Röstgemüse, → Mirepoix.

Rösti, → Berner Rösti.

Röstkartoffeln, → Bratkartoffeln.

Rotauge, → Plötze.

Rotbarbe, Mittelmeerfisch der felsigen Küstengewässer mit sehr schmackhaftem Fleisch. Da die etwa 125 g schwere Rotbarbe keine Galle hat und ihr winziger Darm nahezu leer ist, wird sie nicht ausgenommen, sondern meistens ohne weitere Vorbereitung gewürzt, gemehlt und gebraten bzw. gegrillt. Feinschmecker bezeichnen sie als »Schnepfe des Meeres«. – Die größeren Rotbarben des Atlantiks sind nicht so schmackhaft und werden vorwiegend filetiert.

Rotbarbe auf Livorneser Art: gehackte Schalotten und Tomaten mit würzigem Fischfond einkochen, mit Butter aufschlagen und über die gebratenen Fische geben. – Livorno, italienische Hafenstadt der Toskana.

Rotbarbe auf Nizzaer Art: den Fisch würzen, mehlen und auf dem Rost braten, mit gehackten Tomaten, Sardellenfilets und entsteinten schwarzen Oliven dekorieren; dazu Sardellenbutter.

Rotbarsch (Goldbarsch, Seebarsch, Bergilt), ziegelroter, lebendgebärender Seefisch, der vor allem bei Island, Grönland und in der Barentssee gefangen wird. Der Rotbarsch hat einen mächtigen Kopf (Drachenkopf), sehr harte, festsitzende Schuppen und eine stachelige Rückenflosse. Das feste, fette Fleisch schmeckt sehr gut und wird als Filet zubereitet oder geräuchert.

Rotbrasse, → Pagel.

rote Bete, → rote Rüben.

rote Bohnen in Wein: getrocknete rote Bohnen einweichen, in kaltem Wasser ansetzen, weich kochen, abtropfen; gehackte Zwiebel in Butter anschwitzen, gewürfelten mageren Speck hinzugeben, leicht rösten, mit Mehl bestäuben, Rotwein aufgießen, gut durchkochen, die Bohnen darin kurz dünsten, pikant würzen.

rote Dattel, → Jujube.

rote Grütze: 500 g rote Johannisbeeren und 250 g Himbeeren mit wenig Wasser aufkochen und passieren, 125 g Zucker hinzufügen, 50 g Maisstärke in Wasser auflösen und zur Fruchtsuppe geben, aufkochen und in Glasschalen füllen; eiskalt mit süßer Sahne oder mit Vanillesauce auftragen. Die Süßspeise kann nach Belieben mit ganzen Früchten vermischt werden. Rote Grütze gibt es auch in fertiger Zusammenstellung im Handel.

rote Rüben (rote Bete, Bete, Rahnen, Rannen, Rohnen, Randen, Salatrüben), dicke, rotfleischige Wurzeln einer Rübenart, die vor allem zu Salaten und als Gemüse verwendet wird. Rote Rüben kommen roh und als Konserve in den Handel. Konservenware ist meist in Scheiben geschnitten, gekocht und mit Gewürzen in Essig eingelegt. – *Zubereitung:* rote Rüben unter fließendem Wasser bürsten und in Salzwasser weich kochen oder besser im Ofen backen, dann erst schälen und nach Rezept weiterverarbeiten.

rote Rüben auf alte Art: gekochte oder gebackene rote Rüben in Würfel schneiden, mit gehackten Zwiebeln in Butter dünsten, Bastardsauce zugeben und mit Essig abschmecken.

rote Rüben, gedünstet: gehackte Zwiebeln in Butter anschwitzen, gekochte oder gebackene rote Rüben in Würfeln hinzufügen, etwas Wasser zugießen, mit Salz, Pfeffer, Zucker, gestoßenen Gewürznelken, Zimt und Essig würzen, so lange dünsten, bis fast die ganze Flüssigkeit verdampft ist.

rote Rüben mit Kümmel: gekochte oder gebackene rote Rüben in dicke Streifen schneiden und mit etwas Essig begießen; Mehl in Schweineschmalz anschwitzen, mit warmem Wasser ablöschen, Essig, Salz, eine Prise Zucker und Kümmelkörner dazugeben und die Rübenstreifen darin kurz durchkochen.

rote Rüben, russisch: gekochte oder gebackene rote Rüben in Scheiben schneiden, in Butter dünsten und mit gehackter, frischer Pfefferminze bestreuen.

rote Rüben in Sahne: gekochte oder gebackene rote Rüben in Würfel schneiden, mit Sahnesauce binden, gut durchkochen, mit Salz und Pfeffer würzen und mit einigen Butterflöckchen und gehackter Petersilie vollenden.

Rote-Rüben-Saft fördert die Verdauung und verhütet Infektionen.

Rote-Rüben-Salat: Streifen von gekochten oder gebackenen roten Rüben mit Senfmayonnaise binden. – Oder: Scheiben von gekochten oder gebakkenen roten Rüben mit gewürfelten Äpfeln, Meerrettichstückchen und Kümmelkörnern in milden Weinessig einlegen.

roter Kappes, → Rotkohl.

roter Kaviar, → Keta-Kaviar.

Rotfisch, → Huchen.

Rotforelle, → Saibling.

Rothäubchen, → Rotkappe.

Röthel (Zuger Röthel), der feinste aller Süßwasserfische, noch deliziöser als die Bachforelle. Leider lebt dieser Fisch nur im Zuger See (Schweiz). Er wird bis 100 g schwer und wie Forelle zubereitet.

Rotkappe (Rothäubchen), vorzüglicher Speisepilz (Röhrling), der von Sommer bis Herbst unter Birken und auf Heideflächen erscheint. Bei der Zubereitung färbt sich das Pilzfleisch schwarz, worunter der Wohlgeschmack aber nicht leidet.

Rotkarpfen, → Red Snapper.

Rotkohl (Rotkraut, Blaukraut, roter Kappes), Kopfgemüse von blauvioletter Farbe. Seine Heimat ist China, heute wird Rotkohl in allen Ländern der Erde angebaut. – *Vorbereitung:* die schlechten Außenblätter abbrechen, den Kopf vierteln, den Strunk entfernen und den Rotkohl feinstreifig schneiden. – *Garzeit:* etwa 1 1/2 Stunden. – Ein Zusatz von etwas Essig verhindert das Verblassen der Farbe beim Kochen.

Rotkohl, deutsch: gehackte Zwiebel und Apfelscheiben in Gänseschmalz anschwitzen, den feinstreifig geschnittenen Kohl und etwas Fleischbrühe zugeben, mit Salz, Piment und Wacholderbeeren würzen und zugedeckt langsam weich dünsten, zuletzt mit etwas Zucker abschmecken.

Rotkohl, griechisch: gehackte Zwiebel in Hammelfett anschwitzen, den feinstreifig geschnittenen Kohl, grüne Erbsen, Würfel von roten Paprikaschoten und etwas Hammelbrühe zugeben, pikant würzen und zugedeckt langsam weich dünsten; mit Räucherwurstscheiben garnieren.

Rotkohl, holländisch: den grobgehackten Rotkohl mit Butter, Salz, Piment, Muskatnuß, Essig, etwas Zukker und Zimt in wenig Wasser zugedeckt gar dünsten und zuletzt etwas Apfelmus darunterziehen.

Rotkohl auf Limousiner Art: grobgeschnittenen Rotkohl und rohe, geschälte Maronen mit Schweineschmalz in eine Kasserolle geben, wenig Fleischbrühe zugießen, würzen und zugedeckt weich dünsten.

Rotkohl, russisch: feinstreifig geschnittenen Rotkohl sowie dünne Streifen von Knollensellerie und Petersilienwurzel in Kasserolle geben, mit Salz, etwas Zucker, Piment und Essig würzen, kräftige Fleischbrühe hinzugießen und zugedeckt langsam weich dünsten, mit Stärkemehl binden.

Rotkohl, westfälisch: Zwiebelscheiben in Butter anschwitzen, streifig geschnittenen Rotkohl und einen Schinkenknochen hinzufügen, mit Essig würzen und in wenig Fleischbrühe und Rotwein zugedeckt langsam weich dünsten.

Rotkohl-Apfel-Salat: gehobelten Rotkohl und Apfelwürfel mit Zitronensaft marinieren und mit Weinessig, Öl und etwas Salz anmachen.

Rotkohlsalat: gehobelte Rotkohlblätter in Essig-Öl-Marinade einlegen, mit geriebenem Apfel und feingehackter Zwiebel vermischen.

Rotkraut, → Rotkohl.

Rötling, → Saibling.

Rotwein, Wein aus blauen Trauben. Vor dem Keltern (Abpressen des Saftes) läßt man die Maische 5 bis 10 Tage ruhen, damit genügend Farbstoff (Önin) und Gerbstoff aus den Beerenschalen austreten kann. Rotwein schmeckt durchweg herber als entsprechender Weißwein. In Deutschland kommen gute Rotweine von der Ahr, von der Tauber und aus Baden-Württemberg. Frankreich erzeugt den meisten und besten Rotwein der Welt. Hervorragende italienische Rotweine stammen aus der Toskana und der Region Friaul-Julisch-Venetien. Spanische Spitzenweine kommen aus Kastilien-León und aus der Rioja. – Rotwein verlangt leichte Zimmertemperatur, die von der Qualität des Weines abhängig ist. So wird guter Bordeaux bei 16–18° C, guter Burgunder bei 14–16° C und junger bzw. durchschnittlicher Rotwein bei 10–13° C kredenzt.

Rotweinbutter (Beurre marchand de vin), Buttermischung: 1 feingehackte Schalotte mit 1 Glas Rotwein kurz aufkochen, 1 Msp Fleischextrakt zugeben, mit 125 g Butter verarbeiten, mit Salz, Pfeffer, Zitronensaft und etwas Petersilie würzen.

Rotweinessig, → Weinessig.

Rotweinsauce, → Bordelaiser Sauce, → Burgundersauce.

Rotwurst, → Blutwurst.

Rotzunge (Kliesche, Limande, Gliesche, Glahrke), Plattfisch der Küstengewässer der nordischen Meere, in Form und Farbe mit der Seezunge vergleichbar, aber weniger wohlschmeckend. Die Rotzunge wird wie → Seezunge zubereitet.

Rouelle (frz: kleines Rad, Scheibe), eine beliebig starke Scheibe aus der Kalbskeule, → Kalbskeulenstück.

Rougette, aus Frankreich stammender mildwürziger Dessertkäse (65 % Fett i. Tr.), der heute vor allem in Süddeutschland produziert wird; die mit Edelschimmel überzogene Rotschmierrinde wird mitgegessen. Zum Rougette passen Baguette und französischer Rotwein oder dunkles Roggenbrot und deutscher Weißwein.

Rouille, provenzalische Spezialität, Beigabe zur Bouillabaisse und anderen südfranzösischen Fischsuppen: 1 kleine rote Paprikaschote und 1 rote Chilli grob in Stücke schneiden und grillen; 1 Scheibe Weißbrot ohne Rinde in 3 EL Wasser einweichen, dann gut ausdrücken; Paprika, Chilli, Brot, 2 Knoblauchzehen und 1 Eigelb in der Küchenmaschine verarbeiten, nach und nach 80 ml Olivenöl zugeben.

Rouladen (frz: rouler = rollen), pikant gefüllte Rollen aus Fleisch, Wild, Fisch, Kohlblättern usw. Die Schnitten bzw. Blätter werden mit Farce oder einer Füllung belegt, zusammengerollt, gut gebunden und im eigenen Saft oder in einer Sauce geschmort.

Roumanille: in Öl gebackene Auberginenscheiben, grüne Oliven und Sardellenfilets zu kleinen Fleischstücken, die mit tomatierter Mornaysauce bedeckt und überbacken wurden. – Joseph Roumanille, 1818–1891, provenzalischer Dichter.

Round Steak, Scheibe aus dem oberen Teil der Rinderkeule mit einem Stück Hachsenknochen mittendrin, gewissermaßen ein Ochsenschinken-Steak; es wiegt etwa 2 kg und wird am besten im Ofen gebraten. Als Beilage Gemüse, Würzsauce, gebackene Kartoffeln.

Roux (frz: roux = fuchsrot), Einbrenne, → Mehlschwitze.

Royal Clover Club Flip: 1 frisches Ei, 1/2 Gin, 1/4 Zitronensaft, 1/4 Grenadine, gut schütteln.

Royale (frz: königlich), → Eierstich.

royale, à la: → königliche Art.

Rübchen, Teltower, → Teltower Rübchen.

Rüben, gelbe, → Mohrrüben.

Rüben, rote, → rote Rüben.

Rüben, weiße, → weiße Rüben.

Rübenkraut, Rübensaft, → Zuckerrübensirup.

Rückenmark, Fortsetzung des Gehirns innerhalb der Wirbelsäule. Rückenmark vom Rind oder Kalb ist vielseitig verwendbar. Das Kalbsrückenmark gilt als Delikatesse. – *Vorbereitung:* das aus dem Knochen gezogene Mark gut wässern, enthäuten und in Wurzelbrühe etwa 20 Minuten gar kochen. – *Rezepte:* Markklößchen, Markkromeskis, Markkrustchen, Markplätzchen, Markschöberlsuppe.

Rucola (Rauke), Blattsalat aus dem süditalienischen Apulien. Die tiefgrünen, länglichen Blätter schmecken leicht herb und nußartig. Der Salat wird mit Olivenöl und Essig angemacht, mit Salz und Pfeffer gewürzt und mit Pinienkernen bestreut.

Rüebli, schweizerische Bezeichnung für → Mohrrüben.

Rüeblitorte, schweizerischer Möhrenkuchen: 5 Eidotter mit 250 g Zukker schaumig rühren, 250 g geriebene Mandeln, 200 g feingeriebene Karotten (Mohrrüben), Saft und Schale 1 Zitrone, 3 EL Rum, Prise Zimt und Nelkenpulver und 3 EL gesiebtes Stärkemehl dazugeben, 5 steifgeschlagene Eiweiß unterheben. 1–1 1/2 Std. bei Mittelhitze backen. Mit Zitronen-Zukkerguß überziehen und mit Marzipanrübchen dekorieren.

Rühreier: Eier in geschmolzene Butter schlagen, mit Salz und Pfeffer würzen, etwas Sahne hinzufügen, gut rühren, bis die Eimasse weich und cremig ist. Nach Belieben mit gewürfelten Artischockenböden, Champignonscheiben, grünen Erbsen, gewürfelten Tomaten, Spargelspitzen, Garnelen, Muscheln, Schinkenwürfeln, Geflügelleberscheiben, geriebenem Käse usw. vermischen.

Rührteig, halbflüssiger, gerührter Teig, der immer in einer Form gebakken wird: 125 g Butter schaumig rühren, nach und nach 150–200 g Zukker, 1 Päckchen Vanillezucker, 2 Eier, etwas Salz und Rum oder anderes Aroma hinzugeben, 500 g Mehl sowie 1 Päckchen Backpulver mit etwa 1/4 l Milch unterrühren; sobald der Teig schwer vom Löffel fällt, nach Belieben 150–200 g eingeweichte Rosinen unter den Teig heben.

Rum, Branntwein aus Zuckerrohr, Zuckerrohrmelasse oder aus sonstigen Rückständen der Rohrzuckerfabrikation. Er wird hauptsächlich auf Jamaika,

Kuba, Guadeloupe, Martinique, Barbados, Mauritius und in Guayana erzeugt. Man unterscheidet weißen (klaren) und mit Zuckercouleur gefärbten Rum. Rumverschnitt muß mindestens ein Zwanzigstel Original-Übersee-Rum enthalten. Der Alkoholgehalt des Rums beträgt 38–55 Vol. %, manchmal auch bis 80 Vol. %.

Rum Flip: 1 frisches Ei, 2 BL Zukker, 1 Glas Rum, gut schütteln.

rumänischer Salat: Streifen von grünen Paprikaschoten, Tomatenwürfel und junge Maiskörner mit Essig-Öl-Marinade und gehackter Zwiebel anmachen, mit Knoblauch würzen und mit schwarzen Oliven garnieren.

Rumen, → Kaldaunen.

Rumfordsuppe: Suppe aus kräftiger Knochenbrühe, getrockneten gelben Erbsen, Graupen, Kartoffelwürfeln, Fleischspeckwürfeln und Wurzelwerk. – Benjamin Thompson, 1753–1814, amerikanischer Physiker und Politiker, floh während des Unabhängigkeitskrieges nach Europa und trat in bayerische Dienste. Er führte in Bayern die Kartoffel ein, legte den Englischen Garten in München an und erfand für die Soldaten des Kurfürsten Karl Theodor von der Pfalz eine billige, schmackhafte und nahrhafte Suppe. Der Kurfürst machte Benjamin Thompson daraufhin zum Grafen Rumford und beschenkte ihn mit großen Reichtümern.

Rumfrüchte, → Rumtopf.

Rumglasur: 100 g Puderzucker, 1 EL Rum und 1 TL geschmolzenes Kokosfett glattrühren.

Rumkugeln: 65 g Puderzucker, 20 g Kakao, 1 Päckchen Vanillezucker und 1 Röhrchen Rumaroma mit 1 Ei und 125 g geschmolzenem, aber nicht heißem Kokosfett verrühren; 500 g Biskuitkrümel mit 1/4 l Wasser und 5 EL Rum tränken, mit der Kakaomasse vermischen, kleine Kugeln formen, die Rumkugeln in Schokoladenstreuseln wälzen und gut auskühlen.

Rumläuterzucker (Rumsirup), → Läuterzucker.

Rumohr, Carl Friedrich von, 1785 bis 1843, deutscher Kunsthistoriker und Schriftsteller, Verfasser des bedeutendsten gastronomischen Werkes in deutscher Sprache: »Der Geist der Kochkunst«. Das Buch erschien zuerst unter dem Namen seines Kochs Joseph König.

Rumpsteak (engl: rump = Rumpf, steak = Scheibe, Stück), Scheibe aus der Rinderhüfte, also aus dem verlängerten Roastbeef, wird oft auch aus dem flachen Roastbeef geschnitten, etwa 200 g schwer und 2 cm dick. Das Rumpsteak soll an einer Längsseite einen möglichst weißen Fettrand haben, der in Abständen von 1 cm einzuschneiden ist, damit sich das Steak beim Braten oder Grillen nicht wölbt. Das Rumpsteak wird meist rosa gebraten, Bratzeit 3 Minuten je Seite. Als Beilage eine Buttermischung und gebackene Kartoffeln.

Rumpsteak Danitschew: die Steaks leicht einölen, grillen, würzen, auf heißen Tellern anrichten, einen Streifen Béarner Sauce darübergießen und in die Mitte je einen Klecks Kaviar setzen; dazu junge, in Butter geschwenkte Erbsen und Kartoffelkroketten.

Rumpsteak Mirabeau: die Steaks in Öl braten und kräftig würzen; im Bratfett Sardellenstreifen, halbierte grüne Oliven und Estragonblätter kurz dünsten, alles über die Steaks schütten, mit frischer Brunnenkresse garnieren; dazu Sardellenbutter und Strohkartoffeln.

Rumpsteak, pikant: die leicht einge-

1 Rind 2 Rochen (Nagelrochen) 3 Rosenkohl 4 Rosmarin

ölten Steaks auf dem Rost oder Grill braten, salzen und pfeffern; als Beilage Kräuterbutter sowie geriebener, mit Preiselbeerkompott vermischter Meerrettich und geröstete Weißbrotscheiben.

Rumpunsch: Saft von 2–3 Zitronen, 1 Zitronenspirale, 300 g Zucker und 1 l kochendes Wasser vermischen, 1 Flasche Weißwein und 1 kleine Flasche Rum erhitzen und hinzufügen, die Zitronenspirale wieder entfernen; heiß servieren.

Rumtopf, eine reizvolle Möglichkeit, die Früchte des Gartens zu konservieren: die ersten Früchte des Jahres mit der gleichen Gewichtsmenge Zucker vermischen, in einen irdenen, innen glasierten Topf geben, mit hochprozentigem Rum (oder Arrak) begießen, den Topf mit einem Teller zudecken, hin und wieder umrühren, bis sich der Zucker gelöst hat; nach und nach im Laufe des Sommers weitere Früchte mit der gleichen Menge Zucker zugeben; notfalls noch Rum hinzugießen, man rechnet insgesamt 1,5 l Rum auf 10 kg Früchte. Die Früchte müssen zart, saftig, reif, aber noch fest und völlig makellos sein. Besonders eignen sich Erdbeeren, rote Johannisbeeren, Sauerkirschen, Himbeeren, Aprikosen, Pfirsiche, Stachelbeeren, Brombeeren, Pflaumen, Melone, Birnen. Kirschen müssen entsteint, Aprikosen und Pfirsiche abgezogen, in Scheiben geschnitten und entsteint, Melone geschält und gewürfelt werden. Nicht geeignet sind schwarze Johannisbeeren, Heidelbeeren und Äpfel.

Rundkornreis, rundliche, weichkörnige Reissorten, die sich vor allem für Risotto und Süßspeisen (Milchreis) eignen. Rundkornreis kommt in erster Linie aus Norditalien (Po-Ebene), aus Spanien und Afrika.

Rundstück, norddeutsche Bezeichnung für große, runde → Brötchen.

Rundstück warm, Hamburger Spezialität: halbiertes Brötchen, belegt mit heißem Braten und Sauce.

Ruote tricolore, Nudelrädchen von 20 bis 25 mm Durchmesser, in den italienischen Nationalfarben Rot, Weiß, Grün eingefärbt.

Russe, in Süddeutschland und Österreich beliebtes Erfrischungsgetränk aus dunklem Bier und Limonade.

Russian Dressing, Salatsauce: leichte Mayonnaise mit feingehackter roter Rübe, roten und grünen Paprikaschoten, Schnittlauch und Petersilie vermischen und mit Chilisauce und Paprika würzen, evtl. etwas Kaviar hinzufügen.

russische Art (à la russe): Steinpilze in saurer Sahne sowie saure Gurken und russische Sauce zu Fleisch oder Wild.

russische Brotsauce, → Brotsauce, russische.

russische Creme: 2 Eier, 2–3 EL Zucker und 1 Päckchen Vanillezucker im Wasserbad schaumig rühren, 1 Gläschen Rum oder Weinbrand hinzufügen, 1/4 l Schlagsahne darunterziehen; eiskalt auftragen.

russische Eier: hartgekochte Eier halbieren, jede Hälfte mit einem Häufchen Kaviar bedecken und auf Remoulade anrichten.

russische Hefeteigpasteten, → Kulebiaki, → Piroschki (Piroggen), → Rastegai, → Vatruschki, → Visnischki.

russische Kroketten: ein feines Gehäck von Hühner- und Wildfleisch, Pökelzunge und Champignons mit dick eingekochter Madeirasauce binden, zu kleinen Kugeln formen, panieren und in Fett backen; dazu Tomatensauce.

russische Sahne, Mischung aus Schlagsahne (9 Teile) und frischem Quark (1 Teil).

russische Sauce (Sauce russe): weiße Grundsauce mit saurer Sahne verkochen, mit geriebenem Meerrettich, Kräutern und etwas Essig würzen.

russischer Salat: Würfel von gedünsteten Mohrrüben, weißen Rüben, grünen Bohnen, Champignons, gekochtem Schinken, Pökelzunge, Hummer, Sardellenfilets, Pfeffergurken mit Mayonnaise oder besser mit dicker saurer Sahne binden, mit Kapern, Kaviar, Scheiben von roter Rübe, Wurstscheibchen und gehacktem Eiweiß und Eigelb garnieren.

russisches Brot, Feingebäck aus Eiweiß, Puderzucker und Mehl in Buchstaben- und Zahlenform, hellbraun und glänzend.

russisches Steak: ein Filetsteak mit Speckstreifen spicken, von beiden Seiten kurz anbraten, würzen, in Weißwein und etwas Butter langsam gar schmoren; dazu in Butter gedünstete Steinpilze, mit russischer Brotsauce übergossen, und Kartoffelkroketten.

Ruwerweine, den → Moselweinen ähnliche Weine mit oft leicht erdigem Geschmack. Die wichtigsten Weinorte sind Grünhaus, Waldrach, Kasel und Eitelsbach.

S

In England gibt es drei Saucen und dreihundertsechzig Religionen, in Frankreich jedoch drei Religionen, aber dreihundertsechzig Saucen.

Talleyrand

Saale-Unstrut, das größte ostdeutsche Weinbaugebiet im Tal der Sächsisch-Thüringischen Saale und ihres Nebenflusses Unstrut (372 ha).

Saarweine, den → Moselweinen ähnliche Weine. Bekannte Weinorte sind Serrig, Ockfen, Wiltingen, Oberemmel, Ayl, Wawern und Kanzem.

Sa'atas, → Ysop.

Sabayon, → Weinschaum.

Sachertorte, Wiener Spezialität: 140 g Butter mit 80 g Zucker schaumig rühren, 180 g geschmolzene Schokolade, danach 8 Eigelb und 1 Päckchen Vanillezucker darunterrühren, 8 sehr steif geschlagene Eiweiß mit 80 g Zucker verrühren und unter die Masse ziehen, zuletzt noch 140 g Mehl vorsichtig hineinmischen, die Masse in eine gebutterte, mit Bröseln bestreute runde Backform füllen und bei mäßiger Hitze backen; die ausgekühlte Torte umdrehen, mit 200 g Aprikosenmarmelade bestreichen und mit Schokoladenfondant überziehen; dazu Schlagsahne (Schlagobers) servieren. – Franz Sacher, 1816–1907, kreierte die Torte als 16jähriger Kochlehrling im Hause des Fürsten Metternich. Später gründete er zwischen Stephansdom und Wiener Staatsoper das weltberühmte Hotel Sacher.

Sachsen, Weinbaugebiet im Elbtal (Elbfallgebiet) bei Dresden (241 ha).

sächsische Art (à la saxe): Blumenkohl, Krebsschwänze und Krebssauce zu Geflügel.

sächsische Quarkkeulchen, → Quarkkeulchen.

sächsischer Speckkuchen: aus 100 g Weizenmehl, 100 g Roggenmehl, 65 g Fett, 15 g Zucker, 1 Eigelb, 1/2 Tasse Milch, 25 g Hefe und 1 Prise Salz einen Hefeteig arbeiten, den Teig etwa 1/2 cm dick ausrollen und auf ein gefettetes Backblech breiten; den Teig mit einer Mischung aus 75 g gewürfeltem fetten Speck, 2 Eiern, 3 g Kümmel und etwas Salz belegen und backen.

sächsisches Schnitzel: 4 Eier mit grobgehackter Petersilie verquirlen, mit Salz würzen, über gebratene Steinpilze gießen und lockeres Rührei bereiten, das Rührei auf gebratene Kalbsschnitzel geben.

Safloröl, → Distelöl.

Safran (von arabisch az-zafaran = gelb), ein vielerorts sehr begehrtes Gewürz, das heute vor allem zu Fischsuppen (z. B. Bouillabaisse), Reisgerichten (z. B. Paella) und Lammfleischgerichten, aber auch zum Färben feiner Backwaren und von Likören verwendet wird. – Ab Mitte Oktober pflücken die Safranbauern die Blüten der echten Safranpflanze, einer Krokusart (Crocus sativus), flinke Frauenhände ziehen aus jeder Blüte die gelb-orangefarbenen Narbenschenkel, die sofort geröstet werden, damit sich das typische Safranaroma entwickelt. Für 1 Gramm Safran braucht man etwa 200 Blüten, daher ist echter Safran das teuerste Gewürz, teurer noch als pures Gold. Der beste Safran kommt aus Südfrankreich (Gâtinais-Safran) und aus der spanischen Mancha (Azafrán). Weitere Anbauländer sind Österreich und der Iran. – Echtes Safranpulver ist etwa zwei bis drei Jahre verwendbar, sofern es trocken und lichtgeschützt aufbewahrt wird. Nur in Verbindung mit warmen (nicht heißen) Gerichten entfaltet Safran sein betörendes Aroma. – Schon die alten Griechen salbten sich mit einer Safrancreme, wohlhabende Römer schätzten Safran wegen seiner aphrodisischen Wirkung.

Safranreis: 1 Msp Safran mit 1/2 Tasse Fleischbrühe verrühren und eine gute Stunde ziehen lassen; 200 g Patna-Langkornreis in 30 g Butter glasig rösten, mit dem Safranauszug und knapp 1/2 l Fleischbrühe auffüllen, langsam garen lassen, bis der Reis trocken erscheint, etwas salzen und 1 kleinen Beutel gehackte Mandeln unter den Reis ziehen.

Sagan, à la: mit getrüffeltem Kalbshirnpüree gefüllte Champignonköpfe, Risotto sowie Madeirasauce zu kleinen Fleischstücken oder Geflügel. – Sagan, schlesisches Fürstentum, das zu Beginn des 19. Jahrhunderts durch Heirat an das Haus Talleyrand-Périgord kam.

Sago (Perlsago) wird aus dem stärkereichen Mark verschiedener Pflanzenarten gewonnen. Den besten Sago liefert die Sagopalme, die in Indonesien und Neuguinea heimisch ist. Die aus dem Mark gelöste Stärke wird als steifer Teig durch ein Sieb in heiße Metallpfannen gedrückt, wobei sie zu winzigen Körnern verkleistert. In heißer Flüssigkeit quillt der Sago zu dreifacher Größe auf und wird glasig. Beim Erkalten wirkt er stark bindend und wird daher gern bei der Bereitung von Puddings, Grützen, Kaltschalen und sonstigen Süßspeisen verwendet. Ansonsten dient er als Einlage in Suppen und Brühen. – Deutscher Sago wird aus Kartoffelstärke hergestellt und ist bei weitem nicht so gut wie echter.

Sagosuppe: 40 g Sago in 1 l siedende Fleischbrühe einlaufen lassen und so lange kochen, bis die Sagokörner groß und durchgehend glasig sind.

Saharasalat: Scheiben von gekochten Kartoffeln, Knollensellerie und Bananen mit Kräutermarinade anmachen; evtl. einige Trüffelscheibchen hinzufügen.

Sahne (Rahm, süße Sahne, Schmant, Schmetten, Flott, Obers, Nidel, Nidle), durch Zentrifugieren konzentrierte Milch mit mindestens 10% Fettgehalt, Ausgangsprodukt für die Butter- und Käseerzeugung. – Saure Sahne ist in Milchsäuregärung übergegangene Sahne. – Sahne (süße und saure) dient auch zum Verfeinern und Binden von Suppen, Saucen, Ragouts u. dgl.

Sahnecreme: 1/8 l Milch, 80 g Puderzucker und 1 Eigelb verrühren, mit aufgelöster Gelatine (2 Blatt) binden und kurz vor dem Erstarren 1/4 l Schlagsahne darunterziehen.

Sahneeis, Grundrezept: 4 Eigelb mit 100 g Zucker verrühren, 1/2 l heiße Milch langsam und unter ständigem

Schlagen hinzugießen, völlig ausgekühlt in die Eismaschine füllen, im Tiefkühlschrank gefrieren lassen, kurz vor dem Festwerden leicht geschlagene Sahne unter das Eis ziehen.

Sahnekartoffeln: Pellkartoffeln in Scheiben schneiden, mit Salz, Pfeffer und Muskatnuß würzen, in Sahne langsam durchkochen, zuletzt mit Sahne übergießen.

Sahnemarinade, für Salate: 3 Teile süße oder saure Sahne, 1 Teil Weinessig oder Zitronensaft, Salz, Pfeffer.

Sahnemayonnaise (Mayonnaise Chantilly): nicht zu steife, ungesüßte Schlagsahne unter Mayonnaise ziehen. Zu kaltem Fisch, Krusten- und Schaltieren, zu kaltem Geflügel.

Sahnemeerrettich, → Meerrettichsahne.

Sahnenudeln, → Wiener Sahnenudeln.

Sahnequark, aus Sahne bereiteter → Quark bzw. Quark mit Sahnezusatz.

Sahnesauce (Sauce à la crème): helle Mehlschwitze mit Milch verkochen, mit Salz und weißem Pfeffer würzen, Sahne hinzufügen, mit frischer Butter und etwas Zitronensaft abschmecken, zuletzt steifgeschlagene Sahne unter die Sauce ziehen. Zu Brathähnchen, Rostbraten, Lendenschnitten, falschem Hasen, Hammelrippchen und Blumenkohl.

Sahnesauce, deutsche, → deutsche Sahnesauce.

Sahnesauce, französische, → französische Sahnesauce.

Sahneschnitzel (Rahmschnitzel): Kalbsschnitzel unpaniert in Butter braten, würzen und mit Sahnesauce übergießen.

Sahnetorte, ein Rezeptbeispiel: aus Biskuitteig einen Tortenboden backen, den Boden waagerecht in 3–4 Scheiben teilen, zerbröseltes Marzipan mit Maraschino glattrühren, mit Schlagsahne mischen und auf den untersten Boden streichen, gestoßene Makronen mit Maraschino anfeuchten, mit Schlagsahne mischen und auf die anderen Böden verteilen, die Böden wieder zusammensetzen, die Torte mit Schlagsahne überziehen und dekorieren sowie mit Makronenbröseln bestreuen.

Sahnetrüffel, → Trüffel.

Saibling (Seesaibling, Salmling, Rötling, Rotforelle), Lachsfisch der Alpenseen, der Seen Skandinaviens, Schottlands, Nordrußlands und Kanadas. Der Fisch wird normalerweise 25–30 cm lang und 500 g schwer, manchmal auch bis 80 cm lang und 10 kg schwer. Sein rosafarbenes Fleisch schmeckt vorzüglich und noch besser als das der Forelle. Der weniger schmackhafte amerikanische Bachsaibling wird bei uns in Teichen gezüchtet. Saiblinge bereitet man wie → Forelle.

saignant (frz: blutend), Garstufe beim Fleischbraten: das Fleisch ist außen knusprig braun, innen rosa und hat einen blutigen Kern.

Saijoor, indonesische Gemüsesuppen, wichtiger Bestandteil der indonesischen Reistafel. Diese Suppen setzen sich aus grünen Erbsen, grünen oder weißen Bohnen, Porree, Weißkohl usw., aus Fadennudeln oder Reis und aus exotisch gewürzter Hühnerbrühe zusammen.

Saint-Albray, französischer Weichkäse aus Kuhmilch, in der Form einer sechsblättrigen Blüte mit einem Loch in der Mitte, 50% Fett i. Tr., die Rinde besteht aus weiß-orangem Edelschimmel.

Saint-Cloud, à la: grüne Erbsen auf französische Art, gedünsteter Kopfsalat sowie Madeirasauce zu Fleisch. – Saint-Cloud, Vorort von Paris.

Sainte-Maure, französischer Ziegenkäse aus der Touraine, dem »Garten Frankreichs«, beiderseits der mittleren Loire. Der Weichkäse hat die Form einer 15 cm langen und etwa 5 cm dikken Rolle; weißer Schimmel umhüllt den weißen, leicht bröckeligen Teig mit einem sehr pikanten Geschmack.

Sainte-Menehould, à la: gebackene Muscheln sowie Weißweinsauce zu Fisch. – Sainte Menehould, Stadt an der Aisne.

Saint-Florentin, à la: Steinpilze auf Bordelaiser Art, Saint-Florentin-Kartoffeln sowie Bonnefoysauce zu Fleisch und Geflügel. – Saint-Florentin, Stadt in Burgund.

Saint-Florentin-Kartoffeln: Kartoffelkrokettenmasse mit gehacktem Schinken und Pökelzunge verarbeiten, zu kleinen Bällchen formen, mit Ei und zerdrückten Nudeln panieren und in Fett schwimmend backen.

Saint-Germain, à la: mit Eigelb gebundenes grünes Erbsenpüree, in kleinen Bechern gegart und gestürzt, ferner glasierte Karotten, Schmelzkartoffeln sowie Béarner Sauce zu Fleisch. – Nußkartoffeln und Béarner Sauce zu paniertem und gebratenem Fisch. – Saint-Germain-en-Laye, Stadt bei Paris mit berühmtem Schloß.

Saint-Germain-Suppe: getrocknete grüne Erbsen waschen und einweichen, im Einweichwasser aufsetzen, kleingeschnittene, in Butter kräftig angeschwitzte Zwiebeln, Mohrrüben, Porree und Räucherspeck sowie ein Kräuterbündel hinzufügen, weich kochen, passieren, mit Fleischbrühe verkochen, würzen, mit Sahne vollenden.

Saint-James-Salat: Würfel von gedünsteten Champignons, einige Trüffelstückchen und körnig gekochten Reis mit Zitronen-Öl-Marinade anmachen.

Saint-Jean-Salat: kleingeschnittene grüne Bohnen, grüne Erbsen, grüne Spargelspitzen, Scheiben von Artischockenböden und Gurken mit Zitronenmayonnaise, die mit gehacktem Kerbel vermischt wurde, binden, mit Eierscheiben, Pfeffergurken und gehacktem Estragon garnieren.

Saint-Lambert, à la: grüne Erbsen, grüne Bohnen, Karotten, Blumenkohlröschen, glasierte Zwiebelchen sowie gebundener Bratensaft zu Fleisch oder Geflügel. – François de Saint-Lambert, 1716–1803, französischer Schriftsteller.

Saint Malo, à la: Scheiben von frischgekochten Kartoffeln sowie Saint-Malo-Sauce zu gegrilltem Fisch. – Saint Malo, Hafenstadt und Seebad an der bretonischen Kanalküste, mit dem ersten Gezeitenkraftwerk der Welt.

Saint-Malo-Sauce (Sauce Saint Malo): feingehackte Schalotten in Butter anschwitzen, mit Weißwein ablöschen, den Wein stark einkochen, weiße Fischgrundsauce und Champignonfond hinzufügen, gut durchkochen, mit Eigelb und Sahne binden, passieren, ein Stückchen frische Butter zugeben, mit Sardellenessenz und Senf abschmecken. Zu gedünstetem Seefisch.

Saint-Mandé, à la: grüne Erbsen, grüne Bohnen, Macairekartoffeln sowie gebundener Bratensaft zu Fleisch oder Geflügel. – Saint Mandé, Vorort von Paris.

Saint-Marc, à la: Morcheln, Maronenkroketten sowie Kraftsauce, die mit Wildjus und Wacholderbeeren verkocht wurde, zu Wild. – François Auguste Saint-Marc, 1801–1873, französischer Schriftsteller.

Saint-Marcellin, französischer Ziegenkäse.

Saint-Martin, à la: Nußkartoffeln und Gurkensauce zu Fleischscheiben, die mit Hühnerpüree bestrichen und überbacken wurden. – Louis Claude, Marquis de Saint-Martin, 1743–1803, französischer Theosoph.

Saint-Nazaire, à la: Austern, Hummerscheiben, Weißweinsauce sowie Blätterteighalbmonde zu Seefisch. – Saint Nazaire, Hafenstadt und Seebad an der Mündung der Loire.

Saint-Nectaire, französischer Käse aus der Auvergne, aus der Gegend des berühmten Thermalbades Saint Nectaire. Der halbweiche, sehr fettreiche Käse wird von einer grauen, rötlich gefleckten Rinde umhüllt.

Saint-Paulin, französischer Butterkäse mit gelber, fast orangefarbener Rinde, das Innere ist weich, geschmeidig und von ganz mildem Geschmack.

Saint-Pierre, → Petersfisch.

Saint-Pierre-Salat: Streifen von Bleichsellerie, Spargelspitzen, Kartoffelscheibchen, Ananas- und Grapefruitwürfel mit Essig-Öl-Marinade, die mit gehackter Pfefferminze vermischt wurde, anmachen. – Bernardin de Saint-Pierre, 1737–1814, französischer Schriftsteller.

Saint-Saëns, à la: kleine getrüffelte Gänseleberkroketten, Hahnenkämme, Spargelspitzen sowie Geflügelrahmsauce mit Trüffelessenz zu Geflügelbrüstchen. – Camille Saint-Saëns, 1835–1921, französischer Komponist.

Sake (Reiswein), sherryartiges Nationalgetränk der Japaner, das aus hefevergorenem Reis hergestellt wird und 12–17 Vol. % Alkohol enthält. Sake wird lauwarm bis heiß (etwa 50° C) aus kleinen Porzellanschälchen getrunken und auch zum Würzen von Speisen verwendet.

Sakuski (Zakouski), russische Vorspeisen, die auf einem besonderen Tisch, dem Sakuska-Tisch, bereitgestellt und meist im Stehen verzehrt werden. Zu den Sakuski zählen vor allem Kaviar, Lachs und andere Fischspeisen, marinierte Steinpilze, Gemüse, Früchte sowie Salate, ferner Pasteten, pikante Grützen usw.

Salaks, die etwa 7 cm großen Früchte der dornigen Salakpalme, die in Indonesien, Thailand und auf den Philippinen gedeiht. Das Fruchtfleisch der mittelbraunen, schuppenschaligen Salaks schmeckt bei vollständiger Reife süß-erfrischend und leicht adstringierend. Salaks werden zum Dessert gereicht und für süße und herzhafte Salate verwendet. Da unreifes Salak-Fruchtfleisch bitter schmeckt und überreifes unangenehm riecht, muß man sich auf die Angaben seines Obsthändlers verlassen, zumal der Reifegrad an einer geschlossenen Frucht nur schwer feststellbar ist.

Salam, indischer Lorbeer.

Salamander, Küchengerät zum Überbacken bzw. Bräunen von Speisen, die die Ofenhitze nicht vertragen. Der Salamander wird heute fast ausschließlich elektrisch oder mit Gas beheizt. – Früher war der Salamander ein dickes, rechteckiges Eisen mit langem Stiel, das im Feuer glühend gemacht und über die Speisen gehalten wurde (Glühschaufel).

Salami (ital: salame = Salzfleisch), berühmte italienische oder ungarische Rohwurst aus Eselfleisch, Schweinefleisch und Speck, kräftig gewürzt, fest gewickelt und 4–6 Monate an der Luft getrocknet, wobei sich die Wurst mit trockenem Edelschimmel überzieht. Heute wird statt Eselfleisch vorwiegend Rindfleisch verwendet. – Die deutsche Salami wird ausschließlich aus Rindfleisch, Schweinefleisch und Speck hergestellt und in heißen Kleiebrei getaucht oder mit Kalk oder Magnesia geweißt.

Salamitüten: schöne, große Salamischeiben zu Tüten wickeln und mit Meerrettichsahne füllen, eiskalt anrichten.

Salanaise, Würzsauce und Dip (zum Eintunken kleiner Happen). Handelsware.

Salanganennestersuppe, → Schwalbennestersuppe.

Salat, Bezeichnung verschiedener Pflanzen, die sich besonders für die Zubereitung als Salat (→ Salate) eignen, z. B. Kopfsalat, römischer Salat, Endivien, Brunnenkresse.

Salatdressings, → Dressings.

Salate (ital: salato = Eingesalzenes), meist kalte Gerichte aus Pflanzen-, Fleisch- oder Fischteilen, aus Krustern, Schaltieren, Käse oder Eiern, aus Reis, Nudeln usw., angemacht mit Essig, Öl, Sahne, Mayonnaise u. a. m. und abgeschmeckt mit Kräutern, Gewürzen, Zitronensaft usw. Man unterscheidet einfache und zusammengesetzte Salate. Zu den einfachen Salaten zählen alle grünen Salate, wie Kopfsalat, römischer Salat, Chicorée, Endivien, Rapunzel usw., sowie nicht zusammengesetzte Gemüsesalate. Die zusammengesetzten Salate werden entweder sträußchenförmig angerichtet oder völlig gemischt. Die einfachen und sträußchenförmig zusammengesetzten Salate dienen vorwiegend als Beigabe zu warmen Gerichten. Die gemischten Salate sind Bestandteil kalter Platten; sie werden oft auch als Vorspeise oder zu kleinen Imbissen gereicht. – Bei den alten Griechen galt das Mischen von Salaten als hohe Kunst. Die Germanen bereiteten Salat aus Wildkräutern und Kohl. Zu Beginn des 18. Jahrhunderts waren in Mitteleuropa erst 50 Salatrezepte bekannt. Aber dann wurde der Salat »hoffähig«. Am französischen Hof erhielten die Salatmischer den Rang von Hofbeamten und wurden für besonders gelungene neue Mischungen mit Orden geehrt.

Salatherzen, → Kopfsalatherzen.

Salatkräuter, Kräuter, die besonders zum Würzen von Salaten geeignet sind, z. B. Bibernelle, Borretsch, Brunnenkresse, Estragon, Kerbel, Dill, Petersilie, Pfefferminze, Schnittlauch.

Salatmarinaden zum Anmachen von Salaten, z. B. Essig-Öl-Marinade, französische Marinade, Kräutermarinade, Sahnemarinade, Senfmarinade, Speckmarinade, Zitronen-Öl-Marinade.

Salatrüben, → rote Rüben.

Salatsaucen, zum Anmachen von Salaten, z. B. Dressings, Salatmarinaden, Johannisbeersauce, schwedische Sauce.

Salbei (Muskatellerkraut), seit dem Mittelalter bekanntes Gewürz, wirkt anregend, blutreinigend und entzündungshemmend. Die grünlich-silbergrauen, filzigen Blätter enthalten ein ätherisches Öl, das ihnen einen balsamartigen Geruch und einen bitterwürzigen Geschmack verleiht. Die getrockneten Blätter werden gemahlen und oft mit Kräutern, wie Beifuß, Estragon, Thymian usw., gemischt.

Salbei dient zum Würzen von Suppen, Saucen, Ei-, Fisch- und Fleischgerichten, Teigwaren, Gebäck usw. Da er eine große Würzkraft besitzt, sollte er nur sparsam verwendet werden. In Italien ist Salbei ein Standard-Gewürz und wird u. a. für → Saltimbocca und zum Verfeinern von Kalbsleber-Gerichten genommen. Frische Salbeiblätter sollten vor ihrer Verwendung in Butter gedünstet werden, wobei sich ihr Aroma besser entfaltet. Die zierlichen zartblauen *Salbeiblüten* eignen sich als eßbare Überraschung. → Blüten.

Salbeiblätter, gebacken (Salbeimäuschen): frische Salbeiblätter durch Backteig oder Eierkuchenteig ziehen und in heißem Fett schwimmend goldgelb backen. Die Mäuschen sind eine reizvolle Beilage zu Braten und Käsegerichten, aber auch zu Bier und Longdrinks.

Salisburysalat: Würfel von gekochtem Knollensellerie und roten Rüben, kleingeschnittene Kresse, Endivie und Löwenzahn mit Essig-Öl-Marinade, die mit rohem Saft von roten Rüben vermischt wurde, anmachen, mit gehacktem Ei bestreuen. – Salisbury ist die Hauptstadt der englischen Grafschaft Wiltshire.

Salisbury Steak: 500 g Schabefleisch, 65 g Rindernierenfett, 1–2 Eier, 50 g geriebene Semmel und 1 Röhrchen Kapern verarbeiten, kräftig mit Salz und Pfeffer würzen, 4 flachrunde Steaks formen, auf dem Grill oder Rost braten; dazu Stangenweißbrot.

Salm, → Lachs.

Salmi, braunes Federwildragout. Das Geflügel wird blutig gebraten und in Stücke zerlegt; aus den fleischarmen Teilen bereitet man eine starkwürzige Sauce, in der die Geflügelstücke aufgetragen werden. Berühmt sind die Salmis von Fasan, Rebhuhn, Schnepfe und Wildente.

Salmi von Wildente: eine junge Wildente dreiviertelgar braten, so daß ihr Fleisch innen noch leicht blutig ist; die Ente in größere Stücke schneiden, die nicht sehr schmackhafte Haut abziehen, die Geflügelstücke in eine gebutterte Pfanne legen und warm stellen; Rücken, Flügel und Hals feinhacken und zusammen mit gehackten Schalotten und gewürfelten Mohrrüben anrösten, mit Rotwein löschen, kräftig würzen, 45 Minuten langsam kochen und durch ein Sieb streichen, die Sauce über die Entenstücke gießen; dazu gedünstete Champignons und Croûtons.

Salmisauce (Sauce salmis): Wildabfälle und kleingeschnittenes Wurzelgemüse in Butter anrösten, mit Wein ablöschen, den Wein stark einkochen, mit Kraftsauce auffüllen, passieren, mit etwas frischer Butter vollenden. Zu Wildgeflügelragouts (Salmis).

Salmling, → Saibling.

Salmon, englische Bezeichnung für → Lachs.

Salonbeuschel, österreichische Spezialität: feingehackte Zwiebel, Petersilie, Gewürzgurke, Sardelle und Kapern mit etwas abgeriebener Zitronenschale in gelöschter brauner Mehlschwitze leicht rösten, mit Fleischbrühe auffüllen, mit Salz, Pfeffer und Essig würzen, gut durchkochen, durchseihen, in diese dicke Sauce gekochte, feinstreifig geschnittene Kalbslunge geben und mit Senf und Estragonessig abschmecken; dazu Setzeier und Knödel.

Salpicon, Salpikon (Kleinragout), Fleisch, Geflügel, Wild, Fisch, Krusten- und Schaltiere, Gemüse, Früchte usw. in sehr kleine Würfel geschnitten und meist mit wenig Sauce gebunden.

Salsa di noci, Walnußsauce, italienische Pastasauce: Walnuß- und Pinienkerne sowie Knoblauchzehe und Petersilie im Mörser reiben oder im Mixer pürieren, das Gemisch mit frischer Sahne zur dicken Sauce rühren, mit Salz und Pfeffer würzen und mit den heißen Nudeln vermengen. Dazu Parmesan und nach Belieben flüssige Butter.

Salsa porcina, italienische Pastasauce aus Steinpilzen, Tomaten, Zwiebeln, Olivenöl und Kräutern; tafelfertig im Handel.

Salsa verde (ital: grüne Sauce), italienische kalte Sauce: 1–2 hartgekochte Eier, 1 Röhrchen Kapern, Petersilie und 1 Knoblauchzehe feinhakken und mit 1/10 l Olivenöl sowie dem Saft einer halben Zitrone vermischen, salzen und pfeffern. Zu gekochtem Fleisch usw.

Saltimbocca (ital: Spring in den Mund), italienische Spezialität: 4 kleine Kalbfleischscheiben (am besten aus der Nuß) mit gleichgroßen Scheiben rohen Schinkens belegen, je 1 frisches Salbeiblatt darauflegen, mit je einer Kalbfleischscheibe zudecken, mit kleinen Stäbchen (hölzerne Zahnstocher) zusammenstecken, mit Salz würzen, in Mehl wenden und in heißem Öl auf beiden Seiten braten; das Öl abgießen, den Bratsatz mit Weißwein oder Marsala verkochen, mit Butter vollenden und über das Fleisch gießen.

Salvator, à la: Fischkartoffeln sowie portugiesische Sauce mit Thymian zu Fisch.

Salz (Kochsalz, Speisesalz, Tafelsalz), Natriumchlorid, wichtigster Würzstoff für Speisen und zugleich unentbehrlich für den menschlichen Körper, der täglich etwa 5 g (= 1 Teelöffel) Salz benötigt, um den Wasserhaushalt zu regulieren und die zur Verdauung unerläßliche Salzsäure des Magens zu bilden. Allerdings enthält unsere Nahrung schon von Natur aus einen erheblichen Teil dieser Salzmenge. Salz wird im Bergbau als Steinsalz oder durch Eindampfen von Sole als Siedesalz gewonnen. Salz kommt nur selten völlig rein in den Handel; meist enthält es noch Beimischungen anderer Salze wie Kaliumsulfat, Magnesiumchlorid usw., wodurch es wasseranziehend wird und im Salzstreuer leicht verklumpt (Reiskörner beifügen!). – Salz vertreibt böse Geister, gründet feste Bündnisse, schützt gegen Blitzschlag. Wer Salz hat, hat Glück und Gesundheit; wer es verschüttet, mißachtet es und beschwört damit Tränen, Streit und Unglück herauf. – Die ersten Handelsstraßen Mitteleuropas waren die Salzstraßen. Und viele Siedlungen wurden allein wegen des Salzes gegründet: Halle, Lüneburg, Reichenhall, Hallein, Hallstatt u. a. m. – Vgl. → Meersalz, → Selleriesalz.

Salzburger Goldhühner: Brandteighäufchen in Schweineschmalz bakken.

Salzburger Nockerln, österreichische Mehlspeise: 40 g Butter mit 80 g Puderzucker, 1 Päckchen Vanillezucker und 2 TL Stärkemehl schaumig rühren, 4 Eigelb hinzufügen, 4 steifgeschlagene Eiweiß unter die Masse ziehen, in vier Portionen teilen, in Butter von beiden Seiten goldbraun backen, mit Puderzucker bestäuben und schnell auftragen. – Die Salzburger Nockerln, von denen es zahlreiche recht unterschiedliche Rezepte gibt, erfreuten bereits den Salzburger Erzbischof Wolfdietrich von Raitenau (1559–1617) und gelten auch heute noch als die feinste aller Mehlspeisen.

Salzfleisch, → Pökelfleisch.

Salzgurken (saure Gurken) zeichnen sich durch einen hohen Gehalt an Mineralstoffen, Milchsäure und Vitaminen aus. Salzgurken sind die Würze vieler Salate und wurden schon von dem Römer Plinius (23–79) gelobt. – *Rezept:* mittelgroße Gurken waschen, 12 Stunden in Salzwasser legen, abtrocknen, mit Salz, Pfeffer, Dill, Basilikum, Estragon, Lorbeerblättern, Meerrettichscheiben, Weinblättern, Schalotten usw. in saubere, ausgeschwefelte Steintöpfe oder Holzfässer legen, mit aufgekochter, völlig ausgekühlter Salzlösung (250 g Salz auf 5 l Wasser) auffüllen, mit Brett und Stein beschweren.

Salzheringe, Heringe, die meistens schon an Bord der Fangschiffe ausgenommen, gesalzen und in Tonnen verpackt werden. Das Salz konserviert die Fische und macht sie gleichzeitig genießbar. Der beliebteste Salzhering ist der → Matjeshering. Salzheringe werden nach dem Wässern überwiegend mariniert oder zu → Lachsheringen, → Bratheringen oder Dauerwaren (Fischkonserven) verarbeitet.

Salzkartoffeln: geschälte Kartoffeln je nach Größe im ganzen, halbiert oder geviertelt in Salzwasser gar kochen, abgießen, ausdampfen lassen.

Salzlake, → Pökellake.

Salzmandeln, süße Mandeln, die gebrüht, enthäutet, in Öl geröstet und mit grobem Salz bestreut werden. Handelsware. Zu Käse, Wein, Bier usw.

Salzstangen, stabförmiges Gebäck aus Weizen- oder Roggenmehl, vor dem Backen in Natronlauge getaucht und mit grobem Salz bestreut. Zu Käse, Wein, Bier usw.

Samariter-Art (à la samaritaine): gedünsteter Kopfsalat, Reisbecher, Dauphinekartoffeln sowie Kraftsauce zu Fleisch.

Sambals, indonesische Würzsaucen, wesentlicher Bestandteil der indonesischen Reistafel. Die tafelfertigen Saucen, wie *Sambal Badjak, Sambal Manis, Sambal Oelek* usw., ergänzen Geflügel-, Leber-, Garnelen-, Fisch-, Ei- und Gemüsegerichte auf reizvolle Art. Aber Vorsicht bei der Dosierung, Sambal ist höllisch scharf. – Sambal ist übrigens auch die Bezeichnung für alle mit dieser Sauce gewürzten Speisen, die den Höhepunkt der Reistafel bilden.

Sambuk, polnische Süßspeise: pürierte Früchte mit Gelatine binden, die Speise bis zum Erstarren schlagen, in Formen füllen, im Kühlschrank festwerden lassen, stürzen, mit Schlagsahne garnieren.

Samos, griechischer Dessertwein von der Insel Samos, süß und alkoholreich (12–14 Vol. %). Der Alkohol wird bereits vor oder zu Beginn der Gärung dem Most zugesetzt.

Samowar, russischer Heißwasserbereiter aus Kupfer oder Messing, innen verzinnt, manchmal sogar aus reinem Silber, mit Holzkohlen-, Brennspiritus- oder Elektroheizung.

Samtsauce, → weiße Grundsauce.

Samtsuppen (Schleimsuppen) werden aus heller Mehlschwitze, Kalbs- oder Geflügelfond mit einem Püree (von Fleisch, Geflügel, Fisch oder Gemüse) bereitet, gut abgeschmeckt, passiert und mit Sahne und Eigelb gebunden.

Sandaal, kleiner, langgestreckter Seefisch, der in Schwärmen die Küstengegenden der Nordsee bewohnt und sich bei Ebbe in den Sand eingräbt. Sandaale werden vorwiegend paniert und gebacken.

San-Daniele-Schinken, Prosciutto di San Daniele, Schinkenspezialität aus der norditalienischen Region Friaul mit gesetzlich kontrollierter Herkunft, was ein Brandzeichen und eine Siegelmarke bestätigen. Ausschließlich Keulen von Schweinen aus dem Valpadana werden mindestens 13 Tage gepökelt, anschließend gepreßt und in den luftigen Lagerhäusern von San Daniele in 10 bis 13 Monaten zur Reife gebracht. Hauchdünn geschnittene Scheiben von San-Daniele-Schinken harmonieren besonders mit frischen Feigen oder geeister Honigmelone.

Sanddornbeeren, die würzigen Scheinfrüchte eines Ölweidengewächses, das an Meeresküsten und in Gebirgsflüssen gedeiht. Die gelbroten Beeren enthalten reichlich Vitamin C und werden zu Saft oder Marmelade verarbeitet.

Sanddornmilch, alkoholfreies Milchmischgetränk: 1 Gläschen Sanddornbeerensaft, 2 TL Zucker, 1 EL frische Sahne, etwas Milch, schütteln, mit Milch auffüllen.

Sander, → Zander.

Sandteig (Pâte sableuse), Teig für Sandgebäck aller Art, Sandkuchen, Sandtorte usw.: je 125 g Butter und Zucker mit 1 Päckchen Vanillezucker schaumig rühren, 3 Eigelb und nach und nach 75 g Mehl hinzufügen, 4 steifgeschlagene Eiweiß und zuletzt 75 g Maisstärke darunterziehen.

Sandwich, dünne Weiß- oder Schwarzbrotscheiben, mit Butter bestrichen, nach Belieben belegt, je zwei Scheiben zusammengeklappt und meist diagonal halbiert. Als Belag eignen sich kalter Braten (z. B. Roastbeef mit Senf und geriebenem Meerrettich), Pökelzunge, Schinken, Hühnerbrust, Gänseleberсreme, Lachs, Sardellen, Thunfisch, Kaviar, Käse, → Sandwich Spread usw. – Erfinder der beliebten Sandwiches war John Montagu, der vierte Earl of Sandwich, Erster Lord der britischen Admiralität. Der Earl war ein leidenschaftlicher Kartenspieler, der oft 24 Stunden hintereinander mit Freunden pokerte und so auf die Idee mit den zusammengeklappten Broten kam. Nun brauchte er das Spiel nicht mehr zu unterbrechen, um zum Essen zu gehen. Heute werden Sandwiches auf der ganzen Welt gereicht, bei Empfängen, Partys und bei vielen anderen Gelegenheiten.

Sandwich Spread, englischer Brotaufstrich (Mayonnaise) aus gehackten Gemüsen, Gurken und Oliven, Ei, Salz, Zucker, Öl, Essig, Kräutern und Gewürzen. Handelsware. Zu Sandwiches, Toast und Pommes frites, als Füllung für Ei und Tomaten, zu Salaten, kalten Fleisch- und Fischplatten.

Sangarees, alkoholische Mischgetränke, die immer mit Zucker gesüßt und mit gestoßenem Eis geschüttelt werden; obenauf kommt eine Prise Muskatnuß. – *Rezept:* Brandy Sangaree.

Sangria (span: blutig), erfrischendes spanisches Getränk aus Rotwein und Zitrusfrüchten, oft geschmacklich verfeinert durch Pfirsichscheiben, Puderzucker, Weinbrand, Cointreau und Sekt.

Sangrita, mexikanische Ergänzung zum → Tequila, besteht aus Tomaten-

und Orangensaft, geschärft durch Salz, Pfeffer, Limetten- und Zwiebelsaft, Worcester- und Tabascosauce.

Sankt-Peter-Fisch, → Petersfisch.

Sans-Gêne: gegrillte Tomaten, gebackene Artischockenböden, gefüllte Oliven, Annakartoffeln sowie Sherrysauce mit Johannisbeergelee zu Fleisch oder Geflügel. – »Madame Sans-Gêne« (frz: sans gêne = ungezwungen), Komödie des französischen Dramatikers Victorien Sardou (1831–1908).

Sanssoucisalat (frz: sanssouci = sorgenfrei): Würfel von gebratener Fasanenbrust und Artischockenböden mit Mayonnaise, die mit etwas Johannisbeergelee verrührt wurde, binden, mit kugelförmig ausgestochener Zuckermelone garnieren.

Sapodilla, sehr süße tropische Frucht, deren Heimat Mittelamerika ist. Heute wird der Sapodillabaum außer in Mexiko auch in Südamerika, in Florida, Indien und Südostasien kultiviert. Die 5 bis 10 cm großen, pflaumenförmigen Früchte schmecken wie Birnen, die neben Lebkuchen lagerten. – Aus dem milchigen Saft der Sapodillabäume wird Latex gewonnen, der Grundstoff für Kaugummi. Schon die Azteken bereiteten aus dem Milchsaft (chicl zapotl) Kaugummi.

Sapote (Zapote, Mamey, Starapfel), Frucht eines Ebenholzgewächses der westindischen Inseln und der Philippinen. Die zitronenförmigen, bis 15 cm großen Sapotes haben eine harte, rauhe, zimtfarbene Schale, lachsrotes bis braunes, sehr süßes Fruchtfleisch und einen großen, braunen Kern. Das Fruchtfleisch ist außerordentlich wohlschmeckend und wird frisch gegessen, in Dosen konserviert oder zu Marmelade verarbeitet. Zum frischen Verzehr halbiert man die Sapote, entfernt den Kern, beträufelt die Frucht mit Zitronensaft und hebt das Fleisch mit dem Löffel aus. Die gerösteten Samenkerne werden wie Mandeln verwendet.

Saratoga Chips: rohe Kartoffeln in sehr dünne Scheibchen schneiden, 15 Minuten in kaltes Salzwasser legen, abtrocknen, in Fett schwimmend knusprig backen. Beliebte Beigabe zu Steaks. – Saratoga Chips werden meist nur *Chips* genannt.

sarde, à la: → sardische Art.

Sardelle (echte Anchovis), kleiner, besonders fetter Heringsfisch Süd- und Westeuropas, der durch Salzen konserviert und zugleich gegart wird. Durch längere Lagerung – oft mehr als 2 Jahre – gewinnt die Sardelle an Würze und Geschmack. Sardellen kommen im ganzen, entgrätet als Sardellenfilets oder Sardellenringe (mit eingerollten Kapern), oft in Öl eingelegt, oder als Sardellenpaste in den Handel. Sie werden als Zutat, als Vorspeise und zur Garnierung von Salaten verwendet.

Sardellenbutter (Beurre d'anchois), Buttermischung: 4 gewässerte Sardellenfilets ganz fein hacken, mit 125 g Butter verarbeiten und durch ein Sieb streichen. Schneller geht die Zubereitung mit Sardellenpaste (aus der Tube).

Sardellenpaste, pikant gewürztes Püree aus Sardellenfleisch. Die graue Paste kommt in Tuben in den Handel und wird als Brotaufstrich sowie zum Garnieren kalter Gerichte, besonders hartgekochter Eier, verwendet.

Sardellensauce (Sauce aux anchois): weiße Fischgrundsauce oder weiße Grundsauce mit Sardellenbutter aufschlagen, kleingeschnittene Sardellenfilets hineingeben. Zu gedünstetem Fisch, Fischklößen, Kalbsschnitzel, Kalbszunge.

Sardine, Jugendform des Pilchard, eines kleinen heringsähnlichen Fisches. Die Sardinen werden an den Küsten Marokkos, Spaniens, Portugals, Frankreichs und Italiens gefangen, geköpft, ausgenommen, gekocht und in Öl (Olivenöl oder anderes Speiseöl) eingelegt. Die von Juli bis September gefangenen Sardinen sind die besten. – → Kronsardinen sind junge Ostseeheringe.

sardische Art (à la sarde): gefüllte Tomaten, gefüllte Gurken, Reiskroketten sowie Tomatensauce zu Fleisch oder Geflügel.

Saronfrucht, → Sharonfrucht.

Sashimi, → Sushi.

Satar, arabisches Gewürz.

Satarač, jugoslawisches Hirtengulasch: Rind-, Schweine- und Hammelfleisch in grobe Würfel schneiden, in Butter kräftig anbraten, gehackte Zwiebeln, Knoblauch, Salz, Paprika und Kümmel hinzufügen, mit wenig Wasser zugedeckt weich schmoren, kleingeschnittene Paprikaschoten und Tomaten kurz mitschmoren, mit saurer Sahne vollenden.

Sateh, indonesische Fleischspießchen, wichtiger Bestandteil der indonesischen Reistafel. Hühnerfleisch, Rind- oder Schweinefleischwürfel werden auf Bambusstäbchen gespießt, mit Salz, Pfeffer, Currypulver usw. gewürzt und gegrillt. Dazu gehören verschiedene Ketchups, Erdnußsauce und Reis.

Satsumas, Mandarinenbastard mit über 100 Sorten, die sich nicht nur in der Fruchtform, sondern auch im Aroma voneinander unterscheiden. Vermutlich wurde die Frucht von japanischen Züchtern auf der Insel Nagashima aus chinesischem Orangensamen entwickelt. Satsumas kommen heute vor allem aus Spanien und aus der Türkei, hauptsächlich in der Zeit von August bis Januar, am besten schmekken sie erst ab Oktober. Satsumas zählen zu den »Easypeelern«, jenen Zitrusfrüchten, die sich leichter schälen lassen als Apfelsinen. In Zuckersirup eingelegt kommen Satsumaspalten als *Mandarin-Orangen* in den Handel.

Sattel, Sattelstück (Nierenstück), der hintere Teil des Rückens zwischen dem Rippenstück und der Keule bei Kalb, Hammel, Reh, Hirsch, Bär usw.

Sättigungsbeigaben sind Kartoffeln, Klöße (Knödel), Spätzle, Nudeln, Makkaroni, Spaghetti, Reis, Grieß, Hülsenfruchtpüree usw.

Saturei, → Bohnenkraut.

Saubohnen, → Puffbohnen.

Saucen (Soßen, Tunken, Beigüsse), würzende, meist flüssige Ergänzung zahlreicher Speisen, Bindemittel für Gemüse, Farcen, Ragouts usw. Manche Saucen dienen auch zum Überziehen oder Überkrusten von Speisen. Von den Saucen im engeren Sinne unterscheidet man die Tafel- oder → Würzsaucen (Worcestershiresauce, Sojasauce, Ketchups usw.) und die → Süßspeisensaucen. – Man kennt heute mehr als 3000 Saucen im engeren Sinne, die sich alle von fünf → Grundsaucen ableiten. Nur rund 200 dieser Saucen haben aber praktische Bedeutung. – Eine gute Sauce hat folgende Bedingungen zu erfüllen: Sie sollte wundervoll schmecken, den Geschmack des Gerichtes angenehm ergänzen, ihn weder übertönen oder gar verfälschen; sie sollte köstlich duften, nach edlen Gewürzen, feinen Kräutern, nach Wein oder (abgeflämmtem) Branntwein, nach Wild, Geflügel, Fisch usw.; sie sollte appetitlich aussehen und ist daher im allgemeinen durchzuseihen, um Mehlklümpchen, Zwiebelstückchen, Gewürzkörner, Braten- oder Speckreste usw. aufzufangen; schließlich sollte sie gehaltreich, aber möglichst fettarm sein (daher kommen die herrlichen Buttersaucen nur wohldosiert auf den Tisch). Brillat-Savarin, der große französische Feinschmecker, sagte einmal: »Eine gute Sauce in höchster Vollkommenheit zu bereiten, ist das Schwierigste, was es auf dem Gebiet der Kochkunst gibt. Selbst ein gelernter Koch braucht jahrelange Erfahrungen als Saucier und bleibt doch ein Stümper, wenn ihm nicht Gastera, die Muse der Tafelfreuden, wohlgesinnt ist.« – Schon die alten Römer waren Meister in der Bereitung guter Saucen. Der Kaiser Heliogabal (204–222 n. Chr.) legte großen Wert auf gute Saucen. Er belohnte jeden Koch, der eine neue Sauce, die seinen Beifall fand, kreierte. Aber er zwang den Erfinder einer weniger gelungenen Sauce, sie so lange zu essen, bis er eine andere erfunden hatte, die mehr dem kaiserlichen Geschmack entsprach. Die Fama behauptet, daß es ein Koch war, der den Kaiser schließlich erschlug. Die raffiniertesten Saucen entstanden in Frankreich. Vor etwa 400 Jahren bildeten die Sauciers (Saucenköche) in Paris sogar eine eigene Gilde.

Saucière (frz), Saucenschüssel.

saucieren (frz), ein Gericht unmittelbar vor dem Anrichten mit Sauce begießen.

Saucischen (frz: saucisse), winzige Brühwürstchen, die in Frankreich und in Südwestdeutschland als Einlage zu Suppen, Ragouts usw. verwendet werden. Die Saucischen bestehen aus Kalbfleisch und durchwachsenem Schweinefleisch und sind meist leicht geräuchert.

Sauerampfer, wildwachsendes Kraut, dessen junge Blätter einen hohen Gehalt an Vitamin C, Mineralstoffen und Oxalsäure aufweisen. Die Oxalsäure verleiht den pfeilförmigen Blättern einen reizvoll säuerlichen Geschmack. Sauerampfer regt den Appetit an und reinigt das Blut. Er wird gehackt oder feinstreifig geschnitten vorzugsweise zu Salaten, Saucen, Suppen, Gemüsebeilagen usw. verwendet.

Sauerampferpüree: Sauerampfer waschen, mit einer Prise Salz und einigen Tropfen Wasser gar dünsten, durch ein Sieb streichen, das Püree mit Mehlschwitze oder Sahne binden.

Sauerampfersalat: gleiche Teile Sauerampfer und Spinat waschen, in feine Streifen schneiden, etwas Schnittlauch beifügen und mit Sahne oder leicht geschlagenem Eigelb anmachen.

Sauerampfersauce (Sauce à l'oseille): feingehackte Sauerampferblätter in Butter weich dünsten; nebenbei eine weiße Mehlschwitze bereiten, mit Kalbsfond auffüllen und gut durchkochen; das Sauerampferpüree hinzufügen, mit etwas Salz und Zucker würzen und Schlagsahne darunterziehen. Zu gebratenem oder gedünstetem Fisch, zu gekochtem Schinken oder Eiern.

Sauerbraten: ein Rinderschwanzstück etwa 3 Tage mit Wurzelwerk, Zwiebel, Pfefferkörnern, Wacholderbeeren und Gewürznelken in verdünntem Essig marinieren, dann abtrocknen, ringsum kräftig anbraten, mit Mehl bestäuben, Fleischbrühe und Tomatenmark hinzufügen, zugedeckt im Ofen weich schmoren; dazu Kartoffelklöße.

Sauerdattel, → Tamarinde.

Sauerdorn, → Berberitze.

Sauerfleisch, durchwachsenes Bauchfleisch vom Schwein, mit Gewürznelken, Lorbeerblättern und verschiedenen feinen Gewürzen süßsauer eingekocht.

Sauergurken, → Salzgurken.

Sauerkirschen, → Kirschen.

Sauerkirschen, flambiert: frische, entsteinte Sauerkirschen mit Zucker erhitzen, heiß auf Vanilleeis setzen, mit Rum flambieren.

Sauerkleewurzeln (Oxalis), ein Gemüse besonderer Art. Die gelblichen bis rotbraunen, weißfleischigen Wurzeln stammen vom mexikanischen Sauerklee ab, der auch in Frankreich und England kultiviert wird. – *Vorbereitung:* die Wurzeln schaben und waschen.

Sauerkleewurzeln auf Finanzmann-Art: die Wurzeln in Weißwein und Kalbsfond zugedeckt weich dünsten, abtropfen, mit holländischer Sauce anmachen, gehackte Kräuter darüberstreuen.

Sauerkleewurzeln auf Müllerin-Art: die Wurzeln in dünne Scheiben schneiden, in Butter hellbraun braten, mit Salz und Pfeffer würzen; nach dem Anrichten mit Zitronensaft beträufeln, mit gehackter Petersilie bestreuen und mit brauner Butter begießen.

Sauerkohl, → Sauerkraut.

Sauerkraut (Sauerkohl), gehobelter (geschnittener) Weißkohl, der gesalzen durch natürliche Milchsäuregärung gesäuert wird, was ihm den angenehm säuerlichen Geschmack gibt und ihn leicht verdaulich macht. Sauerkraut zeichnet sich durch einen hohen Gehalt an Vitaminen (B_1 und C) und Mineralsalzen aus. Gewürze, Kräuter und Zucker dürfen bei der Herstellung zugesetzt werden. Weinsauerkraut enthält auf 50 kg mindestens 1 Liter Wein. – Sauerkraut sollte nicht gewaschen werden, da sich sonst sein Wert stark mindert. Es ist vielseitig verwendbar, roh oder gedünstet, zu Salaten, als Beilage oder als selbständiges Gericht. – *Garzeit:* 2–4 Stunden. – *Rezept:* Champagnerkraut.

Sauerkraut, bürgerlich: Apfel- und Zwiebelscheiben in Schweineschmalz anschwitzen, Sauerkraut zugeben und in fetter Fleischbrühe dünsten.

Sauerkraut, französisch: Sauerkraut mit Mohrrübe, Zwiebel, einigen Gewürznelken, einem Kräuterbündel, einigen Wacholderbeeren, einem Stück mageren Speck und Schweineschmalz in eine Kasserolle geben, mit Weißwein und Fleischbrühe (halb und halb) knapp bedecken und zugedeckt mindestens 4 Stunden kochen.

Sauerkraut, gedämpft: gehackte Zwiebel in Fett anschwitzen, Sauerkraut hinzugeben, mit fetter Fleischbrühe und Weißwein auffüllen, mit Salz und einer Prise Zucker würzen und gar dünsten.

Sauerkraut mit Muscheln: Sauerkraut mit Speckwürfeln in Weißwein und Fleischbrühe dünsten und mit gebackenen Muscheln garnieren.

Sauerkraut Parma: feingehackte Zwiebeln in Butter leicht anschwitzen, Sauerkraut zugeben; Tomatenmark in Wasser auflösen, etwas zukkern und über das Sauerkraut gießen, alles dünsten; mit Stärkemehl binden und mit saurer Sahne vollenden.

Sauerkraut, russisch: gehackte Zwiebeln in Butter leicht anschwitzen, Sauerkraut zugeben, mit Weißwein und Fleischbrühe auffüllen und dünsten, bis alle Flüssigkeit verdampft ist, mit saurer Sahne vollenden.
Sauerkraut mit Spätzle und Bauchläpple, schwäbische Spezialität: Sauerkraut mit Apfel, Zwiebel, roher Kartoffel und Schweineschmalz weich dünsten, mit Mehlschwitze binden; dazu Schweinebauch und Spätzle.
Sauerkraut-Ananas-Salat: kleingeschnittenes rohes Weinkraut und Ananaswürfel mit Öl und Apfelsinensaft anmachen, gehackte Pistazien darüberstreuen.
Sauerkrautsaft, Gemüsesaft aus gepreßtem rohen Sauerkraut, regt die Verdauung an.
Sauerkrautsalat: rohes Sauerkraut mit kleingeschnittenen Äpfeln, halbierten, entkernten Weintrauben und gewürfeltem Knollensellerie (aus dem Glas) vermischen, mit Zucker, etwas Salz, Rosmarin und Ingwerpulver würzen, mit Öl anmachen, zuletzt noch ein wenig Preiselbeerkompott auf den Salat geben.
Sauerkrautsuppe: Sauerkraut mit Zwiebelringen, Lorbeerblatt, einigen Pfefferkörnern und etwas Wasser in Öl weich dünsten, mit Fleischbrühe auffüllen, mit heller Mehlschwitze binden, mit Salz, Zucker, Knoblauch und Tomatenketchup abschmecken.
Sauermilch, → saure Milch.
Sauerrahm, → saure Sahne.
Sauersack, → Stachelanone.
Saumagen, pfälzische Spezialität, Schweinemagen, gefüllt mit einer Mischung aus 2/3 gut gewürztem Hackfleisch (von Schwein und Rind) und 1/3 vorgekochten Kartoffeln sowie Eiern und Brötchen, den gefüllten Magen zugebunden, in Wurzelbrühe gar gekocht, abschließend im Ofen goldbraun überbacken, in Scheiben geschnitten und mit Sauerkraut zu Tisch gebracht. Oft gibt man zur Füllung noch gewürfelten Schweinebauch, Vorderschinken und anderes. In Süddeutschland, vor allem in der Pfalz, bekommt man den Saumagen fertig gekocht und überbacken beim Fleischer.
saure Gurken, → Salzgurken.
saure Lunge, → Wiener Kalbsbeuschel.
saure Milch (Dickmilch, Sauermilch), durch natürliche oder künstliche Säuerung geronnene Vollmilch, Ausgangsprodukt für die Herstellung von Quark und zahlreichen anderen Käsearten. Saure Milch ist licht- und wärmeempfindlich. Bei Temperaturen von mehr als 10° C setzt sich verstärkt die Molke ab.
saure Nieren: Schweinsnieren in feine Scheibchen schneiden und in Butter braten, aus dem Fond nehmen, leicht salzen; im Bratfond etwas Mehl schön braun rösten, nach und nach mit Fleischbrühe auffüllen, gut durchkochen, die Sauce mit Salz, Pfeffer und Zitronensaft abschmecken, gebratene Räucherspeckwürfel und Kümmelkörner sowie die Nieren hineingeben; dazu Semmelknödel.
saure Sahne (Sauerrahm), in Milchsäuregärung übergegangene → Sahne.
saures Herz: Rinderherz in Wurzelbrühe weich kochen und in mundgerechte Happen schneiden; gehackte Zwiebeln und etwas Mehl in Fett kräftig rösten, mit Wurzelbrühe auffüllen, gut durchkochen, etwas Fleischextrakt hinzufügen, mit Pfef-

fer, Salz und Paprika würzen, mit Rotwein und Weinessig abschmekken, die Herzwürfel in die Sauce geben; dazu Kartoffelpüree.

Sauté (frz: geschmort), → Schmorfleisch.

Sauternes, berühmte französische Weißweine (Bordeauxweine) aus dem Departement Gironde. Berühmt ist u. a. der Château d'Yquem.

Sauteuse, → Schwenkpfanne.

sautieren (frz: sauter = springen, kurz in Butter braten), kleine, zarte, flachgeschnittene Fleisch-, Geflügel-, Wild- oder Fischstücke in flacher Stiel-Kasserolle (Schwenkpfanne) rasch anbraten oder auch gar braten. Gewürzt wird erst nach dem Anbraten.

Sautoir, → Schwenkpfanne.

Sauvignon, französische Rebsorte für Weißwein, die auch in Österreich, Norditalien, Griechenland, Ungarn, Kalifornien usw. verbreitet ist.

Savarin (Ringkuchen), ringförmiger, mit alkoholischer Flüssigkeit getränkter Hefekuchen: eine kleine Ringform halbvoll mit Savarinteig auslegen, gut gehen lassen, abbacken, aus der Form stürzen, mit Rumläuterzucker tränken, den Kuchenring mit Schlagsahne füllen und mit Maraschinokirschen garnieren. Varianten: Mit Kirschwasserläuterzucker tränken, mit Schlagsahne und Walderdbeeren füllen; mit Rumläuterzucker tränken, mit Zitroneneis füllen und mit Schlagsahne garnieren.

Savarinteig, weicher → Hefeteig aus etwa 150 g Mehl, 50 g Butter, 2 TL Zucker, 7 g Hefe, etwas Salz, 2 Eiern und etwa 1/10 l lauwarmer Milch.

Savary, à la: tortelettförmige Kartoffelkroketten mit einer Füllung aus gehacktem Bleichsellerie und dicker Kraftsauce zu kleinen Fleischstücken. – Anne Jean Marie René Savary, Herzog von Rovigo, 1774–1833, General Napoleons I.

Savignypastetchen: mageren gekochten Schinken, Artischockenböden und in Butter gedünstete Morcheln sehr fein hacken, leicht würzen, mit dicker Béchamelsauce binden, in Blätterteighüllen füllen und erhitzen. – Friedrich Karl von Savigny, 1779–1861, preußischer Staatsmann, Rechtsgelehrter und – was im damaligen Preußen nicht oft vorkam – Feinschmecker.

Savouries (engl: savoury = schmackhaft, scharf gewürzt), Würzbissen, kleine, pikante Speisen der angloamerikanischen Küche, die am Ende der Hauptmahlzeit anstelle der Käseplatte gereicht werden. Savouries regen zum Trinken an.

Savoyer Art (à la savoyarde): Kartoffeln auf Savoyer Art sowie tomatierter Bratensaft zu gebratenem oder geschmortem Fleisch. – Savoyen, Landschaft in den französischen Alpen, Stammland des früheren italienischen Königshauses.

Savoyer Kartoffeln, → Kartoffeln auf Savoyer Art.

Savoyer Kohl, → Wirsingkohl.

saxe, à la: → sächsische Art.

Sbrinz, schweizerischer Hartkäse mit mindestens 45% Fett i. Tr., als Reibe- und Tischkäse, aber auch zum Überbacken und in Fondue verwendet.

scalloped (engl: scallop = Muschel), Austern oder Muscheln in der Schale zubereitet und angerichtet.

Scallops, → Jakobsmuscheln.

Scamorza, aus den Abruzzen (Italien) stammender Knetkäse aus Kuhmilch, in der Form eines kleinen Kürbisses, von mildem Geschmack, meist geräuchert.

Scampi (Einzahl: Scampo), kleine, dem → Kaisergranat ähnliche Meereskrebse, die vor allem in der Adria gefangen werden. Sie sind gelblichgrün, gekocht rosafarben, etwa fingerlang und von feinem Geschmack. Scampi (Scampischwänze) kommen in Dosen konserviert oder tiefgefroren in den Handel. Sie werden meistens kalt mit Mayonnaise angerichtet.

Scampi all'americana: Scampi in Öl braten und mit einer Sauce aus in Öl geschmolzenen Tomaten, gewürzt mit Salz, Cayennepfeffer, Knoblauch, Weinbrand und Petersilie, begießen; dazu körnig gekochter Reis.

Scampi, gebacken: Scampi (aus der Dose) mit Salz und Paprika würzen, in Mehl, Ei und geriebenem Weißbrot wenden, in Fett backen; dazu gebakkene Petersilie, Zitronenviertel und Tatarensauce.

Scampi, gegrillt: Scampi in hauchdünne Räucherspeckscheiben wikkeln, mit hölzernem Zahnstocher zusammenstecken und auf dem Grill braten.

Scampisalat auf moderne Art: kleingeschnittene Scampi (aus der Dose) sowie Würfel von Gurken, Tomaten und gedünsteten Champignons mit einer Sauce aus Sahne, geriebenem Meerrettich, Tomatenketchup, Salz, Paprika und Senfpulver binden, mit längshalbierten Scampi, Spargelspitzen und Trüffelstreifchen garnieren.

Schabefleisch, rohes, durch den Fleischwolf getriebenes, fett- und sehnenfreies Rindfleisch.

Schäberl, süddeutsche Bezeichnung für → Suppenbiskuits.

Schabziger, grüner Kräuterkäse aus den Schweizer Kantonen Graubünden und Glarus, ein Sauermilchkäse, der mit Bockshornklee (Steinklee) gewürzt wurde. Der kegelförmige Schabziger duftet nach Waldmeister, ist trocken und hart und wird als Reibekäse verwendet.

Schaddock, → Pampelmusen.

Schaden, → Wels.

Schaf (Hausschaf), über alle Erdteile verbreitetes Herdentier, das wegen seines dichten Wollhaares und seines wertvollen Fleisches gehalten wird. Männliche Tiere heißen Bock oder Widder, kastrierte männliche Tiere Hammel oder Schöps, weibliche Tiere Mutterschaf oder Zibbe, junge Tiere im ersten Jahre Lamm.

Schaffleisch, Bezeichnung für das Fleisch von Schafböcken und alten Muttertieren. Es schmeckt streng, riecht stark und wird in der Küche kaum verwendet. Wenn doch, so muß es ausgiebig mariniert werden. → Hammelfleisch, → Lammfleisch.

Schafkäse muß mindestens 25% Schafmilch enthalten. Der berühmteste Schafkäse ist der → Roquefort. In den Ländern des Balkans und des östlichen Mittelmeerraums (Bulgarien, Griechenland, Türkei u. a.) läßt man die stark gesalzenen Käseblöcke mehrere Monate in einer 4- bis 10%igen Salzlake zu Lakekäse heranreifen.

Schaid, → Wels.

Schalentiere, → Schaltiere.

Schälerbsen, getrocknete gelbe → Erbsen.

Schalet, → Tscholent.

Schalotten (Eschlauch, Aschlauch, Askalonzwiebeln), kleine, eiförmige Lauchknollen, die Kreuzfahrer einst aus Palästina mitbrachten. Unter der gelben bis braunen Außenhaut sitzt das meist violette Fleisch, das wegen

1 Rotbarsch 2 Rote Rübe 3 Rotkohl 4 Safran 5 Salbei

seines sanft-aromatischen Geschmacks und seines angenehm würzigen Duftes sehr geschätzt wird. Die Schalotte ist die Königin der Lauchgewächse, die edelste aller Zwiebeln. Werden also rohe Zwiebeln für feine Salate benötigt, so greift man am besten zur Schalotte.

Schalottenbutter (Beurre d'échalote), Buttermischung: 125 g feingehackte Schalotten gut mit 125 g Butter verarbeiten, zuletzt durch ein Drahtsieb streichen.

Schalottenessig, aromatisierter Speiseessig: 5 enthäutete Schalotten vierteln, leicht einsalzen, in eine weithalsige Halbliterflasche geben und mit Rotweinessig auffüllen. Zu Salaten aller Art (Blattsalat, Nudelsalat, Kartoffelsalat usw.).

Schaltiere (Schalentiere), durch Kalkschalen geschützte Seetiere wie Muscheln und Austern. – Fälschlicherweise werden oft auch Krebse, Krabben, Hummer usw. als Schaltiere bezeichnet, obwohl sie zu den → Krustentieren (Krustern) zählen.

Scharonfrucht, → Sharonfrucht.

Schaschliks, kleine Spieße, die über dem Rost oder in heißem Fett gebraten werden. Sie stammen aus dem Orient und bestanden ursprünglich nur aus kräftig gewürzten Hammelfleischstückchen. Heute reihen sich auf den Schaschlikspießen oft kleine Scheiben von Niere, magerem Räucherspeck, Rindfleisch und Zwiebel. Sie werden dick mit Paprika und Currypulver bestäubt und mit Tomatenketchup oder einer passenden Würzsauce bedeckt.

Schaschlik, türkisch: zartes Hammelfleisch in dicke, quadratische Scheiben schneiden, einige Stunden in Olivenöl, Salz, Pfeffer, gehackter Petersilie und frischer Pfefferminze beizen, auf Spießchen reihen und grillen; die Schaschliks auf Pilawreis anrichten.

Schattenmorellen, Sauerkirschenart, → Kirschen.

Schaum, unschöne, aber oft verwendete Bezeichnung für → Mousse.

Schaumbrot (Mousse), größere → Schaumbrötchen, die meist in einer Auflauf-, Charlotte- oder Timbaleform im Wasserbad zubereitet werden.

Schaumbrötchen (Mousselines), auf der Zunge zergehende, köstlich schmeckende Leckerbissen aus feingewürzter Geflügel-, Fleisch-, Wild- oder Fischfarce und Sahne. Diese luftige Mischung heißt → Schaumfarce. Die Schaumfarce wird mit Gelee vermischt in ausgebutterte Förmchen gefüllt, stark abgekühlt und eiskalt aufgetragen. – Den Namen »Brötchen« erhielten diese Zubereitungen wegen ihres Aussehens.

Schaumbrötchen, ungarisch: mageren gekochten Schinken sehr fein pürieren, mit kalter Béchamelsauce, gerührter Butter, Tomatenmark und leichtgeschlagener Sahne vermischen, kräftig mit Paprika würzen und etwas stockendes Portweingelee unter die Masse ziehen, in Förmchen füllen, auskühlen lassen und stürzen.

Schaumcreme: 1/4 l Milch mit 80 g Zucker und 1/2 Päckchen Vanillezukker aufkochen, in etwas kalter Milch angerührtes Stärkemehl hinzufügen, einige Minuten kochen, auskühlen, Schlagsahne locker darunterziehen und in der Schüssel erstarren lassen; mit frischen Früchten garnieren.

Schaumfarce (Mousselinefarce, Farce mousseline), zum Füllen von Geflügel, für Aufläufe, Schaumbrote usw.: 250 g Kalb-, Geflügel- oder Wildfleisch mehrmals durch den Fleischwolf drehen, mit Salz und Pfeffer würzen, 1 Eiweiß hinzufügen, gut durchkühlen, etwa 1/3 l dicke Sahne darunterziehen. – Zum Füllen von Fisch die gleiche Menge rohes Hechtfleisch nehmen.

Schaumgebäck, → Baiser.

Schaumkartoffeln, → Kartoffelmousse.

Schaummasse, → Baisermasse.

Schaumomelett, → Auflaufomelett.

Schaumpudding: 3 Eigelb mit 60 g Zucker und 1 Päckchen Vanillezucker im Wasserbad dick schlagen und 50 g Butter hinzufügen, 3 festgeschlagene Eiweiß locker unter die Masse ziehen, in Auflaufform füllen, im Wasserbad im Ofen backen, mit Weinschaum bedecken.

Schaumsauce, → Chantillysauce.

Schaumwein (Sekt, Champagner), weinhaltige Getränke, die durch Gärung (Flaschen- oder Tankgärung) oder durch Zusatz von Kohlensäure aus Wein oder Most hergestellt werden. Der Kohlensäuregehalt bewirkt beim Öffnen der Flasche das Schäumen (Moussieren) und verleiht dem Getränk einen prickelnden, erfrischenden Geschmack. Die Bezeichnung → Sekt darf nur deutscher Schaumwein tragen; die Bezeichnung → Champagner ist französischen Schaumweinen aus bestimmten Gegenden der Champagne vorbehalten. – Dom Pérignon, Kellermeister der Abtei Haut-Villers in der Champagne, entdeckte im Jahre 1698 das Geheimnis der Nachgärung in der Flasche und bereitete den ersten echten Schaumwein, nachdem schäumender Wein schon seit 1540 in Frankreich bekannt war. – Fruchtschaumweine werden aus Obst oder Früchten hergestellt. → Crémant, → Prosecco, → Spumante.

Scheibenhonig, → Wabenhonig.

Scheiterhaufen, süddeutsche Spezialität: Milch mit Ei und Zucker schlagen, über Semmelscheiben gießen; eine gefettete Auflaufform schichtweise mit den Semmeln, mit grobgeraspelten Äpfeln und Sultaninen füllen, mit der restlichen Milch-Ei-Mischung bedecken, im Ofen überbacken; dazu eine Fruchtsauce.

Schellfisch, wichtiger Seefisch der nördlichen Meere. Der Schellfisch ernährt sich u. a. von Muscheln, Würmern und Heringsrogen; er wird bis 90 cm lang und bis 6–8 kg schwer. Gefangen wird der Schellfisch mit dem Grundnetz, dem Stellnetz und der Angel. Sein weißes Fleisch ist schmackhafter als das des Kabeljaus. Er wird wie Kabeljau zubereitet, meistens jedoch gekocht oder gedünstet und mit Butter und Salzkartoffeln aufgetragen. Geräuchert gilt er fast als Delikatesse (→ Smoked Haddock).

Schellfisch im Speckmantel, Rezept aus dem Angelner Land, einer Hügellandschaft zwischen Flensburger Förde und Schlei: einen etwa 1 kg schweren Schellfisch ohne Kopf, küchenfertig vorbereitet, innen delikat würzen, in dünne Räucherspeckscheiben hüllen und im Ofen bei 200°C etwa 40 Minuten garen.

Scherbet, → Sorbet.

Schestribe, elsässische Spezialität: 100 g Mehl mit etwas Salz und Milch zu einem nicht zu dünnen Teig verarbeiten, 4 Eier hinzufügen, wonach der Teig gut fließen muß; den Teig durch einen Trichter kreisförmig in heißes Fett fließen lassen und goldgelb ausbacken.

Schichtkäse, quarkähnlicher Frischkäse, der aus drei Schichten besteht, wobei die mittlere Schicht fettreicher ist als die beiden äußeren. Im Gegensatz zum lockeren Speisequark ist der Schichtkäse geschmeidig, formfest, leicht speckig.

Schiedling, → Mairenke.

Schiffchen, gefüllt (Barquettes), schiffchenförmige, etwa 7 cm lange Böden aus Blätter-, Pasteten- oder Mürbeteig, seltener aus Grieß- oder Reismasse, gefüllt mit verschiedenen leckeren Dingen, kalt als Vorspeise, warm als Beilage.

Schiffchen Beauharnais: kleingewürfelte, gebratene Hühnerbrust mit Estragonmayonnaise binden, in gebackene Teigböden füllen, mit Trüffelscheibchen garnieren.

Schiffchen Chevreuse mit Huhn: Schiffchenform mit Grießmasse auslegen, mit kleingewürfeltem, gegartem Hühnerfleisch in deutscher Sauce füllen, mit Grießmasse bedecken, nach dem Erkalten stürzen, mit Ei und geriebenem Weißbrot panieren, in Fett schwimmend abbacken.

Schiffchen Choisy: gedünstete Seezunge und Champignons kleinwürfeln, mit Sahnesauce binden, in Pastetenteigschiffchen füllen, Mornaysauce darüberziehen, kurz überbacken.

Schiffchen Diana: kleingewürfelter Wildbraten und Champignons mit Dianasauce binden, in Mürbeteigschiffchen füllen, mit Wildfarce bedecken, im Ofen überbacken.

Schiffchen Marivaux: kleingewürfelte Garnelenschwänze und Champignons mit Mayonnaise binden, in gebackene Teigböden füllen, mit Scheiben von hartgekochtem Ei und mit Kerbelblättern garnieren.

Schiffchen Mirabeau: grobgehacktes Ei mit Sardellenbutter binden, in gebackene Teigböden füllen, mit Sardellenfilets garnieren.

Schiffchen Regina: Mürbeteigschiffchen mit Champignonpüree auslegen, mit Käseauflaufmasse füllen, abbakken.

Schildkröten. Gastronomisch interessant sind vor allem die mächtigen Suppenschildkröten, die in der Nähe der tropischen und subtropischen Meeresküsten, besonders im Indischen Ozean, bei den Sundainseln und den Philippinen, bei den Galapagosinseln (Schildkröteninseln) und an den heißen Gestaden Amerikas leben und oft 1 m lang und 500 kg schwer werden. Sie erreichen das höchste Lebensalter, das bisher bei Tieren festgestellt wurde: 130 bis 150, ja sogar 180 Lebensjahre sollen keine Seltenheit sein. Die Engländer waren wohl die ersten Europäer, die den Wert der Schildkröten erkannten und den einzigartigen Geschmack der aus ihnen bereiteten Suppe (→ Schildkrötensuppe) zu schätzen wußten. Schon vor 100 Jahren hatte die Jagd auf die urweltlichen Tiere so ungeheure Ausmaße angenommen, daß die leckeren Reptilien auszusterben drohten. Die Jagdbeute nahm stark ab, und das Schildkrötenfleisch wurde, vornehmlich in Form feiner Suppen, zur begehrten und teuren Delikatesse. Um ihren Gästen auch weiterhin das beliebte Gericht vorsetzen zu können, ersannen die Köche einen Ausweg, indem sie den geschmacksverwandten Kalbskopf auf → Schildkröten-Art zubereiteten. Seit 1988 ist der Handel mit Schildkrötenfleisch international verboten.

Schildkröten-Art (en tortue): Champignons, gefüllte Oliven, Pfeffergurken, Kalbsklößchen, Kalbszungenscheiben, Kalbshirnscheiben, Eierviertel, gebackene Weißbrotschnitten sowie Schildkrötensauce zu Kalbskopf.

Schildkrötenkräuter, Kräutermischung zum Würzen von Suppen; sie besteht aus Basilikum, Majoran, Bohnenkraut, Rosmarin, Salbei, Thymian, dazu etwas Koriander, Lorbeerblatt, einige Pfefferkörner, frische Petersilie und abgeriebene Zitronenschale.

Schildkrötensauce (Sauce tortue): Madeirasauce mit etwas Tomatenpüree verkochen und mit einer Infusion von Schildkrötenkräutern würzen. Zu Kalbskopf auf Schildkröten-Art.

Schildkrötensuppe, echte (Real Turtle Soup, Potage tortue véritable), die »Königin der Suppen«. Das bernsteinfarbene Aussehen, der hocharomatische Duft und der pikante Geschmack dieser deliziösen Suppe versetzen jeden Feinschmecker in höchstes Entzücken. Und dazu wirkt sie appetitanregend und kräftigend und zeichnet sich durch einen hohen Vitamin- und Phosphorgehalt aus. – Grundlage für die Bereitung der Suppe ist das getrocknete Fleisch der Suppenschildkröte (→ Schildkröten). Edle Weine und exotische Kräuter und Gewürze vollenden den unvergleichlichen Geschmack. – Um die bedrohte Gattung der Suppenschildkröten vor dem Aussterben zu bewahren, hat der World Wildlife Fund die Feinschmecker in aller Welt aufgerufen, auf den Genuß der Schildkrötensuppe zu verzichten und sich stattdessen an der ebenso köstlichen → Mockturtlesuppe zu ergötzen. Die echte Schildkrötensuppe hat heute nur noch kulturgeschichtliche Bedeutung, denn seit 1988 darf sie in den meisten Ländern nicht mehr angeboten werden.

Schill, → Zander.

Schillerlocken, die zarten, beim Räuchern eingerollten Bauchlappen des → Dornhais, nach der Haarpracht Friedrich von Schillers benannt.

Schillerlocken, Blätterteiggebäck: Blätterteig etwa 2 mm dick ausrollen, 3 x 20 cm große Bänder schneiden, die Bänder auf eine tütenförmige Blechhülse wickeln, auf ein Backblech legen, mit Ei bestreichen, im Ofen backen, von der Hülse streifen, mit vanillierter Schlagsahne oder einer Creme füllen. – Schillerlocken aus ungezuckertem Blätterteig können auch warm mit feinen Ragouts, kalt mit feinen Salaten, Pürees usw. gefüllt werden.

Schillerwein, blaßrot schillernder Wein aus grünen und blauen Trauben. Er wird besonders in Württemberg gewonnen.

Schinken, Schweinskeule, das beste Stück vom Schwein, gepökelt, geräuchert oder gekocht. Gute Räucherschinken (roher Schinken) sind mager, saftig, zart, mild im Geschmack und gelten als Delikatesse: Berühmt ist der würzige westfälische Schinken, der schon auf den üppigen Tafeln der römischen Schlemmer seinen festen Platz hatte. Nicht weniger berühmt ist der → Bayonner Schinken aus Frankreich, der Yorker Schinken aus England, der → Parmaschinken und der → San-Daniele-Schinken aus Oberitalien, der → Prager Schinken aus der Tschechischen Republik. Die Prager Schinken sind im allgemeinen 2,5 bis 3 kg schwer, die anderen haben meistens ein Gewicht von 5 bis 10 kg. – Für kalte Platten wird der Schinken hauchdünn geschnitten, oft zu Tüten gedreht und gefüllt (→ Schinkentüten) oder raffiniert belegt und zusammengerollt (→ Schinkenröllchen). – Soll der Schinken – am besten ein Prager – zu einem warmen Gericht verarbeitet werden, so wird er vom Schlußknochen befreit und gewässert, um die Pökel- und Rauchkruste zu lösen und dem Fleisch die beim Räuchern entzogene Flüssigkeit wieder zuzuführen. Ein Prager Schinken reicht für 10–12 Personen.

Schinken in Brotteig: einen Prager Schinken (2,5 kg) etwa 50 Minuten in Wasser kochen, leicht abkühlen, Schwarte und überschüssiges Fett entfernen, den Schinken vom Bäcker in Brotteig einhüllen und im Ofen bakken lassen. Zum Schinken in Brotteig reicht man am besten Madeirasauce und Spargel.

Schinken in Burgunder: einen Prager Schinken (2,5 kg) etwa 50 Minuten in Wasser kochen, leicht abkühlen, Schwarte und überschüssiges Fett entfernen, den Schinken mit angeschwitztem Wurzelwerk in eine Kasserolle setzen, 1 Flasche weißen Burgunder hinzugießen, zugedeckt im Ofen gar schmoren, zuletzt mit Puderzucker bestäuben und aufgedeckt bei starker Oberhitze schön braun glasieren; den Fond entfetten, mit Kraftsauce verkochen, einen Schuß Madeira hinzugeben; dazu Steinpilze und Maronenpüree oder gebutterte Nudeln. – Schinken kann man auch in Portwein, Sherry, Madeira, weißem Rheinwein, Schaumwein usw. schmoren; als Beilage eignen sich Champignons, grüne Erbsen, Spinatpüree usw.

Schinkenauflauf: mageren gekochten Schinken pürieren, mit Béchamelsauce, etwas Sahne und Eigelb binden, salzen und pfeffern, steifgeschlagenes Eiweiß unter die Masse ziehen, in ausgebutterte Auflaufform füllen und im Wasserbad garziehen lassen.

Schinkenkartoffeln: gehackten gekochten Schinken und feingehackte Zwiebel in Butter anschwitzen, Scheibchen von rohen Kartoffeln zugeben, salzen, pfeffern, mit Fleischbrühe auffüllen, langsam weich kochen; vor dem Anrichten gehackte Petersilie darüberstreuen.

Schinkenkroketten: mageren gekochten Schinken feinhacken, in Butter leicht anschwitzen, mit Kartoffelkrokettenmasse vermischen, kleine Fladen formen, mit dem Messer ein Muster in die Fladen drücken, mit Eigelb bestreichen, im Ofen goldgelb überbacken.

Schinkenmedaillons Rothschild: schön rund geschnittene Scheiben gekochten Schinkens mit Gänseleberpüree bestreichen, das mit Butter vermischt und mit Portwein parfümiert wurde, mit Trüffelscheibchen verzieren und mit Portweingelee überglänzen, eiskalt anrichten.

Schinkenpüree: mageren gekochten Schinken sehr fein pürieren, mit kalter Béchamelsauce sowie etwas Sahne und Butter binden und mit einigen Tropfen Portwein parfümieren.

Schinkenrisotto: einen → Risotto nach Grundrezept bereiten und mit kleingeschnittenem gekochten Schinken vermischen.

Schinkenröllchen, ein Beispiel: dünne Räucherschinkenscheiben mit Remoulade bestreichen, je eine gekochte Spargelspitze und eine entkernte Mandarinenspalte darauflegen, zusammenrollen, mit Petersilie garnieren.

Schinkensalat: Streifen von magerem gekochten Schinken, gekochtem Knollensellerie und Äpfel mit Essig-Öl-Marinade, die mit etwas Senf und geriebenem Meerrettich verrührt wurde, anmachen; mit Pfeffergürkchen und Eiweißstreifen garnieren.

Schinkensauce, → Brogliesauce.

Schinkensteak auf Kurländer Art, → Kurländer Schinkensteak.

Schinkensteak Maryland: Scheiben von mildgepökeltem Schinken grillen, mit Honig bestreichen; dazu längshalbierte, gebratene Bananen, Maiskroketten und Meerrettichsahne.

Schinkentüten Astor: mageren gekochten Schinken zu Tüten drehen, mit Schlagsahne, die mit Paprika und Meerrettich gewürzt und mit wenig Gelee gebunden wurde, füllen.

Schinkentüten Lukullus: mageren gekochten Schinken zu Tüten drehen, mit Gänselebercreme füllen.

Schinkentüten, westfälisch: westfälischen Räucherschinken zu Tüten drehen, mit einer Mischung aus geriebenem Meerrettich und Gelee füllen.

Schirmpilz, → Parasolpilz.

Schlachttiere: Rind, Kalb, Hammel, Lamm und Schwein.

Schlackwurst, → Zervelatwurst.

Schlagsahne (Schlagrahm, Schlagobers), frische, stark abgekühlte, fest geschlagene Sahne. Schlagsahne kann nach Belieben gesüßt und aromatisiert (z. B. mit Vanillezucker) werden.

Schlegel, schweizerische und süddeutsche Bezeichnung für Keule.

Schlehen, schwarzblaue, kugelige, etwa 1 cm große Steinfrüchte des Schlehdorns. Die Früchte werden vollreif nach dem ersten Frost geerntet, schmecken herb und werden zu Branntwein (Schlehengeist), Likör, Wein und Saft verarbeitet.

Schlehenkompott: 1/2 l Wasser, 1/4 l Weinessig und 500 g Zucker aufkochen und über 1 kg Schlehen gießen, nach dem Auskühlen den Saft abgießen, erhitzen und wieder über die Schlehen gießen; das wird noch zweimal wiederholt, bis die Schlehen weich sind. Dieses zeitaufwendige Verfahren ist erforderlich, weil Schlehen nicht kochen dürfen. Schlehenkompott ist eine reizvolle Beigabe zu gebratenem Fleisch.

Schleie (Schlei, Schleihe, Schleierkarpfen), olivgrüner Süßwasserfisch aus der Familie der Karpfen. Er lebt in schlammigen Flüssen und Seen Europas. Sein Fleisch ist zart, fett und sehr schmackhaft. Schleien werden meist blau gekocht und mit holländischer Sauce oder Specksauce angerichtet.

Schleie mit Salbei: ein feuerfestes Geschirr gut einfetten und mit frischen Salbeiblättern auslegen, die vorbereitete, gesalzene und gepfefferte Schleie in das Geschirr setzen, mit Salbeiblättern bedecken, mit Sahne auffüllen und den Fisch garziehen lassen.

Schleie mit Specksauce: braune Fastengrundsauce mit etwas Essig und Zucker abschmecken, kleingeschnittene, geröstete Speckwürfel und feingehackte Petersilie hinzufügen und zu blaugekochter Schleie reichen.

Schleimsuppen, → Samtsuppen.

Schlepp, → Schwanz.

schlesisches Himmelreich, schlesische Spezialität: mageres Rauchfleisch vom Schwein mit eingeweichtem Dörrobst (Äpfel, Birnen und Pflaumen) weich kochen, mit Mehlschwitze binden, mit Salz, Zucker und Zitronensaft abschmecken; dazu schlesische Kartoffelklöße oder Hefeklöße.

Schlickkrapfen, → Ravioli.

Schlögel, österreichische Bezeichnung für Keule.

Schlosserbuben: Auflaufkrapfen backen, gut abtropfen, sofort mit heißem Pflaumenmus füllen (mit Hilfe eines Spritzbeutels), in Schokoladenraspeln wälzen und mit Puderzucker bestäuben; heiß auftragen.

Schloßherrinsalat, → Burgfrauensalat.

Schloßkartoffeln: rohe Kartoffeln in Mirabellengröße zurechtschneiden, in heißer Butter goldgelb braten, leicht salzen und mit gehackter Petersilie bestreuen.

Schlotte, → Kapstachelbeere.

Schlüterbrot, Spezialbrot aus Roggenmehl mit besonders aufgeschlossener Kleie (Schale mit Keimling). Das schokoladenfarbige Brot schmeckt angenehm aromatisch.

Schlutzkrapfen, → Ravioli.

Schmalz, zu Speisefett ausgebratenes tierisches Fett, z. B. Schweineschmalz, Gänseschmalz, auch Butterschmalz.

schmälzen, Nudeln o. dgl. mit heißem Schweineschmalz oder mit Butter übergießen.

Schmalzfleisch, pikant gewürzter Brotaufstrich aus Schmalz und fettem Schweinefleisch. Der Fettgehalt sollte 63% nicht übersteigen.

Schmalzgebäck, im Fettbad hergestelltes Gebäck, wie Berliner Pfannkuchen, Kameruner, Mutzenmandeln, Prillken, Räderkuchen, Salzburger Goldhühner, Spritzkuchen usw. Das Fettbad besteht aus halb Butterschmalz und halb Schweineschmalz; statt Butterschmalz kann man auch Rindertalg nehmen.

Schmalzrüben, → Kohlrüben.

Schmankerl, bayerische und österreichische Bezeichnung für Leckerbissen, in Österreich besonders für süße Mehlspeisen.

Schmankerln, österreichisches Gebäck: einen Teig aus Mehl, Sahne bzw. Milch, etwas Wasser, Zucker und einer Prise Salz auf der Herdplatte wie Brandteig abrühren, den Teig in mehreren Portionen ganz dünn in eine gefettete Eierkuchenpfanne geben und backen, bis die Unterseite schön gebräunt ist, die weiche Oberfläche abschaben, die hauchdünnen Schmankerln zu kleinen Tüten drehen; nach Belieben mit Schlagsahne oder englischer Creme füllen oder ungefüllt in einen Auflaufpudding stekken, was einen *Schmankerlpudding* ergibt.

Schmant (Schmand), ost- und niederdeutsche Bezeichnung für (saure) → Sahne.

Schmantkartoffeln, → Sahnekartoffeln.

Schmantkuchen: aus 500 g Mehl einen einfachen Hefeteig bereiten. Für den Belag aus 1/2 l Milch, 1 Päckchen Vanillin, 3 EL Zucker, 1 Prise Salz und 75 g Grieß einen steifen Grießbrei kochen; in 1/2 l saurer Sahne (Schmant) 4 Eigelb verrühren, die Hälfte davon unter den Grießbrei ziehen, 200 g Sultaninen und 2 ungeschlagene Eiweiß hinzufügen und den Brei auf das mit dem Hefeteig ausgelegte Blech verteilen; die andere Sahne-Eigelb-Hälfte mit 1 EL Mehl verrühren, 2 geschlagene Eiweiß darunterziehen und auf den Grießbrei decken; den Kuchen bei 200°C etwa 20 Minuten backen.

Schmarrn, österreichische Bezeichnung für den in der Pfanne zerzupften → Eierkuchen. Vgl. → Kaiserschmarrn.

Schmelzglasur, → Fondant.

Schmelzkartoffeln: möweneigroße (3–4 cm) rohe Kartoffeln schälen, in Butter braten, mit der Gabel leicht eindrücken und Butter hineinstreichen.

Schmelzkäse, unter Zusatz von Schmelzsalzen im Vakuum geschmolzener Käse, meist pikant gewürzt und mit feingehackten Zutaten (Schinken, Gurke, Paprika, Champignons usw.) vermischt. Schmelzkäse ist eine Weiterentwicklung des Fondues, er wurde erstmalig im Jahre 1911 in der schweizerischen Stadt Thun hergestellt.

Schmelzkroketten (Schmelzkrusteln, Fondants), kleine Kroketten aus besonders feinem Fisch-, Fleisch-, Geflügel- oder Wildpüree, gebunden mit dicker Sauce und Sahne, in Ei und Paniermehl wenden und in Fett schwimmend backen; dazu gebackene Petersilie. *Rezeptbeispiele:* Hühnerleber- und Champignonpüree (halb und halb) mit dicker Madeirasauce und etwas Sahne binden, zu kleinen Röllchen formen; getrüffeltes Fasanenpüree mit dicker weißer Grundsauce binden, zu kleinen Eiern formen.

Schmetten, ostdeutsche und österreichische Bezeichnung für → Sahne.

Schmorbraten (Reinbraten), → Rinderschwanzstück.

schmoren (braisieren), Garvorgang zwischen braten und kochen: Fleisch bis zur kräftigen Bräunung in heißem Fett anbraten, damit sich die Poren schließen und kein Saft mehr austreten kann, das Fleisch etwa zu einem Viertel mit Flüssigkeit (Wasser, Brühe, Fond, Wein) bedecken und gut zugedeckt langsam garen. Das Schmorgut gart also im Fett, in der Flüssigkeit und im Dampf; und das ist das Besondere am Schmoren. Das Fleisch ist öfter zu wenden. Verdampfte Flüssigkeit ist nur in kleinen Mengen zu ersetzen, damit der Garvorgang nicht unterbrochen wird. Zum Schmoren eignen sich Fleischstücke bis zu einem Gewicht von 3 bis 4 kg. Der Schmorfond wird meist nur entfettet, mit Sahne gebunden und abgeschmeckt. – Bei weißem Fleisch und Geflügel wird das Stück in Butter lediglich steifgemacht, ohne es zu bräunen, und dann ebenfalls in Flüssigkeit gar gemacht. – Auch Gemüse, wie Gurken, Rotkohl, Weißkohl, Porree usw., kann man schmoren.

Schmorfleisch (Sauté), Fleischragout. Das meist grobgewürfelte Fleisch wird kräftig angebraten, der Bratensatz mit Wein abgelöscht, das Fleisch in Sauce, Jus usw. gar geschmort. – *Rezept:* Filetspitzen Stroganow.

Schmorgurken, → Gurken.

Schnecken (Weinbergschnecken). Für den menschlichen Verzehr sind hauptsächlich die Weinbergschnecken geeignet. Diese Schnecken benötigen viel Kalk und bevorzugen daher die kalkreichen Böden der Weinberge. Im Oktober bereiten sich die vollgefutterten Weinbergschnecken auf den langen Winterschlaf vor. Sie ziehen sich in ihr Gehäuse zurück und verschließen die Öffnung mit einem festen Kalkdeckel, der sie vor Feinden und vor Austrocknung bewahrt, nicht aber vor dem Menschen, der sie jetzt einsammelt und zu deliziösen Gerichten verarbeitet. Vor allem in Frankreich, in der Schweiz, in Österreich und in Süddeutschland sind die pikant zubereiteten Weinbergschnecken sehr beliebt. – Junge Weinbergschnecken gehörten schon in der Antike zu den Delikatessen. In den Weinbergen Burgunds hatten die Römer die köstlichen Tierchen entdeckt und sogar Schnekkengärten angelegt, in denen die begehrten Leckerbissen gemästet wurden. Heute kommen die besten Schnecken aus dem französischen Burgund, aus dem schweizerischen Waadtland und aus Süddeutschland. – *Vor- und Zubereitung:* Die eingesammelten Schnecken 3 Wochen fasten lassen, den Kalkdeckel entfernen, die Schnecken in Essigwasser reinigen, etwa 10 Minuten überbrühen, aus dem Gehäuse ziehen, in kaltem Wasser abkühlen, den schwarzen Eingeweidesack, die Kloake, wegschneiden, die Schnecken mit grobem Salz entschleimen, mehrmals in viel Wasser waschen, 3–4 Stunden in einem kräftigen Fond aus Weißwein und Kalbsjus, gewürzt mit Zwiebel, Thymian, Lorbeerblatt, Pfefferkörnern, Petersilie und Knoblauch gar kochen und nach Rezept weiterverarbeiten. Man rechnet 6–12 Schnecken pro Person. – Da viele Leute die eklige und langwierige Zubereitung scheuen und frische Schnecken außerdem kaum auf den Markt kommen, gibt es Weinbergschnecken auch tafelfertig in Dosen oder sogar gefüllt und tiefgefroren.

Schnecken auf Burgunder Art: Weinbergschnecken (aus der Dose) mit etwas Weinbrand parfümieren und in die ausgekochten, gut gespülten und getrockneten Gehäuse füllen, die Gehäuse mit Schneckenbutter zustreichen, auf Schneckenteller oder in Schneckenpfännchen setzen und im Ofen erhitzen, bis die Butter zu schäumen beginnt.

Schnecken auf Küchenmeister-Art: Weinbergschnecken (aus der Dose) mit Salz, Pfeffer, Zitronensaft und Öl beizen, abtropfen, jede Schnecke in eine kleine dünne Scheibe Frühstücksspeck hüllen, auf Spießchen stecken, mit Öl beträufeln und im Ofen oder Grill knusprig rösten, mit Schneckenbutter bestreichen und sofort auftragen.

Schnecken, spanisch: Weinbergschnecken (aus der Dose) in kleine Keramiknäpfchen füllen; grüne Paprikaschote entkernen, in kleine Würfel schneiden, in Öl weich dünsten; ein Stück Butter (etwa 30 g je Person) mit geschälten, entkernten und gehackten Tomaten und mit der gedünsteten Paprikaschote verarbeiten, mit Petersilie, Salz, Thymian, Salbei und etwas Cayennepfeffer kräftig würzen, die Buttermischung in die Näpfchen verteilen, die Schnecken im Ofen erhitzen.

Schneckenbutter (Beurre pour les escargots), für Weinbergschnecken: 125 g Butter schaumig rühren, mit Salz und Pfeffer würzen, 1 EL feingehackte Petersilie, 1 feingehackte Schalotte und 1 geriebene Knoblauchzehe daruntermischen.

Schneckensalat Montorgeuil: Weinbergschnecken (aus der Dose) halbieren und mit gehackten Schalotten in Zitronen-Öl-Marinade einlegen, Würfel von Sardellenfilets, hartgekochten Eiern, grünen Oliven und Tomaten, gedünstete Champignonscheiben, gehackte Kräuter und etwas Knoblauch hinzufügen, auf Kopfsalatblättern anrichten; eiskalt auftragen.

Schnee, steifgeschlagenes Eiweiß.

Schneeball, Eisspeise: gehackte, mit Kirschwasser aromatisierte Konfitfrüchte mit Vanilleeis vermischen, Kugeln formen, gut durchfrieren, mit Schlagsahne vollständig überspritzen; dazu Weinschaum mit Kirschwasser.

Schnee-Eier (Schneeklößchen): 3 Eiweiß sehr fest schlagen, 120 g Zucker daruntermischen; 1/2 l Milch mit einem Stückchen Vanille in flacher Kasserolle aufkochen, mit dem Eßlöffel eiförmige Ballen aus dem geschlagenen Eiweiß ausstechen, in der heißen Milch garziehen lassen, nach 2–3 Minuten wenden, nach weiteren 2–3 Minuten herausheben, abtropfen lassen und in Glasschalen anrichten; aus der Vanillemilch eine → englische Creme bereiten und über die Eier ziehen. – Kaffeelöffelgroße Schnee-Eier werden auch gern in süße oder Biersuppen eingelegt.

Schnee-Eis, → Sorbet.

Schneekartoffeln, → Kartoffelfäden.

Schneeklößchen, → Schnee-Eier.

Schneetorte, → Vacherin.

Schneiderkarpfen, → Karausche.

Schnellkochtopf, luftdicht verschließbarer Kochtopf, in dem der Dampf einen hohen Druck erreicht, wodurch die Temperatur auf etwa 120° C ansteigt und die Speisen somit schneller gar werden.

Schnepfe (Waldschnepfe), das begehrteste Federwild. Der Vogel hat einen langen, spitzen Schnabel, den er in den weichen Waldboden bohrt, um Würmer, Schnecken und Insektenlarven hervorzuholen. Der »Schnabel« gab der »Schnepfe« den Namen. Die großen Augen sitzen fast am Hinterkopf, um auch während des Bohrens die Umgebung beobachten zu können. Daher wird die Schnepfe auch »der Vogel mit dem langen Gesicht« genannt. Im zeitigen Frühjahr – Oculi, da kommen sie (Jägerspruch) – kehren die rebhuhngroßen Vögel von der afrikanischen Westküste zurück, um in den großen Laub- und Mischwäldern Mittel- und Nordeuropas zu brüten. Schon während des Zuges »streicht« das Männchen in den Abendstunden über die Baumwipfel, auf der Suche nach paarungslustigen Weibchen (Schnepfenstrich). Das am Boden sitzende Weibchen antwortet mit quorrendem und puitzendem Ruf, woraufhin das Männchen bei ihm zur Balz einfällt. Diesen Liebeshunger nützt der Jäger aus, indem er die Männchen mit einer Schnepfenpfeife, die den Ruf des Weibchens täuschend nachahmt, in die Reichweite seiner Schrotflinte lockt. – Nicht minder begehrt ist die kleinere, manchmal nur lerchengroße Sumpfschnepfe (Bekassine). – *Vor- und Zubereitung:* die gerupften Schnepfen nicht ausnehmen, lediglich den Magen mit einer Spicknadel herausziehen und wegwerfen. Die Schnepfen mit dünnen Rauchspeckscheiben umwickeln und rosa bis leicht blutig braten. Nun die Eingeweide herausnehmen, hacken, gut würzen und auf gerösteten Weißbrotscheiben anrichten. Dieser → Schnepfendreck gilt als besondere Delikatesse. Oft werden die Eingeweide auch zur Sauce genommen.

Schnepfe auf Burgunder Art: Schnepfen in Butter braten, würzen, den Bratsatz mit Rotwein und etwas Weinbrand ablöschen, über die halbierten Vögel gießen; dazu braun glasierte Zwiebelchen, gebratene Champignonköpfe und geröstete Speckwürfelchen. Den → »Schnepfendreck« auf Weißbrot anrichten.

Schnepfe mit Champagner: Schnepfen in 4 oder 6 Stücke schneiden, in Butter braten, würzen, den Bratsatz mit Champagner oder einem anderen guten Schaumwein ablöschen, die gehackten Eingeweide (ohne Magen) zur Sauce geben, mit Cayennepfeffer würzen, kurz aufkochen, passieren und über die Schnepfenstücke gießen, mit Weinbrand flambieren.

Schnepfenbrüstchen Horcher: die Schnepfen blutig braten, das Fleisch und die Eingeweide von der Karkasse lösen, die Karkasse auspressen; roten Burgunder stark einkochen, Gänseleberparfait mit etwas Butter zerdrükken, in den Burgunder geben, den Saft der Karkasse hinzufügen, mit Salz und Pfeffer würzen, mit flambiertem Weinbrand aromatisieren, die Brüste in der Sauce warm machen; aus dem restlichen Fleisch und den Eingeweiden (ohne Magen) ein gut gewürztes Püree bereiten, als Beilage neben den Schnepfenbrüstchen anrichten; dazu feines Kartoffelpüree.

Schnepfendreck: Leber, Herz und Gedärm (nicht den Magen) der Schnepfe mit etwas Räucherspeck, Schalotten und Petersilie feinhacken und in Butter leicht braten, mit wenig Paniermehl binden, salzen und pfeffern, die Masse auf geröstete Weißbrotscheiben streichen, mit Parmesan bestreuen und im Ofen überbacken.

Schnittbohnen, feingeschnittene → grüne Bohnen.

Schnittbohnen mit Hammelfleisch: grüne Bohnen in dünne, schräge Scheibchen schneiden, mit Hammelfleisch und Bohnenkraut in Wasser weich kochen, mit heller Mehlschwitze binden, Scheiben gekochter Kartoffeln beifügen, mit Salz und Pfeffer abschmecken.

Schnittchen (Canapés), kleine, dünne Weiß- oder Schwarzbrotscheiben, rechteckig, quadratisch, rautenförmig, dreieckig, rund oder oval zugeschnitten, mit Butter oder Buttermischung bestrichen, mit pikanten Dingen belegt und appetitlich garniert. Weißbrotschnittchen werden oft auch geröstet (getoastet) oder in Butter gebraten. – *Rezepte:* Basler, Bresser, Frühlings-, Genfer, Lachs-, Prinzeß-, Teufelsschnittchen.

Schnittchen Joinville: kleine, dünne Weißbrotscheiben mit Garnelenbutter (Krabbenbutter) bestreichen, mit Garnelenschwänzen und gehackter Petersilie garnieren.

Schnittchen Martine: kleine, dünne Weißbrotscheiben mit Eigelbbutter bestreichen, die mit feingehackten Kräutern gewürzt wurde, hartgekochtes Eiweiß, Pfeffergürkchen und rohen Schinken, alles gehackt, darüberstreuen.

Schnittchen Martinique: kleine, dünne, rundgeschnittene Weißbrotscheiben mit Mayonnaise bestreichen, eine Tomatenscheibe daraufsetzen, mit Bananenscheibe krönen, zuletzt etwas Zitronensaft auf die Schnittchen träufeln.

Schnitterin-Art (à la moissoneuse): grüne Erbsen auf französische Art, Brustspeckwürfel sowie Scheiben gekochter Kartoffeln, alles mit Mehlbutter gebunden, zu Fleisch oder Geflügel.

Schnittlauch (Schnittling, Graslauch), Lauchgewächs, dessen lange, dünne, röhrenförmige Blätter als Küchenkraut dienen. Schnittlauch besitzt eine einzigartige Würze und enthält viel Vitamin C; er darf weder gekocht noch gedünstet, sondern nur roh verwendet werden, da sonst seine Würzkraft verlorengeht. Geschnitten oder gehackt wird er über Suppen, Saucen, Fisch- und Eierspeisen, Salate usw. gestreut.

Schnittlauchsauce (Sauce civette): weiße Mehlschwitze mit Fleischbrühe durchkochen, mit Salz und Pfeffer abschmecken, zuletzt reichlich Schnittlauch hinzufügen.

Schnittling, → Schnittlauch.

Schnittmangold, → Mangold.

Schnittsellerie, Würzpflanze, deren breitfiedrige, glänzende Blätter wie Petersilie verwendet werden. Die Sellerieblätter werden feingehackt Suppen, Saucen, Salaten, Gemüse- und Fischgerichten beigegeben. Sie lassen sich gut mit Petersilie und Schnittlauch mischen. Getrocknet bewahren sie bei entsprechender Aufbewahrung über viele Monate ihr arteigenes Aroma.

Schnitzel, dünne, gebratene Fleischscheibe, meist vom Kalb (→ Kalbsschnitzel) oder vom Schwein (→ Schweineschnitzel).

Schnitzel, Berliner, → Berliner Schnitzel.

Schnitzel, Mailänder, → Mailänder Schnitzel.

Schnitzel, Wiener, → Wiener Schnitzel.

Schnürsenkelkartoffeln, → Shoestring Potatoes.

Schöberlsuppe, österreichische Spezialität. – *Rezepte:* Hirn-, Leber-, Mark-, Milchbrotschöberlsuppe.

Schokolade (altmexik: xocolatl), Kakaoerzeugnis aus Kakaomasse und Zucker, zum Teil unter Zusatz von Kakaobutter, Milch, Sahne, Gewürzen, Früchten, Nüssen, Mandeln usw. hergestellt. Schokolade schmilzt bei Temperaturen über 35° C. Sie hat einen hohen Nährwert (530–600 kcal auf 100 g) und wirkt durch ihren Gehalt an Theobromin leicht anregend. Schokolade kommt in Tafeln, geraspelt oder pulverisiert, auch als → Blockschokolade in den Handel. Außer zum direkten Verzehr dient die Schokolade zur Herstellung von Getränken, zum Überziehen von Back- und Zuckerwaren und als Bestandteil zahlreicher Süßspeisen. – Um 1520 mischten Spanier in Mexiko die Kakaomasse der Azteken mit Zucker und hatten damit die Schokolade erfunden, die allerdings zunächst nur als Getränk verwendet wurde. Anfang des 17. Jahrhunderts kam die Schokolade über Spanien nach Mitteleuropa.

Schokolade als Getränk: 125 g Schokolade in etwas warmer Milch schmelzen lassen, mit insgesamt 1 l Milch unter ständigem Rühren aufkochen, heiß auftragen; nach Belieben süßen und mit Schlagsahne bedecken.

Schokoladenauflauf: 4 Eigelb und 100 g Zucker schaumig schlagen, mit 65 g Mehl verrühren; 100 g Schokolade in 1/4 l heißer Milch auflösen, die Schokoladenmilch unter Rühren zur Masse gießen, auf dem Herd cremig rühren, 6–7 steifgeschlagene Eiweiß unter die Creme ziehen, in eine ausgebutterte Auflaufform füllen und im Ofen abbacken; dazu Aprikosensauce, die mit Sherry parfümiert wurde.

Schokoladenbuttercreme, → Buttercreme.

Schokoladencreme, kalte Süßspeise: wie → bayerische Creme bereiten, nur 25 g weniger Zucker nehmen und in der Milch 100 g Schokolade auflösen.

Schokoladeneis: nach dem Grundrezept für → Sahneeis bereiten, in der heißen Milch aber 2–3 TL Kakaopulver auflösen.

Schokoladenfondant: 150 g Schokoladenraspel mit 150 g Zucker und 1/8 l Wasser zu einer fadenziehenden Masse kochen, auskühlen lassen, bis sich eine dünne Haut bildet, dann auf Kuchen, Torten oder anderes Gebäck streichen.

Schokoladenguß, Schokoladenkuvertüre, → Kuvertüre.

Schokoladenmakronen: 125 g geriebene Mandeln mit 2 Eiweiß, 200 g

Zucker und 50 g geschmolzener Schokolade zu einem festen Teig verarbeiten, den Teig in Scheiben schneiden, auf Pergamentpapier setzen, im Ofen backen.

Schokoladenparfait, → Eisparfait.

Schokoladenpudding: 90 g Stärkemehl und 75 g Kakaopulver in etwas kalter Milch anrühren; 100 g Zucker, 1 Päckchen Vanillezucker und 1 Prise Salz mit knapp 1 l Milch aufkochen, die Kakaolösung unter ständigem Rühren hinzufügen, 2 Eigelb hineinrühren und 2 festgeschlagene Eiweiß darunterziehen, in eine Schüssel füllen, auskühlen lassen, stürzen und mit Vanillesauce auftragen.

Schokoladenraspel, geraspelte → Schokolade, Handelsware.

Schokoladensauce, Süßspeisensauce: Schokolade mit Wasser aufkochen, Vanillezucker hinzugeben, die Sauce mit süßer Sahne und etwas Butter vollenden. – Heiß zu Vanilleeis, Birne Helene, überbackenen Bananen. Kalt zu Vanillepudding.

Schokoladenschaum: 200 g Schokolade und 40 g Zucker in reichlich 1/4 l Milch auflösen, 4 Eigelb hineinrühren, 4 steifgeschlagene Eiweiß unter die Masse ziehen, in Glasschüssel füllen und eiskalt auftragen.

Schokoladenüberzugsmasse, → Kuvertüre.

Scholet, → Tscholent.

Scholle (Goldbutt, Maischolle, Platteisen), bekanntester Plattfisch, der im Atlantik, in Nord- und Ostsee sowie im Eismeer gefangen wird. Die Scholle wird bis 1 m lang und 7 kg schwer, in den Handel kommen aber nur bis 50 cm lange Exemplare. Scholle wird wie Seezunge oder Steinbutt zubereitet, zumeist aber gebacken oder auf Müllerin-Art gebraten.

Scholle Finkenwerder Art: gefüllt mit Speckstippe (Würfel von ausgelassenem fettem Speck mit gehackten Zwiebeln) und Garnelen (Nordseekrabben), im Ofen gebraten.

Scholle auf Großmutters Art: die Scholle in Butter braten und mit kleinen, glasierten Zwiebelchen und winzigen Kartoffeln umlegen, feingehackte Petersilie darüberstreuen, mit Zitronensaft beträufeln und mit brauner Butter begießen.

schöne Helene, → belle Hélène.

Schöne-Pächterin-Salat: Streifen von gekochten Kartoffeln, Knollensellerie und roten Rüben sowie von grünen Paprikaschoten mit Senfsahne binden.

Schonkost, → Diät.

Schopfbraten, → Schweinskamm.

Schöps, österreichische Bezeichnung für → Hammel.

Schöpsengulasch, österreichische Spezialität: Hammelfleisch in Würfel von 2 bis 3 cm schneiden, anbraten, mit Mehl bestäuben und in würziger Fleischbrühe, Weißwein und Tomatenmark schmoren, zuletzt mit gedünsteten Mohrrüben, grünen Erbsen, grünen Bohnen und gekochten Kartoffelwürfeln mischen.

Schöpsernes, österreichische Bezeichnung für → Hammelfleisch.

Schorle-Morle, Erfrischungsgetränk: eine Zitronenspirale in das Bowlengefäß hängen, 1 Flasche Weißwein darübergießen, etwa zwei Stunden zugedeckt ziehen lassen, mit 2 Flaschen Mineralwasser auffüllen.

Schoß, → Roastbeef.

Schotten, süddeutsche Bezeichnung für → Quark.

schottische Art (à l'écossaise): gebutterte grüne Bohnen, Schmelzkartoffeln sowie schottische Sauce zu Fleisch.

schottische Hühnersuppe, → Cockie leekie.
schottische Sauce (Sauce écossaise): leichte Béchamelsauce mit hartgekochtem, zerdrücktem Eigelb binden, gewürfeltes Eiweiß in die Sauce geben. Zu weißgedünstetem Fleisch, Geflügel oder Gemüse.
schottischer Salat: Würfel von gekochten Kartoffeln, Kopfsalatstreifen und grobgehackte Trüffeln in Essig-Öl-Marinade einlegen, mit Currymayonnaise überziehen, mit gehacktem Ei und Sardellenfilets garnieren.
schottisches Allerlei, → Hotchpotch.
Schötzennieren, → Schwarzwurzeln.
Schrippe, ost- und mitteldeutsche Bezeichnung für → Brötchen.
schröpfen (österr), kreuzweises Einschneiden der Schwarte großer Schweinefleischstücke vor dem Braten oder Schmoren, damit das überschüssige Fett ausbraten kann. Um die Schwarte leichter einschneiden zu können, macht man sie in siedendem Wasser steif. Nach dem Einschneiden wird die Schwarte mit Salz und Gewürzen eingerieben.
Schtschi, russische Kohlsuppe: Mohrrüben, weiße Rüben, Petersilienwurzeln, Porree und Zwiebeln in kleine Scheiben schneiden und mit gehacktem rohen Sauerkraut in Fett anschwitzen, mit Fleischbrühe auffüllen, einige Stücke vorgekochtes Rindfleisch und geräucherten Bauchspeck zugeben und alles langsam weich kochen, heiß auftragen; dazu → Vatruschki.
Schüblinge, schweizerische Würstchen aus Schweinefleisch, Rindfleisch und Speckwürfeln, geräuchert und kurz gebrüht.
Schuhsohlen, → Ochsenzungen.
Schupfnudeln: Kartoffelpüree mit Eiern und Mehl zu einem festen Kartoffelteig verarbeiten, aus dem Teig kleinfingergroße Nudeln formen, die Nudeln in Paniermehl wenden und in Fett knusprig braun braten.
Schuppenfisch, → Uckelei.
Schurkensalat: Streifen von Bleichsellerie, gehackte Zwiebeln, Bananenwürfel und körnig gekochten Reis mit Sahnemarinade aus saurer Sahne anmachen, mit Tomatenachteln garnieren.
Schüsselhecht, → Hechtpastete.
Schüsselpasteten, → Pies, → Terrinen.
Schüttelbecher, → Shaker.
Schwabenkorn, → Dinkel.
schwäbische Flädle, Suppeneinlage, kleingeschnittene Eierkuchen.
schwäbisches Schnitzel: Kalbsschnitzel unpaniert in Butter braten, würzen, mit Zitronensaft beträufeln; dazu Sahnesauce und Spätzle, die mit Butter und gerösteten Semmelbröseln vermischt wurden.
Schwal, → Plötze.
Schwalbennestersuppe, die wohl kostbarste aller Suppen, enthält doch jede Tasse dieser chinesischen Delikatesse den Extrakt von ein bis zwei Vogelnestern. Baumeister der Nester sind aber nicht unsere Rauch- und Hausschwalben, sondern Salanganen, eine tropische Seglerart. Diese Salanganen bauen ihre Nester in den Höhlen der indischen und indonesischen Felsenküsten. Die Nester sind zerbrechliche, weißgestreifte Gebilde, errichtet aus dem zähen Speichel der Vögel. Sobald den jungen Salanganen die Federn keimen, beginnt die »Ernte«, denn genau zu diesem Zeitpunkt sind die Nester von besonders guter Qualität. Obwohl alljährlich weit über eine Million Nester in den Sup-

1 Sanddorn 2 Schildkröte 3 Schlehe 4 Schleie 5 Schnecke

penkesseln der Konservenfabriken verschwinden, sterben die Salanganen nicht aus, denn bei jeder Ernte sind bereits zahlreiche Jungvögel flügge. Außerdem brüten die Salanganen viermal im Jahr. Und jedesmal bauen sie ein neues Nest. – Die Zubereitung der Vogelnestersuppe ist recht mühsam. Zuerst läßt man die Nester im Wasser quellen und reinigt sie sorgfältig von allen Fremdkörpern, von Vogelkot und kleinen Federchen, die beim Bau in die Nestmasse geraten sind. Dann kocht man sie zusammen mit zartem Kalbfleisch in würziger Hühnerbrühe und vollendet die leicht gelatinöse Suppe mit edlem Wein. In Dosen konserviert kommt die chinesische Schwalbennestersuppe in den Handel. Man braucht sie nur noch zu erhitzen, in kleine Tassen zu füllen und mit einigen Tropfen Weinbrand zu krönen; dazu gibt es geröstete Weißbrotscheiben und frische Butter.

Schwanzstück, oberer Teil der Rinderkeule.

Schwärtelbraten, mit der Schwarte zubereiteter Schweinebraten.

Schwartenwurst (Schwartemagen), Kochwurst aus Schwarte, Kopffleisch und Speck, pikant gewürzt. Weithin bekannt sind der *Pfälzer* und der *Rhöner Schwartemagen.*

Schwarzbeeren, → Heidelbeeren.

schwarze Bohnen, kleine Sojabohnen, die fermentiert und gewürzt wurden, für chinesische Fleisch- und Gemüsegerichte; getrocknet oder in Dosen im Handel. – Als »schwarze Bohnen« wird auch eine tiefblaue, fast schwarze indische Bohnenart bezeichnet, die vor allem exotisch gewürzte Currys begleitet.

schwarze Datteln, → Lotospflaumen.

schwarze Johannisbeeren (Ahlbeeren, Gichtbeeren, Wanzenbeeren), schwarze, behaarte Beeren eines in feuchten Laubwäldern wildwachsenden, heute aber auch in Gärten kultivierten Johannisbeerstrauches. Die Beeren schmecken eigenartig strengwürzig, enthalten viel Vitamin C, sind ein bewährtes Mittel gegen Gicht und Rheuma und werden zu Marmelade (Konfitüre), Saft, Obstwein, Branntwein und Likör verarbeitet.

schwarze Johannisbeerkonfitüre, Zubereitung aus ganzen Beeren und Zucker, kann mit Rum aromatisiert werden.

schwarzer Heilbutt, dem → Heilbutt ähnlicher Plattfisch, der in größeren Wassertiefen des Nordatlantik lebt. Seine Oberseite ist dunkel, fast schwarz. Das Fleisch ist fett und sehr wohlschmeckend, es kommt geräuchert in den Handel.

schwarzer Pfeffer, → Pfeffer.

schwarzer Tee, → Tee.

Schwarzkümmel (Kalonji, ägyptischer Kümmel), Küchengewürz und beliebtes Naturheilmittel. Das aus Kleinasien stammende, heute vor allem in Ägypten, Indien, Pakistan, Iran und Amerika kultivierte Hahnenfußgewächs bildet kleine, schwarze, tropfenförmige Samenkapseln, die pfefferig scharf und zugleich bitter schmekken und bei uns durch das türkische Fladenbrot bekannt wurden. Schwarzkümmel wird beim Kochen und Bakken zur Intensivierung des Aromas, aber auch zur Steigerung der Bekömmlichkeit verwendet. Schwarzkümmelsamen erhält man in Naturkostgeschäften, Reformhäusern und türkischen Supermärkten.

Schwarzsauer, mecklenburgische Spezialität: Stücke von Schweineschulter mit Wurzelwerk, Zwiebel, Lorbeerblatt, Gewürznelke, Pfefferkörnern, Salz und Essig in Wasser gar kochen, die Brühe mit brauner Mehlschwitze und Schweineblut binden; dazu Kartoffelklöße. – Schwarzsauer wird auch von Gänsefleisch mit frischem Gänseblut bereitet.

Schwarzwälder Kaffee: starken Kaffee mit Kirschwasser vermischen (je Tasse 1 bis 2 Gläschen), den Kaffee abkühlen lassen, in Gläser mit gestoßenem Eis abfüllen.

Schwarzwälder Kirschtorte: 4 Eigelb mit 50 g Zucker schaumig rühren, 60 g geriebenes Marzipan und 1 TL abgeriebene Zitronenschale hinzufügen, 4 geschlagene Eiweiß, 50 g Zucker, 60 g Mehl, 40 g geschmolzene Butter und 20 g Kakaopulver darunterziehen, den Teig in eine Springform füllen, abbacken und nach dem Erkalten in drei gleichdicke Böden schneiden; 500 g Sauerkirschen mit 400 g Zucker ohne Wasserzusatz dünsten und mit Stärkemehl binden; den untersten Boden der Torte mit → Vanillecreme bestreichen, die Kirschen daraufgeben und mit → Sahnecreme bedecken; den zweiten Boden daraufsetzen, mit 1 Gläschen Kirschwasser tränken und mit Sahnecreme bestreichen; schließlich den dritten Boden aufsetzen, ebenfalls mit 1 Gläschen Kirschwasser parfümieren, die restliche Sahnecreme auf Oberfläche und Rand verteilen und mit Schokoladenraspeln bedecken, die Torte mit Kirschen und Sahnecremetupfern verzieren.

Schwarzwälder Kirschwasser, → Kirschwasser.

Schwarzwild, → Wildschwein.

Schwarzwurst, → Blutwurst.

Schwarzwurzeln (Schötzennieren, Skorzonerwurzeln, Winterspargel), feines Wurzelgemüse mit spargelähnlichem, herbwürzigem Geschmack. Die 2–3 cm dicken und 20–30 cm langen Wurzeln sind außen schwarzbraun und innen weiß; sie sind sehr eiweißreich. Beim Einkauf ist darauf zu achten, daß die Wurzeln nicht gebrochen sind. Schwarzwurzeln kommen frisch und als Konserve auf den Markt. – *Vor- und Zubereitung:* Die Wurzeln schaben und sofort in gemehltes Essigwasser werfen, damit sie ihre weiße Farbe behalten und die Hände nicht braun färben (der aus den Wurzeln tretende Saft oxydiert nämlich an der Luft sehr schnell). Die Wurzeln nach Rezept kleinschneiden, in dem Essig-Mehl-Wasser mit etwas Salz nicht zu weich kochen, abtropfen. – *Garzeit:* 20–30 Minuten.

Schwarzwurzeln in Backteig: die Wurzeln in 6–8 cm lange Stücke schneiden, in Essig-Mehl-Wasser weich kochen, abtropfen, mit Salz, Pfeffer, Zitronensaft und Öl marinieren, abwischen, durch Backteig ziehen und in Fett schwimmend backen, mit gebackener Petersilie anrichten.

Schwarzwurzeln in Butter: die Wurzeln in 2–3 cm lange Stücke schneiden, in Essig-Mehl-Wasser weich kochen, abtropfen, in heißer Butter schwenken, mit gehackter Petersilie bestreuen.

Schwarzwurzeln, geröstet: die Wurzeln in etwa 3–4 cm lange Stücke schneiden, dicke Wurzeln längshalbieren, in Essig-Mehl-Wasser weich kochen, abtrocknen, in heißer Butter hellgelb anrösten, salzen, pfeffern und mit gehackter Petersilie bestreuen.

Schwarzwurzeln Meldaire: die Wurzeln in etwa 3–4 cm lange Stücke schneiden, in Essig-Mehl-Wasser weich kochen, abtropfen, mit halbierten Champignons und gehackten Schalotten braten, kleingeschnittenes Tomatenfleisch hinzugeben und schmelzen lassen, würzen, mit gehackter Petersilie und Estragon bestreuen.

Schwarzwurzel- Paprikaschoten-Salat: Schwarzwurzeln schälen, waschen, raspeln und sofort mit Zitronensaft marinieren, Streifen von roter Paprikaschote dazugeben und mit etwas Sahne, Öl und Salz anmachen.

Schwarzwurzelsalat: geputzte Schwarzwurzeln in Stücke schneiden, in Mehlwasser weich kochen und in Kräutermarinade einlegen.

Schwedenfrüchte: frische Früchte in Würfel schneiden, mit Schwedenpunsch und Zucker aromatisieren, in hohe Gläser füllen, mit dicker, süßer Sahne auffüllen.

Schwedenplatte, Zusammenstellung mehrerer kalter Fischspezialitäten wie Räucheraal, Räucherlachs, Ölsardinen, Thunfisch, Heringsfilets, Kronsardinen, Hummer, Garnelen usw., garniert mit Tomatenvierteln, Radieschen, gefüllten Oliven, Petersilie usw.

Schwedenpunsch, alkoholisches Mischgetränk aus Arrak, Wein und Würzstoffen in unterschiedlicher Zubereitung. Auch Bezeichnung für einen Likör. – *Rezept I:* 1/2 l Arrak und 1/2 l weißen Portwein vermischen, mit Zitronensaft abschmecken und eiskalt auftragen. – *Rezept II:* 200 g Zucker in 3/4 l siedendem Wasser auflösen, 1 Flasche Weißwein und 1/2 l Arrak hinzufügen, den Punsch erhitzen und heiß servieren.

schwedische Sauce (Sauce suédoise): kleingeschnittene Äpfel in Weißwein zerkochen, das Apfelmus durch ein feines Sieb streichen und vollständig auskühlen lassen, mit Mayonnaise verrühren und mit geriebenem Meerrettich schärfen. Zu gebratenem Fleisch, auch für Salate.

schwedischer Salat: kleine Würfel von gekochtem Rindfleisch, gekochten Kartoffeln und roten Rüben, von Bücklingen, Äpfeln und Salzgurken sowie Kapern und grüne Oliven mit Essig-Öl-Marinade anmachen, mit gehackten Kräutern und Eiervierteln garnieren.

Schwein (Hausschwein), das neben dem Rind für die menschliche Ernährung wichtigste Haustier. → Schweinefleisch.

Schweinebauch, gebraten: Bauchscheiben sehr flach klopfen, salzen, in Ei und Paniermehl wenden und knusprig braun braten; mit Senf auftragen.

Schweinebraten, gebratene bzw. geschmorte größere Stücke des Schweins, z. B. aus Rücken, Keule, Kamm, Blatt (Schulter).

Schweinedickbein, Vorderbein des Schweines, auch → Eisbein genannt.

Schweinefett, → Schweineschmalz.

Schweinefleisch ist weiß bis hellrosa und gleichmäßig mit wenig Fett durchsetzt. Es ist weich und feinfaserig. Rotes, festes, mageres, grobfaseriges Fleisch stammt von alten Tieren. Schweinefleisch braucht wegen seines hohen Fettgehalts kaum abzuhängen.

Schweinerollbraten: ein vom Fleischer zum Rollen vorbereitetes → Schweinskarree mit Salz, Paprika und etwas Knoblauch würzen, auf die Innenseite Rosmarinblätter und Lorbeerpulver streuen, geschälte und entkernte Birnenachtel darauflegen, das Fleisch zusammenrollen, binden und im Ofen braten; dazu Rosenkohl und Kartoffelpüree.

Schweineschinken, → Schinken.

Schweineschmalz (Schmalz, Flomenschmalz, Liesenschmalz), das aus dem Bauchwandfett, aus dem Rükkenspeck oder aus sonstigem Fettgewebe ausgeschmolzene Schweinefett. Schweineschmalz ist weiß, mattglänzend und körnig, es schmeckt und riecht angenehm. Reines Schmalz ist lange haltbar, wenn es trocken, dunkel und kühl aufbewahrt wird.

Schweinsbrust, gefüllt: eine Schweinsbrust mit gut gewürzter Farce aus Kalbfleisch und Weißbrot (Semmel) füllen, zunähen und im Ofen braten; dazu Kartoffelklöße.

Schweinsfilet (Schweinslendchen), der lange Muskel auf der inneren Seite des Schweinslendenstücks unterhalb des Rückenknochens. Die Filets werden im ganzen oder in dicke Scheiben geschnitten zubereitet.

Schweinsfilet mit Ananas: dicke Filetscheiben würzen und in Butter braten; den Bratsatz mit Ananassaft löschen, mit Kraftsauce verkochen und über das Fleisch gießen, die Fleischscheiben mit geviertelten Ananasscheiben garnieren.

Schweinsfilet auf Gastronomen-Art: das ganze Filet mit Räucherspeck- und Sardellenstreifen spicken, anbraten, in braunem Fond gar schmoren; den Fond mit saurer Sahne verkochen; das Filet mit gebratenen Steinpilzen und grünen Oliven garnieren.

Schweinsfilet Westmorland: das Filet würzen und braten; den Bratsatz mit Rotwein löschen, mit Kraftsauce verkochen, die Sauce mit gehackten Mixed Pickles, gehackten Champignons und Kapern vollenden. – Westmorland, ehemalige Grafschaft in Nordwestengland mit der Hauptstadt Appleby.

Schweinsfüße (Spitzbeine) werden mit Wurzelzeug in leicht gesalzenem Wasser gar gekocht und nach Rezept weiterverarbeitet. Je Person rechnet man 1 Schweinsfuß.

Schweinsfüße, kastilisch (Manos de cerdo a la castellana): die Schweinsfüße der Länge nach spalten (das besorgt der Metzger) und mit Zwiebel, Lorbeerblatt, Knoblauchzehe, Möhren, Salz und Pfeffer etwa zwei Stunden weich kochen; inzwischen je eine weitere Zwiebel und Knoblauchzehe fein hacken und in Schmalz glasig dünsten, gehackte Mandeln hinzufügen, mit etwas Mehl bestäuben, nach kurzem Anschwitzen die Brühe von den Schweinsfüßen und ein Glas Wein zugießen, mit Salz, Pfeffer und Paprikapulver abschmecken und 10 Minuten brodeln lassen, dann die Füße hineingeben und noch ein paar Minuten ziehen lassen.

Schweinsfüße, paniert: die gekochten Füße der Länge nach halbieren, die Knochen herauslösen, die Füße in Ei und Paniermehl wenden, mit Butter beträufeln und auf dem Rost braten; dazu Kartoffelpüree.

Schweinshachse: eine fettarme Jungschweinhinterkeule etwa 30 Minuten in siedendem Wasser steifmachen, die Schwarte rautenförmig einritzen, salzen und unter fleißigem Begießen gut durchbraten, zur Geschmacksverfeinerung grobgeschnittenes Wurzelwerk und einen Apfel mitbraten und mit Kümmel oder Majoran würzen. Helles Bier macht die Schwarte besonders braun und knusprig; dazu Gemüse oder Salate und Salzkartoffeln.

Schweinsherz wird überwiegend zu Wurst verarbeitet.

Schweinshirn wird wie → Kalbshirn zubereitet.
Schweinsjungfernbraten, → Schweinslungenbraten.
Schweinskamm (Schopfbraten), Nackenstück des Schweines, wird meist geschmort.
Schweinskamm in Weißwein: den Nacken zusammenrollen und binden, über Nacht in kleingeschnittenem Wurzelwerk und Weißwein beizen, ringsum kräftig anbraten, in der Beize und braunem Fond schmoren; den Schmorfond entfetten, einkochen, binden, durchseihen und abschmekken; dazu Maronenpüree.
Schweinskarbonaden, → Karbonaden, flämisch.
Schweinskarree (Rippenstück, Kotelettstück, Rippenspeer), der vordere Teil des gespaltenen Schweinsrükkens, mit Rippen, aber ohne Rückenknochen. Das Karree wird frisch oder gepökelt gebraten oder geschmort. Aus dem Karree werden Koteletts, Schnitzel und Nüßchen geschnitten.
Schweinskeule, → Schweinshachse.
Schweinsknöchel (Solberfleisch), Füße, Dickbeine, Ohren, Rüssel (Schnauze) und Schwanz des Schweines, alles gepökelt, kochen und mit Sauerkraut und Erbsen- oder Kartoffelpüree auftragen. Oder in gleichmäßige Stücke hacken, mit Wurzelwerk, Pfefferkörnern und Lorbeerblatt in Wasser weich kochen, in der eingekochten, mit Essig abgeschmeckten Brühe gelieren lassen; kalt mit Bratkartoffeln anrichten.
Schweinskopf kommt meist halbiert zum Verkauf. Er wird mit Wurzelwerk, gespickter Zwiebel und einem Schuß Essig in Wasser weich gekocht, entbeint, in Stücke geschnitten und mit geriebenem Meerrettich oder Vinaigrette angerichtet oder zu Sülze verarbeitet.
Schweinskotelett (Schweinsrippchen), Scheibe aus dem → Schweinskarree.
Schweinskotelett auf Brüsseler Art: das Kotelett mit Salz und Pfeffer würzen, in Ei und Paniermehl wenden und in Schweineschmalz knusprig braten; dazu Rosenkohl, gekocht, in brauner Butter geschwenkt und mit Salz, Pfeffer und Muskatnuß gewürzt.
Schweinskotelett auf Moldauer Art: das vom Knochen gelöste Kotelett durch den Fleischwolf drehen, mit Salz und Pfeffer würzen, mit Ei vermischen, die Masse am Rippenknochen zum Kotelett formen, mit Butter begießen, mit Paniermehl bestreuen, braten, mit gebratenen Zwiebeln und geriebenem Meerrettich garnieren; dazu Senfsauce.
Schweinskotelett, normannisch: das Kotelett mit Salz und Pfeffer würzen und in Butter gut durchbraten; den Bratsatz mit Sahne verkochen, mit Zitronensaft abschmecken und über das Kotelett gießen; dazu warmes, ungesüßtes Apfelmus.
Schweinsleber ist nicht sehr fein im Geschmack und wird daher vorwiegend zu Wurst oder Pastete verarbeitet. Ansonsten wird sie wie → Kalbsleber zubereitet.
Schweinsleber, spanisch: die Leber in Würfel schneiden, mit gehackten Zwiebeln in Öl anbraten, mit Paprika, Pfefferkörnern, Gewürznelken, Zimt, Safran und Pfefferminze würzen und in wenig Fleischbrühe gar dünsten, mit Paniermehl und gehackter Petersilie bestreuen.
Schweinslendchen, → Schweinsfilet.
Schweinslendenstück (Mörbraten), der hintere Teil des gespaltenen

Schweinerückens. Das Lendenstück wird wie → Schweinskarree bzw. wie → Schweinskoteletts zubereitet.

Schweinslunge wird überwiegend zu Wurst verarbeitet.

Schweinslungenbraten (Schweinsjungfernbraten), österreichische Spezialität: ein Schweinsfilet spicken, salzen und kräftig anbraten, im Bratfond gehackte Zwiebel anschwitzen, Mehl darüberstäuben, Fleischbrühe hinzugießen, mit Knoblauch und Kümmel würzen und das Fleisch weich schmoren.

Schweinsnetz, Falte des Bauchfells, die als Wursthülle und zum Einwickeln von Hackbraten verwendet wird.

Schweinsnieren ergeben nur dann ein wohlschmeckendes Gericht, wenn sie von jungen Tieren stammen. Sie werden wie → Kalbsnieren vorbereitet. – *Rezept:* saure Nieren.

Schweinsnüßchen, kleine, runde, vom Fett befreite Scheiben aus dem Filet oder aus dem Karree des Schweines. Sie werden wie → Schweinsschnitzel zubereitet und wie → Lendenschnitten garniert.

Schweinsohren: die Ohren in Wurzelbrühe weich kochen, auf Kartoffelpüree, das mit geriebenem Meerrettich gewürzt wurde, anrichten und mit gedünsteten grünen Erbsen füllen.

Schweinsohren, Blätterteiggebäck: einen viertourigen Blätterteig ausrollen und weitere zwei Touren geben (→ Blätterteig), dabei jedesmal reichlich mit Zucker bestreuen, zu einem Rechteck ausrollen, beide Längsseiten zur Mitte hin umklappen, das Ganze einmal falten, 1 cm dicke Scheiben schneiden, die Scheiben mit Abstand flach auf ein Blech legen, im Ofen bakken, nach halber Backzeit wenden.

Schweinsrücken besteht aus dem → Schweinskarree und dem → Schweinslendenstück.

Schweinsschnitzel, dünne Scheibe aus dem Filet oder aus dem Karree des Schweines.

Schweinsschnitzel mit Calvados: Schnitzel aus dem Filet sehr dünn klopfen, mit Salz und Kümmel würzen, in Butter braten; den Bratsatz mit Calvados flambieren, mit Sahne und Fleischextrakt verkochen, über die Schnitzel gießen; dazu in Butter geschwenkte Nudeln.

Schweinsschnitzel in Portweinsahne: die Schnitzel mit Salz und Cayennepfeffer würzen, in Mehl wenden, in der Pfanne braten und warm stellen; den Bratsatz mit Fleischbrühe löschen, mit saurer Sahne verkochen, salzen, pfeffern und mit einem Schuß Portwein vollenden; die Sauce über die Schnitzel gießen; dazu feines Gemüse und körnig gekochter Reis.

Schweinssteak, Scheibe aus dem Filet (Filetsteak), aus dem Lendenstück (Sattelsteak) oder aus dem Schinken (Schinkensteak), 1–2 cm dick und etwa 150 g schwer; Schweinssteaks werden leicht geklopft und gut durchgebraten. – *Rezept:* Kurländer Schinkensteak.

Schweinssteak mit Ananas: das Steak salzen, pfeffern und in Butter braten; Ananassaft (aus der Dose) mit etwas Fleischextrakt erhitzen und über das Steak gießen; geviertelte Ananasscheiben mit Puderzucker bestäuben und neben dem Steak anrichten; dazu Pommes frites.

Schweinssteak mit Äpfeln: das Steak salzen, pfeffern, in geschlagenem Ei und Paniermehl wenden und in Butter knusprig braten; einen süßsauren Apfel schälen, in Spalten schneiden und in Butter, Weißwein und etwas Zitronensaft dünsten, mit Puderzucker bestäuben und neben dem Steak anrichten; dazu Mandelbällchen.

Schweinszunge wird überwiegend zu Wurst (Zungenwurst) oder Pastete verarbeitet, aber auch wie → Kalbszunge zubereitet.

Schweizer Käse, → Emmentaler Käse.

Schweizer Leckerbissen: 75 g geriebenen Emmentaler Käse mit 1 steifgeschlagenen Eiweiß mischen, mit einer Prise Cayennepfeffer würzen, zu kleinen Kugeln formen, panieren und schnell in Fett backen; heiß auftragen.

Schweizer Mus: 1 EL Mehl in 1 EL Butter goldgelb schwitzen, mit 1/4 l Milch ablöschen, 750 g Holunderbeeren und 100 g Zucker hinzufügen, alles dick einkochen. Beliebte Beigabe zu Nudeln; ein Schälchen Zimtzucker nicht vergessen.

Schweizer Nocken: einen Brandteig bereiten, mit dem Löffel kleine Nokken abstechen, auf eine Backplatte geben, mit geriebenem Emmentaler Käse bestreuen, mit zerlassener Butter übergießen, im Ofen bei mittlerer Hitze backen; heiß auftragen.

Schweizer Salat: Würfel von gekochtem Knollensellerie und roten Rüben mit Essig-Öl-Marinade anmachen, mit Rapunzeln garnieren.

Schwemmklöße, → Brandteigklöße.

schwenken, → sautieren. Auch gebratene Fleischstücke in Sauce oder Gemüse in Butter schwenken (einschwenken, durchschwenken).

Schwenkkartoffeln, frisch gekochte Salzkartoffeln in zerlassener Butter schwenken.

Schwenkpfanne (Schwingpfanne, Sauteuse, Sautoir), hochrandige Pfanne zum schnellen Braten kleiner Fleisch-, Geflügel-, Fischstücke usw., zum Schwenken von Gemüse in Butter, zum Aufschlagen von Saucen.

Schwertfisch, bis 5 m langer und 350 kg schwerer Makrelenfisch mit schwertartigem Oberkiefer. Der Schwertfisch ist in allen Ozeanen anzutreffen. Das zarte, vorzüglich schmeckende Fleisch junger Fische ist sehr begehrt; es wird gekocht oder gegrillt.

Schwertmuschel (Messerscheide), langgestreckte, sehr schmackhafte Meeresmuschel.

Schweser, → Kalbsbries.

schwingen, → sautieren.

Schwingpfanne, → Schwenkpfanne.

Schwitze, → Mehlschwitze.

schwitzen, → anschwitzen.

Schwitzmehl, → Mehlschwitze.

Scones, englisches und irisches Kleingebäck aus Mürbeteig (süß oder salzig), bestrichen mit Butter und Marmelade oder belegt mit Kompott oder Käse, meist warm gegessen.

Scotch Hotchpotch, → Hotchpotch.

Screwdriver (Schraubenzieher), Longdrink: 1 Glas Wodka, mit Orangensaft auffüllen.

Scribe, à la: mit Gänseleberpüree gefüllte Reistorteletts sowie Madeirasauce zu kleinen Fleisch- oder Geflügelstücken. – Augustin-Eugène Scribe, 1791–1861, französischer Dramatiker (»Das Glas Wasser«).

Sea-Kale, → Meerkohl.

Season Egg-Nogg: 1 frisches Ei, 2 BL Zucker, 1 BL Kakaopulver, 1 Glas Rum, 1 BL Honig, gut schütteln, mit Milch auffüllen.

sec (franz), → trocken.

Seeaal, geräucherter Rücken des → Dornhais.

Seeanke, → Mairenke.

Seebarbe, → Meerbarbe.

Seebarsch, → Rotbarsch.
Seefahrersauce, → Seemannssauce.
Seegurke, → Trepang.
Seehahn, → Knurrhahn.
Seehase (Lumpfisch), stachelflossiger Fisch des Nordatlantiks und der Nord- und Ostsee. Enthäutet und geräuchert gilt der Seehase als Delikatesse. Sein Rogen kommt als Kaviarersatz (deutscher Kaviar) in den Handel.
Seehecht (Meerhecht, Hechtdorsch), Seefisch der Nordsee und des Atlantiks, der wie Kabeljau auf die verschiedenste Art zubereitet werden kann, aber wegen seines feinen Geschmacks und seines festen, weißen Fleisches diesem vorgezogen wird.
Seeigel (Meereier), Stachelhäuter, die sich in Küstennähe aufhalten und hauptsächlich von Meeresalgen ernähren. In Südfrankreich, Nordspanien und Italien werden die »Kastanien des Meeres« als Leckerbissen geschätzt. Die reifen Eierstöcke (Seeigelrogen) und das Sperma (Seeigelmilch) gelten als Delikatesse, mit der bereits Griechen und Römer im Altertum ihre nachlassende Manneskraft aufzufrischen versuchten. – *Vor- und Zubereitung:* Den Mund des Seeigels mit einem spitzen Messer öffnen, die flache Seite rings um den Mund mit einer Schere aufschneiden und das Seewasser ausgießen. Nun kann man das köstliche, orangefarbene bis purpurrote, cremige Fleisch mit dem Löffel herausheben und roh verspeisen. Oder man kocht das Seeigelfleisch etwa 3 Minuten und verzehrt es wie ein Ei. Oder man verwendet es zum Verfeinern von Suppen, zum Füllen von Omeletts, als Geschmacksergänzung für Mayonnaise.
Seeigelcreme, südfranzösische Spezialität: geöffnete Seeigel mit Kräutern und Gewürzen in Salzwasser gar kochen, das Fleisch aus der Schale heben, pürieren und mit pikant gewürzter Mayonnaise verrühren. – Seeigelcreme wird als Beilage zu feinen Fischgerichten gereicht.
Seekohl, → Meerkohl.
Seelachs (Köhler, Blaufisch, Sei), Schellfischart der nordeuropäischen Meere mit sehr schmackhaftem Fleisch. Seelachs wird vorwiegend zu Filet, Fischfrikadellen und Lachsersatz verarbeitet. – Unter der Bezeichnung »Seelachs« kommt auch der → Polack in den Handel.
Seemanns-Art (à la marinière): Austern, Muscheln, Garnelen sowie Seemannssauce zu Fisch.
Seemannssauce (Sauce marinière): → Bercysauce mit Muschelfond verrühren und mit Eigelb binden. Zu gekochtem Fisch.
Seesaibling, → Saibling.
Seeschwalbe, → Knurrhahn.
Seestör, → Kalbfisch.
Seeteufel, → Lotte.
Seewolf, → Loup de mer, → Steinbeißer.
Seezunge (Sole), langgestreckter Plattfisch, edelster Seefisch, dessen schneeweißes Fleisch außergewöhnlich zart und von feinstem Geschmack ist. Die Seezunge bewohnt fast alle Küsten Westeuropas. Sie wird bis 50 cm lang und 4 kg schwer, in den Handel kommen aber meist nur Jungfische im Gewicht von 100 bis 600 g. Berühmt ist die Ostender Seezunge, auch Dover-Sole genannt. Der geschmacklichen Vollkommenheit ihres Fleisches entspricht die enorme Zahl an Rezepten, die die besten Köche der »Königin des Meeres« zugedacht haben. In den weit über 1000 Rezepten erscheint der deliziöse Fisch im gan-

zen oder filetiert (als Schnitten oder Röllchen) zubereitet.

Seezunge Argenteuil: die Seezunge in gutem Fischfond und Weißwein garziehen lassen, anrichten und mit Weißweinsauce bedecken; dazu Spargelspitzen.

Seezunge Colbert: den Fisch abziehen, beiderseits des Rückens aufschneiden und die Gräte am Kopf und am Schwanz abknicken, den Fisch salzen, in Mehl, Ei und geriebenem Weißbrot wenden, in Fett schwimmend backen, entgräten, unmittelbar vor dem Servieren mit schaumig geschlagener Kräuterbutter füllen.

Seezunge, portugiesisch: die Seezunge in gutem Fischfond und Weißwein garziehen lassen, anrichten; gehackte Tomaten, Zwiebeln und Champignons mit etwas Petersilie in Butter dünsten und die Masse um die Seezunge verteilen, den Fisch mit gebutterter Weißweinsauce bedecken.

Seezunge St. Henry: die Seezunge mit Salz und weißem Pfeffer würzen, einölen, auf dem Rost braten, mit Seeigelcreme garnieren.

Seezungenfilets, → Seezungenschnitten.

Seezungenröllchen Lady Hamilton: Seezungenfilets leicht klopfen, zu Röllchen wickeln, mit gehackten grünen Oliven in Fischsud dünsten und mit venezianischer Sauce übergießen; mit Sardellenfilets garnieren.

Seezungenröllchen Rossini: Seezungenfilets leicht klopfen, mit einer Mischung aus Fischfarce und Gänseleberpüree bestreichen, zusammenrollen, in Fischfond und Weißwein gar dünsten, anrichten, mit Weißweinsauce bedekken, gehackte Trüffeln darüberstreuen.

Seezungensalat, andalusisch: körnig gekochter Reis und Würfel von grünen Paprikaschoten und Tomaten mit Knoblauch würzen und mit Safranmayonnaise binden; Seezungenfilets salzen, pfeffern und in Öl und Zitronensaft garen; eiskalt auf dem Reissalat anrichten und mit grünen Oliven garnieren.

Seezungenschnitten auf Burgunder Art: eine Backplatte gut mit Butter ausstreichen, dünne, in Butter angeschwitzte Zwiebelscheibchen darauf verteilen, mit weißem Pfeffer bestreuen, die Seezungenfilets darauflegen, mit gedünsteten Champignons umrahmen, etwas Rotwein darübergießen und die Seezunge im Ofen gar dünsten; den Fond stark einkochen, mit Mehlbutter binden, mit Butter vollenden und über die Filets gießen.

Seezungenschnitten Duse: die Filets in Butter und Weißwein gar dünsten, mit feiner Fischfarce bestreichen, zusammenfalten und in gebutterte Randform setzen, mit Pilawreis auffüllen, stürzen, mit Mornaysauce bedecken und im Ofen überbacken; in die Mitte Garnelen in Weißweinsauce geben und mit gehackten Trüffeln bestreuen.

Seezungenschnitten Edwina: die Filets zusammen mit den Gräten und Abschnitten in Weißwein garziehen und anschließend im Fond auskühlen lassen; 2–3 geschälte, entkernte Tomaten mit 2 feingehackten Schalotten in Öl schmelzen lassen, etwas Fischfond, Salz und Pfeffer hinzugeben und stark einkochen, das ausgekühlte Tomatenpüree mit 2 TL Mayonnaise, 2 EL Olivenöl, 1/8 l Sahne, 1 Gläschen Sherry und 1 EL feingehackten Estragonblättern verrühren; diese Sauce über die angerichteten Seezungenfilets gießen und jedes Filet mit einer Hummerscheibe (aus der Dose) garnieren. Zum kalten Büfett.

Seezungenschnitten, elsässisch: die Seezungenfilets in gutem Fischfond garziehen lassen, auf Weinsauerkraut anrichten, mit Mornaysauce bedecken und kurz überbacken.

Seezungenschnitten Moina: die Filets in je drei Teile schneiden, die Schnitten durch Milch und Mehl ziehen und in Butter goldgelb braten; den Fond mit einem Gläschen Portwein löschen, stark einkochen, mit Fleischextrakt durchkochen, ein Stückchen Butter darunterziehen und die Sauce über die Schnitten gießen; dazu Morcheln und geviertelte Artischockenböden in Sahnesauce.

Seezungenschnitten, normannisch: die Filets in einer Mischung aus Fisch- und Champignonfond garen, auf vorgewärmter Platte anrichten, mit gedünsteten Muscheln und Garnelen umrahmen, auf jedes Filet eine gesteifte Auster und einen gebratenen Champignonkopf setzen; aus dem Fond mit reichlich Sahne eine weiße Sauce bereiten, die mit frischer Butter und Zitronensaft vollendet wird, die Sauce über die Filets gießen; dazu geröstete Weißbrotscheiben.

Seezungenschnitten Polaris: Apfelscheiben mit eingeweichten Rosinen in Butter dünsten; eine kleine, der Länge nach halbierte Banane ebenfalls in Butter dünsten; Seezungenfilets in daumenbreite Streifen schneiden, salzen, durch Milch und Mehl ziehen und in Butter goldgelb braten; die Apfelscheiben auf einer Platte anrichten, die Filetstreifen darauflegen, ringsum die Bananen anrichten, die mit einer Sauce aus brauner Fischgrundsauce, frischer Sahne und reichlich Currypulver bedeckt werden.

Seezungenschnitten Sylvette: die Filets in Madeira gar dünsten, anrichten, mit gebratenen Champignons und Artischockenböden garnieren, den Fond mit Sahne und Butter aufschlagen und über die Filets gießen.

Seezungenschnitten Tour d'Eiffel, eine Spezialität des berühmten Eiffelturm-Restaurants in Paris: die Filets zusammen mit feingehackten Schalotten in Weißwein garziehen lassen, auf einer hitzebeständigen Platte anrichten, mit Champignonpüree bedekken, eine dicke Sauce aus dem eingekochten Fond, holländischer Sauce, Mornaysauce und leicht geschlagener Sahne darüberziehen, im Ofen überkrusten.

Sei, → Seelachs.

Sekt (ital: secco = trocken), seit 1830 Bezeichnung für Schaumwein, denn in diesem Jahr betrat der große Schauspieler Ludwig Devrient eines Nachts wie üblich die Weinstube von Lutter & Wegener am Berliner Gendarmenmarkt und rief, sich noch ganz in der Rolle des eben gespielten Falstaff fühlend: »Bring mir Sekt, Bube!« Und der Ober verstand sofort und brachte den gewohnten Schaumwein. Wenn Shakespeare (1564–1616) seinen Falstaff nach einer »cup of sack« rufen läßt, meinte er damit allerdings einen Secco, einen trockenen (herben) Sherry, denn zu Shakespeares Zeit war der Schaumwein noch nicht in England bekannt.

Selchfleisch, süddeutsche und österreichische Bezeichnung für gepökeltes und geräuchertes Schweinefleisch.

Selchrippen: ein gepökeltes und geräuchertes Schweinskarreestück in Wasser weich kochen; dazu Sauerkraut und Knödel.

Selchspeck, österreichische Bezeichnung für → Räucherspeck.

Sellerie, Gemüse- und Gewürzpflanze mit arteigenem Geruch und Geschmack, gilt seit alters als Glücksbringer und Aphrodisiakum. Sein Genuß verheißt ewige Jugend. Sellerie enthält wertvolle Mineralsalze und Vitamine. Seine Würzkraft rührt von ätherischen Ölen her. Für die Küche wurden drei Sorten gezüchtet: → Knollensellerie, → Bleich- oder Stangensellerie und → Schnittsellerie.

Selleriebowle: 1 kleine, rohe Sellerieknolle schälen, in feine Scheiben schneiden, dick mit Zucker bestreuen, 2 Glas Weinbrand darübergießen und mindestens 2 Stunden ziehen lassen; durch ein Sieb geben, 2 Flaschen Rotwein hinzugießen, kurz vor dem Anrichten mit 1 Flasche Sekt auffüllen.

Selleriecremesuppe: etwas Reismehl in Butter anlaufen lassen, mit kräftiger Fleischbrühe auffüllen, kleingeschnittenen Knollensellerie in Butter andünsten, in der Suppe langsam durchkochen, etwas heiße Milch hinzufügen, salzen, mit Eigelb und Sahne binden; geröstete Weißbrotwürfel als Einlage.

Sellerieessig, mit gestoßenem Selleriesamen gewürzter Weinessig (30 g Selleriesamen auf 1 l Weinessig).

Sellerieherzen, das sehr weiße Innere des Bleichselleries mit siedendem Wasser überbrühen, in Butter dünsten, herausnehmen und warm stellen; den Fond mit Portwein ablöschen, stark einkochen, mit Sahne und Fleischextrakt verkochen, feingemahlene Haselnüsse hinzufügen, die Sauce mit Sahne und Eigelb binden, würzen und mit Butter vollenden. Sellerieherzen werden auch in Dosen oder Gläsern angeboten.

Sellerieknolle, → Knollensellerie.

Selleriekohl, → Chinakohl.

Selleriesaft wird aus Sellerieknollen gepreßt und wirkt nerven- und magenstärkend.

Selleriesalat (aus Bleichsellerie): 1) Bleichselleriestreifen leicht salzen und mit Zitronensaft marinieren, mit leichter Mayonnaise binden. – 2) Bleichselleriestreifen mit Roquefort-Dressing anmachen.

Selleriesalat (aus Knollensellerie): 1) Streifen von gekochtem Knollensellerie mit dicker Sahne, Zitronensaft, Senf und Salz anmachen. – 2) dünne Scheiben von gekochtem Knollensellerie in Essig-Öl-Marinade einlegen, mit gehacktem Schnittlauch und Kopfsalatblättern garnieren. – 3) sehr feine Streifen von rohem Knollensellerie mit Salz und Zitronensaft marinieren, mit leichter Mayonnaise binden. – 4) sehr kleine Würfel von rohem Knollensellerie und Äpfeln sowie etwas feingehackte Zwiebel mit Mayonnaise binden.

Selleriesalz, mit pulverisiertem Knollensellerie gewürztes Kochsalz.

Selleriesauce (Celery Sauce): gewürfelten Bleichsellerie in Butter anschwitzen, grobgehackte Zwiebel und ein Kräutersträußchen hinzufügen, etwas Fleischbrühe darübergießen, das Gemüse weich dünsten, passieren, mit Béchamelsauce verkochen, ein Stückchen frische Butter in die Sauce geben. Zu gekochtem Hammel- oder Rindfleisch.

Sellrainer Rüben, → weiße Rüben.

Selterswasser (Selters), alkalisch-salzsäurehaltiges Mineralwasser aus Niederselters in Nordhessen. Aber auch andere Tafelwässer ohne Eigengeschmack werden als Selterswasser bezeichnet.

Semifreddo (ital), → Halbgefrorenes.

Semmel, → Brötchen.
Semmelbrösel, → Paniermehl.
Semmelknödel, bayerisch: altbakkene Semmeln (besser Knödelbrot) in dünne Scheiben schneiden, die eine Hälfte in heißer Milch einweichen, die andere Hälfte in Butter rösten, beides vermischen, gehackte, in Butter geschwitzte Zwiebel zugeben, mit Eiern, Mehl und etwas Salz zu einem lockeren Teig verarbeiten, mit Salz und Pfeffer würzen, aus dem Teig Klöße formen, die Klöße in siedendem Salzwasser garziehen lassen. Zu Rinds-, Kalbs- und Schweinebraten, Gulasch, Pilzen usw. – Übriggebliebene Semmelknödel werden gern in Scheiben geschnitten und in heißem Fett knusprig gebraten.
Semmelknödel österreichisch, → Wiener Brotknödel.
Semmelkren, österreichische Spezialität: entrindete, kleingeschnittene Milchbrötchen mit Salz und Zucker würzen und in Fleischbrühe gut durchkochen, durch ein Sieb streichen und mit geriebenem Meerrettich vermischen. Zu gekochtem Rindfleisch.
Semmelmehl, → Paniermehl.
Senf (Mostrich, Speisesenf, Tafelsenf), gelbbraune Würzpaste aus gemahlenen schwarzen und weißen → Senfkörnern, Essig, Weinmost, Pfeffer, Gewürznelken, Zimt, Zucker, Meerrettich und Salz. Deutscher Senf schmeckt mildwürzig und süß; französischer Senf ist scharf, aber reizvoll im Geschmack; englischer Senf enthält Cayennepfeffer und ist daher besonders scharf. Berühmt ist der *Dijon-Senf,* der traditionell nur aus handgeernteten schwarzen Senfsamen, aus Sauermost (Saft unreifer Weinbeeren), Salz, Gewürzen und Wein oder Essig bestehen darf. – Senf wird zu Wurst und kaltem Fleisch gereicht, er würzt Saucen, Salate, Fisch- und Gemüsegerichte. Senf wird neuerdings gern geschmacklich abgewandelt, mit geriebenen Äpfeln zum Beispiel, mit gehackten Aprikosen, mit Kräutern wie Estragon oder Kerbel, mit Paprika, Knoblauch oder Meerrettich, mit Mayonnaise, Tomatenketchup oder gar mit Honig. – Mit Senf würzten schon im 4. Jahrhundert v. Chr. die Griechen, Senf von der Insel Zypern galt damals als feinste Sorte. Das spätgriechisch-lateinische Wort »sinapi(s)« weist auf seine antike Herkunft hin. Im 8. Jahrhundert kam der Senf nach Mitteleuropa. Im 14. Jahrhundert war er so beliebt, daß Clemens VI., französischer Gegenpapst in Avignon, seinen Neffen zum »Grand Moutardier du Pape«, zum päpstlichen Ober-Senfmeister, ernannte.
Senfbutter (Beurre au moutarde), Buttermischung: 1 hartgekochtes Eigelb mit der Gabel zerdrücken, mit 1 EL Senf und 125 g Butter verarbeiten.
Senfcreme: Mayonnaise mit Senf und etwas Sahne verrühren, mit Zitronensaft und etwas Zucker abschmekken. Zu gekochtem Fisch und Suppenfleisch.
Senffrüchte, mit Senf, Zucker und Gewürzen in Weinessig eingelegte Früchte. Beliebte Beigabe zu Fleischpasteten, Galantinen, kaltem Braten usw.
Senfgemüse, → Piccalilli.
Senfgurken, vollreife, geschälte, von den Kernen befreite und in längliche Stücke geschnittene Gurken, die in einer Flüssigkeit aus Essig, weißen Senfkörnern, Zucker, Salz und sonstigen Gewürzen und Kräutern einge-

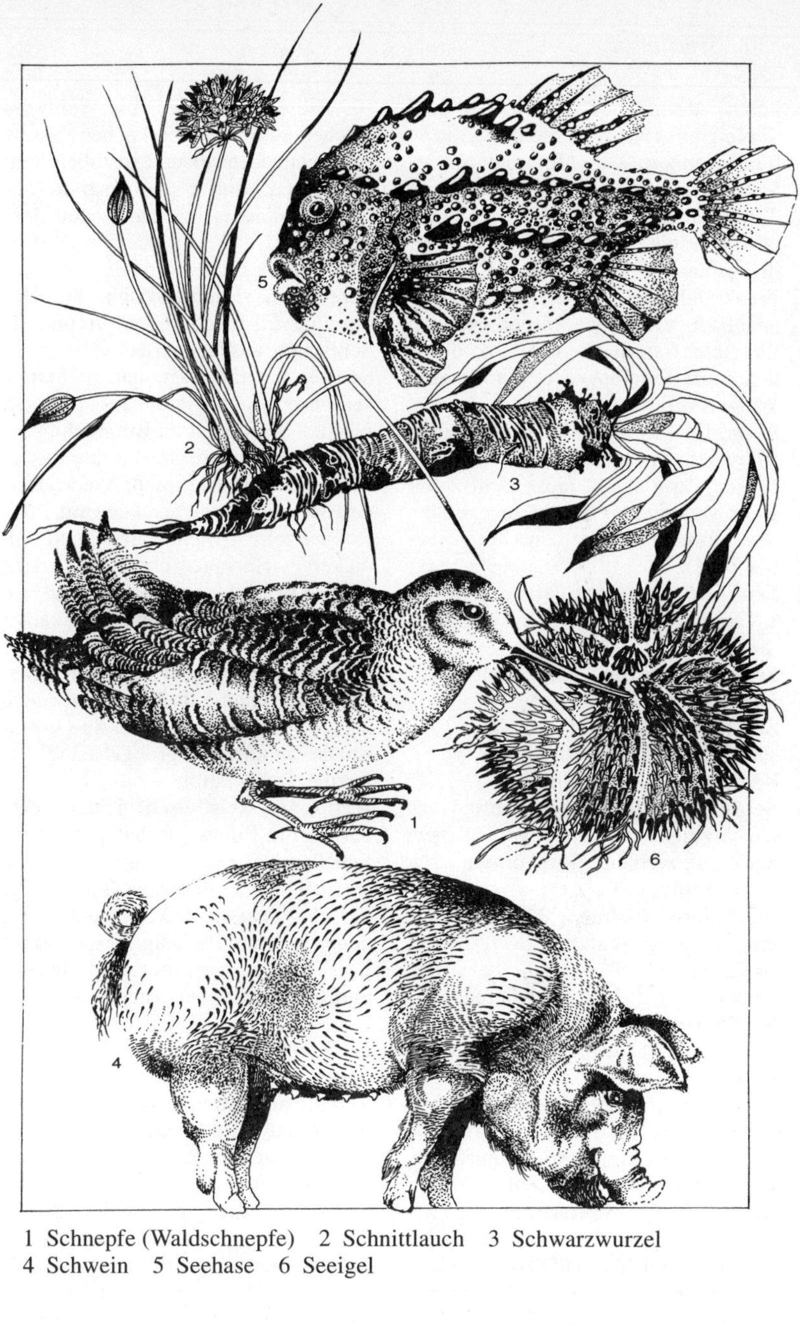

1 Schnepfe (Waldschnepfe) 2 Schnittlauch 3 Schwarzwurzel
4 Schwein 5 Seehase 6 Seeigel

kocht wurden und in Gläsern oder Töpfen aufbewahrt werden.

Senfkirschen, → Senffrüchte.

Senfkörner, weiß- bis gelbliche, etwa 2 mm dicke Samenkörner der Senfpflanze, die besonders in Norddeutschland, Dänemark, England, Frankreich und in den Niederlanden angebaut wird. Senfkörner erhalten ihre scharf-aromatische Würze durch den Stoff Sinalbin. Sie werden zum Würzen von Saucen, Salaten, Gurken, Fisch, Fleisch und Wurst (Jagdwurst, Bierwurst) verwendet. – Schwarze bis braune, etwa 1 mm dicke Senfkörner einer verwandten Senfpflanze bilden die Grundlage für den Speisesenf (→ Senf).

Senfmarinade, für Salate: 3 Teile Öl, 1 Teil Weinessig, Senf, Salz und Pfeffer.

Senfmayonnaise: Mayonnaise mit Senf würzen.

Senfmehl, feingemahlene weiße bzw. schwarze Senfkörner.

Senfpickles, → Piccalilli.

Senfpulver (englisches Senfpulver), Gewürzmischung aus gemahlenen, entölten weißen Senfkörnern mit Cayennepfeffer.

Senfsahne (Senfrahm, Moutarde à la crème): 50 g Senf mit Salz, Pfeffer und Zitronensaft würzen, nach und nach 1/4 l Sahne darunterrühren.

Senfsamen, → Senfkörner.

Senfsauce (Sauce moutarde, Mostrichsauce): gehackte Zwiebeln in Butter anschwitzen, Mehl darüberstäuben und hellbraun rösten, mit Fisch- oder Fleischbrühe auffüllen, gut durchkochen, mit Salz, Pfeffer, Zucker, Essig und reichlich Senf abschmecken. – Oder: feingehackte Zwiebeln mit je einer Prise Salz und Pfeffer in Öl gar dünsten, ohne daß sie Farbe annehmen, mit Weißwein löschen und stark einkochen lassen, etwas Zitronensaft und reichlich Senf dazugeben, Butter darunterrühren. – Oder: holländische Sauce mit Senf verrühren. – Zu gekochtem Fisch, Rindfleisch, Eiern.

Senfsauce, skandinavisch: mit Honig und viel frischem Dill verfeinerte Senfsauce, zu Räucherlachs.

Senser Art (à la sénonaise): Matrosensauce mit Sardellenbutter zu Fisch. – Sens, Stadt in Burgund.

Sepia, → Tintenfisch.

serbischer Pfefferspieß: kleine Rinderfilets auf Spieß stecken, mit Pfeffer würzen, grillen, salzen und mit dicker Pfeffersauce überziehen; dazu weiße Bohnen, mit Essig und Öl marinierte Paprikaschoten, pikanter Krautsalat und Pommes frites.

serbischer Salat: Streifen von Tomaten und grünen Paprikaschoten sowie Zwiebelscheibchen mit Essig-Öl-Marinade anmachen, grobgehackte Petersilie darüberstreuen.

serbisches Reisfleisch: feingehackte Zwiebel in Butter anschwitzen, reichlich Paprika, etwas Fleischbrühe und gewürfeltes Kalbfleisch hinzufügen, das Fleisch etwa 30 Minuten dünsten, dann in Butter glasig geschwitzten Reis hineingeben, mit Fleischbrühe auffüllen und alles zugedeckt langsam weich dünsten, zuletzt geriebenen Parmesan darunterrühren.

Sereh (indon), → Zitronengras.

Serranoschinken, spanische Schinkenspezialität, luftgetrockneter Schinken von weißen Schweinen, die sich vorzugsweise von den Eicheln der Korkeiche ernähren, aus den Bergen Andalusiens, von der Sierra Nevada, auch aus den Bergregionen von Aragonien, Katalonien und Kastilien. Die mit Meersalz eingeriebenen Schinken reifen 9 bis 20 Monate, oft noch länger, in riesigen Trockenspeichern. Sie wiegen etwa 6,5 kg und sind mit einem »S« (für Serrano) gekennzeichnet.

Servela, schweizerische Bezeichnung für → Zervelatwurst.

Serviette, Mundtuch. Servietten werden auch zum Anrichten gebackener Speisen verwendet.

Serviettenknödel, ein Rezeptbeispiel: 7 altbackene Semmeln in kleine Würfel schneiden, salzen, 1/4 l heiße Milch darübergießen, die Semmelmasse mit 3–4 Eiern, gehackter Zwiebel und Petersilie sowie mit etwa 50 g Mehl zu einem lockeren Teig verarbeiten, den Teigbatzen in eine Serviette binden, am Kochlöffel in schwach siedendem Salzwasser garziehen lassen; den Serviettenknödel vorsichtig in Scheiben schneiden und zu geschmortem Fleisch oder gedünstetem Obst auftragen.

Sesamkekse (Benne Wafers), nordamerikanische Spezialität: 125 g weiche Butter mit 250 g braunem Zucker cremig schlagen, ein Ei hinzuschlagen, alles mit 125 g Mehl, etwas Backpulver, Salz, Vanillin und 250 g gerösteten Sesamkörnern verarbeiten, den Sesamteig in kleinen Häufchen auf einem gefetteten Backblech verteilen und etwa 10 Minuten bei 180°C im Ofen backen.

Sesamkörner (Sesam), die Samen des asiatischen Sesamkrautes, das heute vor allem in Indien, China und Afrika angebaut wird. Sesam wird gemahlen und zur Herstellung von Brot und Süßwaren (Halwa) verwendet. Ungemahlene, geröstete Sesamkörner sind eine beliebte würzende Zutat der chinesischen und indischen Küche. → Sushi.

Sesamöl: eines der feinsten, aromatischsten, aber auch teuersten Pflanzenöle. Das hellgelbe, geruchlose Sesamöl wird tropfenweise zur Geschmacksveredelung vieler – meist asiatischer – Speisen verwendet.

Sesamsalz, → Gomasio.

Setzeier (Spiegeleier): Eier nebeneinander in leicht gebutterte, heiße Pfanne schlagen, ohne das Eigelb zu verletzen, erhitzen, bis das Eiweiß geronnen ist, das Eiweiß mit Salz und Pfeffer bestreuen, zerlassene Butter über das Eigelb gießen. – *Garzeit:* 2–3 Minuten.

Setzeier in Ahornsirup, kanadische Spezialität: in einer ausgebutterten Bratpfanne 8 EL Ahornsirup erhitzen, 4 frische Eier vorsichtig hinzufügen, mit Salz und Pfeffer würzen, die Setzeier im Saft garen.

Setzeier Bercy: die Setzeier mit gebratenen Chipolatas garnieren und mit Tomatensauce umrahmen.

Setzeier Meyerbeer: die Setzeier mit halbierten, gebratenen Lammnieren garnieren und mit Trüffelsauce umrahmen. – Giacomo Meyerbeer, 1791–1864, Opernkomponist.

Setzeier mit Schinken: Schinkenscheiben leicht anbraten, je 2 Eier daraufschlagen und nach dem Grundrezept backen.

Sévigné, à la: gebratene Champignons, gefüllter Kopfsalat, Schloßkartoffeln sowie Madeirasauce zu kleinen Fleischstücken oder Geflügel. – Marie Marquise de Sévigné, 1626–1696, berühmt durch ihre mehr als 1500 Briefe, in denen sie u. a. das Leben am Hofe Ludwigs XIV. beschreibt.

Sevillaner Art (à la sévillane): mit geschmolzenen Tomaten und gewürfelter roter Paprikaschote gefüllte

Torteletts, gebratene Kartoffelwürfel sowie Valoissauce zu kleinen Fleischstücken oder Geflügel. – Sevilla, Stadt in Andalusien.

Sevilla-Orangen, → Pomeranzen.

Sevilla-Palace-Salat: Streifen von roter Paprikaschote, Kopfsalatherzen und Apfelsinenspalten leicht salzen und mit Zitronensaft marinieren; Mayonnaise mit Apfelsinensaft und Chilisauce verrühren und über den Salat ziehen, gehackte gefüllte Oliven darüberstreuen.

Sevilla-Salat: Apfelsinen- und Grapefruitspalten sowie Weintrauben auf Kopfsalatblättern anrichten, mit Essig-Öl-Marinade übergießen.

Sewruga-Malossol, → Kaviar.

Shake, geschütteltes Mischgetränk.

Shaker (Schüttelbecher), Gerät zur Bereitung von Cocktails. Der Shaker besteht aus dem Mixbecher (Unterteil) und dem Kopf (Oberteil), dazwischen befindet sich meistens ein Strainer (Sieb) zum Abseihen der Getränke.

Shanghai, Cocktail: 2/3 Rum, 1/3 Zitronensaft, 2 Spritzer Anisette, 1 BL Grenadine, schütteln.

Sharonfrucht (Saron-, Scharonfrucht), israelische Züchtungsvariante der → Kakifrucht, benannt nach der fruchtbaren Küstenebene zwischen Tel Aviv und dem Karmelgebirge. Die orangefarbene Frucht in der Form einer Tomate enthält weniger Gerbstoff (Tannin) als die Kaki und schmeckt bei voller Reife besonders süß und aromatisch, wobei das Aroma an Quitten, Birnen und Aprikosen erinnert. Sharonfrüchte werden wie Äpfel gegessen, in Obstsalaten und Quark- bzw. Joghurtspeisen sowie als reizvolle Beilage zu Fleisch- und Geflügelgerichten verwendet. Die Schale der Früchte ist dünn, das kernlose Fruchtfleisch enthält reichlich Vitamin C, Carotin (Vorstufe zum Vitamin A) und Kalzium. Sharonfrüchte sind im Winterhalbjahr ab November bei uns erhältlich.

Sharonfruchtsalat: vier Sharonfrüchte quer in Scheiben schneiden, so daß sie besonders dekorativ aussehen, einzuckern und Birnengeist darübertropfen, kurze Zeit kühlstellen und mit Sahnehaube und gehackten Pistazienkernen geschmückt servieren.

Sherry, berühmter spanischer Dessertwein, der auch gern als Zutat für Suppen und Saucen verwendet wird. Der englische Name Sherry stammt von der spanischen Hafenstadt Jerez de la Frontera. In ihrem Hinterland, dem Gebiet zwischen den Flüssen Guadalquivir und Guadalete, werden die weißen Trauben gekeltert, wird der Most vergoren und der Wein in 4- bis 5jähriger Lagerung ausgebaut. Da die Fässer nur dreiviertel gefüllt sind, bildet sich auf der Oberfläche des Weins eine dicke Schicht aus echten Weinhefen (›flor‹), die das besondere Bukett des Sherry bewirken. Sherrysorten sind *Fino* (hellfarbig, würzig, trocken), *Amontillado* (dunkel, vollmundig, halbtrocken), *Oloroso* (sehr dunkel, vollmundig, bukettreich, trokken bis süß), *Cream* (sehr süßer Oloroso), *Raya* (vollmundig, sehr aromatisch, gereift ohne ›flor‹). Der Alkoholgehalt des Sherry beträgt im allgemeinen 17 Vol. %, er kann bis 24 Vol. % ansteigen.

Sherry Cobbler: 1 Glas Sherry, 1 BL Zucker, 2 Spritzer Grenadine, 2 Spritzer Maraschino, umrühren, Ananasscheibchen hineingeben, mit etwas Mineralwasser auffüllen.

Sherry Cooler: 1 Glas Sherry, Saft von 1/2 Zitrone, 2 BL Zucker, schütteln, mit Gingerale auffüllen.
Sherry Flip: 1 frisches Eigelb, 1 BL Zucker, 1 Glas Sherry, gut schütteln.
Sherrycreme: 3 Eigelb, 100 g Zukker und 15 g Stärkemehl schaumig rühren, 1/4 l heiße Milch hinzugießen, unter Rühren aufkochen lassen, mit Gelatine binden, zuletzt noch 1 Glas Sherry und 1/8 l Schlagsahne sowie 2 steifgeschlagene Eiweiß darunterziehen.
Sherryessig (Vinaigre de Jerez), feiner Speiseessig aus spanischem Sherrywein. Der Essig reift in Eichenfässern je nach Qualität bis zu 30 Jahre lang. Sein Aussehen reicht von honiggelb über rötlich bis dunkelbraun. Er duftet nach Sherry und enthält 6–8 Prozent Essigsäure und ganz wenig Alkohol (unter 1 Prozent). Sherryessig würzt – vorsichtig dosiert – Suppen, Eintopfgerichte und Salate, er mariniert Fisch und Rindfleisch, verfeinert diverse Käse und gibt geräucherter Gänse- und Entenbrust einen unvergleichlichen Geschmack.
Sherrygelee, mit Sherry aromatisiertes Gelee. → Madeiragelee.
Sherrysauce (Sauce au Xérès): den Bratenfond mit guter Kalbjus ablöschen, die Sauce leicht mit Mehl binden, zuletzt Sherry hinzufügen und mit Salz und Pfeffer abschmecken. Zu gebratenem Fleisch oder Geflügel.
Shiitake (Shitake, Tongku), ostasiatischer Speisepilz, der auf Hartholz kultiviert und seit uralter Zeit als Gemüse geschätzt wird, zumal er überraschend gut schmeckt und regelmäßiger Genuß dieser Pilze die Widerstandskraft des Körpers gegen Krankheiten erhöht sowie den Kreislauf stärkt. Heute ernten japanische Bauern jährlich mehr als 200 000 Tonnen der Edelpilze, die frisch oder getrocknet in den Handel kommen. Neuerdings wird Shiitake auch in Europa auf Laubholz wie Buche, Kastanie, Eiche, Birke und Erle gezüchtet. – *Vorbereitung:* Shiitake nicht waschen, sondern mit Küchenkrepp abwischen, das Putzen entfällt weitgehend; den zähen Stiel herausdrehen, fein gehackt würzt er Suppen, Saucen und Ragouts; die Hüte größerer Pilze halbieren, vierteln oder in Streifen schneiden, sodann braten, grillen, fritieren oder überbacken.
Shiitakepfanne: die Pilze in 2 mm dünne Streifen schneiden und 4 Minuten in Butter braten, leicht salzen; dazu Schwarzbrot.
Shiitakesalat: eine Salatschüssel mit Chicoréeblättern auslegen, in der Pfanne 1 EL Öl erhitzen, 150 g in Streifen geschnittene Shiitakepilze darin etwa 3–4 Minuten braten, Scheiben von einer Kiwi und die abgekühlten Pilze auf den Chicoréeblättern anrichten; separat 4 EL Joghurt, 1 EL Mayonnaise, 1–2 TL Senf und etwas Salz gut verrühren und als Salatsauce über dem Shiitakesalat verteilen.
Shirataki, japanische → Glasnudeln.
Shoestring Potatoes (Schnürsenkelkartoffeln): besonders lange, geschälte, rohe Kartoffeln der Länge nach in dünne Scheiben, die Scheiben in dünne Streifen schneiden, 15 Minuten in Salzwasser legen, abtrocknen, in Fett schwimmend knusprig backen.
Shoga, in Essigmarinade eingelegter Ingwer, wichtige Beigabe zu Sushi. Handelsware.
Shoju (Shoya), → Sojasauce.
Shrimps (Gambas, Geißelgarnelen,

Hummerkrabben), große Garnelenart mit knackigem, nach dem Kochen feuerrotem Fleisch. Die vollfleischigen Schwänze können vielfältig zubereitet werden: gekocht, gegrillt, in Teighülle gebacken usw. Das »weiße Gold des Meeres« kommt heute hauptsächlich aus Thailand, China, Indien, Ecuador und Mexiko.

Shrimpcocktail: den Boden einer Sektschale mit Kopfsalatstreifen auslegen, die Schale mit Shrimps oder → Cocktail-Krabben und winzigen Champignons füllen, mit Tomatenketchup gefärbte und aromatisierte Schlagsahne darüberspritzen, mit Eierscheibe, Kaviar und Zitronenspalte garnieren; dazu Butter und Toast.

Siam-Ingwer, → Galgant.

sicilienne, à la: → sizilianische Art.

Side Car, Cocktail: 1 BL Zitronensaft, 1/3 Cointreau, 2/3 Weinbrand, schütteln.

Sieb, Küchengerät zum Sieben, Durchseihen oder Durchstreichen von Zutaten bzw. Speisen. Je nach Verwendungszweck unterscheidet man verschiedene Siebarten: das Drahtsieb zum Durchstreichen (Pürieren), das Passiersieb zum Durchseihen von Brühen, Suppen und Saucen, das Haarsieb für metallempfindliche Speisen usw.

sieden, österreichische Bezeichnung für das Garen (Kochen) von Speisen in siedender Flüssigkeit (Wasser, Brühe usw.).

Signorasalat: frische Früchte (Äpfel, Birnen, Erdbeeren, Apfelsinen, Grapefruits, Ananas, Bananen usw.) in kleine Würfel schneiden, auf Kopfsalatblättern anrichten und mit Essig-Öl-Marinade übergießen.

Sigurd, à la: gefüllte Tomaten, Schinkenkroketten sowie Trüffelsauce zu kleinen Fleischstücken oder Geflügel. – Sigurd (= Siegfried), nordischer Sagenheld.

Silberaprikosen, → Ginkgopflaumen.

Silberzwiebeln, → Perlzwiebeln.

Sild (dän: Hering), kleiner, etwa 10 cm langer Hering, der zu pikanten Konserven verarbeitet wird (→ Appetitsild).

Silk, → Petersilie.

Silvaner, Rebsorte, die harmonische, vollmundige Weißweine liefert. Der Name hängt mit dem altrömischen Waldgott Silvanus zusammen oder mit dem Siebenbürger Transsilvanien, dem vermeintlichen Herkunftsland der Rebe.

Silvaniesalat: Streifen von Kopfsalat, Bleichsellerie und Gurken mit Mayonnaise binden, die mit etwas Sardellenpaste gewürzt wurde, in ausgehöhlte Tomaten füllen.

Silvestersalat: Streifen von gekochtem Knollensellerie, Artischockenböden, Champignons und hartgekochtem Eiweiß sowie gehackte Walnußkerne mit leichter Mayonnaise binden, mit Trüffelscheibchen garnieren.

Simonsbrot, Schwarzbrot aus gemälzten (gekeimten) Körnern.

Singapore Sling, Longdrink: 4 cl Gin, 2 cl Cherry Brandy, 2 cl Lime Juice, 2 cl Zitronensaft, Eiswürfel, schütteln; mit Sodawasser auffüllen und den Glasrand mit Zitronenscheibe und einem Blättchen Zitronenmelisse dekorieren, einen Strohhalm beigeben.

Single Malt, Bezeichnung für einen → Whisky (Whiskey), der ausschließlich aus Gerstenmalz (»Malt«) in einer bestimmten, meist kleineren Brennerei hergestellt und nicht mit Produkten aus anderen Brennereien verschnitten wurde (»Single«).

Siphon, Mineralwasserspender für Longdrinks.

Sirloin of beef (Aloyau), das Lendenstück des Rindes. – Als dem englischen König Karl II. (1630–1685) einmal ein besonders prächtiges Lendenstück serviert wurde, soll er voll Freude seinen Degen gezogen, den Braten damit berührt und das Bratenstück zum »Sir loin«, zum »Edlen Herrn Lende« ernannt haben.

Sirloin Steak, Scheibe aus dem flachen Roastbeef, mit Knochen, aber ohne Filet. Es ist der Nachbar des → Porterhouse Steaks zur Rinderhüfte hin; es ist daher größer als das Porterhouse, aber magerer. Das Sirloin Steak wiegt 1–2 kg und ist 4 – 6 cm dick. Es wird am besten im Ofen gebraten: unter kaltem Wasser waschen, abtrocknen, mit schwarzem Pfeffer, Knoblauchsalz und etwas Rosmarin einreiben, auf den Bratrost legen und auf allen Seiten mit heißem Fett begießen, damit sich die Poren schließen, langsam garen (etwa 10 Minuten Bratzeit je Zentimeter Fleischhöhe); als Beilage Gemüse, Salat, knappe Sauce und gebackene Kartoffeln.

Sirniki, russische Spezialität: Quark mit Eigelb, Mehl, Zucker und etwas Salz verarbeiten, kleine Kugeln formen, in Fett leicht bräunen und im schwach geheizten Ofen durchbakken, mit Butter übergossen anrichten; dazu saure Sahne und Puderzucker.

Sirup, → Läuterzucker, → Zuckerrübensirup.

sizilianische Art (à la sicilienne): mit Butter, Hühnerleberpüree und geriebenem Parmesankäse vermischte Nudeln zu kleinen Fleischstücken. – Fisch panieren, in Butter braten und mit geschälten Zitronenscheiben, gehacktem Ei, gehackter Petersilie, Kapern und Sardellenfilets bedecken; dazu braune Butter.

sizilianischer Salat: Würfel von Äpfeln, Tomaten, gekochtem Knollensellerie und Artischockenböden mit leichter Mayonnaise binden.

Skorzonerwurzeln, → Schwarzwurzeln.

Slibowitz (Sliwowitz), serbischer Zwetschgenbranntwein von blaßgelblicher Farbe und mit einem Alkoholgehalt von 40 – 60 Vol. %. Der Name Slibowitz ist nicht geschützt, daher darf auch im Ausland hergestelltes Zwetschgenwasser als Slibowitz in den Handel gebracht werden.

Slings, Mischgetränke aus Branntwein mit Mineralwasser oder Sekt, gesüßt mit Zucker oder Likör. – *Rezepte:* Brandy Sling, Gin Sling, Jamaica Sling, Singapore Sling, Whisky Sling.

Slinzega, gepökeltes, luftgetrocknetes und geräuchertes Fleisch aus der italienischen Provinz Sondrio (Lombardei). Anstelle von Rindfleisch stellt man die Slinzega meist aus Pferde-, Esel- oder Gemsenfleisch her.

Slow Food, eine von Italien ausgehende, mittlerweile internationale Bewegung im Zeichen der Schnecke, die sich im Gegensatz zu Fast Food der Langsamkeit, der Produktion und dem Schutz gesunder, natürlicher Lebensmittel und dem Genuß bei jeglicher kulinarischer Betätigung verschrieben hat.

Smetanasauce (russ: smetana = dikke saure Sahne), gehackte Zwiebeln in Butter anschwitzen, mit Weißwein ablöschen, stark einkochen, dicke saure Sahne hinzugießen, langsam durchkochen, zuletzt mit weißem Pfeffer und Zitronensaft abschmekken. Zu Wild und Wildgeflügel.

Smoked Haddock (engl: geräucherter Schellfisch), englische Spezialität: leicht gesalzenen und geräucherten Schellfisch in schräge Scheiben schneiden, in Milch erhitzen und abtropfen oder auf dem Rost braten; mit frischer Butter und Toast anrichten.

Smörgås-Bord, die berühmte schwedische kalte Küche: Räucheraal, Räucherlachs, Bücklinge, Sprotten, Gabelbissen, Anchovis, Neunaugen, Ölsardinen, Hummer, Krebse, Salate und Mayonnaise, Roastbeef, Pökelzunge, Schinken, Rentierkeule, Wildpasteten, Spanferkel in Aspik, geräucherte Gänsebrust, Eier, Käse, alles appetitlich auf dem kalten Büfett angerichtet, dazu verschiedene Brotsorten.

Smørrebrød, Dansk Smørrebrød, dänische Variante des berühmten schwedischen → Smörgås-Bord: Weiß-, Grau- und Schwarzbrot, Knäkkebrot, Brötchen usw., belegt mit Garnelen, Hummer, Kaviar, Gabelbissen, Räucherhering, Bismarckhering, Sardellen, Ölsardinen, Dorschrogen, Räucheraal, Räucherlachs, Gänsebrust, Gänseleber, gekochter Rinderbrust mit Meerrettich oder Remoulade, rohem und gekochtem Schinken, Tatar mit Ei, Käse usw. Es sind weit über 400 Varianten für den Belag bekannt.

Snacks (engl: Bissen), kleine, mundgerechte Weißbrotscheiben, etwa 3 x 3 cm, beliebig belegt und appetitlich garniert, für Partys aller Art. Zu den Snacks im weiteren Sinne zählen auch Kartoffelchips, Tortillachips, Käsegebäck, Pretzels (Brezeln), Cracker, Salzstangen, Popcorn, Nüsse, Kürbiskerne, kurz alles Eßbare, das man während einer anderen Beschäftigung (Fernsehen, Joggen, Tanzparty, Buchlesen usw.) zu sich nimmt.

Snert, niederländische Suppenspezialität aus gleichen Teilen getrockneten Erbsen, Zwiebeln, Porree und Knollensellerie, gekocht mit Eisbein und Fleischwurst.

Soave, italienischer strohgelber Weißwein aus Venetien, von leichter (10,5 Vol. %) bis schwerer (16 Vol. % Alkohol) Beschaffenheit, vom schlichten Soave bis zum Recioto di Soave Liqoroso (süßer Dessertwein); Soave gibt es auch als Schaumwein.

Sobrasada, balearische Nationalwurst, an der Luft getrocknete Rohwurst aus dem Fleisch schwarzer Schweine der Balearen (»Sobrasada de Mallorca de Cerdo Negro«), gewürzt ausschließlich mit scharfem Paprikapulver, Salz und schwarzem Pfeffer.

Sockel, Sättigungsbeigabe als Unterlage für Fleisch-, Geflügel- und ähnliche Speisen. Am beliebtesten sind der Brotsockel (entrindete, in Butter geröstete Weißbrotscheibe) und der → Reissockel. Fast verschwunden sind heute dagegen der → Grießsockel sowie der Sockel aus Herzoginkartoffelmasse.

Sodawasser: Mineralwasser der Gruppe der alkalischen Säuerlinge. Sodawasser enthält kohlensaures Natrium und schmeckt daher leicht nach Lauge. Sodawasser ist Bestandteil zahlreicher Mischgetränke (Longdrinks). Bekannte Sodawässer kommen aus Fachingen, Marienbad, Neuenahr, Niederselters und Vichy.

Soissoner Art (à la soissonnaise): weiße Bohnen mit Tomatensauce zu Hammelfleisch. – Soissons, Stadt in Nordostfrankreich.

Sojabohnen, erbsenähnliche, 5–12 mm große Hülsenfrüchte mit hohem Ölgehalt (18–20%) und Eiweißgehalt (35–50%). Das Sojaeiweiß ist dem Fleischeiweiß fast ebenbürtig. Außerdem enthalten Sojabohnen reichlich Vitamine, Lecithine und Mineralstoffe. Die Heimat der Sojabohne ist Ostasien, heute aber stammen 63% der Welternte aus den USA. Aus den Bohnen werden Sojaöl (feines Speiseöl), Sojamehl (zum Backen), Sojakäse, → Sojasauce usw. hergestellt.

Sojabohnenkeime sind überaus schmackhaft und vitaminreich und werden als Salat oder Gemüsebeilage nicht nur im Fernen Osten geschätzt. Die Keime kommen in Dosen konserviert nach Europa, werden heutzutage aber auch bei uns gezogen. Die Sojabohnen müssen mindestens 5 bis 6 Tage keimen, um Stoffe, die die Eiweißverdauung hemmen, abzubauen; bei kürzerer Keimdauer sollte man die Keime mit Essig ansäuern oder erhitzen.

Sojabohnenkeime als Salat: die frischen Keime ungewaschen in eine Schüssel geben, Salatöl darübergießen, feingeschnittene Paprikastreifen hinzufügen, den Salat mit Salz, Zukker, Essig, Zitronensaft und Sojasauce abschmecken; eiskalt auftragen.

Sojamehl, aus Sojabohnen gemahlenes Mehl mit hohem Eiweißgehalt.

Sojaöl (Sojabohnenöl), farbloses bis gelbliches, angenehm riechendes und mild schmeckendes Speiseöl, auch Rohstoff für Margarine.

Sojaquark, → Tofu.

Sojasauce (Soyasauce, Soy Sauce, Choju, Shoju, Shoya), ostasiatische Würzsauce von universeller Verwendungsmöglichkeit. Ausgangsmaterial für diese Sauce sind die → Sojabohnen, die nach einem althergebrachten Verfahren vergoren werden. Die Bohnen werden gemahlen und gekocht. Den Bohnenbrei versetzt man mit gequollenem Reis- oder Weizenschrot, der mit edlen Schimmelpilzen durchsetzt ist. Das Ganze muß nun mehrere Jahre gären, bis sich eine klare, schwarzbraune, würzige Flüssigkeit abgesondert hat, die Sojasauce. Je nach Ursprungsland hat die Sauce einen anderen Charakter: die chinesische Sojasauce ist dickflüssig, hell und leicht salzig, die indonesische ist etwas dünner und recht süß, die japanische ist dünnflüssig, meist dunkelbraun und von ausgeglichenem Geschmack. – Die Sojasauce paßt zu fast allen Suppen, Saucen, Fleisch-, Geflügel-, Wild- und Fischgerichten, zu Gemüse und Salaten, Reis, Teigwaren und Eierspeisen. Sie ist gewissermaßen ein »all-purpose seasoning«, wie die Engländer sagen, ein Gewürz für alles. – Die Sojasauce gilt als älteste Würzsauce, die sogar noch älter sein soll als das sagenumwobene Garum der Römer, eine scharfe Flüssigkeit aus Fischeingeweiden, Salz und exotischen Gewürzen.

Solberfleisch, → Schweinsknöchel.

Sole (frz), → Seezunge.

Soleier, hartgekochte Eier, angeknickt und mindestens 24 Stunden in starker Salzlösung konserviert, beliebte Berliner Beilage zu Weißbier: das Ei wird geschält, halbiert, das Eigelb wird mit Senf, Öl, Essig, Salz und Pfeffer vermischt und wieder in die Eiweißhälften gefüllt.

Soljanka, berühmte russische Suppenspezialität, ursprünglich eine reizvolle Fischsuppe, heute vorwiegend eine säuerlich-pikante, kräftige, gut gewürzte Fleischsuppe aus Rind- oder Schweinefleisch, Rinderzunge (Ochsenzunge), Niere und Schinken oder

Kochwurst mit Tomaten, Zwiebeln, Salzgurke, Steinpilzen, Petersilie, oft mit Sauerkraut abgewandelt; ein paar schwarze Oliven und Zitronenscheiben, vor dem Anrichten auf den Teller gegeben, und ganz zuletzt ein guter Klecks saure Sahne (Smetana) vollenden das auch bei uns immer beliebtere Gericht.

Sommelier, französische, aber international gebräuchliche Bezeichnung für Weinkellner, Kellermeister.

Sommerendivie, → römischer Salat.

Sommersalat: Scheiben von Gurken und roten Rüben, Kopfsalatblätter und Brunnenkresse in Essig-Öl-Marinade einlegen, mit Eiervierteln und Radieschen garnieren.

Sonnenblumenöl, aus Sonnenblumensamen kaltgepreßtes und deshalb für Schonkost geeignetes Speiseöl. Das Öl ist hellgelb und klar, es riecht und schmeckt angenehm und zählt zu den feinsten Speiseölen.

Sooen, chinesische Fadennudeln aus Tapioka.

Sorbet (Scherbet, Schnee-Eis), Eisgetränk aus stark gesüßtem Fruchtsaft (besonders Granatapfel- oder Kornellensaft), geschlagenem Eiweiß oder Schlagsahne, mit Likör oder Branntwein parfümiert, leicht gefroren. Statt Fruchtsaft nimmt man auch gern kräftigen Wein (Weißwein, Portwein, Sherry, Madeira, Marsala usw.). → Sorbet ist eine Erfindung der alten Perser.

Sorbinsäure, organische Säure, die in bestimmten Früchten enthalten ist und wegen ihrer Wirksamkeit gegen Bakterien als Konservierungsmittel verwendet wird.

Sorel, → Agnes Sorel.

Soßen, → Saucen.

Sottevillesalat: Kopfsalatblätter mit Sahne, Zitronensaft, Salz und gehackter Petersilie anmachen.

Soubise, à la: weißes Zwiebelpüree und Zwiebelsauce zu Fleisch oder Geflügel. → Charles de Rohan, Fürst von Soubise, 1715–1787, französischer Marschall, der im Jahre 1757 von Friedrich dem Großen bei Roßbach geschlagen wurde und auch alle anderen Schlachten in Deutschland verlor. Mehr Glück hatte der Fürst bei den Frauen: er war Günstling der Pompadour und der Dubarry.

Soubisesauce (Sauce Soubise, feine Zwiebelsauce): saftige Zwiebeln in dünne Scheiben schneiden und in Butter weich dünsten, passieren, das Zwiebelpüree unter Béchamelsauce ziehen, kurz aufkochen, mit Zucker, Salz und weißem Pfeffer abschmekken, mit einem Stückchen frischer Butter vollenden.

Soufflé (frz: souffler = blasen, aufblasen), → Auflauf.

soufflieren, aufblähen, auflaufen.

Sours (engl), kurze, kräftige Mischgetränke, die immer eine Spirituose, etwas Zucker, Zitronensaft und einen Schuß Mineralwasser oder Sekt enthalten. Sours werden meist mit einer Zitronen- oder Apfelsinenscheibe oder mit frischen Pfefferminzblättern serviert. – *Rezepte*: Brandy Sour, Gin Sour, Whisky Sour.

Souvlaki, griechische Spezialität, heute in aller Welt beliebt: Spieße von mariniertem und gegrilltem Rind- oder Lammfleisch mit Fladenbrot.

Souwaroff, → Suworow.

Soy Sauce, Soyasauce, → Sojasauce.

Spaghetti, italienische Teigwaren, meist aus Hartweizengrieß hergestellte lange, dünne Nudeln von etwa 2 mm Durchmesser, noch dünnere

Nudeln heißen Spaghettini. Sie kommen 25 cm oder 50 cm lang in den Handel. – *Zubereitung*: Die Spaghetti unzerbrochen in siedendes Salzwasser geben und »al dente« (bißfest) kochen, auf ein Sieb schütten, mit kaltem Wasser abschrecken und gut abtropfen.

Spaghetti aglio, olio e peperoncino, gehackte Knoblauchzehen, Chilli (Peperoncino) und Petersilie in Olivenöl erhitzen, die frisch gekochten Spaghetti darunterheben.

Spaghetti bolognese, Rinderhackfleisch mit gehackter Zwiebel, Karotte, Knollensellerie in Olivenöl anbraten, Schältomaten zugeben, mit Fleischbrühe und Rotwein aufgießen, Gewürznelke und Lorbeerblatt hinzufügen und gut durchkochen. Kräftig salzen und pfeffern, über die heißen Spaghetti geben und Parmesan darüberstreuen.

Spaghetti alla carbonara (auf Köhler-Art): durchwachsenen rohen Speck (Pancetta) würfeln und in Butter anbraten, aus der Pfanne nehmen und beiseite stellen. 3 Eier mit 1/8 l Sahne, Pfeffer, 50 g Parmesan cremig rühren, in die Pfanne gießen und die bißfest gegarten, noch ganz heißen Spaghetti damit vermischen. Speckwürfelchen aufstreuen und 50 g Parmesan extra dazu servieren.

Spaghetti alla napoletana (auf Neapler Art): Spaghetti in Tomatensauce.

Spaghetti alla puttanesca (auf Huren-Art): Knoblauch und feingehackte Pfefferschote (Peperoncino) in Olivenöl andünsten, geschälte, zerkleinerte Tomaten, Tomatenmark, zerdrückte Sardellenfilets, Kapern und schwarze Oliven einrühren, pfeffern. Die bißfest gegarten Spaghetti noch heiß untermischen. Petersilie aufstreuen. Evtl. geriebenen Parmesan dazu reichen.

Spaghetti alle vongole (mit Muscheln): Venus- oder Miesmuscheln in Weißwein gardünsten. Zwiebeln, Knoblauch und Petersilie in Olivenöl anbraten, Muschelsud angießen. Muschelfleisch aus der Schale lösen, in die Sauce geben. Butter einrühren, mit Zitronensaft, Salz und Pfeffer würzen, die noch heißen Spaghetti unterheben.

Spanferkel, junges, noch säugendes (»spänendes«) Schwein im Alter von etwa 6 Wochen. Das Spanferkel wird gereinigt, gesalzen und gepfeffert, ein Holzspan in der Bauchhöhle sorgt dafür, daß der Braten nicht zusammenfällt, das Fleisch wird mit Butter oder Öl bestrichen und 1 bis 1 1/2 Stunden gebraten. Dazu gibt es Salate und Brot.

Spanferkel, süßsauer, → Zu Za Yok.

spanische Art (à l'espagnole): mit gewürfelter roter Paprikaschote, grünen Erbsen und gewürfelter Knoblauchwurst vermischten Pilawreis, gebratene Tomaten sowie Bratensaft zu Fleisch. – Gebratene Streifen von grüner Paprikaschote und Zwiebelringe sowie geschmolzene Tomaten zu gebratenem Fisch.

spanische Artischocken, → Karden.

spanische Disteln, → Karden.

spanische Sauce, → braune Grundsauce.

spanische Zwiebeln (Oportozwiebeln, Bermudazwiebeln, Gemüsezwiebeln), besonders große, lieblich schmeckende Zwiebeln, die auf vielerlei Art zubereitet, meistens gefüllt werden. → Zwiebeln, gefüllt.

spanischer Lauch, → Porree.

spanischer Pfeffer, → Paprika.

1 Sellerie 2 Senf 3 Sesam 4 Sojabohne 5 Spargel

spanischer Salat: Prinzeßbohnen, Tomatenachtel, Streifen von roten und grünen Paprikaschoten sowie Zwiebelringe mit Essig-Öl-Marinade anmachen.

spanischer Spinat, → Gartenmelde.

spanischer Wind, → Baiser.

Spankartoffeln: von mittelgroßen, runden, rohen Kartoffeln in drehender Bewegung möglichst lange, schmale Bänder schneiden, die Kartoffelbänder braten, abtropfen und mit feinem Salz bestreuen.

Spare ribs, englische Bezeichnung von Scheiben aus dem Rippenstück des Schweines.

Spargel, die jungen Triebe (Sprossen) der bis 1,5 m hohen Spargelpflanze, deren Hauptanbaugebiete bei Braunschweig, Berlin, Lübeck, Mainz, Schwetzingen, Ulm, Schrobenhausen, Horburg (Elsaß), Argenteuil (Paris) und auf Formosa (Taiwan) liegen. Spargel wird bei uns im Mai und Juni geerntet. Die Sprossen sollen fingerdick, zart, voll, festköpfig und möglichst weiß sein. Die Franzosen lassen die Sprossen vor der Ernte gern ein Stück aus dem Boden wachsen, wodurch sie sich blau bis grün verfärben und Vitamin C anreichern (→ grüner Spargel). Der köstlichste Teil des Spargels ist der butterweiche, mit feinen Schuppen bedeckte Kopf. → Spargelspitzen sind eine Delikatesse, die nicht nur als Beilage, sondern auch als Füllung von Artischockenböden, Torteletts und Omeletts, zu feinen Salaten u. a. m. verwendet wird. Dünner, nicht mehr ganz frischer, holziger oder hohler Spargel sowie Schalen und Abschnitte ergeben köstliche Suppen (→ Spargelcremesuppe). – Die Heimat des Spargels ist der Orient. Die Ägypter schätzten die fleischigen, wohlschmeckenden Sprossen schon vor 4500 Jahren. Seit dem 2. Jahrhundert v. Chr. war der Spargel auch den Griechen und Römern bekannt. In Deutschland wurde der Spargel erstmals im Jahre 1568 bei Stuttgart angebaut und gestochen. – *Vorbereitung*: die Spargelstangen mit einem rostfreien Messer dünn schälen, immer vom Kopf aus, alle holzigen und unansehnlichen Stellen entfernen und die Stangen auf gleiche Länge schneiden. – *Zubereitung*: die Spargelstangen zu einem Bündel zusammenbinden und senkrecht in einen Topf mit leicht gesalzenem Wasser stellen, wobei die Köpfe aus dem Wasser ragen und nur gedämpft werden. Das Wasser darf nicht zu heftig sieden, da sonst die empfindlichen Köpfe leicht Schaden nehmen. Nach 20 bis 30 Minuten – je nach Dicke der Stangen – ist der Spargel gar. Das Bündel vorsichtig aus dem Topf heben, die Fäden entfernen und abtropfen lassen. – Die beste Art Spargel zu kochen, ohne daß er wertvolle Mineralsalze verliert, ist diese: Die Spargelstangen waagerecht in eine Pfanne legen, knapp mit Wasser bedekken, ein Stückchen Butter, etwas Salz und eine Prise Zucker zugeben, mit gebuttertem Pergamentpapier zudekken und vorsichtig dünsten, bis fast die ganze Flüssigkeit verdampft und der Spargel gar ist. – *Verzehr*: Bei einem reinen Spargelessen darf man die Stange durchaus mit Daumen und Zeigefinger der rechten Hand an ihrem hinteren Ende anfassen, das Köpfchen in die zerlassene Butter oder beigegebene Sauce tauchen und den Lekkerbissen zum Mund führen. Heutzutage aber ist es üblich, Messer und Gabel zu benutzen, wenn das Messer eine Edelstahlklinge hat; denn Spargel ist überaus geschmacksempfindlich.

Bei einem Spargelessen benötigt man 400 bis 500 g Spargel für jede Person. Die klassische Beilage ist holländische Sauce oder eine andere Buttersauce sowie roher oder gekochter Schinken.

Spargel, gefüllt: die gekochten Spargelstangen der Länge nach halbieren, leicht aushöhlen, mit einer pikant gewürzten Farce aus feingehackter Hühnerbrust, Trüffelsplittern und Sahne füllen, die Hälften wieder zusammensetzen, durch dünnen Pfannkuchenteig ziehen, in geriebenem Weißbrot wälzen und in Butter goldgelb backen; dazu Chantillysauce.

Spargel mit Kräutersauce: den gekochten Spargel im Kochwasser abkühlen lassen, gut abgetropft anrichten und gesondert Vinaigrette reichen.

Spargel auf Mailänder Art: den gekochten Spargel lagenweise in eine flache Auflaufform ordnen, mit geriebenem Parmesan bestreuen, mit brauner Butter begießen und leicht überbacken.

Spargel, polnisch: den gekochten Spargel auf einer heißen Platte anrichten, mit gehacktem Ei und Petersilie bestreuen, geriebenes Weißbrot in Butter goldgelb rösten und über den Spargel geben.

Spargel auf Prinzessin-Art: den gekochten Spargel im Kochwasser abkühlen lassen, gut abgetropft anrichten und gesondert Chantillymayonnaise reichen.

Spargel in Sahnesauce: den noch nicht ganz weich gekochten Spargel in 2 cm lange Stücke schneiden, in Sahnesauce fertigdünsten, mit etwas Salz und weißem Pfeffer würzen und mit Eigelb, das in wenig Sahne verrührt wurde, binden.

Spargel, sibirisch: den gekochten Spargel im Kochwasser abkühlen lassen, gut abgetropft anrichten und gesondert Gribichesauce reichen.

Spargelcremesuppe: helle Mehlschwitze mit Fleischbrühe auffüllen, Spargelenden und -schalen hinzufügen, salzen, langsam durchkochen, passieren, etwas heiße Milch hineingießen, mit Eigelb und Sahne binden; Spargelköpfe als Einlage.

Spargelkohl, → Broccoli.

Spargelköpfe, → Spargelspitzen.

Spargelkroketten: die Endstücke der gekochten Spargelstangen – sofern sie nicht holzig sind – in kleine Würfel schneiden, mit dicker Sahnesauce und Eigelb binden, Rollen formen, in geriebenem Weißbrot wälzen und in Butter goldgelb backen.

Spargelsalat: gekochte Spargelstücke mit Kräutermarinade oder leichter Kräutermayonnaise anmachen.

Spargelsalat auf Schwetzinger Art: gekochten Spargel in kleine Stücke schneiden, gewürfeltes Hühnerfleisch, Ananasecken, gehacktes Ei, Kapern, Petersilie, Schnittlauch und Dillgrün hinzufügen, mit einer Sauce aus Mayonnaise, Essig, Zucker, etwas Salz und einigen Tropfen Tabascosauce anmachen.

Spargelsalat Vendôme: gekochte Spargelspitzen mit schmalen Streifen von Pökelzunge mischen und beides in Weinbrand marinieren, den duftenden Salat auf frischen Salatblättern anrichten und hauchdünn mit Tomatenketchup bedecken.

Spargelspitzen, die 5–10 cm langen Kopfenden des Spargels, die vorwiegend als Beilage und Füllung verwendet werden.

Spargelspitzen auf königliche Art: die gekochten Spargelspitzen mit Trüffelstreifchen vermischen und mit deutscher Sauce überziehen.

Spargelspitzen Orly: die gekochten Spargelspitzen durch Backteig ziehen und in heißem Fett schwimmend bakken; dazu gebackene Petersilie und Tomatensauce.
Spargelspitzen mit Räucherlachs: die gekochten Spargelspitzen mit Sahnesauce begießen; dazu dünne Scheiben Räucherlachs.
Spargeltoast mit Hummer: 1 Eigelb mit 40 g Butter schaumig rühren, die Creme auf 4 Scheiben getoastetes Weißbrot streichen, darauf Hummerscheiben und ein paar Tomatenscheiben verteilen, heiße, auf Toastlänge zugeschnittene Spargelstangen darüberstapeln, mit holländischer Sauce überziehen und mit Petersilie und Zitronenspalten garnieren.
Spätburgunder, Rebsorte, insbesondere der »Blaue Spätburgunder«, der wertvolle Rotweine liefert.
Spatel, Küchengerät aus Holz oder Metall zum Wenden von Bratkartoffeln usw.
Spätzle, schwäbische Mehlspeise (Teigware), beliebt als Beigabe anstelle von Kartoffeln usw.: 250 g Mehl, etwas Salz und 2 Eier verrühren, dann langsam ungefähr 1/8 l warmes Wasser dazugeben, den nicht zu festen Teig so lange schlagen, bis er Blasen wirft; den Teig auf einem angefeuchteten Brettchen in dünnen Streifen in siedendes Salzwasser schnitzeln; wenn die Spätzle hochkommen, sofort herausnehmen, in kaltem Wasser kurz abschrecken und abtropfen lassen, die Spätzle kurz in Schweineschmalz braten oder mit brauner Butter und geröstetem Paniermehl bedecken. Zum bequemeren Schneiden (Schaben) der Spätzle gibt es praktische Geräte. – *Rezepte*: → Käsespätzle, → Krautspätzle.
Speck, das unter der Haut des Schweines liegende Fettgewebe einschließlich Schwarte (Haut). Speck kommt frisch (»grün«), gepökelt und geräuchert (Räucherspeck) bzw. luftgetrocknet in den Handel. Man unterscheidet u. a. Rückenspeck (trocken gepökelt und geräuchert), Luftspeck (trocken gepökelt und luftgetrocknet), Paprikaspeck (trocken gepökelt, mit Rosenpaprika bedeckt und luftgetrocknet), Frühstücksspeck (Rückenspeck mit anhaftendem Fleisch), Bacon (aus dem Kotelettstück), Schinkenspeck (vom Hinterlauf), Bauchspeck (mit Fleisch durchwachsen).
Speckgrieben, ausgebratene Speckwürfel.
Speckkartoffeln: winzige Zwiebelchen und gewürfelten, mageren Räucherspeck anschwitzen, etwas Mehl zugeben, das leicht rösten muß, Fleischbrühe hinzugießen, Tomatenmark beifügen, salzen und pfeffern, gut durchkochen; in dieser Specksauce kleine, möglichst gleich große rohe Kartoffeln gar kochen, gehackte Petersilie darüberstreuen.
Speckklöße, fränkisch: kleine Räucherspeckwürfel mit gehackter Zwiebel und geriebener Semmel leicht anrösten, mit Mehl, Eiern, saurer Sahne, Salz und Muskatnuß zu einem festen Teig verarbeiten, aus der Teigmasse Klöße formen, die Klöße in Salzwasser gar kochen; braune Butter darübergießen.
Speckklöße, österreichisch (Grammelknödel): in Milch eingeweichte Semmeln gut ausdrücken, mit Eiern, Butter, Mehl, Salz und gehacktem Schnittlauch verarbeiten, Grammeln (= Grieben aus frischem Schweinespeck) darunterziehen, aus der Teig-

masse Klöße formen, die Klöße in Salzwasser gar kochen.

Speckklöße, Tiroler, → Tiroler Speckknödel.

Speckkuchen, → sächsischer Speckkuchen.

Specklinsen, → Linsen mit Speck.

Speckmarinade, für Salate: Würfel von durchwachsenem Räucherspeck auslassen und zu warmem, mit Salz und Pfeffer gewürztem Weinessig geben.

Speckstippe, norddeutsche Spezialität: Würfel von ausgelassenem fettem Speck mit gehackten Zwiebeln.

Speisedistel, → Artischocken.

Speiseeis, → Eis.

Speiseessig aus verschiedenen Grundstoffen, oft aromatisiert: → Apfelessig, → Bieressig, → Blütenessig, → Estragonessig, → Himbeeressig, → Honigessig, → Knoblauchessig, → Kokosnußessig, → Kräuteressig, → Lorbeeressig, → Malzessig, → Orangenessig, → Reisessig, → Schalottenessig, → Sherryessig (Vinaigre de Jerez), → Trüffelessig, → Walnußessig, → Zitronenessig. Grundsätzliches: → Essig.

Während Essig aus Industriespiritus überwiegend zur Entkalkung von Wasserhähnen und Toiletten dient, wird Speiseessig aus edlen Ausgangsmaterialien bereitet und in langer Lagerung in Holzfässern zur Reife geführt. Die Qualität des Ausgangsmaterials, zumeist Wein, bestimmt die Qualität des Essigs. Der für eine Essiggewinnung vorgesehene Wein kann gar nicht edel genug sein. So wählen die französischen »Vinaigriers« kostbaren Bordeaux, in Spanien nimmt man alten Sherry, in Deutschland greifen die Winzer, für die die Produktion von Weinessig ebenfalls profitabler sein kann als die Erzeugung von Wein, zu Auslesen und anderen Prädikatsweinen, um in mühevoller Pflege voll zufriedenstellende Weißwein- und Rotweinessige hervorzubringen. Leider hat die starke Nachfrage dazu geführt, daß nicht jeder Essig das hält, was das Etikett verspricht. Seien Sie also kritisch und vergleichen Sie.

So wie heute Tee und Zigaretten mit Würzstoffen aromatisiert werden, schätzt man auch beim Weinessig zusätzliche Aromen, zum Beispiel Kastanienhonig oder Erdbeeren oder Lorbeerblatt oder Orangensaft oder Mangofrucht oder Zitronenschale und vieles mehr.

Speiselorchel, → Lorchel.

Speisenfolge (Menü), Zusammenstellung von Speisen unter Berücksichtigung gastronomischer Regeln. Klassische Speisenfolge: Kalte Vorspeise (Hors d'œuvre froid); Suppe (Potage); warme Vorspeise (Hors d'œuvre chaud); Fischgericht (Poisson); großer Fleischgang (Relevé, Pièce de résistance); warmes Zwischengericht (Entrée chaude); kaltes Zwischengericht (Entrée froide); Eisgetränk (Sorbet); Braten, Salat (Rôti, Salade); Gemüsegericht (Entremet de légumes); warme Süßspeise (Entremet chaud); kalte Süßspeise (Entremet froid); Käse (Entremet de fromage); Nachtisch (Dessert). Diese klassische Speisenfolge hat auch heute noch Gültigkeit, allerdings begnügen wir uns mit drei, höchstens fünf Gängen, einer Auswahl also aus dem großartigen Crescendo und Decrescendo des feudalen Festmenüs. Beispiel: Kalte Vorspeise; Suppe; Fisch oder warme Vorspeise; Fleisch, Geflügel oder Wild mit Gemüse; Nachtisch. Nun kann man nicht einfach irgendeine Vorspeise, eine Suppe, ein Fischgericht, ein Fleischgericht und einen Nachtisch beliebig aneinanderreihen, sondern muß darauf achten, daß keine Wiederholungen im Material, im Geschmack und in der Farbe auftreten. Wenn für den Hauptgang zum Beispiel ein Masthuhn vorgesehen ist, darf als Suppe keine Geflügelkraftbrühe gereicht werden. Auch die Zubereitungsart muß wechseln: nach gebratenem Fisch darf kein gebratenes Fleisch serviert werden. Die Farbe ist ebenfalls wichtig: einem Lachsgericht darf zum Beispiel kein Schinken folgen. Sogar die Saucen haben einen Einfluß auf die Speisenfolge: Fisch mit weißer Sauce muß immer ein Fleischgericht mit dunkler Sauce nach sich ziehen und umgekehrt. Ebenso dürfen sich nicht die Gemüse wiederholen: Spargel als Beilage ist zwar sehr beliebt, aber nach einer Spargelcremesuppe fehl am Platze. In der Praxis könnte also eine gute Speisenfolge so aussehen: Hummercocktail; Ochsenschwanzsuppe; Forelle blau; Schweinsfilet Westmorland mit Champignons, Mixed Pickles und Streichholzkartoffeln; bayerische Creme mit Früchten.

Speiseöle, flüssige Pflanzenfette, wie → Distelöl, → Erdnußöl, → Haselnußöl, → Kürbiskernöl, → Leinöl, → Maiskeimöl, → Olivenöl, → Pistazienöl, → Rapsöl, → Sesamöl, → Sojaöl, → Sonnenblumenöl, → Traubenkernöl, → Walnußöl, → Weizenkeimöl.

Speisequark, → Quark.

Speisesalz, → Salz.

Speisesenf, → Senf.

Speisestärke, → Stärke.

Speisewürzen sind flüssige Würzmischungen, hergestellt aus pflanzlichen und tierischen Eiweißstoffen, vollendet mit Gewürzen, Kräutern, Pilz- und Gemüseextrakten. Die Eiweißstoffe werden mit Salzsäure behandelt, wobei Aminosäuren und Kochsalz entstehen. Speisewürzen nimmt man zum Abschmecken von Suppen, Saucen, Salaten, Gemüse usw.

Spekulatius, kräftig gewürztes Weihnachtsgebäck, das ohne Triebmittelzusatz aus Mürbeteig in figürlich geschnitzte Holzformen gedrückt und dann gebacken wird. *Spekulatiusgewürz* ist eine fein abgestimmte Mischung aus pulverisierten Gewürznelken, Kardamom, Muskatblüte und Zimt.

Spelt, Spelz, → Dinkel.

Spezi, Getränk aus Limonade und einem koffeinhaltigen Erfrischungsgetränk, z. B. 1/2 Orangensaft und 1/2 Coca Cola.

Spickaal, → Räucheraal.

spicken (lardieren), mageres Fleisch, Wild, Geflügel u. a. m. mit Streifen von geräuchertem Speck durchziehen, um das Austrocknen beim Braten zu verhindern. Die Speckstreifen sollten etwa bleistiftdick und 4–5 cm lang sein. Sie werden mit Hilfe einer Spicknadel in Abständen von etwa 2 cm durch die oberste Fleischschicht gezogen. – Gespickt wird auch mit Trüffel-, Sardellen- oder Hartkäsestreifen, um den Geschmack des Fleisches zu heben.

Spickgans, pommersche Spezialität: gepökelte, gebundene und geräucherte Gänsebrust.

Spiegeleier, → Setzeier.

Spiegelkarpfen, → Karpfen.

Spierling, → Stint.

Spieße, → Attereaux, → Brochettes.

Spillinge (Haferpflaumen, Ziparden),

rotgelbe, längliche, pflaumenartige Früchte mit säuerlichem Geschmack, in Österreich und Südeuropa hauptsächlich zu Branntwein und Likör gebrannt.

Spinat, ein überaus gesundes Blattgemüse, das sich von Asien über den Erdball verbreitete. Spinat enthält Eisen sowie reichlich Vitamin A, B_2 und C. Er wird das ganze Jahr über frisch angeboten, ist aber auch tiefgefroren von hervorragender Qualität. – Übrigens sind Eier in verschiedener Zubereitungsart ideale Begleiter des Spinats. – *Vorbereitung*: die Spinatblätter sorgfältig verlesen, die groben Stiele abschneiden, die Blätter gut unter fließendem kalten Wasser waschen. – *Garzeit* (je nach Zartheit der Blätter): 5–10 Minuten. – *Zubereitung*: durch Kochen in Salzwasser verliert Spinat den strengen Beigeschmack, aber auch einen großen Teil seiner wertvollen Nährsalze. Daher sollte man ihn möglichst im eigenen Saft dünsten, zugedeckt und eventuell unter Zugabe von Butter. Der gegarte Spinat wird je nach Rezept in ganzen Blättern, grob gehackt, meistens aber als Püree (durch die feine Scheibe der Fleischmaschine getrieben) weiterverarbeitet.

Spinat, amerikanisch: Spinatblätter im eigenen Saft dünsten, hacken, mit Butter auf der Herdplatte trocken rühren, bis alle Flüssigkeit verdampft ist, mit Salz und Zitronensaft abschmekken, mit Eierscheiben garnieren.

Spinat, deutsch: Spinatblätter mit siedendem Wasser überbrühen, gut ausdrücken und pürieren, gehackte, in Butter angeschwitzte Zwiebeln und etwas Kraftsauce beifügen, dünsten, mit Paniermehl binden und würzen.

Spinat, englisch: Spinatblätter in wenig Salzwasser dünsten, gut abtropfen und mit einem Stück frischer Butter anrichten.

Spinat auf Florentiner Art: Spinatblätter mit etwas Butter im eigenen Saft dünsten; eine Backplatte dick mit Mornaysauce ausstreichen, den Spinat darüberbreiten, mit Mornaysauce zudecken, mit geriebenem Parmesan bestreuen und im Ofen abbacken.

Spinat, französisch: Spinatblätter in wenig Salzwasser dünsten, gut ausdrücken und pürieren, das Püree mit Butter auf der Herdplatte trocken rühren, bis alle Flüssigkeit verdampft ist; mit Béchamelsauce anmachen, mit Salz, Pfeffer und Muskatnuß würzen und mit einem Stück Butter vollenden.

Spinat mit Sahne: Spinatblätter in wenig Salzwasser dünsten, gut ausdrücken und pürieren, das Püree mit Butter auf der Herdplatte trocken rühren, bis alle Flüssigkeit verdampft ist, mit Salz, Pfeffer und Muskatnuß würzen, Sahne hinzufügen und noch einige Minuten dünsten.

Spinat, überbacken: Spinatblätter in wenig Salzwasser dünsten, gut ausdrücken und pürieren, das Püree mit geriebenem Parmesan vermischen und in eine ausgefettete Backplatte füllen, mit Parmesan bestreuen, mit Butter beträufeln und im Ofen backen.

Spinatauflauf: den Spinat gar dünsten, pürieren, mit etwas Butter auf dem Herd trocken rühren, mit Béchamelsauce und Eigelb binden, mit Salz, Pfeffer und Muskatnuß würzen, steifgeschlagenes Eiweiß unter die Masse ziehen, in ausgebutterte Auflaufform füllen, mit geriebenem Parmesan bestreuen, mit Butter beträufeln und im Ofen abbacken.

Spinatbrot: den Spinat auf → französische Art zubereiten, leicht auskühlen lassen, mit Eiern verrühren, in ausgefettete Becherformen füllen und im Wasserbad garziehen lassen.

Spinatfarbe, Spinatgrün, → Spinatmatte.

Spinatkartoffeln: aus Herzoginkartoffelmasse kleine Böden (Nester) auf eine Backplatte spritzen, mit Ei bestreichen und leicht anbacken; mit gedünstetem Spinat füllen, dicke Béchamelsauce darüberziehen, mit geriebenem Parmesan bestreuen, mit Butter beträufeln und im Ofen fertigbacken.

Spinatkrapfen: Spinatblätter mit siedendem Wasser überbrühen, pürieren, mit Yorkshirepuddingteig oder einem einfachen Nudelteig verarbeiten und kleine, nicht zu dünne Plätzchen bakken.

Spinatmatte (Spinatfarbe, Spinatgrün), zum Grünfärben von Speisen, vor allem Saucen: gewaschenen und gut abgetropften Spinat im Mörser zerstoßen, den Saft durch ein Tuch auf einen flachen Teller gießen, den Teller auf einen Topf mit kochendem Wasser stellen, wobei der Spinatsaft gerinnt, die Flüssigkeit abgießen, das Spinatgrün bleibt als dünne Schicht, als »Matte« auf dem Teller zurück.

Spinatsalat: junge Spinatblätter ganz kurz überbrühen, abtropfen und mit gehackten Sardellenfilets in Essig-Öl-Marinade einlegen.

Spirituosen, alkoholreiche Getränke wie Branntweine und Liköre.

Spitzbeine, → Schweinsfüße.

Spitzenhippen: 50 g Butter mit 50 g Zucker und 1 Päckchen Vanillezucker schaumig rühren, 50 g Mandelstifte und 30 g Mehl hinzufügen, kleine Häufchen auf ein gefettetes Backblech setzen, sehr dünn und möglichst rechteckig ausstreichen, im heißen Ofen backen, noch warm über ein Rundholz biegen.

Spitzkohl (Filderkraut), blaugrüner, kegelköpfiger, zarter Verwandter des Weißkohl, der auf den Fildern, einer fruchtbaren Ebene bei Stuttgart, angebaut und hauptsächlich zu feinem Sauerkraut verarbeitet, zunehmend aber auch als recht schmackhaftes Gemüse geschätzt wird. Der Spitzkohl ist nicht so robust wie die anderen Kohlarten und sollte daher innerhalb von 2 Tagen nach dem Einkauf verwendet werden. Will man ihn garen, so genügen 8 bis 10 Minuten bei niedriger Temperatur, um sein feines Aroma zu erhalten.

Spitzkohl, chinesisch: die Blätter sehr fein hacken und in Sesamöl dünsten, mit geriebenem Ingwer und Sojasauce aromatisieren.

Spitzkohlsalat: den Spitzkohl in feine Streifen schneiden, gehackte Zwiebel hinzufügen, das Ganze mit Mayonnaise binden und mit Salz und Pfeffer, vielleicht auch mit frisch geriebener Muskatnuß würzen.

Spitzlaube, → Uckelei.

Spoom, amerikanisches Eisgetränk aus Weißwein bzw. Schaumwein (Sekt) und geschlagenem Eiweiß, über Eiswürfel eingeschenkt.

Sportsmannsalat: Räucherlachsstreifen, Eierscheiben, Blumenkohlröschen, gewürfelte rote Rüben und Brunnenkresse getrennt mit Senfsahne anmachen.

Sprengling, → Äsche.

Springerle, süddeutsches Weihnachtsgebäck: 250 g Zucker und 3 Eier schaumig rühren, 1 Prise Hirschhornsalz hinzufügen, mit 250 g Mehl verarbeiten, den Teig zugedeckt etwas ruhen lassen, 5 mm dick ausrollen, in bemehlte Holzformen drükken, aus den Formen nehmen, auf ein gefettetes, mit Anis bestreutes Backblech setzen, über Nacht trocknen lassen, bei mäßiger Wärme im Ofen schön hell backen.

Spritzbeutel (Spritzsack, Dressiersack), Küchengerät zum Dekorieren von Torten, Gebäck, Süßspeisen, Speisen der kalten Küche usw. mit Spritzglasur, Schlagsahne, Cremes, Mayonnaisen u. dgl. sowie zur Herstellung von Spritzkuchen.

Spritzflasche, → Dashbottle.

Spritzglasur, Glasur zum Spritzen von Dekors und Namen auf Kuchen und Torten: 1 rohes Eiweiß mit 125 g Puderzucker verarbeiten, bis die Masse schneeweiß und schön geschmeidig ist, die Glasur mit einigen Tropfen Zitronensaft spritzfähig machen.

Spritzkuchen (Auflaufkrapfen, Beignets soufflés), durch Sterntülle gespritztes, kringelförmiges Brandteiggebäck: 1/4 l Milch mit 1 EL Zucker, 50 g Butter, 1 Prise Salz und etwas abgeriebener Zitronenschale aufkochen, 200 g Mehl hineinarbeiten, den Teig auf der Herdplatte rühren, bis er sich vom Löffel löst, zuletzt 5 Eier unter den Teig mischen, auf gefettetes Pergamentpapier spritzen, in Fett schwimmend goldgelb backen, abtropfen und mit Puderzucker bestäuben; nach Wunsch mit Vanille- oder Fruchtsauce oder mit Weinschaum anrichten.

Spritzsack, → Spritzbeutel.

Sprossen, → Keimlinge.

Sprossenkohl, → Rosenkohl.

Sprotte (Breitling), kleiner Heringsfisch der Nord- und Ostsee. Sprotten werden überwiegend geräuchert. Berühmt sind die → Kieler Sprotten. Gesalzen kommen sie als (unechte) Anschovis in den Handel. An der Küste werden sie auch frisch verzehrt: ausgenommen, gemehlt, reihenweise aufgespießt und in Fett gebacken.

spumante, italienische Bezeichnung für schäumend, z. B. in der Verbindung Asti spumante für Schaumwein des berühmten Weinbaugebietes um Asti/Piemont.

Squash nennen die Amerikaner nicht nur das weitverbreitete Ballspiel, auch das Erfrischungsgetränk aus entsafteten Früchten ist hier nicht gemeint, sondern ein kalorienarmer gelbgrüner Kürbis aus tropischen Gegenden, der eher einem plattgeschlagenen Squashball ähnelt als einer Gemüsefrucht. Da ein Geschmack kaum feststellbar ist, muß man das Squashgemüse kräftig würzen. Die Vorbereitung entfällt, da die im allgemeinen jungen Früchte ungeschält samt Kerngehäuse verwendet werden.

Squash in Backteig: die Früchte in dicke Scheiben schneiden, die Scheiben seitlich aufschlitzen und mit einer scharfen Würzsauce füllen, salzen und pfeffern, durch Backteig ziehen und in Fett schwimmend goldgelb backen. Eine pikante Beilage zu gegrilltem Fleisch, zu Spießen und Würsten.

St. -, → Saint -.

St. Andreas, à la: Fisch in Butter braten, auf Sauerampferpüree anrichten, mit gehacktem Ei und Petersilie bestreuen und mit brauner Butter übergießen. – St. Andreas, Apostel der Russen.

Stäbchenkartoffeln, → Pommes frites.

Stachelanone (Guanabana, Sauersack), Anonen- bzw. Cherimoyaart, die in zahlreichen tropischen Gebieten kultiviert wird, vor allem in Thailand und Südamerika. Die 15 bis

35 cm großen, herzförmigen Früchte werden bis 2 kg schwer. Die dunkelgrüne Schale ist mit bis zu 3 cm langen, fleischigen Stacheln bewehrt. Das mit zahlreichen dunkelbraunen Samenkörnern durchsetzte elfenbeinfarbene Fruchtfleisch schmeckt angenehm säuerlich und wirkt erfrischend. Man sollte es sofort nach dem Anschneiden mit Zitronensaft beträufeln, damit es sich nicht verfärbt. Stachelanonen aromatisieren Milchmixgetränke, man püriert sie für Crèmes oder trinkt den ausgepreßten Saft.

Stachelbeeren (Krausbeeren, Krusebeeren), Beerenobst in zahlreichen Kulturformen: mit weißgrünen, grünen, gelben und roten, behaarten und glatten, kirsch- bis pflaumengroßen Früchten. Stachelbeeren haben einen sehr hohen Zuckergehalt. Sie werden vor allem zu Kompott, Konfitüre oder Obstwein verarbeitet.

Stachelbeerkaltschale: unreife Stachelbeeren mit Zucker und etwas Vanille in wenig Wasser dünsten, passieren, mit Weißwein verrühren, eiskalt auftragen; dazu Löffelbiskuits.

Stachelbirne, → Tuna.

Stachelfeige, → Kaktusfrüchte.

Stachelhummer, → Languste.

Stachelrochen, → Rochen.

Stachys (Knollenziest, japanische Artischocken, japanische Kartoffeln), Verwandter des bei uns verbreiteten, wildwachsenden Sumpfziestes. Die unterirdischen, vielfach verzweigten Ausläufer verdicken sich zu 5–7 cm langen und 1–2 cm dicken, schrumpeligen, eßbaren Knollen. Die Heimat der Stachys ist Japan, sie werden aber seit rund 200 Jahren auch in Frankreich, England, Deutschland und der Schweiz angebaut. Die Knollen sind schmackhaft, nährstoffreich, leicht verdaulich und für Diabetiker geeignet. Sie werden als Gemüse oder Salat verwendet. – *Vorbereitung*: die Stachys einige Minuten in siedendes Salzwasser legen, dem auch etwas Soda beigegeben wurde, die Haut dann in kaltem Wasser abreiben und die Knollen in leicht gesalzenem Wasser schön knackig kochen.

Stachys in Backteig: die Knollen in leicht gesalzenem Wasser schön knackig kochen, abtropfen, gut würzen, durch Backteig ziehen und in Fett schwimmend backen.

Stachys nach der Art von Ferrara: gehackte Zwiebel und gehackten rohen Schinken in Butter anschwitzen, etwas Tomatensauce auffüllen, die vorgekochten Stachys hineingeben, dick mit geriebenem Käse bestreuen, mit Butter beträufeln und überbacken.

Stachys nach der Art von Madras: die gargekochten Knollen mit Currysauce binden und mit gehacktem Ei und gehackter Petersilie bestreuen.

Stachys auf Mailänder Art: die Knollen in Butter nicht zu weich dünsten, in eine Backform schichten, dabei lagenweise mit geriebenem Parmesan bestreuen, braune Jus einsikkern lassen, nochmals mit Käse bestreuen, mit Butter beträufeln und überbacken.

Stachyskroketten: die Knollen in Salzwasser kochen, grob hacken, mit dicker deutscher Sauce und Eigelb binden, auskühlen, zu kleinen Rollen oder Kugeln formen, mit geriebenem Weißbrot panieren und in Fett schwimmend backen.

Stachyspüree: die Knollen in Salzwasser kochen, durch ein Sieb streichen, mit etwas Kartoffelpüree binden und mit Sahne und Butter vollenden.

Stachyssalat: enthäutete, gewaschene und knackig gekochte Stachys kleinschneiden und mit Kräutermarinade anmachen.

Staël, à la: große, mit Geflügelpüree gefüllte Champignonköpfe, grüne Erbsen, flache Hühnerkroketten sowie Madeirasauce zu kleinen Fleischstükken oder Geflügelbrüstchen. – Anne Louise Germaine, Baronne de Staël-Holstein, 1766–1817, bedeutende französische Schriftstellerin (Über Deutschland; Corinne).

Stampfkartoffeln, → Kartoffelpüree.

Stangensellerie, → Bleichsellerie.

Stangenzimt, → Zimt.

Stanislaussalat: Streifen von Bleichsellerie und Grapefruits sowie Weintrauben auf Kopfsalatblättern anrichten und mit Essig-Öl-Marinade übergießen; mit gehackten Nüssen bestreuen.

Starapfel, → Sapote.

Stärke, wichtiger pflanzlicher Nährstoff und Küchenhilfsstoff. Stärke ist vor allem in Getreidekörnern, in Kartoffeln, Hülsenfrüchten usw. enthalten. So unterscheidet man u. a. Maisstärke, Reisstärke, Kartoffelstärke, Weizenstärke (Weizenpuder), Sagostärke, Pfeilwurzelmehl (Arrowroot). Stärke quillt in 60–70°C warmer Flüssigkeit und wird breiig. Diese bindende Eigenschaft nutzt man bei der Bereitung von Suppen, Saucen, Puddings, Teigwaren, Backwaren u. dgl.

Stärkemehl, → Stärke. Am gebräuchlichsten sind Maisstärke (Gustin, Maizena, Mondamin usw.), Pfeilwurzelmehl und Kartoffelstärke.

Staubzucker, → Puderzucker.

Staudensellerie, → Bleichsellerie.

Steak (engl. Stück), Fleischscheibe, die meistens gebraten oder gegrillt wird. Man unterscheidet Beefsteak, Club Steak, Filetsteak, Hacksteak, Porterhouse Steak, Round Steak, Rumpsteak, Sirloin Steak, T-Bone-Steak; Kalbssteak; Schweinesteak; Hammelsteak; Lammsteak; Hirschsteak; Rehsteak usw.

Steak-and-Kidney-Pie, englische Rindfleisch- und Nierenpastete: in eine ausgebutterte feuerfeste Schüssel schichtweise fingerdicke Scheibchen von zartem, magerem Rindfleisch und von Hammelnieren (notfalls auch andere Nieren) sowie Pilze aller Art geben, gut mit Salz und Cayennepfeffer würzen, mit Fleischbrühe auffüllen und nach dem Grundrezept für → Pies weiterbehandeln.

Steak, Berliner, → Berliner Steak.

Steak-Marinaden sollen Steaks und andere Fleischscheiben zart und mürbe machen und sie zugleich würzen. Steak-Marinaden enthalten immer säurehaltige Bestandteile wie Wein, Essig oder Buttermilch, die auf die Fleischfasern einwirken und sie aufweichen. Die Dauer der Beizung richtet sich nach Art und Qualität des Fleisches und beträgt im allgemeinen zwischen 2 und 24 Stunden. – *Marinade für Rindersteak:* 1/8 l Rotwein, 2 EL Öl, 1 EL Tomatenmark, 1 TL scharfer Senf, 1 Schuß Sojasauce, 1 Msp Origano, je 1 kräftige Prise Salz und Cayennepfeffer. – *Marinade für Hammelsteak:* 1/8 l Weißwein, 1 EL Öl, 3 EL Weinessig, je 1 kleingeschnittene Mohrrübe und Zwiebel, 1 Gewürznelke, 2 zerdrückte Wacholderbeeren, etwas Thymian.

Steckrüben, → Kohlrüben.

Steeple chase (engl. Hindernisrennen), Bezeichnung für Speisen, deren Hauptbestandteil (Fleisch, Geflügel,

Wild) vielfältig garniert ist, mit Ölsardinen, gefüllten Lachstüten, Mixed Pickles, Eiern usw.

steifmachen: weißes Fleisch oder Geflügel kurz anbraten, ohne es zu bräunen, um die Poren zu schließen. – Fleisch oder Geflügel mit siedendem Wasser begießen, um die lappige Haut zu straffen und damit das Spikken zu erleichtern oder – beim Schwein – die Schwarte rautenförmig einritzen zu können. – Frische Austern im eigenen Saft kurz erhitzen, um sie saftig zu erhalten.

Steinaal, → Dornhai.

Steinbeeren, → Preiselbeeren.

Steinbeißer (Seewolf, Wolfsfisch, Katfisch, Klippfisch, Karbonadenfisch, Austernfisch), nordatlantischer Seefisch mit mächtigem Gebiß zum Zermalmen von Muscheln. Der Steinbeißer wird 1–2 m lang und hat ein fettes, wohlschmeckendes Fleisch, das sich sehr gut zum Räuchern eignet.

Steinbuscher, halbfester Schnittkäse in Ziegelform, von mildem bis pikantem Geschmack.

Steinbutt (Turbot), schuppenloser Plattfisch, der in der Nordsee, im Atlantik und im Mittelmeer gefangen wird. Der Steinbutt wird bis 40 kg schwer, doch kommen meist nur Jungfische zwischen 1 und 5 kg auf den Markt. Das Fleisch ist reinweiß, fest und sehr wohlschmeckend. Das feinste Fleisch liefert der Nordsee-Steinbutt. Neben der Seezunge gilt der Steinbutt als edelster Seefisch. Für den Steinbutt eignen sich nahezu alle Zubereitungsarten: kochen, dämpfen, garziehen, dünsten, braten, grillen, backen. – Schon im alten Rom wurde der Steinbutt hoch geschätzt. So berichtet der römische Dichter Juvenal (58–140 n. Chr.) in seiner 4. Satire über den Fang eines außergewöhnlich großen Exemplars, das die Fischer dem Kaiser Domitian verehrten und dafür auf Lebenszeit zu Mitgliedern des herrschaftlichen Gefolges ernannt wurden.

Steinbutt, holländisch: einen Steinbutt oder Steinbuttstücke in Salzwasser und etwas Milch garziehen lassen, mit Petersiliensträußchen anrichten; dazu zerlassene Butter und Salzkartoffeln.

Steinbutt Saint-Malo: Steinbuttfilets mit Salz und weißem Pfeffer würzen, einölen und auf dem Rost braten; dazu Bratkartoffeln und Saint-Malo-Sauce.

Steinhäger, Wacholderbranntwein, der ursprünglich nur in dem westfälischen Städtchen Steinhagen gebrannt wurde. Die großen Steinhägersorten kommen in schlanken, grünen Glaskruken und in braunglasierten Steinkrügen zum Verkauf. Der Alkoholgehalt beträgt mindestens 38 Vol. %.

Steinmetzbrot, Schwarzbrot aus Vollkorn, dessen wertlose äußere Holzfaserschicht in einem Spezialverfahren entfernt wurde. Die Körner werden dann zu Schrot oder Mehl vermahlen, das Brot langsam in Formen gebacken. – Der deutsche Ingenieur Stefan Steinmetz (1858–1930) erfand das Naßschälverfahren für Brotgetreide.

Steinpilz-Champignons (Egerlinge), braunköpfige Art der sonst weißköpfigen Champignons, wird heute ebenfalls auf kompostiertem Pferdemist gezogen. Die Köpfe schmecken würziger, ihr Duft erinnert an Anis. – *Rezepte:* → Champignons.

Steinpilze (Herrenpilze, Herrlinge), hochgeschätzte und begehrte Pilzart mit braunem Hut, weißen bis olivgrünen Röhren und knolligem bis keulenförmigem Stiel; das Pilzfleisch schmeckt angenehm nußartig. Steinpilze werden von Mai bis August gesammelt. Man findet sie in nahezu allen gemäßigten Zonen, immer in der Nähe beliebiger Waldbäume, mit denen sie eine Lebensgemeinschaft eingehen, selten auf reinen Kalkböden. Sie kommen frisch, als Konserve und getrocknet in den Handel und eignen sich für zahlreiche Zubereitungsarten. – *Vorbereitung:* den Stiel der frischen Pilze sorgfältig putzen, die Pilze gut waschen, abtrocknen, in mehr oder weniger dicke Scheiben schneiden und nach Rezept weiterverarbeiten.

Steinpilze auf Bordelaiser Art: die vom Stiel getrennten Köpfe in Scheiben schneiden, salzen und pfeffern, in heißem Öl braten; nebenher die feingehackten, kräftig gewürzten Stiele sowie gehackte Schalotten ebenfalls in Öl braten, die Pilzscheiben damit bedecken, mit Zitronensaft abschmecken und reichlich Petersilie darüberstreuen.

Steinpilze, gefüllt: frische, geputzte Pilze entstielen, die Ausbruchstelle etwas aushöhlen; aus den feingehackten Stielen, gehacktem Schinken, gehackter Petersilie, Paniermehl, Eigelb, Salz und Pfeffer eine pikante Farce bereiten, in die Pilzköpfe füllen, die gefüllten Pilze mit geriebenem Weißbrot bestreuen, mit Butter beträufeln und im Ofen backen.

Steinpilze, gegrillt: Köpfe von großen Steinpilzen mit gehackten Schalotten, Knoblauch und Olivenöl marinieren, abtrocknen, in Butter tauchen und auf dem Rost braten; dazu Kräuterbutter.

Steinpilze auf Genueser Art: feingehackte Zwiebel und etwas Knoblauch in Öl anschwitzen, dünne Steinpilzscheiben beifügen, salzen und pfeffern, die Pilze gar dünsten; getrennt davon Auberginen- und Gurkenscheiben mit etwas Salz und Lorbeerblatt ebenfalls in Öl dünsten; alles durcheinandermischen, Weißwein hinzugießen und zugedeckt gar machen.

Steinpilze, griechisch: 2 Teile Weißwein, 2 Teile Wasser, 1 Teil Olivenöl mit Zitronensaft, Pfefferkörnern, etwas Lorbeerblatt und Salz aufkochen und kleingeschnittene Steinpilze darin garen; im Fond auskühlen, herausnehmen und sehr kalt mit etwas Fond übergossen auftragen.

Steinpilze, russisch: viel grobgehackte Zwiebel in Butter goldgelb anbraten, die in Scheiben geschnittenen Pilze dazugeben, salzen, pfeffern, dünsten, bis fast alle Flüssigkeit verdampft ist; saure Sahne hinzugießen und schön sämig kochen, zuletzt Petersilie und frischen Dill über die Pilze streuen.

Steinpilze in Sahne: gehackte Zwiebel in Butter anschwitzen, frische, geputzte Steinpilze in Scheiben schneiden, hinzufügen und dünsten; Sahne dazugeben, gut durchkochen, salzen und pfeffern.

Steinpilze, überbacken: dünne Steinpilzscheiben mit gehackter Zwiebel in Öl dünsten, kleingeschnittene Tomaten hinzufügen, salzen und pfeffern, mit Paniermehl und geriebenem Käse bestreuen, mit Butter beträufeln und im Ofen überbacken.

Steinpilze, ungarisch: grobgehackte Zwiebel in Butter anschwitzen, Scheiben von frischen, geputzten Steinpilzen hinzugeben, ebenfalls anschwitzen, mit Salz und Paprika würzen, mit Sahne auffüllen, dick einkochen.

Steinpilzöl, würzende Zutat zu Vinaigrettes, Pilzsaucen, Risottos. 25 g getrocknete Steinpilze in eine weithalsige Viertelliterflasche mit Sonnenblumenöl geben und mindestens drei Wochen darin ziehen lassen.
Steinpilzsalat: Steinpilze in Scheiben schneiden und mit feingehackter Zwiebel in Öl dünsten, mit Weinessig, Salz und Pfeffer anmachen; eiskalt anrichten.
steirische Poganze, Kuchenspezialität aus der Steiermark: 750 g geraspelte Äpfel, 100 g eingeweichte Rosinen, 50 g Butter und 50 g Zucker vermischen; einen einfachen Hefeteig etwa fingerdick ausrollen, in 5 Teigplatten schneiden, die erste Platte in eine gefettete Backform legen, mit Butter bestreichen, ein Viertel der Apfel-Rosinen-Füllung darauflegen, die zweite Teigplatte darüberdecken, mit Butter bestreichen, wieder ein Viertel der Füllung daraufgeben usw. und zuletzt die fünfte Teigplatte darüberdecken, mit Butter bestreichen und den Kuchen langsam im Ofen backen.
Stelzen, österreichische Bezeichnung für → Eisbein.
Stengelmangold, → Mangold.
Stengelsellerie, → Bleichsellerie.
sterilisieren, haltbarmachen von Nahrungsmitteln durch längeres Erhitzen auf Temperaturen über 100° C. Das Sterilisieren bewirkt starke geschmackliche Veränderungen und die Zerstörung der Vitamine.
Sternanis (Badian), gemahlene Früchte des 10–12 m hohen Sternanisbaumes, der nur in Südchina gedeiht. Die sternförmigen Früchte setzen sich aus mehreren, winzigen Kähnen gleichenden Fruchtschalen zusammen, die die dunkelbraunen, glänzenden, etwa 8 mm langen Samenkerne enthalten. Das Aroma des Sternanis ist feiner und kräftiger als das des Anis. Sternanis wird als Pfefferkuchengewürz, für Pflaumenmus und für alkoholische Getränke (Grog, Liköre) verwendet.
Sternfrucht, → Karambole.
Sterntülle, zum Spritzen von Schlagsahne, Cremes, Pasten, leichten Teigmassen usw. in hübscher Musterung. Zubehör zum → Spritzbeutel.
Stertspitz, → Tafelspitz.
Sterz, österreichische Spezialität aus der Steiermark: Maismehl mit geschmolzenem Schweineschmalz verarbeiten, salzen und zu dünnen Fladen backen. – Oder: Maisgrieß mit Salzwasser zu einem dicken Brei kochen, reichlich ausgebratene Speckwürfel (Grieben) darunterziehen.
Stew (engl), Gedünstetes, Geschmortes. → Irish Stew.
Stielmangold, → Mangold.
Stielsellerie, → Bleichsellerie.
Stilton, englischer roquefortähnlicher Schimmelkäse, der gern mit einem Schuß Portwein veredelt wird. 48 bis 55% Fett i. Tr.
Stint (Spierling), kleiner Lachsfisch der nordeuropäischen Küstengewässer und Flußmündungen. Das zarte Fleisch duftet leicht nach Veilchen bzw. Gurke und schmeckt ausgezeichnet. Stinte werden meistens gebacken, aber auch geräuchert oder mariniert.
Stinte, gebacken: die Stinte durch die Kiemen ausnehmen und mit einem Tuch abwischen, in Mehl wenden, durch Milch oder Ei ziehen, mit Paniermehl bedecken und in Fett schwimmend backen; dazu gebackene Petersilie und Zitronenviertel.
Stockente, bekannteste → Wildente,

1 Stachelbeere 2 Steinpilz 3 Stockschwämmchen 4 Stör 5 Tamarillo

die die ganze nördliche Erdhälfte bewohnt und bei uns auf allen Teichen und Seen anzutreffen ist. Schnecken, Würmer, Insekten und Wasserpflanzen sind ihre bevorzugte Nahrung.

Stockfisch, an der Luft auf Stockgerüsten getrockneter, ungesalzener Seefisch (Kabeljau, Seelachs, Schellfisch). Durch das Trocknen verliert der Fisch erheblich an Geschmack, das Fleisch wird herb und schwer verdaulich. Vor der Zubereitung muß Stockfischfleisch ausgiebig gewässert werden. Mit der Einführung der Tiefkühltechnik ist der Stockfisch vorübergehend in Vergessenheit geraten, wird aber in den Mittelmeerländern, vor allem an den Atlantikküsten, nach wie vor auf viele Arten sehr delikat zubereitet. – Vgl. → Klippfisch.

Stockfisch nach Biskaya-Art, baskische Spezialität: Die ausgiebig gewässerten Stockfischstücke in Olivenöl anbraten, warm stellen; im selben Öl rohen Schinken und Räucherspeck, beides in Würfel geschnitten, gehackte Zwiebel und Knoblauch glasig dünsten, dann Paprikaschoten und etwas Wasser hinzugeben und eine Weile köcheln lassen, mit Salz und Pfeffer abschmecken, die angebratenen Fischstücke darauf setzen und alles im Ofen etwa 20 Minuten bei 175°C fertig garen.

Stockfisch, bürgerlich: gut gewässerte Stockfischstücke gar kochen, kurz in Butter dünsten, geröstetes Paniermehl darüberstreuen; dazu Sauerkraut und Bratkartoffeln.

Stockfischbrandade, → Brandade.

Stockmorchel, → Lorchel.

Stockschwämmchen, kleiner ockerfarbener Blätterpilz, der büschelweise auf morschem Holz wächst und gern als Suppenpilz verwendet wird. Zu verwechseln ist der Pilz nur mit dem giftigen Schwefelkopf, der aber schwefelgelb ist und keine braunen Schuppen am Stiel hat.

Stollen (Christstollen), → Dresdener Stollen.

Stonsdorfer, aus Schlesien stammender Kräuterlikör aus Heidelbeeren, gewürzt mit Arnika, Bärwurz, Baldrian, Engelwurz, Enzian, Fingerhut, Isländisch Moos, Liebstöckel, Läusekraut, Meisterwurz, Milzfarn, Nieswurz, Pestwurz, Pfefferminze, Schwalbenwurz, Süßdolde u. a. – Alkoholgehalt: 32 Vol. %.

Stopfleber, → Gänseleber.

Störe, artenreiche Unterordnung der Schmelzschuppenfische, die besonders im Schwarzen und Kaspischen Meer gefangen werden. Zu den Stören zählen der Hausen, der Waxdick, der Scherg, der Sterlet. Das Fleisch der Störe ist sehr schmackhaft; es kommt mild gesalzen und kalt geräuchert auf den Markt und wird wie Räucherlachs in dünnen Scheiben angerichtet. Der Störrogen wird zu → Kaviar verarbeitet, das Rückenmark zu → Vesiga. – Störe laichten früher in allen europäischen Flüssen. Der römische Dichter Ausonius (4. Jahrhundert n. Chr.) pries in seiner »Mosella« den Stör als »friedlichen Wal der Mosel«. Friedrich der Große versuchte vergeblich, den Fisch in den brandenburgischen Seen und sogar im Stadtgraben von Stettin zu züchten. Doch die Köstlichkeit seines mild gesalzenen Rogens war damals außerhalb Rußlands noch wenig bekannt.

Stotzen, schweizerische Bezeichnung für Keule.

Stout, englisches Bier, das aus Reis- und Maismalz gebraut wird, stark gehopft ist und bis 25% Stammwürze enthält.

Stracchino, ein mildwürziger Weichkäse aus Italien, dem Gorgonzola verwandt, aber ohne Blauschimmel.

strammer Max, Scheibe Brot mit Schinken und Spiegelei.

Strandkohl, → Meerkohl.

Straßburger Art (à la strasbourgeoise): mit Räucherspeckscheiben und Weißwein gedünstetes Sauerkraut, gebratene Gänseleberscheiben sowie Bratensaft zu Fleisch, Gans oder Ente.

Straßburger Bäckerofen, ein köstlicher Eintopf aus dem Elsaß: je 250 g Rind, Schwein und Hammel, jeweils von der Schulter, 24 Stunden zugedeckt in einer Marinade aus 3–4 in Scheiben geschnittenen Zwiebeln, 2–3 Knoblauchzehen, 2 Lorbeerblättern, 1 Zweig Thymian, einigen Petersilienstengeln, je 1 TL Wacholderbeeren und Pfefferkörner, 5 Gewürznelken und 1/4 l trockenem Weißwein ziehen lassen; 500 g Kartoffeln schälen, in dicke Scheiben schneiden und mit diesen den Boden eines Tontopfes auslegen, salzen, die Fleischstücke mit der gesamten Marinade daraufgeben, alles mit Salz und Pfeffer würzen, den Deckel des Tontopfes mit einem Teigband (aus Mehl und Wasser geknetet) verschließen und das Gericht im Herd bei 200° C etwa 2 1/2 Stunden garen.

Strauß, wegen ihrer schönen Federn, neuerdings aber auch wegen ihres schmackhaften Fleisches gezüchtete Vogelart. Mit einer Scheitelhöhe bis 2,60 m und einem Gewicht bis 140 kg ist der Strauß der größte lebende Vogel. Straußenfleisch, vor allem aus der Keule geschnittene Steaks, gelangt seit der BSE-Krise 2000/2001 zunehmend in den Handel.

Street Food: (engl: Straßenkost): an Imbißständen angebotenes Essen.

Streichholzkartoffeln (Pommes allumettes): geschälte rohe Kartoffeln in Streichholzform schneiden, in heißem Fett backen und mit feinem Salz bestreuen.

Stremellachs, hängend heißgeräucherte Filetstücke von Lachs oder Lachsforelle.

Streuselkuchen, schlesisch: aus 250 g Mehl, 50 g Butter, 65 g Zucker, 1/8 l Milch, 20 g Hefe und 1 Prise Salz einen → Hefeteig bereiten, den gut gegangenen Teig etwa 1/2 cm dick ausrollen und auf ein gefettetes Backblech legen; 150 g Mehl, 80 g Butter, 100 g Zucker und 3 g Zimt zu Streuseln verarbeiten, auf den Hefeteig streuen; den Kuchen backen. – Nach ähnlichem Rezept wird Streuselkuchen heute in ganz Deutschland gebacken.

Striezel, süd- und ostdeutsche Bezeichnung für längliches Hefegebäck.

Striploin, → Rinderlende.

Stroganowsalat: grüne Erbsen, Spargelspitzen, Streifen von Karotten und Trüffeln mit Mayonnaise binden, mit gehackten Kräutern und halbierten, hartgekochten Kiebitzeiern garnieren.

Strohkartoffeln (Pommes pailles, Kartoffelstroh): geschälte rohe Kartoffeln in feine Nudelstreifen schneiden, in sehr heißem Fett backen und mit feinem Salz bestreuen.

Strohwein, Dessertwein aus Trauben, die auf Strohmatten in der Sonne eingetrocknet wurden.

Strudel, österreichische »Mehlspeise«, gefüllte Teigrolle, die gebacken oder gekocht wird; als Teig wählt man je nach Füllung Hefe-, Blätter- oder Strudelteig. Strudel können Süßspeise (→ Apfelstrudel, → Kirschstrudel, → Topfenstrudel) oder Beilagenspeise (→ Grießstrudel, → Lungenstrudel) sein; sie kommen warm oder kalt auf den Tisch. Strudelteig: 300 g Mehl, 50 g Butter oder Schweineschmalz, 1 Ei, 1 Prise Salz und wenig lauwarmes Wasser zu einem zähen, glatten Teig verarbeiten, den Teig zu einer Kugel formen, leicht mit Öl bestreichen, etwa 30 Minuten ruhen lassen und nach Rezept weiterverarbeiten.

Strünkchen, → römischer Salat.

Stubben, → Blaufelchen.

Stuten, kastenförmiger Hefekuchen aus Mehl, Milch, Zucker, wenig Fett und Rosinen oder Korinthen.

Su, → Reisessig.

Subenhara, holländischer Weichkäse, 50 % Fett i.Tr., mit hellgelbem, von Brennesseln (Brandneteln) durchzogenem Teig, sehr würzig.

Subriks, kleine Plätzchen aus kleinwürfelig geschnittenen Bestandteilen wie Fleisch, Geflügel, Wild, gebunden mit Eigelb oder dicker Sauce, in Mehl gewendet und in Öl gebacken.

Succini, → Zucchini.

Suchet, à la: Streifen von Porree, Knollensellerie und Mohrrüben in Butter dünsten, mit Weißweinsauce und Trüffelstreifchen zu gedünstetem Fisch geben. – Louis Gabriel Suchet, Herzog von Albufera, 1770–1826, französischer Marschall.

Sud, würzige Brühe, in der Fleisch oder Fisch gekocht wird.

südliche Art (à la méridionale): gedünsteter Sauerampfer, grüne Erbsen, gefüllte Tomaten, gebratene Steinpilze sowie Madeirasauce zu Fleisch. – Mit gewürfelten Tomaten und Safran in Fischfond und Öl gedünsteter Fisch.

Südwein, → Dessertwein.

Sugo (ital. Sauce, Saft), italienische Spezialität, ein raffiniert gewürztes Püree aus regional unterschiedlichen Bestandteilen, wie Fleisch, Fisch, Meeresfrüchte, Gemüse, Pilze, als Beigabe zu Nudeln (Pasta) oder Brot.

Sukiyaki, japanische Spezialität, eine Art Fleisch- und Gemüsefondue: in einer Pfanne auf dem Rechaud – in Japan ist es eine Sukiyaki-Pfanne auf einem kleinen Holzkohleofen – etwas kleingeschnittenes Kalbsfett ausbraten und mit einer pikanten Mischung aus Pilzfond, Sojasauce und Sake (Reiswein) verrühren; darin in beliebiger Reihenfolge dünn geschnittene Scheiben von Rinderfilet, Schinken, Karotten, Zwiebeln, Porree, Paprika, Chicorée, Bambussprossen, Pilzen usw. gar dünsten und mit Hilfe von Stäbchen oder Spießen verspeisen, die gar gemachten Fleischscheiben vor dem Verzehr kurz in geschlagenes Ei tauchen; als Beilage werden Reis, Pickles, Kopfsalat, Mandarinorangen usw. sowie grüner Tee und Sake gereicht.

Sukkade, kandierte Fruchtschale, z. B. → Orangeat, → Zitronat.

Sukkerbrunede Kartofler, dänisches Kartoffelgericht: Schweineschmalz und Zucker so lange rösten, bis der Zucker goldbraun karamelisiert, darin sehr kleine Pellkartoffeln schwenken, mit Salz und etwas geriebener Muskatnuß würzen.

Süllo, → Zander.

Sultaninen, getrocknete Beeren der Sultanatraube. Sie sind klein, rund, goldgelb bis goldbraun, kernlos und sehr süß. Die besten Sultaninen kommen aus der Türkei, aus Griechenland, Kalifornien (USA) und Australien.

Sultans-Art (à la sultane): Geflügelbrüstchen mit Ei, geriebenem Weißbrot und gehackter Trüffel panieren, in Butter braten und auf Hühnerfarce anrichten; dazu Torteletts mit Trüffelpüree, Hahnenkamm und Pistazien sowie Geflügelrahmsauce mit Currypulver.

Sulz, → Gelee.

Sulzbrot (Pain): stark konzentrierte Fleisch-, Geflügel-, Wild- oder Fischbrühe mit Eigelb und Butter wie holländische Sauce aufschlagen, mit Fleisch-, Geflügel-, Wild- bzw. Fischpüree und Gelatine vermischen, Schlagsahne darunterziehen und kleine Scheibchen der Hauptzutat hinzufügen, in Formen füllen, im Kühlschrank erstarren lassen und stürzen.

Sülze, kleingeschnittenes Fleisch oder Geflügel in gelierter Brühe.

Sulzgericht, → Aspik, → Chaudfroid.

Sülzkotelett: ein Kotelettstück vom Schwein mit Suppengemüse in Salzwasser weich kochen, herausnehmen, von den Knochen lösen und in Scheiben schneiden; die Brühe abschäumen, entfetten, einkochen und mit Gelatine vermischen; Kotelett- oder andere flache Formen kalt ausspülen, mit der Geleebrühe etwa 3 mm dick ausgießen, mit Gurken, Mohrrüben- und Eierscheiben dekorieren, je ein Kotelett daraufsetzen, mit der stokkenden Brühe auffüllen und im Kühlschrank erstarren lassen.

Sulzmayonnaise, mit aufgelöster Gelatine versetzte Mayonnaise, die dadurch mehr Halt bekommt.

Sulzsauce, → Chaudfroidsauce.

Sumpfschnepfe (Bekassine), begehrtes Federwild, → Schnepfe.

Sundries (engl: verschiedene), pikante Happen zum Cocktail.

Suppen, leichte, nahrhafte und bekömmliche Speisen, die vor dem Hauptgang, oft aber auch allein gereicht werden. Nach Brillat-Savarin erfreut eine gute Suppe den Magen und macht ihn zur Nahrungsaufnahme und Verdauung bereit. Man unterscheidet klare Suppen (Kraftbrühen) und gebundene Suppen (Cremesuppen, Püreesuppen, Samtsuppen). Daneben gibt es noch süße Suppen und Kaltschalen. Suppen bekommt man heute in großer Auswahl als Dosen- oder Päckchenware.

Suppenbiskuits, Einlage für Suppen oder Brühen: 125 g Butter schaumig rühren, mit Salz und Muskatnuß würzen, 5–6 Eigelb und 125 g Mehl mit der Butter verrühren, 5–6 steifgeschlagene Eiweiß locker darunterziehen, den Teig auf ein mit Pergamentpapier ausgelegtes Backblech streichen, bei geringer Hitze backen, in Rechtecke oder Rauten schneiden.

Suppeneinlagen sollen Suppen oder Brühen appetitlicher und zugleich nahrhafter machen. Als Einlagen eignen sich: Reis, Kartoffelwürfel, Nudeln, streifig geschnittene Eierkuchen, geröstete Weißbrotwürfel oder -scheiben, Suppenbiskuits, Suppenmakronen, winzige Fleisch-, Geflügel- oder Brandteigklößchen, Profiteroles, Eierwürfel, Eierstich, Saucischen usw.

Suppengemüse, → Wurzelwerk.

Suppengrün setzt sich aus 1 Mohrrübe, 1 Porreestange, 1 Petersilienwurzel und 1 Stück Knollensellerie zusammen. Suppengrün gibt es als Bündel zu kaufen.

Suppenhuhn wird gekocht und zu Brühen, Suppen, Salaten, Ragouts usw. verwendet. Ein gutes Suppenhuhn sollte nicht zu fett und nicht zu mager und möglichst nicht älter als 3 Jahre sein.

Suppenkräuter zum Würzen von Suppen und Brühen, z. B. Basilikum, Beifuß, Bohnenkraut, Borretsch, Dill, Estragon, Kerbel, Liebstöckel, Majoran, Petersilie, Porree, Sauerampfer, Schnittlauch, Sellerie, Thymian, Zwiebel.

Suppenmakronen, winzige → Makronen als Suppeneinlage.

Suppentopf, kräftige, pikant gewürzte Fleischbrühe mit reichlicher Einlage von Fleisch und Gemüse.

Suprême (frz: höchst), das beste Stück eines Tieres, auf besonders feine Art zubereitet, das sogenannte »Königsgericht«: Geflügelbrüstchen (von jungen Masthühnern, Enten, Tauben, Fasanen, Rebhühnern, Wachteln, Schnepfen usw.), rosa gebratene Schnitten aus dem Hasen- oder Rehrücken, Filets edler Fische (vor allem von Seezunge).

Suprême, Sauce suprême, → Geflügelrahmsauce.

Surfleisch, süddeutsche Bezeichnung für gepökeltes Fleisch.

Surimi (Surumi), japanische Fischzubereitung zur Verwendung für → Sushi und andere japanische Speisen. Grundlage dieser Zubereitung sind Magerfische, also fettarme Fische, wie Kabeljau, Schellfisch, Seelachs usw., deren Fleisch fein gemahlen, entwässert und gewürzt wird. Aus Surimi werden auch Crabmeat-, Garnelen- und Hummerimitate hergestellt.

surprise (frz: en surprise = auf überraschende Art), gefüllte Süßspeise, z. B. → Pfirsich surprise Adlon, Omelette en surprise (→ Überraschungsomelett).

Susanne, à la: Artischockenböden, gedünsteter Kopfsalat und Kraftsauce mit gehacktem Estragon zu kleinen Fleischstücken.

Sushi, japanische Vorspeisen, sind schon seit mehreren Jahrhunderten bekannt. Anfangs verstand man unter Sushi Fischhappen, Garnelen und Muscheln, die durch Einsalzen haltbar gemacht wurden. Im 19. Jahrhundert kamen fahrende Händler auf den Gedanken, die gepökelten Happen auf leicht mit Essig gesäuerte Reisbällchen zu setzen und das leckere »Fast Food« am Straßenrand zu verkaufen. Die Sushi wurden immer populärer, die Zutaten immer edler, die Zubereitung immer komplizierter. Heute muß ein Sushi-Koch jahrelang lernen, bis er alle Variationen dieser Speise meisterhaft beherrscht.

Die Urform des Sushi ist das *Nigiri,* meist eine rollenartige Verbindung von Belag und Reis. Bevorzugter Belag ist frischer, roher Fisch, wie Lachs, Makrele, Aal, Barsch, Thunfisch usw. oder roher Tintenfisch, Garnelen und andere Meerestiere, alles raffiniert gewürzt. – In Tütenform erscheint das *Temaki,* die in Japan beliebteste Sushi-Variante. Ein Stück geröstetes Noriblatt (notfalls Blattsalat) wird mit Sushi-Reis belegt, darauf kommt die Füllung aus gegartem Fleisch oder Geflügel, Fisch oder Meeresfrüchten, Gemüse, Pilzen oder Keimlingen, mit Kräutern oder pikanten Saucen gewürzt, das Ganze wird tütenförmig zusammengerollt. – *Sashimi* sind Sushi ohne Reis, meist sehr dünne Scheiben von rohem Fisch, in Sojasauce und Wasabipaste getaucht. Dünne Rettichscheiben, Frühlingszwiebelringe, Zitronenscheiben, geriebener Ingwer begleiten die Sashimi. – *Chirashi* bestehen aus Schälchen mit warmem Sushi-Reis, dekoriert mit Häppchen von rohem oder gegartem Fisch, Fleisch, Gemüse, fernöstlich gewürzt. – *Mushi* sind heiße Sushi, gegart über heißem Wasserdampf, daher eine Schlemmerei für kalte Tage. Natürlich werden Sushi mit Stäbchen, gelegentlich auch mit den Fingern zum Mund geführt. Ist eine »Langnase« jedoch nicht firm im Umgang mit Stäbchen, so darf sie – sogar in Japan – eine Gabel benutzen. Als Dip empfehlen sich Sojasauce und Wasabi, zum Dazuessen Shoga, das ist eingelegter Ingwer, als Getränk Sake, der traditionelle japanische Reiswein.

Sushi-Reis, Reissorte, die nach dem Kochen klebt und sich daher formen läßt, geeignet für die Zubereitung japanischer Sushi.

Süßkartoffeln, → Bataten.

Süßlupine, → Lupine.

Süßspeisen. *Warme Süßspeisen:* Puddings, Babas, Savarins, Charlotten, Aufläufe, Krapfen, Kroketten, Omeletts, Eierkuchen, Pfannkuchen (Crêpes), Schmarren, Strudel, Nocken, Reisspeisen mit Früchten. *Kalte Süßspeisen*: Puddings, Gelees, Cremes, Flammeris, Reisspeisen mit Früchten.

Süßspeisenreis: 100 g Karolinareis mit 4 dl Milch, 60 g Zucker, 20 g Butter, 1 Prise Salz und Vanille zugedeckt langsam weich kochen, zuletzt 1 Eigelb, das mit etwas Milch verrührt wurde, unter den Reis ziehen.

Süßspeisensaucen: Ananas-, Aprikosen-, englische, Erdbeer-, Himbeer-, Johannisbeer-, Kirsch-, Schokoladen-, Vanille-, Weinschaumsauce usw.

Süßstoff, nährwertloser Zuckerersatz für Diabetiker usw. Süßstoff hat heute keinen Beigeschmack mehr und ist hitzebeständig.

Süßwein, → Dessertwein.

Suworow, à la: weißes Geflügel mit Gänseleber- und Trüffelwürfeln füllen, in Madeira braundünsten, kräftigen Geflügelfond hinzufügen. – Alexander Wassiljewitsch Suworow, Graf und Fürst, 1730–1800, russischer Feldherr, kämpfte siegreich gegen Türken, Polen und Franzosen.

Suworowpastetchen: gut gewässertes und überbrühtes Kalbsbries in Würfel schneiden, salzen, pfeffern und in Butter braten; gebratenes Hühnerfleisch und Artischockenböden ebenfalls würfeln, alles mit dicker deutscher Sauce binden, zuletzt noch einige Würfelchen saurer Gurke daruntermischen; in Blätterteighüllen füllen und erhitzen.

Suworows, feines Gebäck: 125 g Mehl mit 50 g Zucker, 100 g zerlassener Butter und 1 Prise Salz verarbeiten, den Teig gut ruhen lassen, etwa 3 mm dick ausrollen, Plätzchen ausstechen und im Ofen backen, je 2 Plätzchen mit Johannisbeergelee zusammensetzen und mit Puderzukker bestäuben.

Suzette, à la: Artischockenböden mit Champignonpüree und Torteletts mit glasierten Karotten zu Fleisch oder Geflügel.

Suzettesalat: Spargelspitzen, Scheibchen von Artischockenböden und Trüffelstreifen mit Kräutermarinade anmachen.

Swanimelone, → Kiwano.

Sweet Corn, → Mais.

Sweet Potatoes, → Bataten.

Syphon, Mineralwasserspender für Longdrinks.

Szegediner Gulasch: gehackte Zwiebel in Butter anschwitzen, reichlich Paprika und Kümmel zugeben, etwas Fleischbrühe darübergießen und grobwürfelig geschnittenes Rind- und Schweinefleisch hinzufügen, später auch Sauerkraut zugeben und alles zusammen weich dünsten. – Szegedin (Szeged), alte ungarische Universitätsstadt an der Theiß.

T

Wer an der Tafel einfältig ist, ist überall einfältig.

Sprichwort aus der Gascogne

Tabascosauce, Würzsauce aus dem Extrakt besonders scharfer Chilli. Die Tabascosauce hat eine so starke Würzkraft, daß sie nur tropfenweise verwendet werden kann, für pikante Gerichte und auch für Cocktails. Handelsware.

Tabbouleh, arabisch-libanesischer Salat aus gequollenem Weizenschrot (Bulgur), vermischt mit Tomate, Zwiebel, Petersilie und Pfefferminze, alles feingehackt und in Olivenöl und Zitronensaft mariniert.

Tabu, Crusta: 2/5 Apricot Brandy, 2/5 Himbeergeist, 1/5 Zitronensaft, schütteln, 1 Cocktailkirsche hineingeben.

Tacos, mexikanisches Maisgebäck, mit pikant gewürztem Hackfleisch, Käse, Zwiebeln, Wurst (Chorizo), Shrimps oder Guacamole gefüllt.

Tafelbouillon, → Fleischextrakt.

tafelfertig, Bezeichnung für fertig zubereitete, durch Sterilisation oder Tiefkühlung konservierte Gerichte, die vor dem Anrichten nur noch erhitzt zu werden brauchen.

Tafelpilze, → Champignons.

Tafelsalz, feines Speisesalz, → Salz.

Tafelsaucen, → Würzsaucen.

Tafelsenf, → Senf.

Tafelspitz (Hüftdeckel, Kluftschale, Rosenspitz, Stertspitz), österreichische Bezeichnung für das Schwanzstück des Rindes. Wiener Tafelspitz: Das gargekochte Fleisch in fingerdikke Scheiben schneiden und mit diversen Beilagen wie Apfelmeerrettich, Schnittlauchsauce, Gurkensauce, gerösteten Kartoffeln und Gemüse (z. B. Kraut, Spinat) anrichten.

Tafelwasser, → Mineralwasser.

Tagliatelle, italienische Teigwaren, etwa 0,5–1 cm breite, streifenförmige Nudeln.

Tagliatelle alla piemontese, italienische Spezialität: feingehackte Zwiebeln in Butter anschwitzen, kleingeschnittene Tomaten darin schmelzen lassen, mit Tomatenmark und gehacktem Knoblauch gut durchkochen; kleingewürfeltes Rinderfilet (Filetspitzen) in Butter rosa braten, würzen, mit der Sauce binden, auf gebutterten Tagliatelle anrichten, mit Parmesankäse bestreuen.

Tahin (Tahina, Tahine), bitter-würzige Sesampaste, die im Orient als Küchengewürz, z. B. zu pürierten Kichererbsen, sehr geschätzt wird; konservierter Tahin ist auch bei uns im Handel.

Taleggio, italienischer Weichkäse aus der Lombardei mit 48% Fett i. Tr., leicht säuerlich schmeckend.

Talg, körniges Fett mit niedrigem

Schmelzpunkt (etwa 30° C). Es stammt von Rind, Hammel, Reh, Hirsch usw. und wird in der Küche vor allem zum Backen verwendet.

Talleyrand, à la: mit Butter, geriebenem Käse, Gänseleberwürfeln und Trüffelstreifen vermischte Makkaroni sowie Trüffelsauce zu geschmortem Fleisch. – Charles Maurice, Herzog von Talleyrand, Fürst von Benevent, Herzog von Dino, 1754–1838, französischer Staatsmann.

Tamarillos (Baumtomaten), spindelförmige, braunrote Früchte eines Nachtschattengewächses, das in Kolumbien, auf Neuseeland, Madeira und den Kanarischen Inseln angebaut wird. Tamarillos werden vorwiegend zu Marmelade verarbeitet.

Tamarinde (Asem, Sauerdattel), bis 20 cm lange Hülsenfrucht des tropischen Tamarindenbaumes. Die Samen sind in braunes, süßliches Fruchtmus gebettet, das für Erfrischungsgetränke, Süßwaren usw. verwendet wird. Getrocknet dient die Tamarinde als Gewürz für indische Gerichte.

Tanagrasalat: Streifen von Bananen, Bleichsellerie und Tomaten mit saurer Sahne, Zitronensaft, Salz und Pfeffer anmachen.

Tandoori, indische Würzmischung aus Chilipfeffer, Paprikapulver, Kurkuma, Tamarinde, Koriander, Kardamom, Ingwerpulver und Knoblauch für Spieße mit mariniertem Fleisch, Geflügel, Fisch und/oder Käse. Handelsware.

Tangerinen, die kleinste Mandarinen-Varietät, die vermutlich aus Marokko stammt und über Tanger – daher der Name – ausgeführt wurde. Historisch belegt ist jedoch, daß der Name 1857 erstmals für eine in Florida (USA) angebaute Mandarinenart verwendet, später dann auf andere Mandarinenarten ausgedehnt wurde.

Tapas, kleine spanische Vorspeisen, Appetitanreger, köstliche Happen, die in fast allen Tascas und Mesones, den gemütlichen Kneipen und Gasthäusern der Iberischen Halbinsel, in den Restaurants oder den speziellen Tapas-Bars, auf dem Tresen bereitstehen oder in der Küche frisch zubereitet werden. Dazu bestellt der Spanier ein Glas Wein oder ein frisch gezapftes Bier. Umgekehrt ist es richtiger: zu jedem Glas Wein oder Bier gehört eine Tapa. Die Tapas-Kultur brachten vermutlich die Araber nach Spanien, denn besonders verbreitet ist sie in den einst maurischen Teilen Spaniens, in Sevilla, Granada und Córdoba. Der Name »Tapa« (= Deckel) soll von der Sitte herrühren, den kleinen Teller mit den Köstlichkeiten stets auf das Glas zu stellen, damit kein herumfliegendes Insekt in das Getränk fällt. – Einige Beispiele für Tapas: Wurststückchen, Scheiben luftgetrockneten Schinkens, kleine Fleischspieße, Fleischbällchen, Muscheln, Schnecken, panierte Garnelen, fritierte Tintenfische, Thunfischhappen, Ölsardinen, Pilze, verschiedene Gemüse, Chicoree mit Sardellen, Spargelspitzen mit Mayonnaise, Bohnenkerne, Pimientos, Oliven, grüne, schwarze oder gefüllte, Mandeln, Spinatkroketten, Tortillas, Schaf- oder Ziegenkäse usw.

Tapenade, provenzalische Würzpastete aus schwarzen Oliven, zerstoßenen Kapern und gewässerten Sardellen, abgeschmeckt mit Olivenöl, Zitronensaft, einem Schuß → Marc, Senf, Knoblauch und Lorbeerblatt. Zu hartgekochten Eiern, gegrilltem Fleisch oder Fisch, auch sehr gut als Brotaufstrich geeignet.

Tapioka, Stärkemehl aus den Wurzelknollen des → Maniok. Tapioka ist ein ideales Bindemittel für klare Suppen; sie macht die Suppen samtartig und geschmeidig. Für 1 l Flüssigkeit rechnet man 5–6 EL Tapioka. Die Bindung tritt nach einer Kochzeit von 20–25 Minuten ein.

Taramá (Taramosalata), griechische Fischrogenpaste von rosaroter Farbe, Brotaufstrich, bestehend aus Fischrogen, eingeweichtem Weißbrot, Olivenöl und Zitronensaft.

Tarbutt, → Glattbutt.

Tarhonya (Eiergraupen), ungarische Nudelspezialität, graupenförmige Nudeln aus Hartweizenmehl und Eiern, beliebte Beilagen zum Gulasch oder Bárány: die Nudeln mit gehackter Zwiebel und Paprika in Schweineschmalz anrösten, salzen, in etwas Fleischbrühe kochen, bis die Flüssigkeit aufgesaugt ist.

Tarragona, spanischer Dessertwein.

Tartar, → Tatar.

Tartelettes (frz: kleine Torten), → Törtchen.

Tartes, aus Frankreich stammende, süße, auch pikant belegte kleine, runde Blechkuchen, deren meist dünner Boden aus Mürbe-, Hefe- oder Blätterteig besteht.

Tarte tatin, berühmter französischer Apfelkuchen: eine Tarteform mit dikkem Boden mit weicher Butter ausstreichen und mit Zucker bestreuen. Den Boden rosettenförmig mit Apfelvierteln auslegen und nochmals gut einzuckern, das Ganze mit Mürbeteig bedecken, Löcher einstechen, abbakken und auf eine Servierplatte stürzen. Die karamelisierten Äpfel zeigen nach oben.

Tartüffsalat: feine Streifen von grünen Paprikaschoten, Tomaten und Artischockenböden mit Essig-Öl-Marinade anmachen, mit etwas Knoblauch würzen, mit Sardellenfiletstreifen und grünen Oliven garnieren. – Tartüff (Tartuffe), Titelheld einer Komödie Molières (1622–1673).

Taschenkrebs, bis 30 cm breite und 1 kg schwere Krabbenart der Nordsee, des Atlantiks und des Mittelmeeres. Die lebenden Krebse werden in siedendes Salzwasser geworfen und je nach Größe 12–18 Minuten gekocht. Taschenkrebse kommen auch fertig gekocht in den Handel. Man bricht die Krebse auf, zieht das Fleisch aus Scheren und Körper und verwertet auch die cremigen Teile.

Taschenkrebse, englisch: das gekochte Krebsfleich zerpflücken, mit Senfmayonnaise binden, in die gereinigten Rückenpanzer füllen, mit gehacktem Eigelb, Eiweiß und Petersilie garnieren.

Taschenkrebse Mornay: das gekochte Krebsfleisch zerpflücken, mit Mornaysauce binden, in die gereinigten Rückenpanzer füllen, mit geriebenem Käse und etwas Paniermehl bestreuen, mit Butter beträufeln und im Ofen überbacken.

Tatar (Tatarbeefsteak): rohes Schabefleisch (vom Rind) mit Salz und Pfeffer würzen, flache Ballen formen, in die vertiefte Mitte je ein rohes Eigelb setzen, mit Sardellenfilets, gehackten Zwiebeln, Mixed Pickles, Kapern, Petersilie garnieren; dazu Butter und Graubrot.

Tatarensalat: dünne, in Öl weißgedünstete Zwiebelscheiben, Scheiben von Pfeffergurken und gewürfelte Salzheringe mit Essig-Öl-Marinade anmachen, mit Kopfsalatblättern garnieren.

Tatarensauce (Sauce tartare): hartgekochtes Eigelb mit Salz, Pfeffer und etwas Essig zu einer Paste verarbeiten, mit Olivenöl zu einer Mayonnaise aufschlagen, gehackten Schnittlauch unter die Sauce ziehen. Oder einfacher: Mayonnaise mit feingehacktem Eigelb und Schnittlauch vermischen. Zu Fisch aller Art.

Tatarenspieße: Lammfleischwürfel, quadratische Scheiben von Räucherspeck und rohem Schinken abwechselnd auf kleine Spieße reihen, mit Öl bestreichen, grillen und auf körnig gekochtem Reis anrichten.

Tauben, aus der Wildtaube (Felsentaube) gezüchtete Haustauben, die in unzähligen Rassen als Zier- oder Nutzvögel (Brieftauben) und als Geflügel zum Verzehr gehalten werden. Junge Tauben haben ein besonders zartes, weißes Fleisch und werden gefüllt und gebraten. Als Beilage eignen sich grüne Erbsen, gefüllte Tomaten, Champignons sowie Curryreis, Linsenpüree oder Kartoffelkroketten. Das Fleisch ist leicht verdaulich und daher Bestandteil der Krankenernährung. Alte Tauben sind nur für Suppen, Farcen, Ragouts usw. geeignet. Tauben kommen nur noch selten in den Handel, weil die Zucht heute mehr und mehr zur Liebhaberei geworden ist. – Tauben werden schon seit Jahrtausenden vom Menschen gezüchtet. In der Antike war die Taube Symbol der Liebe und der Fruchtbarkeit. Im Christentum versinnbildlicht sie den Frieden und die Sanftmut.

Tauben mit Champignons: die Tauben in Butter bräunen; in der Butter winzige Zwiebeln und gewürfelten mageren Räucherspeck braten; den Bratsatz mit Weißwein löschen und mit Kraftsauce verkochen; Tauben, Zwiebeln und Speckwürfel zur Sauce geben, ein Kräuterbündel hinzufügen, zugedeckt schmoren lassen, zuletzt noch Champignons mitschmoren, abschmecken.

Tauben auf Kröten-Art: die Tauben oberhalb des Sterzes bis zum Flügelgelenk waagerecht durchschneiden, so daß sie nur noch vom Brustfleisch zusammengehalten werden, Brust- und Rückenteil auseinanderklappen, die jetzt wie Kröten aussehenden Tauben flachklopfen, mit Salz und Pfeffer würzen, in Butter kurz anbraten, mit geriebenem Weißbrot bestreuen, mit Butter beträufeln und auf dem Grill fertigbraten; dazu gegrillte Tomaten, gebratene Speckscheiben, Kräuterbutter und geröstete Kartoffeln.

Tauben in Sahnesauce: die Tauben in Butter anbraten, würzen, Fleischbrühe zugießen und zugedeckt dünsten, zuletzt noch Sahne beifügen und die Tauben fertigdünsten, mit gehacktem Schnittlauch bestreuen.

Tauben mit Wacholderbeeren: die Tauben mit einer gut gewürzten Farce aus eingeweichtem Weißbrot, Leber, Herz, Magen und fettem Speck füllen, in Butter braten, zerdrückte Wacholderbeeren hinzufügen, mit Weinbrand flambieren.

Taubenbrüstchen Pompadour: die Brüstchen junger Tauben auslösen, in Butter steifmachen, würzen, mit Ei und geriebener Semmel panieren und in Butter braten; dazu mit feinem Linsenpüree gefüllte Artischockenböden, Trüffelsauce und Kartoffelkroketten.

Taubenpastete Fürst Schwarzenberg: 6 gerupfte Tauben sorgfältig entbeinen, die Taubenbrüste enthäuten und in Butter anbraten, die Keulen gar dünsten und in kleine Würfel hakken, das übrige Taubenfleisch mit

125 g Gänseleber, 200 g frischem Speck und 3 in Hühnerbrühe eingeweichten Scheiben Weißbrot durch den Fleischwolf drehen, mit 2 Eigelb, Salz, Pastetengewürz und den Keulenwürfelchen vermischen, 1/4 l Schlagsahne darunterziehen; diese Farce, die Taubenbrüste und 125 g Gänseleber schichtweise in eine mit dünnen Räucherspeckscheiben ausgefütterte → Kastenpastete füllen und abbacken.

Taubenweizen: → Tripmadam.

Tausend-Blätter-Kuchen: Blätterteig etwa 4 mm dick ausrollen, 4–5 Ringe und einen Boden von etwa 10 cm Durchmesser ausstechen und backen, die Ringe mit Aprikosenmarmelade übereinander auf den Boden kleben, den Kuchen ringsum glattschneiden, mit Aprikosenmarmelade überziehen, mit kandierten Früchten oder Mandeln verzieren und mit Schlagsahne und frischen Früchten (Walderdbeeren, Himbeeren, schwarze Johannisbeeren, Ananasstückchen o. ä.) füllen.

tausendjährige Eier, → chinesische Eier.

T-Bone-Steak, Scheibe aus dem Rippenstück des Rindes; der im Steak befindliche Knochen (engl: bone) hat die Form eines T. Das T-Bone-Steak wiegt etwa 700 g und ist 4 cm dick. Es wird meist mariniert und auf dem Rost gebraten. Als Beilage empfehlen sich Tomaten, Mais, Würzsauce, Weißbrot, gebackene Kartoffeln.

Tee, anregendes Getränk aus den Blättern des Teestrauches, der in den Tropen und Subtropen wächst und Feuchtigkeit und Wärme braucht. Geerntet werden nur die Blattknospen und die folgenden 2–3 Blätter. Das Erntegut läßt man zunächst welken, damit es elastisch wird, dann wird es maschinell gerollt, fermentiert, getrocknet, sortiert und verpackt. Man unterscheidet drei Teesorten: schwarzer Tee (stark fermentiert), Oolong (leicht fermentiert), grüner Tee (unfermentiert). Nach der Blattqualität unterscheidet man: Pekoe tip oder Flowery pekoe (nur feinste Blattknospen), Orange pekoe (besonders zarte Blätter direkt unterhalb der Blattknospen), Pekoe (das 2. und 3. Blatt unterhalb der Blattknospe), Souchong first (das 3. Blatt, sofern es grob und lang ist), Souchong (sonstige große Blätter). Hauptanbaugebiete des Tees sind China (Jangtsebecken), Nordindien (Darjeeling und Assam), Südindien (Neilgherry und Travancore), Pakistan, Sri Lanka, Indonesien, Ostafrika, Zaire, Südafrika, Kaukasus. Der beste schwarze Tee kommt aus Darjeeling, Sri Lanka und Assam. Aus China kommen hervorragende grüne Tees (z. B. China Chun Mee), rauchige »russische« Tees (z. B. Tary Lapsang Souchong) und feine, süß-würzige Tees (z. B. China Mandarin mit Jasminblüten). Teeblätter enthalten 1,8 bis 4,2% Koffein (Tein), etwa 5 bis 12% Gerbstoffe, in geringer Menge Theophyllin, das harntreibend und gefäßerweiternd wirkt und die Herztätigkeit anregt, und ätherisches Öl (Teeöl). – Aus Assam kam die Sitte des Teetrinkens im 4. Jahrhundert n. Chr. nach China. Ein buddhistischer Mönch führte den Tee Anfang des 9. Jahrhunderts in Japan ein. Die Europäer lernten den Tee erst um 1700 kennen, zunächst als Arznei, später auch als Getränk. Im 19. Jahrhundert brachten pfeilschnelle Segelschiffe, die berühmten Tee-Klipper, ganze Schiffsladungen der aromatischen Blätter von China nach England. Auch heute noch ist England Hauptumschlagplatz für Tee. – *Teeregeln*: Die Teekanne sollte aus Porzellan, niemals aus Metall bestehen. Die Kanne mit kochendem Wasser ausspülen. Für jede Tasse Tee 1 Teelöffel Teeblätter in die Kanne geben. Frisch kochendes Wasser über die Teeblätter gießen, bis diese gerade bedeckt sind. Den Tee 4 Minuten ziehen lassen. Dann das restliche kochende Wasser zugießen. Den Tee nur aus Porzellantassen, nicht aus Gläsern u. dgl. trinken. Sofort einschenken.

Teeflip: 1/4 l Milch mit 1 El Zucker aufkochen, über 1 TL Teeblätter gießen, nach 4 Minuten durchseihen und mit 1 geschlagenen Eigelb verrühren.

Teegebäck, feines Kleingebäck aus Sandteig.

Teepunsch: 1 Flasche Rotwein mit 4 EL Zucker, 2 Gewürznelken und 1 Msp Zimt kurz aufkochen, 1/2 l frisch bereiteten schwarzen Tee hinzugeben und den Punsch mit 1/8 l Arrak oder Rum vollenden.

Teewurst, Rohwurst aus magerem Schweinefleisch und Speck, grob oder fein gemahlen, gewürzt und geräuchert. Berühmt ist die Rügenwalder Teewurst.

Teflon, hitze- und relativ kratzfester Kunststoff, mit dem Pfannen und anderes Geschirr beschichtet werden; Teflon ermöglicht fettloses Braten.

Teigarten: Blätterteig, Halbblätterteig, Wirrteig; Mürbeteig, Auslegeteig, Pastetenteig, Zuckerteig, Sandteig; Biskuitteig, Genueser Teig; Hefeteig, Savarinteig, Briocheteig, Plunderteig; Brandteig, Backteig (Bierteig), Eierkuchenteig; Nudelteig usw.

Teigtäschchen (Ravioli, Rissolen), kleine Teigscheiben oder -rechtecke mit würziger Farce bedeckt, zu Halbmonden oder Quadraten gefaltet und in Wasser oder Brühe gekocht (→ Ravioli) oder in Fett schwimmend gebacken (→ Rissolen).

Teigwaren, aus Weizenmehl oder Weizengrieß hergestellte Nahrungsmittel wie Nudeln (Pasta), Spätzle usw.

Tellerfleisch, gekochtes Rindfleisch (Suppenfleisch), mit etwas Brühe und Wurzelwerk angerichtet.

Tellerrüben, → weiße Rüben.

Teltower Rübchen, eine berühmte Zuchtform der → weißen Rüben, die in den Sandböden der Mark Brandenburg angebaut wird (märkische Rübe). Die winzigen, meist braunen, würzigsüßen Wurzeln gelten als Gemüsedelikatesse. – *Vorbereitung:* die Rübchen sorgfältig schaben und waschen.

Teltower Rübchen, gedünstet: die Rübchen mit etwas Butter, Salz und Zucker in wenig Wasser weich dünsten; den Fond mit heller Mehlschwitze verkochen und mit weißem Pfeffer abschmecken, die Sauce über die Rübchen geben und mit Petersilie bestreuen.

Teltower Rübchen, glasiert: etwas Zucker in Butter hell karamelisieren, kräftig gewürzte Fleischbrühe zugeben, aufkochen, die Rübchen darin dünsten, bis die Flüssigkeit verdampft ist und die Rübchen appetitlich glänzen.

Temaki, → Sushi.

Tempura, panierte und fritierte Happen der japanischen Küche. Verschiedene Gemüsestückchen, Pilze, Meeresfrüchte (Shrimps, Prawns), Fischstückchen usw. durch einen Teig aus Mehl, Dashi, Sojasauce, ein wenig Reiswein und Eiswasser (Tempurateig) ziehen und in Fett schwimmend knusprig backen. – Vermutlich brachten portugiesische Kaufleute diese Leckerbissen, die sie an den »tempuras« (lat. quattuor tempora), den katholischen Buß- und Fastentagen jeweils zu Beginn der vier Jahreszeiten, zu speisen pflegten, im 16. Jh. nach Nippon.

Tenderloin Steak (engl: tender = zart, loin = Lende), angloamerikanische Bezeichnung für → Lendenschnitte.

Tequila, mexikanischer Branntwein, destilliert aus dem gegorenen Saft bestimmter Agaven. Heute international eines der beliebtesten Bargetränke; begleitet wird jeder Schluck der »Tränen des Vulkans« gern von einem Schluck höllisch-feurigem → Sangrita.

Tequila Daisy: 6 cl Tequila, 1 cl Zitronensaft, 1 cl Grenadine mit gestoßenem Eis mixen, mit Cocktailkirsche und Zitronenscheibe servieren.

Tequila Sour: 4 cl Tequila, 1 cl Curaçao weiß und 1 cl Zitronensaft mixen, mit Orangenscheibe servieren.

Tequila Sunrise: 2 cl Tequila, 1/8 l Orangensaft und 2 cl Grenadine über den Barlöffel ins Glas auf Eiswürfel laufen lassen, ohne daß sich die Bestandteile vermischen.

Terebiye, türkische Joghurtsauce: etwas Stärkemehl in Wasser anrühren, Ei schaumig rühren, alles gut vermischen, aufkochen, Joghurt hinzufügen, mit Zitronensaft und wenig weißem Pfeffer würzen. Eiskalt zu gefüllten Auberginen, Gurken oder kleinen Kürbissen (Zucchini).

Terrinen (Schüsselpasteten, Napfpasteten), Pasteten ohne Teighülle, die in einer feuerfesten Schüssel zubereitet werden. Diese Pasteten sind besonders saftig, weil die Feuchtigkeit der Füllung von keiner Teigkruste aufgesogen werden kann. Terrinen werden immer eiskalt serviert, oft als Auftakt eines Menüs. – Die Terrinen entstanden vor etwa 800 Jahren in Frankreich; die mit Schmalz verschlossenen Fleischtöpfe dienten damals der Vorratshaltung. Im 18. Jahrhundert kreierte der berühmte französische Pastetenbäcker Taverne seine einzigartigen Rebhuhnterrinen (→ Terrine de Nérac), die er nach Spanien, England und sogar nach Amerika versandte. Der große Carême brachte seine deliziösen Terrinen im 19. Jahrhundert sogar auf die Tafel der Kaiser und Könige. – *Grundrezept:* Eine feuerfeste Schüssel mit dünnen Scheiben von fettem Räucherspeck auskleiden und mit Farcen und Einlagen fest und hohlraumfrei füllen, die Füllung mit dünnen Räucherspeckscheiben zudecken, ein Lorbeerblatt und etwas Thymian darauflegen; die Terrine zugedeckt in ein Wasserbad stellen und im Ofen garziehen lassen. Die Garzeit beträgt pro Kilogramm Füllung 50 Minuten bis 1 Stunde. Ist die Pastete gar, das oben schwimmende Fett abgießen, die Füllung mit einem schweren Deckel (oder Deckel mit Gewicht) pressen, damit sie recht zart wird. Mindestens einen Tag lang in den Kühlschrank stellen. Vor dem Anrichten die Oberfläche der Pastete mit Mixed Pickles und frischen Salatblättern schmücken oder mit einer feinen Chaudfroidsauce überziehen. Die Terrine in fingerdicke Scheiben schneiden. – Die Köche kennen fast ebenso viele Terrinen wie Pasteten, denn Terrinen lassen sich aus allen Arten von Fleisch, Geflügel, Wild herstellen. Da gibt es Kalbfleisch-,

Schweinsleber-, Kaninchen-, Hühner-, Gänse-, Enten-, Tauben-, Fasanen-, Rebhuhn-, Schnepfen-, Reh-, Wildschwein-, Hasenterrinen usw.

Terrine de Nérac, französische Rebhuhnpastete: die Brüste eines jungen Rebhuhns auslösen, leicht mit Salz und Pfeffer würzen, kurz in Butter anbraten und mit einem Gläschen Armagnac (Weinbrand) flambieren; das andere Rebhuhnfleisch, 200 g rohen Speck und einige Geflügellebern mehrmals durch den Fleischwolf drehen, mit 3 Eigelb, Salz, Pastetengewürz und einem weiteren Gläschen Armagnac verarbeiten; ein Drittel der Farce in eine mit Räucherspeckscheiben ausgekleidete, feuerfeste Schüssel füllen, die Rebhuhnbrüste darauflegen, einige Trüffel- und Gänseleberscheiben hinzufügen und alles mit Farce auffüllen, mit Räucherspeckscheiben zudecken und nach dem Grundrezept garziehen lassen. – Diese Terrine bereitete der Pastetenbäcker Taverne erstmalig im Jahre 1776 in der kleinen südwestfranzösischen Stadt Nérac.

Terrine d'oie, französische Gänseterrine: 500 g Gänsefleisch und 125 g rohen Speck grob würfeln und leicht braten, Salz, Pfeffer, 1 Lorbeerblatt und etwas heißes Wasser hinzufügen und alles gut dünsten lassen, bis das Fleisch zerfällt; das Lorbeerblatt entfernen, die Masse in kleine Steingutnäpfe füllen, auskühlen lassen und mit flüssigem Schweineschmalz zugießen. Diese Terrine ist bei kühler Lagerung lange haltbar.

Tête de moine (Mönchskäse), schweizerischer Halbhartkäse aus dem Berner Jura, mit hellgelbem Teig und von feinwürzigem Geschmack. Man kauft zweckmäßig einen ganzen Laib (1–2 kg), schneidet einen Deckel ab und höhlt den Laib spanweise aus, danach kommt der Käsedeckel wieder auf den Laib, damit der zarte Teig nicht austrocknet.

Teufelsgurken, besonders scharfe → Gewürzgurken.

Teufelsremoulade: zerdrückte Pfefferkörner und Wacholderbeeren in Essig stark einkochen, passieren, den Fond mit Remoulade verrühren, zusätzlich mit Senf, Cayennepfeffer und etwas Zucker würzen. Zu kaltem Roastbeef.

Teufelssauce (Sauce diable): gehackte Zwiebel in Butter anschwitzen, Weißwein hinzugießen und stark einkochen, mit Kraftsauce auffüllen, durchkochen, passieren, nach Geschmack Pfeffer hineinmahlen. Besonders zu gegrilltem Geflügel.

Teufelsschnittchen: feingehackten gekochten Schinken mit Senfsahne verrühren, auf kleine, dünne Weißbrotscheiben streichen, mit gehacktem rohem Schinken bestreuen.

Texassauce: feingehackte Zwiebeln in Butter anschwitzen, reichlich Currypulver und Safran darüberstäuben, Mehl hinzugeben, leicht rösten lassen, mit Fleischbrühe auffüllen, Tomatenmark hinzufügen, gut durchkochen, passieren, mit Zitronensaft, gehackter Petersilie und Champignon-Ketchup vollenden. Zu gebratenem oder gegrilltem Rindfleisch, vor allem zu Steaks.

Theresesalat: Scheibchen von gekochten Kartoffeln, Knollensellerie und Äpfeln mit leichter Mayonnaise binden.

Thiamin (Vitamin B_1), → Vitamine.

Thorner Katharinchen, ursprünglich westpreußisches Weihnachtsgebäck: 200 g Honig mit Butter erhit-

1 Taschenkrebs 2 Tee 3 Thunfisch 4 Tomaten

zen, 200 g Zucker hinzufügen und aufkochen, die Honigmasse auf 500 g Mehl gießen, Pfefferkuchengewürz dazugeben, alles gut durchkneten, wenn nötig, noch Mehl oder Wasser zum Teig geben, zuletzt 12 g Pottasche in etwas Rosenwasser auflösen und in den Teig arbeiten, den Teig ausrollen, ausstechen, auf gefettetem Blech im Ofen backen.

Thousand-Islands-Dressing, Salatsauce: leichte Mayonnaise mit feingehackten roten und grünen Paprikaschoten vermischen und mit Chilisauce und Paprika würzen.

Thronfolger-Art (à la dauphine): Dauphinekartoffeln mit Madeirasauce zu Fleisch.

Thunfisch, bis 4 m langer und 600 kg schwerer Makrelenfisch mit besonders wohlschmeckendem Fleisch. Er wird vorwiegend an den Küsten Italiens gefangen, wohin er im Frühjahr zum Laichen kommt. Thunfisch wird gern wie Kalbfleisch zubereitet, auch geräuchert und vor allem in Öl konserviert. Übrigens stammt das feinste Fleisch von Brust oder Bauch des Fisches; das Rückenfleisch ist meist ziemlich trokken.

Thunfisch, italienisch: Scheiben von frischem Thunfisch mit Zitronensaft, Öl und Kräutern beizen, abtrocknen, in Öl anbraten, gehackte Zwiebeln und Champignons hinzufügen, braten, in Weißwein und Fischsud gar dünsten, den Fond mit Mehlbutter binden und pikant abschmecken.

Thunfisch, provenzalisch: ein Thunfischstück mit Sardellen spicken, mit Olivenöl, Zitronensaft, Salz, Pfeffer und Kräuterbündel beizen, den Fisch mit gehackter Zwiebel anbraten, eine Knoblauchzehe und gehackte Tomaten beigeben, alles etwa 15 Minuten zugedeckt dünsten, etwas Weißwein hinzugießen und fertiggaren.

Thunfisch auf Reis: körnig gekochten Reis in zerlassener Butter schwenken, zerkleinerten Thunfisch (aus der Dose), gehackte Eier und dicke Tomatensauce leicht vermischen und heiß auf den Reis geben.

Thüringer Klöße (Höbes, Hütes): 2 Teile rohe Kartoffeln in kaltes Wasser reiben, waschen, in ein Tuch geben und gut ausdrücken; 1 Teil frisch gekochte Salzkartoffeln pürieren, etwas heiße Milch hinzugeben, mit den rohen Kartoffeln und geschlagenem Ei zu einem festen Teig verarbeiten, große Klöße formen, geröstete Semmelwürfel in die Klöße drücken, die Klöße in siedendem Salzwasser garziehen lassen.

Thüringer Mett, mit Salz und Pfeffer gewürztes → Hackfleisch.

Thüringer Rostbratwurst, aus Kalbfleisch und durchwachsenem Schweinebauch, pikant gewürzt, über Holzkohlenfeuer auf dem Rost gebraten.

Thymian (Gartenthymian, Küchenpolei, römischer Quendel), Küchenkraut und Heilpflanze, die aus Südeuropa stammt und heute besonders in Mitteleuropa und den USA angebaut wird. Kurz vor der Blüte wird das Kraut geerntet, in der Luft getrocknet und kleingeschnitten oder pulverisiert. Thymian weist einen hohen Gehalt an ätherischen Ölen (vor allem Thymol) auf, der den würzigen Geruch und Geschmack des Krautes bestimmt. Thymian wird meist in Verbindung mit Majoran zum Würzen von Wurst, Pasteten und Saucen verwendet. Sehr beliebt ist der *Zitronenthymian,* eine besondere Thymianart, die viel Kalium, Calcium, Magnesium, ferner Vitamin B_1 enthält. Übrigens denken Sie bei der Dosierung daran, daß die Würzkraft getrockneter Blätter erheblich stärker ist als die von frischen.

Tiefkühlung, die modernste und praktischste Konservierungsart für Nahrungsmittel. Das Tieffrieren erfolgt bei einer Temperatur um –35° C. Diese niedrige Temperatur gewährleistet eine hohe Gefriergeschwindigkeit. Dadurch können sich keine großen Eiskristalle bilden, die die Zellstruktur der Nahrungsmittel zerstören und die Gewebeflüssigkeit mit den Nährstoffen, Vitaminen usw. zersetzen würden. Die tiefgefrorenen Nahrungsmittel werden bei mindestens –18° C gelagert und bewahren Geschmack und Frische über lange Zeit. Einmal auf- oder angetaute Tiefkühlkost darf nicht mehr eingefroren werden; sie ist sofort zu verbrauchen. Tiefkühlkost wird industriell oder in der eigenen Gefriertruhe hergestellt. Zum Einfrieren eignet sich nahezu alles, was eßbar ist: Fleisch, Geflügel, Wild, Fisch, Gemüse, Kräuter, Klöße, Backwaren, Teigwaren, Suppen, Saucen, Fertiggerichte, Obst, Süßspeisen usw. Vor dem Einfrieren sind alle Nahrungsmittel möglichst luftdicht in Alu- oder Kunststoffolie oder in Plastikdosen zu verpacken. Nur druckempfindliche Nahrungsmittel, wie Fisch, Beerenobst, Torten, Süßspeisen u. dgl., werden erst nach dem Vorfrieren verpackt. Die Lagerdauer ist sehr unterschiedlich, z. B. Steaks 10–12 Monate, Wildgeflügel 6–8 Monate, Ente 4–5 Monate, Fisch 2–3 Monate, grüne Erbsen 10–12 Monate, grüne Bohnen 8–10 Monate, Pilze und Kräuter 5–7 Monate. Die Hersteller der Gefriertruhen liefern ausführliche Tabellen. Es ist daher wichtig, auf jeder Packung das Einfrier- oder das Haltbarkeitsdatum zu vermerken.

Tiefseehummer, → Kaisergranat.

Tikmehl, Tikor, Tikur, → Kurkumastärke.

Tilliliha, finnische Spezialität: grobgewürfeltes Hammelfleisch mit Salz und Pfeffer in Wasser gar kochen; helle Mehlschwitze bereiten, mit der Brühe löschen und mit Salz, Pfeffer, Zucker und Essig abschmecken, gehacktes Dillgrün hineingeben, das Fleisch darin kurz erhitzen.

Tilsiter Käse, herb-pikanter, leicht säuerlicher Schnittkäse, ursprünglich in Ostpreußen, heute in Schleswig-Holstein, in Niedersachsen und im Allgäu hergestellt.

Tilsiter Kümmelsteak, → Kümmelsteak auf Tilsiter Art.

Timbalen (Timbales, Becherpasteten), feine Ragouts, Pürees usw., die heiß in kleinen Porzellannäpfen angerichtet oder eiskalt aus dem Becher gestürzt und mit Gelee überzogen werden. – Ursprünglich waren die Timbalen Teigpasteten in Form kleiner Kesselpauken (frz: timbale = Kesselpauke). Die Paukenform wandelte sich in eine hohe Becherform; die Teighülle aus Pasteten-, Mürbe- oder Blätterteig, aus Nudel- oder Eierkuchenteig wird heute meist weggelassen.

Timbale Beaumarchais: Würfel von magerem Speck in der Pfanne anbraten, die Speckwürfel herausnehmen, grobgewürfelte Hühnerleber in der Pfanne anrösten und ebenfalls herausnehmen, dann Würfel von beliebigem Wildfleisch mit gehackter Zwiebel, Salz und Pastetengewürz in der Pfanne halbgar braten; die Hälfte der Speck-, Leber- und Wildfleischwürfel fein pürieren, mit Eigelb binden und mit dem Bratfond, der mit Madeira und etwas Fleischbrühe verkocht wurde, zu einer deliziösen Farce vermischen; die Wildfarce in ausgebutterte Becherformen streichen, die Würfel sowie in Butter gedünstete Champignons in die Mitte geben und mit Farce zudecken; die Timbalen im Wasserbad garziehen lassen.

Timbale auf Elsässer Art: Becherformen mit Gänseleberpüree ausstreichen und mit einem feinen Ragout von Gänseleber, Pökelzunge, Champignons und Trüffeln in Madeirasauce füllen, die fertigen Pasteten mit Madeirasauce umkränzen.

Timbale Rachel: Kalbsbries mit Wurzelzeug, etwas Essig und Salz in Wasser kochen, in kleine Würfel schneiden, gewürfelte Artischockenböden und Rindermarkscheiben hinzufügen, mit dicker Bordeauxsauce binden; das Ragout in ausgebutterte Becherformen füllen und im Wasserbad garziehen lassen.

Tintenfisch (Sepia, Sepiola, Calamaro, Calamaretto), Unterart der → Kalmare, also ein Kopffüßer und kein Fisch. Er ist an den Küsten Westeuropas und des Mittelmeeres heimisch, ernährt sich von kleinen Fischen und Krebsen und wehrt Angriffe größerer Raubfische ab, indem er ihnen schwarzbraune Tinte entgegensprüht. Die 8–15 cm langen Tintenfische gelten nicht nur in Italien, Spanien und Portugal, sondern zunehmend auch bei uns als Leckerbissen. Man fängt die kleinen Ungeheuer mit Netz und Angel. Geübte Hände lösen den Schulp (Rückenpanzer) heraus, krempeln das sackförmige Tier um und entfernen die Innereien samt dem Tintenbeutel. Das Feinste an den Tierchen sind ihre zartfleischigen Arme, die in Olivenöl gebraten und mit Wein, Tomaten, Gewürzen und Kräutern abgeschmeckt werden. Oft läßt man sie sogar in der eigenen Tinte dünsten. Die Tintenbeutel eignen sich wegen ihrer Form besonders gut dazu, gefüllt zu werden – mit Sardellen, Meeresfrüchten, Pilzen, Gemüse, Schinken, alles fein gehackt, mit Reis, Weißbrotkrumen oder anderem. Frisch oder tiefgefroren kommen die Calamaretti aus Italien oder Portugal zu uns.

Tintenfische, fritiert: die Körperbeutel der Tintenfische in etwa 1 cm breite Ringe schneiden, mit Salz und gehacktem Knoblauch würzen, nach etwa einer Stunde in Ei und Paniermehl wälzen und in heißem Olivenöl fritieren, abtropfen lassen und mit Zitronenspalten, Brot und Wein servieren.

Tintenfische, gefüllt (Calamares rellenos), spanische Spezialität: die klein geschnittenen Fangarme der Tintenfische, fein gewürfelten Räucherschinken, Zwiebel, Knoblauchzehen, Petersilie, alles fein gehackt, mit Paniermehl und Ei vermengen, mit Salz, Pfeffer und Paprikapulver würzen, die Masse in die Tintenfische füllen, die gefüllten Beutel mit einem Speil o. ä. verschließen, in Mehl wenden und in Olivenöl braten, mit Wein löschen und ungefähr eine Stunde köcheln lassen.

Tintenfische, gefüllt (Calamari ripieni) italienische Spezialität: die Fangarme der Tintenfische klein schneiden, in Wasser mit etwas Salz und Zitronensaft etwa 15 Minuten gar kochen, abtropfen lassen, mit frischem Ei, Paniermehl, Sardellen, Knoblauch und Petersilie, alles fein gehackt, sowie geriebenem Parmesan oder Pecorino vermengen, salzen und pfeffern, die Masse in die Tintenfische füllen, die Beutel mit je einem Speil verschließen; die so gefüllten Tintenfische in eine eingeölte Pfanne setzen und etwa 20 bis 25 Minuten im Ofen bei 160°C abbacken.

Tippe Haas, rheinische Wildspezialität, → Has im Topf.

Tipperary, Cocktail: 1/3 Whisky, 1/3 Chartreuse grün, 1/3 süßer Wermut, umrühren.

Tiramisù, berühmte italienische Süßspeise: Löffelbiskuits mit einem Gemisch aus Alkohol (Rosoglio, Cerasella, Amaretto oder ein anderer Likör) und starkem Kaffee beträufeln, im Wechsel mit einer Mascarpone-Eier-Creme in eine Auflaufform schichten, das Ganze zuletzt dick mit Kakao bestäuben und eiskalt auftragen.

Tiroler Art (à la tyrolienne): gebakkene Zwiebelringe, geschmolzene Tomaten und Tiroler Sauce zu gebratenem Fleisch, Geflügel oder Fisch.

Tiroler Gröstel, → Gröstl.

Tiroler Knödel, → Tiroler Speckknödel.

Tiroler Leber: Kalbsleber in dünne Scheiben schneiden, in Mehl wenden, in Butter goldbraun braten und warm stellen; im Bratfond Zwiebelringe glasig schwitzen, enthäutete und entkernte Tomaten hinzufügen, gar dünsten und über die Leberscheiben schütten; dazu Kartoffelkroketten.

Tiroler Rostbraten: gekochte Kartoffeln und Eier in kleine Würfel schneiden, mit Béchamelsauce binden und mit Petersilie, Salz und Paprika würzen; eine fingerdicke Scheibe aus dem Zwischenrippenstück eines jungen Ochsen dünn klopfen, mit Salz und Paprika würzen, mit der Kartoffel-Eier-Masse bestreichen, zusammenrollen, binden und gar schmoren.

Tiroler Sauce (Sauce tyrolienne): Schalotten, Estragon und Kerbel feinhacken, einige zerdrückte Pfefferkörner, Weißwein und etwas Weinessig hinzufügen, die Flüssigkeit zur Hälfte einkochen, mit Eigelb cremig rühren, die Sauce mit Olivenöl aufschlagen, mit Salz, Cayennepfeffer und Zitronensaft abschmecken. Zu gebratenem Hammel- oder Rindfleisch.

Tiroler Speckknödel: 6–7 feingewürfelte, altbackene Semmeln und 1 gehackte Zwiebel in 40 g Butter kräftig anrösten; etwa 125 g Mehl mit 1/4 l Milch, 1 Ei, Salz und Petersilie zu einem leichten Teig verarbeiten, die gerösteten Semmeln, die Zwiebel sowie 125 g gewürfelten, gekochten Räucherspeck mit dem Teig verkneten, daraus Knödel formen, die Knödel in siedendem Salzwasser garziehen lassen. Tiroler Speckknödel sind eine beliebte Beigabe zu gekochtem Schweinefleisch und Sauerkraut, aber auch Einlage in guter Fleischbrühe.

Tivoli, à la: Spargelspitzen in Geflügelrahmsauce mit Scheibchen von Hahnenkämmen und -nieren, gefüllte große Champignonköpfe sowie mit Butter aufgeschlagener Bratensaft zu kleinen Fleischstücken. – Tivoli, Ausflugsort und Sommerfrische bei Rom.

Toast (engl), geröstete Weißbrotscheibe, meist von besonderem Kastenbrot geschnitten. → Röstbrotscheiben.

Toddy, ursprünglich indisches Getränk aus vergorenem Palmsaft. – Auch Heißgetränk aus Whisky, Weinbrand, Rum oder einer anderen Spirituose, mit Zucker gesüßt, mit heißem Wasser aufgefüllt, Zitronenscheibe als Dekor.

Tofu (Sojaquark), wesentlicher Bestandteil der modernen natürlichen Ernährung. Tofu wird seit über 2000

Jahren in China und Japan als wichtigster Eiweißlieferant geschätzt. Gewonnen wird das quarkähnliche Lebensmittel aus gelben Sojabohnen, die man quellen läßt, dann zerquetscht und mit Wasser kocht, die danach abgefilterte Sojamilch bringt man durch ein Bittersalz (Kalzium- oder Magnesiumsulfat) zum Gerinnen, die Sojaflocken werden in Formen abgepreßt und als Tofu nach Rezept weiterverarbeitet. Tofu enthält neben Eiweiß auch Thiamin (Vitamin B_1), das u. a. Müdigkeit und Appetitlosigkeit vertreibt.

Tofu, paniert: Tofu in fingerdicke Scheiben schneiden, salzen, pfeffern, mit Sojasauce besprühen, in Mehl, verquirltem Ei und Paniermehl wenden, beidseitig in Butter braten; dazu Salzkartoffeln und grüner Salat.

Tokaier, berühmter ungarischer Wein, einer der edelsten Dessertweine der Welt. Der Tokaier wird in 5 Qualitätsstufen erzeugt: Ordinari, Szamorodny, Masslacz, Ausbruch und Essenz. Die Essenz wird aus edelfaulen Trockenbeeren ohne künstliches Auspressen gewonnen; so entsteht ein Nektar, der für gewöhnliche Sterbliche unbezahlbar ist. Der Alkoholgehalt der Tokaierweine beträgt 13–15%.

Tokány, ungarische Spezialität: feinstreifig geschnittene Zwiebeln in Schweineschmalz anschwitzen, Rindfleischscheibchen zugeben, leicht anbraten, mit Salz, Paprika und Majoran würzen, mit Weißwein ablöschen, angeröstete Speckstreifen, etwas Knoblauch und Sahne hinzufügen und das Fleisch fertigschmoren.

Tom Collins: 1 Glas Gin, Saft einer Zitrone, 2 BL Zucker, umrühren, mit Mineralwasser auffüllen. – Tom Collins ist das Pseudonym des australischen Erzählers Joseph Furphy, 1843–1912.

Tomaten (Liebesäpfel, Paradiesäpfel, Paradeiser, Goldäpfel; aztekisch: tomatl), die leuchtend roten, würzigen Früchte eines Nachtschattengewächses, das in Mexiko und Peru beheimatet ist. Als Zierfrucht kam die Tomate bald nach der Entdeckung der Neuen Welt zu uns, aber erst durch Züchtung entstanden die großen, saftigen, schmackhaften und zugleich vitaminreichen Früchte. Der rote Tomatenfarbstoff Lycopin senkt das Arteriosklerose-Risiko; vermutlich hat er auch eine krebsvorbeugende Wirkung. Um 1850 wurde die Tomate erstmals in der Küche verwendet. Die Früchte werden nicht nur gern roh gegessen und zu Salaten verarbeitet, sondern auch auf vielerlei Art zubereitet. – Bestimmte Kräuter erhöhen den Geschmack der Tomaten, wie z. B. frisches Basilikum (→ Caprese), Oregano, Rosmarin, Salbei, Zitronenmelisse. – *Tomaten enthäuten:* die Tomaten auf der Oberseite kreuzweise einritzen, etwa 3 Minuten in heißes Wasser tauchen, dann läßt sich die Haut leicht ablösen. → Fleischtomaten, → Kirschtomaten.

Tomaten auf Avignoner Art: Tomaten enthäuten, entkernen, hacken, in Öl schmelzen, mit Salz, Pfeffer und etwas Knoblauch würzen, mit Paniermehl binden; Auberginen der Länge nach in Scheiben schneiden, mit Salz entwässern, abwischen, mehlen, in Öl braten, die geschmolzenen Tomaten darüberschütten, mit Paniermehl bestreuen, mit Öl beträufeln und im Ofen überbacken.

Tomaten, gefüllt (Beilage): ungeschälte mittelgroße Tomaten waschen, einen Deckel abschneiden, leicht aushöhlen, Kerne und Flüssigkeit entfernen, füllen, den Deckel wieder aufsetzen, in wenig Fett und Brühe dünsten oder im Ofen backen. Als Füllung eignen sich Duxelles, Fleisch- und Geflügelfarcen u. dgl. Weitere *Rezepte:* Tomaten auf Herzogin-Art, auf Husaren-Art, Melba, auf Piemonteser Art. – *Garzeit:* je nach Füllung 10–20 Minuten.

Tomaten, gefüllt (Vorspeise, kalte Platte): mittelgroße Tomaten schälen, einen Deckel abschneiden, entkernen, das Innere mit Essig und Öl marinieren, austropfen und füllen. Als Füllung empfehlen sich pikante Salate, Pürees u. dgl. Einige Beispiele: Waldorfsalat, Heringssalat, Thunfischsalat (gewürfelter Thunfisch aus der Dose, gehacktes Ei und gehackte Kräuter mit Mayonnaise gebunden), Geflügelsalat (Würfel von Hühnerbrust, Pökelzunge, gekochtem Schinken und Bleichsellerie mit Mayonnaise gebunden), Ölsardinenpüree (pürierte Ölsardinen mit Tomatenketchup vermischt, obenauf Scheiben gefüllter Oliven und einen Ring von grüner Paprikaschote).

Tomaten, gegrillt: ganze oder halbierte Tomaten einölen, salzen, pfeffern und auf dem Rost garmachen. Beliebte Beigabe zu Steaks.

Tomaten, geschmolzen (Tomates concassées): Tomaten schälen, entkernen, hacken, in Butter oder Öl schmelzen, mit Salz und Pfeffer würzen.

Tomaten auf Herzogin-Art: von ungeschälten Tomaten den Deckel abschneiden, die Tomaten aushöhlen; Herzoginkartoffelmasse in die Tomaten spritzen, mit geriebenem Parmesan bestreuen, mit Butter beträufeln und im Ofen überbacken.

Tomaten auf Husaren-Art: von ungeschälten Tomaten den Deckel abschneiden, die Tomaten aushöhlen; gehackte Zwiebeln in Öl dünsten, mit gehacktem gekochten Schinken, grobgehackten Champignons und Paniermehl vermischen, mit Salz und Paprika würzen, gehackte Petersilie daruntergeben; die Tomaten füllen und im Ofen backen.

Tomaten Manhattan: grobgewürfelte, besonders reife Tomaten mit gehackter Zwiebel vermengen, salzen und pfeffern; Weißbrotwürfel in Butter leicht anrösten; Tomaten und Weißbrot lagenweise in eine gefettete Backschüssel füllen, mit Paniermehl und Parmesan bestreuen, mit Butter beträufeln und im Ofen backen.

Tomaten Melba: von ungeschälten Tomaten den Deckel abschneiden, die Tomaten aushöhlen; gebratenes Hühnerfleisch in kleine Würfel schneiden, Champignonscheibchen in Butter dünsten, beides mit deutscher Sauce binden, in die Tomaten füllen, im Ofen überbacken.

Tomaten auf Piemonteser Art: von ungeschälten Tomaten den Deckel abschneiden, die Tomaten aushöhlen; Risotto mit geriebenem Parmesan vermischen, in die Tomaten füllen, mit Parmesan und geriebenem Weißbrot bestreuen, mit Öl beträufeln und im Ofen überbacken.

Tomaten, portugiesisch: Tomatenviertel in Öl braten, gehackte Schalotten und etwas Knoblauch zugeben, mit Salz und Pfeffer würzen, mit Fleischextrakt vollenden, gehackte Petersilie darüberstreuen.

Tomaten, provenzalisch: Tomaten halbieren, ausdrücken, salzen, pfeffern und mit der Schnittseite nach unten in Öl anbraten, wenden und dick mit einer Mischung aus gehackter Petersilie, Paniermehl und etwas Knoblauch bedecken, im Ofen überbacken; heiß oder kalt anrichten.

Tomatenbrot (Pan con tomate, Pa amb tomàquet), spanische Spezialität aus Katalonien: Scheiben von Bauernbrot rösten und dick mit vollreifen Tomatenscheiben belegen, ein paar Tropfen gutes Olivenöl und etwas Salz vollenden den frugalen, doch deliziösen Imbiß. → Bruschetta, → Crostini.

Tomaten-Chutney: kräftig gewürztes Tomatenmark, Zutat zu Fleisch- und Eierspeisen. Das Tomatenaroma wird beim Chutney von den Gewürzen (Gewürznelken, Muskatnuß, Zimt, Ingwer usw.) stark beeinflußt. Handelsware.

Tomatencocktail: Tomatensaft mit Tomatenketchup, Tabascosauce, Zukker und Salz würzen; eiskalt servieren.

Tomatencoulis, konzentrierter Tomatensaft.

Tomaten-Gurken-Salat: dünne Tomaten- und Gurkenscheiben mit Weinessig, Öl, etwas Salz und gehacktem Dill anmachen.

Tomatenkartoffeln, → Markgräfinkartoffeln.

Tomatenketchup, feingewürztes Tomatenmark, Zutat zu Saucen, Suppen, Fisch- und Fleischgerichten, Teigwaren, kalten Platten usw. Das Tomatenaroma ist vorherrschend. Tomatenketchup wird dezent mit Salz, Pfeffer, Paprika, Muskatnuß, Zucker, Weinessig, Zwiebeln, Knoblauch, Gewürznelken, Zimt, Ingwer usw. gewürzt. Handelsware.

Tomatenmark (Tomatenpüree), pürierte reife Tomaten ohne Schale und Kerne, ungewürzt. Handelsware mit unterschiedlicher Konzentration: 14%, 28% und 36% Trockenmasse, in Flaschen, Dosen oder Tuben.

Tomatenmayonnaise, für Salate: Mayonnaise mit Tomatensaft und Tomatenmark verrühren.

Tomatenpaprika, → Paprikaschoten.

Tomatenpüree, → Tomatenmark.

Tomatenrisotto: Risotto nach Grundrezept zubereiten und mit Tomatenmark oder Tomatenketchup abwandeln.

Tomatensalat: Tomatenscheiben salzen, pfeffern, mit Essig und Öl beträufeln, mit Zwiebelringen und gehackter Petersilie garnieren.

Tomatensalat, chilenisch: Zwiebelscheiben in Olivenöl goldgelb dünsten und nach dem Auskühlen zusammen mit dem Öl in eine Salatschüssel geben, kleine feste Tomaten enthäuten, in Scheiben schneiden und unter die Zwiebelringe mischen, den Tomatensalat mit dem Saft einer frisch gepreßten Limette und mit etwas Salz abschmecken und mit gehacktem Koriandergrün vollenden.

Tomatensalat nach Art von Murcia: feste Tomaten in mundgerechte Stücke schneiden, in eine Salatschüssel geben und mit einem Dressing bedecken, das aus einer großen, enthäuteten Fleischtomate, fein gehackten Knoblauchzehen, Weinessig, Olivenöl, Salz, Pfeffer und je einer Prise Paprikapulver und Kreuzkümmel gestampft wurde. Die Provinz Murcia südlich von Valencia ist der Gemüsegarten Spaniens.

Tomatensauce (Sauce tomate), eine Grundsauce, die vielfältig abwandelbar ist, auch kochfertig erhältlich: 50 g Brustspeck und etwas Wurzelwerk in kleine Würfel schneiden, 1 Zwiebel feinhacken, alles mit etwas Thymian, Basilikum und einem Stückchen Lorbeerblatt in Butter anrösten, 1 EL Mehl darüberstäuben, kurz mitrösten lassen, mit 1/2 l

Fleischbrühe bzw. Fischfond auffüllen, 2 EL Tomatenmark hinzufügen, die Sauce etwa 30 Minuten leise brodeln lassen, mit Salz, Pfeffer und Zucker würzen und passieren. Zu allem Gebratenen, wie Lendenbraten, Kalbsleber, Lammbrust, Hammelnieren, Truthahnkeulen, Froschschenkel, Hecht, Aal, Seezunge, Muscheln sowie zu Nudeln aller Art.

Tomates concassées (frz), → Tomaten, geschmolzen.

tomatieren, mit Tomatenmark oder Tomatensauce vermischen.

Tomerl, österreichische Spezialität: Maismehl mit Eiern, Milch, gehackten, gebratenen Zwiebeln und Salz zu einem dickflüssigen Brei verarbeiten, in Butter zu dünnen Fladen backen.

Tonellosalat: grüne und gelbe Paprikastreifen, gewürfelte grüne Bohnen, Tomatenscheiben und kleingezupften Thunfisch in Öl mit Essig-Öl-Marinade anmachen, mit hartgekochtem Ei und schwarzen Oliven garnieren.

Tongku, würzige ostasiatische Pilzart, die in Dosen konserviert in Delikatessengeschäften erhältlich ist und gern zu fernöstlichen Gerichten verwendet wird. → Shitake.

Tontopf, längliche Deckelkasserolle aus poröser Keramik. Der Tontopf wird vor jedem Gebrauch in Wasser gelegt, saugt Wasser auf und ermöglicht so das Garen von großen Fleischstücken usw. ohne Fettzusatz. Bei sehr magerem Fleisch wird der Topf mit einigen Speckscheiben ausgelegt. Der gefüllte Tontopf kommt in den nicht vorgeheizten Backofen. Dadurch verlängert sich die Bratzeit um etwa 15 Minuten. – Das bekannteste Tontopffabrikat ist der Römertopf.

Topfen, → Quark.

Topfenknödel, österreichische Spezialität: 125 g Butter mit 4 Eiern schaumig rühren, mit 200 g Quark (Topfen), 1/8 l saure Sahne, 100 g Mehl und 5 kleingeschnittenen Semmeln verarbeiten, aus der Masse kleine Knödel formen, in Salzwasser kochen, in geröstetem Paniermehl wälzen und mit Zucker bestreuen; dazu → Pflaumenröster.

Topfenstrudel, österreichische Spezialität: Strudelteig vorsichtig ausrollen, dann auseinanderziehen, zwei Drittel der Fläche mit in Fett gerösteter geriebener Semmel bestreuen, darauf eine Quarkmasse verteilen, den Strudel so einrollen, daß das ungefüllte Teigdrittel nach außen kommt und die Teighülle verstärkt, den Strudel mit Ei bestreichen und bei mittlerer Hitze abbacken. Die Quarkmasse: 2 EL Butter mit 6 EL Zucker und 1 Eigelb schaumig rühren, 500 g Quark (Topfen) hineinrühren, 1–2 steifgeschlagene Eiweiß darunterziehen.

Topfkuchen, → Napfkuchen.

Topinambur (Erdartischocke, Jerusalemer Artischocke, Erdbirne, Roßkartoffel), Sonnenblumenart mit hellbraunen, eßbaren Knollen. Die Topinamburknollen enthalten keine Stärke, sondern Inulin, ein stärkeähnliches Kohlehydrat, das von Zuckerkranken gut vertragen wird. Topinambur gewinnt als »Kartoffel der Diabetiker« immer größere Bedeutung. Die Heimat des Topinambur ist Amerika, heute wird die Pflanze vor allem in Südfrankreich kulitiviert. Die Topinamburs haben einen angenehmen, nußartigen Geschmack und lassen sich vielfältig verarbeiten.

Topinamburs in Backteig: Topinamburs schälen, in dicke Scheiben schneiden, in Butter gar dünsten und abkühlen lassen; durch Backteig ziehen, in Fett schwimmend abbacken und mit gebackener Petersilie anrichten.

Topinamburs Coligny: Topinamburs eiförmig zurechtschneiden, in Butter und Zitronensaft dünsten, zuletzt noch etwas Fleischextrakt und gehackte Petersilie beifügen.

Topinamburs, englisch: Topinamburs schälen und in leicht gesalzenem Wasser gar kochen, die Knollen in Scheiben schneiden und mit dünner Béchamelsauce anmachen.

Topinamburs, überbacken: Topinamburs schälen, in leicht gesalzenem Wasser kochen, in Scheiben schneiden, auf eine gefettete Backplatte schichten, Mornaysauce darübergießen, mit geriebenem Käse bestreuen, mit Butter beträufeln und überbacken.

Topinamburpüree: Topinamburs schälen, kleinschneiden und in Butter langsam weich dünsten, durch ein Sieb streichen, mit etwas Butter auf der heißen Herdplatte trockenrühren, mit etwas Kartoffelpüree vermischen und mit heißer Sahne und Butter vollenden.

Topinambursalat: nicht zu weich gekochte Topinamburs in Scheiben schneiden und mit Essig-Öl-Marinade anmachen.

Tordi, italienische Bezeichnung für → Feigendrosseln.

Torfbeeren, → Multbeeren.

Torrone, italienische Nougatspezialität aus Mandelmilch, Honig und ganzen Mandeln.

Törtchen (Torteletts, Tartelettes), winzige Tortenböden aus ungezuckertem Mürbe-, Hefe- oder Blätterteig (Halbblätterteig). Gefüllt mit pikanten kalten oder warmen Speisen werden die Törtchen als Vorspeise, Zwischengericht, Beilage oder kleiner Imbiß gereicht. – Törtchen mit süßen Füllungen werden aus gezuckertem Teig bereitet und als Nachspeise serviert. – Tortenböden bekommen Sie beim Bäcker oder im Supermarkt. Sie können sie mit Hilfe kleiner Tortenformen auch flink selber backen. Stehen Ihnen keine Formen zur Verfügung, so legen Sie passend zugeschnittene Alufolie über ein Trinkglas, eine kleine Dose o. dgl., pressen die Folie fest an, nehmen sie wieder ab und legen sie mit dem Teig aus.

Törtchen Agnes Sorel: ungezuckerte Tortenböden mit Geflügelfarce ausstreichen, eine fein abgeschmeckte Mischung aus Streifen gebratener Hühnerbrust, Champignonscheiben und gehackter Trüffel in Samtsauce darübergeben, mit Geflügelfarce zudecken, im Ofen überbacken, je eine Scheibe Pökelzunge und eine Trüffelscheibe daraufsetzen und mit Madeirasauce überziehen.

Törtchen Aiglon: kleine Würfel von frischer Gänseleber und Champignons mit etwas Salz und Cayennepfeffer in Butter gar dünsten, die Hälfte davon im Mörser zerreiben, würzen, mit einigen Tropfen Weinbrand parfümieren, mit Eigelb binden, steifgeschlagenes Eiweiß darunterziehen; ungezuckerte Tortenböden mit Gänseleber-Champignon-Ragout füllen, mit der Auflaufmasse bedekken, im Ofen aufgehen lassen und sofort servieren.

Törtchen Anita: geputzte rohe Champignons und enthäutete, entkernte Apfelsinenspalten in Würfel schneiden, mit Mayonnaise binden, in Mürbeteigböden füllen, mit je einer Weinbeere garnieren, die gefüllten Törtchen mit Portweingelee überziehen.

Törtchen Argenteuil: gebratene Hühnerbrust und frisch gekochten Spargel ohne Köpfe pürieren und fein würzen, das Püree in ungezuckerte Tortenböden füllen und mit gebutterten Spargelköpfen garnieren.

Törtchen Marly: gebratenen Fasan feinwürfeln, die Hälfte davon im Mörser zerreiben und mit Eigelb, etwas Pastetengewürz und einem Schuß Madeira zu einer deliziösen Farce verarbeiten; ungezuckerte Tortenböden mit der Fasanenfarce ausstreichen, die Fasanenwürfel mit Bratensauce binden, in die Böden füllen, mit Farce zudekken und im Ofen überbacken.

Törtchen, russisch: gekochte Kartoffeln, gedünstete Mohrrüben, Gewürzgurken, Essigpilze und gekochten Schinken in sehr kleine Würfel schneiden, Sardellen und hartgekochte Eier feinhacken, einige Kapern hinzufügen, alles mit Mayonnaise binden; den Salat eiskalt in ungezuckerte Mürbeteigböden füllen und mit Kaviar garnieren.

Törtchen auf Schweizer Art (Schwyzer Tartelettes): 125 g geriebenen Emmentaler Käse mit 3 EL Milch schmelzen lassen, 4 Eigelb hineingeben, mit Salz und Cayennepfeffer würzen, alles geschmeidig rühren, etwas Butter hinzufügen und zuletzt steifgeschlagenes Eiweiß darunterziehen; die Auflaufmasse in ungezukkerte Tortenböden (12 bis 15 Stück) füllen, im Ofen aufgehen lassen und sofort servieren.

Törtchen auf Winzerinnen-Art: Weinbergschnecken (aus der Dose) sehr fein hacken, mit gut gewürztem Maronenpüree vermischen, in ungezuckerte Blätterteigböden füllen, im Ofen überbacken und heiß servieren.

Torteletts, → Törtchen.

Tortelli, italienische Teigwaren, quadratische gefüllte Teigtaschen, etwa 50 mm Kantenlänge.

Tortellini, italienische Teigwaren, kleine, mit Fleisch- oder Spinatfarce gefüllte Teigringe, eine Variante der → Ravioli. Die Italiener sagen, die Tortellini seien dem Nabel der Venus nachgebildet.

Tortenböden, → Törtchen.

Tortenguß, Gelierpulver, gefärbt oder ungefärbt, meist aromatisiert, das für Obsttorten, Desserts usw. verwendet wird. → Gelee.

Tortilla española, eigentlich Tortilla de patatas, pikant gefülltes Kartoffelomelett, spanisches Nationalgericht: Kartoffeln schälen, in dünne Scheiben schneiden, salzen und in Olivenöl knusprig braten; Eier mit etwas Salz schaumig schlagen und über die Kartoffeln gießen, das Ganze stocken lassen, nach ein paar Minuten wenden; heiß oder kalt servieren. – Das Grundrezept sollen im 16. Jahrhundert spanische Kartäusermönche kreiert haben. Heute wird es tausendfach abgewandelt, angereichert mit Wurststückchen, Hühnerleber, Thunfisch, Sardinen, Meeresfrüchten, Kräutern, Pilzen, Gemüse usw. – In Lateinamerika ist die »Tortilla« ein dünnfladiges Brot aus Maismehl.

Tortilla al ron (Omelett mit Rum): Eier schlagen, leicht salzen und in Öl backen, einige Stücke Würfelzucker auf und neben der Tortilla verteilen, mit Rum flambieren.

tortue, en-: → Schildkröten-Art.

Tosca, à la: Geflügel mit Risotto füllen und gar dünsten, dazu gedünstete Fenchelknollen und mit Butter aufgeschlagenen Geflügelfond. – Fischfilets mit einer Mischung aus Fischfarce und Krebsbutter bestreichen, mit

Scheibchen von Krebsschwänzen, Fischmilchern und Trüffeln verzieren, mit Krebsbutter aufgeschlagene Mornaysauce darüberziehen und überbakken. – Tosca, Tragödie von Victorien Sardou, Oper von Giacomo Puccini.

Toscasalat: Streifen von gekochter Hühnerbrust, Pökelzunge, Artischokkenböden und roter Rübe mit leichter Mayonnaise binden, mit Eiweißhalbmonden garnieren. – Oder: Winzige Würfel von gekochter Hühnerbrust, Parmesankäse, weißen Trüffeln und Bleichsellerie mit Senfmayonnaise, die mit etwas Sardellenpaste verrührt wurde, binden.

toskanische Art (à la toscane): mit Rosenkohl gefüllte Artischockenböden, mit Duxelles gefüllte Tomaten, Makkaroni und gebundener Bratensaft zu kleinen Fleischstücken, die mit Ei, geriebenem Parmesankäse paniert und in Butter gebraten wurden. – Toskana, Landschaft in Mittelitalien mit der Hauptstadt Florenz.

Totentrompete, → Herbsttrompete.

Touloner Art (à la toulonaise): Fischfilets mit Fischfarce bestreichen und in Fischfonds dünsten, dazu Muscheln und gebutterte weiße Fischgrundsauce. – Toulon, Stadt in Südfrankreich, bedeutendster französischer Kriegshafen am Mittelmeer.

Toulouser Art (à la toulousaine): kleine weiße Champignonköpfe, Kalbsbriesscheiben, kleine Geflügelklöße, Trüffelscheiben sowie deutsche Sauce mit Champignonessenz zu Geflügel. – Kleine Fischklöße und Matrosensauce mit winzigen Zwiebeln zu gedünstetem Fisch. – Toulouse, Stadt am Nordrand der Pyrenäen, im 5. Jahrhundert Hauptstadt des Westgotenreiches, heute gastronomischer Mittelpunkt des Languedoc.

Tourainer Art (à la tourangelle): Prinzeßböhnchen und grüne Bohnenkerne in Sahnesauce sowie gebundener Bratensaft zu Fleisch. – Touraine, Landschaft an der unteren Loire mit der Hauptstadt Tours.

Tourainer Salat: Scheibchen von gekochten Kartoffeln, Knollensellerie und Äpfeln sowie Endivienblätter mit Essig-Öl-Marinade anmachen.

Tourer Salat: gebrochene grüne Bohnen, grüne Bohnenkerne und Kartoffelstreifen mit Sahnemayonnaise binden, gehackten Estragon über den Salat streuen.

Tournedos → Lendenschnitte.

tournieren (frz: tourner = drehen), formen, riefeln, → abdrehen.

Tourviller Art (à la tourvillaise): Champignon- und Trüffelscheiben sowie Muscheln zu gedünstetem Fisch, der mit Mornaysauce bedeckt und überbacken wurde. – Anne de Cotentin, Graf von Tourville, 1642–1701, französischer Marschall.

Tramezzini, italienische Variante der Sandwiches, meist sehr üppig und phantasievoll mit Schinken, Wurst, Thunfisch, Sardellenfilets, Garnelen, Käse, Ei, Tomaten, Pilzen usw. belegtes, in Dreiecke geschnittenes Kastenweißbrot. Vgl. → Panini, → Crostini.

Tranche (frz), Scheibe, Schnitte.

tranchieren, Fleisch, Geflügel, Fisch usw. in Scheiben (Tranchen) schneiden bzw. zum Anrichten zerlegen. Zum Trauchieren braucht man ein Tranchierbrett (Holzbrett), eine Gabel und ein großes, spitzes, elastisches und sehr scharfes Messer. Das Messer wird beim Schneiden nicht in das Fleisch gedrückt, sondern leicht gezogen, damit die Schnittfläche schön glatt wird und kein Fleischsaft ausläuft. – *Bratenstücke* (z. B. Filet,

Schmorbraten): das Fleisch quer oder schräg zur Faser in dünne Scheiben schneiden. – *Keule* (z. B. Hammelkeule): die seitlichen Fleischteile entlang dem Knochen abschneiden, dann das restliche Fleisch loslösen, alle Fleischteile in schräge Scheiben schneiden. – *Wildrücken* (z. B. Reh-, Hirsch-, Frischlingsrücken): auf beiden Seiten des Rückgrats bis zu den Rippen einschneiden, das Messer waagrecht an den Rippen entlang nach außen führen, die ausgelösten Fleischteile in schräge Scheiben schneiden. – *Hasenrücken:* den Rükken mit der Gabel festhalten, die Filets mit einem Eßlöffel von den Knochen lösen, jedes Filet in vier schräge Scheiben schneiden. – *Kleines Geflügel* (z. B. Hähnchen, Taube, Rebhuhn): das Geflügel halbieren, die Hälften mit Keule und Flügel anrichten. – *Großes Geflügel* (z. B. Masthuhn, Truthahn, Gans): die Keulen mit dem angrenzenden Fleisch im Hüftgelenk abtrennen; die Flügel mit dem angrenzenden Brustfleisch im Schultergelenk abtrennen; das Bruststück mit dem Messer oder mit der Geflügelschere vom Rücken lösen; die Brust der Länge nach halbieren, das Fleisch in schräge Scheiben schneiden. – *Fisch* (z. B. Lachs, Zander, Seezunge): die Flossen mit den daran hängenden Gräten abtrennen, den Fisch von Kopf bis Schwanz längs der Mittelgräte einschneiden, die Filets auslösen und in Stücke schneiden. – Das Tranchieren galt schon bei den Römern als eine hohe Kunst. An den Höfen des Mittelalters wirkten besondere Tranchiermeister, die große und kleine Braten flink und fachgerecht zerteilten. Im 17. und 18. Jahrhundert gehörte das Tranchieren zu den Fähigkeiten jedes gebildeten Mannes. Und heute noch ist es in England üblich, daß der Hausherr zumindest an Festtagen den Braten bei Tisch tranchiert.

Transvaaler Salat: Würfel von Avocados und Tomaten mit Essig-Öl-Marinade anmachen, auf Kopfsalatblättern anrichten und mit gehacktem Estragon bestreuen. – Transvaal, Provinz der Republik Südafrika, berühmt wegen seiner Gold- und Diamantenvorkommen.

Trappistenkäse, mild-säuerlich schmeckender Schnittkäse, der erstmals Anfang des 19. Jahrhunderts in einem bosnischen Trappistenkloster hergestellt wurde. Der katholische Mönchsorden der Trappisten (Reformierte Zisterzienser) wurde 1664 in der französischen Abtei La Trappe gegründet. – Inzwischen ist der Trappistenkäse in ganz Europa sehr beliebt, so daß man mehrere Dutzend Arten davon in unterschiedlicher Beschaffenheit, Größe und Fettstufe probieren kann – allein die Franzosen stellen mehr als zehn Arten Trappistenkäse her. Zu den bekanntesten Arten zählen: Port Salut, Echourgnac, Pavé d'Auge, Reblochon (alle Frankreich), Steinbuscher (Deutschland), Mondseer (Österreich), Mutschli (Schweiz), Kernhem (Niederlande), Loo véritable (Belgien), Ridder (Norwegen).

Trassie, indonesische Krabbenpaste zum Würzen von Reisgerichten.

Trauben, → Weintrauben.

Traubenkernöl, goldgelbes bis grünes, süßlich-bitter schmeckendes Speiseöl, gewonnen aus den getrockneten Kernen der Weintraube. Das Öl wird wegen seines hohen Gehaltes an essentiellen Fettsäuren (Linolsäure vor allem) sehr geschätzt. Es ist für kalte und warme Speisen geeignet, besonders für Salate aller Art, auch zum Kurzbraten von Fleisch usw. Traubenkernöl hält sich bis zu 15 Monate.

Traubenpastetchen: gekochtes oder gebratenes Kalbfleisch sehr fein pürieren, leicht salzen, mit Eigelb binden, gehackten Schnittlauch und entkernte, grüne Trauben unter die Farce mischen; in Blätterteigformen füllen und kurz erhitzen.

Traubensaft (Traubensüßmost), naturreiner, alkoholfreier Saft frischer Weintrauben.

Traubenzucker (Glukose, Dextrose): schwach süßende Zuckerart, die in Weintrauben, in anderen Früchten und im Honig vorkommt. Traubenzucker ist ein ausgezeichnetes Stärkungsmittel, da er direkt vom Magen in den Blutkreislauf gelangt. Er wird heute fast ausschließlich durch Stärkeumwandlung gewonnen und kommt in Pulver-, Tabletten- oder Plattenform in den Handel.

trefe, → koscher.

Treibmittel, → Backtreibmittel.

Trenette, italienische Teigwaren, schmale Bandnudeln, meist mit Pesto serviert.

Trennkost, verbreitete Diätform, die durch zeitlich verschobene Aufnahme bestimmter Nährstoffe die Verdauungstätigkeit des Körpers verändert und dadurch eine Gewichtsabnahme bewirkt.

Trepangsuppe, eine der delikatesten Schöpfungen der chinesischen Kochkunst, eine Suppe von eigenartigem Wohlgeschmack und leichter Verdaulichkeit. Hauptbestandteil der Suppe sind bestimmte Holothurien (Seewalzen, Seegurken), auch Trepang oder Bêche-de-mer genannt. Die Seewalzen sind mit den Seesternen und Seeigeln verwandt. Sie sehen aus wie große, unappetitliche Würste, kriechen träge über den Meeresboden und stopfen sich den Bauch voll Schlamm und Sand, um die darin enthaltenen organischen Bestandteile zu verdauen. Bei den Palauinseln und den Karolinen im Stillen Ozean holen Taucher die 10–30 cm langen Trepangs vom Meeresgrund. Die frisch gefangenen Tiere werden kurz gekocht, dann in der Tropensonne gedörrt und zuletzt über schwelendem Feuer geräuchert. Hauptabnehmer sind die Chinesen, die aus den Seewalzen die berühmte Trepangsuppe bereiten. Dazu werden die gedörrten Walzen gewässert, vom Sand gereinigt, in feine Streifen geschnitten, zusammen mit Kalbfleisch, Hühnerbrust, Räucherschinken, fernöstlichen Gewürzen und feinem Wein gekocht und mit Cognac und altem Portwein veredelt. Die echte Trepangsuppe kommt in Dosen konserviert in den Handel, wird allerdings immer seltener verlangt, so daß sie eigentlich nur noch von kulturgeschichtlicher Bedeutung ist. Übrigens schreibt man ihr aphrodisische Wirkungen zu.

Tresterbranntwein, Branntwein aus den festen Rückständen (Trester, Treber) der Traubenkelterung. Bekannte Tresterbranntweine sind der italienische *Grappa,* der französische *Marc* und der spanische *Orujo.*

Treviser Art (à la Trévise): Champignonpüree auf gerösteten Weißbrotscheiben, Artischockenböden in Backteig, Nußkartoffeln sowie Choronsauce zu kleinen Fleischstücken. – Treviso, Stadt und Provinz in Oberitalien.

1 Topinambur 2 Tintenfisch 3 Trüffel 4 Truthahn 5 Vanille

Trianon, à la: abwechselnd mit Püree von grünen Erbsen, Karotten und Maronen gefüllte Torteletts sowie Bratensaft zu kleinen Fleischstücken. – Scheiben von gedünstetem Fisch mit gehackter Trüffel bestreuen und abwechselnd mit Nantua-, grüner Kräuter- und Weißweinsauce überziehen. – Trianon, Name zweier Lustschlösser im Park von Versailles. Die griechische Vorsilbe tri (= drei) weist bei den Gerichten à la Trianon auf drei Bestandteile hin, die in den drei Farben Grün, Rot und Weiß auftreten.

Trianonsauce (Sauce Trianon): Mayonnaise mit Tomatenmark verrühren, gehackte rote Pfefferschoten, weißgedünstetes Zwiebelpüree und gehackte Pfeffergurken unter die Sauce ziehen.

Triester Art (à la triestoise): gebratenen Fisch auf gedünsteten Kopfsalatstreifen anrichten, dazu Eierviertel, Nußkartoffeln und braune Butter.

Trifle (engl: Kleinigkeit), englische Süßspeise: aus 1/2 l Milch, 3–4 EL Zucker, 1 Päckchen Vanillezucker und 2–3 Eigelb im Wasserbad eine Creme rühren, Löffelbiskuits mit Marmelade bestreichen, in eine Glasschale schichten und mit Rum tränken, die Creme darüberschütten, die köstliche »Kleinigkeit« mit Früchten und Schlagsahne garnieren.

Trinkmilch, → Milch.

Tripes, französische Bezeichnung für → Kaldaunen.

Tripes à la mode de Caën, berühmtes französisches Kaldaunengericht, das der Küchenchef Benoit, ein Schüler des großen Kochs Carême, kreiert haben soll: geschnittene Zwiebeln, Mohrrüben und Porreestangen, einen zerschlagenen Kalbsfuß, kleingeschnittene, frische Kaldaunen sowie ein Kräutersträußchen in eine große Kasserolle geben, mit Salz, Pfeffer und zerdrückter Knoblauchzehe würzen, rohes Rindernierenfett hinzufügen, mit Apfelwein auffüllen, mit einem Deckel dicht verschließen, im Ofen etwa 10 Stunden weich schmoren, dann das Fett abgießen, die Knochen und das Kräutersträußchen entfernen; dazu Weißbrotscheiben.

triple sec (franz: dreifach trocken), Bezeichnung für einen Likör von hoher Qualität und mit erhöhtem Alkoholgehalt, der somit nicht so süß wie normaler Likör schmeckt.

Tripmadam (Taubenweizen), Küchenkraut, das wild an steinigen und sandigen Stellen wächst, aber auch angebaut wird. Zum Würzen dienen nur die frischen Triebe junger Pflanzen, die meistens mit anderen Kräutern gemischt für Salate, Rohkostplatten, Suppen und Saucen verwendet werden. Tripmadam kommt vom französischen »trip-madame«; es war also ursprünglich ein spezielles Würzkraut für Kaldaunengerichte.

trocken (engl: dry; frz: sec; ital: secco; span: seco), Bezeichnung für Wein, der weniger als 4 g/l, für Schaumwein (Sekt usw.), der weniger als 35 g/l Restzucker enthält. Bei Schaumwein mit der Bezeichnung *extra trocken* (extra dry, extra sec) beträgt der Zuckergehalt weniger als 20 g/l, *halbtrocken* (medium dry, demi doux, demi sec) ist ein Schaumwein mit einem Zuckergehalt zwischen 33 und 50 g/l.

Trockenerbsen, → Erbsen.

Trockenmilch (Milchpulver), durch Feuchtigkeitsentzug haltbar gemachte Milch, der Fettgehalt beträgt mindestens 25%.

Trockenobst, → Backobst.

Trockenteig, → Zuckerteig.

Trofie, italienische Kleieklößchen, mit Pesto und anderen Saucen serviert: aus 300 g Weizenmehl, 50 g Kleie, etwas Salz und einigen EL Wasser einen festen Teig kneten, nach Belieben zu bleistiftdicken Rollen, zu Kügelchen oder zu Bändern formen, die Trofie in siedendem Wasser ziehen lassen, bis sie oben schwimmen.

Tronchine, schweizerische Bezeichnung für → Baiser.

Trouviller Art (à la trouvillaise): Champignonköpfe, Garnelen, Muscheln sowie Garnelensauce zu Fisch. – Trouville-sur-Mer, Hafenstadt und Seebad an der französischen Kanalküste.

Trüffelessenz: kurz eingekochter (konzentrierter) Trüffelfond.

Trüffelessig, aromatisierter Speiseessig, tafelfertig in Feinkostgeschäften erhältlich. Zu Gänseleberpastete und ähnlichen Leckerbissen.

Trüffelfond, Flüssigkeit, die beim Dünsten der Trüffeln entsteht, Saft in Trüffeldosen.

Trüffelkartoffeln: rohe Kartoffeln in kleine, hauchdünne Scheiben schneiden, leicht salzen, mit Trüffelscheibchen in Butter braten.

Trüffelkonfekt: 1 EL Butter mit 1 Eigelb, 200 g Zucker und 2 EL Kakaopulver verrühren, die Trüffelmasse zu kleinen Kugeln formen, in Kakaopulver wälzen und im Kühlschrank durchkühlen. Vielleicht noch mit einigen Tropfen Weinbrand aromatisieren.

Trüffeln, die kostbarste Pilzart. Hinter ihrem unappetitlichen Äußeren verbirgt sich eine unvergleichliche Würze, die die Trüffel zum begehrtesten aller Pilze werden ließ. Der große französische Gourmet Brillat-Savarin nannte sie den »Diamanten der Küche«. Trüffeln sehen unscheinbar, ja geradezu häßlich aus, manche gleichen alten, narbigen Kartoffeln. Warzen überziehen die rauhe, ledrige Haut. Man unterscheidet schwarze und weiße Trüffeln. Die *schwarzen Trüffeln* (Périgord-Trüffeln) wachsen hauptsächlich in den südfranzösischen Eichenwäldern, im Département Dordogne (die »parfümierten Seelen des Périgord«), auch in der nördlichen Provence, im Département Vaucluse, und in der Bourgogne, ferner in Norditalien und in Spanien. Seltener und entsprechend teurer sind die *weißen Trüffeln* (Piemont-, Alba-Trüffeln), die in der norditalienischen Region Piemonte, rund um Alba, seltener in der westlichen Emilia Romagna, im nördlichen Ligurien, in der nördlichen Toskana, der südlichen Lombardei, in den Marken und in Umbrien gefunden werden. Ihren Geschmack beeinflussen die Bäume, unter denen sie wachsen. Am besten schmecken die in den Eichenwäldern des Piemont gereiften hocharomatischen Trüffeln. Im Spätherbst spüren die Trüffelsucher mit besonders abgerichteten Hunden oder gar Schweinen die unterirdisch wachsenden, stark duftenden Pilze auf. Von Mitte Mai bis Dezember gelangen die weniger aromatischen *Sommertrüffeln* auf den Markt. Sie kommen aus Frankreich, Italien und Spanien, sehen äußerlich der schwarzen Trüffel sehr ähnlich, haben aber ein helleres, fast gelbliches Fruchtfleisch. – Frische Trüffeln werden bei uns nur selten angeboten (November bis Januar), häufiger dagegen konserviert in winzigen Döschen zu 25 und 50 g. Sie dienen hauptsächlich zum Würzen von Pasteten, Galantinen, feinen Würsten, erlesenen Fleisch- und Geflügelgerichten, Salaten und Saucen. In schmale Streifchen geschnittene Trüffeln werden als Trüffelnägel oder Trüffelsplitter zum Spicken verwendet. Übrigens gilt die Trüffel als eines der stärksten natürlichen Aphrodisiaka.

Trüffeln Cussy: frische Trüffeln in Madeira weich kochen, aushöhlen, das ausgehobene Fruchtfleisch hacken, mit Wachtelpüree vermischen, fein würzen, in die Trüffeln füllen, gebundenen Wildjus mit Madeira über die Pilze gießen.

Trüffeln in Portwein: frische Trüffeln in Scheiben schneiden, in Butter leicht anschwitzen, fein würzen, in Portwein dünsten, mit Sahne auffüllen, etwas Kalbsglace hinzufügen und zugedeckt fertiggaren.

Trüffelnägel (Trüffelsplitter), in schmale Streifchen geschnittene Trüffeln zum Spicken von Kalbsbries u. dgl.

Trüffelöl, mit Trüffeln aromatisiertes Olivenöl. Es wird zum Abschmecken von Risotto, Nudelgerichten, Kartoffelsuppe, Kalbschnitzeln usw. verwendet.

Trüffeloliven, olivenförmig zugeschnittene Trüffeln.

Trüffelomelett (Frittata ai tartufi), italienische Spezialität (Rezept für 2 Personen): 6 Eier verquirlen, 4 EL Sahne, Salz, Pfeffer und eine gewürfelte schwarze Norcia-Trüffel zugeben, die Masse in zwei Durchgängen in einer Pfanne mit erhitztem Olivenöl stocken lassen, vorsichtig wenden und goldbraun backen. Die beiden angerichteten Omeletts gut mit Zitronensaft beträufeln und mit hauchdünn geschnittenen Trüffelscheibchen dekorieren.

Trüffelsauce (Sauce Périgord), Königin der Saucen: Madeirasauce mit Trüffelfond und gehackten Trüffeln veredeln. Zu Wildgeflügel, Masthuhn, Kalbsnierenbraten und Lendenschnitten.

Trüsche, → Aalrutte.

Truthahn (Puter, Turkey, Indian, Welschhahn), ursprünglich mexikanisches Wildgeflügel, das schon in vorspanischer Zeit domestiziert wurde. Der Truthahn ist das beliebteste Geflügel der Amerikaner. Am Thanksgiving Day (Erntedankfest), dem letzten Donnerstag im November, gibt es in fast jedem amerikanischen Haushalt gebratenen Turkey. Auch bei uns kommt der Truthahn immer häufiger auf den Tisch, vor allem anstelle der fettreichen Weihnachtsgans. Truthähne (Puter) werden bis 20 kg schwer, am begehrtesten sind aber junge Hähne mit einem Gewicht von 4–6 kg. Truthennen (Puten) sind nicht so vollfleischig. Sie wiegen als Jungtiere 2,5–3 kg. Junge Truthühner werden meist gebraten, ältere werden geschmort. Man sagt, diese Vögel besäßen siebenerlei Fleisch, das sich in Farbe, Zartheit und Geschmack unterscheidet. Bemerkenswert ist jedenfalls das weiße Fleisch der Brust und das dunkle Fleisch der Keulen.

Truthahn, amerikanisch: je 250 g eingeweichtes Weißbrot und gehacktes Kalbsnierenfett, 2–3 gehackte, gedünstete Zwiebeln, 3 Eier, gehackte Petersilie und Salbei gut verarbeiten und in einen jungen Truthahn füllen, den Hahn würzen und braten; den Bratsatz mit Hühnerbrühe verkochen; dazu Cranberry Sauce (Preiselbeersauce). – In Nordamerika ist auch eine Reisfüllung aus Wildreis sehr beliebt.

Truthahn Bismarck: einen jungen Hahn würzen, mit Apfelscheiben und

Rosinen füllen, in Alufolie wickeln und im Ofen gar machen.

Truthahnbrust auf Mailänder Art: die Brust eines jungen Hahns in gleichmäßige Scheiben schneiden, würzen und in Butter braten, jede Scheibe mit einer dünnen Scheibe Pökelzunge und mit Champignonscheiben belegen, dick mit Parmesan bestreuen und im Ofen überbacken; dazu Tomatensauce und Risotto.

Tsabar, → Kaktusfrüchte.

Tsatsiki, → Zaziki.

Tsau Yue Pea, chinesische Spezialität: dünne Fischscheiben in Sesamöl anbraten, gehackten Ingwer und Zwiebeln dazugeben, mit Sojasauce bespritzen und alles zugedeckt gar dünsten.

Tscholent (Cholent, Schalet, Scholet), Schmortopf, traditionelles Sabbatgericht der Juden, die warme Mahlzeit, die am Tag vor Sabbat zubereitet und über Nacht warm gehalten wird, da das jüdische Religionsgesetz das Kochen am wöchentlichen Ruhetag verbietet. Tscholent wird üblicherweise mit Rindfleisch (Brust oder Schulter) oder geräucherter Gänsekeule, weißen Bohnen, Perlgraupen, Kartoffeln, Zwiebeln und Pflanzenöl zubereitet und mit Salz, weißem Pfeffer und Paprika gewürzt.

Tucanüsse, → Paranüsse.

Tumbet, → Auberginenauflauf, spanisch.

Tumbler (engl), fußloses Trinkglas, Becherglas für Cocktails.

Tuna, (Stachelbirne, indianische Feige), Kakteenfrucht des tropischen Amerika (Mexiko). Die grünen, gelben, rötlich-braunen Früchte sind etwa 3 cm dick und 7 cm lang und schmecken erfrischend süß. Sie werden roh gegessen.

Tunfisch, → Thunfisch.

Tunken, → Saucen.

Turban, turbanförmig angerichtete Speisen, meist von Seezungenfilets. Auch Wild- und Geflügelspeisen, die noch in einen Rand aus Reis, Farce usw. gefüllt werden.

Turbigo, à la: gebratene Champignons und kleine Bratwürste zu gebratenen, kleinen Fleischstücken, den Bratensaft mit Weißwein abgelöscht und mit tomatierter Kraftsauce verkocht. – Turbigo, kleine Stadt bei Mailand.

Turbigopastetchen: einige Entenlebern in Schweineschmalz braten, Champignons in Butter dünsten, Leber, Pilze und Artischockenböden fein würfeln und mit dicker Tomatensauce binden; in Blätterteighüllen füllen und erhitzen.

Turbot, Turbutt, → Steinbutt.

Türkenbrot, karamelisierte Erdnüsse.

Türkenente, → Flugente.

Türkenkorn, → Mais.

Turkey, → Truthahn.

türkische Art (à la turque): gebratene Auberginenscheiben, Safranreis und braune Butter zu gebratenem Fisch.

türkische Kroketten (Beurrecks), mit Käse oder gehacktem Fleisch gefüllte Pasteten, in der Türkei »börek« genannt. Die gehackten oder kleingewürfelten Bestandteile werden mit dicker Sauce gebunden, in dünnen Nudel- oder Blätterteig eingeschlagen oder mit Ei und geriebenem Weißbrot paniert und in Fett gebacken.

türkische Kroketten mit Käsefüllung: feingewürfelten Emmentaler Käse mit dicker Béchamelsauce, die mit Cayennepfeffer gewürzt wurde, binden, zu kleinen Spindeln formen, in sehr dünn ausgerollten Nudelteig wickeln, panieren und in Fett schwimmend backen.

türkischer Honig, Süßware aus Zukker, Honig, Eiweißschnee und Gelatine, oft mit Mandeln oder Nüssen ergänzt und in Sesamkörnern gewälzt.

türkischer Kaffee: Kaffeebohnen in der Mokkamühle staubfein mahlen, in ein kupfernes Kaffeekännchen geben, Puderzucker hinzufügen, mit kaltem Wasser auffüllen, den Kaffee über einer Spiritusflamme einmal kurz aufkochen lassen, sofort in Mokkatassen gießen und servieren; auf Wunsch je ein Glas frisches, kühles Wasser dazustellen.

türkischer Pfeffer, → Paprika.

türkischer Weizen, → Mais.

Türkissalat: Streifen von Chicorée, Bleichsellerie, Tomaten und roten Paprikaschoten in Essig-Öl-Marinade einlegen, mit Mayonnaise binden.

Turlu, türkische Spezialität: grobgewürfeltes Hammelfleisch mit gehackten Zwiebeln anbraten, gehackte Tomaten, Streifen von Paprikaschoten, Auberginenscheiben, gebrochene grüne Bohnen und Zucchiniwürfel (türk: Kabak) hinzufügen, mit Salz, Pfeffer und Knoblauch würzen, mit etwas Wasser zugedeckt weich schmoren.

Turmeric, Gewürz von hellgelber Farbe und erfrischendem Geschmack, gewonnen aus den getrockneten und gemahlenen Wurzeln einer ingwerartigen Pflanze. Mit Turmeric werden Eierspeisen und Fischgerichte gewürzt.

Turnip tops, englische Spezialität: zarte Blätter von den Stielen weißer Rüben streifen, in Salzwasser gar dünsten, gut ausdrücken, die Blättermasse in Streifen schneiden und mit frischer Butter anrichten.

turque, à la: → türkische Art.

Tüten (Cornets), pikant gefüllte Tüten aus verschiedenem eßbaren Material, als Vorspeise oder kleine Schlemmerei für die kalte Platte. – *Rezepte:* Elsässer Tüten, Kalbfleischtüten, Lachstüten, Roastbeeftüten, Schinkentüten, Zungentüten.

Tuttifrutti (ital: alle Früchte), gemischte Früchte, meist gewürfelt und gedünstet.

Tuttifrutti-Bowle: je nach Geschmack und Jahreszeit kleingeschnittene Früchte und Beeren in den Bowlenkübel geben, mit 1 Flasche Weißwein und 1 Flasche Rotwein ansetzen, zugedeckt ziehen lassen, zuletzt 1 Flasche Sekt oder Mineralwasser hinzugießen.

Twist, spiralförmig abgeschnittene Zitronen- oder Orangenschale zum dekorativen Aromatisieren von Cocktails.

Tybo, dänischer Schnittkäse, mildwürzig, 40 und 45% Fett i. Tr.; die rote Paraffinhülle ist nicht eßbar.

tyrolienne, à la: → Tiroler Art.

tzar, du: → Zaren-Art.

tzarine, à la: → Zarin-Art.

Tzibel (Eiertzibel), jüdischer Brotaufstrich: 8 Eier hartkochen, schälen und mit der Gabel zerdrücken, so viel Gänseschmalz dazugeben, daß die Eiermasse streichfähig wird, 2 feingehackte Zwiebeln und 2 zerdrückte gekochte Kartoffeln hinzufügen, die Paste gut durcharbeiten und mit Salz und Paprika abschmecken.

U

Und magst aufziehen gleicherweis
täglich auff deinen Tisch zu Speis
Mangolt, Kohlkraut, Zwiebel, Knoblauch.

Hans Sachs

überbacken, → überkrusten.
Überbacksauce, → Gratinsauce.
überbrühen, → brühen.
überflammen, → flambieren.
übergießen, überziehen, → nappieren.
überglänzen (glacieren, glasieren) von Speisen, um ihnen ein besonders appetitliches Aussehen zu geben. Fleisch und Geflügel werden mit dem eigenen, stark eingekochten Fond oder mit Fleischextrakt überglänzt; Gemüse (kleine Zwiebeln, Karotten, Teltower Rübchen, Maronen) wird mit Butter, etwas Zucker und Salz in Fleischbrühe oder Wasser langsam weich gedünstet und mit dem dicken, sirupähnlichen Fond überglänzt; kalte Speisen werden leicht mit Gelee überzogen; Gebäck erhält einen Zuckerguß.
überkrusten (gratinieren), ein Gericht bei starker Oberhitze überbakken, so daß eine braune Kruste entsteht.
Überraschungsomelett (Omelette en surprise): auf einen kleinen Biskuitboden Speiseeis türmen, das Eis mit Biskuitscheiben umhüllen, damit es beim Backen nicht schmilzt, alles mit Auflaufomelettmasse bedecken, aus dieser Masse hübsche Verzierungen aufspritzen, mit Zucker bestreuen, das Omelett ganz schnell im Ofen backen, mit Mandeln, Pistazien und kleinen Kompottfrüchten garnieren; sofort auftragen.
Uckelei (Ukelei, Ickelei, Albe, Laube, Spitzlaube, Windlaube, Schuppenfisch), bis 20 cm langer Weißfisch der mitteleuropäischen Gewässer, mit stahlblauem Rücken, silberglänzendem Bauch und grätenreichem, aber wohlschmeckendem Fleisch. Der Fisch wird meistens gebacken.
Ugli (Ugly), dickschalige Zitrusfrucht, die auf Jamaika aus Mandarine und Grapefruit gezüchtet wurde. Die gelbgrünen bis gelbbraunen, etwa 15 cm großen Früchte besitzen ein saftiges, kernarmes Fleisch, dessen Saft angenehm süß schmeckt und reichlich Vitamin C und viele Mineralstoffe enthält. Man ißt es roh, verwendet es zu Obstsalaten und als Beigabe zu Wild- und Geflügelgerichten; der ausgepreßte Saft wird pur getrunken oder dient als Bestandteil diverser Mixgetränke. Von Januar bis Juni sind die Uglis im Handel.
Ugli-Salat: 2 Radicchio-Rosso-Köpfe waschen, die Blätter auf einer Platte verteilen; 2 Uglis schälen, in dünne Scheiben schneiden, die Scheiben auf

die Salatblätter legen; 4 Matjesfilets in kleine Würfel zerteilen, auf die Uglischeiben geben, alles mit Zwiebelringen schmücken, mit Öl binden und mit Zitronensaft würzen.

Ukelei, → Uckelei.

Umlage, → Garnitur.

Uncle-Sam-Salat: Kopfsalatherzen mit Tatarensauce überziehen, gehacktes Ei darüberstreuen.

underdone (engl: nicht gar), ein Fleischstück so braten, daß der Kern noch blutig ist.

ungarische Art (à la hongroise): mit Mornaysauce, die mit Paprika gewürzt und mit gehacktem Schinken vermischt wurde, überbackene Blumenkohlröschen, Schmelzkartoffeln sowie Paprikasauce zu kleinen Fleischstücken. – Süßwasserfisch mit angeschwitzten, gehackten Zwiebeln und Tomaten in Weißwein und Fischfond dünsten, kräftig mit Paprika würzen, den Fond mit Sahne verkochen.

ungarische Sauce (Sauce hongroise): gehackte Zwiebeln und kleingewürfelten Räucherspeck in Butter kräftig anschwitzen, Paprika darüberstäuben, mit brauner Grundsauce und saurer Sahne auffüllen, die Sauce gut durchkochen. Zu gebratenem Rindfleisch, gefüllten Gurken und Auberginen.

ungarischer Salat: gehobelter Weißkohl mit Essig, Öl, geriebenem Meerrettich, Salz, Pfeffer und Paprika anmachen, geröstete Speckwürfel darüberschütten.

uni (frz), glatt, unverziert.

Universalhobel, Küchengerät zum Schneiden verschiedener Kartoffelformen, von Gemüse usw.

unvergleichlicher Salat: grobe Streifen von römischem Salat, Bleichsellerie, Tomaten und Ananas mit Thousand-Islands-Dressing anmachen.

Uppsala, à la: Weißweinsauce mit gedünsteten Streifen von Fenchelknolle zu Fisch. – Uppsala, Universitätsstadt in Schweden.

Uri, → Japangurken.

Utshuala, Kaffernbier, wird aus Hirse bereitet, ist milchig-weiß und hat einen hohen Vitamin- und einen geringen Alkoholgehalt.

Uxelles (d'Uxelles), → Duxelles.

V

Man lebt nicht von dem, was man ißt, sondern von dem, was man verdaut.

Sprichwort

Vacherin (frz: vache = Kuh), französischer und schweizerischer Weichkäse.
Vacherin (Himalaya, Schneetorte), kalte Süßspeise: Baisermasse in großen Ringen (etwa 12 cm Durchmesser) auf ein Backblech spritzen und im Ofen trocknen; die Ringe auf Tellern anrichten, mit Schlagsahne und Walderdbeeren oder schwarzen Johannisbeeren füllen.
Vaerst, Eugen Freiherr von Vaerst, 1797–1855, Offizier und Schriftsteller, Verfasser der »Gastrosophie oder Lehre von den Freuden der Tafel«, eines der besten gastronomischen Werke, das je geschrieben wurde. Darin charakterisiert Vaerst die drei Feinschmeckertypen wie folgt: »Der Gourmand verdirbt sich oft den Magen; der Gourmet tut dies vielleicht langsamer, aber gemütlicher. Der Gastrosoph wird im Gegenteil selbst eine geschwächte Gesundheit durch kluges Verhalten wieder herzustellen wissen.«
valaisienne, à la: → Walliser Art.
Valencia, à la: gedünstete grüne Oliven, Risotto mit gewürfelten grünen Paprikaschoten und geschmolzenen Tomaten sowie Sherrysauce zu Fleisch oder Geflügel. – Valencia, spanische Hafenstadt an der Mündung des Guadalaviar.
Valencienner Art (à la valencienne): Risotto mit grünen Erbsen, gewürfelten roten Paprikaschoten und gekochtem Schinken sowie tomatierte Kraftsauce oder tomatierte Geflügelrahmsauce zu kleinen Fleisch- oder Geflügelstücken. – Valenciennes, französische Stadt an der Schelde.
Valencienner Salat: gekochten Knollensellerie in Würfel schneiden, mit leichter Mayonnaise binden, mit gehacktem Ei bestreuen und mit Kopfsalatherzen und Eierscheiben garnieren.
Valentin, à la: Geflügelstücke mit gehackten Champignons und Trüffeln anschwitzen, mit Sherry ablöschen und in Apfelsinensauce gar dünsten; dazu Champignonköpfe, Eierviertel und Blätterteighalbmonde.
Valois, à la: ganze Krebse, in Butter gedünstete Fischmilcher, winzige gekochte Kartoffeln sowie Valoissauce zu Fisch. – Sieben französische Könige des 14. und 15. Jahrhunderts entstammten dem Hause Valois. Die Regierungszeit dieser Herrscher wurde durch den Hundertjährigen Krieg zwischen Frankreich und England überschattet, aus dem Frankreich

zwar erschöpft, aber geeint hervorging.

Valoissauce (Sauce Valois): Béarner Sauce, vollendet mit etwas Fleischextrakt. Zu gekochtem Fisch oder gebratenem Fleisch.

Valpolicella, italienischer Rotwein aus Venetien.

Vanderbilt, à la: Austern, Garnelen, Champignons und Trüffeln in Newburgsauce zu Fisch. – Cornelius Vanderbilt, 1794–1877, nordamerikanischer Großunternehmer.

Vanderbilt, Cocktail: 3/4 Weinbrand, 1/4 Cherry Brandy, 2 Spritzer Angostura Bitter, 2 Spritzer Grenadine, umrühren.

Vanille, Kapselfrucht einer aus Mexiko stammenden Kletterorchidee, die heute auch auf den Inseln des Indischen Ozeans sowie in Indonesien angebaut wird. Die schlauchförmigen Fruchtkapseln werden kurz vor der Reife geerntet und fermentiert, wobei sich die gelblichgrünen Früchte schwarzbraun färben und das angenehme Aroma sich entwickelt. Die Würzkraft der Vanille wird u. a. von ihrem Gehalt an → Vanillin bestimmt. Die »Vanillestangen« kommen in Glasröhrchen oder in Stanniol verpackt in den Handel. Verlangt das Rezept eine Vanillestange, so sollte man das nicht allzu wörtlich nehmen. Wichtig ist allein das aromatische Innere der Stange, der Schote, das Vanillemark, das man aus der Schale kratzt. Feingeriebene Vanille wird mit Zucker vermischt als Vanillezucker angeboten. Vanille dient zum Würzen von Feingebäck, Süßspeisen, Eis und Früchten, sie verleiht aber auch Gerichten aus Fisch und Krustentieren einen reizvollen Geschmack. – Vanille war schon bei den alten Maya ein bekanntes und beliebtes Gewürz. Die beste Vanille kommt aus Mexiko, allerdings wird diese fast ausschließlich nach den USA exportiert. Die bei uns angebotene Vanille stammt von Madagaskar, Réunion und den Komoren (Bourbon-Vanille), außerdem von Ceylon und Java.

Vanilleauflauf: ein Stückchen Vanille in 1/4 l heißer Milch ausziehen lassen; 4 Eigelb und 125 g Zucker schaumig schlagen, mit 65 g Mehl verrühren, die heiße Milch unter Rühren hinzugießen, auf dem Herd cremig rühren, 6 steifgeschlagene Eiweiß unter die Creme ziehen, in eine ausgebutterte Auflaufform füllen und im Ofen abbacken.

Vanillecreme, kalte Süßspeise: wie → bayerische Creme bereiten, die Milch aber mit einer Vanilleschote aromatisieren.

Vanilleeis: nach dem Grundrezept für → Sahneeis bereiten, in der heißen Milch aber ein Stück Vanilleschote ausziehen lassen.

Vanillepudding: 90 g Stärkemehl in etwas kalter Milch anrühren, 1 l Milch mit 6 EL Zucker und 1 Päckchen Vanillezucker aufkochen, das Stärkemehl in die Milch einrühren, 1 Prise Salz hinzufügen und nach kurzem Aufkochen mit 2 verquirlten Eigelb vermischen, den Pudding in eine kalt ausgespülte Form füllen, nach dem Erkalten stürzen und mit Schokoladensauce oder einer Fruchtsauce auftragen.

Vanillemilch: 1 Glas heiße Milch mit 1 Päckchen Vanillezucker verrühren.

Vanillereis, Süßspeisenreis: 1/2 l Milch mit 2 EL Zucker und 1 Stückchen Vanille (bzw. 1 Päckchen Vanillezucker) aufkochen, 125 g Karolinareis hinzufügen und langsam bei schwacher Hitze quellen lassen; den Vanillereis in kleine, kalt ausgespülte Formen drücken, etwas auskühlen lassen und stürzen; dazu eine beliebige Fruchtsauce.

Vanillesauce, Süßspeisensauce: ein Stück Vanillestange in heißer Milch ausziehen lassen und wieder entfernen, die Vanillemilch mit Zucker und etwas Stärkemehl kurz aufkochen, ein in Milch verquirltes Eigelb unter die Sauce ziehen. Während des Abkühlens gut rühren, damit sich keine Haut bildet, zuletzt noch Schlagsahne unter die kalte Vanillesauce ziehen. – Kalt zu Schokoladenpudding oder roter Grütze. – Warm zu Aprikosenauflauf, Salzburger Nockerln, Gasteiner Strudel usw.

Vanille-Schlagsahne, vanillierte Schlagsahne: Schlagsahne mit Vanillezucker und Puderzucker ergänzen.

Vanillestäbe: 125 g geriebene Mandeln mit 100 g Zucker, 1/2 Päckchen Vanillezucker, 1 Prise Mehl und etwas Wasser zu einer festen Masse verarbeiten, die Masse etwa 5 mm dick ausrollen, mit Eiweißglasur bestreichen, in 1 x 6 cm große Stäbe schneiden, die Vanillestäbe bei mäßiger Hitze hell backen.

Vanillezucker, Mischung aus feingeriebener echter Vanille und weißem Kristallzucker. Vanillezucker wird heute meist durch Vanillinzucker ersetzt.

vanillieren, Milch, Sahne, Schlagsahne, Reis u. dgl. mit Vanille würzen.

Vanillin, Würzstoff der Vanille, der heute synthetisch hergestellt wird und die Verwendung der echten Vanille weitgehend verdrängt hat.

Vanillinzucker, Mischung aus synthetisch hergestelltem Vanillin und weißem Kristallzucker, Ersatz für Vanillezucker.

Vatapa, brasilianische Spezialität: feingehackte Zwiebeln und Knoblauchzehe in Schweineschmalz anrösten, gewürfeltes, gekochtes Hühnerfleisch, kleingeschnittenes Fischfilet, Shrimps, gehackte Tomaten, süße und scharfe Pfefferschoten, Salz, Pfeffer, Majoran, Thymian und Lorbeerblatt hinzufügen, mit Wasser oder Geflügelbrühe auffüllen und zugedeckt gar kochen.

Vatel, à la: Scheiben von Krebsschwänzen, Fischmilchern und Trüffeln in Garnelensauce zu Fisch. – Vatel, Küchenchef und Haushofmeister des Fürsten Condé, nahm sich mit dem Küchenmesser das Leben, weil bei einem Festessen zu Ehren Ludwigs XIV. die Fische nicht rechtzeitig eintrafen.

Vatruschki (Watruschki), russische Quarkpastetchen: Sahnequark mit Salz, Pfeffer, etwas Zucker und Ei verarbeiten, die Quarkmasse auf 10 cm großen Hefeteigscheiben verteilen, die Teigränder mit Eiweiß einpinseln, die Teigscheiben zusammenfalten und kleine Schuhe formen, die Teigschuhe mit Eigelb bestreichen, nach kurzem Gären im Ofen abbakken und heiß servieren. Oder: die Quarkmasse auf 5 cm große Hefeteigscheiben spritzen, mit Eigelb bestreichen und backen.

Vaucluser Art (à la vauclusienne): Fischfilets in Öl braten, mit Zitronensaft würzen und mit gehackter Petersilie bestreuen. – Vaucluse, Departement in Südfrankreich mit der Hauptstadt Avignon.

V.D.Q.S. (= Vins Délimités de Qualité Supérieure), Bezeichnung für französische Weine, deren Ausgangsmaterial in bestimmten Weingärten angebaut wird und von amtlich anerkannten Qualitätsrebsorten stammt; bei der Kelterung sind die herkömmlichen Verfahren einzuhalten.

Vegetabilien, pflanzliche Nahrungsmittel.

vegetarische Ernährung, im engeren Sinne die rein pflanzliche Ernährung, im weiteren Sinne die pflanzliche Ernährung unter Hinzunahme von Eiern, Milch und Milcherzeugnissen sowie Fisch (fleischlose Diät). Da der Mensch nach seinem Körperbau (Gebiß, Darm) eine gemischte Kost benötigt, ist die rein pflanzliche Ernährung grundsätzlich abzulehnen. Die fleischlose Kost enthält dagegen alle für die Erhaltung der körperlichen Leistungsfähigkeit benötigten Stoffe.

Veilchenblüten, kandierte, um die Jahrhundertwende sehr beliebtes Naschwerk, das auf jedem Jahrmarkt feilgeboten wurde. Zum Garnieren von Süßspeisen und Torten werden die kandierten Blüten besonders aromatischer Veilchenarten gelegentlich noch heute verwendet.

Velouté (frz: samtartig), → weiße Grundsauce.

venezianische Art (à la vénitienne): Champignonköpfe, Hahnenkämme, Kalbshirnscheibchen sowie Geflügelrahmsauce, die mit Kräuterbutter aufgeschlagen wurde, zu gedünstetem Geflügel. – Blätterteighalbmonde und venezianische Sauce zu Fisch.

venezianische Sauce (Sauce à la vénitienne): Weißweinsauce, mit Kräuterbutter, gehacktem Estragon und Kerbel vervollständigt.

venezianischer Salat: Apfelsinenspalten und Würfel von Bleichsellerie, grünen Oliven und Trüffeln mit einem Gemisch aus grüner Sauce und Hühnerleberfarce binden.

Ventadour, à la: Püree von Artischockenböden, Trüffelscheiben, Rindermarkscheiben und Olivenkartoffeln zu kleinen Fleischstücken. – Bernart de Ventadour, 12. Jahrhundert, einer der größten altprovenzalischen Troubadoure (Minnesänger).

Venusmuscheln findet man an der Mittelmeer- und Atlantikküste. Unter der Bezeichnung »Clams« kommen sie auch als Konserve in den Handel. Venusmuscheln sind in den Monaten Mai bis August am schmackhaftesten. Sie werden als Cocktail gereicht oder gehackt und in Butter gedünstet in Pfannkuchen und Omeletts gefüllt.

Verdi, à la: gedünstete Fischfilets auf kurzgeschnittenen Makkaroni, die in Butter geschwenkt und mit Hummer- und Trüffelwürfeln sowie geriebenem Parmesankäse vermischt wurden, anrichten, mit Mornaysauce bedecken und kurz überbacken. – Giuseppe Verdi, 1813–1901, einer der bedeutendsten italienischen Komponisten.

Verdicchio, italienischer Weißwein aus der Gegend von Ancona, trocken und von feinem Geschmack; die bekanntesten Weine dieser Rebsorte sind der Verdicchio dei Castelli di Jesi und der Verdicchio di Matelica, der beste aber ist der Verdicchio di Montanello aus Villamagna.

Verdisauce: Mayonnaise mit etwas dicker, saurer Milch verrühren, gehackten Schnittlauch und Mixed Pickles hinzufügen und die Sauce mit Spinatmatte färben. Zu Geflügel- und Eiersalaten.

verlorene Eier (pochierte Eier): die Eier einzeln in eine Schöpfkelle schlagen und vorsichtig in siedendes Wasser, das leicht gesalzen und mit einem Schuß Essig versehen wurde, gleiten lassen; nach 3 bis 4 Minuten herausheben, in kaltem Wasser abschrecken und die Ränder schön rund schneiden.

verlorene Eier Beaugency: Artischockenböden (aus der Dose) in Butter erhitzen, mit je einem verlorenen Ei füllen, mit Béarner Sauce bedekken, auf jedes Ei eine Scheibe Rindermark setzen, das Mark mit gehackter Petersilie bestreuen.

verlorene Eier Joinville: die verlorenen Eier auf runde Croûtons setzen, mit Garnelensauce bedecken und mit Garnelenschwänzen garnieren.

verlorene Eier Rossini: gebratene Gänseleberscheiben in Torteletthöden aus Blätterteig legen, je ein verlorenes Ei daraufsetzen, mit Madeirasauce bedecken, mit je einer Trüffelscheibe garnieren.

verlorene Eier Villeroy: die verlorenen Eier mit Villeroysauce überziehen, auskühlen lassen, mit geriebenem Weißbrot panieren, kurz in Fett backen, abtropfen lassen, mit gebakkener Petersilie und Tomatensauce anrichten.

verlorenes Brot, → armer Ritter.

verlorenes Huhn, Suppeneinlage: 3 Eier schlagen, mit Salz und Pfeffer würzen, feingewürfeltes gekochtes Hühnerfleisch hinzufügen, mit 2 EL Sahne und 1/8 l heißer Hühnerbrühe verrühren, in eine ausgebutterte Becherform füllen und im Wasserbad garziehen lassen; nach dem Auskühlen in Würfel schneiden und in die heiße Suppe geben.

Vermicelles (frz), feine Fadennudeln, besonders als Suppeneinlage.

Vermicelles, schweizerische Süßspeise: 500 g geschälte und enthäutete Maronen in wenig Wasser weich kochen, 1/8 l Milch, 1 Päckchen Vanillezucker und 1 Prise Salz hinzufügen, unter Rühren dick einkochen, fein pürieren, 25 g Butter und 40 g Zucker unter das Maronenpüree rühren; das ausgekühlte Püree durch einen Fleischwolf drücken, so daß lange »Regenwürmer« entstehen; die Vermicelles mit Schlagsahne dekorieren.

Vermicelli (ital), feine Fadennudeln.

Vermouth, → Wermutwein.

Vernaccia, italienische Rebsorte, die hervorragende trockene, aber auch süße Dessertweine ergibt; bekannt sind der Vernaccia di San Gimignano aus der Toscana, der Lieblingswein Michelangelos, und der sardische Vernaccia di Oristano. Der Vernaccia di Serrapetrona aus den Marken um Ancona ist ein roter Schaumwein und hat mit der obigen Rebsorte nichts zu tun.

Verneuil, à la: Püree von Artischokkenböden und Colbertsauce zu kleinen, panierten Fleisch- und Geflügelstücken. – Verneuil, Stadt in Nordwestfrankreich.

Veronikasalat: Streifen von Bleichsellerie, roten Rüben und Kopfsalat mit Essig-Öl-Marinade anmachen, geröstete Räucherspeckwürfel hinzugeben, mit Eierscheiben garnieren.

Vert-pré: Brunnenkresse, Strohkartoffeln und Kräuterbutter zu gegrilltem dunklem Fleisch. – In Butter geschwenkte grüne Bohnen, grüne Erbsen und grüne Spargelspitzen zu weißem Fleisch. – Vert pré (frz: grüne Wiese) = mit grüner Beilage.

Verveine, → Eisenkraut.

Vesiga (Wisiga), Rückenmark des Störs, vor allem des Hausens. Delikatesse. Die Vesiga kommt getrocknet in den Handel und sieht wie ein gelatineartiges Band aus. Sie muß mehrere Stunden lang in viel kaltem Wasser weichen und quillt dann zur fünffachen Menge auf. Sie wird gründlich gespült und etwa 4 Stunden lang in Fleischbrühe gekocht, dann möglichst fein gehackt und nach Rezept weiterverarbeitet, z. B. zu Pasteten (→ Rastegai).

Vichyssoise (Crème vichyssoise), Vichyer Rahmsuppe, ein nahrhaftes und erfrischendes Gericht für die heiße Jahreszeit: das Weiße von 4 Lauchstangen (Porree) in Scheiben schneiden, 1 mittelgroße Zwiebel hacken, beides in 50 g Butter weichdünsten, 300 g gewürfelte Kartoffeln hinzufügen, mit 1 l Hühnerbrühe auffüllen, mit Salz und Pfeffer würzen und langsam 30 Minuten kochen lassen, durch ein Sieb streichen, 2 dl süße Sahne beifügen, kurz aufkochen, völlig auskühlen lassen und eiskalt mit gehacktem Schnittlauch bestreut servieren.

Vicomtesalat: Würfel von Pökelzunge, gekochtem Knollensellerie und grünen Paprikaschoten sowie Spargelspitzen mit Tomatenmark, Öl, Zitronensaft, Salz und Pfeffer anmachen. – Vicomte (frz: Vizegraf), Adelstitel zwischen Graf und Baron.

Victoria, à la: kleine mit Champignonpüree gefüllte Tomaten, Hühnerkroketten sowie Portweinsauce zu kleinen Fleischstücken. – Langusten- und Trüffelscheiben sowie Victoriasauce über Fischfilets ziehen und kurz überbacken.

Victoriabarsch, Süßwasserfisch des Victoriasees in Kenia, an Ort und Stelle entgrätet und tiefgefroren nach Europa geflogen; der Barsch schmeckt vorzüglich in Dillsauce gedünstet oder in Mandelkruste gebakken.

Victoriasalat: kleine Würfel von Äpfeln, Ananas und rohem Knollensellerie sowie grobgehackte Walnußkerne mit gut gewürzter Mayonnaise binden.

Victoriasauce (Sauce Victoria): Hummersauce mit gehackten Trüffeln vollenden.

Victory Highball: 1/2 Pernod, 1/2 Grenadine, schütteln, mit Mineralwasser auffüllen.

viennoise, à la: → Wiener Art.

Vier-Jahreszeiten-Salat: Scheiben von Gurken, Tomaten und Radieschen sowie Kopfsalatblätter getrennt anrichten und mit Essig-Öl-Marinade übergießen.

Vigo, à la: kleine gebackene Tomaten und Madeirasauce zu Fleisch. – Vigo, Hafenstadt in Nordwestspanien.

Villeroi, à la: kleine Fleisch- oder Geflügelstücke, Fischschnitten, Hechtklöße, Froschschenkel, Muscheln, Austern, harte Eier oder Gemüsestückchen mit Villeroisauce überziehen, in Ei und Paniermehl wenden und in Fett backen. – François de Neufville, Herzog von Villeroi, 1644–1730, Marschall von Frankreich, Jugendfreund Ludwigs XIV. und Erzieher Ludwigs XV.

Villeroisauce (Sauce Villeroi, weiße Decksauce): weiße Grundsauce mit Eigelb und etwas Kalbsfußextrakt binden, mit Zitronensaft und weißem Pfeffer würzen und mit frischer Butter vollenden. Die Villeroisauce wird gern mit Tomatenmark, Gänseleberpüree, Zwiebelpüree, feinem Champignongehäck oder geriebenem Käse abgewandelt. – Zum Überziehen von vielerlei Speisen (→ Villeroi).

Vinaigrette (Sauce vinaigrette; frz: vinaigre = Essig), würzige kalte Kräutersauce: Kräuter (Estragon, Kerbel,

Petersilie, Schnittlauch), Zwiebel, Kapern, Sardellenfilets und Pfeffergurke sehr fein hacken, alles mit hartgekochtem Eigelb verarbeiten, mit Salz, Pfeffer und Essig würzen und mit Öl aufschlagen. – Zu gekochtem Rindfleisch, Hammelfüßen, Kalbskopf, gedünstetem Fisch, Spargel.

Vincentsauce (Sauce Vincent): grüne Sauce mit püriertem Eigelb und gedünstetem Sauerampfer abwandeln.

Vino Nobile di Montepulciano, italienischer Rotwein der höchsten Prädikatsstufe (DOCG = Denominazione di origine controllata e garantita) aus dem Süden der Toscana.

Violino, Spezialität des italienischen Veltlin, hergestellt aus der Keule oder der Schulter von Schaf und Ziege, auch von Hirsch, Reh oder Gemse. Das Fleisch wird mit Wacholder und Knoblauch gewürzt, oft in Rotwein mariniert und schließlich einige Monate luftgetrocknet.

Virginiasalat: Würfel von gekochtem Knollensellerie, Kartoffeln und roten Rüben mit Essig-Öl-Marinade, die mit etwas Senf verrührt wurde, anmachen.

Visnischki (Wischniki), russische Fischpastetchen: gedünsteten See- oder Flußfisch sehr fein hacken und mit dick eingekochter Fischgrundsauce binden, mit etwas Fenchel würzen; das Fischgehäck in kleinen Häufchen auf 10 cm große Hefeteigscheiben geben, die Teigränder mit Eiweiß einpinseln, zusammenfalten, die Pasteten leicht aufgehen lassen und in Fett schwimmend abbacken.

Vitamine, Wirkstoffe, die den Stoffwechsel unseres Körpers steuern. Vitamine werden mit der Nahrung aufgenommen. Wird der tägliche Bedarf unterschritten, so treten charakteristische Mangelerscheinungen auf. Die wichtigsten Vitamine: *Vitamin A* (Axerophthol, Retinol) stärkt die Sehkraft und die Widerstandsfähigkeit gegen Infektionskrankheiten und fördert die Wundheilung; Vitamin A bildet sich im menschlichen Körper aus den Carotinen, die u. a. in Mohrrüben, Milch, Butter, Eigelb und Leber enthalten sind. *Vitamin* B_1 (Thiamin) bewirkt den Kohlehydratstoffwechsel und die Funktion des Nervensystems; es kommt u. a. in Hefe, Getreidekeimen, Leber und Ei vor. *Vitamin* B_2 (Riboflavin) bewirkt den Stoffwechsel der Kalorienträger, beeinflußt das Wachstum und sorgt für gesunde Haut; das Vitamin ist u. a. in Hefe, Molke, Eigelb, Leber und Niere enthalten. *Vitamin* B_6 (Pyridoxin) verhindert Entzündungen an Mund und Augen und beugt Nervenstörungen vor; es ist in Fleisch, Leber, Hefe, Eigelb und Kartoffeln enthalten. *Vitamin* B_{12} (Cobalamin) sorgt für einen geregelten Eiweißstoffwechsel, für normale Zellvermehrung und genügend viele rote Blutkörperchen; Leber, Eigelb, Milch, Fleisch, Hefe und Fettkäse sind die Hauptlieferanten. *Folsäure* (Pteroylglutaminsäure) beseitigt Störungen der Blutbildung und der Verdauung; enthalten in grünem Gemüse, in Leber, Hefe, Vollkornmehl, Eigelb. *Niacin* (Nicotinsäure) sorgt für eine geregelte Magen-Darm-Funktion; es ist u. a. in Hefe, Milch, Getreide, Gemüse, Leber und Muskelfleisch enthalten. *Vitamin C* (Ascorbinsäure) bewirkt die Zellatmung und kommt u. a. in Früchten (Zitronen), Gemüse, Milch und Leber vor. *Vitamin D* sorgt für die Knochenbildung und ist u. a. in Hefe und Lebertran enthalten. Vitamin E bewirkt eine geregelte

Keimdrüsenfunktion; es ist u. a. in Kopfsalat, Brunnenkresse, grünen Erbsen, Weizenkeimöl und Erdnüssen enthalten. Der tägliche Mindestbedarf an Vitaminen schwankt je nach Geschlecht, Körpergröße, Tätigkeit und Alter. Eine ausgeglichene Mischkost wird immer die beste Vorbeugung gegen Mangelerscheinungen sein.

Vitello tonnato, Kalbfleisch in Thunfischsauce, klassische Vorspeise aus dem Piemont: 500 g Kalbfleisch vom Filet oder aus der Keule in Olivenöl anbraten, mit 400 ml trockenem Weißwein ablöschen, salzen und pfeffern, 2 Stangen klein geschnittene Bleichsellerie, 1 Knoblauchzehe und 1 Lorbeerblatt zugeben und etwa 50 Minuten schmoren lassen; aus 2 Eigelb, Olivenöl und dem Saft einer Zitrone eine Mayonnaise schlagen, die Mayonnaise mit 200 g Thunfisch (in Öl), 2 Sardellenfilets und 2 EL Kapern durch ein Sieb streichen; das inzwischen ausgekühlte Fleisch in dünne Scheiben schneiden und mit der Mayonnaise bedecken, in den Kühlschrank stellen, eiskalt servieren; dazu Weißbrot und Rotwein.

Vitelotte, Kartoffelart aus Peru, heute auch in Frankreich und gelegentlich in Deutschland kultiviert. Die dunkelblauen, fast schwarzen, länglichen, mehlig kochenden Knollen schmekken nussig und werden vorwiegend als Kartoffelpüree zubereitet.

vivandière, à la: → Marketenderin-Art.

Vogelnestersuppe, → Schwalbennestersuppe.

Vogerlsalat: österreichische Bezeichnung für → Rapunzel.

Vol-au-vents, hohe, runde, mit pikanten Ragouts gefüllte Blätterteigpasteten. Ihre Erfindung wird dem berühmten französischen Koch Carême zugeschrieben: der Meister bereitete eine Pastete, nahm diesmal aber statt des üblichen Pastetenteigs einen gehaltvollen Blätterteig; als sein Gehilfe den Ofen öffnete, um nach der Pastete zu sehen, rief er erschrocken aus: »Maître, il vole au vent!« (Meister, sie fliegt in die Luft!), denn aus dem flachen Teig war ein hoher Turm geworden. Carême soll mit seiner Pastete viel Beifall geerntet haben und nannte sie nach dem Ausspruch seines Gehilfen »Vol-au-vent«. – Vol-au-vents werden immer heiß serviert. Die Blätterteighülle bereitet am besten der Bäcker.

Vol-au-vent nach Toulouser Art: 500 g Kalbsbries abbrühen, häuten, von allen knorpeligen Stellen befreien und mit Wurzelwerk und etwas Salz in Wasser gar kochen, drei Viertel des Kalbsbrieses in kleine Würfel, das restliche Viertel in dünne Scheiben schneiden; 200 g Kalbfleisch mehrmals durch den Fleischwolf drehen und mit 1 Ei, gehackten Zwiebeln, Pfeffer und Salz zu einer würzigen Farce verarbeiten; davon mit dem Löffel kleine Klößchen abstechen und in Fleischbrühe garziehen lassen; 250 g Champignons in Würfel schneiden und in Butter dünsten; Kalbsbrieswürfel, Fleischklößchen und Champignons in einen heißen Vol-au-vent füllen, 1 Tasse deutsche Sauce darübergießen und mit den Kalbsbriesscheiben bedecken.

Vollkornbrot, dunkles, besonders eiweißreiches Brot aus Vollkornmehl bzw. -schrot; es enthält alle Bestandteile des Getreidekorns.

Vollmilch, → Milch.

Vollwertkost, eine Ernährungsform, die vorwiegend auf naturbelassenen,

1 Venusmuschel 2 Wacholder 3 Wachtelhahn 4 Waldmeister 5 Walnuß

vital- und wirkstoffreichen Lebensmitteln beruht; nicht der Kalorienwert der Lebensmittel ist von Bedeutung, sondern der biologische Wert. Begründer der Ernährungslehre von der Vollwertkost ist Prof. Werner Kollath, der daran erinnert, daß Nahrung nicht nur unseren Magen füllen und unsere Geschmacksvorstellungen befriedigen soll, sondern uns mit frischer Lebenskraft zu versorgen und somit unser körperlich-seelisches Wohlbefinden zu erhöhen hat. Dazu gilt, daß jede Nahrung um so vitalstoffreicher und energetischer ist, je naturbelassener sie ist. Vollwertkost ist nicht identisch mit vegetarischer Kost, mäßiger Genuß von Fleisch, Fisch und Wurstwaren wird neuerdings toleriert, zumal unsere Verdauungsorgane auf eine gemischte Kost eingerichtet sind (im Gegensatz zu den reinen Pflanzen- oder Fleischfressern im Tierreich).

Voltaire, à la: Streifen von roten und grünen Paprikaschoten in Sahnesauce, kleine kugelförmige Kartoffelkroketten sowie Bratensaft zu kleinen Fleischstücken, besonders Lendenschnitten. – Voltaire, eigentlich François-Marie Arouet, 1694–1778, französischer Schriftsteller, Historiker und Philosoph. – Friedrich der Große sandte einmal Voltaire ein Billet mit folgendem Inhalt: $\frac{\text{p}}{\text{venez}}$ à $\frac{6}{100}$.
Voltaire entzifferte: »Venez sous p à cent sous six«, kombinierte »Venez souper à Sanssouci« (Kommen Sie zum Essen nach Sanssouci) und antwortete kurz und bündig: G a. Der Preußenkönig wußte Bescheid: »G grand a petit«, also »J'ai grand appetit« (Ich habe großen Appetit).

Vorderschinken, die Schulter des Schweins.

Vorspeisen (Hors d'œuvres), kalte oder warme kleine Gerichte, die am Anfang des Menüs gereicht werden und den Appetit anregen sollen. Kalte Vorspeisen werden vor der Suppe, warme Vorspeisen nach der Suppe serviert. Beispiele: Räucheraal, Räucherlachs, Ölsardinen, Sardellen, Thunfisch in Öl, Kaviar, Austern, Cocktails, Fleisch-, Geflügel-, Wild-, Fisch- und Gemüsesalate, Schnittchen, Schiffchen, Törtchen, Blätterteigstäbchen, Spießchen, Pasteten, Parfaits, Galantinen, Timbalen, Krapfen, Kroketten, Kromeskis, Krustaden, Rissolen, kleine Aufläufe, Zephirs, Chaudfroids, Aspiks, pikante Eierspeisen, Artischocken, Artischokkenböden, gefüllte Tomaten, Gemüse auf griechische Art, geeiste Melone, Savouries usw. – Alle Vorspeisen eignen sich auch vorzüglich als kleine abendliche Leckerbissen. Vgl. auch → Antipasti, → Sushi, → Tapas.

Vorstadtsalat: Scheibchen von gekochtem Knollensellerie, Kartoffeln sowie gebratene Apfelscheibchen mit Essig-Öl-Marinade anmachen.

Vorteig (Hefestück), → Hefeteig.

Vorzugsmilch, → Milch.

V.S.O.P., Abkürzung für »Very superior old pale« = mindestens sechsjährige Lagerzeit für Cognac, Gütezeichen auf den Flaschenetiketten.

Vulcano, Cocktail: in Sektschale 1 Glas blauen Curaçao geben, über Spiritusflamme erwärmen und entzünden, 1 Glas weißen Curaçao und 1 Glas Kirschwasser hinzufügen, ohne die Flamme zu löschen; mit Sekt auffüllen.

W

Guter Wein preist sich selbst.

Sprichwort

Wabenhonig (Scheibenhonig), der reinste, aber auch teuerste → Honig, der in den frisch gebauten, verschlossenen und unberührten Waben in den Handel kommt.

Wachauer Marillenlikör, berühmter Aprikosenlikör, eine Spezialität Niederösterreichs (30 Vol. % Alkohol).

Wacholderbeeren (Kranwittbeeren, Kronawettbeeren, Quackelbeeren), die blauschwarzen, kugeligen Beeren des Wacholderbeerstrauches mit würzigem, süß-bitterem Geschmack und angenehmem Duft. Die besten Wacholderbeeren kommen aus Italien, Bayern und Norddeutschland. Sie dienen zum Würzen von Saucen, Sauerkraut, eingelegtem Gemüse usw. und sind Bestandteil von Fleisch- und Wildmarinaden.

Wacholderbranntweine, → Genever, → Gin, → Steinhäger.

Wacholderdrossel, → Krammetsvogel.

Wacholderrahmsauce, → Wildrahmsauce.

Wacholdersauce (Sauce au genièvre): gewürfelten mageren Schinken mit feingehackten Schalotten und zerdrückten Wacholderbeeren in Butter anrösten, mit Rotwein ablöschen, stark einkochen, mit brauner Grundsauce auffüllen, gut durchkochen, passieren. Zu Hammelbraten oder Hammelnieren.

Wachsbohnen, → grüne Bohnen.

Wachsbohnen auf Wiener Art: Wachsbohnen in Salzwasser gar kochen, sehr gut abtropfen, mit Paniermehl bestreuen und mit gebräunter Butter übergießen.

Wachseier, → Eier, wachsweiche.

Wachtel, kleinstes Federwild aus der Familie der Feldhühner. Die Wachtel mästet sich von Mai bis Oktober in den Getreidefeldern Europas und zieht dann – etwa ein Viertelpfund schwer – in den sonnigen Süden, wo sie wegen ihres vorzüglichen Fleisches zu Tausenden gefangen und verspeist wird. Da in unseren Landen nur noch selten das trauliche »Pückwerrück« ertönt, darf sie heute bei uns nicht mehr gejagt werden. Noch vor dem Ersten Weltkrieg waren mit getrüffelter Gänseleber gefüllte Wachteln eine besondere Spezialität der berühmten Londoner Delikatessenhandlung Searcy & Tansley. Da gab es Tage, an denen für verschiedene Bankette über 1500 Wachteln zubereitet wurden. Heute kommen bei uns nur noch Zuchtwachteln in den Handel, meist schon küchenfertig vorbereitet, ohne Kopf und

Ständer, mit einem Nettogewicht von 90 bis 100 g.

Wachtel auf Finanzmann-Art: die Wachtel in Madeira dünsten, den Fond zu Madeirasauce verarbeiten, mit Hahnenkämmen, Hühnernieren, Champignonköpfen, Trüffelscheiben, entsteinten grünen Oliven und Geflügelklößchen garnieren.

Wachtel Palmyra: entsteinte Sauerkirschen mit etwas Zucker und einem Stückchen Zimt langsam in Weißwein dünsten, den Saft dick einkochen, die Kirschen wieder dazugeben; die Wachtel in dünne Speckscheiben wikkeln und braten; den Bratsatz entfetten, mit Portwein löschen, mit leicht gebundener Kalbsjus verkochen und über die Wachtel gießen, mit den Kirschen garnieren.

Wachteleier kommen in Gläsern konserviert meist aus Japan zu uns. Diese Eier sind hartgekocht und eignen sich vorzüglich für kalte Platten und Salate. Man rechnet 3–5 Stück je Person. Heute kann man Eier von Zuchtwachteln auch frisch kaufen, womit sich u. a. winzige Spiegeleier und reizvoller Belag für Canapés herstellen lassen.

Wachteleier-Cocktail: Wachteleier (aus dem Glas) halbieren, Palmenherzen (aus der Dose) in Scheiben schneiden, in Cocktailgläser füllen, etwas Mayonnaise darübergeben, mit Paprika bestäuben.

Wackelpeter, Fruchtgelee, → Götterspeise.

Waffeln, dünne, im Waffeleisen hergestellte und daher wabenartig geprägte Gebäcke aus Mehl, Eiern und Milch (Sahne). Waffeln kommen oft mit einer Creme aus Kokosfett, Zukker und Geschmacksstoff gefüllt in den Handel. – *Rezept:* 125 g Mehl, 1 Msp Backpulver, 100 g Zucker, 1 Päckchen Vanillezucker, 2 Eier, 1/4 l Milch und 1 Prise Salz verrühren, 50 g zerlassene Butter hinzufügen; die Waffeln im gut gefetteten Waffeleisen backen und mit Puderzucker bestäuben. – Mit steifgeschlagenem Eiweiß und Schlagsahne entstehen besonders lockere Waffeln. Statt Puderzucker kann man auch Honig oder Ahornsirup auf die Waffeln geben. Waffeln werden auch gern mit Zimt, abgeriebener Apfelsinen- oder Zitronenschale, Likör oder Branntwein aromatisiert.

Wähe, schweizerischer Blechkuchen, süß oder pikant gefüllt. – *Rezepte:* Aprikosenwähe, Chrutwähe, Zwiebelwähe.

Walanushaka, indische Spezialität: gut eingeweichte weiße Bohnen mit Salz, rotem Pfeffer und Kurkuma in Öl dünsten, durch ein Sieb streichen, das Püree mit Öl geschmeidig rühren.

Waldbeeren, wild wachsende Brombeeren, Erdbeeren, Heidelbeeren, Himbeeren.

Walderdbeeren, kleine, besonders aromatische, wildwachsende Erdbeeren.

Waldknoblauch, → Bärlauch.

Waldmeister (Maikraut), Würzkraut für Bowlen, Gelees, Süßspeisen usw. Der Waldmeister wächst wild in Buchenwäldern und enthält den Aromastoff Kumarin. Er sollte möglichst frisch vor der Blüte gepflückt verwendet werden. Getrocknet bekommt man ihn in der Apotheke (2 g Waldmeister auf 1 Flasche Weißwein).

Waldmeisterbowle: 2 Flaschen Weißwein in das Bowlengefäß geben, Waldmeister so hineinhängen, daß die Stiele nicht eintauchen, das Kraut nach 10–15 Minuten entfernen, die

Bowle mit 1 Flasche Sekt oder Mineralwasser auffüllen.

Waldmeisterbraten, österreichische Spezialität: ein Rinderschwanzstück mit einem Bündel frischem Waldmeister in verdünntem Essig marinieren, abtrocknen, mit Wurzelwerk kräftig anbraten, mit braunem Fond und etwas Marinade weich schmoren; den Fond mit Mehl verkochen, mit saurer Sahne und Rotwein vollenden; dazu Bratkartoffeln oder Butternudeln.

Waldorfsalat: sehr kleine Würfel oder Streifen von rohem Knollensellerie und säuerlichen Äpfeln mit leichter Mayonnaise binden, gehobelte Hasel- oder Walnüsse darüberstreuen. – Der weltberühmte Waldorfsalat wurde in den 20er Jahren im New Yorker Waldorf-Astoria-Hotel, einem der größten und luxuriösesten Hotels der Welt, kreiert.

Waldschnepfe, begehrtes Federwild, → Schnepfe.

Walewska, à la: gedünstete Fischfilets mit Langusten- und Trüffelscheiben dekorieren, mit Mornaysauce, die mit Langustenbutter aufgeschlagen wurde, bedecken und überbacken. – Maria Walewska, polnische Gräfin, Geliebte Napoleons I.

Walfleisch, die zartesten Filetteile des Wals in Scheiben geschnitten, mit Gewürzen in Dosen konserviert. Lekkerbissen für die kalte Platte.

Walküre: gefüllte Champignons, Kartoffelkroketten und Wildrahmsauce zu Wild.

Waller, → Wels.

Walliser Art (à la valaisienne): Genfer Sauce mit gehackten Mixed Pickles und Kapern zu gekochtem Fisch. – Wallis, Kanton der Schweiz.

Wallwurz, → Beinwell.

Walnüsse (welsche Nüsse), Steinfrüchte des aus Südasien stammenden Walnußbaumes, der bis 25 m hoch und 400 Jahre alt wird. Die besten Nüsse kommen aus Frankreich und den USA (Kalifornien). Auch Italien, die Türkei, Libanon und Chile liefern gute Qualitäten.

Walnüsse, grüne. Die noch unreifen und daher »grün« genannten Walnüsse schmecken angenehm bitterlich und gelten als köstliche Beilage zu Salaten oder werden zu Pastasaucen verarbeitet. Oft werden die jungen Nüsse auch eingelegt, in konzentrierter Zuckerlösung, in Weinbrand oder in Essig mit Zucker und Gewürzen; sie begleiten dann gern kaltes Fleisch und fernöstliche Gerichte.

Walnußessig, mit verschiedenen Kräutern und Walnüssen aromatisierter Speiseessig, der gern zum Beizen von Wild, aber auch zu deftigen Blattsalaten verwendet wird. In Feinkostgeschäften erhältlich.

Walnuß-Ketchup, → Ketchup.

Walnußöl, farbloses bis leicht gelbliches Speiseöl.

Wammerl, bayerische Spezialität: geräucherter Schweinebauch mit Sauerkraut und Kartoffelpüree bzw. ungeräucherter Schweinebauch mit Linsen.

Wan Tan, chinesische Vorspeise: Mehl mit Salz, Ei und Wasser zu einem festen Teig verarbeiten, den Teig papierdünn ausrollen und in etwa 6 cm große Quadrate schneiden; aus 150 g Schweinehack, 100 g feingehackten Shitakepilzen und einer halben Tasse gehacktem rohen Spinat eine Farce herstellen, mit Salz und Pfeffer würzen, die Farce auf die Mitte der Teigquadrate häufen, mit je einem Teigquadrat zudecken, die

Quadrate zusammenkneifen, in heißem Fett goldbraun backen, auf Küchenkrepp abtropfen lassen; aus 4 EL Weinessig, 1/2 Tasse Ananassaft, 1 TL Sojasauce, 1 TL Tomatenmark und 3 EL Zucker eine Sauce kochen, die Sauce mit Speisestärke binden und zu den chinesischen Pastetchen reichen.

Wanzenbeeren, → schwarze Johannisbeeren.

Warmbier: 1/2 l helles Bier mit 4–5 EL Zucker, 1 Zitronenspirale, etwas Zimt, Ingwerpulver und Macis aufkochen, 2–3 geschlagene Eigelb hineinrühren. Warmbier ist ein bewährtes Mittel gegen Erkältungen.

Wasabi, sehr scharfer grüner Meerrettich, aus den Wurzeln und Blattstielen des Japanischen Pferderettichs hergestellt, als Paste wichtige Beigabe zu → Sushi. Wasabi gibt es als Paste oder als Pulver, das erst mit Wasser angerührt werden muß, im Handel.

Washington, à la: Maiskörner und Geflügelrahmsauce zu Geflügel. – George Washington, 1732–1799, erster Präsident der USA.

Wasserapfel, → Javaapfel.

Wasserbad (Bainmarie), mit Wasser gefüllter Behälter, in dem empfindliche Suppen, Saucen, Beilagen usw. warm gehalten oder vorsichtig erwärmt werden, ohne daß sie kochen, anbrennen oder gerinnen können. Die Gefäße mit den Speisen stehen auf einem durchlöcherten Einsatz, damit sie mit dem heißen Boden nicht in Berührung kommen. Das Wasser im Wasserbad darf niemals sieden.

Wasserglasur, für Kuchen: Puderzukker mit etwas Wasser zu einer geschmeidigen Masse verrühren, nach Wunsch aromatisieren. Die Glasur vor dem Überziehen leicht anwärmen. Die Wasserglasur ist besonders hart, aber nicht so glänzend wie andere Glasuren.

Wasserkastanien (Wassernüsse, chinesische Kastanien, Water Chestnuts), stärkehaltige, den Maronen sehr ähnliche Samen einer ostasiatischen Schwimmpflanze. Die zweigehörnten Samen kommen in Dosen konserviert aus China zu uns und sind eine begehrte Beilage zu Fleisch- und Geflügelgerichten.

Wassermelonen, → Melonen.

Wassernüsse, → Wasserkastanien.

Wasserspatzen: aus Mehl, Eiern, etwas Salz und Muskatnuß einen halbfesten Teig arbeiten, in Butter geröstete Weißbrotwürfel darunterziehen, mit dem Löffel kleine Nocken abstechen, in Salzwasser garen, abtropfen.

Watane Gajarachi Bhaji, indische Spezialität: Mohrrüben in Scheiben schneiden, zusammen mit grünen Erbsen in Öl anschwitzen, mit Salz und reichlich Currypulver würzen, in wenig Wasser weich dünsten, mit körnig gekochtem Reis vermischen, zerlassene Butter darübergießen.

Water Chestnuts, → Wasserkastanien.

Waterzooi, flämisches Nationalgericht. *Rezept I:* Beliebige Fische in Scheiben schneiden, mit Salz, Pfeffer, Petersilienwurzel, Bleichsellerie, Kräutersträußchen, etwas Salbei und Butter in Wasser gar kochen, die Brühe mit Paniermehl binden; dazu geröstete Weißbrotscheiben. – *Rezept II:* Kalbshachse und junges Huhn in Würfel schneiden, salzen, pfeffern und einige Stunden in Weißwein, Gewürznelken und Lorbeer beizen, die Fleischwürfel anschließend mit Butter und Zitronensaft in der Beize gar dünsten, etwas Fleischbrühe hinzufügen, die Brühe mit Paniermehl binden; dazu geröstete Weißbrotscheiben.

Watruschki, → Vatruschki.

Weck, Wecke, Wecken, Bezeichnung für längliches Weizenbrötchen oder Weizenbrot. → Brötchen.

Weckklöße, → Semmelknödel.

Weckmehl, → Paniermehl.

Weggli, schweizerische Bezeichnung für → Brötchen.

Weiberkraut, → Beifuß.

Weichseln, Sauerkirschen, → Kirschen.

Weidmanns-Art: mit Maronenpüree gefüllte große Champignonköpfe, mit Rindermark gefüllte Rissolen, Blätterteigtorteletts mit Preiselbeerkompott, Kartoffelkroketten sowie Kraftsauce zu Wild.

Weihnachtsbäckerei: Aachener Printen, Anisplätzchen, Basler Leckerli, Dresdener Stollen, Honigkuchen, Lebkuchen, Liegnitzer Bomben, Marzipan, Pfefferkuchen, Pfeffernüsse, Spekulatius, Springerle, Thorner Katharinchen, Zimtsterne usw.

Weihnachtspudding, → Plumpudding.

Wein, durch alkoholische Gärung aus Traubensaft gewonnenes Getränk. Im Herbst beginnt die Ernte (Lese) der Trauben. Die Trauben werden in der Bütte gemahlen (gemaischt) und in der Kelter entsaftet (gekeltert). Den Traubensaft (Most) läßt man in großen Fässern gären. Nach beendeter Gärung wird der junge Wein mehrmals abgezogen, bis er klar ist. Dann beginnt die eigentliche Kellerarbeit: das Pflegen und Weiterbehandeln des Weines. Dabei entwickelt sich u. a. auch das Bukett des Weines. – Man unterscheidet Weißwein, → Rotwein, → Dessertwein, → Schaumwein, → Perlwein usw. – Die wichtigsten Weinländer sind Frankreich, Deutschland, Spanien, Italien, Griechenland, Portugal, Ungarn, Schweiz, Österreich, Kroatien, Serbien, Slowenien, Bulgarien, die Türkei, Nord- und Südafrika, Kalifornien, Chile, die Ukraine. Die deutschen Weinbaugebiete sind Ahr (480 ha), Mosel, Saar, Ruwer (11 440 ha), Mittelrhein (900 ha), Rheingau (2860 ha), Nahe (4450 ha), Rheinhessen (21 050 ha), hessische Bergstraße (270 ha), Rheinpfalz (19 570 ha), Baden (11 610 ha), Württemberg (7490 ha) und Franken (2890 ha), ferner die ostdeutschen Weinbaugebiete an Saale und Unstrut bei Naumburg (372 ha) und in Sachsen (Elbfallgebiet) bei Dresden (241 ha), schließlich das Tal der Schwarzen Elster bei Jessen (9 ha) und der nördlichste Weinberg Deutschlands an der Havel bei Werder (6 ha). – Die Qualität des Weines ist von zahlreichen Faktoren abhängig: von der Rebenart, von der Bodenbeschaffenheit, vom Klima, vom Reifegrad der Beeren, von der Auslese der Trauben bzw. Beeren, von der Weiterbehandlung und Pflege des Weines usw. Gradmesser der Güte des Lesegutes ist der Zuckergehalt des Mostes, der in Öchslegraden ausgedrückt wird. – Deutscher Wein wird nach dem Weingesetz von 1971 (1982, 1985) in drei Güteklassen eingeteilt: 1. *Deutscher Tafelwein,* hierzu gehören leichte, bekömmliche Weine, die von genehmigten Weinbergen stammen und mindestens 8,5 Vol. % Alkohol enthalten. 2. *Qualitätswein* bestimmter Anbaugebiete, hierzu gehören gehaltvollere, fehlerfreie, geprüfte Weine mit typischem

Geschmack; mindestens 60° Öchsle. 3. *Qualitätswein mit Prädikat,* hierzu gehören elegante, bukettreiche Weine der gehobenen und der Spitzenklasse. Als Prädikat sind zugelassen: *Kabinett* (ausgereifte Weine der gehobenen Güteklasse; mindestens 73° Öchsle), *Spätlese* (reiche Weine aus später Lese; mindestens 85° Öchsle), *Auslese* (edle Weine aus vollreifen ausgewählten Trauben; mindestens 95° Öchsle), *Beerenauslese* (edle Weine aus überreifen ausgewählten Beeren; mindestens 125° Öchsle), *Trockenbeerenauslese* (besonders edle Weine aus edelfaulen Beeren; mindestens 150° Öchsle) und *Eiswein* (ausschließlich hergestellt aus Weintrauben, die bei ihrer Lese und Kelterung gefroren waren). Qualitätsweine ohne oder mit Prädikat müssen auf dem Flaschenetikett eine Prüfnummer tragen. – Wein ist nicht nur eines der beliebtesten Getränke, sondern auch eine wichtige Küchenzutat. Süßspeisen, Suppen, feine Gelees, vor allem aber Saucen erhalten ihren besonderen Geschmack von gutem Wein. »Wein ist die Seele vieler Saucen«, sagte schon der große Koch Auguste Escoffier.

Weinbeeren, → Weintrauben.

Weinbergschnecken, → Schnecken.

Weinblätter eignen sich vortrefflich als Hülle für allerlei pikant gewürzte Farcen. Die orientalische Küche bietet viele schmackhafte Beispiele, u. a. Burma Tak, Yalanci Dolmasi. Die Weinblätter sollten jung, zart und frisch gepflückt sein. Sie werden kurz mit siedendem Wasser überbrüht und nach Rezept gefüllt. Dabei achtet man darauf, daß die appetitlich glänzende Blattoberseite nach außen kommt. Damit sich die Blatthüllen nicht öffnen, werden die gefüllten Weinblätter dicht nebeneinander in eine Kasserolle gesetzt und zum Schmoren mit einem flachen Teller bedeckt. – Weinblätter werden auch zum Würzen eingelegter Gemüse verwendet.

Weinblätter, gefüllt: Risotto mit Gänseleberpüree vermischen, würzen, kleine Kugeln formen, in kurz überbrühte Weinblätter wickeln, dicht nebeneinander in eine Kasserolle pakken, die mit Speckscheiben ausgelegt ist, mit Fleischbrühe auffüllen und die Brühe stark einkochen.

Weinbrand, Branntwein aus Wein, hergestellt »nach Art des Cognacs«, d. h. Weinbrand muß mindestens 6 Monate lang in Eichenholzfässern lagern. Mindestalkoholgehalt: 38 Vol. %.

Weinessig, aus Rotwein, Weißwein, Apfelwein oder Dessertwein hergestellter, besonders aromatischer Essig, oft zusätzlich gewürzt mit Schalotten, Knoblauch, Chilli, Kräutern, Himbeeren usw. → Speiseessig.

Weingelee: 1 Päckchen weißes oder rotes Gelatinepulver in 1/8 l kaltem Wasser (oder klarer Fleisch-, Geflügel-, Fischbrühe) quellen lassen, unter Rühren erhitzen, bis sich die Gelatine vollkommen aufgelöst hat, das Gelee bis zum Stocken abkühlen, 1/4 l Weißwein, Rotwein oder Sekt hinzufügen, das Gelee in Gläser oder Schalen füllen und im Kühlschrank erstarren lassen. → Madeiragelee, → Portweingelee.

Weinhändlerbutter, → Rotweinbutter.

Weinkraut, → Sauerkraut (Weinsauerkraut); → Weinraute.

Weinkraut, österreichisch: feinstreifig geschnittenen Weißkohl mit Butter, Salz und Zucker in Weißwein dünsten, zuletzt noch dünne Apfelscheiben mitdünsten.

Weinmayonnaise, für Salate: Mayonnaise mit etwas Rot- oder Weißwein verrühren.
Weinraute (Gartenraute, Weinkraut), südeuropäische Gewürzpflanze, die auch in Mitteleuropa angebaut wird. Die gefiederten Blätter der bis 60 cm hohen Pflanze schmecken herb-aromatisch und werden feingehackt Salaten, Saucen, Quark usw. beigefügt.
Weinschaum (Sabayon, Chaudeau), eine der beliebtesten Süßspeisensaucen bzw. Cremes: 100 g Puderzucker und 3 frische Eigelb gut verquirlen, unter ständigem Rühren fast tropfenweise 1 Glas Weißwein zugießen, im Wasserbad schön schaumig schlagen, nach Belieben noch mit Branntwein oder Likör (Weinbrand, Kirschwasser, Rum; Apricot Brandy, Cointreau, Chartreuse, Grand Marnier, Maraschino) parfümieren; sofort auftragen. Statt Weißwein kann man auch Rotwein, Schaumwein, Portwein, Sherry, Madeira, Malaga, Marsala usw. nehmen. → Zabaglione.
Weinsorbet, → Sorbet.
Weinsuppe: Zitronenschale mit Zukker und etwas Zimt in Wasser und Weißwein aufkochen, die Schale entfernen, zuckern, mit Eigelb und Mandelmilch binden; eiskalt auftragen.
Weintrauben (Weinbeeren), Beerenfrüchte der Weinrebe, die frisch gegessen, zu Rosinen, Korinthen usw. getrocknet oder zu Wein vergoren werden. Weintrauben sind erbsen- bis walnußgroß, grün, gelblich, rosa bis dunkelrot, dick- oder dünnschalig; sie enthalten 2–4 Kerne oder sind kernlos.
Weißbarsch (Königsfisch), Seebarsch des Nordatlantiks, zwischen 500 und 1000 g schwer, mit weißem, wohlschmeckendem Fleisch. Der Weißbarsch wird meist blau gekocht (dazu holländische Sauce), gebraten (auf Müllerin-Art) oder gegrillt (dazu Teufelssauce).
Weißbier, helles, obergäriges → Bier, z. B. Berliner Weiße.
Weißbrot, aus hellem Weizenmehl gebackenes Brot.
Weißbrotklöße, → Semmelknödel.
weiße Bohnen werden am besten in reichlich kaltem Wasser angesetzt und langsam weich gekocht, ohne daß sie zerfallen. Ein Einweichen der weißen Bohnen ist nur bei altgelagerten Bohnen erforderlich.
weiße Bohnen, bretonisch: weiße Bohnen mit Salz und einem Kräuterbündel weich kochen, abtropfen; gehackte Zwiebel in Butter hellgelb anschwitzen, die Bohnen und Tomatensauce hinzugeben und kurz dünsten, mit gehackter Petersilie bestreuen.
weiße Bohnen auf Lyoner Art: weiße Bohnen in Salzwasser weich kochen, abtropfen, mit Butter und sehr viel goldgelb gedünsteten Zwiebelringen vermischen, gehackte Petersilie darüberstreuen.
weiße Bohnen, überbacken: weiße Bohnen weich kochen, abtropfen, mit Kraftsauce binden, mit Paniermehl bestreuen, mit geschmolzener Butter beträufeln, im Ofen überbacken.
weiße Bohnen, westfälisch: weiße Bohnen weich kochen, abtropfen; Apfelspalten mit Butter und etwas Zukker in wenig Wasser dünsten; Bohnen und Äpfel vermischen, mit dunkler Zwiebel-Mehlschwitze binden, mit Muskatnuß würzen und in Butter geröstetes Paniermehl darüberstreuen.
weiße Brotkrume, → geriebenes Weißbrot, → Paniermehl.
Weiße Dame: Sahnesauce mit gehackten Trüffeln sowie Blätterteig-

halbmonde zu gedünstetem Fisch. – »Die weiße Dame«, Oper von François Adrien Boieldieu, 1775–1834.

weiße Decksauce, → Chaudfroidsauce, weiße, → Villeroisauce.

weiße Fischgrundsauce (Fischvelouté, Velouté de poisson): weiße Mehlschwitze bereiten und langsam unter ständigem Rühren Fischfond hinzugießen, die Sauce 15–20 Minuten leise kochen lassen und mit Salz und weißem Pfeffer abschmecken.

weiße Grundsauce (Velouté, Samtsauce): 35 g Butter schmelzen lassen, darin 2 EL Mehl glattrühren, ohne daß es Farbe annimmt; langsam unter ständigem Rühren 1/2 l Kalbs- oder Geflügelfond dazugießen, etwa 30 Minuten leise kochen lassen, evtl. noch mit Salz und weißem Pfeffer würzen. Als Fertigsauce im Handel.

weiße Nüsse, → Ginkgopflaumen.

weiße Rüben (Wasserrüben), Gemüsepflanzen mit fleischigen, oft sehr wohlschmeckenden und nahrhaften Wurzeln; in zahlreichen Zuchtformen: Mairübe, Tellerrübe, Jettinger Rübe, bayerische Rübe, Sellrainer Rübe, → Teltower Rübchen. – *Vorbereitung:* die Rüben schälen, waschen und nach Rezept kleinschneiden.

weiße Rüben, gebacken: Rüben wie Pommes frites in Streifen schneiden, durch Milch ziehen, in Mehl wenden und in Fett schwimmend backen, salzen.

weiße Rüben, gefüllt: möglichst runde Rüben in Salzwasser vorkochen, aushöhlen, mit einer Farce aus dem ausgehobenen Rübenfleisch, gewürzter Bratwurstmasse und Sahne füllen, mit etwas Fleischbrühe in einen Schmortopf setzen, mit Paniermehl bestreuen, mit Butter beträufeln und im Ofen gar machen.

weiße Rüben, holsteinisch (Holsteiner Rübenmus): ein Weiße-Rüben-Püree, mit gewürfeltem Katenschinken gekräftigt.

weiße Rüben in Sahnesauce: junge Rüben in Scheiben schneiden, in Salzwasser kochen, abtropfen, in zerlassener Butter schwenken, Béchamelsauce und Sahne darübergießen, kurz durchdünsten und würzen.

weiße Rüben, tschechisch: Rüben in dicke Streifen schneiden, mit Salz, Pfeffer, etwas Zucker und Lorbeerblatt in hellem Bier dünsten, mit heller Mehlschwitze binden.

Weiße-Rüben-Püree: gewürfelte Rüben mit etwas Butter, Salz und einer Prise Zucker in wenig Wasser weich dünsten, mit dem Fond pürieren, etwas Kartoffelpüree daruntermischen, mit einem Stück Butter vollenden.

Weiße-Rüben-Ragout: junge Rüben in kleine Scheiben schneiden, in Fett anbraten, mit Mehl bepudern; gehackte Zwiebeln in Fett anrösten, zu den Rüben geben, mit Fleischbrühe auffüllen, mit Salz und etwas Zucker würzen, sämig kochen.

weißer Fond, → Kalbsfond.

weißes Ragout (Blankett, Blanquette, Weißgericht), Ragout aus weißem Fleisch (Kalb, Lamm, Kaninchen, Huhn) in weißer Sauce. Im Gegensatz zum Frikassee wird hier das Fleisch getrennt von der Sauce zubereitet.

weißes Ragout vom Huhn: Hühnerfleisch in grobe Würfel schneiden, salzen, mit Wurzelwerk in Wasser gar kochen, den Fond mit weißer Mehlschwitze und Champignonabfällen (vom Schälen) gut verkochen, passieren, mit Eigelb und Sahne binden, die Geflügelwürfel sowie Champignonscheiben und gedünstete Zwiebelchen in der Sauce erhitzen, das Ragout mit

Petersilie bestreuen; dazu körnig gekochten Reis.
weißes Ragout von Kalbfleisch: ein Brust- oder Schulterstück vom Kalb in grobe Würfel schneiden, salzen, mit Mohrrübe, gespickter Zwiebel und Kräutersträußchen in Wasser gar kochen, den Fond mit Champignonschalen und weißer Mehlschwitze gut verkochen, passieren, mit Eigelb und Sahne binden, etwas Zitronensaft hinzufügen, die Fleischwürfel in der Sauce erhitzen, mit Chicorée garnieren; dazu Nudeln.
weißes Ragout von Kaninchen: das Kaninchen in grobe Würfel schneiden, leicht salzen, mit Wurzelwerk und Weißwein in Wasser oder Fleischbrühe gar kochen, den Fond mit weißer Mehlschwitze gut verkochen, passieren, mit Eigelb und Sahne binden, mit Zitronensaft und weißem Pfeffer abschmecken, die Fleischwürfel in der Sauce erhitzen, mit gedünsteten Pfifferlingen garnieren; dazu Nudeln.
Weißforelle, → Lachsforelle.
Weißgericht, → weißes Ragout.
Weißkäse, → Quark.
Weißkohl (Weißkraut, Kabis, Kappes, Kraut), bekanntes Kopfgemüse mit weiß-grünen Blättern, das roh, gekocht oder gesäuert vielseitig verwendet wird. – *Rezepte:* bayerisches Kraut, Cole Slaw, Kobichi Bhaji, Krautstrudel, Krautwickel, Lâhana Dolmasi, Mexican Slaw, Weinkraut. – *Vorbereitung:* die schlechten Außenblätter abbrechen, den Kopf vierteln, den Strunk entfernen und den Weißkohl feinstreifig schneiden, gut waschen, notfalls kurz mit siedendem Wasser überbrühen, um Duft und Geschmack zu verbessern. – *Garzeit:* etwa 1 1/2 Stunden.
Weißkohl, armenisch: gehacktes, rohes Hammelfleisch, körnig gekochten Reis, Tomatenwürfel, Salz, Pfeffer und Knoblauch zu einer pikanten Farce verarbeiten, auf überbrühte Weißkohlblätter streichen, zusammenrollen, binden und in leichter Tomatensauce weich dünsten, zuletzt mit etwas Zitronensaft würzen.
Weißkohl, bürgerlich: Räucherspeckwürfel und gehackte Zwiebel kräftig anschwitzen, feinstreifig geschnittenen Weißkohl hinzufügen, mit Salz, Pfeffer und Kümmel würzen, mit Fleischbrühe auffüllen und den Kohl weich dünsten, zuletzt mit Mehl bestäuben und durchrühren.
Weißkohl, englisch: den geviertelten Kopf in Salzwasser weich kochen, gut abtropfen, in längliche Stücke schneiden und mit Butterflöckchen besetzt anrichten.
Weißkohl, gefüllt: Weißkohlblätter mit siedendem Wasser überbrühen, die Rippen herausschneiden, die Blätter mit pikant gewürzter Bratwurstfülle oder Hackfleisch belegen, zusammenrollen, binden, in eine mit Speckstückchen, Mohrrüben- und Zwiebelscheiben ausgelegte Kasserolle setzen, salzen und pfeffern, mit Fleischbrühe auffüllen und dünsten; dazu Tomaten- oder Madeirasauce.
Weißkohl, litauisch: Speckwürfel und grobgehackte Zwiebeln kräftig anschwitzen, feinstreifig geschnittenen Weißkohl zugeben, in Fleischbrühe dünsten, kurz vor dem Garwerden noch Apfelscheiben hinzufügen; mit Scheiben von gekochtem Rindfleisch anrichten.
Weißkohl, mecklenburgisch: eine Kasserolle mit Speckscheiben auslegen, schichtweise überbrühte Weißkohlscheiben und Hammelfleisch hin-

eingeben, mit Salz, Pfeffer, Kümmel, gestoßenen Gewürznelken und gehackter Zwiebel würzen, mit Wasser auffüllen und gar dünsten; den Fond abgießen, stark einkochen und über den angerichteten Hammel-Weißkohl gießen.

Weißkohl, schwäbisch: feinstreifig geschnittenen Weißkohl mit gehackten Zwiebeln in Fleischbrühe dünsten, mit gebratenen Speckwürfeln, Ei und Paniermehl vermischen, salzen, pfeffern und im Ofen abbacken.

Weißkohl-Ananas-Salat: gehobelten Weißkohl mit Zitronensaft marinieren, Ananaswürfel dazugeben und mit Sahnemayonnaise binden.

Weißkohlklößchen: Weißkohlblätter in Salzwasser kochen, gut ausdrükken, hacken, mit dicker Béchamelsauce, Eigelb und Mehl verarbeiten, runde Klößchen formen, in Salzwasser gar ziehen lassen, abtropfen und mit brauner Butter übergießen.

Weißkohlsalat: gehobelten Weißkohl und etwas gehackte Zwiebel mit Essig-Öl-Marinade anmachen.

Weißkraut, → Weißkohl.

Weißlacker, halbfester Schnittkäse aus dem Allgäu, sehr pikant.

Weißling, → Merlan.

Weißwein, → Wein.

Weißweinsauce (Sauce au vin blanc): Fischfond stark einkochen, Weißwein hinzugießen, mit weißer Fischgrundsauce auffüllen, gut durchkochen, mit Eigelb und Sahne binden und mit Cayennepfeffer und Zitronensaft abschmecken. Zu gedünstetem Fisch.

Weißwürste, → Münchner Weißwürste.

Weizen, wichtigstes Brotgetreide der Erde. Weizen ist anspruchsvoller als Roggen, liebt feuchten, lehmreichen Boden in gemäßigtem Klima. Weizen wird heute in unzähligen Zuchtformen in allen Erdteilen angebaut. Man unterscheidet den kleberreichen Hartweizen, der das Hauptgetreide Südeuropas ist und sich besonders zur Herstellung von Teigwaren eignet, und den Weichweizen, der vor allem zum Backen genommen wird. – Der Weizen gehört zu den ältesten Kulturpflanzen. Fast gleichzeitig erschien er in Europa, Ägypten, Babylonien und China.

Weizenflocken, geschälte, speziell behandelte Weizenkörner. Diätkost.

Weizenkeimmehl, gemahlene Weizenkeime, die besonders reich an Eiweiß, Fett, Mineralstoffen, Fermenten, Enzymen und Vitaminen sind. Diätkost.

Weizenkeimöl, aus Weizenkeimlingen kalt gepreßtes feines Speiseöl. Es ist goldgelb, schmeckt zart nach Getreide und enthält reichlich mehrfach ungesättigte Fettsäuren sowie sehr viel Vitamin E. Weizenkeimöl wird hauptsächlich für kalte Gerichte (Salate, Rohkost) verwendet, bei warmen Gerichten gibt man es erst nach dem Garen zu, weil es keine Erhitzung verträgt. Das Öl ist nur begrenzt haltbar: acht Monate, bei angebrochener Flasche nur etwa zwei Monate.

Weizenschrot, grob zerkleinerte Körner des Weizens, der wegen ihrer zahlreichen Inhaltsstoffe wertvollsten Getreideart.

Weizenschrotmüsli (Mengen je Person): 2 EL Weizenschrot mit 4 EL Wasser verrühren und über Nacht zugedeckt quellen lassen; vor dem Auftragen 2 EL Magerquark (oder Joghurt), 2 EL Sahne (oder Milch), 1 TL Honig, 1/2 klein geschnittene Banane und 1/2 geriebener Apfel unter den Schrotansatz mischen, das Müsli

1 Weinraute 2 Weintraube 3 Weizen 4 Wels 5 Wildschwein

mit Zitronensaft, Zimt, Kakaopulver oder Vanille abschmecken.

well done (engl: well = gut; done = getan), → bien cuit.

Weller, → Wels.

Wellfleisch (Kesselfleisch), gekochtes Bauchfleisch frisch geschlachteter Schweine.

Wellholz, → Rollholz.

Wellington, à la: gebratenes Fleisch in Blätterteighülle. → Rinderfilet Wellington.

Wels (Waller, Weller, Schaden, Schaid), größter europäischer Süßwasserfisch, bis 3 m lang und 250 kg schwer. Der Wels hat einen mächtigen, breitgedrückten Kopf mit weitem Maul und langen Bartfäden; seine Haut ist schuppenlos. Er lebt als Grundfisch in der Donau und im Bodensee, nicht aber in Rhein, Weser und Elbe. Er ernährt sich von Fischen, Fröschen und Krebsen. Das Fleisch junger Welse ist fest und sehr schmackhaft. Es wird in Stücke geschnitten, meist gebeizt und gebraten, gegrillt oder in Bierteig gebacken.

welsche Nüsse, → Walnüsse.

welscher Kümmel, → Kreuzkümmel.

Welschhahn, → Truthahn.

Welschhasel, → Haselnüsse.

Welschkorn, → Mais.

Welschkraut, → Wirsingkohl.

Welschzwiebel, → Porree.

Welsh Rarebit (Welsh Rabbit), Käse-Würzbissen: Chester-, Gloucester- oder anderen Vollfettkäse in kleine Würfel schneiden, mit hellem Bier und wenig Butter schmelzen, die Käsemasse mit etwas englischem Senf, Cayennepfeffer und Worcestershiresauce würzen, heiß über geröstete Weißbrotvierecke gießen. – Das englische Wort »Rabbit« bedeutet »Kaninchen«, ist hier aber als Verballhornung des Wortes »Rarebit« zu verstehen.

Wermutwein (Vermouth), mit den nichtgiftigen Bitterstoffen aus den Blüten des Wermutkrautes gewürzter Wein mit einem Alkoholgehalt zwischen 15 und 18 Vol. %. Wermutwein wird als Aperitif kredenzt und ist Bestandteil zahlreicher Cocktails. Die besten Wermutweine kommen aus Italien, wo sie in Turin seit 1780 hergestellt werden (›Vermouth di Torino‹), und aus Frankreich.

westfälische Art (à la westphalienne): Butternudeln mit gehacktem Schinken sowie Béchamelsauce zu geschmortem Fleisch oder Geflügel.

westfälische Grützwurst, → Grützwurst.

westfälische Töttchen, gemischtes Ragout: Kalbsherz und Kalbslunge in kleine Würfel schneiden, mit gehackter Zwiebel in Nierenfett kräftig anbraten, mit Weinessig ablöschen, feingehacktes Kalbshirn hinzugeben, alles langsam gar schmoren, das Ragout mit Salz und Pfeffer abschmekken, in vorgewärmte, kleine Keramiktöpfe füllen; dazu Graubrot und Senf.

westfälischer Salat: gekochte weiße Bohnen, gehackte Zwiebel, geröstete Speckwürfel, Würfel von Apfel und gekochtem Schinken mit Kräutermarinade anmachen.

Westinghousesalat: Avocadoscheibchen, Bleichselleriestreifen und Weintrauben auf Kopfsalatblättern anrichten, mit Essig-Öl-Marinade übergießen.

Westmorland, → Kalbszunge Westmorland, → Schweinsfilet Westmorland.

Whiskey, → Whisky.

Whisky, Whiskey (gälisch: wisge = Wasser), Getreidebranntwein (Kornbrand) mit typisch rauchigem Geschmack. Die Heimat des Whiskys ist Schottland, wo er schon im 12. Jahrhundert als »uisge beatha« (Lebenswasser) bekannt war. *Schottischer Whisky* (Scotch) ist vorwiegend ein Blended Whisky (verschnittener Whisky) aus Malt Whisky (Malz-Whisky) und Grain Whisky (Getreide-Whisky). Der rauchige Geschmack stammt vom Darren des Malzes (meist gekeimte Gerste) über Torffeuer. Bevor der schottische Whisky in den Handel kommt, muß er mindestens drei Jahre (selten länger als zehn Jahre) in Fässern aus Weißeiche oder in gebrauchten Sherryfässern lagern. Der *irische Whiskey* wird überwiegend aus ungemälzter Gerste gebrannt und schmeckt daher etwas strenger als der Scotch. Der *amerikanische Whiskey* wird hauptsächlich aus gemalztem Getreide gewonnen, der Bourbon-Whiskey aus mindestens 51% Mais, der Rye-Whiskey aus mindestens 51% Roggen, der Wheat-Whiskey überwiegend aus Weizen, der Corn-Whiskey aus mindestens 80% Mais. Ihren Rauchgeschmack erhalten amerikanische Whiskeys durch Lagerung in Eichenholzfässern, die innen angekohlt wurden. Der *kanadische Whisky* (Canadian) entspricht im wesentlichen dem Scotch. Whisky/Whiskey hat einen Alkoholgehalt von mindestens 43 Vol. %. → Malts.

Whisky Crusta: 1 Glas Whisky, 1 Spritzer Angostura Bitter, Saft von 1/2 Zitrone, schütteln.

Whisky Sling: 1 Glas Whisky, Saft von 1/2 Zitrone, 2 BL Zucker, umrühren, mit Mineralwasser auffüllen.

Whisky Soda: 1 Glas Whisky, mit Sodawasser oder Selterswasser auffüllen.

Whisky Sour: 1 Glas Whisky, 1 BL Zucker, Saft einer Zitrone, schütteln, 1 Schuß Mineralwasser.

White-House-Salat: Streifen von Bleichsellerie, Karotten und Äpfeln in Zitronen-Öl-Marinade einlegen, mit Sahnemayonnaise bedecken und mit Ananasscheibchen und gehackten grünen Oliven garnieren.

White Lady, Cocktail: 1/2 Gin, 1/3 Curaçao, 1/6 Zitronensaft, schütteln.

Wickelklöße: Kartoffeln in der Schale kochen, nach dem Auskühlen reiben, mit Mehl, Ei, etwas Milch und Salz zu einem festen Teig verarbeiten, den Teig bleistiftdick ausrollen, mit geriebener, in Butter gerösteter Semmel bestreichen, zusammenrollen, in etwa 8 cm breite Stücke schneiden, die Teigenden gut zusammendrücken, in Salzwasser kochen; jeden Kloß leicht mit in Butter gerösteter geriebener Semmel bedecken.

Wiener, Blätterteiggebäck: Blätterteig etwa 3 mm dick ausrollen, in 10 x 10 cm große Quadrate schneiden, auf die Mitte Creme, Konfitüre o. dgl. häufen, die vier Ecken zur Mitte hin zusammenschlagen, mit Eigelb bestreichen, mit Mandeln bestreuen, mit Puderzucker bestäuben und im Ofen backen.

Wiener, → Wiener Würstchen.

Wiener Apfelstrudel, → Alt-Wiener Apfelstrudel.

Wiener Art (à la viennoise): Nudelkroketten mit einer Füllung aus Kalbshirnpüree und Spinat, kleine Bratkartoffeln und Bratensaft zu großen Fleischstücken. – Kalbsschnitzel, Geflügelbrüstchen oder Fischfilets panieren, braten und mit Zitronenscheiben garnieren.

Wiener Backhendl, österreichische Spezialität: Hähnchen (etwa 800 g schwer) in vier Stücke teilen (2 Keulenstücke, 2 Brusthälften), mehlen, durch geschlagenes, mit Salz und Pfeffer gewürztes Ei ziehen, in Paniermehl wenden, in tiefem Fett goldgelb backen; zuletzt auch die panierte Leber backen; dazu Kopfsalat.

Wiener Brød, → Kopenhagener Gebäck.

Wiener Brotknödel: Semmeln in kleine Würfel schneiden, goldgelb gebratenes Zwiebelgehäck daruntermischen, alles mit einem Gemisch aus lauwarmer Milch und geschlagenem Ei übergießen, die Knödelmasse mit Mehl bestäuben, mit Salz und Muskatnuß würzen, Knödel formen und in siedendem Wasser garziehen lassen.

Wiener Creme: 2 EL Zucker mit einigen Tropfen Wasser hellgelb karamelisieren, den Karamel in 1/2 l warmer Milch auflösen, 3–4 Eier mit 100 g Zucker schaumig rühren, nach und nach die Milch hinzufügen, die Creme in ausgebutterte Formen füllen und im Wasserbad zugedeckt garziehen lassen, nach dem Auskühlen stürzen.

Wiener Hackbraten, → Hackbraten.

Wiener Kaffee und Wiener Kaffeehaus, in der Kulturgeschichte Wiens ist das eine ohne das andere nicht denkbar. 1683 eröffnete der Serbe Franz Georg Kolschitzky in der Domgasse das erste Wiener Kaffeehaus, denn während der Türkenbelagerung hatte er als Belohnung für hervorragende Kundschafterdienste etliche Sack ungebrannte Kaffeebohnen aus Beutebeständen erhalten. Kolschitzky war im Osmanenreich viel herumgekommen und wußte, welch köstliches Getränk man aus diesen unscheinbaren Bohnen herstellen kann. Heute dürfte Wien mit mehr als 800 Cafés die kaffeedurstigste Stadt der Welt sein. Und die Wiener Cafés kreierten im Laufe der Jahre zahllose köstliche Kaffeegetränke, wie *Brauner* (Kaffee mit etwas Milch, in kleiner oder großer Tasse), *Einspänner* (Kaffee im Glas, mit Schlagobers), → *Kapuziner, Schwarzer* (Kaffee in kleiner oder großer Tasse), → *Mazagran,* → *Melange, Schale Gold* (Kleiner Mokka mit Milch), → *Türkischer Kaffee, Verlängerter* (Brauner oder Schwarzer mit etwas Wasser verdünnt), *Weißer* (Kaffee mit reichlich Milch). In Wien wird zum Kaffee stets ein Glas eiskaltes Wasser gereicht, was nicht etwa dazu dient, den starken Kaffee zu verdünnen, sondern es soll die durch den Kaffee hervorgerufene Gastrinausschüttung bremsen. Das Gastrin ist ein Gewebshormon, das die Produktion der Magensäure steuert. Wichtig ist, daß das Wasser wirklich kalt ist (möglichst etwa 4° C).

Wiener Kalbsbeuschel, österreichische Spezialität: Kalbsherz und Kalbslunge mit Wurzelwerk in Salzwasser weich kochen, streifig schneiden; aus Mehl, Butter und gehackter Zwiebel eine braune Mehlschwitze bereiten, mit Essig und Weißwein ablöschen, mit dem Herz-Lungen-Fond zu einer Sauce verkochen, abschmekken und die Beuschelstreifen hineingeben; dazu Wiener Brotknödel.

Wiener Kartoffeln: Pellkartoffeln in dünne Scheiben schneiden, mit Salz, Pfeffer und einigen Kümmelkörnern in reichlich Butter dünsten, ohne daß die Kartoffeln gebräunt werden.

Wiener Krapfen: 15 g Hefe in etwas warmer Milch auflösen, mit 2 EL Mehl einen Vorteig bereiten und gehen lassen; 3 Eigelb mit 50 g zerlassener Butter und 2 EL Zucker schaumig rühren, mit 200 g Mehl, etwas Salz und dem Vorteig verarbeiten, nochmals gut gehen lassen, den Teig etwa 3 mm dick ausrollen, 5–6 cm große Plätzchen ausstechen, die Hälfte der Plätzchen mit je einem Klecks Aprikosenkonfitüre versehen, die anderen Plätzchen daraufsetzen, die Ränder mit etwas Wasser oder Eiweiß zusammenkleben, ein drittes Mal gehen lassen, in Fett (am besten Schweineschmalz) auf beiden Seiten goldbraun backen, abtropfen und mit Puderzucker bestäuben.

Wiener Kuttelsuppe: weiße Mehlschwitze bereiten, gehackte Petersilie und Majoran hinzufügen, nach und nach mit Fleischbrühe auffüllen, gut durchkochen, streifig geschnittene, gekochte Kaldaunen (Kutteln) in die Suppe geben, mit Pfeffer und Salz abschmecken, zuletzt geröstete Weißbrotwürfel beifügen.

Wiener Leberknödel: Rinderleber, in Milch eingeweichte Semmeln und Rindernierenfett pürieren, mit Salz, Pfeffer und Muskatnuß würzen, feingehackte, in Butter angeschwitzte Zwiebel, Eier, Semmelbrösel, etwas Mehl und gehackte Petersilie hinzufügen, alles gut verarbeiten, aus der Masse Knödel formen, die Knödel in Salzwasser zugedeckt garziehen lassen (Schnittprobe!); die Leberknödel mit brauner Butter begießen; gehackte, gebratene Zwiebeln und Sauerkraut als Beilage.

Wiener Rostbraten: eine fingerdicke Scheibe aus dem Zwischenrippenstück eines jungen Ochsen mit Salz und Paprika würzen, in Mehl wenden und auf beiden Seiten in Butter schön braun anbraten, mit dünnen Zwiebelscheiben und einer Knoblauchzehe fertigbraten; den Bratensaft mit einem Stück Butter und etwas Essig vollenden.

Wiener Sahnenudeln, österreichische Mehlspeise: 250 g Bandnudeln mit Vanille in Milch weich kochen; 4 Eigelb, 50 g Butter, 50 g Zucker und etwas abgeriebene Zitronenschale schaumig schlagen, mit den Nudeln vermischen, in ausgefettete Kastenform füllen, mit Sahne begießen und backen; nach dem Stürzen in Scheiben schneiden und mit Kompott anrichten.

Wiener Salat: Scheiben von gekochten Kartoffeln, Knollensellerie, Gurken und hartgekochtem Ei mit Essig-Öl-Marinade und gehacktem Schnittlauch anmachen, mit Kopfsalatherzen garnieren.

Wiener Schnitzel: ein großes, dünnes Kalbsschnitzel leicht klopfen, salzen, pfeffern, mit Mehl, Ei und geriebener Semmel panieren, in Schmalz braun und knusprig braten, eine Zitronenscheibe darauflegen und mit etwas Petersilie bestreuen.

Wiener Semmelknödel, → Wiener Brotknödel.

Wiener Tafelspitz, → Tafelspitz.

Wiener Würstchen (Würstl), Brühwürstchen aus Rind- und Schweinefleisch, zuweilen auch Kalbfleisch, gewürzt, geräuchert und gebrüht.

Wiesenchampignons, → Champignons.

Wild, jagdbare, also den Jagdgesetzen unterliegende Säugetiere (Haarwild) und Vögel (Federwild). Zum *Haarwild* zählen unter anderem Elch-, Rot-, Dam-, Sika- und Rehwild, Gams-, Stein- und Muffelwild, Schwarzwild, Feldhasen, Schneehasen, Wildkaninchen, Murmeltiere, Wildkatzen und Luchse. Zum *Federwild* gehören unter anderem Rebhühner, Fasane, Wachteln, Auerwild, Birkwild, Rackelwild, Haselwild, Wildtauben, Wildenten,

Wildgänse, Waldschnepfen, Bleßhühner, Großtrappen, Greifvögel. Daß ein Tier nach dem Jagdgesetz »jagdbar« ist, bedeutet nicht, daß es auch gejagt werden darf, wenn das Jagdgesetz für das entsprechende Tier eine begrenzte jagdfreie Zeit (Schonzeit) oder gar eine unbegrenzte jagdfreie Zeit, wie zum Beispiel beim Haselhuhn, festlegt. – Wildfleisch (Wildbret) ist meistens fettarm, leicht verdaulich und von reizvollem Geschmack (→ Hautgoût).

Wildbeize, → Wildmarinade.

Wildbret (Bret = Braten), Fleisch des Haar- und Federwildes.

Wildbretsauce (Sauce venaison): Pfeffersauce mit kräftigem Wildfond verkochen, passieren, zuletzt Johannisbeergelee und Schlagsahne unter die Sauce ziehen.

Wildbrühe, → Wildfond.

Wildenten, verschiedene Wasservögel, wie Stockenten, Knäkenten, Krickenten usw. Wildenten werden im Herbst geschossen und sind als Jungtiere ein begehrtes Wildbret. Meistens wird die Haut abgezogen, da sie leicht tranig schmeckt. Wildenten werden immer blutig gebraten, nur die Keulen sollten gut durchgebraten sein. – *Bratzeit* je nach Größe: 12–20 Minuten. – *Rezept:* Salmi von Wildente.

Wildente mit Portwein: die Ente blutig braten; den Bratsatz mit Portwein lösen, mit gehackten Schalotten und etwas Thymian kochen, passieren, mit Kalbsjus und abgeriebener Apfelsinenschale verkochen, leicht binden, mit Apfelsinensaft, wenig Zitronensaft und Cayennepfeffer abschmecken.

Wildente auf Tiroler Art: die Ente mit Äpfeln füllen und blutig braten, während des Bratens mehrmals mit Essig, der mit etwas Butter, Zucker und Pfeffer aufgekocht wurde, begießen; den Fond mit brauner Grundsauce verkochen und mit Johannisbeergelee vollenden.

Wildessenz, eingekochter (konzentrierter) Wildfond.

Wildfarce: Wildbratenreste sehr fein hacken, salzen und pfeffern, mit Ei und etwas Sahne binden und mit einigen Tropfen Wacholderbranntwein parfümieren.

Wildfond, Grundlage für Wildsaucen: kleingehackte Wildknochen, Wildabfälle sowie gewürfelten Räucherspeck anrösten, Wurzelzeug, einige zerdrückte Wacholderbeeren und etwas Salbei hinzufügen, mit Weißwein löschen, den Wein einkochen, mit Wasser auffüllen und langsam kochen lassen, abschäumen und entfetten, zuletzt durchseihen.

Wildgans, ein heute seltenes Wildbret. Schmackhaft ist allein das Fleisch junger Vögel.

Wildgeflügel, → Federwild.

Wildgeflügelragout, → Salmi.

Wildgeschmack, → Hautgoût.

Wildkaninchen, → Kaninchen.

Wildklößchen, Beilage zu Wildgerichten u. dgl.: 250 g sehnenfreies Wildfleisch durch den Fleischwolf drehen, die Masse mit 75 g entrindetem und in Sahne eingeweichtem Weißbrot verarbeiten, 1 Ei hinzufügen, salzen und pfeffern und mit etwas Sahne verarbeiten, mit Hilfe eines Kaffeelöffels kleine Klöße formen, die Klößchen in Wild- oder Fleischbrühe gar kochen.

Wildlachs, → Lachs.

Wildmarinade zum Beizen von Wildfleisch, um dessen Zartheit und Geschmack zu erhöhen. *Beispiel:* je

1/2 Tasse Rotwein und Weinessig, 1 EL Öl, Zwiebelscheiben, kleingeschnittene Mohrrübe und Petersilienwurzel, Zitronenscheiben, einige zerdrückte Pfefferkörner und Wacholderbeeren, etwas Estragon und ein Stückchen Lorbeerblatt. – *Beizdauer:* 30 Minuten bis 3 Stunden je nach Beschaffenheit des Fleisches, bei älteren Tieren sogar mehrere Tage. Im Zweifelsfall sollte man die Zeit eher zu kurz als zu lang bemessen.

Wildpfeffersauce, Pfeffersauce mit Wildfond zubereiten.

Wildrahmsauce (Sauce chevreuil à la crème): Wildabfälle (Fleisch, Knochen) mit zerdrückten Wacholderbeeren in Butter scharf anrösten, mit brauner Grundsauce und Wildfond auffüllen, gut durchkochen, saure Sahne hinzufügen, passieren, mit Pfeffer und Zitronensaft abschmekken.

Wildreis, kanadische Reisart, die wild in den klaren, eiskalten Seen der Provinz Ontario wächst und von indianischen Eingeborenen geerntet wird. Der Reis, der nur ungeschält in den Handel kommt, schmeckt angenehm nußartig, enthält bis 18% Eiweiß und gilt als Delikatesse.

Wildsauce, für gebratenes Federwild (Rebhuhn, Fasan, Wildente usw.): Abfälle von Federwild (Knochen, Flügel, Hals usw.) und kleinwürflig geschnittenes Wurzelgemüse in Butter anrösten, mit Rotwein löschen, mit brauner Grundsauce auffüllen, einige zerquetschte Pfefferkörner und etwas Cayennepfeffer dazugeben, die Sauce dick einkochen, nochmals einen Schuß Rotwein hinzugeben, die Sauce durch ein feines Sieb gießen.

Wildschwein (Schwarzwild). Begehrt ist das zarte Fleisch der Frischlinge, die mit einem Gewicht von 25–35 kg auf den Markt kommen. Auch das Fleisch der Überläufer (2jährige Tiere), die 50–60 kg schwer sind, läßt sich sehr schmackhaft zubereiten. Von älteren Tieren (Keiler, Bachen) verwendet man meist nur den Kopf und die Keulen, die vor der Zubereitung aber mindestens 2–3 Tage gebeizt werden müssen.

Wildschweinrücken in Brotkruste: ein Rückenstück mit Wildmarinade beizen, kräftig anbraten und in braunem Fond und einem Teil der Marinade weich schmoren; geriebenes Schwarzbrot in Butter rösten, etwas Rotwein hinzufügen, mit einer Prise Zimt würzen und mit Eigelb binden, die Brotmasse auf den Wildschweinrücken streichen und im Ofen überbacken; dazu Cumberlandsauce.

Wildspieß Windsor: Hirschmedaillons und magere Räucherspeckscheiben am Spieß braten, mit Wacholderrahmsauce überziehen; dazu in Butter geschwenkte Mandarinenfilets und gedünstete Kirschen, Preiselbeerkompott und Kartoffelkroketten.

Wildsteaks werden aus dem Rückenfilet, oft auch aus der Keule geschnitten. Das Fleisch größerer bzw. älterer Tiere wird vor dem Braten mit einer Wildmarinade gebeizt. Wildsteaks sollte man spicken oder in Speck hüllen, damit das Fleisch saftig bleibt. Sie werden immer rosa gebraten, also weder blutig noch durchgebraten. Gesalzen werden die Steaks erst nach dem Braten. – Die klassischen Beilagen sind Pilze und Beeren, aber auch Südfrüchte, wie Ananas, Bananen, Mandarinen u. dgl.

Wildtauben werden wie → Tauben zubereitet, aber auch gern mit Wildmarinade gebeizt und in saurer Sahne geschmort. Die bekanntesten Wildtauben sind Ringeltaube, Türkentaube, Turteltaube und Hohltaube.

Wilstermarschkäse, laibförmiger Schnittkäse aus Holstein, oft in Schweineblasen eingehüllt.

Windbeutel, lockeres Brandteiggebäck, mit Schlagsahne gefüllt und mit Puderzucker bestäubt.

Windermeresauce: Champignonscheiben in Butter weich dünsten, mit Tomatensauce auffüllen, zuletzt feingehackten Estragon darüberstreuen. Zu Gebratenem aller Art. – Lady Windermere, die Titelgestalt einer Komödie von Oscar Wilde.

Windlaube, → Uckelei.

Windmasse, → Baisermasse.

Windsor, à la: Kalbssteaks seitlich einschneiden, mit Kalbsfarce und gehackten Champignons füllen, schmoren, dazu Gemüsepüree, Pökelzungenscheiben und den Schmorsaft. – Fischmilcherscheiben und Austern in Austernsauce zu Fisch. – Windsor, Stadt und Königsschloß an der Themse, seit 1917 auch der Name des englischen Königshauses.

Windsorsalat: Würfel von Pökelzunge, gekochter Hühnerbrust, Knollensellerie, Champignons und Salzgurken mit Mayonnaise binden, die mit geriebenem Meerrettich und Worcestershiresauce gewürzt wurde, mit Rapunzeln garnieren.

Winterendivie, → Endivie.

Winterkohl, → Grünkohl.

Wintersalat: Streifen von gekochten Kartoffeln, Knollensellerie und roten Rüben sowie geriebenen Meerrettich mit Essig-Öl-Marinade anmachen.

Winterspargel, → Schwarzwurzeln.

Winterzwiebel (Klöven, Jakobszwiebel, Johannislauch, Lange Bolle), eine Zwiebelart aus Sibirien, die im Spätsommer gesät und im Frühjahr geerntet wird. Die Winterzwiebel ähnelt im Aussehen dem Porree, ist bei uns noch wenig bekannt, obwohl sich mit ihr die zwiebelarmen Frühlingsmonate sehr gut überbrücken lassen.

Winzerinpastetchen: Weinbergschnecken (aus der Dose) möglichst fein hacken, mit dem Schneckenfond und Maronenpüree vermischen, mit etwas Weinbrand parfümieren, in Blätterteighüllen füllen und erhitzen.

Wirrteig, Blätterteigreste ohne viel zu kneten zu einer Kugel formen, im Kühlschrank auskühlen lassen und wie Halbblätterteig für warme Pastetchen, Käsestangen, Apfeltaschen usw. verwenden.

Wirsingkohl (Welschkraut, Börschkohl, Savoyer Kohl, Mailänder Kohl, Wirz), Kohlart mit kraus gewellten, gelbgrünen, locker schließenden Blättern. Seine Heimat ist Europa, heute wird er in allen Erdteilen angebaut.

Wirsingkohl auf Bremer Art: den Kohlkopf mit siedendem Wasser überbrühen, den Strunk entfernen, die Blätter grob hacken, gehackte Zwiebeln dazugeben, mit Salz, Zucker und Nelken würzen, in Gänseschmalz und etwas Wasser dünsten, mit Mehlbutter binden.

Wirsingkohl, englisch: den Kohlkopf vierteln, den Strunk herausschneiden, die Kohlviertel in Salzwasser kochen, den Kohl ausdrücken und mit frischer Butter anrichten.

Wirsingkohl, gefüllt: Wirsingkohlblätter mit siedendem Wasser überbrühen, die dicken Rippen herausschneiden, das feingehackte Wirsingkohlherz mit Bratwurstfülle oder Hackfleisch vermischen, pikant würzen, die Farce auf die Blätter streichen, zusammenrollen, binden, in eine mit Speckstückchen, Mohrrüben- und Zwiebelscheiben ausgelegte Kasserolle setzen, salzen und pfeffern, mit fetter Fleischbrühe auffüllen und dünsten; dazu Tomaten- oder Madeirasauce.

Wirsingkohl auf Magdeburger Art: den Kohlkopf mit siedendem Wasser überbrühen, den Strunk entfernen, den Kopf in große Stücke schneiden, mit Salz und Pfeffer würzen und in Fleischbrühe dünsten; geriebenes Weißbrot in Butter bräunen und über die Kohlstücke gießen.

Wirz, schweizerische Bezeichnung für → Wirsingkohl.

Wischniki, → Visnischki.

Wisiga, → Vesiga.

Witloof, → Chicorée.

Wittling, → Merlan.

Wladimir, à la: kleine, gedünstete Gurken, gedünstete Kürbiswürfel, geriebener Meerrettich sowie saure Sahnesauce zu kleinen Fleischstücken. – Wladimir, russische Fürsten, 10.–13. Jahrhundert.

Wladimirsalat: Würfel von Räucherlachs, Crabmeat, Essigpilzen, Mixed Pickles, Essiggurken und grünen Oliven mit Meerrettichmayonnaise binden, mit halbierten, hartgekochten Möweneiern garnieren.

Wodka (russ: Wässerchen), Branntwein aus reinem, fein filtriertem Alkohol, der aus Kartoffeln oder Korn gebrannt wurde. Wodka ist wasserhell und glasklar und zeichnet sich durch die Weichheit und Reinheit seines Geschmacks aus. Berühmte russische Wodkasorten sind Osobaja Moskowskaja und Stolitschnaja. Der Mindestalkoholgehalt beträgt 40 Vol. %.

Wodka Martini, Cocktail: 5 cl Wodka, 1 cl Martini Dry, 1 grüne Olive (ungefüllt), Eiswürfel, umrühren, Cocktailspieß beigeben.

Wolfsbarsch, → Loup de mer.

Wohlgemut, → Borretsch.

Wok, gewölbte Eisenpfanne der chinesischen Küche, ideal zum starken Erhitzen von feingeschnittenem Fleisch, Geflügel, Fisch und Gemüse in wenig Öl, damit sich die Poren der Zutaten schnell schließen und Saft, Aroma und Farbe erhalten bleiben.

Wolfsfisch, → Steinbeißer.

Wollwürste, → Münchner Geschwollene.

Worcestershiresauce (Worcestersauce), hocharomatische, dünnflüssige Würzsauce, die, tropfenweise angewandt, den Geschmack von Suppen, Fleisch- und Fischspeisen, Gemüse usw. ergänzt. – Die Worcestershiresauce enthält meistens Senf, Weinessig, Salz, Pfeffer, Cayennepfeffer, Zucker, Ingwer, Gewürznelken, Currypulver, Paprika, Zwiebeln, Tamarinde, Sherry, Sojasauce. Ihre genaue Zusammensetzung ist aber streng gehütetes Fabrikationsgeheimnis.

Wruken, → Kohlrüben.

Wuchteln, → Buchteln.

Wurst, Zubereitungen aus zerkleinertem Fleisch, Innereien, Fett usw. mit Gewürzen, Kräutern, Wasser, Bier, Wein, Milch u. a. m. Die Wurstmasse wird in Därme, Mägen, Blasen, Kunstdärme, Gläser oder Dosen gefüllt. Die Wurstsorten lassen sich nach Art ihrer Herstellung in folgende Gruppen einteilen: *Rohwürste* (luftgetrocknete, geräucherte Würste, z. B. Zervelat-, Schinken-, Tee-, Mettwurst, Salami), *Brühwürste* (mit Wasserzusatz, leicht geräuchert, gebrüht oder gekocht, z. B. Jagd-, Bier-, Fleisch-, Bockwurst, Mortadel-

1 Wildtaube (Turteltaube) 2 Wirsing 3 Ysop 4 Zander 5 Zimt

la, Wiener Würstchen, Frankfurter Würstchen), *Bratwürste* (aus rohem Fleisch mit geringem Wasserzusatz, z. B. Thüringer Rostbratwurst, Münchner Schweinswürstl), *Kochwürste* (aus gekochtem Fleisch, Innereien, Speck, Schwarten, Blut usw., z. B. Leberwurst, Blutwurst, Preßkopf, Schwartemagen).

Wurstfett, Fett, das bei der Herstellung von Kochwurst anfällt und gern als Brotaufstrich genommen wird.

Wurstkraut, → Majoran.

Wurstsalat: 1) Lyoner oder Stadtwurst in Scheiben schneiden, mit dünn geschnittenen Zwiebelringen in Essig-Öl-Marinade einlegen. – 2) Halbharte Zervelatwurst in dünne Scheiben schneiden und mit gehackten Zwiebeln in Kräutermarinade einlegen. – 3) Grobe Blutwurstwürfel und gehackte Zwiebeln in Weinessig marinieren.

Wurstsalat auf Schweizer Art: dünne Scheibchen von Knoblauchwurst, Emmentaler Käse und hartgekochten Eiern mit gehacktem Schnittlauch in Essig-Öl-Marinade einlegen.

Würzbissen, → Savouries.

Würzbrühe, → Fischsud.

Wurzelbrühe, zum Kochen von Fleisch usw.: Wurzelwerk (Mohrrübe, Petersilienwurzel, Knollensellerie), 2 Zwiebeln, 1 Knoblauchzehe, 2–3 Gewürznelken, Pfefferkörner und 1/2 Lorbeerblatt auf 1 l Wasser.

Wurzelgemüse, → Wurzelwerk.

Wurzeln, → Mohrrüben.

Wurzelpetersilie, → Petersilie.

Wurzelsellerie, → Knollensellerie.

Wurzelwerk, Wurzelzeug, zur geschmacklichen Verbesserung von Brühen, Suppen, Saucen u. dgl. Das Wurzelwerk besteht meistens aus Mohrrübe, Porreestange, Petersilienwurzel und einem Stück Knollensellerie.

Würzfleisch, → Ragout.

Würzkräuter, → Küchenkräuter.

Würzsaucen (Tafelsaucen), zur Geschmacksabrundung von Suppen, Saucen, Salaten, Cocktails, Fleisch-, Geflügel-, Wild-, Fischgerichten usw. Würzsaucen kommen in vielfältiger Rezeptur und für die verschiedensten Verwendungszwecke tafelfertig in den Handel. Ihre Zusammensetzung ist meist wohlgehütetes Fabrikationsgeheimnis. Einige *Beispiele:* Anchovy-Sauce, Harvey-Sauce, Herbadox, Kabul-Sauce, Nabobsauce, O. K.-Sauce, Pekingsauce, Piccalilli-Sauce, Prince-of-Wales-Sauce, Sojasauce, Worcestershiresauce, ferner zahlreiche Ketchups, Chutneys, Relishes sowie spezielle Barbecue-, Steak- und Salatsaucen.

Y

Die Tiere fressen, der Mensch ißt, doch nur ein Mann von Geist versteht zu essen.

Brillat-Savarin

Yabbies, australische Süßwasserkrebse, etwa 50 bis 70 g schwer, eine Delikatesse, die mit dem Flugzeug nach Europa gebracht wird und in Feinkostgeschäften zum Verkauf kommt.

Yalanci Dolmasi (gefüllter Lügner), türkische Spezialität: gehackte Zwiebeln in Öl anschwitzen, mit gehacktem Hammelfleisch und Reis verarbeiten, kräftig würzen, in frisch gepflückte und kurz überbrühte Weinblätter wickeln, dicht nebeneinander in eine Kasserolle packen, die mit Zwiebelscheiben ausgelegt ist, etwas Öl zugeben, erhitzen, mit Hammelbrühe auffüllen und die Brühe stark einkochen; eiskalt anrichten.

Yam, stärkereiche Wurzelknollen, süßlich im Geschmack wie Bataten, Form und Größe variieren stark, die Haut ist rauh, braun, meist haarig, das Innere ist weiß bis gelblich. Der Yam ist in Südchina beheimatet. Von den zahlreichen Yam-Arten wird bei uns der *Weiße Yam* bevorzugt, der vorwiegend aus Westafrika (Nigeria) zu uns auf den Markt kommt. Yam wird in Salzwasser gekocht oder im Ofen gebacken, auch fabrikmäßig zu Chips verarbeitet.

Yam-Apfel-Soufflé: Yamwurzeln in Salzwasser gar kochen, nach dem Erkalten schälen und in Scheiben schneiden, etwas Zucker und Salz darüberstreuen, zusammen mit der gleichen Menge Apfelscheiben in eine gut gefettete Auflaufform geben, Orangenmarmelade dünn darüberstreichen, Butterflöckchen aufsetzen und das Soufflé etwa 25 Minuten im Ofen abbacken.

Yambalaya, → Jambalaja.

Yam-Yam-Salat: kurzgeschnittene grüne Bohnen, Würfel von gekochtem Knollensellerie, Artischockenböden und Gurke getrennt mit Essig-Öl-Marinade anmachen und auf Kopfsalatblättern anrichten.

Yoghurt, → Joghurt.

Yolandasalat: Streifen von Bleichsellerie, Äpfeln, rohen Karotten und gekochten roten Rüben mit gehackter Pfefferminze in Essig-Öl-Marinade einlegen.

Yorkshire, à la: Geflügel mit Kalbsfarce und gehacktem Schinken füllen und dünsten, dazu gemischtes Gemüse und Madeirasauce. – Yorkshire, Grafschaft in Ostengland.

Yorkshire Pudding, englische Spezialität: aus 125 g Mehl, etwa 1/8 l Milch und 3 Eiern einen nicht zu flüssigen Eierkuchenteig rühren, etwas

Fett (am besten Rindernierenfett) und gehackte Petersilie zugeben und mit Salz und Muskatnuß würzen; den Teig etwa 2 cm dick in eine große Bratpfanne geben und im Ofen auf beiden Seiten goldbraun backen; in Rauten schneiden. – Beigabe zu Steaks, Roastbeef und anderen Fleischgerichten.

Yorkshire Sauce: Kraftsauce mit Portwein aromatisieren, Johannisbeergelee hineinrühren, mit Cayennepfeffer und Apfelsinensaft würzen, feine Streifchen von Apfelsinenschale, die mit siedendem Wasser überbrüht wurden, hinzufügen. Zu gegrilltem Fleisch.

Ysop, strauchartige Würzpflanze, die in Südeuropa wild wächst und in Mitteleuropa angebaut wird. Ysopblätter dienen vor allem als Salatwürze. Aus Ysopblättern wird im Nahen Osten das beliebte Sa'atas-Gewürz gewonnen, das zum Aromatisieren von Gekochtem und Gebackenem dient. Schon in der Bibel erscheint der Ysop (1. Könige 5, 13): »Er (König Salomo) redete über die Bäume, von der Zeder auf dem Libanon bis zum Ysop, der an der Mauer wächst.«

Yvette, à la: mit Seezungenpüree gefüllte kleine Tomaten zu Fisch, der mit grüner Kräutersauce bedeckt und überbacken wurde.

Z

Ich habe gefunden, daß Menschen mit Geist und Witz auch immer eine feine Zunge besitzen, jene aber mit stumpfem Gaumen beides entbehren.

Voltaire

Zabaglione, Zabaione → Weinschaum, italienische Dolci-Spezialität. Das Turiner Originalrezept: 12 Eigelb und 100 g Zucker mit dem Schneebesen schaumig schlagen; 1/2 l Marsala mit einem Schuß Rum kräftigen und mit einer Prise Zimt aromatisieren und unter ständigem Schlagen langsam in den Eigelb-Zucker-Schaum gießen; das Ganze in einem Wasserbad unter fleißigem Rühren zu einer Creme verfestigen und in kleine Schalen abfüllen. – Im 16. Jahrhundert soll der Turiner Koch Bartolomeo Scappi dieses einzigartige Dessert erfunden und dem Zunftheiligen San Pasquale Baion gewidmet haben. Der heilige Pasquale Baion (Paschalis Bayon; 1540–1592) war ein Hirte, bevor er als Laienbruder dem Orden der Franziskaner beitrat und in vielen Klöstern durch seine besondere Bußstrenge und seine charismatischen Gaben auffiel. Die katholischen Christen verehren ihn als Patron der Hirten und Köche und auch als Schutzpatron der ledigen Frauen, die in der Kirche San Tommaso zu Turin von ihm einen Mann erbitten, »einen wie dich, schöner Don Pasquale«.

Zahnbrasse, edler Mittelmeer- und Atlantikfisch, der auf vielerlei Art zubereitet werden kann.

Zakouski, → Sakuski.

Zamorana, spanischer Hartkäse aus der Milch kastilischer Schafe.

Zampone, gefüllter Schweinsfuß, italienische Spezialität. Handelsware. Der Schweinsfuß wird vorsichtig entbeint, mit Fleischfarce, die mit Gänseleber-, Pökelzungen- und Räucherspeckwürfeln sowie mit gehackten weißen Trüffeln und Pistazien verarbeitet wurde, gefüllt und in würziger Fleischbrühe gargezogen. Der eiskalte Zampone wird in Scheiben geschnitten und mit Cumberlandsauce angerichtet.

Zander (Sander, Schill, Amaul, Fogasch, Süllo, Hechtbarsch), einer der edelsten Süßwasserfische. Sein Fleisch ist weiß, zart, saftig und überaus wohlschmeckend. Seine Heimat sind die mittel- und osteuropäischen Flüsse und Seen mit Ausnahme von Rhein und Weser. Besonders gerühmt wird der Donau-Zander, der eine Länge von 125 cm und ein Gewicht von 15 kg erreichen kann. Im Herbst und Winter schmeckt der Zander am besten, nur muß er ganz frisch zubereitet werden. Geräuchert oder tiefgefroren verliert er wesentlich an Geschmack.

Zander in Folie: einen Zander leicht

salzen, mit Zitronensaft beträufeln, mit Butter bestreichen, Karotten- und Zwiebelscheiben darüberlegen, den Zander in Alufolie, hitzebeständige Kunststoffolie oder geöltes Papier wickeln und im Ofen backen, in der Folie auftragen; dazu Kopfsalat.

Zander auf Kanzler-Art: Zanderfilets auf feingehackte Schalotten setzen, salzen und in Fischfond und Weißwein garziehen lassen; den Fond durchseihen, stark einkochen, mit holländischer Sauce verrühren und mit etwas Zitronensaft und Kaviar vollenden, die Sauce über die Filets gießen; dazu glasierte Zwiebelchen und kleine, kugelrunde Bratkartoffeln.

Zander in Sahnesauce: Zanderfilets in Fischfond garziehen lassen; den Fond durchseihen, stark einkochen und mit Sahnesauce verkochen; eine hitzebeständige Platte mit Herzoginkartoffelmasse umkränzen, die Filets in der Mitte anrichten, die Sauce darübergießen, mit Parmesan bestreuen, mit Butter beträufeln und das Gericht im Ofen kurz überbacken.

Zapotes, → Sapotes.

Zaren-Art (du tzar): kleine, gedünstete Salzgurken und gebratene Pilze zu Fisch, der mit Mornaysauce bedeckt und überbacken wurde. – Im Jahre 1547 nahm der Großfürst Iwan der Schreckliche den Titel »Zar« an. Seitdem nannten sich alle russischen Herrscher Zar. Das Wort Zar ist übrigens wie das Wort Kaiser von Cäsar abgeleitet.

Zarin-Art (à la tzarine): in Butter gedünstete Gurkenstückchen in weißer Sahnesauce und Geflügelrahmsauce mit Fenchelknollenstreifen zu Hühnerbrüstchen.

Zaziki (Tsatsiki), griechische Vorspeise und Beilage aus Joghurt oder Quark und kleingeschnittener frischer Gurke, gewürzt mit Salz, Pfeffer, Knoblauch und Dillgrün.

Zarzuela, spanische Fischsuppe aus Seefischen, Langustinen und Muscheln in pikant gewürzter Sauce.

Zedrat, → Zitronat.

Zeller, österreichische Bezeichnung für → Knollensellerie.

Zephirfarce: Schaumfarce mit Schlagsahne auflockern, in kleine, ausgebutterte Förmchen füllen, im Wasserbad garziehen lassen.

Zephirs (Schaumpuddings), leichte, deliziöse, auf der Zunge zergehende Gerichte aus feiner Farce und Schlagsahne. Zephirs werden aus Geflügel, Wild, Fisch oder Krustentieren bereitet und warm oder kalt aufgetragen. – Der Zephir ist ein lauer, sanfter Südwestwind.

Zerealien, Getreide.

zerlassene Butter: frische Butter bei schwacher Hitze schmelzen lassen, kurz abschäumen, ohne Bodensatz in kleines, angewärmtes Butterpfännchen abfüllen. Zu gebratenem Fisch, feinem Gemüse usw.

zerlegen, → tranchieren.

Zervelatwurst (Schlackwurst), Rohwurst aus Rindfleisch, Schweinefleisch und Speck, gewürzt und geräuchert.

Zeste (frz), dünn abgeschälte Zitronenschale.

Zeytinli Prasa, → Porree, türkisch.

Zibeben, bis 2 cm große, länglichplattgedrückte, braunschwarze, getrocknete Weinbeeren (Rosinen). Zibeben kommen aus Izmir (Türkei) und Heraklion (Kreta).

Zichorie, → Chicorée.

Ziegenbart (Bärentatze, Geißbart, Hahnenkamm, Hirschschwamm, Korallenpilz, Keulenpilz), schmackhafter Speisepilz mit verästeltem oder blumenkohlförmigem Fruchtkörper.

Ziegenkäse, Käse aus Ziegenmilch, meist als Rohmilchkäse, oft mit Kuh- und/oder Schafmilch erweitert. Die meisten und wohl auch besten Ziegenkäse kommen aus Frankreich, Großbritannien und Spanien. Ziegenkäse aus Italien und anderen Ländern werden bei uns seltener angeboten. Zu den französischen Qualitäts-Ziegenkäsen mit A. O. C.-Prädikat (Appellation d'Origine Contrôlée) gehören u. a. Chabichou du Poitou, Crottin de Chavignol, Picodon, Pouligny-Saint-Pierre, Selles-sur-Cher, Sainte-Maure de Touraine.

ziehen, → garziehen.

Ziemer, alte Bezeichnung für den Rücken von Hirsch, Reh und Wildschwein.

Ziestknollen, → Stachys.

Ziger, → Schabziger.

Zigeuner-Art (à la zingara): Streifen von Pökelzunge, gekochtem Schinken, in Butter gebratenen Champignons sowie Trüffeln in Kraftsauce, die mit Tomatenmark und Estragon vervollständigt wurde, zu Kalbskotelett, Kalbshirn, Rinderfilet, Geflügel usw.

Zigeunergulasch: Zwiebelscheiben und gehackte Knoblauchzehen in Schweineschmalz anrösten, grobgewürfeltes Rind-, Kalb-, Schweine- und Hammelfleisch zugeben, mit Paprika, Salz, Majoran und gehacktem Kümmel würzen, kurz anbraten, mit etwas Wasser schmoren, später kleingeschnittene Tomaten, grüne Paprikaschoten und Kartoffeln hinzufügen und fertigschmoren.

Zigeunerlauch, → Bärlauch.

Zigeunerrostbraten, österreichische Spezialität: eine fingerdicke Scheibe aus dem Zwischenrippenstück eines jungen Ochsen mit Salz und reichlich Paprika würzen, in eine Kasserolle auf dünne Speckscheiben setzen, mit Zwiebelscheiben bedecken, streifig geschnittenen Weißkohl, Tomatenmark, Majoran sowie etwas Wasser hinzugeben, zugedeckt weich dünsten, zwischendurch auch Kartoffelscheiben beifügen.

Zigeunersauce (Sauce zingara): gehackte Zwiebeln in Butter anschwitzen, Tomatenscheiben hinzugeben und kurz dünsten, mit Paprika und etwas Essig würzen, stark einkochen, Weißwein und etwas Champignonfond zugießen, nochmal stark einkochen, mit Kraftsauce auffüllen, passieren, zuletzt Streifen von magerem Schinken, Pökelzunge und Champignons in die Sauce geben. Zu Kalbskotelett oder Lendenschnitte.

Zigeunerschnitzel: Kalbsschnitzel salzen, pfeffern, mehlen, in Butter braten und auf warmer Platte anrichten; die Butter abgießen, den Bratsatz mit Weißwein ablöschen, feinstreifig geschnittene Pökelzunge, gekochten Schinken, Champignons und Trüffel hinzufügen, mit Tomatensauce auffüllen und mit Cayennepfeffer abschmecken, die Sauce über die Schnitzel geben.

Zimmes, jüdische Spezialität: Eintopf aus mit Honig oder Zucker gesüßten Möhren oder anderen Gemüsen, Fleisch, Obst und Dörrfrüchten.

Zimt, getrocknete Innenrinde des Zimtbaumes, die seit Jahrtausenden als Gewürz begehrt ist, aber erst im 15. Jahrhundert in Europa bekannt wurde. Der beste Zimt kommt aus Sri Lanka (Ceylon) und wird durch Schälen einjähriger Wurzelschößlinge gewonnen. Die dünnen, etwa 40 cm bis 1 m langen Zimtrinden rollen sich von beiden Seiten zusammen, sie werden ineinandergesteckt, gebündelt und versandt. Die Händler schneiden die Stangen in etwa 10 cm lange Stücke und verkaufen sie als *Stangenzimt* oder *Kaneel*. Seine feinaromatische Würzkraft erhält der Ceylonzimt von einem ätherischen Öl, dem Zimtöl. – Chinesischer Zimt (Kassia) wird vom Zimtkassiabaum gewonnen, der in Südchina kultiviert wird. Kassiazimt ist dunkler, dickrindiger, weniger aromatisch, aber würzkräftiger als der Kaneel. Er wird meist zu *Zimtpulver* vermahlen und mit Ceylonzimt veredelt. – Zimtsorten meist minderer Qualität sind Cayennezimt, Javazimt, Malabarzimt, Nelkenzimt, Padangzimt, Saigonzimt, Seychellenzimt usw. – Zimt wird zum Würzen von Gebäck, Obst- und Milchsuppen, Milchreis, süßsauer eingelegtem Gemüse, Glühwein, Punsch usw. verwendet.

Zimtapfel, → Cherimoya.

Zimtsterne, schwäbisches Weihnachtsgebäck: 3 Eiweiß steifschlagen, mit 300 g Puderzucker und dem Saft einer halben Zitrone schaumig rühren, diese Baisermasse – bis auf einen kleinen Rest zum Glasieren – mit 250 g geriebenen Mandeln verarbeiten, ausrollen, kleine Sterne ausstechen, die Sterne glasieren und sofort bei schwacher Hitze backen.

zingara, à la: → Zigeuner-Art.

Ziparden, → Spillinge.

Zipollen, → Zwiebeln.

Zirbelnüsse, → Pinienkerne.

ziselieren (frz: ciseler = ausmeißeln), kleinere Fische auf beiden Seiten leicht einschneiden, damit sie beim Kochen nicht platzen und dadurch unansehnlich werden.

Zitronat (Sukkade, Zedrat), in Salzwasser eingelegte und mit Zucker eingekochte Zedratfruchtschalen. Zedratfrüchte sind eine kopfgroße Zitronenart, die in Italien, Griechenland und auf Korsika angebaut wird.

Zitronellgras, → Zitronengras.

Zitronen, Früchte des Zitronenbaumes, der in Vorderasien beheimatet ist und seit dem Mittelalter auch in Südeuropa kultiviert wird. Die ovalen, 8–10 cm langen Früchte haben eine hellgelbe, drüsige Schale (→ Zitronenschale) und saftreiches Fruchtfleisch. Der Saft schmeckt sauer (6–7% Zitronensäure) und enthält reichlich Vitamin C. Er wird für Erfrischungsgetränke und zum Würzen von Speisen verwendet. Hauptanbaugebiete der Zitrone sind Italien, Spanien und die USA (Kalifornien, Florida). Mit der Zitrone verwandt sind u. a. → Limetten, → Limonen und Zedratfrüchte (→ Zitronat).

Zitronenauflauf wird wie Vanilleauflauf bereitet, nur nimmt man statt Vanille spiralförmig abgeschnittene Zitronenschale.

Zitronenblätter, die getrockneten, stark aromatischen Blätter verschiedener Zitrusarten, die zum Würzen von indischen, indonesischen und chinesischen Fleischgerichten sowie zu → Boemboes und → Sambals verwendet werden.

Zitroneneis: die spiralförmig geschnittene Schale einer Zitrone in 1/4 l Läuterzucker (Zuckersirup) ausziehen lassen, den Saft von 3 Zitronen hinzufügen und nach dem Grundrezept für → Fruchteis verfahren.

Zitronenessig, aromatisierter Speiseessig: den Saft von 3 Zitronen sowie die Schale einer unbehandelten Zitrone in eine weithalsige Halbliterfla-

sche geben und mit Weißweinessig oder Apfelessig auffüllen. Zu Gemüsesalaten, zu Fisch und Meeresfrüchten.
Zitronengelb, abgeriebene → Zitronenschale.
Zitronengras (Zitronellgras, Sereh), subtropisches Gras, dessen Ölzellen ein zitronenähnliches Aroma freisetzen und das daher zur Würzung zahlreicher ostasiatischer Speisen verwendet wird.
Zitronenmayonnaise, für Salate: Mayonnaise mit Zitronensaft verrühren.
Zitronenmelisse (Zitronenkraut, Eberraute), Küchenkraut, dessen Duft deutlich an Zitronen erinnert und das angenehm würzig und aromatisch schmeckt. Die Blätter werden vor der Blüte geerntet und frisch oder getrocknet zum Würzen von Salaten, Rohkost und verschiedenen Fleischgerichten verwendet.
Zitronen-Öl-Marinade, für Salate: 3 Teile Öl, 1 Teil Zitronensaft, Salz, Pfeffer.
Zitronensauce, Süßspeisensauce: weiße Mehlschwitze mit Zucker, Zitronenschale und Milch gut durchkochen, die Schale wieder entfernen, mit Eigelb und etwas Sahne binden, mit Zitronensaft ergänzen. Warm zu Auflaufpuddings, Krapfen usw.
Zitronenschale wird wegen ihres Gehalts an ätherischem Zitronenöl vielseitig verwendet, z. B. zu Gebäck, Süßspeisen, Saucen, Bowlen. Die Schale wird dünn abgeschält, streifen- oder spiralförmig, oder mit Würfelzucker oder einer Reibe abgerieben. Zur Aufbewahrung bestreut man die Schale (bzw. den Abrieb) mit Puderzucker oder läßt sie in reinem Alkohol ausziehen. Die Schale von Zitronen, die zum Schutz gegen Schimmelbefall mit chemischen Stoffen (z. B. Diphenyl) behandelt und entsprechend gekennzeichnet wurden, darf keinen Speisen oder Getränken zugesetzt werden.
Zitronenthymian, → Thymian.
Zitro-Orangenpfeffer, Würzmischung aus geschroteten Zitronen- und Orangenschalen und frisch gemahlenem Pfeffer.
Zitrullengurken, → Melonen.
Zitrusfrüchte, Gattung der Rautengewächse mit etwa 60 Arten, die heute in allen subtropischen Gebieten kultiviert werden. Die wichtigsten Arten: → Apfelsinen (Orangen) in vielen Sorten, → Pomeranzen (Bitterorangen) mit kleinen, dickschaligen, bitteren Früchten, → Mandarinen, → Klementinen, kernlose Mandarinenbastarde, darunter die Sorten »Satsumas« und »Tangerinen«, → Zitronen, → Limonen (Sauerzitronen), → Limetten (Limonellen) mit kleinen, dünnschaligen, besonders sauren Früchten, → Grapefruits (Pomelos), → Pampelmusen.
Zombie, ein Cocktail, der selbst einen Toten wiedererweckt, also etwas Hochprozentiges, das jedoch nichts mit dem afrikanischen Voodoo-Kult zu tun hat: je 3 cl weißen, braunen und Añejo-Rum, 1,5 cl Apricot Brandy, 6 cl Orangensaft, je 3 cl Ananas- und Limettensaft in einen Shaker geben, 1 TL Puderzucker zugeben, alles mit geschabtem Eis gut mischen und in einen Tumbler seihen; zuletzt noch 3 TL 75%igen Rum auf den Cocktail kippen und den Tumbler mit Orangenscheibe, Cocktailkirsche und Minzzweiglein dekorieren.
Zubereitungsarten für Fleisch: 1) Sieden (Garen in viel wallender Flüssigkeit). – 2) Garziehen (Garen in

viel Flüssigkeit knapp unter dem Siedepunkt). – 3) Dämpfen (Garen im Dampf, nur für besonders zartes Fleisch geeignet). – 4) Dünsten, Weißdünsten (Garen im eigenen Saft, ohne daß das Fleisch Farbe annimmt). – 5) Poëlieren, Hellbraundünsten (Garen im eigenen Saft, wobei das Fleisch leicht gebräunt wird). – 6) Schmoren (kräftiges Anbraten des Fleisches und Garen im eigenen Saft). – 7) Braten (Garen im Fett). – 8) Grillen (Rösten auf dem Grill oder am Spieß). – 9) Schwenken (kräftiges Anbraten kleiner Fleischscheiben und Schwenken in heißer, nicht mehr siedender Sauce). – 10) Backen (Garen von kleinen Fleischstücken in tiefem Fett).

Zucchini (Zuchetti, Kürbischen, Courgetten), kleine Kürbisfrüchte mit dem Aussehen länglicher Gurken, das Fruchtfleisch ist hellgrün und in rohem Zustand geschmacklos. Die Zucchini kommen aus Italien und aus Frankreich, wo sie Courgettes heißen; neuerdings werden sie auch bei uns angebaut. Zucchini enthalten viel Vitamin A, außerdem Vitamin B_1, B_2 und C, Kalzium und Eisen. Sie sind vielseitig verwendbar. – *Vorbereitung:* die Zucchini waschen, Kappe und Stielende abschneiden, größere Früchte schälen, entkernen und in Scheiben oder Würfel schneiden.

Zucchini, gefüllt: die Früchte längs halbieren und in Salzwasser halbgar kochen, abtropfen, aushöhlen; das Fruchtfleisch hacken, mit Duxelles, gehackter Petersilie und geriebenem Knoblauch vermischen, salzen und pfeffern und in die Zucchinihälften füllen, mit geriebenem Weißbrot bestreuen, mit Butter beträufeln und im Ofen überbacken.

Zucchini ripieni alla napoletana, italienische Spezialität: die Früchte längs halbieren und in Salzwasser halbgar kochen, abtropfen, aushöhlen, das Fruchtfleisch hacken; gehackte Zwiebel in Öl goldgelb anschwitzen, mit gehacktem Schinken, Schabefleisch, gehackter Petersilie, geriebenem Käse (am besten Romano) und dem ausgehobenen Fruchtfleisch vermischen, kräftig würzen, mit Eigelb binden und in die Zucchinihälften füllen, mit Tomatensauce bedecken und geriebenen Käse darüberstreuen, im Ofen überbacken.

Zucchini in Öl: grobgewürfelte Zucchini mit gehackter, goldgelb gebratener Zwiebel, mit kleingeschnittenen Tomaten, gehacktem Dillgrün und Petersilie, Salz, Paprika und Zitronensaft in Wasser und Öl dünsten; eiskalt im Fond auftragen.

Zucchini, orientalisch: die ungeschälten Früchte längs halbieren und aushöhlen, das gehackte Fruchtfleisch mit körnig gekochtem Reis und gehacktem Hammelfleisch vermischen, mit Eigelb binden, mit Knoblauch und Majoran würzen und in die Zucchinihälften füllen; in Hammelbrühe dünsten und mit Tomatensauce überziehen.

Zucchini alla parmigiana, italienische Spezialität: Zucchinischeiben würzen, durch geschlagenes Ei ziehen, in Mehl wenden, nochmals durch Ei ziehen und in Öl goldgelb backen; lagenweise mit Tomatensauce und geriebenem Parmesan bedecken und im Ofen überbacken.

Zucchini alla Toscana, italienische Spezialität: frischen Speck mit gehackter Petersilie schmelzen lassen, darin gehackte Zwiebel hellgelb anschwitzen, grobgewürfelte Zucchini ebenfalls anschwitzen, kleingeschnittene Tomaten beifügen, würzen und zugedeckt dünsten, zuletzt mit geriebenem Parmesan bestreuen.

Zucchini auf Vaucluser Art (Courgettes à la vauclusienne), französische Spezialität: die Zucchini der Länge nach in 4–5 Scheiben schneiden, mit Salz entwässern, abspülen und abtrocknen, durch Mehl ziehen und in Öl backen; in eine Backplatte legen, mit gehackten Tomaten und gehackter Petersilie bedecken, mit Knoblauch würzen, mit Öl beträufeln und im Ofen überbacken.

Zucchiniblüten, auch Blüten anderer Kürbisarten, finden vor allem in der italienischen Küche vielfältige Verwendung. Man kann sie füllen und durch Backteig ziehen oder auch ungefüllt fritieren. Zuvor sollten die attraktiven gelben bis orangefarbenen Blüten unter fließendem Wasser gereinigt, dabei von etwaigen Insekten befreit und auf Küchenkrepp abgetropft werden.

Zucchiniblüten, gefüllt, Fiori di Zucca ripieni, sizilianische Spezialität: 250 g Ricotta, 1 Ei, 4 EL geriebenen Parmesan, 1 Bund Schnittlauch, gehackt, 1 Prise frisch geriebene Muskatnuß, Salz und frisch gemahlenen Pfeffer gut verrühren und dieses Gemisch in 12 gereinigte Zucchiniblüten füllen, die Blüten vorsichtig zudrehen, in Backteig (aus 2 Eiern, 50 g Mehl und 4 EL Wasser) tauchen und nacheinander in Olivenöl schwimmend goldbraun ausbacken, abtropfen lassen und heiß servieren.

Zuccotto, italienische Spezialtorte aus der Toskana: eine runde Schüssel mit likörgetränktem Biskuitboden auslegen und mit Schlagsahne, die mit kleingewürfelten kandierten Früchten, Schokoladenraspel, geriebenen Nüssen angereichert wurde, füllen. Ein Deckel aus Biskuit bildet den Abschluß. Nach ausreichender Kühlung wird der Zuccotto gestürzt und mit Schlagsahne, ganzen kandierten Früchten und Schokolade verziert.

Zuchetti, → Zucchini.

Zuchtchampignons, → Champignons.

Zucker, Rohr- oder Rübenzucker, wasserlösliches Kohlehydrat, vielseitig zum Süßen von Getränken und Speisen sowie zum Konservieren verwendet. Nach dem Reinheitsgrad unterscheidet man Raffinade (weißer, gereinigter Zucker) und Farin (gelber bis brauner, ungereinigter Zucker). Nach der Form unterscheidet man Kristallzucker, Puderzucker, Würfelzucker, Kandiszucker, Stückenzucker (z. B. Zuckerhut).

Zucker kochen, → Läuterzucker.

Zuckerapfel, → Cherimoya.

Zuckerbohnen, → grüne Bohnen.

Zuckercouleur (Farbzucker), in Wasser aufgelöster → Karamel zum Färben von Saucen, Suppen, Süßspeisen usw.

Zuckererbsen, → Erbsen; – *Rezepte:* → grüne Erbsen.

Zuckerguß (Zuckerglasur), → Glasur für Gebäck und Süßspeisen: 1) stark eingekochte Zuckerlösung; 2) kalt gerührtes Gemisch aus Puderzucker, Eiweiß und Zitronensaft.

Zuckerhut, in Kegelform gegossener, kristallisierter Zucker. Früher war der Zuckerhut die handelsübliche Form des Zuckers, heute nimmt man ihn nur noch für Feuerzangenbowle u. dgl.

Zuckerkand, → Kandis.

Zuckermais (Gemüsemais, Süßmais, Sweet corn, Sugar corn), eine Maismutation von Stärkemais mit goldgelben, zarten, süßen und nahrhaften Körnern.

Von Ende Juli bis Mitte Oktober, wenn die Maiskörner ungefähr 24% Trokkenmasse mit 4 bis 6% Zucker enthalten, werden die jungen, noch nicht ganz reifen Kolben geerntet und auf den Markt gebracht. Man kocht sie in ungesalzenem Wasser mit etwas Zukker gar oder röstet sie auf dem Grill, um danach die Körner genußvoll von den Kolben abzuknabbern. Meistens kauft man Zuckermais aber als Konserve, läßt die Körner gut abtropfen und verarbeitet sie nach Rezept, → Mais.

Zuckermehl, → Puderzucker.

Zuckermelonen, → Melonen.

Zuckerrohr, bis 8 m hohes, etwa 5 cm dickes Süßgras der Tropen und der Subtropen. Das Zuckerrohr stammt aus Südostasien, wo es schon um 8000 v. Chr. auf dem heutigen Neuguinea angebaut wurde. Von dort kam es u. a. nach Indien. Die Araber brachten es im 8. Jahrhundert in den Mittelmeerraum. Kolumbus führte das Zuckerrohr 1493 auf Santo Domingo ein. – Das Mark des Zuckerrohrs enthält bis zu 20% Zucker. Man trennt die holzartige Schale mit dem Messer ab, schneidet das freigelegte Mark in Stücke, die man auskauen kann.

Zuckerrübensirup (Rübenkraut, Rübensaft), der eingekochte, karamelisierte Saft gedämpfter Zuckerrüben, würzig-süßer Brotaufstrich, besonders schmackhaft auf Quark.

Zuckerschoten (Kaiserschoten), frische, junge Zuckererbsen in der Hülse (Schote). Die Schoten werden durchgebrochen und wie → grüne Erbsen zubereitet.

Zuckersirup, flüssiger Zucker, konzentrierte Zuckerlösung mit 65 bis 80% Saccharose(Zucker)gehalt, für Cocktails, Süßspeisen, Backwaren usw. Handelsware.

Zuckerteig (Trockenteig), für Obsttorten mit zuckerarmen Früchten usw.: 60 g weiche Butter, 1 Ei, 2 Eigelb und 1 Prise Salz vermischen, mit 125 g Mehl und 60 g Zucker verarbeiten, vielleicht noch ganz wenig Milch hinzufügen; den Teig etwa 2 Stunden kühl ruhen lassen.

Zuckerwaage, Gerät zur Ermittlung der Konzentration von Zuckerlösungen (Läuterzucker). Das Gerät taucht je nach dem spezifischen Gewicht der Lösung mehr oder weniger tief ein, eine Skala gibt in Baumé-Graden die Zuckerkonzentration an.

Zuger Kirschtorte, eine schweizerische Spezialität: Boden und Decke der Torte bestehen aus Baiser, dazwischen Schichten aus Buttercreme und Biskuit, beides mit Kirschwasser aromatisiert; in Buttercreme eingehüllt, dekorieren Rauten aus Puderzucker und Konfitkirschen die Torte.

Zuger Röthel, → Röthel.

Zu Man Po, berühmte chinesische Spezialität: Schweinsfilet in kurze, dünne Streifen schneiden, ebenso Porree und Champignons, Zwiebeln feinhacken, alles in Schweineschmalz kurz anbraten; Pfeffer, Knoblauch und Sojakeime dazugeben, mit Sojasauce bespritzen und kurz durchkochen; dazu körnig gekochten Reis.

Zunge, eines der feinsten Teile der Schlachttiere. Zunge wird frisch, gepökelt oder geräuchert zu überaus schmackhaften Gerichten verarbeitet. Die dicke, fleischige Zunge eines jungen Mastochsen gilt – gepökelt oder geräuchert – als Delikatesse. Aber auch Kalbszunge, Hammelzunge, ja sogar Schweinszunge ergeben delizíöse Gerichte. – *Rezepte:* → Kalbszunge, → Rinderzunge, Pökelzunge, → Lammzunge, → Hammelzunge.

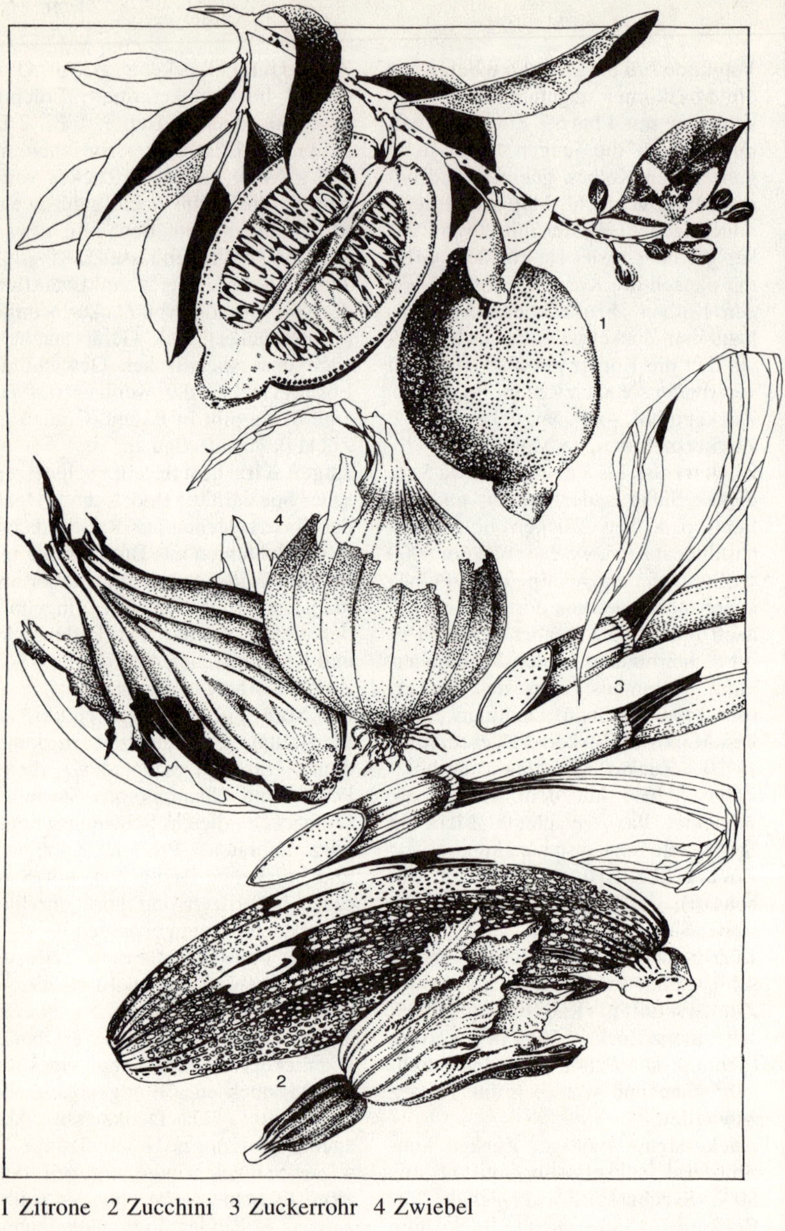

1 Zitrone 2 Zucchini 3 Zuckerrohr 4 Zwiebel

Zungen, besonders edle Plattfische, wie → Seezunge, → Rotzunge.

Zungenragout: frische Rinderzunge in Wurzelbrühe weich kochen, enthäuten, in kleine Scheiben schneiden; braune Schwitze bereiten, mit der Brühe und etwas Rotwein verkochen, Champignonscheiben zur Sauce geben, mit Salz, Pfeffer, etwas Sardellenpaste und Zitronensaft würzen, die Zungenscheiben durchschwenken; dazu Semmelknödel.

Zungentüten: dünne Scheiben Pökelzunge zu Tüten drehen, mit Meerrettichsahne füllen und mit Madeiragelee überziehen.

Zupa Watrobiana, polnische Lebersuppe: feingehackte Zwiebel mit Mehl in Butter goldgelb rösten, nach und nach Fleischbrühe hinzurühren und leise kochen lassen; rohe Kalbsleber in kleine Würfel schneiden, in eine Schüssel geben, geröstete Weißbrotwürfel hinzufügen, die kochende Suppe darübergießen.

Zuppa Pavese, italienische Eiersuppe: in jede Suppenschale eine Weißbrotscheibe legen, vorsichtig ein rohes Ei daraufschlagen, mit Parmesan bestreuen und mit kochend heißer Kraftbrühe auffüllen.

Zürcher Geschnetzeltes, → Kalbsgeschnetzeltes.

Zürcher Zunftspießli: Kalbfleisch in zweifingerbreite, flache Streifen schneiden und zu hauchdünnen Schnitten klopfen, mit Pfeffer und Salz würzen, entsprechend zugeschnittene Scheiben Kalbsleber darauflegen, zusammenrollen, je 3 oder 4 dieser Röllchen auf einen kleinen Spieß reihen; die Zunftspießli grillen, auf in Butter gedünsteten grünen Bohnen anrichten; dazu winzige Bratkartoffeln.

Zu Za Yok, chinesische Spezialität: Zwiebelscheiben und streifig geschnittenen Chinakohl in Schweineschmalz dünsten, mit Sojasauce würzen und warm stellen; ein aus Haut und Knochen gelöstes Spanferkel in kleine, dünne Scheibchen schneiden, mit Reismehl bestäuben und in Sesamöl kräftig anbraten, das Öl abgießen, das Fleisch in einer Mischung aus gleichen Teilen Wasser, Sojasauce und Essig sowie Puderzucker und Pfeilwurzelmehl schmoren, auf dem Kohl anrichten und mit gerösteten Sesamkörnern bestreuen; dazu körnig gekochten Reis.

Zwergbrombeeren, → Multbeeren.

Zwergorangen, → Kumquats.

Zwetschgen (Zwetschken, Zwetschen), eiförmige, blaue, bereifte Pflaumen, die wegen ihres süßwürzigen Aromas vielseitig verwendbar sind. Berühmt sind die Bühler Zwetschgen.

Zwetschgendatschi, auf dem Blech gebackener Pflaumenkuchen mit dünnem Hefeteig, meist mit Streuseln belegt; dazu Schlagsahne.

Zwetschgenknödel, österreichische Spezialität: aus zerstampften Pellkartoffeln, Mehl, Eiern und etwas Salz einen Knödelteig bereiten, aus dem Teig runde Klöße formen, in jeden Kloß eine frische, entsteinte und mit Würfelzucker gefüllte Zwetschge stecken, in siedendem Salzwasser garen, danach abtropfen, in gebräuntem Paniermehl wälzen und mit Zucker und Zimt anrichten.

Zwetschgenkuchen: *Rezept I:* Hefeteig auf bemehltem Blech dünn ausrollen, den Teig mit zerlassener Butter bestreichen, dicht mit geviertelten Zwetschgen belegen, mit Zimtzucker bestreuen und backen. – *Rezept II:* Mürbeteig auf gefettetem Blech dünn ausrollen, den Teig dicht mit geviertelten Zwetschgen belegen, Butterstreusel darüberkrümeln, backen, mit Zimtzucker bestreuen.

Zwetschgenmus: 3 kg entsteinte Zwetschgen mit 500 g Zucker über Nacht ziehen lassen, dann etwa 3 Stunden ohne umzurühren auf kleiner Flamme einkochen und in Gläser füllen.

Zwetschgenröster, → Pflaumenröster.

Zwetschgentaschen (Powidl-Tatschkerl), ursprünglich böhmische Spezialität: zerstampfte Pellkartoffeln mit Eiern, Butter, Mehl und etwas Salz zu einem festen Teig verarbeiten, dünn ausrollen, zu Quadraten schneiden, die Teigstücke mit Pflaumenmus (Powidl) füllen, zu Dreiecken falten, in siedendem Salzwasser garen, abtropfen, in gerösteten Semmelbröseln wälzen und mit Puderzucker bestäuben.

Zwetschgenwasser, Obstbranntwein aus vergorenen Zwetschgen ohne Alkohol- und Zuckerzusatz (Obstwasser). Mindestalkoholgehalt: 40 Vol. %. Zwetschgenwasser wird in Süddeutschland, in der Schweiz, im Elsaß (Quetsch), in Südfrankreich und auf dem Balkan hergestellt. Berühmt ist der serbische → Slibowitz.

Zwieback, durch zweimaliges Backen (Abbacken und Rösten) aus Mehl und Milch hergestelltes Gebäck.

Zwiebelcreme: eine große Menge Zwiebelscheiben in Öl anschwitzen, mit Fleischbrühe auffüllen, die Zwiebeln darin garen, durch ein Sieb streichen, die Zwiebelmasse mit einer Mischung aus Reismehl und Milch glattrühren, mit Salz, Pfeffer und einer Prise Zucker würzen, in eine Backschüssel füllen, Parmesan darüberstreuen, mit Butter beträufeln, im Ofen überbacken. Mildwürzige Beigabe zu gebratenen Fleischscheiben und kleinen Bratwürsten.

Zwiebelfenchel, → Fenchelgemüse.

Zwiebelgemüse: Gemüsezwiebeln und grüne Paprikaschoten zerschneiden und in Schweineschmalz oder mit Räucherspeckwürfeln schmoren, salzen und pfeffern. Man kann auch geriebenen Apfel, kleingeschnittene Tomate und Scheiben von gekochten Kartoffeln zugeben und alles mit Salz, Pfeffer und Oregano abschmekken. Zwiebelgemüse ist eine würzige Beigabe zu Fleischgerichten.

Zwiebelkartoffeln: kleine, geschälte, rohe Kartoffeln in Butter braten, reichlich Zwiebelscheiben zugeben und fertigbacken, zuletzt salzen.

Zwiebelkroketten auf Lemberger Art: Hefeteig hauchdünn ausrollen, mit feingehackten, in Butter knusprig gebratenen Zwiebeln belegen, salzen, pfeffern, dick mit Parmesan bestreuen, den Teig zu einer Rolle wickeln, die Rolle in 8 cm lange Stücke schneiden, die Teigränder zusammenkneifen, so daß sich Kroketten ergeben; die Kroketten durch geschlagenes Ei ziehen, in Paniermehl wenden und in Fett goldbraun braten, mit geriebenem Parmesan bestreuen und heiß anrichten.

Zwiebelkuchen, provenzalisch: einen einfachen Mürbeteig herstellen, den Teig rund ausrollen und in eine gefettete Tortenbodenform drücken; dünne Zwiebelscheiben mit Salz, Pfeffer, etwas Nelkenpulver und Knoblauchpulver in Öl hellgelb dünsten, in den Tortenboden füllen, mit Sardellenfilets garnieren, entsteinte schwarze Oliven dazwischensetzen, mit Öl beträufeln und 25–30 Minuten backen.

Zwiebelkuchen, schwäbisch: eine gefettete Springform etwa 2 cm hoch mit ungezuckertem Hefeteig auslegen; 2–3 Zwiebeln in Scheiben schneiden, mit kleingeschnittenem Räucherspeck schön braun rösten, 2 Eier, 1/8 l saure Sahne und etwas Salz hinzufügen, verrühren, die Masse auf den gut gegangenen Hefeteig gießen, den Kuchen goldgelb backen.

Zwiebeln (Bollen, Zipollen), Lauchgewächs, Würz- und Gemüsepflanze. Die dicken, schalenförmig aufgebauten Knollen bestehen aus einem saftigen, knackigen, scharfaromatischen Gewebe. Sie enthalten reichlich Vitamin C und ein ätherisches Öl, das den typischen Geschmack und Geruch dieses »Küchengewürzes« bestimmt. Neben der weitverbreiteten Sommerzwiebel gibt es noch die hierzulande weniger bekannte porreeähnliche Winterzwiebel, die haselnußgroße → Perlzwiebel, die mildwürzige → Schalotte und die mildaromatische → Frühlingszwiebel. Zwiebeln werden überwiegend aus Holland, Italien und Ägypten importiert. – Der Zwiebel werden seit Jahrtausenden bedeutende Heilkräfte zugeschrieben. So soll die Zwiebel den Magen und das Herz schützen, das Sehvermögen und die Nerven stärken, eine harntreibende und blutzuckersenkende Wirkung haben, das Blut verdünnen und damit die Gefahr von Thrombosen und Infarkten vermindern usw. – Die Heimat der Zwiebel dürfte irgendwo in Westasien zu suchen sein. Schon vor mehr als 5000 Jahren schätzten die Sumerer ihren pikanten Geschmack. Die Cheopspyramide wäre ohne die Zwiebel wahrscheinlich nie erbaut worden, denn die ägyptischen Arbeiter wurden mit Zwiebeln im Werte von 1600 Silbertalenten – das sind rund 20 Millionen Mark – beköstigt. Nach Meinung des Sokrates erhöhte der Verzehr von Zwiebeln die Kampfstimmung der griechischen Krieger. Karl der Große befahl den Anbau von Zwiebeln in Mitteleuropa. Die Wikinger konnten ihre ausgedehnten Seereisen nur mit Hilfe der Zwiebel durchstehen. Und unter den französischen Königen Ludwig XIV. und Ludwig XV. wurde die Zwiebel zum festen Bestandteil der Küche. – *Vorbereitung:* Die Zwiebeln abhäuten und in Scheiben, Ringe, Streifen oder Würfel schneiden. Zum Zwiebelschneiden eignet sich am besten ein scharfes, dünnes, rostfreies Messer. Zwiebelhack- und -schneidgeräte erleichtern die Arbeit und schützen vor den augenreizenden Dämpfen. Zwiebelscheiben: die Zwiebel am Wurzelende anfassen und, oben beginnend, in Querrichtung Scheiben der gewünschten Stärke abschneiden. Zwiebelringe: nicht zu dünne Zwiebelscheiben vorsichtig auseinanderdrükken. Zwiebelstreifen: die Zwiebel in Längsrichtung halbieren, die Hälften flach auf das Brett legen, den Wurzelansatz abtrennen und die Zwiebel der Länge nach in Scheiben schneiden. Zwiebelwürfel: die Zwiebel in Längsrichtung halbieren, die Hälften flach auf das Brett legen, senkrechte Scheiben schneiden, die aber vom Wurzelende noch zusammengehalten werden müssen, dann waagerechte Schnitte führen, die ebenfalls nur bis an die Wurzel reichen, und schließlich mit senkrechten Querschnitten die Zwiebel in Würfel zerlegen; brauchen die Würfel nicht schön gleichmäßig zu sein, genügt es, die Zwiebel zu hacken.

Zwiebeln, gebacken: möglichst runde Zwiebeln in 2–3 mm dicke Scheiben schneiden, die Scheiben auseinanderdrücken, so daß Ringe entstehen, die Zwiebelringe durch Milch ziehen, salzen, pfeffern und in Mehl wenden, in kleinem Drahtkorb leicht durchschütteln, damit das überschüssige Mehl abfällt, die Ringe in heißem Schweineschmalz backen, bis sie goldgelb und knusprig sind, abtropfen, leicht mit Puderzucker bestäuben und heiß anrichten.

Zwiebeln, gebraten: Zwiebeln in hauchfeine, fast durchsichtige Scheiben schneiden, die Scheiben in Butter hellbraun braten, gut abtropfen, feinstes Salz über die Zwiebeln stäuben. Gebratene Zwiebeln schmecken auch kalt sehr gut.

Zwiebeln, gedünstet: Zwiebeln in Scheiben schneiden, in Butter kurz anschwitzen, eine Prise Zucker darüberstäuben, etwas Fleischbrühe, Sahne oder Weißwein hinzugießen und die Zwiebeln darin weich dünsten, mit Salz und weißem Pfeffer würzen, gehackte Kräuter über die Zwiebeln streuen.

Zwiebeln, gefüllt: besonders große Zwiebeln (spanische Zwiebeln) schälen und in leicht gesalzenem Wasser halbgar kochen (etwa 10 Minuten), auskühlen lassen, Kappe abschneiden, die Zwiebeln mit einem kleinen Löffel aushöhlen und nach Belieben mit einem Gehäck oder einer Farce füllen, z. B. mit Schweinefleisch und Champignons, mit Leber, mit Spinat und Sardellen, mit roter Rübe, mit Paprikaschote, mit Käse und gekochtem Schinken; die gefüllten Zwiebeln in ein ausgefettetes Geschirr setzen, mit Salz und einer Prise Zucker würzen und zugedeckt in Fleischbrühe gar dünsten; dazu Kartoffelpüree, Maronenpüree oder körnig gekochten Reis mit Tomatensauce.

Zwiebeln, geröstet, beliebte Beilage zu Steaks: Zwiebeln in etwa 5 mm dicke Scheiben schneiden, die Scheiben in wenig Wasser halbweich dünsten, trocknen, mit Öl bestreichen, leicht salzen und auf dem Rost beidseitig schön braun rösten.

Zwiebeln, gespickt: ein Lorbeerblatt mit Hilfe einer Gewürznelke an eine geschälte Zwiebel heften und die so gespickte Zwiebel in Brühen, Suppen usw. mitkochen lassen. Sobald die Würzstoffe in das Gericht übergegangen sind, die Zwiebel mit den Gewürzen wieder herausheben.

Zwiebeln, glasiert (braun): sehr kleine Zwiebeln vorsichtig schälen und in Butter hellbraun braten, die Zwiebelchen dabei ständig leicht umrühren, damit sie nicht anbrennen; Zucker in Rotwein auflösen, die Zwiebelchen darin dünsten, bis der Rotwein nahezu eingekocht ist und der sirupähnliche Sud die Zwiebeln glänzend umhüllt.

Zwiebeln, glasiert (hell): sehr kleine Zwiebeln vorsichtig schälen und in leicht gesalzenem Wasser langsam weich kochen, gut abtropfen; in einer Stielpfanne gleiche Teile Butter und Bienenhonig erwärmen und die Zwiebelchen darin glasieren.

Zwiebeln, griechisch: 2 Teile Weißwein, 2 Teile Wasser, 1 Teil Olivenöl mit Zitronensaft, Pfefferkörnern, etwas Lorbeerblatt und Salz aufkochen und sehr kleine Zwiebelchen darin garen; im Fond auskühlen, herausnehmen und sehr kalt mit etwas Fond übergossen auftragen. Vorspeise oder Beilage zu kalten Platten.

Zwiebeln auf Lyoner Art: Zwiebelscheiben in Butter hellbraun braten, mit Fleischextrakt binden und mit etwas Essig würzen.

Zwiebeln Parmentier: geschälte Zwiebeln in leicht gesalzenem Wasser weich kochen, abtropfen, pürieren; frische Pellkartoffeln durch ein Sieb streichen, mit dem Zwiebelpüree vermischen, mit dicker Béchamelsauce binden.

Zwiebeln, überbacken: kleine, geschälte Zwiebeln in leicht gesalzenem Wasser fast gar kochen, in eine gefettete feuerfeste Schüssel setzen, pfeffern, salzen, mit Paniermehl bestreuen, mit Butter beträufeln, alles mit dicker Sahnesauce bedecken und im Ofen überbacken.

Zwiebelomelett, → Omelett auf Lyoner Art.

Zwiebelpfannkuchen, schwäbisch: Zwiebelstreifen in Fett goldgelb braten, Eierkuchenteig darübergießen und die Zwiebelpfannkuchen auf beiden Seiten schön braun braten.

Zwiebelpüree (Purée Soubise): Zwiebeln in dünne Scheiben schneiden, in Butter langsam weich dünsten, ohne daß sie Farbe annehmen, mit Béchamelsauce binden, mit Salz und einer Prise Zucker würzen, gut durchkochen, durch ein Sieb drücken und mit etwas Sahne und Butter vollenden. Beigabe zu Fleisch-, Geflügel-, Fisch- und Eiergerichten.

Zwiebelsaft, Würze für feine Salate: Zwiebeln ungeschält halbieren und mit der Zitronenpresse ausdrücken. Zwiebelsaft entschlackt das Blut und regt die Magen- und Darmtätigkeit an; zwei oder drei Eßlöffel täglich genügen. Mit Honig vermischter Zwiebelsaft ist ein bewährtes Hustenmittel.

Zwiebelsalat auf Schweizer Art: Zwiebelscheiben in Butter weißdünsten, abkühlen und mit Weinessig, Salz und Pfeffer anmachen.

Zwiebelsauce (Sauce à l'oignon): feingehackte Zwiebel in Butter anschwitzen, Mehl darüberstäuben, hellschwitzen, mit Fleischbrühe auffüllen, etwas Essig hinzufügen, gut durchkochen, passieren, mit Zucker und Salz abschmecken. Zu weißgedünstetem Fleisch.

Zwiebelsauce, → Soubisesauce.

Zwiebelstrudel, österreichische Spezialität: Zwiebelscheiben in Butter weich dünsten, würzen, auskühlen lassen; einen Strudelteig ausrollen, mit den Zwiebeln bedecken, zusammenrollen, in 15 cm lange Abschnitte teilen, in siedendem Salzwasser garziehen lassen, in breite Streifen schneiden, mit brauner Butter und geröstetem Paniermehl überziehen.

Zwiebelsuppe, arabisch, → Cherbah.

Zwiebelsuppe auf Pariser Art (Soupe à l'oignon), berühmte Spezialität vieler Pariser Bistros: Zwiebeln in Streifen schneiden, in Butter anschwitzen, Mehl darüberstäuben und hellbraun rösten, mit Fleischbrühe auffüllen, salzen und pfeffern, langsam kochen lassen, über geröstete Weißbrotscheibe anrichten, evtl. ein Gläschen Cognac hinzugießen.

Zwiebelsuppe, rheinisch: Zwiebelscheiben in Butter anschwitzen, grobgewürfelte Mohrrüben, ein Stückchen Lorbeerblatt, Fleischbrühe und Bratwürste dazugeben und langsam kochen lassen; die Bratwürste in Happen schneiden, die Suppe durch ein Sieb streichen, die Wursthappen wieder hineinwerfen, mit Salz, Pfeffer und etwas Essig abschmecken, gehackte Petersilie über die Suppe streuen.

Zwiebelsuppe auf Straßburger Art: Zwiebelscheiben in Öl anschwitzen, mit Weißwein löschen, die Zwiebeln dünsten, Fleischbrühe hinzugießen, salzen, pfeffern, kurz aufkochen, in feuerfeste Schüssel abfüllen, geröstete Weißbrotwürfel zur Suppe geben, dick mit Parmesan bestreuen und im Ofen überbacken; vor dem Anrichten auf jeden Teller ein frisches, rohes Eigelb setzen.

Zwiebelwähe (Bölleflade), schweizerischer Zwiebelkuchen: ein gefettetes Kuchenblech mit Mürbe- oder Hefeteig auslegen, Räucherspeckwürfel anbraten, Zwiebelscheiben darin glasig dünsten, Speck und Zwiebeln auf dem Teig verteilen, ein gut gewürztes Milch-Sahne-Eier-Gemisch (1/4 l Milch, 1/4 l Sahne, 4 Eier, Salz, Pfeffer) darübergießen, die Wähe im Ofen hellbraun backen.

Zwischengerichte, → Entrées, Entremets.

Zwischenrippenstück, → Entrecôte.